NOUVELLE COLLECTION

DES

MÉMOIRES

POUR SERVIR

A L'HISTOIRE DE FRANCE.

PREMIÈRE SÉRIE.

IV.

NOUVELLE COLLECTION

DES

MÉMOIRES

POUR SERVIR

A L'HISTOIRE DE FRANCE,

DEPUIS LE XIII° SIÈCLE JUSQU'A LA FIN DU XVIII°;

Précédés

DE NOTICES POUR CARACTÉRISER CHAQUE AUTEUR DES MÉMOIRES ET SON ÉPOQUE;

Suivis de l'analyse des documents historiques qui s'y rapportent;

PAR MM. **MICHAUD** DE L'ACADÉMIE FRANÇAISE ET **POUJOULAT**.

TOME QUATRIÈME.

PHILIPPE DE COMINES, JEAN DE TROYES, VILLENEUVE,
LA TRÉMOUILLE, BAYARD.

A PARIS,

CHEZ L'ÉDITEUR DU COMMENTAIRE ANALYTIQUE DU CODE CIVIL,
RUE DES PETITS-AUGUSTINS, N° 24;

IMPRIMERIE D'ÉDOUARD PROUX ET COMP°, RUE NEUVE-DES-BONS-ENFANTS, N. 3.

1837

MÉMOIRES

DE

PHILIPPE DE COMINES.

La notice suivante sur Comines est l'ouvrage de M. Frédéric Boissière, agrégé d'histoire, professeur au Collége Rollin. Ce travail, où la connaissance précise des faits se mêle à un remarquable esprit philosophique, a été l'œuvre dernière d'un jeune homme qui promettait d'honorer en France les études historiques. Une maladie violente a emporté en peu de jours M. Frédéric Boissière. Quinze jours avant sa mort, M. Frédéric Boissière, sans soufrance, sans tristesse, sans noirs pressentiments, causait avec nous de la notice qu'il venait d'achever ; nous parlions ensemble de Comines, de Louis XI, de Charles VIII. Aurions-nous pu penser que ce jeune savant de vingt-quatre ans serait sitôt englouti dans la tombe avec toutes ses espérances, avec tout son avenir ! En écrivant ici le nom de M. Frédéric Boissière qui, s'il eût vécu, aurait laissé après lui d'importants ouvrages, nous sentons dans notre cœur un vif désir que cette *Nouvelle Collection des Mémoires* ait quelque durée dans le monde, pour que la renommée d'un pauvre jeune homme puisse y trouver sa part.

NOTICE
SUR PHILIPPE DE COMINES
ET
SUR SES MÉMOIRES.

Philippe de Comines naquit vers 1445, au château de Comines, près Meuny, d'une noble et ancienne famille de Flandres. Nicolas de la Clite de Comines, son père, avait été armé chevalier par Philippe-le-Bon, duc de Bourgogne, avant la bataille de Wimen. Le nouveau chevalier tint à honneur de montrer qu'il était digne de ses éperons; il combattit vaillamment et tomba entre les mains de l'ennemi. Dans les dissensions civiles de la Flandres, il resta constamment fidèle à la cause des ducs. Bailli de Flandres en 1435, il fut chassé par les Gantois soulevés, et rétabli après la victoire des Bourguignons. Il mourut en 1454, laissant pour héritage à son fils Philippe, encore en bas-âge, des domaines considérables, mais grevés d'hypothèques, et la protection vaine et trompeuse souvent de la maison de Bourgogne.

Le jeune Philippe de Comines, abandonné à lui-même sous la tutelle de Jean de la Clite, son cousin, se livra de son propre mouvement à des études assez étendues pour cette époque. Suivant le penchant de son esprit, il s'adonna à l'histoire, considérant les événements sous leur côté politique, et se préoccupant surtout des enseignements pratiques qui en ressortent. Il recherchait la conversation des étrangers, et apprit probablement par leur commerce l'allemand, l'italien et l'espagnol. Dès sa première jeunesse, il contracta l'habitude du travail, qui devint pour lui, pendant le reste de sa vie, un besoin de tous les jours et de tous les instants. L'oisiveté lui inspirait un profond mépris; celui qui ne travaille pas, avait-il coutume de dire, qu'il ne mange pas. Au reste, il ne sut jamais le latin et le regretta amèrement toute sa vie (1).

Présenté à Lille, en 1464, à Charles, comte de Charolais, depuis duc de Bourgogne, le jeune Comines fut attaché à la cour de ce prince; il le suivit dans la guerre du bien public et à la bataille de Montlhéry, opposant déjà ses conseils sages et réfléchis à la fougue impétueuse de Charles-le-Téméraire. La prudence de Philippe de Comines se développait au milieu du tumulte des camps et du conflit des intérêts rivaux; cet esprit d'observation qui pénètre les partis et découvre leurs intentions sous leurs actes, s'exerçait dans Comines et acquérait de jour en jour plus de subtilité et de justesse; il s'habituait à juger les événements dans leurs causes et dans leurs résultats, à devancer pour eux l'avenir. La guerre du bien public, les traités de Conflans et de Saint-Maur lui révélèrent une puissance inconnue qui, humble et pacifique, dominait l'orgueilleux emportement des princes et des seigneurs; Comines comprit Louis XI.

En 1468, Louis XI vint en personne négocier à Péronne avec Charles-le-Téméraire; il comptait sur la force insinuante de sa parole pour amener le duc aux plus importantes concessions. Par malheur il avait oublié sa propre trahison. La ville de Liége se soulève contre Charles à l'instigation du Roi; Louis XI se trouve chargé de la responsabilité de sa politique. Sa situation était critique; il était au pouvoir de son ennemi irrité, et les sinistres souvenirs du château de Péronne redoublaient encore son effroi. Cependant Louis XI n'était pas abandonné dans son péril; une voix amie le guidait et lui signalait les écueils; les mouvements impétueux ou ralentis de Charles, les alternatives d'abattement ou de fureur, de crainte ou de cruauté où le jetait tour à tour la mobilité de son caractère, étaient indiqués à Louis XI, et d'après ces avis le Roi offrait à propos ou refusait de nouvelles concessions, et semblait répondre aux secrètes pensées de son rival. Quel était cet ami mystérieux dont parle Comines, ce serviteur infidèle du duc qui observait avec une attention si perfide les incertitudes passionnées de son maître? Ne serait-ce pas un de ses officiers qui passa avec lui cette nuit agitée et terrible où fut décidé le sort du Roi? Cet officier, qui depuis s'attacha à Louis XI et qui fut proclamé dans maintes occasions par le Roi lui-même l'auteur de sa délivrance, ne serait-ce pas Comines?

Quoi qu'il en soit de cette première trahison que les circonstances entourent d'une grande probabilité, elle n'altéra en rien la bienveillance

---

(1) Paquot; Mémoires pour servir à l'histoire littéraire des Pays-Bas. Sleidan, vie de Comines, en tête de la traduction latine de cet historien. Sleidan tenait ces détails sur la vie de Comines, de la bouche de Mathieu d'Arras qui avait vécu dans la maison de l'historien et qui avait été précepteur de son petit-fils. — Sur l'ignorance de la langue latine, voy. Comines, Mémoires, liv. VIII, ch. 17.

de Charles pour Philippe de Comines. L'année suivante, en 1469, le duc de Bourgogne lui fit remise d'une partie des dettes de son père qui grevaient encore ses biens (1). Comines resta trois ans encore à la cour de Bourgogne, vivant dans la familiarité du duc, assistant aux actes politiques les plus importants (2). Il prit part au siége de Beauvais et à l'invasion de la Normandie par les Bourguignons en 1472 (3), puis tout à coup, sans qu'on en ait pénétré les motifs, il abandonna Charles-le-Téméraire et, suivant son expression, *vint au service du Roi* (4).

Quelle peut avoir été la cause de cette défection? C'est ce que Comines néglige de nous faire savoir, et par son silence, il a ouvert un vaste champ aux conjectures; aucun témoignage précis, aucune indication positive n'a fixé nos doutes, et chaque historien a pu, à son gré, interpréter la conduite de Comines. La véritable cause de cette défection restant inconnue, on a cherché à en connaître du moins l'occasion, et l'on a trouvé dans Jacques Marchand une de ces anecdotes populaires par lesquelles les petits expliquent les actions des grands. Comin s, suivant ce récit, revenant de la chasse avec le comte de Charolais, osa lui demander de lui tirer ses bottes; Charles obéit, mais il frappa Comines au visage avec les bottes qu'il venait de lui ôter, en disant : *Comment souffres-tu que le fils de ton maître te rende un tel service ?* Comines garda de cette aventure le surnom de *Tête bottée*. Ce singulier récit a semblé à quelques historiens une explication suffisante à la conduite de Comines. Mais l'âge de Charles, son caractère connu, celui de Philippe de Comines déposent également contre cette anecdote qu'aucun témoignage authentique ne vient confirmer. La majorité des historiens a compris qu'une résolution aussi importante prise par un homme aussi grave que Philippe de Comines, devait avoir pour principe autre chose qu'une aventure de jeunesse, une insolence de serviteur et un emportement du maître. Chacun d'eux, se livrant avec ardeur à la recherche des motifs inconnus, a expliqué cet événement à sa façon, condamnant tour à tour et excusant Philippe de Comines (5).

Par malheur pour notre historien, la vérité a fini par nous apparaître; les actes authentiques ne nous laissent aucun doute sur les motifs déterminants de sa défection. Comines fut acheté et trouva moyen de se vendre fort cher. Nous avons dit que ses biens héréditaires étaient grevés d'hypothèques; sa fortune patrimoniale était incertaine ou ruinée; et abandonnant sa terre au ressentiment de Charles-le-Téméraire, il vint demander à la reconnaissance de Louis XI un nouveau nom et de nouvelles richesses. Comines s'inquiétait peu de son nom flétri par les arrêts du parlement de Bourgogne, de son manoir abandonné, des tombeaux de ses pères restés seuls dans son château désert, des traditions de sa famille répudiées, de tous ces nobles attributs de la noblesse ternis et foulés aux pieds; il leur préféra les libéralités de Louis XI. Elles ne se firent pas attendre; le Roi, qui appréciait à sa juste valeur l'habileté diplomatique de Comines, ne lui marchanda pas le prix de sa trahison. Au mois d'octobre 1472, il lui fit don de quarante et un mille deux cents livres, plus de trente mille écus d'or, pour acheter la seigneurie d'Argenton qui remplaça la terre de Comines dont Philippe ne voulut plus porter le nom. L'importance de cette somme n'empêche pas Comines de rechercher de faibles secours; il demande et obtient une somme de quatre cents livres, *outre des dons, pensions et bienfaits, pour emménager le chastel de Bergen* (6). Voilà Comines bien pourvu de terres, il veut encore de l'argent comptant. Par lettres patentes du 20 octobre 1472, il obtient une pension de six mille livres qui consacre la vénalité de sa trahison, car, dit le Roi, *ledit Comines a abandonné le pays de sa nativité, quitté et perdu ses biens pour nous venir servir, et à présent nous sert* (7). La même année Louis XI donne à Comines la principauté de Talmont, les terres et seigneuries d'Olonne, de Château-Gontier, de Curson, de la Chèvre-Berge et autres biens. Lequel (Comines), disent les lettres patentes, par les bons advertissements et autres services qu'il nous fist, fut cause et moyen principal de la salvation de notre personne (8). » Par lettres du 12 janvier 1472 (1473 nouveau style), le Roi lui fait don des deniers provenant des francs fiefs et nouveaux acquêts, levés ès-bailliage de Tournai et pays de Tournésis, en faveur des grands et recommandables services qu'il lui avait rendus en ses plus secrètes et importantes affaires. Ces deniers se montaient annuellement à quatre mille huit cent quatre-vingts livres, d'après l'estimation de la cour des comptes (9). Deux ans après, le 7 octobre 1474, Comines recevait la terre et haute justice de Chaillot, près Paris; le 24 novembre 1476, il était nommé sénéchal de Poitou et commandant du château de Chinon; enfin, en

---

(1) Lettres patentes du 1er octobre 1469.

(2) Au Traité conclu entre Charles et Louis XI, en 1470. Mémoires, liv. III, ch. 9.

(3) Id., ch. 10.

(4) Id., ch. 11. — Le duc leva le siége de Rouen le 3 septembre 1472, et les premiers actes du Roi, en faveur de Comines, sont du mois d'octobre de la même année. La défection de Comines doit donc être placée vers la fin de septembre ou vers le commencement d'octobre.

(5) Voy., dans la Préface de Lenglet-Dufresnoy, l'opinion des divers historiens sur la défection de Comines.

(6) Comptes de Jehan Briçonnet, maître des comptes-registres de la cour des comptes. Lenglet-Dufresnoy, édit. de Comines, t. IV, seconde partie, pag. 24.

(7) Id., ibid.

(8) Louis XI fait sans doute allusion à l'affaire de Péronne.

(9) Lenglet-Dufresnoy, t. IV, 2e partie, p. 24.

septembre 1477, il prenait sa part dans les biens confisqués sur le comte d'Armagnac. Outre ces grandes libéralités, Comines reçut une foule de gratifications moins considérables, et qu'il serait trop long d'énumérer. Pendant cet intervalle Comines avait consolidé sa fortune par un riche mariage; il avait épousé, le 27 janvier 1472 (1473 nouv. style), Hélène de Jambes, dame de Montsoreau, qui lui apporta une forte dot, la perspective de riches héritages et des alliances étroites avec les principales maisons du Poitou.

Cependant, ce que Comines allait chercher à la cour de Louis XI, ce n'étaient pas seulement de plus grandes richesses, des terres, des charges, des pensions, c'était encore plus de crédit, une plus haute fortune politique, une part plus large dans les conseils et dans les événements; il n'était pas attiré seulement par la cupidité, mais encore par l'ambition. Qu'on se figure en effet la prudence et la sagesse de Comines aux prises avec les emportements et les caprices de Charles-le-Téméraire, qui ne prenait conseil que de son opiniâtreté et de ses fureurs. Sa prévoyance et sa sagacité étaient toujours trompées par les éclats inattendus de quelque passion irritée. Le duc de Bourgogne faisait sans cesse défaut aux avis et aux prévisions de Comines, et chacune de ses actions était une faute à ses yeux. En même temps Louis XI répondait au contraire aux secrètes sympathies de Comines; il admirait ce Roi qui n'abandonnait point au hasard des combats ce que la prudence humaine pouvait prévoir et décider, qui trouvait dans les calculs de son habileté une force plus réelle que le duc de Bourgogne dans l'étendue de ses états et dans le nombre de ses chevaliers. Auprès de Charles, Comines restait obscur, inutile et méprisé; auprès de Louis XI il se mêlait aux conseils et aux négociations; il suivait les combinaisons et les résultats de cette politique tortueuse qui se prêtait si bien à son caractère. Puis, Philippe de Comines, avec son habileté consommée, avec sa prudence éprouvée, et aussi avec la facilité de sa conscience, était un des meilleurs instruments du Roi, qui se plaisait à tirer ses ministres des conditions les plus infimes et de l'horreur de la trahison, pour les rendre plus dépendants de ses bienfaits. Enfin, les opinions de Philippe de Comines, ses affections, la perspicacité de son esprit, lui avaient révélé quelle serait l'issue de la lutte entre Charles et Louis XI; il sut devancer la fortune et s'attacher au vainqueur avant la victoire, semblable à ces oiseaux de passage qui abandonnent la muraille où ils ont posé leur nid au moment où elle va s'écrouler.

Néanmoins Comines ne se mêle pas d'abord à la politique de Louis XI, et ne prend pas une part publique aux événements, ou plutôt il ne rend au Roi que de ces services qui ne s'écrivent pas et dont on ne trouve pas place dans l'histoire. Sans doute il donna à Louis XI des renseignements plus précis et plus sûrs sur les projets, sur les ressources, sur les véritables forces et les véritables faiblesses de Charles. En effet, depuis l'arrivée de Philippe de Comines à la cour de France, la politique du Roi se modifie sensiblement. Il ne cherche plus à attaquer directement le duc de Bourgogne, à lui reprendre ses concessions; il prolonge les trèves, il attend les événements, il ne les appelle pas; il laisse Charles s'épuiser par ses propres efforts, il lui confie le soin de sa propre ruine. Notre historien apparaît cependant de loin en loin pour recevoir de Louis XI de nouveaux bienfaits, et de Charles de nouvelles marques d'inimitié. En 1475, Comines fut chargé de négocier la trève de Soleure entre la France et la Bourgogne. Dans ce traité, Charles pardonnait à tous ceux qui avaient quitté son service, mais il excepta nommément de cette amnistie Philippe de Comines; et, ni le Roi, ni le négociateur ne purent obtenir son pardon et la restitution de ses biens. L'historien passa deux ans sans prendre une part apparente aux affaires publiques; mais à la mort de Charles-le-Téméraire, en 1477, il fut employé utilement pour rattacher à la couronne de France ces pays qu'il avait habités long-temps, et avec lesquels il avait gardé de constantes relations. Les nombreux états de Charles pouvaient se diviser en plusieurs classes: les uns, comme les villes de la Somme et l'Artois, étaient français par la langue et les mœurs, et par des relations de plusieurs siècles; les autres, comme la Bourgogne, la Franche-Comté et la Flandres, étaient étroitement unis à la couronne par le lien de l'hommage qui ne s'était jamais relâché; les derniers enfin, la Hollande, la Frise, le Luxembourg, étaient complètement étrangers à la France. A ces diversités locales il fallait opposer une grande variété de moyens, une politique à la fois ferme dans ses desseins et flexible dans leur exécution, un assemblage habile de résolution et de ménagement, de douceur et de force. Souvent Louis XI avait parlé à Comines de ce qu'il ferait si le duc venait à mourir. Il se proposait de faire le mariage de son fils avec la fille unique du duc, ou si elle s'y refusait, parce que le dauphin était bien jeune, qu'il lui ferait épouser quelque jeune seigneur de son royaume pour conserver son influence sur elle et recouvrer ce que le duc lui avait enlevé. Ce projet qui conciliait tous les intérêts, qui faisait tourner au profit de la France la puissance même de la maison de Bourgogne, fut abandonné après la mort de Charles. La facilité de son exécution, la certitude de ses résultats répugnaient à l'esprit tortueux et compliqué de Louis XI; il s'arrêta à un plan qui présentait tous les inconvénients, qui réunissait les embarras de la ruse et les dangers de la violence. Il s'empara de vive force des villes de la Somme qui reçurent facilement la domination française. Comines fut envoyé en Artois; «la
» principale occasion de mon allée auxdits lieux,
» estoit pour parler à aucuns particuliers de ceux
» qui estoient là, pour les convertir pour le Roy.
» J'en parlay à aucuns qui tost après furent bons

» serviteurs du Roy (1). » Après avoir préparé les voies à l'invasion française, il fut envoyé en Poitou pour surveiller les mouvements du duc de Bretagne. Après le départ de Comines, Olivier-le-Daim fut envoyé à Gand auprès de Marie de Bourgogne, fille unique de Charles-le-Téméraire, et il gâta les affaires par sa cupidité et par ces basses intrigues familières à Louis XI et aux siens ; les Pays-Bas et la Franche-Comté échappèrent à la France, et par le mariage de Marie et de Maximilien, devinrent de nouvelles armes entre les mains d'une puissance rivale. Des négociations furent ouvertes entre le Roi et les états de Bourgogne, singulières négociations où les deux parties se trompaient mutuellement et d'un commun accord, où Louis XI protestait de son attachement paternel pour la jeune princesse qu'il trahissait, et les états de leur inviolable fidélité pour leur souveraine qu'ils abandonnaient (2)! Comines fit partie des commissaires qui traitèrent avec les états de Bourgogne ; il resta à Dijon pendant toute la guerre qu'entraîna la soumission des états à la France, et la réduction des places fortes de la province. Mais la conduite antérieure de Comines n'était pas propre à inspirer au Roi une entière confiance ; des soupçons s'élevèrent sur sa probité et sur sa fidélité, il fut accusé, ce sont ses propres paroles, d'écrire à aucuns bourgeois de Dijon touchant le logis des gens-d'armes (3). Cette accusation est assez obscure ; probablement Comines tirait profit de ses avertissements. Toutefois, cette faute n'était pas la seule ; il y avait encore *quelque autre petite suspicion* (4) que l'histoire n'explique pas, et sur laquelle sa conscience ne semble pas bien nette. Quoi qu'il en soit, Louis XI ne le disgracia pas complètement, il l'éloigna de la cour et lui confia une mission à Florence. La conspiration de Pazzi venait d'éclater ; Julien de Médicis avait été assassiné dans une église, et le pouvoir de sa maison à Florence ébranlé ; les Pazzi réfugiés à Rome obtinrent du pape l'excommunication des Florentins et une armée pour les combattre. Comines fut envoyé à Florence pour soutenir les Médicis contre les Pazzi. Il obtint à son passage, du duc de Milan, une armée de trois mille hommes qui vint au secours des Florentins. Rappelé par le Roi au bout d'un an, il reçut l'hommage du duc de Milan pour le duché de Gènes qui relevait de la couronne de France, et revint à la cour de Louis XI mieux accueilli que jamais. Pendant toute la vie de ce prince, il vécut dans sa plus intime familiarité, parfois même il partagea son lit (5), et il eut l'honneur de le recevoir pendant plusieurs jours dans son château d'Argenton.

Cependant Louis XI, épuisé par les inquiétudes et le travail bien plus que par l'âge (6), s'affaiblissait rapidement ; sa maladie resserrait de plus en plus les liens qui l'attachaient à Comines ; il le faisait coucher dans sa chambre ; il exigeait de son dévoûment les soins d'un garde malade et d'un valet de chambre. Lui seul reconnaissait sa pensée dans les sons à peine articulés de sa voix ; le vieux Roi ne communiquait aux autres que par son intermédiaire, et se confessait en sa présence (7). Enfin il mourut à Plessis-les-Tours, le 30 août 1483.

La mort de Louis XI commence la seconde partie de la vie de Philippe de Comines. Né en 1445, il avait alors trente-huit ans ; il n'était pas encore parvenu à la maturité de l'homme d'état ; un riche et brillant avenir s'ouvrait encore devant lui. Mais sous Louis XI il ne s'était essayé à rien de juste ni de grand ; les affaires publiques avaient été pour lui l'apprentissage des conspirations et des intrigues. Au règne absolu de Louis XI, succédaient les incertitudes d'une régence, le gouvernement d'une femme et d'un enfant. Les états-généraux, assemblés en 1484, furent partagés entre la faction des princes, des ducs d'Orléans et de Bourbon, et l'influence de la régente, madame de Beaujeu ; ils établirent, pour gouverner le royaume pendant la minorité de Charles VIII, un conseil de régence composé des princes du sang, de quelques-uns des ministres de Louis XI et de douze députés des états-généraux, nommés par le roi et les princes (8). Comines, par la protection du connétable de Bourbon, auquel il s'était attaché, fut nommé membre de ce conseil de régence (9). Il conserva sa dignité jusqu'en 1487, quoiqu'il eût pris parti contre la régente. Dans la guerre folle, il se déclara en faveur des princes, et finit par s'attirer la colère de la cour. Il en fut chassé par le duc René de Lorraine, *avec folles et rudes paroles*, comme il le dit lui-même. Il se réfugia à Moulins auprès du connétable de Bourbon, et il y passa près d'une année, se livrant à de misérables intrigues. Le connétable de Bourbon le renvoya encore de sa maison pour une cause qu'on ignore, et Philippe de Comines alla offrir aux divers princes ses services et ses trahisons. Enfin ses trames furent découvertes ; des lettres furent saisies, dans lesquelles il fomentait la guerre civile. Il fut arrêté et enfermé dans une de ces cages de

---

(1) Mémoires de Comines, liv. V, ch. 11.
(2) Voyez les actes des états-généraux de Bourgogne, dans D. Plancher, histoire de Bourgogne, preuves, t. 3.
(3) Mémoires de Comines, liv. VI, ch. 4.
(4) *Id., ibid.*
(5) *Id., ibid.*
(6) Il n'avait que soixante ans.
(7) *Id.*, liv. VI, ch. 7.

(8) Journal des états-généraux de 1484, par Jehan Masselin, publié et traduit du latin, par M. Adhelm Bernier, 1 vol. in-4°, 1835. Ce travail, qui ne contient ni avant-propos, ni actes, ni tables, n'a aucune des conditions nécessaires à un ouvrage d'érudition. On ne comprend pas comment on peut mettre tant de légèreté dans les publications du gouvernement.

(9) Mémoires de Comines, liv. VII, ch. 2.

fer que l'on appelait les Fillettes de Louis XI, et dont il fait une si terrible description (1). « Plusieurs l'ont maudit, dit-il, et moi aussi qui en ai tasté sous le Roy de présent l'espace de huit mois. » Au bout de ce temps, il fut placé dans une prison moins étroite, d'où il pouvait apercevoir le cours de la Seine. Enfin il fut traduit devant le parlement; sa réputation était si mauvaise, tant de haine s'était attachée à l'intimité de Louis XI et à ses crimes récents, qu'il ne put pas trouver un avocat. Il se défendit et parla lui-même pendant deux heures avec beaucoup d'habileté et de talent; il multiplia les aveux, les larmes, les protestations de repentir, et obtint de ne perdre que l'honneur; il conserva la vie et la plus grande partie de ses biens (2). L'arrêt constate ses crimes et ses aveux : *Pour raison de ce qu'il estoit chargé d'avoir eu intelligence, adhésion et pratique par paroles, messages, lettres de chiffres ou autrement, avec plusieurs rebelles et désobéissants subjets du Roy, et d'autres crimes et maléfices; les confessions dudit Comines, faites tant devant les commissaires ordonnez par le Roy, que depuis en la cour de céans.* Comines est condamné à dix ans d'exil pour l'observation desquels il fournira une caution de dix mille écus d'or, et à la confiscation du quart de ses biens (3). Comines obtint donc la faculté de se retirer dans ses terres. Cette disgrâce l'affecta vivement ; il se sentait frappé à la fois sur les deux parties les plus sensibles, sa fortune et son ambition. « Je suis venu à la grande mer, disait-il, et la tempête m'a noyé (4). » Cette triste époque de sa vie n'est pas racontée dans ses Mémoires; nous ne la connaissons que par des écrivains étrangers, et par les courtes et rares allusions qu'il fait à sa disgrâce.

Cependant son exil ne fut pas de longue durée; il reparut bientôt à la cour, s'attacha au jeune roi Charles VIII, et nous le retrouvons parmi les négociateurs du traité de Senlis en 1493, et l'année suivante il prit part à l'expédition d'Italie. Mais il ne jouissait ni de la confiance ni de l'amitié du souverain ; c'était un homme encore sous le poids d'un arrêt infamant que l'on employait à regret et à qui l'on n'épargnait ni le mépris, ni les injures. Son expérience consommée, sa connaissance profonde de la langue, de la politique, des hommes et des états de l'Italie où il avait séjourné un an, en faisaient l'ambassadeur indispensable du Roi de France. Seul il pouvait opposer une politique habile à la mauvaise foi des Italiens; élève de Louis XI, il était digne de lutter contre les élèves de Machiavel. Ainsi il fut chargé d'ouvrir par des négociations le chemin de l'Italie aux Français. Tandis que Charles VIII partait du Milanais et se dirigeait vers le royaume de Naples à travers la Toscane et les états du pape, Comines était envoyé à Venise pour surveiller les mouvements des alliés douteux de la France. Cependant, en sa présence et sans qu'il pût y apporter obstacle, fut conclue la Ligue de Venise, premier essai d'une confédération européenne, première tentative pour maintenir l'équilibre européen menacé par les accroissements de la France. La Ligue fut signalée à Comines par le doge en présence du sénat, et il quitta Venise apportant à Charles VIII la première nouvelle d'une guerre terrible. Tandis que l'impétuosité française surmontait tous les obstacles, qu'ils vinssent de la nature ou des hommes, Comines négociait toujours. Le matin de la bataille de Fornoue, il avait été envoyé pour éviter le combat; mais les coups de canon interrompirent les conférences, et la victoire les rendit inutiles. Enfin, lorsque le duc d'Orléans, enfermé dans Novare, était réduit aux dernières extrémités, Comines parvint à lui ménager ce traité de Verceil qui lui conservait l'honneur et la vie au prix d'une partie de ses prétentions sur le Milanais. Malgré de si hautes et si importantes commissions, Philippe de Comines n'avait ni estime, ni crédit; souvent les ministres du Roi l'engageaient dans des négociations dont il ne connaissait ni le but, ni l'issue. Objet de l'antipathie de Charles VIII, qui l'accablait de duretés (5), suspect à tous, aux ennemis et aux amis de la France, il trouvait dans son habileté et son ambition une source toujours féconde d'humiliations et de chagrins. A l'armée, il n'osait tenir sa tente fermée pendant la nuit, de peur d'être soupçonné d'y recéler quelque trahison.

Quand Charles VIII succéda à Louis XI, Comines, qui avait vécu dans l'intimité de ce prince et pris part à ses fautes, espéra retrouver sous lui le crédit dont il avait joui jusqu'alors. L'un des premiers, il alla saluer le nouveau Roi à son avènement, mais il en fut mal accueilli. Tombé dans une dernière et plus profonde disgrâce, Philippe de Comines se retira dans sa terre d'Argenton ; il y vécut encore treize ans dans la retraite; il mourut le 13 octobre 1509.

Si l'on en croit les récits des contemporains et la statue de Comines déposée au Musée de Versailles, notre historien avait la taille élevée, les épaules larges et fortes, les traits du visage caractérisés, les yeux pleins de pénétration et de sagacité. Son ardeur pour l'étude, son aptitude pour les affaires, son activité et sa souplesse en firent un de ces hommes utiles que les gouvernements emploient, mais qui ne savent conquérir ni affection ni estime. Comines ne laissa qu'une seule fille, Jeanne de Comines, qui épousa, le 13 août 1504, René de Bretagne, comte de Penthièvre.

Les *Mémoires de Comines* se partagent en huit livres, et comprennent une partie des règnes de

---

(1) Id., liv. VI, ch. 12.
(2) Sleidan, vie de Comines, après Langlet-Dufresnoy.
(3) Arrêt du 24 mars 1488.

(4) Sleidan, *ubi suprà*.
(5) « Et quoique j'aie été l'homme du monde à qui il » a fait le plus de rudesse. » (Comines, liv. VIII, ch. 20).

Louis XI et de Charles VIII. Les six premiers livres s'étendent de 1464 à 1483, depuis l'arrivée de Comines à la cour du comte de Charolais jusqu'à la mort de Louis XI ; les deux derniers comprennent les guerres de Charles VIII en Italie, pendant les années 1494 et 1495 ; ces livres se composent de simples notes, adressées par Comines à Angelo-Cattho, archevêque de Vienne, qui devait écrire l'histoire de cette époque en langue latine, la seule langue littéraire et savante de ce temps.

Les deux parties dont se composent ces Mémoires ont été écrites à deux époques différentes ; Comines lui-même nous donne les indications nécessaires pour fixer l'époque précise de cette rédaction. Les six premiers livres furent composés sous Charles VIII. Il nous le dit à plusieurs reprises ; il parle de sa récente disgrâce, mais ne fait aucune allusion aux guerres d'Italie. Nous sommes donc en droit de conclure qu'ils furent rédigés pendant le temps qui s'est écoulé entre la condamnation de Comines et son retour à la cour, de 1488 à 1493. Quant aux deux derniers livres, ils furent écrits, comme nous le dit Comines (1), après sa dernière disgrâce, en 1497.

Ces deux parties des *Mémoires de Comines* présentent deux caractères bien distincts : dans la première, Comines voit sur le trône une politique qu'il apprécie et qu'il comprend. Ses seuls sentiments sont l'admiration et le respect ; il est toujours prêt à abaisser son opinion devant celle de Louis XI, à excuser même ses crimes ; dans la seconde, au contraire, Comines s'arrête à des événements qui troublent les opinions et les habitudes de sa vie ; tout est livré aux caprices du hasard ; rien n'est prévu, rien n'est préparé, et le succès est encore plus étonnant que l'entreprise. Comines ne peut expliquer des événements si nouveaux pour lui que par l'intervention directe de Dieu. C'est la Providence qui guide les Français à travers l'Italie ; c'est elle qui inspire les prédictions de Savonarole ; c'est elle qui ouvre à Charles VIII le passage à travers ses ennemis ; c'est elle enfin qui, le matin de la bataille de Fornoue, revêt le jeune roi d'une éclatante beauté et d'une irrésistible valeur. Tels sont les traits les plus saillants du récit de Comines.

Le style de Comines, bien qu'il appartienne à l'enfance de notre langue, porte néanmoins l'empreinte d'une grande élévation d'esprit et d'une rare habileté d'écrivain. Si la narration de Comines abonde quelquefois en superfluités et en redites, si le sens de sa phrase disparaît par intervalles sous les accessoires et les incidents, du moins le style se prête au récit de tous les faits, comme à l'expression de toutes les idées. Soit qu'il suive Charles-le-Téméraire dans ses folles campagnes, ou qu'il disserte sur le gouvernement de la France, sur les limites du pouvoir royal, sur le droit de voter l'impôt, uni étroitement,

(1) Mémoires de Comines, liv. VII, ch. 2 et liv. VIII, ch. 12.

suivant l'opinion de Comines, au devoir de le payer ; soit qu'il expose le gouvernement de Venise, si parfait à ses yeux, parce qu'il reproduit quelque chose de l'administration sévère de Louis XI, soit qu'il considère d'un œil d'étonnement et de pitié la petite armée de Charles VIII, lancée au milieu de vastes contrées ennemies, son discours, d'abord simple et grave, comme il convient à un homme d'affaires, s'échauffe et s'anime peu à peu, et son imagination colore ses tableaux ; mais ses Mémoires présentent surtout des conseils utiles, des réflexions pratiques, une expérience choisie et sensée. La morale de son livre vaut mieux que celle de sa conduite ; jamais il ne conseille une mauvaise action, parfois il l'excuse ; sa foi religieuse est vive et sincère, mais superstitieuse à la façon de celle de Louis XI ; quelquefois aussi, comme nous l'avons dit, le sentiment pur et élevé de la Divinité perce à travers les formes positives qui le déguisent, et nous révèle tout ce qu'il y avait de véritable grandeur dans l'esprit de Comines.

L'importance des règnes de Louis XI et de Charles VIII, l'intérêt des *Mémoires de Comines*, ont attiré depuis long-temps l'attention des savants et des commentateurs. Les principales éditions de Comines peuvent se réduire à quatre, si l'on fait abstraction d'un assez grand nombre de réimpressions. La première, publiée en 1523, par le président de Selves, ne contient que les six premiers livres. En 1525, un autre éditeur, dont le nom est inconnu, y ajouta les livres sept et huit. Bien qu'on ignore sur quel manuscrit sont faites ces deux éditions originales, leur ancienneté leur donne une valeur presque authentique. En 1552, Deny-Sauvage, publia un nouveau texte de Comines, collationné sur un manuscrit original. Mais Philippe de Comines trouva dans trois générations de savants des éditeurs consciencieux et dévoués. Théodore Denas et Jean Godefroy consacrèrent de longues années à l'étude du texte et à l'explication des faits. Le résultat de leurs recherches fut publié en 1649. (Paris, 3 volumes in-8°.) Comines devait encore rencontrer un éditeur plus savant et plus exact ; Lenglet-Dufresnoy entreprit sur de larges bases une dernière édition de Comines ; il revisa le texte sur les manuscrits des bibliothèques du roi et de Saint-Germain-des-Prés et des cabinets particuliers, et par leur comparaison, arriva à une perfection presque complète. Des notes nombreuses aplanirent toutes les difficultés de détail ; enfin, toutes les pièces relatives aux faits racontés par Comines furent réunies en trois volumes in-4°. Cette magnifique édition a été le fond commun de toutes les réimpressions suivantes. Nous en avons en général suivi le texte ; une partie de nos notes biographiques lui est aussi empruntée ; seulement, nous avons cherché à substituer à sa ponctuation obscure et arbitraire une méthode qui divisât mieux la phrase de Comines pour en distinguer les divers membres et pour en rendre le sens plus complet et plus clair.

MÉMOIRES

DE

PHILIPPE DE COMINES.

LIVRE PREMIER.

CHAPITRE PREMIER.

De l'occasion des guerres qui furent entre Louis onziesme et le comte de Charolois, depuis duc de Bourgogne.

Au saillir de mon enfance, et en l'aage de pouvoir monter à cheval, je fus amené à l'Isle (1), devers le duc Charles de Bourgogne, lors appellé comte de Charolois, lequel me prit en son service : et fut l'an 1464. Quelques trois jours après arrivèrent audit lieu de l'Isle, les ambassadeurs du Roy (2) : où estoient le comte d'Eu (3), le chancelier de France, appelé Morvillier (4), et l'archevesque de Narbonne (5) : et en la présence du duc Philippe de Bourgogne, et dudit comte de Charolois, et de tout leur conseil, à huis ouvers, furent ouïs lesdits ambassadeurs : et parla ledit Morvillier fort arrogamment, disant que ledit comte de Charolois avoit fait prendre, luy estant en Hollande, un petit navire de guerre, party de Dieppe, auquel estoit un bastard de Rubempré (6), et l'avoit fait emprisonner, luy donnant charge qu'il estoit là venu pour le prendre, et qu'ainsi l'avoit fait publier partout, et par espécial à Bruges, où hantent toutes nations de gens estranges, par un chevalier de Bourgogne, appellé messire Olivier de la Marche.

Pour lesquelles causes le Roy, soy trouvant chargé de ces cas, contre vérité, comme il disoit, réquéroit audit duc Philippe, que ce messire Olivier de la Marche (7) luy fust envoyé prisonnier à Paris, pour en faire la punition telle que le cas le requéroit. A ce point luy respondit ledit duc Philippe, que messire Olivier de la Marche estoit né de la comté de Bourgogne, et son maistre-d'hostel, et n'estoit en rien subject à la Couronne ; toutesfois que s'il avoit fait et dit chose qui fût contre l'honneur du Roy, et qu'ainsi le trouvast par information, qu'il en feroit la punition telle qu'au cas appartiendroit; et qu'au regard du bastard de Rubempré, il est vray qu'il estoit pris pour les signes et contenances qu'avoit ledit bastard et ses gens à l'environ de La Haye en Holande, où pour lors estoit son fils comte de Charolois, et que si ledit comte estoit soupçonneux, il ne le tenoit point de luy (car il ne le fut oncques), mais le tenoit de sa mère, qui avoit esté la plus soupçonneuse dame qu'il eust jamais congneue, mais nonobstant que luy (comme dit est) n'eust jamais esté soupçonneux, s'il se fust trouvé au lieu de son fils, à l'heure que ce bastard de Rubempré

---

(1) Lille, maintenant chef-lieu de département du Nord.
(2) Louis XI, né à Bourges le 3 juillet 1423, succéda à son père Charles VII, le 22 juillet 1461.
(3) Charles d'Artois, prince du sang, qui revint en France en 1438, après avoir été prisonnier en Angleterre pendant vingt-trois ans. Il demeura constamment attaché au service du Roi et ne prit aucune part à la ligue du Bien Public, conclut un traité en 1469 entre Louis XI et le duc de Bourgogne, et mourut sans enfants en 1472, à l'âge de quatre-vingts ans.

(4) Pierre de Morvillier, auparavant président des parlements de Bourgogne, reçut les sceaux en 1461, et les rendit en 1465 à Juvénal des Ursins, son prédécesseur.
(5) Antoine du Bec-Crepin, d'abord évêque duc de Laon.
(6) Fils naturel d'Antoine II, sieur de Rubempré en Picardie. Il resta cinq ans en prison sans qu'on pût trouver aucune preuve du crime dont il était accusé.
(7) L'auteur des mémoires.

hantoit ès environs, qu'il l'eust fait prendre comme il avoit esté; et que si ledit bastard ne se trouvoit chargé d'avoir voulu prendre son fils (comme l'on disoit), qu'incontinent le feroit délivrer et le renvoyeroit au Roy, comme ses ambassadeurs le requéroyent.

Après recommença ledit Morvillier, en donnant grandes et deshonnestes charges au duc de Bretagne (1), appelé François: disant que ledit duc, et le comte de Charolois, là présent, estant ledit comte à Tours devers le Roy là où il l'estoit allé voir, s'estoient baillez, seellez l'un à l'autre et faits frères d'armes; et s'estoient baillez lesdits seellez par la main de messire Tanneguy du Chastel (2), qui depuis a esté gouverneur du Roussillon, et a eu auctorité en ce roiaume: faisant ledit Morvillier ce cas si énorme et si criminenx, que nulle chose, qui se peust dire à ce propos, pour faire honte et vitupère à un prince, ne fust qu'il ne dist. A quoy ledit comte de Charolois par plusieurs fois voulut respondre, comme fort passionné de cette injure, quoy se disoit de son amy et allié; mais ledit Morvillier luy rompoit tousjours la parole, disant ces mots: *Monseigneur de Charolois, je ne suis pas venu pour parler à vous, mais à monseingneur vostre père.* Ledit comte supplia par plusieurs fois à son père qu'il peust respondre: lequel luy dit: *J'ay respondu pour toy, comme il me semble que père doit respondre pour fils: toutesfois, si tu en as si grande envie, penses-y aujourd'huy, et demain dy ce que tu voudras.* Encores disoit ledit Morvillier, qu'il ne pouvoit penser qui pouroit avoir meu ledit comte de prendre cette alliance avec ledit duc de Bretagne, qu'il n'avoit rien, sinon une pension que le Roy luy avoit donnée avec le gouvernement de Normandie, que le Roy luy avois osté.

Le lendemain en l'assemblée, et en la compagnie des dessusdits, le comte de Charolois, le genouil en terre, sus un carreau de veloux, parla à son père premier, et commença de ce bastard de Rubempré: disant les causes estre justes et raisonnables de sa prinse, et que ce se mettroit par procès. Toutesfois je croy qu'il ne s'en trouva jamais rien, mais estoient les suspections si grandes, et le vy délivrer d'une prison où il avoit esté cinq ans. Après ce propos commença

à descharger le duc de Bretagne, et luy aussi: disant qu'il estoit vray que ledit duc de Bretagne et luy avoient prins alliance et amitié ensemble, et qu'ils s'estoient faicts frères d'armes : mais en rien n'étendoient cette alliance au préjudice du Roy, ne de son royaume, mais pour le servir et soustenir, si besoin en estoit: et que touchant la pension qui luy avoit esté ostée, que jamais n'en avoit eu qu'un quart, montant neuf mille francs, et que jamais n'avoit requis ladite pension, ne le gouvernement de Normandie, et que moyennant qu'il eust la grâce de son père, il se pourroit bien passer de tous autres bienfaicts. Et croy bien si n'eust esté la crainte de sondit père, qui là estoit présent, et auquel il adressoit sa parolle, qu'il eust beaucoup plus asprement parlé. La conclusion dudit duc Philippe fut fort humble et sage (3), suppliant au Roy ne vouloir légèrement croire contre luy ne son fils, et l'avoir tousjours en sa bonne grâce. Après fut apporté le vin et les espices, et prirent les ambassadeurs congé du père et du fils. Et quand ce vint que le comte d'Eu et le chancelier eurent pris congé dudit comte de Charolois, qui estoit assés loin de son père, il dit à l'archevesque de Narbonne, qu'il vit le dernier: *Recommandez-moy très humblement à la bonne grâce du Roy, et luy dites qu'il m'a bien fait laver ici par le chancelier, mais avant qu'il soit un an il s'en repentira.* Ledit archevesque de Narbonne fit ce message au Roy, quand il fut de retour, comme vous entendrez cy-après. Ces parolles engendrèrent grande hayne dudit comte de Charolois au Roy: avec ce qu'il n'y avoit guères que le Roy avoit racheté les villes de dessus la rivière de Somme: comme Amiens, Abeville, Sainct-Quentin, et autres, baillées par le Roy Charles septiesme audit duc Philippe de Bourgogne, par le traicté qui fut faict à Arras, pour en jouir par luy et ses hoirs masles, au rachapt de quatre cens mille escus. Je ne sçay bonnement comment cela se mena: toutesfois ledit duc se trouvant en sa vieillesse, furent tellement conduits tous ses affaires par messeigneurs de Croy et de Chimay, frères (4), et autres de leur maison, qu'il reprit son argent du Roy et restitua lesdites terres: dont ledit comte son fils fut fort troublé: car c'estoient les frontières et limites de leurs seigneu-

---

(1) François II, duc de Bretagne, fils de Richard de Bretagne, frère de Jean V, comte d'Etampes, mort en 1438, et de Marguerite d'Orléans, épousa à Vannes, en 1455, Marguerite de Bretagne, et devint duc de Bretagne en 1458, par la mort d'Artur III.

(2) Tanneguy du Chastel, l'un des favoris de Louis XI, qui le fit depuis gouverneur du Roussillon.

(3) Monstrelet dit que le duc écrivit au Roi, et que Louis XI lui fit sur-le-champ une réponse convenable.

(4) Deux frères: l'aîné s'appelait Antoine de Croy, comte de Porcean de Guise et de Beaumont en Hainault, chevalier de la Toison-d'Or, favori du duc Jean-le-Bon, mourut en 1475; le second, Jean de Croy, chevalier de la Toison-d'Or, grand baillif et capitaine-général du pays de Hainault; tous deux fils de Jean de Croy, chambellan du duc de Bourgogne.

ries : et y perdoient beaucoup de subjects et bonnes gens pour la guerre. Il donna charge de ceste matière à la maison de Croy : et venant son père à l'extrême vieillesse, dont jà estoit près, il chassa hors du pays de son père tous lesdits seigneurs de Croy, et leur osta toutes les places et choses qu'ils tenoient entre leurs mains.

◇◇◇

CHAPITRE II.

Comment le comte de Charolois, avec plusieurs gros seigneurs de France, dressa une armée contre le roy Louys onziesme, soubs couleur du bien public.

Bien peu de temps après le partement des ambassadeurs dessusdits, vint à l'Isle le duc de Bourbon, Jehan (1), dernier mort, feignant venir voir son oncle le duc Philippe de Bourgogne : lequel, entre toutes les maisons du monde, aimoit ceste maison de Bourbon. Cedit duc de Bourbon estoit fils de la sœur (2) dudit duc Philippe, laquelle estoit veufve, long-temps avoit, et estoit là avec ledit duc son frère, et plusieurs de ses enfans, comme trois filles et un fils. Toutefois l'occasion de la venue dudit duc de Bourbon, estoit pour gaigner et conduire ledit duc de Bourgogne de consentir mettre sus une armée en son païs : ce que semblablement feroient tous les princes de France, pour remonstrer au Roy le mauvais ordre et injustice qu'il faisoit en son royaume : et vouloient estre forts pour le contraindre, s'il ne se vouloit ranger. Et fut cette guerre depuis appellée le *Bien Public*; pour ce qu'elle s'entreprenoit soubs couleur de dire que c'estoit pour le bien public du royaume. Ledit duc Philippe, qui depuis sa mort a esté appellé : *le bon duc Philippe*, consentit qu'on mit sus des gens : mais le nœud de ceste matière ne luy fut jamais descouvert, ny ne s'attendoit point que les choses vinssent jusques à la voie de faict. Incontinent se mirent à mettre sus ses gens : et vint le comte de Sainct-Paul, depuis connestable de France, devers ledit comte de Charolois à Cambray, où pour lors estoit ledit duc Philippe : et luy venu audit lieu, avec le mareschal de Bourgogne (3), qui estoit de la maison de Neufchastel, ledit comte de Charolois fit une grande assemblée de gens de conseil, et autres des gens de son père, en l'hostel de l'évesque de Cambray (4), et là déclara tous ceux de la maison de Croy, ennemis mortels de son père et de luy, nonobstant que le comte de Sainct-Paul eust baillé sa fille en mariage au fils du seigneur de Croy, long-temps avoit, et disoit y avoir dommage. En somme il fallut que tous s'enfuissent des seigneuries du duc de Bourgogne, et perdirent beaucoup de meubles. De tout cecy despleut bien au duc Philippe : lequel avoit pour premier chambellan un, qui depuis fut appellé monseigneur de Chimay, homme jeune et très-bien conditionné, neveu du seigneur de Croy, lequel s'en alla sans dire adieu à son maistre, pour la crainte de sa personne : autrement il eust esté tué ou pris ; car ainsi lui avoit esté déclaré. L'ancien aage du duc Philippe luy fit ce endurer patiemment : et toute cette déclaration, qui se fit contre ses gens, fut à cause de la restitution de ces seigneuries situées sur la rivière de Somme, que ledit duc Philippe avoit rendues audit roy Louis, pour la somme de quatre cens mille escus, et chargeoit le comte de Charolois ces gens de cette maison de Croy, d'avoir fait consentir audit duc Philippe cette restitution.

Ledit comte de Charolois se radouba et rapaisa avec son père, le mieux qu'il put, et incontinent mit ses gens-d'armes aux champs : et en sa compagnie ledit comte de Sainct-Paul estoit principal conducteur de ses affaires, et le plus grand chef de son armée ; et pouvoit bien avoir trois cens hommes-d'armes et quatre mille archiers soubs sa charge, et avoit beaucoup de bons chevaliers et escuyers du pays d'Artois, de Hainault et de Flandre, soubs ledit comte, par le commandement dudit comte de Charolois. Semblables bandes et aussi grosses armées avoient monseigneur de Ravastein (5), frère du duc de Clèves, et messire Antoine (6) bastard de Bourgogne, lesquels avoient esté ordonnez pour les conduire. D'autres chefs y avoit-il, que je ne nommeray pas, pour cette heure, pour briefveté : et entre les autres y avoit deux chevaliers, qui avoient grand crédit avec ledit comte de Charolois : l'un estoit le seigneur

---

(1) Jean II, duc de Bourbon et d'Auvergne, né en 1426, mort en 1488, à l'âge de 62 ans.

(2) Agnès de Bourgogne, mariée en 1426, à Charles, duc de Bourbon, père de Jean, morte le 1er décembre 1476.

(3) Thibaut, seigneur de Neufchâtel, chevalier de la Toison-d'Or.

(4) Jean, évêque de Cambray, mort en 1479, fils naturel de Jean, duc de Bourgogne.

(5) Adolphe de Clèves, seigneur de Ravestin, fils puisné d'Adolphe de la Marck, premier duc de Clèves.

(6) Fils naturel de Philippe-le-Bon, duc de Bourgogne, et de Jeanne de Presle.

de Haultbourdin (1), ancien chevalier, frère bastard dudit comte de Sainct-Paul, nourry ès anciennes guerres de France et d'Angleterre, au temps que le roy Henry, cinquiesme roy d'Angleterre de ce nom régnoit en France, et que le duc Philippe estoit joinct avec luy, et son allié. L'autre avoit nom le seigneur de Contay, qui semblablement estoit du temps de l'autre. Ces deux estoient très-vaillans et sages chevaliers, et avoient la principale charge de l'armée. Des jeunes il y en avoit assez : et entre les autres un fort bien renommé, appellé messire Philippe de Lalain (2), qui estoit d'une race dont peu s'en est trouvé qui n'ayent esté vaillans et courageux, et presque tous morts en servant leurs seigneurs en la guerre. L'armée pouvoit estre de quatorze cens hommes-d'armes, mal armez et maladroits, car long-temps avoient esté ces seigneurs en paix : et depuis le traicté d'Arras avoient peu veu de guerre qui eust duré : et à mon advis qu'ils avoient esté en repos plus de trente ans, sauf quelques petites guerres, contre ceux de Gand, qui n'avoient guères duré. Les hommes-d'armes estoient très-forts, bien montez et bien accompagnez : car peu en eussiez-vous veu qui n'eussent cinq ou six grands chevaux. D'archiers y pouvoit bien avoir huict ou neuf mille : et quand la monstre (3) fut faite, y eut plus à faire à les renvoyer qu'à les appeller : et furent choisis tous les meilleurs.

Pour lors avoient les subjects de cette maison de Bourgogne, grandes richesses, à cause de la longue paix qu'ils avoient euë, pour la bonté du prince soubs qui ils vivoient : lequel peu tailloit ses subjets : et me semble que pour lors, ses terres se pouvoient mieux dire terres de promission que nulles autres seigneuries qui fussent sur la terre. Ils estoient comblez de richesses, et en grand repos, ce qu'ils ne furent oncques puis : et y peut bien avoir vingt et trois ans que cecy commença. Les despenses et habillemens d'hommes et de femmes, grands et superflus. Les convis et banquets, plus grands et plus prodigues qu'en nul autre lieu dont j'aye eu connoissance. Les baignoiries et autres festoyemens avec femmes, grands et désordonnez, et à peu de honte. Je parle des femmes de basse condition. En somme ne sembloit pour lors aux subjets de ceste maison, que nul prince fût suffisant pour eux, au moins qu'il les sceust confondre : et en ce monde n'en connoy aujourd'huy une si désolée, et doute que les péchez du temps de la prospérité leur fassent porter ceste adversité ; et principalement qu'ils ne connoissent pas bien que toutes ces grâces leur procédoient de Dieu, qui les départ là où il luy plaît.

Estant ceste armée ainsi preste, qui fust tout à un instant, de toutes choses dont j'ay icy devant parlé, se mit le comte de Charolois en chemin avec toute cette armée : qui estoient tous à cheval, sauf ceux qui conduisoient son artillerie, qui estoit bonne et belle, selon le temps de lors, avec fort grand nombre de charroy, et tant qu'ils cloyoient (4) la pluspart de son ost, seulement ce qui estoit sien. Pour le commencement tira son chemin devers Noyon, et assiégea un petit chastel, où il y avoit des gens de guerre, appelé Nesle : lequel en peu de jours il print. Le mareschal Joachim (5), mareschal de France, estoit tousjours environ de luy, qui estoit party de Péronne ; mais il ne luy faisoit point de dommage, parce qu'il avoit peu de gens, et se mit dedans Paris quand ledit comte en approcha. Tout au long du chemin ne faisoit ledit comte nulle guerre, ny ne prenoient rien ses gens sans payer. Aussi les villes de la rivière de Somme, et toutes autres laissoient entrer ses gens en petit nombre, et leur bailloient ce qu'ils vouloient pour leur argent : et sembloit bien qu'ils escoustassent qui seroit le plus fort ou le Roy ou les seigneurs, et chemina tant ledit comte qu'il vint à Sainct-Denis près Paris, où se devoient trouver tous les seigneurs du royaume, comme ils avoient promis, mais ils ne s'y trouvèrent pas. Pour le duc de Bretagne y avoit avec ledit comte, pour ambassadeur, le vice-chancelier de Bretagne (6), qui avoit des *blancs signez* de son maistre, et s'en aidoit à *faire nouvelles* et escrits comme le cas le requéroit. Il estoit Normand et très-habile homme : et besoin luy en fut, pour le murmure des gens qui sourdit contre luy. Ledit comte s'alla monstrer devant Paris, et y eut très-grande escarmouche, et jusques aux portes, au désavantage de ceux de dedans. De gens-d'armes il n'y avoit que ledit Joachim et sa compagnie, et monseigneur de

---

(1) Jean de Luxembourg, fils naturel de Valerand de Luxembourg et d'Agnès Dubus, légitimé le 12 juin 1433.
(2) Fils de Guillaume, seigneur de Lallain, tué à la bataille de Montlhéry.
(3) *Monstre*, revue.
(4) De *clore*, enfermer.
(5) Joachim Rouault, seigneur de Châtillon, maréchal de France. Il avait rendu de grands services sous les règnes précédents, s'était trouvé à la bataille de Formigny, en 1450 ; au siége de Bordeaux en 1465. Dans la guerre du Bien Public, il resta fidèle au roi, et en 1465 défendit Paris contre les princes confédérés. Louis XI lui donna alors le gouvernement de cette place et le fit maréchal de France. Il fut disgracié plus tard.
(6) Jean de Romillé, seigneur de Chesnelaye.

Nantouillet (1), depuis grand-maistre : qui aussi bien servit le Roy en cette armée, que jamais subjet servit roy de France en son besoin : et à la fin en fut mal récompensé, par la poursuite de ses ennemis, plus que par le deffaut du Roy : mais les uns, ne les autres, ne s'en scauroient de tous points excuser. Il y eut du menu peuple, comme j'ay depuis sceu, fort espouvanté ce jour, jusques à crier : Ils sont dedans (ainsi le m'ont conté plusieurs depuis), mais c'estoit sans propos. Toutes-fois monseigneur de Haultbourdin (dont j'ay parlé cy-devant, et lequel y avoit esté nourry, lorsqu'elle n'estoit point si forte qu'elle est à présent) eust esté assez d'opinion qu'on l'eust assaillie. Les gens-d'armes l'eussent bien voulu, tous mesprisans le peuple : car jusques à la porte estoient les escarmouches. Toutes-fois il est vraysemblable qu'elle n'estoit point prenable. Ledit comte s'en retourna à Sainct-Denis.

Le lendemain au matin se tint conseil, scavoir si on iroit au devant du duc de Berry et du duc de Bretagne, qui estoient près, comme disoit le vice-chancelier de Bretagne, qui monstroit lettres d'eux : mais il les avoit faites sur des blancs : et autre chose n'en scavoit. La conclusion fut, que l'on passeroit la rivière de Seine : combien que plusieurs opinèrent de retourner, puisque les autres avoient failly à leur jour : et qu'avoir passé la rivière de la Somme et de Marne (2), c'estoit assez, et suffisoit bien, sans passer celle de Seine : et y mettoient grandes doutes aucuns; veu qu'à leur dos n'avoient nulles places pour eux retirer, si besoin en avoient. Fort murmurèrent tous ceux de l'ost sur le comte de Sainct-Paul et sur ce vice-chancelier : toutes-fois ledit comte de Charolois alla passer la rivière et loger au pont Sainct-Clou. Le lendemain, dès qu'il fut arrivé, lui vindrent nouvelle d'une dame du royaume, qui luy escrivoit de sa main, comme le Roy partoit de Bourbonnois, et à grandes journées alloit pour le trouver.

Or faut un peu parler comme le Roy estoit allé en Bourbonnois. Connoissant que tous les seigneurs du royaume se déclaroient contre luy, au moins contre son gouvernement, se délibéra d'aller premier au duc de Bourbon, qui luy sembloit s'estre plus déclaré que les autres princes : et pource que son païs estoit foible, tantost l'auroit affolé; il luy print plusieurs places, et eut achevé le demeurant, si n'eust esté le secours qui vint de Bourgogne, que menoit le seigneur de Coulches (3), le marquis de Rottelin (4), le seigneur de Montagu (5), et autres : et y estoit, portant le harnois, le chancelier de France (qui est aujourd'huy homme bien estimé) appellé messire Guillaume de Rochefort. Cette assemblée avoient faite en Bourgogne, le comte de Beaujeu (6) et le cardinal de Bourbon (7) frère du duc Jehan de Bourbon : et mirent les Bourguignons dedans Molins. D'autre part vindrent en l'ayde dudit duc, le duc de Nemours (8), le comte d'Armagnac (9), et le seigneur d'Albret (10), avec grand nombre de gens : où il y avoit aucuns bien bons hommes d'armes de leurs païs, qui avoient laissé les ordonnances et s'estoient retirez à eux. Ce grand nombre estoit assez mal empoinct : car ils n'avoient point de payement, et falloit qu'ils vescussent sur le peuple. Nonobstant tout ce nombre, le Roy leur donnoit beaucoup d'affaires, et traittèrent aucune forme de paix : et par espécial le duc de Nemours fit serment au Roy, luy promettant tenir son party : toutes-fois depuis fit le contraire, dont le Roy conceut ceste longue haine qu'il avoit contre luy, comme plusieurs fois il m'a dit. Or voyant le Roy que là ne pouvoit si tost avoir fait, et que le comte de Charolois s'approchoit de Paris, doutant que les Parisiens ne fissent ouverture à luy et à son

---

(1) Charles de Melun, baron de Landes, de Normanville et de Nantouillet, chambellan de Louis XI, gouverneur de Paris et de l'île de France, lieutenant général de tout le royaume. Il tomba dans la disgrâce du roi qui lui fit trancher la tête à Andely, le 20 août 1468. Voici des détails sur lui rapportés par Lenglet-Dufresnoy, d'après une ancienne chronique. « Ce chevalier étoit moult privé du roi et avoit couché plusieurs fois avec luy, tant estoit familier. La cause pourquoy, je ne le sçay, sinon que c'étoit la volonté du roy qui n'avoit mercy d'homme sur lequel il avoit suspicion mauvaise. Et, dit-on, que du premier coup que le bourreau lui donna, il ne lui coupa la tête qu'à moitié, et que le chevalier se releva et qu'il dit tout haut qu'il n'avoit cause ne coulpe en ce que le Roy le mettoit, et qu'il n'avoit mort déservie, mais puisque c'étoit le plaisir du Roy il prenoit la mort en gré, et quand il eut ce dit, il fut par après décapité. »

(2) Comines semble confondre ici la Marne avec l'Oise.

(3) Claude de Montaigu, seigneur de Couches, chambellan du duc de Bourgogne, mort en 1470. C'est le dernier rejeton de la dernière maison ducale de Bourgogne.

(4) Rodolphe de Hochberg, mort en 1487.

(5) Jean de Neufchâtel, chambellan du duc.

(6) Pierre II de Bourbon, depuis duc de Bourbon.

(7) Charles de Bourbon, cardinal, archevêque de Lyon, fils de Charles Ier, duc de Bourbon, et d'Agnès de Bourgogne.

(8) Jacques d'Armagnac, décapité à Paris en 1477.

(9) Jean d'Armagnac, le même qui fut excommunié par le pape pour avoir épousé sa propre sœur.

(10) Alain d'Albret, troisième aïeul de Henri IV, par Jeanne d'Albret.

frère (1) et au duc de Bretagne, qui venoient du costé de Bretagne, à cause que tous se coulouroient sur le bien public du royaume: et que ce qu'eust fait la ville de Paris doutoit que toutes les autres villes ne fissent le semblable, se délibéra à grandes journées de se venir mettre dedans Paris, et de garder que ces deux grosses armées ne s'assemblassent : et ne venoit point en intention de combattre, comme par plusieurs fois il m'a conté, en parlant de ces matières.

◇◇◇

CHAPITRE III.

Comment le comte de Charolois vint planter son camp près de Mont-l'héry : et de la bataille qui fut faite audit lieu, entre le roy de France et luy.

Comme j'ay dit cy-dessus, quand le comte de Charolois sceut le département du Roy, qui s'estoit parti du païs de Bourbonnois, et qu'il venoit droict à luy (au moins il le cuidoit) se délibéra aussi de marcher au devant de luy : et dist alors le contenu de ses lettres, sans nommer le personnage qui les escrivit : et qu'un chacun se délibérast de bien faire : car il délibéroit de tenter la fortune, et s'en alla loger à un village près Paris, appellé Longjumeau : et le comte de Sainct-Paul, à tout son avant-garde, à Mont-l'héry, qui est deux lieuës outre : et envoyer espies et chevaucheurs aux champs, pour sçavoir la venuë du Roy, et son chemin. En la présence du comte de Sainct-Paul fut choisi lieu et place pour combattre, audit Longjumeau : et fut arresté entre eux que ledit comte de Sainct-Paul se retireroit à Longjumeau, au cas que le Roy vint, et y estoient les seigneurs de Haultbourdin et le seigneur de Contay présents.

Or faut-il entendre que monseigneur du Maine (2) estoit avec sept ou huict cens hommes-d'armes, au devant des ducs de Berry et de Bretagne, qui avoient en leur compagnie de sages et notables chevaliers, que le roy Louis avoit tous désapointez à l'heure qu'il vint à la Couronne : nonobstant qu'ils eussent bien servi son père, au recouvrement et pacification du royaume : et maintes fois après s'est assez repenti de les avoir ainsi traittez en reconnoissant son erreur. Entre les autres y estoit le comte de Dunois (3), fort estimé en toutes choses, le mareschal de Loheac (4), le comte de Dammartin (5), le seigneur de Bueil, et maints autres : et estoient partis des ordonnances du Roy bien cinq cens hommes-d'armes; qui tous s'estoient retirez vers le duc de Bretagne, dont tous estoient subjets et nez de son païs, qui estoient de ceste armée là. Le comte du Maine, qui alloit au devant, comme j'ay dit, ne se sentant assez fort pour les combatre, deslogeoit tousjours devant eux en s'approchant du Roy : et cherchoient les ducs de Berry et Bretagne se joindre aux Bourguignons. Aucuns ont voulu dire que ledit comte du Maine avoit intelligence avec eux, mais je ne le sceu oncques, et ne le croy pas.

Ledit comte de Charolois estant logé à Longjumeau, comme j'ay dit, et son avant-garde à Mont-l'héry, fut adverty par un prisonnier qu'on luy amena, que le comte du Maine s'estoit joint avec le Roy, et y estoient toutes les ordonnances du royaume, qui pouvoient bien estre environ deux mille deux cens hommes-d'armes, et l'arrièreban du Dauphiné, à tout quarante ou cinquante gentils-hommes de Savoye, gens de bien.

Cependant le Roy eut conseil avec ledit comte du Maine et le grand sénéchal de Normandie, qui s'appelloit de Brezey, l'admiral de France, qui estoit de la maison de Montauban, et autres : et en conclusion (quelque chose qui luy fust dite et opinée) il délibéra de ne combatre point : mais seulement se mettre dedans Paris, sans soy approcher de là où les Bourguignons estoient logez. Et à mon advis que son opinion estoit bonne. Il se soupçonnoit de ce grand sénéschal de Normandie, et luy demanda et pria qu'il luy dist s'il avoit baillé son sellé aux princes qui estoient contre luy, ou non. A quoy ledit grand séneschal respondit que ouy, mais qu'il leur demeureroit, et que le corps seroit sien : et ledit en gaudissant, car ainsi estoit-il accoutumé de parler. Le Roy s'en contenta, et luy bailla charge de conduire son avant-garde et aussi les guides : pour ce qu'il vouloit éviter cette bataille, comme dit est. Ledit grand séneschal, usant de volonté, dit lors à quelqu'un de ses privez : Je les mettray aujourd'huy si près l'un de l'autre, qu'il sera bien habile qui les pourra desmesler. Et ainsi le fit-il : et le premier homme qui y mourut, ce fust luy et ses

---

(1) Charles de France, duc de Berry, frère unique de Louis XI.

(2) Charles d'Anjou, comte du Maine, troisième fils de Louis II, roi de Sicile et duc d'Anjou.

(3) Jean, bâtard d'Orléans, fils naturel de Louis, duc d'Orléans, frère puîné de Charles VI. Grand chambellan en 1450, il mourut en 1468.

(4) André de Laval, maréchal de France en 1439, mourut en 1471.

(5) Antoine de Chabannes, grand-maître de France en 1467, mort en 1488.

gens : et ces paroles m'a contées le Roy, car pour lors j'estoye avec le comte de Charolois.

En effet, au vingt-septiesme jour de juillet, l'an 1465, cette avant-garde se vint trouver auprès de Mont-l'héry, où le comte de Sainct-Paul estoit logé. Ledit comte de Sainct-Paul, à toute diligence signifia cette venuë au comte de Charolois (qui estoit à deux lieuës près, et au lieu qui avoit esté ordonné pour la bataille), luy requérant qu'il le vint secourir à toute diligence; car jà s'estoient mis à pied hommes-d'armes et archiers, et clos de son charroy (1) et que de se retirer à luy (comme il luy avoit esté ordonné) ne luy estoit possible : car s'il se mettoit en chemin, ce sembleroit estre fuite, qui seroit grand danger pour toute la compagnie. Ledit comte de Charolois envoya joindre avec luy le bastard de Bourgogne, qui se nommoit Antoine, avec grand nombre de gens, qu'il avoit sous sa charge, et à grande diligence, et se débatoit à soy-mesme s'il iroit ou non; mais à la fin marcha après les autres, et y arriva environ sept heures de matin : et desjà y avoit cinq ou six enseignes du Roy, qui estoient arrivées au long d'un grand fossé qui estoit entre les deux bendes.

Encores estoit en l'ost du comte de Charolois, le vice-chancelier de Bretagne, appelé Rouville et un vieil homme d'armes appelé Maderey, qui avoit baillé le Pont Saincte-Maxence : lesquels eurent peur, pour le murmure qui estoit entr'eux, voyans qu'on estoit à la bataille, et que les gens de quoy ils s'estoient faits forts, n'y estoient point joints. Si se mirent les dessusdits à la fuite, avant qu'on combatist, par le chemin où ils pensoient trouver les Bretons. Ledit comte de Charolois trouva le comte de Sainct-Paul à pied, et tous les autres se mettoient à la file comme ils venoient : et trouvasmes tous les archiers deshousez, chacun un pal (2) planté devant eux : et y avoit plusieurs pipes de vin desfonsées pour les faire boire : et de ce petit que j'ay veu, ne vey jamais gens qui eussent meilleur vouloir de combattre, qui me sembloit un bien bon signe et grand reconfort. De prime-face fut advisé que tout se mettroit à pied, sans nul excepter : et depuis muerent propos : car presque tous les hommes-d'armes montèrent à cheval. Plusieurs bons chevaliers et escuyers furent ordonnés à demeurer à pied : dont monseigneur des Cordes et son frère estoient du nombre. Messire Philippe de Lallain s'estoit mis à pied (car entre les Bourguignons lors estoient les plus honnorés ceux qui descendoient avec les archiers) et tousjours s'y en mettoit grande quantité de gens de bien, afin que le peuple en fust plus asseuré, et combatist mieux, et tenoient cela des Anglois, avec lesquels le duc Philippe avoit fait la guerre en France, durant sa jeunesse, qui avoit duré trente-deux ans sans trèves : mais pour ce tems là le principal faix portoient les Anglois, qui estoient riches et puissans. Ils avoient aussi pour lors sage roy, le roy Henry, bel et très-vaillant, qui avoit sages hommes et vaillans, et de très-grands capitaines, comme le comte de Salesbury, Talbot, et autres dont je me tay, car ce n'est point de mon tems, combien que j'en aye veu des reliques. Car quand Dieu fut las de leur bien faire, ce sage Roy mourut au bois de Vincennes : et son fils insensé fut couronné roy de France et d'Angleterre à Paris : et ainsi muerent les autres degrez d'Angleterre, et division se mit entre eux, qui a duré jusques aujourd'hui, ou peu s'en faut. Alors usurpèrent ceux de la maison d'Yorch ce royaume, s'ils l'eurent à bon tiltre; je ne sçai lequel : car de telles choses le partage s'en fait au ciel.

En retournant à ma matière, de ce que les Bourguignons s'estoient mis à pied, et puis remontez à cheval, leur porta grand perte de temps et dommage : et y mourut ce jeune et vaillant chevalier messire Philippe de Lallain, pour être mal armé. Les gens du Roy venoient à la file de la forest de Torfou (3), et n'estoient point quatre cens hommes-d'armes quand nous les veismes : et qui eust marché incontinent, semble à beaucoup qu'il ne se fust point trouvé de résistance : car ceux de derrière n'y pouvoient venir qu'à la file, comme j'ay dit : toutesfois tousjours croissoit leur nombre. Voyant cecy, vint ce sage chevalier, monseigneur de Contay, dire à son maistre monseigneur de Charolois que s'il vouloit gagner cette bataille, il estoit temps qu'il marchast : disant les raisons pourquoy, et si plustost l'eust fait, desjà ses ennemis fussent desconfits : car il les avoit trouvez en petit nombre, lequel croissoit à veuë d'œil : et la vérité estoit telle. Et lors se changea tout l'ordre et tout le conseil : car chacun se mettoit à en dire son advis. Et jà estoit commencée une grosse et forte escarmouche au bout du village de Mont-l'héry toute d'archiers d'un costé et d'autre.

Ceux de la part du Roy les conduisoit Poncet de Rivière : et estoient tous archiers d'ordonnance, orfeuverisez et bien en point. Ceux du

---

(1) Bagage.
(2) Pal, pieu que chaque homme portait avec lui, et dont on formait sur-le-champ une palissade.
(3) Village entre Etampes et Chartres.

costé des Bourguignons estoient sans ordre et sans commandement, comme volontaires. Si commencèrent les escarmouches, et estoit à pied, avec eux, monseigneur Philippe de Lallain et Jacques du Maes, homme bien renommé, depuis grand-escuyer du duc Charles de Bourgogne. Le nombre des Bourguignons estoit le plus grand, et gaignèrent une maison, et prindrent deux ou trois huys, et s'en servirent de pavois. Si commencèrent à entrer en la ruë, et mirent le feu en une maison. Le vent leur servoit, qui poussoit le feu contre ceux du Roy, lesquels commencèrent à désamparer et à monter à cheval, et à fuir : le comte de Charolois laissant, comme j'ay dit, tout ordre paravant devisé.

Il avoit esté dit que l'on marcheroit à trois fois, pour ce que la distance des deux batailles estoit longue. Ceux du Roy estoient devers le chasteau de Mont-l'héry, et avoient une grande haye et un fossé au devant d'eux. Outre estoient les champs pleins de bleds et de fèves et d'autres grains très-forts : car le territoire y estoit bon. Tous les archiers dudit comte marchoient à pied devant luy, et en mauvais ordre : combien que mon advis est que la souveraine chose du monde pour les batailles, sont les archiers : mais qu'ils soient à milliers (car en petit nombre ne valent rien) et que ce soient gens mal montez, à ce qu'ils n'ayent point de regret à perdre leurs chevaux, ou du tout n'en ayent point : et valent mieux pour un jour, en cet office, ceux qui jamais ne veirent rien, que les biens exercitez. Et aussi telle opinion tiennent les Anglois, qui font la fleur des archiers du monde. Il avoit esté dit que l'on se reposeroit deux fois en chemin, pour donner halaine aux gens-de-pied : pour ce que le chemin estoit long, et les fruits de la terre longs et forts, qui les empeschoient d'aller; toutesfois tout le contraire se fist comme si on eust voulu perdre son escient. Et en cela monstra Dieu que les batailles sont en sa main, et dispose de la victoire à son plaisir. Et ne m'est pas advis que le sens d'un homme sceust porter et donner ordre à un si grand nombre de gens, ne que les choses tinssent aux champs comme elles sont ordonnées en chambre, et que celuy qui s'estimeroit jusques là, mesprendroit envers Dieu, s'il estoit homme qui eust raison naturelle : combien qu'un chacun y doit faire ce qu'il peut et ce qu'il doit, et reconnoistre que c'est un des accomplissemens des œuvres que Dieu a commencées aucunes fois par petites mouvetez (1) et occasions, et en donnant la victoire aucunes fois à l'un, et aucunes fois à l'autre : et est cecy mystère si grand, que les royaumes et grandes seigneuries en prennent aucunes fois fins et désolations, et les autres accroissement et commencement de régner.

Pour revenir à la déclaration de cet article, ledit comte marcha tout d'une boutée, sans donner halaine à ses archiers et gens-de-pied. Ceux du Roy passèrent par cette haye par deux bouts, tous hommes-d'armes : et comme ils furent si près que de jetter les lances en arrest, les hommes-d'armes Bourguignons rompirent leurs propres archiers, et passèrent par dessus, sans leur donner loisir de tirer un coup de flesche : qui estoit la fleur et espérance de leur armée. Car je ne croy pas que de douze cens hommes-d'armes, ou environ, qui y estoient, y en eust cinquante qui eussent sceu coucher une lance en arrest. Il n'y en avoit pas quatre cens armez de cuiraces : et si n'avoient pas un seul serviteur armé. Et tout cecy, à cause de la longue paix, et qu'en cette maison de Bourgogne ne tenoient nulles gens de solde, pour soulager les peuples des tailles : et oncques puis ce jour là, ce quartier de Bourgogne n'eust repos jusques à cette heure, qui est pis que jamais. Ainsi rompirent eux-mêmes la fleur de leur armée et espérance : toutes-fois Dieu, qui ordonne de tel mystère, voulut que le costé où se trouva ledit comte (qui estoit à main dextre derrière le château) vainquist sans trouver nulle défense : et me trouvay ce jour pour toujours avec luy, ayant moins de crainte que je n'eus jamais en lieu où je me trouvasse depuis, pour la jeunesse en quoy j'estoye, et que je n'avoye nulle connoissance de péril : mais estoye esbahy comme nul n'osoit défendre contre ce prince à qui j'estoye, estimant que ce fust le plus grand de tous les autres. Ainsi font gens qui n'ont point d'expérience : dont vient qu'ils soustiennent assez d'argus (2), mal fondez et à peu de raison. Par quoy fait bon user de l'opinion de celuy qui dit, que l'on ne se repent jamais pour parler peu; mais bien souvent de trop parler.

A la main senestre estoient le seigneur de Ravastein, et messire Jacques de Sainct-Paul, et plusieurs autres, à qui il sembloit qu'ils n'avoient pas assez d'hommes-d'armes pour soustenir ce qu'ils avoient devant eux, mais dès lors estoient si approchez, et qu'il ne falloit plus parler d'ordre nouvelle. En effect ceux-là furent rompus à plate cousture, et chassez jusques au charroy ; et la pluspart fuit jusques en la forest, qui estoit près de demie lieue. Au charroy se rallièrent quelques gens-de-pied bourguignons.

(1) *Mouvetez*, suivant quelques manuscrits, *monettes* ou *monitions*. *Mouvetez*, suivant les remarques de Duchat, signifie *motifs*.

(2) *Argus*, arguties, opinions mal fondées.

Les principaux de cette chasse estoient les nobles du Dauphiné et Savoisiens, et beaucoup de gens-d'armes aussi : et s'attendoient d'avoir gaigné la bataille ; et de ce costé y eust une grande fuite des Bourguignons, et de grands personnages : et fuyoient la pluspart pour gaigner le Pont Saincte-Maxence, cuidans qu'il tint encore pour eux. En la forest y en demeura beaucoup, et entre autres le comte de Sainct-Paul, qui estoit assez bien accompagné, s'y estoit retiré ; car le charroy estoit assez près de ladite forest, et montra bien depuis qu'il ne tenoit pas encore la chose pour perdue.

CHAPITRE IV.

Du danger auquel fut le comte de Charolois, et comment il fut secouru.

Le comte de Charolois chassa de son costé demie lieue, outre le Mont-l'héry, et à bien peu de compagnie. Toutes-fois nul ne se défendoit, et trouvoit gens à grande quantité, et ja cuidoit avoir la victoire. Un viel gentil-homme de Luxembourg, appellé Antoine le Breton, le vint quérir, et luy dit que les François s'estoient ralliez sur le champ, et que s'il chassoit plus guères, il se perdroit. Il ne s'arresta point pour luy, non obstant qu'il luy dist par deux ou trois fois. Incontinent arriva monseigneur de Contay (dont cy-dessus est parlé), qui luy dit semblables paroles, comme avoit fait le vieil gentil-homme de Luxembourg, et si audacieusement qu'il estima sa parole en son sens, et retourna tout court : et croy s'il fut passé outre deux traicts d'arcs, qu'il eust esté pris, comme aucuns autres qui chassoient devant luy : et en passant par le village, trouva une flotte de gens à pied qui fuyoient. Il les chassa et n'avoit pas cent chevaux en tout. Il ne se retourna qu'un homme à pied, qui luy donna d'un vouge (1) parmi l'estomach : et au soir s'en veit l'enseigne. La pluspart des autres se sauvèrent par les jardins, mais celuy-là fut tué. Comme il passoit rasibus du chastel, veismes les archiers de la garde du Roy devant la porte, qui ne bougèrent. Il en fut fort esbahy, car il ne cuidoit point qu'il y eust plus ame de défense. Si tourna à costé pour gagner le champ, où lui vindrent courre

sus quinze ou seize hommes-d'armes ou environ (une partie des siens s'estoient jà séparez de luy) et d'entrée tuèrent son escuyer trenchant, qui s'appelloit Philippe d'Oignies, et portoit un guidon de ses armes : et là ledit comte fut en très-grand danger, et eut plusieurs coups : et entre les autres, un en la gorge, d'une espée, dont l'enseigne lui est demeurée toute sa vie, par défaut de sa bavière (2) qui lui estoit cheute, et avoit esté mal attachée dès le matin ; et luy avoye veu choir : et luy furent mises les mains dessus, en disant : *Monseigneur, rendez-vous, je vous connoy bien, ne vous faites pas tuer*. Tousjours se défendoit : et sur ce débat le fils d'un médecin de Paris, nommé maistre Jean Cadet (qui estoit à luy), gros et lourd et fort, monté sur un gros cheval de cette propre taille, donna au travers et les départit. Tous ceux du Roy se retirèrent sur le bord d'un fossé, où ils avoient esté le matin : car ils avoient crainte d'aucuns qu'ils voyoient marcher, qui s'approchoient : et luy fort sanglant, se retira à eux comme au milieu du champ : et estoit l'enseigne du bastard de Bourgogne toute despecée : tellement qu'elle n'avoit pas un pied de longueur : et à l'enseigne des archiers du comte, il n'y avoit pas quarante hommes en tout : et nous y joignismes (qui n'estions pas trente) en très-grande doute. Il changea incontinent de cheval : et le luy bailla un qui estoit lors son page, nommé Simon de Quingey, qui depuis a esté bien connu. Ledit comte se mit par le champ pour rallier ses gens : mais je vey telle demie heure que nous qui estions demeurez là, n'avions l'œil qu'à fuir s'il fust marché cent hommes. Il venoit seulement à nostre secours des troupes de dix ou vingt hommes des nostres, tant de pied que de cheval : les gens-de-pied blessez et lassez, tant de l'outrage que leur avions fait le matin, qu'aussi des ennemis (3) : et vey l'heure qu'il n'y avait pas cent hommes, mais peu à peu en venoit. Les bleds estoient grands, et la poudre la plus terrible du monde, tout le champ semé de morts et de chevaux : et ne se connoissoit nul homme mort pour la poudre.

Incontinent veismes saillir du bois le comte de Sainct-Paul, qui avoit bien quarante hommes-d'armes avec luy, et son enseigne, et marchoit droit à nous, et croissoit de gens : mais ils nous sembloient bien loin. On luy envoya trois ou quatre fois prier qu'il se hastast, mais il ne se

---

(1) Sorte de lance.

(2) *Bavière*, partie inférieure du casque qui, pour découvrir le visage, se baissait tandis que la visière se levait.

(3) Un vieux manuscrit mettait un point après *ennemis*, et ajoutait : « Luy revint incontinent qui n'emmena » pas cent hommes ; mais peu à peu en venoit. Nostre » champ estoit ras, et demie heure devant, le bled y » estoit si grand, et à l'heure la poudre, etc. »

mua point et ne venoit que le pas, et feit prendre à ses gens des lances qui estoient à terre : et venoit en ordre (qui donna grand reconfort à nos gens) et se joignirent ensemble avec grand nombre, et vindrent là où nous estions : et nous trouvasmes bien huict cens hommes-d'armes. De gens-de-pied peu ou nuls. Ce qui garda bien le comte qu'il n'eust la victoire entière : car il y avoit un fossé et une grande haye entre les deux batailles dessusdites.

De la part du Roy s'enfuit le comte du Maine, et plusieurs autres, et bien huict cens hommes-d'armes. Aucuns ont voulu dire que ledit comte du Maine avoit intelligence avec les Bourguignons, mais, à la vérité dire, je croy qu'il n'en fust oncques rien. Jamais plus grande ne fust des deux costez : mais par espécial demeurèrent les deux princes aux champs. Du costé du Roy fust un homme d'Estat, qui s'enfuit jusques à Luzignan, sans repaistre : et du costé du comte, un autre homme de bien jusques au Quesnoy-le-Comte. Ces deux n'avoient garde de se mordre l'un l'autre. Estans ainsi ces deux batailles rangées l'une devant l'autre, se tirèrent plusieurs coups de canon, qui tuèrent des gens d'un costé et d'autre. Nul ne désiroit plus de combattre, et estoit nostre bende plus grosse que celle du Roy : toutes-fois sa présence estoit grande chose, et la bonne parole qu'il tenoit aux gens-d'armes : et croy véritablement, à ce que j'en ay sceu, que si n'eust esté luy seul, tout s'en fust fuy. Aucuns de nostre costé désiroient qu'on recommençast : et par espécial monseigneur de Haultbourdin, qui disoit qu'il voyoit une file ou flotte de gens qui s'enfuyoient : et qui eust pû trouver archiers au nombre de cent, pour tirer au travers de cette haye, tout fust marché de nostre costé.

Estant sur ce propos et sur ces pensées, et sans nulle escarmouche, survint l'entrée de la nuict : et se retira le Roy à Corbeil et nous cuidions qu'il se logeast et passast la nuict au champ. D'avanture se mit le feu en une caque de poudre, là où le Roy avoit esté : et se print à aucunes charettes, et tout du long de la grande haye : et cuidions que ce fussent leurs feux. Le comte de Sainct-Paul, qui bien sembloit chef de guerre, et monseigneur de Haultbourdin, encores plus, commandèrent qu'on amenast le charroy au propre lieu là où nous estions, et qu'on nous cloïst : et ainsi fust fait. Comme nous estions là en bataille, et ralliez, revindrent beaucoup de gens du Roy, qui avoient chassé, cuidans que tout fust gagné pour eux : et furent contraints de passer parmi nous. Aucuns en eschapèrent, et les plus se perdirent. Des gens de nom de ceux du Roy, moururent messire Geofroy de Sainct-Belin, le grand-sénéschal de Normandie, et Floquet capitaine. Du party des Bourguignons moururent Philippe de Lallain : et des gens-à-pied et menus gens, plus que de ceux du Roy : mais de gens-de-cheval, en mourut plus du party du Roy. De prisonniers bons, les gens du Roy en eurent des meilleurs de ceux qui fuyoient. Des deux parties il mourut deux mille hommes du moins : et fust la chose bien combatue : et se trouva des deux costez de gens de bien, et de bien lasches. Mais ce fust grand'-chose, à mon advis, de se rallier sur le champ, et estre trois ou quatre heures en cet estat, l'un devant l'autre : et devoient bien estimer les deux princes ceux qui leur tenoient compagnie si bonne à ce besoin : mais ils en firent comme hommes, et non point comme anges. Tel perdit ses offices et estats pour s'en estre fuy, et furent donnez à d'autres qui avoient fuy dix lieues plus loin. Un de nostre costé perdit authorité, et fust privé de la présence de son maistre : mais un mois après eust plus d'authorité que devant.

Quand nous fusmes clos de ce charroy, chacun se logea le mieux qu'il put. Nous avions grand nombre de blessez, et la pluspart fort descouragez et espouvantez, craignans que ceux de Paris, avec deux cens hommes-d'armes qu'il y avoit avec eux, et le mareschal Joachim, lieutenant du Roy en ladite cité, sortissent, et que l'on eust affaire des deux costez. Comme la nuict fust toute close, on ordonna cinquante lances, pour voir où le Roy estoit logé. Il y en alla par adventure vingt. Il y pouvoit avoir trois jects d'arc de nostre camp jusques où nous cuidions le Roy. Cependant monseigneur de Charolois beut et mangea un peu : et chacun en son endroit, et luy fust adoubée sa playe qu'il avoit au col. Au lieu où il mangea, il falut oster quatre ou cinq hommes morts pour luy faire place : et y mit l'on deux boteaux de paille, où il s'assit : et remuant illec, un de ces pauvres gens nuds commença à demander à boire. On luy jetta en la bouche un peu de tisane, de quoy ledit seigneur avoit beu, dont le cœur luy revint, et fust connu : et estoit un archier du corps dudit seigneur, fort renommé, appellé Savarot, qui fust pansé et guéry.

On eust conseil qu'il estoit de faire. Le premier qui opina fust le comte de Sainct-Paul : disant que l'on estoit en peril, et conseilloit tirer à l'aube du jour le chemin de Bourgogne, et qu'on brulast une partie du charroy : et qu'on sauvast seulement l'artillerie : et que nul ne menast charroy, s'il n'avoit plus de dix lances : et que de demeurer là sans vivres entre Paris et le Roy, n'estoit possible. Après opina monseigneur de Haultbourdin assez en cette substance, sans sçavoir avant que rapporteroient ceux qui estoient dehors. Trois ou quatre autres semblablement opinèrent de mesme. Le dernier qui opina, fut monseigneur de Contay, qui dit que si tost que ce bruit seroit en l'ost, tout se mettroit en fuite : et qu'ils seroient prins devant qu'ils eussent fait vingt lieuës : et dit plusieurs raisons bonnes : et que son advis estoit, que chacun s'aisast au mieux qu'il pourroit cette nuict, et que le matin à l'aube du jour on assaillist le Roy, et qu'il falloit là vivre ou mourir : et trouvoit ce chemin plus seur que de prendre la fuite. A l'opinion dudit de Contay concludt monseigneur de Charolois, et dist que chacun s'en allast reposer deux heures, et que l'on fust prest quand sa trompette sonneroit : et parla à plusieurs particuliers pour envoyer reconforter ses gens.

Environ minuit revindrent ceux qui avoient esté dehors : et pouvez penser qu'ils n'estoient point allez loin : et rapportèrent que le Roy estoit logé à ces feux qu'ils avoient veus. Incontinent on y envoya d'autres, et une heure après se remettoit chacun en estat de combattre : mais la pluspart avoient mieux envie de fuir. Comme vint le jour, ceux qu'on avoit mis hors du camp, rencontrèrent un chartier, qui estoit à nous, et avoit esté prins le matin, qui apportoit une cruche de vin du village : et leur dit que tout s'en estoit allé. Ils envoyèrent dire ces nouvelles en l'ost : et allèrent jusques là. Ils trouvèrent ce qu'il disoit et le revindrent dire : dont la compagnie eut grand'joie : et y avoit assez de gens, qui disoient lors, qu'il falloit aller après, lesquels faisoient bien maigre chère une heure devant. J'avoye un cheval extrêmement las et vieil, il beut un sceau plein de vin : par aucun cas d'aventure il y mit le museau, je le laissay achever : jamais ne l'avoye trouver si bon, ne si frais.

Quand il fut grand jour, tout monta à cheval : et les batailles, qui estoient bien esclaircies : toutes-fois il revenoit beaucoup de gens qui avoient esté cachez ès bois. Ledit seigneur de Charolois fist venir un cordelier, ordonné de par luy à dire qu'il venoit de l'ost des Bretons, et que ce jour ils devoient estre là. Ce qui reconforta assez ceux de l'ost : chacun ne le creut pas, mais tantost après environ dix heures du matin, arriva le vice-chancelier de Bretagne, appellé Rouville (1), et Madre avec luy, dont ay parlé cy-dessus : et amenèrent deux archiers de la garde du duc de Bretagne, portans ses hocquetons, (ce qui reconforta très-fort la compagnie) et fut enquis et loué de sa fuite (considérant le murmure qui estoit contre luy) et plus encore de son retour : et leur fist chacun bonne chère.

Tout ce jour demeura encore monseigneur de Charolois sur le champ, fort joyeux, estimant la gloire estre sienne. Ce qui depuis luy a cousté bien cher, car oncques puis il n'usa de conseil d'homme, mais du sien propre : et au lieu qu'il estoit très-utile pour la guerre paravant ce jour, et n'aimoit nulle chose qui y appartint, mais depuis furent muées et changées ses pensées, car il y a continué jusques à sa mort : et par là fut finie sa vie, et sa maison destruite, et si elle ne l'est du tout, si est-elle bien désolée. Trois grands et sages princes, ses prédécesseurs, l'avoient eslevée bien haut, et y a bien peu de roys (sauf celuy de France) plus puissans que luy : et pour belles et grosses villes, nul ne l'en passoit. L'on ne doit trop estimer de soy, par espécial un grand prince, mais doit connoistre que les grâces et bonnes fortunes viennent de Dieu. Deux choses plus je diray de luy : l'une est, que je croy que jamais nul homme peust porter plus de travail que luy, en tous endroits où il faut exercer sa personne : l'autre, qu'à mon advis je ne connu oncques homme plus hardy. Je ne luy ouy oncques dire qu'il fust las, ny ne luy vey jamais faire semblant d'avoir peur, et si ay esté sept années de rang en la guerre avec luy, l'esté pour le moins, et en aucunes l'hyver et l'esté. Ses pensées et conclusions estoient grandes ; mais nul homme ne les sçavoit mettre à fin, si Dieu n'y eust adjouté de sa puissance.

⸻

CHAPITRE V.

Comment le duc de Berry, frère du Roy, et le duc de Bretagne, se vindrent joindre avec le comte de Charolois, contre iceluy Roy.

Le lendemain, qui estoit le tiers jour de la bataille, allasmes coucher au village de Mont-l'héry, dont le peuple en partie s'en estoit fui au clocher de l'église, et partie au chasteau. Il les fit revenir, et ne perdirent pas un denier vaillant, mais payoit chacun son escot, comme s'il eust esté en Flandre. Le chasteau tint, et ne fut point assailli. Le tiers jour passé, partit ledit seigneur, par le conseil du seigneur de Contay,

(1) Ou plutôt Romillé, comme il a été dit ci-dessus.

pour aller gagner Estampes (qui est bon et grand logis, et en bon pays et fertile) afin d'y estre plus tost que les Bretons, qui prenoient ce chemin : afin aussi de mettre les gens las et blessés à couvert, et les autres aux champs, et fut cause ce bon logis, et le séjour que l'on y fist, de sauver la vie à beaucoup de ses gens. Là arrivèrent messire Charles de France, lors duc de Berry, seul frère du Roy, le duc de Bretagne, monseigneur de Dunois, monseigneur de Loheac, monseigneur de Bueil, monseigneur de Chaumont (1), et messire Charles d'Amboise son fils (qui depuis a esté grand homme en ce royaume), tous lesquels dessus nommez le Roy avoit désapointez, et deffaits de leurs estats, quand il vint à la Couronne, nonobstant qu'ils eussent bien servi le Roy son père, et le royaume, ès conquestes de Normandie, et en plusieurs autres guerres. Monseigneur de Charolois, et tous les plus grands de sa compagnie, les recueillirent et leur allèrent au devant, et amenèrent leurs personnes loger en la ville d'Estampes, où leur logis estoit fait, et les gens-d'armes demeurèrent aux champs. En leur compagnie avoit huict cens hommes-d'armes, de très-bonne estoffe, dont il y en avoit très-largement de Bretons, qui nouvellement avoient laissé les ordonnances (comme icy et ailleurs j'ay dit) qui amendoient bien leur compagnie. D'archers, et d'autres hommes de guerre, armés de bonnes brigandines (2), avoit en très-grand nombre, et pouvoient bien estre six mille hommes à cheval, très-bien en poinct. Et sembloit bien à voir la compagnie, que le duc de Bretagne fust un très-grand seigneur : car toute cette compagnie vivoit sur ses coffres.

Le Roy qui s'estoit retiré à Corbeil (comme j'ay devant dit) ne mettoit point en oubly ce qu'il avoit à faire. Il tira en Normandie, pour assembler ses gens, et de peur qu'il n'y eust quelque mutation au pays : et il mit partie de ses gens d'armes ès environs de Paris, là où il voyoit qu'il estoit nécessaire.

Le premier soir que furent arrivés tous ces seigneurs dessusdits à Estampes, se contèrent des nouvelles l'un à l'autre. Les Bretons avoient pris aucuns prisonniers de ceux qui fuyoient du party du Roy : et quand ils eussent esté un peu plus avant, ils eussent pris ou desconfit le tiers de l'armée. Ils avoient bien tenu conseil pour envoyer gens dehors, jugeant que les osts estoient près : toutesfois aucuns les destournèrent ; mais nonobstant, messire Charles d'Amboise et quelques autres, se mirent plus avant que leur armée, pour voir s'ils rencontreroient rien : et prirent plusieurs prisonniers (comme j'ay dit) et de l'artillerie : lesquels prisonniers leur dirent que pour certain le Roy estoit mort : car ainsi le cuidoient-ils, parce qu'ils s'en estoient fuis dès le commencement de la bataille. Les dessusdits rapportèrent les nouvelles à l'ost des Bretons, qui en eurent très-grand'joye, cuidans qu'ainsi fust, et espérans les biens qui leur fussent advenus, si ledit monseigneur Charles eust esté roy, et tinrent conseil (comme il m'a esté dit depuis par un homme de bien, qui estoit présent) à sçavoir comme ils pourroient chasser ces Bourguignons, et eux en dépescher, et estoient quasi tous d'opinion qu'on les destroussast, qui pourroit. Cette joye ne leur dura guères, mais par cela vous pouvez voir et connoistre quels sont les brouillis en ce royaume à toutes mutations.

Pour revenir à mon propos de cette armée d'Estampes, comme tous eussent souppé, et qu'il y avoit largement gens qui se pourmenoient par les rues, monseigneur Charles de France et monseigneur Charolois estoient à une fenestre et parloient eux deux de très-grande affection. En la compagnie des Bretons, y avoit un pauvre homme, qui prenoit plaisir à jetter en l'air des fusées, qui courent parmi les gens quand elles sont tombées, et rendent un peu de flambe : et s'appelloit maistre Jean Boutefeu, ou maistre Jean des Serpens, je ne sçay lequel. Ce follastre estant caché en quelque maison, afin que les gens ne l'apperceussent, en jetta deux ou trois en l'air, d'un lieu haut où il estoit, tellement qu'une vint donner contre la croisée de la fenestre où ces deux princes dessusdits avoient les testes, et si près l'un de l'autre, qu'il n'y avoit pas un pied entre eux deux. Tous deux se dressèrent et furent esbahis, et se regardoient chacun l'un l'autre. Si eurent suspicion que ce n'eust esté fait expressément pour leur mal faire. Le seigneur de Contay vint parler à monseigneur de Charolois son maistre : et dès qu'il lui eust dit un mot en l'oreille, il descendit en bas, et alla faire armer tous les gens-d'armes de sa maison, et les archers de son corps, et autres. Incontinent ledit seigneur de Charolois dit au duc de Berry, que semblablement il fist armer les archers de son corps, et autres. Inconti-

---

(1) Pierre d'Amboise, seigneur de Caumont. En 1465 sa maison fut rasée parce qu'il avait embrassé le parti opposé au Roi dans la ligue du Bien Public. Son fils fut maréchal et amiral de France.

(2) Armure faite de lames de fer posées les unes sur les autres.

nent deux ou trois cens hommes-d'armes armez devant la porte, à pied, et grand nombre d'archers : et cherchoit l'on partout dont pouvoit venir ce feu. Ce pauvre homme qui l'avoit fait se vint jetter à genoux devant eux, et leur dit que c'avoit esté lui : et en jetta trois ou quatre autres : et en ce faisant, il osta beaucoup de gens hors de suspicion que l'on avoit les uns sur les autres : et s'en prit l'on à rire, et s'en alla chacun désarmer et coucher.

Le lendemain au matin fut tenu un très-grant et beau conseil, où se trouvèrent tous les seigneurs et leurs principaux serviteurs : et fut mis en délibération ce qui estoit de faire : et comme ils estoient de plusieurs pièces, et non pas obéissans à un seul seigneur (comme il est bien requis en telles assemblées), aussi eurent-ils divers propos : et entre les autres paroles qui furent bien recueillies et notées, ce furent celles de monseigneur de Berry, qui estoit fort jeune et n'avoit jamais veu tels exploicts. Car il sembla par ses paroles, que jà en fust ennuyé, et allégua la grande quantité de gens blessez qu'il avoit veus de ceux de monseigneur de Charolois ; en monstrant par ses paroles en avoir pitié, usoit de ces mots : qu'il eust mieux aimé que les choses n'eussent jamais esté encommencées, que de voir desjà tant de maux venus par luy et pour sa cause. Ces propos desplurent à monseigneur de Charolois et à ses gens, comme je diray cy-après. Toutes-fois à ce conseil fut conclud qu'on tireroit devant Paris, pour essayer si on pourroit réduire la ville à vouloir entendre au bien public du royaume, pour lequel disoient estre tous assemblez, et leur sembloit bien, si ceux-là leur prestoient l'oreille, que tout le reste des villes de ce royaume feroient le semblable. Comme j'ay dit, les paroles dites par monseigneur Charles duc de Berry, en ce conseil, mirent en tel doute monseigneur de Charolois et ses gens, qu'ils vinrent à dire : « Avez-vous ouï parler cet homme ? Il se trouve » esbahy pour sept ou huict cens hommes qu'il » voit blessez allans par la ville, qui ne luy sont » rien, ne qu'il ne connoist : il s'esbahiroit bien- » tost si le cas luy touchoit de quelque chose ; » et seroit homme pour appointer bien légère- » ment et nous laisser en la fange : et pour les » anciennes guerres, qui ont esté le temps passé » entre le roy Charles son père, et le duc de » Bourgogne mon père, aisément toutes ces » deux parties se convertiroient contre nous, » pourquoy est nécessaire de se pourvoir d'a-

» mys. » Et sur cette seule imagination, fust envoyé messire Guillaume de Clugny, protonotaire (qui est mort depuis évesque de Poictiers) devers le roy Edouard d'Angleterre, qui pour lors régnoit, auquel monseigneur de Charolois avoit tousjours eu inimitié : et portoit la maison de Lanclastre contre luy, dont il estoit issu de par sa mère. Et par l'instruction dudit de Clugny, luy estoit ordonné d'entrer en pratique de mariage (1) à la sœur du roy d'Angleterre, appelée Marguerite, mais non pas d'estraindre le marché, mais seulement de l'entretenir. Car connoissant que le roy d'Angleterre l'avoit fort désiré, luy sembloit que pour le moins il ne feroit rien contre luy, et que s'il en avoit affaire, qu'il le gagneroit des siens. Et combien qu'il n'eût un seul vouloir de conclure ce marché, et que la chose du monde que plus il haïssoit en son cœur, estoit la maison d'Yorch, si fust toutes-fois tant demenée cette matière, que plusieurs années après elle fust conclue : et prit davantage l'ordre de la Jartière, et la porta toute sa vie.

Or mainte telle œuvre se fait en ce monde par imagination, comme celle que j'ai cy-dessus déclarée : et par espécial entre les grands princes, qui sont beaucoup plus suspicionneux qu'autres gens, pour les doutes et advertissemens qu'on leur fait, et très-souvent par flateries, sans nul besoin qu'il en soit.

◇◇◇

CHAPITRE VI.

Comment le comte de Charolois et ses alliez, avec leur armée, passèrent la rivière de Seine sur un pont portatif ; et comment le duc Jean de Calabre se joignit avec eux ; puis se logèrent tout à l'entour de Paris.

Ainsi comme il avoit esté conclu, tous ces seigneurs se partirent d'Estampes, après y avoir séjourné quelques peu de jours, et tirèrent à Sainct-Mathurin de Larchant, et à Moret en Gastinois. Monseigneur Charles et les Bretons demeurèrent en ces deux petites villes : et le comte de Charolois s'en alla loger en une grande prairie, sur le bord de la rivière de Seine, et avoit fait crier que chacun portast crochets pour attacher ses chevaux. Il faisoit mener sept ou huict petits basteaux sur charrois, et plusieurs pipes par pièces, en intention de faire un pont

---

(1) Isabelle de Bourbon, comtesse de Charolais, ne mourut que le 25 septembre 1465. Le comte de Charolais, qui n'était pas encore veuf à cette époque, ne pouvait penser à se remarier.

sur la rivière de Seine, pour ce que ces seigneurs n'y avoient point de passage. Monseigneur de Dunois l'accompagna, luy estant en une litière (car pour la goutte qu'il avoit, il ne pouvoit monter à cheval) et portoit l'on son enseigne après luy. Dès qu'ils vinrent à la rivière, ils y firent mettre de ces batteaux qu'ils avoient apportez, et gaignèrent une petite isle, qui estoit comme au milieu, et descendirent des archers, qui escarmouchèrent avec quelques gens-de-cheval, qui deffendoient le passage de l'autre part; et y estoient le mareschal Joachim et Sallezard. Le lieu estoit très-désavantageux pour eux, parce qu'il estoit fort haut, et en pays de vignoble : et du costé des Bourguignons y avoit largement artillerie, conduite par un canonnier fort renommé, qui avoit nom maistre Gerauld, lequel avoit esté pris en cette bataille de Mont-l'héry, estant lors du parti du Roy. Fin de compte, il falut que les dessusdits abandonnassent le passage, et se retirèrent à Paris. Ce soir fust fait un pont jusques en cette isle : et incontinent fist le comte de Charolois tendre un pavillon, et coucha la nuict dedans, et cinquante hommes-d'armes de sa maison. A l'aube du jour, furent mis grand nombre de tonneliers en besongne, à faire pipes de mesrain, qui avoit esté apporté ; et avant qu'il fust midy, le pont fust dressé jusques à l'autre part de la rivière : et incontinent passa ledit seigneur de Charolois de l'autre costé, et y fist tendre ses pavillons, dont il y avoit grand nombre, et fist passer tout son ost et toute son artillerie par dessus ledit pont, et se logea en un costeau pendant devers ladite rivière : et y faisoit très-beau voir son ost, pour ceux qui estoient encores derrière.

Tout ce jour ne purent passer que ses gens. Le lendemain à l'aube du jour passèrent les ducs de Berry et de Bretagne, et tout leur ost ; qui trouvèrent ce pont très-beau, et fait en grande diligence. Si passèrent un peu outre, et se logèrent sur le haut pareillement. Incontinent que la nuict fust venuë nous commençasmes à appercevoir grand nombre de feux bien loin de nous, autant que la veuë pouvoit porter. Aucuns cuidoient que ce fust le Roy : toutes-fois, avant qu'il fust minuit, on fut adverty que c'estoit le duc Jean de Calabre, seul fils du roy René de Sicile, et avec luy bien neuf cens hommes-d'armes de la duché et comté de Bourgogne. Bien fust accompagné de gens-de-cheval : mais de gens-de-pied peu. Pour ce petit de gens, qu'avoit ledit duc, je ne vis jamais si belle compagnie, ny qui semblassent mieux hommes exercitez au fait de la guerre. Il pouvoit bien avoir quelques six-vingts hommes-d'armes bardez, tous Italiens ou autres, nourris en ces guerres d'Italie : entre lesquels estoient Jacques Galiot, le comte de Campobache, le seigneur de Baudricourt, pour le présent gouverneur de Bourgogne, et autres : et estoient ces hommes-d'armes fort adroicts : et pour dire vérité, presque la fleur de nostre ost, au moins tant pour tant : il avoit quatre cens cranequiniers (1), que luy avoit prestés le comte Palatin, gens fort bien montez, et qui sembloient bien gens-de-guerre : et avoit cinq cens Suisses à pied, qui furent les premiers qu'on vit en ce royaume : et ont esté ceux qui ont donné le bruit à ceux qui sont venus depuis : car ils se gouvernèrent très-vaillamment en tous les lieux où ils se trouvèrent. Cette compagnie, que vous dis, s'approcha le matin, passa ce jour par dessus nostre pont. Et ainsi se peut dire que toute la puissance du royaume de France s'estoit veuë passer par dessus ce pont, sauf ceux qui estoient avec le Roy, et vous assure que c'estoit une grande et belle compagnie, et grand nombre de gens de bien, et bien en poinct ; et devroit-on vouloir que les amis et bien-veillans du royaume l'eussent veuë, et qu'ils en eussent eu l'estimation, telle qu'il appartient, et semblablement les ennemis : car jamais il n'eust esté heure qu'ils n'en eussent plus craint le Roy et ledit royaume. Le chef des Bourguignons estoit monseigneur de Neufchastel (2), mareschal de Bourgogne, joinct avecques luy son frère seigneur de Montagu, le marquis de Rotelin, et grand nombre de chevaliers et escuyers : dont aucuns avoient esté en Bourbonnois (3), comme j'ay dit au commencement de ce propos. Le tout ensemble s'estoit joinct pour venir plus asseurément avec mondit seigneur de Calabre, comme j'ay dit : lequel sembloit aussi bien prince et grand chef de guerre comme nul autre que visse en la compagnie, et s'engendra grande amitié entre luy et le comte de Charolois.

Quand toute cette compagnie fust passée, que l'on estimoit cent mille chevaux, tant bons que mauvais (ce que je croy), se délibérèrent lesdits seigneurs de partir pour tirer devant Paris : et mirent toutes leurs avant-gardes ensemble. Pour les Bourguignons, les conduisoit le comte de

---

(1) Le cranequin était un pied de biche avec lequel on bandait une arbalète. Les cranequiniers qui se servaient de cet instrument étaient des arbalétriers à cheval.

(2) Thibault de Neuf-Châtel, fait maréchal de Bourgogne en 1439.
(3) Bourgogne, selon un autre manuscrit.

Sainct-Paul. Pour les ducs de Berry et de Bretagne Oudet de Rye, depuis comte de Comminges, et le mareschal de Loheac, comme il me semble : et ainsi s'acheminèrent. Tous les princes demeurèrent en la bataille. Ledit comte de Charolois et le duc de Calabre prenoient grande peine de commander et de faire tenir ordre à leurs batailles, et chevauchèrent bien armez : et sembloit bien qu'ils eussent bon vouloir de faire leurs offices. Les ducs de Berry et de Bretagne chevauchoient sur petites hacquenées à leur aise, armez de petites brigandines fort légères ; pour le plus encore disoient aucuns qu'il n'y avoit que petits clous dorez par dessus le satin, afin de moins leur peser : toutesfois je ne le sçay pas de vray. Ainsi chevauchèrent toutes ces compagnies, jusques au pont de Charenton, près Paris, à deux petites lieuës : lequel pont tost fust gaigné sur quelque peu de francs-archers qu'il y avoit dedans : et passa toute l'armée par dessus ce pont de Charenton, et s'en alla loger le comte de Charolois depuis ce pont de Charenton, jusques en sa maison de Conflans, près de là, au long de la rivière : et ferma ledit comte un grand pays de son charroy et de son artillerie, et mist tout son ost dedans, et avec luy se logea le duc de Calabre ; et à Sainct-Maur-des-Fossez, se logèrent les ducs de Berry et de Bretagne, avec un nombre de leurs gens : et tout le demeurant envoyèrent loger à Sainct-Denys, aussi à deux lieuës de Paris : et là fust toute cette compagnie onze semaines : et avinrent les choses que je diray cy-après.

Le lendemain, commencèrent les escarmouches jusques aux portes de Paris : où estoient dedans monseigneur de Nantouillet, grand-maistre de France (qui bien y servit comme j'ay dit ailleurs) et le mareschal Joachim. Le peuple se vit espouvanté : et aucuns d'autres estats eussent voulu les Bourguignons et les autres seigneurs estre dedans Paris, jugeans à leur advis, cette entreprise bonne et profitable pour le royaume. Autres y en avoit adhérens ausdits Bourguignons, et se meslans de leurs affaires, espérans que par leurs moyens ils pourroient parvenir à quelques offices ou estats, qui sont plus désirez en cette cité-là qu'en nulle autre du monde ; car ceux qui les ont les font valoir ce qu'ils peuvent, et non pas ce qu'ils doivent : et y a offices sans gages, qui se vendent bien huict cens escus, et d'autres où il y a gages bien petits, qui se vendent plus que leurs gages ne sçauroient valoir en quinze ans. Peu souvent advient que nul ne se désapointe : et soustient

(1) En septembre 1435.

la cour de parlement cet article, et est raison : mais aussi il touche presque à tous. Entre les conseillers, se touvent tousjours largement de bons et notables personnages, et aussi quelques uns bien mal conditionnez. Ainsi est-il en tous estats.

◇◇◇

CHAPITRE VII.

Disgression sur les estats, offices et ambitions, par l'exemple des Anglois.

Je parle de ces offices et auctoritez, par ce qu'ils font désirer mutations, et aussi sont cause d'icelles. Ce que l'on a veu, non pas seulement de nostre temps, mais encore quand les guerres commencèrent dès le temps du roy Charles sixiesme, qui continuèrent jusques à la paix d'Arras (1). Car cependant les Anglois se meslèrent parmy ce royaume, si avant qu'en traitant ladite paix d'Arras, où estoient de la part du Roy quatre ou cinq ducs ou comtes, cinq ou six prélats, et dix ou douze conseillers de parlement ; de la part du duc Philippe, grands personnages à l'advenant, et en beaucoup plus grand nombre ; pour le Pape, deux cardinaux pour médiateurs ; et de grands personnages pour les Anglois. Ce traité dura par l'espace de deux mois, et désiroit fort le duc de Bourgogne s'acquiter envers les Anglois avant que de se séparer d'avec eux, pour les alliances et promesses qu'ils avoient faites ensemble : et pour ces raisons furent offerts au roy d'Angleterre, pour luy et les seigneurs siens, les duchez de Normandie et de Guyenne, pourveu qu'il en fist hommage au Roy, comme avoient fait ses prédécesseurs, et qu'il rendist ce qu'il tenoit au royaume, hors lesdites duchez. Ce qu'ils refusèrent, pour ce qu'ils ne voulurent faire ledit hommage, et mal leur en prit après : car abandonnez furent de cette maison de Bourgogne : et ayans perdu leur temps, et les intelligences du royaume, se prirent à perdre et à diminuer. Pour lors estoit régent en France pour les Anglois le duc de Bethfort, frère du roy Henry cinquiesme, marié avec la sœur du duc Philippe de Bourgogne : et se tenoit icelui régent à Paris, ayant vingt mille escus par mois, pour le moindre estat qu'il eust jamais en cet office. Ils perdirent Paris, et puis petit à petit le demeurant du royaume. Après qu'ils furent retournez en Angleterre, nul ne vouloit diminuer son estat ; mais les biens n'estoient audit royaume pour sutisfaire à tous. Ainsi guerre s'esmeut entre eux, pour leurs authoritez, qui a duré par longues années : et fust mis le roy Henry sixiesme (qui avoit esté couronné roy de France et d'Angleterre à Paris) en prison au chasteau de Londres, et déclaré traistre et criminel de lèze majesté : et là dedans a usé la pluspart de sa vie, et à la fin a esté tué. Le duc d'Yorch, père du roy Edoüard dernier mort, s'intitula roy (1). En peu de jours après fust desconfist en bataille, et mort : et tous morts eurent les testes tranchées, luy et le comte de Warvic dernier mort, qui tant a eu de crédit en Angleterre. Cestuy-là emmena le comte de la Marche (depuis appellé le roy Edoüard) par la mer à Calais, avec quelque peu de gens, fuyans de la bataille. Ledit comte de Warvic soustenoit la maison d'Yorch, et le duc de Sommerset la maison de Lancastre. Tant ont duré ces guerres, que tous ceux de la maison de Warvic et de Sommerset y ont eu les testes tranchées, ou y sont morts en bataille.

Le roy Edoüard fist mourir son frère le duc de Clarence en une pipe de Malvoysie, pour ce qu'il se vouloit faire roy comme l'on disoit. Après que Edoüard fust mort, son frère second, duc de Clocestre, fist mourir les deux fils dudit Edoüard, et déclara ses filles bastardes, et se fist couronner roy.

Incontinent après passa en Angleterre le comte de Richemont, de présent roy (qui par longues années avoit esté prisonnier en Bretagne) qui desconfist et tua en bataille ce cruel roy Richard, qui peu avant avoit fait mourir ses neveux. Et ainsi de ma souvenance, sont morts en ces divisions d'Angleterre bien quatre-vingts hommes de la lignée royale d'Angleterre, dont une partie j'ay connue : des autres m'a esté conté par les Anglois demeurans avec le duc de Bourgogne, tandis que j'y estoys. Ainsi ce n'est pas à Paris ny en France seulement, qu'on s'entrebat pour les biens et honneurs de ce monde : et doivent bien craindre les princes ou ceux qui règnent aux grandes seigneuries, de laisser engendrer une partialité en leur maison, car de là ce feu court par la province : mais mon advis est que cela ne se fait que par disposition divine : car quand les princes ou royaumes ont esté en grande prospérité ou richesses, et ils ont mesconnoissance dont procède telle grâce, Dieu leur dresse un ennemi ou ennemie, dont nul ne se douteroit : comme vous pouvez voir par les rois nommez en la Bible, et par ce que puis peu d'années en avez veu en cette Angleterre, et en cette maison de Bourgogne, et autres lieux, que avez veu et voyez tous les jours.

CHAPITRE VIII.

Comment le roy Louys entra dedans Paris, pendant que les seigneurs de France y dressoient leurs pratiques.

J'ay esté long en ce propos, et est temps que je retourne au mien. Dès que ces seigneurs furent arrivez devant Paris, ils commencèrent tous à pratiquer leans, et promettre offices et biens, et ce qui pouvoit servir à leur matière. Au bout de trois jours furent grande assemblée en l'hostel de la ville de Paris, et après grandes et longues paroles, et ouyes les requestes et sommations que les seigneurs leur faisoient en public, et pour le grand bien du royaume (comme ils disoient), fust conclu d'envoyer devers eux et entendre à pacification. Ils vindrent en grand nombre de gens-de-bien, vers les princes dessusdits, au lieu de Sainct-Mor : et porta la parole maistre Guillaume Chartier, lors évesque de Paris, renommé très-grand homme ; et de la part des seigneurs, parloit le comte de Dunois. Le duc de Berry, frère du Roy, présidoit, assis en chaire, et tous les autres seigneurs debout. De l'un des costez estoient les ducs de Bretagne et de Calabre ; et de l'autre le comte de Charolois, qui estoit armé de toutes pièces, sauf la teste, et les gardes-bras, et une manteline fort riche sur sa cuirace : car il venoit de Conflans, et le Bois-de-Vincennes tenoit pour le Roy, et y avoit beaucoup de gens, par quoy luy estoit besoin d'estre venu bien accompagné. Les requestes et fins des seigneurs estoient d'entrer dedans Paris, pour avoir conversation et amitié avec eux, sur le faict de la reformation du royaume : lequel ils disoient estre mal conduict, en donnant plusieurs grandes charges au Roy. Les responses estoient fort douces, toutesfois prenans quelque délay avant que de respondre : et néantmoins le Roy ne fust depuis content dudit evesque, ny de ceux qui estoient avec luy. Ainsi s'en retournèrent, demeurans en grand pratique : car chacun parla à eux en particulier, et croy bien qu'en secret fust accordé par aucuns, que les seigneurs en leur simple estat y entreroient, et leurs gens pourroient passer outre (si bon leur sembloit) en petit nombre à la fois. Cette conversation n'eust point esté seulement ville gaignée, mais toute l'entre-

(1) Le duc d'York ne prit pas le titre de roi. Ce passage a dû être écrit sous le règne de **Henri VII**, dont l'avènement date de **1483**.

prise : car aisément tout le peuple se fust tourné de leur part (pour plusieurs raisons), et par conséquent toutes celles du royaume, à l'exemple de celle-là. Dieu donna sage conseil au Roy : et il l'exécuta bien, estant jà adverti de toutes ces choses.

Avant que ceux qui estoient venus vers ces seigneurs, eussent fait leur rapport, le Roy arriva en la ville de Paris, en l'estat qu'on doit venir pour reconforter un peuple ; car il y vint en très-grande compagnie, et mit bien deux mille hommes d'armes en la ville : tous les nobles de Normandie, grande force de francs-archers, les gens de sa maison, pensionnaires et autres gens de bien qui se trouvent avec tel roy en semblables affaires. Et ainsi fust cette pratique rompue, et tout ce peuple bien mué des siens ; ny ne se fust trouvé homme de ceux qui paravant avoient esté devers nous, qui plus eust osé parler de la marchandise : et à aucuns en prit mal. Toutes-fois le Roy n'usa de nulles cruautés en cette matière, mais aucuns perdirent leurs offices, les autres envoya demeurer ailleurs : ce que je luy répute à louange de n'avoir usé d'autre vengeance. Car si cela, qui avoit esté commencé, fust venu à effet, le meilleur qui lui pouvoit venir, c'estoit fuir hors du royaume. Aussi plusieurs fois m'a-t-il dit, que s'il n'eust pû entrer dans Paris, et qu'il eust trouvé la ville muée, qu'il fut fuy devers les Suisses, ou devers le duc de Milan, Francisque, qu'il réputoit son grand amy : et bien luy monstra ledit Francisque, par le secours qu'il lui envoya, qui estoit de cinq cens hommes-d'armes et trois mille homme-de-pied, sous la conduite de son fils aisné apelé Galéas, depuis duc (1) : et vinrent jusques en forest : et firent guerre à monseigneur de Bourbon : mais à cause de la mort dudit Francisque, ils s'en retournèrent ; et aussi par le conseil qu'il luy donna, en traittant la paix, appelée le traité de Conflans : où il lui manda qu'il ne refusast nulle chose qu'on luy demandast, pour séparer ceste compagnie : mais que seulement ses gens y demeurassent.

A mon advis, nous n'avions point esté plus de trois jours devant Paris quand le Roy y entra. Tantost nous commança la guerre très-forte, et par espécial sur nos fourrageurs : car l'on estoit contrainct d'aller loin en fourrage, et falloit beaucoup de gens à les garder. Et faut bien dire qu'en cette Isle-de-France est bien assise cette ville de Paris, de pouvoir fournir de si puissans osts : car jamais nous n'eusmes faute de vivre : et dedans Paris à grande peine s'apercevoient-ils qu'il y eust homme : rien n'enchérit que le poid, seulement d'un denier sur pain : car nous n'occupions point les rivières d'au-dessous, qui sont trois, c'est-à-sçavoir Marne, Yonne et Seine, et plusieurs petites rivières qui entrent en celle-là. A tout prendre, cette cité de Paris est la cité que je visse environnée de meilleur pays et plus plantureux, et est chose presque incroyable des biens qui y arrivent. J'y ay esté depuis ce tems avec le roy Louys, demy an sans en bouger, logé ès Tournelles, mangeant et couchant avec luy ordinairement : et depuis son trespas, vingt mois, maugré moi, tenu prisonnier en son palais, où je voyois de mes fenestres arriver ce qui montoit contremont la rivière de Seine du costé de Normandie. Du dessus en vient aussi sans comparaison plus que n'eusse jamais cru, ce que j'en ay veu.

Ainsi donc tous les jours sailloit de Paris force gens : et y estoient les escarmouches grosses ; nostre guet estoit de cinquante lances, qui se tenoient vers la Grange-aux-Merciers (2), et avoient des chevaucheurs le plus près de Paris qu'ils pouvoient, qui très-souvent estoient ramenez jusques à eux ; et bien souvent falloit qu'ils revinssent sur queue jusques à nostre charroy, en se retirant le pas, et aucunes fois le trot ; et puis on leur renvoyoit des gens, qui très-souvent aussi renvoyoient les autres jusques bien près les portes de Paris. Et ceci estoit à toutes heures : car en la ville il y avoit plus de deux mille cinq cens hommes d'armes, de bonne estoffe, et bien logés ; grande force de nobles de Normandie, et de francs-archers : et puis voyoient les dames tous les jours, qui leur donnoient envie de se monstrer. De nostre costé il y avoit un très-grand nombre de gens ; mais non point tant de gens de cheval : car il n'y avoit que les Bourguignons (qui estoient environs quelques deux mille lances, que bons que mauvais) qui n'estoient point si bien accoustrez que ceux de dedans Paris, par la longue paix qu'ils avoient eue, comme j'ay dit autrefois. Encore de ce nombre en y avoit à Lagny deux cens hommes d'armes, et y estoit le duc de Calabre. Des gens-à-pied nous avions grand nombre et de bons. L'armée des Bretons estoit à Sainct-Denis, qui faisoient la guerre là où ils

---

(1) François Sforce était fils naturel de Sforce, comte de Cottignola. Il épousa Marie, fille naturelle de Philippe Visconti, duc de Milan. Il s'empara du duché de Milan en 1450 et mourut en 1466. Son fils Galéas lui succéda et périt en 1476, assassiné par des citoyens soulevés contre sa tyrannie.

(2) L'emplacement actuel de Bercy.

pouvoient, et les autres seigneurs espars pour les vivres. Sur la fin y vinrent le duc de Nemours, le comte d'Armignac et le seigneur d'Albret. Leurs gens demeurèrent loin, pour ce qu'ils n'avoient point de payement, et qu'ils eussent affamé nostre ost, s'ils eussent pris sans payer : et sçay bien que le comte de Charolois leur donna de l'argent, jusques à cinq ou six mille francs : et fust advisé que leurs gens ne viendroient point plus avant. Ils estoient bien six mille hommes de cheval, qui faisoient merveilleusement de maux.

<><><>

CHAPITRE IX.

Comment l'artillerie du comte de Charolois et celle du Roy tirèrent l'une contre l'autre près Charenton, et comment le comte de Charolois fit faire de rechef un pont sur bateaux en la rivière de Seine.

En retournant au fait de Paris, il ne faut douter que nul jour ne se passoit sans perte ou gain, tant d'un costé que d'autre (mais de grosses choses n'y avint rien). Car le Roy ne vouloit point souffrir que ses gens saillissent en grosses bandes ; ny ne vouloit rien mettre en hazard de la bataille, et désiroit paix, et sagement départir cette assemblée. Toutes-fois un jour bien matin, vinrent loger droit vis-à-vis l'hostel de Conflans, au long de la rivière, et sur la fin bord, quatre mille francs-archers. Les nobles de Normandie, et quelque peu de gens-d'armes d'ordonnance, demeurèrent à un quart de lieue de-là, en un village, et depuis leurs gens-de-pied jusques-là n'y avoit qu'une belle plaine. La rivière de Seine estoit entre nous et eux : et commencèrent ceux du Roi une tranchée à l'endroit de Charenton, où ils firent un boulevart de bois et de terre, jusques au bout de nostre ost ; et passoit ledit fossé par devant Conflans, la rivière entre deux, comme dit est : et là assortirent grand nombre d'artillerie, qui d'entrée chassa tous les gens du duc de Calabre hors du village de Charenton : et fallut qu'à grande haste ils vinssent loger avec nous ; et y eust des gens et des chevaux de tuez ; et logea le duc Jean en un petit corps d'hostel, tout droit au devant de celuy de monseigneur de Charolois, à l'opposite de la rivière.

Cette artillerie commença premièrement à tirer par nostre ost, et espouvanta fort la compagnie, car elle tua des gens d'entrée : et tira deux coups par la chambre où le seigneur de Charolois estoit logé, comme il disnoit, et tua un trompette en apportant un plat de viande sur le dégré.

Après le disner ledit comte de Charolois descendit en l'estage bas, et délibéra n'en bouger, et la feist tendre au mieux qu'il peut. Le matin vinrent les seigneurs tenir conseil : et ne se tenoit point le conseil ailleurs que chez le comte de Charolois : et tousjours après le conseil disnoient tous ensemble, et se mettoient les ducs de Berry et de Bretagne au banc, le comte de Charolois et le duc de Calabre au-devant : et portoit ledit comte honneur à tous, les conviant à l'assiette. Aussi le devoit bien faire à d'aucuns, et à tous, puisque c'estoit chez luy. Il fut advisé que toute l'artillerie de l'ost serait assortie encontre celle du Roy. Ledit seigneur de Charolois en avoit très-largement, le duc de Calabre en avoit de belle, et aussi le duc de Bretagne. L'on fit de grands trous aux murailles, qui sont au long de la rivière derrière ledit hostel de Conflans, et y assortit-on toutes les meilleures pièces, excepté les bombardes et autres grosses pièces, qui ne tirèrent point, et le demeurant, où elles pouvoient servir. Ainsi en y eust du costé des seigneurs beaucoup plus que de celuy du Roy. La tranchée, que les gens du Roy avoient faite, estoit fort longue, tirant vers Paris, et tousjours la tiroient avant, et jettoient la terre de nostre costé, pour soy taudir (1) de l'artillerie, car tous estoient cachez dedans le fossé, ny nul n'eust osé monstrer la teste. Ils estoient en lieu plain comme la main et en belle prairie.

Je n'ay jamais tant veu tirer pour si peu de jours, car de nostre costé on s'attendoit de les chasser de là à force d'artillerie. Aux autres en venoit de Paris tous les jours, qui faisoient bonne diligence de leur costé, et n'espargnoient point la poudre. Grande quantité de ceux de nostre ost firent des fossez en terre à l'endroit de leurs logis. Encores davantage y en avoit beaucoup, pour ce que c'est lieu où l'on a tiré de la pierre. Ainsi se taudissoit chacun, et se passa trois ou quatre jours. La crainte fut plus grande que la perte des deux costez, car il ne perdit nul homme de nom.

Quand ces seigneurs virent que ceux du Roy ne s'esmouvoient point, il leur sembla honte et péril, et que ce seroit donner cœur à ceux de Paris. Car par quelques jours de trèves, il y vint tant de peuple, qu'il sembloit que rien ne fust demeuré en la ville. Il fut conclu en un conseil, que l'on feroit un fort grand pont sur grands

(1) Garantir.

bateaux, et coupperoit-on l'estroit du bateau, et ne s'asserroit le bois que sur le large, et au dernier couplet y auroit de grandes ancres pour jetter en terre. Avec cela furent amenez plusieurs grands batteaux de Seine, qui eussent pû aider à passer la rivière, et assaillir les gens du Roy. A maistre Giraud, canonnier, fut donnée la charge de cet ouvrage, auquel il sembloit que pour les Bourguignons estoit grand avantage de ce que les autres avoient jetté les terres de nostre costé : pour ce que quand ils seroient outre la rivière, ceux du Roy trouveroient leur tranchée beaucoup au-dessous des assaillans, et qu'ils n'oseroient saillir dudit fossé, pour crainte de l'artillerie.

Ces raisons donnèrent grand cœur aux nostres de passer : et fut le pont achevé, amené et dressé, sauf le dernier couplet, qui tournoit de costé, prest à dresser, et tous les bateaux amenés. Dès qu'il fust dressé, vint un officier d'armes du Roy, dire que c'estoit contre la trève, pour ce que ce jour, et le jour précédent, y avoit eu trève, et venoit pour voir que c'estoit. A l'aventure il trouva monsieur de Bueil et plusieurs autres sur ledit pont, à qui il parla. Ce soir passoit la trève. Il y pouvoit bien passer trois hommes-d'armes, la lance sur la cuisse, de front : et y pouvoit bien avoir six grands bateaux, que chascun eut bien passé mille hommes à la fois, et plusieurs petits : et fust accoustrée l'artillerie, pour les services à ce passage. Si furent faites les bendes et les rooles de ceux qui devoient passer : et en estoient chefs le comte de Sainct-Paul et le seigneur de Haultbourdin.

Dès que minuit fut passé, commencèrent à s'armer ceux qui en estoient, et avant le jour furent armez, et oyent les aucuns messe en attendant le jour, et faisoient ce que bons chrétiens font en tel cas. Cette nuit je me trouvay en une grand'tente, qui estoit au milieu de l'ost, où l'on faisoit le guet, et estoys du guet cette nuit là (car nul n'en estoit excusé), et estoit chef de guet monseigneur de Chastel-Guyon, qui mourut depuis à Granson : et s'attendoit l'heure de voir cet esbat. Soudainement nous ouysmes ceux qui estoient en ces tranchées, qui commencèrent à crier à haute voix : *Adieu voisins*, *adieu*, et incontinent mirent le feu en leurs logis, et retirèrent leur artillerie. Le jour commença à venir. Les ordonnez à cette entreprise estoient jà sur la rivière, au moins partie, et virent les autres jà bien loin, qui se retiroient à Paris. Ainsi donc chacun s'alla désarmer, très-joyeux de ce département. Et à la vérité ce que le Roy avoit mis de gens, ce n'estoit que pour battre nostre ost d'artillerie, et non pas en intention de combattre ; car il ne vouloit rien mettre en hazard, comme j'ai dit ailleurs; nonobstant que sa puissance fut très-grande pour tous tant qu'il y avoit de princes ensemble. Mais son intention (comme bien le monstra) estoit de traiter paix et départir la compagnie, sans mettre son Estat (qui est si grand et si bon que d'estre roy de ce grand et obéissant royaume de France) en péril de chose si incertaine qu'une bataille.

Chascun jour se menoit de petits marchez, pour fortraire gens l'un à l'autre : et eut plusieurs jours de trèves et assemblées d'une part et d'autre, pour traitter paix : et se faisoit ladite en la Grange-aux-Merciers, assez près de nostre ost. De la part du Roy y venoit le comte du Maine, et plusieurs autres. De la part des seigneurs, le comte de Sainct-Paul, et plusieurs autres ; aussi de tous les seigneurs. Assez de fois furent assemblez sans rien faire : et cependant duroit la trève, et s'entrevoyoient beaucoup de gens des deux armées, un grand fossé entre deux, qui est comme mi-chemin, les uns d'un costé, les autres de l'autre, car par la trève nul ne pouvoit passer. Il n'estoit jour qu'à cause de ces veues ne se vint rendre dix ou douze hommes du costé des seigneurs, et aucunes fois plus : un autre jour s'en alloient autant des nostres. Et pour cette cause s'appella le lieu depuis, *le Marché*, pour ce que telles marchandises s'y faisoient. Et pour dire la vérité, telles assemblées et communications sont bien dangereuses en telles façons, et par espécial pour celuy qui est en plus grande apparence de déchoir. Naturellement la pluspart des gens ont l'œil ou à s'accroistre ou à se sauver, ce qui aisément les fait tirer aux plus forts. Autres y en a si bons et si fermes, qu'ils n'ont nuls de ces regards : mais peu s'en trouve de tels. Et par espécial est ce danger quand ils ont prince qui cherche à gagner gens : qui est une très-grand'grâce que Dieu fait au prince qui le sçait faire : et est signe qu'il n'est point entaché de ce fort vice et péché d'orgueil qui procure haine envers toutes personnes. Pour quoy, comme j'ay dit, quand on vient à tels marchés que de traitter la paix, il se doit faire par les plus féables serviteurs que les princes ont, et gens d'aage moyen : afin que leur foiblesse ne les conduise à faire quelque marché deshonneste, ne à espouvanter leur maistre à leur retour, plus que de besoin ; et plustost empescher ceux qui ont receu quelque grâce ou bienfait de luy, que nuls autres ; mais sur tout sages gens : car d'un fol ne fit jamais homme son profit : et se doivent plustost conduire ces

2.

traitez loin que près. Et quand lesdits ambassadeurs retournent, les faut ouyr seuls, ou à peu de compagnie : afin que si leurs paroles sont pour espouventer les gens, qu'ils leur disent les langages dont ils doivent user à ceux qui les enquerront : car chacun désire de sçavoir nouvelles d'eux quand ils viennent de tels traitez : et plusieurs disent : *Tel ne me célera rien.* Si feront, s'ils sont tels comme je dis, et qu'ils connoissent qu'ils ayent maistres sages.

◊◊◊

CHAPITRE X.

Digressions sur quelques vices et vertus du roy Louis onziesme.

Je me suis mis en ce propos, par ce que j'ay veu beaucoup de tromperies en ce monde, et de beaucoup de serviteurs envers leurs maistres, et plus souvent tromper les princes et seigneurs orgueilleux, qui peu veulent ouyr parler les gens, que les humbles qui volontiers les escoutent. Et entre tous ceux que j'ay jamais connus, le plus sage pour soy tirer d'un mauvais pas, en temps d'adversité, c'estoit le roy Louis XI nostre maistre, le plus humble en paroles et en habits, et qui plus travailloit à gagner un homme qui le pouvoit servir, ou qui luy pouvoit nuire. Et ne s'ennuyoit point d'estre refusé une fois d'un homme qu'il prétendoit gagner, mais y continuoit, en luy promettant largement, et donnant par effet argent et estats qu'il connoissoit qui luy plaisoient. Et ceux qu'il avoit chassez et déboutez en temps de paix et de prospérité, il les rachetoit bien cher, quand il en avoit besoin, et s'en servoit, et ne les avoit en nulle haine pour les choses passées. Il estoit naturellement ami des gens de moyen estat, et ennemy de tous grands qui se pouvoient passer de luy. Nul homme ne presta jamais tant l'oreille aux gens, ny ne s'enquist de tant de choses, comme il faisoit, ne qui voulust jamais connoistre tant de gens : car aussi véritablement il connoissoit toutes gens d'authorité et de valeur, qui estoient en Angleterre, en Espagne, en Portugal, en Italie, et ès seigneuries du duc de Bourgogne, et en Bretagne; comme il faisoit ses sujets. Et ces termes et façons qu'il tenoit, dont j'ay parlé cydessus, luy ont sauvé la couronne, veu les ennemis qu'il s'estoit luy-mesme acquis à son advènement au royaume. Mais sur tout luy a servi sa grande largesse : car ainsi comme sagement il conduisoit l'adversité, à l'opposite dès ce qu'il cuidoit estre asseur, ou seulement en une trève, se mettoit à mescontenter les gens, par petits moyens, qui peu luy servoient, et à grand'peine pouvoit luy endurer paix. Il estoit léger à parler des gens, et aussi tost en leur présence qu'en leur absence, sauf de ceux qu'il craignoit, qui estoit beaucoup : car il estoit assez craintif de sa propre nature. Et quand pour parler il avoit receu quelque dommage, ou en avoit suspicion, et le vouloit réparer, il usoit de cette parole au personnage propre : « Je sçay bien que » ma langue m'a porté grand dommage, aussi » m'a-elle fait quelquefois du plaisir beaucoup : » toutes-fois c'est raison que je répare l'amende. » Et n'usoit point de ces privées paroles, qu'il ne fist quelque bien au personnage à qui il parloit, et n'en faisoit nuls petits.

Encore fait Dieu grand'grâce à un prince quand il sçait le bien et le mal, et par espécial quand le bien procède (1), comme au Roy nostre maistre dessusdit. Mais à mon advis, que le travail qu'il eut en sa jeunesse, quand il fut fugitif de son père, et fuit sous le duc Philippe de Bourgogne, où il fut six ans, luy valut beaucoup : car il fut contraint de complaire à ceux dont il avoit besoin : et ce bien, qui n'est pas petit, lui apprit adversité. Comme il se trouva grand et roi couronné, d'entrée ne pensa qu'aux vengeances, mais tost luy en vint le dommage, et quand et quand la repentance. Et répara cette folie et cette erreur, en regagnant ceux ausquels il faisoit tort, comme vous entendrez cy-après. Et s'il n'eust eu la nourriture autre que les seigneurs que j'ay veu nourrir en ce royaume, je ne croy pas que jamais se fust ressours : car il ne les nourrissent seulement qu'à faire les fols en habillemens et en paroles. De nulles lettres ils n'ont connoissance. Un seul sage homme on ne leur met à l'entour. Ils ont des gouverneurs à qui on parle de leurs affaires, à eux rien, et ceux-là disposent de leurs affaires; et tels seigneurs y a qui n'ont que treize livres de rente en argent, qui se glorifient de dire : *Parlez à mes gens :* cuidans par cette parole contrefaire les très-grands seigneurs. Aussi ay-je bien veu souvent leurs serviteurs faire leur profit d'eux, et leur donner à connoistre qu'ils estoient bestes. Et si d'aventure quelqu'un s'en revient, et veut connoistre ce qui luy appartient, c'est si tard qu'il ne luy sert plus de guères : car il faut noter que tous les hommes, qui jamais ont esté grands et fait grandes choses, ont commencé fort jeunes. Et cela gist à la nourriture, ou vient de la grâce de Dieu.

(1) L'emporte.

CHAPITRE XI.

Comment les Bourguignons estans près de Paris, attendans la bataille, cuidèrent des chardons qu'ils virent, que ce fussent lances debout.

Or ay-je long-temps tenu ce propos ; mais il est tel que n'en sors pas bien quand je veux : et pour revenir à la guerre, vous avez ouy comme ceux que le Roy avoit logez en cette tranchée, au long de cette rivière de Seine, se deslogèrent à l'heure que l'on les devoit assaillir. La trève ne duroit jamais guères qu'un jour ou deux. Aux autres jours se faisoit la guerre tant aspre qu'il estoit possible, et continuoient les escarmouches depuis le matin jusques au soir. Grosses bandes ne sailloient point de Paris : toutesfois souvent nous remettoient nostre guet, et puis on le renforçoit. Je ne vis jamais une seule journée qu'il n'y eust escarmouche, quelque petite que ce fust, et croy bien que si le Roy eust voulu, qu'elles y eussent esté bien plus grosses : mais il estoit en grand soupçon, et de beaucoup, qui estoit sans cause. Il m'a autrefois dit qu'il trouva une nuict la Bastille Saint-Antoine ouverte, par la porte des champs, de nuit. Ce qui lui donna grand suspicion de messire Charles de Meleun pour ce que son père tenoit la place. Je ne dis autre chose dudit messire Charles, que ce que j'en ay dit, mais meilleur serviteur n'eut point le Roy pour cette année-là.

Un jour fut entrepris à Paris de nous venir combattre : et croy que le Roy n'en délibéra rien, mais les capitaines, et de nous assaillir de trois costez. Les uns devers Paris, qui devoit estre la grand'compagnie. Une autre bande devers le Pont-de-Charenton ; et ceux-là n'eussent guères sceu nuire : et deux cens hommes-d'armes, qui devoient venir par devers le Bois-de-Vincennes. De cette conclusion fut adverty l'ost, environ la minuit, par un page, qui vint crier de l'autre part de la rivière, que aucuns bons amis des seigneurs les advertissoient de l'entreprise (qu'avez ouy) et en nomma aucuns, et incontinent s'en alla.

Sur la fine pointe du jour vint messire Poncet de Rivière, devant ledit Pont-de-Charenton, et monseigneur du Lau (1) d'autre part, devers le Bois-de-Vincennes, jusques à nostre artillerie, et tuèrent un canonnier. L'alarme fut fort grande, cuidant que ce fust ce dont le page avoit adverty la nuit. Tost fut armé monseigneur de Charolois : mais encore plustost Jean duc de Calabre : car à tous alarmes c'estoit le premier homme armé, et de toutes pièces, et son cheval tousjours bardé. Il portoit un habillement que ces conducteurs portent en Italie, et sembloit bien prince et chef de guerre, et tiroit tousjours droit aux barrières de nostre ost, pour garder les gens de saillir ; et y avoit d'obéissance autant que monseigneur de Charolois, et luy obéissoit tout l'ost de meilleur cœur : car à la vérité il estoit digne d'être honoré.

En un moment tout l'ost fut en armes et à pied, au long des chariots par le dedans, sauf quelques deux cens chevaux, qui estoient dehors au guet : (et excepté ce jour) je ne connus jamais que l'on eust espérance de combattre : mais cette fois chacun s'y attendoit. Et sur ce bruit arrivèrent les ducs de Berry et de Bretagne, que jamais je ne vis armés que ce jour. Le duc de Berry estoit armé de toutes pièces. Ils avoient peu de gens : ainsi ils passèrent par le camp, et se mirent un peu au dehors pour trouver messeigneurs de Charolois et de Calabre : et là parloient ensemble. Les chevaucheurs, qui estoient renforcez, allèrent plus près de Paris, et veirent plusieurs chevaucheurs qui venoient pour sçavoir ce bruit en l'ost. Nostre artillerie avoit fort tiré, quand ceux de monseigneur du Lau s'en estoient approchés si près. Le Roy avoit bonne artillerie sur la muraille de Paris, qui tira plusieurs coups jusques à nostre ost, qui est grand'chose (car il y a deux lieuës), mais je croy bien que l'on avoit levé le nez bien haut aux bastons (2). Ce bruit d'artillerie faisoit croire de tous les deux costez quelque grande entreprise. Le temps estoit fort obscur et trouble, et nos chevaucheurs, qui s'estoient approchez de Paris, voyoient plusieurs chevaucheurs, et bien loin outre devant eux voyoient grande quantité de lances debout, ce leur sembloit : et jugeoient que c'estoient toutes les batailles du Roy qui estoient aux champs, et tout le peuple de Paris : et cette imagination leur donnoit l'obscurité du temps.

Ils se reculèrent droit derrière ces seigneurs, qui estoient hors de nostre camp, et leur signifièrent ces nouvelles, et les asseurèrent de la bataille. Les chevaucheurs saillis de Paris s'approchoient tousjours : pour ce qu'ils voyoient reculer les nostres, qui encores les faisoit mieux croire. Lors vint le duc de Calabre là où estoit l'estendart du comte de Charolois, et la plus-part des gens de bien de sa maison, pour l'accompagner, et sa bannière preste à desployer, et le

---

(1) Antoine de Châteauneuf, grand-bouteiller de France, sénéchal de Guyenne, grand-chambellan du roi Louis XI, et son favori.

(2) C'est-à-dire, *baston à feu*, arme à feu.

guidon de ses armes, qui estoit l'usance de cette maison : et là nous dit à tous ledit duc Jean : « Or ça nous sommes à ce que nous avons tous » désiré : voilà le Roy et tout ce peuple sailly » de la ville, et marchent, comme disent nos » chevaucheurs : et pour ce, que chacun ait bon » vouloir et cœur. Tout ainsi qu'ils saillent de » Paris nous les aunerons à l'aulne de la ville, » qui est la grande aulne (1). » Ainsi alla reconfortant la compagnie. Nos chevaucheurs avoient un petit repris de cœur, voyans que les autres chevaucheurs estoient foibles, se raprochèrent de la ville, et trouvèrent encore ces batailles au lieu où ils les avoient laissées : qui leur donna nouveau pensement. Ils s'en approchèrent le plus qu'ils peurent : mais estant le jour un peu haussé et esclaircy, ils trouvèrent que c'estoient grands chardons. Ils furent jusques au près des portes, et ne trouvèrent rien dehors : incontinent le mandèrent à ces seigneurs, qui s'en allèrent ouyr messe et disner : et en furent honteux ceux qui avoient dit ces nouvelles : mais le temps les excusa, avec ce que le page avoit dit la nuit de devant.

◇◇◇

CHAPITRE XII.

Comment le Roy et le comte de Charolois parlèrent ensemble, pour cuider moyenner la paix.

La pratique de paix continuoit toujours plus estroit entre le Roy et le comte de Charolois qu'ailleurs, pour ce que la force gissoit en eux : les demandes des seigneurs estoient grandes, par espécial pour ce que le duc de Berry vouloit Normandie pour son partage : ce que le Roy ne vouloit accorder. Le comte de Charolois vouloit avoir les villes assises sur la rivière de Somme, comme Amiens, Abbeville, Sainct-Quentin, Peronne, et autres, que le Roy avoit rachetées du duc Philippe, il n'y avoit pas trois mois (2) : lesquelles avoit euës ledit duc, par la paix d'Arras, du Roy Charles septiesme. Le comte de Charolois disoit, que de son vivant le Roy ne les devoit racheter : luy ramentevoit combien il estoit tenu à sa maison : car durant qu'il estoit fugitif de son père, le Roy Charles, il y fut receu et nourri six ans, ayant deniers de luy pour son vivre : et puis fut amené par eux jusques à Reims et à Paris à son sacre. Avoit pris le comte de Charolois en très-grand despit ce rachapt des terres dessusdites.

Tant fut démenée cette pratique de paix, que le Roy vint un matin par eau jusques vis-à-vis de nostre ost, ayant largement de chevaux sur le bord de la rivière : mais en son bateau n'estoient que quatre ou cinq personnes, hormis ceux qui le tiroient : et y avoit monseigneur du Lau, monseigneur de Montauban, lors admiral de France : monseigneur de Nantouillet, et autres. Les comtes de Charolois et de Sainct-Paul estoient sur le bord de la rivière de leur costé, attendans ledit seigneur. Le Roy demanda à monseigneur de Charolois ces mots : « Mon » frère, m'asseurez-vous ? » Car autrefois ledit comte avoit espousé sa sœur (3). « Ledit comte » lui respondit : Monseigneur, ouy comme » frère. » Je l'ouis, si feirent assez d'autres. Le Roy descendit à terre, avec les dessusdits, qui estoient venus avec luy. Les comtes dessusdits luy firent grand honneur, comme raison estoit : et lui n'en estoit point chiche, et commença la parole, disant : « Mon frère, je connoy » que vous estes gentilhomme, et de la maison » de France. » Ledit comte de Charolois lui demanda : « Pourquoy, monseigneur ? — Pour ce, » dit-il, que quand j'envoyay mes ambassadeurs » à l'Isle, naguères, devers mon oncle vostre » père, et vous, et que ce fol Morvillier parla » si bien à vous, vous me mandastes par l'ar- » chevesque de Narbonne (qui est gentilhomme, » et il le montra bien, car chacun se contenta de » luy) que je me repentiroye des paroles que » vous avoit dites ledit Morvillier, avant qu'il » fust le bout de l'an : » et dit le Roy à ces paroles : « Vous m'avez tenu promesse : et encores » beaucoup plustost que le bout de l'an. » Et le dit en bon visage et riant, connoissant la nature de celui à qui il parloit estre telle, qu'il prendroit plaisir ausdites paroles : et seurement elles luy plûrent. Puis poursuivit ainsi : « Avec » telles gens veux-je avoir à besogner, qui » tiennent ce qu'ils promettent. » Et désavoua ledit Morvillier, disant ne luy avoir point donné de charge d'aucunes paroles qu'il avoit dites. En effet long-temps se pourmena le Roy au milieu de ces deux comtes. Du costé dudit comte Charolois avoit largement gens armez, qui les regardoient assez de près. Là fut demandée cette

---

(1) L'aune de Paris était double de celle de Flandre.

(2) Le rachat des villes de la Somme s'opéra en septembre 1463, et le traité de Conflans fut signé le 5 octobre 1465. Il y a donc deux ans d'intervalle entre ces deux événemens, et non trois mois, comme dit Comines par erreur.

(3) Madame Catherine de France, fille de Charles VII, morte en 1446.

duché de Normandie (1) et la rivière de Somme, et plusieurs autres demandes pour chacun, et aucunes ouvertures, jà piéça faites pour le bien du royaume : mais c'estoit là le moins de la question : car le bien public estoit converty en bien particulier. De Normandie, le Roy n'y vouloit entendre pour nulles choses : mais accorda audit comte de Charolois sa demande, et offrit audit comte de Sainct-Paul l'office de connétable, en faveur dudit comte de Charolois : et fut leur adieu très-gracieux, et se remit le Roy en son bateau, et retourna à Paris, et les autres à Conflans.

Ainsi se passèrent ces jours : les uns en trèves, les autres en guerre : mais toutes paroles d'appointement s'estoient rompues (j'entend où les députez d'un costé et d'autre s'estoient accoustumez d'assembler, qui estoit à la Grange-aux-Merciers) ; mais la pratique dessusdite s'entretenoit entre le Roy et ledit Seigneur de Charolois : et alloient envoyans gens de l'un à l'autre, nonobstant qu'il fust guerre : et y alloit un nommé Guillaume de Bische et un autre appelé Guillot Divoye, estans au comte Charolois tous deux : toutes-fois avoient autrefois receu bien du Roy : car le duc Philippe les avoit bannis, et le Roy les avoit recueillis, à la requeste dudit Seigneur de Charolois. Ces allées ne plaisoient pas à tous, et commençoient jà ces seigneurs à se deffier l'un de l'autre, et à se lasser ; et n'eust esté ce qui survint peu de jours après, ils s'en fussent tous allez honteusement. Je les ay veus tenir trois conseils en une chambre, où ils estoient tous assemblez, et vis un jour qu'il en desplût bien au comte de Charolois : car il s'estoit desjà fait deux fois en sa présence, et il luy sembloit bien que la plus grande force de cet ost estoit sienne, et parler en conseil en sa chambre sans l'y ap-

(1) Voici une copie des conventions qui servirent de base aux traités de Conflans et de Saint-Maur, telles qu'elles sont rapportées dans le recueil manuscrit de l'abbé Legrand :

Accords et appointemens faits par le Roy aux princes qui s'ensuivent.

« Et premier, monsieur de Berry aura toute la duché de Normandie en tous profits, tant de domaine comme d'aydes et sans ressort, excepté l'hommage, et la duché de Berry demeurera au Roy. M. de Charolois joyra sa vie durant et de son premier héritier des villes et seigneuries rachetées, pareillement que monsieur son père a fait avant ledit rachat, et si aura à héritage pour luy et ses hoirs les comtés de Boulongne et de Ghienne, avec les chastellenies de Péronne, Mondidier et Roye, et en récompensera le Roy ceux qui y prétendent avoir droit ; et lesdites vies étant expirées, le Roy ou ses héritiers successeurs payeront aux héritiers ou ayans cause de monsieur de Charolois, deux cens mille escus d'or. Monsieur de Calabre aura les villes, chasteaux et seigneuries de Mouson, Saincte-Meynhoult, Vaucouleurs et Espinal, avec cinq cens lances payées par le Roy pour demy an, et cent mille escus d'or comptant, pour employer à la conqueste de Naples et de ceux de Metz. A l'alliance desquels et du roy Ferrando, le Roy messire renoncera et promettra non bailler ayde ne secours, et remettra sus la pragmatique-sanction, par l'advis des gens de l'Eglise du royaume. Monsieur de Bourbon aura les chasteaux et seigneuries de Usson, et d'une autre seigneurie en Auvergne, dont ne sçai le nom, et si ne sçai se d'icelles il joyra à vie ou à héritage, et si aura les estats, pensions, charges de lances, et gouvernement de Ghienne, comme il avoit au jour du trépas du père du Roy, et si luy fera payer cent mille escus d'or à luy dûs de reste du mariage de madame sa femme, et si dit on, qu'il aura portion des aydes de ses pays. Monsieur de Bretagne aura à héritage les comtés d'Estampes, Monfort et de Nantes, et renoncera le Roy aux droits des régales de la duché de Bretagne, et si aura portion des aydes desdites comtés d'Estampes, Nantes et Montfort, et par le traité qui se faisoit avant le bail dudit, Rouen demourroit gouverneur du bas pays de Normandie à grande pension ; mais obstant la délivrance de ladite duché de Normandie baillée audit mondit de Berry, fait à supposer que se Bretagne a ladite gouvernance, ce sera sous ledit Berry. Monsieur de Nemours sera gouverneur de Paris et de l'Isle-de-France à grande pension et si aura le droit des nominations des offices et bénéfices en la collation du Roy, et si aura retenuë deux cens lances payées sur les tailles du Roy, et portion des aydes des pays et seigneuries dudit sieur. Monsieur de Dunois aura les charges de lances et pensions qu'il avoit au jour du trespas du feu Roy, et restitution de toutes ses terres et seigneuries, et pour la perdition de tous ses biens, meubles et récompenses de ses voyages en Lombardie, la somme de............ Monsieur d'Albret aura certaines seigneuries joignans ses pays, dont ne sçai les noms, avec la charge de cent lances payées par le Roy. Monsieur d'Armignac aura restitution de ses quatre chastellenies, qui du vivant du feu Roy furent ostées, que on dit estre les clefs de tous ses pays et vaillables par an plus de quatre mille livres, avec cent lances et portion des aydes de ses pays. Monsieur de Loybac sera premier maréchal de France, à la charge de deux cens lances payées par le Roy. Monsieur de Bueil demoura admiral de France à la charge de cent lances. Monsieur de Saint-Paul, connestable de France. Messire Tannegui, grand escuyer, à la charge de cent lances. M. de Dampmartin restitué en toutes ses terres, et aura charge de cent lances. Et comme on dit n'y a tresve que pour trois jours, qui seront continuez jusques à ce que les lettres desdits traitez seront faites, les places livrées et les autres choses accomplies. Fait le deuxiesme jour d'octobre 1465. »

En après ledit accord fait et passé par aucuns biens préciez au Roy, fut demandé audit Roy, qui le avoit meu de faire tel traité à son préjudice.

Et le Roy respondit en cette manière : « Ce a esté en considération de la jeunesse de mon frère de Berry,

» La prudence de beau cousin de Calabre,

» Le sens de beau frère de Bourbon,

» La malice du comte d'Armignac,

» L'orgueil grand de beau cousin de Bretagne,

» Et la puissance invincible de beau frère de Charolois. »

peller, ne se devoit point faire. Et en parla au seigneur de Contay, bien fort sage homme (comme j'ay dit ailleurs) qui lui dit qu'il le portast patiemment : car s'il les courrouçoit, qu'ils trouveroient mieux leur appointement que luy : et que comme il estoit le plus fort, il falloit qu'il fut le plus sage, et qu'il les gardast de se diviser, et mit peine à les entretenir joincts de tout son pouvoir, et qu'il dissimulast toutes ces choses ; mais qu'à la vérité l'on s'ébahissoit assez, et mesmement chez luy, de quoy si petits personnages, comme les deux dessus nommez, s'empeschoient de si grand'matière : et que c'estoit chose dangereuse, encores ayant affaire à roy si libéral comme cestuy-cy. Ledit de Contay haissoit ledit Guillaume de Bische ; toutes-fois il disoit ce que plusieurs autres disoient comme luy : et croy que sa suspicion ne l'en faisoit point parler, mais seulement la nécessité de la matière. Audit seigneur de Charolois plût ce conseil, et se mit à faire plus de feste et de joye avec ces seigneurs que paravant, et avec meilleure chère : et eut plus de communication avec eux et leurs gens, qu'il n'avoit accoustumé : et à mon advis qu'il en estoit grand besoin et danger qu'ils ne s'en fussent séparez.

Un sage homme sert bien en telle compagnie, mais qu'on le veuille croire, et ne se pourroit trop acheter. Mais jamais je n'ay connu prince, qui ait sceu connoistre la différence entre les hommes, jusques à ce qu'il se soit trouvé en nécessité et en affaire : et s'ils le connoissoient, si l'ignoroient-ils : et départent leur authorité à ceux qui plus leur sont agréables et pour l'aage qui leur est plus sortable, et pour estre conformes à leurs opinions : ou aucunes fois sont maniez par ceux qui sçavent et conduisent leurs petits plaisirs. Mais ceux qui ont entendement s'en reviennent tost quand ils en ont besoin. Tels ay-je veu, le Roy, ledit comte de Charolois, pour le temps de lors, et le Roy Édouard d'Angleterre, et autres plusieurs : et à telle heure j'ay veu ces trois qui leur en estoit bon besoin, et qu'ils avoient faute de ceux qu'ils avoient mesprisez. Et depuis que ledit comte de Charolois eut esté une pièce duc de Bourgogne, et que la fortune l'eut mis plus haut que ne fut jamais homme de sa maison, et si grand qu'il ne craignoit nul prince pareil à luy, Dieu le souffrit cheoir en cette gloire ; et tant luy diminua du sens, qu'il mesprisoit tout autre conseil du monde, sauf le sien seul : et aussitost après finit sa vie douloureusement avec grand nombre de gens et de ses subjets : et désola sa maison, comme vous voyez.

CHAPITRE XIII.

Comment la ville de Rouen fut mise entre les mains du duc de Bourbon, pour le duc de Berry, par quelques menées, et comment le traitté de Conflans fut de tous poincts conclu.

Pour ce qu'ici-dessus j'ay beaucoup parlé des dangers qui sont en ces traittez, et que les princes y doivent estre bien sages, et bien connoistre quelles gens les meinent, et par espécial celuy qui n'a pas le plus apparent du jeu ; maintenant s'entendra qui m'a meu de tenir si long conte de cette matière. Cependant que ces traittez se menoient par voies d'assemblées, et que l'on pouvoit communiquer les uns avec les autres, en lieu de traitter paix, se traitta par aucuns que la duché de Normandie se mettroit entre les mains du duc de Berry, seul frère du Roy, et que là il prendroit son partage, et laisseroit Berry au Roy : et tellement fut conduite cette marchandise, que madame la grand'séneschalle de Normandie et aucuns à son adveu, comme serviteurs et parens, mirent le duc Jehan de Bourbon au chasteau de Rouen, et par là entra en la ville, laquelle tost se consentit à cette mutation, comme trop désirant d'avoir prince qui demeurast au païs de Normandie : et le semblable firent toutes les villes et places de Normandie, ou peu s'en fallut. Et a tousjours bien semblé aux Normands, et fait encores, que si grand'duché, comme la leur, requiert bien un duc : et à dire la vérité, elle est de grande estime, et s'y lève de grands deniers. J'en ay veu lever neuf cens cinquante mille francs. Aucuns disent plus.

Après que cette ville fut tournée, tous les habitans firent le serment audit duc de Bourbon, pour ledit duc de Berry, sauf le baillif, appellé Ouaste qui avoit esté nourry du Roy, son valet de chambre, luy estant en Flandres, et bien privé de luy, et un appellé maistre Guillaume Piquart, depuis général de Normandie, et aussi le grand-séneschal de Normandie (qui est aujourd'hui) ne voulut faire le serment : mais retourna vers le Roy, contre le vouloir de sa mère, laquelle avoit conduit cette réduction, comme dit est.

Quand cette mutation fut venue à la connoissance du Roy, il se délibéra d'avoir paix, voyant ne pouvoir donner remède à ce qui jà estoit advenu. Incontinent donc fit sçavoir à mondit seigneur de Charolois, qui estoit à son ost, qu'il vouloit parler à luy, et luy nomma l'heure qu'il se rendroit aux champs, auprès dudit ost, estant près Conflans : et saillit à l'heure dite, avec par aventure cent chevaux, dont la pluspart estoit des Escossois de sa garde, d'autres gens peu. Ledit comte de Charolois ne mena guères de gens, et il alla sans nulle cérémonie : toutes-fois il en survint beaucoup, et tant qu'il y en avoit beaucoup plus qu'il n'en estoit sailly avec le Roy. Il les fit demeurer un petit loin, et se pourmenèrent eux deux une espace de temps, et luy dit le Roy comme la paix estoit faite, et luy conta ce cas, qui estoit advenu à Rouen, dont ledit comte ne sçavoit encores rien, disant le Roy que de son consentement n'eust jamais baillé tel partage à son frère : mais puisque d'eux-mesmes les Normands en avoient cette nouvelleté, il en estoit content, et passeroit le traité en toutes telles formes comme avoit esté advisé par plusieurs journées précédentes : et peu d'autres choses y avoit à accorder. Ledit seigneur de Charolois en fut fort joyeux : car son ost estoient en très-grande nécessité de vivres, et principalement d'argent : et quand cecy ne fust advenu, tout autant qu'il y avoit là de seigneurs s'en fussent tous allez honteusement. Toutes-fois audit comte arriva ce jour, ou bien peu de jours après, un renfort que son père le duc Philippe de Bourgogne luy envoyoit, qu'amenoit monseigneur de Saveuses où il y avoit six vingt hommes-d'armes et bien quinze cens archers, et six vingt mille escus comptans sur dix sommiers, et grand'quantité d'arcs et de traits : et cecy pourveut aussi l'ost des Bourguignons, estant en deffiance que le demeurant ne s'accordast sans eux.

Ces paroles d'appointement plaisoient tant au Roy et audit comte de Charolois, que je luy ay ouy conter depuis, qui si affectueusement parloient d'achever le demeurant, qu'ils ne regardoient point où ils alloient : et tirèrent droit devers Paris, et tant allèrent qu'ils entrèrent dedans un grand boulevart de terre et de bois, que le Roy avoit fait faire assez loin hors de la ville, au bout d'une tranchée, et entroit l'on dedans la ville par icelle. Avec ledit comte estoient quatre ou cinq personnes seulement : et quand ils furent dedans, ils se trouvèrent très-esbahis : toutes-fois ledit comte tenoit la meilleure contenance qu'il pouvoit. (Il est à croire que nul de ces deux seigneurs ne furent errans de foy depuis ce temps là, veu qu'à l'un ni à l'autre ne prit mal.) Comme les nouvelles vinrent à l'ost que ledit seigneur de Charolois estoit entré dans ledit boulevart, il y eut très grand murmure : et se mirent ensemble le comte de Sainct-Paul, le mareschal de Bourgogne, le seigneur de Contay, le seigneur de Haultbourdin, et plusieurs autres, donnant grande charge audit seigneur de Charolois de cette folie, et aux autres qui estoient de sa compagnie; et alléguoient l'inconvénient advenu à son grand père, à Montereau-Faut-Yonne, présent le roy Charles sixiesme. Incontinent firent retirer dedans l'ost ce qui estoit dehors pourmenant aux champs : et usa le mareschal de Bourgogne (appelé Neuf-Chastel par son surnom) de cette parole : « Si » ce jeune prince, fol et enragé, s'est allé per- » dre, ne perdons pas sa maison, ni le faict de » son père, ny le nostre : et pour ce, que cha- » cun se retire en son logis et se tienne prest, » sans soy esbahir de fortune qui advienne : car » nous sommes suffisans, nous tenans ensemble, » de nous retirer jusques ès marches de Hé- » nault, ou de Picardie, ou en Bourgogne. »

Après ces paroles monta à cheval le comte de Saint-Paul, se pourmenant hors de l'ost, et regardant s'il venoit rien devers Paris. Après y avoir esté un espace de temps, virent venir quarante ou cinquante chevaux, et y estoit le comte de Charolois, et autres gens du Roy, qui le ramenoient, tant archers qu'autres. Et comme il les vit approcher, il fit retourner ceux qui l'accompagnoient, et adressa la parole audit mareschal de Neuf-Chastel, qu'il craignoit : car il usoit de très-aspres paroles, et estoit bon et loyal chevalier pour son party, et luy osoit bien dire : « Je ne suis à vous que par emprunt, tant » que vostre père vivra. » Les paroles dudit comte furent telles : « Ne me tensez point; car » je connoy bien ma grande folie : mais je m'en » suis apperceu si tard, que j'estoye près du » boulevart. » Puis luy dit le mareschal qu'il avoit fait cela en son absence. Ledit seigneur baissa la teste, sans rien dire ni respondre, et s'en revint dedans son ost, où tous estoient joyeux de le revoir : et louoit chacun la foy du Roy : toutes-fois ne retourna oncques ledit comte en sa puissance.

◇◇◇

CHAPITRE XIV.

Du traité de paix conclu à Conflans entre le Roy et le comte de Charolois et ses alliez.

Finalement toutes choses furent accordées (1): et le lendemain fit le comte de Charolois une

---

(1) Il y eut deux traités : l'un signé à Conflans, le 27 octobre 1465; le deuxième à Saint-Maur, le 29 du même mois.

grande monstre, pour sçavoir quelles gens il avoit, et ce qu'il pouvoit avoir perdu : et sans dire gare, y revint le Roy, avec trente ou quarante chevaux, et alla voir toutes les compagnies l'une après l'autre, sauf celle de ce mareschal de Bourgogne, lequel ne l'aymoit pas, à cause que dès pièça en Lorraine ledit seigneur luy avoit donné Espinal, et depuis osté, pour la donner au duc Jehan de Calabre, dont grand dommage en avoit eu ledit mareschal. Peu à peu réconcilioit le Roy avec luy les bons et notables chevaliers, qui avoient servy le Roy son père, lesquels il avoit désapointez à son advénement à la couronne, et qui pour cette cause s'estoient trouvez en cette assemblée : et connoissoit ledit seigneur son erreur. Il fut dit que le lendemain le Roy se trouveroit au chasteau de Vincennes, et tous les seigneurs qui avoient à luy faire hommage : et pour seureté de tous, bailleroit le Roy ledit chasteau de Vincennes au comte de Charolois.

Le lendemain s'y trouva le Roy et tous les princes, sans en faillir un : et estoit le portail et la porte bien garnis des gens dudit comte de Charolois en armes. Là fut le lieu où se fit le traité de paix. Monseigneur Charles fit hommage au Roy de la duché de Normandie : et le comte de Charolois des terres de Picardie, dont il a esté parlé; et autres qui en avoient à faire. Et le comte de Sainct-Paul fit le serment de son office de connestable. Il n'y eut jamais de si bonnes nopces qu'il n'y en eust de mal disnez. Les uns firent ce qu'ils voulurent, et les autres n'eurent rien. Des moyens et bons personnages en tira le Roy : toutes-fois la plus grand'part demeurèrent avec le duc de Normandie, et le duc de Bretagne, et qui allèrent à Rouen prendre leur possession. Au partir du chasteau du Bois-de-Vincennes, prirent tous congé l'un de l'autre, et se retira chacun à son logis; et furent faites toutes lettres, pardons et toutes autres choses nécessaires, servans au faict de la paix. Tout en un jour partirent le duc de Normandie et le duc de Bretagne pour eux retirer, premièrement audit pays de Normandie, et le duc de Bretagne, puis après en son pays; et le comte de Charolois pour se retirer en Flandres; et comme ledit comte fut en train, le Roy vint à luy, le conduisit jusques à Villiers-le-Bel, qui est un village à quatres lieues près de Paris, montrant par effet avoir un grand desir de l'amitié dudit comte : et tous deux y logèrent ce soir. Le Roy avoit peu de gens, mais il avoit fait venir deux cens hommes-d'armes pour le reconduire : dont fut adverty le comte de Charolois en se couchant, qui en entra en une très-grande suspicion, et fit armer largement de gens. Ainsi pouvez voir qu'il est presque impossible que deux grands seigneurs se puissent accorder, pour les rapports et suspicion qu'ils ont à chacune heure : et deux grands princes qui se voudroient entr'aymer, ne se devroient jamais voir, mais envoyer bonnes gens et sages les uns vers les autres, et ceux-là les entretiendroient en amitié ou amenderoient les fautes.

Le lendemain au matin, les deux seigneurs dessusdits prirent congé l'un de l'autre avec quelques sages et bonnes paroles : et retourna le Roy à Paris, en la compagnie de ceux qui l'estoient allé quérir : et cela osta la suspicion qu'on pouvoit avoir eue de luy et de leur venue. Et ledit comte de Charolois prit le chemin de Compiègne et de Noyon, et par tout luy fut ouvert par le commandement du Roy. De là il tira vers Amiens, où il receut leur hommage, et de ceux de la rivière de Somme, et des terres de Picardie, qui luy estoient restituées par cette paix : desquelles le Roy avoit payé quatre cens mille escus d'or, ny avoit pas neuf mois, comme j'ay dit ailleurs cy-dessus. Et incontinent passa outre, et tira au païs de Liége; pour ce qu'ils avoient desjà fait la guerre par l'espace de cinq ou six mois à son père (luy estant dehors) ès pays de Namur et de Brabant : et avoient desjà lesdits Liégois fait une destrousse entr'eux. Toutes-fois à cause de l'hyver il ne peut pas faire grand'chose. Nonobstant y eut grand'quantité de villages bruslez, et de petites destrousses furent faites sur les Liégeois : et firent une paix, et s'obligèrent lesdits Liégois de la tenir, sur peine d'une grande somme de deniers : et s'en retourna ledit comte en Brabant.

◇◇◇

CHAPITRE XV.

Comment, par la division des ducs de Bretagne et de Normandie, le Roy reprit entre ses mains ce qu'il avoit baillé à son frère.

En retournant aux ducs de Normandie et de Bretagne, qui estoient allés prendre possession de la duché de Normandie, dès que leur entrée fut faite à Rouen, ils commencèrent à se diviser quand ce fut à départir le butin; car encores estoient avec eux ces chevaliers que j'ay devant nommez, lesquels avoient accoustumez d'avoir de grands honneurs et de grands Estats du roy Charles, et leur sembloit bien qu'ils estoient à la fin de leur entreprise et qu'au Roy ne se pouvoient fier ; et voulut chacun en avoir du meilleur endroict.

D'autre part le duc de Bretagne en vouloit disposer en partie : car c'estoit lui qui avoit porté la plus grande mise et les plus grands frais en toutes choses. Tellement se porta leur discord, qu'il fallut que le duc de Bretagne, pour crainte de sa personne, se retirast au Mont de Sainte-Katerine, près Rouen ; et fut leur question jusques-là ; que les gens dudit duc de Normandie, avec ceux de la ville de Rouen, furent prests à aller assaillir ledit duc de Bretagne jusques au lieu dessusdit : par quoy fut contraint de se retirer le droit chemin vers Bretagne. Et sur cette division marcha le Roy près du pays : et pouvez penser qu'il entendoit bien, et qu'il aidoit à le conduire, car il estoit maistre en cette science. Une partie de ceux qui tenoient les bonnes places, commencèrent à les luy bailler, et en faire leur bon appointement avec luy. Je ne sçay de ces choses que ce qu'il m'en a dit et conté, car je n'estoys pas sur les lieux. Il prit un parlement avec le duc de Bretagne, qui tenoit une partie des places de la basse Normandie, espérant de luy faire abandonner son frère de tous poincts. Ils furent quelque peu de jours ensemble à Caën, et firent un traitté (1), par lequel ladite ville de Caën et autres, demeurèrent ès mains de monseigneur de Lescut, avec quelque nombre de gens payez : mais ce traitté estoit si troublé, que je croy que l'un ne l'autre ne l'entendit jamais bien. Ainsi s'en alla le duc de Bretagne en son pays ; et le Roy s'en retourna tirant le chemin vers son frère.

Voyant ledit duc de Normandie qu'il ne pouvoit résister, et que le Roy avoit pris le Pont-de-Larche, et autres places sur luy, se délibéra prendre la fuite et de tirer en Flandres. Le comte de Charolois estoit encores à Sainct-Tron, petite ville au pays de Liége : lequel estoit assez empesché, et fut son armée toute rompue et deffaite, et en temps d'hyver, empeschée contre les Liégeois : et lui douloit bien de voir cette division : car la chose du monde qu'il désiroit le plus, c'estoit de voir un duc en Normandie ; car par ce moyen il luy sembloit le Roy estre affoibli de la tierce partie. Il faisoit amasser gens sur la Picardie, pour mettre dedans Dieppe : mais avant qu'ils fussent prests, celuy qui tenoit ladite ville de Dieppe en fit son appointement avec le Roy. Ainsi retourna au Roy toute ladite duché de Normandie, sauf les places qui demeurèrent à monseigneur de Lescut, par l'appointement fait à Caën.

CHAPITRE XVI.

Comment le nouveau duc de Normandie se retira en Bretagne, fort pauvre et désolé de ce qu'il estoit frustré de son intention.

Ledit duc de Normandie (comme j'ay dit) s'estoit délibéré un coup de fuir en Flandres, mais sur l'heure se réconcilièrent le duc de Bretagne et luy, connoissans tous deux leurs erreurs, et que par division se perdent les bonnes choses du monde : et si est presque impossible que beaucoup de grands seigneurs ensemble et de mesme estat, se puissent longuement entretenir, sinon qu'il y ait chef par dessus tous, et si seroit besoin que celuy-là fust sage et bien estimé pour avoir l'obéissance de tous. J'ay veu beaucoup d'exemples de cette matière à l'œil, et ne parle pas par ouyr dire : et sommes bien sujets à nous diviser ainsi à nostre dommage, sans avoir grand regard à la conséquence qui en advient : et presque ainsi en ay veu advenir par tout le monde, ou l'ay ouy dire (2). Et me semble qu'un sage prince, qui aura pouvoir de dix mille hommes et façon de les entretenir, est plus à craindre et estimer que ne seroient dix, qui en auroient chacun six mille tous alliez et confédérez ensemble : pour autant que des choses qui sont à démesler et accorder entre eux, la moitié du temps se perd avant qu'il y ait rien de conclu, ny accordé.

Ainsi se retira le duc de Normandie en Bretagne, pauvre et deffait, et abandonné de tous ses chevaliers qui avoient esté au roy Charles son père, et avoient fait leur appointement avec le Roy, et mieux appointez de luy que jamais n'avoient esté du Roy son père. Ces deux ducs dessusdits estoient sages après le coup (comme l'on dit des Bretons) et se tenoient en Bretagne, et ledit seigneur de Lescut, principal de tous leurs serviteurs. Et y avoit maintes ambassades allans et venans au Roy de par eux, et de par luy à eux deux, et de par eux au comte de Charolois, et de luy à eux : du Roy audit duc de Bourgogne, et de luy au Roy : les uns pour sçavoir des nouvelles, les autres pour soustraire gens, et pour toutes mauvaises marchandises, sous ombre de bonne foy.

Aucuns y allèrent par bonne intention, pour cuider pacifier les choses : mais c'estoit grand' folie à ceux qui s'estimoient si bons et si sages, que de penser que leur présence pût pacifier si

---

(1) Signé le 23 décembre 1465. Voyez D. Lobineau, *Histoire de Bretagne*, tome II, col. 1283.

(2) *Ou l'ay ouy dire* : ces quatre mots sont rayés dans le vieil exemplaire.

grands princes, et si substils comme estoient ceux-cy, et tant entendus à leurs fins : et veu spécialement que de l'un des costez, ny de l'autre, ne s'offroit nulle raison. Mais il y a de bonnes gens, qui ont cette gloire, qu'il leur semble qu'ils conduiroient des choses là où ils n'entendent rien : car quelquefois leurs maistres ne leur descouvrent point leurs plus secrettes pensées. La compagnie de tels que je dis, est que le plus souvent ne vont que pour parer la feste, et souvent à leurs despens : et va tousjours quelque humblet, qui a quelque marché à part. Ainsi au moins l'ay-je veu par toutes ces saisons dont je parle, et de tous les costez. Et aussi bien, comme j'ay dit, les princes doivent estre sages à regarder à quelles gens ils baillent leurs besongnes entre mains ; aussi devroient bien penser ceux qui vont dehors pour eux, s'entremettre de telles matières, et qui s'en pourroient excuser, et ne s'en empescher point, sinon qu'on vît qu'eux-mesmes y entendissent bien, et eussent affection à la matière, ce seroit estre bien sage. Et j'ay connu beaucoup de gens de bien s'y trouver bien empeschez et troublez. J'ay veu princes de deux natures : les uns si subtils et si très-suspicionneux, que l'on ne sçavoit comment vivre avec eux, et leur sembloit tousjours qu'on les trompoit : les autres se fioient en leurs serviteurs assez ; mais ils estoient si lourds et si peu entendans à leurs besongnes, qu'ils ne savoient connoistre qui leur faisoit bien ou mal. Et ceux-là sont incontinent muez d'amour en haine, et de haine en amour. Et combien que de toutes les deux sortes s'en trouve bien peu de bons, ny là où il y ait grande fermeté, ny grande seureté, toutes-fois j'aimerois tousjours mieux vivre sous les sages que sous les fols : pour ce qu'il y a plus de façon et manière de s'en pouvoir eschapper et d'acquérir leur grâce : car avec les ignorans ne sçait-on trouver nul expédient, pour ce qu'avec eux ne fait-l'on rien : mais avec leurs serviteurs faut avoir affaire : desquels plusieurs leur eschappent souvent. Toutes-fois il faut que chacun les serve et obeysse, aux contrées là où ils se trouvent : car on y est tenu et aussi contraint. Mais tout bien regardé, nostre seule espérance doit estre en Dieu : car en celuy-là gist toute nostre fermeté et toute bonté, qui en nulle chose de ce monde ne se pourroit trouver : mais chacun de nous la connoist tard, et après ce que nous en avons eu besoin : toutes-fois vaut encore mieux tard que jamais.

◇◇◇

LIVRE SECOND.

CHAPITRE PREMIER.

S'ensuit le commencement des guerres qui furent entre le duc de Bourgogne et les Liégeois, et comme la ville de Dinand fut prise, pillée et rasée.

Depuis le temps que dessus, se passèrent aucunes années, durant lesquelles le duc de Bourgogne avoit chacun an guerre avec les Liégeois : et quand le Roy le voyoit empesché, il essayoit à faire quelque nouvelleté contre les Bretons, en faisant quelque peu de confort aux Liégeois : et aussi tost le duc de Bourgogne se tournoit contre luy pour secourir ses alliez ou eux-mesmes faisoient quelque traitté ou quelque trêve. En l'an 1466 fut pris Dinand, assise au pays de Liége, ville très-forte de sa grandeur, et très-riche, à cause d'une marchandise, qu'ils faisoient de ces ouvrages de cuivre, qu'on appelle dinanderie : qui sont en effet pots et poisles, et choses semblables. Le duc de Bourgogne, Philippe (lequel trespassa au mois de juin l'an 1467) s'y fit mener en sa grande vieillesse en une litière : tant avoit de haine contre eux, pour les grandes cruautez dont ils usoient contre ses sujets, en la comté de Namur, et par espécial contre ceux de Bouvines, petite ville assise à un quart de lieuë près dudit lieu de Dinand : et n'y avoit que la rivière de Meuse entre deux : et n'y avoit-guères que lesdits de Dinand y avoient tenu le siége, la rivière entre deux, l'espace de huit mois entiers, et fait plusieurs cruautez ès environs : et tiroient de deux bombardes, et autres pièces de grosse artillerie continuellement durant ce temps, au travers des maisons de ladite ville de Bouvines : et contraignoient les pauvres gens d'eux cacher en leurs caves, et y demeurer. Il n'est croyable la haine qu'avoient ces deux villes l'une contre l'autre : et si ne faisoient guères de mariages de leurs enfans, sinon les uns avec les autres : car ils estoient loin de toutes autres bonnes villes.

L'an précédent de la destruction dudit Dinand (qui fut la saison que le comte de Charolois estoit venu devant Paris, où avoit esté les autres seigneurs de France, comme avez ouy), ils avoient fait un appointement et paix avec ledit seigneur, et luy donnèrent certaine somme d'argent : et s'estoient séparez de la cité de Liége, et fait leur fait à part : qui est le vray signe de la destruction d'un pays, quand ceux qui se doivent tenir ensemble, se séparent et s'abandonnent. Je le dis aussi bien pour les princes et seigneurs alliez ensemble, comme pour les villes et communautez. Mais pour ce qu'il me semble que chacun peut avoir veu et lû de ces exemples, je m'en tay, disant seulement que le roy Loüis nostre maistre, a mieux sceu entendre cet art de séparer les gens, que nul autre prince que j'aye jamais veu ny connu : et n'espargnoit l'argent, ny ses biens, ny sa peine : non point seulement envers les maistres, mais aussi bien envers les serviteurs. Ainsi ceux de Dinand se commencèrent tost à repentir de cet appointement dessusdit : et firent cruellement mourir quatre de leurs principaux bourgeois qui avoient fait ledit traité : et recommencèrent la guerre en cette comté de Namur, tant que pour ces raisons, que pour la sollicitation que faisoient ceux de Bouvines, le siége y fut mis par le duc Philippe : mais la conduite de l'armée estoit à son fils : et y vint le comte de Saint-Paul, connestable de France, à leur secours partant de sa maison, et non pas par l'auctorité du Roy, ny avec ses gens-d'armes : mais amena de ceux qu'il avoit amassez ès marches de Picardie. Orgueilleusement firent une saillie ceux de dedans, à leur grand dommage. Le huictiesme jour d'après furent pris d'assaut, après avoir esté bien batus : et n'eurent leurs amis loisir de penser s'ils les aideroient. Ladite ville fut bruslée et rasée : et les prisonniers, jusques à huit cens, noyez devant Bouvines, à la grande requeste de ceux dudit Bouvines. Je ne sçay si Dieu l'avoit ainsi permis, pour leur grande mauvaistié : mais la vengeance fut cruelle sur eux.

Le lendemain que la ville fut prise, arrivèrent les Liégeois en grand'compagnie, pour les secourir, contre leur promesse : car ils s'estoient séparez d'eux par appointement, comme ceux de Dinand s'estoient séparez de la cité de Liége.

Le duc Philippe se retira pour son ancien aage, et son fils et toute son armée se tirèrent au devant des Liégeois : nous les rencontrasmes plustost que ne pensions : car par cas d'aventure, nostre avant-garde s'égara, par faute de ses guides : et les rencontrasmes avec la bataille, où estoient les principaux chefs de l'armée. Il estoit jà sur le tard : toutes-fois on s'apprestoit de les assaillir. Sur cela vindrent gens députez de par eux au comte de Charolois : qui requirent qu'en l'honneur de la Vierge Marie (dont il estoit la veille) il voulsist avoir pitié de ce peuple, en excusant leurs fautes au mieux qu'ils pûrent. Lesdits Liégeois tenoient contenance de gens qui désiroient la bataille, et toute opposite de la parolle de leurs ambassadeurs. Toutesfois après qu'ils furent allez deux ou trois fois, fut accordé par eux entretenir la paix de l'an précédent, et bailler certaine somme d'argent : et pour seureté de tenir cecy mieux que ce qui estoit passé, ils promirent bailler trois cens ostages, nommez en un rolle par l'évesque de Liége, et par autres ses serviteurs estans en l'armée, et les bailler dedans le lendemain huict heures. Cette nuit estoit l'ost des Bourguignons en grand trouble et doute : car ils n'estoient en rien clos ny fort, et estoient séparez et en lieu propice pour les Liégeois : qui tous estoient gens-de-pied, et connoissans le pays mieux que nous. Aucuns d'eux eurent envie de nous assaillir : et mon advis est qu'ils en eussent eu du meilleur. Ceux qui avoient traité l'accord, rompirent cette entreprise.

Dès que le jour apparut, tout nostre ost s'assembla, et les batailles furent bien ordonnées, et le grand nombre, comme de trois mille hommes-d'armes, que bons que mauvais, et douze ou quatorze mille archers, et d'autres gens-de-pied, beaucoup du pays voisin. On tira droit à eux, pour recevoir les ostages, ou pour les combattre, s'il y avoit faute. Nous les trouvasmes jà séparez, et se départoient par bandes et en désordre, comme peuple mal conduit : il estoit jà près d'heure de midy et n'avoient point baillé les ostages. Le comte de Charolois demanda au mareschal de Bourgogne, qui estoit là, s'il leur devoit courre sus ou non. Ledit mareschal respondit que ouy : et qu'il les pouvoit deffaire sans péril, à quoy ne devoit dissimuler, veu que la faute venoit d'eux. Après on en demanda au seigneur de Contay (que plusieurs fois ay nommé) qui fut de cette opinion, disant que jamais n'auroit si beau party : et les luy monstra jà séparez par bandes, comme ils s'en alloient, et loua fort de ne tarder plus. Après on en demanda au connestable, comte de Sainct-Paul, qui fut d'opinion contraire : disant qu'il feroit contre son honneur et promesse d'ainsi le faire : disant que tant de gens ne peuvent estre si tost accordez en telle matière, comme de bailler ostages, et en si grand nombre, et loüoit de renvoyer devers eux sçavoir leur intention. L'argu de ces trois nommez, avec ledit comte, fut grand et long sur ce différend. De l'un costé il voyoit ses grands et anciens ennemis deffaits, et les voyoit sans nulle résistance. D'autre costé, on l'argueroit de sa promesse : la fin fut qu'on envoya un trompette vers eux : lequel rencontra les ostages qu'on luy amenoit. Ainsi passa la chose, et s'en retourna chacun en son lieu : mais aux gens-d'armes desplut fort le conseil qu'avoit donné ledit connestable : car ils voyoient de beau butin devant leurs yeux. On envoya incontinent une ambassade à Liége pour confirmer cette paix. Le peuple (qui est inconstant) leur disoit à toute heure, qu'on ne les avoit osé combattre : et leur tirèrent coulevrines à la teste, et leur firent plusieurs rudesses. Le comte de Charolois s'en retourna en Flandres. En cette saison mourut son père (1), auquel il fit très-grand et solennel obsèque à Bruges, et signifia la mort dudit seigneur au Roy.

◇◇◇

CHAPITRE II.

Comment les Liégeois rompirent la paix au duc de Bourgogne, paravant comte de Charolois, et comment il les deffit en bataille.

Cependant et tousjours depuis se traittoient choses secrètes et nouvelles entre ces princes. Le Roy estoit si irrité contre le duc de Bretagne et le duc de Bourgogne, que merveilles : et avoient lesdits ducs grand'peine pour avoir nouvelles les uns des autres : car souvent leurs messagers avoient empeschement : et en temps de guerre faloit qu'ils vinssent par mer, et pour le moins, faloit que de Bretagne passassent en Angleterre, et puis par terre jusques à Douvres, et passer à Calais (2) : ou s'ils venoient par terre le droit chemin, ils venoient en grand péril.

En toutes ces années de différens, et en autres subséquentes, qui ont duré jusques à vingt, ou plus, les unes en guerre, les autres en trèves et dissimulations, et que chacun des princes comprenoit par la trève ses alliez, Dieu fit ce bien au royaume de France que les guerres et divisions au pays d'Angleterre estoient encore en nature, et si pouvoient estre commencées quinze ans paravant, en grandes et cruelles batailles, où maint homme de bien fut occis. Et tous disoient qu'ils estoient traistres, à cause qu'il y avoit deux maisons qui prétendoient à la couronne d'Angleterre : c'est à sçavoir la maison de Lanclastre et la maison d'Yorch. Et ne faut pas douter que si les Anglois eussent esté en l'estat qu'ils avoient esté autrefois, que ce royaume de France n'eust eu beaucoup d'affaires.

Tousjours taschoit le Roy à venir à fin de Bretagne plus qu'autre chose, car il luy sembloit que c'estoit chose plus aisée à conquérir, et de moindre défense que n'estoit cette maison de Bourgogne : et aussi que c'estoient ceux qui recueilloient tous ses malveillans, comme son frère et autres, et qui avoient intelligence dedans le royaume : et pour cette cause, pratiquoit fort le duc de Bourgogne Charles, pour luy faire consentir, par plusieurs offres, et par plusieurs marchez, qu'il les voulût abandonner : et par ce moyen aussi luy abandonneroit les Liégeois, et autres ses malveillans, ce qui ne se pût accorder : mais alla ledit duc de Bourgogne sur les Liégeois, qui luy avoient rompu la paix, et prit une ville appellée Huy (3), et chassé ses gens dehors, et pillé ladite ville, nonobstant les ostages qu'ils avoient baillez l'an précédent, en peine capitale, au cas qu'ils rompissent le traité, et aussi sur peine de grand'somme d'argent. Il assembla son armée environ Louvain qui est au pays de Brabant, et sur les marches de Liége. Là arriva devers luy le comte de Sainct-Paul, connestable de France (qui pour lors s'estoit de tous poincts réduit au Roy, et se tenoit avec luy), et le cardinal Ballüe, et autres envoyez : lesquels signifièrent audit duc de Bourgogne, comme les Liégeois estoient alliez du Roy, et compris en sa trève, l'advertissant qu'il leur donneroit secours en cas que ledit duc de Bourgogne les assaillist. Toutes-fois ils offrirent, s'il vouloit consentir que le Roy peust faire la guerre en Bretagne, que ledit seigneur le laisseroit faire avec les Liégeois. Leur audience fut courte et en public : et ne demeurèrent qu'un jour. Ledit duc de Bourgogne disoit pour excuse que lesdits Liégeois l'avoient assailly, et que la rupture de la trève venoit d'eux, et non pas de luy, et pour telles raisons ne devoit abandonner ses alliez. Les dessusdits ambassadeurs furent dépeschez ; comme il vouloit monter à cheval (qui estoit le lendemain de leur venuë), leur dit tout haut qu'il supplioit au Roy ne vouloir rien entreprendre sur le pays de Bretagne. Ledit connestable le pressa, en luy disant : « Monseigneur, vous ne choisissez point : car » vous prenez tout, et voulez faire la guerre à » vostre plaisir à nos amis, et nous tenir en » repos, sans oser courre sus à nos ennemis, » comme vous faites aux vostres : il ne se peut » faire, ny le Roy ne le souffriroit point. » Ledit duc prit congé d'eux, en leur disant : « Les » Liégeois sont assemblez, et m'attends d'avoir » la bataille avant qu'il soit trois jours ; si je la » perds, je croy bien que vous ferez à vostre

---

(1) Philippe-le-Bon mourut à Bruges le 15 juin 1467, entre neuf et dix heures du soir.

(2) Calais appartenait alors aux Anglais, qui s'en étaient rendus maîtres le 3 août 1347. Cette ville fut reprise par le duc de Guise en 1558.

(3) Petite ville sur la Meuse, entre Liége et Namur.

» guise : mais aussi, si je la gagne, vous lais-
» serez en paix les Bretons. » Et après monta à
cheval, et lesdits ambassadeurs allèrent en leur
logis s'apprester pour eux en aller. Et luy party
dudit lieu de Louvain en armes, et très-grosse
compagnie, alla mettre le siége devant une ville
appellée Sainct-Tron. Son armée estoit très-
grosse : car tout ce qui avoit pu venir de Bourgogne, s'estoit venu joindre avec luy : et ne luy
vis jamais tant de gens ensemble, à beaucoup
près.

Un peu avant son partement avoit mis en délibération s'il feroit mourir ses ostages, ou ce
qu'il en feroit : aucuns opinèrent qu'il les fist
mourir tous, et par espécial le seigneur de Contay (dont plusieurs fois j'ay parlé) tint cette
opinion : et jamais ne l'ouys parler si mal, ny si
cruellement que cette fois. Et pour ce est bien
nécessaire à un prince d'avoir plusieurs gens à
son conseil : car les plus sages errent aucunes
fois, et très-souvent, ou pour estre passionnez
aux matières de quoy l'on parle, ou par amour,
ou par haine, ou pour vouloir dire l'opposite
d'un autre, et aucunes fois par la disposition des
personnes : car *on ne doit point tenir pour
conseil ce qui se fait après disner.* Aucuns
pourroient dire que gens faisans aucunes de
ces fautes, ne devroient estre au conseil d'un
prince. A quoy faut respondre que nous sommes
tous hommes : et qui les voudroit chercher tels,
que jamais ne faillissent à parler sagement, ny
que jamais ne s'esmeussent plus une fois que
l'autre, il les faudroit chercher au ciel, car on
ne les trouveroit pas entre les hommes : mais en
récompense aussi, il y aura tel au conseil, qui
parlera très-sagement, et trop mieux, qu'il
n'aura accoustumé d'ainsi faire souvent : et
aussi les uns redressent les autres.

Retournons à nos opinions. Deux ou trois furent de cet advis, estimant la grandeur ou le
sens dudit de Contay : car en tel conseil se trouvent beaucoup de gens, et y a assez qui ne parlent qu'après les autres, sans guères entendre
aux matières, et désirent complaire à quelqu'un
qui aura parlé, qui sera homme estant en aucto-
torité. Après en fut demandé à monseigneur
d'Hymbercourt (1), natif d'auprès d'Amiens, un
des plus sages chevaliers, et des plus entendus,
que je connusse jamais : lequel dit que son opinion estoit, que pour mettre Dieu de sa part de
tous poincts, et pour donner à connoistre à tout
le monde qu'il n'estoit cruel ni vindicatif, qu'il délivrast tous les trois cens ostages; veu encore qu'ils
s'y estoient mis en bonne intention et espérance
que la paix se tinst : mais qu'on leur dit au départir, la grâce que ledit duc leur faisoit, leur
priant qu'ils taschassent à réduire ce peuple en
bonne paix : et au cas qu'il n'y voulust entendre,
qu'au moins eux reconnaissant la bonté (2)
qu'on leur faisoit, ne se trouveroient en guerre
contre luy, ny contre leur évesque, lequel estoit
en sa compagnie. Cette opinion fut tenue, et firent les promesses dessusdites lesdits ostages, en
les délivrant. Aussi leur fut dit que si aucuns
deux se déclaroient en guerre, et fussent pris,
qu'il leur cousteroit la teste : et ainsi s'en allèrent.

Il me semble bon de dire qu'après que ledit
seigneur de Contay eut donné cette cruelle sentence contre ces pauvres ostages (comme vous
avez ouy), dont une partie d'eux s'estoient mis
par vraye bonté, un estant en ce conseil, me dit
en l'oreille : « Voyez-vous bien cet homme,
» combien qu'il soit bien vieil, si est-il de sa
» personne bien sain : mais j'oseroys bien met-
» tre grand'chose, qu'il ne sera point vif d'huy
» en un an : et le dis pour cette terrible opinion
» qu'il a dite. » Et ainsi en avint, car il ne vesquit guères : mais avant qu'il mourût, il servit
bien son maistre pour un jour en une bataille,
dont je parleray ci-après.

En retournant donc à nostre propos, vous
avez ouy comme au partir de Louvain, ledit duc
mit le siége devant Sainct-Tron, et là affusta
son artillerie. Dedans la ville estoient quelques
trois mille Liégeois, et un très-bon chevalier,
qui les conduisoit : et estoit celui qui avoit traité la paix, quand nous nous trouvasmes au devant d'eux en bataille, l'an précédent. Le troisième jour après que le siége y fut mis, les
Liégeois en très-grand nombre de gens, comme
de trente mille personnes et plus, tant de bons
que mauvais, tous gens-de-pied (sauf environ
cinq cens chevaux) et grand nombre d'artillerie,
vinrent pour lever nostre siége, sur l'heure de
dix heures du matin, et se trouvèrent en un village fort et clos de marais une partie : lequel
s'apeloit Bruestein, à demy lieue de nous : et en
leur compagnie estoit François Rayer, bailif de
Lyon, lors ambassadeur pour le Roy vers lesdits
Liégeois. L'alarme vint tost en nostre ost : et
faut dire vray qu'il avoit esté donné mauvais
ordre, de n'avoir mis de bons chevaucheurs aux
champs : car l'on n'en fut adverty que par les
fourageurs qui fuyoient.

(1) Guy de Brimeu, comte de Meghem, seigneur de Humbercourt, chevalier de la Toison-d'Or, déca-pité à Gand en 1478, malgré les prières de Marie de Bourgogne, fille de Charles-le-Téméraire.
(2) Grâce.

Je ne me trouvay oncques en lieu avec ledit duc de Bourgogne, où je luy visse donner bon ordre de soy, excepté ce jour. Incontinent fit tirer toutes les batailles aux champs, sans aucuns qu'il ordonna pour demeurer au siége : entre les autres, il y laissa cinq cens Anglois. Il mit sur les deux costez du village, bien douze cens hommes-d'armes, et quant à luy il demeura vis-à-vis, plus loin dudit village que les autres, avec bien huict cens hommes-d'armes ; et y avoit grand nombre de gens de bien à pied avec les archers, et grand nombre d'hommes-d'armes. Et marcha monseigneur de Ravestein avec l'avant-garde dudit duc, et tous d'gens à pied, tant hommes-d'armes qu'archers, et certaines pièces d'artillerie, jusques sur le bord de leurs fossez, qui estoient grands et profonds, et pleins d'eau : et à coups de flèches et de canons furent reculez, et leurs fosssez gaignez, et leur artillerie aussi. Quand le traict fut failly aux nostres, le cœur revint ausdits Liégeois, qui avoient leurs piques longues (qui sont bastons avantageux), et chargèrent sur nos archers et sur ceux qui les conduisoient ; et en une troupe tuèrent quatre ou cinq cens hommes en un moment : et branloient toutes nos enseignes, comme gens presque desconfits. Et sur ce pas fit le duc marcher les archers de sa bataille, que conduisoit messire Philippe de Crève-cœur, seigneur des Cordes, homme sage, et plusieurs autres gens de bien, qui d'un ardant et grand courage assaillirent lesdits Liégeois, lesquels en un moment furent desconfits.

Les gens-de-cheval (dont j'ay parlé) qui estoient sur les deux costez du village ne pouvoient mal faire aux Liégeois, ny aussi le duc de Bourgogne de là où il estoit, à cause des marais : mais seulement y estoient à l'aventure, afin que si lesdits Liégeois eussent rompu cette avant-garde, et passé les fossez jusques au pays plain, les pût rencontrer. Ces Liégeois se mirent à la fuite tout au long de ces marais, et n'estoient chassez que de gens-à-pied. Des gens-de-cheval, qui estoient avec le duc de Bourgogne, il y en envoya une partie pour donner la chasse ; mais il falloit qu'ils prissent bien deux lieues de tour pour trouver passage ; et la nuit les surprit, qui sauva la vie à beaucoup de Liégeois. Autres renvoya devant ladite ville, pour ce qu'il y ouyt grand bruit et doutoit leur saillie. A la vérité ils saillirent trois fois, mais tousjours furent reboutez : et s'y gouvernèrent bien les Anglois qui y estoient demeurez. Lesdits Liégeois, après estre rompus, se rallièrent un petit alentour de leur charroy, et y tindrent peu. Bien mourust quelque six mille hommes, qui semble beaucoup à toutes gens qui ne veulent point mentir : mais depuis que je suis né, j'ay veu en beaucoup de lieux, qu'on disoit pour un homme qu'on en avoit tué cent pour cuider complaire : et avec tels mensonges s'abusent bien aucunes fois les maistres : si ce n'eust esté la nuit, il en fût mort plus de quinze mille. Cette besogne achevée, et que jà il estoit fort tard, le duc de Bourgogne se retira en son ost, et toute l'armée, sauf mille ou douze cens chevaux qui estoient allez passer à deux lieues de là pour chasser les fuyards : car autrement ne les eussent pu joindre, à cause d'une petite rivière. Ils ne firent pas grand exploict pour la nuit : toutesfois aucuns en tuèrent, et prirent le demeurant ; et la plus grande compagnie se sauva en la cité.

Ce jour aida bien à donner l'ordre, le seigneur de Contay, lequel peu de jours après mourut en la ville de Huy, et eut assez bonne fin, et avoit esté vaillant et sage ; mais il dura peu après cette cruelle opinion qu'il avoit donnée contre les Liégeois ostagers, dont avez ouy parler cy-dessus. Dès que le duc fut désarmé, il appela un secrétaire, et escrivit une lettre au connestable, et autres, qui estoient partis d'avec luy, et n'y avoit que quatre jours, à Louvain, où ils estoient venus ambassadeurs, comme dit est : et leur signifla cette victoire, priant qu'aux Bretons ne fust rien demandé.

Deux jours après cette bataille, changea bien l'orgueil de ce fol peuple, et pour peu de perte : mais à qui que ce soit, est bien à craindre de mettre son estat en hazard d'une bataille qui s'en peut passer : car pour un petit nombre de gens que l'on y perd, se muent et changent les courages des gens de celuy qui perd, plus qu'il n'est à croire, tant en espouvantement de leurs ennemis, qu'en mespris de leur maistre et de ses privez serviteurs : et entrent en murmures et machinations, demandans plus hardiment qu'ils ne souloient, et se courroucent quand on les refuse. Un escu luy servoit plus paravant que ne feroient trois : et si celui qui a perdu estoit sage, il ne mettroit de cette saison rien en hazard avec ceux qui ont fuy : mais seulement se tiendroit sur ses gardes, et essayeroit de trouver quelque chose de léger à vaincre, où ils pussent estre les maistres, pour leur faire revenir le cœur et oster la crainte. En toutes façons, une bataille perdue a tousjours grande queue, et mauvaise pour le perdant. Vray est que les conquérans les doivent chercher, pour abréger leur œuvre, et ceux qui ont les bonnes gens-de-pied, et meilleures que leurs voisins : comme nous pourrions aujourd'huy dire Anglois ou Suisses. Je ne le dis pas pour despriser les autres nations : mais ceux-là ont eu de grandes victoires, et leurs gens ne sont point pour longuement tenir les champs, sans estre exploitez, comme seroient François ou Italiens, qui sont plus sages, ou plus aisez à conduire. Au contraire, celuy qui gaigne devient en réputation et estime de ses gens plus grande que devant, son obéyssance accroist entre tous ses subjects : on luy accorde en cette estime ce qu'il demande. Ses gens en sont plus courageux et plus hardis. Aussi lesdits princes s'en mettent aucunes fois en si grand' gloire et en si grand orgueil, qu'il leur en meschet par après : et de cecy je parle de veuë, et vient telle grâce de Dieu seulement.

Voyans ceux qui estoient dedans Sainct-Tron, la bataille perduë pour eux, et qu'ils estoient enfermez tout à l'environ, cuidans la desconfiture trop plus grande qu'elle n'avoit esté, rendirent la ville, laissèrent les armes, et baillèrent dix hommes à volonté, tels que le duc de Bourgogne voudroit eslire, lesquels il fit décapiter : et y en avoit six de ce nombre, des ostages que peu de jours avant avoit délivrez, avec les conditions qu'avez entenduës cy-dessus. Il leva son ost et tira à Tongres : qui attendirent le siége. Toutesfois la ville ne valoit guères : et aussi sans se laisser battre, firent semblable composition, et baillèrent dix hommes, entre lesquels se trouva encore cinq ou six desdits ostages. Tous dix moururent comme les autres.

◇◇◇

CHAPITRE III.

Comment après qu'aucuns des Liégeois eurent composé de rendre leur ville, et les autres refusé de ce faire, le seigneur d'Hymbercourt trouva moyen d'y entrer pour le duc de Bourgogne.

De là tira ledit duc devant la cité de Liége, en laquelle ils estoient en grand murmure. Les uns vouloient tenir et deffendre la cité, disans qu'ils estoient assez de peuple : et par espécial estoit de cet avis un chevalier, appelé messire Basse de Lintre. D'autres au contraire, qui voyoient brusler et destruire tout le pays, voulurent paix au dommage de qui que ce fust. Ainsi s'approchant ledit duc de la cité, quelque peu d'ouverture y avoit par menuës gens, comme prisonniers ; et fut conduite cette matière par aucuns des dessusdits ostages ; qui faisoient au contraire des premiers, dont j'ay parlé, et reconnurent la grâce qu'on leur avoit faite. Ils y menèrent trois cens hommes des plus apparans et grands de la ville, en chemise, les jambes nuës et la teste : lesquels apportèrent au duc les clefs de la cité et se rendirent à luy et à son plaisir, sans rien réserver, sauf le feu et le pillage. Et ce jour s'y trouva présent pour ambassadeur, monseigneur de Moüy et un secrétaire du Roy, appelé maistre Jehan Prévost, qui venoient pour faire semblables requestes et demandes qu'avoit faites le connestable peu de jours auparavant. Cedit jour que la composition fut faite, cuidant ledit duc entrer en la cité, y envoya monseigneur d'Hymbercourt pour entrer le premier : pour ce qu'il avoit connoissance en la cité, à cause qu'il y avoit eu administration par les années qu'ils avoient esté en paix. Toutesfois l'entrée luy fut refusée pour ce jour, et se logea en une petite abbaye, qui est auprès l'une des portes, et avoit avec lui cinquante hommes-d'armes. En tout pouvoit avoir quelques deux cens combattans : et j'y estoys. Le duc de Bourgogne luy fit sçavoir qu'il ne partit point de là, s'il ne sentoit estre seurement : mais aussi, si ce lieu n'estoit fort, qu'il se retirast devers luy : car le chemin estoit trop mal aisé pour le secourir, pour ce qu'en ce quartier-là sont tous rochers.

Ledit d'Hymbercourt se délibéra n'en partir point : car le lieu estoit très-fort, et retint avec soy cinq ou six hommes de bien de la ville, de ceux qui estoient venus rendre les clefs de la cité, pour s'en ayder, comme vous entendrez. Quand vinrent les neuf heures au soir, nous ouïsmes sonner la cloche, au son de laquelle ils s'assemblèrent, et douta ledit d'Hymbercourt que ce fût pour nous venir assaillir : car il estoit bien informé que messire Basse de Lintre et plusieurs autres ne vouloient consentir cette paix, et sa suspicion estoit vraye et bonne ; car en ce propos estoient-ils et prests à saillir. Ledit seigneur d'Hymbercourt disoit : « Si nous les » pouvons amuser jusques à minuict, nous som- » mes eschappez : car ils seront las et leur » prendra envie de dormir : et ceux qui seront » mauvais contre nous, prendront dès lors la » fuite, voyans qu'ils auront failly à leur entre- » prise. » Et pour parvenir à cet expédient, il despécha deux de ces bourgeois qu'il avoit retenus, comme je vous ay dit, et leur bailla certains articles assez amiables par écrit. Il le faisoit seulement pour leur donner occasion de parler ensemble et de gaigner temps : car ils avoient de coustume, et ont encores, d'aller tout le peuple ensemble au palais de l'évesque, quand il survenoit matières nouvelles : et y sont appellez au son d'une cloche qui est leans.

Ainsi nos deux bourgeois, qui avoient esté des ostages, et des bons, vinrent à la porte (car le chemin n'estoit pas long de deux jects d'arc) et trouvèrent largement peuple armé. Les uns vouloient qu'on assaillist, les autres non. Ils dirent au maistre de la cité tout haut qu'ils apportoient aucunes choses bonnes par escrit, de par le seigneur d'Hymbercourt, lieutenant du duc de Bourgogne en celle marche, et qu'il seroit bon de les aller voir au palais. Et ainsi le firent : et incontinent ouïsmes sonner la cloche dudit palais : à quoy nous connusmes bien qu'ils estoient embesognez.

Nos deux bourgeois ne revinrent point : mais au bout d'une heure, ouïsmes plus grand bruit à la porte que paravant, et y vint beaucoup plus largement gens : et crioient par dessus les murailles et nous disoient vilénies. Lors connut ledit seigneur d'Hymbercourt que le péril estoit plus grand pour nous que devant, et dépescha arrière ces quatre autres ostages qu'il avoit, portans par escrit, comme luy ayant esté gouverneur de la cité, pour le duc de Bourgogne, les avoit amiablement traittez, et que pour rien ne voudroit consentir à leur perdition : car il n'y avoit guères encore qu'il avoit esté de l'un de leurs mestiers (1), estoient des maréchaux et des fèvres (2), et en avoit porté robbe de livrée : par quoy mieux pouvoient adjoûter foy à ce qu'il leur disoit. En somme, s'ils vouloient parvenir au bien de paix, et sauver leur pays après avoir baillé l'ouverture de la ville, comme ils avoient promis, des choses contenuës en certain mémoire. Et instruisit bien ces quatre hommes, qui allèrent à la porte comme avoient fait les autres, et la trouvèrent ouverte. Les uns les recueilloient avec grosses paroles et menasses ; les autres furent contens d'ouyr leur charge, et retournèrent arrière au palais, et tout incontinent ouymes sonner la cloche dudit palais : dont nous eusmes très-grand'joye, et s'esteignit le bruit que nous avions ouy à la porte : et en effet furent long-temps en ce palais, et jusques à bien deux heures après minuict, et là conclurent qu'ils tiendroient l'appointement qu'ils avoient fait : et que le matin bailleroient une des portes audit seigneur d'Hymbercourt : et tout incontinent s'enfuit de la ville ledit messire Rasse de Lintre, et toute sa sequelle.

Je n'eusse pas si long-temps parlé de ce propos (veu que la matière n'est guères grande) si ce n'eust esté pour monstrer qu'aucunesfois avec tels expédiens et habiletez, qui procèdent de grand sens, on évite de grands périls et de grands dommages et pertes. Le lendemain, au poinct du jour, vinrent plusieurs des ostages dire audit seigneur d'Hymbercourt, qu'ils luy prioient qu'il voulût venir au palais, où tout le peuple estoit assemblé : et que là il voulût jurer les deux poincts, dont le peuple estoit en doute, qui estoit le feu et le pillage : et qu'après luy bailleroient un portail. Il le manda au duc de Bourgogne, et alla vers eux : et le serment fait, retourna à la porte, d'où ils firent descendre ceux qui estoient dessus, et y mit douze hommes d'armes et des archers, et une bannière du duc de Bourgogne, sur ladite porte. Et puis alla à une autre porte qui estoit murée, et la bailla entre les mains du bastard du duc de Bourgogne, qui estoit logé en ces quartiers-là : et une autre au mareschal de Bourgogne : et une autre à des gentils-hommes qui estoient encore avec luy. Ainsi ce furent quatre porteaux bien garnis des gens du duc de Bourgogne : et ses bannières dessus.

Or faut-il entendre qu'en ce tems-là Liége estoit une des plus puissantes cités de la contrée (après quatre ou cinq) et des plus peuplées, et y avoit grand peuple retiré du pays d'environ : par quoy n'y apparoissoit en rien de la perte de la bataille. Ils n'avoient aucune nécessité de nuls biens, et si estoit en fin cœur d'hyver et les pluyes plus grandes qu'il est possible de dire, et le pays de soy tant fangeux et mol qu'à merveilles, et si estions en grand'nécessité de vivres et d'argent, et l'armée comme toute rompue : et si n'avoit ledit seigneur duc de Bourgogne nulle envie de les assiéger, et aussi n'eust-il sceu : et quand ils eussent attendu deux jours à eux rendre, par cette voye il s'en fust retourné. Et pour ce, je veux conclure que c'est grand'gloire et honneur audit Hymbercourt, qu'il receut en ce voyage : et lui procéda de la grâce de Dieu seulement, contre toute raison humaine : et ne luy eust osé demander le bien qui luy advint. Et au jugement des hommes, receut tous ces honneurs et biens, pour la grâce et bonté dont il avoit usé envers les ostages, dont vous avez ouy parler cy-dessus. Et le dis volontiers, pour ce que les princes et autres se plaignent aucunesfois comme par déconfort, quand ils ont fait bien ou plaisir à quelqu'un, disans que cela leur procède de malheur, et que pour le temps à venir ne seront si légers, ou à pardonner, ou à faire quelque libéralité, ou autre chose de grâce : qui toutes sont choses appartenantes à leurs offices.

A mon avis c'est mal parlé, et procède de lasche cœur à ceux qui ainsi le font et dient. Car un prince ou un autre homme qui ne fut jamais trompé, ne sçauroit estre qu'une beste,

---

(1) C'est-à-dire, membre de l'association que ceux du même métier formaient entre eux, et qui apportait pour ses membres droit de bourgeoisie.
(2) Serruriers.

ny avoir connoissance du bien et du mal, ny quelle différence il y a. Et davantage, les gens ne sont pas tous d'une complexion; par quoy, par la mauvaistié d'un ou de deux, ne se doit laisser à faire plaisir à plusieurs, quand on en a le temps et opportunité. Bien seroys-je d'avis qu'on eust bon jugement à voir quelles sont les personnes, car tous ne sont pas dignes de semblables mérites. Et à moy est presque estrange de croire, qu'une personne sage sceust estre ingrate d'un grand bénéfice, quand elle l'a receu de quelqu'un : et là s'égareroient bien les princes, car l'accointance d'un fol jamais ne profita à la longue. Et me semble que l'un des plus grands sens que puisse montrer un seigneur, c'est de s'accointer et approcher de luy gens vertueux et honnestes; car il sera jugé à l'opinion des gens d'estre de la condition et nature de ceux qu'il tiendra les plus prochains de luy. Et pour conclure cet article, me semble que l'on ne se doit jamais lasser de bien faire. Car un seul et le moindre de tous ceux ausquels l'on peut avoir fait quelque bien, fera à l'aventure un tel service, et aura telle reconnoissance, qu'il récompensera toutes les laschetez et méchancetez qu'avoient faites tous les autres en cet endroit. Et ainsi avez-vous veu de ces ostages, comme il y en eut aucuns, bons et reconnoissans, et les autres et la pluspart, mauvais et ingrats : car cinq ou six seulement conduisoient cet œuvre aux fins et intentions du duc de Bourgogne.

◇◇◇

CHAPITRE IV.

Comment le duc de Bourgogne fit son entrée en la ville de Liége, et comment ceux de Gand, qui paravant l'avoient mal receu, s'humilièrent envers luy.

Le lendemain que les portes eurent esté baillées, entra le duc en la cité de Liége en grand triomphe (1), et luy fut abbatu vingt brasses de mur, et uny le fossé du long de la grande brèche. A l'environ de luy entrèrent à pied bien deux mille hommes d'armes, armez de toutes pièces, et dix mille archers : et si demeura largement gens en l'ost. Luy estant à cheval, entra avec les gens de sa maison et les plus grands de l'ost, les mieux parez et les mieux accoustrez que pourroient estre; et ainsi alla descendre à la grand'-église. Et pour le vous faire court, il séjourna aucuns jours en la cité, et y fit mourir cinq ou six hommes de ceux qui avoient esté ses ostages, et entre les autres, le messager de la ville, lequel il y avoit en grand'haine. Il leur ordonna aucunes loix et coustumes nouvelles. Il imposa grands deniers sur eux, lesquels il disoit luy estre deus, à cause de paix et appointemens rompus les ans précédens. Il emporta toute leur artillerie et armures, et fit raser toutes les tours et murailles de la cité.

Après qu'il eut fait tout cela, il s'en retourna en son pays (2), où il fut recueilli à grand'gloire et grand'obéissance : et par espécial de ceux de Gand, qui paravant qu'il entrast au pays de Liége, estoient comme en rébellion avec aucunes des autres villes : mais à cette heure le recueillirent comme vainqueur : et furent apportées toutes les bannières, par les plus notables de la ville, au-devant de luy, jusques à Bruxelles, et ceux qui les apportoient vinrent à pied. Ce qu'ils firent, à cause de l'heure du trespas de son père. Il fit son entrée à Gand, premier qu'en nulle autre ville de son pays, ayant cette opinion que c'estoit la ville de son pays où il estoit le plus aimé, et qu'à l'exemple de celle-là se rangeroient les autres (comme il disoit vray en cas dernier), car le lendemain qu'il y eut fait son entrée, ils se mirent en armes sur le marché, et y portèrent un sainct, qu'ils nomment Sainct-Liévin; et heurtèrent de la châsse dudit sainct contre une petite maison appellée la maison de la Cueillette (3), où l'on levoit aucunes gabelles sur le bled, pour payer aucunes debtes de la ville, qu'ils avoient faites pour payer le duc Philippe de Bourgogne quand ils firent la paix de Gand avec luy, (car ils avoient esté en guerre deux ans avec ledit duc), et en effet ils dirent que ledit sainct vouloit passer par la maison sans se tordre : et en un moment l'abbatirent. Quoy voyant ledit duc, alla sur le marché, et monta en une maison pour parler à eux ; et lors grande partie de notables hommes, tous armez, l'attendirent, et en passant luy offrirent d'aller avec luy. Il les fit demeurer devant l'hostel de la ville, et qu'ils l'attendissent : mais peu à peu le menu peuple le contraignit d'aller sur le marché.

Le duc estant là ; il leur commanda qu'ils levassent cette châsse, et qu'ils la raportassent en l'église. Aucuns la levoient pour luy obéyr et d'autres la remettoient. Ils luy firent des de-

---

(1) Le 17 novembre 1467.
(2) Il partit de Liége le samedi 28 novembre.
(3) La rébellion des Gantois contre le duc de Bour-
gogne est racontée avec détail par Philippe Wielant, conseiller au conseil de Malines, dans une histoire fort curieuse qui n'a pas été imprimée.

mandes contre aucuns particuliers de la ville, touchant aucuns deniers. Il leur promit faire justice. Et quand il vit qu'il ne les pouvoit départir, il se retira en son logis, et eux demeurèrent sur le marché, par l'espace de huict jours. Le lendemain luy apportèrent articles, par lesquels ils lui demandoient tout ce que le duc Philippe leur avoit osté par cette paix de Gand : et entre autres choses, que chacun mestier pût avoir sa bannière, comme ils avoient accoustumé, qui sont septante et deux. Pour la doute en quoy il se voyoit, il fut contraint de leur accorder toutes leurs demandes, et tels priviléges qu'ils voulurent, et dès qu'il eut dit le mot, après plusieurs allées et venues, ils plantèrent sur le marché toutes les bannières, qui jà estoient faites. Par quoy ils monstrèrent bien qu'ils les eussent prises outre son vouloir, quand il ne les eust accordées. Il avoit bonne opinion de dire que les autres villes prendroient exemple à son entrée, qu'il feroit à Gand : car plusieurs firent rebellion à son exemple, comme de tuer officiers, et autres excès. Et s'il eust cru le proverbe de son père (lequel disoit que ceux de Gand aymoient bien le fils de leur prince, mais le prince non jamais) il n'eust point esté deceu. Et à dire la vérité, après le peuple de Liége, il n'en est nul plus inconstant que ceux de Gand : une chose ont-ils assez honneste, selon leur mauvaistié : car à la personne de leur prince ne toucheront-ils jamais : et les bourgeois, et les notables hommes, sont très-bonnes gens, et très-déplaisans de la folie du peuple.

Il avoit falu que ledit duc eût dissimulé toutes ces désobéissances, afin de non avoir guerre à ses subjets et aux Liégeois ensemble : mais il faisoit bien son conte, que s'il luy prenoit bien au voyage qu'il faisoit, il les ramèneroit bien à la raison : et ainsi en advint. Car, comme j'ay desjà dit, ils apportèrent au-devant de lui toutes les bannières à pied, jusques à Bruxelles, et tous les priviléges, et les lettres qu'ils luy avoient fait signer au partir qu'il fit de Gand. Et en une grand'assemblée qu'il fit en la grand'salle de Bruxelles (où il y avoit beaucoup d'ambassadeurs) luy présentèrent lesdites bannières, et semblablement tous leurs priviléges, pour en faire à son plaisir : et lors ses officiers d'armes, par son commandement, ostèrent lesdites bannières des lances en quoy elles estoient attachées, et furent toutes envoyées à Boulogne sur la mer, à huict lieues de Calais : et encore là estoient celles qui leur furent ostées durant le temps de son père le duc Philippe, après les guerres qu'il avoit eues avec eux, où il les avoit vaincus et subjuguez. Le chancelier dudit duc prit tous leurs priviléges, et en cassa un qu'ils avoient, qui estoit touchant leur loy. Car en toutes les autres villes de Flandres, le prince renouvelle tous ceux de la loy chacun an, et fait ouyr leurs comptes; mais à Gand, par ce privilége, il ne pouvoit créer que quatre hommes, et ceux-là faisoient le demeurant qui sont vingt et deux : car en tout sont vingt et six eschevins de la ville. Quand ceux qui sont de la loy des villes, sont bons pour le comte de Flandres, il est cette année-là en paix, et lui accordent volontiers ses requestes ; et au contraire, quand lesdits de la loy ne luy sont bons, il y survient volontiers des nouvelletez. Outre ils payèrent trente mille florins au duc, et six mille pour ceux qui estoient à l'entour de luy, et bannirent aucuns de leur ville. Tous leurs autres priviléges furent rendus. Toutes les autres villes se pacifièrent pour argent : car ils n'avoient rien entrepris contre luy. Et à toutes ces choses, pouvez bien voir le bien qui advient d'estre vainqueur, aussi le dommage qu'il y a d'estre vaincu. Par quoy on doit craindre de se mettre au hazard d'une bataille, qui n'y est contraint : et si force est qu'on y vienne, faut mettre avant le coup toutes les doutes dont on se peut adviser. Car volontiers ceux qui font les choses en crainte, y donnent les bonnes provisions, et plus souvent gagnent que ceux qui y procèdent avec grand orgueil : combien que quand Dieu y veut mettre la main, rien n'y vaut.

Or estoient ces Liégeois, desquels avons parlé ci-dessus, excommuniez cinq ans avant, pour le différend de leur évesque : dont ne faisoient nul estime, mais continuoient en leur folle et mauvaise opinion, sans qu'ils eussent sceu dire qui les mouvoit, fors trop de bien et grand orgueil : et à ce propos usoit le roy Louis d'un mot à mon gré, bien sage, où il disoit que quand orgueil chevauche devant, honte et dommage le suivent de bien près, et de ce péché n'estoit-il point entaché.

◇◇◇

CHAPITRE V.

Comment le Roy, voyant ce qui estoit advenu aux Liégeois, fit quelque peu de guerre en Bretagne, contre les alliez du duc de Bourgogne, et comme ils se virent et parlèrent ensemble eux deux à Péronne.

Ces choses ainsi faites, se retira ledit duc à Gand, où il luy fut faite une entrée de grand'despence : et y entra en armes, et luy feirent ceux de la ville une saillie aux champs, pour mettre hors de la ville ou dedans gens à son plaisir. Plusieurs ambassadeurs du Roy y vinrent, et de luy allèrent au Roy. Semblablement luy en venoit de Bretagne, et aussi en envoyoit. Ainsi se passa cet hyver, et taschoit tousjours fort le Roy de faire consentir ledit duc, qu'il pût faire à son plaisir de ce qui estoit en Bretagne, et faire audit duc aucuns partis en récompense : cela ne se pouvoit accorder, dont il desplaisoit au Roy : veu encore ce qui estoit advenu aux Liégeois, ses alliez. Et finalement dès que l'esté fut venu, ne put le Roy avoir plus de patience, et entra en Bretagne, ou ses gens pour luy (1), et y prit deux petits chasteaux, l'un appellé Chantocé, et l'autre Ancenis. Incontinent vinrent ces nouvelles au duc de Bourgogne, qui fut fort sollicité et prié des ducs de Normandie et de Bretagne. A toute diligence fit son armée, et escrivit au Roy, luy suppliant qu'il se voulût déporter de cette entreprise, veu qu'ils estoient compris en la trève, et ses alliez ; et voyant qu'il n'avoit responce à son plaisir, ledit duc se mit aux champs près de la ville de Péronne, avec grand nombre de gens. Le Roy estoit à Compiègne, et son armée tousjours en Bretagne. Comme le duc eut séjourné là trois ou quatre jours, vint de par le Roy le cardinal Ballue, ambassadeur, qui peu y arresta, et fit aucunes ouvertures, disant audit duc que ceux qui estoient en Bretagne pourroient bien accorder sans luy. Tousjours estoient les fins du Roy de les séparer. Tost fut dépesché le cardinal, et luy fut fait honneur et bonne chère, et s'en retourna avec ces paroles : que ledit duc ne s'estoit point mis aux champs pour grever le Roy, ny faire guerre, mais seulement pour secourir ses alliez : et n'y avoit que douces paroles d'un costé et d'autre.

Incontinent après le partement dudit cardinal, arriva devers ledit duc un héraut, appellé Bretagne, et luy apporta lettres des ducs de Normandie et de Bretagne, contenans comme ils avoient fait paix avec le Roy, et renoncé à toutes alliances, et nommément à la sienne ; et que pour tous partages, ledit duc de Normandie devoit avoir soixante mille livres de rente, et renoncer au partage de Normandie, qui naguères luy avoit esté baillée. De cecy n'estoit point trop content ledit monseigneur Charles de France ; mais il estoit force qu'il dissimulast. Bien fort esbahy fut le duc de Bourgogne de ces nouvelles, veu qu'il ne s'estoit mis aux champs que pour secourir lesdits ducs, et fut en très-grand danger ledit héraut : et cuida ledit duc, pour ce qu'il estoit passé par le Roy, qu'il eut contrefait ses lettres : toutefois il eut de semblables lettres par ailleurs. Il sembla bien lors au Roy, qu'il estoit à la fin de son intention, et qu'aisément il gagneroit ledit duc, à semblablement abandonner les ducs dessus nommez : et commencèrent à aller messages secrets de l'un à l'autre : et finalement donna le Roy audit duc de Bourgogne, six vingts mille escus d'or, dont il en paya la moitié comptant, avant se lever du camp, pour les despenses qu'il avoit faites, à mettre sus l'armée. Ledit duc envoya devers ledit seigneur un sien valet-de-chambre, appellé Jean Boscise, homme fort privé de luy. Le Roy y prit grand finance, et eut vouloir de parler audit duc, espérant de gagner de tous poincts à sa volonté, veu les mauvais tours que les deux dessusdits luy avoient faits, et veu aussi cette grande somme d'argent qu'il luy avoit donnée : et mandoit quelque chose audit duc par ledit Boscise, et envoya avec luy de rechef le cardinal Ballue et messire Tanneguy du Chastel, gouverneur de Roussillon, monstrans par leurs paroles, que le Roy avoit très-grand désir que cette veue se fist. Ils trouvèrent ledit duc à Péronne : lequel n'en avoit point trop d'envie, pour ce qu'encore les Liégeois faisoient signe de se vouloir encore rebeller, à cause de deux ambassadeurs que le Roy leur avoit envoyez (pour les solliciter de ce faire) avant cette trève, qui estoit prise pour peu de jours, entre le Roy et le duc, et tous autres leurs alliez. A quoy respondit ledit Ballue, et autres de sa compagnie, que lesdits Liégeois ne l'oseroient faire (2), veu que ledit duc de Bourgogne les avoit destruits l'an passé, et abattu leurs murailles : et quand ils verroient cet appointement, il leur en passeroit le vouloir, si aucuns en avoient eu. Ainsi fut conclu que le Roy viendroit à Péronne (car tel estoit son plaisir) et luy escrivit ledit duc une lettre de sa main (3), portant seureté d'aller et

---

(1) Louis XI ne fut pas l'agresseur. Une partie de la Normandie avait été envahie lorsqu'il envoya des troupes pour arrêter les Bretons.
(2) Le manuscrit de Saint-Germain-des-Prés met : *A quoy respondirent lesdits Liégeois auxdits ambassadeurs, qu'ils ne l'oseroient faire.*
(3) Voici le texte de ce sauf-conduit :

Lettre du duc de Bourgogne au roi Louis XI, servant de sauf-conduit.

« Monseigneur, très-humblement en vostre bonne grâce je me recommande ; monseigneur, se vostre plaisir est venir en cette ville de Péronne, pour nous entreveoir, je vous jure et promets par ma foy, et sur mon honneur, que vous y pouvez venir, demourer et séjourner, et vous en retourner seurement ès lieux de Chauny et de Noyon à vostre bon plaisir, toutes les fois qu'il vous plaira, franchement et quittement, sans ce qu'aucun empeschement de ce faire soit donné à vous, ny nuls de vos gens, par moy ne par autres, pour quelque cas qui soit ou puisse advenir. En tesmoin de ce, j'ay escrit et signé

retourner bien ample. Ainsi partirent lesdits ambassadeurs, et allèrent devers le Roy, qui estoit à Noyon.

Ledit duc cuidant donner ordre au fait de Liége, fit retirer l'évesque, pour lequel estoit tout ce débat audit païs, et se retira avec luy le seigneur d'Hymbercourt, lieutenant dudit duc audit pays, et plusieurs autres compagnies.

Vous avez entendu par quelle manière avoit esté conclu que le Roy viendroit à Péronne. Ainsi le fit (1), et n'amena nulle garde : mais voulut venir de tous poincts, à la garde et seureté dudit duc, et voulut que monseigneur des Cordes luy vînt au devant les archers dudit duc (à qui il estoit pour lors) pour le conduire. Ainsi fut fait. Peu de gens vinrent avec luy : toutesfois il y vint de grands personnages, comme le duc de Bourbon (2), son frère le cardinal (3), le comte de Sainct-Paul, connestable de France, qui en rien ne s'estoit meslé de cette veuë ; mais luy en desplaisoit : car pour lors le cœur lui estoit creu, et ne se trouvoit pas humble envers ledit duc, comme autresfois ; et pour cette cause n'y avoit nul amour entre les deux. Aussi y vint le cardinal Ballue, le gouverneur de Roussillon, et plusieurs autres. Comme le Roy approcha de la ville de Péronne, ledit duc luy alla au devant, bien fort accompagné, et le mena en la ville, et le logea chez le receveur (qui avoit belle maison, et près du chasteau), car le logis du chasteau ne valoit rien, et y en avoit peu.

La guerre entre deux grands princes est bien aisée à commencer, mais très-mal aisée à rappaiser, pour les choses qui y adviennent et qui en dépendent. Car maintes diligences se font de chaque costé, pour grever son ennemy, qui si soudainement ne se peuvent rappeler : comme il se vid par ces deux princes, qui avoient entrepris cette veuë si soudain, sans advertir leurs gens qui estoient au loin, lesquels de tous les deux costez accomplissoient les charges que leurs maistres leur avoient baillées. Le duc de Bourgogne avoit mandé l'armée de Bourgogne, où pour ce temps-là avoit grand'noblesse, et avec eux venoient monseigneur de Bresse (4), l'éves-

que de Genève (5), le comte de Romont (6), tous frères, enfans de la maison de Savoye (car Savoysiens et Bourguignons de tout temps s'entraimoient très-fort) et aussi aucuns Alemans (qui confinent tant en Savoye qu'en la comté de Bourgogne), estoient en cette bande. Or faut entendre que le Roy avoit autresfois tenu ledit seigneur de Bresse en prison (7), à cause de deux chevaliers qu'il avoit fait tuer en Savoye, par quoy n'y avoit pas grand amour entre eux deux.

En cette compagnie estoient encore monseigneur du Lau (que le Roy semblablement avoit long-temps tenu prisonnier, après avoir esté très-prochain de sa personne : et puis s'estoit eschappé de la prison et retiré en Bourgogne) et messire Poncet de Rivière, et le seigneur d'Urfé (8), depuis grand-escuyer de France. Et toute cette bande, dont j'ay parlé, arriva auprès de Péronne comme le Roy y entroit : et entra ledit de Bresse, et les trois dont j'ay parlé, en la ville de Péronne, portans la croix Sainct-André, et cuidoient venir à temps pour accompagner ledit duc de Bourgogne quand il iroit au devant du Roy : mais ils vinrent un peu trop tard. Ils entrèrent tout droit en la chambre du duc, luy faire la révérence : et porta monseigneur de Bresse la parole, suppliant au duc, que les trois dessus nommez vinssent là en sa seureté, nonobstant la venuë du Roy, ainsi comme il leur avoit esté accordé en Bourgogne, et promis à l'heure qu'ils y arrivèrent : et aussi qu'ils estoient prests à le servir envers tous et contre tous. Laquelle requeste ledit duc leur octroya de bouche, et les remercia. Le demeurant de cette armée qu'avoit conduite le mareschal de Bourgogne, se logea aux champs, comme il fut ordonné. Ledit mareschal ne vouloit point moins de mal au Roy que les autres dont j'ay parlé, à cause de la ville d'Espinal, assise en Lorraine, qu'il avoit autresfois donnée audit mareschal, et puis le luy osta pour la donner au duc Jean de Calabre, duquel assez de fois a esté parlé en ces présens Mémoires (9). Tost fut le Roy adverty de l'arrivée de tous ces gens dessus nommez, et

---

cette cédule de ma main, en la ville de Péronne, le huictiesme jour d'octobre, l'an 1468.
» Vostre très-humble et très-obéissant subjet,
» CHARLES. »

(1) Le Roi arriva à Péronne le dimanche 9 octobre 1468.

(2) Jean II, duc de Bourbon, depuis fait connétable en 1483, mort en 1488.

(3) Charles, cardinal de Bourbon, archevêque de Lyon, mort en 1488.

(4) Philippe de Savoie.

(5) François de Savoie.

(6) Jacques de Savoie.

(7) Du consentement de son père.

(8) Pierre d'Urfé, seigneur d'Urfé, bailli du comté de Forêts, chevalier de l'ordre du Roi et grand-écuyer de France en 1487 ; il était fils de Pierre, seigneur d'Urfé, bailli de Forêts, grand-maître des arbalétriers de France. Il fut employé par le roi Charles VIII dans les guerres contre l'empereur Maximilien I, et mourut le 10 octobre 1508. C'est de ce Pierre d'Urfé que descend l'auteur du roman de l'Astrée.

(9) L. 1, ch. 14.

des habillemens en quoy estoient arrivez : si entra en grande peur, et envoya prier au duc de Bourgogne, qu'il pût loger au chasteau, et que tous ceux-là qui estoient venus estoient ses malveillans. Ledit duc en fut très-joyeux, et luy fit faire son logis, et l'asseura fort de n'avoir nul doute.

CHAPITRE VI.

Disgression sur l'avantage que les bonnes lettres, et principalement les histoires, font aux princes et aux grands seigneurs.

C'est grand'folie à un prince de se soumettre à la puissance d'un autre, par espécial quand ils sont en guerre, où ils ont esté en tous endroits ; et est grand avantage aux princes, d'avoir veu des histoires en leur jeunesse : esquelles se voyent largement de telles assemblées, et de grandes fraudes, tromperies, et parjuremens, qu'aucuns des anciens ont fait les uns vers les autres ; et pris et tuez ceux qui en telles seuretez s'estoient fiez. Il n'est pas dit que tous les ayent usé : mais l'exemple d'un est assez pour en faire sages plusieurs, et leur donner vouloir de se garder : et est, ce me semble (à ce que j'ay veu plusieurs fois par expérience de ce monde, où j'ay esté autour des princes l'espace de dix-huit ans ou plus, ayant claire connoissance des plus grandes et secrètes matières, qui se soient traittées en ce royaume de France et seigneuries voisines), l'un des grands moyens de rendre un homme sage, d'avoir leu les histoires anciennes, et apprendre à se conduire et garder, et entreprendre sagement par icelles, et par les exemples de nos prédécesseurs. Car nostre vie est si briève, qu'elle ne suffit à avoir de tant de choses expérience. Joint aussi que nous sommes diminuez d'âge, et que la vie des hommes n'est si longue comme elle souloit, ny les corps si puissans. Semblablement que nous sommes affoiblis de toute foy et loyauté les uns envers les autres, et ne sçaurois dire par quel lien on se puisse asseurer les uns des autres, et par espécial des grands princes, qui sont assez enclins à leur volonté, sans regarder autre raison : et qui pis vault, sont le plus souvent environnez de gens qui n'ont l'œil à nulle autre chose qu'à complaire à leurs maistres et à loüer toutes leurs œuvres, soit bonnes ou mauvaises : et si quelqu'un se trouve qui veuille mieux faire, tout se trouvera brouillé.

Encore ne me puis-je tenir de blasmer les seigneurs ignorans. Environ tous seigneurs se trouvent volontiers quelques clercs et gens de robbes longues (comme raison est) et y sont bien séans, quand ils sont bons : et bien dangereux, quand ils sont autres. A tous propos ont une loy au bec, ou une histoire, et la meilleure qui se puisse trouver, se tourneroit bien à mauvais sens ; mais les sages, et qui auroient lû, n'en seroient jamais abusez : ny ne seroient les gens si hardis de leur faire entendre mensonges. Et croyez que Dieu n'a point establi l'office de roy ny d'autre prince, pour être exercé par les bestes, ny par ceux qui par vaine gloire diene : « Je ne suis pas clerc, je laisse faire à mon con-» seil, je me fie en eux. » Et puis, sans assigner autre raison, s'en vont en leurs esbats. S'ils avoient esté bien nourris en la jeunesse, leurs raisons seroient autres, et auroient envie qu'on estimast leurs personnes et leurs vertus. Je ne veux point dire que tous les princes se servent de gens mal conditionnez, mais bien la plupart de ceux que j'ay connus n'en ont pas tousjours esté desgarnis. En temps de nécessité ay-je bien veu que les aucuns sages se sont bien sceu servir des plus apparens, et les chercher sans y rien plaindre : et entre tous les princes dont j'ay eu la connoissance, le Roy nostre maistre l'a le mieux sceu faire, et plus honorer et estimer les gens de bien et de valeur. Il estoit assez lettré ; il aimoit à demander et entendre de toutes choses, et avoit le sens naturel parfaitement bon : lequel précède toutes autres sciences qu'on sçauroit apprendre en ce monde : et tous les livres qui en sont faits ne serviroient de rien, si ce n'estoit pour ramener en mémoire les choses passées : et qu'aussi plus on voit de choses en un seul livre en trois mois, que n'en sçauroient voir à l'œil, et entendre par expérience, vingt hommes de rang, vivans l'un après l'autre. Ainsi pour conclure cet article, me semble que Dieu ne peut envoyer plus grande playe en un pays, que d'un prince peu entendu ; car de là procèdent tous autres maux. Premièrement en vient division et guerre ; car il met tousjours en main d'autruy son auctorité, qu'il devroit plus vouloir garder que nulle autre chose ; et de cette division procèdent la famine et mortalité, et les autres maux qui dépendent de la guerre. Or regardez doncques, si les subjets d'un prince ne se doivent point bien douloir, quand ils voyent ses enfans mal nourris (1), et entre mains de gens mal conditionnez.

---

(1) Quelques commentateurs ont cru que la fin de ce chapitre faisait allusion à la manière dont Louis XI a fait élever le Dauphin, depuis Charles VIII.

CHAPITRE VII.

Comment et pourquoy le roy Louis fut arresté et enfermé dedans le chasteau de Péronne, par le duc de Bourgogne.

Or vous avez ouy de l'arrivée de cette armée de Bourgogne : laquelle fut à Péronne presque aussi tost que le Roy (car ledit duc ne les eut sceu contraindre ny contremander à temps) ; car jà bien avant estoient en campagne, quand la venuë du Roy se traitoit, et troublèrent assez la feste par les suspicions qui advinrent après. Toutesfois ces deux princes commirent de leurs gens à estre ensemble, et traiter de leurs affaires le plus amiablement que faire se pourroit, et comme ils estoient bien avant en besogne, et jà y avoient esté par trois ou quatre jours, survinrent de très-grandes nouvelles et affaires de Liége, que je vous diray.

Le Roy, en venant à Péronne, ne s'estoit point advisé qu'il avoit envoyé deux ambassadeurs à Liége, pour les solliciter contre ledit duc, et néantmoins lesdits ambassadeurs avoient si bien diligenté, qu'ils avoient jà fait un grand amas, et vinrent d'emblée les Liégeois prendre la ville de Tongres où estoient l'évesque de Liége et le seigneur d'Hymbercourt bien accompagné, jusques à deux mille hommes et plus ; et prirent ledit évesque et ledit d'Hymbercourt, tuèrent peu de gens, et n'en prirent nuls que ces deux, et aucuns particuliers de l'évesque. Les autres s'enfuyrent, laissans tout ce qu'ils avoient, comme gens desconfits. Après cela lesdits Liégeois se mirent en chemin vers la cité de Liége, assise assez près de ladite ville de Tongres. En chemin composa ledit seigneur d'Hymbercourt avec un chevalier, appellé messire Guillaume de Ville (1), autrement dit en françois le Sauvage. Cedit chevalier sauva ledit d'Hymbercourt, craignant que ce fol peuple ne le tuast, et retint sa foy, qu'il ne tarda guères ; car peu après il fût tué luy-mesme. Ce peuple estoit fort joyeux de la prise de leur évesque, le seigneur de Liége. Ils avoient en haine plusieurs chanoines qu'ils avoient pris ce jour, et à la première repuë, en tuèrent cinq ou six. Entre les autres en y avoit un, appellé maistre Robert (2), fort privé dudit évesque, que plusieurs fois j'avoys veu armé de toutes pièces après son maistre ; car telle est l'usance des prélats d'Allemagne. Ils tuèrent ledit maistre Robert, présent ledit évesque, et en firent plusieurs pièces, qu'ils se jettoient à la teste l'un de l'autre, par grande dérision.

Avant qu'ils eussent fait sept ou huit lieuës, qu'ils avoient à faire, ils tuèrent jusques à seize personnes, chanoines, ou autres gens de bien, quasi tous serviteurs dudit évesque. Faisans ces œuvres, laschèrent aucuns Bourguignons : car jà sentoient le traité de paix encommencé, et eussent esté contraints de dire que ce n'estoit que contre leur évesque, lequel ils menèrent prisonnier en leur cité. Les fuyans, dont j'ay parlé, effrayoient fort tout le quartier par où ils passoient, et vinrent tost ces nouvelles au duc. Les uns disoient que tout estoit mort, les autres le contraire. De telles matières ne vient point volontiers un message seul : mais en vinrent aucuns, qui avoient veu habiller ces chanoines, qui cuidoient que ledit évesque fust de ce nombre, et ledit seigneur d'Hymbercourt, et que tout le demeurant fut mort : et certifioient avoir veu les ambassadeurs du roy en cette compagnie, et les nommoient. Et fut conté tout cecy audit duc, qui soudainement y ajousta foy, et entra en une grande colère, disant que le Roy estoit venu là pour le tromper : et soudainement envoya fermer les portes de la ville et du chasteau, et fit semer une assez mauvaise raison, c'estoit qu'on le faisoit pour une boëte qui estoit perduë, où il y avoit de bonnes bagues et de l'argent. Le Roy qui se vid enfermé en ce chasteau (qui est petit) et force archers à la porte, n'estoit point sans doute (3) : et se voyoit logé rasibus d'une grosse tour, où un comte de Vermandois (4) fit mourir un sien prédécesseur roy de France. Pour lors estoye encore avec ledit duc, et le servoye de chambellan, et couchoye en sa chambre quand je vouloys : car tel estoit l'usance de cette maison.

Ledit duc quand il vid les portes fermées, fit saillir les gens de sa chambre, et dit à aucuns que nous estions, que le Roy estoit venu là pour le trahir, et qu'il avoit dissimulé ladite venuë de toute sa puissance, et qu'elle s'estoit faite contre son vouloir : et va conter ses nouvelles de Liége, et comme le Roy l'avoit fait conduire par ses ambassadeurs : et comme tous ses gens avoient esté tuez, et estoit terriblement esmeu contre le Roy, et le menaçoit fort : et croy vé-

---

(1) Il est nommé dans l'*Histoire de Liége* de Suffridus Petrus, Jean de Vilde ; il étoit prévôt de la ville de Liége et seigneur de Hautpeene.
(2) Robert de Moriamez, archidiacre de l'église de Liége.

(3) Doute, inquiétude.
(4) Herbert, comte de Vermandois, après avoir retenu pendant quatre ans le roi Charles-le-Simple prisonnier dans la tour de Péronne, le mit à mort en 926.

ritablement que, si à cette heure là il eut trouvé ceux à qui il s'addressoit, prests à le conforter ou conseiller de faire au Roy une mauvaise compagnie, il eut esté ainsi fait : et pour le moins eut esté mis en cette grosse tour (1). Avec moy n'y avoit à ces paroles que deux valets-de-chambre, l'un appellé Charles de Visen, natif de Dijon, homme honneste, et qui avoit grand crédit avec son maistre. Nous n'aigrismes rien, nous adoucismes à notre pouvoir. Tost après tint aucunes de ces paroles à plusieurs, et coururent par toute la ville, jusques en la chambre où estoit le Roy, lequel fut fort effrayé : et si estoit généralement chacun, voyant grande apparence de mal, et regardant quantes choses y a à considérer, pour pacifier un différend, quand il est commencé entre si grands princes, et les erreurs qu'ils firent tous deux de n'advertir leurs serviteurs, qui estoient loin d'eux, empeschez pour leurs affaires, et ce qui soudainement en cuida advenir.

◇◇◇

CHAPITRE VIII.

Disgression sur ce que quand deux grands princes s'entrevoyent pour cuider appaiser différends, telle vuë est plus dommageable que profitable.

Grand folie est à deux grands princes, qui sont comme esgaux en puissance, de s'entrevoir, sinon qu'ils fussent en grande jeunesse, qui est le temps qu'ils n'ont autres pensées qu'à leurs plaisirs ; mais depuis le temps que l'envie leur est venuë d'accroistre les uns sur les autres, encore qu'il n'y eût nul péril de personnes (ce qui est presque impossible) si accroist leur malveillance et leur envie. Parquoy vaudroit mieux qu'ils pacifiassent leurs différends par sages et bons serviteurs, comme j'ay dit ailleurs plus au long en ces Mémoires ; mais encore en veux-je dire quelques expériences que j'ay vuës et sceuës de mon temps.

Peu d'années après que nostre Roy fut couronné et avant le *Bien Public*, se fit une vuë du roy de France et du roy de Castille (2), qui sont les plus alliez princes qui soient en la chrestienté ; car ils sont allicz de roy à roy, et de royaume à royaume, et d'homme à homme, et obligez sur grandes malédictions de les bien garder. A cette veuë vint le roy Henry de Castille, bien accompagné jusques à Fontarabie, et le Roy estoit à Saint-Jean-de-Luz, qui est à quatre lieues ; chacun estoit aux confins de son royaume. Je n'y estois pas, mais le Roy m'en a conté, et monseigeur du Lau. Aussi m'en a esté dit en Castille par aucuns seigneurs, qui y estoient avec le roy de Castille : et y estoient le grand-maistre de Sainct-Jacques et l'archevesque de Tolède, les plus grands de Castille pour lors. Aussi y estoit le comte de Lodesme, son mignon, en grand triomphe ; et toute sa garde, qui estoient quelques trois cens chevaux de Maures de Grenade, dont il y en avoit plusieurs négrins. Vray est que le roy Henry valoit peu de sa personne, et donnoit tout son héritage, ou se le laissoit oster à qui le vouloit ou pouvoit prendre. Nostre roy estoit aussi fort accompagné, comme avez veu qu'il en avoit bien coustume, et par espécial sa garde estoit belle : à cette veuë se trouva la reyne d'Arragon, pour quelque différend qu'elle avoit avec le roy de Castille, pour Estelle et quelques autres places assises en Navarre. De ce différend fut le Roy juge.

Pour continuer ce propos, que la veuë des grands princes n'est point nécessaire : ces deux icy n'avoient jamais eu différend, ny rien à départir, et se virent une fois ou deux seulement, sur le bord de la rivière qui départ les deux royaumes, à l'endroit d'un petit chasteau appellé Heurtebise : et passa le roy de Castille du costé deçà (3) : ils n'arrestèrent guère, ils ne se goustèrent pas fort ; mais par espécial connut nostre Roy que le roy de Castille ne pouvoit guères, sinon autant qu'il plaisoit à ce grand-maistre de Sainct-Jacques et à cet archevesque de Tolède. Parquoy le Roy chercha leur accointance, et vinrent devers luy à Sainct-Jehan-de-Luz ; et prit grande intelligence et amitié avec eux, et peu estima leur Roy. La pluspart des gens des deux roys estoient logez à Bayonne, qui d'entrée se battirent très-bien, quelque alliance qu'il y eust ; aussi sont-ce langues différentes. Le comte de Lodesme passa la rivière en un batteau, dont la voile estoit de drap d'or ;

---

(1) La violence faite par le duc de Bourgogne au roi de France fut considérée comme un crime de lèze-majesté dans un procès intenté en 1478 à la mémoire de Charles-le-Téméraire.

(2) L'entrevue dont parle Comines eut lieu en 1462, entre Louis XI et Henri IV roi de Castille, sur la rive française de la Bidassoa. Elle avait pour but de rétablir l'harmonie troublée un instant par la décision de Louis XI en faveur de Juan II, roi d'Arragon, au sujet de la Navarre.

(3) C'est-à-dire sur la rive française de la Bidassoa où se rendit Henri IV, reconnaissant ainsi la supériorité de Louis XI.

et avoit des brodequins fort chargez de pierreries; et vint vers le Roy. Toutesfois il n'estoit pas vray comte, mais avoit largement biens, et depuis je l'ay veu duc d'Albourg, et tenir grande terre en Castille. Aussi se dressoient moqueries entre ces deux nations si alliées. Le roy de Castille estoit laid, et ses habillemens déplaisans aux François, qui s'en moquèrent. Nostre Roy s'habilloit fort court, et si mal que pis ne pouvoit, et assez mauvais drap portoit aucunesfois, et un mauvais chapeau, différent des autres, et une image de plomb dessus. Les Castillans s'en moquoient et disoient que c'estoit par chicheté. En effet ainsi se départit cette assemblée pleine de moquerie et de pique. Oncques puis ces deux roys ne s'entr'aymèrent; et se dressa de grands brouillis entre les serviteurs du roy de Castille, qui ont duré jusques à sa mort, et longtemps après : et l'ay veu le plus pauvre roy, abandonné de ses serviteurs, que je vis jamais. La reyne d'Arragon se doulut de la sentence que le Roy donna au profit du roy de Castille. Elle en eut le Roy en grande hayne, et le roy d'Arragon aussi: combien qu'un peu s'aydèrent de luy contre ceux de Barcelonne en leur nécessité : toutesfois peu dura cette amitié, et y eut dure guerre entre le Roy et le roy d'Arragon, plus de seize ans, et encore dure ce différend.

Il faut parler d'autres. Le duc de Bourgogne Charles s'est depuis veu, à sa grande requeste, avec l'empereur Frédéric (1), qui encore est vivant, et y fit merveilleuse despence pour monstrer son triomphe; ils traittèrent de plusieurs choses à Trèves où cette veuë se fit, et entre autres choses, du mariage de leurs enfans, qui depuis est advenu. Comme ils eurent esté plusieurs jours ensemble, l'Empereur s'en alla sans dire adieu, à la grand'honte et folie dudit duc. Oncques puis ne s'entr'aymèrent, ny eux, ny leurs gens. Les Allemands mesprisoient la pompe et parole dudit duc, l'attribuant à orgueil; les Bourguignons méprisoient la petite compagnie de l'Empereur et les pauvres habillemens. Tant se déména la question, que la guerre qui fut à Nuz (2) en advint.

Je vis aussi ledit duc de Bourgogne se voir à Sainct-Paul en Artois, avec le roy Edouard d'Angleterre (3), dont il avoit épousé la sœur, et estoient frères d'ordre; ils furent deux jours ensemble. Les serviteurs du Roy estoient fort bandez. Les deux parties se plaignoient audit duc. Il presta l'oreille aux uns plus qu'aux autres, dont leur haine s'accreut. Toutesfois il ayda audit Roy à recouvrer son royaume, et luy bailla gens, argent et navires; car il en estoit chassé par le comte de Warvich. Et nonobstant ce service (dont il recouvra ledit royaume) jamais depuis ils ne s'entr'aymèrent, ny ne dirent bien l'un de l'autre.

Je vis venir vers ledit duc le comte Palatin du Rhin (4) pour le voir. Il fut plusieurs jours à Bruxelles, fort festoyé, recueilly, honoré, et logé en chambres richement tendues. Les gens dudit duc disoient que ces Allemands estoient ords, et qu'ils jettoient leurs housseaux sur les licts si richement parez, et qu'ils n'estoient point honnestes comme nous, et l'estimèrent moins qu'avant le connoistre : et les Allemands, comme envieux, parloient et médisoient de cette grande pompe. En effet oncques puis ne s'aymèrent, ny ne firent service l'un à l'autre.

Je vis aussi venir vers ledit duc, le duc Sigismond d'Autriche (5), qui luy vendit la comté de Ferrette, assise près la comté de Bourgogne, cent mille florins d'or, pour ce qu'il ne la pouvoit deffendre des Suisses. Ces deux seigneurs ne plurent guères l'un à l'autre : et depuis se pacifia le duc de Sigismond avec les Suisses, et osta audit duc ladite comté de Ferrette, et retint son argent; et en advindrent des maux infinis audit duc de Bourgogne. En ce temps propre y vint le comte de Warvich, qui oncques puis semblablement ne fut ami du duc de Bourgogne, ny ledit duc le sien.

Je me trouvay présent à l'assemblée qui se fit au lieu de Pecquiny près la ville d'Amiens, entre nostre Roy et le roy Edouard d'Angleterre : et en parleray plus au long où il servira. Il se tint bien peu de choses entr'eux qui y furent promises : ils besongnèrent en dissimulation. Vray est qu'ils n'eurent plus de guerre (aussi la mer estoit entre eux deux), mais parfaite amitié n'y eust-il jamais. Et pour conclusion, me semble que les grands princes ne se doivent jamais voir, s'ils veulent demeurer amis, comme je l'ay dit : et voicy les occasions qui font les troubles. Les serviteurs ne se peuvent tenir de parler de choses passées. Les uns ou les autres le prennent en dépit. Il ne peut estre que les gens ou le train de l'un ne soit mieux accous-

---

(1) Frédéric III, empereur, est mort en 1473; la rédaction de cette partie des mémoires est donc antérieure à cette époque.

(2) Ou Nuys, petite ville sur l'Erpp, vers la rive occidentale du Rhin, dans l'archevêché de Cologne, peu éloignée de Dusseldorf.

(3) L'entrevue d'Edouard, roi d'Angleterre, et du duc de Bourgogne, eut lieu en janvier 1470.

(4) Cette entrevue avec Philippe, comte palatin, eut lieu le 10 février 1466.

(5) En 1469.

tré que celui de l'autre, dont s'engendrent des moqueries, qui sont choses qui déplaisent merveilleusement à ceux qui sont moquez. Et quand ce sont deux nations différentes, leurs langages et habillemens sont différens, et ce qui plaist à l'un ne plaist pas à l'autre. Des deux princes il advient souvent que l'un a le personnage plus honneste et plus agréable aux gens que l'autre, dont il a gloire et prend plaisir qu'on le loue, et ne se fait point cela sans blasmer l'autre. Les premiers jours qu'ils se sont départis, tous les bons contes se disent à l'oreille, et bas; et après par accoustumance, inadvertence et continuation, s'en parle en disnant, en souppant, et puis est rapporté des deux costez. Car peu de choses y a secrettes en ce monde, par espécial de celles qui sont dites. Icy sont parties de mes raisons, que j'ay veues et sceues, touchant ce propos de dessus.

◇◇◇

CHAPITRE IX.

Comment le Roy renonça à l'alliance des Liégeois, pour sortir hors du chasteau de Péronne.

J'ay beaucoup mis avant que retourner à mon propos de l'arrest, en quoy estimoit le Roy estre à Péronne, dont j'ay parlé cy-devant, et en suis sailly pour dire mon advis aux princes, de telles assemblées. Ces portes ainsi fermées et gardées par ceux qui y estoient commis, furent ainsi deux ou trois jours : et cependant ledit duc de Bourgogne ne vit point le Roy, n'y n'entroit des gens du Roy au chasteau, que peu, et par le guichet de la porte. Nuls des gens dudit seigneur ne furent ostez d'auprès de luy, mais peu, ou nuls de ceux du duc alloient parler à luy, ny en sa chambre, au moins de ceux qui avoient aucune authorité avec luy. Le premier jour ce fut tout effroy et murmure par la ville. Le second jour ledit duc fut un peu refroidy ; il tint conseil la pluspart du jour et partie de la nuict. Le Roy faisoit parler à tous ceux qu'il pouvoit penser qui luy pourroient aider, et ne failloit pas à promettre, et ordonna distribuer quinze mille escus d'or ; mais celuy qui en eut la charge en retint une partie et s'en acquita mal, comme le Roy sceut depuis. Le Roy craignoit fort ceux qui autresfois l'avoient servi, lesquels estoient venus avec cette armée de Bourgogne, dont j'ay parlé (1), qui jà se disoient au duc de Normandie, son frère. A ce conseil, dont j'ay parlé, y eust plusieurs opinions : la pluspart disoient que la seureté qu'avoit le Roy, luy fust gardée, veu qu'il accordoit assez la paix en la forme qu'elle avoit esté couchée par escript. Autres vouloient sa prise rondement, sans cérémonie. Aucuns autres disoient qu'à diligence on fist venir monseigneur de Normandie, son frère, et qu'on fist une paix bien avantageuse pour tous les princes de France. Et sembloit bien à ceux qui faisoient cette ouverture, que si elle s'accordoit, le Roy seroit restrainct, et qu'on lui bailleroit gardes, et qu'un si grand seigneur pris, ne se délivre jamais, ou à peine, quand on luy a fait si grande offense. Et furent les choses si près, que je vis un homme houssé et prest à partir, qui jà avoit plusieurs lettres addressantes à monseigneur de Normandie, estant en Bretagne, et n'attendoit que les lettres du duc ; toutesfois cecy fut rompu. Le Roy fit faire des ouvertures, et offrir de bailler en ostages le duc de Bourbon et le cardinal son frère, le connestable et plusieurs autres, et qu'après la paix conclue, ils pust retourner jusques à Compiègne, et qu'incontinent il feroit que les Liégeois répareroient tout ou se déclareroient contr'eux. Ceux que le Roy nommoit pour estre ostages, s'offroient fort, au moins en public. Je ne sçai s'ils disoient ainsi à part, je me doute que non. Et à la vérité, je croy qu'il les y eust laissez, et qu'il ne fust pas revenu.

Ceste nuict, qui fut la tierce, ledit duc ne se dépouilla oncques, seulement se coucha par deux ou trois fois sur son lit, et puis se pourmenoit : (car telle estoit sa façon, quand il estoit troublé). Je couchay cette nuict en sa chambre, et me pourmenay avec luy par plusieurs fois. Sur le matin se trouva en plus grande colère que jamais, en usant de menaces, et prest à exécuter grand'chose. Toutesfois il se réduisit en sorte, que si le Roy juroit la paix et vouloit aller avec luy à Liége, pour lui aider à venger monseigneur de Liége qui estoit son proche parent, il se contenteroit : et soudainement partit pour aller en la chambre du Roy, et luy porter ces paroles. Le Roy eut quelque ami (2) qui l'en advertit, l'asseurant de n'avoir nul mal s'il

---

(1) Livre 2, chap. 5.
(2) On a pensé que cet ami pouvait bien être Philippe de Comines lui-même, qui n'a pas osé avouer sa propre trahison. Telle est l'opinion de Godefroy, adoptée par Lenglet-Dufrenoy ; il se fonde sur les paroles de Comines lui-même (même chap., vers la fin) et sur les lettres-patentes de Louis XI (*Preuves de Philippe de Comines*, éd. Lenglet-Dufresnoy, tome IV,

accordoit ces deux poincts, mais que en faisant le contraire, il se mettoit en si grand péril, que nul plus grand ne luy pourroit advenir.

Comme le duc arriva en sa présence, la voix luy trembloit, tant il estoit esmû et prest de se courroucer. Il fit humble contenance de corps, mais sa geste et parole estoient aspres, demandant au Roy s'il vouloit tenir le traité de paix qui avoit esté escript et accordé, et si ainsi le vouloit jurer; et le Roy lui respondit que ouy. A la vérité il n'y avoit rien esté renouvellé de ce qui avoit esté fait devant Paris, touchant le duc de Bourgogne, ou peu du moins : et touchant le duc de Normandie, luy estoit amendé beaucoup; car il estoit dit qu'il renonceroit à la duché de Normandie, et auroit Champagne et Brie, et autres pièces voisines, pour son partage. Après lui demanda ledit duc s'il ne vouloit point venir avec luy à Liége, pour aider à revancher la trahison que les Liégeois luy avoient faite, à cause de luy et de sa venue; et aussi il luy dit la prochaineté du lignage, qui estoit entre le Roy et l'évesque de Liége (car il estoit de la maison de Bourbon). A ces paroles le Roy respondit que ouy, mais que la paix fust jurée (ce qu'il désiroit) qu'il estoit content d'aller avec luy à Liége, et d'y mener des gens, en si petit ou si grand nombre que bon luy sembleroit. Ces paroles éjouirent fort ledit duc, et incontinent fut apporté ledit traitté de paix (1): et fut tirée des coffres du Roy la vraye croix, que sainct Charlemagne portoit, qui s'appelle la *Croix de Victoire*, et jurèrent la paix, et tantost furent sonnées les cloches par la ville : et tout le monde fut fort éjouy. Autresfois a plû au Roy me faire cet honneur de dire, que j'avois bien servy à cette pacification. Incontinent escrivit ledit duc en Bretagne ces nouvelles, et envoya le double du traitté, par lequel ne se déjoignoit, ni se délioit d'eux; et si avoit ledit monseigneur Charles partage bon, veu le traitté qu'ils avoient fait peu avant en Bretagne, par lequel ne luy demeuroit qu'une pension, comme avez oui dire.

CHAPITRE X.

Comment le Roy accompagna le duc de Bourgogne, faisant la guerre aux Liégeois, paravant ses alliez.

Après que cette paix fut ainsi concluë, le lendemain partirent le Roy et le duc, et tirèrent vers Cambray, et de là au pays de Liége : c'estoit à l'entrée de l'hyver, et le tems estoit très-mauvais. Le Roy avoit avec luy les Escossois de sa garde, et gens-d'armes peu, mais il fit venir jusqu'à trois cens hommes-d'armes. L'armée dudit duc estoit en deux parties : l'une menoit le mareschal de Bourgogne, (dont vous avez ouy parler cy-dessus) et estoient tous les Bourguignons, et ces seigneurs de Savoye, dont vous avez ouy parler, et avec eux grand nombre de gens du pays de Hainault, de Luxembourg, de Namur et de Limbourg. L'autre partie estoit avec ledit duc. Et approchans de la cité de Liége, se tint ung conseil, présent le duc, où aucuns advisèrent qu'il seroit bon de renvoyer une partie de l'armée, veu que cette cité avoit les portes et les murailles rasées dès l'an précédent, et que nul costé n'avoit espérance de secours, et aussi que le Roy estoit là en personne contr'eux, lequel ouvroit aucuns partis pour eux, presque tels qu'on les demandoit.

Cette opinion ne plût pas au duc, dont bien luy prit; car jamais homme ne fut si près de perdre le tout. Et la suspicion qu'il avoit du Roy, luy fit choisir ce sage party : et estoit très mal avisé à ceux qui en parloient, de penser estre trop forts. C'estoit une grande espèce d'orgueil ou de folie. Et maintesfois j'ay ouy de telles opinions (et le font aucunesfois les capitaines, pour estre estimés de hardiesse, ou pour n'avoir assez de connoissance de ce qu'ils ont à faire), mais quand les princes sont sages ils ne s'y arrestent point. Cet article entendoit bien le Roy nostre maistre (à qui Dieu fasse pardon), car il estoit tardif et craintif à entreprendre; mais à ce qu'il entreprenoit, il y pourvoyoit si bien, qu'à grand'peine eust-il sceu faillir à estre le plus fort, et que la maistrise ne lui en fût demeurée.

Ainsi fust ordonné que ledit mareschal de

---

deuxième partie, page 130), dans lesquelles le Roi déclare que Comines a servi à la délivrance de sa personne. Ces preuves ne nous semblent pas suffisantes pour accuser Comines d'avoir vendu à Louis XI le secret de son maistre. Peut-être n'avait-il fait qu'adoucir la colère de Charles, et Louis XI, qui avait déjà jeté les yeux sur lui, s'est empressé de reconnaître et de proclamer ce service. Il n'est pas croyable que Comines, sans y être obligé, nous ait mis lui-même sur la trace d'un fait peu favorable à sa renommée.

(1) Traité de Péronne, conclu le 14 octobre 1468, et confirmé devant Liége.

Bourgogne, et tous ceux dont j'ay parlé, qui estoient en sa compagnie, iroient loger en ladite cité, et si on la leur refusoit, ils y entreroient par force, s'ils pouvoient; car jà y avoit gens de la cité, allans et venans pour appointer, et vinrent les dessusdits à Namur, et le lendemain le Roy et le duc y arrivèrent, et les autres en partirent. Approchans de la cité, ce fol peuple saillit au devant d'eux, et aisément fut déconfit, au moins un bon nombre ; le demeurant se retira, et eschappa leur évesque, lequel vint devers nous. Il y avoit un légat du Pape (1) envoyé pour pacifier et connoistre du différend de l'évesque et du peuple ; car tousjours estoit en sentence d'excommuniment, pour les offenses et raisons devant dites. Cedit légat, excédant sa puissance, et sur espérance de soy faire évesque de la cité, favorisoit ce peuple, et leur commanda de prendre les armes et se défendre, et d'autres folies assez. Ledit légat voyant le péril où estoit cette cité, saillit pour fuyr. Il fut pris, et tous ses gens, qui estoient quelque vingt-cinq, bien montez. Si tost que le duc le sceust, il fit dire à ceux qui l'avoient qu'ils le transportassent sans lui en rien dire et qu'ils en fissent leur profit comme d'un marchand ; car si publiquement il venoit à sa connoissance, il ne le pourroit retenir, mais le feroit rendre, pour l'honneur du siége apostolique. Ils ne le sceurent faire, mais en eurent débat, et publiquement, à l'heure du disner, luy en vinrent parler ceux qui disoient avoir part ; et incontinent l'envoya mettre en sa main, et leur osta, et lui fit rendre toutes choses, et l'honnora.

Ce grand nombre de gens, qui estoient en cette avant-garde, conduits par le mareschal de Bourgogne et le seigneur d'Hymbercourt, tirèrent droit en la cité, estimans y entrer, et meus de grande avarice, aimoient mieux la piller qu'accepter appointement, qui leur fust offert ; et leur sembloit n'estre jamais besoin d'attendre le Roy et le duc de Bourgogne, qui estoient sept ou huit lieuës derrière eux, et s'avancèrent tant, qu'ils arrivèrent dedans un fauxbourg à l'entrée de la nuict, et entrèrent à l'endroit de la porte qu'ils avoient quelque peu réparée. En quelque parlement, ils ne s'accordèrent point. La nuict bien obscure les surprit. Ils n'avoient point fait de logis, et aussi n'y avoit point de lieu suffisant, et estoient en grand désordre. Les uns se pourmenoient, les autres appeloient leurs maistres ou leurs compaguons, et les noms de leurs capitaines. Messire Jean de Vilde et autres capitaines de ces Liégeois, voyans cette folie et ce mauvais ordre, prirent cœur, et leur servit bien leur inconvénient ; c'est à sçavoir la ruine de leurs murailles, car ils sailloient par où ils vouloient, et saillirent par les brèches de leurs murailles, et vinrent de front aux premiers ; mais par des vignes et petites montagnes coururent sus aux pages et valets, qui estoient au bout du fauxbourg par où ils estoient entrez, où ils pourmenoient grand nombre de chevaux ; et en tuèrent très-largement : et grand nombre de gens se mirent en fuite (car la nuict n'a point de honte), et tant exploitèrent qu'ils tuèrent plus de huict cens hommes, dont il y en eut cent hommes-d'armes.

Les hommes de bien et vertueux de cette avant-garde se tinrent ensemble, et estoient presque tous hommes-d'armes et gens de bonne maison, et tirèrent avec leurs enseignes, droit à la porte, de peur qu'ils ne saillissent par-là. Les boues y estoient grandes, pour la continuelle pluye qu'il faisoit : et y estoient les hommes-d'armes jusques par-dessus les chevilles des pieds, et tous à pied. Un coup tout le demeurant du peuple cuida saillir par la porte, avec grands fallots et grandes clartez. Les nostres, qui estoient fort près, avoient quatre pièces de bonne artillerie, et tirèrent deux ou trois bons coups du long de la grande rue, et tuèrent beaucoup de gens. Cela les fit retirer de ce fauxbourg et fermer leurs portes. Toutesfois durant le débat du long de ce fauxbourg, gaignèrent ceux qui estoient saillis, aucuns chariots, et s'en taudirent (car ils estoient près de la ville) là où ils reposèrent assez malement ; car ils demeurèrent hors la ville depuis deux heures après minuict jusques à six heures du matin. Toutesfois, quand le jour fut clair, et qu'on se vit l'un l'autre, ils furent reboutez, et y fut blessé ce messire Jean de Vilde, et mourut deux jours après en la ville, et un ou deux autres de leurs chefs.

◇◇◇

CHAPITRE XI.

Comment le Roy arriva en personne devant la cité de Liége, avec ledit duc de Bourgogne.

Combien qu'aucunesfois les saillies soient bien nécessaires, si sont-elles bien dangereuses pour ceux de dedans une place : car ce leur est plus de perte de dix hommes qu'à ceux de dehors de

---

(1) Omphrius, évêque de Tricaria, dans le royaume de Naples, et légat du Pape à Cologne, favorisait la révolte des Liégeois. (Paul-Emile, année 1468.)

cent, car leur nombre n'est pas pareil, et si ne peuvent point recouvrer quand ils veulent, et si peuvent perdre un chef ou un conducteur, qui est cause bien souvent que le demeurant des compagnons et gens de guerre ne demande qu'à abandonner les places. Ce très-grand effroy courut jusques au duc, qui estoit logé jusques à quatre ou cinq lieuës de la ville : et de primeface luy fut dit que tout estoit déconfit. Toutesfois il monta à cheval, et toute l'armée, et commanda qu'au Roy n'en fust rien dit. En approchant de la cité, par un autre endroit, luy vinrent nouvelles que tout se portoit bien, et qu'il n'y avoit point autant de morts que l'on avoit pensé, et n'y estoit mort nul homme de nom, qu'un chevalier de Flandres, appellé monseigneur de Sergine; mais que les gens de bien qui y estoient, s'y trouvoient en grand'nécessité et travail, car toute la nuict passée avoit esté debout en la fange, rasibus de la porte de leurs ennemys, et avecque ce qu'aucuns des fuyans estoient retournez (je parle des gens-de-pied), mais estoient si découragez, qu'ils sembloient mal prest à faire grandes armés; et que pour Dieu, ils se hatassent de marcher, afin qu'une partie de ceux de la ville fussent contraincts d'eux retirer à leurs deffences, chacun en son endroit, et aussi qu'il luy plust envoyer des vivres, car ils n'en avoient point un seul morceau.

Le duc en diligence fit partir deux ou trois cens hommes, tant que chevaux les pouvoient porter, pour les reconforter et donner cœur, et leur fit mener ce petit de vivres qu'il put finer. Il y avoit presque deux jours et une nuict, qu'ils n'avoient ni beu, ni mangé, sinon ceux qui avoient porté quelques bouteilles : et si avoient le plus mauvais temps du monde : et de ce costé-là ne leur estoit possible d'entrer, si le duc n'empeschoit les ennemis par ailleurs. Ils avoient largement gens blessez, entre les autres le prince d'Orenge (que j'avois oublié à nommer), qui se monstra homme de vertu, car oncques ne se voulut bouger; les sieurs du Lau et d'Urfé s'y gouvernèrent bien tous deux : il s'en estoit fuy cette nuict précédente, plus de deux mille hommes.

Jà estoit près de la nuict quand ledit duc eut cette nouvelle : et après avoir dépesché les choses dessusdites, il alla où estoit son enseigne, conter tout au Roy, lequel en fut très-joyeux : car le contraire lui eust pû porter dommage. Incontinent on s'approcha du fauxbourg, et descendit largement de gens de bien et hommes d'armes, avec les archers, pour aller gaigner le fauxbourg et prendre le logis. Le bastard de Bourgogne avoit fort grand'charge sous ledit duc; le seigneur de Ravestein, le comte de Roucy (1) fils du connestable, et plusieurs autres gens de bien. Aisément fut fait le logis en ce fauxbourg, (jusques rasibus de la porte, laquelle ils avoient réparée comme l'autre, et se logea ledit duc au milieu du fauxbourg), et le Roy demeura cette nuict en une grande cense ou métairie, fort grande et bien maisonnée, à un quart de lieue de la ville; et largement gens logez à l'environ de luy, tant des siens que des nostres.

La situation de la cité, sont montagnes et vallées, païs fort fertile, et y passe la rivière de Meuze au travers; et peut bien estre de la grandeur de Rouen, et pour lors c'estoit une cité merveilleusement peuplée. De la porte où nous estions logez, jusques à celle où estoit nostre avant-garde, y avoit peu de chemin par dedans la ville : mais par dehors y avoit bien trois lieues, tant y a de barricades (2) et de mauvais chemins, aussi c'estoit au fin cœur d'hyver. Leurs murs estoient tous rasez, et pouvoient saillir par où ils vouloient; et y avoit seulement un peu de douve (3), ny jamais n'y eut fossez, car le fond est de roc très-aspre et très-dur. Ce premier soir que le duc de Bourgogne fut logé en leur fauxbourg, furent fort soulagez ceux qui estoient de nostre avant-garde : car la puissance qui estoit dedans estoit jà départie en deux. Il nous vint environ minuict, une alarme bien aspre. Incontinent saillit le duc de Bourgogne en la rue, et peu après y arrivèrent le Roy et le connestable, qui firent une grande diligence à venir de si loin. Les uns crioient : *ils saillent par une telle porte;* d'autres disoient autres paroles effrayées, et le temps estoit si obscur et mauvais, qu'il aydoit bien à espouvanter les gens. Le duc de Bourgogne n'avoit point faute de hardiesse, mais bien aucunesfois faute d'ordre; et à la vérité, il ne tint point, à l'heure que je parle, si bonne contenance que beaucoup de gens eussent voulu, pour ce que le Roy y estoit présent; et prit le Roy paroles et authorité de commander, et dit à monseigneur le connestable : « Tirez » avec ce que vous avez des gens en tel endroit : » car s'ils doivent venir, c'est leur chemin : » et à ouir sa parole et voir sa contenance, sembloit bien Roy de grande vertu et de grand sens, et qui autrefois se fust trouvé en telles affaires. Toutesfois ce ne fut rien; et retourna le Roy en son logis, et le duc de Bourgogne au sien.

---

(1) Antoine de Luxembourg, troisième fils du connétable.

(2) Fondrières.
(3) Marc, creux.

Le lendemain au matin, le Roy vint loger dedans les fauxbourgs, en une petite maisonnette, rasibus de celle où estoit logé le duc de Bourgogne, et avoit avec luy sa garde de cent Ecossois, et des gens-d'armes, logez auprès de luy en quelque village. Le duc de Bourgogne estoit en grande suspicion, ou que le Roy n'entrast dedans la cité, ou qu'il ne s'enfuist avant qu'il eût pris la ville, ou qu'à lui-mesme ne se fist quelque outrage, estant si près ; toutesfois entre les deux maisons y avoit une grande grange, en laquelle il fist mettre trois cens hommes-d'armes, et y estoit toute la fleur de sa maison, et rompirent les parois de ladite grange, pour plus aisément saillir, et ceux-là avoient l'œil sur la maison du Roy, qui estoit rasibus. Cette feste dura huit jours, car au huictième jour la ville fut prise que nul ne se désarma, ny ledit duc, ny autre. Le soir, avant la prise, avoit esté délibéré d'assaillir le lendemain au matin (qui estoit un jour de dimanche, trentiesme d'octobre l'an 1468), et pris enseignes avec ceux de nostre avant-garde, que quand ils oiroient tirer un coup de bombarde, et deux grosses serpentines après, sans autres coups, qu'ils assaillisent hardiment ; car ledit duc assailliroit de son costé, et devoit estre sur les huit heures du matin. La veille, comme cecy avoit esté conclu, le duc de Bourgogne se désarma (ce qu'encores n'avoit fait) et fit désarmer tous ses gens, pour eux rafraichir, et par espécial tous ceux qui estoient en cette grange. Bientost après, comme si ceux de la ville en eussent esté advertis, ils délibérèrent de faire une saillie de ce costé, aussi bien qu'ils avoient fait de l'autre.

<><>

CHAPITRE XII.

Comment les Liégeois firent une merveilleuse saillie sur les gens du duc de Bourgogne, là où luy et le Roy furent en grand danger.

Or notez comme un bien grand prince et puissant, peut très-soudainement tomber en inconvénient, et par bien peu d'ennemis, par quoy toutes entreprises se doivent bien peser et bien débattre, avant que de les mettre en effet. En toute cette cité n'y avoit qu'un seul homme de guerre, sinon de leur territoire. Ils n'avoient plus ny chevaliers, ny gentils-hommes avec eux, car ce petit qu'ils en avoient, auparavant deux ou trois jours, avoient esté tuez ou blessez. Ils n'avoient portes, ny murailles, ny fossez, ny une seule pièce d'artillerie, qui rien vausist ; et n'y avait rien que le peuple de la ville, et sept ou huit cens hommes-de-pied, qui sont d'une petite montagne au derrière de Liége, appelé le païs de Franchemont (1) ; et à la vérité, ont tousjours esté très-renommez et très-vaillans ceux de ce quartier. Or se voyant désespérez de secours (veu que le Roy estoit là en personne contre eux), se délibérèrent de faire une grosse saillie, et de mettre toutes choses en adventure ; car aussi bien se voyoient-ils perdus. Et fut leur conclusion, que par les trous de leurs murailles, qui estoient sur le derrière du logis du duc de Bourgogne, ils sailliroient tous les meilleurs qu'ils eussent, qui estoient six cens hommes du païs de Franchemont : et avoient pour guide l'hoste de la maison où estoit logé le Roy, et l'hoste de la maison où estoit logé le duc de Bourgogne ; et pouvoient venir par un grand creux de rocher, assez près de la maison de ces deux princes, avant qu'on les apperceust, moyennant qu'ils ne fissent point de bruit. Et combien qu'il y eut quelques escoutes (2) en chemin, il leur sembloit bien qu'ils les tueroient, ou qu'ils entreroient aussi-tost au logis comme eux ; et faisoient leur compte que ces deux hostes les meneroient tout droit en leurs maisons, où ces deux princes estoient logez, et qu'ils ne s'amuseroient point ailleurs ; par quoy les surprendroient de si près, qu'ils les tueroient ou prendroient, avant que leurs gens fussent assemblez, et qu'ils n'avoient point loin à se retirer, et qu'au fort s'il falloit qu'ils mourussent pour exécuter une telle entreprise, qu'ils prendroient la mort bien en gré, car aussi bien se voyoient-ils de tous points destruits, comme dit est. Ils ordonnèrent outre, que tout le peuple de la ville sailliroit par la porte, laquelle respondoit du long de la grande rue de nostre fauxbourg, avec un grand heur, espérant déconfir tout ce qui estoit logé en cedit faubourg ; et n'estoient point hors d'espérance d'avoir une bien grande victoire, ou à tout le moins, et au pis aller, une bien glorieuse fin. Quand ils eussent eu mille hommes-d'armes avec eux, de bonne estoffe, si estoit leur entreprise bien grande, toutesfois il s'en fallut bien peu qu'ils ne vinssent à leur intention.

Et comme ils avoient conclu, saillirent ces six cens hommes de Franchemont, par les bresches de leurs murailles, et croy qu'il n'estoit point

---

(1) Le marquisat de Franchimont au N.-E. de la ville de Liége, était un des six territoires qui composaient le domaine temporel de l'évêque de Liége.

(2) C'est ce qu'en terme de guerre on appelle aujourd'hui des *éclaireurs*.

encore dix heures du soir, et attrapèrent la plupart des escoutes, et les tuèrent, et entre les autres, y moururent trois gentilshommes de la maison du duc de Bourgogne ; et s'ils eussent tiré tout droit, sans eux faire ouyr, jusques à ce qu'ils eussent esté là où ils vouloient aller, sans difficulté ils eussent tué ces deux princes, couchés sur leurs lits. Derrière l'hostel du duc de Bourgogne, y avoit un pavillon où estoit logé le duc d'Alençon (1) qui est aujourd'hui, et monseigneur de Craon (2) avec luy ; ils s'y arrestèrent un peu, et donnèrent des coups de piques au travers, et tuèrent quelque valet-de-chambre. Il en sortit bruit en l'armée : qui fut occasion que quelque peu de gens s'armèrent, au moins aucuns se mirent debout. Ils laissèrent ces pavillons, et vinrent tout droit aux deux maisons du Roy et du duc de Bourgogne. La grange (dont j'ay parlé) où ledit duc avoit mis trois cens hommes-d'armes, estoit rasibus desdites deux maisons, où ils s'amusèrent, et à grands coups de piques donnèrent par ces trous qui avoient esté faits pour saillir.

Tous ces gentils-hommes s'estoient désarmez n'avoit pas deux heures (comme j'ay dit) pour eux rafraichir pour l'assaut du lendemain ; et ainsi les trouvèrent tous, ou peu s'en falloit, désarmez ; toutesfois aucuns avoient jetté leurs cuiraces sur eux, pour le bruit qu'ils avoient ouy au pavillon de monseigneur d'Alençon : et combatoient iceux à eux par ces trous, et à l'huis, qui fut totalement la saulveté de ces deux grands princes ; car ce délay donna espace à plusieurs gens de soy armer et de saillir en la ruë. J'estoys couché en la chambre du duc de Bourgogne (qui estoit bien petite) et deux gentils-hommes, qui estoient de sa chambre, et au dessus y avoit douze archers seulement, qui faisoient le guet, et estoient en habillemens, et joüoient aux dez. Son grand guet estoit loin de luy et vers la porte de la ville. En effet, l'hoste de sa maison attira une bande de ces Liégeois, et vint assaillir sa maison, où ledit duc estoit dedans : et fut tout cecy si soudain, qu'à grande peine pusmes-nous mettre audit duc sa cuirace sur luy, et une sallade en la teste, et incontinent descendismes le degré, pour cuider saillir en la ruë. Nous trouvasmes nos archers empeschez à deffendre l'huis, et les fenestres, contre les Liégeois ; et y avoit un merveilleux cry en la ruë. Les uns, *vive le Roy;* les autres, *vive Bourgogne;* et les autres *vive le Roy, et tuez;* et fusmes l'espace de plus de deux patenostres avant que ces archers pussent saillir de la maison, et nous avec eux ; nous ne sçavions en quel estat estoit le Roy, ny desquels il estoit, qui nous estoit grand doute. Et dès que nous fusmes hors de la maison, avec deux ou trois torches, en trouvasmes aucunes autres, et vismes gens qui se combatoient tout à l'environ de nous ; mais peu dura, car il sailloit gens de tous costez, venans au logis du duc. Le premier homme des leurs, qui fut tué, fut l'hoste du duc, lequel ne mourut pas si tost, et l'ouys parler ; ils furent tous morts, ou bien peu s'en fallut.

Aussi bien assaillirent la maison du Roy, et entra son hoste dedans, et y fut tué par les Escossois, qui se montrèrent bien bonnes gens, car ils ne bougèrent du pied de leur maistre, et tirèrent largement flesches, dont ils blessèrent plus de Bourguignons que de Liégeois. Ceux qui estoient ordonnez à saillir par la porte, saillirent ; mais ils trouvèrent largement gens au guet, qui jà s'estoient assemblez, qui tost les reboutèrent, et ne se monstrèrent pas si aspres que les autres. Dès que ces gens furent ainsi reboutez, le Roy et ledit duc parlèrent ensemble ; et pour ce qu'on voyoit beaucoup de gens morts, ils eussent doute que ce ne fussent des leurs ; toutesfois peu s'y en trouva, mais de blessez beaucoup. Et ne faut point douter que s'ils ne se fussent amusez en ces deux lieux (dont j'ay parlé), et par espécial à la grange, où ils trouvèrent résistance, et eussent suivi ces deux hostes, qui estoient leurs guides, ils eussent tué le Roy et le duc de Bourgogne ; et croy qu'ils eussent aussi desconfit le demeurant de l'armée. Chacun de ces deux seigneurs se retira en son logis, très-esbahy de cette hardie entreprise ; et tost se mirent en conseil ; à sçavoir qu'il seroit à faire le lendemain, touchant cet assaut qui estoit délibéré ; et entra le Roy en grand doute : la cause estoit pour ce que si ledit duc failloit à prendre cette cité d'assaut, le mal en tomberoit sur luy, et qu'il seroit arresté, ou pris de tous points, car le duc auroit peur, s'il partoit, qu'il ne luy fist la guerre d'autre costé. Icy pouvez voir la misérable condition de ces deux princes, qui par nulle voye ne se sceurent asseurer l'un de l'autre. Ces deux ici avoient fait paix finale, n'y avoit pas quinze jours, et juré si solennellement, de loyaument l'entretenir ; toutefois la finance ne s'y pouvoit trouver par nulle voye.

◇✕◇

---

(1) Réné, duc d'Alençon.

(2) George de la Trémouille.

CHAPITRE XIII.

Comment la cité de Liége fut assaillie, prise et pillée, et les églises aussi.

Le Roy, pour s'oster de ces doutes, une heure après qu'il se fust retiré en son logis, et après cette saillie, dont ay parlé, manda aucuns des prochains serviteurs dudit duc, et qui s'estoient jà trouvez au conseil, et leur demanda de la conclusion. Ils luy dirent qu'il estoit arresté dès le lendemain assaillir la ville, en la forme et manière qu'il avoit esté conclu. Le Roy leur fit de grands doutes et très-sages, et qui furent très-agréables aux gens dudit duc : car chacun craignoit très-fort cet assaut, pour le grand nombre de peuple qui estoit dedans la ville, et aussi pour la grande hardiesse qu'ils leur avoient veu faire n'y avoit pas deux heures; et eussent esté très-contens attendre encore aucuns jours, ou les recevoir à quelque composition; et vinrent devers le duc luy faire ce rapport, et y estoys présent, et luy dirent toutes les doutes que le Roy faisoit, et les leurs : mais tous disoient venir du Roy, craignans qu'il ne l'eût pris mal d'eux.

A quoy respondit ledit duc, que le Roy le faisoit pour les sauver; et le prit en mauvais sens, et que la chose n'estoit pas douteuse, (1) veu qu'on n'y pouvoit pas faire nulle batterie, et qu'il n'y avoit point de muraille, et que ce qu'ils avoient remparé aux portes estoit jà abbatu, et qu'il ne falloit plus attendre, et qu'il ne délaisseroit point l'assaut du matin, comme il avoit esté conclu; mais que s'il plaisoit au Roy aller à Namur, attendant que la ville fust prise, qu'il en estoit bien content; mais qu'il ne partiroit point de là jusques à ce qu'on vist l'issuë de cette matière, et ce qui en pourroit advenir (2). Cette responce ne pleut à nul qui fut présent, car chacun avoit eu peur de cette saillie. Au Roy fut faite la responce, non point si griève, mais le plus honnestement que l'on pût. Il l'entendit sagement, et dit qu'il ne vouloit point aller à Namur, mais que le lendemain se trouveroit avec les autres. Mon advis est que s'il eust voulu s'en aller cette nuit, il l'eût bien fait, car il avoit cent archers de sa garde, et aucuns gentils-hommes de sa maison, et près de là trois cens hommes-d'armes; mais sans nulle doute, là où il y alloit de l'honneur, il n'eust point voulu estre repris de coüardise.

Chacun se reposa quelque peu, en attendant le jour, tous armez, et disposèrent les aucuns de leurs consciences, car l'entreprise estoit bien douteuse. Quand le jour fut clair, et que l'heure approcha, qui estoit de huit heures du matin, comme j'ay dit, que l'on devoit assaillir, fit ledit duc tirer la bombarde et les deux coups de serpentine, pour avertir ceux de l'avant-garde, qui estoient de l'autre part bien loin de nous (comme j'ay dit) par dehors, mais par devant la ville, il n'y avoit point grand chemin. Ils entendirent l'enseigne, et incontinent se disposèrent à l'assaut. Les trompettes du duc commencèrent à sonner, et les enseignes d'approcher la muraille, accompagnées de ceux qui les devoient suivre. Le Roy estoit emmy la ruë, bien accompagné; car tous ces trois cens hommes-d'armes y estoient, et sa garde, et aucuns seigneurs et gentils-hommes de sa maison. Comme l'on vint pour cuider joindre au poinct, on ne trouva une seule deffense, et n'y avoit que deux ou trois hommes à leur guet, car tous estoient allez disner : et estimoient, pour ce qu'il estoit dimanche, qu'on ne les assailliroit point; et en chacune maison trouvasmes la nappe mise. C'est peu de chose que du peuple, s'il n'est conduit par quelque chef qu'ils ayent en révérence et en crainte, sauf qu'il est des heures et des temps, qu'en leur fureur sont bien à craindre.

Jà estoient paravant l'assaut ces Liégeois fort las et mats, tant pour leurs gens qu'ils avoient perdus à ces deux saillies, où estoient morts tous leurs chefs, qu'aussi pour le grand travail qu'ils avoient porté par huit journées; car il falloit que tout fust au guet, pour ce que de tous costez ils estoient défermez, comme avez ouy; et à mon advis, qu'ils cuidoient avoir ce jour de repos, à cause de la feste du dimanche : mais le contraire leur advint, et, comme j'ay dit, ne se trouva nul à deffendre la ville de nostre costé, et moins encore du costé des Bourguignons, qui estoient nostre avant-garde. Ceux-là y entrèrent premiers que nous. Ils tuèrent peu de gens, car tout le peuple s'enfuit outre le pont de Meuze, tirant aux Ardènes, et de là aux lieux où ils pensoient estre en seureté; je ne vis par là où nous estions que trois hommes morts, et une femme : et croy qu'il n'y mourut point deux cens personnes en tout, que tout le reste ne fuist, ou se cachast aux églises, ou aux maisons. Le Roy marchoit à loisir, car il voyoit bien qu'il n'y avoit nul qui résistast, et toute l'armée entra dedans par deux bouts; et croy qu'il y avoit quarante mille hommes. Ledit duc estant plus avant en la cité, tourna tout court au devant du Roy, lequel il conduisit jusques au palais; et incontinent

---

(1) L'ancien imprimé porte : *n'iroit pas ainsi.*

(2) *Et ce qui en pourroit advenir* : ces mots manquent au manuscrit de Saint-Germain.

retourna ledit duc à la grande église de Sainct-Lambert, où ses gens vouloient entrer par force, pour prendre des prisonniers et des biens ; et combien que jà il eust commis des gens de sa maison pour garder ladite église, si n'en pouvoit-il avoir la maistrise, et assailloient les deux portes. Je sçay qu'à son arrivée il tua un homme de sa main, et le vis. Tout se départit, et ne fut point ladite église pillée, mais bien à la fin furent pris les hommes qui estoient dedans, et tous leurs biens.

Des autres églises qui estoient en grand nombre (car j'ay ouy dire à monseigneur d'Hymbercourt, qui connoissoit bien la cité, qu'il s'y disoit autant de messes par jour, comme il se faisoit à Rome) la pluspart furent pillées sous ombre et couleur de prendre des prisonniers. Je n'entray en nulle église qu'en la grande, mais ainsi me fut-il dit, et en vis les enseignes, et aussi long-temps après le Pape prononça grandes censures contre tous ceux qui avoient aucunes choses appartenantes aux églises de ladite cité, s'ils ne les rendoient ; et ledit duc députa commissaires pour aller par tout son païs, pour faire exécuter le mandement du Pape. Ainsi la cité prise et pillée environ le midy, retourna le duc au palais. Le Roy avoit jà disné, lequel monstroit signe de grande joye de cette prise, et loüoit fort le grand courage et hardiesse dudit duc, et entendoit bien qu'il luy seroit rapporté, et n'avoit en son cœur autre désir que s'en retourner en son royaume. Après disner ledit duc et luy se virent en grande chère ; et si le Roy avoit loüé fort ses œuvres en derrière, encore le loüa-il mieux en sa présence : et y prenoit ledit duc plaisir.

Je retourne un peu à parler de ce pauvre peuple qui fuyoit de la cité, pour confirmer quelques paroles que j'ay dites au commencement de ces Mémoires, où j'ay parlé des malheurs que j'ay veus suivre les gens après une bataille perduë par un roy ou duc, ou autre personne beaucoup moindre (1). Ces misérables gens fuyoient par le pays d'Ardène, avec femmes et enfans. Un chevalier demeurant au païs, qui avoit tenu leur party jusques à celle heure, en destroussa une bien grande bande ; et pour acquérir la grâce du vainqueur, l'escrivit au duc de Bourgogne, faisant encore le nombre des morts et pris, plus grand qu'il n'estoit : toutesfois y en avoit largement : et par là fit son appointement. Autres fuyoient à Mézières sur Meuze, qui est au royaume. Deux ou trois de leurs chefs de bandes y furent pris, dont l'un avoit nom Madoulet (2) ; et furent amenez et présentez audit duc, lesquels il fit mourir. Aucuns de ce peuple moururent de faim, de froid et de sommeil.

CHAPITRE XIV.

Comment le roy Louis s'en retourna en France, du consentement du duc de Bourgogne ; et comment ce duc acheva de traiter les Liégeois, et ceux de Franchemont.

Quatre ou cinq jours après cette prise, commença le Roy à embesogner ceux qu'il tenoit pour ses amis, envers ledit duc, pour s'en pouvoir aller, et aussi en parla au duc en sage sorte, disant que s'il avoit plus à faire de luy, qu'il ne l'épargnast point, mais s'il n'y avoit plus rien à faire, qu'il désiroit aller à Paris faire publier leur appointement en la cour de parlement, pour ce que c'est la coustume de France d'y publier tous accords, ou autrement seroient de nulle valeur ; toutesfois les roys y peuvent tousjours beaucoup. Et davantage crioit audit duc qu'à l'esté prochain ils se pussent entrevoir en Bourgogne, et estre un mois ensemble, faisans bonne chère. Finalement ledit duc s'y accorda, tousjours un petit murmurant, et voulut que le traité de paix fust releu devant le Roy, sçavoir s'il n'y avoit rien dont il se repentist, offrant de mettre à son choix, de faire ou de laisser, et fit quelque peu d'excuse au Roy, de l'avoir amené là.

Outre requit au Roy consentir qu'audit traité se mist un article en faveur de monseigneur du Lau, d'Urfé, et Poncet de Rivière, et qu'il fust dit que leurs terres et Estats leur seroient rendus, comme ils avoient avant la guerre. Cette requeste despleut au Roy, car ils n'estoient point de son party, par quoy dussent estre compris en cette paix : et aussi servoient-ils à monseigneur Charles son frère, et non point à luy, et à cette requeste respondit le Roy estre content, pourveu qu'il luy en accordast autant pour monseigneur de Nevers (3) et de Croy. Ainsi ledit duc se teut ; et sembla ceste response bien sage : car ledit duc avoit tant de haine aux autres, et tenoit tant du leur, que jamais ne s'y fust consenti. A tous les autres poincts respondit le Roy ne

---

(1) *Par un roy ou duc, ou autre personne beaucoup moindre;* suivant le manuscrit de Saint-Germain : *après une bataille perduë, ou quelque autre perte beaucoup moindre.*

(2) Mandouloit, ou Madoublet, selon quelques manuscrits.

(3) Jean de Bourgogne, comte de Nevers et de Rethel.

vouloir rien y muer, mais confirmer tout ce qui avoit esté juré à Péronne. Et ainsi fut accordé ce parlement ; et prit congé le Roy dudit duc, lequel le conduisit environ demie lieue ; et au département d'ensemble, luy fit le Roy cette demande : *Si d'adventure mon frère qui est en Bretagne, ne se contentoit du partage que je luy baille pour l'amour de vous, que voudriez-vous que je fisse?* Ledit duc luy respondit soudainement, sans y penser : *S'il ne le veut prendre, mais que vous faciez qu'il soit content, je m'en rapporte à vous deux.* De cette demande et responce sortit depuis grande chose, comme vous oyez cy-après. Ainsi s'en alla le Roy à son plaisir, et le conduisirent les sieurs des Cordes, et d'Aimeries, grand-baillif de Hainaut, jusques hors des terres dudit duc.

Ledit duc demeura en la cité. Il est vray qu'en tous endroits elle fut cruellement traitée, aussi elle avoit cruellement usé de tous excès contre les sujets dudit duc, et dès le temps de son grand père ; sans rien tenir stable de promesse qu'ils fissent, ny de nul appointement qui fut fait entre eux, et estoit jà la cinquiesme année que le duc y estoit venu en personne, et tousjours fait paix, et rompuë par eux l'an après, et jà avoient esté excommuniez par longues années, pour les choses cruelles qu'ils avoient commises contre leur évesque, à tous lesquels commandemens de l'Eglise, touchant lesdits différends, ils n'eurent jamais révérence ny obéissance.

Dès que le Roi fut parti, ledit duc, avec peu de gens, se délibéra d'aller à Franchemont, qui est un peu outre Liége, païs de montagnes très-aspres, pleines de bois, et de là venoient les meilleurs combatans qu'ils eussent, et en estoient partis ceux qui avoient fait les saillies dont j'ay parlé cy-devant.

Avant qu'il partist de ladite cité, furent noyez en grand nombre les pauvres gens prisonniers, qui avoient esté trouvez cachez ès maisons, à l'heure que cette cité fut prise. Outre, fut délibéré de faire brusler ladite cité, laquelle en tout temps a esté fort peuplée, et fut dit qu'on la brusleroit à trois fois, et furent ordonnez trois ou quatre mille hommes-de-pied, du païs de Limbourg (qui estoient leurs voisins, et assez d'un habit et d'un langage) pour faire cette désolation, et pour défendre les églises.

Premièrement fut abbatu un grand pont, qui estoit au travers de la rivière de Meuze ; et puis fut ordonné grand nombre de gens, pour défendre les maisons des chanoines à l'environ de la grande église, afin qu'il peust demeurer logis pour faire le divin service. Semblablement en fut ordonné pour garder les autres églises. Et

cela fait, partit le duc pour aller audit païs de Franchemont, dont j'ay parlé ; et aussi tost qu'il fut dehors la cité, il vid le feu en grand nombre de maisons, du costé de ça la rivière. Il alla loger à quatre lieuës ; mais nous oyons le bruit, comme si nous eussions esté sur le lieu. Je ne sçay, ou si le vent y servoit, ou si c'estoit à cause que nous estions logez sur la rivière. Le lendemain le duc partit, et ceux qui estoient demeurez en ladite ville continuèrent la désolation, comme il leur avoit esté commandé ; mais toutes les églises furent sauvées, ou peu s'en fallut, et plus de trois cens maisons pour loger les gens d'église, et cela a esté cause que si tost elle a esté repeuplée, car grand peuple revint demeurer avec ces prestres.

A cause des grandes gelées et froidure, fut force que la pluspart des gens dudit duc allassent à pied au pays de Franchemont, qui ne sont que villages, et n'y a point de villes fermées, et logea cinq ou six jours en une petite vallée, en un village qui s'appelloit Polleur. Son armée estoit en deux bandes, pour plustost destruire le païs : et fit brusler toutes les maisons, et rompre tous les moulins à fer qui estoient au païs, qui est la plus grande façon de vivre qu'ils ayent ; et cherchèrent le peuple parmy les grandes forests, où ils s'estoient cachez, avec leurs biens : et y en eut beaucoup de morts et de pris : et y gaignèrent les gens-d'armes largement. J'y vis choses incroyables du froid. Il y eut un gentilhomme qui perdit un pied, dont oncques-puis ne s'ayda ; y eut un page à qui il tomba deux doigts de la main. Je vis une femme morte, et son enfant, dont elle estoit accouchée de nouveau. Par trois jours fut départy le vin, qu'on donnoit chez le duc pour les gens qui en demandoient, à coups de coignée, car il estoit gelé dedans les pipes, et falloit rompre le glaçon qui estoit entier, et en faire des pièces, que les gens mettoient en un chapeau, ou en un panier, ainsi qu'ils vouloient. J'en diroys assez d'estranges choses longues à escrire ; mais la faim nous fit fuyr à grande haste ; après y avoir séjourné huict jours, et tira ledit duc à Namur ; et de là en Brabant, où il fut bien receu.

CHAPITRE XV.

Comment le Roy fit tant par subtils moyens, que monseigneur Charles son frère, se contenta de la duché de Guyenne, pour Brie et Champagne, contre l'attente du duc de Bourgogne.

Le Roy, après estre desparty d'avec ledit duc,

à grande joye retourna en son royaume : et en rien ne se meut contre ledit duc, à cause des termes qui luy avoient esté tenus à Péronne et à Liége, et sembloit que patiemment le portast; nonobstant que depuis survint grande guerre entre eux, mais non pas si tost, et n'en fut point la cause la chose dont j'ay parlé cy-devant, combien qu'elle pût bien aider, car la paix eust esté presque telle qu'elle estoit, quand le Roy l'eust faite estant à Paris; mais ledit duc de Bourgogne, par conseil de ses officiers, voulut élargir ses limites; et puis quelques habilitez furent faites, pour y remettre la noise, dont je parleray quand il sera temps.

Monseigneur Charles de France, seul frère du Roy, et naguères duc de Normandie (lequel estoit informé de ce traitté fait à Péronne, et du partage que par iceluy devoit avoir), envoya incontinent devers le Roy, luy supplier qu'il luy plust accomplir ledit traitté, et luy bailler ce qu'il avoit promis. Le Roy envoya devers luy sur ces matières, et y eut plusieurs allées et venuës. Aussi ledit duc de Bourgogne envoya ses ambassadeurs vers ledit monseigneur Charles, luy prier ne vouloir accepter autre partage que celuy de Champagne et de Brie; lequel luy estoit accordé par son moyen, luy remonstrant l'amour qu'il luy avoit monstré, là où il l'avoit abandonné; et ledit duc n'avoit encore voulu faire le semblable, comme il avoit veu, et si avoit nommé le duc de Bretagne en ladite paix, comme son allié. Outre luy faisoit dire comme l'assiète de Champagne et de Brie leur estoit propice à tous deux; et que si le Roy d'aventure le vouloit fouler, du jour au lendemain il pouvoit avoir le secours de Bourgogne, car les deux païs joignent ensemble; et si avoit son partage en assez bonne valeur, car il y prenoit tailles et aydes, et n'y avoit le Roy rien, que son hommage et ressort.

Ledit monseigneur Charles estoit homme qui peu ou rien faisoit de luy, mais en toutes choses estoit manié et conduict par autres, combien qu'il fust âgé de vingt-cinq ans et plus. Ainsi se passa l'hyver, qui jà estoit avancé quand le Roy partit de nous. Il y eut incessamment gens allans et venans, sur ce partage, car le Roy pour rien ne délibéroit bailler celuy qu'il avoit promis à son frère, car il ne vouloit point sondit frère et le duc de Bourgogne si près voisins; et traittoit le Roy avec sondit frère de luy faire prendre Guyenne, avec La Rochelle (qui estoit quasi toute Aquitaine), et valoit trop mieux ce partage que celuy de Brie et de Champagne; ledit monseigneur Charles craignoit déplaire audit duc de Bourgogne : et avoit peur aussi que s'il s'accordoit, et le Roy ne luy tinst vérité, il auroit perdu son amy et son partage : et demeurast en mauvais party.

Le Roy, qui estoit plus sage à conduire tels traitez que nul autre prince qui ait esté de son temps, voyoit qu'il perdoit son temps, s'il ne gaignoit ceux qui avoient le crédit avec son frère : s'adressa à Oudet de Rye, seigneur de Lescut, depuis comte de Comminges (lequel estoit né et marié audit pays de Guyenne), luy priant qu'il tint la main que son maistre acceptast ce party (lequel estoit trop plus grand que celuy qu'il demandoit), et qu'ils fussent bons amis, en vivans ainsi que deux frères, et que luy et ses serviteurs y auroient profit, et spécialement luy; et les asseuroit bien le Roy qu'il n'y auroit point de faute qu'il ne baillast la possession dudit païs, et en cette façon monseigneur Charles fut gaigné, et prit ledit partage de Guyenne, au grand déplaisir du duc de Bourgogne et de ses ambassadeurs qui estoient sur le lieu.

Et la cause pourquoy le cardinal Ballue, évesque d'Angers, et l'évesque de Verdun, furent pris, fut pour ce que ledit cardinal écrivoit à monseigneur de Guyenne, l'exhortant de ne prendre nul autre partage que celuy que ledit duc de Bourgogne luy avoit procuré par la paix faite à Péronne, laquelle avoit esté promise et jurée entre ses mains; et luy faisoit remonstrances touchant ce cas, qui luy sembloient nécessaires, lesquelles estoient contre le vouloir et intention du Roy. Ainsi ledit monseigneur Charles devint duc de Guyenne, l'an 1469 (1), et en eut bonne possession du païs, avec le gouvernement de La Rochelle : et se virent le Roy et luy ensemble, et y furent longuement.

LIVRE TROISIÈME.

CHAPITRE PREMIER.

Comment le Roy prit nouvelle occasion de faire guerre au duc de Bourgogne, et comment il l'envoya adjourner jusques dedans Gand, par un huissier de parlement.

L'an 1470 prit vouloir au Roy de se van-

---

(1) L'édit par lequel Louis XI donna la Guyenne en apanage à son frère, fut signé à Amboise, au mois d'avril 1469, après Pâques.
Le mois suivant, le Roi accorda des lettres d'abolition à tous ceux qui avaient suivi le nouveau duc de Guyenne, qui prêta serment à Xaintes, pour son apanage, le 19 août.

ger du duc de Bourgogne; et luy sembla qu'il en estoit heure (1); et secrettement traittoit et souffroit traiter, que les villes sur la rivière de Somme, comme Amiens, Saint-Quentin et Abbeville, se tournassent contre le duc, et qu'ils appelassent ses gens-d'armes, et les missent dedans. Car tousjours les grands seigneurs, au moins les sages, veulent chercher quelque bonne couleur, et un peu apparente. Et afin qu'on connoisse les habiletez de quoy on use en France, veux conter comme cecy fut fait et guidé; car le Roy et le duc y furent deceus tous deux; et en recommença la guerre, qui dura bien treize ou quatorze ans, et qui depuis fut bien dure et bien aspre. Il est vray que le Roy désiroit fort que ces villes fissent nouvelletez, et prissent ses couleurs, disant que ledit duc de Bourgogne estendoit ses limites plus avant que le traitté ne portoit, et sur cette occasion alloient et venoient ambassadeurs de l'un à l'autre, et passoient et repassoient par ces villes, pratiquans ces marchez, esquelles n'y avoit nulles garnisons; mais y avoit paix par tout le royaume, tant du costé dudit duc que du duc de Bretagne: et estoit monseigneur de Guyenne en bonne amitié avec le Roy, comme il sembloit. Toutesfois le Roy n'eust pas voulu recommencer la guerre, pour prendre une ou deux de ces villes-là seulement, mais taschoit de pouvoir mettre une grande rébellion par tous les pays du duc de Bourgogne, et espéroit de tous points s'en mettre au dessus par ce moyen.

Beaucoup de gens pour luy plaire se mesloient de ces marchez, et luy rapportoient les choses, beaucoup plus avant qu'ils ne trouvoient, et se vantoient l'un d'une ville, et les autres disoient qu'ils en soustrairoient contre luy, et de tout estoit une partie. Mais quand le Roy n'eust pensé que ce qui advint, il n'eust pas rompu la paix ny recommencé la guerre; combien qu'il eust cause de se douloir des termes qui luy avoient esté tenus à Péronne. Mais si avoit-il fait publier ladite paix à Paris, trois mois après qu'il fut de retour en son royaume, et recommençoit cette noise un peu en crainte, mais l'affection qu'il y avoit les fit tirer outre, et voicy les habiletez qui y furent tenuës.

Le comte de Sainct-Paul, connestable de France, homme très-sage, et autres serviteurs du duc de Guyenne, et aucuns autres, désiroient plustost la guerre entre ces deux grands princes, que paix, pour deux regards. Le premier ils craignoient que ces très-grands Estats qu'ils avoient ne fussent diminuez, si la paix continuoit; car ledit connestable avoit quatre cens hommes-d'armes, ou quatre cens lances, payez à la monstre, et n'avoit point de controleur, et plus de trente mille francs tous les ans, outre les gages de son office, et les profits de plusieurs belles places qu'il tenoit. L'autre, ils vouloient mettre sus au Roy, et disoient entre eux, sa condition estre telle, que s'il n'avoit débat par le dehors, et contre les grands, qu'il falloit qu'il en eust avec ses serviteurs, domestiques et officiers, et que son esprit ne pouvoit estre en repos. Et par ces raisons alléguées, taschoient très-fort de remettre le Roy en cette guerre; et offroit ledit connestable, prendre Sainct-Quentin tous les jours qu'on voudroit, car ses terres estoient à l'environ, et disoit encore avoir très-grande intelligence en Flandres et en Brabant, et qu'il feroit rebeller plusieurs villes contre ledit duc. Le duc de Guyenne, qui estoit sur le lieu, et tous ses principaux gouverneurs, offroient fort servir le Roy en cette querelle, et d'amener quatre ou cinq cens hommes-d'armes, que ledit duc de Guyenne tenoit d'ordonnance; mais leurs fins n'estoient pas telles que le Roy entendoit, mais tout à l'opposite, come vous oyrrez.

Le Roy vouloit tousjours procéder en grande solennité, par quoy fit tenir les trois Estats à Tours ès moys de mars et d'avril 1470, ce que jamais n'avoit fait, ny ne fit depuis, mais il n'y appella que gens nommez, qu'il pensoit qui ne contrediroient pas à son vouloir. Et là fit remonstrer plusieurs entreprises que ledit duc de Bourgogne faisoit contre la Couronne; et y fit venir plaintif monseigneur le comte d'Eu, lequel disoit que ledit duc luy empeschoit Sainct-Valéry, et autres terres qu'il tenoit de luy, à cause d'Abbeville et de la comté de Ponthieu, et n'en vouloit faire nulle raison audit comte d'Eu. Et le faisoit ledit duc, pour ce qu'un petit navire de guerre, de la ville d'Eu, avoit pris un autre navire marchand du pays de Flandres, dont ledit comte d'Eu offroit faire la réparation. Outre vouloit ledit duc, contraindre ledit comte d'Eu, de luy faire hommage envers tous et contre tous, ce que pour rien ne voudroit faire, car ce seroit contre l'authorité du Roy. A cette assemblée y avoit plusieurs gens de justice, tant de parlement que d'ailleurs; et fut conclu selon l'intention du Roy, que ledit duc seroit adjourné à comparoir en personne en parlement à Paris (2).

---

(1) Le 13 août 1470, Louis XI avait préparé cette rupture par une alliance défensive et offensive avec les Suisses, contre le duc de Bourgogne.

(2) La déclaration publiée par Louis XI, à la suite des délibérations de cette assemblée, est du 3 décembre 1470. On y rappelle tous les griefs du Roi contre le duc

Bien sçavoit le Roy qu'il respondroit orgueilleusement, ou feroit quelqu'autre chose contre l'authorité de ladite cour, par quoy son occasion de luy faire guerre en seroit tousjours plus grande (1).

Ledit duc fut adjourné par un huissier de parlement, en la ville de Gand, comme il alloit ouïr la messe. Il en fut fort esbahy et mal content; incontinent il fit prendre ledit huissier, et fut plusieurs jours gardé, et à la fin on le laissa courre. Or vous voyez les choses qui se dressoient pour courre sus audit duc de Bourgogne, lequel en fut adverty, et mit sus un grand nombre de gens, payez à gages mesnagers, ainsi l'appeloit-on. C'estoit quelque peu de chose qu'ils avoient pour se tenir prests en leurs maisons, toutesfois ils faisoient monstre tous les mois sur les lieux, et recevoient argent. Ceci dura trois ou quatre mois, et s'ennuya de cette mise, et rompit cette assemblée, et s'osta de toute crainte; car souvent le Roy envoyoit devers luy, et s'en alla ledit duc en Hollande. Il n'avoit nulles gens d'ordonnance, qui fussent tousjours prests, ny garnison en ses villes de frontières, dont mal luy prit; pour ce qu'on pratiquoit Amiens, Abbeville et Sainct-Quentin, pour les remettre en la main du Roy (2).

Luy estant en Hollande (3) fut adverty par le feu duc Jehan de Bourbon (4) que de brief la guerre luy seroit commencée, tant en Bourgogne que Picardie, et que le Roy y avoit de grandes intelligences, et aussi en sa maison. Ledit duc qui se trouvoit dépourveu de gens, car il avoit départy cette assemblée, dont j'ay parlé n'a-guères, et renvoyez tous chez eux, fut bien esbahy de ces nouvelles. Par quoy incontinent passa la mer, et tira en Artois, et tout droit à Hesdin. Là entra en plusieurs suspicions, tant de ces serviteurs, comme des traitez qu'on menoit en ces villes, dont j'ay parlé, et fut un peu long à s'apprester, ne croyant point tout ce qu'on disoit, et envoya quérir à Amiens deux des principaux de la ville, lesquels il soubçonnoit de ces traitez, ils s'excusèrent si bien, qu'il les laissa aller. Incontinent partirent de sa maison aucuns de ses serviteurs, qui se tournèrent au service du Roy: comme le bastard Baudouin (5) et autres, qui luy firent peur qu'il n'y eust plus grande queuë. Il fit crier que chacun se mist sus, et peu s'appresloient, car c'estoit au commencement de l'hyver, et y avoit encore peu de jours qu'il estoit arrivé de Hollande.

CHAPITRE II.

Comment la ville de Sainct-Quentin et celle d'Amiens furent renduës entre les mains du Roy, et pour quelles causes le connestable et autres entretenoient la guerre entre le Roy et le duc de Bourgogne.

Deux jours après la fuite de ses serviteurs, qui s'en estoient allez, qui estoit au mois de décembre l'an 1470, entra monseigneur le connestable dedans Sainct-Quentin (6), et leur fit faire serment pour le Roy. Lors connut ledit duc que ses besongnes alloient mal, car il n'avoit armée avec luy, mais avoit envoyé ses serviteurs pour mettre sus les gens de son pays. Toutesfois, avec

---

de Bourgogne, qui est accusé d'avoir fait piller les côtes de Normandie; d'avoir, en acceptant l'ordre de la Jarretière, fait serment de servir le roi d'Angleterre, ennemi de la France, envers et contre tous; d'avoir vexé et dépouillé des marchands français; d'avoir, quoique vassal, usurpé la juridiction souveraine; d'avoir violé les traités; enfin on annulle les scellés que le duc de Guyenne, le duc de Bretagne et les autres princes avaient donnés pour garantir les traités dont il s'agit. De son côté, le duc de Bourgogne se plaignit au parlement de Paris de ce que le duc de Clarence et le comte de Warwick, qui avoient pillé des vaisseaux Bourguignons, trouvaient asile dans les ports de Normandie. Le Roi donna ordre au parlement de suivre l'affaire et de délivrer commission contre Warwick au connétable, qui était gouverneur de Normandie. Mais les instructions particulières de Louis XI aux agents qu'il envoya en Normandie et près de Warwick, montrent quelles étaient ses véritables intentions. Le duc de Bourgogne se plaignit de nouveau au Roi; il y eut des ambassadeurs envoyés de part et d'autre. Pendant qu'on négocioit, le Roi s'empara des prévôtés de Vimieu, de Fouloy et de Beauvoisis, qui avaient été cédées à Charles par le traité de Péronne, et prétendit que les protestations qu'il avait faites dans le temps annulaient le traité.

(1) La lettre par laquelle il ordonna à Dammartin de commencer les hostilités, est du 20 janvier : *Faites*, lui dit-il, *je vous prie, la plus grande diligence qu'homme fist.*

(2) *Pour ce qu'on pratiquoit Amiens, Abbeville et Sainct-Quentin, pour les remettre en la main du Roy:* cette phrase manque dans le manuscrit de Saint-Germain.

(3) Un manuscrit porte *Zélande*.

(4) Ce prince mourut en 1488.

(5) Baudouin, seigneur de Falais, fils naturel de Philippe, duc de Bourgogne, et de Catherine de Thieffries. Cette retraite du bâtard de Bourgogne, d'Arson et de Chassa, fit beaucoup de bruit ; il y eut plusieurs mémoires et manifestes publiés.

(6) Lorsque Charles apprit que le connétable s'était rendu maître de Saint-Quentin, il le fit sommer de venir le servir comme son vassal. Le connétable répondit : « Si le duc de Bourgogne a mon scellé, j'ai le sien, et » suis homme à lui répondre de mon corps. » Le duc, furieux, fit saisir les terres que le comte de Saint-Pol possédait en Flandres et en Artois, et Saint-Pol fit également saisir celles que ses enfants, qui étaient au service de Bourgogne, possédaient en France.

ce petit de gens qu'il pût amasser, il tira à Dourlans avec quatre ou cinq cens chevaux seulement, en intention de garder Amiens de tourner, et là fut cinq ou six jours que ceux d'Amiens marchandoient, car l'armée du Roy estoit auprès, qui se présenta devant la ville, et un coup la refusèrent, car une partie de la ville tenoit pour ledit duc; lequel y envoya son mareschal des logis : et s'il eust eu gens pour y oser entrer en personne, il ne l'eust jamais perduë, mais il n'y osoit entrer mal accompagné, combien qu'il en fust requis de plusieurs de la ville.

Quand ceux qui estoient contre luy virent sa dissimulation et qu'il n'estoit pas assez fort, ils exécutèrent leurs entreprises et mirent ceux du Roy dedans (1). Ceux d'Abbeville cuidèrent faire le semblable, mais monseigneur des Cordes y entra pour ledit duc et y pourveut. D'Amiens à Dourlans n'y a que cinq petites lieuës; par quoy fut force audit duc de se retirer, dès ce qu'il fut adverty que les gens du Roy estoient entrez à Amiens; et alla à Arras en grande diligence et grande peur, craignant que beaucoup de choses semblables ne se fissent; car il se voyoit environné des parens et amis du connestable. D'autre part, à cause du bastard Baudoüin qui s'en estoit allé, il soupçonnoit le grand bastard de Bourgogne (2) son frère. Toutesfois gens luy vinrent peu à peu. Or sembloit-il bien au Roy estre au-dessus de ses affaires, et se fioit en ce que le connestable et autres luy disoient de ces intelligences qu'ils avoient : et quand n'eust esté cette espérance, il eust voulu avoir à commencer.

Or est-il temps que j'achève de déclarer qui mouvoit ledit connestable, le duc de Guyenne, et de ses principaux serviteurs (veu les bons tours, secours et grandes honnestetez que ledit duc de Guyenne avoit receus dudit duc de Bourgogne) et quel gain ils pouvoient avoir à mettre ces deux grands princes en guerre, qui estoient en repos en leurs seigneuries. Jà en ay dit quelque chose, et que c'estoit pour maintenir plus seurement leurs Estats, et que le Roy ne broüillast parmi eux, s'il estoit en repos. Mais cela n'estoit point encore la principale occasion, mais estoit que le duc de Guyenne et eux avoient fort désiré le mariage dudit duc de Guyenne avec la seule fille et héritière du duc de Bourgogne car il n'avoit point de fils, et plusieurs fois avoit esté requis ledit duc de Bourgogne, de ce mariage, et tousjours s'y estoit accordé, mais jamais ne voulut conclure, et en tenoit encore paroles à d'autres. Or regardez quel tour ces gens prenoient pour cuider parvenir à leur intention, et contraindre ledit duc de bailler sa fille : car incontinent que ces deux villes furent prises, et le duc de Bourgogne retourné à Arras, où il amassoit gens tant qu'il pouvoit, le duc de Guyenne luy envoya un homme secret, lequel luy apporta trois lignes de sa main en un loppin de cire, et ployées bien menu, contenant ces mots : « Mettez peine de contenter vos » subjets, et ne vous souciez, car vous trouve- » rez des amis. »

Le duc de Bourgogne, qui estoit en crainte très-grande du commencement, envoya un homme devers le connestable, luy prier ne luy vouloir faire le pis qu'il pourroit bien, et ne presser point asprement cette guerre, qui luy estoit encommencée, sans l'avoir deffié ny semons de rien. Ledit connestable fut fort aise de ces paroles, et luy sembla bien qu'il tenoit ledit duc en la sorte qu'il demandoit, c'est à sçavoir en grand doute. Si luy manda pour toute responce, qu'il voyoit son faict en bien grand péril, et qu'il n'y connoissoit remède qu'un, pour en eschapper, c'estoit qu'il donnast sa fille en mariage au duc de Guyenne, et qu'en ce faisant il seroit secouru de grand nombre de gens, et se déclareroit ledit duc de Guyenne pour luy, et plusieurs autres seigneurs, et que lors luy rendroit Sainct-Quentin, et se mettroit des leurs. Mais que sans ce mariage, et voir cette déclaration, il ne s'y oseroit mettre, car le Roy estoit trop puissant et avoit son faict bien accoustré, et grandes intelligences ès païs dudit duc, et toutes paroles semblables de grand espouventement. Je ne connus onc bonne issuë d'homme qui ait voulu espouventer son maistre et le tenir en subjection, ou un grand prince de qui on a affaire, comme vous entendrez de ce connestable. Car combien que le Roy fust lors son maistre, si avoit-il la pluspart de son vaillant, et ses enfans, sous ledit duc de Bourgogne; mais tousjours a usé de ces termes, de les vouloir tenir en crainte tous deux, et l'un par l'autre, dont mal luy en est pris. Et combien que toute personne cherche à se mettre hors de subjection et crainte, et que chacun haïsse ceux qui les y tiennent, si n'y en a-t'il nuls qui en cet article approchent les princes : car je n'en connus onques nuls qui n'ayent mortelle haine à ceux qui les y ont voulu tenir.

Après que le duc de Bourgogne eut ouy la responce du connestable, il connut bien qu'en luy ne trouveroit nulle amitié, et qu'il estoit

---

(1) Ce fut Dammartin qui se ménagea des intelligences dans la ville et qui parvint à se la faire livrer.

(2) Antoine, comte de la Roche en Ardennes, fils naturel de Philippe duc de Bourgogne et de Jeanne de Presle.

principal conducteur de cette guerre, et conceut une merveilleuse haine contre luy, qui jamais depuis ne luy partit du cœur, et principalement que pour telles doutes le vouloit contraindre à marier sa fille. Jà luy estoit revenu le cœur un peu, et avoit recueilly beaucoup de gens (1). Vous entendez bien maintenant, par ce que manda le duc de Guyenne et puis le connestable, que cette chose estoit délibérée entr'eux; car toutes semblables paroles, ou plus épouventables, encore manda le duc de Bretagne après, et laissa amener à monseigneur de Lescut cent hommes-d'armes bretons au service du Roy. Ainsi concluez que toute cette guerre se faisoit pour contraindre ledit duc à se consentir à ce mariage, et que l'on abusoit le Roy de luy conseiller d'entreprendre cette guerre : et que de toutes ces intelligences qu'on luy disoit avoir au pais dudit duc, n'estoit point vray, mais tout mensonge, ou peu s'en falloit. Toutesfois tout ce voyage fut servi le Roy dudit connestable, très-bien, et en grande haine contre ledit duc, connoissant que telle haine avoit-il conceuë contre luy. Semblablement servit le duc de Guyenne en cette guerre, fort bien accompagné, et furent les choses fort périlleuses pour le duc de Bourgogne, mais quand, dès le commencement, que ce différend, dont j'ay parlé, commença, il eust voulu asseurer le mariage de sa fille, avec le duc de Guyenne, luy et le connestable, et plusieurs autres, et leurs séquelles, se fussent tournez des siens contre le Roy, et essayez de faire le Roy bien foible, s'il leur eust esté possible ; mais quelque chose sçavent délibérer les hommes en telles matières, Dieu y conclud à son plaisir.

∞

CHAPITRE III.

Comment le duc de Bourgogne gaigna Picquigny, et après trouva moyen d'avoir trève au Roy pour un an, au grand regret du connestable.

Vous devez avoir entendu au long dont mouvoit cette guerre, et que les deux princes au commencement y furent aveuglez, et se faisoient la guerre sans en entendre le motif ny l'un ny l'autre. Qui estoit une merveilleuse habileté à ceux qui conduisoient l'œuvre, et leur pouvoit-on bien dire, que l'une partie du monde ne sçait point comment l'autre se gouverne. Or toutes ces choses, dont j'ay parlé en tous ces articles précédens, advinrent en bien peu de jours. Car après la prise d'Amiens, en moins de quinze jours, ledit duc se mit aux champs auprès d'Arras, car il ne se retira point plus loing, et puis tira vers la rivière de Somme, et droit à Picquigny. En chemin luy vint un messager du duc de Bretagne, qui n'estoit qu'un homme à pied; et dit audit duc, de par son maistre, comme le Roy luy avoit fait sçavoir plusieurs choses, et entre autres, les intelligences qu'il avoit en plusieurs grosses villes, dont entre aucunes, nommoit Amiens, Bruges et Bruxelles. Aussi l'advertissoit ledic duc, comme le Roy estoit délibéré de l'assiéger en quelque ville qu'il le trouvast, et fust-il dedans Gand, et croy que ledit duc de Bretagne mandoit tout cecy en faveur du duc de Guyenne, et pour mieux le faire joindre à ce mariage; mais le duc de Bourgogne prit très-mal en gré ces advertissemens que le duc de Bretagne luy faisoit; et respondit au messager, incontinent et sur l'heure, que son maistre estoit mal adverty, et que c'estoient aucuns mauvais serviteurs qu'il avoit, qui luy vouloient donner ces craintes, afin qu'il ne fist son devoir de le secourir, comme il y estoit obligé par ses alliances : et qu'il estoit mal informé quelles villes estoient Gand, ny les villes où il disoit que le Roy l'assiégeroit, et qu'elles estoient trop grandes pour assiéger, mais qu'il dit à son maistre la compagnie en quoy il le trouvoit; et que les choses estoient autrement, car luy délibéroit de passer la rivière de Somme et de combattre le Roy, s'il le trouvoit en son chemin, pour l'en garder, et qu'il vouloit prier audit duc son maistre, de par luy, qu'il se voulust déclarer en sa faveur contre le Roy, et luy estre tel comme le duc de Bourgogne luy avoit esté en faisant le traitté de Péronne.

Le lendemain s'approcha le duc de Bourgogne d'un lieu sur la rivière de Somme, qui s'appelle Picquigny, une assiète très-forte, et là auprès délibéroit ledit duc de faire un pont dessus la rivière de Somme : mais par cas d'adventure y avoit dedans la ville de Picquigny, logés quatre ou cinq cens francs-archers, et un peu de nobles. Ceux-là, comme ils virent passer le duc de Bourgogne, saillirent à l'escarmouche, du long d'une chaussée qui estoit longue; et se mirent

---

(1) Si on en croit les anciennes chroniques, le duc de Bourgogne avait réuni quatre mille lances (chaque lance se composait de quatre cavaliers et de six hommes à pied); il attendait en outre douze cents lances de Bourgogne, l'arrière-ban de Flandres et de Hainaut, et les garnisons des places qui n'étaient pas menacées.

si avant hors de leurs places, qu'ils donnèrent occasion aux gens du duc de Bourgogne de les chasser : et les suivirent de si près qu'ils en tuèrent une partie devant qu'ils peussent gagner la ville, et gagnèrent les fauxbourgs de cette chaussée; et puis on amena quatre ou cinq pièces d'artillerie, combien que par ce costé la ville fust imprenable, parce qu'il y avoit rivière entre deux; toutesfois ces francs-archers eurent peur, pour ce qu'on faisoit un pont, qu'on ne les assiégeast de l'autre costé. Ainsi ils désemparèrent la place et s'enfuirent. Le chasteau tint deux ou trois jours, et puis s'en allèrent tous en pourpoint.

Ce petit exploit donna quelque cœur au duc de Bourgogne, et se logea ès environs d'Amiens, et y fit deux ou trois logis, disant qu'il tenoit les champs pour voir si le Roy le vouloit venir combattre; et à la fin s'approcha fort près de la ville, et si près que son artillerie tiroit à coup perdu, par dessus et dedans la ville; et là se tint six sepmaines. En ladite ville y avoit bien quatorze cens hommes-d'armes de par le Roy, et quatre mille francs-archers; et y estoient monseigneur le connestable, et tous les grands chefs de ce royaume, grand-maistre, admiral, mareschal, séneschaux, et largement gens de bien. Le Roy fut cependant à Beauvais, où il fit une bien grande assemblée; et estoient avec luy le duc de Guyenne son frère, et le duc Nicolas de Calabre, fils aîné du duc Jean de Calabre et de Lorraine, et seul héritier de la maison d'Anjou. Avec le Roy estoient les nobles du royaume assemblez, par manière d'arrière-ban; et ne faut point douter, à ce que depuis j'ay entendu, que ceux qui estoient avec le Roy n'eussent desjà grande et bonne volonté de connoistre la malice de cette entreprise : et voyoient bien qu'il n'avoit point encore fait, mais estoit en guerre plus que jamais. Ceux qui estoient en la ville d'Amiens firent une entreprise pour assaillir le duc de Bourgogne en son ost, pourveu que le Roy voulust envoyer joindre avec eux l'armée qu'il avoit avec luy à Beauvais.

Le Roy adverti de cette entreprise, la leur envoya deffendre, et de tous points la rompre ; car combien qu'elle semblast advantageuse pour le Roy, toutesfois y avoit du hasard pour ceux qui sailloient de la ville, par espécial; car tous sailloient par deux portes, dont l'une estoit près de l'ost du duc de Bourgogne : et s'ils eussent failly à la desconfire d'entrée, ils eussent esté en danger de se perdre, et de perdre la ville. En ces entrefaites, envoya le duc de Bourgogne un page, nommé Simon de Quingey, qui depuis a esté baillif de Troye; et escrivit au Roy six lignes de sa main, s'humiliant envers luy, et se douloit de quoy il luy avoit ainsi couru sus à l'appétit d'autruy; et qu'il croyoit que s'il eust esté bien informé de toutes choses, qu'il ne l'eust pas fait.

Or l'armée que le Roy avoit envoyée en Bourgogne avoit desconfi toute la puissance de Bourgogne, qui estoit saillie aux champs, et pris plusieurs prisonniers. Le nombre des morts n'estoit pas grand, mais la desconfiture y estoit; et si avoient desjà assiégé des places et pris, qui esbahissoit un peu ledit duc; toutesfois il faisoit semer en son ost tout le contraire, et que les siens avoient eu du meilleur. Quand le Roy eut veu ces lettres que ledit duc de Bourgogne luy avoit escrites, il en fut très-joyeux, pour la raison que avez ouye cy-dessus, et aussi que les choses longues luy ennuyoient; et luy fit response; et envoya pouvoir à aucuns qui estoient à Amiens pour entrer en une trève; et si en fit deux ou trois de quatre ou cinq jours; et à la fin finale en fit une d'un an (1), comme il me semble : dont le connestable, comte de Sainct-Paul, monstroit signe de desplaisir : car sans nulle doute (quelque chose que les gens ayent pensé, ou sceussent penser au contraire) ledit comte de Sainct-Paul estoit lors ennemi capital du duc de Bourgogne : et eurent plusieurs parolles; et onques puis n'y eut amitié de l'un à l'autre, comme vous avez veu par l'issue ; mais bien ont envoyé les uns vers les autres, pour se pratiquer, et chacun pour s'aider de son compagnon; et ce que le duc en faisoit, c'estoit toujours pour cuider r'avoir Sainct-Quentin. Semblablement, quand le connestable avoit peur ou crainte du Roy, il la luy promettoit rendre; et y eut des entreprises où les gens du duc de Bourgogne, par le vouloir dudit connestable, en approchèrent, et les faisoit venir deux ou trois lieues près, pour les mettre dedans; et quand ce venoit au joindre, ledit connestable se repentoit, et les contremandoit, dont à la fin mal luy en prit. Car il cuidoit pour la situation où il estoit, et le grand nombre de gens que le Roy luy payoit, les tenir tous deux en crainte, par le moyen du discord où ils estoient, auquel il les entretenoit : mais son entreprise estoit très-dangereuse, car ils estoient trop grands, trop forts et trop habiles tous deux.

Après ces armées départies, le Roy s'en alla en Touraine, et le duc de Guyenne en son païs,

---

(1) Cette trève, signée le 3 octobre 1471, ne fit que confirmer les traités d'Arras, de Conflans et de Péronne.

et le duc de Bourgogne au sien; et demeurèrent une pièce les choses en cet estat, et tint le duc de Bourgogne grande assemblée d'Estats (1) en son païs, pour leur remonstrer le dommage qu'il avoit eu de n'avoir des gens-d'armes prests, comme avoit le Roy, et que s'il eust eu le nombre de cinq cens hommes-d'armes, prests pour garder les frontières, que jamais le Roy n'eust entrepris cette guerre, et fussent demeurez en paix; et leur mettoit en avant les dommages qui estoient prests de leur en advenir, et les pressoit fort qu'ils luy voulussent donner le payement de huit cens lances. Finalement ils luy donnèrent six vingt mille escus, outre et par dessus ce qu'ils luy donnoient, et en cecy n'estoit pas comprise Bourgogne; mais grand doute faisoient ses sujets, et pour plusieurs raisons, de se mettre en cette subjection, où ils voyoient le royaume de France, à cause de ses gens-d'armes. A la vérité, leur grand doute n'estoit pas sans cause: car quand il se trouva cinq ou six cens hommes d'armes, la volonté luy vint d'en avoir plus, et de plus hardiment entreprendre contre tous ses voisins. Et de six vingt mille escus, les fit monter jusques à cinq cens mille; et creut des gens-d'armes en très-grande quantité, dont ses seigneuries ont eu bien à souffrir. Et croy bien que les gens-d'armes de soulde sont bien employez sous l'auctorité d'un sage roy ou prince; mais quand il est autre, ou qu'il laisse enfans petits, l'usage à quoy les employent leurs gouverneurs, n'est pas toujours profitable, ny pour le Roy, ny pour ses sujets.

La haine ne diminuoit point entre le Roy et le duc de Bourgogne, mais toujours continua. Et ledit duc de Guyenne estant retourné en son païs, renvoyoit souvent vers ledit duc de Bourgogne, pour le mariage de sa fille, et continuoit cette poursuite; et ledit duc l'entretenoit; aussi faisoit-il avec tout homme qui la demandoit, et croy qu'il n'eust point voulu avoir des fils, ny que jamais il eust marié sa fille, tant qu'il eust vescu; mais toujours l'eust gardée, pour entretenir gens pour s'en servir et aider; car il taschoit à tant de choses grandes, qu'il n'avoit point le temps à vivre pour les mettre à fin; et estoient choses quasi impossibles, car la moitié d'Europe ne l'eust sceu contenter. Il avoit assez hardiment, pour entreprendre toutes choses. Sa personne pouvoit assez porter le travail qui luy estoit nécessaire. Il estoit assez puissant de gens d'argent, mais il n'avoit point assez de sens ne de malice pour conduire ses entreprises. Car avec les autres choses propices à faire conquestes, si le très-grand sens n'y est, tout le demeurant n'est rien; et croyez qu'il faut que cela vienne de Dieu. Qui eust pû prendre partie des conditions du Roy nostre maistre, et partie des siennes, on en eût bien fait un prince parfait; car sans nul doute le Roy en sens le passoit de trop, et la fin l'a monstré par ses œuvres.

CHAPITRE IV.

Des guerres qui furent entre les princes d'Angleterre, pendant les différends du roy Louis et de Charles de Bourgogne.

Je me suis oublié, parlant de ces matières précédentes, de parler du roy Édouard d'Angleterre, car ces trois seigneurs ont vescu d'un temps grands; c'est à sçavoir nostre Roy, le roy d'Angleterre et le duc de Bourgogne. Je ne vous garderay point l'ordre d'escrire, comme font les historiens, ny nommeray les années, ny proprement le temps que les choses sont advenues, ny ne vous allégueray rien des histoires passées, pour exemple (car vous en sçavez assez, et seroit parler latin devant les cordeliers), mais seulement vous diray grossièrement ce que j'ay veu et sceu, et ouy dire aux princes que je vous nomme. Vous estes du temps que toutes ces choses sont advenues, par quoy n'est jà besoin de si très-justement vous dire les heures ny les saisons, comme il me peut sembler.

Ailleurs ay parlé des occasions qui meurent le duc de Bourgogne d'espouser la sœur du roy Edouard, qui principalement estoit pour se fortifier contre le Roy, car autrement ne l'eust jamais fait, pour la grand'amour qu'il portoit à la maison de Lanclastre, dont il estoit prochain parent, à cause de sa mère, laquelle estoit fille de Portugal, mais la mère d'elle estoit fille du duc de Lanclastre (2), et autant qu'il aimoit parfaitement cette dite maison de Lanclastre, il haïssoit celle d'Yorth (3). Or à l'heure de ce mariage, celle de Lanclastre estoit du tout destruite, et de celle d'Yorth ne se parloit plus: car le roy Edouard estoit roy et duc d'Yorth, et estoit tout pacifique, et durant les guerres de ces deux maisons, y avoit eu en Angleterre sept ou huit grosses batailles (4), et morts cruellement

---

(1) Cette assemblée des Etats de Bourgogne se tint à Abbeville en juillet et août 1471.
(2) Lancaster.
(3) Yorck.

(4) Les deux batailles de Saint-Alban, de Blore-Heud, de Wakefield, de Towton, de la Croix, de Mortimer, d'Escham, Bamberg, de Nottingham, Burnet, de Tukesbury, etc.

soixante ou quatre-vingts princes ou seigneurs de maisons royales, comme l'ay cy-devant dit en ces Mémoires, et ce qui n'estoit mort estoit fugitif en la maison dudit duc de Bourgogne, tous seigneurs jeunes, car leurs pères estoient morts en Angleterre, et les avoit recueillis le duc de Bourgogne en sa maison, comme ses parens de Lanclastre, avant le mariage. Lesquels j'ay veus en si grande pauvreté, avant que ledit duc eust connoissance d'eux, que ceux qui demandent l'aumosne ne sont pas si pauvres. Car j'ay veu un duc de Cestre (1) aller à pied sans chausses, après le train dudit duc, pourchassant sa vie de maison à maison sans se nommer. C'estoit le plus prochain de la lignée de Lanclastre, et avoit espousé la sœur du roy Edouard. Après fust connu, et eut une petite pension pour s'entretenir. Ceux de Sombresset (2) et autres y estoient. Tous sont morts depuis en ces batailles. Leurs pères et leurs gens avoient pillé et destruit le royaume de France, et possédé la plupart par maintes années, tous s'entretuèrent. Ceux qui estoient passez en vie en Angleterre, et leurs enfans, sont finis comme vous voyez. Et puis on dit : Dieu ne punit plus les gens, comme il souloit du temps des enfans d'Israël, et endure les mauvais princes et mauvaises gens. Je croy bien qu'il ne parle plus aux gens, comme il souloit, car il a laissé assez d'exemples en ce monde pour estre creu ; mais vous pouvez voir en lisant ces choses, avec ce que vous en sçavez davantage, que de ces mauvais princes et autres ayant authorité en ce monde, et qui en usent cruellement et tyranniquement, nuls ou peu en demeurent impunis, mais ce n'est pas toujours à jour nommé, ny à l'heure, que ceux qui souffrent le désirent.

En revenant à ce roy Edouard d'Angleterre, le principal homme d'Angleterre qui eût soutenu la maison d'Yorth, estoit le comte de Warvic (3) ; le duc de Sombresset au contraire, celle de Lanclastre : et se pouvoit ledit comte de Warvic, presque dire père du roy Edouard, quant aux services et nourritures : et aussi s'estoit fait grand : car outre ce qu'il estoit grand seigneur de soy, il tenoit grandes seigneuries par don du Roy, tant de la Couronne que de confiscation : et puis estoit capitaine de Calais, et tenoit autres grands offices : et ay ouy estimer quatre-vingt mille escus l'an, qu'il tenoit en ces choses alléguées, sans son patrimoine. Le comte de Warvic entra en différend avec son maistre par adventure un an avant que le duc de Bourgogne vînt devant Amiens, et aida bien le duc ; car il desplaisoit de cette grande authorité que le comte de Warvic avoit en Angleterre, et ne s'accordoient point bien : car ledit seigneur de Warvic s'entendoit tousjours avec le Roy nostre maistre. En effet, j'ay veu en ce temps, ou peu avant, le comte de Warvic si fort, qu'il mit le Roy son maistre en ses mains ; et fit mourir le seigneur Descalles, père de la Royne, et deux de ses enfans, et le tiers en grand danger (lesquels personnages le roy Edouard aimoit fort), et fit mourir encore aucuns chevaliers d'Angleterre, et feist garder le Roy son maistre un espace de temps honnestement, et luy mit nouveaux serviteurs à l'entour, pour luy faire oublier les autres, et luy sembloit que son maistre estoit un peu simple. Le duc de Bourgogne eut grand doute de cette adventure, et pratiquoit secrettement que le roy Edouard (4) pust eschapper (5), et eust moyen et façon de parler à luy ; et tant allèrent les choses, que le roy Edouard eschappa, et assembla gens, et destroussa quelques bandes du comte de Warvic. Il a esté roy bien fortuné en ses batailles : car neuf grosses batailles pour le moins a gagnées, et toutes à pied. Ledit comte de Warvic se trouvant le plus faible, advertit bien ses amis secrets de ce qu'ils avoient à faire, et se mit à la mer à son beau loisir, avec le duc de Clarence qui avoit espousé sa fille, et tenoit son party, nonobstant qu'il fust frère dudit roy Edouard, et menèrent femmes et enfans, et grand nombre de gens, et se vint trouver devant Calais ; et dedans estoit son lieutenant en ladite ville de Calais, appelé monseigneur de Vaucler, et plusieurs de ses serviteurs domestiques, qui en lieu de le recueillir, luy tirèrent de grands coups de canon ; et estant à l'ancre là devant, accoucha la duchesse de Clarence, fille dudit comte de Warvic, d'un fils ; à grand peine voulurent-ils consentir, ledit seigneur de Vaucler, et autres, qu'on luy portast deux flacons de vin. C'estoit grande rigueur d'un serviteur envers son maistre, car il est à penser qu'il pouvoit bien avoir pourveu en cette place, qui est le plus grand trésor d'Angleterre, et la plus belle capitainerie du monde, à mon advis, au moins de la chrestienté : ce que je sçay, par ce que j'y fus plusieurs fois durant ces différends : et pour certain, me fut dit par le temps dont

---

(1) Chester.
(2) Sommerset.
(3) Richard Néville comte de Warwick, surnommé le *faiseur de rois*, tué en 1471, à la bataille de Barnet.
(4) Edouard, comte de la March, fils ainé de Richard, duc d'Yorck, tué en 1461 à la bataille de Wakefield. Edouard fut proclamé roi la même année, et mourut en 1483, après vingt-deux ans de règne.
(5) En 1470, après la défection du comte de Warwick et du duc de Clarence, frère d'Edouard IV.

j'ay parlé par le maire de l'Estape des toiles, que de la capitainerie de Calais feroit donner au roy d'Angleterre, quinze mille escus de ferme. Car ce capitaine prenoit tout le profit de ce qu'ils ont deçà la mer, et des saufs-conduits, et met la pluspart de la garnison à sa poste.

Le roy d'Angleterre fut fort content dudit seigneur de Vaucler de ce refus qu'il avoit fait à son capitaine, et luy envoya lettres pour tenir l'office en chef, car il estoit sage chevalier, et ancien, et portoit l'ordre de la Jartière, monseigneur de Bourgogne fut fort content de luy, qui pour lors estoit à Sainct-Omer, et m'envoya devers ledit seigneur de Vaucler, et luy donna mille escus de pension, luy priant de vouloir continuer en l'amour qu'il avoit monstré au roy d'Angleterre. Je le trouvay très-délibéré de ce faire, et fit serment en l'hostel de l'Estape à Calais, entre mes mains, audit roy d'Angleterre, de le servir envers et contre tous, et semblablement tous ceux de la garnison et de la ville, et fus l'espace de deux mois, allant et venant vers luy, pour l'entretenir, et presque toujours me tins en ce temps avec luy, et ledit duc de Bourgogne se tenoit à Boulogne, et fit une grosse armée de mer, contre le comte de Warvic, qui prit plusieurs navires des sujets dudit duc de Bourgogne, au partir qu'il fit de devant Calais; et aida bien cette prise à nous remettre en guerre, car ses gens en vendirent le butin en Normandie, à l'occasion de quoy le duc de Bourgogne prit tous les marchands françois venus à la foire d'Anvers.

Pour ce qu'il est besoin d'estre informé aussi bien des tromperies et mauvaistiez de ce monde, comme du bien (non pour en user, mais pour s'en garder), je veux déclarer une tromperie, une habileté (ainsi qu'on la voudra nommer, car elle fut sagement conduite), et aussi veux qu'on entende les tromperies de nos voisins, comme les nostres, et que partout il y a du bien et du mal. Quand ce comte de Warvic vint devant Calais, espérant y entrer, comme en son principal refuge, monseigneur de Vaucler, qui estoit très-sage, luy manda que s'il y entroit il seroit perdu, car il avoit toute l'Angleterre contre luy, et le duc de Bourgogne; et que le peuple de la ville de Calais seroit contre luy, et plusieurs de la garnison, comme monsieur de Duras (1) qui estoit mareschal pour le roy d'Angleterre, et plusieurs autres, qui tous avoient gens en la ville : et que le meilleur pour luy estoit qu'il se retirast en France : et que de la place de Calais il ne s'en souciast, et qu'il luy en rendroit bon compte quand il en seroit temps. Il servit très-bien son capitaine, luy donnant ce conseil, mais très-mal son Roy, quant audit sieur de Warvic. Jamais homme ne tint plus grande desloyauté que ce Vaucler, veu que le roy d'Angleterre l'avoit fait capitaine en chef, avec ce que le duc de Bourgogne luy donnoit.

CHAPITRE V.

Comment le roi Louis aida si bien le comte de Warvic, qu'il chassa le roy Edoüard d'Angleterre, au grand desplaisir du duc de Bourgogne, qui le receust en ses pays.

A ce conseil se tint le comte de Warvic, et alla descendre en Normandie, où il fut fort bien recueilly du Roy, et le fournit d'argent très-largement pour la despense de ses gens : et ordonna le bastard de Bourbon (2) admiral de France, bien accompagné, pour aider à garder ces Anglois et leurs navires, contre l'armée de mer qu'avoit le duc de Bourgogne, qui estoit très-grosse, et telle que nul ne se fust osé trouver en cette mer au devant d'elle ; et faisoient la guerre aux sujets du Roy, par mer et par terre, et se menaçoient. Tout cecy advint la saison avant que le Roy prist Sainct-Quentin et Amiens, comme j'ay dit, et fut ladite prise de ces deux places l'an 1470. L'armée du duc de Bourgogne estoit plus forte par mer que celle du Roy et dudit comte ensemble. Car il avoit pris au port de l'Ecluse largement grosses navires d'Espagne et de Portugal, deux navires de Gennes, et plusieurs burques d'Alemagne. Le roy Edoüard n'est point homme de grand ordre, mais fort beau, plus que nul prince que j'aye jamais veu en ce temps-là, et très-vaillant. Il ne se soucioit point tant de la descente dudit comte de Warvic, comme faisoit le duc de Bourgogne, lequel sentoit des mouvemens par Angleterre en faveur dudit comte de Warvic, et en advertissoit souvent le roy Edoüard ; mais il n'avoit nulle crainte (qui me sembloit une folie de ne craindre son ennemy, et ne vouloit craindre rien) veu l'appareil qu'il voyoit, car le Roy arma tout ce qu'il avoit et put finer de navires, et mit largement gens dedans, et fit faire payement aux Anglois. Il avoit fait le mariage du prince

---

(1) Le sieur de Duras, maréchal d'Angleterre.
(2) Louis, fils naturel de Charles, premier du nom, duc de Bourbon, et de Jeanne de Bournan ; il fut comte de Roussillon et de Ligny, lieutenant-général pour le Roi en Normandie, et amiral de France, et mourut en janvier 1486. Il avait épousé Jeanne, fille naturelle de Louis XI. Ce seigneur fut toujours fort attaché au Roi.

de Galles (1) avec la seconde fille dudit comte de Warvic. Ledit prince estoit seul fils du roy Henry d'Angleterre (lequel estoit encore vif, et prisonnier en la tour de Londres), et tout ce mesnage estoit prest à descendre en Angleterre. C'estoit estrange mariage d'avoir défait et destruit le père dudit prince, et luy faire espouser sa fille, et puis vouloir entretenir le duc de Clarance, frère du Roy opposite, qui bien devoit craindre que cette lignée de Lanclastre ne revint sur ses pieds. Aussi tels ouvrages ne se sçavoient passer sans dissimulation.

Or j'estoye à Calais pour entretenir monsieur de Vaucler, à l'heure de cet appareil, et jusques lors n'entendy sa dissimulation, qui avoit jà duré trois mois, car je luy requis (veu ces nouvelles qu'il oyoit) qu'il voulust mettre hors de la ville, vingt ou trente des serviteurs domestiques dudit comte de Warvic, et que j'estoye asseuré que l'armée dudit Roy et dudit comte estoit preste à partir de Normandie, où jà elle estoit, et que si soudainement il prenoit terre en Angleterre, pourroit venir mutation à Calais, à cause des serviteurs dudit comte de Warvic, et qu'il n'en seroit à l'adventure point le maistre, et luy priay fort que dès cette heure il les mît dehors. Tousjours le m'avoit accordé jusques à cette heure dont je parle, qu'il me tira à part, et me dit qu'il demeuroit bien le maistre en la ville, mais qu'il me vouloit dire autre chose, pour advertir monseigneur de Bourgogne, c'estoit qu'il luy conseilloit, s'il vouloit estre amy d'Angleterre, qu'il mît peine de mettre la paix, non point la guerre, et le disoit pour cette armée qui estoit contre monseigneur de Warvic. Me dit davantage qu'il seroit aisé à appointer, car ce jour estoit passée une damoiselle par Calais, qui alloit en France vers madame de Clarance, laquelle portoit ouverture de paix de par le roy Edoüard. Il disoit vray; mais comme il abusoit les autres, il fut deceu de cette damoiselle, car elle alloit pour conduire un grand marché, et le mit à fin, au préjudice dudit comte de Warvic, et de toute sa sequelle. De ces secrètes habiletez ou tromperies, qui se sont faites en nos contrées de deçà, n'entendrez-vous plus véritablement de nulle autre personne, au moins de celles qui sont advenuës depuis vingt ans.

Le secret que portoit cette femme, estoit remonstrer à monseigneur de Clarance qu'il ne voulust point estre cause de destruire sa lignée, pour aider à remettre en auctorité celle de Lanclastre, et qu'il considérast leurs anciennes hai-

(1) Henri, prince de Galles, fils de Henri VI et de Marguerite d'Anjou, tué en présence d'Edouard IV après la bataille de Tenkerbury.

nes et offenses, et qu'il pouvoit bien penser, puisque ledit comte avoit fait espouser sa fille au prince de Galles, qu'il tascheroit de le faire roy d'Angleterre; et jà lui avoit fait hommage. Si bien exploita cette femme, qu'elle gaigna le seigneur de Clarance, lequel promit se tourner de la part du Roy son frère, mais qu'il fust en Angleterre. Cette femme n'estoit pas folle, ny légère de parler, Elle eut loisir d'aller vers sa maistresse, et pour cette cause y alla elle plustost qu'un homme; et quelque habile homme que fust monseigneur de Vaucler, cette femme le trompa et conduisit ce mystère, dont fut deffait à mort le comte de Warvic, et toute sa sequelle. Et pour telles raisons n'est pas honte d'estre suspicionneux, et avoir l'œil sur ceux qui vont et viennent, mais c'est grande honte d'estre trompé, et de perdre par sa faute; toutefois les suspicions se doivent prendre par moyen; car l'estre trop, n'est pas bon.

Je vous ay dit devant comment cette armée de monseigneur de Warvic, et ce que le Roy avoit appresté pour le conduire, estoit prest à monter, et celle de monseigneur de Bourgogne, preste pour les combattre, qui estoit au Havre au devant d'eux. Dieu voulut ainsi disposer des choses, que cette nuict sourdit une grande tourmente, et telle qu'il fallut que l'armée dudit duc de Bourgogne fuist : et coururent les uns des navires en Escosse, les autres en Hollande : et à peu d'heures près se trouva le vent bon pour ledit comte, lequel passa sans péril en Angleterre. Ledit duc de Bourgogne avoit bien adverty le Roy Edoüard du port où ledit comte devoit descendre, et tenoit gens exprès avec luy pour le solliciter de son profit, mais il ne luy en chaloit, et ne faisoit que chasser, et n'avoit nulles gens si prochains de luy, que l'archevesque d'Yorth, et le marquis de Montagu, frères dudit comte de Warvic, qui luy avoit fait un grand et solennel serment de le servir contre leur frère et tous autres, et il s'y fioit.

Après que le comte de Warvic fust descendu, grand nombre de gens se joignirent à luy, et se trouva fort esbahy le roy Edoüard. Dès qu'il le sceut, commença lors à penser à ses besognes (qui estoit bien tard) et manda au duc de Bourgogne qu'il luy prioit qu'il eût tousjours son navire prest en la mer, afin que le comte ne pust retourner en France; et d'Angleterre il en cheviroit bien. Ces paroles ne pleurent guères là où elles furent dites, car il sembloit qu'il eust mieux valu ne luy laisser prendre terre en Angleterre que d'estre contrainct de venir en une bataille. Cinq ou six jours après la descente dudit comte de Warvic, il se trouva très-puissant, logé à trois lieuës du roy Edoüard, lequel avoit encore plus largement gens, mais qu'ils eussent esté tous bons, et s'attendoit à combattre ledit comte. Il estoit bien logé en un village fortifié, au moins en un logis où l'on ne pouvoit entrer que par un pont (comme luy-mesme propre m'a conté) dont bien luy prit. Le demeurant de ses gens estoient logez en d'autres villages prochains. Comme il disnoit, on luy vint dire soudainement que le marquis de Montagu, frère dudit comte, et quelques autres, estoient montez à cheval, et avoient fait crier à tous leurs gens : *Vive le roy Henry.* De prime face ne le creut pas ; mais incontinent y envoya plusieurs messagers et s'arma, et mit des gens aux barrières de son logis pour le deffendre. Il avoit là avec luy un sage chevalier, appelé monseigneur de Hastinges (1), grand chambellan d'Angleterre, le plus grand en authorité avec luy. Il avoit pour femme la sœur du comte de Warvic, toutesfois il estoit bon pour son maistre, et avoit en cette armée bien trois mille hommes à cheval, comme luy-mesme m'a conté. Un autre y avoit, appelé monseigneur Descalles, frère de la femme dudit roy Edoüard, et plusieurs bons chevaliers et escuyers, qui tous connurent que la besogne alloit mal : car les messagers rapportèrent que ce qui avoit esté rapporté et dit au Roy estoit véritable, et s'assembloient pour luy venir courir sus.

Dieu voulut tant de bien à ce roy Edoüard, qu'il estoit logé près de la mer, et y avoit quelques navires qui le suivoient, menant vivres, et deux hurques de Hollande, navires marchands. Il n'eut autre loisir que de s'en aller fourrer dedans. Son chambellan demeura peu après, qui dit au chef de ces gens et à plusieurs particuliers de cet ost, qu'il leur prioit que leur volonté demeurast bonne et loyale envers le Roy et luy, et puis alla dedans la navire avec les autres qui estoient prests à partir. Leur coustume d'Angleterre est que quand ils sont au-dessus de la bataille ils ne tuent rien, et par espécial du peuple (car ils connoissent que chacun quiert leur complaire par ce qu'ils sont les plus forts) et si ne mettent nuls à finance. Par quoy tous ces gens n'eurent nul mal dès que le Roy fut party. Mais encore m'a conté le roy Edoüard, que toutes les batailles qu'il avoit gaignées, que dès ce qu'il venoit au dessus il montoit à cheval, et crioit qu'on sauvast le peuple, et qu'on tuast les seigneurs, car d'iceux n'eschappoit nul ou bien peu.

Ainsi fuit ce roy Edoüard, l'an 1470, avec ses deux hurques et un petit navire sien, et quelque sept ou huict cens personnes avec luy,

qui n'avoient autres habillemens que leurs habillemens de guerre ; et si n'avoient ni croix ny pille, ny ne sçavoient à grande peine où ils alloient. Bien estoit estrange à ce pauvre Roy (car ainsi se pouvoit-il bien appeller) d'ainsi s'enfuyr et d'estre persécuté de ses propres serviteurs. Il avoit jà accoustumé ses aises et ses plaisirs douze ou treize ans, plus que prince qui ait vescu de son temps, car nulle autre chose n'avoit en pensée qu'aux dames, et trop plus que de raison, et aux chasses, et à bien traiter sa personne. Quand il alloit en la saison à ces chasses, il faisoit mener plusieurs pavillons pour les dames ; en effet il y avoit fait grande chère, aussi il avoit le personnage aussi propice à ce faire qu'homme que jamais je visse, car il estoit jeune et beau autant que nul homme qui ait vescu en son temps, je dis à l'heure de cette adversité, car depuis s'est fait fort gras.

Or voyez icy comment il entre maintenant aux adversitez de ce monde. Il fuit le droit chemin vers Hollande. Pour ce temps les Ostrelins estoient ennemis des Anglois et aussi des François, et avoient plusieurs navires de guerre sur la mer, et estoient fort craints des Anglois et non sans cause (car ils sont bons combattans), et leur avoient porté grand dommage cette année là, et pris plusieurs navires. Lesdits Ostrelins apperceurent de loin ces navires où estoit ce roy fuyant, et commencèrent à luy donner la chasse, sept ou huit navires qu'ils estoient. Il estoit loin devant eux et gagna la coste de Hollande, ou encore plus bas, car il arriva en Frize, près d'une petite ville appellée Alcmaer (2), et ancrèrent son navire, pour ce que la mer estoit retirée, et ils ne pouvoient entrer au hâvre, mais se mirent au plus près de la ville qu'ils pûrent. Les Ostrelins vinrent semblablement ancrer assez près de luy, en intention de le joindre à la marée prochaine.

Un mal et un péril ne viennent jamais seuls. La fortune de ce roy estoit bien changée et ses pensées. Il n'y avoit que quinze jours qu'il eust esté bien esbahy, qui luy eust dit : *Le comte de Warvic vous chassera d'Angleterre, et en onze jours il en aura la maistrise et domination ;* car non plus ne mit-il à en avoir l'obéissance. Et avec ce, il se moquoit du duc de Bourgogne, qui dépendoit son argent à vouloir deffendre la mer, disant que jà le voudroit en Angleterre. Et quelle excuse eût-il sceu trouver d'avoir fait cette grande perte, et par sa faute, sinon de

(1) Décapité en Angleterre, en 1483.
(2) Dans la Hollande, à six lieues environ au nord de Harlem.

dire : *Je ne pensoys pas que telle chose advint.* Bien devroit rougir un prince, s'il avoit aage, de faire telle excuse, car elle n'a point de lieu. Bel exemple est cestuy-cy pour les princes, qui jamais n'ont doute ny crainte de leurs ennemis, et le tiendroient à honte, et la pluspart de leurs serviteurs soustiennent leurs opinions pour leur complaire, et leur semble qu'ils en seront prisez et estimez, et qu'on dira qu'ils auront courageusement fait et parlé. Je ne sçay que l'on dira devant eux, mais les sages tiendront telles parolles à grande folie, et est grand honneur de craindre ce que l'on doit, et d'y bien pourvoir. C'est grande richesse à un prince d'avoir un sage homme en sa compagnie, et bien seur pour luy et le croire, et que cestuy-là ait loy de luy dire vérité.

D'aventure, monseigneur de la Grutuse (1), gouverneur pour le duc de Bourgogne en Hollande, estoit lors au lieu où le roy Edoüard voulut descendre, lequel incontinent en fut adverty (car ils mirent gens à terre) et aussi du péril en quoy ils estoit pour les Ostrelins, de ne luy toucher. Et alla en la nef où ledit Roy estoit, et le recueillit, et descendit en terre, et bien quinze cens hommes avec luy ; et y estoit le duc de Clocestre (2), son frère, qui depuis s'est fait appeler le roy Richard. Ledit Roy n'avoit ny croix ni pille, et donna une robbe fourrée de belles martres au maistre de la navire, promettant luy mieux faire le temps advenir. Si pauvre compagnie ne fust jamais, mais ledit seigneur de la Grutuse fist honorablement, car il donna plusieurs robbes, et deffraya tout jusques à La Haye, en Hollande, où il le mena ; puis advertit monseigneur de Bourgogne de cette adventure, lequel fut merveilleusement effrayé de ces nouvelles et eust beaucoup mieux aymé sa mort, car il estoit en grand soucy du comte de Warvic, qui estoit son ennemi et avoit la maistrise en Angleterre, lequel tost après sa descente trouva nombre infiny de gens pour luy, car cet ost, qui avoit laissé le roy Edoüard, par amour et par crainte, se mit tout des siens, et chacun jour luy en venoit. Ainsi s'en alla à Londres. Grand nombre de bons chevaliers et escuyers se mirent ès franchises qui sont à Londres, qui depuis servirent bien le roy Edoüard ; et aussi fit la Reyne sa femme, qui y accoucha d'un fils en grande pauvreté.

CHAPITRE VI.

Comment le comte de Warvic tira hors de prison le roy Henry d'Angleterre.

Quand ledit comte de Warvic fut arrivé en la ville de Londres, il alla à la tour, qui est le chasteau, et en tira le roy Henry, où autrefois l'avoit mis luy-mesme, il y avoit bien longtemps, criant devant luy qu'il estoit traistre et criminel de lèze-majesté ; et à cette heure l'appelloit le Roy, et le mena en son palais en Vestmontier (3) ; et le mit en son estat royal, en la présence du duc de Clarance, à qui ce cas ne plaisoit pas. Et incontinent envoya à Calais trois ou quatre cens hommes, qui coururent tout le païs de Boullenois, lesquels furent bien receus par ledit seigneur de Vaucler, dont j'ay parlé ; et se put lors connoistre le bon vouloir qu'il avoit tousjours envers son maistre le comte de Warvic. Le jour que le duc de Bourgogne eut les nouvelles que le roy Edoüard estoit arrivé en Hollande, j'estois arrivé devers luy de Calais, et le trouvay à Boulogne, et ne sçavois encore rien de cecy, ny la fuite dudit roy Edoüard. Le duc de Bourgogne eut premier nouvelles qu'il estoit mort. De cela ne luy chaloit guères, car il aymoit mieux cette lignée de Lanclastre que celle d'Yorth, et puis il avoit en sa maison les ducs de Clocestre et de Sombresset, et plusieurs autres du party dudit roy Henry ; pour quoy luy sembloit bien que facilement il appointeroit avec cette lignée, mais il craignoit fort le comte de Warvic, et si ne sçavoit comment il pourroit contenter celuy qui s'estoit retiré chez luy, à sçavoir le roy Edoüard dont il avoit espousé la sœur, et s'estoient faits frères d'ordre, car il portoit la Toison, et ledit duc portoit la Jartière.

Ledit duc me renvoya incontinent à Calais, et un gentilhomme ou deux avec moy, qui estoient de cette partialité nouvelle de Henry ; et me commanda ce qu'il vouloit que je fisse avec ce monde nouveau, et encore me pria bien fort d'y aller, disant qu'il avoit besoin d'estre servy en cette matière. Je m'en allay jusques à Tournehem (qui est un chasteau près de Guines) et n'osay passer outre pour ce que je trouvay le peuple fuyant pour les Anglois, qui estoient sur les champs et couroient le pays. J'envoyay in-

---

(1) Louis de Bruges, seigneur de la Gruthuse, prince de Stenhuse, chambellan du duc de Bourgogne, gouverneur et lieutenant-général en Hollande, Zélande et Frise, chevalier de la Toison-d'Or, fait comte de Vinchester, par le roi d'Angleterre, Edouard IV, en considération des services qu'il lui avait rendus.

(2) Richard, duc de Clocester, assassin de son neveu Edouard IV, roi après sa mort en 1483, tué à la bataille de Bosworth en 1485.

(3) Westminster.

continent à Calais demander un saufconduit à monseigneur de Vaucler, car j'estoys jà accoustumé d'y aller sans congé, et y estoys honorablement receu: car les Anglois sont fort honorables. Tout cecy m'estoit bien nouveau, car jamais je n'avois veu si avant des mutations de ce monde. J'avois encore cette nuict adverty ledit duc de la crainte que j'avois de passer, sans luy mander que j'eusse envoyé quérir seureté, car je me doutois bien de la response que j'eus. Il m'envoya une verge qu'il portoit au doigt pour enseigne, et me manda que je passasse outre, et me dussent-ils prendre; car il me racheteroit. Il ne craignoit point fort à mettre en péril un sien serviteur, pour s'en ayder, quand il en avoit besoin : mais j'y avois bien pourveu par le moyen de cette seureté, que j'eus avec de très-gracieuses lettres de monseigneur de Vaucler, disant que j'y pouvois aller comme j'avois accoustumé.

Je passay à Guynes, et trouvay le capitaine hors du chasteau, qui me présenta à boire, sans m'offrir le chasteau, comme il avoit accoustumé, et fit très grand honneur et bonne chère à ces gentilshommes, qui estoient avec moy des partisans du roy Henry. J'allai à Calais. Nul ne vint au devant de moy, comme ils souloient faire. Tout homme portoit la livrée de monseigneur de Warvic. A la porte de mon logis et de ma chambre me firent plus de cent croix blanches et des rymes, contenans que le Roy de France et le comte de Warvic estoient tout un. Je trouvay tout cecy bien estrange. J'envoyay d'aventure à Gravelines (qui est à cinq lieuës de Calais) faire commandement d'arrester tous marchands et marchandises d'Angleterre à cause de ce qu'ils avoient ainsi couru ledit païs de Boulonnois. Ledit de Vaucler me manda à disner, qui estoit bien accompagné : et avoit le ravestre d'or sur son bonnet, qui estoit la livrée dudit comte, qui estoit un baston noir, et tous les autres semblablement : et qui ne le pouvoit avoir d'or, l'avoit de drap. Et me fut dit à ce disner, que dès que le messager fut arrivé d'Angleterre, qui leur avoit porté cette nouvelle, qu'en moins d'un quart d'heure chacun portoit ladite livrée, tant fut cette mutation hastive et soudaine. Ce fut la première fois que j'eus jamais connoissance que les choses de ce monde sont peu stables.

Ledit de Vaucler ne me dit que paroles honnestes et quelque peu d'excuses en la faveur dudit comte son capitaine, et les biens qu'il luy avoit faits; mais quant aux autres, qui estoient avec luy, jamais ne furent si débordez : car ceux que je pensois des meilleurs pour ledit Roy, estoient ceux qui plus le menaçoient, et croy bien qu'aucuns le faisoient pour crainte, et d'autres le faisoient à bon escient. Ceux que j'avois voulu mettre hors de la ville le temps passé, qui estoient serviteurs domestiques dudit comte, avoient à cette heure-là bon crédit : toutesfois ils n'avoient jamais rien sceu que j'eusse parlé d'eux audit Vaucler. Je leur respondois à tout propos que le roy Edoüard estoit mort, et que j'en estoys bien asseuré, nonobstant que je sçavois bien le contraire, et disois aussi que quand il ne le seroit, si estoient les alliances que monseigneur de Bourgogne avoit avec le Roy et le royaume d'Angleterre telles qu'elles ne se pouvoient enfraindre, pour ce qui estoit advenu, et que celuy qu'ils prendroient pour leur roy, et nous aussi : pour les mutations passées, y avoient esté mis ces mots : *Avec le Roy et le royaume* : et nous estoient pléges les quatre principales villes d'Angleterre pour l'entretènement de ces alliances. Les marchands voulurent fort que je fusse arrêté, pour ce qu'on avoit pris plusieurs de leurs biens à Gravelines, et par mon commandement, comme ils disoient. Tellement fut appointé entr'eux et moy, qu'ils payeroient tout le bestail qu'ils avoient pris, ou qu'ils le rendissent; car ils avoient appointement avec la maison de Bourgogne, de pouvoir courir certains pasturages qui estoient déclarez, et prendre bestail pour la provision de la ville, en payant certain prix, lequel ils payèrent, et n'avoient pris nuls prisonniers. Par quoy fust accordé entre nous, que les alliances demeureroient entières, que nous avions faites avec le royaume d'Angleterre, sauf que nous nommions Henry au lieu Edoüard.

Cet appointement fut bien agréable au duc de Bourgogne, car le comte de Warvic envoyoit quatre mille Anglois à Calais, pour luy faire la guerre à bon escient, et ne pouvoit l'on trouver façon de l'adoucir. Toutesfois les gros marchands de Londres, dont plusieurs en y avoit à Calais, l'en destournèrent, pour ce que c'est l'estape (1) de leurs laines : et est chose presque incroyable pour combien d'argent il y en vient deux fois l'an : et sont là attendans que les marchands viennent, et leur principale descharge est en Flandres et en Hollande. Et ainsi ces marchands aidèrent bien à conduire cet appointement, et à faire demeurer ces gens que monseigneur de Warvic avoit. Cecy vint bien à propos au duc de Bourgogne, pour ce que c'estoit proprement à l'heure que le Roy avoit pris Amiens et Sainct-

(1) Le magasin.

Quentin : et si ledit duc eust eu guerre avec les deux royaumes à une fois, il estoit destruict. Il travailloit d'adoucir monseigneur de Warvic tant qu'il pouvoit, disant qu'il ne vouloit rien faire contre le roy Henry, et qu'il estoit de cette lignée de Lanclastre, et toutes telles paroles servans à sa matière.

Or pour retourner au roy Edoüard, il vint devers ledit duc de Bourgogne à Sainct-Paul, et le pressa fort de son aide, pour s'en pouvoir retourner, l'asseurant d'avoir grandes intelligences dedans le royaume d'Angleterre, et que pour Dieu il ne le voulust abandonner, veu qu'il avoit espousé sa sœur, et qu'ils estoient frères d'ordre. Les ducs de Somerset et de Clocestre pressoient tout le contraire, et pour le party du roy Henry. Ledit duc ne savoit ausquels complaire, et envers les deux parties craignoit à mesprendre, et si avoit la guerre commencée bien asprement à son visage. Finalement il creut pour lors ledit duc de Somerset, et les autres dessusdits, prenant certaines promesses d'eux contre le comte de Warvic, dont ils estoient anciens ennemis. Voyant cecy le roy Edoüard, qui estoit sur le lieu, n'estoit pas à son aise : toutesfois on luy donnoit les meilleures paroles qu'on pouvoit, disant qu'on faisoit ces dissimulations pour n'avoir point la guerre aux deux royaumes à un coup : car si ledit duc estoit destruict, il ne le pourroit pas aider après à son aise. Toutesfois ledit duc, voyant qu'il ne pouvoit plus retenir le roy Edoüard, qu'il ne s'en allast en Angleterre, et pour plusieurs raisons, ne l'osoit de tous poincts courroucer. Il feignit en public, de ne luy bailler nul secours, et fit crier que nul n'allast à son aide, mais soubs mains, et secrettement, il luy fit bailler cinquante mille florins à la croix Sainct-André : et luy fit faire finance de trois ou quatre gros navires, qu'il luy fit accoustrer au port de la Ver en Zélande, qui est un port où chacun est receu : et luy soudoya secrettement quatorze navires ostrelins, bien armez, qui promettoient le servir jusques à ce qu'il fust passé en Angleterre, et quinze jours après. Ce secours fut très-grand selon le temps.

⁂

CHAPITRE VII.

Comment le roy Edoüard retourna en Angleterre, où il deffit en bataille le comte de Warvic, et le prince de Galles après.

Le roy Edoüard partit l'an 1471, ainsi que le duc de Bourgogne alloit contre le Roy à Amiens, et sembloit bien audit duc, que le faict d'Angleterre ne pourroit aller mal pour luy, et qu'il avoit amis aux deux costez. Dès que le roy Edoüard fut à terre, il tira droit à Londres : car il y avoit plus de deux mille hommes tenans son party dedans les franchises, dont il y avoit trois ou quatre cens chevaliers et escuyers, ce qui luy fut grande faveur, car il ne descendoit pas à grands gens. Dès que le comte de Warvic, lequel estoit au North avec grande puissance, sentit ces nouvelles, il se hasta de retourner vers Londres, espérant y arriver le premier : toutesfois luy sembloit-il bien que la ville tiendroit pour luy, mais autrement en advint. Car le roy Edoüard y fut receu le jeudy sainct, à très-grande joye de toute la ville qui estoit contre l'opinion de la pluspart des gens : car chacun le tenoit pour tout perdu, et s'ils luy eussent fermé les portes, en son faict n'y avoit nul remède, veu que le comte de Warvic n'estoit qu'à une journée de luy. A ce qui m'a esté conté, trois choses furent cause que la ville se tourna des siens. La première, les gens qu'il avoit ès franchises, et la Reyne sa femme qui avoit eu un fils. La seconde, les grandes debtes qu'il devoit en la ville, pour quoy les marchands, à qui il devoit, tinrent pour luy. La tierce, plusieurs femmes d'estat et riches bourgeoises de la ville, dont il avoit eu grande privauté et grande accointance, luy gaignèrent leurs maris, et de leurs parens. Il ne séjourna que deux jours dedans la ville : car il partit la vigile de Pasques, avec ce qu'il put amasser de gens, et tira au devant du comte de Warvic : lequel il rencontra le lendemain au matin, qui fut le jour de Pasques, et comme ils se trouvèrent l'un devant l'autre, se tourna le duc de Clarance, frère dudit Edoüard, avec luy, avec bien douze mille hommes, qui fut grand esbahissement au comte de Warvic, et grand reconfort audit Roy, lequel avoit peu de gens.

Vous avez bien entendu par ci-devant, comme cette marchandise dudit duc de Clarance avoit esté menée : et nonobstant tout, si fut la bataille très-aspre et très-forte. Tout estoit à pied, d'un costé et d'autre. L'avant-garde du Roy fust fort endommagée, et joignit la bataille du comte de Warvic jusques à la sienne, et de si près que le Roy d'Angleterre combatit en sa personne, autant ou plus que nul homme qui fust des deux costez. Ledit comte de Warvic n'estoit jamais accoustumé de descendre à pied : mais avoit de constume, quand il avoit mis ses gens en besogne de monter à cheval : et si la besogne alloit bien pour luy, il se trouvoit à la meslée : et si elle alloit mal, il se deslogeoit de bonne heure. A cette fois il fut contraint par son frère, le marquis de Montagu, lequel estoit très-vaillant chevalier, de descendre à pied et d'envoyer les chevaux. Tellement se porta cette journée, que ledit comte mourut, et son frère le marquis de Montagu, et grand nombre de gens de bien, et fut la déconfiture très-grande : car la délibération du roy Edoüard estoit, quand il partit de Flandres, qu'il n'useroit plus de cette façon de crier qu'on sauvast le peuple, et qu'on tuast les gens de bien, comme autrefois il avoit fait en ces batatailles précédentes : car il avoit conceu une très-grande haine contre le peuple d'Angleterre, pour la grande faveur qu'il voyoit que ledit peuple portoit au comte de Warvic, et aussi pour les autres raisons, pour quoy à cette fois ils ne furent point espargnez. Du costé du roy Edoüard moururent quinze cens hommes, et fut cette bataille fort combatuë.

Au jour de ladite bataille estoit le duc de Bourgogne devant Amiens, et eut lettres de la duchesse sa femme, que le roy Edoüard n'estoit pas content de luy, et que l'ayde qui lui avoit esté faite, avoit esté faite en mauvaise sorte, et à grand regret, et qu'à peu tint qu'il ne l'eust abandonné. Et pour dire la vérité, l'amitié ne fut jamais grande depuis : toutesfois il en fit son profit, et fit fort publier cette nouvelle. J'ay oublié à dire comment le roy Henry fut mené en cette bataille : car le roy Edoüard le trouva à Londres. Ledit roy Henry estoit homme fort ignorant et presque insensé : et si je n'en ay ouy mentir, incontinent après cette bataille, le duc de Clocestre, frère dudit roy Edoüard, lequel depuis a esté roy nommé Richard, tua de sa main, ou fit tuer en sa présence, en quelque lieu à part, ce bon homme nommé le roy Henry. Le prince de Galles, dont j'ay parlé, à l'heure de cette bataille estoit jà descendu en Angleterre : et estoient joints avec luy les ducs de Clocestre et Somerset, et plusieurs autres de sa lignée, et des anciens partisans : et y avoit plus de quarante mille personnes, comme m'ont dit ceux qui y estoient : et quand le comte de Warvic l'eust voulu attendre, il y a grande apparence qu'ils fussent demeurez les seigneurs et maistres : mais la crainte qu'il avoit dudit de Somerset, dont il a fait mourir père et frère, et aussi de la reyne Marguerite (1), mère dudit prince,

qu'il craignoit, fut cause de le faire combattre tout à part soy, sans les attendre. Regardez donc combien durent ces anciennes partialitez, et combien elles sont à craindre, et les grands dommages qui en adviennent.

Dès que le roy Edoüard eut gagné la bataille, il tira au devant dudit prince de Galles : et là y eut une très-grosse bataille : car ledit prince de Galles avoit plus de gens que le Roy : toutesfois ledit roy Edoüard en eut la victoire, et fut le prince de Galles tué sur le champ, et plusieurs autres grands seigneurs, et très-grand nombre de peuple : et le duc de Somerset pris, lequel eut dès le lendemain la tête tranchée. En onze jours gagna le comte de Warvic, tout le royaume d'Angleterre, au moins le mit en son obéissance. Le roy Edoüard le conquist en vingt et un jour : mais il y eut deux grosses batailles, et aspres. Ainsi voyez quelles sont les mutations d'Angleterre. Ledit roy Edoüard fit mourir beaucoup de peuple en plusieurs lieux, par espécial de ceux qui avoient fait les assemblées contre luy. De tous les peuples du monde, celuy d'Angleterre est le plus enclin en ses batailles. Après cette journée est demeuré le roy Edoüard, pacifique en Angleterre, jusques à sa mort : mais non pas sans grand travail d'esprit, et grandes pensées. Je me veux taire de plus vous advertir de ces faits d'Angleterre, jusques à ce qu'ils servent à propos en quelque autre lieu.

◇◇◇

CHAPITRE VIII.

Comment guerre se renouvella entre le roy Louis et le duc Charles de Bourgogne, à la sollicitation des ducs de Guyenne et de Bretagne.

Le dernier endroit où je me suis teu de nos affaires de par deçà, a esté au partement que fit le duc de Bourgogne de devant Amiens et aussi du Roy, qui de son costé se retira en Touraine, et le duc de Guyenne son frère en Guyenne : lequel ne cessoit de continuer la poursuite du mariage, où il prétendoit, avec la fille du duc de Bourgogne, comme j'ay dit ci-devant. Ledit duc

(1) Marguerite, veuve de Henri VI, roi d'Angleterre, privée de tous ses enfants, vint en Anjou finir ses jours, et mourut à Dampierre, près de Saumur, chez un gentilhomme nommé François de la Vignolle, seigneur de Morains, qui autrefois avait été serviteur du roi Réné de Sicile, père de cette princesse. On lit dans l'*Histoire d'Anjou*, de Jean de Bourdigné, première partie, chapitre 3, p. 7 : « Après beaucoup de malheurs, traverses et » persécutions que cette princesse endura en Angle- » terre, elle se réfugia en France, où depuis elle fit don » au roi Louis XI de tous ses droits et prétentions sur » diverses terres et seigneuries, en considération du bon » accueil, assistance et secours qu'elle avoit eus de ce » prince pendant ses adversités. » Cette reine avait déjà fait d'autres traités avec Louis XI.

de Bourgogne montroit tousjours y vouloir entendre, mais jamais n'en eut le vouloir : ains en vouloit entretenir un chacun, comme j'ay dit : et puis luy souvenoit des termes qu'on luy avoit tenus pour le contraindre à faire ce mariage : et vouloit tousjours le comte de Sainct-Paul, connestable de France, estre moyenneur de ce mariage. D'autre costé le duc de Bretagne vouloit que ce fust par le sien. Le Roy estoit d'autre part, pour le rompre très-embesongné : mais il n'en estoit point de besoin, pour deux raisons que j'ay dites ailleurs : ny aussi le duc de Bourgogne n'eust point voulu de si grand gendre : car il vouloit marchander de ce mariage par tout, comme j'ai dit : et ainsi le Roy se mettoit en peine pour néant : mais il ne pouvoit sçavoir les pensées d'autruy : et n'estoit point de merveilles si le Roy en avoit crainte, parce que son frère eust esté bien grand, si ce mariage eust esté fait : car le duc de Bretagne joint avec luy, l'Estat du Roy et de ses enfans eust esté en péril : et sur ces propres entrefaites alloient et venoient maints ambassadeurs des uns aux autres, tant secrets que publics.

Ce n'est pas chose trop sûre de tant d'allées, et venuës d'ambassades : car bien souvent s'y traitent de mauvaises choses : toutesfois il est nécessaire d'en envoyer et d'en recevoir. Et pourroient demander ceux qui liront cet article, les remèdes que je voudrois qu'on y donnast, et que c'est chose impossible d'y pourvoir. Je sçay bien qu'assez en y a, qui mieux en sçauroient parler que moi : mais voicy ce que je ferois : ceux qui viennent des vrays amis, et où il n'y a point de matière de suspicion, je serois d'advis qu'on leur fist bonne chère, et eussent permission de voir le prince assez souvent, selon la qualité dont seroit la personne dudit prince, j'entends qu'il soit sage et honneste : car quand il est au contraire, le moins le monstrer est le meilleur : et quand il le faut voir, qu'il soit bien vestu, et bien informé de ce qu'il doit dire, et l'en retirer tost : car l'amitié qui est entre les princes ne dure pas tousjours. Si les ambassadeurs secrets ou publics, viennent de par princes où la haine soit telle que je l'ay veuë continuelle entre tous ces seigneurs, dont j'ay parlé icy devant, lesquels j'ay connus et hantez, en nul temps n'y a pas grande seureté selon mon advis. On les doit bien traiter et honorablement recueillir : comme envoyer au devant d'eux, et les faire bien loger, et ordonner gens sûrs et sages pour les accompagner : qui est chose honneste et sûre : car par là on sçait ceux qui vont vers eux, et garde on les gens légers et malcontens, de leur porter nouvelles : car en nulle maison tout n'est content. Davantage je les voudrois tost ouïr et despescher, car ce me semble très-mauvaise chose que de tenir ses ennemis chez soy : de les festoyer, deffrayer, faire présens ; cela n'est qu'honneste.

Encores me semble que quand la guerre seroit jà commencée, si ne doit l'on rompre nulle pratique ny ouverture qu'on fasse de paix (car on ne sçait l'heure qu'on en a affaire), mais les entretenir toutes, et ouïr tous messagers, faisans les choses dessusdites, et faire faire bon guet quels gens iroient parler à eux, et qui leur seroient envoyez tant de jour que de nuit, mais le plus secrettement que l'on peut. Et pour un message ou ambassadeur qu'ils m'envoyeroient, je leur en envoyerois deux : et encores qu'ils s'en ennuyassent, disans qu'on n'y renvoyast plus, si voudrois-je y renvoyer quand j'en aurois opportunité et le moyen. Car vous ne sçauriez envoyer espie si bonne ne si sûre, ny qui eust si bien loy de voir et d'entendre : et si vos gens sont deux ou trois, il n'est possible qu'on se sceust si bien donner garde, que l'un ou l'autre n'ait quelques paroles ou secrettement ou autrement à quelqu'un. J'entends tenant termes honestes, comme on tient à ambassadeurs. Et est de croire qu'un sage prince met tousjours peine d'avoir quelque amy ou amis avec partie adverse, et s'en garde comme il peut : car en telles choses on ne fait point comme l'on veut. On pourra dire que vostre ennemy en sera plus orgueilleux. Il ne m'en chaut : aussi je sçauray plus de ses nouvelles : et à la fin du compte qui en aura le profit, en aura l'honneur. Et combien que les autres pourroient faire le semblable chez moy, si ne laisserois-je point d'envoyer. Et à cette fin j'entretiendrois toutes pratiques, sans en rompre nulles, pour tousjours trouver matières. Et puis les uns ne sont point tousjours si habiles que les autres, ny si entendus, ny n'ont tant veu d'expérience de ces matières, ny aussi n'ont tant de besoin. Et en ces cas icy, les plus sages le gaignent tousjours.

Je vous en veux monstrer exemple clair et manifeste. Jamais ne se mena traité entre les François et Anglois, que le sens des François et leur habileté ne se monstrast par dessus celle des Anglois : et ont lesdits Anglais un mot commun, qu'autrefois m'ont dit, traitant avec eux ; c'est qu'aux batailles qu'ils ont eues avec les François, tousjours ou le plus souvent ils ont eu le gain : mais en tous traitez qu'ils on eus à conduire avec eux, ils ont eu perte et dommage. Et seurement, à ce qu'il m'a tousjours semblé, j'ay connu gens de ce royaume aussi dignes de conduire un grand accord, que nuls autres

5.

que j'ay connus en ce monde, et par espécial de la nourriture de nostre Roy. Car en telles choses faut gens complaisans, et qui passent toutes choses et toutes paroles pour venir à la fin de leur matière, et tels les vouloit-il, comme je dis. J'ay esté un peu long à parler de ces ambassadeurs, et comme on y doit avoir l'œil : mais ce n'a point esté sans cause, car j'ay veu et sceu faire tant de tromperies et mauvaistiez sous telles couleurs, que je ne m'en suis pû taire, ne passer à moins.

Tant fut démené le mariage (dont j'ay parlé cy-dessus) dudit duc de Guyenne, et de la fille du duc de Bourgogne, qu'il s'en fit quelque promesse de bouche, et encores quelques mots de lettres : mais autant en ay-je vu faire avec le duc Nicolas de Calabre et de Lorraine, fils du duc Jean de Calabre, dont a esté parlé cy-devant. Semblablement s'en fit avec le duc de Savoye Philebert, dernier mort, et puis avec le duc Maximilien d'Austriche, roy des Romains aujhourduy, seul fils de l'empereur Frédéric. Cestuy-là eut lettres, escrites de la main de la fille, par le commandement du père, et un diamant. Toutes ces promesses se firent en moins de trois ans de distance. Et suis bien sûr qu'avec nul ne l'eust accompli tant qu'il eust vescu, au moins de son consentement : mais le duc de Maximilien, puis roy des Romains, s'est aydé de cette promesse, comme je diray cy-après. Et ne conte pas ces choses pour donner charge à celuy ou à ceux dont j'ay parlé, mais seulement pour dire les choses comme je les ay veues advenir ; et aussi je fais mon conte que bestes, ny simples gens ne s'amuseront point à lire ces Mémoires : mais princes ou autres gens de Cour y trouveront de bons advertissemens, à mon advis. Tousjours en parlant de ce mariage, se parloit d'entreprises nouvelles contre le Roy : et estoient avec le duc de Bourgogne, le seigneur d'Urfé, Poncet de Rivière, et plusieurs autres petits personnages, lesquels alloient et venoient pour le duc de Guyenne : et estoit l'abbé de Bégard (1), depuis évesque de Léon, pour le duc de Bretagne, et remoustroit audit duc de Bourgogne que le Roy pratiquoit les serviteurs dudit duc de Guyenne, et en vouloit retirer les uns par amour, les autres par force : et qu'il avoit jà fait abattre une place (2) qui estoit à monseigneur d'Estissac, serviteur du duc de Guyenne : et plusieurs autres voyes de fait estoient jà commencées : et avoit le Roy soustrait aucuns serviteurs de sa maison : parquoi concluoient qu'il vouloit recouvrer Guyenne, comme il avoit fait la Normandie autrefois, après qu'il l'eut baillée en partage, comme avez ouy.

Le duc de Bourgogne envoyoit souvent devers le Roy, pour ces matières. Le Roy respondoit que c'estoit le duc de Guyenne son frère qui vouloit eslargir ses limites, et qui commençoit toutes ces brigues : et qu'au partage de son frère ne vouloit point toucher. Or voyez un peu comme les affaires et brouillis de ce royaume sont grands, ainsi qu'ils se peuvent bien apparoir, par aucun temps, quand il est en discord, et comme ils sont pesans et mal aisez à conduire, et loin de fin quand ils sont commencez : car encores qu'ils ne soient au commencement que deux ou trois princes, ou moindres personnages, avant que ceste feste ait duré deux ans, tous les voisins y sont conviez. Toutesfois, quand les choses commencent, chacun en pense voir la fin en peu de temps : mais elles sont bien à craindre pour les raisons que verrez en continuant ce propos.

A l'heure que je parle, le duc de Guyenne, ou ses gens, et le duc de Bretagne prioient au duc de Bourgogne qu'en rien il ne se voulust ayder des Anglois, qui estoient ennemis du royaume : et que quand luy seroit prest, ils estoient assez forts, et qu'ils avoient de très-grandes intelligences avecques plusieurs capitaines et autres. Un coup me trouvay présent que le seigneur d'Urfé disoit ces paroles audit duc, luy priant faire diligence et mettre sus son armée : et ledit duc m'appela à une fenestre, et me dit : « Voilà le seigneur d'Urfé, qui me pres- » se faire mon armée la plus grosse que je puis, » et me dit que nous ferons le grand bien du » royaume ; vous semble-il que si j'y entre avec » la compagnie que j'y meneray, que j'y fasse » guères de bien ? » Je luy respondis en riant, qu'il me sembloit que non : et il me dit ces mots : « J'ayme mieux le bien du royaume de » France que monsieur d'Urfé ne pense : car » pour un roy qu'il y a, j'y en voudrois six. »

En cette saison, dont nous parlons, le roy Edouard d'Angleterre, qui cuidoit véritablement que ce mariage, dont j'ay parlé, se deust traiter, et en estoit deceu, travailloit aussi bien que le Roy nostre maistre envers ledit duc de Bourgogne pour le rompre, alléguant que le

---

(1) De l'ordre de Citeaux, dans le diocèse de Tréguier-Triquet, ou Lantriguier, dans le duché de Bretagne : il s'appelait Vincent de Ker-Leau, de la noble famille de l'Isle en Guélo.

(2) C'était le château de Coulonges, entre les villes de Toulouse et de Lectoure. Jean, baron d'Estissac, au pays d'Aunis, père de Geoffroy Estissac, évêque de Maillezais, l'un des patrons du fameux Rabelais.

Roy n'avoit point de fils, et que s'il mouroit, ledit duc de Guyenne s'attendoit à la Couronne, et par ainsi, si ce mariage se faisoit, toute Angleterre seroit en grand péril d'estre destruite, veu tant de seigneuries jointes à la Couronne, et prenoit merveilleusement cette matière à cœur, sans besoin qu'il en fust, et si faisoit tout le conseil d'Angleterre : ny pour excuse qu'en sceust faire le duc de Bourgogne, les Anglois ne l'en vouloient croire. Le duc de Bourgogne vouloit, nonobstant les requestes que faisoient les gens des ducs de Guyenne et de Bretagne, qu'il n'appellast nuls estrangers, que néanmoins le roy d'Angleterre fist la guerre par quelques bouts : et il eust fait volontiers semblant n'en sçavoir rien, et de ne s'en empescher point. Jamais les Anglois ne l'eussent fait. Plus tost eussent aidé au Roy, pour cette heure là, tant craignoient que cette maison de Bourgogne ne se joignist à la couronne de France par ce mariage.

Vous voyez (selon mon propos) tous ces seigneurs icy bien empeschez : et avoient de tous costez tant de sages gens, et qui voyoient de si loin, que leur vie n'estoit point suffisante à voir la moitié des choses qu'ils prévoioient : et bien y parut : car tous sont finis en ce travail et misère, en bien peu d'espace de temps, les uns après les autres. Chacun a eu grande joye de la mort de son compagnon, quand le cas est advenu, comme chose très-désirée : et puis leurs maistres sont allez tost après, et ont laissé leurs successeurs bien empeschez, sauf nostre Roy qui règne du présent, lequel a trouvé son royaume en paix avec ses voisins et sujets, et luy avoit le Roy son père, fait mieux que jamais n'avoit voulu ou sceu faire pour soy : car de mon temps ne le vy sans guerre, sauf bien peu de temps avant son trespas.

En ce temps (dont je parle) estoit le duc de Guyenne un peu malade. Les uns le disoient en grand danger de mort ; les autres disoient que ce n'estoit rien. Ses gens pressoient le duc de Bourgogne de se mettre aux champs : car la saison y estoit propre. Ils disoient que le Roy avoit armée aux champs, et estoient ses gens devant Sainct-Jean d'Angely, ou à Xaintes, ou ès environs. Tant firent que le duc de Bourgogne tira à Arras et là s'amassoit l'armée, et puis passoit outre vers Péronne, Roye et Mondidier : et estoit l'armée tres-puissante et plus belle qu'il eût jamais eue, car il avoit douze cens lances d'ordonnance, qui avoient trois archers pour hommes-d'armes, et le tout bien en point et bien montez. Car il y avoit en chacune compagnie dix hommes-d'armes davantage, sans le lieutenant et ceux qui portoient les enseignes. Les nobles de ses pays, très-bien en poinct : car ils estoient bien payez et conduits par notables chevaliers et escuyers : et estoient ces pays fort riches en ce temps.

⁂

CHAPITRE IX.

Comment la paix finale, qui se traitoit entre le Roy et le duc de Bourgogne, fut rompue au moyen de la mort du duc de Guyenne, et comment ces deux grands princes taschoient à se tromper l'un l'autre (1).

En faisant cette armée, dont je parle, vinrent deux ou trois fois devers luy le seigneur de Craon, et le chancelier de France (2) appelé messire Pierre Doriole : et secrettement se traita entr'eux paix finale qui jamais ne s'estoit pû trouver : pource que ledit duc vouloit r'avoir Amiens et Sainct-Quentin, dessus nommées, et le Roy ne les vouloit pas rendre. Or maintenant s'y accorda, voyant cet appareil, et espérant venir aux fins que vous entendrez. Les conditions de cette paix estoient que le Roy rendroit audit duc, Amiens et Sainct-Quentin, avec ce dont est question, et luy abandonneroit les comtes de Nevers et de Sainct-Paul connestable de France, et toutes leurs terres pour en faire à son plaisir, les prendre comme siennes, s'il pouvoit : et ledit duc luy abandonnoit semblablement les ducs de Guyenne et de Bretagne et leurs seigneuries pour faire ce qu'il pourroit. Cette paix jura le duc de Bourgogne, et y estois présent : et aussi la jurèrent le seigneur de Craon et le chancelier de France pour le Roy : lesquels partirent d'avec ledit duc, et si luy conseillèrent de ne rompre point son armée, mais l'avancer afin que le Roy, leur maistre, fust plus enclin de bailler promptement la possession des deux places sus nommées ; et emmenèrent avec eux Simon de Quingey (3) pour voir jurer le Roy, et confirmer ce qu'avoient fait ses ambassadeurs. Le Roy délaya cette confirmation par aucuns jours,

---

(1) Il y a des transpositions au commencement de ce chapitre dans le manuscrit de Saint-Germain.

(2) Messire Pierre Doriole, chevalier, seigneur de Loyré en Aunis, général des finances du roi Louis XI et son chancelier après la mort de Guillaume Juvénal des Ursins. Il présida au procès fait au connétable de Saint-Pol, en 1475.

(3) Ecuyer et échanson du duc de Bourgogne.

et cependant survint la mort de son frère le duc de Guyenne, et pour ce envoya ledit Simon avec très-maigres paroles, sans rien vouloir jurer, dont ledit duc se tint fort mocqué et mesprisé, et en eut très-grand despit. Les gens dudit duc en faisant la guerre, tant pour cette cause que autres que pouvez assez avoir entendues, disoient paroles vilaines et increables du Roy : et ceulx du Roy ne feignoient de guères. Sur ces entrefaites, et comme ledit duc estoit prest à partir d'Arras, luy survinrent deux nouvelles : l'une fut que ledit duc Nicolas de Calabre et de Lorraine, héritier de la maison d'Anjou, fils du duc Jean de Calabre, vint là devers lui, touchant le mariage de cette fille : et le recueillit ledit duc très-bien, et lui donna bonne espérance de la conclusion. Le lendemain, qui fut le quinziesme jour de may (1), l'an 1472, comme il me semble, vinrent lettres dudit Simon de Quingey (lequel estoit devers le Roy ambassadeur pour iceluy duc de Bourgogne), contenant que ledit duc de Guyenne estoit trespassé, et que jà le Roy avoit pris une grande partie de ses places. Incontinent en vinrent aussi messagers de divers lieux, et parloient de cette mort différemment. Peu de temps après s'en retourna mesmement ledit Simon renvoyé par le Roy.

Ledit duc, estant fort désespéré de cette mort, et enhorté par aucuns, dolens pour icelle, escrivit lettres à plusieurs villes à la charge du Roy, à quoy profita peu : car rien ne s'en meut, mais crois bien que si ledit duc de Guyenne ne fût point mort, que le Roy eût eu beaucoup d'affaires : car les Bretons estoient prests, et avoient dedans le royaume des intelligences plus que jamais n'avoient eu : lesquelles faillirent toutes à cause de cette mort. Sur ce courroux se mit aux champs ledit duc, et prit son chemin vers Nesle en Vermandois, et commença exploit de guerre ord et mauvais, et dont il n'avoit jamais usé : c'estoit de faire mettre le feu partout où il arrivoit.

Son avant-garde alla mettre le siége devant ledit Nesle, qui guères ne valoit : et y avoit un nombre de francs-archers. Ledit duc demeura logé à trois lieuës près de là. Ceux de dedans tuèrent un héraut, en les allant sommer. Leur capitaine saillit dehors en seureté, pour cuider composer, il ne put accorder, et comme il rentra dedans la place, qui estoit en trève à cause de sa saillie, et estoient ceux de dedans tous à descouvert sur la muraille, sans ce qu'on leur tirast : toutesfois ils tuèrent encores deux hommes. Pour cette cause fut desdite ladite trève, et manda à Madame de Nesle, qui estoit dedans, qu'elle saillist et ses serviteurs domestiques, avec ses biens. Ainsi le fit, et incontinent fut la place assaillie et prise, et la pluspart tuez. Ceux qui furent pris vifs, furent pendus, sauf aucuns que les gens-d'armes laissèrent courre par pitié. Un nombre assez grand eurent les poings couppez. Il me desplait à dire cette cruauté : mais j'estois sur le lieu, et faut dire quelque chose. Il faut dire que ledit duc de Bourgogne estoit passionné de faire si cruel acte, ou que grande cause le mouvoit : il en alléguoit deux : l'une, il parloit après autruy estrangement de cette mort du duc de Guyenne : outre avoit un autre déplaisir, que vous avez pû entendre : c'est qu'il avait un merveilleux despit d'avoir perdu Amiens et Sainct-Quentin, dont vous avez ouy parler.

Il pourra sembler au temps advenir à ceux qui verront cecy, que en ces deux princes n'y eut pas grande foy, ou que je parle mal d'eux. De l'un ny de l'autre ne voudrois pas mal parler, et à nostre Roy suis tenu, comme chacun sçait ; mais pour continuer ce que vous, monseigneur l'archevesque de Vienne, m'avez requis, est force que je die partie de ce que je sçay, en quelque sorte qu'il soit advenu. Mais quand on pensera aux autres princes, on trouvera ceux-cy grands, nobles et notables, et le nostre très-sage, lequel a laissé son royaume accreu, et en paix avec tous ses ennemis. Or voyons donc lequel de ces deux seigneurs vouloit tromper son compagnon, afin que si pour le temps advenir cecy tomboit entre les mains de quelque jeune prince, qui eust à conduire semblables affaires, il eust mieux connoissance, pour l'avoir veu, et se garder d'être trompé. Car combien que les ennemis, ni les princes, ne soient pas toujours semblables, encores que les matières le fussent, si fait-il bon d'estre informé des choses passées. Pour en déclarer mon advis, je cuide estre certain que ces deux princes y alloient tous deux en intention de tromper chacun son compagnon, et que leurs fins estoient assez semblables, comme vous oïrez.

Tous deux avoient leurs armées prestes et aux champs. Le Roy avoit jà pris plusieurs places et, en traitant cette paix, pressoit fort son frère : jà estoient venus vers le Roy le seigneur de Contay, Patus, Foucart et plusieurs autres, et avoient laissé le duc de Guyenne. L'armée du Roy estoit ès environs de La Rochelle, et se trouvait le duc de Bourgogne ; ces deux princes signèrent le 24 un traité contre le roi de France,

---

(1) Il y a ici quelques erreurs de date. Le duc de Calabre arriva le 20 mai dans la ville d'Arras, où

avoit grande intelligence dedans, et marchandoient fort ceux de la ville, tant pour ce bruit de paix que pour la maladie qu'avoit ce duc. Et cuide l'intention du Roy telle que s'il eust achevé son entreprise ou près de là, et que son frère vinst à mourir, qu'il ne jureroit point cette paix ; mais aussi que s'il trouvoit forte partie, il la jureroit et exécuteroit ses promesses pour s'oster de péril. Et compassa fort bien son temps, et faisoit une merveilleuse diligence, et avez bien entendu comme il dissimula à ce Simon de Quingey bien l'espace de huit jours, et que cependant advint cette mort. Or sçavoit-il bien que ledit duc de Bourgogne désiroit tant la possession de ces deux villes, qu'il ne l'oseroit courroucer, et qu'il luy feroit couler doucement quinze ou vingt jours (comme il le fit), et que cependant il verroit quel œuvre il feroit.

Puisque nous avons parlé du Roy, et des moyens qu'il avoit en pensée pour tromper le duc de Bourgogne, faut dire qu'elle estoit la pensée dudit duc envers le Roy, et ce qu'il lui gardoit si la mort dessusdite ne fust advenue. Simon de Quingey avoit commission de luy, et à la requeste du Roy, d'aller en Bretagne, après qu'il auroit veu jurer la paix et receu les lettres de confirmation de ce que les ambassadeurs du Roy auroient fait, et signifier audit duc de Bretagne le contenu de la paix et aussi aux ambassadeurs du duc de Guyenne, qui étoient là pour en advertir leur maistre, lequel estoit à Bordeaux. Et le vouloit ainsi le Roy, pour faire plus grand espouventement aux Bretons, de se voir ainsi abandonnez de celuy où estoit leur principale espérance. En la compagnie dudit Simon de Quingey y avoit un chevaucheur d'escurie dudit duc, qui avoit nom Henry, natif de Paris, sage compagnon, bien entendu, lequel avoit une lettre de créance, addressante audit Simon de Quingey, escrite de la main dudit duc; mais il avoit commission de ne la bailler point audit Simon, jusques à ce qu'il fust party d'avec le Roy, et arrivé à Nantes devers le duc, et à l'heure luy devoit bailler ladite lettre et dire sa créance; qui estoit qu'il deust dire au duc de Bretagne, qu'il n'eust nulle doute ny crainte que son maistre abandonnast le duc de Guyenne, ny luy, mais les secoureroit de corps et de biens; et que ce qu'il avoit fait estoit pour éviter la guerre, et pour recouvrer ces deux villes, Amiens et Sainct-Quentin, que le Roy luy avoit ostées en temps de paix, et contre sa promesse. Et luy devoit dire aussi comme ledit duc son maistre envoyeroit de notables ambassadeurs devers le Roy, dès qu'il seroit saisi de ce qu'il demandoit. Ce qu'il eust fait sans difficulté, pour luy demander et supplier se vouloir déporter de la guerre et entreprise qu'il auroit faite contre ces deux ducs, et ne se vouloir arrester aux sermens qu'il avoit faits; car il n'estoit délibéré de les tenir, non plus qu'il lui avoit tenu le traité qui avoit esté fait devant Paris, qu'on appelle traité de Conflans, ny celuy qu'il jura à Péronne, et que long-temps après il avoit confirmé; et qu'il sçavoit bien qu'il avoit pris ces deux villes contre sa foy, et en temps de paix : parquoy devoit avoir patience qu'en semblable façon il les eust recouvrées. Et en tant que touchoit les comtes de Sainct-Paul, connestable de France et de Nevers, que le Roy luy avoit abandonnez, il déclaroit que nonobstant qu'il les haïst, et en eust bien cause, si vouloit remettre ces injures, et les laisser en leur entier, suppliant au Roy qu'il voulust faire le semblable de ces deux ducs que ledit duc de Bourgogne avoit abandonnez; et qu'il luy pleust que chascun vesquist en paix et en seureté, et en la manière qu'il avoit esté juré et promis à Conflans, où tous estoient assemblez, en luy déclarant qu'au cas qu'il ne voulust ainsi le faire, il secoureroit ses alliez, et devroit desjà estre logé en champs, à l'heure qu'il manderoit ces paroles. Or autrement en advint. Ainsi l'homme propose et Dieu dispose; car la mort qui départ toutes choses, et change toutes conclusions, en fit venir autre ouvrage, comme avez entendu et entendrez; car le Roy ne bailla point ces deux villes, et si eut la duché de Guyenne, par la mort de son frère, comme la raison estoit.

CHAPITRE X.

Comment le duc de Bourgogne, voyant qu'il ne pouvoit se saisir de Beauvais, devant laquelle il avoit planté son camp, s'en alla devant Roüen.

Pour retourner à la guerre dont cy-devant ay parlé, et comme furent traittez un tas de pauvres francs-archers qui avoient esté pris devant Nesle, au partir de là alla loger le duc devant Roye, où il y avoit quinze cens francs-archers, et un nombre d'hommes-d'armes d'arrière-ban; si belle armée n'eut jamais le duc de Bourgogne que alors. Le lendemain qu'il fut arrivé, commencèrent à avoir peur ces francs-archers, et se jettèrent par les murailles, et se vinrent rendre à luy. Le lendemain ceux qui estoient encore dedans, composèrent et laissèrent chevaux et harnois, sauf que les hommes-d'armes en emmenèrent chacun un courtaut. Le duc laissa gens en la ville, et voulut faire désemparer Mondidier; mais pour l'affection qu'il vit que le peuple de ces chastellenies luy portoit, il la fit réparer et y laissa gens.

Partant de là fit son compte de tirer en Normandie; mais passant près de Beauvais, alla courre monseigneur des Cordes devant, lequel menoit son avant-garde. D'entrée ils prirent ce fauxbourg, qui est devant l'évesché : et le prit un Bourguignon très-avaricieux, appellé messire Jacques de Montmartin, qui avoit cent lances et trois cens archers de l'ordonnance dudit duc. Monseigneur des Cordes assaillit d'un autre costé; mais ses eschelles estoient courtes, et n'en avoit guères. Il avoit deux canons qui tirèrent au travers de la porte, deux coups seulement, et y firent un grand trou, et s'il eust eu pierres pour continuer, il fust entré sans doute; mais il n'estoit point venu fourni pour tel exploit; parquoy estoit mal pourveu. Dedans n'y avoit que ceux de la ville au commencement, sauf Loyset de Ballaigny, qui avoit quelque peu de gens d'arrière-ban, lequel estoit capitaine de la ville : toutesfois Dieu voulust qu'elle ne se perdist pas ainsi, et en monstra de grandes enseignes; car ceux de monseigneur des Cordes combattoient main à main, par le trou qui avoit esté fait à la porte; et sur cela, manda au duc de Bourgogne, par plusieurs messagers, qu'il vinst et qu'il pouvoit estre seur que la ville estoit sienne. Cependant que ledit duc se mit à venir, quelqu'un de ceux de dedans s'avisa, et apporta des fagots allumez pour jetter au visage de ceux qui s'efforçoient de rompre la porte. Tant y en mirent que le feu se prit au portail, et qu'il fallut que les assaillans se retirassent jusques à ce que le feu fust esteint.

Ledit duc arriva, qui semblablement tenoit la ville prise, pourveu que ce feu fust esteint, qui estoit très-grand; car tout le portail estoit en feu. Et quand ledit duc eust voulu loger une partie de l'armée du costé de Paris, la ville n'eust pû eschapper de ses mains; car nul n'y eust pû entrer: mais Dieu voulust qu'il fist doute là où il n'y en avoit point; car pour un petit ruisseau qui estoit à passer, il fit cette difficulté. Et depuis qu'il y eut largement gens-d'armes dedans, il le voulut faire; ce qui eust esté mettre son ost en péril, et à grand peine l'en put-on démouvoir, et fut le vingt-huictiesme jour de juin, l'an 1472 (1). Ce feu dont je parle dura tout le jour, et y entrèrent vers le soir dix lances d'ordonnance seulement, comme il m'a esté conté (car j'estois encore avec le duc de Bourgogne), mais ils ne furent point veus, pour ce que chacun estoit empesché à se loger, et aussi n'y avoit nul de ce costé. A l'aube du jour commença à approcher l'artillerie dudit duc, et tost après vismes entrer gens largement, au moins environ deux cens hommes-d'armes, et croy que s'ils ne fussent venus, que la ville eust mis peu à composer. Mais en la colère où estoit le duc de Bourgogne (comme vous avez pû entendre ci-dessus) il désiroit la prendre d'assaut, et sans doute il l'eust bruslée, si ainsi fust advenu, qui eust esté très-grand dommage; et me semble qu'elle fut préservée par vray miracle, et non autrement. Depuis que ces gens y furent entrez, l'artillerie dudit duc tira continuellement, l'espace de quinze jours ou environ, et fut la place aussi bien battue que jamais place fut, et jusques en l'estat d'assaillir. Toutesfois aux fossez y avoit de l'eau, et fallut faire un pont de l'un des deux costez de la porte brûlée, et de l'autre costé de ladite porte on pouvoit joindre jusques aux murs, sans danger, sauf d'une seule canonnière, qu'on ne sceut battre, pource qu'elle estoit fort basse.

C'est bien grand péril et grande folie d'assaillir si grandes gens, et encores par dessus tout, y estoient dedans le connestable (comme je croy) ou logé près de la ville (je ne sçay lequel) le mareschal Joachim, le mareschal de Loheac, monseigneur de Crussol (2), Guillaume de Vallé, Méry de Croy (3), Sallezard, Thévenot de Vignoles, tous anciens, et lances pour le moins, hommes-d'armes de l'ordonnance, et largement gens-de-pied, et beaucoup de gens de bien, qui se trouvèrent avec tous ces capitaines. Toutesfois délibéra ledit duc donner l'assaut ; mais ce fut tout seul; car ne se trouva de cette opinion que luy, et le soir, quand il se coucha sur son lict de camp, vestu comme il avoit accoustumé, ou peu s'en falloit, il demanda à aucuns s'il leur sembloit bien que ceux de dedans attendissent l'assaut. Il lui fut répondu que *ouy*: veu le grand nombre de gens qui y estoient, et qu'ils estoient encores suffisans pour la deffendre comme une haye. Il le prit en moquerie, et dit : *Vous n'y trouverez demain personne.*

A l'aube du jour fut l'assaut très-bien assailli,

---

(1) Le siége avait été mis devant Beauvais le 27 juin 1472; il fut levé le 22 juillet.

(2) Louis, seigneur de Crussol et de Levis, chambellan du roi Louis XI, sénéchal de Poitou, gouverneur du Dauphiné, grand-panetier de France, vers l'an 1470; il mourut à Barcelonne le 21 août 1473.

(3) Il y a apparence que ce nom est corrompu, car il n'en est parlé en aucune façon dans la généalogie de la maison de Croy ; dans la Chronique scandaleuse on lit *Mery de Coué*.

et très-hardiment, et encore mieux deffendu: grand nombre de gens passèrent par dessus ce pont, et y fut estouffé monseigneur Despiris, un vieil chevalier de Bourgogne, qui fut le plus homme de bien qui y mourut. De l'autre costé y en eut qui montèrent jusques dessus le mur, mais tous ne revinrent pas: ils combattirent main à main longuement, et fut l'assaut assez long. Autres bandes estoient ordonnées pour assaillir après les premiers: mais voyant qu'ils perdoient leur temps, ledit duc les fit retirer. Ceux de dedans ne saillirent point, aussi ils pouvoient voir largement gens prests à les recueillir s'ils fussent saillis. A cet assaut moururent six vingts hommes. Le plus grand fut monseigneur Despiris. Aucuns en cuidoient beaucoup plus: il y eut mille hommes de blessez. La nuict d'après, ceux de dedans firent une saillie: mais ils estoient peu de gens, et la pluspart estoient à cheval, qui se mirent par le cordail des pavillons: ils ne firent rien de leur profit, et perdirent deux ou trois gentilshommes; ils blessèrent un fort homme de bien, nommé messire Jacques d'Orson, maistre de l'artillerie dudit duc, qui peu de jours après mourut de ladite blessure.

Sept ou huict jours après cet assaut, voulut ledit duc aller loger à la porte vers Paris: et départit son ost en deux. Il ne trouva nul de cette opinion, veu les gens qui estoient dedans. C'estoit au commencement qu'il le devoit faire, car à cette heure n'en estoit pas temps. Voyant qu'il n'y avoit autre remède, il se leva, et en bon ordre: il s'attendoit bien que ceux de dedans saillissent asprement, et par ce moyen leur porter quelque dommage: toutesfois ils ne saillirent point. Il prit de là son chemin en Normandie, pour ce qu'il avoit promis au duc de Bretagne aller jusques devant Rouen, lequel avoit promis de s'y trouver: mais il changea propos, voyant que le duc de Guyenne estoit mort, et ne bougea de son païs. Ledit duc de Bourgogne vint devant Eu, qui luy fut rendue, et Sainct-Vallery: et fit mettre les feux partout ce cartier jusques aux portes de Dieppe. Il prit le Neuf-Chastel et le fit brusler, et tout le païs de Caux, ou la pluspart, jusques aux portes de Rouen, et tira en personne jusques devant ladite ville de Rouen (1). Il perdoit souvent de ses fourageurs, et endura son ost très-grande faim, puis se retira pour l'hyver, qui estoit venu. Dès ce qu'il eut le dos tourné, ceux du Roy reprirent Eu et Sainct-Vallery, et eurent pour prisonniers sept ou huict de ceux qui estoient dedans, par les compositions.

CHAPITRE XI.

Comment le Roy fit appointement avec le duc de Bretagne, et trèves avec le duc de Bourgogne, et comment le comte de Sainct-Paul eschappa pour lors une machination faite contre luy par ces deux grands princes.

Environ ce temps je vins au service du Roy (et fut l'an 1472), lequel avoit recueilli des serviteurs de son frère le duc de Guyenne la plus grande part: et estoit au Pont du Cé, où il s'estoit tiré contre le duc de Bretagne, et lui faisoit guerre, et là vinrent devers luy aucuns ambassadeurs de Bretagne, et aussi y en alloit des siens: entre les autres y vint Philippe des Essars, serviteur du duc, et Guillaume de Soubsplenville, serviteur de monseigneur de Lescut (2): lequel seigneur de Lescut s'estoit retiré en Bretagne, quand il vit son maistre, le duc de Guyenne, près de la mort: et partit de Bordeaux par mer, craignant de tomber soubs la main du Roy: parquoy partit de bonne heure. Il emmena quant et luy le confesseur du duc de Guyenne et un escuyer d'escurie, ausquels on imputoit la mort dudit duc de Guyenne: lesquels ont esté prisonniers en Bretagne par longues années. Un peu durèrent ces allées et venues de Bretagne: et à la fin délibéra le Roy d'avoir la paix de ce costé, et de tant donner audit seigneur de Lescut, qu'il le retireroit à son service, et lui osteroit l'envie de luy pourchasser mal, pour autant qu'il n'y avoit ny sens, ny vertu en Bretagne, que ce qui procédoit de luy; et qu'un si puissant duc, manié par un tel homme, estoit à craindre, et mais eu fait avec luy, les Bretons tascheroient à vivre en paix. Et à la vérité, la généralité du païs ne quiert jamais autre chose: car tousjours y en a en ce royaume de bien traitez et honorez, et ont bien servy le temps passé. Aussi je trouve ce traité, que nostre roy fit, très sage, combien qu'aucuns le blasmoient, qui ne considéroient point si avant que luy. Il eut bon jugement de la personne dudit seigneur de Lescut, disant qu'il ne viendroit nul péril de luy mettre entre les mains ce qu'il y mit, et l'estimoit homme d'honneur, pour ce que jamais, durant ces di-

---

(1) Il y fut depuis le dimanche 30 août jusques au jeudi 3 septembre 1472.

(2) Odet d'Aidie, seigneur de Lescut ou Lescun, dont il est parlé ci-devant.

visions passées, il n'avoit voulu avoir intelligence avec les Anglois, ne consentir que les places de Normandie leur fussent baillées, qui fut la cause de tout le bien qu'il eut : car cela ne tint qu'à luy seul.

Pour toutes ces raisons il dit audit Soubsplenville qu'il mist par escrit tout ce que ledit seigneur de Lescut, son maistre, demanderoit tant pour le duc que pour luy, ce qu'il fit; et tout luy accorda nostre Roy. Et furent ces demandes quatre-vingts mille francs de pension pour le duc. Pour son maistre six mille francs de pension, le gouvernement de Guyenne, les deux séneschaussées de Lannes et de Bordelois, la capitainerie de l'un des chasteaux de Bordeaux, la capitainerie de Blaye, des deux chasteaux de Bayonne, de Dax et de Sainct-Sever, et vingt et quatre mille escus d'or comptant, avec l'ordre du Roy et la comté de Comminges. Tout fut accordé et accomply, sauf que la pension du duc ne se payoit que la moitié, et dura deux ans : davantage donna le Roy audit Soubsplenville six mille escus. J'entens cet argent comptant, tant de luy que de son maistre, payé en quatre années. Et ledit de Soubs-plenville eut douze cens francs de pension, maire de Bayonne, baillif de Montargis, et d'autres petits estats de Guyenne. Le tout dura à son maistre et à luy jusques au trespas du Roy. Philippe des Essarts fut baillif de Meaux, maistre des eaües et des forets de la France, avec douze cens francs de pension, et quatre mille escus. Depuis ce temps, jusques au trespas du Roy nostre maistre, leur ont duré ces Estats : et aussi monseigneur de Comminges luy est demeuré bon et loyal serviteur.

Appaisé qu'eut le Roy le duc de Bretagne, tost après se tira vers la Picardie. Tousjours avoient de coustume le Roy et le duc de Bourgogne, dès que l'hyver venoit, de faire trèves pour six mois, ou pour un an, ou plus. Ainsi en ensuivant leur coustume, en firent une : et la vint faire le chancelier de Bourgogne, et autres en sa compagnie. Là fut montrée la paix finale que le Roy avoit faite avec le duc de Bretagne, par laquelle ledit duc renonçoit à l'alliance qu'il avoit faite avec les Anglois et le duc de Bourgogne : et pour ce vouloit le Roy que les ambassadeurs du duc de Bourgogne ne le nommassent point au nombre de leurs alliez. A quoy ne voulurent entendre, et disoient qu'il seroit à son choix de se déclarer de la partie du Roy ou de la leur, dedans le temps accoustumé : et disoient qu'autrefois les avoit ledit duc de Bretagne abandonnez par lettres, mais que partant ne s'estoit point départy de leur amitié;

ils tenoient le duc de Bretagne pour prince manié par autre sens que par le sien, mais qu'il se revenoit tousjours à la fin à ce qui luy estoit plus nécessaire, et fut l'an 1473.

En menant ce traité l'on murmuroit des deux costez contre le comte de Sainct-Paul, connestable de France, et l'avoit le Roy pris en grande haine, et les plus prochains de luy semblablement. Le duc de Bourgogne le haïssoit encores plus, et en avoit meilleure cause (car je suis informé à la vérité des raisons des deux costez), et n'avoit point oublié ledit duc que le connestable avoit esté occasion de la prise d'Amiens et de Sainct-Quentin, et lui sembloit qu'il estoit cause et vraye nourrice de cette guerre, qui estoit entre le Roy et luy : car en temps de trèves, luy tenoit les meilleures paroles du monde, mais dès ce que le débat commençoit, il luy estoit ennemy capital; et ledit comte l'avoit voulu contraindre à marier sa fille, comme avez veu cy-devant. Encores y avoit une autre pique : car durant que ledit duc estoit devant Amiens, ledit connestable fit une course en Hainault, et entre les autres exploits qu'il fit, il brusla un chasteau nommé Solre, qui estoit à un chevalier, nommé messire Baudouin de Lannoy (1). Pour le temps de lors on n'avoit point accoustumé de mettre feu, ny d'un costé ny d'autre : et prit le duc son occasion sur cela des feux qu'il mettoit et qu'il avoit mis en cette saison. Ainsi se commença à pratiquer la manière de défaire le connestable : et du costé du Roy en furent ouvertes quelques paroles, par gens qui s'adressoient à ceux qui estoient ennemis dudit connestable, estans au service dudit duc, et n'avoit point moins de suspicion sur ledit connestable que ledit duc : et chacun le disoit occasion de la guerre; et se commencèrent à descouvrir toutes paroles et tous traitez menez par luy, tant d'un costé que d'autre, et mettoient en avant sa destruction.

Quelqu'un pourra demander cy-après, si le Roy ne l'eust sceu faire seul. A quoy je responds que non, car il estoit assis justement entre le Roy et ledit duc. Il tenoit Sainct-Quentin en Vermandois, grosse ville et forte. Il avoit Han et Bohain, et autres très-fortes places siennes, toutes près dudit Sainct-Quentin, et y pouvoit mettre gens à toute heure et de tel party qu'il luy plaisoit. Il avoit du Roy quatre cens hommes-d'armes bien payez, dont luy-mesme estoit commissaire et en faisoit la monstre. Sur quoy il pouvoit pratiquer grand argent, car il ne tenoit

---

(1) Dit le Bègue, seigneur de Molembais et de Solre-le-Château, chevalier de la Toison-d'Or, mort en 1474.

point le nombre. Outre il avoit d'estat ordinaire quarante-cinq mille francs ; et si prenoit un escu pour chacune pipe de vin qui passoit parmi ses limites pour aller en Flandres ou en Hainault ; et si avoit de très-grandes seigneuries siennes, et grandes intelligences au royaume de France et aussi au païs dudit duc, où il estoit apparenté.

Toute cette année que dura cette trêve s'entretenoit cette marchandise, et s'adressoient ceux du Roy à un chevalier dudit duc, appellé monseigneur d'Hymbercourt, dont ailleurs avez ouy parler en ce livre, lequel de tout temps haïssoit très-fort ledit connestable, et la hayne estoit renouvellée n'y avoit guères : car en une assemblée qui s'estoit tenue à Roye, où ledit connestable et autres estoient pour le Roy, le chancelier de Bourgogne, le seigneur d'Hymbercourt et autres pour ledit duc, en parlant de leurs matières ensemble, le connestable démentit très-vilainement ledit seigneur d'Hymbercourt. A quoy ne fit autre responce, sinon que s'il enduroit cette injure, il n'attribuast point cet honneur à luy, mais au Roy, à la seureté duquel il estoit venu là pour ambassadeur, et aussi à son maistre de qui il représentoit la personne, et qu'il luy en feroit rapport. Cette seule vilainie et outrage, bien tost dit, cousta depuis la vie au connestable, et ses biens perdus, comme vous verrez cy-après. Et pour ce que ceux qui sont aux grandes autoritez, et les princes, doivent beaucoup craindre à faire ny dire tels outrages, et regarder à qui ils les disent : car de tant qu'ils sont plus grands, portent les outrages plus grand déplaisir et deuil : car il semble aux outragez qu'ils en seront plus notez, pour la grandeur et autorité du personnage qui les outrage ; et s'il est leur maistre ou leur seigneur, ils en sont désesperez d'avoir honneur ny bien de luy : et plus de gens servent pour l'espérance de biens advenir, que pour les biens qu'ils ont jà receus.

Pour revenir à mon propos, on s'adressoit toujours audit seigneur d'Hymbercourt et audit chancelier, pour ce qu'il avoit eu quelque part à ces paroles dites à Roye : et aussi il estoit fort amy dudit seigneur d'Hymbercourt, et tant se démena cette matière qu'on tint une journée à Bouvines (1), qui est près de Namur, sur ce propos ; et y estoient pour le Roy le seigneur de Curton, gouverneur de Lymosin, et maistre Jehan Heberge, depuis évesque d'Evreux ; et pour ledit duc de Bourgogne, y estoient le chancelier dont je parle, et ledit seigneur d'Hymbercourt, et fut l'an 1474.

Ledit connestable fut adverty que l'on y marchandoit à ses despens, et fit grande diligence d'envoyer vers ces deux princes ; à chacun donnoit à connoistre qu'il entendoit le tout, et fit tant pour cette fois, qu'il mit le Roy en suspicion que ledit duc le vouloit tromper et tirer ledit connestable des siens. Et pour ce à grande diligence envoya le Roy devers ses ambassadeurs, estans à Bouvines, leur mandant ne conclure rien contre ledit connestable, pour les raisons qu'il leur diroit, mais qu'ils allongeassent la trêve, selon leur instruction, qui fut d'un an ou six mois, je ne sçay lequel. Comme le messager arriva, il trouva que tout estoit déjà conclu, et les sellez baillez dès le soir de devant ; mais les ambassadeurs s'entendoient si bien et estoient si bons amis, qu'ils rendirent lesdits sellez, qui contenoient que ledit connestable estoit, pour les raisons qu'ils disoient, déclaré ennemy et criminel envers tous les deux princes ; promettoient et juroient l'un à l'autre que le premier des deux qui luy pourroit mettre la main dessus le feroit mourir dedans huict jours après, ou le bailleroit à son compagnon pour en faire à son plaisir, ou à son de trompe il seroit déclaré ennemy des deux princes et parties, et tous ceux qui le serviroient et porteroient faveur ny aide. Et davantage promettoit le Roy bailler audit duc la ville de Sainct-Quentin, dont assez a esté parlé, et lui donnoit tout l'argent et autres meubles dudit connestable qui se pourroient trouver dedans le royaume, avec toutes seigneuries tenues dudit duc ; et entre les autres, luy donna Han et Bohain, qui sont places très-fortes, et à un jour nommé devoient le Roy et le duc avoir leurs gens-d'armes devant Han, et assiéger ledit connestable.

Toutesfois, pour les raisons que je vous ay dites, fut rompuë toute cette conclusion, et fut entrepris un jour et lieu où ledit connestable se devoit trouver pour pouvoir parler au Roy en bonne seureté : car il doutoit de sa personne, comme celuy qui sçavoit toute la conclusion qui avoit été prise à Bouvines. Le lieu fut à trois lieuës de Noyon, tirant vers La Fère, sur une petite rivière, et avoient du costé dudit connestable relevé les guez. Sur une chaussée qui y estoit, fut faite une forte barrière. Ledit connestable y estoit le premier et avoit avec luy tous

---

(1) Ou Bouvignes, sur la Meuse, à une petite lieue au-dessous de Dinant, en tirant vers Namur ; il ne faut pas confondre Bouvines avec Bovines ou Pont-à-Bovines, entre Lille et Tournay, lieu célèbre dans notre histoire. Philippe-Auguste y défit en 1214 l'armée de l'empereur Othon.

ses gens-d'armes ou peu s'en faloit, car il avoit trois cens gentils-hommes-d'armes passez, et avoit sa cuirasse soubs une robe desceinte. Avec le Roy y avoit bien six cens hommes d'armes, et entre les autres y estoit monseigneur de Dammartin, grand-maistre d'hostel de France, lequel estoit ennemy capital dudit connestable. Le Roy m'envoya devant faire excuse audit connestable de quoy il l'avoit tant fait attendre. Tost après il vint, et parlèrent ensemble, et estoient cinq ou six présens de ceux du Roy et des siens aussi. Ledit connestable s'excusa de quoy il estoit venu en armes, disant l'avoir fait pour crainte dudit comte de Dammartin. Il fut dit en effet que toutes choses passées seroient oubliées, et que jamais ne s'en parleroient; et passa ledit connestable du costé du Roy; et fut fait l'appointement du comte de Dammartin et de luy; et vint au giste avec le Roy à Noyon, et puis le lendemain s'en retourna à Sainct-Quentin, bien réconcilié, comme il disoit. Quand le Roy eut bien pensé et ouy le murmure des gens, il luy sembla folie d'avoir esté parler à son serviteur, et l'avoir ainsi trouvé une barrière fermée au-devant de luy, et accompagné de gens-d'armes, tous ses sujets et payez à ses despens. Si la haine y avoit esté paravant grande, elle l'estoit encore plus, et du costé du connestable le cœur ne luy estoit point appetissé.

<><><>

CHAPITRE XII.

Disgression, fort bien appropriée en ce lieu, sur la sagesse du Roy et du connestable, avec bons advertissemens pour ceux qui sont en authorité envers leurs princes.

A bien prendre le fait du Roy, il procédoit de grand sens de faire ce qu'il en fist, car je croy que ledit connestable eût esté receu dudit duc de Bourgogne, en luy baillant Sainct-Quentin, quelque promesse qu'il y eût eu au contraire; mais pour un si sage seigneur qu'estoit ce connestable, il prenoit mal son fait, ou Dieu luy ostoit la connoissance de ce qu'il avoit à faire, de se trouver en telle sorte ainsi desguisé au-devant de son Roy et de son maistre, et à qui estoient tous ses gens-d'armes dont il s'accompagnoit. Et aussi il sembloit bien à son visage qu'il en fust estonné et esbahy, quand il se trouva en sa présence, et qu'il n'y avoit qu'une petite barrière entre deux, il ne tarda guères

qu'il ne la fist ouvrir, et passa du costé du Roy; il fut ce jour en grand danger.

Je fais mon compte que luy et aucuns de ses privez estimoient cette œuvre, et tenoient à loüange de quoy le Roy le craignoit, et tenoient le Roy pour homme craintif : et estoit vray que par le temps il l'estoit, mais il falloit bien qu'il y eût cause : il s'estoit desmeslé de grandes guerres qu'il avoit euës contre les seigneurs de son royaume, par largement donner, et encores plus promettre, et ne vouloit rien hazarder, s'il pouvoit trouver autres voyes. Il a semblé à beaucoup de gens que peur et crainte luy faisoient faire ces choses; et s'en sont beaucoup trouvez trompez, ayans cette imagination, lesquels s'enhardissoient d'entreprendre des folies contre luy, qui estoient foiblement appuyez; comme le comte d'Armagnac et autres, à qui il en est mal pris (1), car il connoissoit bien s'il estoit temps de craindre ou non. Je luy ose bien porter cette louange (et ne sçay si je l'ay dit ailleurs : et quand je l'aurois dit, si vaut-il bien estre dit deux fois), que jamais je ne connus si sage homme en adversité.

Pour continuer mon propos de monseigneur le connestable, qui par aventure désiroit que le Roy le craignit, au moins je le cuide, car je ne voudrois pas charger, ny n'en parle sinon pour en advertir ceux qui sont au service des grands princes, qui n'entendent pas tous d'une sorte les affaires de ce monde, je conseillerois à un mien amy, si je l'avois, qu'il mist peine que son maistre l'aimast, mais non pas qu'il le craignist; car je ne vis oncques homme ayant grande authorité avec son seigneur, par le moyen de le tenir en crainte, à qui il n'en mescheut, et du consentement de son maistre mesme : il s'en est veu assez de nostre temps, ou peu devant en ce royaume, comme monseigneur de la Trémouille et autres. Au pays d'Angleterre, le comte de Warvic et toute sa séquelle. J'en nommerois en Espagne et ailleurs, mais par aventure que ceux qui verront cet article le sçavent mieux que moy. Et advient très-souvent que cette audace vient d'avoir bien servi, et qu'il semble à ceux qui en usent que leurs mérites sont tels que l'on doit beaucoup endurer d'eux et qu'on ne s'en peut passer. Mais les princes au contraire sont d'opinion qu'on est tenu à les bien servir, et trouvent bien qui leur dit, et ne désirent qu'à se despescher de ceux qui les rudoyent.

Encores, en ce pas me faut alléguer nostre maistre en deux choses, qui une fois me dit,

---

(1) Le comte d'Armagnac s'étant révolté, le Roi fit marcher des troupes contre lui, et il fut tué à Lectoure,

le 6 mars 1472. Le duc d'Alençon trama de nouveaux complots, fut arrêté et jugé deux ans plus tard.

parlant de ceux qui font grand service (et m'en allégua son autheur, de qui il le tenoit), que avoir trop bien servi perd aucunesfois les gens, et que souvent les grands services sont récompensez par grande ingratitude; mais qu'il peut aussi bien advenir par le défaut de ceux qui ont fait lesdits services, qui trop arrogamment veulent parler et user de leur bonne fortune, tant envers leurs maistres que leurs compagnons, comme de la mesconnoissance du prince. Me dit davantage qu'à son advis, pour avoir biens en cour, c'est plus grand heur à un homme, quand le prince, qu'il sert, luy a fait quelque grand bien, à peu de desserte, pourquoy il luy demeure fort obligé, que ce ne seroit s'il luy avoit fait un si grand service, que ledit prince luy en fust très-fort obligé; et que les princes aiment plus naturellement ceux qui leur sont tenus, qu'ils ne font ceux à qui ils sont tenus. Ainsi en tous estats y a bien à faire à vivre en ce monde, et fait Dieu grande grâce à ceux à qui il donne bon sens naturel. Cette veuë du Roy et de monsieur le connestable fut l'an 1474.

LIVRE QUATRIÈME.

CHAPITRE PREMIER.

Comment le duc de Bourgogne, s'estant saisi de la duché de Gueldres, eut envie d'entreprendre plus outre sur les Allemagnes, et comment il mit le siège devant la ville de Nuz.

En la saison de cette veuë, comme il me semble, le duc de Bourgogne estoit allé prendre le païs de Gueldres, fondé sur une querelle qui est digne d'estre racontée, pour voir les œuvres et la puissance de Dieu. Il y avoit un jeune duc de Gueldres, appelé Adolphe, lequel avoit pour femme une des filles (1) de Bourbon, sœur de monseigneur de Bourbon père, qui règne aujourd'huy, et l'avoit espousée en cette maison de Bourgogne, et pour cette cause en avoit quelques faveurs. Il avoit commis un cas très-horrible, car il avoit pris son père prisonnier, à un soir, comme il se vouloit aller coucher, et mené

à cinq lieuës d'Allemagne à pied, sans chausses, par un temps très-froid, et le mit au fond d'une tour, où il n'y avoit nulle clarté que par une bien petite lucarne, et là le tint près de six mois, dont fut grande guerre entre le duc de Clèves (dont ledit duc prisonnier avoit épousé la sœur) et ce jeune duc Adolphe. Le duc de Bourgogne plusieurs fois les voulut appointer; mais il ne pût. Le Pape et l'Empereur à la fin y mirent fort la main : et sur grandes peines, fut commandé audit duc de Bourgogne de tirer ledit duc Arnoul hors de prison. Ainsi il fit, car le jeune duc n'osa dénier le luy bailler, pour ce qu'il voyoit tant de gens de bien qui s'en empeschoient, et si craignoit la force du duc de Bourgogne. Je les vis tous deux en la chambre dudit duc par plusieurs fois, et en grande assemblée de conseil, où ils plaidoient leurs causes, et vis le bon homme vieil présenter le gage de bataille à son fils. Le duc de Bourgogne désiroit fort les appointer et favorisoit le jeune : et fut offert au jeune que le titre de gouverneur, ou mainbourg, du pays luy demeureroit avec tout le revenu, sauf une petite ville, assise auprès du Brabant, appellée Grave (2), qui devoit demeurer au père, avec le revenu de trois mille florins et autant de pension. Ainsi le tout luy eust valu six mille florins, avec le titre de duc, comme raison estoit. Avec d'autres plus sages, je fus commis à porter cette parole à ce jeune duc, lequel fit responce qu'il aimoit mieux avoir jetté son père la teste devant, dans un puits, et de s'estre jetté après, que d'avoir fait cet appointement, et qu'il y avoit quarante et quatre ans que son père estoit duc, et qu'il estoit bien temps qu'il le fût; mais très-volontiers il luy laisseroit trois mille florins par an, par condition qu'il n'entreroit jamais dans le duché, et assez d'autres paroles très-mal sages.

Cecy advint justement comme le Roy prit Amiens sur le duc de Bourgogne, lequel estoit avec ces deux (dont je parle) à Dourlens, où il se trouvoit très-empesché, et partit soudainement pour se retirer à Hesdin, et oublia cette matière. Et ce jeune duc prit un habillement de François, et partit, luy deuxiesme seulement, pour se retirer en son païs. En passant un pont, auprès de Namur, il paya un florin pour son passage. Un prestre le vit, qui en prit suspicion, et en parla au passager, et regarda au visage celuy qui avoit payé ledit florin, et le connut, et

---

(1) Catherine, fille de Charles Ier, duc de Bourbon, et d'Agnès de Bourgogne, et sœur de Pierre de Bourbon, seigneur de Beaujeu, qui depuis fut duc de Bourbon.

(2) Ville sur la Meuse; en 1672, elle fut prise par les Français, après un siège remarquable; en 1674, M. de Chamilli y fut assiégée de nouveau par les Hollandais, fit une très-belle défense, et ne rendit même la place que sur les ordres réitérés de Louis XIV.

là fut pris et amené à Namur, et y est demeuré prisonnier, jusques au trespas du duc de Bourgogne, que les Gandois le mirent dehors, et avoient vouloir de luy faire espouser par force celle qui depuis a esté duchesse d'Autriche, et le menèrent avec eux devant Tournay, où il fut tué meschamment, et mal accompagné, comme si Dieu n'eust pas esté saoul de venger cet outrage qu'il avoit fait à son père. Le père estoit mort avant le trespas du duc de Bourgogne, estant encores son fils en prison, et à son trespas laissa au duc de Bourgogne sa succession, à cause de l'ingratitude de son fils; et sur cette querelle conquit le duc de Bourgogne, au temps que je dis, la duché de Gueldres, où il trouva résistance; mais il estoit puissant, et en trève avec le Roy, et la posséda jusques à la mort, et encore la possède aujourd'huy ce qui est descendu de luy, et tant qu'il plaira à Dieu. Or comme j'ay dit au commencement, je n'ay conté cecy que pour monstrer que telles cruautez et tels maux ne demeurent point impunis.

Le duc de Bourgogne estoit retourné en son pays et avoit le cœur très-élevé pour cette duché, qu'il avoit jointe à sa crosse, et trouva goust en ces choses d'Allemagne, pource que l'Empereur (1) estoit de très-petit cœur, et enduroit toutes choses pour ne despendre rien, et aussi de soy, sans l'aide des autres seigneurs d'Allemagne, ne pouvoit-il pas grande chose. Parquoy ledit duc ralongea sa trève avec le Roy, et semble à aucuns des serviteurs du Roy que ledit seigneur ne devoit point ralonger sa trève, ne laisser venir audit si grand bien. Bon sens leur faisoit dire ces mots, mais par faute d'expérience et d'avoir veu, ils n'entendoient point cette matière.

Il y en eut quelques autres, mieux entendans ce cas qu'eux, et qui avoient plus grande connoissance, pour avoir esté sur les lieux, qui dirent au Roy nostre maistre, que hardiment prist cette trève, et qu'il souffrist audit duc s'aller heurter contre ces Allemagnes (qui est chose si grande et si puissante qu'il est presque incroyable), disans quand ledit duc aura pris une place, ou mené à fin une querelle, il en entreprendra une autre, et qu'il n'estoit pas homme pour jamais se saouler d'une entreprise (et en cela estoit opposite au Roy, car plus il estoit embroüillé et plus s'embroüilloit), et que mieux ne se pourroit venger de luy que de le laisser faire, et avant, luy faire un petit d'aide, et ne luy donner nulle suspicion de luy rompre cette trève, car à la grandeur d'Allemagne, et à la puissance qui y est, n'estoit pas posssible que tost ne se consumast, et ne se perdist de tous points. Car les princes de l'Empire, encore que l'Empereur fust homme de peu de vertu, y donneront ordre, et à la fin finale audit seigneur ainsi en advint.

A la querelle des deux prétendans à l'évesché de Cologne, dont l'un estoit frère du lantgrave de Hesse, et l'autre parent du comte palatin du Rhin, ledit duc de Bourgogne tint le party dudit palatin, et entreprit de le mettre par force en cette dignité, espérant en avoir quelques places, et mit le siége devant Nuz (2), près Cologne, l'an 1474. Et y estoit ledit lantgrave de Hesse avec quelque nombre de gens de guerre. Ledit duc mit tant de choses en son imagination, et si grandes, qu'il demeura sous le faix. Car il voulut en cette saison propre faire passer le roy Edouard d'Angleterre, lequel avoit grande armée preste, à la poursuite dudit duc. Il feit de grandes diligences pour achever cette entreprise d'Allemagne, qui estoit, s'il eust pris Nuz, la garnir bien, et une autre place ou deux, au dessus de Cologne, parquoy ladite cité de Cologne diroit le mot, et que partant il montreroit contremont le Rhin jusques à la comté de Ferrète, qu'il tenoit lors, et ainsi tout le Rhin seroit sien jusques en Hollande, où il fine, et où il y a plus de fortes villes et chasteaux qu'en nul royaume de la chrestienté, si ce n'est en France. La trève qu'il avoit avec le Roy, avoit été alongée de six mois, et desjà la plus-part estoient passez. Le Roy sollicitoit fort de l'alonger, et qu'il fist à son aise en Allemagne, ce que ledit duc ne voulut faire, pour la promesse qu'il avoit faite aux Anglois.

Je me passerois bien de parler de ce fait de Nuz, pour ce que ce n'est pas selon le train de notre matière (car je n'y estois pas), mais je suis forcé d'en parler pour les matières qui en dépendent. Dedans la ville de Nuz, laquelle est très-forte, s'estoit mis le lantgrave de Hesse, et plusieurs de ses parens et amis, jusques au nombre de dix-huit cens hommes de cheval, comme il m'a esté dit, et très-gens de bien (et aussi ils le montrèrent), et de gens-de-pied ce qui leur en faisoit besoin. Ledit lantgrave, comme nous avons dit, estoit frère de l'évesque qui avoit esté esleu, lequel estoit la partie adverse de celuy que soustenoit le duc de Bourgogne. Et ainsi le duc de Bourgogne mit le siége devant Nuz, l'an 1474.

Il avoit la plus belle armée qu'il eut jamais, et spécialement pour gens-de-cheval, car pour

---

(1) Frédéric III.
(2) *Nuz* ou Nuys, petite ville importante à cause de son passage sur le Rhin.

aucunes fins qu'il prétendoit ès Italies, il avoit retiré quelques mille hommes-d'armes italiens, que bons que mauvais. Et avoit pour chef d'entr'eux un appellé le comte de Campobache (1), du royaume de Naples, partisan de la maison d'Anjou, homme de très-mauvaise foy, et très-périlleux. Il avoit aussi Jacques Galeot, gentilhomme de Naples, très-homme de bien, et plusieurs autres, que je passe pour briéveté. Semblablement avoit bien le nombre de trois mille Anglois, très-gens de bien, et de ses sujets en très-grand nombre, bien montez et bien armez, qui jà long-temps avoient exercé le fait de la guerre, et une très-grande et puissante artillerie. Et tout cecy avoit-il tenu prest pour se joindre avec les Anglois à leur venüe, lesquels faisoient toute diligence en Angleterre. Mais les choses y sont longues, car le Roy ne peut entreprendre une telle œuvre sans assembler son parlement, qui vaut autant à dire comme les trois Estats, qui est chose juste et saincte, et en sont les rois plus forts et mieux servis, quant ainsi le font en semblables matières, car l'issuë volontiers n'en est pas briève. Quand ces Estats sont assemblez, il déclare son intention, et demande aide sur ses sujets, car il ne se lève nuls aides en Angleterre, si ce n'est pour passer en France, ou aller en Escosse, ou autres frais semblables, et très-volontiers et bien libéralement ils les octroient et accordent, et spécialement pour passer en France. Et est bien une pratique que ces roys d'Angleterre font, quand ils veulent amasser argent, que faire semblant d'aller en Escosse ou en France, et faire armées, et pour lever grand argent, ils font un payement de trois mois, et puis rompent leur armée, et s'en retournent à l'hostel, et ils ont receu l'argent pour un an. Et ce roy Edoüard estoit tout plein de cette pratique, et souvent le fit.

Cette armée d'Angleterre mit bien un an à estre preste, et le fit sçavoir à monseigneur de Bourgogne, lequel au commencement de l'esté estoit allé jusques devant Nuz, et luy sembla qu'en peu de jours il auroit mis son homme en possession, et qu'il l'auroit d'entrée, et luy pourroient demeurer aucunes places, comme Nuz et autres, pour parvenir aux fins que je vous ay dites. J'estime que ceci vint de Dieu qui regarda en pitié ce royaume; car ce duc estoit pour y faire grand dommage, ayant l'armée telle qu'il avoit, et gens tous accoustumez par plusieurs années à tenir les champs par ce royaume, sans que nul luy présentast bataille, ni ne se trouvast aux champs en puissance contre luy, si ce n'estoit en gardant les villes. Mais bien est vray que cela procédoit du Roy, qui ne vouloit rien mettre au hazard, et ne le faisoit pas seulement par la crainte du duc de Bourgogne, mais pour doute des désobéissances qui pourroient advenir en son royaume, s'il avenoit qu'il perdit une bataille; car il estimoit n'estre pas bien aimé de tous ses sujets et serviteurs, et par espécial des grands. Et si j'osois tout dire, il m'a maintesfois dit qu'il connoissoit bien ses sujets, qu'il les trouveroit bien si ses besongnes se portoient mal; et pour ce, quand le duc de Bourgogne entroit, il ne faisoit que fort bien garnir ses places au-devant de luy; et ainsi en peu de temps l'armée du duc de Bourgogne se défaisoit d'elle-mesme, sans que le Roy mist son Estat en nul péril, qui me sembloit procéder par grand sens. Toutesfois ayant le duc de Bourgogne la puissance telle que je vous ay dite, si l'armée du roy d'Angleterre fust venüe au fin commencement de la saison, comme elle eust fait, sans nul doute n'eust été l'erreur du duc de Bourgogne de se mettre si obstinément devant Nuz, il ne faut pas douter que ce royaume n'eust porté de très-grandes affaires; car jamais roy d'Angleterre ne passa à si puissante armée pour un coup, que fut cettecy dont je parle, ny si bien disposé pour combattre. Tous les grands seigneurs d'Angleterre y estoient sans en faillir un : ils pouvoient bien estre quinze cens hommes-d'armes (qui estoit grande chose pour Anglois), tous fort bien en poinct et bien accompagnez, et quatorze mille archers, portant arcs et flesches, et tous à cheval, et assez d'autres gens à pied servans à leur ost; et en toute l'armée n'y avoit pas un page; en outre devoit le roy d'Angleterre envoyer trois mille hommes descendre en Bretagne, pour se joindre avec l'armée du duc de Bretagne, et vis deux lettres escrites de la main de monseigneur d'Urfé, grand escuyer de France (qui pour lors estoit serviteur du duc de Bretagne), l'une adressante au roy d'Angleterre, et l'autre à monseigneur de Hastingues, grand chambellan d'Angleterre, qui entre autres paroles disoient que le duc de Bretagne feroit plus d'exploit en un mois par intelligence, que l'armée des Anglois et celle du duc de Bretagne ne feroient en six, quelque force qu'ils eussent, et crois qu'il disoit vray, si les choses fussent tirées outre : mais Dieu, qui tousjours a aimé ce royaume, conduisit les choses comme je diray cy-après. Et les lettres dont j'ay parlé furent achetées d'un secrétaire

---

(1) Le comte de Campo-Basso, Napolitain, était entré au service du duc de Bourgogne, qu'il trahit quelques années plus tard.

d'Angleterre, soixante marcs d'argent par le Roy, que Dieu absolve.

CHAPITRE II.

Comment ceux de la ville de Nuz furent secourus par les Allemans et par l'Empereur contre le duc de Bourgogne, et des autres ennemis que le Roy luy suscita.

Ainsi, comme je vous ay dit, estoit le duc de Bourgogne jà bien empesché devant Nuz, et trouva les choses plus dures qu'il ne pensoit. Ceux de Cologne, qui estoient quatre lieuës plus haut sur le Rhin, frayèrent chacun mois cent mille florins d'or pour la crainte qu'ils avoient du duc de Bourgogne; et eux, et les autres villes au-dessus d'eux, sur le Rhin, avoient desjà mis quinze ou seize mille hommes-de-pied sur les champs et estoient logez sur le bord de la rivière du Rhin, avec grande artillerie, du costé opposite du duc de Bourgogne; et taschoient à luy rompre ses vivres, qui venoient par eauë du pays de Gueldres, contremont la rivière, et à rompre les bateaux à coups de canon. L'empereur et les princes électeurs de l'Empire s'assemblèrent sur cette matière, et délibérèrent de faire armée. Le Roy les avoit jà envoyez solliciter par plusieurs messagers. Aussi renvoyèrent vers luy un chanoine de Cologne, de la maison de Bavière, et un autre ambassadeur avec luy, et apportèrent au Roy par rolle l'armée que l'Empereur avoit intention de faire, au cas que le Roy de son costé s'y vousist employer. Ils ne faillirent point à avoir bonne response et promesse de tout ce qu'ils demandoient; et davantage promettoit le Roy par scellez, tant à l'Empereur qu'à plusieurs des princes et villes, que dès que l'Empereur seroit à Cologne, et mis aux champs, que le Roy envoyeroit joindre avec luy vingt mille hommes, sous la conduite de Monsieur de Craon (1) et de Sallezard.

Et ainsi cette armée s'apresta de la part d'Allemagne, qui fut merveilleusement grande, et tant qu'il est presque incroyable; car tous les princes d'Allemagne, tant temporels que spirituels et les évesques y envoyèrent gens, et toutes les communautez (2), et en grand nombre.

Il me fut dit que l'évesque de Munster (3), qui n'est point des grands, y mena six mille hommes de pied, quatorze cens hommes de cheval, et douze cens chariots, et tous vestus de verd; il est vray que son évesché est près de Nuz. L'Empereur mit bien sept mois à faire l'armée, et au bout du terme se vint loger à demie lieuë près du duc de Bourgogne; et à ce que m'ont conté plusieurs des gens dudit duc, l'armée du roy d'Angleterre, ne celle du duc de Bourgogne ensemble, ne montroient point plus du tiers que celle dont je parle, tant en gens qu'en tentes et pavillons; outre l'armée de l'Empereur estoit cette armée de l'autre part de la rivière, vis-à-vis du duc de Bourgogne, qui donnoit grand travail à son ost et à ses vivres.

Dès que l'Empereur fut devant Nuz, et ces princes de l'Empire, ils envoyèrent devers le Roy un docteur qui estoit de grande authorité avec eux, qui s'appeloit le docteur Hesevare (4), qui depuis a esté cardinal; lequel vint solliciter le Roy de tenir sa promesse et d'envoyer les vingt mille hommes, ainsi qu'il avoit promis, ou autrement que les Allemans appointeroient. Le Roy luy donna très-bonne espérance, et lui fit donner quatre cens escus, et envoya quand et luy, devers l'empereur, un appelé Jean Tiercelin, seigneur de Brosse: toutesfois ledit docteur ne s'en alla pas content; et se conduisoient de merveilleux marchez durant ce siége. Car le Roy travailloit de faire paix avec le duc de Bourgogne, ou quoy que soit, d'allonger la trève, afin que les Anglois ne vinssent point. Le roy d'Angleterre, d'autre costé, travailloit de toute sa puissance à faire partir le duc de Bourgogne de devant Nuz, et qu'il luy vinst tenir promesse, et aider à faire la guerre en ce royaume, disant que la saison se commençoit à perdre, et fut ambassadeur par deux fois, de cette matière, le seigneur Descalle (5), neveu du connestable, un très-gentil chevalier, et plusieurs autres. Le duc de Bourgogne se trouva obstiné, et luy avoit Dieu troublé le sens et l'entendement; car toute sa vie il avoit travaillé à faire passer les Anglois, et à cette heure qu'ils estoient prêts, et toutes choses bien disposées pour eux, tant en Bretagne qu'ailleurs, il demeuroit obstiné à une chose impossible de prendre.

(1) Georges de la Trémouille.
(2) Les villes impériales.
(3) Conrad, comte de Rietberge, qui était évêque d'Osnabruc.
(4) Georges Hesler ou Hester; il a été fait cardinal par le pape Sixte IV en 1477.

(5) Antoine de Videville, ou Undeville, comte de Rivière, seigneur de Scales, fils de Richard et de Jacqueline de Luxembourg, sœur du connétable; il était beau-frère du roi d'Angleterre, Edouard IV, qui avait épousé sa sœur Isabeau. Il fut tué en 1488, à la bataille de Saint-Aubin-du-Cormier, où il commandait les troupes anglaises pour le duc de Bretagne.

Avec l'empereur y avoit un légat apostolique qui chacun jour alloit de l'un ost à l'autre pour traiter paix ; et semblablement y estoit le roy de Dannemarc, logé en une petite ville, près des deux armées, qui travailloit pour ladite paix, et ainsi le duc de Bourgogne eust bien pû prendre party honorable, pour se retirer vers le roy d'Angleterre; il ne le sceut faire, et s'excusoit envers les Anglois sur son honneur qui seroit foulé, s'il se levoit, et autres maigres excuses; ce n'estoient pas les Anglois qui avoient régné du temps de son père, et aux anciennes guerres de France ; mais estoient ceux-cy tout neufs et ignorans, quant aux choses de France, pourquoy ledit duc procédoit mal sagement, s'il s'en vouloit aider pour le temps advenir. Car il eust esté besoin qu'il les eust guidés pas à pas pour la première saison.

Estant le duc de Bourgogne en cette obstination, luy sourdit guerre par deux ou trois bouts. L'une fut que le duc de Lorraine (1), qui estoit en paix avec luy, et encore avoit pris quelques intelligences après la mort du duc Nicolas de Calabre, l'envoya défier devant Nuz, par le moyen de monseigneur de Craon, lequel s'en vouloit ayder pour le service du Roy, et ne faillit pas à luy promettre qu'on en feroit un grand homme ; et incontinent se mirent aux champs ensemble, et firent grand dommage en la duché de Luxembourg, et rasèrent une place appellée Pierre-Fort, assise à deux lieuës de Nancy, qui estoit de la duché de Luxembourg. Davantage fut conduit par le Roy, et aucuns de ses serviteurs qu'il y commist, que une alliance fust faite pour dix ans, entre les Suisses et les villes de dessus le Rhin, comme Basle, Strasbourg et autres, qui paravant avoient esté en inimitié.

Encore fut faite une paix entre le duc Sigismond d'Austriche et les Suisses (2), tendant à cette fin que ledit duc Sigismond voulsist reprendre la comté de Ferrète, laquelle il avoit engagée au duc de Bourgogne pour la somme de cent mille florins du Rhin : et ainsi fut accordé, fors qu'il demeura un différend entre luy et les Suisses, qui vouloient avoir passage par quatre villes de la comté de Ferrète, forts et foibles, quand il leur plairoit. Ce poinct fut soumis sur le Roy qui le jugea à l'intention desdits Suisses. Et par ce qui est cy-dessus récité, pouvez entendre les querelles que le Roy suscitoit secrettement audit duc de Bourgogne.

Tout ainsi, comme cecy avoit été conclu, il fut exécuté, car en une belle nuict fut pris messire Pierre Archambault, gouverneur du pays de Ferrète pour le duc de Bourgogne, avec huict cens hommes de guerre qu'il y avoit avec luy : lesquels furent tous délivrez francs et quittes, excepté luy qui fut mené à Basle, où ils luy firent un procès sur certains excès et violences qu'il avoit faits audit pays de Ferrète, et enfin de conte luy tranchèrent la teste, et fut mis tout le pays de Ferrète en la main dudit duc Sigismond d'Austriche : et commencèrent les Suisses la guerre en Bourgogne, et prindrent Blasmond, qui estoit au mareschal de Bourgogne, qui estoit de la maison de Neuf-Chastel, et assiégèrent le chasteau de Herycourt, qui estoit de ladite maison de Neuf-Chastel, où les Bourguignons allèrent pour le secourir ; mais ils furent desconfits devant, un bon nombre. Lesdits Suisses firent un grand dommage au pays, et puis se retirèrent pour cette boutée.

◇◇◇

CHAPITRE III.

Comment le Roy prit le chasteau de Tronquoy, les villes de Mondidier, Roye et Corbie, sur le duc de Bourgogne, et comment il voulut induire l'empereur Frédéric à se saisir des terres que ledit duc tenoit de l'Empire.

La trève faillit entre le Roy et le duc de Bourgogne ; pourquoy le Roy eut très-grand regret, car il eût mieux aymé un alongement de trève ; toutesfois voyant qu'il ne la pouvoit avoir, alla mettre le siège devant un méchant petit chasteau, appelé le Tronquoy : et estoit jà commencé l'an 75, et estoit au plus beau, et au

---

(1) René II, qui défit le duc de Bourgogne ; il commença à gouverner en 1473, et mourut en 1508.

(2) Le duc Sigismond d'Autriche avait engagé au duc de Bourgogne le comté de Férette, et ce duc y avait mis pour gouverneur Pierre de Hagenbach, homme très-brutal et encore plus grand pillard. Les Suisses en avaient porté inutilement plaintes au duc de Bourgogne. Ce prince, au lieu de rappeler Hagenbach, avait envoyé deux personnes vers les cantons pour négocier avec eux et pour prendre des renseignements sur la conduite de Hagenbach. Il n'y eut que ceux de Berne et de Soleure qui osèrent accuser le gouverneur ; les autres se contentèrent de faire prier le duc de Bourgogne de recommander à Hagenbach d'avoir pour eux et pour leurs négocians plus de ménagemens qu'il n'en avait eus jusqu'alors. Le duc de Bourgogne crut que tout était terminé par cette négociation, qui n'avait été suivie d'aucun traité ; mais Louis XI avait profité du mécontentement des Suisses contre Charles, pour les accommoder avec le duc Sigismond d'Autriche. Les Suisses s'emparèrent de la personne de Hagenbach ; ils instruisirent son procès, et l'ayant convaincu de violences et de concussions, ils lui firent couper la tête. Le comté de Férette fut cédé à la France, par le traité de Westphalie. L'évêque de Bâle y possédait néanmoins quelque territoire.

commencement de la saison : il fut en peu d'heures pris d'assaut ; le lendemain le Roy m'envoya parler à ceux qui estoient dedans Mondidier, lesquels s'en allèrent leurs bagues sauves, et laissèrent la place. L'autre jour en suivant j'allay parler à ceux qui estoient dedans Roye, en la compagnie de monseigneur l'admiral bastard de Bourbon, et semblablement me fut rendue la place : car ils n'espéroient nul secours. Ils ne l'eussent pas rendue, si ledit duc eust esté au pays, toutesfois, contre nostre promesse, ces deux villes furent bruslées. De là le Roy alla mettre le siége devant Corbie : et l'attendirent, et y furent faites de très-belles approches, et y tira l'artillerie du Roy trois jours. Ils estoient dedans monseigneur de Contay (1), et plusieurs autres qui la rendirent, et s'en allèrent leurs bagues sauves : deux jours après la pauvre ville fut pillée, et mit-on le feu dedans, tout ainsi comme aux deux autres.

Lors le Roy cuida retirer son armée, et espéroit gaigner le duc de Bourgogne à cette trève, veuë la nécessité en quoy il estoit : mais une femme, que je connois bien, mais je ne la nommeray point, pource qu'elle est encore vivante, escrivit une lettre au Roy, qu'il fist tourner ses gens devant Arras et ès environs : le Roy y ajousta foy, car elle estoit femme d'estat. Je ne loue point son œuvre, pource qu'elle n'y estoit point tenue ; mais le Roy y envoya monseigneur l'admiral bastard de Bourbon, accompagné de bon nombre de gens, lesquels bruslèrent grande quantité de leurs villes, commençans vers Abbeville jusques à Arras. Ceux de ladite ville d'Arras, qui de long-temps n'avoient eu nulle adversité, et estoient pleins de grand orgueil, contraignirent les gens de guerre qui estoient en leur ville de saillir : le nombre n'estoit pas suffisant pour les gens du Roy ; en façon qu'ils furent remis de si près, que largement en y eut de tuez et de pris, et même tous leurs chefs : qui furent messire Jacques de Sainct-Paul, frère du connestable, le seigneur de Contay, le seigneur de Carency (2) et autres, dont il s'en trouva des plus prochains de la dame, qui avoit esté occasion de cet exploict, et y eut ladite dame grande perte : mais le Roy, en faveur d'elle, répara le tout par le temps.

Pour lors avoit le Roy envoyé devers l'Empereur, Jehan Tiercelin, seigneur de la Brosse, pour travailler qu'il ne s'appointast avec le duc de Bourgogne, et pour faire excuse de ce qu'il n'avoit envoyé ses gens d'armes, comme il avoit promis, asseurant tousjours le faire, et de continuer les exploits et dommages qu'il faisoit audit duc, bien grands, tant au pays et marches de Bourgogne que de Picardie. Et outre luy ouvrir un party nouveau : qui estoit qu'ils s'asseurassent bien l'un de l'autre de ne faire paix ni trèves l'un sans l'autre, et que l'empereur prist toutes les seigneuries que ledit duc tenoit de l'Empire, et qui par raison en devoient estre tenues, et qu'il les fist déclarer confisquées à luy : et que le Roy prendroit celles qui estoient tenues de la couronne de France, comme Flandres, Artois, Bourgogne, et plusieurs autres. Combien que cet Empereur eust esté toute sa vie homme de très-peu de vertu, si estoit-il bien entendu, et pour le long-temps qu'il avoit vescu (3), il avoit beaucoup d'expérience ; et puis ces partis, d'entre nous et luy, avoient beaucoup duré : aussi estoit las de la guerre, combien qu'elle ne luy coustast rien : car tous ces seigneurs d'Allemagne y estoient à leurs despens, comme il est de coustume quand il touche le faict de l'Empire.

Ledit empereur respondit aux ambassadeurs du Roy, qu'auprès d'une ville d'Allemagne y avoit un grand ours qui faisoit beaucoup de mal : trois compagnons de ladite ville, qui hantoient les tavernes, vindrent à un tavernier, à qui ils devoient, prier qu'il leur accreust encore un escot, et qu'avant deux jours le payeroient du tout, car ils prendroient cet ours qui faisoit tant de mal, et dont la peau valoit beaucoup d'argent, sans les présens qui leur seroient faits et donnez des bonnes gens. Ledit hoste accomplit leur demande, et quand ils eurent disné, ils allèrent au lieu où hantoit cet ours, et en approchant de la caverne, ils le trouvèrent plus près d'eux qu'ils ne pensoient. Ils eurent peur et se mirent en fuite. L'un gaigna un arbre, l'autre fuit vers la ville, le tiers l'ours le prit et le foula fort soubs luy, en luy approchant le museau fort près de l'oreille. Le pauvre homme estoit couché tout plat contre terre et faisoit le mort. Or cette beste est de telle nature que ce qu'elle tient, soit homme ou beste, quand elle le voit qu'il ne se remue plus, elle le laisse là, cuidant qu'il soit mort. Et ainsi ledit ours laissa ce pauvre homme sans lui avoir fait guères de mal, et se retira en sa caverne : dès que le pauvre homme se veit délivré, il se leva, tirant vers la ville ; son compagnon qui estoit sur l'arbre, le-

---

(1) C'était le fils et le successeur de celui dont il a déjà été parlé à propos des Liégeois.

(2) Pierre de Bourbon.

(3) Frédéric III, de la maison d'Autriche, empereur depuis l'année 1439.

quel avoit veu ce mystère, descend, court et crie après l'autre qui alloit devant, qu'il attendist : lequel se retourna et l'attendit. Quand ils furent joints, celuy qui avoit esté dessus l'arbre demanda à son compagnon, par serment, ce que l'ours luy avoit dit en conseil, qui si long-temps luy ayoit tenu le museau contre l'oreille. A quoy son compagnon luy respondit : il me disoit que jamais je ne marchandasse de la peau de l'ours, jusques à ce que la beste fust morte. Et avec cette fable paya l'empereur nostre Roy, sans faire autre responce à son homme, sinon, en conseil secret, comme s'il vouloit dire : « Ve-» nez icy, comme vous avez promis, et tuons » cet homme, si nous pouvons, et puis dépar-» tons ses biens. »

CHAPITRE IV.

Comment le connestable commença à r'entrer en suspicion, tant du costé du Roy que du costé du duc de Bourgogne.

Vous avez ouy comme messire Jacques de Sainct-Paul et autres avoient esté pris devant Arras : laquelle prise despleust fort au connestable, car ledit messire Jacques luy estoit bon frère. Cette mal-aventure ne luy advint pas seule ; car tout en un temps fut pris le comte de Roussi, son fils, gouverneur de Bourgogne pour ledit duc : et aussi mourut la femme dudit connestable, dame de bien, laquelle estoit sœur de la Reyne, qui luy estoit support en sa faveur ; car tousjours s'entretenoit la marchandise encommencée contre luy, comme vous avez ouy, laquelle tint à peu à l'assemblée qui fut faite à Bouvines pour cette matière. Oncques puis ne fut asseuré ledit connestable, mais en suspicion des deux costez, par espécial en doute du Roy : et luy sembloit bien que le Roy se repentoit d'avoir retiré son scellé à Bouvines.

Le comte de Dammartin et autres estoient logez avec les gens-d'armes près de Sainct-Quentin : ledit connestable les craignoit comme ses ennemis, et se tenoit dedans ledit Sainct-Quentin où il avoit mis quelques trois cens hommes-de-pied de ses terres, pour ce que de tous points ne se fioit de ses gens-d'armes. Il vivoit en grand travail, car le Roy le solicitoit par plusieurs messagers qu'il se mist aux champs pour le servir du costé de Hainault, et qu'il mist le siége devant Avennes, à l'heure que monseigneur l'admiral et cette autre bande allèrent brusler en Artois, comme j'ay dit : ce qu'il fit en grande crainte, car il craignoit fort, il fut devant peu de jours, faisant faire grand guet sur sa personne ; puis se retira en ces places, et manda au Roy (et oüis moy-mesme son homme par le commandement du Roy) qu'il s'estoit levé, parce ce qu'il estoit certainement informé qu'il y avoit deux hommes en l'armée qui avoient pris charge du Roy de le tuer ; et dit tant d'enseignes apparentes, qu'il ne s'en falloit guères qu'il ne fust creu, et que l'un des deux ne fust suspicionné d'avoir dit au connestable quelque chose qu'il devoit taire. Je n'en veux nul nommer, ne plus avant parler de cette matière.

Ledit connestable envoyoit souvent en l'ost du duc de Bourgogne. Je croy bien que la fin estoit de le retirer de cette folie ; et quand ses gens estoient revenus, il mandoit quelque chose au Roy, de quoy il pensoit qu'il seroit bien aise, et luy faisoit savoir quelques occasions, et aussi l'occasion pourquoy il disoit y avoir envoyé, et pensoit entretenir le Roy par ce moyen. Aucunes fois aussi mandoit audit seigneur que les affaires dudit duc de Bourgogne se portoient fort bien, pour luy donner quelque crainte ; car il avoit tant de peur qu'on ne luy courust sus, qu'il requit audit duc qu'il luy envoyast son frère messire Jacques de Sainct-Paul avant sa prise (car il estoit devant Nuz), et aussi le seigneur de Fiennes et autres ses parens, et qu'il les pust mettre dedans Sainct-Quentin, avecques leurs gens, sans porter la croix de Sainct-André, et promettoit audit duc tenir Sainct-Quentin pour luy, et le luy restituer quelque temps après, et de ce faire luy bailleroit son scellé : ce que ledit duc fit. Et quand ledit messire Jacques, le seigneur de Fiennes et autres ses parens se trouvèrent par deux fois à une lieuë ou deux près de la ville de Sainct-Quentin et prests à y entrer, il se trouva que la doute luy estoit passée et se repentoit, et les renvoyoit ; et fit cecy par trois fois, tant désiroit demeurer en cet estat, nageant entre deux, car il les craignoit tous deux merveilleusement.

J'ay sceu ces choses par plusieurs, et par espécial par la bouche de messire Jacques de Sainct-Paul, qui ainsi le conta au Roy quand il fut amené prisonnier, où il n'y avoit que moy présent, et luy valut beaucoup de quoy il respondit franchement des choses que le Roy luy demandoit. Ledit seigneur luy demanda combien il avoit de gens pour y entrer. Il respondit que la troisiesme fois il avoit trois mille hommes. Ledit seigneur luy demanda aussi s'il se fust trouvé le plus fort s'il eust tenu pour le Roy ou pour le connestable. Ledit messire Jacques de Sainct-Paul respondit que les deux premiers

6.

voyages il ne venoit que pour resconforter son frère; mais à la troisiesme, veu que ledit connestable avoit trompé son maistre et luy par deux fois, que s'il se fust touvé le plus fort il eust gardé la place pour son maistre, sans faire violence audit connestable, ne à rien qui eust esté à son préjudice, sinon qu'il n'en fust point sailly à son commandement. Depuis et peu de temps après le Roy délivra de prison ledit messire Jacques de Sainct-Paul, et luy donna des gens-d'armes en bel et grand estat, et s'en servit jusques à la mort. Et ses responses en furent cause.

Depuis que j'ay commencé à parler de Nuz je suis entré en beaucoup de matières l'une sur l'autre, aussi survindrent-elles en ce temps, car ledit siège dura un an. Deux choses pressoient extrêmement ledit duc de Bourgogne de se lever: c'estoit la guerre que le Roy luy faisoit en Picardie; il luy avoit bruslé trois belles petites villes et un quartier du plat païs d'Artois et de Ponthieu; la seconde estoit la belle et grande armée que faisoit le roy d'Angleterre à sa requeste et poursuite, à quoy il avoit travaillé toute sa vie pour le faire passer deçà, et jamais n'en estoit pû venir à bout jusques à cette heure. Ledit roy d'Angleterre et tous les seigneurs de son royaume se mescontentèrent merveilleusement de quoy le duc de Bourgogne le faisoit si long, et outre les prières qu'ils luy faisoient, usoient de menaces, considéré leur grande despence, et que la saison se passoit. Ledit duc tenoit à grande gloire cette grande armée d'Allemagne, tant de princes, de prélats, que de communautez, qui estoit la plus grande qui ait esté depuis de mémoire d'homme pour lors vivant, ne de long-temps paravant, et tous ensemble ne le sçavoient lever du lieu où il estoit. Cette gloire luy cousta bien cher, car qui a le profit de la guerre, il en a l'honneur. Tousjours ce légat dont j'ay parlé alloit et venoit de l'un ost à l'autre, et finalement fut la paix entre l'Empereur et ledit duc de Bourgogne. Et fut mise cette place de Nuz entre les mains dudit légat pour en faire ce que par le siège apostolique en seroit ordonné. En quelle extrémité se pouvoit trouver ledit duc de se voir ainsi pressé par la guerre que luy faisoit le Roy, et pressé et menacé de son amy le roy d'Angleterre; et d'autre costé voir la ville de Nuz en tel estat qu'en moins de quinze jours il la pouvoit avoir, la corde au col, par famine; et si l'eust-il eue en dix jours, comme m'a conté un des capitaines qui estoient dedans, que le Roy prit à son service. Ainsi pour ces raisons se leva ledit duc de Bourgogne l'an 1475 (1).

CHAPITRE V.

Comment le roy d'Angleterre vint par deçà à tout grosse puissance, pour secourir le duc de Bourgogne son allié contre le Roy, qu'il envoya défier par un hérault.

Or faut parler du roy d'Angleterre, lequel tenoit son armée à Douvres pour passer la mer à Calais, et estoit cette armée la plus grande (que passa onques roy d'Angleterre) et toute de gens à cheval, et les mieux en poinct, et les mieux armez qui vindrent jamais en France, et y estoient tous les seigneurs d'Angleterre, ou bien peu s'en faloit. Il y avoit quinze cens hommes-d'armes bien montez, et la pluspart bardez et richement acoustrez à la guise de deçà, qui avoient beaucoup de chevaux de suite; ils estoient bien quinze mille archers portans arcs et flèches, et tous à cheval, et largement gens-de-pied en leur ost, et autres, tant pour tendre leurs tentes et pavillons qu'ils avoient en grande quantité, qu'aussi pour servir à leur artillerie et clorre leur camp. En toute l'armée n'y avoit un seul page; et si avoient ordonné les Anglois trois mille hommes, pour envoyer en Bretagne. J'ay cecy dit par cy-devant, mais il sert bien encores à ce propos, c'est que si Dieu n'eust voulu troubler le sens audit duc de Bourgogne, et préserver ce royaume à qui il a fait plus de grâce jusques icy qu'à nul autre, est-il de croire que ledit duc se fût allé amuser obstinément devant cette forte place de Nuz ainsi deffenduë, veu qu'en toute sa vie n'avoit sceu trouver le royaume d'Angleterre disposé à faire armée deçà la mer, et veu encores qu'il connoissoit clairement qu'ils estoient comme inutiles aux guerres de France? car s'il s'en eust voulu aider, il eust esté besoin que toute une saison il ne les eût perdus de veuë, pour leur aider à dresser et conduire leur armée aux choses nécessaires selon nos guerres de deçà, car il n'est rien plus sot ne plus maladroit quand ils passent premièrement; mais en bien peu d'espace, ils sont très-bonnes gens de guerre, sages et hardis. Il fit tout le contraire: car entre les autres maux il leur fit presque perdre la saison; et au regard de luy, il avoit son armée si rompue, si mal en poinct et si pauvre, qu'il ne l'osoit monstrer devant eux, car il avoit perdu

(1) Le duc de Bourgogne avoit mis le siège devant Nuys, le 30 juillet 1474; il y resta jusqu'au 27 juin 1475.

devant Nuz quatre mille hommes prenans soldes, entre lesquels y moururent des meilleurs gens qu'il eust. Et ainsi verrez que Dieu le disposa de tous poincts à faire contre la raison de ce que son affaire requéroit, et contre ce qu'il sçavoit et entendoit mieux que nul autre, dix ans avoit.

Le roy Edoüard estant à Douvres, pour son passage, luy envoya ledit duc de Bourgogne bien cinq cens basteaux de Hollande et Zélande, qui sont plats et bas de bord, et bien propices à porter chevaux, et s'appellent sertes, et vindrent de Hollande; et nonobstant ce grand nombre et tout ce que le roy d'Angleterre sceut faire, il mit plus de trois semaines à passer entre Douvres et Calais, bien qu'il n'y ait que sept lieues. Or regardez doncques avec quelle difficulté un roy d'Angleterre peut passer en France; et quand le Roy nostre maistre eût entendu le fait de la mer aussi bien qu'il entendoit le fait de la terre, jamais le roy Edoüard ne fust passé, au moins en cette saison; mais il ne l'entendoit point, et ceux à qui il donnoit authorité sur le fait de sa guerre y entendoient encores moins. Le roy d'Angleterre mit trois semaines à passer. Un seul navire d'Eu prit deux ou trois de ses petits passagers.

Avant que le roy Edoüard montast et partist de Douvres, il envoya devers le Roy un seul héraut, appelé Jaretière, lequel estoit natif de Normandie. Il apporta au Roy une lettre de deffiance, de par le roy d'Angleterre, en beau langage et en beau stile, et croy que jamais Anglois n'y avoit mis la main. Il requéroit au Roy qu'il luy rendist le royaume de France qui luy appartenoit, afin qu'il peust remettre l'Eglise, les nobles et le peuple en leur liberté ancienne, et oster des grandes charges et travaux en quoy ils estoient tenus par le Roy; et en cas de refus, il protestoit des maux qui en ensuivroient, en la forme et manière qu'il est accoustumé de faire en tel cas. Le Roy leut la lettre seul, et puis se retira en une garde-robbe tout fin seul, et fit appeler ce héraut, et luy dit qu'il sçavoit bien que le Roy d'Angleterre ne venoit point à sa requeste, mais y estoit contrainct, tant par le duc de Bourgogne que par les communes d'Angleterre, et qu'il pouvoit bien voir que jà la saison estoit presque passée, et que le duc de Bourgogne s'en revenoit de Nuz comme homme déconfit et pauvre en toutes choses; et qu'au regard du connestable, il sçavoit bien qu'il avoit quelques intelligences avec le roy d'Angleterre pour ce qu'il avoit espousé sa nièce, mais qu'il le tromperoit, et luy conta les biens qu'il avoit de luy, disant: *Il ne veut sinon vivre en ses dissimulations, et en entretenir chacun, et faire son profit;* et dit audit héraut plusieurs autres belles raisons pour admonester ledit roy d'Angleterre de prendre appointement avec luy. Et donna audit héraut trois cens escus de sa main comptant, et luy en promit mille si l'appointement se faisoit, et en public luy fit donner une belle pièce de veloux cramoisy, contenant trente aunes.

Ledit héraut respondit qu'il travailleroit à cet appointement, et qu'il croyoit que son maistre y entendroit volontiers; mais qu'il n'en faloit point parler jusques à ce que le roy d'Angleterre fust deçà la mer: mais quand il y seroit, qu'on envoyast un héraut pour demander sauf-conduit, pour envoyer des ambassadeurs devers luy, et qu'on s'adressast à monseigneur de Havart, ou à monseigneur de Stanley, et aussi à luy pour aider à conduire ce héraut. Il y avoit beaucoup de gens en la salle, cependant que le Roy parloit audit héraut, qui attendoient, et avoient grande envie d'ouïr ce que le Roy diroit, et quel visage il feroit quand il sortiroit de leans. Quand il eut achevé, il m'appella, et me dist que j'entretinsse tousjours ledit héraut jusques à ce qu'on luy eust baillé compagnie pour le conduire, afin que nul ne parlast à luy, et que je luy fisse délivrer une pièce de veloux cramoisy, contenant trente aunes. Ainsi le fis, et le Roy se mit à parler à plusieurs, et conter de ses lettres de deffiance: et en appela sept ou huict à part, et les fit lire, et monstra bon visage, et bien asseuré, sans monstrer nulle crainte; car il estoit bien joyeux de ce qu'il avoit trouvé audit héraut.

◇◇◇

CHAPITRE VI.

De la peine en laquelle estoit le connestable, et comment il envoya lettres de créance au roy d'Angleterre et au duc de Bourgogne, qui après furent en partie cause de sa mort.

Sur ce passage faut encore dire un mot de monseigneur le connestable, lequel estoit en grande pensée du tour qu'il avoit fait au duc de Bourgogne, touchant Saint-Quentin, et se tenoit desjà comme deffié du Roy; car ses principaux serviteurs l'avoient laissé, comme monseigneur de Genlys (1), et monseigneur de Moüy (2), lesquels le Roy avoit desjà recueillis, combien que monseigneur de Moüy alloit et venoit encores

---

(1) François de Hangest, seigneur de Genlis.

(2) Colard, seigneur de Mouy.

devers luy, et le Roy pressoit fort que ledit connestable vinst devers luy et luy offroit certaine récompense qu'il demandoit pour le comté de Guyse, comme autrefois luy avoit promis. Ledit connestable estoit bien content de venir pourveu que le Roy fist serment, sur la croix Sainct-Lou d'Angers (1), de ne faire nul mal à sa personne, ne consentir qu'autre le fist : et alléguoit qu'aussi bien luy pourroit-il faire ledit seigneur ce serment, comme il avoit fait autrefois au seigneur de Lescut : et à cela luy respondit le Roy, que jamais ne feroit ce serment à homme ; mais que tout autre serment que ledit connestable luy voudroit demander, qu'il estoit content de le faire. Vous pouvez bien entendre qu'en grand travail d'esprit estoit le Roy, et aussi ledit connestable : car il ne passoit un seul jour pour une espace de temps, qu'il n'allast gens de l'un à l'autre, sur le fait de ce serment. Et qui bien y penseroit, c'est misérable vie que la nostre, de tant prendre de peine et de travail pour s'abréger la vie, en disant et escrivant tant de choses presque opposites à leurs pensées. Et si ces deux, dont je parle, estoient en grand travail, le roy d'Angleterre et le duc de Bourgogne n'en avoient pas moins de leur part.

Ce fut environ tout en un temps, ou peu de jours s'en falut, que fut le passage du roy d'Angleterre à Calais, et le département du duc de Bourgogne de devant Nuz : lequel à grandes journées s'en retira droit à Calais, devers le roy d'Angleterre, à bien petite compagnie, et envoya cette armée ainsi dépecée (comme avez ouy) pour piller le pays de Barrois et de Lorraine, et pour les faire vivre et se rafraichir : et le fit à cause de ce que ledit duc de Lorraine luy commença la guerre, et l'avoit deffié luy estant devant Nuz (2), qui estoit bien une grande faute à luy, avec les autres que jà avoit faites envers les Anglois, lesquels s'attendoient de le trouver à leur descente, avec, pour le moins, deux mille cinq cens hommes-d'armes bien en poinct, et autre grand nombre de gens-de-cheval et de pied (car ainsi leur avoit promis le duc de Bourgogne, pour les faire venir), et qu'il auroit commencé la guerre en France, trois mois avant leur descente, afin qu'ils trouvassent le Roy plus las et plus foulé : mais Dieu pourveut à tout, comme avez ouy. Le roy d'Angleterre partit de Calais, et ledit duc en sa compagnie, et passèrent par Boulogne, et tirèrent à Péronne, ou ledit duc recueillit les Anglois assez mal : car il faisoit garder les portes, et n'y entroit gens qu'en petit nombre, et logèrent aux champs, et le pouvoient bien faire ; car ils estoient bien pourveus de ce qu'il leur faloit pour ce mestier.

Après qu'ils furent venus à Péronne, ledit connestable envoya devers ledit duc de Bourgogne un de ses gens appellé Louis de Créville, pour s'excuser envers le duc de Bourgogne de quoy il ne luy avoit baillé Sainct-Quentin ; disant que s'ainsi l'eût fait, il ne luy eust pû plus servir en riens dedans le royaume de France : car de tous points il eust perdu son crédit et la communication des gens ; mais qu'à cette heure, veu qu'il voyoit le Roy d'Angleterre si près, il feroit tout ce que ledit duc de Bourgogne voudroit. Et pour en estre plus certain, bailla audit duc une lettre de créance, addressant au roy d'Angleterre, et mettoit ledit connestable la créance sur ledit duc de Bourgogne. Outre et davantage, envoyoit un scellé audit duc, par lequel il luy promettoit de le servir et tous ses amis et alliez, tant le roy d'Angleterre qu'autres, envers et contre tous ceux qui pourroient vivre et mourir, sans nul en excepter. Ledit duc de Bourgogne bailla au roy d'Angleterre sa lettre, et dit sa créance, et la fit un peu plus grasse qu'elle n'estoit : car il asseuroit le roy d'Angleterre que ledit connestable le mettroit dedans Saint-Quentin et dedans toutes ses autres places.

Le roy Edoüard le creut assez tost : car il avoit espousé la nièce dudit connestable, et si luy sembloit en si grande crainte du roy de France, qu'il n'oseroit faillir à ce qu'il promettoit audit duc de Bourgogne et à luy. Semblablement le croyoit ledit duc de Bourgogne. Mais les pensées dudit connestable, ni la peur qu'il avoit du Roy, ne le conduisoient pas encore jusques là, mais luy sembloit encores qu'il useroit de dissimulation, comme il avoit accoustumé, pour les contenter, et qu'il leur mettroit si évidentes raisons en avant, qu'ils auroient encore patience, sans le contraindre à se déclarer. Le roy Edoüard ny ses gens n'avoient fort pratiqué les faits de ce royaume, et alloient plus grossement en besogne; par quoy ne peurent si tost entendre les dissimulations, dont on use deçà

---

(1) La croix de Saint-Lô ou Saint-Loup d'Angers, célèbre sous le règne de Louis XI : c'était un morceau de la vraie croix, qui était déposé dans l'église collégiale de Saint-Lô au faubourg d'Angers. Celui qui violait un serment prêté sur cette croix, devait mourir dans l'année.

(2) Pendant le siége de Nuys, René, duc de Lorraine, s'était emparé de la ville de Nanci, et avait envoyé, le 9 mai, un acte de défi au duc de Bourgogne. Charles fit au duc de Lorraine une réponse très-vive, en date du 3 juillet de la même année 1475 ; il y attaque même indirectement le roi Louis XI.

et ailleurs, car naturellement les Anglois, qui ne sont jamais partis d'Angleterre, sont fort colériques, comme aussi sont toutes les nations de pays froids. La nostre (comme vous voyez) est située entre les uns et les autres, et est environnée de l'Italie et de l'Espagne et Catalogne, du costé de Levant; et Angleterre et ces parties de Flandres et de Hollande, vers le ponant: et encores nous vient joindre Allemagne par tout vers la Champagne. Ainsi nous tenons de la région chaude et aussi de la froide, parquoy nous avons gens de deux complexions. Mais mon advis est, qu'en tout le monde n'y a région mieux située que celle de France.

Le roy d'Angleterre, qui avoit eu grande joye de ces nouvelles de monsieur le connestable (combien que desjà par avant en pouvoit bien avoir eu quelque sentiment, mais non pas si ample), partit de Péronne, et le duc de Bourgogne en sa compagnie, qui n'avoit nulles gens: car tous estoient tirez en Barrois et Lorraine, comme je vous ay dit, et s'approchèrent de Sainct-Quentin: et allèrent courir un grand tas d'Anglois devant, lesquels, comme j'ouys dire peu de jours après, s'attendoient qu'on sonnast les cloches à leur venue, et qu'on portast la croix et l'eau béniste au devant. Comme ils s'approchèrent près de la ville, l'artillerie commença à tirer, et saillit des escarmouches à pied et à cheval, et y eut deux ou trois Anglois tuez et quelques-uns pris: ils eurent un très-mauvais jour de pluye, et en cet estat s'en retournèrent en leur ost, fort mal contens, murmurans contre ce connestable, et l'appelloient traistre. Le lendemain au matin le duc de Bourgogne voulut prendre congé du roy d'Angleterre, qui estoit chose bien estrange, veu qu'il les avoit ainsi fait passer, et vouloit tirer vers son armée en Barrois, disant qu'il feroit beaucoup de choses en leur faveur. Les Anglois qui sont suspicionneux, et qui estoient tout neufs par deçà et esbahis, ne se pouvoient contenter de son allée, ni croire qu'il eust nulles gens aux champs, et si ne sçavoit le duc de Bourgogne modérer le fait dudit connestable, nonobstant qu'il eût dit que tout ce qu'il en avoit fait estoit pour toutes bonnes fins, et si les esbahissoit l'hyver qui s'approchoit; et sembloit bien à les ouyr parler, que le cœur leur tirast plus à la paix qu'à la guerre.

CHAPITRE VII.

Comment le Roy fit vestir un simple serviteur d'une cotte d'armes, avec un esmail, et l'envoya parler au Roy d'Angleterre en son ost, où il eut très-bonne response.

Sur ces propres paroles, et comme ledit duc vouloit partir, fut pris des Anglois un valet d'un gentil-homme de la maison du Roy, appelé Jacques de Grassé, lequel estoit des vingt escus, et fut incontinent ledit valet amené devant le roy d'Angleterre et le duc de Bourgogne, qui estoient ensemble, et puis fut mis en une tente. Après qu'ils l'eurent interrogé, ledit duc de Bourgogne prit congé du roy d'Angleterre et s'en tira en Brabant, pour aller à Maizières, où il avoit partie de ses gens. Le roy d'Angleterre commanda qu'on donnast congé à ce valet, veu que c'estoit leur premier prisonnier, et au départir monseigneur de Havart et monseigneur de Stanley luy donnèrent un noble, et luy dirent: *Recommandez-nous à la bonne grace du Roy vostre maistre, si vous pouvez parler à luy.* Ledit valet vint en grande diligence devers le Roy, qui estoit à Compiègne, et vint pour dire ces paroles. Le Roy entra en grande suspicion de luy, doutant que ce ne fust une espie, à cause que Gilbert de Grassé, frère du maistre dudit valet, estoit pour lors en Bretagne, fort bien traité du duc. Ledit valet fut enfermé et estroitement gardé cette nuit: toutesfois beaucoup de gens parlèrent à luy par commandement du Roy, et sembloit à leur rapport qu'il parlast bien asseurément, et que le Roy le devoit ouyr.

Le lendemain bien matin le Roy parla à luy; après qu'il l'eut ouy, il le fit desferrer: mais encore demeura gardé, et alla le Roy pour se mettre à table, ayant plusieurs imaginations, pour sçavoir s'il envoyeroit vers les Anglois ou non, et avant que se seoir à table, m'en dit quelques paroles: car, comme vous sçavez, monseigneur de Vienne, nostre Roy parloit fort privément, et souvent à ceux qui estoient plus prochains de luy, comme j'estois lors, et d'autres depuis: et aimoit à parler en l'oreille. Il luy vint en mémoire les paroles que le héraut d'Angleterre luy avoit dites; qui fut qu'il ne faillist point à envoyer quérir un sauf-conduit pour envoyer devers le roy d'Angleterre, dès qu'il seroit passé la mer, où qu'on s'addressast aux dessusdits seigneurs de Havart et de Stanley. Dès qu'il fut assis à table, et un peu imaginé, comme vous sçavez qu'il faisoit, qui estoit bien étrange à ceux qui ne le connoissoient: car sans le connoistre l'eussent jugé mal sage, mais ses œuvres tesmoignent bien le contraire; il me dit en l'oreille que j'allasse manger en ma chambre, et que j'envoyasse quérir un valet, qui estoit à monseigneur des Halles (1), fils de Mérichon de La Rochelle, et que je parlasse à luy, sçavoir s'il oseroit entreprendre d'aller en l'ost du roy d'Angleterre en habit de héraut: je fis incontinent ce qu'il m'avoit commandé, et fus très-esbahy quand je vis ledit serviteur: car il ne me sembloit ni de taille, ni de façon, propice à une telle œuvre: toutesfois il avoit bon sens (comme j'ay connu depuis) et la parole douce et amiable; jamais le Roy n'avoit parlé à luy qu'une seule fois. Ledit serviteur fut très-esbahy, quand il m'ouyt parler, et se jetta à deux genoux devant moy, comme celuy qui cuidoit desjà estre mort. Je l'assurois le mieux que je pouvois, et luy promis une élection en l'isle de Rhé et de l'argent, et pour plus l'asseurer, luy dis que cecy venoit des Anglois: et puis le fis manger avec moy, où n'estions que nous deux et un serviteur; et petit à petit le mettois en ce qu'il avoit à faire.

Je n'y eus pas long-temps esté que le Roy m'envoya quérir: je luy contay de nostre homme, et luy en nommay d'autres plus propices à mon entendement, mais il n'en voulut point d'autre, et vint luy-mesme parler à luy, et l'asseura plus en une parole que je n'avois fait en cent : avec ledit seigneur n'entra en ladite chambre que monseigneur de Villiers, lors grand escuyer, et maintenant baillif de Caen : et quand il sembla au Roy que nostre homme fut en bon propos, il envoya, par ledit grand-escuyer, quérir une banière de trompette, pour luy faire une cotte d'armes; car ledit seigneur n'estoit point convoiteux, ny accompagné de héraut, ne de trompette, comme ont plusieurs princes : et ainsi ledit grand-escuyer et un de mes gens firent cette cotte-d'armes le mieux qu'ils peurent; et alla ledit grand-escuyer quérir un esmail d'un petit héraut, qui estoit à monseigneur l'admiral, appelé Plein-Chemin : lequel esmail l'on attacha à nostre homme, et luy apporta l'on secrettement ses houseaux et son habillement, et lui fut amené son cheval et mis dessus, sans que personne n'en sceust rien, et luy mit-on une belle bougette (2) à l'arson de la selle pour mettre sa cotte-d'armes; et bien instruit de ce qu'il avoit à dire, s'en alla tout droit à l'ost des Anglois.

Après que nostre homme fut arrivé à l'ost des Anglois avec sa cotte-d'armes sur le dos, tantost fut arresté et mené devant la tente du roy d'Angleterre. Il luy fut demandé qu'il y venoit

(1) Mérichon, sire d'Urfé, de la Gort, du Breuil-Bertin et des Halles de Poitiers; il fut chambellan du roi Louis XI, maire et gouverneur de La Rochelle. Le valet de Mérichon se nommoit Mérindot.

(2) Petite valise.

faire. Il dit qu'il venoit de par le Roy, pour parler au Roy d'Angleterre, et qu'il avoit charge de s'addresser à messeigneurs de Havart et de Stanley. On le mena en une tente pour disner, et luy fit-on très-bonne chère. Au lever de la table du roy d'Angleterre, qui disnoit à l'heure que le héraut arriva, on mena ledit héraut devers luy, et l'ouït. Sa créance estoit fondée sur le désir que le Roy avoit dès long-temps d'avoir bonne amitié avec luy, et que les deux royaumes peussent vivre en paix : et que jamais depuis qu'il avoit esté roy de France, il n'avoit fait guerre ny entreprise contre le Roy, ny le royaume d'Angleterre, s'excusant de ce qu'autrefois avoit recueilly monseigneur de Warvic, et disoit que ce n'avoit esté seulement que contre le duc de Bourgogne, et non point contre luy. Aussi lui faisoit remonstrer le Roy que ledit duc de Bourgogne ne l'avoit point appelé, sinon pour en cuyder faire un meilleur appointement avec le Roi, sur l'occasion de sa venuë, et si autres y en avoit qui y tinssent la main, que ce n'estoit sinon pour en amender leurs affaires, et tascher à leurs fins particulières : et du fait du roy d'Angleterre ne leur chaloit au demeurant, comment il en allast, mais qu'ils en fissent leurs besognes bonnes. Aussi luy faisoit remonstrer le temps, et que jà s'approchoit l'hiver, et qu'il sçavoit bien qu'il avoit fait grand despence, et qu'il y avoit plusieurs gens en Angleterre qui désiroient la guerre par deçà, tant nobles que marchands; et quand ce viendroit que le roy d'Angleterre se voudroit mettre en son devoir d'entendre au traité, que le Roy s'y mettroit tant de son costé, que luy et son royaume devroient estre contens; et afin que mieux fût informé de toutes ces choses, s'il vouloit donner un sauf-conduit pour le nombre de cent chevaux, que le Roy envoyeroit devers luy ambassadeurs, bien informez de son vouloir, ou si le roy d'Angleterre aimoit mieux que ce fust en quelque village, à mi-chemin des deux armées, et que là se trouvassent gens des deux costez, que le Roy en seroit très-content, et envoyeroit sauf-conduit de son costé.

Le roy d'Angleterre, et une partie de ses princes, trouvèrent ces ouvertures très-bonnes, et fut baillé un sauf-conduit à nostre homme, tel qu'il le demandoit, et luy fust donné quatre nobles, et vint avec luy un héraut, pour venir quérir un sauf-conduit du Roy, pareil à celuy qu'ils avoient donné : et le lendemain, en un village auprès d'Amiens, se trouvèrent les ambassadeurs ensemble. De la part du Roy y estoient le bastard de Bourbon admiral, monseigneur de Sainct-Pierre, l'évesque d'Evreux, appelé

Herberge. Le roy d'Angleterre y envoya monseigneur de Havart, un nommé Chalanguier, et un docteur appelé Morton, qui aujourd'huy est chancelier d'Angleterre et archevesque de Cantorbéry.

Je crois qu'à plusieurs pourroit sembler que le Roy s'humilioit trop: mais les sages pourroient bien juger par mes paroles précédentes, que ce royaume estoit en grand danger, si Dieu n'y eust mis la main : lequel disposa le sens de nostre Roy à eslire si sage parti, et troubla bien celuy du duc de Bourgogne, qui fit tant d'erreurs (comme avez veu) en cette matière, qui tant de fois avoit desiré ce qu'il perdit par sa faute. Nous avions lors beaucoup de choses secrettes parmi nous, dont fussent venus de grands maux en ce royaume, et promptement, si cet appointement ne se fust trouvé, et bientost, tant du costé de Bretagne que d'ailleurs. Et crois véritablement aux choses que j'ai vuës en mon temps, que Dieu a ce royaume en espéciale recommandation.

⋘⋙

CHAPITRE VIII.

Comment trève de sept ans fut traitée entre le roy de France et le roy d'Angleterre, nonobstant les empeschemens du connestable et du duc de Bourgogne.

Comme vous avez ouy, nos ambassadeurs se trouvèrent ensemble dès le lendemain de la venue de notre héraut, car nous estions près les uns des autres, comme de quatre lieues, ou moins. Nostre héraut eut bonne chère, et son office en l'isle de Rhé (dont il estoit natif) et de l'argent. Plusieurs ouvertures furent faites entre nos ambassadeurs : les Anglois demandèrent, comme ils ont accoustumé, la Couronne, ou pour le moins Normandie et Guyenne. Bien assailli, bien deffendu. Dès cette première journée furent les choses bien approchées : car les deux parties en avoient grande envie. Les nostres revindrent, et les autres s'en retournèrent en leur ost. Le Roy ouyt leurs demandes et dernières conclusions : c'estoit septante et deux mille escus tous contens, avant que partir ; le mariage du Roy (qui est aujourd'huy) avec la fille aisnée du roy d'Angleterre (laquelle est aujourd'huy reyne d'Angleterre) et la duché de Guyenne, pour la nourrir, ou cinquante mille escus tous les ans, rendus dedans le chasteau de Londres, jusques au bout de neuf ans : et au bout de ce terme, devoit le Roy (qui est aujourd'huy) et sa femme, jouyr pacifiquement du revenu de Guyenne : et aussi nostre Roy devoit demeurer quitte de ce payement envers le roy d'Angleterre. Plusieurs autres petits articles y avoit touchant le fait des marchands, dont je ne fais point de mention ; et devoit durer cette paix sept ans entre les deux royaumes, et y estoient compris tous les alliez d'un costé et d'autre, et nommément de la part du roy d'Angleterre, les ducs de Bourgogne et de Bretagne, si compris y vouloient estre. Offroit ledit roy d'Angleterre (qui estoit chose bien estrange) de nommer aucuns personnages qu'il disoit estre traitres au Roy et à sa couronne, et de le monstrer par escrit.

Le Roy eut merveilleusement grande joye de ce que ses gens luy rapportèrent. Il tint conseil sur cette matière, et j'estois présent. Aucuns furent d'advis que ce n'estoit qu'une tromperie et dissimulation de la part des Anglois. Au Roy sembloit le contraire, et allégua la disposition du temps et la saison, et qu'ils n'avoient une seule place qui fût à eux, et aussi les mauvais tours que leur avoit faits le duc de Bourgogne, lequel estoit desjà départy d'avec eux, et se tenoit comme seur que le connestable ne bailleroit nulles places : car à chacune heure le Roy envoyoit devers luy pour l'entretenir et pour l'adoucir, et pour le garder de mal faire. Aussi le Roy avoit bonne connoissance de la personne du roy d'Angleterre, lequel aimoit fort ses aises et ses plaisirs. A quoy me sembloit qu'il parloit plus sagement que personne de la compagnie, et qu'il entendoit mieux ces matières, de quoy on parloit, et conclud qu'à très-grande diligence on cherchast cet argent ; et fust advisée la manière de le trouver : et qu'il faloit que chacun prestast quelque chose pour aider soudainement à la fournir : et oultre dit le Roy qu'il n'estoit chose au monde qu'il ne fist pour jetter le roy d'Angleterre hors de ce royaume, excepté qu'il ne consentiroit jamais pour rien qu'ils eussent terre : mais avant qu'il le souffrist, mettroit toutes choses en péril et hazard.

Monseigneur le connestable commença à soy appercevoir de ces marchez, et avoir peur d'avoir offencé de tous costez : craignant tousjours cette marchandise, qui avoit cuidé estre contre luy à Bouvines, et pour cette cause il envoyoit souvent devers le Roy ; et sur l'heure dont je parle, vint devers ledit seigneur un gentilhomme, appellé Louis de Créville, serviteur du connestable, et un sien secrétaire, nommé maistre Jean Richer, qui tous deux vivent encores, et dirent leur créance à monseigneur du Bouchage et à moy, premier qu'au Roy, car le plaisir dudit seigneur estoit tel. Ce qu'ils apportoient pleut fort au Roy quand il en fut adverti : pour ce qu'il avoit intention de s'en servir, comme vous oyrez. Le seigneur de Contay, serviteur du duc de Bourgogne, qui avoit esté pris naguères devant Arras (comme avez ouy) alloit et venoit sur sa foy devers ledit duc, et luy promit le Roy donner sa finance et rançon, et une très-grande somme d'argent, s'il pouvoit traiter la paix. D'aventure il estoit arrivé devers le Roy, ce jour qu'arrivèrent les deux dessus nommez serviteurs dudit connestable. Le Roy fit mettre ledit seigneur de Contay dedans un grand et vieil ostevent (1), qui estoit dedans sa chambre, et moy avec luy, afin qu'il entendist et peust faire rapport à son maistre des paroles dont ledit connestable et ses gens usoient dudit duc; et le Roy se vint seoir sur un escabeau rasibus dudit ostevent, afin que nous peussions mieux entendre les paroles que diroit Louis de Créville, et avec ledit seigneur n'y avoit que le sieur Du Bouchage. Ledit Louis de Créville et son compagnon commencèrent lors leurs paroles, disans que leur maistre les avoit envoyés devers le duc de Bourgogne, et qu'ils luy avoient fait plusieurs remonstrances pour le desmouvoir de l'amitié des Anglois, et qu'ils l'avoient trouvé en telle cholère contre le roy d'Angleterre, qu'à peu fust qu'ils ne l'avoient gagné, non pas seulement à laisser lesdits Anglois, mais à aider à les destrousser en eux retournant. Et en disant ces paroles, pour cuider complaire au Roy, ledit Louis de Créville commença à contrefaire le duc de Bourgogne, et à frapper du pied contre terre, et à jurer Sainct-George, et qu'il appelloit le roy d'Angleterre *Blancborgne, fils d'un archer qui portoit son nom*, et toutes les mocqueries qu'en ce monde estoit possible de dire d'homme. Le Roy rioit fort, et luy disoit qu'il parlast haut, et qu'il commençoit à devenir un peu sourd, et qu'il le dist encore une fois : l'autre ne se feignoit pas, et recommençoit encore une fois de très-bon cœur. Monseigneur de Contay, qui estoit avec moy en cet ostevent, estoit le plus esbahy du monde, et n'eust jamais creu, pour chose qu'on luy eût sceu dire, les paroles qu'il oyoit.

La conclusion des gens dudit connestable estoit, qu'ils conseilloient au Roy, que pour éviter tous ces grands périls, qu'il voyoit appareillez contre luy, il prist une trève, et que ledit connestable se faisoit fort de le guider : et

(1) Paravent, qui ôte ou pare le vent.

(2) Le connétable Saint-Pol avait autrefois épousé la sœur de la reine Charlotte de Savoie.

que pour contenter ces Anglois, on leur baillast seulement une petite ville ou deux pour les loger l'hyver, et qu'elles ne sauroient estre si méchantes qu'ils ne s'en contentassent : et sembloit sans rien nommer, qu'il voulsist dire Eu et Sainct-Valery. Et luy sembloit que par ce moyen les Anglois se contenteroient de luy et du refus qu'il leur avoit fait de ses places. Le Roy à qui il suffisoit d'avoir joué son personnage, et faire entendre au seigneur de Contay les paroles dont usoit et faisoit user ce connestable par ses gens, ne leur fit nulle mal-gracieuse response, mais seulement leur dit : « J'envoiray devers mon frère (2), et luy feray sçavoir de mes nouvelles, » et puis leur donna congé. L'un fit le serment en la main du Roy, que s'il sçavoit rien qui touchast le Roy, de le révéler : il gréva beaucoup au Roy de dissimuler de cette matière, où il conseilloit de bailler terre aux Anglois : mais doutant que ledit connestable ne fist pis, il n'y voulust point respondre, en façon qu'ils connussent qu'il l'eût mal pris, mais envoya devers luy. Le chemin estoit court, et un homme ne mettoit guères à aller et retourner. Le seigneur de Contay et moy partismes de cet ostevent quand les autres s'en furent allez ; le Roy rioit et faisoit bien bonne chère : mais ledit de Contay estoit comme homme sans patience d'avoir ouy telles sortes de gens ainsi se moquer de son maistre, et veu encores les traitez qu'il menoit avec luy ; et luy tardoit bien qu'il ne fust jà à cheval pour l'aller conter à sondist maistre le duc de Bourgogne ; sur l'heure fut despéché ledit seigneur de Contay, et son instruction escrite de sa main propre, et emporta une lettre de créance de la main du Roy, et s'en partit.

Nostre matière d'Angleterre estoit jà accordée comme avez ouy, et se menoient tous ces marchez en un temps et en un coup. Ceux qui de par le Roy s'estoient trouvez avec les Anglois, avoient fait leur rapport, comme avez entendu, et ceux du Roy d'Angleterre estoient aussi retournez devers luy. Des deux costez fust accordé et délibéré par ceux qui allèrent et vinrent, que les deux rois se verroient, et qu'après qu'ils se seroient veus et juré les traitez pourparlez, que le roy d'Angleterre s'en retourneroit en son pays, après avoir reçu les soixante et douze mille escus, et qu'il laisseroit en ostage monseigneur de Havart, et son grand escuyer messire Jehan Cheme, jusques à ce qu'il fust passé la mer. Par après furent promis seize mille escus de pension aux serviteurs privez du roy d'Angleterre ; à monseigneur de Hastingues deux mille escus l'an : cestuy-là n'en voulut jamais bailler quittance, au chancelier deux mille escus, à monseigneur de Havart, au grand-escuyer, à Chalanguier, à monseigneur de Montgoméry, et à d'autres le demeurant, et largement argent comptant et vaisselle fut donnée ausdits serviteurs dudit roy Edouard d'Angleterre.

Le duc de Bourgogne, sentant ces nouvelles, vint de devers Luxembourg, où il estoit, à très-grande haste, devers le roy d'Angleterre, et n'avoit que seize chevaux quand il arriva devers luy. Le roy d'Angleterre fut fort esbahy de cette venue si soudaine, et lui demanda qui l'amenoit, et connut bien qu'il estoit courroucé. Ledit duc respondit qu'il venoit parler à luy. Le roy luy demanda s'il vouloit parler à luy à part ou en public. Lors luy demanda le duc s'il avoit la paix: le roy d'Angleterre luy dit qu'il avoit fait une trève pour sept ans, en laquelle il estoit compris et le duc de Bretagne, et luy prioit qu'il s'y accordast. Ledit duc se courrouça, et parla en Anglois (car il en sçavoit le langage) et allégua plusieurs beaux faits des roys d'Angleterre qui estoient passés en France, et des peines qu'ils y avoient prises pour y acquérir honneur; et blasma cette trève, disant qu'il n'avoit point cherché à faire passer les Anglois pour besoin qu'il en eust, mais pour recouvrer ce qui leur appartenoit, et afin qu'ils connussent qu'il n'avoit nulle besoin de leur venue, qu'il ne prendroit point de trève avec nostre Roy jusques à ce que le roy d'Angleterre eust esté trois mois delà la mer; et après ces paroles part et s'en va de là où il venoit. Le roy d'Angleterre prit très-mal ces paroles, et ceux de son conseil. Autres qui n'estoient point contens de cette paix, louèrent ce que ledit duc avoit dit.

⋘⋙

CHAPITRE IX.

Comment le Roy fit festoyer les Anglois dedans Amiens, et comment place fut assignée pour la veue des deux roys.

Le roy d'Angleterre, pour conclure cette paix, vint loger à demie lieue d'Amiens, et estoit le Roy à la porte, qui de loin les pouvoit voir arriver. Pour ne mentir point, il sembloit bien qu'ils fussent neufs à ce mestier de tenir les champs, et chevauchoient en assez mauvais ordre. Le Roy envoya au roy d'Angleterre trois cens chariots chargez de vins, des meilleurs qu'il fust possible de trouver: et sembloit ce charroy presque un ost aussi grand que celuy du roy d'Angleterre; et pour ce qu'il estoit trève, venoient largement Anglois en la ville, et se montroient peu sages, et ayans peu de révérence à leur Roy: ils venoient tous armez et en grande compagnie: et quand nostre Roy y eust voulu aller à mauvaise foi, jamais si grande compagnie ne fut si aisée à déconfire: mais sa pensée n'estoit autre qu'à les bien festoyer, et se mettre en bonne paix avec eux pour son temps. Il avoit ordonné, à l'entrée de la porte de la ville, deux grandes tables, a chacun costé une, chargées de toutes bonnes viandes, qui font envie de boire, et de toutes sortes, et les vins les meilleurs dont se pouvoit adviser, et des gens pour en servir. D'eauë n'estoit point de nouvelles. A chacune de ces deux tables avoit fait seoir cinq ou six hommes de bonne maison fort gros et gras, pour mieux plaire à ceux qui avoient envie de boire: et y estoient le seigneur de Craon, le seigneur de Briquebec, le seigneur de Bressuyre, le seigneur de Villiers, et autres: et dès que les Anglois s'approchoient de la porte, ils voyoient cette assiète, et y avoit gens qui les prenoient à la bride, et disoient qu'ils leur courussent une lance, et les amenoient près de la table, et estoient traités pour ce passage selon l'assiète, et en très-bonne sorte, et le prenoient bien en gré. Comme ils estoient en la ville, quelque part qu'ils dessendissent, ils ne payoient rien, et y avoit neuf ou dix tavernes bien fournies de ce qui leur estoit nécessaire, où ils alloient boire et manger, et demandoient ce qui leur plaisoit, et ne payoient rien: et dura cecy trois ou quatre jours.

Vous avez ouy comme cette trève déplaisoit au duc de Bourgogne; mais encore déplaisoit-elle plus au connestable qui se voyoit mal de tous costez et avoir failly, et pour ce envoya devers le roy d'Angleterre son confesseur avec une lettre de créance, qui estoit telle, que pour l'amour de Dieu il ne voulust adjouter foy aux paroles ny aux promesses du Roy; mais que seulement il vousist prendre Eu et Sainct-Vallery, et s'y loger pour partie de l'hyver, car avant qu'il fust deux mois, il feroit par telle manière qu'il seroit bien logé, sans luy bailler autre seureté, mais très-grande espérance. Et afin qu'il n'eust cause de faire un méchant appointement pour peu d'argent, il offroit à luy prester cinquante mille escus, et luy faisoit beaucoup d'autres belles ouvertures; et desjà le Roy avoit fait brusler ces deux places dont il parloit, à cause que ledit connestable luy avoit conseillé les bailler aux Anglois; et le roy d'Angleterre en estoit adverty, lequel fit response audit connestable que sa trève estoit concluë, et qu'il ne changeroit rien en cette matière; et s'il luy eust tenu ce qu'il luy avoit promis, qu'il n'eust point fait cet appointement : lors fut de tous poincts nostre connestable désespéré.

Or vous voyez comme ces Anglois se festoyoient en la ville d'Amiens. Un soir monseigneur de Torcy (1) vint dire au Roy qu'il y en avoit largement, et que c'estoit très-grand danger. Le Roy s'en courrouça à luy, ainsi chacun s'en teut. Le matin estoit le jour semblable celle année qu'avoit esté les Innocens; et à tel jour le Roy ne parloit ny ne vouloit ouyr parler de nulle de ces matières, et tenoit à grand malheur quand on luy en parloit, et s'en courrouçoit fort à ceux qui l'avoient accoustumé de hanter et qui connoissoient sa condition : toutesfois, ce matin dont je parle, comme le Roy se levoit et disoit ses heures, quelqu'un me vint dire qu'il y avoit bien neuf mille Anglois en la ville. Je me déliberay prendre l'aventure de luy dire, et entray en son retraict, et luy dis : « Sire, nonosbtant » qu'il soit le jour des Innocens, si est-il né- » nessaire que je vous die ce que l'on m'a dit. » Et luy contay au long le nombre qui y estoit et tousjours en venoit, et tous armez, et que nul ne leur osoit refuser la porte de peur de les mescontenter. Ledit seigneur ne fut point obstiné, mais tost laissa ses heures, et me dit qu'il ne faloit point tenir la cérémonie des Innocens ce jour, et que je montasse à cheval, et essayasse de parler au chef des Anglois pour voir si les pourrions faire retirer, et que je disse à ses capitaines, si aucuns en rencontrois, qu'ils vinssent parler à luy, et qu'il viendroit incontinent à la porte après moy.

Ainsi le fis, et parlay à trois ou quatre des chefs des Anglois que je connoissois, et leur dis ce qui servoit à cette matière. Pour un qu'ils renvoyoient, il y en rentroit vingt. Le Roy envoya après moy monseigneur de Gié (2), à cette heure mareschal de France, pour cette matière. Nous entrasmes en une taverne où jà y avoit esté faits cent et onze escots, et n'estoit pas encores neuf heures du matin. La maison estoit pleine : les uns chantoient, les autres dormoient et estoient yvres. Quand je connus cela, il me sembla bien qu'il n'y avoit point de péril, et le manday au Roy, lequel vint incontinent à la porte bien accompagné; secrettement fit armer deux ou trois cens hommes-d'armes ès maisons de leurs capitaines, et aucuns en mit un sur le portail par où ils entroient. Le Roy fit apporter son disner en la maison des portiers, et fit disner plusieurs gens de bien des Anglois avec luy. Le roy d'Angleterre fut adverti de ce désordre et en eut honte, et manda au Roy qu'on commandast que l'on ne laissast nul entrer. Le Roy fit response que cela ne feroit-il jamais, mais s'il plaisoit au roy d'Angleterre qu'il envoyast de ses archers, et qu'eux-mesmes gardassent la porte, et missent dedans ceux qu'ils voudroient, et ainsi fut fait, et beaucoup d'Anglois s'en allèrent hors de la ville par le commandement du roy d'Angleterre.

Il fut lors advisé que pour mettre fin à tout faloit adviser le lieu où les deux roys se verroient, et ordonner gens à visiter la place. De la part du Roy y allasmes monseigneur du Bouchage et moy, et pour le roy d'Angleterre, monseigneur de Havart, un appelé Chalanguier et un héraut. Et après avoir bien allé et visité la rivière, nous arrestasmes que le plus lieu et le plus seur estoit Piequigni, à trois lieuës d'Amiens, un fort chasteau qui est au visdame d'Amiens, combien qu'il avoit esté bruslé par ledit duc de Bourgogne. La ville est basse, et y passe la rivière de Somme, laquelle n'est point guéable et en ce lieu n'est point large. Par là où venoit le Roy le pays estoit beau et large. De l'autre costé par où venoit le roy d'Angleterre le pays estoit très-beau, sauf que quand il venoit à approcher de la rivière il y avoit une chaussée de bien deux grands traits d'arc de long qui avoit les marais d'un costé et d'autre, et qui ne fut allé à la bonne foy, c'estoit un très-dangereux chemin. Et sans point de doute, comme j'ay dit ailleurs, les Anglois ne sont pas si subtils en traitez et en appointemens, comme sont les François; et quelque chose que l'on en die, ils vont assez grossement en besogne : mais il faut avoir un peu de patience, et ne débattre point colériquement avec eux.

Après que la conclusion de notre lieu fut prise, il fut ordonné d'y faire un pont, bien puissant et assez large, et fournismes les charpentiers et les estoffes; et au milieu de ce pont fut fait un fort treillis de bois, comme l'on fait

---

(1) Jean d'Estouteville, sieur de Blainville et de Torcy. Louis XI lui conserva la charge de grand-maître des arbalétriers, et lui confia la garde du cardinal de la Balue. Il fut aussi grand chambellan du Roi.

(2) Pierre de Rohan, duc de Nemours, comte de Guise et de Soissons, seigneur de Gié, depuis lieutenant du roi Charles VIII en Bretagne; chef de son conseil, et lieutenant de ses armées en Italie, pourvu de l'office de maréchal de France l'an 1475. Il conduisit l'avant-garde à la bataille de Fornove l'an 1495, et mourut l'an 1513. Il fut l'un des quatre qui gouvernèrent l'État durant dix ou douze jours, lorsque Louis XI tomba malade à Chinon en 1480.

aux cages de ces lions, et n'estoient point les trous d'entre les barreaux plus grands qu'à y bouter le bras à son aise. Le dessus estoit couvert d'aix, seulement pour la pluie, si avant qu'ils se pouvoient mettre dix ou douze personnes dessous de chacun costé, et comprenoit le treillis jusques sur le bord du pont, afin que l'on ne peust passer d'un costé à l'autre. En la rivière y avoit seulement une petite sentine (1) où il y avoit deux hommes pour passer ceux qui voudroient aller d'un costé à l'autre. Je veux dire l'occasion qui meut le Roy que cet entre-deux fût fait, de telle façon que l'on ne pût aller de l'un costé à l'autre, et pourroit par avanture servir le temps advenir à quelqu'un qui auroit à faire semblable cas. Du temps du roy Charles septiesme, estant en assez jeune aage, le royaume estoit fort persécuté des Anglois; et estoit le roy Henry cinquiesme au siége devant Roüen et le tenoit fort à destroict; et la pluspart de ceux dedans estoient sujets ou partisans du duc Jehan de Bourgogne, qui pour lors régnoit.

Entre ledit duc Jehan de Bourgogne et le duc d'Orléans y avoit jà eu grand différend, et la pluspart de ce royaume, divisé par ces deux parties, dont le fait du Roy ne valoit pas mieux. Oncques partialité ne commença jamais en pays que la fin n'en fût dommageuse et mal-aisée à esteindre. Pour cette question dont je parle avoit jà esté tué le duc d'Orléans à Paris, douze ans y avoit. Ledit duc Jehan avoit grande armée, et alloit et venoit en intention de lever le siége qui estoit devant Roüen; et pour mieux y pouvoir parvenir et s'asseurer du Roy, avoit esté traité que le Roy et luy se verroient à Montereau-faut-Yonne, et là fut fait un pont et une barrière au milieu; mais au milieu de ladite barrière y avoit un petit huisset (2) qui fermoit des deux costez, parquoy on pouvoit aller de l'un costé à l'autre, mais que les deux parts le voulsissent.

Ainsi se trouva le Roy de l'un costé du pont, et ledit duc Jehan de Bourgogne de l'autre, accompagnez de grand nombre de gens-d'armes, et spécialement ledit duc; ils se mirent à parlementer sur le pont, et à l'endroit où ils parloient n'y avoit avec ledit duc que trois ou quatre personnes. Leur parlement encommencé, fut ledit duc de Bourgogne semons tellement, ou par envie de soy humilier devant le Roy, qu'il ouvrit de son costé, et on luy ouvrit de l'autre, et passa luy quatriesme. Incontinent fut tué, et ceux qui estoient avec luy, dont est advenu depuis assez

(1) Un petit ruisseau.
(2) Petite porte.

de maux, comme chacun sçait. Cecy n'est pas de ma matière, parquoy je n'en dis plus avant; mais le Roy le me conta ne plus ne moins que je vous en dis, en ordonnant cette veuë, et disoit que s'il n'y eust point eu d'huis à cette veuë dont je parle, on n'eût point eu d'occasion de semondre ledit duc de passer, et ce grand inconvénient ne fust point advenu, dont principalement furent cause aucuns des serviteurs dudit duc d'Orléans, lequel avoit esté tué, comme je vous ay dit, et estoit en authorité avec le roy Charles septiesme.

◇◇◇

CHAPITRE X.

Comment les deux roys s'entrevirent et jurèrent la trève par avant traictée, et comment aucuns estimèrent que le Sainct-Esprit descendit sur la tente du roy d'Angleterre, en espèce de pigeon blanc.

Nos barrières ainsi faites, comme avez ouy, vinrent le lendemain les deux roys, et fut l'an mille quatre cens septante cinq, le vingt et neufiesme jour d'aoust. Le Roy avoit environ huict cens hommes-d'armes avec luy, et arriva le premier. Du costé où estoit le roy d'Angleterre estoit toute son armée en bataille; et combien que nous ne peussions point voir le tout, si nous sembloit bien qu'il y avoit un merveilleux et grand nombre de gens-de-cheval et de pied ensemble. Ce que nous avions de notre costé ne paroissoit rien auprès d'eux : aussi la quarte partie du Roy n'y estoit pas. Il estoit dit qu'avec chacun des roys y auroit douze hommes, qui estoient jà ordonnez pour estre aux barrières, des plus grands et des plus prochains. De nostre costé avions quatre hommes du roy d'Angleterre, pour voir ce qui se faisoit parmi nous, et autant en avions du costé du roy d'Angleterre. Comme je vous ay dit, le Roy estoit arrivé le premier, et jà aux barrières estions douze au plus près de luy, entre lesquels estoient le feu duc Jehan de Bourbon et le cardinal son frère. Le plaisir du Roy avoit esté que je fusse vestu pareil de luy, ce jour; il avoit accoustumé de long-temps d'en avoir quelqu'un qui s'habilloit pareil de luy souvent.

Le roy d'Angleterre vint du long de la chaussée dont j'ay parlé, très-bien accompagné, et sembloit bien roy. Avecques luy estoient le duc de Clarence son frère, le duc de Northumberland et aucuns autres seigneurs, son chambellan, appellé monseigneur de Hastingues, son chancelier et autres; et n'y en avoit que trois ou quatre habillez de drap d'or, pareil dudit Roy. Ledit Roy avoit une barrette de velours noir sur sa teste, et y avoit une grande fleur de lys de pierreries par dessus. C'estoit un très-beau prince et grand; mais il commençoit à engresser, et l'avois veu autresfois plus beau, car je n'ay point souvenance d'avoir jamais veu un plus bel homme qu'il estoit, quand monseigneur de Warvic le fit fuir d'Angleterre. Comme il approcha de la barrière, à quatre ou cinq pieds près, il osta sa barrette et s'agenouïlla comme à demy pied de terre. Le Roy luy fit aussi grande révérence, lequel estoit jà appuyé contre la barrière. Et commencèrent à s'entr'embrasser par les trous, et fit le roy d'Angleterre encore une autre plus grande révérence. Le Roy commença la parole et luy dit : « Monsieur mon Cousin, vous soyez » le très-bien venu; il n'y a homme au monde » que je désirasse tant à veoir que vous : et » loüé soit Dieu de quoy nous sommes ici as- » semblez à si bonne intention. » Le roy d'Angleterre respondit à ce propos en assez bon françois.

Lors commença à parler le chancelier d'Angleterre, qui estoit un prélat appellé l'évesque d'Ely, et commença par une prophétie dont les Anglois ne sont jamais dépourvus, laquelle disoit qu'en ce lieu de Picquigny se devoit faire une grande paix entre France et Angleterre, et après furent desployées les lettres que le Roy avoit fait bailler audit roy d'Angleterre touchant le traité qui estoit fait, et demanda ledit chancelier au Roy s'il les avoit commandées telles, et s'il les avoit pour agréables. A quoy le Roy respondit que ouy, et aussi celles qui luy avoient esté baillées de la part du roy d'Angleterre. Et lors fut apporté et ouvert le missel, et mirent les deux roys la main dessus, et les deux autres mains sur la saincte vraye Croix, et jurèrent tous deux tenir ce qui avoit esté promis entre eux, c'est à sçavoir la trève du terme de sept ans accomplis, compris les alliez d'un costé et d'autre, et d'accomplir le mariage de leurs enfans, ainsi qu'il estoit contenu audit traité (1). Après le serment fait, nostre Roy, qui avoit bien la parole à son commandement, commença à dire au roy d'Angleterre, en se riant, qu'il faloit qu'il vinst à Paris et qu'il le festoyeroit avec les dames, et qu'il luy bailleroit monseigneur le cardinal de Bourbon pour confesseur, qui estoit celuy qui l'absoudroit très-volontiers de ce péché, si aucun il en avoit commis. Le roy d'Angleterre le prit à grand plaisir et par-loit de bon visage, car il sçavoit bien que ledit cardinal estoit bon compagnon.

Comme ce propos eut un peu duré, ou semblable, le Roy, qui monstroit avoir authorité en cette compagnie, nous fit retirer ceux qui estoient avec luy, et nous dit qu'il vouloit parler au roy d'Angleterre seul. Ceux du roy d'Angleterre se retirèrent semblablement, sans attendre qu'on le leur dît. Comme les deux rois eurent un peu parlé, le Roy m'appella, et demanda au roy d'Angleterre s'il me connoissoit. Il luy respondit que ouy, et dist les lieux où il m'avoit veu, et que d'autresfois m'estois empesché pour le servir à Calais, du temps que j'estois avec le duc de Bourgogne. Le Roy luy demanda si le duc de Bourgogne ne vouloit point tenir la trève, pour ce que si orgueilleusement en avoit respondu, comme avez ouy; et luy demanda aussi ce qu'il luy plaisoit qu'il feist. Le roy d'Angleterre luy dit qu'il la luy offrist encores, et que s'il ne la vouloit accepter qu'il s'en rapporteroit à eux deux. Après vint le Roy tomber sur le duc de Bretagne, qui estoit ce qui luy avoit fait ouvrir cette parole, et luy en fit semblable demande. Le roy d'Angleterre luy respondit qu'il luy prioit qu'il ne vousist point faire la guerre audit duc de Bretagne, et qu'en sa nécessité il n'avoit jamais trouvé si bon amy. Le Roy s'en teust à tant ; et avec les plus amiables et gracieuses paroles qu'il peut, en rappellant la compagnie, prit congé du roy d'Angleterre, et dit quelque bon mot à chacun de ses gens. Et ainsi tous deux en un coup, ou bien peu s'en falut, se retirèrent de la barrière et montèrent à cheval. Le Roy s'en alla à Amiens, et le roy d'Angleterre en son ost, à qui on envoyoit de la maison du Roy tout ce qu'il luy faisoit besoin, jusques aux torches et aux chandelles. A ce parlement ne se trouva point le duc de Clocestre, frère du roy d'Angleterre, et aucuns autres, comme mal contens de cette trève; mais depuis ils se virent, et bientost après vint ledit duc de Clocestre vers le Roy jusques à Amiens, et luy fit le Roy de très-beaux présens, comme de vaisselle et de chevaux bien accoustrez.

Quand le Roy se fut retiré de cette veue, il parla à moy au long du chemin, sur deux poincts. Il trouva le roy d'Angleterre si prest de venir à Paris, que cela ne luy avoit point pleu, et disoit : « C'est un très-beau roy : il ayme fort » les femmes ; il pourroit trouver quelque affe- » tée à Paris, qui luy sauroit bien dire tant de » belles parolles, qu'elle luy feroit envie de re-

---

(1) Le traité fut signé le 29 août 1475. Edouard se qualifie roi de France et d'Angleterre, et seigneur d'E-cosse ; Louis n'y est appelé que le prince Louis de France.

» venir : » et que ses prédécesseurs avoient trop esté à Paris et en Normandie, et que la compagnie de l'autre ne valoit rien deçà la mer : mais que delà la mer il le vouloit bien pour bon frère et amy. Encores se douloit le Roy de quoy il l'avoit trouvé un peu dur, quand il luy avoit parlé du duc de Bretagne, et l'eust volontiers gagné qu'il se fust contenté qu'on eust fait la guerre en Bretagne ; et luy en fit encore sentir par monseigneur du Bouchage et par monseigneur de Sainct-Pierre : mais quand le roy d'Angleterre s'en vit pressé, il dit que qui feroit guerre en Bretagne, il repasseroit une autrefois pour la deffendre. Ouye sa response, on ne luy en parla plus.

Comme le Roy fut arrivé à Amiens, et comme il voulut souper, vinrent trois ou quatre de ceux du roy d'Angleterre souper avec luy, qui avoient aidé à faire et à traiter cette paix : et monseigneur de Havart commença à dire au Roy, en l'oreille, que s'il vouloit, il trouveroit bien moyen de faire venir le Roy son maistre jusques à Amiens, par adventure jusques à Paris, à faire bonne chère avec luy : le Roy, combien que ce propos et cet offre ne luy plaisoient guères, si en fit-il un très-bon visage, et se prit à lever, sans trop respondre à propos, mais me dit en l'oreille que ce qu'il avoit pensé luy estoit advenu ; c'estoit cet offre. Encores en parlèrent-ils après souper, mais le plus sagement qu'on peut on rompit cette entreprise, disant qu'il faloit que le Roy partist à grande diligence pour aller contre le duc de Bourgogne. Combien que ces matières estoient très-grandes, et que des deux costez on mettoit peine à sagement les conduire, toutesfois y advint-il des choses plaisantes, qui ne sont pas à oublier, et ne se doit personne esbahyr, de voir les grands maux que les Anglois ont faits en ce royaume, et de fresche mémoire et datte, si le Roy travailloit et despendoit à les mettre hors amiablement, afin qu'il les peust encores tenir amis pour le temps avenir, ou au moins qu'ils ne luy fissent point de guerre.

Le lendemain de nostre veue vinrent grande force d'Anglois à Amiens : et nous fut conté par aucuns que le Sainct-Esprit avoit fait cette paix, car tous se fondoient en prophéties : et ce qui leur faisoit dire, estoit qu'un pigeon blanc s'estoit trouvé sur la tente du roy d'Angleterre, le jour de la veue, et pour quelque bruit qu'il y eust en l'ost, il ne s'estoit voulu bouger : mais l'opinion d'aucuns estoit qu'il avoit un peu pleu, et puis il vint un grand soleil, et ce pigeon se vint mettre sur cette tente, qui estoit la plus haute, pour s'essuyer. Et cette raison dessusdite m'allégua un gentilhomme de Gascogne, serviteur du roy d'Angleterre, appellé Louis de Breteilles, lequel estoit très-mal content de cette paix : et pour ce qu'il me connoissoit de long-temps, parla à moy privément, et disoit que nous nous mocquerions fort du roy d'Angleterre. Et luy demanday quantes batailles le roy d'Angleterre avoit gaignées. Il me respondit *neuf*, où il avoit esté en personne. Et puis je luy demanday combien il en avoit perdu : il me respondit qu'il n'en avoit perdu qu'une, et que c'estoit celle que nous luy faisions perdre, et qu'il réputoit cette honte plus grande de le renvoyer en cet estat, qu'il ne faisoit l'honneur qu'il avoit eu à gagner les autres neuf. Je contay cecy au Roy, qui me dit que c'estoit un très-mauvais paillard, et qu'il le faloit garder de parler. Il l'envoya quérir à son disner, et le fit disner avec luy, et luy offrit de très-beaux et bons partis, s'il eût voulu demeurer par deçà : et quand il vit qu'il ne vouloit demeurer, il luy donna mille escus comptant, et luy promit faire des biens à aucuns frères qu'il avoit par deçà : et je luy dis quelque mot en l'oreille, afin qu'il mit peine d'entretenir l'amour qui estoit commencée entre les deux rois.

Il n'estoit rien au monde dont le Roy eust plus grande peur, que de ce qu'il luy eschapast quelque mot, par quoy les Anglois pensassent qu'on se mocquast d'eux : et d'aventure, le lendemain après cette veue, comme il estoit en son retrait, que nous n'estions que trois ou quatre, il luy eschapa quelque mot de risée, touchant les vins et les présens qu'il avoit envoyez à l'ost des Anglois : et en se tournant il apperceut un marchand gascon, qui demeuroit en Angleterre, lequel luy estoit venu demander un congé, pour tirer une certaine quantité de vin de Gasgogne sans rien payer du droit du Roy, et estoit chose qui pouvoit profiter audit marchand, s'il luy estoit accordé. Ledit seigneur fut très-esbahy quand il le vit, et comment il pouvoit estre entré : il luy demanda de quelle ville il estoit en Guyenne, et s'il estoit marchand et marié en Angleterre ? Le marchand luy respondit que ouy, mais qu'il n'y avoit pas beaucoup vaillant : incontinent le Roy lui bailla un homme, avant que partir de là, qui le conduisit à Bourdeaux ; je parlay à luy par le commandement du Roy, et eut un très-bon office en la ville, dont il estoit nay, et la traite des vins qu'il demanda, et mille francs comptans pour faire venir sa femme, et envoya un sien frère en Angleterre sans ce qu'il y allast : et ainsi le Roy se condamna en cette amende, connoissant qu'il avoit trop parlé.

CHAPITRE XI.

Comment le connestable taschoit de s'excuser envers le Roy, après la trève faite à l'Anglois, et comment fut aussi faite trève de neuf ans entre le roy Louis et le duc de Bourgogne.

Ce jour dont je parle, qui fut le lendemain de nostre veue, monseigneur le connestable envoya un sien serviteur nommé Rapine, à qui le Roy fit depuis du bien, et estoit bon serviteur de son maistre, lequel aporta lettres au Roy. Ledit seigneur voulut que monseigneur du Lude (1) et moy ouïssions sa créance : or estoit jà revenu monseigneur de Contay de la marchandise, contre monseigneur le connestable, dont vous avez ouy parler ci-dessus, et ne sçavoit plus le connestable à quel sainct se vouer, et se tenoit comme pour perdu. Les paroles que nous dit Rapine, estoient très-humbles, et que son maistre sçavoit bien qu'on avait fait beaucoup de rapports au Roy contre luy, mais qu'il avoit bien pû connoistre par expérience, qu'il n'avoit point voulu faire de faute : et pour mieux asseurer le Roy de son vouloir, entra en quelque marché de réduire monseigneur de Bourgogne en façon qu'il aideroit à destrousser le roy d'Angleterre et toute sa bande, s'il vouloit : et sembloit bien à sa façon de parler que son maistre estoit despourveu de toute espérance. Nous luy dismes que nous avions bon accord avec les Anglois, et que nous ne voulions point de débat ; et s'adventura monseigneur du Lude, qui estoit avec moy, jusques à luy demander s'il ne sçavoit point où estoit l'argent comptant de son maistre. Je m'esbahis comme cette parole luy eschappa, veu que cestuy-là estoit très-bon serviteur, et qu'il ne fist fuir ledit connestable, et entendre son cas, et ce qu'on procuroit contre luy, et encores veu le péril en quoy il avoit esté n'y avoit qu'un an. Mais j'ay peu veu de gens en ma vie qui sçachent bien fuir à temps et éviter leurs malheurs, ni cy ni ailleurs : car les uns n'ont point d'espérance d'avoir recueil et seureté ès pays voisins : qui est grande faute à tout homme de bien ; car avoir veu les choses par expérience, cela donne grand sens, grande hardiesse. Les autres ont trop d'amour à leurs biens, à leurs femmes et à leurs enfans, et ces raisons ont esté cause de faire périr beaucoup de gens de bien (2).

Quand nous eusmes fait nostre rapport au Roy, il appella un secrétaire, et n'y avoit avec luy que monseigneur de Havart, serviteur du roy d'Angleterre, qui ne sçavoit rien de ce qu'on gardoit audit connestable : et y estoit le seigneur de Contay, qui revenoit d'avec ledit duc de Bourgogne, et nous deux qui avions parlé audit Rapine. Le Roy nomma une lettre audit connestable, et luy mandoit ce qui avoit esté fait le jour de devant, et de cette trève, et qu'il estoit empesché en baucoup de grandes affaires, et qu'il avoit bien à besongner d'une telle teste comme la sienne : et puis se retourna devers l'Anglois et monseigneur de Contay, et leur dit : « Je n'en » tends point que nous eussions le corps, mais » j'entends que nous eussions la teste, et que le » corps fût demeuré là. » Cette lettre fut baillée à Rapine, qui la trouva très-bonne, et luy sembloit parole très-amiable, que le Roy disoit, qu'il avoit très-bien à besongner d'une telle teste que celle de son maistre, et n'entendoit point la fin de cette parole. Le roy d'Angleterre envoya au Roy les lettres de créance que ledit connestable luy avoit escrites, et manda toutes les paroles qu'il luy avoit jamais mandées : et ainsi pouvez voir en quel estat il s'estoit mis entre ces trois grands hommes : car chacun des trois luy vouloit la mort.

Le roy d'Angleterre après avoir receu son argent, se mit en chemin, droit à Calais à bonnes journées, car il doutoit la haine du duc de Bourgogne et de ceux du pays ; et à la vérité, quand ses gens s'écartoient, quelqu'un en demeuroit tousjours par les buissons, et laissa ses ostages, comme il avoit promis, monseigneur de Havart et messire Jean Cheney, grand-escuyer d'Angleterre, jusques à ce qu'il fût passé la mer.

Vous avez bien ouy au commencement de cette matière d'Angleterre, comme ce Roy ici n'avoit point fort cette matière à cœur ; car dès qu'il estoit à Douvres en Angleterre, et avant que monter au navire pour passer, il entra en pratique avec nous. Et ce qui le faisoit passer deçà, estoit pour deux fins. L'une, que tout son royaume le désiroit, comme ils ont accoustumé le temps

---

(1) Jean de Daillon, l'un des favoris du roi Louis XI, gouverneur du Dauphiné.

(2) Ce passage est fort obscur malgré la correction de Lenglet-Dufresnoy adoptée par M. Petitot. Les manuscrits ne proposent aucune variante propre à l'éclaircir. Il nous a semblé qu'une simple interposition suffisait pour lui donner un sens vraisemblable ; ces mots : *qui est grande faute à tout homme de bien ; car avoir veu,* etc., interrompaient le sens dans les précédentes éditions ; nous les avons placés avant *car les uns,* etc. En sorte que le sens est celui ci : c'est une faute de ne sçavoir pas s'éloigner à propos, et l'expérience nous apprend que c'est le parti le plus sage et nous excite à l'embrasser.

passé, et la presse que leur en faisoit le duc de Bourgogne. L'autre raison estoit, pour réserver une bonne grosse somme d'argent de celuy qu'il avoit lors en Angleterre, pour faire ce passage : car, comme vous avez ouy, les roys d'Angleterre ne lèvent jamais rien que leur domaine, si ce n'est pour cette guerre de France. Une autre habileté avoit fait ledit Roy, pour contenter ses sujets, il avoit amené dix ou douze hommes, tant de Londres que d'autres villes d'Angleterre, gros et gras, qui estoient des principaux entre les communes d'Angleterre, et qui estoient ceux qui avoient tenu la main à ce passage, et à mettre sus cette puissante armée. Ledit Roy les faisoit loger en bonnes tentes, mais ce n'estoit point la vie qu'ils avoient accoustumée, et en furent tost las, et cuidoient tost qu'au bout de trois jours ils deussent avoir une bataille, quand ils seroient deçà la mer, et le roy d'Angleterre aidoit à leur faire des doutes, et aussi des craintes, pour leur faire trouver la paix bonne, afin qu'ils luy aidassent, quand ils seroient de retour en Angleterre, à esteindre les murmures qui pourroient estre à cause de son retour ; car oncques roy d'Angleterre, depuis le roy Artus (1), n'amena tant de gens et de gros personnages pour un coup deçà la mer ; et s'en retourna très-diligemment, comme vous avez ouy, et luy demeura beaucoup d'argent de celuy qu'il avoit levé en Angleterre pour le payement de ses gens-d'armes : ainsi parvint à la pluspart de ses intentions. Il n'estoit point complexionné pour porter le travail qui seroit nécessaire à un roy d'Angleterre qui voudroit faire conqueste en France ; et pour ce temps, le Roy avoit bien pourveu à la deffence, combien que par tout n'eût sceu bien pourvoir aux ennemis qu'il avoit, car il en avoit trop. Un autre grand désir avoit le roy d'Angleterre, c'estoit d'accomplir le mariage du roy Charles huitiesme, qui règne aujourd'hui, avec sa fille, et ce mariage luy fit dissimuler beaucoup de choses, qui depuis tournèrent au grand profit du Roy.

Après que les Anglois furent repassez en Angleterre, sauf les ostages qui estoient avec le Roy, ledit seigneur se retira vers Laon, en une petite ville, qui a nom Vervins, sur les marches de Haynaut : et à Avennes en Haynaut se trouvèrent le chancelier de Bourgogne, et autres ambassadeurs avec le seigneur de Contay, pour le duc de Bourgogne : et désiroit pour ceste fois pacifier tout. Ce grand nombre d'Anglois luy avoit fait peur ; car en son temps il avoit veu de leurs œuvres en ce royaume, et ne vouloit pas qu'ils y retournassent. Le Roy eut nouvelles dudit chancelier, qui disoient que le Roy envoyast de ses gens à un pont, à mi-chemin d'Avennes et de Vervins, et que luy et ses compagnons s'y trouveroient. Le Roy leur manda qu'il s'y trouveroit luy-mesme, combien qu'aucuns, à qui il le demanda, ne furent point de ceste opinion. Toutesfois il y alla, et mena les ostages des Anglois avec luy ; et furent présens quand le Roy receut les ambassadeurs, qui vindrent très-bien accompagnez d'archers, et autres gens de guerre. Pour cette heure ils n'eurent autres paroles avec le Roy, et les mena l'on disner.

L'un de ces Anglois se commença à repentir de cet appointement, et me dit à une fenestre, que s'ils eussent veu beaucoup de telles gens avec le duc de Bourgogne, par aventure n'eussent-ils pas fait la paix. Monseigneur de Narbonne (2), qui aujourd'hui s'appelle monseigneur de Fouez, ouit cette parole, et luy dit : « Estiez-vous si
» simple de penser que le duc de Bourgogne
» n'eust grand nombre de telles gens ? il les
» avoit seulement envoyez rafraichir : mais vous
» aviez si bon vouloir de retourner, que six cens
» pipes de vin, et une pension que le Roy vous
» donne, vous ont renvoyé bientost en Angle-
» terre. » L'Anglois se courrouça, et dit : « C'est
» bien ce que chacun nous disoit, que vous vous
» mocqueriez de nous ; appellez-vous l'argent,
» que le Roy vous donne pension ? c'est tribut,
» et par sainct-George, vous en pourriez bien
» tant dire que nous retournerions. » Je rompis la parole et la convertis en mocquerie, mais l'Anglois n'en demeura point content, et en dit un mot au Roy, qui merveilleusement s'en courrouça audit seigneur de Narbonne.

Le Roy n'eut point grandes paroles aux dessusdits chancelier et ambassadeur pour cette fois, et fut appointé qu'ils viendroient à Vervins, et ainsi le firent, et vindrent avec le Roy. Quand ils furent arrivez à Vervins, le Roy commit messire Tanneguy du Chastel, et messire Pierre Doriole, chancelier de France, à besogner avec eux, et autres. De chacun costé entrèrent en

---

(1) Arthur, prince de Cuerpléon dans le pays de Galles, arrêta un instant l'invasion des Anglo-Saxons en Angleterre. Il gagna contre eux, vers 520, la bataille de Badon-Hill. Ses exploits exagérés par le sentiment national, sont devenus le sujet d'un des cycles épiques du moyen-âge.

(2) Jean de Foix, vicomte de Narbonne, second fils de Gaston IV et d'Eléonor d'Arragon, roi et reine de Navarre ; de Marie d'Orléans, sa femme, sœur du roi Louis XII, il a eu Gaston de Foix, duc de Nemours, tué à la Bataille de Ravennes, en 1512, et Germaine de Foix, seconde femme de Ferdinand V, roi d'Arragon, surnommé le Catholique.

grandes remonstrances, et à soustenir chacun son party. Les dessusdits vindrent faire au Roy leur rapport, disant que ces Bourguignons estoient fiers en leurs paroles, mais qu'ils leur avoient bien rivé le clou, et disoient les responses qu'ils leur avoient faites : dont le Roy ne fut point content, et leur avoit dit que toutes ces responses avoient esté faites maintesfois, et qu'il n'estoit point question de paix finale, mais de trève seulement, et qu'il ne vouloit point qu'on leur usast plus de ces paroles, et que luy-mesme vouloit parler avec eux, et fit venir ledit chancelier et autres ambassadeurs en sa chambre : et n'y demeura avec luy que feu monseigneur l'admiral bastard de Bourbon, monseigneur Du Bouchage et moy, et conclud la trève pour neuf ans (1) marchande, revenant chacun au sien : mais lesdits ambassadeurs supplièrent au Roy qu'elle ne fust point encore criée, pour sauver le serment du duc, qui avoit juré ne la faire que le roy d'Angleterre n'eust esté hors de ce royaume certain temps, afin qu'il ne semblast point qu'il eût accepté la sienne.

Le roy d'Angleterre qui avoit grand despit de ce que ledit duc n'avoit voulu accepter sa trève, et estoit adverty que le Roy en traitoit une autre avec ledit duc, envoya ung chevalier nommé messire Thomas de Mont-Gomery, fort privé de luy, devers le Roy à Vervins, à l'heure que le Roy traitoit cette trève, dont j'ay parlé, avec ceux du duc de Bourgogne. Ledit messire Thomas requit au Roy, de par le roy d'Angleterre, qu'il ne vousist point prendre d'autre trève avec le duc, que celle qu'il avoit faite. Aussi luy prioit ne vouloir point bailler Sainct-Quentin audit duc, et offroit au Roy que s'il vouloit continuer la guerre audit duc, il seroit content de repasser la mer pour luy, et en sa faveur, la saison prochaine, pourveu que le Roy le récompensast du dommage qu'il auroit à cause que la gabelle des laines à Calais (2) ne luy vaudroit rien (cette gabelle peut bien monter à cinquante mille escus), et aussi que le Roy payast moitié de son armée, et ledit Roy d'Angleterre payeroit l'autre moitié. Le Roy remercia fort le roy d'Angleterre, et donna de la vaisselle audit messire Thomas, et s'excusa de la guerre, disant que jà la trève estoit accordée, et que ce n'estoit que celle propre qu'eux deux rois avoient faite du propre terme de neuf ans : mais ledit duc en vouloit lettres à part, et excusa la chose au mieux qu'il put, pour contenter ledit ambassadeur, lequel s'en retourna, et ceux qui estoient demeurez en ostage aussi. Le Roy s'émerveilla fort des offres que le roy d'Angleterre luy avoit faites, et n'y eut que moy présent à les ouyr : et sembloit bien au Roy que c'eust esté chose bien périlleuse de faire repasser le roy d'Angleterre, et qu'il n'y a pas beaucoup à faire à mettre débat entre les François et les Anglois, quand ils se trouvent ensemble, et qu'aisément se fussent accordez de nouveau les Bourguignons et eux, et luy creut l'envie de conclure cette trève avec ces Bourguignons.

◇◇◇

CHAPITRE XII.

Comment la mort du connestable fut de tous points jurée entre le Roy et le duc de Bourgogne, et comment s'estant retiré au pays du duc, fut par le commandement d'iceluy livré au Roy, qui le fit mourir par justice.

La trève concluë, se remit avant la pratique du connestable, et pour n'en faire long procès fut repris ce qui avoit esté fait à Bouvines, dont j'ay parlé cy-devant, et furent baillez les scellez de cette matière d'un costé et d'autre. Et par ce marché, fut promis audit duc Sainct-Quentin, Han et Bohain, et tout ce que ledit connestable tenoit sous le pouvoir dudit duc, et tous ses meubles quelque part qu'ils fussent ; et fut advisé et conclu de la forme de l'assiéger dedans Han où il estoit ; et celuy qui premier le pourroit prendre en feroit la justice dedans huit jours, ou le rendroit à son compagnon. Tost chacun se commença à douter de cette marchandise, et les plus gens de bien que ledit connestable eust, le commencèrent à laisser, comme monseigneur de Genlis et plusieurs autres de ses quatre compagnons qu'il avoit. Ledit connestable, qui sçavoit bien comment le roy d'Angleterre avoit baillé ses lettres et descouvert ce qu'il sçavoit de luy, et que ses ennemis avoient esté à faire la trève, commença à avoir très-grande peur, et envoya devers ledit duc de Bourgogne, luy supplier qu'il luy pleust luy envoyer une seureté, pour aller parler à luy de choses qui fort luy touchoient. Ledit duc de prime face feignit à la bailler, mais à la fin la bailla.

Mainte pensée avoit jà eu ce puissant homme

---

(1) Cette trève de neuf ans entre Louis XI et le duc de Bourgogne, se fit à Soleure, au pays de Luxembourg, le 13 septembre 1475 ; Comines, quoiqu'il eût été employé dans les négociations qui la précédèrent, fut exclu de l'amnistie que le duc de Bourgogne accorda à tous ses sujets rebelles.

(2) Le droit de péage des laines à Calais valoit alors cinquante mille écus au Roi d'Angleterre.

où il prendroit son chemin pour fuir, car de tout estoit informé, et avoit vu le double des séellez qui avoient esté baillez contre luy à Bouvines. Une fois s'addressa à aucuns serviteurs qu'il avoit, qui estoient Lorrains : avec ceux-là délibéra fuir en Allemagne, et y porter grande somme d'argent (car le chemin estoit fort seur) et d'acheter une place sur le Rhin, et se tenir là jusques à ce qu'il fût appointé de l'un des deux costez. Une autre fois délibéra tenir son bon chasteau de Han, qui tant luy avoit cousté, car il l'avoit fait pour se sauver en une telle nécessité, et l'avoit pourveu de toutes choses, autant que chasteau qui fût en lieu de nostre connoissance. Encores ne trouva-il gens à son gré pour demeurer avec luy : car tous ses serviteurs estoient nez des seigneuries de l'un prince ou de l'autre : par aventure que sa crainte estoit si grande, qu'il ne s'osa suffisamment descouvrir à eux : et je crois certainement qu'il en eût trouvé qui ne l'eussent pas abandonné, et bon nombre : et n'estoit pas tant à craindre pour luy d'estre assiégé des deux princes que d'un seul : car c'estoit chose impossible que les deux armées se fussent accordées. Son dernier party fut d'aller vers le duc de Bourgogne, sur cette seureté, et ne prit que quinze ou vingt chevaux, et tira à Mons en Hainaut, où estoit le seigneur d'Aimeries (1), grand-bailiff de Hainaut, le plus spécial ami que ledit connestable eust : et là y séjourna, attendant nouvelle du duc de Bourgogne, qui avoit commencé la guerre contre le duc de Lorraine, à cause que de luy avoit esté deffié, durant qu'il estoit au siége de Nuz : et aussi receut grand dommage en son pays de Luxembourg.

Dès que le Roy sceut le partement dudit connestable, il advisa d'y donner remède, et pourvoir que ledit connestable ne pût recouvrer l'amitié du duc de Bourgogne : et tira diligemment devant Sainct-Quentin, et y fit assembler sept ou huit cens hommes-d'armes, et avec eux y alla, bien informé de ce qui estoit dedans. Comme il vint près de la ville, aucuns luy vindrent au-devant se présenter à luy. Ledit seigneur me commanda entrer dedans la ville, et faire départir les quartiers. Ainsi le fis, et y entrèrent les gens-d'armes, et après y entra le Roy bien receu de ceux de la ville. Aucuns de ceux du connestable se retirèrent en Hainaut. Tost fut adverti, par le Roy propre, le duc de Bourgogne de la prise de Sainct-Quentin, afin de luy oster l'espérance de la cuider recouvrer par les mains du connestable. Dès ce que ledit duc

sceut ces nouvelles, il manda au seigneur d'Aimeries, son grand-bailiff de Hainaut, qu'il fist garder la ville de Mons en façon que ledit connestable n'en peust saillir, et que à luy fût deffendu de partir de son hostellerie. Ledit bailiff n'osa refuser et le fit : toutesfois la garde n'estoit pas estroite pour un tel homme, s'il eût eu vouloir de fuir.

Que dirons-nous ici de fortune? Cet homme estoit situé aux confins de ces deux princes ennemis, ayant si fortes places en ses mains, quatre cens hommes-d'armes bien payez, dont il estoit commissaire, et y mettoit qui il vouloit, et les avoit jà maniez douze ans passez ; il estoit très-sage et vaillant chevalier, et qui avoit beaucoup veu. Il avoit grand argent comptant : et après tout cela se trouver en ce danger, destitué de cœur et de tous remèdes. Il faut bien dire que cette tromperesse fortune l'avoit regardé de son mauvais visage, mais, pour mieux dire, il faut respondre que tels grands mystères ne viennent point de fortune, et que fortune n'est rien, fors seulement une fiction poëtique, et qu'il faloit que Dieu l'eust abandonné, à considérer toutes ces choses dessusdites, et assez d'autres que je n'ay pas récitées. Et s'il appartenoit à homme de juger (ce que non, et spécialement à moy), je dirois que ce qui raisonnablement devroit avoir esté cause de sa punition, estoit que tousjours avoit travaillé de toute sa puissance, que la guerre durast entre le Roy et le duc de Bourgogne : car là estoit fondée sa grande auctorité et son grand Estat, et y avoit peu à faire à les entretenir en ce différend : car naturellement leurs complexions estoient différentes.

Celuy seroit bien ignorant, qui croiroit qu'il y eust fortune, ne cas semblable, qui eût sceu garder un si sage homme à estre mal de ces deux princes, à un coup, qui en leur vie ne s'accordèrent en rien qu'en cecy : et encores plus fort le roy d'Angleterre qui avoit espousé sa nièce, et qui merveilleusement aimoit tous les parens de sa femme, et par espécial ceux de cette maison de Sainct-Paul. Il est vraysemblable et chose certaine qu'il estoit esloigné de la grace de Dieu, de s'estre mis ennemi de ces trois princes, et n'avoir un seul ami qui l'eust osé loger pour une seule nuit : et autre fortune n'y avoit mis la main que Dieu. Et ainsi en est advenu, et adviendra à plusieurs autres, qui après les grandes et longues prospéritez, tombent en grandes adversitez. Après que le connestable fut arresté en Hainaut par le duc de Bourgogne, le Roy envoya devers ledit duc, pour en avoir la délivrance, ou qu'il accomplist le contenu de son séellé. Ledit duc dit qu'ainsi le feroit, et fit

(1) Antoine Rolin.

mener ledit connestable à Péronne, et estroitement garder.

Ledit duc de Bourgogne avoit jà pris plusieurs places en Lorraine et Barrois, et estoit au siége devant Nancy, laquelle se deffendoit très-bien. Le Roy envoya largement gens-darmes en Champagne, qui donnoient crainte audit duc : car il n'estoit point dit par la trève qu'il deust destruire le duc de Lorraine, lequel s'estoit retiré devers le Roy. Monseigneur du Bouchage et autres ambassadeurs pressoient fort ledit duc de tenir son séellé. Tousjours disoit qu'ainsi le feroit : et passa de plus d'un mois le terme de huit jours, qu'il devoit bailler le connestable ou en faire justice. Se voyant ainsi pressé, et doutant que le Roy ne l'empêchast en son entreprise de Lorraine, qu'il desiroit fort amener à fin, pour avoir le passage de Luxembourg en Bourgogne, et que toutes ses seigneuries se joignissent ensemble; car luy tenant ainsi cette petite duché, il venoit de Hollande jusques auprès de Lion, tousjours sur luy. Pour ces raisons escrivit à son chancelier et au seigneur d'Hymbercourt, dont j'ay parlé, tous deux ennemis et mal-veillans dudit connestable, qu'ils se tirassent à Péronne, et qu'à un jour qu'il nomma, ils baillassent ledit connestable à ceux que le Roy y envoyeroit, car les deux dessus nommez avoient tout pouvoir pour luy en son absence, et manda audit seigneur d'Aimeries le leur bailler.

Cependant battoit fort la ville de Nancy le duc de Bourgogne : il y avoit de bonnes gens dedans, qui la deffendoient bien. Un capitaine dudit duc, appelé le comte de Campobache, natif et banny du royaume de Naples, pour la part Angevine, avoit jà pris intelligence au duc de Lorraine. Car monseigneur de Lorraine, qui estoit parent bien prochain et héritier de la maison d'Anjou, après la mort du roy René son ayeul maternel, avoit trouvé moyen de le gagner, et aussi l'affection que ledit comte avoit à ladite maison d'Anjou, dont il tenoit le party au royaume de Naples, et en estoit pour ceste cause fugitif, luy faisoit tromper son maistre en faveur dudit duc de Lorraine : et promettoit faire durer ce siége, et qu'il se trouveroit des défauts ès choses nécessaires pour la prise de la ville. Il le pouvoit bien faire, car il estoit pour lors le plus grand de cette armée, et homme très-mauvais pour son maistre, comme je dyray cy-après : mais ceci estoit comme un aprest des maux qui depuis advindrent audit duc de Bourgogne. Je crois que ledit duc s'attendoit d'avoir pris la ville, avant que le jour fust venu de bailler ledit connestable, et puis ne le bailler point : et peut-estre d'autre costé, que si le Roy l'eust eu, il eust fait plus de faveur au duc de Lorraine qu'il ne faisoit pas : car il estoit informé de la pratique qu'avoit ce comte de Campobache : mais il ne s'en mêloit point, et si n'estoit point tenu de laisser faire ledit duc en Lorraine, s'il n'eust voulu, pour plusieurs raisons : et avoit largement de gens près dudit pays de Lorraine.

Ledit duc de Bourgogne ne sceut prendre Nancy (1), avant le jour qu'il avoit baillé à ses gens, pour délivrer ledit connestable. Pour ce après le jour passé qui leur avoit esté ordonné, ils exécutèrent le commandement de leur maistre volontiers, pour la grande haine qu'il avoient audit connestable : et le baillèrent à la porte de Péronne, entre les mains du bastard de Bourbon, admiral de France et de monseigneur de Sainct-Pierre, qui le menèrent à Paris. Aucuns m'ont dit que trois heures après, vindrent messagers à diligence, de par ledit duc, pour commander à ses gens ne bailler point ledit connestable, qu'il n'eust fait à Nancy; mais il estoit trop tard. A Paris, fut commencé le procès dudit connestable : et bailla ledit duc tous les séellez qu'il avoit dudit connestable, et tout ce qui servoit à son procès. Ledit Roy pressoit fort la Cour, et y avoit gens pour la conduite du procès. Et fut veu ce que le roy d'Angleterre avoit baillé contre luy, comme avez ouy cy-dessus, et aussi ledit duc de Bourgogne, et finalement ledit connestable fut condamné à mourir, et tous ses biens furent confisquez.

◇◇◇

CHAPITRE XIII.

Disgression sur la faute que fit le duc de Bourgogne, livrant le connestable au Roy, contre sa seureté, et ce qui luy en peut estre advenu.

Cette délivrance fust bien estrange, et ne le dis pas pour excuser les fautes dudit connestable, ne pour donner charge au Roy et audit duc, car à tous deux il tenoit grand tort; mais il n'estoit nul besoin audit duc de Bourgogne, qui estoit si grand prince, et de maison si renommée et honorable, de luy donner une seureté pour le prendre, et fut grande cruauté de le bailler, où il estoit certain de la mort, pour avarice. Après cette grande honte qu'il se fit, il ne mit guères à recevoir du dommage. Et

---

(1) Ce siége a duré depuis le 24 octobre jusques au 30 novembre 1475.

ainsi à voir les choses que Dieu a faites de nostre temps, et fait chacun jour, semble qu'il ne veuille rien laisser impuny ; et peut-on voir évidemment que ces estranges ouvrages viennent de luy, car ils sont hors des œuvres de nature, et sont ses punitions soudaines : et par espécial contre ceux qui usent de violence et de cruauté, qui communément ne peuvent estre petits personnages, mais très-grands, ou de seigneurie, ou d'authorité de prince. Longues années avoit fleury cette maison de Bourgogne, et depuis cent ans, ou environ, qu'ont régné quatre de cette maison, avoit esté autant estimée que nulle maison de la chrestienté. Car les autres plus grandes qu'elles avoient eu des afflictions et adversitez, et cette-cy continuelle félicité et prospérité.

Le premier grand de cette maison fut Philippe le Hardy, frère de Charles le Quint, roy de France, qui espousa la fille de Flandres, comtesse dudit pays, d'Artois, de Bourgogne, Nevers et Rethel. Le second fut Jehan (1). Le tiers fut le bon duc Philippe, qui joignit à sa maison les duchez de Brabant, Luxembourg, Limbourg, Hollande, Zélande, Hainaut et Namur. Le quart a esté le duc Charles, qui, après le trespas de son père, fut l'un des plus riches et redoutés de la chrestienté, et qui trouva en meubles de bagues et de vaisselles, de tapisseries, livres et linges, plus que l'on n'eust sceu trouver en trois des plus grandes maisons. D'argent comptant, j'en ay bien veu en d'autres maisons plus largement (car ledit duc Philippe n'avoit de long-temps point levé de tailles), toutesfois il trouva plus de trois cens mille escus comptant; et trouva paix avec ses voisins, qui peu luy dura. Mais je ne luy veux point du tout imputer l'occasion de la guerre, car d'autres assez y eurent part.

Ses sujets, incontinent après la mort de son père, luy accordèrent une aide de bon cœur, et à peu de requeste, chacun pays à part, pour le temps de dix ans, qui se pouvoit bien monter trois cens cinquante mille escus l'an, sans comprendre Bourgogne. A l'heure qu'il bailla ledit connestable, il en levoit plus de trois cens mille davantage, et avoit plus de trois cens mille escus comptant; et tout le meuble qu'il recueillit dudit connestable, ne valoit point quatre vingts mille escus. Car en argent n'avoit que soixante-seize mille escus. Ainsi l'occasion fut bien petite pour faire une si grande faute. Il l'eut bonne, car Dieu luy prépara un ennemy de bien petite force, en fort jeune aage, peu expérimenté en toutes choses, et luy fit un serviteur, dont plus se fioit pour lors, devenir faux et mauvais, et se mit en suspicion de ses sujets et bons serviteurs. Ne sont-ce pas ici des vrays préparatifs que Dieu faisoit en l'ancien Testament à ceux desquels il vouloit muer la fortune de bien en mal, ou de prospérité en adversité ? Son cœur ne s'amollit jamais, mais jusques à la fin a estimé toutes ses bonnes fortunes procéder de son sens et de sa vertu : et avant que mourir, a esté plus grand que tous ses prédécesseurs, et plus estimé par le monde.

Par avant que bailler ledit connestable, il avoit jà pris grande deffiance de ses sujets ou les avoit à grand mespris : car il avoit bien envoyé quérir mille lances d'Italiens, et y en avoit eu devant Nuz largement avec luy. Le comte de Campobache en avoit quatre cens armez, et plus : et estoit sans terre, car à cause des guerres que la maison d'Anjou avoit menées en ce royaume de Naples, de laquelle il estoit serviteur, il en estoit banny, et avoit perdu sa terre, et tousjours s'est tenu en Provence ou en Lorraine, avec le roy René de Cécile, ou avec le duc Nicolas, fils du duc Jehan de Calabre, après la mort duquel ledit duc de Bourgogne avoit recueilly plusieurs de ses serviteurs, et par espécial tous les Italiens, comme ce comte que j'ay nommé, Jacques Galeot (2), très-vaillant, honorable et loyal gentil-homme, et plusieurs autres. Cedit comte de Campobache, dès lors qu'il alla faire ses gens en Italie, receut dudit duc quarante mille ducats d'imprestance, pour mettre sus sa compagnie.

En passant par Lyon, il s'accointa d'un médecin appellé maistre Simon de Pavie, par lequel il fit sçavoir au Roy, que s'il vouloit faire certaines choses qu'il demandoit, il offroit à son retour luy bailler le duc de Bourgogne entre ses mains. Autant en dit à monseigneur de Saint-Pray, estant pour lors en Piémont ambassadeur pour le Roy. Après qu'il fut retourné, et ses gens-d'armes logez en la comté de Marle, offroit encores au Roy que dès ce qu'il seroit joinct aux champs avec son maistre, il ne faudroit point de le tuer, ou le mener prisonnier ; et disoit la manière : c'estoit que ledit duc alloit souvent à l'entour de son ost, sur un petit che-

---

(1) Il épousa, en 1385, Marguerite de Bavière, fille d'Albert, comte de Hainaut.

(2) Jacques Galeotti, gentilhomme napolitain, passa plus tard au service de France, se distingua sous le règne du roi Charles VIII, et fut enterré aux Cordeliers d'Angers, dans la chapelle où était le cœur du roi Réné de Sicile.

val, avec peu de gens (et disoit vray), et que là ne faudroit point de le tuer ou prendre. Encores faisoit-il une autre ouverture au Roy : c'estoit, que si le Roy et ledit duc se venoient trouver en bataille, l'un devant l'autre, qu'il se tourneroit de son party, avec ses gens-d'armes, moyennant certaines choses qu'il demandoit. Le Roy eut la mauvaistié de cet homme en grand mespris, et voulut user audit duc de Bourgogne de grande franchise, et luy fit sçavoir tout cecy par le seigneur de Contay, dont a esté parlé : mais ledit duc n'y ajousta point de foy, ains estimoit que le Roy le faisoit à autres fins, et en aima beaucoup mieux ledit comte. Par quoy vous voyez que Dieu luy troubla le sens en cet endroit, aux claires enseignes que le Roy luy mandoit. Autant que cettuy-cy dont j'ay parlé, estoit mauvais et déloyal, autant estoit bon et loyal Jacques Galeot ; et après avoir longuement vescu, est mort en grand honneur et renommée.

LIVRE CINQUIÈME.

CHAPITRE PREMIER.

Comment le duc de Bourgogne, faisant la guerre aux Suisses, fut chassé par eux à l'entrée des montagnes, près Granson.

Or le duc de Bourgogne ayant conquis toute la duché de Lorraine, et receu du roy Sainct-Quentin, Han et Bohain, et le meuble du connestable, estoit en paroles avec le Roy de s'appointer ; et le Roy et luy se devoient entrevoir, sur une rivière et semblable pont que celuy qui fut faict à Picquigny, à la veuë du Roy et du roy Edoüard d'Angleterre, et sur cette matière alloient et venoient gens. Et vouloit ledit duc laisser reposer son armée, qui estoit fort deffaitte, tant à cause de Nuz que par ce peu de guerre de Lorraine ; et le demeurant vouloit-il envoyer en garnison, en aucunes places, tant du comté de Romont, comme auprès des villes de Berne et Fribourg, ausquelles il vouloit faire la guerre, tant pour ce qu'ils la luy avoient faite, estant devant Nuz, qu'aussi pour avoir aidé à luy oster la comté de Ferrète (comme avez ouy), et pour ce qu'ils avoient osté audit comte de Romont partie de sa terre. Le Roy le sollicitoit fort de cette veuë, et qu'il laissast en paix ces pauvres gens de Suisse, et qu'il reposast son armée. Lesdits Suisses le sentans si près

d'eux, luy envoyèrent leur ambassade, et offroient rendre ce qu'ils avoient pris dudit seigneur de Romont : ledit comte de Romont le sollicitoit d'autre costé de le venir secourir en personne. Ledit duc laissa le sage conseil, et celui qui pouvoit estre comme le meilleur en toutes façons, veu la saison et l'estat en quoy estoit son armée, et délibéra d'aller contr'eux. Entre le Roy et luy fut appointé et baillé lettres, que pour le fait de Lorraine ils n'entreroient point en débat.

Le duc partit de Lorraine avec cette armée fort deffaite et lassée, et entra en Bourgogne, où lesdits ambassadeurs de ces vieilles ligues d'Allemagne qu'on appelle Suisses, revindrent devers luy, faisans plus grandes offres que devant, et outre la restitution luy offroient laisser toutes les alliances qui seroient contre son vouloir (et par espécial celle du Roy), et devenir ses alliez, et le servir de six mille hommes armés, avec assez petit payement, contre le Roy toutes les fois qu'il les en requéreroit. A rien ne voulut ledit duc entendre, et jà le conduisoit son malheur. Ceux qu'on appelle en ce quartier-là les nouvelles alliances, ce sont les villes de Basle et de Strasbourg, et autres villes impériales qui sont au long de cette rivière du Rhin, lesquelles d'ancienneté avoient esté ennemies desdits Suisses en faveur du duc Sigismond d'Autriche, duquel ils estoient alliez par le temps qu'il avoit guerre avec lesdits Suisses. Toutes ces villes s'allièrent ensemble avec iceux Suisses, et fut faite alliance pour dix ans, et paix aussi avec le duc Sigismond. Et se fit ladite alliance par la conduite du Roy, et à son pourchas et à ses dépens, comme avez veu ailleurs, à l'heure que la comté de Ferrète fut ostée des mains du duc de Bourgogne, et qu'à Basle firent mourir messire Pierre d'Archambault (1), gouverneur dudit pays pour ledit duc ; lequel Archambault fut bien cause de cet inconvénient, qui fut bien grand pour ledit duc, car tous ses autres maux en vindrent. Un prince doit bien avoir l'œil sur les gouverneurs qu'il met en un pays nouvellement joinct à sa seigneurie : car en lieu de traiter les subjects en grande douceur et en bonne justice, et faire mieux qu'on ne leur avoit fait le temps passé, cettuy-cy fit tout le contraire ; car il les traita en grande violence, et par grande rapine, et mal luy en prit, et à son maistre, et à maint homme de bien.

Cette alliance que le Roy conduisit, dont j'ay parlé, tourna depuis à grand profit au Roy, et plus que la pluspart des gens n'entendent, et

---

(1) Il est nommé Hagenbach dans le chapitre II.

crois que ce fut une des plus sages choses qu'il fit oncques en son temps, et plus au dommage de tous ses ennemis; car le duc de Bourgogne deffait, oncques puis ne trouva le roy de France homme qui osast lever la teste contre luy, ne contredire à son vouloir : j'entends de ceux qui estoient ses subjets et en son royaume, car tous les autres ne nageoient que sous le vent de cettuy-là. Parquoy fut grande œuvre d'allier le duc Sigismond d'Austriche, et cette nouvelle alliance avec les Suisses, dont si long-temps avoient esté ennemis, et ne se fit point sans grant dépense et sans faire maints voyages.

Après que le duc de Bourgogne eut rompu aux Suisses l'espérance de pouvoir trouver appointement avec luy, ils retournèrent advertir leurs gens et s'apprester pour se deffendre; et luy approcha son armée du pays de Vaux en Savoye, que lesdits Suisses avoient pris sur monseigneur de Romont, comme dit est; et prit trois ou quatre places, qui estoient à monseigneur de Chasteau-Guion (1), que lesdits Suisses tenoient et les deffendirent mal; et de là alla mettre le siége devant une place appellée Granson, laquelle estoit audit seigneur de Chasteau-Guion, et y avoit pour lesdits Suisses sept ou huict cens hommes bien choisis, pour ce que c'estoit auprès d'eux, et la vouloient bien deffendre. Ledit duc avoit assés grande armée, car de Lombardie luy venoient à toute heure gens et des subjets de cette maison de Savoye; et il aymoit mieux les estrangers que ses subjets, dont il pouvoit finer assez et de bons; mais la mort du connestable luy aidoit bien à avoir deffiance d'eux, avec d'autres imaginations. Son artillerie estoit très-grande et bonne, et estoit en grande pompe en cet ost pour se moustrer à ces ambassadeurs qui venoient d'Italie et d'Allemagne; et avoit toutes ses meilleures bagues et de sa vaisselle beaucoup, et largement autres paremens; et avoit de grandes fantaisies en sa teste sur le fait de cette duché de Milan où il entendoit avoir des intelligences. Quand le duc eut assiégé ladite place de Grandson et tiré par aucuns jours, se rendirent à luy ceux de dedans à sa volonté, lesquels il fit tous mourir. Les Suisses s'estoient assemblez, non point en grand nombre, comme j'ay ouy conter à plusieurs d'entr'eux (car de leurs terres ne se tirent point les gens que l'on pense, et encores moins lors que maintenant, car depuis ce temps la pluspart ont laissé le labeur pour se faire gens de guerre), et de leurs alliez, en avoient peu avec eux, car ils estoient contraints se haster pour secourir la place; et comme ils furent aux champs, ils sceurent la mort de leurs gens.

Le duc de Bourgogne, contre l'opinion de ceux à qui il en demandoit, délibéra d'aller au-devant d'eux, à l'entrée des montagnes où ils estoient encores, qui estoit bien son désavantage : car il estoit bien en lieu advantageux pour les attendre, et clos de son artillerie et partie d'un lac, et n'y avoit nulle apparence qu'ils luy eussent sceu porter dommage. Il avoit envoyé cent archers garder certain passage à l'encontre de cette montagne, et rencontrèrent ces Suisses, et luy se mit en chemin, la plus-part de son armée estant encores en plaines. Les premiers rangs de ces gens cuidoient retourner, pour se rejoindre avec les autres; mais les menuës gens qui estoient tous derrière, cuidans que ceux-là fuissent, se mirent à la fuite, et peu à peu se commença à retirer cette armée vers le camp, faisans aucuns très-bien leur devoir. Fin de compte, quand ils vindrent jusques à leur ost, ils n'essayèrent point de se deffendre, et tout se mit à la fuite et gagnèrent les Allemans son camp et son artillerie, et toutes les tentes et pavillons de luy et de ses gens, dont il y avoit grand nombre, et d'autres biens infinis : car rien ne se sauva que les personnes, et furent perduës toutes les grandes bagues dudit duc; mais de gens, pour cette fois, ne perdit que sept hommes d'armes (2). Tout le demeurant fuit et luy aussi. Il se devoit mieux dire de luy qu'il perdit honneur et chevance ce jour, que l'on ne fit du roy Jehan de France, qui vaillamment fut pris à la bataille de Poictiers.

Voicy la première male adventure et fortune que ce duc avoit jamais euë en toute sa vie. De toutes ses autres entreprises il en avoit eu l'honneur ou le profit. Quel dommage luy advint ce jour, pour user de sa teste et mépriser conseil? Quel dommage en a receu sa maison, et en quel estat en est-elle encores, et en adventure d'estre d'icy à long-temps? Quantes sortes de gens luy en devindrent ennemis et se déclarèrent, qui le jour de devant temporisoient avec luy et se feignoient amis? Et pour quelle querelle commença cette guerre? ce fut pour un chariot de peaux de mouton que monseigneur de Romont prit à un Suisse en passant par sa terre. Si Dieu n'eust délaissé ledit duc, il n'est pas apparent qu'il se fust mis en péril pour si peu de chose, veu les offres qui luy avoient esté faites, et contre tels gens il avoit à

---

(1) Louis de Châlons, fils de Louis, prince d'Orange, qui fut tué quelques jours après.

(2) Louis de Châlons, seigneur de Château-Guyon, y fut tué, et le duc fut jusqu'à Nozeret, puis à Joigne.

faire, où il n'y pouvoit avoir nul acquest, ne nulle gloire; car pour lors les Suisses n'estoient point estimez comme ils sont pour cette heure, et n'estoit rien de plus pauvre. Et ay ouy dire à un chevalier des leurs, qui avoit esté des premiers ambassadeurs qu'ils avoient envoyés devers ledit duc, qu'il avoit dit, en faisant leurs remontrances pour le démouvoir de cette guerre, que contr'eux ne pouvoit rien gagner, car leur pays estoit très-stérile et pauvre, et qu'ils n'avoient nuls bons prisonniers; et qu'il ne croyoit pas que les esperons et mords des chevaux de son ost ne vausissent plus d'argent, que tous ceux de leurs territoires ne sçauroient payer de finances, s'ils estoient pris.

Retournant à la bataille, le Roy fut bientost adverty de ce qui estoit advenu, car il avoit maints espies et messagers par pays, la pluspart dépeschez de ma main; et en eut très-grande joye, et ne luy déplaisoit que du petit nombre de gens qui avoient esté perdus; et se tenoit ledit seigneur pour ces matières icy à Lyon, pour pouvoir plus souvent estre adverty et pour donner remède aux choses que cet homme embrassoit; car le Roy, qui estoit sage, craignoit que par force ne joignist ces Suisses à luy. De la maison de Savoye ledit duc en disposoit comme du sien. Le duc de Milan estoit son allié. Le roy René de Cecile luy vouloit mettre son pays de Provence entre les mains; si ces choses fussent advenues, il tenoit de pays depuis la mer de Ponant jusques à celle de Levant en son obéissance; et n'eussent ceux de nostre royaume sceu saillir sinon par mer, si ledit duc n'eût voulu, tenant Savoye, Provence et Lorraine. Vers chacun d'eux le Roy envoyoit : l'une estoit sa sœur, madame de Savoye, qui tenoit pour ledit duc, l'autre estoit son oncle, le roy René de Cecile, qui à grande peine escoutoit ses messagers, mais envoyoit tout au duc de Bourgogne. Le Roy envoyoit aussi vers ces ligues d'Allemagne, mais c'estoit à grande difficulté pour les chemins, et y falloit envoyer mendiens, pélerins et semblables gens. Lesdites villes respondoient orgueilleusement, disans : « Dites au Roy que s'il » se déclare, nous nous appointerons et nous » déclarerons contre luy. » Il craignoit qu'ainsi ne le fissent. De se déclarer contre ledit duc n'avoit nul vouloir, mais craignoit bien encores qu'il ne fust nouvelles de ses messagers qu'il envoyoit par pays.

◇◇◇

CHAPITRE II.

Comment après la bataille de Granson, le duc de Milan, le roy René de Cécile, la duchesse de Savoye, et autres abandonnèrent l'alliance du duc de Bourgogne.

Or faut voir maintenant comment changea le monde après cette bataille, et comme les courages du duc de Bourgogne et de ses alliez furent muez, et comme nostre Roy conduisit tout sagement; et sera bel exemple pour ces seigueurs jeunes, qui follement entreprennent, sans connoistre ce qui leur en peut advenir, et qui aussi ne l'ont point veu par expérience, et mesprisent le conseil de ceux qu'ils deussent appeler. Premièrement ledit duc propre envoya le seigneur de Contay au Roy, avec humbles et gracieuses paroles, qui estoit contre sa coustume et nature: regardez doncques comme en une heure de temps se mua; il prioit au Roy luy vouloir loyaument tenir la trève, et s'excusoit de n'avoir esté à la veuë qui se devoit faire auprès d'Auxerre, et asseuroit de se trouver de brief là, ou ailleurs au bon plaisir du Roy. Le Roy luy fit bonne chère, l'asseurant de ce qu'il demandoit: car encores ne luy sembloit pas tant de faire le contraire, et connoissoit bien le Roy la loyauté des sujets dudit duc, et que tost seroit ressours: et vouloit voir la fin de cette adventure, sans donner occasion à nulles des deux parties de s'accorder. Mais quelque bonne chère que le Roy fist audit seigneur de Contay, si oüit-il maintes moqueries par la ville; car les chansons se disoient publiquement, à la loüange des vainqueurs, et à la foule du vaincu.

Dès ce que le duc de Milan Galéas (1) (qui pour lors vivoit) sceut cette adventure, il en eut grande joye, nonobstant qu'il fust allié dudit duc; car il avoit fait cette alliance pour crainte de ce qu'il voyoit audit duc de Bourgogne avoir si grande faveur en Italie; ledit duc de Milan envoya à grande haste vers le Roy, un homme de peu d'apparence, bourgeois de Milan, et par un médiateur fut adressé à moy, et m'apporta lettres dudit duc. Je dis au Roy sa venuë, qui me commanda l'oüir; car il n'estoit point content dudit duc de Milan, qui avoit laissé son alliance pour prendre celle du duc de Bourgogne; et veu encores que sa femme estoit sœur de la Reyne. La créance dudit ambassadeur estoit, comme son maistre le

---

(1) Galéas Sforce, duc de Milan, avait épousé Bonne de Savoie, fille de Louis, duc de Savoie, et d'Anne de Cypre, et sœur de Charlotte de Savoie, seconde femme de Louis XI.

duc de Milan estoit adverty que le Roy et le duc de Bourgogne se devoient entrevoir et faire une très-grande paix et alliance ensemble, ce qui seroit au très-grand desplaisir du duc son maistre, et donnoit des raisons pourquoy le Roy ne le devoit faire, ausquelles il y avoit peu d'apparence; mais disoit, à la fin de son propos, que si le Roy se vouloit obliger de ne faire paix ne trève avec ledit duc de Bourgogne, que ledit duc de Milan donnoit au Roy cent mille ducats comptant. Quand le Roy eut ouy la substance de la charge de cet ambassadeur, il le fit venir en sa présence (où n'y avoit que moy) et luy dit en brief : « Voicy monsieur d'Argenton, » qui m'a dit telle chose ; dites à votre maistre » que je ne veux point de son argent, et que » j'en lève une fois l'an trois fois plus que luy ; » et de la paix et de la guerre, j'en feray à » mon vouloir ; mais s'il se repent d'avoir laissé » mon alliance, pour prendre celle du duc de » Bourgogne, je suis content de retourner » comme nous estions. » Ledit ambassadeur remercia le Roy très-humblement, et luy sembla bien qu'il n'estoit point roy avaricieux ; et supplia fort au Roy qu'il vousist faire crier lesdites alliances en la forme qu'elles avoient esté : et qu'il avoit pouvoir d'obliger son maistre à les tenir. Le Roy lui accorda, et après disner elles furent criées, et incontinent despescha un ambassadeur, qui alla à Millan, où elles furent criées à grande solemnité. Ainsi voilà desjà un des heurs de l'adversité et un grand homme mué, qui avoit envoyé une si grande et si solemnelle ambassade vers le duc de Bourgogne pour faire son alliance, n'y avoit que trois semaines.

Le roy René de Cecile traitoit de faire ledit duc de Bourgogne son héritier, et de luy mettre Provence entre les mains ; et pour aller prendre possession dudit pays, estoit allé monseigneur de Chasteau-Guion (1), qui est de présent en Piémont, et autres, pour le duc de Bourgogne, pour faire gens : et avoit bien vingt mille escus comptant. Dès que les nouvelles vindrent, à grande peine se purent-ils sauver qu'ils ne fussent pris, et monseigneur de Bresse se trouva au pays, qui prit ledit argent. La duchesse de Savoye, dès qu'elle sceut les nouvelles de cette bataille, les fit sçavoir au roy René, excusant la chose, et le reconfortant de cette perte. Les messagers furent pris, qui estoient Provençaux, et par-là se descouvrit ce traité du roy de Cecile avec le duc de Bourgogne. Le roy envoya incontinent des gens-d'armes près de Provence, et des ambassadeurs vers le roy de Cecile, pour le prier de venir, en l'asseurant de bonne chère, ou autrement qu'il y pourvoiroit par force. Tant fut conduit le roy de Cecile, qu'il vint devers le Roy à Lyon, et lui fut fait très-grand honneur et bonne chère. Je me trouvay présent à leurs premières paroles à l'arrivée : et dit Jean Cossé, sénéschal de Provence, homme de bien et de bonne maison du royaume de Naples, au Roy : « Sire ne vous esmerveillez pas si le Roy, mon » maistre, vostre oncle, a offert au duc de » Bourgogne le faire son héritier ; car il en a esté » conseillé par ses serviteurs, et par espécial » par moy : veu que vous estes fils de sa sœur, » et son propre neveu, luy avez fait les torts » si grands, que de luy avoir surpris les chasteaux d'Angers et de Bar, et si mal traité en » tous ses autres affaires. Nous avons bien voulu » mettre en avant ce marché avec ledit duc, » afin que vous en ouyssiez les nouvelles, pour » vous donner envie de nous faire la raison, et » connoistre que le Roy mon maistre est vostre » oncle ; mais nous n'eusmes jamais envie de » mener ce marché jusques au bout. »

Le Roy recueillit très-bien et très-sagement ces paroles, que ledit Jean Cossé dit tout au vray ; car il conduisoit bien cette matière, et à peu de jours de là furent ces différends bien accordez, et eut le Roy de Cecile de l'argent (2) et tous ses serviteurs et le festoya le Roy avec les dames : et le fit festoyer et traiter en toutes choses selon sa nature, le plus près qu'il pût, et furent bons amis, et ne fut plus nouvelles du duc de Bourgogne, mais fut abandonné du roy René, et renoncé de toute part. Voilà encores un autre malheur de cette petite adversité. Madame de Savoye (3) qui de long-temps avoit esté en haine contre le Roy son frère, envoya un messager secret, appelé le seigneur de Montaigny, lequel s'adressa à moy pour se réconcilier avec le Roy ; et allégua les raisons pourquoy elle s'estoit séparée du Roy son frère ; et disoit les doutes qu'elle avoit du Roy : toutesfois elle estoit très-sage, et vraye sœur du Roy nostre maistre, et ne joignoit point franchement à se séparer dudit duc ne de son amitié, et sembloit qu'elle vousist temporiser, et attendre comme le Roy, ce qu'il seroit encore de l'adventure dudit duc. Le Roy luy fut plus gracieux que de coustume, et luy fit faire par moy toutes bonnes responses, et taschoit qu'elle vinst devers luy, et luy fut renvoyé son homme. Ainsi voilà une autre des alliances dudit duc qui marchande à se

---

(1) Frère du prince d'Orange.
(2) Le Roi lui fit donner cinquante mille écus d'or.

(3) Yolande de France, duchesse de Savoie, sœur de Louis XI.

départir de luy. De tous costez en Allemagne se commencèrent à déclarer gens contre ledit duc, et toutes ces villes impériales, comme Nuremberg, Francfort, et plusieurs autres, qui s'allièrent avec ces vieilles et nouvelles alliances, contre ledit duc, et sembloit qu'il y eust très-grand pardon à lui mal faire.

Les dépouilles de son ost enrichirent fort ces pauvres gens de Suisses, qui de prime-face ne connurent les biens qu'ils eurent en leurs mains, et par espécial les plus ignorans. Un des plus beaux et riches pavillons du monde fut desparty en plusieurs pièces : il y en eut qui vendirent grande quantité de plats et d'escuelles d'argent, pour deux grands blancs la pièce, cuidans que ce fust estaing, son gros diamant (1) (qui estoit un des plus gros de la chrestienté) où pendoit une grosse perle, fut levé par un Suisse, et puis remis en son estuy, puis rejetté sous un charriot, puis le revint quérir, et l'offrit à un prestre pour un florin. Celui-là l'envoya à leurs seigneurs, qui lui en donnèrent trois francs, ils gagnèrent trois ballais pareils, appellez les trois Frères ; un autre grand balais, appelé la Hatte, un autre appellé la balle de Flandres (qui estoient les plus grandes et les plus belles pierreries que l'on eust sceu trouver), et d'autres biens infinis, qui depuis leur ont bien donné à connoistre ce que l'argent vaut. Car les victoires et estimations en quoy le Roy les mit dès-lors, et les biens qu'on leur a faits, leur ont fait recouvrer infiny argent.

Chacun ambassadeur des leurs, qui vint vers le Roy à ce commencement, eut grands dons de luy, en argent ou en vaisselle, et par ce moyen les contentoit de ce qu'il ne s'estoit point déclaré pour eux; et les renvoyoit les bourses pleines et revestus de draps de soye, et se prit à leur promettre pension, qu'il paya bien depuis; mais il vid la seconde bataille avant, et leur promit quarante mille florins de Rhin tous les ans; les vingt mille pour les villes, et les autres vingt mille pour les particuliers qui avoient le gouvernement desdites villes. Et ne pense point mentir de dire que je croy que depuis la première bataille de Granson, jusques au trépas du Roy nostredit maistre, lesdites villes et particuliers desdits Suisses, ont amendé de nostre Roy d'un million de florins de Rhin. Et n'entends de villes que quatre : Berne, Lucerne, Fribourg, Zurich, et leurs cantons, qui sont leurs mon-

tagnes. Suisse en est un, qui n'est qu'un village. J'en ai veu de ce village un, estant ambassadeur avec autres, en bien humble habillement, qui néantmoins disoit, comme les autres, son advis; Glaris, Soleurre et Undervale s'appellent les autres cantons.

CHAPITRE III.

Comment les Suisses deffirent en bataille le duc de Bourgogne près la ville de Morat.

Pour revenir au duc de Bourgogne, il ramassoit gens de tous costez; et en trois semaines s'en trouva sus grand nombre, qui le jour de la bataille s'estoient escartez. Il séjourna à Losanne en Savoye, où vous, monseigneur de Vienne, le servistes de bon conseil, en une grande maladie qu'il eut de douleur et de tristesse, de cette honte qu'il avoit receuë, et à bien dire la vérité, je croy que jamais depuis il n'eut l'entendement si bon qu'il avoit eu auparavant cette bataille. De cette grande assemblée et nouvelle armée qu'il avoit faite, j'en parle par le rapport de monseigneur le prince de Tarente (2), qui le conta au Roy en ma présence. Ledit prince, environ un an avant, estoit venu vers ledit duc, très-bien accompagné, espérant d'avoir sa fille et seule héritière, et sembloit bien fils de Roy, tant de sa personne que de son accoustrement et de sa compagnie, et le roy de Naples son père, monstroit bien n'y avoir rien espargné. Toutesfois ledit duc avoit dissimulé cette matière, et entretenoit pour lors madame de Savoye, pour son fils, et autres; parquoy ledit prince de Tarente, appelé dom Frédéric d'Arragon, et aussi ceux de son conseil, mal contens des délais, envoyèrent devers le Roy un officier d'armes bien entendu, lequel vint supplier au Roy donner sauf-conduit audit prince, pour passer par le royaume, et retourner vers le Roy son père, lequel l'avoit mandé. Le Roy l'octroya très-volontiers, et luy sembloit bien que c'estoit à la diminution du crédit et renommée dudit duc de Bourgogne. Toutesfois, avant que le messager fust de retour, estoient jà assemblées toutes les ligues d'Allemagne et logées auprès dudit duc de Bourgogne.

Ledit prince prit congé dudit duc, le soir de

---

(1) Ce diamant est connu sous le nom de Sanci, parce qu'il fut vendu pour la couronne de France par Nicolas de Harlai, sieur de Sanci, célèbre sous les règnes de Henri III et Henri IV.

(2) Frédéric, fils de Ferrand d'Arragon, depuis roi de Naples.

devant la bataille, en obéissant au mandement du Roy son père : car à la première bataille s'estoit trouvé comme homme de bien. Aussi disent aucuns qu'il usa de vostre conseil, monseigneur de Vienne, car je luy ay ouy dire et témoigner, quand il fut arrivé devers le Roy, et au duc d'Ascoly, appellé le comte Julio, et à plusieurs autres, que la première et seconde batailles vous en avez escrit en Italie, et dit ce qui en advint, plusieurs jours avant qu'elles fussent faites. Comme j'ay dit au partement dudit prince, estoient logées toutes ces alliances assez près dudit duc, et venoient pour le combattre, allans lever le siége qu'il avoit devant Morat, petite ville près de Berne, qui appartenoit à monseigneur de Romont (1). Lesdits alliez, comme il me fut dit par ceux qui y estoient, pouvoient bien estre trente et un mille hommes de pied, bien choisis et bien armez : c'est à sçavoir onze mille piques, dix mille hallebardes, dix mille couleuvrines, et quatre mille hommes à cheval. Lesdites alliances n'estoient point encores toutes assemblées, et ne se trouva à la bataille que ceux dont j'ay parlé, et suffisoit bien. Monseigneur de Lorraine y arriva à peu de gens, dont fort bien luy en prit depuis : car ledit duc de Bourgogne tenoit lors toute sa terre.

Audit duc de Lorraine prit bien de ce qu'on s'ennuyoit de luy en nostre cour, et crois bien qu'il ne sceut jamais la vérité; mais quand un grand homme a tout perdu le sien, il ennuye le plus souvent à ceux qui le soustiennent. Le Roy luy avoit donné un petit d'argent, et le fit conduire avec bon nombre de gens-d'armes au travers du pays de Lorraine : lesquels le mirent en Allemagne, et puis retournèrent. Ledit seigneur n'avoit pas seulement perdu son païs de Lorraine, mais la comté de Vaudemont, et la pluspart de Barrois, car le demeurant le Roy le tenoit : ainsi ne luy estoit rien demeuré. Et qui pis estoit, tous ses sujets avoient fait serment audit duc de Bourgogne, et sans contrainte, et jusques aux serviteurs de sa maison : parquoy sembloit qu'il y eut peu de ressource à son fait ; toutesfois Dieu demeure tousjours le juge, pour déterminer de telles causes, quand il luy plaist.

Après que le duc de Lorraine fut passé, comme j'ay dit, et quand il eut chevauché aucuns jours, il arriva vers lesdites alliances, peu d'heures avant la bataille, et avec peu de gens ; et luy porta ce voyage grand honneur et grand profit, car si autrement en fut allé, il eut trouvé peu de recueil. Sur l'heure qu'il fut arrivé, marchèrent les batailles d'un costé et d'autre ; car lesdites alliances avoient jà esté logées, trois jours ou plus, auprès du duc de Bourgogne en lieu fort. A peu de deffence fut déconfit ledit duc et mis en fuite, et ne luy prit point comme de la bataille précédente, où il n'avoit perdu que sept hommes-d'armes. Et cela advint pource que lesdits Suisses n'avoient point de gens-de-cheval : mais à cette heure-cy, dont je parle, qui fut près de Morat (2), y avoit de la part desdits Allemans quatre mille hommes de cheval bien montez, qui chassèrent très-loin les gens dudit duc de Bourgogne, et si joignirent leur bataille à pied avec les gens-de-pied dudit duc, qui en avoit largement : car sans ses sujets et aucuns Anglois qu'il avoit en bon nombre, il luy estoit venu de nouveau beaucoup de gens du païs de Piémont, et autres des sujets du duc de Milan, comme j'ay dit : et me dit ledit prince de Tarente, quand il fut arrivé devers le Roy, que jamais n'avoit veu si belle armée, et qu'il avoit compté et fait compter l'armée en passant sur un pont, et y avoit bien trouvé vingt et trois mille hommes de soulde, sans le reste qui suivoit l'armée, et qui estoit pour le fait de l'artillerie. A moy me semble ce nombre très-grand, combien que beaucoup de gens parlent de milliers, et font les armées plus grosses qu'elles ne sont, et en parlent légièrement.

Le seigneur de Contay, qui arriva vers le Roy tost après la bataille, confessa au Roy, moy présent, qu'en ladite bataille estoient morts huict mille hommes du party dudit duc, prenans gages de luy, et d'autres menuës gens assez. Et crois, à ce que j'en ay peu entendre, qu'il y avoit bien dix huit mille personnes en tout, et estoit aisé à croire, tant pour le grand nombre de gens-de-cheval qu'il y avoit, qu'avoient plusieurs seigneurs d'Allemagne, qu'aussi pour ceux qui estoient encores au siége devant ledit Morat. Le duc fuit jusques en Bourgogne, bien désolé, comme raison estoit, et se tint en un lieu appelé la Rivière (3), où il rassembloit des gens tant qu'il pouvoit. Les Allemans ne chassèrent que ce soir, et puis se retirèrent sans marcher après luy.

<hr />

(1) Jacques de Savoie, frère du duc Louis.

(2) Charles, duc de Bourgogne, perdit la bataille de Morat le samedi 22 juin 1476. Près de cette ville il y a une chapelle où sont entassés les os des Bourguignons, avec cette inscription : *Exercitus Caroli Burg. Ducis hoc sui monumentum reliquit.*

(3) Petite ville près de Salins, au comté de Bourgogne.

CHAPITRE IV.

Comment après la bataille de Morat le duc de Bourgogne se saisit de la personne de madame de Savoye, et comment elle en fut délivrée, et renvoyée en son pays par le moyen du Roy.

Cette adventure désespéra fort ledit duc, et luy sembla bien que tous ses amis l'abandonneroient aux enseignes qu'il avoit veuës desjà à sa première perte de Granson, dont il n'y avoit que trois semaines (1) jusques à celle dont je parle. Et pour ces doutes, par le conseil d'aucuns, il fit amener par force la duchesse de Savoye en Bourgogne, et un de ses enfans, qui aujourd'huy est duc de Savoye. L'aisné fut sauvé par aucuns serviteurs de cette maison de Savoye; car ceux qui firent cet effort, le firent en crainte, et furent contraints de se haster. Ce qui fit faire cet exploit audit duc, fut de peur qu'elle ne se retirast devers le Roy son frère, disant que pour secourir la maison de Savoye luy estoit advenu tout ce mal. Ledit duc la fit mener au chasteau de Rouvre près Dijon, et y avoit quelque peu de garde : toutes-fois il l'alloit voir qui vouloit, et entre les autres y alloient monseigneur de Chasteau-Guion (2) et le marquis de Rotelin (3) qui sont aujourd'huy : desquels ledit duc avoit traité le mariage avec deux filles de ladite duchesse, combien que lors lesdits mariages ne fussent point accomplis ; mais ils l'ont esté depuis. Son fils aisné appellé Philibert, lors duc de Savoye, fut mené à Chambéry, par ceux qui le sauvèrent, auquel lieu se trouva l'évesque de Genève, fils de la maison de Savoye, qui estoit homme très-volontaire, et gouverné par un commandeur de Rhodes. Le Roy fit traiter avec ledit évesque et son gouverneur, commandeur de Rhodes, en manière qu'ils mirent entre les mains dudit évesque, le duc de Savoye, et un petit frère appellé le Protonotaire, avec le chasteau de Chambéry et celuy de Mont-Mélian, et luy garda un autre chasteau, où estoient toutes les bagues de ladite dame de Savoye.

Au plustost que ladite duchesse se trouva à Rouvre (comme j'ay dit) accompagnée de toutes ses femmes, et largement serviteurs, et qu'elle vid ledit duc bien empesché à rassembler gens, et que ceux qui la gardoient n'avoient pas la crainte de leur maistre telle qu'ils souloient, et avoient accoustumé d'avoir, elle se délibéra d'envoyer vers le Roy son frère, pour traiter appointement, et pour supplier qu'il la retirast. Toutesfois elle estoit en grande crainte de tomber sous sa main, n'eust esté le lieu où elle se voyoit : car la haine avoit esté moult grande et longue entre ledit seigneur et elle. Il vint de par ladite dame un gentilhomme de Piémont, appellé Riverol, son maistre d'hostel, lequel par quelqu'un fut addressé à moy. Après l'avoir ouy, et dit au Roy ce qu'il m'avoit dit, ledit seigneur l'ouit : et après l'avoir ouy, luy dit qu'à tel besoin ne voudroit avoir failly à sa sœur, nonobstant leurs différends passez ; et si elle se vouloit allier de luy, qu'il la feroit envoyer quérir par le gouverneur de Champagne, pour lors messire Charles d'Amboise, seigneur de Chaumont.

Ledit Riverol prit congé du Roy, et alla vers sa maistresse à très-grande haste. Elle fut joyeuse de cette nouvelle : toutesfois elle renvoya encores un homme incontinent qu'elle eust ouy le premier, suppliant au Roy qu'il lui donnast seureté qu'il la laisseroit aller en Savoye, et qu'il lui rendroit le duc son fils, et l'autre petit, et aussi les places, et qu'il l'aideroit à maintenir en son authorité en Savoye, et de sa part, qu'elle estoit contente de renoncer à toutes alliances et prendre la sienne. Ledit seigneur luy bailla tout ce qu'elle demandoit, et incontinent envoya un homme exprès vers ledit seigneur de Chaumont, pour faire l'entreprise, laquelle fut bien faite et bien exécutée, et alla ledit seigneur de Chaumont, avec bon nombre de gens, jusques à Rouvre, sans porter dommage au pays, et amena madame de Savoye, et tout son train, en la plus prochaine place en l'obéissance du Roy. Quand ledit seigneur dépescha le dernier messager de ladite dame, il estoit jà parti de Lion, où il s'estoit tenu par l'espace de six mois, pour sagement desmesler les entreprises du duc de Bourgogne, sans rompre la trève. Mais à bien connoistre la condition dudit duc, le Roy luy faisoit beaucoup plus de guerre en le laissant faire, et luy sollicitant ennemis en secret, que s'il se fust déclaré contre luy : car dès que ledit duc eut veu la déclaration, il se fust retiré de son entreprise, parquoy tout ce qui luy advint ne luy fut point advenu.

Le Roy continuant son chemin, au partir de Lion se mit sur la rivière de Loire à Roüanne,

---

(1) Il y avait près de quatre mois ; la bataille de Granson fut livrée le 2 mars, et celle de Morat le 22 juin.

(2) Hugues de Châlon, troisième fils de Louis, prince d'Orange, et d'Eléonore d'Armagnac, sa seconde femme, marié à Louise de Savoie.

(3) Philippe de Hochberg, fils de Rodolphe, comte de Neufchâtel, et de Marguerite de Vienne, marié à Marie de Savoie, mort en 1501.

et vint à Tours. Et incontinent qu'il y fut, il sceut la délivrance de sa sœur, dont il fut très-joyeux, et manda diligemment qu'elle vinst devers luy, et ordonna de sa dépense en chemin. Quand elle arriva, il envoya largement gens au devant d'elle, et luy-mesme l'alla recueillir à la porte du Plessis-du-Parc, et luy fit très-bon visage en luy disant : *Madame la Bourguignonne, vous soyez la très-bien venue.* Elle connut bien à son visage qu'il ne se faisoit que jouer, et respondit bien sagement qu'elle estoit bonne Françoise, et preste d'obéyr au Roy en ce qu'il luy plairoit commander. Ledit seigneur l'amena en sa chambre et la fit bien traiter. Vray est qu'il avoit très-grande envie d'en estre despesché. Elle estoit très-sage, et s'entre-connoissoient bien tous deux, et désiroit ladite dame encores plus son partement.

J'eus la charge du Roy de ce qui estoit à faire en cette matière. Premier de trouver argent, pour son deffray, et pour s'en retourner, et des draps de soye, et de faire mettre par escrit leur alliance et forme de vivre pour le temps avenir. Le Roy la voulut démouvoir du mariage (dont j'ay parlé) de ses deux filles, mais elle s'en excusoit sur les filles, lesquelles y estoient obstinées : et à la vérité, elles n'y estoient point mal. Quand ledit seigneur connut leur vouloir, il s'y consentit : et après que ladite dame eut esté audit lieu du Plessis, sept ou huit jours, le Roy et elle firent serment ensemble d'estre bons amis pour le temps advenir, et en furent baillées lettres d'un costé et d'autre : et prit congé ladite dame du Roy, qui la fit bien conduire jusques chez elle, et luy fit rendre ses enfans, et toutes ses places et bagues, et tout ce qui luy appartenoit. Tous deux furent bien joyeux de départir l'un de l'autre, et sont demeurez depuis comme bon frère et bonne sœur, jusques à la mort.

◇×◇

CHAPITRE V.

Comment le duc de Bourgogne se tint quelques semaines comme solitaire, et comment cependant le duc de Lorraine recouvra sa ville de Nancy.

Pour continuer mon propos, faut parler du duc de Bourgogne, lequel après la suite de cette bataille de Morat (qui fut en l'an 1476) s'estoit retiré à l'entrée de Bourgogne, en un lieu appellé la rivière : auquel lieu il séjourna plus de six semaines, ayant encores cœur de rassembler gens. Toutesfois il y besoignoit peu, et se tenoit comme un solitaire, et sembloit plus qu'il faisoit par obstination ce qu'il faisoit, qu'autrement, comme vous entendrez, car la douleur qu'il eut de la perte de la première bataille de Granson fut si grande, et luy troubla tant les esprits qu'il en tomba en grande maladie, et fut telle, que sa colère et chaleur naturelle estoit si grande qu'il ne beuvoit point de vin, mais le matin beuvoit ordinairement de la tisane, et mangeoit de la conserve de roses pour se rafraichir. Ladite tristesse mua tant sa complexion, qu'il luy faloit boire le vin bien fort sans eau : et pour luy faire retirer le sang au cœur, mettoient des estoupes ardentes dedans des ventouses, et les luy passoient en cette chaleur à l'endroit du cœur. Et de ce propos vous, monseigneur de Vienne, en sçavez plus que moy, comme celuy qui l'aidast à panser cette maladie, et luy fistes faire la barbe, qu'il laissoit croistre : et à mon advis, oncques puis ladite maladie ne fut si sage qu'auparavant, mais beaucoup diminué de son sens.

Et telles sont les passions de ceux qui jamais n'eurent adversité, et qui après semblables infortunes ne cherchent les vrais remèdes, et par espécial les princes, qui sont orgueilleux : car en ce cas et en semblables, le premier refuge est retourner à Dieu, et penser si en rien on l'a offensé, et s'humilier devant luy, et connoistre ses mesfaits : car c'est luy qui détermine de tels procès, sans ce qu'on luy puisse proposer nulle erreur. Après cela, fait grand bien de parler à quelque amy de ses privez, et hardiment devant luy plaindre ses douleurs, et n'avoir point de honte de monstrer sa douleur devant l'espécial amy, car cela allège le cœur et le reconforte, et les esprits reviennent en leur vertu, parlant ainsi à quelqu'un en conseil, ou bien faut prendre autre remède, par quelque exercice et labeur (car il est force, puisque nous sommes hommes, que telles douleurs passent avec passion grande, ou en public ou en particulier), et non point prendre le chemin que prit le duc de se cacher, ou se tenir solitaire : mais faire le contraire, et chasser toute austérité. Car pour ce qu'il estoit terrible à ses gens, nul ne s'osoit avancer de luy donner nul confort ou conseil, mais le laissoit faire à son plaisir, craignans que si aucune chose luy eussent remonstré, qu'il ne leur en fut mal pris.

Pendant ces six semaines, ou environ, qu'il séjourna avec bien peu de gens (qui n'estoient point de merveilles, après avoir perdu de si grosses batailles, comme vous avez ouy), et que plusieurs nouveaux ennemis se furent déclarez, et les amis refroidis, et les subjects rompus et desfaits, qui commençoient à entrer en murmure, et avoir leur maistre en mespris, ainsi qu'il est bien de coustume, comme j'ay dit, après telles adversitez, plusieurs petites places furent prises sur luy en cette Lorraine, comme Vaudemont, et puis Espinal, et autres après : et de tous costez se commencèrent à esveiller gens pour luy courre sus : et les meschans estoient les plus hardis. Et sur ce bruit, le duc de Lorraine assembla quelque peu de gens et de peuple, se vint loger devant Nancy. Des petites villes prochaines il en tenoit la pluspart : toutesfois le duc de Bourgogne tenoit encores le Pont-à-Mousson, à quatre lieues dudit Nancy, ou environ. Entre ceux qui estoient dedans assiégez, estoit un de la maison de Croy, appellé monseigneur de Bièvres (1), bon chevalier et honneste, il avoit gens de pièces ; et entre les autres aussi estoit dedans un Anglois appellé Cohin, très-vaillant homme, de petite lignée ; et l'amenay avec autres de la garnison de Guynes au service dudit duc. Ledit Cohin avoit environ trois cens Anglois soubs luy en ladite place : et combien qu'ils ne fussent point pressez de siége ni d'approches, si leur ennuyoit-il de ce que ledit duc de Bourgogne mettoit tant à les secourir, et à la vérité il avoit grand tort qu'il ne s'approchoit, car là où il estoit c'estoit loin du pays de Lorraine, et n'y pouvoit plus de rien servir : car il avoit mieux besoin de deffendre ce qu'il possédoit que de courir sus aux Suisses, pour se cuider vanger de son dommage. Mais son obstination luy porta grande perte, de ce qu'il ne prenoit conseil que de luy : car quelque diligence qu'on fist pour le solliciter de secourir cette place, il séjourna sans nul besoin audit lieu de la Rivière six semaines, ou environ : et s'il eust fait autrement, il eust aisément secouru ladite place, car ledit duc de Lorraine n'avoit comme point de gens devant ; et en gardant le pays de Lorraine, il avoit tousjours son passage pour venir de ses autres seigneuries passer par Luxembourg et par Lorraine pour aller en Bourgogne. Parquoy si la raison eust esté en luy telle qu'elle y avoit esté autrefois, il y devoit faire autre diligence.

Pendant que ceux qui estoient dedans Nancy attendoient leur secours, ledit Cohin, dont j'ay parlé, qui estoit chef de cette bande d'Anglois qui estoient dedans, fut tué d'un canon, qui fut grand dommage audit duc de Bourgogne : car la personne d'un seul homme est aucunesfois cause de préserver son maistre d'un grand inconvénient, encores qu'il ne soit ni de sa maison, ni de lignée grande, mais que seulement le sens et la vertu y soient. Et en cet article ay connu au Roy, nostre maistre, un grand sens : car jamais prince n'eut plus grande crainte de perdre ses gens que luy. Dès que ledit Cohin fut mort, les Anglois qui estoient soubs luy commencèrent à murmurer et à se désespérer du secours ; et ne connoissoient point bien la petite force du duc de Lorraine, et les grands moyens qu'avoit le duc de Bourgogne de recouvrer gens : mais par le long-temps qu'il y avoit que les Anglois n'avoient eu guerres hors de leur royaume, ils n'entendoient point bien le fait des siéges ; et en effet se mirent à vouloir parlementer, et dirent audit seigneur de Bièvres, qui estoit chef en la ville, que s'il n'appointoit, ils appointeroient sans luy ; combien qu'il fut bon chevalier, si avoit-il peu de vertu, et usa de grandes prières et de grandes remonstrances, et croy que s'il eust plus audacieusement parlé, il luy en fut mieux pris, sinon que Dieu en eut ainsi ordonné, et cela croirois-je mieux, car ne faloit que tenir encores trois jours, qu'il n'eussent eu du secours. Mais pour abréger, il compleut et se consentit aux dessusdits Anglois, et rendit la place (2) au duc de Lorraine, saufs leurs personnes et biens.

Le lendemain, ou pour le plus tard, deux jours après ladite place rendue, le duc de Bourgogne arriva auprès bien accompagné, selon le cas ; car ils luy estoient venus quelques gens du quartier de Luxembourg, qui venoient de ses autres seigneuries, et se trouvèrent le duc de Lorraine et luy : toutesfois il n'y eut rien d'importance, parce que ledit duc de Lorraine n'estoit assez fort. Ledit duc de Bourgogne se mit encores après son esteuf à remettre le siége devant Nancy : il luy eust mieux valu n'avoir esté si obstiné en sa demeure, mais Dieu prépare tels vouloirs extraordinaires aux princes, quand il luy plaist muer leur fortune. Si ledit seigneur eust voulu user de conseil, et bien garnir les petites places d'entour, il eust en peu de temps recouvré la place, car elle estoit très-mal pourveue de vivres, et il y avoit assez et trop de gens pour la retenir trop à destroict, et eust peu

---

(1) Jean de Rubempré, seigneur de Bièvres, chevalier de la Toison-d'Or, fils d'Antoine, seigneur de Rubempré, et de Jaqueline de Croy, ce qui a pu faire croire à l'auteur qu'il était de la maison de Croy, quoiqu'il n'en descendit que par sa mère.

(2) Elle fut rendue, faute de vivres, au commencement d'octobre 1476. Bièvres envoya au duc René un pâté fait avec de la chair de cheval, afin de montrer l'extrémité où il était réduit. Le duc René lui fit porter du gibier et le meilleur vin de son échansonnerie.

rafraîchir son armée et la refaire; mais il le prit par autre bout.

◇◇◇

CHAPITRE VI.

Des grandes trahisons du comte de Campobache, et comment il empescha le duc de Bourgogne d'ouir un gentilhomme qui les luy vouloit révéler, devant qu'estre pendu, et ne tint compte aussi de l'avertissement que luy en donna le Roy.

Cependant qu'il tenoit ce siége malheureux pour luy, et pour tous ses subjets, et pour plusieurs autres, à qui la querelle ne touchoit en rien, commencèrent plusieurs des siens à pratiquer, et jà (comme j'ay dit) luy estoient sourds ennemis de tous costez, et entre les autres, le comte Nicole de Campobache, du royaume de Naples, dont il estoit chassé pour la maison d'Anjou, et l'avoit retiré ledit duc après le trespas du duc Nicolas de Calabre, à qui il estoit serviteur, et plusieurs autres des serviteurs dudit duc de Calabre. Ce comte estoit très-pauvre (comme j'ay dit ailleurs) et de meubles et d'héritages. Le duc de Bourgogne luy bailla d'entrée quarante mille ducats d'imprestance, pour aller faire en Italie quatre cens lances qu'il payoit par sa main; et dès lors commença à machiner la mort de son maistre (comme j'ay desjà dit) et continua jusques à celle heure dont je parle, et de nouveau, voyant son maistre en adversité, commença à pratiquer, tant envers monseigneur de Lorraine, qu'avec aucuns capitaines et serviteurs que le Roy avoit en Champagne, près de l'armée dudit duc. Audit duc de Lorraine promettoit tenir la main que ce siége ne s'avanceroit point, et qu'il feroit trouver des deffauts ès choses plus nécessaires pour ledit siége, et pour la batterie, et il le pouvoit bien faire, car il en avoit la principale charge, et toute l'hautorité avec ledit duc de Bourgogne. Aux nostres pratiquoit plus au vif, car tousjours présentoit de tuer ou prendre son maistre, et demandoit le payement de ces quatre cens lances, vingt mille escus comptant, et une bonne comté.

Durant qu'il conduisoit ces traitez, vindrent aucuns gentilshommes du duc de Lorraine pour entrer en la place. Aucuns y entrèrent, autres furent pris, dont l'un fut un gentilhomme de Provence appellé Cifron (1), lequel conduisoit tous les marchez dudit comte avec ledit duc de Lorraine. Le duc de Bourgogne commanda que ledit Cifron fust incontinent pendu, disant que depuis qu'un prince a posé son siége et fait tirer son artillerie devant une place, que si aucuns viennent pour y entrer et la reconforter contre luy, ils sont dignes de mort par les droits de la guerre: toutesfois il ne s'en use point en nos guerres, qui sont assez plus cruelles que la guerre d'Italie et d'Espagne, là où l'on use de cette coustume. Quoy qu'il y eust, ledit duc voulut que ce gentilhomme mourust, lequel, voyant qu'en son faict n'y avoit nul remède et qu'on le vouloit mener mourir, manda audit duc de Bourgogne qu'il luy pleust l'oüir, et qu'il luy diroit chose qui touchoit à sa personne. Aucuns gentilshommes à qui il dit ces paroles le vindrent dire au duc; et d'aventure le comte de Campobache, dont j'ay parlé, se trouva devant quand ils vindrent parler au duc, ou bien, sçachant la prise dudit Cifron, s'y voulut bien trouver, doutant qu'il ne dist de luy ce qu'il sçavoit, car il entendoit tout le démené dudit comte, tant d'un costé que d'autre, et luy avoit tout esté communiqué, et estoit ce qu'il vouloit dire.

Ledit duc respondit à ceux qui luy vindrent faire ce rapport, qu'il ne le faisoit que pour sauver sa vie, et qu'il leur dist que c'estoit. Ledit comte conforta cette parolle; et n'y avoit avec ledit duc que ce comte et quelque secrétaire qui escrivoit, car ledit comte avoit toute la charge de cette armée. Le prisonnier dit qu'il ne le diroit qu'audit duc de Bourgogne mesme. De rechef commanda ledit duc qu'on le menast pendre, ce qui fut fait; et en le menant, ledit Cifron requit à plusieurs qu'ils priassent à leur maistre pour luy, et qu'il luy diroit chose qu'il ne voudroit pour un duché qu'il ne le sceut. Plusieurs qui le connoissoient en avoient pitié, et vindrent parler à leur maistre pour faire cette requeste qu'il luy plust de l'ouyr; mais ce mauvais comte estoit à l'huis de la chambre de bois où logeoit ledit duc, et gardoit que nul n'entrast, et refusa l'huis à ceux-là, disant: *Monseigneur veut qu'on s'avance de le pendre*, et par messagers hastoit le prevost. Et finalement ledit Cifron fut pendu, qui fut au grand préjudice dudit duc de

---

(1) Il était maître-d'hôtel du duc de Lorraine, et s'appelait Cifron Vachière. Il fut pendu à un arbre près de la chapelle de Saint-Thibauld; son corps fut rendu aux Lorrains, qui le firent enterrer dans l'église de Saint-Georges, à côté du tombeau de marbre qui est devant le grand autel; le lendemain ils firent pendre avant le jour un Bourguignon qui était à Nanci, puis tous les autres qui se trouvèrent à Epinal, Mirecourt, etc., au nombre de plus de cent vingt, pour apprendre au duc à modérer sa colère une autre fois.

Bourgogne, auquel eut mieux valu n'avoir esté si cruel, et humainement ouïr ce gentilhomme; et par avanture que s'il l'eust fait, il fut encores en vie, et sa maison entière et de beaucoup accrue, veu les choses survenuës en ce royaume depuis : mais il est à croire que Dieu en avoit autrement disposé.

Vous avez entendu par cy-devant en ces Mémoires le desloyal tour que ledit duc avoit fait, peu de temps auparavant, au comte de Sainct-Paul, connestable de France, comme de l'avoir pris sur sa seureté, et baillé au Roy pour le faire mourir, et davantage baillé tous les séellez et lettres qu'il avoit dudit connestable pour servir à son procès. Et combien que ledit duc eust trouvé juste cause de hayr ledit connestable jusques à la mort, et de la luy procurer, pour beaucoup de raisons qui seroient longues à escrire, moyennant qu'il l'eut peu faire sans luy donner la foy, toutesfois toutes les raisons, que je ne sçaurois alléguer en cette matière, ne sçauroient couvrir la faute de foy et d'honneur que le duc commit en baillant bon et loyal sauf-conduit audit connestable, et néantmoins le prendre et le vendre par avarice, non point seulement pour la ville de Sainct-Quentin et des places, héritages et meubles dudit connestable, mais aussi pour la doute de faillir à prendre la ville de Nancy quand il l'avoit assiégée la première fois; et fut à l'heure qu'après plusieurs dissimulations il bailla ledit connestable, se doutans que l'armée du Roy, qui estoit en Champagne, ne luy empeschast l'entreprise dudit Nancy, car le Roy l'en menaçoit par ses ambassadeurs, pour ce que par leur appointement, le premier des deux qui tiendroit ledit connestable, le devoit rendre, dedans huit jours après, à son compagnon, ou le faire mourir. Or avoit ledit duc passé ce terme de beaucoup de jours; et cette seule crainte et ambition de Nancy luy firent bailler ledit connestable, comme avez ouy.

Tout ainsi comme en ce propre lieu de Nancy il avoit commis ce crime injustement, après qu'il eut remis le second siége, et fait mourir ledit Cifron (lequel il ne voulut ouyr parler, comme homme qui avoit jà l'ouye bouchée et l'entendement troublé), fut en cette propre place déceu et traby par celuy auquel plus se fioit, et par adventure justement payé de sa desserte, pour le cas qu'il avoit commis dudit connestable et par avarice de ladite ville de Nancy. Mais ce jugement appartient à Dieu; et ne le dis pas pour esclaircir seulement mon propos, mais donner à entendre combien un bon prince doit fuir tel vilain tour et desloyauté, quelque conseil encores qu'on luy en sçache donner. Et assez de fois advient que ceux qui le conseillent le font pour leur complaire ou pour ne les oser contredire, à qui il en desplaist bien, quand le cas est advenu, connoissans la punition qui leur en peut advenir, tant de Dieu que du monde : toutesfois tels conseillers vaudroient bien mieux d'estre loin d'un prince que près.

Vous avez ouy comme Dieu en ce monde establit ce comte de Campobache commissaire à faire la vengeance de ce cas du connestable, ainsi commis par le duc de Bourgogne au propre lieu et en la propre manière, et encores beaucoup plus cruellement : car, tout ainsi que par dessus le sauf-conduit et féableté qu'avoit en luy ledit connestable, il le livra pour estre mis à mort; tout ainsi par le plus féable de son armée (c'est-à-dire par celuy en qui plus se fioit) fut-il trahy, par celuy, dis-je, qu'il avoit recueilly vieil et pauvre et sans nul party, et qu'il avoit soudoyé à cent mille ducats l'an, dont il payoit ses gens-d'armes par sa main, et d'autres grands avantages qu'il avoit. Et quand il commença cette marchandise, il s'en alloit en Italie, avec quarante mille ducats comptant qu'il avoit receus pour imprestance (comme dit est), qui vaut à dire pour mettre sus ses gens-d'armes; et pour conduire cette trahison s'en addressa en deux lieux : le premier à un médecin demeurant à Lyon, appellé maistre Simon de Pavie, et à un autre en Savoye, dont j'ay parlé; et à son retour furent logez ses gens-d'armes en certaines petites places de la comté de Marle qui est en Lannois; et là reprit sa pratique, offrant bailler toutes les places qu'il tenoit, ou si le Roy se trouvoit en bataille contre son maistre, qu'il y auroit certain signe entre le Roy et luy; qu'en le luy faisant il se tourneroit contre son maistre, et du party du Roy, avec toute sa bande. Ce second party ne pleut point fort au Roy.

Il offroit encores que la première fois que son maistre logeroit en champ, qu'il le prendroit ou tueroit en allant visiter son ost. Et à la vérité il n'eust point failli à cette tierce ouverture, car ledit duc avoit une coustume qu'aussi-tost qu'il estoit descendu de cheval au lieu où il venoit pour loger, il ostoit le menu harnois et retenoit le corps de sa cuirace, et montoit sur un petit cheval, huict ou dix archers à pied avec luy seulement : aucunesfois le suivoient deux ou trois gentilshommes de sa chambre, et alloit tout à l'environ de son ost par le dehors voir s'il estoit bien clos, et ainsi ledit comte eust fait cette exécution avec dix chevaux sans nulle difficulté. Après que le Roy eut veu la continuelle poursuite que faisoit cet homme pour trahir son maistre, et que cette dernière fut à l'heure d'une trève, et qu'il ne sçavoit point à quelle fin il faisoit ces ouvertures, il délibéra montrer une grande franchise au duc de Bourgogne; et luy manda par le seigneur de Contay (qui plusieurs fois a esté nommé en ces Mémoires) tout au long le démené de ce comte, moy estant présent; et suis bien seur que ledit seigneur de Contay s'en acquitta loyaument envers son maistre, lequel le prit tout au rebours, disant que s'il eust esté vray, le Roy ne luy en eust rien fait savoir. Et fut cecy long-temps avant qu'il vinst à Nancy, et croy bien que ledit duc n'en dit rien audit comte, car il ne changea jamais de propos.

◇◇◇

CHAPITRE VII.

Comment le duc de Lorraine, accompagné de bon nombre d'Allemans, vint loger à Sainct-Nicolas pendant le siége de Nancy, et comment le roy de Portugal, qui estoit en France, alla voir le duc de Bourgogne durant ce siége.

Or faut retourner à nostre matière principale, et à ce siége que ledit duc tenoit devant Nancy, qui estoit au cœur d'hyver, avec peu de gens, mal armez, mal payez, et beaucoup de malades, et des plus grands qui pratiquoient contre luy (comme vous oyez), et tous en général murmuroient et desprisoient tous ses œuvres, comme est bien de coustume en temps d'adversité, comme j'ay bien dit icy devant; mais nul ne pratiquoit contre sa personne ne contre son Estat que ce comte de Campobache; et en ses subjets ne trouva nulle desloyauté. Estant en ce pauvre appareil, le duc de Lorraine traita vers ces vieilles et nouvelles alliances, que j'ay nommées cy-devant, d'avoir gens pour combattre le duc de Bourgogne qui estoit devant Nancy. Toutes ces villes y furent très-enclines; ne restoit qu'à trouver argent. Le Roy le confortoit fort d'ambassadeurs qu'il avoit envoyez vers les Suisses, et aussi luy fournit quarante mille francs pour aider à payer ses Allemans; et si avoit monseigneur de Craon, qui estoit son lieutenant en Champagne, logé en Barois avec sept ou huict cens lances et des francs-archers bien accompagnez de bons chefs de guerre. Tant fit ledit duc de Lorraine, avec la faveur et argent du Roy, qu'il tira grand nombre d'Allemans, tant de pied que de cheval, car, outre ce qu'il paya, ils en fournirent à leurs despens. Aussi avoit avec luy largement gentilshommes de ce royaume; et puis cette armée du Roy estoit logée en Barrois, comme j'ay dit, laquelle ne faisoit nulle guerre, mais voyoit qui auroit du meilleur. Et vint ledit duc de Lorraine loger à Sainct-Nicolas près Nancy, avec les Allemans dessusdits.

Le roy de Portugal (1) estoit en ce royaume neuf mois avoit ou environ, auquel le Roy s'estoit allié contre le roy d'Espagne qui est aujourd'huy, lequel roy de Portugal estoit venu, cuidant que le Roy luy baillast grande armée pour faire la guerre en Castille, par le costé de Biscaye ou de Navarre, car il tenoit largement places en Castille, à la frontière de Portugal, et en tenoit encores d'aucunes voisines de nous, comme le chasteau de Bourgues (2) et plusieurs autres. Et croy bien que si le Roy luy eust aidé, comme quelquefois il en eut le vouloir, le roy de Portugal eust vaincu et fourni son entreprise; mais ce vouloir passa au Roy, et fut longuement le roy de Portugal entretenu en espérance, comme d'un an ou plus. Cependant s'empiroient les besognes dudit roy de Portugal en Castille: car à l'heure qu'il vint, presque tous les seigneurs du royaume de Castille tenoient son party; mais le voyans tant demeurer, peu à peu muèrent ce propos, et s'appointèrent avec le roy Ferdinand et la reine Isabelle qui règne aujourd'huy. Le Roy s'excusoit de cet aide qu'il avoit promis et accordé sur cette guerre qui estoit en Lorraine, monstrant avoir crainte que si le duc de Bourgogne se ressourdoit, qu'après ne luy vinst courre sus. Ce pauvre roy de Portugal, qui estoit très-bon et juste, mit en son imagination qu'il iroit devers le duc de Bourgogne, qui estoit son cousin germain, et qu'il pacifieroit tout ce différend du Roy et de luy, afin que le Roy luy pût aider; car il avoit honte de retourner en Castille ny en Portugal avec cette deffaute, et de n'avoir rien fait par deçà: car légèrement il avoit esté meu d'y venir, et outre l'opinion de plusieurs de son conseil.

Ainsi se mit à chemin le roy de Portugal, en fin cœur d'hyver, et alla trouver le duc de Bourgogne, son cousin, devant Nancy; et luy commença à remonstrer ce que le Roy luy avoit dit pour venir à cette union. Il trouva que ce seroient choses bien difficiles que de les accorder et qu'en tout estoient différends; ainsi n'y arresta que deux jours, qu'il ne prist congé dudit duc de Bourgogne son cousin, pour s'en retourner à Paris dont il estoit party. Ledit duc de

---

(1) Alphonse V, roi de Portugal, vint en France; les détails de sa réception à Paris se trouvent dans le *Cérémonial français*, tome II, p. 712.

(2) Ou *Burgos*, dans la vieille Castille.

Bourgogne luy pria attendre encores, et qu'il vousist aller au Pont-à-Mousson (qui est assez près de Nancy) pour garder ce passage; car jà sçavoit ledit duc l'arrivée des Allemans qui estoient logez à Sainct-Nicolas. Le roy de Portugal s'excusa, disant n'estre point en armes, ny accompagné pour tel exploict; et ainsi s'en retourna à Paris, là où il fit long séjour. La fin dudit roy de Portugal fut qu'il entra en suspicion que le Roy le vouloit faire prendre et le bailler à son ennemy le roy de Castille; et pour ce se déguisa luy troisiesme, et délibéra s'en aller à Rome et se mettre en une religion auprès. En allant en cet habit dissimulé, il fut pris par un appelé Robinet le Beuf, qui estoit de Normandie. Le Roy nostre maistre fut marry, et eut quelque honte de ce cas; par quoy fit armer plusieurs navires de cette coste de Normandie, dont messire George le Grec eut la charge, qu'ils le menèrent en Portugal, ce qu'il entreprit de faire.

L'occasion de sa guerre contre le Roy de Castille estoit pour sa niepce, fille de sa sœur, laquelle estoit femme du roy don Henry de Castille, dernier mort, laquelle avoit une très-belle fille, et est encores aujourd'huy demeurant en Portugal sans estre mariée; laquelle fille la reyne Isabelle, sœur dudit roy Henry, déboutoit de la succession de Castille, disant que la mère l'avoit conceuë en adultère. Assez de gens ont esté de cette opinion, disant que le roy Henry n'eust sceu engendrer pour aucune raison que je tais. Comment qu'il en soit allé, et nonobstant que ladite fille fust née soubs le manteau de mariage, toutesfois est demeurée la couronne de Castille à la reyne Isabelle de Castille, et à son mary le roy d'Arragon et de l'isle de Cecile, régnant aujourd'huy; et taschoit ledit roy de Portugal, dont j'ay parlé, de faire le mariage de ladite fille, sa niepce, et de notre roy Charles, de présent huictiesme du nom; et estoit la cause pour laquelle ledit roy de Portugal estoit venu en France, laquelle chose luy fut à très-grand préjudice et desplaisir: car tost après son retour en Portugal il mourut. Et pour ce (comme j'ay dit environ le commencement de ces Mémoires), un prince doit bien regarder quels ambassadeurs il envoye par païs; car si ceux-cy qui vindrent faire l'alliance dudit roy de Portugal de par deçà, à laquelle me trouvay présent comme l'un des députez pour le Roy, eussent esté bien sages, ils se fussent mieux informez des choses de deçà, avant que de conseiller à leur maistre cette venue qui tant luy porta de dommage.

CHAPITRE VIII.

Comment le duc de Bourgogne, n'ayant voulu suivre le bon conseil de plusieurs de ses gens, fut desconfit et tué en la bataille que luy livra le duc de Lorraine, près Nancy.

Je me fusse bien passé de ce propos, si n'eust esté pour monstrer que bien tard un prince se doit mettre soubs la main d'un autre, ny aller chercher son secours en personne. Et ainsi pour retourner à ma principale matière, le roy de Portugal n'eut pas fait une journée au départir qu'il fit avec le duc de Bourgogne, que le duc de Lorraine, et les Allemans qui estoient en sa compagnie, ne deslogeassent de Saint-Nicolas pour aller combattre ledit duc de Bourgogne. Et ce jour propre vint au devant d'eux le comte de Campobache, achever son entreprise, et se rendist des leurs, avec environ huict vingts hommes-d'armes, et luy déplaisoit bien que pis n'voit peu faire à son maistre. Ceux de dedans Nancy estoient bien advertis des traitez dudit de Campobache, qui leur aidoit bien à donner cœur à tenir. Avec cela entra un homme, qui se jetta aux fossez, qui les asseura de secours; car autrement estoient sur le point de se rendre; et si n'eust esté la dissimulation dudit comte, ils n'eussent point tenu jusques lors; mais Dieu voulut achever ce mystère.

Le duc de Bourgogne, adverty de cette venuë, tint quelque peu de conseil (combien qu'il ne l'avoit point fort accoustumé, mais usoit communément de son propre sens), et fut l'opinion de plusieurs qu'il se retirast au Pont-à-Mousson, près de là, et laissa de ses gens ès places qu'il tenoit environ Nancy, disant que dès que les Allemans auroient avitaillé Nancy, ils s'en iroient, et seroit l'argent failly au duc de Lorraine, qui de long-temps ne rassembleroit tant de gens, et que l'avitaillement ne sçauroit estre si grand, qu'avant que la moitié de l'hyver fust passée, ils ne fussent aussi à destroict comme ils estoient lors; et que cependant ledit duc rassembleroit gens; car j'ay entendu par ceux qui le pensoient sçavoir, qu'ils n'avoient point en l'ost quatre mille hommes, dont il n'y en avoit que douze cens en estat pour combattre. D'argent avoit assez ledit duc, car il avoit au chasteau de Luxembourg, qui estoit près de là, bien quatre cens cinquante mille escus, et de gens eust-il assez recouvrés; mais Dieu ne luy voulut faire cette grâce que de recevoir ce sage conseil, ne connoistre tant d'ennemis logez de tous costez environ de luy, et choisit le pire party, et avec paroles d'homme insensé, délibéra d'attendre la fortune, nonobstant toutes les remonstrances qu'on luy avoit faites du grand nombre des Allemans, qui estoient avec ledit duc de Lorraine, et aussi de l'armée du Roy, logée près de luy; et conclud la bataille avec ce petit nombre de gens espouventez qu'il avoit.

A l'arrivée du comte de Campobache vers le duc de Lorraine, les Allemans luy firent dire qu'il se retirast, et qu'ils ne vouloient nuls traistres avec eux, et ainsi se retira à Condé (1), un chasteau et passage près de là, qu'il rempara de charettes, et d'autres choses le mieux qu'il pût, espérant que, fuyant le duc de Bourgogne et ses gens, il en tomberoit en sa part, comme il en fit assez. Ce n'estoit pas le principal traité qu'eust ledit comte de Campobache, que celuy du duc de Lorraine, mais peu devant son partement parla à d'autres, et avec ceux-là conclud, pour ce qu'il ne voyoit point qu'il pût mettre la main sur le duc de Bourgogne, qu'il se tourneroit de l'autre part quand viendroit l'heure de la bataille; car plutost ne vouloit partir ledit comte, afin de donner plus grand espouventement à tout l'ost dudit duc; mais il asseuroit bien que si le duc de Bourgogne fuyoit, qu'il n'en eschaperoit jamais vif, et qu'il laisseroit treize ou quatorze personnes, qui luy seroient seurs, les uns pour commencer la fuite, dès ce qu'ils verroient marcher les Allemans, et les autres qui auroient l'œil sur ledit duc s'il fuyoit, pour le tuer en fuyant, et en cela n'y avoit point de faute; car j'en ay connu deux ou trois de ceux qui demeurèrent pour tuer ledit duc. Après que ces grandes trahisons furent concluës, il se retira dedans l'ost, et puis se tourna contre son maistre, quand il vit arriver lesdits Allemans comme j'ay dit; et puis quand il vit que lesdits Allemans ne le vouloient en leur compagnie, alla, comme dit est, en ce lieu de Condé.

Lesdits Allemans marchèrent, et avec eux estoit grand nombre de gens-de-cheval de deçà qu'on y laissa aller; beaucoup d'autres se mirent aux embuches près du lieu, pour voir si ledit duc seroit déconfit, pour happer quelque prisonnier ou autre butin. Et ainsi pouvez voir en quel estat s'estoit mis ce pauvre duc de Bourgne, par faute de croire conseil. Après que les deux armées furent assemblées, la sienne, qui jà avoit esté déconfite par deux fois, et qui estoit de peu de gens, et mal en point, fut incontinent tournée en déconfiture, et tous morts ou en fuite. Largement se sauvèrent, le demeurant y fut mort ou pris, et entre autres y mourut sur le champ ledit duc de Bourgogne, et ne veus point parler de la manière, pourtant que je n'y estois point, mais m'a esté conté de la mort dudit duc par ceux qui le virent porter par terre et ne le peurent secourir, parce qu'ils estoient prisonniers; mais à leur veuë ne fut point tué, mais par une grande foule de gens qui y survindrent, qui le tuèrent et le despouïllèrent en la grande troupe sans le connoître; et fut ladite bataille cinquiesme jour de janvier, en l'an 1476, veille des Rois.

◇◇◇

CHAPITRE IX.

Disgression sur quelques bonnes mœurs du duc de Bourgogne, et sur le temps que sa maison dura en prospérité.

J'ay depuis veu un signet à Milan, que maintesfois j'avois veu pendre à son pourpoint, qui estoit un anneau, et y avoit un fuzil entaillé en un camayeu, où estoient ses armes, lequel fut vendu pour deux ducats audit lieu de Milan. Celui qui luy osta luy fut mauvais valet-de-chambre; je l'ay veu maintesfois habiller et deshabiller en grande révérence, et par grands personnages, et à cette dernière heure luy estoient passez ses honneurs, et périt luy et sa maison, comme j'ay dit, au lieu où il avoit consenty par avarice de bailler le connestable, et peu de temps après. Dieu luy veüille pardonner ses péchez; je l'ay veu grand et honorable prince, et autant estimé et requis de voisins, un temps a esté, que nul prince qui fust en la chrestienté, ou par aventure plus. Je n'ay veu nulle occasion pourquoy plus tost il peust avoir encouru l'ire de Dieu, que de ce que toutes les graces et honneurs qu'il avoit receus en ce monde, il les estimoit tous estre procédez de son sens et de sa vertu, sans les attribuer à Dieu, comme il devoit: car à la vérité il avoit de bonnes et vertueuses parties en luy. Nul prince ne le passa jamais de désirer nourrir grandes gens et les tenir bien réglez. Ses bienfaits n'estoient point fort grands, pour ce qu'il vouloit que chacun s'en ressentist: jamais nul plus libéralement ne donna audience à ses serviteurs et sujets. Pour le temps que je l'ay connu il n'estoit point cruel, mais le devint peu avant sa mort, qui estoit mauvais signe de longue durée. Il estoit fort pompeux en habillemens et en toutes autres choses, un peu trop. Il portoit fort grand honneur aux ambassadeurs et gens estrangers. Ils estoient fort bien festoyez et recueillis chez luy; il désiroit grande gloire, qui estoit ce qui plus le mettoit en ses guerres que nulle autre chose,

(1) Sur la Moselle, à deux lieues au nord de Nancy.

8.

et eût bien voulu ressembler à ces anciens princes, dont il a esté tant parlé après leur mort, et estoit autant hardy qu'homme qui ait régné de son temps.

Or sont finies toutes ces pensées, et le tout a tourné à son préjudice et honte; car ceux qui gagnent ont toujours l'honneur. Je ne sçaurois dire vers qui nostre Seigneur s'est monstré plus courroucé, ou vers luy, qui mourut soudainement, et en ce champ, sans guères languir, ou vers ses sujets, qui oncques puis n'eurent bien ne repos, mais continuellement guerre, contre laquelle ils n'estoient suffisans de résister aux troubles qu'ils avoient les uns contre les autres, et en guerre cruelle et mortelle. Et ce qui leur a esté plus fort à porter, a esté que ceux qui les deffendoient, estoient gens estrangers, qui naguères avoient esté leurs ennemis : c'estoient les Allemans. Et en effet, depuis ladite mort n'y eust jamais homme qui bien leur vousit, de quelques gens qu'ils se soient aidez. Et a semblé à voir leurs œuvres, qu'ils eussent les sens aussi troublez comme leur prince. Car un peu avant sa mort, tout conseil bon et seur ils ont déjetté, et cherché toutes voyes qui leur estoient nuisibles; et sont en chemin que ce trouble ne leur faudra de grande pièce, ou au moins la crainte d'y recheoir.

Je serois assez de l'opinion de quelque autre que j'ay veu, c'est que Dieu donne le prince, selon qu'il veut punir et chastier les sujets, et aux princes les sujets, ou leurs courages disposez envers luy, selon qu'il les veut élever ou abaisser; et ainsi en advint à cette maison de Bourgogne : car après leur longue félicité et grandes richesses, et trois grands princes bons et sages, précédens cestuy-cy, qui avoient duré six vingts ans (1) et plus en bons sens et vertu; il leur donna ce duc Charles, qui continuellement les tint en grande guerre, travail et despense, et presque autant en temps d'hiver que d'esté. Beaucoup de gens, riches et aisez, furent morts et destruits par prisons en ces guerres : les grandes pertes commencèrent devant Nuz, qui continuèrent par trois batailles, jusques à l'heure de sa mort, et tellement qu'à cette dernière bataille estoit consommée toute la force de son pays, et morts ou destruits ou pris tous ses gens, c'est à sçavoir ceux qui eussent sceu ou voulu deffendre l'estat et l'honneur de sa maison. Et ainsi comme j'ay dit, semble que cette perte ait esté égale au temps qu'ils ont esté en félicité : car comme je dis l'avoir veu grand, riche et honoré, encore puis-je dire avoir veu tout cela en ses sujets; car je cuide avoir veu et connu la meilleure part d'Europe; toutesfois je n'ay connu nulle seigneurie ne pays, tant pour tant, ny de beaucoup plus grande estenduë encores, qui fust si abondant en richesses, en meubles et en édifices, et aussi en toutes prodigalitez, despenses, festoyemens, chères, comme je les ay veus, pour le temps que j'y estois. Et s'il semble à quelqu'un, que je n'y ay point esté pour le temps que je dis, que j'en die trop, d'autres y estoient comme moy, qui par aventure diront que j'en dis peu.

Or à nostre seigneur tout à coup fait cheoir si grand et sompteux édifice, cette puissante maison, qui a tant soustenu de gens de bien et nourry, et tant esté honorée et près et loin, et par tant de victoires et gloires, que nul autre à l'environ n'en receut autant en son temps. Et luy a duré cette bonne fortune et grâce de Dieu l'espace de six-vingts ans, que tous les voisins ont soufferte, comme France, Angleterre, Espagne, et tous à quelquefois la sont venus requérir, comme l'avez veu par l'expérience du Roy nostre maistre, qui en sa jeunesse, et vivant le roy Charles septiesme son père, s'y vint retirer six ans, au temps du bon duc Philippes, qui amiablement le receut : d'Angleterre y ay veu les deux frères du roy Edoüard, c'est à sçavoir, le duc de Clarence et le duc de Glocestre, qui depuis se feist appeller le roy Richard : et de l'autre party du roy Henry, qui estoit de la maison de Lancastre, y ay veu toute cette lignée, ou peu s'en faloit. De tous costez ay veu cette maison honorée, et puis tout en un coup cheoir sens dessus dessous, et la plus désolée et deffaite maison, tant en prince qu'en sujets, que nul voisin qu'ils eussent. Et telles et semblables œuvres a faites notre Seigneur, et mesmes avant que fussions nez, et fera encore après que nous serons morts; car il faut tenir pour seure, que la grande prospérité des princes, ou leur grande adversité, procèdent de sa divine ordonnance.

◇◇◇

CHAPITRE X.

Comment le Roy fut adverty de la dernière deffaite du duc de Bourgogne, et comme il conduisit ses affaires après la mort d'iceluy.

Pour tousjours continuer ma matière, le Roy, qui avoit jà ordonné postes en ce royaume, et par avant n'y en avoit jamais eu, fut bien-tost adverty de cette déconfiture du duc de Bourgogne, et à chacune heure en attendoit des nouvel-

---

(1) Leur règne a duré cent deux ans, de 1365 à 1467.

les, pour les advertissemens qu'il avot eus paravant de l'arrivée des Allemans, et de toutes autres choses qui en dépendoient; et y avoit beaucoup de gens qui avoient les oreilles bien ouvertes pour les ouïr le premier et les luy aller dire; car il donnoit volontiers quelque chose à celuy qui premier luy apportoit quelques grandes nouvelles, sans oublier les messagers, et si prenoit plaisir à en parler, avant qu'elles fussent venues, disant : « Je donneray tant à celuy qui premier » m'apportera des nouvelles. » Monseigneur du Bouchage et moy eusmes (estant ensemble) le premier message de la bataille de Morat, et ensemble le dismes au Roy, lequel nous donna à chacun deux cens marcs d'argent. Monseigneur du Lude, qui couchoit hors du Plessis, sceut le premier l'arrivée du chevaucheur, qui apporta les lettres de cette bataille de Nancy, dont j'ay parlé; il demanda au chevaucheur ses lettres, qui ne luy osa refuser, pour ce qu'il estoit en grande authorité avec le Roy. Ledit seigneur du Lude vint fort matin (et estoit à grande peine jour) heurter à l'huis plus prochain du Roy; on luy ouvrit : il bailla lesdites lettres qu'escrivoient monseigneur de Craon et autres, mais nul n'acertenoit, par les premières lettres, de la mort; mais aucuns disoient qu'on l'avoit veu fuir, et qu'il s'estoit sauvé.

Le Roy de prime-face fut tant surpris de la joye qu'il eut de cette nouvelle, qu'à grande peine sceut-il quelle contenance tenir. D'un costé doutoit, s'il estoit pris des Allemans, qu'ils ne s'accordassent à luy pour grande somme d'argent, qu'aisément ledit duc leur pourroit donner; d'autre costé estoit en soucy s'il estoit eschappé ainsi déconfit; la tierce fois, s'il prendroit ses seigneuries de Bourgogne ou non, et luy sembloit qu'aisément il les pourroit prendre, veu que tous les gens de bien du pays estoient presque tous morts en ces trois batailles dessus dites; et sur ce point estoit sa résolution (ce que peu de gens, comme je croy, ont sceu excepté moy), que si le duc estoit sain de sa personne, il feroit entrer son armée qui estoit en Champagne et Barrois, incontinent en Bourgogne, et saisir le pays à l'heure de ce grand espouvantement, et dès ce qu'il seroit dedans, advertiroit ledit duc qu'il le faisoit à l'intention de le luy sauver, et garder que les Allemans ne les destruisissent : pour ce que ladite duché estoit tenue en souveraineté de luy, laquelle il n'eût voulu pour rien laisser tumber ès mains desdits Allemans, et que ce qu'il en auroit pris, luy seroit par luy rendu : et sans difficulté ainsi l'eust-il fait : ce que beaucoup de gens ne croyoient point aisément. Aussi ne sçavoient-ils la raison qui l'eust

meu : mais ce propos luy mua, quand il sceut la mort dudit duc.

Dès que le Roy eut receu ces lettres, dont j'ay parlé, (lesquelles, comme j'ay dit, ne disoient rien de la mort dudit duc), il envoya en la ville de Tours quérir tous les capitaines, et plusieurs autres grands personnages, et leur monstra ces lettres. Tous en firent signe de grande joye, et sembloient à ceux qui regardoient les choses de bien près, qu'il y en avoit assez qui s'y efforçoient, et nonobstant leurs gestes, qu'ils eussent mieux aimé que le fait dudit duc fust allé autrement. La cause en pourroit estre parce que paravant le Roy estoit fort craintif, et ils se doutoient que s'il se trouvoit tant délivré d'ennemis, qu'il ne vousist muer plusieurs choses, et par espécial estats et offices, car il y en avoit beaucoup en la compagnie, lesquels en la question du bien public, et autres du duc de Guyenne son frère, s'estoient trouvez contre luy. Après avoir un peu parlé aux dessusdits, il oüit la messe, et puis fit mettre la table en sa chambre, et les fit tous disner avec luy, et y estoient son chancelier, et aucunes gens de conseil, et en disnant parla tousjours de ces matières, et sçais bien que moy et autres prismes garde comme ils disneroient, et de quel appétit ceux qui estoient en cette table ; mais à la vérité (je ne sçay si c'estoit de joye ou de tristesse) un seul par semblant ne mangea la moitié de son saoul : et si n'estoient-ils point honteux de manger avec le Roy, car il n'y avoit celuy de la compagnie qui bien souvent n'y eust mangé.

Au lever de table le Roy se tira à part, et donna à aucuns des terres qu'avoit possédées le duc de Bourgogne, si ainsi estoit qu'il fust mort, et despescha le bastard de Bourbon, admiral de France, et moy, et nous bailla pouvoirs nécessaires pour mettre en son obéissance tous ceux qui s'y voudroient mettre ; et nous commanda partir incontinent, et que nous ouvririssions toutes lettres des postes et messagers que nous rencontrerions en allant, afin que fussions advertis si ledit duc estoit mort ou vif. Nous partismes et fismes grande diligence, nonobstant qu'il faisoit le plus grand froid que j'aye veu faire de mon temps. Nous n'eusmes point fait une demie journée que nous rencontrasmes un messager, à qui nous fismes bailler ses lettres, qui contenoient que ledit duc avoit esté trouvé entre les morts, et spécialement par un page italien, et par son médecin, appellé maistre Louppe, natif de Portugal, lequel certifioit à monseigneur de Craon que c'estoit monseigneur le duc son maistre, lequel incontinent en advertit le Roy.

CHAPITRE XI.

Comment le Roy après la mort du duc de Bourgogne se saisit d'Abbeville, et de la response que luy firent ceux d'Arras.

Comme nous eusmes sceu toutes lesdites choses, nous tirasmes jusques aux fauxbourgs d'Abbeville, et fusmes les premiers par qui en ce quartier-là, ceux du party du duc de Bourgogne en furent advertis. Nous trouvasmes que le peuple de la ville estoit desjà en traité avec monseigneur de Torcy, lequel de long-temps ils aimoient très-fort. Les gens de guerre et ceux qui avoient esté officiers dudit duc, traitoient avec nous, par un messager qu'avions envoyé devant, et, sur nostre espérance, firent partir quatre cens Flamens qu'ils avoient. Mais incontinent que le peuple vid ceux-là dehors, ils ouvrirent les portes à monseigneur de Torcy, qui fut le grand dommage des capitaines et autres officiers de ladite ville ; car ils estoient sept ou huict à qui nous avions promis des escus et aucunes pensions (car nous avions ce pouvoir du Roy) dont ils n'eurent rien, pour ce que les places ne furent point rendues par eux. La ville d'Abbeville estoit des terres baillées par le roy Charles septiesme, à la paix d'Arras en 1435 ; lesquelles terres devoient retourner, en deffaut d'hoir masle : parquoy n'est de merveille si légèrement elle nous ouvrit les portes.

Delà tirasmes à Dourlans, et envoyasmes sommer Arras, chef d'Artois, ancien patrimoine des comtes de Flandres, et qui de tous temps avoit accoustumé aller à fille comme à fils. Monseigneur de Ravestain et monseigneur des Cordes, qui estoient en ladite ville d'Arras, entreprirent de venir parler à nous, au Mont-sainct-Eloy, en une abbaye (1) près dudit Arras, et avec eux ceux de la ville. Il fut avisé que j'irois, et aucuns avec moy, car on doutoit bien qu'ils ne feroient point tout ce que nous voudrions, et pour ce n'y alla point ledit admiral. Après que je fus venu audit lieu, y arrivèrent tantost après les dessusdits seigneurs de Ravestain et des Cordes, et plusieurs autres gens de bien avec eux, et aussi aucuns de la ville d'Arras, et entre les autres estoit pour ladite ville, leur pensionnaire, et qui parloit pour eux, maistre Jehan de la Vaquerie, depuis premier président en parlement à Paris (2). Pour cette heure-là leur requismes l'ouverture pour le Roy, et qu'ils nous receussent en la ville, disans que le Roy la prétendoit sienne par le moyen de confiscation, et le pays ; et que s'ils faisoient le contraire, ils estoient en danger d'estre pris par force, veu la deffaite de leur seigneur ; et que tout le pays estoit dépourveu de gens de deffense, à cause de ces trois batailles perdues.

Les seigneurs dessusdits nous firent dire par ledit Jehan de la Vaquerie, que cette comté d'Artois appartenoit à mademoiselle de Bourgogne, fille du duc Charles, et luy venoit de vraye ligne, à cause de la comtesse Marguerite de Flandres (3), qui estoit comtesse de Flandres, d'Artois, de Bourgogne, de Nevers, et de Rhetel : laquelle comtesse fut mariée au duc philippe de Bourgogne, le premier, lequel fut fils du Roy Jehan, et frère maisné (4) du roy Charles le quint, et supplioient au Roy qu'il luy plût entretenir la trève, qui estoit entre luy et le feu duc Charles. Nos paroles ne furent point trop longues, car nous attendions bien d'avoir cette responce. Mais la principale occasion de mon allée ausdits lieux, estoit pour parler à aucuns particuliers de ceux qui estoient là, pour les convertir pour le Roy. J'en parlay à aucuns, qui tost après furent bons serviteurs du Roy. Nous trouvasmes ce pays bien espouventé, et non sans cause ; car je croy qu'en huict jours ils n'eussent sceu finer huict hommes-d'armes, ne d'autres gens de guerre, n'en y avoit en tout ce pays-là qu'environ mil et cinq cens hommes, tant de pied que de cheval, qui estoient vers Namur et en Hainaut ; et estoient eschapez de ladite bataille, où estoit mort le duc de Bourgogne. Leurs anciens termes et façons de parler estoient bien changez, car ils parloient bien bas et en grande humilité, non pas que je les veuille dire que le temps passé eussent plus arogamment parlé qu'ils ne dussent ; mais vray est que du temps que j'y estois, ils se sentoient si forts qu'ils ne parloient point au Roy ne du Roy en telle révérence qu'ils ont fait depuis. Et si les gens estoient tousjours bien sages, ils seroient si modérez en leurs paroles, durant le temps de prospérité, qu'ils ne devroient point avoir cause de changer leur langage en temps d'adversité.

Je retournay vers monseigneur l'admiral faire mon rapport, et là je trouvay nouvelles que le

---

(1) Abbaye de chanoines réguliers de Saint-Augustin, à une lieue et demie au nord-ouest d'Arras ; elle fut fondée par saint Éloi au septième siècle.

(2) Il fut fait premier président en 1482 ; mort en juillet 1497.

(3) Elle était fille unique de Louis, comte de Flandre, qui mourut en 1383, et fut mariée en l'an 1369 avec Philippe-le-Hardi, fils du roi Jean.

(4) Puiné, du latin *minor*.

Roy venoit, lequel s'estoit mis en chemin après nous, et avoit fait escrire plusieurs lettres, tant en son nom que de ses serviteurs, pour faire venir gens devers luy; par le moyen desquels il espéroit réduire ces seigneuries dont j'ay parlé, en son obéissance.

CHAPITRE XII.

Discours, aucunement hors du propos principal, sur la joye du Roy, se voyant délivré de plusieurs ennemis, et de la faute qu'il fit en la réduction des pays du duc de Bourgogne.

La joye fut très-grande au Roy de se voir au-dessus de tous ceux qu'il haïssoit et de ses principaux ennemis. Des uns s'estoit vengé, comme du connestable de France, du duc de Nemours (1) et de plusieurs autres. Le duc de Guyenne, son frère, estoit mort, dont il avoit la succession. Toute la maison d'Anjou estoit morte, comme le roy René de Cecile, les ducs Jehan et Nicolas de Calabre, et puis leur cousin, le comte du Maine, depuis comte de Provence. Le comte d'Armignac avoit esté tué à Lestore; et de tous ceux-cy avoit ledit seigneur recueilly les successions et les meubles; mais pour autant que cette maison de Bourgogne estoit plus grande et plus puissante que les autres, et qui avoit eu grosse guerre avec le roy Charles VII son père, trente-deux ans, sans trève, à l'ayde des Anglois, et qu'ils avoient leurs seigneuries assises ès lieux confins, et les subjects disposez pour faire la guerre à luy et à son royaume, de tant luy fut la mort de leur duc à plaisir très-grand, et plus profitable que de tous les autres ensemble, et luy sembloit bien qu'en sa vie ne trouveroit aucun contredit en son royaume, ny ès environs près de luy. Il estoit en paix avec les Anglois, comme avez entendu, et désiroit et travailloit de toute sa puissance que ladite paix d'Angleterre s'entretinst.

Mais nonobstant qu'il fust ainsi hors de toute crainte, Dieu ne luy permit pas prendre cette matière, qui estoit si grande, par le bout qui luy estoit plus nécessaire; et semble bien que Dieu monstrast alors, et ayt bien monstré depuis, que rigoureusement il vouloit persécuter cette maison de Bourgogne, tant en la personne du seigneur, que des subjets y ayans leurs biens. Car

(1) Jacques d'Armagnac, duc de Nemours, fut mis à la Bastille le 4 août 1476, et décapité à Paris le 4 août 1477.

toutes les guerres, esquelles ils ont esté depuis, ne leur fussent point advenuës, si le Roy nostre maistre eût pris les choses par le bout qu'il les devoit prendre, pour en venir au-dessus et pour joindre à sa Couronne toutes ces grandes seigneuries où il ne pouvoit prétendre nul bon droict: ce qu'il devoit faire par quelque traité de mariage, ou les attraire à soy par vraye bonne amitié, comme aisément il le pouvoit faire, veu le grand déconfort, pauvreté et débilitation en quoy ses seigneuries estoient. Quoy faisant, il les eust tirez hors de grandes peines, et par mesme moyen eust bien enforcy son royaume et enrichy par longue paix, en quoy il l'eust peu maintenir, et l'eust peu soulager en plusieurs façons, et par espécial du passage des gens-d'armes, qui incessamment, et le temps passé et le temps présent, chevauchent d'un des bouts du royaume à l'autre, et bien souvent sans grand besoin qu'il soit.

Quand le duc de Bourgogne estoit encores vivant, plusieurs fois me parla le Roy de ce qu'il feroit si ledit duc venoit à mourir, et parloit en grande raison pour lors, disant qu'il tascheroit à faire le mariage de son fils (qui est nostre roy à présent) et de la fille dudit duc (qui depuis a esté duchesse d'Austriche); et si elle n'y vouloit entendre, pour ce que monseigneur le Dauphin estoit beaucoup plus jeune qu'elle, il essayeroit à luy faire espouser quelque jeune seigneur de ce royaume, pour tenir elle et ses subjets en amitié, et recouvrer sans débat ce qu'il prétendoit estre sien; et encores estoit ledit seigneur en ce propos huict jours devant qu'il sceut la mort dudit duc. Ce sage propos, dont je vous parle, luy commença jà un peu à changer le jour qu'il sceut la mort dudit duc de Bourgogne et à l'heure qu'il nous despescha monseigneur l'amiral et moy; toutesfois il en parla peu, mais à aucuns fit aucunes promesses de terres et seigneuries.

CHAPITRE XIII.

Comment Han, Bohain, Sainct-Quentin et Péronne furent livrez au Roy, et comment il envoya maistre Olivier, son barbier, pour cuider pratiquer ceux de Gand.

Comme le Roy se trouva en chemin, tirant après nous, luy venoient nouvelles plaisantes et bonnes de tous costez. Le chasteau de Han luy fut baillé et Bohain. Ceux de Sainct-Quentin se prirent eux-mesmes, et mirent dedans monseigneur de Mouy, qui estoit leur voisin. Le Roy estoit bien acertené de la ville de Péronne, que tenoit messire Guillaume de Bisches, et avoit espérance par nous et par autres que monseigneur des Cordes seroit des siens. Il avoit envoyé à Gand son barbier (1), appellé maistre Olivier, natif d'un village auprès de ladite ville de Gand, et en avoit envoyé plusieurs autres en plusieurs villes, dont de tout avoit grande espérance, mais plusieurs le servoient plus de paroles que de faict. Quand le Roy fut venu près de Péronne, je me vins trouver au-devant de luy; et là vint apporter messire Guillaume Bisches, et aucuns autres, l'obéissance de la ville de Péronne, dont il fut fort joyeux. Ledit seigneur y séjourna ce jour. Je disnay avec luy, comme j'avois accoustumé; car son plaisir estoit que toujours mangeoient sept ou huict personnes à sa table, pour le moins, et aucunesfois beaucoup plus. Après qu'il eut disné, se retira à part, et ne fut pas content du petit exploict que ledit monseigneur l'admiral et moy avions fait, disant qu'il avoit envoyé maistre Olivier son barbier à Gand, qui luy mettroit cette ville en son obéissance; Robinet Dodenfort à Sainct-Omer, lequel y avoit des amis, et qu'ils estoient gens pour prendre les clefs de la ville, et mettre ses gens dedans; et d'autres qu'il nommoit en d'autres grandes villes; et me faisoit combattre de ce propos par monseigneur du Lude et par d'autres. Il ne m'appartenoit pas de l'arguer ny de parler contre son plaisir; mais je luy dis que je doutois que maistre Olivier et les autres qu'il avoit nommez ne cheviroient point si aisément de ces grandes villes, comme ils pensoient.

Ce qui faisoit à nostre Roy me dire ces mots, estoit pour ce qu'il estoit changé de volonté, et que cette bonne fortune, qu'il avoit au commencement, luy donnoit espérance que tout se rendroit à luy de tous costez, et se trouvoit conseillé par aucuns, et si estoit aussi enclin en soy-mesme, à deffaire et destruire cette maison de tous points, et en départir les seigneuries en plusieurs mains; et nommoit ceux à qui il entendoit donner les comtez, comme Namur et Hainaut qui sont situées près de luy; des autres grandes pièces, comme Brabant, Hollande, il s'en vouloit aider à avoir aucuns seigneurs d'Allemagne, qui seroient ses amis et qui luy aideroient à exécuter son vouloir. Son plaisir estoit bien de me dire toutes ces choses, pource qu'autrefois luy avois parlé et conseillé l'autre chemin cy-dessus escript, et vouloit que j'entendisse ses raisons et pourquoy il ne m'oyoit, et que cette voye estoit plus utile pour son royaume, qui beaucoup avoit souffert à cause de la grandeur de cette maison de Bourgogne et des grandes seigneuries qu'elle possédoit. Quant au monde, il y avoit grande apparence en ce que ledit seigneur disoit, mais quant à la conscience me sembloit le contraire. Toutesfois le sens de nostre Roy estoit si grand, que moy ny autre qui fust en la compagnie n'eussions sceu voir si clair en ses affaires comme luy-mesme faisoit; car, sans nul doute, il estoit un des plus sages princes et des plus subtils qui ait régné en son temps.

Mais en ces grandes matières Dieu dispose les cœurs des roys et des grands princes (lesquels il tient en sa main) à prendre les voyes selon les œuvres qu'il veut conduire après; car sans nulle difficulté, si son plaisir eust esté que nostre Roy eust continué le propos qu'il avoit de luy-mesme advisé devant la mort du duc de Bourgogne, les guerres qui ont esté depuis et qui sont nées ne fussent point advenuës; mais nous n'estions encores envers luy, tant d'un costé que d'autre, dignes de recevoir cette longue paix qui nous estoit appareillée, et de là procède l'erreur que fit nostre Roy, et non point de la faute de son sens: car il estoit bien grand, comme j'ai dit. Je dis ces choses au long pour monstrer qu'au commencement, quand on veut entreprendre une si grande chose, on la doit bien consulter et debattre, afin de pouvoir choisir le meilleur party, et par espécial soy recommander à Dieu, et luy prier qu'il luy plaise adresser le meilleur chemin; car de là vient tout, et se voit tout cela par escrit et par expérience.

Je n'entends point blasmer nostre Roy, pour dire qu'il eust failly en cette matière; car par adventure, autres qui sçavoient et qui connoissoient plus que moy seroient et estoient lors de l'advis qu'il estoit, combien que rien n'y fust débattu, ny là, ny ailleurs, touchant ladite matière. Les croniqueurs n'escrivent communément que les choses qui sont à la loüange de ceux de qui ils parlent, et laissent plusieurs choses, ou ne les sçavent pas aucunesfois, à la vérité; mais quant à moy, je me délibère de ne parler de chose qui ne soit vraye, et que je n'aye veuë ou sceuë de si grands personnages qu'ils sont dignes de croire, sans avoir regard aux loüanges: car il est bon à penser qu'il n'est nul

---

(1) Olivier le Diable, ou le Mauvais, né à Thiest, près de Courtray. Il fut d'abord barbier de Louis XI, dont il gagna la confiance. Ce prince lui fit changer son nom de *le Diable* contre celui de *le Dain*, lui donna des lettres de noblesse, le fit gentilhomme de sa chambre, seigneur de Lieulant, capitaine du château de Loches, gouverneur de Saint-Quentin, etc. Olivier le Dain fut pendu sous le règne de Charles VIII, pour avoir abusé d'une femme, sous la promesse de sauver son mari, qu'il fit ensuite étrangler.

prince si sage qu'il ne faille bien aucunes fois, et bien souvent s'il a longue vie ; et ainsi se trouveroit de leurs faits s'il en estoit dit toujours la vérité. Les plus grands sénats et consuls qui ayent jamais esté ne qui sont, ont bien erré et errent bien, comme il a esté veu et se voit chacun jour.

Après le séjour qu'eut fait le Roy en un village près Péronne, il se délibéra le lendemain d'y aller faire son entrée, laquelle ville luy estoit baillée, comme j'ay dit. Ledit seigneur me tira à part, comme il voulut partir, et m'envoya en Poictou et sur les frontières de Bretagne, et me dist en l'oreille que si l'entreprise de maistre Olivier failloit, et que monseigneur des Cordes ne se tournast des siens, il feroit brusler le pays d'Artois, en un endroict du long de la rivière de Lis (qui s'appelle l'Alloeuë) et puis qu'incontinent s'en retourneroit en Touraine. Je luy recommanday aucuns, lesquels s'estoient tournez de son party par mon moyen, pourquoy je leur avois promis pensions et bienfaits de luy. Il en prit de moy les noms par escrit, et leur tint ledit seigneur ce que je leur avois promis, et ainsi partis de luy pour ce coup.

Comme je voulus monter à cheval se tourna près de moy monseigneur du Lude, qui estoit fort agréable au Roy en aucunes choses, et qui fort aymoit son profit particulier, et ne craignoit jamais à abuser ny à tromper personne, aussi très-légèrement croyoit, et estoit trompé bien souvent. Il avoit esté nourry avec le Roy en sa jeunesse. Il luy sçavoit fort bien complaire, et estoit homme très-plaisant, et me vint dire ces mots, comme par moqueries sagement dites : « Or vous en allez-vous à l'heure que vous deviez » faire vos besoignes ou jamais, veu les grandes » choses qui tombent entre les mains du Roy, » dont il peut adventager et enrichir tous ceux » qu'il ayme, et au regard de moy, je m'attends » d'estre gouverneur de Flandres, et m'y faire » tout d'or. » Et rioit fort en ce disant ; mais je n'eus nulle envie de rire, pource que je doutois qu'il ne procédast du Roy, et luy respondis que j'en serois bien joyeux s'il advenoit ainsi, et que j'avois espérance que le Roy ne m'oublieroit point, et ainsi partis.

Un chevalier de Hainaut estoit arrivé là devers moy, n'y avoit pas demie heure, et m'apportoit des nouvelles de plusieurs autres à qui j'avois escrit, en les priant de se vouloir réduire au service du Roy. Ledit chevalier et moy sommes parens, et vit encores, par quoy ne le veux nommer, ne ceux de qui il m'apportoit nouvelles. Il m'avoit en deux mots fait ouverture de luy bailler les principales villes et places du pays de Hainaut ; et au partir que je fis du Roy, je luy en dis deux mots, et incontinent m'envoya quérir, et me dit de luy et des autres que je luy nommois, qu'ils n'estoient gens tels qu'il luy falloit : l'un luy déplaisoit d'un cas, l'autre de l'autre, et luy sembloit que leur offre estoit nulle, et qu'il auroit bien tout sans eux ; et ainsi me partis de luy, et fis parler ledit chevalier à monseigneur du Lude, dont il se trouva esbahy, et se départit bien-tost sans entrer en grande marchandise : car ledit seigneur du Lude et luy ne se fussent jamais accordez ny entendus, car il estoit venu espérant s'ayder, faire son profit et s'enrichir, et ledit seigneur du Lude luy demanda d'entrée quelle chose les villes luy donneroient en conduisant leur affaire. Encore estimé-je ce refus et mespris que le Roy fit de ses chevaliers estre venu de Dieu : car je l'ay veu depuis, qu'il les eust bien estimez s'il en eût peu finer : mais par adventure que nostre Seigneur ne luy voulut de tous points accomplir son désir, pour aucunes raisons que j'ay dites, ou qu'il ne vouloit point qu'il usurpast sur ce pays de Hainault qui est tenu de l'Empire, tant pource qu'il n'y avoit aucun titre, qu'aussi pour les anciennes alliances et sermens qui sont entre les empereurs et les roys de France. Et monstra bien depuis ledit seigneur en avoir connoissance, car il tenoit Cambray, le Quesnoy, Bouchain en Hainaut. Il rendit ce Bouchain en Hainaut, et remit Cambray en neutralité, laquelle est ville impériale. Et combien que je ne demeuray sur le lieu, si fus-je informé comme les affaires se passoient, et le pouvois bien aisément entendre pour la connoissance et nourriture que j'avois euë d'un costé et de l'autre, et depuis l'ay sceu de bouche par ceux qui les conduisoient tant d'un costé que d'autre.

◇◇◇

CHAPITRE XIV.

Comment maistre Olivier, barbier du Roy, n'ayant pas bien fait son profit de ceux de la ville de Gand, trouva moyen de mettre les gens-d'armes du Roy dedans Tournay.

Maistre Olivier, comme avez ouy, estoit allé à Gand, lequel portoit lettres de créance à mademoiselle de Bourgogne, fille du duc Charles, et avoit commission de luy faire aucunes remonstrances à part, afin qu'elle se vousist mettre entre les mains du Roy. Cela n'estoit point sa principale charge ; car il doutoit bien qu'à grande peine il pourroit parler seul à elle, et que s'il y parloit si ne la sçauroit-il guider à ce qu'il désiroit; mais il avoit intention qu'il feroit faire à cette ville de Gand quelque grande mutation, connoissant que de tout temps elle y estoit encline, et que sous les ducs Philippe et Charles elle avoit esté tenuë en grande crainte : et leur avoient esté ostez aucuns priviléges, par la guerre qu'ils eurent avec le duc Philippe, en faisant leur paix, et aussi par le duc Charles leur en fust osté un, touchant la création de leur loy, pour une offence qu'ils luy firent, luy estant en ladite ville, le premier jour qu'il y entra comme duc : j'en ay parlé cy-devant, parquoy je m'en tairai. Toutes ces raisons donnèrent grant hardiesse audit maistre Olivier, barbier du Roy (comme j'ay dit), de poursuivre son œuvre, et parla à aucuns qu'il pensoit qu'ils luy dussent prester l'oreille à faire ce qu'il désiroit, et offroit leur faire rendre par le Roy leurs priviléges qu'ils avoient perdus, et autres choses; mais il ne fut point en leur hostel de ville pour en parler en public, car il vouloit premièrement voir ce qu'il pourroit faire avec cette jeune princesse : toutesfois il en sceut quelque chose.

Le dessusdit maistre Olivier quand il eut esté quelque peu de jours à Gand, on luy manda venir dire sa charge; et vint en la présence de ladite princesse, et estoit ledit Olivier vestu beaucoup mieux qu'il ne luy appartenoit; il bailla ses lettres de créance. Ladite damoiselle estoit en sa chaire, et le duc de Clèves à costé d'elle, et l'évesque de Liége (1), avec plusieurs autres grands personnages, et grand nombre de gens. Elle leut sa lettre de créance : et fut ordonné audit maistre Olivier de dire sa créance, lequel respondit qu'il n'avoit charge, sinon de parler à elle à part. On luy dit que ce n'estoit la coustume, et par espécial à cette jeune damoiselle, qui estoit à marier ; il continua de dire qu'il ne diroit autre chose, sinon à elle. On luy dit lors qu'on luy feroit bien dire, et eut peur, et crois qu'à l'heure qu'il vint à présenter sadite lettre de créance, il n'avoit point encores pensé à ce qu'il devoit dire : car ce n'estoit point sa charge principale, comme vous avez ouy. Ainsi se départit pour cette fois ledit Olivier, sans dire autre chose. Aucuns de ce conseil le prindrent en dérision, tant à cause de son petit estat, que des termes qu'il tenoit, et par espécial ceux de Gand (car il estoit natif d'un petit village auprès de ladite ville), et luy furent faits aucuns tours de moquerie. et puis soudainement s'enfuit de ladite ville; car il fut adverty que s'il ne l'eust fait, il estoit en péril d'estre jetté en la rivière, et le crois ainsi.

Ledit maistre Olivier se faisoit appeller comte de Meulant, qui est une petite ville près Paris, dont il estoit capitaine. Il s'enfuit à Tournay, à son partement de Gand; laquelle ville est nostre en ce quartier-là, et estoit fort affectionnée au Roy : car elle est aucunement sienne, et luy paye six mille livres parisis l'an, et au demeurant elle vit en toute liberté, et y sont receus toutes gens, et est belle ville et très-forte, comme chacun en ce quartier deça le sçait bien. Les gens-d'église et bourgeois de ladite ville ont tout leur vaillant et revenu en Hainaut et en Flandres : car elle touche à tous les deux pays dessusdits, et pour cette cause avoient tousjours accoustumé de donner par les anciennes guerres du roy Charles VII et du duc Philippe de Bourgogne dix mille livres l'an audit duc; et autant leur en ay veu donner au duc Charles de Bourgogne : mais pour cette heure qu'y entra ledit maistre Olivier, elle ne payoit rien, et estoit en grand aise et repos.

Combien que la charge qu'avoit ledit maistre Olivier fut trop grande pour luy, si n'en fut-il point tant à blasmer que ceux qui la luy baillèrent. L'exploit en fut tel qu'il devoit ; mais encores monstra-il vertu et sens à ce qu'il fit : car luy, connoissant que ladite ville de Tournay, si prochaine des deux pays dont j'ay parlé, que plus ne pouvoit, et bien aisée pour y faire grand dommage, pourveu qu'il y pût mettre des gens-d'armes, que le Roy avoit près de là (à quoy pour rien ceux de la ville ne se fussent consentis, car jamais ils ne se monstrèrent ny d'un party ny d'autre, mais neutres entre les deux princes) pour les raisons dessusdites ; ledit maistre Olivier manda secrettement à monseigneur de Mouy (dont le fils estoit bailly de ladite ville, mais ne s'y tenoit point) qu'il amenast sa compagnie qu'il avoit à Sainct-Quentin, et quelques autres gens-d'armes qui estoient en ce quartier-là : lequel vint à heure nommée à la porte, où il trouva ledit maistre Olivier accompagné de trente ou quarante hommes, lequel eut bien le hardement de faire ouvrir la barrière, demy par amour, demy par force, et mit les gens-d'armes dedans; dont le peuple fut assez content, mais les gouverneurs non, desquels il envoya sept ou huit à Paris, qui n'en ont osez partir tant que le Roy a vescu.

Après ces gens-d'armes y en entra d'autres qui firent merveilleux dommages ès deux pays dessusdits depuis, comme d'avoir pillé et brûlé maints beaux villages et maintes belles censes, plus au dommage des habitans de Tournay que

---

(1) Louis de Bourbon, au sujet duquel il y eut tant de troubles dans la ville épiscopale de Liége. Ce prince fut tué le 30 août 1482.

d'autres, pour les raisons que j'ay dites, et tant en firent que les Flamans vindrent devant, et tirèrent le duc de Gueldres hors de prison (que le duc Charles y avoit mis) pour en faire leur chef, et vindrent devant ladite ville de Tournay, où ils firent peu de séjour, car ils s'en retournèrent en grand désordre et fuite, et y perdirent beaucoup de gens, et entre les autres y mourut le duc de Gueldres, qui se mit à la queue, pour vouloir aider à soustenir le faix, mais il fut mal suivy, et y mourut comme nous dirons plus amplement cy-après. Et partant procéda cet honneur au Roy par ledit maistre Olivier, et reçurent les ennemis du Roy grand dommage. Un bien plus sage et plus grand personnage que luy eust bien failly à conduire cette œuvre. J'ay assez parlé de la charge qui fut donnée par le Roy à ce petit personnage, inutile à la conduite de si grande matière, et semble bien que Dieu avoit troublé le sens de nostre Roy en cet endroit; car, comme j'ay dit, s'il n'eust cuidé son œuvre trop aisée à mettre à fin, et il eût un peu laissé de la passion et vengeance qu'il désiroit contre cette maison de Bourgogne, sans point de faute il tiendroit aujourd'huy toute cette seigneurie sous son arbitrage.

<><><>

CHAPITRE XV.

Des ambassadeurs que la damoiselle de Bourgogne, fille du feu duc Charles, envoya au Roy, et comment par le moyen de monseigneur des Cordes, la cité d'Arras et les villes de Hesdin et Boulogne, et la ville d'Arras mesme, furent mises à l'obéyssance du Roy.

Après que ledit seigneur eut receu Péronne (qui luy fut baillée par messire Guillaume de Bisches (1), homme de fort petit estat, natif de Molins-Engilbers, en Nivernois, qui avoit esté enrichy et élevé en authorité par ledit duc Charles de Bourgogne, lequel luy avoit baillé cette place entre ses mains, pource que sa maison, appellée Clary, estoit auprès de là, laquelle ledit maistre Guillaume de Bisches avoit acquise, et y avoit fait un fort chasteau et beau), ledit seigneur receut audit lieu aucuns ambasdeurs de la partie de madamoiselle de Bourgogne, où estoient tous les plus grands et principaux personnages dont elle se pouvoit aider; qui n'estoit point trop sagement faict, de venir tant ensemble; mais leur désolation estoit si grande, et leur peur, qu'ils ne sçavoient ny que dire, ny que faire. Les dessusdits estoient leur chancelier, appellé messire Guillaume Hugonet, très-notable personnage, et sage, et avoit eu grand crédit avec ce duc Charles, et en avoit receu grands biens. Le seigneur d'Hymbercourt y estoit aussi, dont assez a esté parlé en ces Mémoires, et n'ay point souvenance d'avoir veu un plus sage gentilhomme ne mieux adextre pour conduire grandes matières. Il y avoit le seigneur de la Verre (2), grand seigneur en Zélande, et le seigneur de la Gruthuse et plusieurs autres, tant nobles que gens d'église, et des bonnes villes. Nostre Roy, avant les avoir ouys, tant en général que en particulier, mit grande peine à gagner chacun d'eux, et en eut humbles paroles et révérences, comme de gens estant en crainte; toutesfois ceux qui avoient leurs terres en lieu où ils s'attendoient que le Roy n'allast point, ne se vouloient en rien obliger au Roy, sinon en faisant le mariage de monseigneur le Dauphin son fils à ladite damoiselle.

Ledit chancelier et le seigneur d'Hymbercourt, qui avoient esté nourris en très-grande et longue authorité, et qui désiroient y continuer, et avoient leurs biens aux limites du Roy (l'un en la duché de Bourgogne, l'autre en Picardie, comme vers Amiens), prestoient l'oreille au Roy et à ses offres, et donnèrent quelque consentement de le servir, en faisant ce mariage, et de tous poincts se retirer soubs luy, ledit mariage accomply. Et combien que ce chemin fust le meilleur pour le Roy, toutesfois il ne luy estoit point agréable, et se mescontentoit d'eux, parce que dès lors ils ne demeuroient en son service; mais il ne leur en fit point de semblant, car il s'en vouloit aider en ce qu'il pourroit. Jà avoit ledit seigneur bonne intelligence avec monseigneur des Cordes, et conseillé et advisé de luy, qui estoit chef et maistre dedans Arras, requit ausdits ambassadeurs qu'ils luy fissent faire ouverture, par ledit des Cordes de la cité d'Arras; car lors y avoit murailles et fossez entre la ville et la cité, et portes fermans contre ladite cité, et maintenant est à l'opposite, car la cité ferme contre la ville. Après plusieurs remonstrances faites ausdits ambassadeurs, et que ce seroit pour le mieux,

---

(1) Il avait été premier maistre-d'hôtel de Charles, duc de Bourgogne. Olivier de la Marche dit qu'il était homme sage et subtil.

(2) Volfart de Borsele, comte de Grandpré, seigneur de la Vère, chevalier de la Toison-d'Or, gouverneur de Hollande, Zélande et Frise.

et que plus aisément on viendroit à paix, en faisant cette obéissance, ils s'y consentirent, et principalement lesdits chancelier et le seigneur d'Hymbercourt, et baillèrent lettres de descharge audit seigneur des Cordes, et le consentement de bailler ladite cité d'Arras, ce qu'il fit volontiers. Dès que le Roy fut dedans, il fit faire des boulevers de terre contre la porte, et autres endroits près de la ville, et par cet appointement monseigneur des Cordes se tira hors de la ville, et en fit saillir ses gens de guerre estans avec luy, et s'en alla chacun à son plaisir, en prenant tel party qu'il luy plaisoit.

Ledit seigneur des Cordes, soy tenant pour deschargé du service de sa maitresse, par ce consentement qu'avoient baillé lesdits ambassadeurs, qu'il mit le Roy dedans la cité d'Arras, se délibéra de faire le serment au Roy, et de devenir son serviteur, considérant que son nom et ses armes estoient deçà la rivière de Somme, près de Beauvais; car il avoit nom messire Philippe Crèvecœur, et aussi ces terres que la maison de Bourgogne avoit occupées sur ladite rivière de Somme (dont assez ay parlé), vivans les ducs Philippe, et Charles, revenoient sans difficulté au Roy, par les conditions du traité d'Arras en 1435, par lequel furent baillées au duc Philippe, pour luy et ses hoirs masles seulement; et le duc Charles ne laissa que cette fille dont j'ay parlé : ainsi ledit messire de Philippes de Crèvecœur devenoit homme du Roy, sans difficulté ; parquoy n'eût sceu mesprendre à se mettre au service du Roy (sinon qu'il en fût fait serment de nouveau à ladite damoiselle), et en luy rendant ce qu'il tenoit du sien; il s'en est parlé et parlera en diverses façons : parquoy m'en rapporte à ce qui en est. Bien sçay qu'il avoit esté nourry et accreu, et mis en grand estat par le duc Charles, et que sa mère avoit nourry en partie ladite damoiselle de Bourgogne, et qu'il estoit gouverneur de Picardie, sénéchal de Ponthieu, capitaine de Crotoy, gouverneur de Péronne, Mondidier et Roye, capitaine de Boulogne et de Hesdin, de par le duc Charles, quand il mourut, et encores de présent il les tient de par le Roy, en la forme et manière que le Roy nostre maistre les luy bailla.

Après que le Roy eut fait en la cité d'Arras, comme je vous ay dit, il se partit de là, et alla mettre le siége devant Hesdin, où il mena ledit seigneur des Cordes, lequel avoit tenu la place, comme dit est, il n'y avoit que trois jours, et encore y estoient ses gens, qui monstrèrent la vouloir tenir pour ladite damoiselle, disans luy avoir fait le serment, et tira l'artillerie quelques jours. Ils ouïrent parler leur maistre, et à la vérité ceux de dehors et de dedans s'entendoient bien; et ainsi ladite place fut rendue au Roy, lequel s'en alla devant Boulogne, où il en fut fait ainsi. Ils tindrent par aventure un jour davantage; toutesfois cette habileté estoit dangereuse, s'il y eût eu gens au païs (et le Roy, qui depuis le me conta, l'entendoit bien), car il y avoit gens dedans Boulogne qui connoissoient bien ce cas et travailloient d'y mettre des gens, s'ils en eussent peu finer à temps, et la deffendre à bon escient. Cependant que le Roy séjournoit devant Boulogne (qui fut peu d'espace, comme de cinq ou six jours), ceux d'Arras se tinrent pour déceus de se voir ainsi enclos d'un costé et d'autre, où il y avoit largement gens-d'armes et grand nombre d'artillerie; et travailloient de trouver gens pour garnir leur ville, et en escrivirent aux villes voisines, comme à l'Isle et Douay. Audit lieu de Douay y avoit quelque peu de gens-de-cheval, et entre les autres y estoit le seigneur de Vergy (1), et autres dont il ne me souvient; et estoient de ceux qui estoient revenus de cette bataille de Nancy, lesquels se délibérèrent de soy venir mettre en cette ville d'Arras, et firent amas de ce qu'ils peurent, comme de deux ou trois cens chevaux, que bons que mauvais, et cinq ou six cens hommes-de-pied.

Ceux de Douay, qui en ce temps-là estoient encore un petit orgueilleux, les pressèrent de partir en plein midy, vousissent-ils ou non, qui fut une grande folie pour eux : et aussi mal leur en prit, car le pays de là Arras est plein comme la main, et y a environ cinq lieuës : et s'ils eussent attendu la nuit, ils eussent exécuté leur entreprise comme ils entendoient faire. Comme ils furent en chemin, ceux qui estoient demeurez en la cité, comme le seigneur du Lude, Jehan du Fou, les gens du mareschal de Loheac, furent advertis de leur venuë, et délibérèrent de plustost aller au-devant, et mettre tout à l'adventure, que de les laisser entrer en la ville ; car il leur sembloit qu'ils ne sçauroient deffendre la cité s'ils y entroient. L'entreprise de ceux que je dis, estoit bien périlleuse, mais ils l'exécutèrent hardiment, et bien, et destroussèrent cette bande, qui estoit

---

(1) Guillaume de Vergy, quatrième du nom, sénéchal de Bourgogne, fait maréchal du comté de Bourgogne en 1495 et en 1504; lieutenant et capitaine-général des duchés de Gueldre et comté de Zutphen pour Philippe, archiduc d'Autriche : il est mort en 1520.

partie de Doüay, et furent presque tous morts ou pris, et entre les autres fut pris le seigneur de Vergy.

Le Roy y arriva le lendemain, qui eust grande joye de cette déconfiture, et fit mettre tous les prisonniers en sa main, et plusieurs fit mourir de ces gens-de-pied, espérant d'espouventer ce peu de gens-de-guerre qu'il y avoit en ce quartier : et fit le Roy long-temps garder monseigneur de Vergy, lequel ne voulut faire le serment au Roy, pour chose du monde, si estoit-il en estroite garde et bien enferré. A la fin fut conseillé de sa mère, et après qu'il eut esté un an en prison ou plus, il fit le bon plaisir du Roy, dont il ne fit que sage. Le Roy luy restitua toutes ses terres et toutes celles qu'il queroloit, et le fit possesseur de plus de dix mille livres de rente et d'autres beaux Estats. Ceux qui eschappèrent de cette destrousse, qui estoient peu, entrèrent en la ville. Le Roy fit approcher son artillerie, et tirer, laquelle estoit puissante et en grand nombre, les fossez et les murailles ne valoient guères. La batterie fut grande, et furent tous espouventez : car ils n'avoient comme point de gens-de-guerre dedans. Monseigneur des Cordes y avoit bonne intelligence : et aussi de ce que le Roy tenoit la cité, la ville ne luy pouvoit eschapper : parquoy ils firent une composition, en rendant la ville, laquelle composition fut assez mal tenuë ; dont ledit seigneur du Lude eut partie de la coulpe, et fit le Roy mourir plusieurs bourgeois et autres, et beaucoup de gens de bien, présent ledit seigneur du Lude et maistre Guillaume de Cerisay (qui y eurent grand profit : car ledit seigneur du Lude m'a dit que par ce temps il y avoit gagné vingt mille escus et deux panes (1) de martres), et firent ceux de la ville un prest au Roy de soixante mille escus, qui estoit beaucoup trop pour eux ; toutesfois je crois que depuis ils furent rendus : car ceux de Cambray en prestèrent quarante mille, qui depuis pour certain leur ont esté rendus, pourquoy je crois qu'aussi furent les autres.

<><><>

CHAPITRE XVI.

Comment les Gandois qui avoient usurpé authorité par-dessus leur princesse, quand son père fut mort, vinrent en ambassade vers le Roy, comme de par les trois Estats de leur pays.

Pour l'heure de ce siége d'Arras, madamoiselle de Bourgogne estoit à Gand, entre les mains de ces très-déraisonnables gens, dont perte luy en survint, et profit au Roy : car nul ne perd au monde que quelqu'autre n'y gagne. Aussitost que ils sceurent la mort du duc Charles, il leur sembla qu'ils estoient eschappez, et prirent tous ceux de leur loy (qui sont vingt et six) et la pluspart, ou tous firent mourir, et prirent leur couleur, disant qu'ils avoient fait le jour de devant décapiter un homme ; et nonobstant qu'il l'eût bien desservy, si n'en avoient-ils aucun pouvoir, comme ils disoient : car leur pouvoir estoit expiré par le trespas dudit duc, qui les avoit créez audit gouvernement. Ils firent mourir aussi plusieurs grands et bons personnages de la ville, qui avoient esté amis favorables dudit duc ; dont il y en avoit aucuns qui de mon temps, et moy présent, avoient aidé à desmouvoir ledit duc Charles, lequel vouloit destruire grande partie de ladite ville de Gand. Ils contraignirent ladite damoiselle à confirmer leurs anciens priviléges, qui leur avoient esté ostez par la paix de Gand (qui fut faicte avec le duc Philippe) et autres, par le duc Charles. Lesdits priviléges ne leur servoient que de noise avec leur prince, et aussi leur principale inclination est de désirer leur prince foible, et n'en aiment nuls depuis qu'ils sont seigneurs ; mais très-naturellement les aiment quand ils sont en enfance, et avant qu'ils viennent à la seigneurie : comme ils avoient fait cette damoiselle, qu'ils avoient soigneusement gardée et aimée jusques lorsqu'elle fust dame.

Aussi est bon à entendre que si à l'heure que ledit duc mourut, les gens de Gand n'eussent fait aucun trouble, et eussent voulu tascher à garder le pays, que soudainement ils eussent pourveu à mettre gens dedans Arras, et par adventure à Péronne ; mais ils ne pensèrent lors qu'à ce trouble. Toutesfois le Roy estant devant ladite ville d'Arras, vinrent devers luy aucuns ambassadeurs de par les trois pays de ladite damoiselle : car ils tenoient à Gand certains députez desdits trois Estats ; mais ceux de Gand faisoient le tout à leur plaisir, pource qu'ils tenoient ladite damoiselle entre leurs mains. Le Roy les ouït, et entre autres choses dirent que les choses qu'ils avoient proposées, qui estoient tendans à fin de paix, procédoient du vouloir de ladite damoiselle, laquelle en toutes choses estoit délibérée de se conduire par le vouloir et conseil des trois Estats de son pays, et requéroient que le Roy se vousist déporter de la guerre qu'il faisoit, tant en Bourgogne qu'en Artois, et que l'on prît journée pour pouvoir amiablement pacifier, et que cependant fût donnée surséance de guerre.

(1) Peaux.

Le Roy se trouvoit jà comme au-dessus, et encore cuidoit-il que les choses vinssent mieux à son plaisir qu'elles ne firent ; car il estoit bien informé que plusieurs gens-de-guerre estoient morts et deffaits partout, et beaucoup d'autres tournez de son costé, et par espécial monseigneur des Cordes (dont il faisoit grande estime, et non sans cause : car de long-temps il n'eust fait par force ce que par intelligence il avoit eu par son moyen, peu de jours avant, comme avez ouy), et pour ce il estima peu leurs requestes et demandes : et aussi estoit-il bien informé, et sentoit bien que ces gens de Gand estoient en tel estat, qu'ils troubloient tant leur compagnie, qu'ils ne sçavoient donner aucun ordre ou conseil à conduire la guerre contre luy ; car nul homme de sens, ne qui eût eu authorité avec leurs princes passez, n'estoit appelé en rien touchant leurs affaires, mais estoit persécuté et en danger de mort : et par espécial ils avoient en grande haine les Bourguignons, pour la grande authorité qu'ils avoient eue au temps passé. Et davantage le Roy connoissoit bien tout cela (lequel en telles choses voyoit aussi clair que nul homme de son royaume) que lesdits Gandois faisoient à leur seigneur de tout temps, et qu'ils désiroient le voir appetissé, pourveu qu'ils n'en sentissent rien en leur pays ; et pour ce il advisa que s'ils estoient encommencez à se diviser, qu'il les y mettroit encores plus avant : car ceux à qui il avoit affaire n'estoient que bestes et gens de ville la pluspart, et par espécial ne se connoissoient en ces choses subtiles, dont ledit seigneur se sçavoit bien aider, et faisoit ce qu'il devoit, pour convaincre et mener à fin son entreprise.

Le Roy s'arresta sur la parole que ses ambassadeurs avoient dite (qui estoit que leur princesse ne feroit rien sans la délibération et conseil des trois Estats de son pays), en leur disant qu'ils estoient mal informez du vouloir d'elle et d'aucuns particuliers, car il estoit seur qu'elle entendoit conduire ses affaires par gens particuliers, qui ne désiroient point la paix, et qu'eux se trouveroient desavoüez : dont lesdits ambassadeurs se trouvèrent fort troublez, et comme gens mal accoustumez de besogner en si grandes affaires et matières, respondirent promptement qu'ils estoient bien seurs de ce qu'ils disoient, et qu'ils monstreroient leurs instructions quand besoin seroit. On leur respondit qu'on leur monstreroit lettres quand il plairoit au Roy, escrites de telle main qu'ils le croiroient, qui disoient que ladite damoiselle ne vouloit conduire ses affaires que par quatre personnes. Ils répliquèrent encore qu'ils estoient bien seurs du contraire ; et lors le Roy leur fit monstrer les lettres que le chancelier de Bourgogne et le seigneur d'Hymbercourt avoient apportées à l'autre fois qu'ils avoient esté à Péronne, lesquelles estoient escrites, partie de la main de ladite damoiselle, partie de la main de la duchesse de Bourgogne, douairière (1), femme du duc Charles et sœur du roy Édouard d'Angleterre, et partie de la main du seigneur de Ravestain (2), frère du duc de Clèves, et prochain parent de ladite damoiselle. Ainsi estoit cette lettre escrite de trois mains : toutesfois elle ne parloit qu'au nom de ladite damoiselle ; mais il estoit ainsi fait pour y adjouster plus grande foy. Le contenu de ladite lettre estoit créance sur lesdits chancelier et Hymbercourt ; et davantage ladite damoiselle déclaroit que son intention estoit que tous ses affaires seroient conduites par quatre personnes, qui estoient ladite douairière, sa belle-mère, ledit seigneur de Ravestain, et les dessusdits chancelier et Hymbercourt ; et supplioit au Roy que ce qu'il lui plairoit faire conduire envers elle, passast par leurs mains, et qu'il luy plust s'en adressser à eux, et à nuls autres n'en avoir communication.

Quand ces Gandois et autres députez eurent veu cette lettre, ils en furent fort marris, et ceux qui communiquoient avec eux les y aidoient bien. Finalement ladite lettre leur fut baillée, et ils n'eurent autre despesche qui fust de grande substance : et il ne leur en chaloit guères, car ils ne pensoient qu'à leurs divisions, et à faire un monde neuf, et ne regardoient point à plus loin, combien que la perte d'Arras leur devoit bien plus toucher au cœur ; mais c'estoient gens qui n'avoient point esté nourris en grandes matières, et gens de ville la pluspart, comme j'ay dit. Ils se mirent à chemin droit à Gand, où ils trouvèrent ladite damoiselle avec laquelle estoit le duc de Clèves (3), son prochain parent, et de sa maison de par sa mère, lequel estoit fort ancien. Il avoit esté nourry dans cette maison de Bourgogne, et de tout temps en avoit eu six mille florins du Rhin de pension ; parquoy, outre le parentage, il y venoit aucunesfois comme serviteur. L'évesque du Liége et plusieurs autres grands person-

---

(1) Marguerite d'York.
(2) Adolphe, second fils d'Adolphe, duc de Clèves, et de Marie de Bourgogne.

(3) Jean, premier du nom, fils d'Adolphe, duc de Clèves, et de Marie, fille de Jean, duc de Bourgogne, et de Marguerite de Bavière.

nages y estoient pour accompagner ladite damoiselle et pour leurs affaires particulières, car l'évesque dessusdit estoit venu pour faire quitter à son païs trente mille florins ou environ, qu'ils payoient au duc Charles, par appointement fait entre luy et eux, après les guerres qu'ils avoient euës ensemble, dont j'ay parlé cy-devant, toutes lesquelles guerres avoient esté pour la querelle et affaire dudit évesque; pource il n'avoit point grand besoin de faire cette poursuite, et les devoit désirer estre pauvres; car il ne prenoit rien en son pays qu'un petit domaine, eu regard à la grandeur et richesse dudit pays et de son spirituel.

Ledit évesque estoit frère de ces deux ducs de Bourbon, Jean II et Pierre II qui de présent règne, homme de bonne chère et de plaisir, peu connoissant ce qui luy estoit bon ou contraire, retira à luy messire Guillaume de la Marck, un beau chevalier et vaillant, très-cruel et mal conditionné, qui tousjours avoit esté son ennemy, et de la maison de Bourgogne aussi, en faveur des Liégois. Ladite damoiselle de Bourgogne luy donna quinze mille florins du Rhin, en faveur dudit évesque du Liége et de luy, pour le réduire : mais trop tost après il se tourna contr'elle et contre son maistre ledit évesque, à qui il estoit, ayant entreprise de faire son fils évesque par force et par la faveur du Roy; et depuis il déconfit ledit évesque en bataille, et le tua de sa main, et le fit jeter en la rivière, lequel y demeura trois jours. Ledit duc de Clèves y estoit, espérant faire le mariage de son fils aisné (1) avec ladite damoiselle, et qui luy sembloit chose sortable pour beaucoup de raisons : et croy qu'il se fust fait, si le personnage eût esté conditionné au gré d'elle et de ses serviteurs; car il estoit de cette propre maison, et en tenoit sa duché, et avoit esté nourry léans, et par aventure que la veuë et connoissance qu'on avoit de luy, luy fit ce dommage.

◇◇◇

CHAPITRE XVII.

Comment ceux de Gand, après le retour de leurs ambassadeurs, firent mourir le chancelier Hugonet et le seigneur d'Hymbercourt, contre le vouloir de leur princesse, et comment eux et autres Flamans furent déconfits devant Tournay, et le duc de Gueldres, leur chef, tué.

Pour revenir à mon propos, ces députez arrivèrent à Gand, et y fut le conseil préparé, et cette damoiselle mise en son siége, et plusieurs seigneurs à l'environ d'elle, pour ouïr leur rapport. Ils commencèrent à dire la charge qu'ils avoient d'elle, et touchèrent principalement le poinct qui servoit à ce qu'ils vouloient faire, et dirent que comme ils alléguoient au Roy que ladite damoiselle estoit délibérée de tous poincts se conduire par le conseil des trois Estas, qu'il leur avoit respondu qu'il estoit bien seur du contraire, à quoy ils avoient persisté : parquoy ledit seigneur offrit de monstrer lettres de ladite damoiselle, laquelle soudainement meuë et courroucée, dit sur-le-champ qu'il ne seroit jà trouvé estre vray, que ladite lettre n'eust esté escripte ne veuë; incontinent celuy qui parloit, qui estoit le pensionnaire de Gand ou de Bruxelles, tira de son sein ladite lettre et devant tout le monde la luy bailla. Il monstra bien qu'il estoit homme très-mauvais et de peu d'honneur, de faire cette honte à cette jeune damoiselle, à qui un si vilain tour n'appartenoit pas estre fait; car si elle avoit fait quelque erreur, le chastoy ne luy en appartenoit point en public. Il ne faut pas demander si elle eut grande honte, car à chacun elle avoit dit le contraire. Ladite douairière et le seigneur de Ravestain, le chancelier et le seigneur d'Hymbercourt estoient présens.

On avoit tenu paroles audit duc de Clèves et autres de ce mariage, qui tous furent courroucez, et commença lors leur division grande à se déclarer. Ledit duc de Clèves avoit tousjours jusques alors eu espérance que ledit seigneur d'Hymbercourt tiendroit pour luy à ce mariage : lequel se tint pour déceu, voyant cette lettre, et luy en devint ennemy. Ledit évesque du Liége ne l'aymoit point, pour les choses passées à Liége (dont ledit seigneur d'Hymbercourt avoit eu le gouvernement), ne son messire Guillaume de la Marck, qui estoit avec luy. Le comte de Sainct-Paul (2), fils du connestable de France (dont j'ay parlé), hayssoit ledit seigneur d'Hymbercourt et le chancelier, pource qu'ils livrèrent son père à Péronne entre les mains des serviteurs du Roy, comme avez ouy au long cy-dessus. Ceux de Gand les avoient à grande haine sans nulle offence qu'ils leur eussent faite, mais seulement pour la grande authorité où ils les avoient veus; et seurement ils le valoient, autant que personnages qui ayent régné en leur temps ni deçà, ny delà, et avoient esté bons et loyaux serviteurs pour leur maistre.

---

(1) Jean, depuis duc de Clèves, deuxième de ce nom; il a eu soixante-trois bâtards, ce qui lui a fait donner le sobriquet de faiseur d'enfants.

(2) Pierre de Luxembourg, comte de Saint-Pol, second fils du connétable de ce nom.

Finalement la nuict, dont ces lettres avoient esté monstrées le matin, les dessusdits chancelier et seigneur d'Hymbercourt furent pris par lesdits Gandois, nonobstant qu'ils en eussent assez d'advertissemens; mais ils ne sceurent fuyr à leur malfortune, comme il advient à plusieurs autres. Je croy bien que leurs ennemis, que j'ay nommez, aidèrent bien à cette prise, et avec eux fut pris messire Guillaume de Clugny, évesque de Théroüenne (1), qui depuis est mort évesque de Poictiers, et tous trois furent mis ensemble. Ceux de Gand tindrent un peu de forme de procès (ce qu'ils n'ont point accoustumé en leur vengeance) et ordonnèrent gens de leur loy, pour les interroger, et avec eux un de ceux de la Marck, ennemy mortel dudit seigneur d'Hymbercourt. Au commencement ils leur demandèrent pourquoy ils avoient fait bailler, par monseigneur des Cordes, la cité d'Arras; mais peu s'y arrestèrent, combien qu'en autre faute ne les eussent sceu trouver; mais leur passion ne les tenoit pas là, car il ne leur chaloit de prime-face, de voir leur prince et seigneur affoibly d'une telle ville; ne leur sens, ne leur connoissance, n'alloient pas assez avant pour connoistre le préjudice qui leur en pouvoit advenir par traict de temps. Seulement se vindrent arrester sur deux poincts, l'un sur certains dons qu'ils disoient que par eux avoient esté pris, et par espécial pour un procès qu'avoient naguères gagné, par leur sentence prononcée par ledit chancelier, contre un particulier, dont les deux dessusdits avoient pris un don de la ville de Gand.

A tout ce qui touchoit cette matière de corruption, respondirent très-bien et à ce poinct particulier, où ceux de Gand disoient qu'ils avoient vendu justice, et pris argent d'eux pour leur adjuger leur procès, respondirent qu'ils avoient gagné ledit procès pource que leur matière estoit bonne, et qu'au regard de l'argent qu'ils avoient pris, ils ne l'avoient point demandé, ne fait demander, mais vray est que quand on le leur présenta ils le prirent. Le second poinct de leur charge, où s'arrestèrent, c'estoit que les dessusdits Gandois disoient qu'en plusieurs poincts, durant le temps qu'ils avoient esté avec le feu duc Charles, leur maistre, et en son absence, estans ses lieutenans, ils avoient fait plusieurs choses contre les priviléges de ladite ville et Estat d'icelle, et que tout homme qui alloit contre les priviléges de Gand, devoit mourir. En cela ne pouvoit avoir nul fondement contre les dessusdits, car eux n'estoient leurs subjets, ne de leur ville, ny n'eussent sceu rompre leurs priviléges; et si ledit duc, ou son père, leur avoit osté aucuns de leurs priviléges, ce avoit esté par appointement fait avec eux, après plusieurs guerres et divisions; mais les autres, qui leur avoient esté laissez (qui sont plus grands qu'il ne leur est besoin, pour leur profit), leur avoient esté bien observez et gardez.

Nonobstant les excuses de ces deux bons et notables personnages, sur les deux charges dessusdites (car de la principale, dont j'ai parlé au commencement de ce propos, ils n'en parloient point), les eschevins de la ville de Gand les condamnèrent à mourir en leur hostel-de-ville et en leur présence, et soubs couleur de l'infraction de leurs priviléges et de l'argent qu'ils avoient pris, après leur avoir adjugé le procès, dont est fait mention cy-dessus. Ces deux seigneurs dessusdits oyans cette cruelle sentence, furent bien esbahis, et non sans cause, comme raison estoit : et n'y voyoient aucun remède, pour ce qu'ils estoient entre leurs mains : toutesfois ils appellèrent devant le Roy en sa cour de parlement, espérans que cela pour le moins pourroit donner quelque délay à leur mort, et que cependant leurs amys les pourroient ayder à sauver leurs vies. Par avant ladite sentence, ils les avoient fort gehennez, sans nul ordre de justice : et ne dura leur procès point plus de six jours : et nonobstant ladite appellation, incontinent qu'ils les eurent condamnez, ils ne leur donnèrent que trois heures de temps pour se confesser et penser à leurs affaires : et le terme passé, ils les menèrent en leur marché et furent mis sur un eschaffaut.

Madamoiselle de Bourgogne, qui depuis a esté duchesse d'Autriche, sçachant cette condamnation, s'en alla en l'hostel de la ville, leur faire requeste et supplication pour les deux dessusdits; mais rien n'y valut. De là elle s'en alla sur le marché, où tout le peuple estoit assemblé et en armes, et vit les deux dessusdits sur l'eschaffaut. Ladite damoiselle estoit en son habit de dueil, et n'avoit qu'un couvrechef sur sa teste, qui estoit habit humble et simple, pour leur faire pitié par raison, et là supplia au peuple, les larmes aux yeux, et tout eschevelée, qu'il leur pleust avoir pitié de ses deux serviteurs, et les luy vouloir rendre. Une grande partie de ce peuple vouloit que son plaisir fût fait, et qu'ils ne mourussent point; autres vouloient au contraire, et baissèrent les piques les uns contre les autres, comme pour se combattre; mais ceux qui vouloient la mort, se trouvèrent les plus forts, et fina-

---

(1) Il n'était que le suffragant de Henry de Lorraine, évêque de Thérouanne.

lement crièrent à ceux qui estoient sur l'eschaffaut qu'ils les expédiassent ; or, par conclusion ils eurent tous deux les testes coupées : et s'en retourna cette pauvre damoiselle en cet estat en sa maison, bien dolente et desconfortée : car c'estoient les deux principaux personnages où elle avoit mis sa fiance.

Après que ces gens de Gand eurent fait cet exploict, ils départirent d'avec elle monseigneur de Ravestain et la doüairière, femme de Charles, pour ce qu'ils estoient signez en la lettre que lesdits seigneurs d'Hymbercourt et chancelier dessus nommez avoient portée au Roy, et qu'ils avoient baillée, comme vous avez sceu, et prirent de tous points l'authorité et la maistrise de cette pauvre et jeune princesse ; car ainsi se pouvoit-elle bien appeller, non point seulement pour la perte qui dès-lors luy estoit advenue de tant de grosses villes qu'elle avoit perdües, qui luy estoient irrécouvrables par force, veu la forte main où elles estoient (car par grâce, amitié ou appointement, elle y pouvoit avoir encore quelque espérance), mais à se trouver entre les mains des vrays ennemis persécuteurs de sa maison, luy estoit bien un très-grand malheur. Et en leur faict, ès choses générales, y a tousjours eu plus de folie que de malice : et aussi ce sont tousjours grosses gens de mestier, le plus souvent, qui y ont le crédit et l'authorité, qui n'ont aucune connoissance des grandes choses, ne de celles qui appartiennent à gouverner un Estat. Leur malice ne gist qu'en deux choses, l'une est que par toutes voyes ils désirent affoiblir et diminuer leur prince ; l'autre, que quand ils ont fait quelque mal ou grande erreur, et qu'ils se voyent les plus foibles, jamais gens ne cherchèrent leur appointement en plus grande humilité qu'ils font, ny ne donnèrent plus grands dons ; et si sçavent mieux trouver les personnes à qui il faut qu'ils s'adressent pour conduire leur accord, que nulle autre ville que j'aye jamais connuë.

Après que ceux de Gand eurent pris le gouvernement par force de ladite damoiselle de Bourgogne, et fait mourir ces deux qu'avez ouy, et qu'ils eurent envoyé hors ceux que bon leur sembla, ils commencèrent en tous endroits à oster et mettre gens à leur poste ; et par espécial chassèrent et pillèrent tous ceux qui mieux avoient servy cette maison de Bourgogne, indifféremment, sans regarder ceux qui en aucune chose le pourroient avoir desservi entre les autres : et entre toutes gens, ils prirent inimitié contre les Bourguignons, et les bannirent tous, et prirent aussi grande peine pour les faire devenir serviteurs et subjets du Roy, comme faisoit le Roy propre, qui les sollicitoit par belles et sages paroles et remonstrances, et par grands dons et promesses, et aussi par force qu'il avoit très-grande en leur pays. Pour commencer à faire cas de nouvelleté, ils mirent hors de prison (comme nous avons touché cy-devant) le duc de Gueldres, qui par long-temps, par le duc Charles, y avoit esté tenu, pour les causes qu'avez entendües cy-devant, et le firent chef d'une armée qu'ils firent d'entr'eux-mesmes, c'est à sçavoir : de Bruges, Gand et Ypres, et l'envoyèrent devant Tournay, mettre le feu aux fauxbourgs, qui estoit bien peu d'utilité pour la querelle de leur seigneur. Plus luy eût servy, et à eux aussi, deux cens hommes, et dix mille francs comptant, pour en entretenir d'autres qui estoient dedans Arras, quand le siége y alla (pourveu qu'ils fussent venus à temps propice), que dix telles armées que cette là (qui estoit de douze ou quinze mille hommes, et la payoient très-bien), car elle ne pouvoit rien profiter que de brusler un petit nombre de maisons, en lieu dont il ne chaloit guères au Roy ; car il n'y lève ny tailles, ny aydes ; mais leur connoissance n'alloit point jusques-là.

Après que ce duc de Gueldres fut venu devant Tournay, il fit mettre les feux jusques aux fauxbourgs dessusdits. Il y avoit dedans trois ou quatre cens hommes-d'armes, qui saillirent et donnèrent sur la queuë de ses gens à leur retraite, et incontinent ce peuple se mit à fuir. Le duc de Gueldres, qui estoit un très-vaillant prince, tourna pour cuider donner à ses gens chemin de se retirer, il fut mal suivy, et fut porté par terre, et pareillement assez bon nombre de ce peuple, et se trouva bien peu de gens du Roy à faire cet exploict ; et l'ost des Flamans, avec cette perte, se retira : car il n'y avoit eu qu'une bande d'entr'eux deffaite. Madamoiselle de Bourgogne, comme l'on dit, eut très-grande joye de cette adventure, et ceux qui l'aymoient ; car l'on dit, pour certain, que lesdits Gandois estoient délibérez de le luy faire espouser par force : car de son consentement ne l'eussent sceu faire, pour plusieurs raisons que vous avez entendües de luy par cy-devant.

Je ne puis penser comment Dieu a tant préservé cette ville de Gand, dont tant de maux sont advenus, et qui est de si peu d'utilité pour le pays, et chose publique dudit pays où elle est assise, beaucoup moins pour le prince, et n'est pas comme Bruges, qui est un lieu de grand recueil de marchandise, et de grande assemblée de nations estranges, où par avanture, se dépesche plus de marchandise qu'en nulle autre ville d'Europe, et seroit dommage irréparable qu'elle fust destruite.

◇◇◇

CHAPITRE XVIII.

Discours sur ce que les guerres et divisions sont permises de Dieu, pour le chastiment des princes et du peuple mauvais, avec plusieurs bonnes raisons et exemples advenus du temps de l'autheur, pour l'endoctrinement des princes.

Au fort il me semble que Dieu n'a créé aucune chose en ce monde, ny hommes ny bêtes, à qui il n'ait fait quelque chose son contraire, pour le tenir en crainte et humilité. Et ainsi cette ville de Gand est bien située là où elle est, car ce sont les pays de la chrestienté plus adonnez à tous les plaisirs à quoy l'homme est enclin, et à plusieurs grandes pompes et despences. Ils sont bons chrestiens, et y est Dieu bien servy et honoré. Et n'est pas cette nation seule, à qui Dieu ait donné quelque aiguillon; car au royaume de France a donné pour opposite les Angloys, et aux Angloys les Escossois; au royaume d'Espagne, Portugal. Je ne veus point dire Grenade (1), car ceux-là sont ennemis de la foy; toutesfois jusques icy ledit pays de Grenade a donné de grands troubles au pays de Castille. Aux princes d'Italie (dont la pluspart possèdent leurs terres sans titre, s'il ne leur est donné au ciel, et de cela ne pouvons que deviner), lesquels dominent assez cruellement et violentement sur leurs peuples, quant à lever deniers, Dieu leur a donné pour opposites les villes de communauté qui sont audit pays d'Italie, comme Venise, Florence, Gennes, quelquefois Boulogne, Siène, Pise, Luques et autres, lesquelles, en plusieurs choses, sont opposites aux seigneurs, et les seigneurs à elles : et chacun a l'œil que son compagnon ne s'accroisse. Et pour en parler en particulier, à la maison d'Arragon a donné la maison d'Anjou pour opposite, et à ceux de Sforces, usurpans le lieu des viscomtes en la duché de Milan, la maison d'Orléans; et combien que ceux du dehors soient foibles, ceux qui sont subjets encore parfois ils en ont doute (2). Aux Vénitiens, ces seigneurs d'Italie (comme j'ay dit), et davantage les Florentins. Aux Florentins ceux de Siène et de Pise, leurs voisins, et les Genèvois. Aux Genèvois leur mauvais gouvernement et la faute de foy des uns envers les autres; et gisent leurs partialitez en ligues propres, comme de Fregouze, Adorne et Dorie, et autres. Cecy s'est tant veu qu'on en sçait assez.

Pour Allemagne vous avez veu, et de tout temps, la maison d'Autriche et de Bavière contraires, et en particulier ceux de Bavière contraires l'un à l'autre. La maison d'Austriche, en particulier les Suisses, et ne fut le commencement de leur division qu'un village appelé Suitz (qui ne sauroit faire six cens hommes) dont les autres portent le nom, qui se sont tant multipliez que deux des meilleures villes qu'eust ladite maison d'Austriche, en sont, comme Zurich et Fribourg, et ont gagné de grandes batailles, esquelles ont tué des ducs d'Austriche. Maintes autres partialitez y a en cette Allemagne : comme ceux de Clèves contre ceux de Gueldres, et les ducs de Gueldres contre les ducs de Julliers. Les Ostrelins, qui sont situez tant avant en ce North, contre les roys de Dannemarc. Et pour parler d'Allemagne en général, il y a tant de fortes places, et tant de gens enclins à mal faire et à piller et dérober, et qui usent de force et de violence les uns contre les autres, pour petite occasion, que c'est chose merveilleuse. Car un homme qui n'aura que luy et son valet, deffiera une grosse cité et un duc, pour mieux pouvoir dérober, avec le port de quelque petit chasteau ou rocher, où il sera retraict, auquel il y aura vingt ou trente hommes à cheval qui courront deffier à sa requeste. Ces gens icy ne sont guères de fois punis des princes d'Allemagne; car ils s'en veulent servir quand ils en ont affaire; mais les villes, quand elles les peuvent tenir, les punissent cruellement, et souventesfois ont bien assiégé tels chasteaux et abbatu; aussi tiennent lesdites villes ordinairement des gens-d'armes payez et gagez pour leur seureté. Ainsi semble que ces princes et villes d'Allemagne vivent, comme je dis, faisans charier droict les uns les autres, qu'il est nécessaire qu'ainsi soit, et pareillement par tout le monde.

Je n'ay parlé que d'Europe, car je ne me suis point informé des deux autres parts, comme d'Asie et d'Afrique; mais bien nous oyons dire qu'ils ont guerres et divisions, comme nous, et encores plus mécaniquement; car j'ay sceu en

---

(1) Le royaume de Grenade était alors possédé par les Mahométans, qui y étaient entrés dès l'an 711, et n'en furent chassés qu'en 1472, par Ferdinand et Isabelle, rois de Castille et d'Arragon, ce qui leur a fait donner le titre de rois catholiques, que les souverains des Espagnes ont conservé depuis.

(2) *Doute,* incertitude, frayeur.

cette Afrique plusieurs lieux, où ils se vendent les uns les autres aux chrestiens; et appert ce par les Portugais qui maints esclaves en ont eu et ont tous les jours; mais quant à cela, je doute que nous devons point trop reprocher aux Sarrazins, et qu'il y a des parties de la chrestienté qui en font autant; mais ils sont situez soubs le pouvoir du Turc, ou fort voisins, comme en aucunes parties de la Grèce.

Il pourroit donc sembler que ces divisions fussent nécessaires par le monde, et que ces aiguillons et choses opposites (dont j'ai parlé dessus) que Dieu a données et ordonnées à chacun estat, et presqu'à chacune personne, soient nécessaires; et de primeface, en parlant comme homme non lettré, qui veut tenir opinion que celle que devons tenir, le me semble ainsi, et principalement pour la bestialité de plusieurs princes, et aussi pour la mauvaistié d'autres, qui ont sens assez et expérience, mais en veulent user. Car un prince, ou homme, de quelque estat qu'il soit, ayant force et authorité là où il demeure, et par dessus les autres, s'il est bien lettré, et qu'il ait veu et leu, cela l'amendera ou empirera; car les mauvais empirent de beaucoup sçavoir, et les bons en amendent. Mais toutesfois il est à croire que le sçavoir amende plustost un homme qu'il ne l'empire: et n'y eût-il que la honte de connoistre son mal, si est-ce assez pour le garder de mal faire, au moins de n'en faire pas tant; et s'il n'est bon, si voudra-il feindre de ne vouloir faire mal ne tort à personne: et en ay veu plusieurs expériences entre les grands personnages, lesquels par le sçavoir ont esté retirez de bien mauvais propos, et souvent la personne, et aussi la crainte de la punition de Dieu, dont ils ont plus grande connoissance que les gens ignorans, qui n'ont ne veu ne leu. Je veux donc dire, que ceux qui ne se connoissent, et sont mal sages par faute d'avoir esté bien nourris, et que leur complexion par aventure y aide, n'ont point de connoissance jusques-là où s'estend le pouvoir et seigneurie que Dieu leur a donné sur leurs subjets; car ils ne l'ont leu ny entendu par ceux qui le sçavent, et peu les hantent qui le sçachent: et si aucuns en y a qui le sçavent, si ne le veulent-ils dire, de peur de leur déplaire; et si aucun leur en veut faire quelques remonstrances, nul ne le soustiendra, et aux mieux venir on l'estimera fol, et par aventure sera pris au plus mauvais sens pour luy.

Or, faut donc conclure que la raison naturelle, ne nostre sens, ne la crainte de Dieu, ne l'amour de nostre prochain, ne nous gardent point d'estre violens les uns contre les autres, ne de retenir de l'autruy, ou de luy oster le sien par toutes voyes qui nous sont possibles. Ou si les grands tiennent villes et chasteaux de leurs parens ou voisins, pour nulles raisons ne les veulent rendre; et dès qu'une fois ils ont dit et fondé leurs raisons sous quelques couleurs pourquoy les détiennent, chacun des leurs suit leur langage, au moins leurs prochains, et ceux qui veulent estre bien venus d'eux. Des foibles, qui ont division, je n'en parle point; car ils ont supérieur, qui aucunesfois fait raison aux parties, au moins à celuy qui aura bonne cause, et le pourchassera et deffendra bien, et despendra largement, à longueur de temps aura raison, si la Cour (c'est-à-dire le prince, en son authorité, soubs lequel il vit) n'est contre luy. Ainsi donc est vray semblable que Dieu est presque forcé, et contraint, ou semons de monstrer plusieurs signes, et de nous battre de plusieurs signes, et de nous battre de plusieurs verges, pour nostre bestialité et pour nostre mauvaistié, que je croy mieux: mais la bestialité des princes et leur ignorance sont bien dangereuses et à craindre: car d'eux départent le bien et le mal de leurs seigneuries. Et doncques, si un prince est fort et a grand nombre de gens-d'armes, par l'authorité desquels il a grands deniers à volonté pour les payer, et pour dépendre en toutes choses volontaires, et sans nécessité de la chose publique, et que de celle folle et outrageuse entreprise et despence ne veüille rien diminuer, et que chacun n'entend qu'à luy complaire, et que en tant que à luy touche on feist remonstrance, et que l'on n'y gagne rien, mais qui pis est que l'on encoure son indignation, qui pourra y mettre remède si Dieu ne l'y met?

Dieu ne parle plus aux gens, ny n'est plus de prophète qui parle par sa bouche; car sa foy est assez exaucée et entendüe, et toute notoire, à ceux qui la veulent entendre et sçavoir: et ne sera nul excusé pour ignorance, au moins de ceux qui ont eu espace et temps de vivre et qui ont eu sens naturel. Comment doncques se chastieront les hommes forts et qui tiennent leurs seigneuries dressées en tel ordre, que par force font de toutes choses à leur plaisir? Pourquoi maintiennent leur obéissance et tiennent ce qui est soubs eux en grande sujétion, et le moindre commandement qu'ils font est toujours sur la vie. Les uns punissent soubs ombre de justice, et ont gens de ce mestier prests à leur complaire, qui d'un péché véniel font un péché mortel. Et s'il n'y a matière, ils trouvent les façons de dissimuler à ouïr les parties et les tesmoins, pour tenir la personne et la destruire en despence, attendant toujours si nul se veut plaindre de

9.

celuy qui est détenu et à qui ils en veulent. Si cette voye ne leur est seure assez, et bonne pour venir à leur intention, ils en ont d'autres plus soudaines, et disent, qu'il estoit bien nécessaire pour donner exemples, et font les cas tels qu'ils veulent et que bon leur semble. A d'autres qui tiennent d'eux, et qui sont un peu forts, procèdent par la voye de fait à leur dire : *Tu désobéys et fais contre l'hommage que tu me dois;* et procèdent par force à luy oster le sien, si faire le peuvent (au moins il ne tient pas à eux), et le font vivre en grande tribulation. Celuy qui ne leur est que voisin, s'il est fort et aspre, ils le laissent vivre : mais s'il est foible il ne sçait où se mettre, et luy diront qu'il a soustenu leurs ennemis, ou ils voudront faire vivre leurs gens-d'armes en son pays, ou acheteront querelles, ou trouveront occasion de le détruire, ou soustiendront son voisin contre luy, et luy presteront gens. De leurs sujets, ils désapointeront ceux qui auront bien servy leurs prédécesseurs, pour faire gens neufs : pour ce qu'ils mettent trop à mourir.

Ils brouilleront les gens d'église sur le fait de leurs bénéfices, afin que pour le moins ils en tirent récompense, pour enrichir quelqu'un, à l'appétit, le plus de fois, de ceux qui ne l'auront point desservy, et d'hommes et de femmes qui en aucun temps peuvent beaucoup, et qui ont crédit. Aux nobles donneront travail, et despence sans cesse, sous couleur de leurs guerres, prises à volonté, sans advis ou conseil de leurs Estats et de ceux qu'ils deussent appeller avant que de les commencer; car ce sont ceux qui y ont à employer leurs vies, leurs personnes et leurs biens; parquoy ils en deussent bien sçavoir avant que l'on les commençast. De leurs peuples, à la pluspart ne laissent rien; et après avoir payé tailles, trop plus grandes qu'ils ne deussent, encores ne donnent nul ordre sur la forme de vivre de leurs gens-d'armes, lesquels, sans cesse, sont par le pays sans rien payer, faisans les autres maux et excès infinis que chacun de nous sçait; car ils ne se contentent point de la vie ordinaire et de ce qu'ils trouvent chez le laboureur dont ils sont payés; ains au contraire battent les pauvres gens et les outragent, et contraignent d'aller chercher pain, vin et vivres dehors; et si le bon homme a femme ou fille qui soit belle, il ne fera que sagement de la bien garder. Toutesfois, puisqu'il y a payement, il seroit bien facile à y mettre ordre, et que les gens-d'armes fussent payez de deux mois en deux mois pour le plus tard, et ainsi n'auroient occasion ny excuse de faire les maux qu'ils font sous couleur de n'estre point payez, car l'argent est levé et vient au bout de l'an. Je dis cecy pour nostre royaume, qui est plus oppressé et persécuté de ce cas que nul autre royaume, ne nulle autre seigneurie que je connoisse; et ne sçauroit nul y mettre le remède qu'un sage roy : les autres pays voisins ont d'autres punitions.

CHAPITRE XIX.

Caractère du peuple françois et du gouvernement de ses roys; considérations sur les malheurs qui arrivent aux grands et aux petits.

Doncques pour continuer mon propos, y a-t-il roy ne seigneur sur terre qui ait pouvoir, outre son domaine, de mettre un denier sur ses subjets sans octroy et consentement de ceux qui le doivent payer, sinon par tyrannie ou violence? On pourroit respondre qu'il y a des saisons qu'il ne faut pas attendre l'assemblée, et que la chose seroit trop longue à commencer la guerre et à l'entreprendre. Je responds à cela, qu'il ne se faut point tant haster, et l'on a assez temps. Et si vous dis que les roys et princes en sont trop plus forts, quand ils entreprennent quelque affaire du consentement de leurs subjets, et en sont plus craints de leurs ennemis. Et quand ce vient à se deffendre, on voit venir cette nuée de loin, et spécialement quand c'est d'estrangers; et à cela ne doivent les bons subjets rien plaindre ne refuser. Et ne sçauroit advenir cas si soudain où l'on ne puisse bien appeller quelques personnages, tels que l'on puisse dire : *Il n'est pas faict sans cause;* et en cela n'user point de fiction, ny entretenir une petite guerre à volonté et sans propos pour avoir cause de lever argent. Je sçay bien qu'il faut argent pour deffendre les frontières et les environs garder, quand il n'est point de guerre, pour n'estre surpris; mais il faut faire le tout modérément. Et à toutes ces choses sert le sens d'un sage prince; car s'il est bon, il connoist qu'il est un Dieu et qu'il est un monde, et ce qu'il doit et peut faire ou laisser. Or, selon mon advis, entre toutes les seigneuries du monde dont j'ay connoissance, où la chose publique est mieux traitée, et où règne moins de violence sur le peuple, et où il n'y a nuls édifices abbattus ny démolis pour guerre, c'est Angleterre; et tombe le sort et le malheur sur ceux qui font la guerre.

Nostre Roy est le seigneur du monde qui le moins a cause d'user de ce mot : *J'ay privilége de lever sur mes subjets ce qui me plaist;* car ny luy ny autre l'a, et ne luy font nul honneur ceux qui ainsi le dient pour le faire estimer plus grand, mais le font haïr et craindre aux voisins, qui pour rien ne voudroient estre sous sa seigneurie; et mesme aucuns du royaume s'en passeroient bien qui en tiennent. Mais si nostre Roy, ou ceux qui le veulent eslever et agrandir, disoient : « J'ay des subjets si bons et si loyaux, » qu'ils ne refusent chose que je leur demande, » et suis plus craint, obéy et servy de mes sub- » jets, que nul autre prince qui vive sur la terre, » et qui plus patiemment endure tous maux et » toutes rudesses, et à qui moins il souvient de » leurs dommages passez. » Il me semble que cela luy seroit grand los (et en dis la vérité) que non pas dire : *Je prends ce que je veux, et en ay privilége; il le me faut bien garder.* Le roy Charles-Quint ne le disoit pas, aussi ne l'ay-je point ouy dire aux roys; mais je l'ay bien ouy dire à aucuns de leurs serviteurs, auxquels il sembloit qu'ils faisoient bien la besogne: mais, selon mon advis, ils se mesprenoient envers leur seigneur, et ne le disoient que pour faire les bons valets, et aussi qu'ils ne sçavoient ce qu'ils disoient.

Et pour parler de l'expérience de la bonté des François, ne faut alléguer de nostre temps que les trois Estats tenus à Tours, après le décès de nostre bon maistre le roy Louis XI (à qui Dieu face pardon), qui fut l'an 1483. L'on pouvoit estimer lors que cette bonne assemblée estoit dangereuse, et disoient quelques-uns de petites conditions et de petite vertu, et ont dit par plusieurs fois depuis, que c'est un crime de lèze-majesté que de parler d'assembler les Estats, et que c'est pour diminuer l'authorité du Roy; et ce sont ceux qui commettent ce crime envers Dieu et le Roy, et la chose publique : mais servoient ces paroles, et servent à ceux qui sont en authorité et crédit, sans en rien l'avoir mérité et qui ne sont point propres d'y estre, et n'ont accoutumé que de flageoler et fleureter en l'oreille, et parler de choses de peu de valeur, et craignent les grandes assemblées de peur qu'ils ne soient connus ou que leurs œuvres ne soient blasmées. Lorsque je dis, chacun estimoit le royaume estre bien content, tant les grands que les moyens et petits, pour ce qu'ils avoient porté et souffert, vingt ans ou plus, de grandes et horribles tailles, qui ne furent jamais si grandes à trois millions de francs près, j'entends à lever tous les ans; car jamais le roy Charles VII ne leva plus de dix-huit cens mille francs par an; et le roy Loys, son fils, à l'heure de son trespas, quarante et sept cens mille francs (1),

(1) 4,700,000 fr.

sans l'artillerie et autres choses semblables, et seurement c'estoit compassion de voir ou sçavoir la pauvreté du peuple. Mais un bien avoit en luy nostre bon maistre, c'est qu'il ne mettoit rien en thrésor; il prenoit tout et despendoit tout; il fit de grands édifices, à la fortification et deffense des villes et places de son royaume, plus que tous les autres roys qui ont esté devant luy; il donna beaucoup aux églises. En aucunes choses eust mieux valu moins ; car il prenoit des pauvres pour le donner à ceux qui n'en avoient aucun besoin. Au fort en nul, n'y a mesure parfaite en ce monde.

Or, en ce royaume tant foible et tant oppressé en mainte sorte, après la mort de nostre Roy y eut-il division du peuple contre celuy qui règne? Les princes et les subjets se mirent-ils en armes contre leur jeune Roy? et en voulurent-ils faire un autre ? Luy voulurent-ils oster son authorité? et le voulurent-ils brider qu'il ne pût user d'office et d'authorité de roy et commander ? Certes nenny. Et comment aussi le pouvoient-ils faire? Si en y a-t-il eu d'assez glorieux pour dire qu'*ouy*. Toutesfois ils firent l'opposite de tout ce que je demande : car tous vindrent devers luy, tant les princes et les seigneurs que ceux des bonnes villes, tous le reconnurent pour leur Roy, et luy firent serment et hommage; et firent les princes et seigneurs leurs demandes humblement, les genoux à terre, en baillant par requeste ce qu'ils demandoient ; et dressèrent conseil, où ils se firent compagnons de douze qui y furent nommez; et dès lors le Roy commandoit, qui n'avoit que treize ans, à la relation de ce conseil. A ladite assemblée des Estats dessusdits furent faites aucunes requestes et remonstrances en la présence du Roy et de son conseil, en grande humilité, pour le bien du royaume, remettant tousjours au bon plaisir du Roy et de sondit conseil; luy octroyèrent ce qu'on leur vouloit demander, et ce qu'on leur monstra par escrit estre nécessaire pour le fait du Roy, sans rien dire à l'encontre; et estoit la somme demandée de deux millions cinq cens mille francs (qui estoit assez et à cœur soul, et plus trop que peu, sans autres affaires), et supplièrent lesdits Estats qu'au bout de deux ans ils fussent r'assemblez, et que si le Roy n'avoit assez argent qu'ils luy en bailleroient à son plaisir ; et que s'il avoit guerres, ou quelqu'un qui le vousist offenser, qu'ils y mettroient leurs personnes et leurs biens, sans rien luy refuser de ce qui luy seroit besoin.

Est-ce donc sur tels subjets que le Roy doit alléguer privilége de pouvoir prendre à son plaisir, qui si libéralement luy donnent? Ne seroit-il pas plus juste envers Dieu et le monde, de lever par cette forme que par volonté désordonnée? car nul prince ne le peut autrement lever que par octroy, comme j'ay dit, si ce n'est par tyrannie, et qu'il ait excuse : mais il en est bien d'assez bestes pour ne sçavoir ce qu'ils peuvent faire ou laisser en cet endroict. Aussi bien il y a des peuples qui offensent contre leur seigneur et ne luy obéyssent pas, ny ne le secourent en ses nécessitez; mais au lieu de luy aider quand ils le voyent empesché en quelques affaires, le mesprisent ou se mettent en rébellion et désobéyssance contre luy, en commettant offence, et vont contre le serment de fidélité qu'ils luy ont fait. Là où je nomme roys et princes, j'entends eux et leurs gouverneurs; et pour les peuples, ceux qui ont les prééminences et maistrises soubs eux.

Les plus grands maux viennent volontiers des plus forts, car les foibles ne cherchent que patience. Icy je comprends aussi bien les femmes comme les hommes, qui quelquefois, et en aucuns lieux, ont authorité ou maistrise, ou pour l'amour de leurs maris, ou pour avoir administration de leurs enfans, ou que les seigneuries viennent de par elles. Si je voulois parler des moyens estats de ce monde et des petits, ce propos continueroit trop, et me suffit alléguer les grands (car c'est par ceux-là où l'on connoist la puissance de Dieu et sa justice); mais pour mescheoir à un pauvre homme ou à cent, nul ne s'en advise. On attribue tout à sa pauvreté, ou à avoir esté mal pensé; ou s'il s'est noyé ou rompu le col, c'est pour ce qu'il estoit seul, à grande peine en veut-on ouyr parler. Quand il meschet à une grande cité, on ne dit pas ainsi, mais encore n'en parle-t-on point tant que les princes. On pourroit demander pourquoy la puissance de Dieu se monstre plus grande contre les princes et les grands que contre les petits; c'est que les petits et les pauvres trouvent assez qui les punissent quand ils font le pourquoy, et encores sont assez souvent punis sans avoir rien mesfait, soit pour donner exemple aux autres, ou pour avoir leurs biens, ou par adventure par la faute du juge; et aucunesfois l'ont bien desservy, et faut bien que justice se fasse. Mais des grands princes ou des grandes princesses, de leurs grands gouverneurs, et des conseillers des provinces et villes désordonnées et désobéissantes à leur seigneur, et de leurs gouverneurs, qui s'informera de leur vice? L'information faite, qui la portera au juge? Qui sera le juge, qui en prendra la connoissance, et qui en fera la punition? Je dis des mauvais, et n'entens point des bons, mais il en est peu. Et quelles sont les causes pourquoy ils commettent, et eux et tous autres, tous ces cas dont j'ay parlé ci-dessus, et assez d'autres dont je me suis suis teu pour brièveté?

Sans référer la chose à la considération de la puissance divine et de sa justice, en ce cas je dis que c'est faute de foy, et aux ignorans faute de sens et de foy ensemble, (mais principalement faute de foy), dont il me semble que procèdent tous les maux qui sont par le monde, et par espécial les maux qu'ont partie de ceux qui se plaignent d'estre grevez et foulez d'autruy, et des plus forts. Car l'homme pauvre ou riche (quel qu'il soit) qui auroit vraye et bonne foy, et qui croiroit fermement les peines d'enfer estre telles que véritablement elles sont ; qui aussi auroit pris de l'autruy à tort, ou que son père ou son grand père l'eût pris, et luy le possédast (soient duchez, comtez, villes ou chasteaux, meubles, pré, estang ou moulin, chacun en sa qualité), et qu'il creut fermement, comme le devons croire, *je n'entreray jamais en paradis, si je ne fais entière satisfaction, et si je ne rends ce que j'ay d'autruy à mon vray escient*, il n'est possible qu'il y eût roy ne reyne, prince ne princesse, ny autre personne quelconque, de quelque estat ou condition qu'ils soient en ce monde, tant grands que petits, tant hommes que femmes, gens d'église, prélats, évesques, archevesques, abbez, abbesses, prieurs, curez, receveurs des églises et autres vivans sur terre, qui à son vray et bon escient, comme dit est dessus, vousist rien retenir de son subject ou subjets, ny d'autres personnes quelconques, soit prochain, ne de son voisin ou autres, ne qui vousist faire mourir nul à tort, indeuement et contre raison, ne le tenir en prison, ny oster aux uns pour donner aux autres, et les enrichir, ne (qui est le plus ord mestier qu'ils fassent) procurer choses deshonnestes contre ses parens et serviteurs pour leurs plaisirs, comme pour femmes ou cas semblables. Par ma foy non, au moins n'est pas croyable ; car s'ils avoient ferme foy, et qu'ils creussent ce que Dieu et l'église nous commandent, sur peine de damnation, connoissans leurs jours estre si briefs, les peines d'enfer estre si horribles, et sans nulle fin ne rémission pour les damnez, ils ne feroient pas ce qu'ils font. Il faut conclure que non, et que tous les maux viennent de faute de foy.

Et pour exemple, quand un roy ou prince est prisonnier, et qu'il a peur de mourir en prison, a-t-il rien si cher au monde qu'il ne baillast pour sortir? Il baille le sien et celui de ses subjets, comme avez veu du roy Jehan de France, pris par Edouard prince de Galles, à la bataille de

Poictiers, en l'an 1356, le 19 septembre, qui paya trois millions de francs, et bailla toute Aquitaine (au moins ce qu'il en tenoit) et assez d'autres citez, villes et places, et comme le tiers du royaume, et mit le royaume en si grande pauvreté, qu'il y courut long-temps monnoye comme de cuir, qui avoit un petit clou d'argent, et tout cecy bailla le roy Jehan, et son fils le roy Charles le Sage, pour la délivrance dudit roy Jehan, et quand ils n'eussent rien voulu bailler, si ne l'eussent point les Anglois fait mourir, mais au pis venir l'eussent mis en prison; et quand ils l'eussent fait mourir, si n'eust esté la peine semblable à la cent milliesme partie de la moindre peine d'enfer. Pourquoy doncques bailloit-il tout ce que j'ay dit, et destruisoit ses enfans et subjets de son royaume, sinon pour ce qu'il croyoit ce qu'il voyoit, et qu'il sçavoit bien qu'autrement ne seroit délivré? mais par aventure, en commettant les cas pourquoy cette punition luy advint, et à ses enfans et à ses subjets, il n'avoit point ferme foy et crainte de l'offense qu'il commettoit contre Dieu et son commandement. Or, n'est-il prince, ou peu, que s'il tient une ville de son voisin, qui pour nulle remonstrance ne pour nulle crainte de Dieu la vousist bailler, ny pour éviter les peines d'enfer; et le roy Jehan bailla si grande chose pour seulement sortir sadite personne de prison. Je dis doncques que c'est faulte de foy.

J'ay donc demandé en un article précédent, qui fera l'information des grands, et qui la portera au juge, et qui sera le juge qui punira le mauvais? Je responds à cela que l'information sera la plainte et clameurs du peuple qu'ils foulent et oppressent en tant de manières, sans en avoir compassion ne pitié; les douloureuses lamentations de veufves et orphelins, dont ils auront fait mourir les maris et pères, dont ont souffert ceux qui demeurent après eux, et généralement tous ceux qu'ils auront persécutez, tant en leurs personnes qu'en leurs biens. Cecy sera l'information, et leurs grands cris, paour, plaintes et piteuses larmes, les présenteront devant nostre Seigneur, lequel en sera le vray juge, qui par aventure ne voudra attendre à les punir jusques à l'autre monde, mais les punira en cestuy-ci. Donc faut entendre qu'ils seront punis pour n'avoir rien voulu croire, et pour ce qu'ils n'auront eu ferme foy et croyance ès commandemens de Dieu.

Ainsi faut dire qu'il est force que Dieu leur monstre de tels points et de tels signes, qu'eux et tout le monde croyent que les punitions leur adviennent pour leurs mauvaises croyances et cruelles offenses, et que Dieu monstre contr'eux sa force et sa vertu et justice; car nul autre n'en a le pouvoir que luy en ce monde. De prime-face, pour les punitions de Dieu ne se corrigent point, de quelque grandeur qu'elles soient, à traict de temps; mais nulle n'en advient à un prince, ou à ceux qui ont gouvernement sur ses affaires, ou à ceux qui gouvernent une grande communauté, que l'issue n'en soit bien grande et bien dangereuse pour ses subjets. Je n'apelle point en eux males-fortunes, sinon celles dont leurs subjets se sentent. Car de tomber jus d'un cheval, et se rompre une jambe, et avoir une fièvre bien aspre, l'on s'en guérit; et leur sont telles choses propices, et en sont plus sages. Les mal-adventures sont quand Dieu est offensé, qu'il ne le veut plus endurer, mais veut monstrer sa force et sa divine vertu; et alors premièrement il leur diminue le sens, qui est grande playe pour ceux à qui il touche; il trouble leur maison, et la permet tomber en division et en murmure. Le prince tombe en telle indignation envers nostre Seigneur, qu'il fuit les conseils et compagnies des sages, et en eslève de tout neufs mal sages, mal raisonnables, violens, flateurs, qui luy complaisent à ce qu'il dit. S'il veut imposer un denier, ils disent deux; s'il menace un homme, ils disent qu'il le faut pendre; et de toutes autres choses le semblable; et que surtout il se fasse craindre, et se monstrent fiers et orgueilleux eux-mesmes, espérans qu'ils seront craints par ce moyen, comme si authorité estoit leur héritage. Ceux que tels princes auront ainsi avec ce conseil chassez et déboutez, et qui par longues années auront servy, et ont accointance et amitié en sa terre, sont mal contens, et à leur occasion quelques autres de leurs amis et bien-veuillans; et par aventure on les voudra tant presser qu'ils seront contraints à se deffendre, ou de fuir vers quelque petit voisin, par aventure ennemy et mal-veuillant de celuy qui les chasse: et ainsi, par division de ceux de dedans le pays y entreront ceux de dehors. Est-il nulle playe ne persécution si grande, que guerre entre les amis et ceux qui se connoissent, ne nulle haine si horrible et mortelle? Des ennemis estrangers, quand le dedans est uny, on s'en deffend aisément; car ils n'ont nulles intelligences ny accointement à ceux du royaume. Cuidez-vous qu'un prince mal sage, folement accompagné, connoisse venir cette malefortune de loin, que d'avoir division entre les siens? ne qu'il pense que cela lui puisse nuire? ne qu'il vienne de Dieu? Il ne s'en trouve point pis disné, ne pis couché, ne moins de chevaux, ne moins de robes, mais beaucoup mieux accompagné. Car il tire les gens de leur pauvreté, et leur promet et départ les despouilles et les Estats de ceux qu'il aura chassez, et donne du sien pour accroistre sa renommée. A l'heure qu'il y pensera le moins, Dieu luy fera soudre un ennemy, dont par aventure jamais il ne se fût advisé. Lors luy croistront les pensées et les grands suspicions de ceux qu'il aura offensez, et aura crainte d'assez de personnes qui ne luy veulent aucun mal faire. Il n'aura point son refuge à Dieu, mais préparera sa force.

<><><>

CHAPITRE XX.

Exemples des malheurs des princes, et révolutions des Etats, arrivées par jugement de Dieu.

N'avons-nous pas veu de nostre temps tels exemples icy près de nous? Nous avons veu le roy Edoüard d'Angleterre le quart, mort depuis peu de temps (1), chef de la maison d'Yorth? a-t-il point défait la lignée de Lanclastre, soubs qui son père et luy avoient long-temps vescu, et fait hommage au roy Henry VI, roy d'Angleterre, de cette dite lignée? Depuis le tint ledit Edoüard, par longues années, en prison au chasteau de Londres, ville capitale du royaume d'Angleterre, et puis finalement l'ont fait mourir.

Avons-nous pas veu le comte de Warvic, chef et principal gouverneur de tous les faits du dessusdit Edoüard (lequel a fait mourir tous ses ennemis, et par espécial le duc de Sombresset), à la fin devenir ennemy du roy Edoüard son maistre? donner sa fille au prince de Galles, fille du roy Henry VI, et vouloir mettre sus cette lignée de Lancastre? passer avec luy en Angleterre? estre déconfit en bataille? et morts ses frères et parens avec lui? et semblablement plusieurs seigneurs d'Angleterre, qui un temps fut qu'ils faisoient mourir leurs ennemis? Après les enfans de ceux-là se revanchoient, quand le temps tournoit pour eux, et faisoient mourir les autres. Or il est à penser que telles playes ne viennent que par la divine justice; mais (comme j'ay dit ailleurs) cette grace a ce royaume d'Angleterre, par-dessus les autres royaumes, que le pays ne le peuple ne s'en destruict point, ny ne bruslent, ny ne démolissent les édifices, et tombe la fortune sur les gens de guerre, et par espécial sur les nobles, contre lesquels ils sont trop envieux : ainsi rien n'est parfait en ce monde.

Après que le roy Edoüard d'Angleterre a esté au-dessus de ses affaires en son royaume, et que de nostre royaume avoit cinquante mille escus l'an, rendus en son chasteau de Londres, et qu'il estoit tant comblé de richesses que plus n'en pouvoit, tout soudainement il est mort, et comme par mélancolie du mariage de nostre Roy (qui règne à présent) avec madame Marguerite, fille du duc d'Austriche (2); et dès qu'il en eut les nouvelles il prit la maladie, car se tint à déceu du mariage de sa fille, qu'il faisoit appeller madame la Dauphine, et luy fut rompuë la pension qu'il prenoit de nous, qu'il appelloit tribut; mais ce n'estoit ne l'un ne l'autre, et l'ay déclaré cy-dessus. Le roy Edoüard laissa sa femme et deux beaux fils : l'un appelé prince de Galles, l'autre duc d'Yorth, et deux filles. Le duc de Clocestre, frère dudit roy Edoüard, prit le gouvernement de son nepveu le prince de Galles, lequel pouvoit avoir dix ans, et luy fit hommage, comme à son Roy, et le mena à Londres, faignant le vouloir faire couronner, et aussi pour tirer l'autre fils de la franchise de Londres, où il estoit avec sa mère, qui avoit quelques suspicions; fin de compte, par le moyen d'un évesque appelé l'évesque de Bath, lequel avoit esté autrefois chancelier du roy Edoüard, puis le désappointa, et le tint en prison, encore en prit argent. A sa délivrance, il fit l'exploict dont vous orrez tantost parler.

Cet esvesque mit en avant à ce duc de Clocestre que ledit roy Edoüard estant fort amoureux d'une dame d'Angleterre, luy promit de l'épouser pourveu qu'il couchast (3) avec elle; et elle y consentit. Et dit cet évesque qu'il les avoit espousez, et n'y avoit que luy et eux deux; il estoit homme de cour, et ne le découvrit pas, et aida à faire taire la dame, et demeura ainsi cette chose, et depuis espousa ledit roy Edoüard la fille d'un chevalier d'Angleterre, appellé monseigneur de Rivières, femme veufve qui avoit deux fils, et aussi par amourettes. A cette heure dont je parle, cet évesque de Bath descouvrit cette matière à ce duc de Clocestre, et luy aida bien à exécuter son mauvais vouloir; et fit mourir ses deux neveux, et se fit roy, appelé le roy Richard. Les deux filles fit décla-

---

(1) Ce prince est mort le 9 avril 1483, la même année que Louis. Ils étaient parvenus tous deux au trône en 1461.

(2) Ce mariage de Charles VIII avec Marguerite d'Autriche n'eut pas lieu; malgré les serments faits sur les évangiles et sur la vraie croix, on renvoya la princesse Marguerite d'Autriche à Lille. Elle épousa depuis Jean de Castille, et plus tard Philibert de Savoie; Charles VIII épousa Anne de Bretagne.

(3) Isabeau de Wideville, fille de Richard, seigneur de Rivières, qui de Jean Gray, son premier mari, avait eu Thomas et Richard Gray.

rer bastardes en plein parlement, et leur fit oster des hermines; et fit mourir tous les bons serviteurs de son feu frère, au moins ceux qu'il put prendre. Cette cruauté n'alla pas loin; car luy estant en plus grand orgueil que ne fut cent ans avoit roy d'Angleterre, et ayant fait mourir le duc de Boucquinguan, et tenant grande armée preste, Dieu luy sourdit un ennemy qui n'avoit nulle force, c'estoit le comte de Richemont (1), prisonnier en Bretagne, aujourd'hui roy d'Angleterre, de la lignée de Lanclastre; mais non pas le prochain de la Couronne (quelque chose que l'on die au moins que j'entende), lequel m'a autrefois conté, peu avant qu'il partist de ce royaume, que depuis l'âge de cinq ans il avoit esté gardé et caché comme fugitif en prison.

Ce comte avoit esté quinze ans ou environ prisonnier en Bretagne du duc François dernier mort, esquelles mains il vint par tempeste de mer, cuidant fuir en France, et le comte de Pennebroc (2), son oncle, avec luy. J'estois pour lors devers ledit duc quand ils furent pris. Ledit duc les traita doucement pour prisonniers, et au trespas du roy Edoüard, ledit duc François lui bailla largement gens et navires; et avecques l'intelligence dudit duc de Boucquinguan (3), qui pour icelle occasion mourut, l'envoya pour descendre en Angleterre. Il eut une grande tourmente et vent contraire et retourna à Dieppe, et de là par terre en Bretagne. Quand il fut retourné en Bretagne, il douta d'ennuyer le duc par sa despence (car il avoit quelques cinq cens Anglois), et si craignoit que ledit duc ne s'accordast avecques le roy Richard, à son dommage, et aussi on le pratiquoit de deçà: parquoy s'en vint avec sa bande sans dire adieu audit duc. Peu de temps après on luy paya trois ou quatre mille hommes, pour le passage seulement; et fut baillée, par le Roy qui est de présent, à ceux qui estoient avecques luy, une bonne somme d'argent et quelques pièces d'artillerie: il fut conduit, avec le navire de Normandie, pour descendre en Galles, dont il estoit.

Ce roy Richard marcha au-devant de luy; mais avec ledit comte de Richemont s'estoit joint le seigneur de Stanley (4), chevalier d'Angleterre, mary de la mère dudit comte de Richemont, qui luy amena vingt et six mille hommes. Ils eurent la bataille, et fut occis sur le champ ledit roy Richard, et ledit comte de Richemont couronné roy d'Angleterre sur ledit champ, de la couronne dudit roy Richard. Doit-on appeller cecy fortune? C'est vray jugement de Dieu. Encores pour mieux le connoistre, dès que le roy Richard eut fait le cruel meurtre de ses deux neveux, dont cy-devant ay parlé, il perdit sa femme; aucuns disent qu'il la fit mourir. Il n'avoit qu'un fils, lequel incontinant mourut. Ce propos dont je parle, eust mieux servy plus en arrière, où je parleray du trépas dudit roy Edouard; car il estoit encore vif au temps dont parle ce chapitre; mais je l'ay fait pour continuer le propos de mon incident.

Semblablement avons veu depuis peu de temps muër la couronne d'Espagne, depuis le trespas du roy dom Henry (5), dernier mort; lequel avoit pour femme la sœur (6) du roy de Portugal, dernier trespassé, de laquelle saillit une belle fille. Toutesfois elle n'a point succédé, et a esté privée de la couronne soubs couleur d'adultère commis par sa mère, et si n'est pas la chose passée sans débat et grande guerre; car le roy de Portugal a voulu soustenir sa nièce, et plusieurs autres seigneurs du royaume de Castille avec luy; toutesfois la fille dudit roi Henry, mariée avec le fils du roy dom Jean d'Arragon, a obtenu le royaume et le possède; et ainsi ce jugement et ce partage s'est fait au ciel, où il s'en fait assez d'autres.

Vous avez veu puis peu de temps le roy d'Ecosse et son fils, de l'âge de treize ou quatorze ans, en bataille l'un contre l'autre. Le fils et ceux de sa part gagnèrent la bataille, et mourut ledit Roy (7) en la place; il avoit fait mourir son frère, et plusieurs autres cas luy estoient imposez, comme la mort de sa sœur et d'autres. Vous voyez aussi la duché de Gueldres hors de la lignée, et avez ouy l'ingratitude du duc dernier mort, contre son père. Assez de pareils cas pourrois-je dire, qui aisément peuvent être connus pour divines punitions; et tous les maux seront commencez par rapport, et puis par divisions; desquelles sont sources les guerres, par lesquelles viennent mortalité et famine; et

---

(1) Le comte de Richemond, depuis appelé Henri VII, roi d'Angleterre, qui éteignit les factions de Rose rouge et de Rose blanche, en 1485. Il descendait de Jean de Beaufort, fils naturel, mais légitimé de Jean de Ganut, duc de Lancastre, troisième fils d'Edouard III.

(2) Gaspard, comte de Pembroc: il fut créé duc de Bedfort, au couronnement de Henry VII, son neveu.

(3) Honfroy, duc de Buckinghan, décapité à Londres en 1482.

(4) Il fut depuis comte de Derby.

(5) Henri IV, dit l'impuissant, mort en 1474, a eu pour successeur Isabelle de Castille, sa sœur, épouse de Ferdinand, fils de don Jean, roi d'Arragon, au préjudice de Jeanne sa fille, déclarée illégitime.

(6) La sœur d'Alphonse V, roi de Portugal, qui mourut en 1481, après un règne de quarante-trois ans.

(7) Jacques III, roi d'Ecosse, mort en 1488.

tous ces maux procèdent de faute de foy. Il faut doncques connoistre, veu la mauvaistié des hommes, et par espécial des grands, qui ne se connoissent, ny croyent qu'il est un Dieu; qu'il est nécessaire que chacun prince ait son contraire, pour le tenir en crainte et humilité, ou autrement, nul ne pourroit vivre soubs eux ny auprès d'eux.

LIVRE SIXIÈME.

CHAPITRE PREMIER.

Comment la duché de Bourgogne fut mise entre les mains du Roy.

Pour retourner à ma principale matière, et continuer les propos de ces Mémoires, encommencez à vostre requeste, monseigneur l'archevesque de Vienne, cependant que le Roy mettoit en sa main les villes et citez et places dessusdites ès marches de Picardie, son armée estoit en Bourgogne; dont estoit chef, quant à l'apparence, le prince d'Orange (1), qui encores règne aujourd'huy, natif et subjet de la comté de Bourgogne, mais assez nouvellement, estoit devenu ennemy du duc Charles, pour la deuxiesme fois. Ainsi le Roy s'en aida, pour ce qu'il estoit grand seigneur, tant en la comté qu'en la duché de Bourgogne, et aussi bien apparenté et aimé. Monseigneur de Craon estoit lieutenant du Roy, et avoit la charge de l'armée, et estoit celuy à qui le Roy en avoit la fiance; et aussi il estoit sage homme et seur pour son maistre, mais un peu trop aimoit son profit. Ledit seigneur de Craon, quand il approcha de Bourgogne, envoya ledit prince d'Orange et autres devant à Dijon, leur faire les remonstrances nécessaires et demander l'obéissance pour le Roy; lesquels y besoignèrent si bien, et principalement par le moyen dudit prince d'Orange (2), que ladite ville de Dijon, et toutes les autres de la duché de Bourgogne, se mirent en l'obéissance du Roy, et plusieurs de la comté, comme Aussone, et quelques autres chasteaux, tindrent pour la damoiselle dessusdite.

Audit prince d'Orange furent promis de beaux Estats, et davantage de luy mettre entre les mains toutes les places qui estoient en ladite comté de Bourgogne, qui estoient de la succession du prince d'Orange (3), son grand père, et dont il avoit question contre messeigneurs de Chasteauguion (4), ses oncles : lesquels il disoit avoir esté favorisez par ledit duc Charles. Car leur débat avoit esté plaidoyé devant luy, par plusieurs jours, en grande solemnité, et ledit duc estant fort accompagné de clercs, donna un appointement contre ledit prince, au moins comme il disoit, pour laquelle cause il laissa le service dudit duc et vint devers le Roy. Nonobstant cette promesse, quand ledit seigneur de Craon se trouva possesseur des choses dessusdites, et qu'il avoit entre ses mains les meilleures places que deust avoir ledit prince, et qui estoient de cette succession, il ne les voulut point bailler audit prince d'Orange, pour nulle requeste qu'il luy en sceust faire. Si luy en r'escrivit le Roy par plusieurs fois, sans nulle fiction; et connoissoit bien que ledit seigneur de Craon tenoit de mauvais termes audit prince d'Orange; mais encores craignoit-il de desplaire audit seigneur de Craon, qui avoit toute la charge dudit pays, et ne cuidoit point que ledit prince eust cœur ne façon de rebeller ledit pays de Bourgogne, comme il fit, au moins une grande partie. Mais pour cette heure, laisseray ce propos jusques à un autre lieu.

CHAPITRE II.

Comment le Roy entretenoit les Anglois, après la mort de Charles, duc de Bourgogne, afin qu'ils ne l'empeschassent en la conqueste des pays dudit duc.

Ceux qui verront ces Mémoires, pour le temps advenir, et qui entendront les choses et affaires de ce royaume et des voisins mieux que moy, se pourront esbahir que depuis la mort du duc Charles de Bourgogne jusques icy, où il y a distance de près d'un an, je n'aye fait nulle mention des Anglois, et comme ils pouvoient souffrir que le Roy mît en ses mains les villes si voisines d'eux, comme Arras, Boulogne, Hedin, Ardres, et plusieurs autres chasteaux, et estoient logés devant Sainct-Omer par plusieurs jours.

---

(1) Jean de Châlons, deuxième du nom, prince d'Orange.
(2) Georges de la Trémouille, seigneur de Joinville, baron de Craon, premier chambellan du Roi.

(3) Louis de Châlons, surnommé le Bon.
(4) Louis et Hugues de Châlons, seigneurs de Château-Guyon.

La cause estoit, que le sens et vertu de notre Roy précédoit celuy du roy Edoüard d'Angleterre, qui pour lors régnoit, combien que ledit roy Edoüard estoit prince très-vaillant, et qui avoit gagné en Angleterre huict ou neuf batailles, esquelles tousjours il avoit esté à pied, qui estoit chose de grande louange pour luy, mais c'estoient différents cours où il ne faloit point que le sens du roy d'Angleterre labourast ne travaillast; car dès la bataille passée il estoit maistre jusques à un autre temps; et si quelque discord se meut en Angleterre, en dix jours, ou moins, l'un ou l'autre est au-dessus; mais nos affaires de deçà ne sont pas ainsi, car faloit avec l'exploict de guerre que le Roy entendit en plusieurs lieux de son royaume, et aux voisins; et par espécial entendoit entre toutes ses autres affaires à contenter ledit roy d'Angleterre, où à l'entretenir par ambassades, présens et belles paroles, afin qu'il ne s'empeschast point de nos affaires. Car ledit seigneur sçavoit bien qu'à toutes heures les Anglois, tant nobles que communs et gens d'église, sont enclins à la guerre contre ce royaume, tant sous couleurs de leurs querelles qu'ils y prétendent, que pour l'espérance d'y gagner, pour ce que Dieu a permis à leurs prédécesseurs gagner en ce royaume plusieurs grandes batailles, et y avoir longue possession, tant en Normandie qu'en Guyenne, qu'ils avoient possédée trois cens cinquante ans, à l'heure que le roy Charles VII la conquit le premier coup, comme j'ay dit ailleurs, auquel temps ils emportoient de grandes dépouilles et richesses en Angleterre, tant des princes et seigneurs de France qu'ils avoient eus leurs prisonniers, et en grand nombre, comme des villes et places qu'ils avoient prises audit royaume, et espèrent encores tousjours le faire ainsi; mais à grande peine leur fût advenue telle fortune et adventure du temps du Roy nostre maistre, car jamais il n'eût hazardé son royaume jusques-là, que soy mettre à pied, ne toute la noblesse dudit royaume pour les combattre, comme l'on fit à Agincourt (1), et eût bien procédé plus sagement s'il en fût venu jusques-là, comme avez peu voir par la manière qu'il s'en dépescha à la venue dudit roy Edoüard.

Ainsi ledit seigneur voyoit bien qu'il falloit qu'il s'entretinst avec ledit roy d'Angleterre, et avec ses prochains, lesquels il sentoit estre assez enclins à entretenir la paix et à prendre de ses biens; parquoy payoit bien la pension de cinquante mille escus, qu'il leur rendoit à Londres, et eux l'appelloient tribut; et à ses prochains serviteurs en payoit quelque seize mille; c'est à sçavoir, au chancelier, au maistre des roolles (qui pour cette heure est chancelier), au grand-chambellan, le seigneur de Hastings (homme de grand sens et vertu, et grande auctorité vers son maistre, et non sans cause, car il l'avoit bien servy et loyaument), à messire Thomas de Montgomery, au seigneur de Havart (qui depuis a esté avec ce mauvais roy Richard, duc de Norfle (2), au grand escuyer, appellé maistre Chêne, à maistre Chalanger, au Marquis, fils de la reyne d'Angleterre, d'un précédent mariage; et faisoit de très-grands dons à tous ceux qui venoient devers luy, encores qu'ils vinssent avec commissions vigoureuses, et si les dépeschoit avec si bonnes paroles, et avec si beaux présens, qu'ils s'en alloient contens de luy, et encores quelque connoissance qu'ils eussent que le Roy nostre maistre le fist pour gagner temps et faire son fait en cette guerre qu'il avoit commencée, si le dissimuloient-ils, pour le grand profit qu'ils en avoient.

A tous ceux-cy avoit fait des dons outre leurs pensions, et suis seur qu'à ce monseigneur de Havart, outre sa pension, luy donna, en moins de deux ans, en argent et vaisselle, vingt et quatre mille escus, et au chambelan, seigneur de Hastings, donna pour un coup mille marcs d'argent en vaisselle, et de tous ces personnages ici se trouvent les quittances en la chambre-des-comptes à Paris, sauf dudit seigneur de Hastings, grand-chambelan d'Angleterre, et n'y en a qu'un, parquoy c'est un grand office. Cedit chambelan se fit fort prier à se faire pensionnaire du Roy, et j'en fus cause; car je le fis amy du duc Charles de Bourgogne, pour le temps que j'estois à luy, lequel luy donna mille escus l'an de pension, et l'avois dit au Roy, auquel il plut semblablement que je fusse moyen de le faire son amy et son serviteur; car le temps passé luy avoit tousjours esté grand ennemy, et du temps dudit duc Charles, et encores depuis en faveur de la damoiselle de Bourgogne; et ne tenoit point à luy, un temps fust, qu'Angleterre ne luy aidast à faire la guerre contre le roy de France.

Ainsi je commençay cette amitié par lettres, et luy donna le Roy deux mille escus de pension, qui estoit le double de ce que luy donnoit ledit duc de Bourgogne; et envoya le Roy, par devers luy Pierre Claret, un sien maistre-d'hostel, et luy enchargea fort d'en prendre quit-

---

(1) A Azincourt en 1415, et à Poitiers en 1356.

(2) Norfolck, suivant Polydore Virgile.

tance, afin que pour le temps à venir il fût veu et connu comme le grand-chambelan, chancelier, admiral, grand-escuyer d'Angleterre, avec plusieurs autres, eussent esté pensionnaires du roy de France. Ledit Pierre Claret estoit très-sage homme, et eut communication bien privée avec ledit chambelan, en sa chambre à Londres, seul à seul; et après luy avoir dit les paroles qui estoient nécessaires à dire de par le Roy, il luy présenta ces deux mille escus en or sol, car en autre espèce ne donnoit jamais argent à grands seigneurs estrangers.

Quand ledit chambelan eut receu cet argent, ledit Pierre Claret luy supplia que pour son acquit il luy en signast une quittance; ledit chambelan en fit difficulté. Lors luy requist de rechef ledit Claret qu'il luy baillast seulement une lettre de trois lignes, adressante au Roy, contenant qu'il les avoit receus, pour son acquit envers le Roy son maistre, afin qu'il ne pensast qu'il les eust emblez (1), et que ledit seigneur estoit un peu soupçonneux; ledit chambelan, voyant que ledit Claret ne luy demandoit que raison, respondit : « Monseigneur le maistre,
» ce que vous dites est bien raisonnable, mais
» ce don vient du bon plaisir du Roy vostre
» maistre, et non pas à ma requeste; s'il vous
» plaist que je le prenne, vous le me mettrez
» icy dedans ma manche, et n'en aurez autre
» lettre ne tesmoin, car je ne veus point que
» pour moi on die : le grand-chambelan d'An-
» gleterre a esté pensionnaire du roy de France,
» ne que mes quittances soient trouvées en sa
» chambre-des-comtes. » Ledit Claret se tint à tant, et luy laissa son argent, et vint faire son rapport au Roy, qui fut bien courroucé qu'il n'avoit apporté ladite quittance; mais il en loua et estima ledit chambelan plus que tous les autres serviteurs du roy d'Angleterre; et depuis fut tousjours payé ledit chambelan, sans bailler quittance.

En cette manière vivoit le Roy avec ces Anglois; toutesfois souvent le roy d'Angleterre estoit requis et pressé du costé de cette jeune princesse (2), pour avoir aide; parquoy ledit roy d'Angleterre envoyoit devers le Roy, luy faire remonstrance sur cette matière, et le pressoit de paix, ou au moins de trève; car ceux d'Angleterre qui se trouvoient à son conseil, et par espécial à leur parlement (qui est comme les trois Estats), se trouvèrent plusieurs sages personnages, qui voyoient de loin, et n'avoient point de pension comme les autres : ceux-là désiroient fort, et encores la commune, que ledit roy d'Angleterre aidast à bon escient à ladite damoiselle; et disoit que du costé de deçà on les trompoit, et qu'on n'acheveroit point le mariage, et qu'il se pouvoit assez voir; car au traité fait à Piquigny, entre les deux roys, il avoit esté juré et promis que dedans l'an on devoit envoyer quérir la fille du roy d'Angleterre, que jà avoient fait intituler madame la Dauphine, et que le terme estoit passé de beaucoup.

Quelque remonstrance que ses subjets luy fissent, il n'y vouloit entendre, et y avoit plusieurs raisons. C'estoit un homme pesant que ce roy d'Angleterre, et qui fort aimoit ses plaisirs, et n'eust sceu porter la peine de guerre de deçà, et se voyoit assailly de grandes adversitez; parquoy n'avoit cure d'y rentrer. D'autre part, l'avarice de ces cinquante mille escus, rendus tous les ans dans son chasteau de Londres, luy amollissoit le cœur; et aussi quand ses ambassadeurs venoient, on leur faisoit toute bonne chère, et leur donnoit l'on tant de beaux dons qu'ils en partoient contens, et jamais ne leur estoit faite response, où il y eût résolution, pour tousjours gagner temps; mais leur disoit-on qu'en peu de jours le Roy envoyeroit devers le Roy leur maistre bons personnages, qui luy donneroient telle seureté des choses dont il estoit en doute, qu'il s'en devroit bien contenter.

Ainsi quand ces ambassadeurs estoient partis, trois semaines ou un mois après, aucunesfois plus, aucunesfois moins (qui n'estoit point petit terme en tel cas), le Roy y envoyoit, et tousjours personnages qui n'y avoient point esté le voyage précédent, afin que si ceux-là avoient fait quelque ouverture, dont le fait ne s'en fût point ensuivy, que les derniers n'en sceussent que respondre. Et aussi ceux qui y estoient envoyez mettoient peine par toutes voyes de donner telle seureté en France audit roy d'Angleterre, qu'il avoit encores patience sans se mouvoir, car il avoit tant de désir de ce mariage, et la Reyne sa femme, que cela, avec les autres raisons que j'ay dites, luy faisoient dissimuler ce que partie de ceux de son conseil disoient estre au grand préjudice de son royaume; et craignoit la rupture dudit mariage pour la moquerie que jà s'en faisoit en Angleterre, et par espécial de ceux qui y désiroient la noise et différent.

Pour un peu esclaircir cet article, le Roy nostre maistre n'eut jamais vouloir d'accomplir ce mariage; car les âges des deux n'estoient

---

(1) Dérobés.
(2) Marie, fille unique et héritière de Charles, dernier duc de Bourgogne.

point sortables, pour ce que la fille (1), qui de présent est reyne d'Angleterre, estoit trop plus vieille que monseigneur le Dauphin qui de présent est nostre roy. Ainsi sur ces dissimulations, un mois ou deux de terme gagné, en allant et venant, estoit rompre à son ennemy une saison de luy mal faire. Car sans doute, si ce n'eust esté l'espérance dudit mariage, le roy d'Angleterre n'eust jamais souffert prendre les places si près de luy, sans mettre peine de les deffendre, et si d'entrée il se fût déclaré pour ladite damoiselle de Bourgogne, le Roy, qui craignoit mettre les choses en doute et en adventure, n'eust point de tant affoibly cette maison de Bourgogne, comme il fit. Je ne dis ces choses principalement que pour donner à entendre comme les choses de ce monde se sont conduites, ou pour s'en aider, ou pour s'en garder, ainsi qu'il pourra servir à ceux qui ont ces grandes choses en main, et qui verront ces Mémoires, car combien que leur sens soit grand, un peu d'advertissement sert aucunesfois. Il est vray que si madamoiselle de Bourgogne eust voulu entendre au mariage de monseigneur de Rivière (2), frère de la reyne d'Angleterre, on l'eût secourue avec bon nombre de gens; mais c'estoit un mariage bien mal sortable; car ce n'estoit qu'un petit comte, et elle la plus grande héritière qui fût de son temps.

Plusieurs marchez se menoient entre le roy de France et le roy d'Angleterre : et entre les autres luy offroit le Roy, que s'il se vouloit joindre avec luy, et venir en personne en un quartier du pays de ladite damoiselle, et en prendre sa part, ledit seigneur consentoit que ledit roy d'Angleterre eût le pays de Flandres, et qu'il le tînt sans hommage, et le pays de Brabant: et luy offroit le Roy de conquérir à ses dépens les quatre plus grosses villes de Brabant, et les mettre en la possession du roy d'Angleterre, et davantage luy payer dix mille Anglois pour quatre mois, afin que plus aisément il portast les mises de l'armée ; et luy prestoit grand nombre d'artillerie et gens de charroy, pour les conduire et s'en aider, et que le roy d'Angleterre fist la conqueste du pays de Flandres, tandis que ledit seigneur les empescheroit ailleurs. Le roy d'Angleterre respondit que ces villes de Flandres estoient fortes et grandes, et un pays mal-aisé à garder quand il l'auroit conquis, et semblablement celuy de Brabant, et que les Anglois n'avoient point fort cette guerre agréable, à cause des fréquentations de leurs marchandises, mais qu'il plût au Roy, puisqu'il luy plaisoit faire part de sa conqueste, luy bailler quelques places de celles que jà il avoit conquises en cette Picardie, comme Boulogne et autres; et qu'en ce faisant il se déclaroit pour luy, et envoyeroit gens à son service, en les payant; qui estoit bien sage response.

CHAPITRE III.

Comment le mariage de madamoiselle de Bourgogne fut conclu et accomply avec Maximilien, duc d'Austriche, et depuis empereur.

Ainsi, comme devant ay dit, alloient et venoient ces marchez entre le Roy et le roy d'Angleterre, pour toujours gagner temps, et s'affoiblissoit ladite damoiselle de Bourgogne; car de ce peu de gens de guerre, qui luy estoient demeurez après la mort de son père, plusieurs se tournèrent du party du Roy; et par espécial après ce que monseigneur des Cordes s'y fût mis, qui plusieurs en amena avec luy. Les autres se tournoient par nécessité, pource qu'ils estoient situez ou demeurant près des villes, ou dedans celles qui estoient jà en l'obéyssance dudit seigneur, et aussi pour avoir de ses biens; car nul autre prince n'en départoit si largement à ses serviteurs comme luy. Davantage les troubles des bandes croissoient tous les jours en ces grosses villes, et par espécial à Gand, qui esmouvoit tout, comme vous avez ouy. Environ de ladite damoiselle de Bourgogne estoit parlé de plusieurs mariages pour elle, disant ou qu'il luy falloit mary pour deffendre le demeurant de ce qu'elle avoit, ou espouser monseigneur le Dauphin, afin que tout luy demeurast en paix. Aucuns désiroient fort ce mariage, et par espécial elle, avant que ces lettres qu'avoient portées lesdits seigneurs d'Himbercourt et chancelier, fussent bailleés. Autres alléguoient le jeune âge dudit monseigneur le Dauphin, qui n'estoit que de neuf ans ou environ : et alléguoient ce mariage promis en Angleterre, et taschoient pour le fils du duc de Clèves. Autres pour le fils de l'Empereur Maximilian (3), de présent roy des Romains.

Ladite damoiselle avoit conceu haine contre le Roy à cause de cesdites lettres, car il luy sembloit avoir esté occasion de la mort de ces deux bons personnages dessus-nommez, et de

---

(1) Elisabeth, mariée à Henri VII, roi d'Angleterre, père de Henri VIII.
(2) Antoine de Wideville, comte de Rivière, seigneur de Scales, dont il est parlé ci-devant, liv. IV, chap. 2 et 6.
(3) Maximilien, fils de l'empereur Frédéric III.

la honte qu'elle reçeut, quand publiquement luy furent baillées, devant tant de gens, comme avez ouy ; et aussi que cela avoit donné audace aux Gandois de luy avoir chassé tant de serviteurs, et séparé sa belle-mère et le seigneur de Ravestain d'avec elle, et mis ses femmes en si grande crainte, qu'elles n'eussent osé recevoir une lettre sans la monstrer, ny parler à l'oreille à leur maistresse. Lors elle commença à éloigner d'elle l'évesque de Liége, qui estoit fils de Bourbon (1), qui désiroit faire le mariage dudit monseigneur le Dauphin : lequel eust esté bien propice, et grand honneur pour ladite damoiselle, n'eust esté la grande jeunesse dudit monseigneur le Dauphin ; toutesfois le regard dudit évesque n'estoit point jusques-là : si se retira au Liége, et chacun s'en déporta. Il eût esté bien difficile de conduire cette matière de tous les deux costez, et crois que ceux qui s'en fussent meslez, n'y eussent point eu grand honneur en la fin : et aussi chacun s'en teut. Après se tint quelque conseil sur cette matière, où se trouva madame de Hallewin (2), première dame de ladite damoiselle : laquelle dit, comme me fut rapporté, qu'ils avoient besoin d'un homme et non pas d'un enfant, disant que sa maistresse estoit femme pour porter enfant, et que de cela le pays avoit besoin : à cette opinion se tindrent. Aucuns blasmèrent ladite dame d'avoir si franchement parlé, autres l'en loüèrent, disant qu'elle ne parloit que de mariage, et de ce qui estoit très-nécessaire au pays. Ainsi il ne fut plus nouvelle que de trouver cet homme ; et croy véritablement que, si le Roy eût voulu, qu'elle eût espousé monseigneur d'Angoulesme (3), qui est de présent, qu'elle l'eût fait, tant désiroit demeurer alliée de la maison de France.

Or Dieu voulut dresser un autre mariage, et par aventure ne sçavons pas encore pourquoy Dieu l'a ainsi voulu : sinon que nous voyons par ce qui est passé, que de ce mariage, qui fut fait, sont sorties plusieurs guerres, tant delà que deçà. Ce qui n'eust possible pas esté, si elle eust espousé mondit seigneur d'Angoulesme : et en ont porté depuis les pays de Flandres et de Brabant, et autres, grandes persécutions. Le duc de Clèves estoit à Gand, avec ladite damoiselle, qui cherchoit fort amis léans, pour cuider conduire le mariage de son fils avec ladite damoiselle, laquelle n'y estoit pas encline ; et ne luy plaisoient point les conditions dudit fils de Clèves, ny à ceux qui estoient auprès d'elle. Ainsi d'aucuns commencèrent à pratiquer le mariage du fils de l'Empereur, à présent roy des Romains, dont autrefois avoit esté paroles entre l'Empereur et le duc Charles, et la chose accordée entr'eux deux. Aussi avoit l'Empereur une lettre faite de la main de ladite damoiselle, du commandement de son père, et un anneau où il y avoit un diamant ; et contenoit ladite lettre comment, en ensuivant le bon plaisir de son seigneur et père, elle promettoit au duc d'Austriche, fils dudit Empereur, accomplir le mariage pour-parlé, en la manière et selon le bon plaisir de sondit seigneur et père.

L'Empereur envoya plusieurs ambassadeurs devers ladite damoiselle, laquelle estoit à Gand : et après que lesdits ambassadeurs furent arrivez à Bruxelles, il leur fut escrit qu'ils attendissent là encores, et que l'on envoyeroit devers eux ; et cela fit le duc de Clèves, qui ne désiroit point leur venuë et taschoit à les faire retourner mal contens ; mais lesdits ambassadeurs, qui jà avoient intelligence en la maison de ladite damoiselle, et par espécial à la duchesse de Bourgogne doüairière (4), laquelle estoit dehors (comme avez ouy) et séparée de ladite damoiselle, à cause de ces lettres, passèrent outre ; car elle les advertit, comme me fut dit, qu'ils marchassent toujours, nonobstant leurs lettres ; et aussi leur manda ce qu'ils devoient faire quand ils seroient à Gand, et comme ladite damoiselle estoit bien disposée à leur intention, et plusieurs d'auprès elle. A ce conseil se tindrent ces ambassadeurs de l'Empereur, et tirèrent tout droit à Gand, nonobstant ce que leur avoit esté mandé, dont ledit duc de Clèves en fut fort mal content ; toutesfois il ne sçavoit point encores la volonté des dames. Il fut advisé en leur conseil qu'ils seroient ouis, et fut dit qu'après qu'ils auroient dit leur créance, ladite damoiselle leur diroit qu'ils fussent les très-bien venus, et qu'elle mettroit en conseil ce qu'ils luy avoient dit, et puis leur feroit faire reponse, et qu'elle ne diroit rien plus avant : et ainsi conclud ladite damoiselle.

Les ambassadeurs dessusdits présentèrent leurs lettres quand il leur fut ordonné, et dirent leur créance, qui estoit comme le mariage dessusdit avoit esté conclud entre l'Empereur et le duc de Bourgogne son père, et du sceu et consentement d'elle, comme apparoissoit par lettres

---

(1) Louis de Bourbon, fils du duc Charles de Bourbon et d'Agnès de Bourgogne.

(2) Jeanne de Clite, dame de Comines, veuve de Jean, seigneur de Hallewin, cousine de l'auteur.

(3) Charles d'Orléans, comte d'Angoulème, père du roi François Ier.

(4) Marguerite d'York, fille de Richard, duc d'York, et sœur d'Edouard IV, roi d'Angleterre, troisième femme de Charles, duc de Bourgogne.

escrites de sa main, qu'ils monstrèrent, et aussi le diamant, qu'ils disoient avoir esté envoyé et donné en signe de mariage ; et requéroient bien fort lesdits ambassadeurs de par leur maistre, qu'il plût à ladite damoiselle accomplir ledit mariage, en ensuivant le vouloir et promesse de sondit seigneur et père, et la sienne aussi ; et la sommèrent devant les parens de déclarer si elle avoit escrit ladite lettre ou non, et si elle avoit vouloir d'entretenir sa promesse. A ces paroles, et sans demander conseil, respondit ladite damoiselle, qu'elle avoit escrit lesdites lettres par le vouloir et commandement de son seigneur et père, et envoyé ledit diamant, et qu'elle avoüoit le contenu. Lesdits ambassadeurs la remercièrent bien fort et retournèrent joyeux en leurs logis.

Le duc de Clèves fut fort mal-content de cette response, qui estoit opposite de ce qui avoit esté conclu au conseil, et remonstra fort à ladite damoiselle qu'elle avoit mal parlé. A quoy elle respondit qu'autrement elle ne le pourroit faire, et que c'estoit chose promise, et qu'elle ne pouvoit aller au contraire. Veu ces paroles, et qu'il conneut bien qu'il y en avoit plusieurs léans de l'opinion de ladite damoiselle, il se délibéra peu de jours après de se retirer en son pays et de se déporter de cette poursuite. Ainsi se paracheva ce mariage : car ce duc Maximilian vint à Cologne, où aucuns des serviteurs (1) de ladite damoiselle allèrent au-devant de luy, et croy bien qu'ils le trouvèrent mal fourny d'argent, et luy en portèrent ; car son père a esté le plus parfaitement chiche homme, que prince ny autre qui ait esté de nostre temps. Le dessusdit fils de l'Empereur fut amené à Gand, accompagné de sept ou huict cens chevaux, et fut achevé ledit mariage, qui de prime-face ne porta point grande utilité aux subjets de ladite damoiselle ; car au lieu d'apporter argent, il leur en falloit bailler. Leur nombre n'estoit point suffisant à une telle puissance que celle du Roy, et ne s'accordoient pas fort leurs conditions avec celles de subjets de cette maison de Bourgogne, lesquels avoient vescu sous princes riches, qui donnoient de bons estats et tenoient honorable maison et pompeuse, tant en meubles qu'en services de table, et habillemens pour leurs personnes et serviteurs. Les Allemans sont fort au contraire, car ils sont rudes et vivent rudement.

Et ne fais nul doute qu'avec grand et sage conseil, et encores aidant la grâce de Dieu, fût faite cette loy et ordonnance en France, que les filles n'hériteroient point audit royaume, pour éviter qu'il ne fût en la main de prince de nation estrange et d'estrangers ; car à grande peine les François l'eussent peu souffrir : et aussi ne font point les autres nations ; et à la longue, il n'est nulle seigneurie, spécialement des grandes, dont le pays à la fin ne demeure en la possession de ceux qui sont du pays : vous le pouvez voir par France, où les Anglois ont eu grande seigneurie depuis quatre cens ans, et pour cette heure n'ont plus que Calais, et deux petits chasteaux qui leur coustent beaucoup à garder. Le demeurant ils ont perdu, beaucoup plus légèrement qu'ils ne le conquirent, car ils en ont plus perdu en un jour qu'ils n'en gagnèrent en un an. Et aussi se peut connoitre par le royaume de Naples, et par l'isle de Cecile, et autres provinces que les François ont possédées par longues années ; et pour toutes enseignes, n'y est mémoires d'eux que par les sépultures de leurs prédécesseurs.

Et encores que l'on endurast de prince de pays estrange, qui seroit en petite compagnie bien réglée, et luy sage, si ne le peut-on bien aisément faire de grand nombre de gens : car s'il en ameine avec luy grand nombre, ou qu'il en mande pour quelque occasion de guerre, s'il y en a aux subjets, eux venus, à grant peine se peut-il faire qu'il n'y ait de l'envie, discord et division, tant pour la diversité des mœurs et conditions, que pour leurs violences, qu'ils font souventesfois, non ayans l'amour au pays telle que ceux qui en sont nez, et surtout quand ils veulent avoir les offices et bénéfices, et les grands maniemens du pays. Ainsi a bien à faire un prince d'estre bien sage, quand il va en pays estrange pour accorder toutes ces choses, et si un prince n'est doüé de cette vertu, qui sur toutes les autres vient de la grâce de Dieu seulement, quelqu'autre bien qu'il ait en luy, à peine en pourra-il venir au-dessus, et s'il vit âge d'homme, il aura de grands troubles et affaires, et tous ceux qui vivront soubs luy, par espécial quand il viendra sur la vieillesse, et que ses hommes et serviteurs n'y auront nulle espérance d'amendement.

Après que fut achevé le mariage dessusdit, leurs affaires n'en amendèrent de guères, car ils estoient jeunes tous deux. Ledit duc Maximilian n'avoit connoissance de rien, tant pour sa jeunesse que pour estre en pays estrange ; et aussi avoit esté assez mal nourry, au moins pour n'avoir connoissance de grandes choses : et si n'avoit point de gens pour faire grand effort ; et alloit ce pays en grand trouble, et a esté jusques

(1) Le seigneur du Fay d'Irland, et Olivier de la Marche, qui fut nommé premier maître-d'hôtel de Maximilien.

icy avec apparence d'y estre encore ; et est si bien grand inconvénient à un pays, comme j'ay dit, quand il faut qu'il quière seigneur de pays estrange ; et fit Dieu grande grâce au royaume de France de cette ordonnance dont j'ay parlé cy-dessus, c'est à sçavoir que les filles n'héritent point. Une petite maison en peut accroistre ; mais à un grand royaume comme cestui-cy n'en peut venir que tout inconvénient. Peu de jours après ce mariage se perdit ce pays d'Artois, au moins pendant que le mariage se traitoit : il me suffit de ne faillir point à la substance, et si je faux aux termes, comme un mois plus ou moins, les liseurs m'excuseront s'il leur plaist. Le faict du Roy amendoit tousjours, car il n'avoit nulle partie ; et tousjours prenoit quelque place, s'il n'avoit trève, ou quelque ouverture d'appointement qui jamais ne se pouvoit accorder : car ils n'estoient point raisonnables, et pour ce leur duroit la guerre. Ce duc Maximilian et madamoiselle de Bourgogne eurent un fils le premier an : c'est l'archiduc Philippe qui règne de présent. Le second an, eurent une fille, qui de présent est nostre Reyne, appellée Marguerite. Le tiers an, un fils appelé François, au nom du duc François de Bretagne. Le quart an, elle mourut d'une cheute de cheval ou d'une flèvre, mais vray est qu'elle cheut. Aucuns disent qu'elle estoit grosse. Ce fut grand dommage pour les siens : car elle estoit très-honneste dame et libérale, et bien aimée de ses sujets, et luy portoient plus de révérence et de crainte qu'à son mary ; aussi elle estoit dame du pays. Elle aimoit fort sondit mary et estoit dame de bonne renommée. Laquelle mort advint l'an mil quatre cens vingt et deux.

En Hainaut le Roy tenoit la ville de Quesnoy-le-Comte et celle de Bouchain, lesquelles il rendit ; dont aucuns s'esbahirent, veu qu'il ne cherchoit nul appointement, et qu'il monstroit vouloir prendre le tout sans rien laisser à cette maison ; et croy bien que s'il eût peu tout départir et donner à son aise, et de tous points la détruire, qu'il l'eût fait : mais ce qui le meut à rendre ces places en Hainaut furent deux causes qu'il me dit depuis. La première, qu'il luy sembloit qu'un roy a plus de force et vertu en son royaume où il est oingt et sacré qu'il n'a dehors son royaume ; et cecy estoit hors de son royaume. L'autre raison estoit, qu'entre les roys de France et empereurs y a grands sermens et confédérations de n'entreprendre rien l'un sur l'empire, l'autre sur le royaume ; et ces places (dont j'ay parlé) estoient situées en l'Empire, et furent restituées l'an 1477. Pour cause semblable rendit Cambray, ou la mit en main neutre, content de la perdre : et aussi ils avoient mis le Roy dedans la ville en seureté.

CHAPITRE IV.

Comment le roy Louys, par la conduite de Charles d'Amboise son lieutenant, regagna plusieurs villes de Bourgogne que le prince d'Orange avoit révoltées contre le Roy.

En Bourgogne se faisoit la guerre tousjours, et n'en pouvoit le Roy avoir le bout, pour ce que les Allemans faisoient quelque peu de faveur au prince d'Orange, lieutenant pour lesdits duc Maximilian et madamoiselle de Bourgogne ; mais c'estoit pour l'argent que leur bailloit ledit prince d'Orange, non point pour la faveur du duc Maximilian : car jamais homme ne se trouva pour luy audit pays, au moins pour le temps de lors dont je parle ; mais estoient compagnons de guerre de cette ligue de Suisses qui alloient à leur aventure : car ils ne sont point amis ne bien-vueillans de la maison d'Austriche. Bien peu de secours en eut ledit pays de Bourgogne : toutesfois beaucoup en eût eu s'il y eût eu du payement ; et nul ne le pouvoit mieux faire que le duc Sigismond d'Austriche, oncle dudit duc Maximilian, qui avoit ses terres auprès, et par espécial la comté de Ferrète qu'il avoit peu d'années auparavant vendue cent mille florins de Rhin au duc Charles de Bourgogne, et puis l'avoit reprise sans rendre l'argent, et la tient encores aujourd'huy à ce titre. Il n'y eut jamais en luy grand sens ne grand honneur : et bien souvent il advient qu'en tels amis se trouve bien peu d'aide ; et est des princes, dont j'ay parlé ailleurs, qui ne veulent sçavoir de leurs affaires, sinon ce qu'il plaist à leurs serviteurs leur en dire, qui sont tousjours payez en la vieillesse comme cestui-cy dont je fais mention.

Ses serviteurs luy ont fait tenir durant ces guerres tel party qu'ils ont voulu ; et presque tousjours a tenu le party du Roy notre maistre contre son neveu. A la fin a voulu donner son héritage (qui est bien grand) en maison estrange, et l'oster à la sienne (car il n'eut jamais nuls enfans, et si a esté marié deux fois), et en la fin, depuis trois ans en çà, par autre bande de ses serviteurs, a transporté toute sa seigneurie, et dès à présent, à sondit neveu, ce duc Maximilian, dont j'ay parlé, à présent roy des Romains ; et retint seulement une pension comme la tierce partie, sans y avoir autre authorité ny puissance ; et plusieurs fois s'en est repenty, ce m'a l'on dit.

Et s'il n'est vray ce que l'on m'a dit, il est à croire ; et telle est la fin des princes qui veulent vivre bestialement. Et ce qui me les fait tant blasmer, c'est la grande charge et grand office que Dieu leur a donné en ce monde. A ceux qui sont insensez on ne doit rien leur reprocher ; mais ceux qui ont bon sens, et sont de leurs personnes bien disposez, et n'employent le temps à autre chose qu'à faire les fols et à estre oisifs, on ne les doit point plaindre quand mal leur advient ; mais ceux qui départent le temps, et selon leur âge, une fois en sens et en conseil, autrefois en festes et en plaisirs, ceux-là sont bien à loüer, et leurs subjets bien-heureux d'avoir un tel prince.

Cette guerre de Bourgogne dura assez longuement, pour les raisons de ces petites faveurs d'Allemans, toutesfois la force du Roy leur estoit trop grande. L'argent failloit aux Bourguignons : gens qui estoient ès places se tournèrent par intelligence. Un coup le seigneur de Craon assiégea la ville de Dole, chef de la comté de Bourgogne : il estoit lieutenant pour le Roy. Il n'y avoit point grands gens dedans, et les mesprisoit. Aussi mal luy en prit : car par une saillie que firent ceux de dedans, il se trouva très-soudainement surpris, et perdit une partie de son artillerie et des gens quelque peu, qui luy fut honte et charge envers le Roy ; lequel estant marry de cette adventure, commença d'aviser à mettre autre gouverneur en Bourgogne, tant pour ce cas que pour les grandes pilleries qu'il avoit faites audit pays, qui à la vérité estoient excessives. Toutesfois avant que d'estre désapointé de cette charge, il eut quelque avantage sur une bande d'Allemans et Bourguignons, où fut pris le seigneur de Chasteauguyon (1), le plus grand seigneur de Bourgogne. Le demeurant de cette journée ne fut pas grande chose. Je n'en parle que par oüir dire ; mais ledit seigneur de Craon y eut bon bruit de sa personne et s'y porta très-hardiment.

Comme j'ay commencé à dire, le Roy délibéra, pour les raisons dessusdites, de faire gouverneur nouveau en Bourgogne, sans en rien toucher aux profits et bienfaits dudit seigneur de Craon (2), fors des gens-d'armes qu'il luy osta, excepté six hommes-d'armes et douze archers qu'il luy laissa pour l'accompagner. Ledit seigneur de Craon estoit homme fort gras, et assez content s'en alla en sa maison où il estoit bien appointé. Le Roy ordonna en son lieu messire Charles d'Amboise, seigneur de Chaumont, très-vaillant, homme sage et diligent ; et commença ledit seigneur à pratiquer de vouloir retirer tous ces Allemans qui luy faisoient la guerre en Bourgogne (non point tant pour s'en servir que pour plus aisément conquérir le reste du pays) et de les mettre à sa soulde ; et envoya aussi devers les Suisses, qu'il appeloit *messieurs des ligues*, et leur offrit de grands et beaux partis. Premièrement, vingt mille francs l'an qu'il donnoit au profit des villes, qui sont quatre, Bernes, Lucerne, Zuric, et crois que Fribourg y avoit part, et leurs trois cantons (qui sont villages environ leurs montagnes) suisses, de qui ils portent tous le nom : Souleurre et Ondreval aussi y avoient part. *Item*, vingt mille francs l'an qu'il donnoit aux particuliers et aux personnes de quoy il s'aidoit et servoit en ces marchés. Il se fit leur bourgeois et aussi leur premier allié, et en voulut lettres. A ce point firent aucune difficulté, pour ce que de tout temps le duc de Savoye estoit le premier allié ; toutesfois ils consentirent à ces demandes, et aussi de bailler au Roy six mille hommes continuellement en son service, en les payant à quatre florins et demy d'Allemagne le mois ; et y a tousjours esté ce nombre jusques au trespas dudit seigneur.

Un pauvre roy n'eust sceu faire ce tour, et le tout luy tourna à son grand profit ; et croy qu'à la fin sera leur dommage, car ils ont tant accoustumé l'argent dont ils avoient petite connoissance par avant, et espécialement de monnoye d'or, qu'ils ont esté de fort près à se diviser entr'eux. Autrement on ne leur sçauroit nuire, tant sont leurs terres aspres et pauvres, et eux bons combatans : parquoy peu de gens essayeront à leur courre sus. Après que ces traités furent faits, et que tous les Allemans qui estoient en Bourgogne furent retirez au service et gages du Roy, la puissance des Bourguignons fut de tous points rompuë ; et pour abréger matière, après plusieurs neuves choses faites par le gouverneur monseigneur de Chaumont, il assiégea Rochefort, un chasteau près de Dole, où estoit messire Claude de Vaudré, et le prit par composition. Après il assiégea Dole, dont son prédécesseur, en l'office, avoit esté levé, comme j'ay dit, et fut prise d'assaut. On dit qu'aucuns Allemans de ces nouveaux réduits cuidèrent entrer pour la deffendre ; mais en leur compagnie

---

(1) Hugues de Châlons, fils de Guillaume, prince d'Orange.

(2) Le Roi lui avait donné les gouvernements de Champagne, de Brie, de Bourgogne et de Touraine, le comté de Ligny provenant de la confiscation du connétable de Saint-Pol ; il était en outre premier chambellan et gouverneur de plusieurs villes du royaume.

se mirent tant de francs-archers, sans entendre la malice, mais seulement pour gagner, que quand ils furent dedans tout se prit à piller, et fut la ville bruslée et destruite.

Peu de jours après cette prise il assiégea Aussonne, ville très-forte ; mais il avoit bonne intelligence dedans, et escrivoit au Roy pour les offices, pour aucuns qu'il nommoit avant que de mettre le siége, ce que volontiers luy fut accordé. Combien que je ne fusse point sur le lieu où ces choses se faisoient, si le sceu-je par ce qu'on rapportoit au Roy, et par lettres qu'on luy escrivoit, lesquelles je voyois, et souvent en faisois les responses par le commandement du Roy. Audit Aussonne avoit peu de gens, et estoient les chefs accordez avec ledit seigneur de Chaulmont, gouverneur; et ainsi, au bout de cinq ou six jours, fut la place renduë. Ainsi ne resta plus rien à prendre en Bourgogne que trois ou quatre chasteaux-rochers, comme Jou (1) et autres, et avoir obéyssance de Bezançon, qui est ville impériale et ne doit rien au comte de Bourgogne ou peu; mais pour ce qu'elle est enclavée audit pays, elle complaisoit au prince dudit pays. Ledit gouverneur y entra pour le Roy, et puis en saillit, et ils luy firent tel devoir qu'ils avoient accoustumé de faire aux autres princes qui avoient possédé Bourgogne. Ainsi toute la Bourgogne fut conquise, où ledit gouverneur fit bonne diligence ; aussi le Roy le sollicitoit fort, et craignoit que ledit gouverneur ne vousist avoir quelque place désobéyssante audit pays, afin que l'on eût plus affaire à luy, et aussi afin que le Roy ne le renvoyast point de là pour s'en servir ailleurs; le pays de Bourgogne est fertile, et il en faisoit comme s'il eût esté sien; et ledit seigneur de Craon, dont j'ay parlé, et luy, gouverneur de Chaumont, tous deux y firent bien leurs besongnes.

Un peu demeura le pays en paix, sous le gouvernement dudit seigneur de Chaumont; toutes-fois quelques places s'y rebellèrent après, comme Beaune, Semur, Verdun et autres (et estois lors présent; car le Roy m'y avoit envoyé avec les pensionnaires de sa maison, et fut la première fois qu'il bailla chef ausdits pensionnaires, et depuis a esté accoustumée cette façon jusques à cette heure), lesquelles places furent reprises par les sens et conduite dudit gouverneur, et par la faute du sens de ses ennemis. A cela voit-on la différence des hommes, qui vient de la grâce de Dieu ; car il donne les plus sages à la part qu'il veut soustenir, ou le sens de les choisir à celuy qui en a l'authorité; et a bien monstré, et fait voir jusques icy, qu'en toutes choses il a voulu soustenir nos roys, tant celuy trespassé nostre bon maistre, comme cestuy-cy, combien que quelquefois il leur ait donné des adversitez. Ceux qui reperdirent ces places, estoient gens assez, combien que promptement ne se vindrent mettre dedans lesdites places, qui s'estoient ainsi rebellées et révoltées pour eux, mais donnèrent temps audit gouverneur, de faire son amas, ce que faire ne devoient, car ils sçavoient assez de son estat, veu l'amour que le pays leur portoit; et pour ce ils se devoient mettre dedans Beaune, qui estoit forte ville, et si la pouvoient bien garder, et les autres non.

Le jour que ledit gouverneur se mit aux champs, pour aller devant une meschante petite ville appellée Verdun, y alloit bien informé de leur estat, eux y entrèrent, cuidans aller à Beaune pour se mettre dedans, et estoient, tant de cheval que de pied, six cens hommes éleus Allemans, et de la comté de Ferette, conduits par aucuns sages gentils-hommes de Bourgogne, dont Simon de Quingey en estoit un. Ils s'arrestèrent, à l'heure qu'ils pouvoient bien passer et se mettre audit Beaune, qui n'eust point esté reprenable sur eux, si une fois ils y eussent entré. Faute de bon conseil les fit séjourner une nuict trop, où ils furent assiégez et pris d'assaut, et après fut assiégé Beaune, et le tout recouvert. Oncques-puis n'eurent vigueur les ennemis en Bourgogne. Pour lors j'estois audit pays, avec les pensionnaires du Roy, comme j'ay dit, et ledit seigneur m'en fist partir, pour quelque lettre qu'on luy escrivit que j'escrivois à aucuns bourgeois de Dijon, touchant le logis des gens-d'armes, cela, avec quelqu'autre petite suspicion, fut cause de m'envoyer très-soudainement à Florence; j'obéis comme raison estoit, et partis dès que j'eus les lettres.

◇◇◇

CHAPITRE V.

Comment le seigneur d'Argenton, durant les guerres de la conqueste de Bourgogne, fut envoyé à Florence, et comment ils receut l'hommage de la duché de Genens, du duc de Milan, au nom du Roy.

Le différend pour lequel m'envoyoit le Roy, estoit pour le débat de deux grandes lignées, fort renommées pour ce temps. L'une estoit celle de Médicis (2), l'autre celle de Pacis (3), les-

---

(1) Château de Joux.

(2) En 1465, le Roi avait permis aux Médicis d'ajouter trois fleurs de lis à leurs armes.

(3) Les Pazzi.

quels ayans le port du Pape et du roy Ferrand de Naples, cuidèrent faire tuer Laurens de Médicis (1), et toute sa sequelle. Toutesfois quant à luy, ils faillirent ; mais tuèrent son frère (2) Julien de Médicis, en la grande église de Florence, et un appellé Feuguinet (3), noble, qui se mit devant Julien, et estoit serviteur de la maison de Médicis. Ledit Laurens fut fort blessé, et se retira au revestiaire de l'église, dont les portes sont de cuivre, que son père avoit fait faire. Un serviteur, qu'il avoit fait délivrer de prison, deux jours devant, le servit bien à ce besoin, et receut plusieurs playes pour luy, et fut fait ce cas à l'heure que l'on chantoit la grande messe, et avoient leurs signes, pour tuer ce qui estoit ordonné, à l'heure que le prestre, qui chantoit la grande messe, diroit le *Sanctus*. Il en advint autrement que n'entendoient ceux qui l'avoient entrepris ; car cuidans avoir tout gagné, aucuns d'entr'eux montèrent au palais, pour cuider tuer les seigneurs qui y estoient, qui se renouvellent de trois mois en trois mois, et sont quelques neuf, qui ont toute l'administration de la cité ; mais les entrepreneurs dessusdits se trouvèrent mal suivis : et estans montez les degrez dudit palais, quelqu'un leur ferma un huis après eux ; et quand ils furent en haut, ils ne se trouvèrent que quatre ou cinq, tous espouventez, et ne sçavoient que dire.

Quoy voyans les seigneurs qui estoient en haut, qui jà avoient ouï messe, et les serviteurs, qui estoient avec eux, regardèrent par les fenestres, et virent l'émeute de la ville, et ouyrent messire Jacques de Pacis, et autres, emmy la place, devant ledit palais, lesquels crioient *liberta, liberta*, et *popolo, popolo*, qui estoient mots pour cuider émouvoir le peuple à leur parti, ce que ledit peuple ne voulut faire, mais se tint quoy ; parquoy s'enfuit de ladite place ledit de Pacis et ses compagnons, comme confus de leur entreprise. Voyant ces choses, les magistrats ou gouverneurs de la ville, dont j'ay parlé, qui estoient en ce palais, prirent en cette propre instance ces cinq ou six qui estoient montez, dont j'ay parlé, mal accompagnez et mal suivis, en intention de tuer les gouverneurs, pour pouvoir commander par la cité, lesquels, sans bouger de la place, ils firent incontinent pendre et estrangler aux croisées dudit palais, entre lesquels fut pendu l'archevesque de Pise (4). Lesdits gouverneurs, voyant toute la ville déclarée pour eux, et pour la part de Médicis, escrivirent incontinent aux passages, que l'on prît tout homme que l'on trouveroit fuyant, et que l'on leur amenast. Ledit messire Jaques de Pacis fut pris sur la propre heure, et un autre de par le pape Sixte, qui avoit charge de gens-d'armes soubs le comte Hiéronym, lequel estoit de cette entreprise ; incontinent fut pendu ledit de Pacis, avec les autres, ausdites fenestres. L'autre serviteur du Pape eut la teste tranchée, et plusieurs furent pris en la ville, lesquels furent tous pendus à la chaude (dont Francisque de Pacis en fut un), et me semble qu'en tout il y eust quatorze ou quinze grands personnages pendus, et aucuns menus serviteurs tuez par la ville.

Peu de jours après ce cas advenu, j'arrivay audit lieu de Florence de par le Roy, et ne tarday guères depuis que partis de Bourgogne, à y estre, car je ne feis séjour avec madame de Savoye, qui estoit sœur de nostre Roy, que deux ou trois jours, et me fit bon recueil ; et de là allay à Milan, où pareillement séjournay deux ou trois jours, pour leur demander des gens-d'armes, pour secourir lesdits Florentins, desquels estoient alliez pour lors ; ce que libéralement ils accordèrent, tant à la requeste du Roy que pour faire leur devoir ; et dès lors fournirent trois cens hommes d'armes, et depuis en envoyèrent encores d'autres. Et pour conclusion de cette matière, le Pape envoya excommunier les Florentins, ce cas incontinent advenu ; et fit marcher l'armée, quand et quand, tant de luy que du roy de Naples ; laquelle armée estoit belle et grosse, et en grand nombre de gens de bien. Ils mirent le siége devant la Chastellenie (5), près de Senes, et la prirent et plusieurs autres places ; et fut grande aventure que de tous poincts lesdits Florentins ne furent destruits ; car ils avoient esté long-temps sans guerre et ne connoissoient leur péril. Laurens de Médicis, qui estoit leur chef en la cité, estoit jeune et gouverné de jeunes gens. On s'arrestoit fort à son opinion propre. Ils avoient peu de chefs, et leur armée très-petite. Pour le Pape et le roy de Naples estoit chef le duc d'Urbin (6), grand et sage homme, et bon capitaine. Aussi y estoient le seigneur Robert d'Arimini, qui depuis a esté grand homme, et pareillement le seigneur Constantin de Pesaro, et plusieurs autres, avec les deux fils dudit Roy, c'est à sçavoir le duc de Calabre et le seigneur dom Frédéric (qui tous

---

(1) Surnommé le Magnanime, gouverneur de la république de Florence.
(2) Père de Jules de Médicis, pape sous le nom de Clément VII.
(3) Fransquin Noli, suivant le manuscrit de Saint-Germain, et Francesco Nori, suivant l'histoire de Machiavel.
(4) François Salviati, noble Florentin.
(5) Ou Castellina, dans Machiavel.
(6) Frédéric Ubaldi.

vivent encores), et grand nombre d'autres gens de bien.

Ainsi prenoient toutes les places qu'ils assiégeoient, mais non pas si promptement que l'on feroit icy ; car ils ne sçavoient point si bien la manière de prendre places, ne les deffendre ; mais de tenir un camp et d'y mettre bon ordre, tant aux vivres qu'autres choses qui sont nécessaires pour tenir les champs, ils le sçavoient mieux que nous. La faveur du Roy leur fit quelque chose, mais non pas tant que j'eusse voulu, car je n'avois armée pour les aider, mais seulement j'avois mon train. Je demeuray audit lieu de Florence un an, ou en leurs territoires, et bien traité d'eux et à leurs dépens, et mieux le dernier jour que le premier, et puis le Roy me manda m'en retourner, et en passant à Milan, je receus du duc de Milan, qui est appellé Jean Galéas, l'hommage de la duché de Gennes (1), au moins madame sa mère (2), qui me fit hommage pour luy au nom du Roy, et de là vins vers le Roy nostre maistre, qui me fit bonne chère et bon recueil, et m'entremit de ses affaires plus qu'il n'avoit fait jamais, moy couchant avec luy, combien que n'en fusse point digne, et qu'il en avoit assez d'autres plus idoines : mais il estoit si sage que l'on ne pouvoit faillir avec lui, moyennant que l'on luy obéyst à ce qu'il commandoit, sans y rien adjouster du sien.

◇◇◇

CHAPITRE VI.

Du retour de monsieur d'Argenton d'Italie en France, et de la journée de Guinegate.

Je trouvay un peu que le Roy nostre maistre envieilly, et commençoit à se disposer à maladie, toutesfois il n'y parut pas si tost, et conduisoit toutes ses choses par grand sens, et encores luy duroit la guerre en Picardie, laquelle il avoit très-fort à cœur ; et aussi avoient ses adversaires audit pays, s'ils en eussent eu le gouvernement. Le duc d'Austriche (3), de présent roy des Romains, ayant pour cette année-là les Flamans à son commandement, vint assieger Theroüenne, et monseigneur des Cordes, lieutenant pour le Roy en Picardie, amassa toute l'armée que le Roy avoit audit pays, et en toutes frontières, et huict mille francs-archers, et l'alla secourir. Dès que ledit duc d'Austriche le sentit approcher, il leva son siége et luy alla au devant, et se rencontrèrent en un lieu appelé Guinegate. Ledit duc avoit grand nombre de peuple dudit pays de Flandres, jusques à vingt mille et plus, et aussi quelque peu d'Allemans, et quelques trois cens Anglois, que menoit messire Thomas Abrigan, chevalier d'Angleterre, qui avoit servy le duc Charles de Bourgogne. Les gens-de-cheval du Roy, qui estoient en plus grand nombre de beaucoup que les autres, rompirent les gens-de-cheval du duc, et les chassèrent jusques à Aire, et Philippe monsieur de Ravestain, qui les menoit : le duc se joignit auprès de ses gens-de-pied.

Le Roy avoit en cette armée bien onze ou douze cens hommes-d'armes d'ordonnance. Tous ne chassèrent point ; mais monseigneur des Cordes, qui estoit chef, chassa, et monseigneur de Torcy avec luy ; et combien que ce fût fait vaillament, si n'appartient-il point aux chefs de l'avant-garde et arrière-garde de chasser. Aucuns se retirèrent, sous couleur d'aller garder leurs places, et les autres fuïrent à bon escient. Les gens-de-pied dudit duc ne fuïrent point, si en furent-ils en quelque bransle : mais ils avoient avec eux bien deux cens gentils-hommes de bonne estoffe à pied, qui les conduisoient ; et estoient de ce nombre monseigneur de Romont (4), fils de la maison de Savoye, et le comte de Nassau (5), et plusieurs autres qui encores vivent. La vertu de ceux-là fit tenir bon à ce peuple, qui fut merveille ; veu qu'ils voyoient fuir les gens-de-cheval. Les francs-archers, qui estoient pour le Roy, se mirent à piller le charroy dudit duc, et ceux qui le suivoient, comme vivandiers et autres. Sur eux saillirent quelque peu de gens-de-pied dudit duc, et en tuèrent quelque nombre. De la part dudit duc il y eut plus de perte que de la nostre, et de gens pris et morts ; mais le camp luy demeura, et crois bien que s'il eût eu conseil de retourner devant Theroüenne, n'eût trouvé ame dedans, et autant en Arras. Il ne l'osa entreprendre, qui fut à son dommage ; mais en tel cas on n'est pas toujours adverty du plus nécessaire, et aussi il avoit des craintes de son costé. Je ne parle de ce propos que par ouïr dire, car je n'y estois pas. Mais pour continuer ma matière, m'en a falu dire quelque chose.

J'estois avec le Roy quand les nouvelles luy en vindrent, et en fut très-dolent : car il n'avoit

---

(1) La ville de Gênes avait voulu se donner à Louis XI, qui avait répondu : *Les Génois se donnent à moi, et moi je les donne au diable.*

(2) Bonne de Savoye.

(3) L'Autriche avait été érigée en archiduché en 1454.

(4) Jacques de Savoye, comte de Romont, baron de Vaux, fils de Louis, duc de Savoye, et d'Anne de Chypre.

(5) Engelbert de Nassau.

point accoustumé de perdre, mais estoit si heureux en tous ses affaires, qu'il sembloit que toutes choses allassent à son plaisir; mais aussi son sens aidoit bien à luy faire venir cet heur, car il ne mettoit rien en hazard, et ne vouloit pour rien chercher les batailles; aussi cette-cy n'estoit point advenue de son commandement. Il faisoit ses armées si grosses, qu'il se trouvoit peu de gens pour les combattre, et estoit bien garny d'artillerie mieux que jamais roy de France : et aussi essayoit de soudainement prendre les places, et par espécial celles qu'il sentoit mal fournies : et quand il les avoit, il y mettoit tant de gens et d'artillerie, que c'estoit chose impossible de les reprendre sur luy : et s'il y avoit dedans quelque forte place un capitaine ou autre, qui eût pouvoir de la bailler pour argent, et qu'il vousist pratiquer avec luy, il pouvoit estre seur qu'il avoit trouvé marchand : et ne l'eust-on sceu espouventer à luy demander grande somme, car libéralement l'accordoit. Il eut effroy de primeface de cette bataille, cuidant qu'on ne luy eût dit la vérité, et qu'elle fût de tous poincts perdue, car il sçavoit bien que si elle eût esté perdue, qu'il avoit perdu tout ce qu'il avoit conquis sur cette maison de Bourgogne, et en ces marches-là, et le demeurant en grand hazard; toutefois, quand il sceut la vérité, il eut patience, et délibéra d'y donner ordre, en façon qu'on n'entreprendroit plus telles choses sans son sceu, et fut très-content de monseigneur des Cordes.

Dès cette heure-là, le Roy délibéra de traiter paix avec le duc d'Austriche, mais qu'il la pût faire de tous points à son advantage, et qu'en la faisant il bridast si bien ledit duc, par le moyen de ses sujets propres, qu'il connoissoit enclins à ce qu'il cherchoit, qu'il n'eut jamais pouvoir de luy mal-faire. Ce temps durant eut un désir fort singulier, luy procédant de tout son cœur, de pouvoir mettre une grande police au royaume, et principalement sur la longueur des procès, et en ce passage bien brider cette cour de parlement, non point diminuer leur nombre, ne leur authorité: mais il avoit à contre-cœur plusieurs choses, dont il la hayssoit. Aussi désiroit fort qu'en ce royaume on usast d'une coustume, d'un poids, d'une mesure, et que toutes ces coustumes fussent mises en françois en un beau livre, pour éviter la cautèle et la pillerie des advocats; qui est si grande en ce royaume, qu'il n'en est nulle autre semblable, et les nobles d'iceluy la doivent bien connoistre; et si Dieu luy eût donné la grâce de vivre encores cinq ou six ans, sans estre trop pressé de maladie, il eût fait beaucoup de bien à sondit royaume. Aussi l'avoit-il fort oppressé, et plus que ne fit jamais roy : mais par authorité, connoissance, ny remonstrances, l'on ne luy a sceu faire le soulager; et falloit qu'il procédast de luy, comme lors eût fait, si Dieu l'eût voulu préserver de maladie : et pour ce fait bon bien faire tandis qu'on a loisir, et que Dieu donne santé et entendement aux hommes.

L'appointement que le Roy désiroit faire avec le duc d'Austriche et sa femme, et leur pays, c'estoit par la main des Gandois, de traiter le mariage de monseigneur le Dauphin son fils, à présent roy, avec la fille desdits duc et duchesse, et par ce moyen luy laissassent les comtez de Bourgogne, Auxerrois, Masconnois, et Charolois; et il leur rendoit Artois, retenant la cité d'Arras en l'estat qu'il l'avoit mise : car de la ville ce n'estoit plus rien, veu la closture de la cité; car avant que le Roy prît Arras, la ville cloyoit contre la cité, et y avoit grands fossez, et grandes murailles entre deux. Ainsi la cité estoit bien close, et tenue du Roy par l'évesque; et en cela le Roy faisoit au contraire des seigneurs de cette maison de Bourgogne, car ils ont tousjours, au moins depuis cent ans en çà, fait évesque tel qu'il leur a pleu, et aussi capitaine de la cité; et le Roy fit l'opposite, pour augmenter son authorité : et fit abbatre lesdites murailles et les faire au rebours : car pour cette heure dernière, la cité cloyoit contre la ville, à grands fossez entre les deux : et par ainsi il ne doutoit rien; car la ville aujourdhuy faut qu'elle obéysse à la cité. De la duché de Bourgogne, et de la comté de Boulogne, et des villes assises et situées sur la rivière de Somme, des chastellenies de Péronne, Roye et Mondidier, ne faisoient aucune mention, et se menoient ces marchez, et y prestoient ceux de Gand l'oreille : et estoient fort rudes audit duc et à la duchesse sa femme; et aucunes autres des grandes villes de Flandres et Brabant, qui estoient assez enclines à la volonté des Gandois : et par espécial Bruxelles, qui estoit tant riche que merveilles, veu que les ducs Philippe et Charles de Bourgogne y avoient tousjours demeuré, et à présent s'y tenoient encores lesdits duc et duchesse d'Austriche; mais les aises et plaisirs qu'ils avoient eus sous les seigneurs dessusdits, leur avoient fait mesconnoistre Dieu et leur seigneur, et cherchoient quelque male-fortune, qui depuis leur est advenue comme vous avez veu.

◇◇◇

CHAPITRE VII.

Comment le roy Louys, par une maladie, perdit aucunement le sens et la parole, guéris-

sant et rencheant par diverses fois, et comme il se maintenoit en son chasteau du Plessis les-Tours.

Durant ce temps, qui est l'an 1479, au mois de mars, estoient trèves entre les dessusdits, et vouloit le Roy paix, et par espécial en ce quartier dont je parle, mais que ce fut de tous points à son advantage, comme j'ay dit. Il commençoit jà à vieillir et devenoit malade, et luy estant aux Forges, près de Chinon, à son disner, luy vint comme une perclusion (1), et perdit la parole. Il fut levé de table et tenu près du feu, et les fenestres closes, et combien qu'il en vousist approcher, il en fut gardé par aucuns qui pensoient bien faire; et fut l'an 1480, au mois de mars, que cette maladie luy prit. Il perdit de tous points la parole, et toute connoissance et mémoire. Sur l'heure y arrivastes, vous, monseigneur de Vienne, qui pour lors estiez son médecin; et à la même heure luy fut baillé un clistère, et fistes ouvrir les fenestres et bailler air, et incontinent quelque peu de parole luy revint, et du sens; puis monta à cheval et retourna aux Forges, car ce mal luy prit en une petite paroisse, à un quart de lieue de là, où il estoit allé ouïr la messe. Ledit seigneur fut bien pensé, et faisoit des signes de ce qu'il vouloit dire. Entre les autres choses demanda l'official de Tours pour se confesser, et fit signe que l'on me mandast, car j'estois allé à Argenton, qui est à quelques dix lieues de là.

Quand j'arrivay je le trouvay à table, et estoit avec luy maistre Adam Fumée, qui autresfois avoit esté médecin du feu roy Charles, et à cette heure dont je parle, maistre des requestes; aussi y estoit un autre médecin, appellé maistre Claude. Il entendoit bien peu de ce qu'on luy disoit, mais de douleur il n'en sentoit point, il me fit signe que je couchasse en sa chambre, il ne formoit guères de mots. Je le servis l'espace de quarante jours à la table, et à l'entour de sa personne, comme valet-de-chambre, ce que je tenois à grand honneur, et y estois bien tenu. Au bout de deux ou trois jours la parole luy commença à revenir et le sens, et luy sembloit que nul ne l'entendoit si bien que moy, parquoy vouloit que je me tinsse toujours auprès de luy, et se confessa audit official, moy présent, car autrement ne se fussent entendus. Il n'avoit pas grandes paroles à dire, car il s'estoit confessé peu de jours auparavant, pour ce que quand les roys de France veulent toucher les malades des écroüelles, ils se confessent, et nostre Roy n'y failloit jamais une fois la semaine; si les autres ne le font, ils font très-mal: car tousjours y a largement de malades. Comme il se trouva un peu amendé, il commença à s'enquérir qui estoient ceux qui l'avoient tenu par force et empesché d'aller à la fenestre. Il luy fut dit, et incontinent les chassa tous de sa maison; à aucuns leur osta leurs offices, et onques puis ne les vit; aux autres, comme monseigneur de Sègre (2), et Gilbert de Grassay, seigneur de Champeroux, n'osta rien, mais les envoya.

Beaucoup furent esbahis de cette fantaisie, qui blasmèrent ce cas, disans qu'ils avoient fait pour le mieux, et disoient vray; mais les imaginations des princes sont diverses, et ne les peuvent pas entendre tous ceux qui se meslent d'en parler. Il n'estoit adonques rien dont il eût si grande crainte, que de perdre son authorité qu'il avoit bien grande, et qu'on luy désobéyt en quelque chose que ce fût: d'autre part il sçavoit que le roy Charles, son père, quand il prit la maladie dont il mourut, entra en imagination qu'on le vouloit empoisonner, à la requeste de son fils, et s'y mit si avant, qu'il ne vouloit plus manger: parquoy fut advisé par le conseil des médecins, et de ses plus grands et spéciaux serviteurs, qu'on le feroit manger par force: et ainsi fut fait, par grande délibération et ordre des personnes qui le servoient, et luy fut mis des coulis en la bouche, et peu après cette force ledit roy Charles mourut. Ledit roy Louys, qui de tout temps avoit beaucoup blasmé cette façon, prit tant à cœur que merveilles de ce qu'ainsi on l'avoit tenu par force, et en faisoit plus de semblant qu'il ne luy tenoit au cœur, car le principal fond de cette matière, qui le mouvoit, estoit de peur qu'on ne le vousist maistriser en toutes autres choses, comme en expédition de ses affaires et matières, sous couleur de dire que son sens ne fût pas bon, ne suffisant.

Quand il eut fait ce désapointement à ceux dont j'ay parlé, il s'enquit de l'expédition du conseil, et des dépesches qu'on avoit faites en dix ou douze jours qu'il avoit esté malade, dont avoient la charge l'évesque d'Alby (3), son frère le gouverneur de Bourgogne (4), le mareschal de Gié (5), et le seigneur du Lude (6), car ceux-là se trouvèrent à l'heure que son mal luy

---

(1) C'est-à-dire une apoplexie, comme il le dit vers le milieu du chap. 13 du sixième livre.
(2) Jacques d'Espinay, chevalier, seigneur d'Ussé, de Sègre et de Saint-Michel-sur-Loire, chambellan du Roi.
(3) Louis d'Amboise.

(4) Charles d'Amboise.
(5) Pierre de Rohan.
(6) Jean de Daillon, dont il est parlé ci-devant, liv. IV, chap. 11, et liv. V, chap. 13.

prit, et estoient tous logez sous sa chambre, en deux petites chambrettes qu'il y avoit, et voulut voir les lettres clauses qui estoient arrivées et arrivoient chacune heure ; l'on luy monstroit les principales, et je les luy lisois. Il faisoit semblant de les entendre, et les prenoit en sa main et faignoit de les lire, combien qu'il n'eût aucune connoissance : et disoit quelque mot, ou faisoit signe des responses qu'il vouloit qui fussent faites. Nous faisions peu d'expéditions en attendant la fin de cette maladie, car il estoit maistre avec lequel il faloit charier droict. Cette maladie luy dura bien environ quinze jours : et revint, quant au sens et à la parole, en son premier estat ; mais il demeura très-foible et en grande suspicion de retourner en cet inconvénient ; car naturellement il estoit enclin à ne vouloir bien souvent croire le conseil des médecins.

Dès qu'il se trouva bien il délivra le cardinal Balluë, qu'il avoit tenu quatorze ans prisonnier, et maintesfois en avoit esté requis du siége apostolique et d'ailleurs, et à la fin s'en fit absoudre d'un bref envoyé par nostre Sainct Père le Pape à sa requeste. Quand ce mal luy prit, ceux qui pour lors estoient avec luy le tindrent pour mort, et ordonnèrent plusieurs mandemens, pour rompre une très-excessive taille et cruelle, que nouvellement il avoit mise sus, par le conseil de monseigneur des Cordes son lieutenant en Picardie, pour entretenir vingt-mille hommes-de-pied, toujours prests, et deux mille cinq cens pionniers : et s'appelloient ces gens icy les gens-du-camp, et ordonna avec eux quinze cens hommes-d'armes de son ordonnance, pour descendre à pied quand il seroit besoin, et si fit faire grand nombre de chariots pour les clorre, et des tentes et pavillons : et prenoit cecy sur l'ost du duc de Bourgogne, et coustoit ce camp quinze cents mille francs l'an. Quand il fut prest, il l'alla voir mettre auprès de Pont-de-l'Arche en Normandie, en une belle vallée qui y est : et y estoient les six mille Suisses dont j'ay parlé ; et ce nombre jamais que cette fois ne le vit, et s'en retourna à Thouars, auquel lieu luy reprit sa maladie, et derechef perdit la parole, et fut bien deux heures qu'on cuidoit qu'il fût mort, et estoit en une galerie couché sur une paillasse, et plusieurs avec luy.

Monseigneur Dubouchage et moy, le vouasmes à monseigneur Sainct-Claude, et tous les autres qui estoient présens l'y vouèrent aussi : incontinent la parole luy revint, et sur l'heure alla par la maison très-foible, et fut cette seconde maladie, l'an 1481, et alloit par pays comme devant ; il fut chez moy à Argenton (là où il séjourna un mois, et y fut fort malade), et de là à Thouars, où semblablement fut malade, et de là entreprit le voyage de Sainct-Claude, où il avoit esté voué comme vous avez ouy. Il m'avoit envoyé en Savoye, comme il partit de Thouars, contre les Seigneurs de la Chambre, de Miolans et de Bresse, combien qu'il leur aidoit en secret, pour ce qu'ils avoient pris le seigneur de Lins du Dauphiné, lequel il avoit mis au gouvernement du duc Philebert son neveu. Si envoya après moy force gens-d'armes, que je menois à Mascon contre monseigneur de Bresse : toutesfois luy et moy nous accordasmes en secret, et il prit ledit seigneur de la Chambre couché avec ledit duc à Turin en Piedmont où il estoit, et puis me le fit sçavoir ; et incontinent je fis retirer les gens-d'armes, car il amena le duc de Savoye à Grenoble, où monseigneur le mareschal de Bourgogne, marquis de Rothelin (1), et moy, l'allasmes recevoir. Le Roy me manda venir devers luy à Beaujeu en Beaujolois, et fus esbahy de le voir tant maigre et deffait, et m'esbahyssois comment il pouvoit aller par pays ; mais son grand cœur le portoit.

Audit lieu de Beaujeu il receut lettres comme la duchesse d'Austriche estoit morte d'une cheute de cheval : car elle chevauchoit un hobin ardant, il la fit cheoir, et tomba sur une grande pièce de bois ; aucuns disent que ce fut point de la cheute, mais d'une fièvre. Quoy qu'il en soit, elle mourut peu de jours après ladite cheute, et fut un très-grand dommage pour ses sujets et amis, car onques puis n'eurent bien ne paix : car ce peuple de Gand et autres villes l'avoient en plus grande révérence que le mary, à cause cause qu'elle estoit dame du pays, et advint ce cas l'an 1482 (2). Ledit seigneur me conta ces nouvelles et en eut très-grande joye, et aussi que les deux enfans (3) estoient demeurez en la garde des Gandois : lesquels il connoissoit enclins à noise et division contre cette maison de Bourgogne, et luy sembloit avoir trouvé l'heure, d'autant que le duc d'Austriche estoit jeune, et pour ce qu'il avoit encores père, et guerre par tout, et estoit estranger et mal accompagné : et l'Empereur son père estoit extrêmement chiche : parquoy avoit moins de faveur à la vérité. Dès l'heure, commença le Roy à pratiquer

---

(1) Philippe de Hochberg ; il en a déjà été parlé ci-devant, liv. V, chap. 4.
(2) La princesse Marie mourut le 27 mars 1481 ; Pâques, premier jour de l'an 1482, était le 7 avril.
(3) Philippe Ier, le Beau, père de l'empereur Charles V, et Marguerite.

les gouverneurs de Gand, par monseigneur des Cordes, et traiter le mariage de monseigneur le Dauphin et de la fille dudit duc, à présent notre Reyne, appellée Marguerite, et s'adressoit-on du tout à un pensionnaire de ladite ville, appellé Guillaume Rym, sage homme et malicieux; et à un autre appellé Coppenole (1), clerc des eschevins, qui estoit chaussetier et avoit grand crédit parmy le peuple : car gens de telle taille l'y ont, quand ils sont ainsi désordonnez.

Le Roy retourna à Tours, et s'enfermoit fort, et tellement, que peu de gens le voyoient, et entra en merveilleuse suspicion de tout le monde, et en peine, craignant que l'on ne luy ostast ou diminuast son authorité. Il recula de lui toutes gens qu'il avoit accoustumez, et les plus prochains qu'il eut jamais, sans rien lui oster : et allèrent en leurs offices et charges, ou en leurs maisons ; mais cecy ne dura guères, car il ne vesquit point longuement, et fit de bien estranges choses, dont ceux qui le voyoient le tenoient à estre desnüé de sens, mais ils ne le connoissoient point. Quant à estre suspicionneux, tous grands princes le sont, et par espécial les sages, et ceux qui ont beaucoup d'ennemis, et ont offensé plusieurs, comme avoit fait cestuy-ci. Et davantage, il sçavoit n'estre point aimé des grands personnages de ce royaume, ne de beaucoup de menus; et si avoit plus chargé le peuple que jamais roy ne fit, combien qu'il eût bon vouloir de le descharger, comme j'ay dit ailleurs; mais il devoit commencer plustost. Le roy Charles VII fut le premier, par le moyen de plusieurs sages et bons chevaliers qu'il avoit, qui luy avoient aidé et servy en sa conqueste de Normandie et de Guyenne, que les Anglois tenoient, lequel gaigna et commença ce point, que d'imposer tailles en son pays et à son plaisir, sans le consentement des États de son royaume : et pour lors y avoit grandes matières, tant pour garnir les pays conquis que pour départir les gens des compagnies qui pilloient le royaume ; et à cecy se consentirent les seigneurs de France, pour certaines pensions qui leur furent promises, pour les deniers qu'on leveroit en leurs terres.

Si ce Roy eût tousjours vescu, et ceux qui lors estoient avec luy en son conseil, il l'eût fort avancé à cette heure; mais à ce qui est advenu depuis et adviendra, il chargea fort son âme et celles de ses successeurs, et mit une cruelle playe sur son royaume, qui longuement saignera, et une terrible bande de gens-d'armes de soulde, qu'il institua à la guise des seigneurs d'Italie. Ledit roy Charles VII levoit à l'heure de son trépas dix-huict cens mille francs, en toutes choses, sur son royaume, et tenoit environ dix-sept cens hommes-d'armes d'ordonnance pour tous gens-d'armes : et ceux-là en bonne justice, à la garde des provinces de son royaume : qui de long-temps avant sa mort ne chevauchèrent par le royaume : qui estoit grand repos au peuple ; et à l'heure du trépas du Roy nostre maistre, il levoit quarante-sept cens mille francs ; d'hommes-d'armes quelques quatre ou cinq mille ; gens-de-pied, tant pour le camp, que des mortes-payes, plus de vingt-cinq mille. Ainsi ne se faut esbahir s'il avoit plusieurs pensées et imaginations, et s'il pensoit de n'estre point bien voulu ; et s'il avoit grande peur en cette chose, aussi avoit-il espérance en plusieurs de ceux qu'il avoit nourris, et qui avoient reçeu biens de luy. De ceux-là eût-il trouvé un grand nombre, qui pour la mort ne luy eussent fait faute.

En premier lieu il n'entroit guères de gens dedans le Plessis-du-Parc (qui estoit le lieu où il se tenoit), excepté gens domestiques et les archers, dont il en avoit quatre cens, qui en bon nombre faisoient chacun jour le guet et se pourmenoient par la place et gardoient la porte. Nul seigneur, ne grand personnage, ne logeoit dedans, ne n'y entroit guères compagnie de grands seigneurs. Nul n'y venoit que monseigneur de Beaujeu (2), de présent duc de Bourbon, qui estoit son gendre. Tout à l'environ de la place dudit Plessis il fit faire un treillis de gros barreaux de fer, et planter dedans la muraille des broches de fer, ayans plusieurs pointes, comme à l'entrée par où l'on eût peu entrer aux fossez dudit Plessis. Aussi fit faire quatre moyneaux tous de fer bien épais, en lieu par où l'on pouvoit bien tirer à son aise : et estoit chose bien triomphante, et cousta plus de vingt mille francs ; et à la fin y mit quarante arbalestriers, qui jour et nuict estoient en ces fossez avec commission de tirer à tout homme qui en approcheroit de nuict jusques à ce que la porte fût ouverte le matin. Il lui sembloit davantage que ses subjets estoient un peu chatoüilleux à entreprendre sur son authorité, quand ils verroient e temps.

A la vérité, il fut quelques paroles entre aucuns d'entrer en ce Plessis, et dépescher les choses, selon leur advis, pour ce que rien ne se dépeschoit : mais ils ne l'osèrent entreprendre, dont ils firent sagement : car il y avoit bien pourveu. Il changeoit souvent de valet-

---

(1) Ils ont été tous deux décapités à Gand; le premier en 1485, le second en 1491.

(2) Pierre, deuxième du nom.

de-chambre et de toutes autres gens, disant que la crainte de luy et l'estime seroit entretenue par faire ainsi choses nouvelles. Pour compagnie tenoit léans un homme ou deux, auprès de luy, gens de petite condition, et assez mal renommez, et à qui il pouvoit bien sembler, s'ils estoient sages, qu'incontinent qu'il seroit mort ils seroient désapointez de toutes choses, pour le moins qu'il leur en pouroit advenir; et ainsi leur en advint. Ceux-là ne luy rapportoient rien de quelque chose qu'on leur escrivît, ne mandast, de quelques affaires que ce fût, s'il ne touchoit à la préservation de l'Estat et défense du royaume : car de toute autre chose il ne luy en chaloit que d'estre en trève ou en paix avec chacun. A son médecin donnoit tous les mois dix mille escus, qui en cinq mois en receut cinquante-quatre mille. Des terres donna grande quantité aux églises : mais ce don de terres n'a point tenu, aussi il y en avoit trop.

◇◇◇

CHAPITRE VIII.

Comment le Roy fit venir à Tours un nommé le sainct homme de Calabre, pensant qu'il le dût guérir, et des choses estranges que faisoit ledit Roy, pour garder son authorité durant sa maladie.

Entre les hommes renommez de dévotion, il envoya quérir un homme de Calabre, appelé frère Robert : le Roy l'appeloit le sainct homme pour sa saincte vie; en l'honneur duquel le Roy de présent fit faire un monastère au Plessis-du-Parc, en récompense de la chapelle près du Plessis, au bout du pont. Ledit hermite, en l'âge de douze ans, s'estoit mis sous un roc, où il estoit demeuré jusques en l'âge de qurante et trois ans ou environ, et jusques à l'heure que Roy l'envoya quérir par un sien maistre d'hostel, en la compagnie du prince de Tarente, fils du roy de Naples : car il ne vouloit partir sans congé du Pape ne de son roy, qui estoit sens à cette simple personne, lequel avoit fait deux églises au lieu où il demeuroit : jamais n'avoit mangé, ny n'a encores, depuis qu'il se mit en cette estroite vie, ny chair, ny poisson, ny œufs, ny laictage, ny aucune graisse : et ne pense jamais avoir veu homme vivant de si saincte vie, ne où il semblât mieux que le Sainct-Esprit parlât par sa bouche : car il n'estoit clerc ne lettré, et n'apprit jamais rien, vray est que sa langue italienne luy aydoit bien à se faire émerveiller.

Ledit hermite passa à Naples, honoré et visité autant qu'un grand légat apostolique, tant du roy de Naples que de ses enfants, et parloit avec cela comme un homme nourry en cour. De là passa par Rome, et fut visité de tous les cardinaux, et eut audience avec le Pape, par trois fois, seul à seul, assis auprès de luy, en belle chaire, l'espace de trois ou quatre heures, à chacune fois (qui estoit grand honneur à un si petit homme), respondant si sagement que chacun s'en esbahyssoit : et luy accorda Notre Sainct-Père faire un ordre, appelé *les Hermites Sainct-François*. De là vint devers le Roy, honoré comme s'il eût esté le Pape, se mettant à genoux devant luy, afin qu'il luy plût allonger sa vie. Il respondit ce que sage homme devoit respondre. Je l'ay maintesfois ouy parler devant le Roy, qui est de présent, où estoient tous les grands du royaume, et encores depuis deux mois, mais il sembloit qu'il fût inspiré de Dieu ès choses qu'il disoit et remonstroit; car autrement n'eût sceu parler des choses dont il parloit. Il est encore vif : parquoy se pourroit bien changer ou en mieux ou en pis; et pour ce m'en tay. Plusieurs se moquoient de la venuë de cet hermite qu'ils appelloient sainct homme; mais ils n'estoient point informez des pensées de ce sage Roy, ny ne sçavoient les choses qui luy donnoient l'occasion.

Nostre Roy estoit en ce Plessis, avec peu de gens, sauf archers, et en ces suspicions dont j'ay parlé, à quoy il avoit pourveu : car il ne laissoit nuls hommes, ny en la ville de Tours, ny aux champs, dont il eût suspicion, qu'il ne le feist retirer loin de luy; mais par archers les en faisoit aller et conduire. De nulle matière on ne luy parloit, que des grandes qui luy touchoient. Il sembloit à le voir, mieux homme mort que vif, tant estoit maigre, ne jamais homme ne l'eût creu. Il se vestoit richement, ce que jamais n'avoit accoustumé par avant, et ne portoit que robbes de satin cramoisy, fourrées de bonnes martres, et en donnoit à ceux qu'il vouloit sans demander, car nul ne luy eût osé demander ne parler de rien. Il faisoit d'aspres punitions, pour estre craint, et de peur de perdre obéyssance; car ainsi me le dit luy-même. Il renvoyoit officiers et cassoit gens-d'armes, rognoit pensions, et en ostoit de tous points : et me dit, peu de jours avant sa mort, qu'il passoit temps à faire et à deffaire gens : et faisoit plus parler de luy parmy le royaume que n'avoit jamais fait, et le faisoit de peur qu'on ne le tînt pour mort; car, comme j'ay dit plusieurs fois, peu de gens le voyoient; mais quand on oyoit parler des œuvres qu'il faisoit, chacun en avoit doute, et ne pouvoit l'on à peine croire qu'il fût malade.

Hors le royaume envoyoit gens de tous costez : en Angleterre pour entretenir ce mariage ; et les payoit bien de ce qu'il leur donnoit, tant le roy Édouard que les particuliers ; en Espagne avoit toutes paroles d'amitié et d'entretènement, et présens par tout de tous costez. Il faisoit acheter un bon cheval ou une bonne mule, quoy qu'il luy coustat ; mais c'estoit en pays où il vouloit qu'on le cuidât sain, car ce n'estoit point en ce royaume. Des chiens en envoyoit quérir partout : en Espagne, des allans ; en Bretagne, de petites levrettes, levriers, espaigneux, et les achetoit cher ; et en Valence, de petits chiens velus, qu'il faisoit acheter plus cher que les gens ne les vouloient vendre. En Cecile, envoyoit quérir quelque mule, spécialement à quelque officier du pays, et la payoit au double. A Naples, des chevaux et bestes estranges de tous costez ; comme en Barbarie, une espèce de petits lions qui ne sont point plus grands que de petits renards, et les appeloit adits. Au pays de Dannemarc et de Suède, envoya quérir de deux sortes de bestes ; les unes s'appeloient helles, et sont de corsage de cerfs, grandes comme buffles, les cornes courtes et grosses. Les autres s'appellent rengiers, qui sont de corsage et de couleur de daims, sauf qu'elles ont les cornes beaucoup plus grandes, car j'ay veu rengier porter cinquante-quatre cors pour avoir six cornes. De chacune de ces bestes donna aux marchands quatre mille cinq cens florins d'Allemagne. Quand toutes ces choses luy estoient amenées, il n'en tenoit compte, et la pluspart des fois ne parloit point à ceux qui les amenoient : et en effet il faisoit tant de choses semblables, qu'il estoit plus craint, tant de ses voisins que de ses subjets, qu'il n'avoit jamais esté : car aussi c'estoit sa fin, et le faisoit pour cette cause.

CHAPITRE IX.

Comment le mariage de monseigneur le Dauphin fut conclu avec Marguerite de Flandres, et elle amenée en France, dont le roy Édouard d'Angleterre mourut de déplaisir.

Pour retourner au principal de nostre propos, et à la principale conclusion de tous ces Mémoires, et de tous ces affaires des personnages qui vivoient du temps qu'ils ont été faits, faut venir à la conclusion du traité du mariage, fait entre le Roy, qui est de présent, lors appelé monseigneur le Dauphin, et de la fille du duc et duchesse d'Austriche (1), par la main des Gandois, au grand déplaisir du roy Édouard d'Angleterre, qui lors se tint pour déceu de l'espérance du mariage de sa fille avec monseigneur le Dauphin, à présent roy de France, lequel mariage luy et la Reyne sa femme avoient plus désiré que toutes les choses du monde, et jamais n'avoient voulu croire homme qui les eût advertis du contraire, fussent leurs subjets ou autres : car le conseil d'Angleterre luy avoit fait plusieurs remonstrances, à l'heure que le Roy conquéroit la Picardie, qui estoit près de Calais, et luy disoit que quand il auroit conquis cela, qu'il pourroit bien essayer de conquérir Calais et Guynes. Autant luy en disoient les ambassadeurs, qui continuellement estoient en Angleterre de par les duc et duchesse d'Austriche, et les Bretons et autres : et de tout cela il n'en croyoit rien, dont luy en prit bien mal : mais je croy bien qu'il ne luy procédoit point tant d'ignorance, comme il faisoit d'avarice, et pour ne perdre point cinquante mille escus que le Roy luy donnoit, ny aussi ne laisser ses aises et ses plaisirs, où il estoit fort adonné.

Sur le fait de ce mariage se tint une journée à Alost (2) en Flandres, et y estoit le duc d'Austriche, à présent roy des Romains, et gens députez de par les trois Estats de Flandres, Brabant et autres pays appartenans audit duc et à ses enfans. Là firent les Gandois plusieurs choses contre le vouloir dudit duc, comme de bannir gens, d'en oster aucuns d'auprès son fils ; et puis luy dirent qu'ils avoient le vouloir que ce mariage, dont j'ay parlé, se fist pour avoir paix, et le luy firent accorder, vousist-il ou non. Il estoit fort jeune, mal pourveu de gens de grand sens : car le tout en cette maison de Bourgogne estoit mort, comme j'ay dit, ou tourné des nostres, ou peu s'en falloit ; j'entends des grands personnages qui l'eussent sceu conseiller et aider. De son costé il estoit venu fort mal accompagné ; et puis pour avoir perdu sa femme, qui estoit princesse du pays dessusdit, il n'osoit parler si audacieusement qu'il avoit fait autrefois. Et pour abréger ce propos, le Roy en fut adverty par le seigneur des Cordes, et en fut très-joyeux, et fut pris le jour de luy amener la fille à Hedin.

Peu de jours avant, et en l'an 1481, avoit esté baillé Aire audit seigneur des Cordes, du pays

---

(1) Le Dauphin avait alors douze ans, et la princesse Marguerite n'en avait que trois.
(2) Suivant le manuscrit de Saint-Germain, *Lisle.*

d'Artois, pour une somme d'argent ; lequel la tenoit pour le duc d'Austriche, et pour le seigneur de Bèvres (1), son capitaine, ville très-forte, assise en Artois, qui aida aux Flamans à avancer l'œuvre ; car elle est à l'entrée de leur pays. Et combien qu'ils vousissent la diminution de leur prince, si n'eussent-ils point voulu à leurs frontières le Roy si très-près d'eux. Après que ces choses furent accordées, comme j'ay dit, vinrent devers le Roy les ambassadeurs de Flandres et Brabant ; mais tout dépendoit de ceux de Gand, à cause de leur force, et qu'ils avoient les enfans en leurs mains, et aussi les premiers prets à commencer la noise. Aussi y vinrent aucuns chevaliers pour le roy des Romains, jeunes comme luy et mal conseillez, pour la pacification de leur pays. Messire Jean de Berghes (2) en estoit l'un, et messire Baudoüin de Lannoy (3) l'autre, et quelques secrétaires. Le Roy estoit jà fort bas, et à grand'peine se vouloit-il laisser voir, et fit grande difficulté de jurer les traitez faits en cette matière, mais c'estoit pour n'estre point veu : toutesfois il les jura. Ils luy estoient avantageux, car il avoit plusieurs fois voulu le mariage, et ne vouloit que la comté d'Artois ou celle de Bourgogne, l'une des deux ; et messeigneurs de Gand (ainsi les appeloit-il) les luy firent bailler toutes deux, et celles de Masconnois, de Charolois et d'Auxerrois ; et s'ils luy eussent peu faire bailler celle de Hainault et de Namur, et tous les subjets de cette maison, qui sont de la langue françoise, ils l'eussent volontiers fait pour affoiblir leurdit seigneur.

Le Roy nostre maistre, qui estoit bien sage et entendoit bien que c'estoit que de Flandres et qu'un comte dudit pays de Flandres estoit peu de cas, sans avoir ledit pays d'Artois qui est assis entre le roy de France et eux, leur estant comme une bride : car dudit pays d'Artois se tiroit de bonnes gens de guerre pour les chastier quand ils feroient les fols : et pour ce, en ostant audit comte de Flandres ledit pays d'Artois, il le laissoit le plus pauvre seigneur du monde, et sans avoir obéissance, sinon au plaisir de ceux de Gand ; et de cette ambassade dont je parle, un des principaux estoit Guillaume Rym, dont j'ay parlé cy-dessus. Après que cette ambassade fut retournée, ladite fille fut amenée à Hedin, entre les mains de monseigneur des Cordes, et fut l'an 1483 ; et l'amena madame de Ravestain (4), fille bastarde du feu duc Philippe de Bourgogne, et la receurent monseigneur et madame de Bourbon qui sont de présent, le seigneur d'Albret et autres pour le Roy, et l'amenèrent à Amboise où estoit monseigneur le Dauphin. Si le duc d'Austriche l'eust peu oster à ceux qui l'amenoient, il l'eût volontiers fait avant qu'elle sortît de sa terre ; mais ceux de Gand l'avoient bien accompagnée, et aussi il avoit commencé à perdre toute obéyssance ; et se joignirent beaucoup de gens avec ceux de Gand, pour ce qu'ils tenoient le fils entre leurs mains, et ostoient et mettoient avec luy tel qu'il leur plaisoit ; et entre les autres se tenoit le seigneur de Ravestain, frère au duc de Clèves, principal gouverneur dudit enfant, appellé le duc Philippe (5) qui vit encores, attendant grande succession, si Dieu luy preste vie.

Quiconques eut joye de ce mariage, il déplaisoit au roy d'Angleterre amèrement, car il le tint à grand'honte et moquerie ; et se doutoit bien avoir perdu sa pension que le Roy luy donnoit, ou tribut qu'appeloient les Anglois ; et eut crainte que le mespris ne luy en fût grand en Angleterre, et que cela fût cause de rébellion contre luy, et par espécial pour ce qu'il n'avoit voulu croire conseil ; et si voyoit le Roy en grande force et près de luy, et en prit le deuil si grand que dès qu'il en sceut les nouvelles il tomba malade, et bientost après mourut, aucuns disent d'un caterre. Quoy qu'il en soit, on dit que la douleur qu'il avoit dudit mariage fut cause de la maladie dont il mourut en briefs jours. C'est grand'faute à un prince d'estimer plus son opinion que de plusieurs, et cela leur donne aucunes fois de grandes douleurs et pertes qui ne se peuvent recouvrer. Et fut ledit trespas l'an 1483, au mois d'avril.

Dès que le roy Edoüard fut mort, le Roy nostre maistre en fut adverty, et n'en fit nulle joye, ne semblant quand il le sceut ; et peu de jours après receut lettres du duc de Clocestre, qui s'estoit fait roy d'Angleterre, et se signoit Richard, lequel avoit fait mourir les deux fils

---

(1) Philippe de Bourgogne, seigneur de Beveren, chevalier de la Toison-d'Or, gouverneur de Saint-Omer et Aire, et depuis de la province d'Artois, fils d'Antoine, bâtard de Bourgogne.

(2) Jean de Berghes, seigneur de Walhain, chevalier de la Toison-d'Or.

(3) Il était seigneur de Molembais et de Solre-le-Château, et chevalier de la Toison-d'Or.

(4) Anne de Bourgogne, seconde femme d'Adolphe de Clèves, seigneur de Ravestein.

(5) Surnommé le Beau. Ce prince, héritier des provinces des Pays-Bas, épousa Jeanne, héritière de Castille, fille des rois Ferdinand et Isabelle. Il fut père de Charles-Quint, et mourut en 1506.

du Roy Edoüard son frère. Ledit roy Richard requéroit l'amitié du Roy, et croy qu'il eût bien voulu avoir cette pension dessusdite; mais le roy ne voulut respondre à ses lettres, n'oüir le message, et l'estima cruel et mauvais : car après le trépas du roy Edoüard, ledit duc de Clocestre avoit fait hommage à son neveu, comme à son roy et souverain seigneur; et incontinent après commit ce cas, et en plein parlement d'Angleterre fît dégrader deux filles dudit roy Edoüard, et déclarer bastardes, sous couleur de quelque cas qu'il prouva par un évesque de Bath en Angleterre, qui autrefois avoit eu grand crédit avec ledit roy Edoüard, et puis le désapointa et le tint en prison, et le rançona d'une somme d'argent. L'évesque dessusdit disoit que ledit roy Edoüard avoit promis foy de mariage à une dame d'Angleterre, qu'il nommoit, pour ce qu'il en estoit amoureux, pour en avoir son plaisir; et en avoit fait la promesse entre les mains dudit évesque, et sur cette promesse coucha avec elle, et ne le faisoit que pour la tromper : toutesfois tels jeux sont bien dangereux, témoins telles enseignes. J'ay veu beaucoup de gens-de-cour qui n'eussent point perdu une bonne aventure, qui leur eût pleu en tel cas, par faute de promettre.

Et ce mauvais évesque garda cette vengeance en son cœur par aventure vingt ans; mais il luy en meschut; car il avoit un fils qu'il aimoit fort, à qui le roy Richard vouloit faire de grands biens et luy faire espouser l'une de ces deux filles, dégradées de leur dignité, laquelle de présent est reyne d'Angleterre, et a deux beaux enfans. Ledit fils estant en un navire de guerre par le commandement du roy Richard son maistre, fut pris à cette coste de Normandie; et par le débat de ceux qui le prirent fut amené en parlement et mis au petit Chastelet à Paris, et y fut tant qu'il y mourut de faim et de pauvreté. Ledit roy Richard, qui avoit fait mourir les deux enfans, ne le porta pas loin : car contre luy éleva Dieu un ennemy tout à l'instant, qui n'avoit ne croix ne pile, ne nul droit, comme je crois, à la couronne d'Angleterre, ne estimé rien, sauf que de sa personne estoit honneste et avoit beaucoup souffert, car la pluspart de sa vie avoit esté prisonnier, et mesmement en Bretagne, ès mains du duc François, qui l'avoit bien traité pour prisonnier; de l'âge de dix-huit ans; lequel, avec peu d'argent du Roy et quelques trois mille hommes pris en la duché de Normandie et des plus méchans que l'on pût trouver, passa en Galles, où se vint joindre son beau-père, le seigneur de Stanley, avec bien vingt et six mille Anglois. Au bout de trois ou quatre jours se rencontra avec ce cruel roy Richard, lequel fut tué sur le champ, et cestuy-cy couronné, qui encore aujourd'huy règne.

Ailleurs ay parlé de cette matière, mais il servoit encores d'en parler icy, et par espécial pour monstrer comme Dieu a payé comptant en nostre temps telles cruautez sans attendre. Maintes autres en a puni audit temps, qui les sçauroit toutes raconter.

◇◇◇

CHAPITRE X.

Comment le Roy se maintenoit, tant envers ses voisins qu'envers ses subjets durant sa maladie, et comme on luy envoyoit de divers lieux diverses choses pour sa guérison.

Or doncques ce mariage de Flandres fut accomply, que le Roy avoit fort désiré, et tenoit les Flamans à sa poste. Bretagne, à qui il portoit grande haine, estoit en paix avec luy; mais il les tenoit en grande peur et en grande crainte pour le grand nombre de gens-d'armes qu'il tenoit logez en leurs frontières. Espagne estoit en repos avec luy, et ne désiroient le roy et la reyne d'Espagne sinon qu'amitié : et il les tenoit en doute et despense, à cause du pays de Roussillon (1), qu'il tenoit de la maison d'Arragon, qui luy avoit esté baillée par le roy Jehan d'Arragon, père du roy de Castille, qui règne de présent, en gage, et par aucunes conditions qui encores ne sont vidées. Touchant la puissance d'Italie, ils le vouloient bien avoir pour amy, et avoient quelque confédération avec luy, et souvent y envoyoient leurs ambassadeurs. En Allemagne avoit les Suisses qui luy obéyssoient comme ses subjets. Les roys d'Ecosse et de Portugal estoient ses alliez. Partie de Navarre faisoit ce qu'il vouloit. Ses subjets trembloient devant luy. Ce qu'il commandoit estoit incontinent accomply, sans nulle difficulé ni excusation.

Touchant les choses que l'on pensoit nécessaires pour sa santé, de tous les costez du monde luy estoient envoyées. Le pape Sixte, dernier (2)

---

(1) Les comtés de Roussillon et de Cerdagne furent engagés à Louis XI par Jean II, roi d'Arragon, pour la somme de trois cent mille écus, l'an 1462. Mais Charles VIII rendit ce comté avec un peu trop de facilité. Jean était père de Ferdinand, qui, par son mariage avec Isabelle de Castille, commença l'union des royaumes d'Arragon et de Castille.

(2) Innocent VIII succéda à Sixte IV, en 1484, et mourut en 1492; ainsi l'on a la certitude que Comines a terminé ses Mémoires sur Louis XI avant la fin de l'année 1492.

mort, estant informé que par dévotion le Roy désiroit avoir le corporal, sur quoy chantoit monseigneur Sainct-Pierre, tantost le luy envoya avec plusieurs autres reliques, lesquelles luy furent renvoyées. La saincte ampolle, qui est à Reims, qui jamais n'avoit esté remuée de son lieu, luy fut apportée jusques en sa chambre au Plessis, et estoit sur son buffet à l'heure de sa mort; son intention estoit d'en prendre semblable onction qu'il en avoit prise à son sacre : combien que beaucoup de gens cuidoient qu'il s'en voulsist oindre tout le corps; ce qui n'est pas vraysemblable, car ladite saincte ampolle est fort petite, et n'y a pas grande matière dedans. Je la vis à l'heure dont je parle, et aussi quand ledit seigneur fut mis en terre à nostre-Dame de Cléry.

Le Turc, qui règne aujourd'huy (1), luy envoya une ambassade qui vint jusques à Riez en Provence; mais ledit seigneur ne la voulut point ouïr ne qu'elle vînt plus avant. Ledit ambassadeur luy apportoit un grand roolle de reliques, lesquelles estoient encores à Constantinople, entre les mains dudit Turc; lesquelles choses il offroit au Roy, avec grand' somme d'argent, pourveu que ledit seigneur vousist bien faire garder le frère (2) dudit Turc, lequel estoit en ce royaume entre les mains de ceux de Rhodes, et à présent à Rome ès mains du Pape.

Par toutes les choses dessusdites l'on peut cognoistre le sens et grandeur de nostre Roy, et comme il estoit estimé et honoré par le monde; et comme les choses spirituelles, de dévotion et de religion estoient employées pour luy alonger sa vie, aussi les choses temporelles : toutesfois le tout n'y fit rien, et falloit qu'il passast par là où les autres sont passez. Une grâce luy fit Dieu, car comme il l'avoit créé plus sage, plus libéral et plus vertueux en toutes choses que les autres princes qui régnoient avec luy et de son temps, et qui estoient ses ennemis et voisins, avec ce qu'il les passa en toutes choses, aussi les passa-t-il en longueur de vie, mais ce ne fut de guères : car le duc de Bourgogne Charles, la duchesse d'Austriche sa fille, le roy Edoüard et le duc de Galéas de Milan, le roy Jehan d'Arragon, tous ceux-là estoient morts peu d'années par avant luy; et de la duchesse d'Austriche et du roy Edoüard et de luy, n'y eut comme rien à dire. En tous y avoit du bien et du mal, car ils estoient hommes; mais sans user de nulle flatterie, en luy avoit trop plus de choses appartenantes à office de Roy et de prince qu'en nul des autres. Je les ay presque tous veus et sceu ce qu'ils sçavoient faire; parquoy je ne devine point.

CHAPITRE XI.

Comment le roy Louis XI fit venir vers luy Charles son fils peu avant sa mort, et des commandemens et ordonnances qu'il fit, tant à luy qu'à autres.

En cet an 1483, voulut le Roy voir monseigneur le Dauphin son fils, lequel il n'avoit veu de plusieurs années; car il craignoit qu'il fust veu de guères de gens, tant pour la santé de l'enfant, que de peur que l'on ne le tirast hors de là, et que soubs ombre de luy, quelque assemblée se fist en son royaume : car ainsi avoit-il esté faict de luy contre le roy Charles VII son père, à l'heure qu'il n'avoit que treize ans, par aucuns seigneurs du royaume; et s'appella cette guerre la Praguerie; mais elle ne dura guères, et ne fut qu'un débat de cour.

Entre toutes ces choses il recommanda à son fils monseigneur le Dauphin aucuns serviteurs, et luy commanda expressément de ne changer aucuns officiers, luy alléguant que quand le roy Charles VII son père alla à Dieu, et que luy vint à la couronne, il désapointa tous les bons et notables chevaliers du royaume, et qui avoient aidé et servi sondit père à conquérir la Normandie et Guyenne, et chasser les Anglois hors du royaume, et à le remettre en paix et bon ordre (car ainsi le trouva-il, et bien riche), dont il luy en estoit bien mal pris; car il en eut la guerre appellée le Bien Public (dont j'ay parlé ailleurs), qui cuida estre cause de luy oster la couronne. Bientost après que le Roy eust parlé à monseigneur le Dauphin son fils, et achevé ce mariage (dont j'ay parlé), luy prit la maladie (dont il partit de ce monde) par un lundy, et dura jusques au samedy ensuivant, pénultième d'aoust 1483, et estois présent à la fin de la maladie; parquoy en veux dire quelque chose.

Dès que le mal luy prit il perdit la parole, comme autrefois avoit fait, et quand elle luy fut revenue, se sentit plus foible que jamais n'avoit esté, combien qu'auparavant il l'estoit tant, qu'à grand'peine pouvoit-il mettre la main jusques à la bouche; et estoit tant maigre et deffaict qu'il faisoit pitié à tous ceux qui le

---

(1) Bajazet II; il succéda à Mahomet II, son père, en 1481, et mourut en 1512.

(2) Djemin Zizim, empoisonné en 1494, ainsi qu'on le verra dans la suite de ces Mémoires, livre VII.

voyoient. Ledit seigneur se jugea mort, et sur l'heure il envoya quérir monseigneur de Beaujeu, mary de sa fille, à présent duc de Bourbon, et luy commanda aller au Roy son fils qui estoit à Amboise (ainsi l'appella-il), en luy recommandant le Roy sondit fils, et ceux qui l'avoient servy, et luy donna toute la charge et gouvernement dudit Roy, et luy commanda qu'aucunes gens n'en approchassent, et luy en dit plusieurs bonnes et notables causes; et si en tout ledit seigneur de Beaujeu eust observé ses commandemens, ou à tout le moins en partie (car il y eut quelque commandement extraordinaire, et qui n'estoit de tenir), mais qu'en la généralité il les eût plus gardez, je croy que c'eût esté le profit de ce royaume et le sien particulier, veu les choses advenues depuis.

Après envoya le chancelier, et toute sa sequelle, porter les seaux audit Roy son fils. Luy envoya aussi partie des archers de sa garde, et capitaines, et toute sa vennerie et fauconnerie, et toutes autres choses. Et tous ceux qui le venoient voir, il les envoyoit à Amboise devers le Roy (ainsi l'appelloit-il), leur priant de le servir bien, et par tous luy mandoit quelque chose, et par espécial par Estienne de Vers, lequel avoit nourry ledit Roy nouveau, et servy de premier valet-de-chambre, et l'avoit desjà fait le Roy nostre maistre baillif de Meaux. La parole jamais ne luy faillit depuis qu'elle luy fut revenue, ne le sens, ne jamais ne l'eut si bon, car incessamment se vuidoit, qui luy ostoit toute fumée de la teste. Jamais en toute sa maladie ne se plaignit, comme font toutes sortes de gens quand ils sentent mal. Au moins suis-je de cette nature, et en ay veu plusieurs autres, et aussi l'on dit que le plaindre allége la douleur.

◇◇◇

CHAPITRE XII.

Comparaison des maux et douleurs que souffrit le roy Louys, à ceux qu'il avoit fait souffrir à plusieurs personnes, avec continuation de ce qu'il fit et fut fait envers luy jusques à sa mort.

Incessamment disoit quelque chose de sens, et dura sa maladie (comme j'y dit) depuis le lundy jusques au samedy au soir. Sur ce je veux faire comparaison des maux et douleurs qu'il a fait souffrir à plusieurs, à ceux qu'il a

souffers avant mourir, pour ce que j'ay espérance qu'ils l'auront mené en paradis, et que ce aura esté partie de son purgatoire; et s'ils n'ont esté si grands ne si longs comme ceux qu'il a fait souffrir à plusieurs; aussi avoit-il autre et plus grand office en ce monde qu'ils n'avoient, et si jamais n'avoit souffert der sa personne, mais tant avoit esté obéy, qu'il sembloit que toute l'Europe ne fût faite que pour luy porter obéissance; parquoy ce petit qu'il souffroit contre sa nature et accoustumance, luy estoit plus grief à porter.

Tousjours avoit espérance en ce bon hermite, qui estoit au Plessis, dont j'ay parlé, qu'il avoit fait venir de Calabre; et incessamment envoyoit devers luy, disant que s'il vouloit il luy allongeroit bien sa vie; car nonobstant toutes ces ordonnances, qu'il avoit faites de ceux qu'il avoit envoyez devers monseigneur le Dauphin son fils, si luy revint le cœur, et avoit bien espérance d'échapper; et si ainsi fût advenu, il eût bien départy l'assemblée qu'il avoit envoyée à Amboise à ce nouveau Roy. Et pour cette espérance qu'il avait audit hermite, fut avisé par un certain théologien et autres, qu'on luy déclareroit qu'il s'abusoit, et qu'en son faict n'y avoit plus d'espérance qu'à la miséricorde de Dieu; et qu'à ces paroles se trouveroit présent son médecin, maistre Jacques Cothier (1), en qui il avoit toute espérance, et à qui chacun mois il donnoit dix mille escus, espérant qu'il luy allongeroit la vie. Et fut prise cette conclusion par maistre Olivier et ledit maistre Jacques médecin, afin que de tous points il pensast à sa concience, et qu'il laissast toutes autres pensées, et ce saint-homme en qui il se fioit.

Et tout ainsi qu'il avoit haussé ledit maistre Olivier et autres, trop à coup, et sans propos, en estat plus grand qu'il ne leur appartenoit; aussi tout de mesme prirent charge sans crainte de dire chose à un tel prince, qui ne leur appartenoit pas, ny ne gardèrent la révérence et humilité qu'il appartenoit au cas, comme eussent fait ceux qu'il avoit de long-temps nourris, et lesquels peu auparavant il avoit esloignez de luy pour ses imaginations; mais tout ainsi qu'à deux grands personnages qu'il avoit fait mourir de son temps (dont de l'un fit conscience à son trespas, et de l'autre non, ce fut du duc de Nemours et du comte de Sainct-Paul), fut signifiée la mort par commissaires députez à ce faire; lesquels commissaires en briefs mots leur déclarèrent leur sentence, et baillèrent confesseur

---

(1) Il signait *Coittier*. Il fut recherché après la mort du Roi, pour les dons immenses qu'il en avait reçus, et il ne se tira d'affaires qu'en faisant au roi Charles VIII un prêt gratuit de cinquante mille écus.

pour disposer de leurs consciences, en peu d'heures, qui leur fut baillée à ce faire ; tout ainsi signifièrent à nostre Roy les dessusdits sa mort en briefves paroles et rudes, disans : « Sire, » il faut que nous nous acquitions, n'ayez plus » d'espérance en ce sainct homme, ny en autre » chose, car seurement il est fait de vous, et » pour ce pensez à vostre conscience, car il n'y » a nul remède. » Et chacun dit quelque mot assez brief, ausquels il respondit : « J'ay espé- » rance que Dieu m'aidera, car par aventure » je ne suis pas si malade comme vous pen- » sez. »

Quelle douleur luy fut d'ouïr cette nouvelle et cette sentence! car onneques homme ne craignit plus la mort, et ne fit tant de choses pour y cuider mettre remède, comme luy ; et avoit tout le temps de sa vie prié à ses serviteurs, et à moy comme à d'autres, que si on le voyoit en nécessité de mort, que l'on ne luy dit, fors tant seulement, *Parlez peu*; et qu'on l'émeust seulement à soy confesser, sans luy prononcer ce cruel mot de la mort ; car il luy sembloit n'avoir pas le cœur pour ouyr une si cruelle sentence; toutesfois il l'endura vertueusement, et toutes autres choses, jusques à la mort, et plus que nul homme que jamais j'aye veu mourir. A son fils qu'il appelloit roy, manda plusieurs choses et se confessa très-bien, et dit plusieurs oraisons servans à ce propos, selon les sacremens qu'il prenoit, lesquels luy-mesme demanda ; et comme j'ay dit, il parloit aussi sec comme si jamais n'eust esté malade ; parloit de toutes choses qui pouvoient servir au Roy son fils, et dit entre autres choses, qu'il vouloit que le sieur des Cordes ne bougeât d'avec le Roy son fils de six mois, et qu'on le priât de ne mener nulle pratique sur Calais, ny ailleurs, disant qu'il estoit conclu avec luy de conduire telles entreprises, et à bonne intention pour le Roy et pour le royaume ; mais qu'elles estoient dangereuses, et par espécial celle de Calais, de peur d'émouvoir les Anglois ; et vouloit sur toutes choses, qu'après son trespas on tinst le royaume en paix cinq ou six ans : ce que jamais n'avoit peu souffrir en sa vie. Et à la vérité dire, le royaume en avoit bon besoin ; car combien qu'il fût grand et estendu, si estoit-il bien maigre et pauvre, et par espécial pour les passages des gens-d'armes, qui se remuoyent d'un pays en un autre, comme ils ont fait depuis et beaucoup pis. Il ordonna qu'on ne prist pas de débat en Bretagne, et qu'on laissast vivre le duc François en paix, et sans luy donner doute ne craintes, et semblablement tous les voisins du royaume, afin que le Roy et le royaume peussent de-meurer en paix jusques à ce que le Roy fût grand et en âge pour en disposer à son plaisir.

Voilà donc comment peu discrètement luy fut signifiée cette mort. Ce que j'ay bien voulu réciter, pour ce qu'en un article précédent j'ay commencé à faire comparaison des maux qu'il avoit fait souffrir à aucuns, et à plusieurs qui vivoient sous luy, et en son obéissance, avec ceux qu'il souffrit avant sa mort, afin que l'on voye s'ils n'estoient si grands ne si longs (comme j'ay dit audit article) ; si estoient-ils bien grands, veu sa nature, qui plus demandoit obéissance que nul autre en son temps, et qui plus l'avoit eue : parquoy un petit mot de response contre son vouloir luy estoit bien grande punition de l'endurer. J'ay parlé comme luy fut signifiée et prononcée peu discrètement la mort ; mais quelques cinq ou six mois devant cette mort, il avoit suspicion de tous hommes et spécialement de tous ceux qui estoient dignes d'avoir authorité. Il avoit crainte de son fils, et le faisoit estroitement garder ; ne nul homme ne le voyoit, ne parloit à luy, sinon par son commandement. Il avoit doute à la fin de sa fille et de son gendre, à présent duc de Bourbon, et vouloit sçavoir quelles gens entroyent au Plessis quand eux ; et à la fin rompit un conseil, que le duc de Bourbon, son gendre, tenoit léans par son commandement.

A l'heure que sondit gendre et le comte de Dunois (1) revinrent de remener l'ambassade qui estoit venue aux nopces du Roy son fils, et de la Reyne, à Amboise, et qu'ils retournèrent au Plessis, et entrèrent beaucoup de gens avec eux, ledit seigneur, qui fort faisoit garder les portes, estant en la galerie qui regarde en la cour dudit Plessis, fit appeler un de ses capitaines des gardes, et luy commanda aller taster aux gens des seigneurs dessusdits, voir s'ils n'avoyent point de brigandines sous leurs robes, et qu'il le fist comme en devisant à eux, sans trop en faire de semblant. Or, regardez s'il avoit fait vivre beaucoup de gens en suspicion et crainte sous luy, s'il en estoit bien payé, et de quelles gens il pouvoit avoir seureté, puis que de son fils, fille et gendre il avoit suspicion. Je ne le dis point pour luy seulement, mais pour tous autres seigneurs qui désirent estre craints, jamais ne se sentent de la revanche jusques à la vieillesse, car pour la pénitence ils craignent tout homme. Et quelle douleur estoit à ce Roy d'avoir telle peur et telles passions?

Il avoit son médecin, appelé maistre Jacques Cottier, à qui en cinq mois il donna cinquante

(1) Il était fils du fameux Dunois, bâtard d'Orléans.

quatre mille escus comptans (qui estoit à la raison de dix mille escus le mois, et quatre mille par dessus), et l'évesché d'Amiens pour son neveu, et autres offices (1), et terres pour luy et pour ses amis. Ledit médecin luy estoit si très-rude, que l'on ne diroit point à un valet les outrageuses et rudes parolles qu'il luy disoit ; et si le craignoit tant ledit seigneur, qu'il ne l'eût osé envoyer hors d'avec luy ; et si s'en plaignoit à ceux à qui il en parloit ; mais il ne l'eût osé changer, comme il faisoit tous autres serviteurs, pour ce que ledit médecin luy disoit audacieusement ces mots : *Je sçay bien qu'un matin vous m'envoyerez comme vous faites d'autres ; mais par la.......* (un grand serment qu'il juroit) *vous ne vivrez point huict jours après.* De ce mot là s'épouvantoit tant, qu'après ne le faisoit que flatter et lui donner ; qui luy estoit un grand purgatoire en ce monde, veu la grande obéissance qu'il avoit euë de toutes gens de bien, et de grands hommes.

Il est vray que le Roy nostre maistre avoit fait de rigoureuses prisons, comme cages de fer, et autres de bois, couvertes de plaques de fer par le dehors et par le dedans, avec terribles ferrures de quelques huict pieds de large, et de la hauteur d'un homme, et un pied plus. Le premier qui les dévisa, fut l'évesque de Verdun (2), qui en la première qui fut faite, fut mis incontinent, et ay couché quatorze ans. Plusieurs depuis l'ont maudit, et moy aussi, qui en ay tasté, sous le Roy de présent, l'espace de huict mois. Autrefois avoit fait faire à des Allemans des fers très-pesans et terribles, pour mettre aux pieds, et y estoit un anneau, pour mettre au pied, fort malaisé à ouvrir, comme à un carquan, la chaîne grosse et pesante, et une grosse boule de fer au bout, beaucoup plus pesante que n'estoit de raison, et les appelloit-l'on les fillettes du Roy. Toutesfois j'ay veu beaucoup de gens de bien prisonniers les avoir aux pieds, qui depuis en sont saillis à grand honneur et à grand joye, et qui depuis ont eu de grands biens de luy ; et entre les autres, un fils de monseigneur de la Grutuse de Flandres, pris en bataille ; lequel ledit seigneur maria et fit son chambelan, et sénéschal d'Anjou, et luy bailla cent lances. Aussi au seigneur de Piennes, prisonnier de guerre, et audit seigneur de Vergy. Tous deux ont eu gens-d'armes de luy, et ont esté ses chambelans, ou de son fils et autres gros estats ; et autant à monseigneur de Rochefort, frère du connestable, et à un appelé Roquebertin, du pays de Catalogne, semblablement prisonnier de guerre, à qui il fit de grands biens, et plusieurs autres, qui seroient trop longs à nommer, et de diverses contrées.

Or cecy n'est pas nostre matière principale, mais faut revenir à dire qu'ainsi comme de son temps furent trouvées ces mauvaises et diverses prisons, tout ainsi, avant mourir, il se trouva en semblables, et plus grandes prisons, et aussi plus grande peur il eut que ceux qu'il y avoit tenus ; laquelle chose je tiens à très-grande grâce pour luy, et pour partie de son purgatoire, et le dis ainsi pour monstrer qu'il n'est nul homme de quelque dignité qu'il soit, qui ne souffre, ou en secret, ou en public, et par espécial ceux qui font souffrir les autres. Ledit seigneur, vers la fin de ses jours, fit clorre tout à l'entour sa maison du Plessis-les-Tours, de gros barreaux de fer, en forme de grosses grilles; et aux quatre coins de sa maison, quatre moineaux de fer, bons, grands et espais. Lesdites grilles estoient contre le mur, du costé de la place, de l'autre part du fossé ; car il estoit à fond de cuve, et y fit mettre plusieurs broches de fer, massonnées dedans le mur, qui avoient chacune trois ou quatre pointes, et les fit mettre fort près l'un de l'autre. Et davantage ordonna dix arbalestriers à chacun des moyneaux, dedans lesdits fossez, pour tirer à ceux qui en approcheroient avant que la porte fut ouverte, et vouloit qu'ils couchassent ausdits fossez et se retirassent ausdits moineaux de fer. Il entendoit bien que cette fortification ne suffisoit pas contre grand nombre de gens, ne contre une armée ; mais de cela il n'avoit point peur ; seulement craignoit-il que quelque seigneur, ou plusieurs, ne fissent une entreprise de prendre la place de nuict, demy par amour, et demy par force, avec quelque peu d'intelligence, et que ceux-là prissent l'authorité, et le fissent vivre comme homme sans sens, et indigne de gouverner.

La porte du Plessis ne s'ouvroit qu'il ne fût huict heures du matin, ny ne baissoit-on le pont jusques à ladite heure ; et lors y entroient les officiers, et les capitaines des gardes mettoient les portiers ordinaires ; et puis ordonnoient leur guet d'archers, tant à la porte que parmy la cour, comme en une place frontière estroitement gardée ; et n'y entroit nul que par le guichet, et que ce ne fût du sceu du Roy, excepté quelque maistre d'hostel, et gens de cette sorte, qui n'alloient point devers luy. Est-il donques possible de tenir un Roy, pour le garder plus honnestement, et en estroite prison, que luy mesme

---

(1) Il fut premier président de la chambre des comptes de Paris ; dignité qui ne se donnait alors qu'à un seigneur d'une grande naissance.

(2) Guillaume de Haraucourt.

se tenoit? Les cages où il avoit tenu les autres, avoient quelques huict pieds en quarré, et luy qui estoit si grand roy, avoit une petite cour de chasteau à se pourmener, encore n'y venoit-il guères, mais se tenoit en la galerie, sans partir de là, sinon par les chambres, et alloit à la messe, sans passer par ladite cour. Voudroit-l'on dire que ce Roy ne souffrit pas aussi bien que les autres? qui ainsi s'enfermoit, et se faisoit garder, qui estoit ainsi en peur de ses enfans, et de tous ses prochains parens, et qui changeoit et muoit de jour en jour ses serviteurs qu'il avoit nourris, et qui ne tenoient bien en honneur que de luy, tellement qu'en nul d'eux ne s'osoit fier, et s'enchaînoit ainsi de si estranges chaînes et clostures? Il est vray que le lieu estoit plus grand que d'une prison commune, aussi estoit-il plus grand que prisonniers communs.

On pourroit dire que d'autres ont esté plus suspicionneux que luy; mais ce n'a pas esté de nostre temps, ne par-aventure homme si sage que luy, ne qui eût si bons subjets; et avoient ceux-là par aventure esté cruels et tyrans; mais cestui-cy n'a fait mal à nul, qui ne luy eust fait quelque offense. Je n'ay point dit ce que dessus, pour seulement parler des suspicions de nostre Roy, mais pour dire que la patience, qu'il a portée en ses passions, semblables à celles qu'il a fait porter aux autres, je la répute à punition, que nostre Seigneur luy a donnée en ce monde, pour en avoir moins en l'autre, tant és choses dont j'ay parlé, comme en ses maladies, bien grandes, et douloureuses pour luy, et qu'il craignoit beaucoup, avant qu'elles luy advinssent, et aussi à fin que ceux qui viendront après luy, soient un peu plus piteux au peuple, et moins aspres à punir qu'il n'avoit esté: combien que je ne luy veux pas donner charge, ne dire avoir veu meilleur prince. Il est vray qu'il pressoit ses subjets, toutesfois il n'eût point souffert qu'un autre l'eût fait, ne privé, ny estrange.

Après tant de peur, et de suspicions et douleurs, nostre Seigneur fit miracle sur luy, et le guérit tant de l'ame que du corps, comme tousjours a accoustumé, en faisant ses miracles, car il l'osta de ce misérable monde en grande santé de sens et d'entendement, et bonne mémoire, ayant receu tous ses sacremens, sans souffrir douleur que l'on cogneut, mais tousjours parlant jusques à une patenostre avant sa mort. Ordondonna de sa sépulture, et nomma ceux qu'il vouloit qu'ils l'accompagnassent par chemin, et disoit qu'il n'espéroit à mourir qu'au samedy, et que Nostre Dame luy procureroit cette grâce, en qui tousjours avoit eu fiance et grande dévotion et prière; et tout ainsi luy en advint, car il décéda le samedy, pénultième jour d'aoust, l'an 1483, à huict heures du soir, audit lieu du Plessis, où il avoit pris la maladie le lundy de devant. Nostre Seigneur ait son ame, et la veuille avoir receuë en son royaume de Paradis.

CHAPITRE XIII.

Discours sur la misère de la vie des hommes, et principalement des princes, par l'exemple de ceux du temps de l'autheur, et premièrement du roy Louys.

Peu d'espérance doivent avoir les pauvres et menuës gens au faict de ce monde, puisqu'un si grand Roy y a tant souffert et travaillé, et puis laissé tout, et ne put trouver une seule heure pour esloigner sa mort, quelque diligence qu'il y ait sceu faire. Je l'ay cognu, et ay esté son serviteur à la fleur de son aage, et en ses grandes prosperitez; mais je ne le vis onques sans peine et sans soucy. Pour tout plaisir il aimoit la chasse, et les oiseaux en leur saison, mais il n'y prenoit point tant de plaisir comme aux chiens. Des dames, il ne s'en est point meslé, tant que j'ay esté avec luy, car à l'heure de mon arrivée luy mourut un fils nommé Joachim, né l'an quatorze cent cinquante-neuf, dont il eut grand dueil: et fit lors vœu à Dieu, en ma présence, de jamais ne toucher à femme qu'à la Reyne sa femme, et combien qu'ainsi le devoit faire selon l'ordonnance de l'Eglise, si fut-ce grand'chose, à en avoir tant à son commandement, de persévérer en cette promesse; veu encores que la Reyne n'estoit point de celles où on devoit prendre grand plaisir, mais au demeurant fort bonne dame. Encores en cette chasse avoit presqu'autant d'ennui que de plaisir, car il y prenoit grande peine, pour autant qu'il couroit les cerfs à force, et se levoit fort matin, et alloit aucunesfois loin, et ne laissoit point cela pour nul temps qu'il fist; et ainsi s'en retournoit aucunesfois bien las, et presque tousjours courroucé à quelqu'un; car c'est un mestier qui ne se conduit pas tousjours au plaisir de ceux qui le meinent; toutesfois il s'y connoissoit mieux que nul homme qui ait regné de son temps, selon l'opinion de chacun. A cette chasse estoit sans cesse, et logé par les villages, jusques à ce qu'il venoit quelques nouvelles de la guerre, car presque tous les estez il y avoit quelque chose entre le duc Charles de Bourgogne et luy, et ils faisoient trefves tout l'hyver.

Aussi il eut plusieurs affaires, pour cette comté

de Roussillon, contre le roy Jehan d'Arragon, père, du roy d'Espagne, qui règne de présent; car combien qu'ils fussent fort pauvres et troublez, avec leurs subjets, comme ceux de Barcelone et autres, et que le fils n'eût rien (mais il attendoit la succession du roy dom Henry de Castille, frère de sa femme, laquelle depuis luy est advenuë), toutesfois ils luy faisoient grande résistance; car ils avoient des cœurs des subjets dudit pays de Roussillon, lequel cousta fort cher au Roy et au royaume, car il y mourut, et s'y perdit maint homme de bien et y despendit grand argent, car cette guerre dura longuement. Ainsi le plaisir qu'il prenoit, estoit peu de temps en l'an, et en grand travail de sa personne, comme j'ay dit. Le temps qu'il reposoit, son entendement travailloit; car il avoit affaire en tant de lieux que merveille; et se fut aussi volontiers empesché des affaires de ses voisins comme des siens, et mis gens en leurs maisons, et départy les authoritez d'icelles. Quand il avoit la guerre il désiroit paix ou trefve; quand il avoit la paix ou la trefve, à grande peine les pouvoit-il endurer. De maintes menuës choses de son royaume se mesloit, dont il se fut bien passé; mais sa complexion estoit telle, et ainsi vivoit. Aussi sa mémoire estoit si grande qu'il retenoit toutes choses, et cognoissoit tout le monde, et en tous pays, et à l'entour de luy.

A la vérité il sembloit mieux pour secourir et seigneurier un monde qu'un royaume. Je ne parle point de sa grande jeunesse, car je n'estois point avec luy: mais en l'aage d'onze ans par aucuns seigneurs et autres du royaume, il fut embroüillé contre le roy Charles VII son père, en une guerre qui peu dura, appelée la Praguerie. Quand il fut homme, il fut marié à une fille d'Escosse (1) à son déplaisir, et tant qu'elle vesquit il y eut regret, et après pour les bendes et broüillis de la maison du Roy son père, il se retira au Dauphiné (qui estoit sien) où beaucoup de gens de bien le suivirent, et plus qu'il n'en pouvoit nourrir. Luy estant en Dauphiné, il se maria avec la fille du duc de Savoie (2), et tost après ce mariage il eut débat avec son beau-père, et se firent très-aspres guerres. Le roy Charles son père, voyant son fils trop accompagné de gens de bien et de gens-d'armes, à son gré, délibéra d'y aller en personne, en grand nombre de gens et de l'en mettre dehors; et se mit en chemin, et prit peine d'en retirer plusieurs, en leur commandant comme à ses subjects, et sur les peines accoustumées, se retirer devers luy. A quoy plusieurs obéyssoient, au grand desplaisir du Roy nostre maistre, lequel voyant le courroux de son père, nonobstant qu'il fust fort, se délibéra partir de là et luy laisser le pays, et s'en alla par la Bourgogne, avec peu de gens, devers le duc Philippe de Bourgogne; lequel à grand honneur le recueillit, et luy départit de ses biens et à ses principaux serviteurs, comme le comte de Comminges, le seigneur de Montauban, et autres, par forme de pension, par chascun an, et fit, durant le temps qu'il y fut, dons à ses serviteurs.

Toutesfois à la despense qu'il faisoit de tant de gens qu'il avoit, l'argent lui failloit souvent, qui luy estoit grande peine et soucy, et lui en falloit chercher ou emprunter, ou ses gens l'eussent laissé, qui est grande angoisse à un prince qui ne l'a point accoustumé. Et par ainsi n'estoit point sans peine en cette maison de Bourgogne, et luy falloit entretenir le prince et ses principaux gouverneurs, de peur qu'on ne s'ennuyast de luy, à y estre tant, car il y fut six ans, et incessamment le Roy son père y envoyoit ambassadeurs pour l'en mettre hors, ou qu'il luy fût renvoyé. Et en cela vous pouvez penser qu'il n'estoit point oisif, et sans grandes pensées et soucy. Or donc, en quel temps pourroit-l'on dire qu'il eût eu joye ne plaisir, à voir toutes les choses dessusdites? Je croy que depuis son enfance il n'eut jamais que tout mal en travail jusques à la mort. Et suis certain que si tous les bons jours qu'il a eus en sa vie, esquels il a eu plus de joye et de plaisir que de travail et d'ennuy, estoient bien nombrez, qu'il s'en trouveroit bien peu et me semble qu'il s'en trouveroit bien vingt de peine et de travail, contre un de plaisir et d'aise. Il vesquit environ soixante-un ans; toutesfois il avoit tousjours imagination de ne passer point soixante ans, et disoit que depuis long-temps roi de France ne les passa, aucuns veulent dire depuis Charles-le-Grand: toutesfois le Roy nostredit maistre fut bien avant au soixante et unième.

Le duc Charles de Bourgogne, quel aise ne quel plaisir sçauroit-on dire qu'il ait eu plus grand que nostre Roy, dont j'ay parlé? Il est vray qu'en sa jeunesse il eut peu de soucy, car il n'entreprit rien qu'il n'eust environ 22 ans, et jusques-là vesquit sain et sans trouble. Alors commença se troubler avec les gouverneurs de son père, lesquels sondit père soustint, pourquoy le fils s'absenta de sa présence, et s'en alla tenir en Hollande, où il fut bien recueilly; et prit intelligence avec ceux de Gand, et par fois

---

(1) Marguerite, fille de Jacques Ier, roi d'Ecosse, mariée en 1436.

(2) Charlotte, fille de Louis, duc de Savoye.

y venoit ; il n'avoit rien de son père, mais ce pays de Hollande estoit fort riche et luy faisoit de grand dons, et plusieurs grosses villes des autres pays, pour l'espérance qu'ils avoient d'acquérir sa grâce, pour le temps advenir; qui est coustume générale, que tousjours on complaist plus aux gens de qui on espère la puissance et authorité accroistre, pour le temps advenir, que l'on ne fait pour celuy qui est jà en tel degré, qu'il ne peut monter plus haut ; et y est l'amour plus grande, par espécial entre le peuple. C'est pourquoy le duc Philippe, quand on luy disoit que les Gandois aimoient tant son fils et qu'il les sçavoit si bien conduire, respondoit qu'ils avoient tousjours bien aimé leur seigneur avenir; mais depuis qu'il estoit seigneur, ils le haïssoient. Et ce proverbe fut véritable ; car oncques puis que le duc Charles fut seigneur, ils ne l'aimèrent et lui montrèrent bien, comme j'ay dit ailleurs; et aussi de son costé ne les aimoit point ; mais à ce qui est descendu de luy, ils ont fait plus de dommage qu'ils n'eussent sceu faire à luy.

Pour tousjours continuer mon propos, depuis que le duc Charles entreprit la guerre pour les terres de Picardie, que nostre maistre avoit rachetées de son père le duc Philippe, et qu'il se fut mis avec les autres seigneurs du royaume, en cette guerre du Bien Public, quel aise eut-il depuis ? Il eut tousjours travail, sans nul plaisir, et de sa personne et de l'entendement; car la gloire lui monta au cœur, et l'esmeut de conquérir tout ce qui luy estoit bien séant. Tous les estez tenoit les champs, en grand péril de sa personne, et prenoit tout le soin et la cure de l'ost, et n'en avoit pas encore assez à son gré. Il se levoit le premier et se couchoit le dernier, tout vestu comme le plus pauvre de son ost. S'il se reposoit aucun hyver, il faisoit ses diligences de trouver argent. A chacun jour il besognoit dès six heures du matin, et prenoit grande peine à recuillir et oüyr grand nombre d'ambassadeurs ; et en ce travail et misère finit ses jours, et fut tué des Suisses devant Nancy, comme avez veu devant. Et ne pourroit-l'on dire qu'il eût jamais eu un bon jour, depuis qu'il commença à entreprendre de se faire plus grand, jusques à son trespas. Quel acquest a-il eu en ce labeur ? Ne quel besoin en avoit-il ? luy qui estoit si riche seigneur, et avoit tant de belles villes et seigneuries en son obéissance, où il eust esté si aise s'il eût voulu.

Après faut parler du roy Edoüard d'Angleterre, qui a esté très-grand roy et puissant. En sa très-grande jeunesse, il vit son père le duc d'Yorck desconfit, et mort en bataille, et avec luy le père du comte de Warvic. Cedit comte de Warvic gouvernoit le roy Edoüard en sa jeunesse, et conduisoit ses affaires. A la vérité dire, il le fit roy, et fut cause de deffaire son roy Henry, qui plusieurs ans avoit régné en Angleterre, lequel (selon mon jugement et selon le monde) estoit vray Roy. Mais de telles causes, comme de royaume et grandes seigneuries, nostre seigneur les tient en sa main et en dispose, car tout vient de luy. La cause pourquoy le comte de Warvic servoit la maison d'Yorck, contre le roy Henry de Lanclastre, étoit pour une bende ou partialité qui estoit en la maison dudit roy Henry, qui n'estoit guères sage ; et la Reyne sa femme, laquelle estoit de la maison d'Anjou, fille du roy René de Cecile, prit le party du duc de Sombresset contre le comte de Warvic : car tous avoient tenu ledit roy Henry, et son père, et grand-père, pour roys. Ladite dame eût mieux fait beaucoup de faire office de juge ou de médiateur entre les parties, que de dire : *Je soustiendray cette part*, comme il apparut ; car ils en eurent maintes batailles en Angleterre, et en dura la guerre vingt et neuf ans, et fin de compte, le tout y mourut, quasi d'une part et d'autre. Et pour parler des bendes et partialitez, elles sont très-périlleuses, et mesmement quant aux nobles, enclins à les nourrir et entretenir. Mais l'on dit que par-là ils sçauront des nouvelles, et tiendront les deux parties en crainte. Je m'accorderay assez qu'un jeune Roy le fasse entre les dames; car il en aura du passe-temps, et du plaisir assez, et sçaura des nouvelles d'entre elles ; mais nourrir les partialitez entre les hommes, comme princes et gens de vertus et de courage, il n'est rien plus dangereux. C'est allumer un feu en sa maison ; car tantost l'un ou l'autre dira : *Le roy est contre nous*, et puis pensera de se fortifier, et de s'accointer de ses ennemis. Au fort, les bendes d'Orléans et de Bourgogne les en doivent avoir faits sages. La guerre en dura soixante et deux ans, les Anglois meslez parmy, qui en cuidèrent posséder le royaume.

A revenir à nostre roy Edoüard, il estoit fort jeune, et beau prince entre les beaux du monde. A l'heure qu'il fut de tous points au-dessus de ses affaires, il ne complut qu'à son plaisir et aux dames, festes, banquets et aux chasses, et me semble que ce temps luy dura bien seize ans, ou environ, jusques à ce que le différend dudit comte de Warvic, et de luy, commença. Et combien que ledit Roy fust jetté hors du royaume, si ne dura ledit débat guères ; car il retourna et obtint la victoire, et après prit ses plaisirs plus que devant, ne craignant personne, et se fit fort gras et plein, et en fleur d'âge le vin-

11.

drent à ronger ses excez, et mourut assez soudainement (comme j'ay dit) d'une apoplexie, et perdit sa lignée, et le royaume après luy, comme avez oüy, quant aux enfans masles.

En nostre temps ont aussi régné deux vaillans et sages princes, c'est à sçavoir le roy de Hongrie Mathias, et Mahomet Ottoman, empereur des Turcs. Ledit roy Mathias estoit fils d'un très-vaillant chevalier, appellé le chevalier Blanc de la Walacquie, gentil-homme de grand sens et vertus, qui longuement gouverna ce royaume de Hongrie, et eut maintes belles victoires contre les Turcs, qui sont voisins dudit royaume, à cause des seigneuries qu'ils ont usurpées en Grèce et Esclavonie. Et tost après son décès, vint en aage d'homme le roy Lancelot (1), à qui ledit royaume appartenoit, avec Behaigne et Poullaine (2). Cestuy-là se trouva conseillé par aucuns (comme l'on dit) de prendre les deux fils dudit chevalier Blanc, disant que leur père avoit trop de maistrise et de seigneurie audit royaume, durant son enfance, et que les enfans (qui estoient bons personnages) pourroient bien vouloir faire comme luy. Parquoy conclud ledit roy Lancelot, de les faire prendre tous deux, ce qu'il fit, et incontinent fit mourir l'aisné, et ledit Mathias (3) mettre en prison à Bude, principale ville de Hongrie; mais il n'y fut guères, et peut-estre que nostre seigneur eut agréables les services de son père, car tost après ledit roy Lancelot, fut empoisonné à Prague en Behaigne, par une femme de bonne maison (et en ay veu le frère) de laquelle il estoit amoureux, et elle de luy, tellement que comme malcontente de ce qu'il se marioit en France avec la fille du roy Charles VII (4), de présent appelée la princesse de Viane (qui estoit contre ce qu'il luy avoit promis), elle l'empoisonna en un baing, en luy donnant à manger d'une pomme, et mit la poison au manche du cousteau. Incontinent que fut mort ledit roy Lancelot (5), les barons de Hongrie s'assemblèrent audit Bude, pour faire élection de roy, suivant l'usage et privilége qu'ils ont d'eslire quand leur roy meurt sans enfans; et estans là en hayne et grande division entre eux, pour cette dignité, survint en la ville la veufve dudit chevalier Blanc, et mère dudit Mathias, bien fort accompagnée : car elle estoit riche femme d'argent comptant que son mary avoit laissé, parquoy elle avoit pu faire grands amas soudainement, et croy bien qu'elle avoit bonne intelligence en cette compagnie, et en la ville, veu le crédit et authorité que son mary avoit eu audit royaume. Elle tira en la prison, et mit son fils dehors. Partie des barons et prélats, qui estoient là assemblez pour faire leur roy, s'enfuirent de peur. Les autres créèrent ledit Mathias roy, lequel a régné audit royaume en grande prospérité, et autant loué et prisé que nul roy qui ait régné long-temps a, et plus en aucunes choses. Il a esté des plus vaillans hommes qui ayent régné de son temps, et a gagné de grandes batailles contre les Turcs de son temps, qui durant son règne n'ont en rien endommagé le royaume ; mais il l'a augmenté, tant de leur costé qu'en Bohême (dont il tenoit la pluspart) et en Walaquie, dont il estoit, et en Esclavonie, et du costé d'Allemagne, prit la pluspart d'Austriche sur l'empereur Frédéric, qui vit encores, et l'a possédée jusques à la mort, qui fut en la ville de Vienne, chef du pays d'Austriche, en cet an 1491. Il estoit Roy qui gouvernoit aussi sagement ses affaires en temps de paix comme en temps de guerre. Sur la fin de ses jours, et se voyant sans crainte d'ennemis, il est devenu fort pompeux et triomphant roy en sa maison, et fit grands amas de beaux meubles, bagues et vaisselles pour parer sa maison. Toutes choses dépeschoit de soy, ou par son commandement. Il se faisoit fort craindre : car il devint cruel, et puis tomba en griefve maladie incurable, en assez jeune aage, comme de vingt et huict ans ou environ; il est mort (6) ayant eu toute sa vie labeur et travail, et trop plus que de plaisirs.

Le Turc (que devant ay nommé) a esté sage et vaillant prince (7), plus usant de sens et de cautelle, que de valleur et hardiesse. Vray est que son père le laissa bien grand, et fut vaillant prince, et prit Adrianopoli, qui vaut à dire ville d'Adrian. Celuy dont je parle, prit en l'aage de vingt-trois ans Constantinople, qui vaut à dire cité de Constantin. Je l'ay veu peinct de cet aage, et sembloit bien qu'il fust homme de grand esprit. Ce fut une grande honte à tous les Chrestiens de la laisser perdre. Il la prit d'assaut, et fut tué à la brèche l'empereur de

---

(1) Ladislas VI, qui ne commença à régner en Hongrie qu'en 1491 ; nous avons déjà fait remarquer que Comines termina ses Mémoires sur Louis XI avant la fin de l'année 1492. On a ici la preuve qu'il y travaillait encore en 1491.

(2) La Bohême et la Pologne.

(3) Mathias Corvin, fils de Jean Hunniades, fut élu roi de Hongrie à l'âge de dix-huit ans, après la mort de Ladislas V, environ l'an 1457.

(4) Magdeleine, fille du roi Charles VII, mariée depuis à Gaston de Foix.

(5) Ce Lancelot, dont on raconte ici la mort, est le même que Ladislas V de nom.

(6) Il a vécu cinquante ans, sur lesquels il a régné trente deux.

(7) Mahomet II.

l'Orient (1), que nous appelons de Constantinople, et maints autres hommes de bien ; maintes femmes forcées de grandes et nobles maisons, nulle cruauté ne demeura à y estre faicte. Ce fut son premier exploict, il a continué à faire ces grandes choses, tellement que j'ouys une fois dire à un ambassadeur vénitien, devant le duc Charles de Bourgogne, qu'il avoit conquis deux empires, quatre royaumes, et deux cens citez. Il vouloit dire de Constantinople, et de celuy de Trébisonde; les royaumes de la Bossène (2), la Surie (3), et Arménie. Je ne sçay s'il prenoit la Morée pour un. Il a conquis maintes belles isles de mer en cet Archipel, où est ladite Morée (les Vénitiens y tenoient encores deux places), aussi l'isle de Nègrepont et de Méthelin ; et aussi a conquis presque toute l'Albanie et l'Esclavonie. Et si ses conquestes ont esté grandes sur les chrestiens, aussi ont-elles esté sur ceulx de sa loy propre, et y a destruit maint grand seigneur, comme le Carmain et autres.

La pluspart de ses œuvres il les conduisoit de luy et de son sens; si faisoit nostre roy, et aussi le roy de Hongrie, et ont esté les trois plus grands hommes qui ayent régné depuis cent ans ; mais l'honnesteté et forme de vivre de nostre roy, et les bons termes qu'il tenoit aux gens privez et estrangiers, a esté tout autre, et meilleur que des deux autres, aussi estoit-il roy très-chrestien. Quant aux plaisirs du monde, ce turc en a pris à cœur saoul, et y a usé grande partie de son temps, et eût encore fait plus de maux qu'il n'a, s'il ne se fût tant occupé au vice de la chair. Il estoit gourmand outre mesure. Aussi les maladies luy sont venues tost, et selon la vie: car il luy prit une enfleure de jambes, comme j'ay ouy dire à ceux qui l'ont veu, et luy venoit au commencement de l'esté qu'elles grossissoient comme un homme par le corps, et n'y avoit nulle ouverture, et puis s'en alloient; ny jamais chirurgien ne sceut entendre ce que c'estoit, mais disoit-on que sa grande gourmandise y aidoit bien, et que ce pouvoit estre quelque punition de Dieu. Et ce qu'il se laissoit si peu voir, et se tenoit tant clos en son sérail, estoit afin que l'on ne le cognut si deffaict, et qu'à cette occasion ne l'eussent tant en mespris. Il est mort en l'aage de cinquante et deux ans ou environ, assez soudainement: toutesfois il fit testament, lequel j'ay veu, et fit conscience d'un impost que nouvellement il avoit mis sur ses sujets, si ledit testament est vray. Or, regardez que doit faire un prince chrétien, qui n'a authorité fondée en raison, de rien imposer sans le congé et permission de son peuple.

CONCLUSION DE L'AUTHEUR.

Or, voyez-vous la mort de tant de grands hommes, en si peu de temps, qui tant ont travaillé pour s'accroistre, et pour avoir gloire, et tant en ont souffert de passions et de peines, et abrégé leur vie, et par aventure leurs ames pourront souffrir. Et cecy ne parle point dudit Turc, car je tiens ce point pour vuidé, et qu'il est logé avec ses prédécesseurs. De nostre roy j'ay espérance (comme j'ay dit) que nostre Seigneur ait eu miséricorde de luy, et aussi aura des autres, s'il luy plaist. Mais à parler naturellement (comme homme qui n'a aucune litérature, mais quelque peu d'expérience et sens naturel), n'eût-il point mieux valu à eux, et à tous autres princes et hommes de moyen estat, qui ont vescu sous ces grands, et vivront sous ceux qui règnent, eslire le moyen chemin en ces choses ? C'est à sçavoir moins se soucier, et moins se travailler, et entreprendre moins de choses, et plus craindre à offenser Dieu et à persécuter le peuple et leurs voisins par tant de voyes cruelles, que j'ay assez déclarées par cy-devant, et prendre ces aises et plaisirs honnestes ? Leurs vies en seroient plus longues. Les maladies en viendroient plus tard, et leur mort en seroit plus regrettée, et de plus de gens, et moins désirée, et auroient moins à douter la mort. Pourroit-l'on voir de plus beaux exemples pour cognoistre que c'est peu de chose que de l'homme, et que cette vie est misérable et briefve, et que ce n'est rien des grands. Dès qu'ils sont morts, tout homme en a le corps en horreur et vitupère, et qu'il faut que l'ame sur l'heure se sépare d'eux, et aille recevoir son jugement. Et à la vérité, en l'instant que l'ame est séparée du corps, la sentence est donnée de Dieu, selon les œuvres et mérites du corps; laquelle sentence s'appelle le jugement particulier.

---

(1) Cet empereur se nommait Constantin II, fils de Manuel.

(2) Bossine ou Bosnie.
(3) La Servie.

LIVRE SEPTIÈME.

PROPOSITION DE PHILIPPE DE COMINES, TOUCHANT CE QU'IL PRÉTEND ESCRIRE PAR LES MÉMOIRES (1) SUIVANS DU ROY CHARLES VIII, FILS DUDIT ROY LOUIS XIe DE CE NOM, APRÈS TOUTESFOIS QUELQUE OMISSION D'ANNÉES DEPUIS LE DÉCEDS DE CE PRINCE JUSQUES A LA REPRISE DE SON DISCOURS.

Pour continuer les Mémoires par moy Philippe de Comines encommencez, des faits et gestes durant le règne du feu roy Louis XI (que Dieu absolve), maintenant vous veus dire comme il advint que le roy Charles VIII son fils entreprit son voyage d'Italie, auquel je fus. Et partit ledit seigneur de la ville de Vienne, qui est au Dauphiné, le vingt et troisiesme d'aoust, l'an 1494; et fut de retour dudit voyage en son royaume, environ le mois d'octobre, 95. Avant l'entreprise duquel voyage, il y eut mainte disputation, sçavoir s'il iroit ou non, car l'entreprise sembloit à toutes gens sages et expérimentez, très-dangereuse, et n'y eut que luy seul qui la trouva bonne, et un appellé Estienne de Vers, natif de Languedoc, homme de petite lignée, qui jamais n'avoit veu n'y entendu nulle chose au faict de la guerre. Un autre s'en estoit meslé jusques là à qui le cœur faillit, homme de finances, appellé le général Brissonnet, qui depuis, à cause dudit voyage, a eu de grands biens en l'Église, comme d'estre cardinal et avoir beaucoup de bénéfices. L'autre avoit jà acquis beaucoup d'héritages, et estoit sénéchal de Beaucaire, et président des comptes à Paris, et avoit servi ledit Roy, en son enfance, très-bien, de valet-de-chambre; et cestuy-là attira ledit général, et eux deux furent cause de ladite entreprise, dont peu de gens les loüoient, et plusieurs les blasmoient : car toutes choses nécessaires à une si grande entreprise leur défailloient : car le Roy estoit très-jeune, foible personne, plein de son vouloir, peu accompagné de sages gens, ne de bons chefs, et n'avoit nul argent comptant : car avant que partir ils empruntèrent cent mille francs de la banque de Soli (2) à Gennes, à gros intérest pour cent, de foire en foire, et en plusieurs autres lieux, comme je diray après. Ils n'avoyent ne tentes, ne pavillons et si commencèrent en hyver à entrer en Lombardie. Une chose avoyent-ils bonne, c'estoit une gaillarde compagnie, pleine de jeunes gentils-hommes, mais en peu d'obéissance. Ainsi faut conclure que ce voyage fut conduit de Dieu, tant à aller qu'au retourner, car le sens des conducteurs, que j'ay dit, n'y servit de guères. Toutesfois ils pouvoient bien dire qu'ils furent cause de donner grand honneur et grande gloire à leur maistre.

<><><>

CHAPITRE PREMIER.

Comment le duc René (3) de Lorraine vint en France demander la duché de Bar et la comté de Provence que le roy Charles tenoit, et comment il faillit à entrer au royaume de Naples qu'il prétendoit sien comme le Roy, et quel droit y avoient tous deux.

Estant le Roy, dont je parle, en l'aage de son couronnement (4), qui fut de quatorze ou quinze ans, vint vers luy le duc de Lorraine, demander la duché de Bar, que le roy Louis XI tenoit, et la comté de Provence, que le roy Charles d'Anjou son cousin germain laissa audit roy Louis XI, par son trespas et testament; car il mourut sans enfans. Le duc de Lorraine la vouloit dire sienne, parce qu'il estoit fils de la fille du roy René de Cecile, duc d'Anjou et comte de Provence; et disoit que le roy René luy avoit fait tort, et que le roy Charles d'Anjou dont je parle, n'estoit que son neveu, fils de son frère le comte du Maine, et luy estoit fils de sa fille; et l'autre disoit, que Provence ne pouvoit aller à fille par leurs testamens. En effet, Bar fut rendu, où le Roy ne demandoit qu'une somme d'argent; et pour avoir grande faveur et grands amis, et par espécial le duc Jehan de Bourbon, qui estoit vieil, et en vouloit espouser la sœur, eut estat bon du Roy et cent lances de charge, et luy fut baillé trente et six mille francs l'an,

---

(1) Il ne se trouve aucun manuscrit des deux livres suivants.

(2) Sauly, selon les annales de Gênes, par Agostino Giustiniano.

(3) René II, duc de Lorraine, le même qui avait défait le duc Charles de Bourgogne devant Nanci en 1477.

(4) Charles VIII fut sacré à Reims le 30 mai 1484.

pour quatre années, pendant lequel temps se cognoistroit du droict de ladite comté. Et estoit à cette délibération et conclusion (car j'estois de ce conseil qui avoit esté lors créé, tant par les proches parens du Roy, que par les trois Estats du royaume (1), Estienne de Vers, dont j'ay parlé, qui jà avoit acquis quelque chose en Provence, et avoit en fantaisie ce fait de Naples, fit dire par le Roy, aussi jeune qu'il estoit lors, sa sœur duchesse de Bourbon présente, à monsieur de Comminges, du Lau (car ces deux estoient aussi du conseil) et moy, que nous tinssions la main à ce qu'il ne perdist point cette comté de Provence; et fut avant l'appointement dont j'ay parlé.

Avant les quatre ans passez se trouvèrent quelques clercs de Provence qui vindrent mettre en avant certains testamens du roy Charles le premier, frère de Sainct-Louis, et d'autres roys de Cecile, qui estoient de la maison de France, et entre autres raisons disoient que non point seulement la comté de Provence appartenoit audit Roy, mais le royaume de Cecile, et autres choses possédées par la maison d'Anjou, et que ledit duc de Lorraine n'y avoit rien (toutesfois aucuns vouloient dire autrement), et s'adressoient tous ceux-là audit Estienne de Vers, qui nourrissoit son maistre en ce langage: que ce Roy Charles dernier mort, comte de Provence, fils de Charles d'Anjou, comte du Maine, et neveu du roy René, luy avoit laissé par son testament; car le roy René l'institua en son lieu avant que de mourir, et le préféra devant ledit duc de Lorraine, qui estoit fils de sa fille. Et disoient que le roy René (2) fit cela à cause desdits testamens, faicts par ce Charles premier et sa femme comtesse de Provence, disans que le royaume et comté de Provence ne pouvoient estre séparez, ny aller à fille, tant qu'il y eut fils de la lignée; et que semblable testament firent les premiers venans après eux, comme fut Charles le second audit royaume.

En ce temps desdites quatre années, ceux qui gouvernoient ledit Roy (qui estoient le duc et duchesse de Bourbon, et un chambelan, appellé le seigneur de Graville (3), et autres chambelans, qui en ce temps eurent grand règne), appellèrent en cour, en authorité et crédit ledit duc de Lorraine, pour en avoir support et aide, car il estoit homme hardy, et plus qu'homme de cour, et leur sembloit qu'ils s'en deschargeoient bien quand il seroit temps; comme ils firent, quand ils se sentirent assez forts, et que la force du duc d'Orléans, et de plusieurs autres, dont avez ouy parler, fut diminuée. Aussi ne peurent-ils plus tenir ledit duc de Lorraine, les quatre ans passez, sans luy bailler ladite comté, ou l'asseurer à certains temps, et par escrit, et toujours payer les trente six mille francs; en quoy ne se peurent accorder; et à cette cause, il partit très-mal content d'eux, de la cour.

Quatre ou cinq mois avant son partement de cour, luy advint un bonne aventure (4) s'il l'eust sceu entendre. Tout le royaume de Naples se rébella contre le roy Ferrand, pour la grande tyrannie de luy et de ses enfans, et se donnèrent tous les barons, et les trois parts du Royaume à l'Eglise (5). Toutesfois ledit roy Ferrand, qui fut secouru des Florentins, les pressoit fort; et par ce le Pape, et lesdits seigneurs du royaume, qui s'estoient rebellez, mandèrent ledit duc de Lorraine, pour s'en faire roy; et longtemps l'attendirent des galées à Gennes, et le cardinal de Sainct Pierre (6) *ad-vincula*, cependant qu'il estoit en ces broüillis de cour, et sur son départ, et avoit avec luy gens de tous les seigneurs du royaume, qui le pressoient de partir.

Fin de compte, le Roy et son conseil monstroient en tout et partout, de luy vouloir aider, et luy fut promis soixante mille francs, dont il en eut vingt mille; le reste se perdit, et luy fut consenty mener les cent lances qu'il avoit du Roy, et envoyer ambassades par tout en sa faveur. Toutesfois le Roy estoit jà de dix-neuf

---

(1) Les états-généraux de 1484 composèrent le conseil du Roi de tous les princes du sang, d'un certain nombre de ministres de Louis XI et de douze députés des états-généraux choisis par le Roi et les princes. Ce conseil devait donner son avis sur tous les actes de la couronne. Nous ignorons par quelle circonstance Comines fut appelé à en faire partie.

(2) Le roi René était mort en 1481.

(3) Louis Malet, seigneur de Graville, depuis amiral de France. *Voyez* ci-après, livre VIII, chap. 23.

(4) Le soulèvement du royaume de Naples contre le roi Ferrand ou Ferdinand, arriva vers l'an 1488.

(5) Ferrand ou Ferdinand avait refusé de payer au Pape le cens de quarante mille écus, sous prétexte que le comtat d'Avignon n'avait été cédé par la reine Jeanne au Saint-Siége, que pour tenir lieu de ce tribut. Innocent VIII, offensé de ce refus, et excité par les grands du royaume, leva une armée dont il donna le commandement à Robert de San-Severin, et appela le duc Réné, comme roi légitime de Naples. Le duc se mit sur-le-champ en route; mais quand il fut à Lyon, le Roi lui fit défendre de passer outre, disant qu'il vouloit terminer lui-même cette querelle, qui le concernait seul, les rois Réné et Charles d'Anjou lui ayant cédé leurs droits.

(6) Julien de Rovère, cardinal au titre de Saint-Pierre-ès-Liens, depuis Pape sous le nom de Jules II, dont il a été parlé sous le règne de Louis XI.

ans, ou plus, nourry de ceux que j'ay nommez, qui luy disoient journellement, que ledit royaume de Naples luy devoit appartenir. Je le dis volontiers, parce que souvent petites gens en menoient grande noise, et ainsi le sceus par aucuns de ces ambassadeurs, qui alloient à Rome, Florence, Gennes et ailleurs, pour ledit duc de Lorraine; et le sceus mesmement par ledit duc propre, qui vint passer par Moulins, où lors me tenois, pour les différends de cour, avec ledit duc Jehan de Bourbon. Jà son entreprise estoit demy perduë, pour la longue attente, et allay au-devant de luy, combien que ne luy fusse tenu, car il m'avoit aidé à chasser de la cour, avec rudes et folles paroles. Il me fit la plus grande chère du monde, soy doulant de ceux qui demeuroient au gouvernement. Il fut deux jours aveques le duc Jehan de Bourbon, et puis tira vers Lyon.

En somme, ses amis estoient si las et si foulez pour l'avoir attendu, que le Pape avoit appointé, et les barons du royaume aussi, lesquels sur la seureté dudit appointement, allèrent à Naples, où tous furent pris, combien que le Pape, les Vénitiens et le roy d'Espagne, et les Florentins, s'estoient obligez de faire tenir ledit appointement, et eussent juré et promis leur seureté. Le prince de Salerne eschappa, qui vint par deçà, et ne voulut point estre compris audit appointement, cognoissant ledit Ferrand. Ledit duc de Lorraine s'en alla bien honteux en son pays, et onques puis n'eut authorité vers le Roy, et perdit ses gens-d'armes, et les trente-six mille francs qu'il avoit pour Provence; et jusques à cette heure (qui est l'an 1497) est encores en cet estat (1).

◇◇◇

CHAPITRE II.

Comment le prince de Salerne, du royaume de Naples, vint en France, et comment Ludovic Sforce, surnommé le More, et luy, taschoient à faire que le Roy menast guerre au roy de Naples, et pour quelle cause.

Ledit prince de Salerne (2) alla à Venise (parce qu'il y avoit grande accointance) et avec luy trois de ses neveux, enfans du prince de Bisignan, où demandèrent conseil (comme m'a dit ledit prince) à la seigneurie, où il leur plaisoit mieux qu'ils tirassent, ou vers ledit duc de Lorraine, ou devers le roy de France ou d'Espagne. Il me dist qu'ils luy respondirent que le duc de Lorraine estoit un homme mort, et qu'il ne les sçauroit ressourdre. Le roy d'Espagne seroit trop grand, s'il avoit le royaume, avec l'isle de Cecile, et les autres choses qu'il avoit en ce gouffre de Venise, et qu'il estoit puissant par mer; mais qu'ils luy conseilloient d'aller en France, et qu'avec les roys de France, qui avoient esté audit royaume, ils avoient eu bonne amitié et bon voisin. Et croy qu'ils ne pensoient point que ce qui en advint après, deut advenir. Ainsi vindrent ces barons dessusdits en France, et furent bien recueillis, mais pauvrement traitez de biens. Ils firent grande poursuite environ deux ans : et du tout s'adressoient à Estienne de Vers, lors sénéschal de Beaucaire et chambelan du Roy.

Un jour vivoient en espérance, autre au contraire; et faisoient diligence en Italie, et par espécial à Milan, où avoit pour duc Jean Galéas, non pas le grand, qui est enterré aux Chartreux de Pavie, mais celuy qui estoit fils du duc Galéas et de la duchesse Bonne, fille de Savoye (3), qui estoit de petit sens. Elle eut la tutelle de ses enfans, et l'ay veuë en grande authorité, estant veufve, conduite par un appelé messire Cico (4), secrétaire, nourry de longtemps en cette maison : qui avoit chassé et confiné tous les frères du duc Galéas, pour la seureté de ladite dame et de ses enfans. Entre les autres avoit chassé un appelé le seigneur Ludovic (qui depuis fut duc de Milan) qu'elle rappela depuis, estant son ennemy et en guerre contre elle, et le seigneur Robert de Sainct-Severin, vaillant capitaine, que pareillement avoit chassé ledit Cico.

Pour conclusion, par le moyen d'un jeune homme, qui trenchoit devant elle, natif de Ferrare, de petite lignée, appellé Antoine Thésin (5), elle les rappella par sotise, cuidant qu'ils ne fissent nul mal audit Cico; et ainsi l'avoient juré et promis. Le tiers jour après, le prirent et le passèrent dedans une pipe, au travers de la ville de Milan; car il estoit allié par mariage aveques aucun des vicomtes; et veut-l'on dire que, s'il eust esté en la ville, qu'ils ne l'eussent osé prendre; et si vouloit le seigneur Ludovic, que le seigneur Robert de Sainct-Severin, qui venoit, le rencontrast en cet estat, pource qu'il

---

(1) Ce passage est précieux, en ce qu'il marque l'époque de la rédaction de la présente suite des Mémoires de Comines.

(2) Le prince de Salerne, qui se réfugia en France en 1489, était Antoine de San-Severin.

(3) Bonne de Savoie, mère et tutrice de Jean Galéas, duc de Milan.

(4) Il est nommé Cecco dans Machiavel.

(5) Ou Tassino suivant Machiavel.

haïssoit à merveilles ledit Cico; et fut mené à Pavie en prison au chasteau, où depuis il mourut.

Ils mirent ladite dame en grand honneur, ce luy sembloit, et luy complaisoient; et eux tenoient le conseil, sans luy dire, sinon ce qui leur plaisoit; et plus grand plaisir ne luy pouvoient-ils faire que de ne luy parler de rien. A cet Antoine Thésin luy laissoient donner ce qu'elle vouloit, et le logeoient près de sa chambre : et la portoit à cheval derrière luy, par la ville, et estoient toutes festes et dances léans; mais il ne dura guères, par adventure demy an. Elle fit beaucoup de biens audit Thésin : et les bougettes (1) des couriers s'adressoient à luy: et y sortit grande envie, avec le bon vouloir que le seigneur Ludovic, oncle des deux enfans, avoit de se faire seigneur, comme il fit après. Un matin luy ostèrent ses deux fils, et les mirent au donjon, qu'ils appelloient la Roque; et à ce s'accordèrent ledit seigneur Ludovic, le seigneur Robert de Sainct-Severin, un appellé de Pellevoisin, qui gouvernoit la personne dudit jeune duc, et le capitaine de la Roque, qui jamais depuis la mort du duc Galéas n'en estoit sorty, ny ne fit de long-temps après, jusques à ce qu'il fût pris par tromperie dudit seigneur Ludovic, et par la folie de son maistre, qui tenoit de la condition de la mère, et n'estoit guères sage.

Après ces enfans mis en ladite Roque par les dessusdits, ils mirent la main sur le trésor (qui estoit en ce temps le plus grand de la chrestienté) et luy en firent rendre compte, et fut fait trois clefs, dont elle eut l'une, mais onques puis n'y toucha. Ils la firent renoncer à la tutelle, et fut créé tuteur le seigneur Ludovic. Et davantage escrivirent en plusieurs lieux, et par espécial en France, lettres que je vis, à sa grande honte, en la chargeant de cet Antoine Thésin et autre chose. Audit Thésin ne fut meffait, mais fut renvoyé, et le sauva ledit seigneur Robert, et aussi ses biens. En cette Roque n'entroient point ces deux grands hommes, comme ils vouloient; car le capitaine y avoit son frère, et bien cent cinquante hommes à gages, et faisoit garder la porte quand ils y entroient, et n'y menoient jamais qu'un homme ou deux avec eux; et dura cecy fort longuement.

Cependant sourdit grand différend entre ledit seigneur Ludovic et Robert de Sainct-Severin, comme il est bien de coustume (car deux gros personnages ne se peuvent endurer), et demeura

(1) Valises.

le pré au seigneur Ludovic, et l'autre s'en alla au service des Vénitiens. Toutesfois, puis après il revint deux de ses enfans au service dudit seigneur Ludovic et de l'Estat de Milan : qui furent Galéas, et le comte de Messire Cajazze. Aucuns dient du sceu dudit père, les autres dient que non. Mais comment que ce fust, ledit seigneur Ludovic les prit en grand amour, et s'en est fort bien servy, et fait encores aujourd'hui. Et faut entendre que leur père, le seigneur Robert de Sainct-Severin, estoit de la maison de Sainct-Severin, sailly d'une fille bâtarde, mais ils ne font point grande différence au pays d'Italie d'un enfant bâtard à un légitime. Je dis cecy parce qu'ils aidèrent à conduire notre entreprise du pays d'Italie, tant en faveur du prince de Salerne (dont j'ay parlé), qui est chef de ladite maison de Sainct-Severin, que pour autres causes que je diray après.

Ledit seigneur Ludovic commença tost à monstrer de fort vouloir garder son authorité, et fit faire monnoye, où le duc estoit empraint d'un costé et luy de l'autre; qui faisoit murmurer beaucoup de gens. Ledit duc fut marié avec la fille du duc de Calabre, qui depuis fut roy Alphonse, après la mort de sondit père le roy Ferrand, roy de Naples. Ladite fille estoit fort courageuse, et eût volontiers donné crédit à son mary, si elle eust peu; mais il n'estoit pas guères sage, et révéloit ce qu'elle luy disoit. Aussi fut long-temps en grande authorité le capitaine de cette Rocque de Milan, qui jamais ne sailloit de dedans : et s'y commença à engendrer des soupçons, et quand l'un fils sailloit, l'autre demeuroit dedans. Pour abréger ce propos, environ un an ou deux avant que allassions en Italie, ledit seigneur Ludovic, venant de dehors avec ledit duc, pour luy faire dommage, l'amena pour descendre à ladite Rocque, comme ils avoient de coutume. Le capitaine venoit sur le pont-levis, et gens à l'entour de luy, pour baiser la main audit duc, comme est leur coustume; cette fois estoit le duc un peu hors du pont, et fut contraint ledit capitaine de passer un pas, par aventure, ou deux, tant que ces deux enfans de Sainct-Severin le saisirent et autres qui estoient à l'entour d'eux. Ceux de dedans levèrent le pont, et ledit Ludovic fit allumer un bout de bougie, jurant qu'il leur feroit trencher la teste, s'ils ne rendoient la place avant la chandelle bruslée, ce qu'ils firent; et pourveut bien ladite place, et seurement pour luy, et parlant tousjours au nom du duc, et fit un procès à ce bon-homme, disant qu'il avoit voulu bailler la place à l'Empereur, et fit arrester aucuns Allemans, disant qu'ils traitoient ce marché, et puis les laissa aller; et fit décapiter un sien secrétaire, le chargeant d'avoir guidé cet œuvre, et un autre qui disoit qu'il en avoit fait lesdits messages. Ledit capitaine long-temps il tint prisonnier, à la fin le laissa aller, disant que madame Bonne avoit une fois gagné un frère dudit capitaine, pour le tuer, en entrant en ladite Rocque, et que ledit capitaine l'en avoit gardé, pourquoy à cette heure luy sauvoit la vie. Toutesfois je croy que s'il eust esté coupable d'un tel cas, comme d'avoir voulu bailler le chasteau de Milan à l'Empereur, auquel il pourroit prétendre droict comme empereur, et aussi comme duc d'Austriche (car cette maison y querelle quelque chose), il ne luy eût point pardonné. Aussi c'eût esté un grand mouvement en Italie, car tout l'Estat de Milan se fût tourné en un jour; parce que du temps des empereurs, ils ne payoient que demy ducat pour feu, et maintenant sont fort cruellement traictez, églises, nobles et peuple, et en vray tyrannie.

CHAPITRE III.

Comment la duché de Milan est une des belles pièces de terre et de plus grant valeur qu'on sache trouver, osté le gros tribut qui y est.

Se sentant le seigneur Ludovic saisi de ce chasteau et la force des gens-d'armes de cette maison sous sa main, pensa de tirer outre, car qui a Milan il a son gouvernement et toute la seigneurie, car les principaux de toute la seigneurie y demeurent, et ceux qui ont la garde et le gouvernement des autres places en sont. Et de ce que contient cette duché je ne vis jamais plus belle pièce de terre ne de plus grande valeur (1). Car quand le seigneur se contenteroit de cinq cens mille ducats l'an, les subjets ne seroient que trop riches, et vivroit ledit seigneur en seureté; mais il en lève six cens cinquante mille ou sept cens mille, qui est grande tyrannie; aussi le peuple ne demande que mutation de seigneur.

Ce voyant le seigneur Ludovic, avec ce que dit est, si près d'achever son désir, et qui estoit marié avec la fille du duc de Ferrare dont il avoit plusieurs enfans, il mettoit peine de ga-

gner amis, tant en ladite duché que hors d'Italie. Et premièrement s'allia des Vénitiens, à la préservation de leurs Estats, desquels il estoit grand amy, au préjudice de son beau-père, à qui les Vénitiens avoient osté, peu auparavant, un petit pays appelé Palesan (2), qui est tout environné d'eau et abondant à merveilles en tous biens, et le tiennent les Vénitiens jusques à demie lieuë de Ferrare; et y a deux bonnes petites villes que j'ay veuës, c'est à sçavoir : Rovigue et Labadie (3); et se perdit lorsqu'il faisoit la guerre aux Vénitiens, que luy seul esmeut, et y vint depuis le duc de Calabre, Alphonse, à son secours, du vivant de Ferrand son père, et le seigneur Ludovic pour Milan, avec les Florentins, le Pape et Boulogne. Toutesfois, estans les Vénitiens presque au-dessous, au moins ayans le pire, et fort minez d'argent, et plusieurs autres places perduës, appointa ledit seigneur Ludovic à l'honneur et profit des Vénitiens; et revint un chacun au sien, fors ce pauvre duc de Ferrare qui avoit encommencé ladite guerre, à la requeste de luy et dudit roy Ferrand dont ledit duc avoit épousé la fille; et falut qu'il laissast ausdits Vénitiens le Polesan, qu'encores tiennent, et disoit-l'on que le seigneur Ludovic en eut soixante mille ducats. Toutesfois je ne sçay s'il est vray, mais j'ay veu ledit duc de Ferrare en cette créance. Vray est que pour lors il n'avoit pas épousé sa fille. Et ainsi estoit continuée cette amitié entre luy et les Vénitiens.

Nul serviteur ne parent du duc Jehan Galéas de Milan ne donnoit empeschement au seigneur Ludovic à prendre le duché pour luy, que la femme dudit duc, qui estoit jeune et sage et fille du duc Alphonse de Calabre, que par devant j'ay nommé, fils aisné du roy Ferrand de Naples; et en l'an 1493 commença ledit seigneur Ludovic à envoyer devers le roy Charles VIII, de présent régnant, pour le pratiquer de venir en Italie à conquérir ledit royaume de Naples, pour destruire et affoler ceux qui le possédoient, que j'ay nommez. Car estant ceux-là en force et en vertu, ledit Ludovic n'eût osé entreprendre ce qu'il fit depuis. Car en ce temps-là estoient forts et riches ledit Ferrand, roy de Cecile (4), et son fils Alphonse, et fort expérimentez au mestier de la guerre et estimez de grand cœur, combien que le contraire se veit depuis; et le-

---

(1) Antoine de Lève disait que le duché de Milan valait mieux que toute l'Espagne. Alciat l'appelait *Speculum et arcem totius Italiæ*.

(2) Polesine, suivant Machiavel. On le nomme aujourd'hui le *Polesin de Rovigo*; il est situé entre le Ferrarais et le Padouan.

(3) Rovigo et Labadia.

(4) Il s'agit ici du royaume de Naples, et non de l'île de Sicile. Les deux ensemble se nomment aujourd'hui les deux Siciles.

dit seigneur Ludovic estoit homme très-sage, mais fort craintif et bien souple quand il avoit peur (j'en parle comme de celuy que j'ay cognu et beaucoup de choses traicté avecques luy), et homme sans foy, s'il voyoit son profit pour la rompre. Et ainsi comme dit est, l'an 1493, commença à faire sentir à ce jeune roy Charles VIII, de vingt-deux ans, des fumées et gloire d'Italie, luy remonstrant, comme dit est, le droict qu'il avoit en ce beau royaume de Naples, qu'il luy sçavoit bien blasonner et louer; et s'adressoit de toutes choses à cet Estienne de Vers (devenu Sénéschal de Beaucaire, et enrichy, mais non point encore à son gré) et au général Brisonnet, homme riche et bien entendu en finances, grand amy lors dudit sénéschal de Beaucaire, par lequel il faisoit conseiller audit Brissonnet de se faire prestre (1), et qu'il le feroit cardinal; à l'autre couchoit d'un duché.

Et pour commencer à conduire toutes ces choses, ledit seigneur Ludovic envoya une grande ambassade devers le Roy à Paris, audit an, dont estoit chef le comte de Cajazze (2), fils aisné dudit Robert de Sainct-Severin, dont j'ay parlé, lequel trouva à Paris le prince de Salerne, dont il estoit cousin, car celuy-là estoit chef de la maison de Sainct-Severin comme dessus j'ay dit; et estoient en France, chassé du roy Ferrand, comme avez entendu paravant, et pourchassoit ladite entreprise de Naples. Avec ledit comte de Cajazze estoient le comte Charles de Bellejoyeuse (3) et messire Galéas, vicomte du Milannois: tous deux estoient fort bien accoustrez et accompagnez. Leurs paroles en public n'estoient que visitations et paroles assez générales, et estoit la première ambassade grande qu'il eût envoyée devers ledit seigneur. Il avoit bien envoyé par avant un secrétaire pour traicter que le duc de Milan, son neveu, fust receu à l'hommage de Gennes (4), par procureur, ce qu'il fut, et contre raison; mais bien luy pouvoit le Roy faire cette grâce que de commettre quelqu'un à le recevoir, car luy estant en la tutelle de sa mère, je la receus en son chasteau de Milan, moy estant ambassadeur de par le feu roy Louis XIe de ce nom, ayant la charge expresse de ce faire; mais lors Gennes estoit hors de leurs mains, et la tenoit messire Baptiste de Campefourgouse: et maintenant que je dis, le seigneur Ludovic l'avoit recouvrée; et donna à aucuns chambelans du Roy huict mille ducats pour avoir ladite investiture; lesquels firent grand tort à leur maistre: car ils eussent pu par avant avoir Gennes pour le Roy, s'ils eussent voulu, et si argent ils en devoient prendre pour ladite investiture, ils en devoient demander plus, car le duc Galéas en paya une fois au roy Louys mon maistre cinquante mille ducats (desquels j'en eus trente mille escus comptans, en don, dudit roy Louys, à qui Dieu fasse pardon): toutesfois ils disoient avoir pris lesdits huict mille ducats, du consentement du Roy. Ledit Estienne de Vers, sénéschal de Beaucaire, estoit l'un de ceux qui en prit; et croy bien qu'il le faisoit pour mieux entretenir ledit seigneur Ludovic pour cette entreprise où il tendoit.

Estans à Paris les ambassadeurs dont j'ay parlé en ce chapitre, et ayant parlé en général, parla à part avec le Roy ledit comte de Cajazze, qui estoit en grand crédit à Milan et encores plus son frère messire Galéas de Sainct-Severin, et par espécial sur le faict des gens-d'armes, et commença à offrir au Roy grands services et aides, tant de gens que d'argent, car jà pouvoit son maistre disposer de l'estat de Milan comme s'il eust esté sien, et faisoit la chose aisée à conduire; et peu de jours après prit congé du Roy, et messire Galéas, vicomte, et s'en allèrent, et le comte Charles de Bellejoyeuse demeura pour avancer l'œuvre; lequel incontinent se vestit à la mode françoise, et fit de très-grandes diligences; et commencèrent plusieurs à entendre à cette matière. Le Roy envoya en Italie un nommé Péron de Basche (5), nourry en la maison d'Anjou, du duc Jehan de Calabre, affectionné à ladite entreprise, qui fut vers le pape Innocent (6), Vénitiens et Florentins. Ces pratiques, allées et venues, durèrent sept ou huict mois, ou environ: et se parloit de ladite entreprise entre ceux qui la sçavoient en plusieurs façons; mais nul ne croyoit que le Roy y deust aller en personne.

<><>

---

(1) Brissonnet était déjà prêtre; il avait été pourvu de l'évêché de Saint-Malo en 1490.

(2) Galéas, prince de Salerne, chef de la maison de St.-Severin.

(3) Belgioioso, selon Marco Guazzo; Paul Jove le nomme *Balbianus*.

(4) Ce fut Louis XI qui donna aux Galéas, ducs de Milan, la principauté de Gênes, sauf l'hommage dû à la France.

(5) Péron de Basche était maitre d'hôtel du Roy; André de la Vigne, dans son *Verger d'honneur*, fait mention d'un Perot le Vache, qui paraît être le même que celui-ci.

(6) Innocent VIII, mort en 1492.

CHAPITRE IV.

Comment le roy Charles VIII fit la paix avec le roy des Romains et l'archiduc, leur renvoyant madame Marguerite de Flandres, devant que faire son voyage de Naples.

Pendant ce délay que je dis se traita paix à Senlis entre le Roy et l'archiduc d'Autriche, héritier de cette maison de Bourgogne ; et combien que jà y eût trefves, si survint-il cas de mal-veillance, car le Roy laissa la fille du roy des Romains, sœur dudit archiduc (laquelle estoit bien jeune), et prit pour femme la fille du duc François de Bretagne pour avoir la duché de Bretagne paisible, laquelle il possédoit presque toute à l'heure dudit traité, fors la ville de Rènes, et la fille qui estoit dedans, laquelle estoit conduite sous la main du prince d'Orange, son oncle, qui en avoit fait le mariage avec le roy des Romains, et espousé par procureur en l'église publiquement ; et fut le tout environ l'an 1492. Pour ledit archiduc, et en sa faveur, grand ambassade vint de par l'empereur Frédéric, voulant se faire médiateur dudit accord ; aussi y envoya le roy des Romains, semblablement y envoya le comte Palatin et les Suisses, pour moyenner et pacifier ; car il sembloit à tous que grande question en devoit sourdre, et que le roy des Romains estoit fort injurié, et qu'on luy ostoit celle qu'il tenoit pour sa femme, et luy rendoit-on sa fille, qui plusieurs années avoit esté reyne de France.

Fin de compte, la chose termina en paix ; car chacun estoit las de la guerre, et par espécial les subjets de l'archiduc Philippe, qui avoient tant souffert (tant par la guerre du Roy que pour leurs divisions particulières) qu'ils n'en pouvoient plus ; et se fit une paix de quatre ans seulement pour avoir repos, et leur fille qu'on faisoit difficulté de leur rendre, au moins aucuns qui estoient à l'entour du Roy et de ladite fille. Et à ladite paix me trouvay présent avec les députez qui y estoient, à savoir : monseigneur le duc Pierre de Bourbon, le prince d'Orange, monseigneur des Cordes, et plusieurs autres grands personnages ; et fut promis rendre audit duc Philippe ce que le Roy tenoit de la comté d'Artois, comme il avoit esté promis en traitant ledit mariage (qui fut l'an 1482), que s'il ne s'accomplissoit, que les terres qu'on donneroit à ladite fille en mariage retourneroient quant et elle ou au duc Philippe ; mais jà d'emblée avoient pris ceux dudit archiduc, Arras et Sainct-Omer. Ainsi ne restoit à rendre que Hesdin, Aire et Béthune, dont dès l'heure leur fut baillé le revenu et seigneurie, et y mirent officiers, et le Roy tenoit les chasteaux, et y pouvoit mettre garnisons jusques au bout de quatre ans, qui finirent à la sainct Jehan l'an 1498, et lors les devoit rendre le Roy à mondit seigneur l'archiduc ; et ainsi fut promis et juré.

Si lesdits mariages furent ainsi changez selon l'ordonnance de l'Eglise ou non, je m'en rapporte à ce qui en est, mais plusieurs docteurs en théologie m'ont dit que non, et plusieurs m'ont dit que oüi ; mais quelque chose qu'il en soit, toutes ces dames ont eu quelque malheur en leurs enfans. La nostre a eu trois fils de rang, et en quatre années. L'un a vescu près de trois ans, et puis mourut, et les deux autres aussi sont morts. Madame Marguerite d'Austriche a esté mariée au prince de Castille, fils seul des roy et reyne de Castille et de plusieurs autres royaumes, lequel prince mourut au premier an qu'il fut marié, qui fut 1497. Ladite dame demeura grosse, laquelle accoucha d'un fils mort tout incontinent après la mort de son mary, qui a mis en grand douleur les roy et reyne de Castille, et tout le royaume.

Le roy des Romains s'est marié, incontinent après ces mutations dont j'ay parlé, avec la fille (1) du duc Galéas de Milan, sœur du duc Jehan Galéas, dont il a esté parlé, et s'est faict ce mariage par la main du seigneur Ludovic. Le mariage a fort despleu aux princes de l'Empire, et à plusieurs amis du roy des Romains, pour n'estre de maison si noble, comme il leur sembloit qu'il leur appartenoit. Car du costé des vicomtes, dont s'appellent ceux qui règnent à Milan, y a peu de noblesse, et moins du costé des Sforces, dont estoit fils le duc Francisque de Milan, car il estoit fils d'un cordonnier d'une petite ville, appellé Cotignoles, mais il fut homme très-somptueux (2) ; et encores plus le fils, lequel se fit duc de Milan, moyennant la faveur de sa femme, bastarde du duc Philippe Marie ; et la conquesta, et posséda, non point comme tyran, mais comme vray et bon prince, et estoit bien à estimer sa vertu et bonté aux plus nobles princes qui ayent régné de son temps. Je dis toutes ces choses, pour monstrer ce qui s'en est ensuivy, de la mutation de ces mariages, et ne sçay qu'il en pourra encores advenir.

<><><>

---

(1) Blanche-Marie Sforce, mariée en 1494, morte le 31 décembre 1510.

(2) Quelque suns pensent qu'il faut lire ici *présomptueux* ; d'autres, *très vertueux*.

CHAPITRE V.

Comment le Roy envoya devers les Vénitiens pour les pratiquer, devant qu'entreprendre son voyage de Naples, et des préparatifs qui se firent pour icelui.

Pour revenir à nostre matière principale, vous avez entendu comme le comte de Cajazze et autres ambassadeurs sont partis d'avec le Roy, de Paris, et comment plusieurs pratiques se menoient par Italie, et comment nostre Roy, tout jeune qu'il estoit, l'avoit fort à cœur, mais à nul ne s'en descouvroit encores, fors à ces deux. Aux Vénitiens fut requis de par le Roy, qu'ils luy voulussent donner aide et conseil en ladite entreprise; lesquels firent response qu'il fût le très-bien venu, mais que aide ne luy pourroient-ils faire, pour la suspicion du Turc (combien qu'ils fussent en paix avec luy), et que de conseiller à un si sage Roy, et qui avoit si bon conseil, ce seroit trop grande présomption à eux, mais que plustot luy aideroient que de luy faire ennuy. Or, notez qu'ils cuidoient bien sagement parler, et aussi faisoient-ils; car pour aujourd'huy je croy leurs affaires plus sagement conseillées, que de prince ne communauté qui soit au monde; mais Dieu veut tousjours que l'on cognoisse que les jugemens ne le sens des hommes ne servent de rien là où il luy plaist mettre la main. Il disposa l'affaire autrement qu'ils ne cuidoient, car ils ne croyoient point que Roy y allast en personne, si n'avoient nulle peur du Turc, quelque chose qu'ils disent, car le Turc qui régnoit (1) estoit de petite valeur; mais il leur sembloit qu'ils se vengeroient de cette maison d'Arragon, qu'ils avoient en grande haine, tant le père que le fils, disans qu'ils avoient fait venir le Turc à Scutary. J'entends le père de celuy Turc, qui conquit Constantinople, appellé Mahomet Ottoman, et qui fit plusieurs autres grands dommages ausdits Vénitiens (2). Du duc de Calabre Alphonse, ils disoient plusieurs autres choses, et entre les autres, qu'il avoit esté cause de la guerre qui esmeut contre eux le duc de Ferrare, qui merveilleusement leur cousta, et en cuidèrent estre destruits (de ladite guerre j'ay dit quelque mot), et disoient aussi que le duc de Calabre avoit envoyé homme exprès à Venise pour empoisonner les cisternes, au moins celles où ils pourroient joindre, car plusieurs sont fermées à clef (et audit lieu n'usent d'autre cauë, car ils sont de tous poincts assis en la mer, et est l'eauë très-bonne, et en ay beu huict mois pour un voyage seul, et y ay esté une autre fois depuis la saison dont je parle); mais leur principale raison ne venoit point de là, ains pource que les dessusdits les gardoient d'accroistre, à leur pouvoir, tant en Italie comme en Grèce. Car des deux costez avoient les yeux ouverts, toutesfois ils avoient nouvellement conquesté le royaume de Chipre, et sans nul titre. Pour toutes ces haines sembloit ausdits Vénitiens que c'estoit leur profit que la guerre fût entre le Roy et ladite maison d'Arragon, espérant qu'elle ne prendroit si prompte conclusion qu'elle prit, et que ce ne seroit qu'affoiblir leurs ennemis, et non point les destruire, et qu'au pis venir, l'un party ou l'autre, leur donneroit quelques villes en Poüille (qui est du costé de leur goufre) pour les avoir à leur aide, et ainsi en est advenu, mais il a peu failly qu'ils ne soyent mescontentez; et puis leur sembloit qu'on ne les pourroit charger d'avoir fait venir le Roy en Italie, veu qu'ils ne luy en avoient donné conseil ni aide, comme apparoissoit par la response qu'ils avoient faite à Péron de Basche.

En cette année 1494, tira le Roy vers Lion, pour entendre à ses affaires (non point qu'on cuidast qu'il passast les monts), et là vint vers luy messire Galéas, frère au comte de Cajazze, de Sainct-Severin, dont a esté parlé, fort bien accompagné, de par le seigneur Ludovic, dont il estoit lieutenant et principal serviteur; et amena grand nombre de beaux et bons chevaux, et apporta du harnois, pour courir à la jouste, et y courut, et bien, car il estoit jeune et gentil chevalier. Le Roy luy fit grand honneur et bonne chère et luy donna son ordre; et puis il s'en retourna en Italie, et demeura tousjours le comte de Bellejoyeuse ambassadeur, pour avancer l'allée : et se commença à apprester une très-grosse armée à Gennes, et y estoit pour le Roy le seigneur d'Urfé (3), grand escuyer de France, et autres. A la fin le Roy alla à Vienne en Dauphiné, environ le commencement d'aoust audit an, et là venoient chacun jour les nobles de Gennes, où fut envoyé le duc Louys d'Orléans (4), de présent régnant roy, homme jeune, et beau personnage, mais aimant son plaisir (de luy est assez parlé en ces Mémoires), et cuidoit-on lors

---

(1) Bajazet II, fils de Mahomet II, auquel il succéda en 1481; mort en 1512.

(2) Mahomet II avait enlevé aux Vénitiens Lépante en 1477. Il avait, en 1478, envahi le territoire vénitien jusqu'à la Piave. *Voyez* de Hammer, *Histoire de l'empire ottoman*, tome 3 de la traduction française.

(3) Pierre, seigneur d'Urfé, grand écuyer de France.

(4) Louis, duc d'Orléans, beau-frère de Charles VIII, et depuis roi de France, sous le nom de Louis XII.

qu'il deut conduire l'armée par mer, pour descendre au royaume de Naples, par l'aide et conseil des princes qui en estoient chassez, et que j'ay nommez, qui estoient les princes de Salerne et de Bisignan. Et furent prests jusques à quatorze navires Genevois, plusieurs galées et galions; et y estoit obéy le Roy, en ce cas, comme à Paris; car ladite cité estoit soubs l'Estat de Milan, que gouvernoit le seigneur Ludovic, et n'avoit compétiteur que la femme du duc son neveu, que j'ay nommée, fille du roy Alphonse (car en ce temps estoit jà mort son père le roy Ferrand); mais le pouvoir de ladite dame estoit bien petit, veu qu'on voyoit le Roy prest à passer, ou à envoyer, et son mary peu sage, qui disoit tout ce qu'elle disoit à son oncle, qui avoit jà fait noyer quelque messager qu'elle avoit envoyé vers son père.

La despence de ces navires estoit fort grande, et suis d'opinion qu'elle cousta trois cens mille francs, et si ne servit de rien; et y alla tout l'argent comptant que le Roy peut finer de ses finances; car comme j'ay dit, il n'estoit point pourveu ne de sens, ne d'argent, ny d'autre chose nécessaire à telle entreprise : et si en vint bien à bout, moyennant la grâce de Dieu, qui clairement le donna ainsi à cognoistre. Je ne veux point dire que le Roy ne fust sage de son aage, mais il n'avoit que vingt et deux ans, et ne faisoit que saillir du nid. Ceux qui le conduisoient en ce cas, que j'ay nommez, à sçavoir Estienne de Vers, sénéschal de Beaucaire, et le général Brissonnet, de présent cardinal de Sainct-Malo, estoient deux hommes de petit estat, et qui de nulle chose n'avoient eu expérience, mais de tant monstra nostre Seigneur mieux sa puissance ; car nos ennemis estoient tenus très-sages et expérimentez au faict de la guerre, riches et pourveus de sages hommes, et bons capitaines, et en possession du royaume. Je veux dire le roy Alphonse, de nouveau couronné par le pape Alexandre (1), natif d'Arragon, qui tenoit en son party les Florentins, et bonne intelligence au Turc. Il avoit un gentil personnage de fils, nommé dom Ferrand, de l'âge de vingt-deux ou vingt-trois ans, aussi portant le harnois, et bien aimé audit royaume, et un frère, appellé dom Frédéric, depuis roy, après Ferrand, durant nostre aage, homme bien sage, qui conduisoit leur armée de mer, lequel avoit esté nourry par deçà long-temps, et duquel vous, monseigneur de Vienne, m'avez maintesfois asseuré, par astrologie, qu'il seroit roy, et me promit dès-lors

(1) Alexandre VI, de la maison des Borgia, pape en 1492, mort en 1503.

quatre mille livres de rente audit royaume, si ainsi luy advenoit; et a esté cette promesse vingt ans devant que le cas advinst.

Or pour continuer, le Roy mua de propos, à force d'estre pressé du duc de Milan par lettres, et par ce comte Charles de Bellejoyeuse son ambassadeur, et aussi des deux que j'ay nommez : toutesfois le cœur faillit audit général, voyant que tout homme sage et raisonnable blasmoit l'allée de par delà, par plusieurs raisons, et par estre là sur les champs au mois d'aoust, sans argent, et sans toutes autres choses nécessaires : et demeura la foy audit sénéchal seul, dont j'ay parlé : et fit le Roy mauvais visage audit général, trois ou quatre jours, puis il se remit en train. Si mourut à l'heure un serviteur dudit sénéschal (comme l'on disoit) de peste, parquoy il n'osoit aller autour du Roy, dont il estoit bien troublé, car nul ne sollicitoit le cas. Monsieur de Bourbon et madame estoient là, cherchans de rompre ledit voyage à leur pouvoir : et leur en tenoit propos ledit général, et l'un jour estoit l'allée rompuë, et l'autre renouvellée. A la fin le Roy se délibéra de partir ; et montay à cheval des premiers, espérant passer les monts en moindre compagnie, toutesfois je fus remandé, disant que tout estoit rompu. Et ce jour furent empruntez cinquante mille ducats d'un marchand de Milan : mais le seigneur Ludovic les bailla, moyennant pleiges, qui s'obligèrent vers ledit marchand : et y fus pour ma part, pour six mille ducats, et autres pour le reste ; et n'y avoit nuls intérests. Auparavant on avoit emprunté de la banque de Soly, de Gennes, cent mille francs, qui coustèrent en quatre mois quatorze mille francs d'intérest, mais aucuns disoient que des nommez avoient part à cet argent et au profit.

CHAPITRE VI.

Comment le roy Charles partit de Vienne en Dauphiné, pour conquérir Naples en personne, et de ce que fit son armée de mer sous la conduite de monsieur d'Orléans.

Pour conclusion, le Roy partit de Vienne, le vingt-troisiesme jour d'aoust, 1494, et tira droit vers Ast. A Suze vint vers luy messire Galéas de Sainct-Severin, en poste. Delà alla le Roy à Thurin, et y emprunta les bagues de madame de Savoye, fille du feu marquis le seigneur Guillaume de Montferrat, et veufve du duc Charles de Savoye, et les mit en gage pour douze mille ducats, et peu de jours après fut à Casal, vers la marquise de Montferrat, dame jeune et sage, veufve du marquis de Montferrat. Elle estoit fille du roy de Servie. Le Turc avoit conquis son pays, et l'Empereur, de qui elle estoit parente, l'avoit mariée là, qui l'avoit par avanture recueillie. Elle presta aussi ses bagues, qui aussi furent engagées pour douze mille ducats. Et pouvez voir quel commencement de guerre c'estoit, si Dieu n'eust guidé l'œuvre.

Par aucuns jours se tint le Roy en Ast. Cette année-là tous les vins d'Italie estoient aigres, ce que nos gens ne trouvoient point bon, ne l'air qui estoit si chaud. Là vint le seigneur Ludovic et sa femme, fort bien accompagnez, et y fut deux jours, et puis se retira à Non, un chasteau qui est de la duché de Milan, à une lieuë d'Ast; et chacun jour le conseil alloit vers luy. Le roy Alphonse avoit deux armées par pays, l'une en la Romanie, vers Ferrare, que conduisoit son fils, et avoit avec luy le seigneur Virgile Ursin, le comte de Petilliane et le seigneur de Trévoul (1), qui pour cette heure est des nostres. Et contre eux estoit, pour le Roy, monseigneur d'Aubigny, un bon et sage chevalier, avec quelques deux cens hommes-d'armes. Il y avoit aussi du moins cinq cens hommes-d'armes italiens aux despens du Roy, que conduisoit le comte de Cajazze, qu'assez avez ouy nommer, qui y estoit pour le seigneur Ludovic, et n'estoit point sans peur que cette bende ne fût rompuë, car nous fussions retournez, et il eût eu sur les bras ses ennemis, qui avoient grande intelligence en cette duché de Milan.

L'autre armée estoit par mer, que conduisoit dom Fédéric, frère dudit Alphonse, et estoit à Ligorne (2) et à Pise (car les Florentins tenoient encores pour eux), et avoient certain nombre de galées; et estoient avec luy messire Breto de Flisco, et autres Genevois, au moyen desquels ils espéroient faire tourner la ville de Gennes, et peu faillit qu'ils ne le fissent à la Spécie et à Rapalo, près de Gennes, où ils mirent en terre quelques mille hommes de leurs partisans : et de faict eussent fait ce qu'ils vouloient, si si-tost n'eussent esté assaillis; mais ce jour, ou le lendemain, y arriva le duc Louys d'Orléans, avec quelques naves, et bon nombre de galées, et une grosse galéace, qui estoit mienne, que patronisoit un appelé messire Albert Mely, sur laquelle estoient ledit duc et les principaux. En ladite galéace avoit grande artillerie et grosses pièces (car elle estoit puissante), et s'approcha si près de terre que l'artillerie desconfit presque les ennemis, qui jamais n'en avoient veu de semblables, et estoit chose nouvelle en Italie : et descendirent en terre ceux qui estoient ausdits navires; et par terre venoient de Gennes, où estoit l'armée, un nombre de Suisses, que menoit le baillif de Dijon (3); et aussi y avoit des gens du duc de Milan, que conduisoit le frère dudit Breto, appellé messire Jehan Louys de Flisco, et messire Jean Adorne : mais ils ne furent point aux coups, et firent bien leur devoir, et gardèrent certains pas. En effet, dès que nos gens joignirent, les ennemis furent deffaits et en fuite. Cent ou six-vingts en moururent, et huict ou dix furent prisonniers, et entre les autres un appellé le Fourgousin (4), fils du cardinal de Gennes. Ceux qui eschapèrent furent tous mis en chemise par les gens du duc de Milan; et autre mal ne leur firent, et leur est ainsi de coustume. Je vis toutes les lettres qui en vindrent, tant au Roy qu'au duc de Milan; et ainsi fut cette armée de mer reboutée, qui depuis ne s'apparut si près. Au retour, les Génevois se cuidèrent esmouvoir, et tuèrent aucuns Allemans en la ville, et en fut tué aucuns des leurs; mais tout fut appaisé.

Il faut dire quelque mot des Florentins, qui avoient envoyé vers le Roy, avant qu'il partît de France, deux fois, pour dissimuler avec luy. L'une fois me trouvay à besogner avec ceux qui vindrent, en la compagnie dudit séneschal et général (5), et y estoient l'évesque d'Arèse et un nommé Pierre Sonderin. On leur demanda seulement qu'ils baillassent passage, et cent hommes-d'armes, à la soulde d'Italie (qui n'estoit que dix mille ducats pour un an), eux parlant par le commandement de Pierre de Médicis, homme jeune et peu sage, fils de Laurens de Médicis, qui estoit mort, et avoit esté des plus sages hommes de son temps, et conduisoit cette cité presque comme seigneur; et aussi faisoit le fils, car jà leur maison avoit ainsi vescu, la vie de deux hommes paravant, qui estoient Laurens, père dudit Pierre, et Cosme de Médicis, qui fut le chef de cette maison et la commença, homme digne d'estre nommé entre les très-grands; et en son cas, qui estoit de marchandise, estoit la plus grande maison que je croy qui jamais ait esté au monde; car leurs serviteurs et facteurs ont eu tant de crédit, sous

(1) Trivulce.
(2) Livourne.
(3) Antoine de Bessey, baron de Trichastel, fils de Jean de Bessey et de Jeanne de Saulx; il en est parlé ci-après, livre VIII, chap. 6 et 8.

(4) Jean Frégose, fils naturel de Paul Frégose, cardinal, archevêque et duc de Gênes. Voyez ci-après, livre VIII, chap. 15.

(5) Le sénéchal de Beaucaire et général Briçonnet.

couleur de ce nom Médicis, que ce seroit merveilles à croire, à ce que j'en ay veu en Flandres et en Angleterre. J'en ay veu un appellé Guérard Quanvèse, presque estre occasion de soustenir le roy Édoüard le quart en son Estat, estant en grant guerre en son royaume d'Angleterre, et fournir parfois audit Roy plus de six-vingts mille escus : où il fit peu de profit pour son maistre, toutesfois il recouvra ses pièces à la longue. Un autre ay veu, nommé et appellé Thomas Partunay (1), estre pleige entre ledit roy Édoüard et le duc Charles de Bourgogne, pour cinquante mille escus, et une autre fois, en un lieu, pour quatre-vingts mille. Je ne loue point les marchands d'ainsi le faire, mais je loue bien un prince de tenir bons termes aux marchands, et leur tenir vérité ; car ils ne savent à quelle heure ils en pourront avoir besoin ; car quelquefois peu d'argent fait grand service.

Il semble que cette lignée vint à faillir, comme on fait aux royaumes et empires, et l'authorité des prédécesseurs nuisoit à ce Pierre de Médicis, combien que celle de Cosme, qui avoit esté le premier, fut douce et amiable, et telle qu'estoit nécessaire à une ville de liberté. Laurens, père de Pierre, dont nous parlons à cette heure, pour le différend, dont a esté parlé en aucun endroit de ce livre (2), qu'il eut contre ceux de Pise et autres, dont plusieurs furent pendus, en ce temps-là avoit pris vingt hommes pour se garder par commandement et congé de la seigneurie, laquelle commandoit ce qu'il vouloit; toutesfois modérément se gouvernoit en cette grande authorité (car, comme j'ay dit, il estoit des plus sages de son temps), mais le fils cuidoit que cela luy fût deu par raison, et se faisoit craindre, moyennant cette garde, et faisoit des violences de nuict, et des batteries lourdement, abusant de leurs deniers communs ; si avoit fait le père, mais si sagement qu'ils en estoient presque contens.

A la seconde fois envoya ledit Pierre, à Lion, un appellé Pierre Cappon, et autres, et disoit pour excuse, comme jà avoit fait, que le roy Louys onziesme leur avoit commandé à Florence se mettre en ligue avec le roy Ferrand, du temps du duc Jehan d'Anjou, et laisser son alliance ; disans que puisque par commandement du Roy, avoient pris ladite alliance, qui duroit encores par aucunes années, ils ne pouvoient laisser l'alliance de la maison d'Arragon ; mais si le Roy venoit jusques-là, qu'ils luy feroient des services, et ne cuidoient point qu'il y allast, non plus que les Vénitiens. En tous les deux ambassades y avoit tousjours quelqu'un ennemy dudit de Medicis, et par espécial cette fois ledit Pierre Cappon, qui soubz main advertissoit ce qu'on devoit faire pour tourner la cité de Florence contre ledit Pierre, et faisoit sa charge plus aigre qu'elle n'estoit ; et aussi conseilloit qu'on bannist tous les Florentins du royaume ; et ainsi fut fait. Cecy je dis pour mieux vous faire entendre ce qui advint après ; car le Roy demeura en grande inimitié contre ledit Pierre : et lesdits sénéschal et général avoient grande intelligence avec ses ennemis en ladite cité, et par espécial avec ce Cappon, et avec deux cousins germains dudit Pierre, et de son nom propre.

CHAPITRE VII.

Comment le Roy estant encores à Ast, se résolut de passer outre vers Naples, à la poursuite de Ludovic Sforce, et comment messire Philippe de Comines fut envoyé en ambassade à Venise ; et de la mort du duc de Milan.

J'ay dit ce qui advint à Rapalo par mer. Dom Fédéric se retira à Pise et à Ligorne ; et depuis ne recueillit les gens-de-pied, qu'il avoit mis à terre ; et s'ennuyèrent fort les Florentins de luy, comme plus enclins, et de tous temps, à la maison de France qu'à celle d'Arragon : et nostre armée, qui estoit en Romanie, combien qu'elle fût la plus foible, toutesfois faisoit prospérer nostre cas, et commença peu à peu à reculer dom Ferrand, duc de Calabre. Quoy voyant le Roy, se mit en opinion de passer outre, sollicité du seigneur Ludovic et des autres que j'ai nommez ; et luy dit le seigneur Ludovic à son arrivée : « Sire, ne craignez point cette
» entreprise. En Italie y a trois puissances que
» nous tenons grandes, dont vous avez l'une,
» qui est Milan ; l'autre ne bouge, qui sont
» Vénitiens ; ainsi n'avez affaire qu'à celle de
» Naples ; et plusieurs de vos prédécesseurs nous
» ont battus, que nous estions tous ensemble :
» quand vous me voudrez croire, je vous aideray
» à faire plus grand que ne fut jamais Charle-
» magne : et chasserons ce Turc hors de cet
» empire de Constantinople aisément quand
» vous aurez ce royaume de Naples. » Il disoit vray du Turc qui règne ; mais que toutes choses eussent esté disposées de nostre costé ; ainsi se mit le Roy à ordonner de son affaire, selon le

(1) Ou Portmary. (2) Livre VI, chap. 5.

vouloir et conduite dudit seigneur Ludovic; dont aucuns des nostres eurent envie ; et fut quelque chambelan, et quelque autre, sans propos (car on ne se pouvoit passer de luy) et estoit pour complaire à monseigneur d'Orléans, qui prétendoit en la duché de Milan; et sur tous en estoit envieux ce général, car jà s'estimoit grand ; et y avoit quelque envie entre le séneschal et luy; et dit ledit Ludovic quelque mot au Roy, et à luy, pour le faire demeurer, qui mouvoit ledit général à parler contre luy; et disoit qu'il tromperoit la compagnie; mais il estoit mieux séant qu'il s'en fût teu ; mais jamais n'entra et ne vint en crédit en chose d'estat, et ne s'y cognoissoit, et si estoit homme léger en parole, mais bien affectionné à son maistre; toutesfois il fut conclu d'envoyer plusieurs hommes en ambassades, et moy, entre les autres, à Venise.

Je demeuray à partir aucuns jours, parce que le Roy fut malade de la petite vérole et en péril de mort, parce que la flèvre se mesla parmy, mais elle ne dura que six ou sept jours, et me mis à chemin ailleurs, et laissay le Roy en Ast, et croyois fermement qu'il ne passast point outre. J'allay en six jours à Venise avec mulets et train, car le chemin estoit le plus beau du monde, et craignois bien à partir, doutant que le Roy retournast, mais notre Seigneur en avoit autrement disposé. Si tira droit à Pavie, et passa par Casal, vers cette marquise, qui estoit bonne pour nous et bonne dame, grande ennemie du seigneur Ludovic, et luy la haïssoit aussi. Après que le Roy fut arrivé à Pavie commença jà quelque peu de soupçon ; car on vouloit qu'il logeast en ville et non point au chasteau; et il y vouloit loger, et y logea, et fut renforcé le guet de cette nuict (gens me dirent, qui estoient près dudit seigneur, qu'il y avoit danger), dont s'esbahit le seigneur Ludovic, et en parla au Roy, demandant s'il se soupçonnoit de luy. La façon y estoit telle des deux costez que l'amitié n'y pouvoit guères durer; mais de nostre costé parlions plus qu'eux, non point le Roy, mais ceux qui estoient prochains parens de luy. En ce chasteau de Pavie estoit le duc de Milan, dont a esté parlé devant, appelé Jehan Galéas, et sa femme, fille du roy Alphonse, bien piteuse, car son mary estoit là malade, et tenu en ce chasteau comme en garde, et son fils qui encores vit pour le présent, et une fille ou deux, et avoit l'enfant (1) lors quelques cinq ans. Nul ne vit ledit duc,

mais bien l'enfant. J'y passay trois jours avant le Roy, mais il n'y eut remède de le voir, et disoit l'on qu'il estoit bien fort malade. Toutesfois le Roy parla à luy, car il estoit son cousin germain (2), et m'a conté ledit seigneur leurs paroles qui ne furent que choses générales, car il ne vouloit en rien desplaire audit Ludovic : toutesfois me dit-il qu'il l'eût volontiers adverty. A celle heure propre se jetta à genoux ladite duchesse devant ledit Ludovic, luy priant qu'il eust pitié de son père et frère. Il luy respondit qu'il ne se pouvoit faire; mais elle avoit meilleur besoin de prier pour son mary et pour elle qui estoit encore belle dame et jeune.

De là tira le Roy à Plaisance, auquel lieu eut nouvelles ledit Ludovic que son neveu, le duc de Milan, se mouroit. Il prit congé du Roy pour y aller, et luy pria le Roy qu'il retournast, et le promit. Avant qu'il fust à Pavie, ledit duc mourut (3); et incontinent comme en poste alla à Milan. Je vis ces nouvelles par la lettre de l'ambassadeur vénitien, qui estoit avec luy, qu'il escrivoit à Venise, et advertissoit qu'il se vouloit faire duc ; à la vérité dire, il en desplaisoit au duc et seigneurie de Venise, et me demandèrent si le Roy tiendroit pour l'enfant ; et combien que la chose fust raisonnable, je leur mis en doute, veu l'affaire que le Roy avoit dudit Ludovic.

<><><>

CHAPITRE VIII.

Comment et par quel moyen le seigneur Ludovic print et usurpa la seigneurie et duché de Milan, et y fut receu pour seigneur.

Fin de compte, il se fit recevoir pour seigneur : et fut la conclusion, comme plusieurs disoient, pourquoy ils nous avoient fait passer les monts, les chargeant de la mort de son neveu, dont les parens et amis en Italie se mettoient en chemin pour luy oster le gouvernement, et l'eussent fait aisément, si ce n'eût été l'allée du Roy, car jà estoient en la Romanie, comme avez oüy ; mais le comte de Cajazze et monseigneur d'Aubigny les faisoient reculer : car ledit seigneur d'Aubigny estoit en force de cent cinquante ou de deux cens hommes-d'armes françois et d'un nombre de Suisses ; et se reculoit ledit dom Ferrand vers leurs amis, et

---

(1) Il s'appelait François, et mourut moine en France, dans une abbaye de Bourgogne.
(2) A cause de leurs mères, qui étaient de la maison de Savoie.

(3) On a prétendu qu'il avait été empoisonné. *Voyez* Paul-Jove, Bembe, Guichardin.

estoit demie journée ou environ devant nos gens, et tira devers Forly, dont estoit dame une bastarde de Milan, veufve du comte Hiéronyme, qui avoit esté neveu du Pape Sixte. On disoit qu'elle tenoit leur party, mais nos gens luy prirent une petite place d'assaut, qui ne fut batuë que demy jour, parquoy elle se tourna, avec le bon vouloir qu'elle en avoit. Et de tous costez le peuple d'Italie commença à prendre cœur, désirant nouvelletez, car ils voyoient chose qu'ils n'avoient point veuë de leur temps, et ils n'entendoient point le faict de l'artillerie; et en France n'avoit jamais esté si bien entendu. Et se tira ledit dom Ferrand vers Susanne, approchant du royaume, une bonne cité qui est au Pape en la Marque d'Ancone; mais le peuple leur destroussoit leurs sommiers et bagues quand ils les trouvoient à part; car par toute Italie ne désiroient qu'à se rebeller, si du costé du Roy les affaires se fussent bien conduits et en ordre, sans pillerie; mais tout se faisoit au contraire, dont j'ay eu grand deuil pour l'honneur et bonne renommée que pouvoit acquérir en ce voyage la nation françoise. Car le peuple nous advouöit comme saincts, estimans en nous toute foy et bonté; mais ce propos ne leur dura guères, tant pour nostre désordre et pillerie, et qu'aussi les ennemis preschoient le peuple en tous quartiers, nous chargeans de prendre femmes à force, et l'argent, et autres biens où nous les pouvions trouver. De plus grands cas ne nous pouvoient-ils charger en Italie, car ils sont jaloux et avaricieux plus qu'autres. Quant aux femmes ils mentoient, mais du demeurant il en estoit quelque chose.

◇◇◇

CHAPITRE IX.

Comment Pierre de Médicis mit quatre des principales forteresses des Florentins entre les mains du Roy, et comment le Roy mit Pise, qui en estoit l'une, en sa liberté.

Or je laissai le Roy à Plaisance, selon mon propos, où il fit faire service solennel à son cousin germain le duc de Milan, et si crois qu'il ne sçavoit guères autre chose que faire, veu que ledit duc de Milan, nouveau, estoit party de luy, et m'ont dit ceux qui le devoient bien sçavoir, que la compagnie fut en grand vouloir de retourner pour doute, et se sentoient mal pourveus. Car d'aucuns, qui avoient premier loué le voyage, le blasmoient, comme le grand-escuyer, seigneur d'Urfé (combien qu'il n'y fût point, mais estoit malade à Gennes), car il escrivit une lettre donnant grand soupçon, disant avoir esté adverty. Mais comme j'ay dit en d'autres endroits, Dieu monstroit conduire l'entreprise; et eut le Roy soudaines nouvelles que le duc de Milan retourneroit, et aussi quelque sentiment de Florence pour les inimitiez que je vous ay dites, qui estoient contre Pierre de Médicis, qui vivoit comme s'il eust esté seigneur, dont estoient ses plus prochains parens, et beaucoup d'autres gens de bien, comme tous ces Cappon, ceux de Fodormy, ceux de Nerly, et presque toute la cité, envieux. Pour laquelle cause ledit seigneur partit, et tira aux terres des Florentins pour les faire déclarer pour luy ou pour prendre de leurs villes, qui estoient foibles, pour s'y pouvoir loger pour l'hyver qui estoit jà encommencé: et se tournèrent plusieurs petites places, et aussi la cité de Luques, ennemie des Florentins, et firent tout plaisir et service au Roy; et avoit tousjours esté le conseil du duc de Milan à ces deux fins, afin qu'on ne passast point plus avant de la saison, et aussi qu'il espéroit avoir Pise (qui est bonne et grande cité), Serzane et Pietresancte. Les deux avoient esté Genevois, n'y avoit guères de temps, et conquis sur eux par les Florentins; du temps de Laurent de Médicis.

Le Roy prit son chemin par Pontreme (1), qui est au duc de Milan, et alla assiéger Serzane, très-fort chasteau et le meilleur qu'eussent les Florentins, mal pourveu pour leur grande division. Et aussi à la vérité dire, les Florentins mal-volontiers estoient contre la maison de France, de laquelle ils ont esté de tous temps vrays serviteurs et partisans, tant pour les affaires qu'ils ont en France, pour la marchandise, que pour estre de la part Guelfe; et si la place eust esté bien pourveuë, l'armée du Roy estoit rompuë, car c'est un pays stérile et entre montagnes, et n'y avoit nuls vivres, et aussi les neiges estoient grandes. Il ne fut que trois jours devant, et y arriva le duc de Milan avant la composition, et passa par Pontreme, où des gens de la ville et garnison eurent un grand débat avec de nos Allemans que conduisoit un appellé Buser; et furent tuez aucuns Allemans; et combien que ne fusse présent à ces choses, si le m'ont conté le Roy, le duc et les autres; et de ce débat vint depuis grand inconvénient, comme vous orez après. Pratique se meut à Florence, et députèrent gens pour envoyer devers le Roy, jusques à quinze ou seize, disans en la

---

(1) Pontremolo, selon M. Guazzo, et *Pontriemoli*, suivant l'italien de Jove.

cité qu'ils ne vouloient demeurer en ce grand péril d'estre en la haine du Roy et du duc de Milan qui tousjours avoit son ambassade à Florence, et consentit Pierre de Médicis cette allée. Aussi n'y eût-il sçeu remédier, aux termes en quoy les affaires estoient; car ils eussent esté détruits, veu la petite provision qu'ils avoient, et si ne sçavoient ce que c'estoit de guerre. Après qu'ils furent arrivez, offrirent de recueillir le Roy à Florence et autres parties; et ne leur chaloit à la pluspart, sinon qu'on allast là pour occasion de chasser Pierre de Médicis, et se sentoient avoir bonne intelligence avec ceux qui conduisoient lors les affaires du Roy, que plusieurs fois ay nommez.

D'autre part pratiquoit ledit Pierre, par la main d'un sien serviteur, appellé Laurens Spinely, qui gouvernoit sa banque à Lion, homme de bien en son estat et assez nourry en France, mais des choses de nostre cour ne pouvoit avoir cognoissance, ny à grand peine ceux qui y estoient nourris, tant y avoit de mutations; si pratiquoit-il avec ceux qui avoient l'authorité; c'estoient monseigneur de Bresse, qui depuis a esté duc de Savoie, et monseigneur de Myolans, qui estoit chambelan du Roy. Tost après les autres vindrent aucuns de la cité avec luy pour faire responses des choses qu'on leur avoit requises, et se voyoient perdus en la cité, s'ils ne faisoient tout ce que le Roy vouloit, duquel ils cuidoient gagner la bonne grâce, et faire quelque chose plus que les autres.

A son arrivée furent envoyez au devant de luy monseigneur de Piennes (1), natif du pays de Flandres, et chambellan du Roy nostre sire, et le général Brissonet qui a esté icy nommé. Ils parlèrent audit Pierre de Médicis d'avoir l'obéissance de la place de Serzane, ce qu'incontinent il fit. Ils luy requirent davantage qu'il fist prester au Roy, Pise, Ligorne, Piétresancte et Librefacto; lequel le tout accorda, sans parler à ses compagnons qui sçavoient bien que le Roy devoit estre dedans Pise pour se rafreschir, mais ils n'entendoient point qu'il retinst les places. Or s'estoit mis leur estat et leur grande force entre nos mains. Ceux qui traictoient avec ledit Pierre m'ont conté, et à plusieurs autres l'ont dit, en se raillant et en se mocquant de luy, qu'ils estoient esbahis comme si tost accorda si grande chose, et à quoy ils ne s'attendoient point. Pour conclusion, le Roy entra dedans Pise et les dessusdits retournèrent à Florence,

et fit Pierre habiller (2) le logis du Roy en sa maison, qui est la plus belle maison de citadin ou marchand que j'aye jamais veuë, et la mieux pourvuë, que de nul homme qui fût au monde, de son estat.

Or faut-il dire quelque mot du duc de Milan, qui jà eût voulu le Roy hors d'Italie, et avoit fait et vouloit encores faire son profit, pour avoir les places qu'il avoit conquises, et pressa fort le Roy pour avoir Serzane et Piétresancte, qu'il disoit appartenir aux Genèvois, et presta au Roy lors trente mille ducats; et m'a dit, et à plusieurs autres depuis, qu'on luy promit de les luy bailler; et merveilleusement mal content se partit du Roy, pour le refus, disant que ses affaires le contraignoient de s'en retourner; mais onques puis le Roy ne le vit, mais il laissa messire Galéas de Sainct-Severin avec le Roy, et entendoit qu'il fust en tous conseils avec le comte Charles de Belle-Joyeuse, dont a esté parlé. Estant le Roy dedans Pise, ledit messire Galéas, conduit de son maistre, fit venir en son logis des principaux bourgeois de la ville, et leur conseilla se rebeller contre les Florentins, et requérir au Roy qu'il les mist en liberté, espérant que par ce moyen ladite cité de Pise tomberoit sous la main du duc de Milan, où autresfois avoit esté, du temps du duc Jehan Galéas, le premier de ce nom en la maison de Milan, un grand et mauvais tyran, mais honorable. Toutesfois son corps est aux Chartreux à Pavie, près du parc, plus haut que le grand autel, et le m'ont monstré les Chartreux, au moins ses os (et y monte-l'on par une eschelle), lesquels sentoient comme la nature ordonne, et un natif de Bourges, me m'appella sainct; et je luy demanday en l'oreille pourquoy il l'appelloit sainct, et qu'il pouvoit voir paintes à l'entour de luy les armes de plusieurs citez qu'il avoit usurpées, où il n'avoit nul droit; et luy et son cheval estoient plus hauts que l'autel, et taillez de pierre, et son corps sous le pied dudit cheval. Il me respondit tout bas : *Nous appellons,* dit-il, *en ce pays icy, saincts, tous ceux qui nous ont fait du bien.* Et il fit cette belle église des Chartreux, qui à la vérité est la plus belle que j'aye jamais veuë, et toute de beau marbre.

Et pour continuer, ledit messire Galéas avoit envie de se faire grand, et croy qu'ainsi l'entendoit le duc de Milan, de qui il avoit espousé la bastarde, et monstroit le vouloir avantager, comme s'il eust esté son fils; car il n'avoit en-

---

(1) Louis de Hallewin, seigneur de Piennes : il avait été chambellan et capitaine de cinquante lances au service du duc de Bourgogne en 1474, et ensuite était passé au service du roi Louis XI.

(2) Préparer.

cores nuls enfans d'aage. Lesdits Pisans estoient cruellement traictez des Florentins, qui les tenoient comme esclaves, car ils les avoient conquis, il y avoit quelques cent ans, qui fut l'an que les Vénitiens conquirent Padoüe, qui fut leur premier commencement en terre ferme; et ces deux citez estoient presque d'une façon, car elles avoient esté anciennes ennemies de ceux qui les possédoient, et de bien longues années, avant qu'estre conquises, et presque égales en forces; et à cette cause tindrent conseil lesdits Pisans, et se voyans conseillez de si grand homme, et désirans leur liberté, vindrent crier au Roy, en allant à la messe, en grand nombre d'hommes et de femmes, *liberté, liberté*, luy supplians, les larmes aux yeux, qu'il la leur donnast, et un maistre des requestes, allant devant luy, ou faisant l'office, qui estoit un conseiller au parlement du Dauphiné, appellé Rabot, ou pour promesse, ou pour n'entendre ce qu'ils demandoient, dit au Roy que c'estoit chose piteuse, et qu'il leur devoit octroyer, et que jamais gens ne furent si durement traitez; et le Roy, qui n'entendoit pas bien que ce mot valoit, et qui par raison ne leur pouvoit donner liberté (car la cité n'estoit point sienne; mais seulement y estoit receu par amitié et à son grand besoin), et qui commençoit de nouveau à cognoistre les pitiez d'Italie, et le traitement que les princes et communautez font à leurs subjets, respondit qu'il estoit content : et ce conseiller, dont j'ay parlé, le leur dit; et ce peuple commença incontinent à crier : *Noël*, et vont au bout de leur pont de la rivière d'Arne (qui est un beau pont) et jettent à terre un grand lion, qui estoit sur un grand pillier de marbre, qu'ils appelloient major, représentant la seigneurie de Florence, et l'emportèrent à la rivière, et firent faire dessus le pillier un roy de France, une espée au poing, qui tenoit sous le pied de son cheval ce major, qui est un lion. Depuis le roy des Romains y est entré, ils ont fait du Roy comme ils avoient fait du lion : et est la nature de ce peuple d'Italie d'ainsi complaire aux plus forts; mais ceux-là estoient et sont si mal traitez, qu'on les doit excuser.

◇◇◇

CHAPITRE X.

Comment le Roy partit de la ville de Pise, pour aller à Florence; et de la fuite et ruine de Pierre de Médicis.

Le Roy se partit de là, et il y séjourna peu, et tira vers Florence, et là on luy remonstra le tort qu'il avoit fait ausdits Florentins, et que c'estoit contre sa promesse d'avoir donné liberté aux Pisans. Ceux qu'il commit à respondre de cette matière, excusant la chose, dirent qu'il ne l'avoit point entendu, ne n'entendoit et entroit un autre appointement, dont je parleray, mais qu'un peu j'aye dit la conclusion de Pierre de Médicis, et aussi de l'entrée du Roy en ladite cité de Florence, et comme il laissa garnison dedans la cité de Pise, et autres places qu'on luy avoit prestées.

Ledit Pierre, après avoir fait bailler au Roy les places, dont j'ay parlé, dont aucuns estoient consentans, s'en retourna en la cité, pensant que le Roy ne les tinst point; ains que dès qu'il partiroit de Pise, où il n'auroit affaire que trois ou quatre jours, la leur rendroit. Bien croy-je que s'il y eust voulu faire son hyver, qu'ils l'eussent consenty, combien que Pise leur est plus grande chose que Florence propre, sauf les corps et les meubles. Arrivé que fut ledit Pierre à Florence, tout homme luy fit mauvais visage, et non sans cause, car il les avoit dessaisis de toute leur force et puissance, et de tout ce qu'ils avoient conquis en cent ans, et sembloit que leur cœur sentit les maux, qui depuis leur sont advenus; et tant pour cette cause, que je croy la principale, combien qu'ils ne l'avoient jamais dit, que pour haine qu'ils luy portoient, que j'ay déclarée, et pour retourner en liberté, dont ils se cuidoient forclos, et sans avoir mémoire des bien-faits de Cosme et de Laurens de Médicis ses prédécesseurs, délibérèrent de chasser de la ville ledit Pierre de Médicis. Lequel Pierre, sans le sçavoir, mais bien estoit en doute, va vers le palais, pour parler de l'arrivée du Roy (qui encores estoit à trois milles près), et avoit sa garde accoustumée avec luy, et vint heurter à la porte dudit palais, laquelle luy fut refusée par un de ceux de Nerly (qui estoient plusieurs frères, que j'ay bien cognus, et le père très-riches), disant qu'il y entreroit luy seul, s'il vouloit, ou autrement non; et estoit armé celuy qui faisoit ce refus. Incontinent retourna ledit Pierre à sa maison, et s'arma, luy et ses serviteurs, et fit advertir un appellé Paul Ursin, qui estoit à la soulde des Florentins (car ledit Pierre, de par sa mère, estoit des Ursins, et toujours le père et luy en avoient entretenu aucuns de la maison à leur soulde), et délibéra de résister aux partisans de la ville. Mais tantost oüit crier *liberté, liberté*, et vint le peuple en armes; et ainsi partit ledit Pierre de la ville, comme bien conseillé, à l'aide dudit Paul Ursin, qui fut une piteuse départie pour luy, car en puissance et en biens, il avoit esté quasi égal aux grands princes, et luy et ses prédécesseurs, depuis Cosme de Médicis, qui fut le chef; et ce jour, se mit luy courre sus fortune, et perdit honneurs et biens. J'estois à Venise, et par l'ambassadeur florentin estant là, je sceus ces nouvelles, qui bien me despleurent: car j'avois aimé le père, et s'il m'eust voulu croire il ne luy fust point ainsi mésadvenu; car sur l'heure que j'arrivay à Venise, luy escrivis, et offris appointer, car j'en avois le pouvoir de bouche, du séneschal de Beaucaire et du général; et eût esté content le Roy du passage, ou à pis venir, d'avoir Ligorne entre ses mains, et faire toutes choses que Pierre eût sceu demander; mais il me respondit comme par moquerie, par le moyen du sire Pierre (1), que j'ay nommé ailleurs. Ledit ambassadeur porta le lendemain lettre à la seigneurie, contenant comment il avoit esté chassé, parce qu'il se vouloit faire seigneur de la ville, par le moyen de la maison d'Arragon et des Ursins, et assez autres charges qui n'estoient point vrayes; mais telles sont les aventures du monde, que celuy qui fuit et perd, ne trouve point seulement qui le chasse, mais ses amis se tournent ses ennemis, comme cet ambassadeur, nommé Paul Antoine Soderin, qui estoit des sages hommes qui fussent en Italie.

Le jour de devant m'avoit parlé dudit Pierre, comme s'il fust son seigneur naturel, et à cette heure se déclara son ennemy, par commandement de la seigneurie; mais de soy ne faisoit aucune déclaration. Le jour après je sceus comment ledit Pierre venoit à Venise, et comme le Roy estoit entré en grand triomphe à Florence, et mandoient audit ambassadeur qu'il prist congé de ladite seigneurie, et qu'il s'en retournast, et qu'il falloit qu'il naviguast avec ce vent; et vis la lettre, car il la me monstra, et s'en partit. Deux jours après vint ledit Pierre, en pourpoint, ou avec la robbe d'un valet; et en grande doute le receurent à Venise, tant craignoient de desplaire au Roy; toutesfois ils ne le pouvoient refuser par raison; et désiroient bien sentir de moy que le Roy en disoit, et demeura deux jours hors la ville. Je désirois luy aider, et n'avois eu nulle lettre du Roy contre luy, et dis que je croyois sa fuite avoir esté pour crainte du peuple, et non point de celle du Roy. Ainsi il vint, et l'allay voir le lendemain qu'il eut parlé à la seigneurie, qui le firent bien loger et luy permirent porter les armes par la ville, et à quinze ou vingt serviteurs qu'il avoit, c'est à sçavoir espées, et luy firent très-grand honneur, combien que Cosme, dont j'ay parlé, les garda autrefois d'avoir Milan; nonobstant cela, ils l'eurent en remembrance, pour l'honneur de sa maison, qui avoit esté en si grand triomphe et renommée par toute la chrétienté.

Quand je le vis, me sembla bien qu'il n'estoit point homme pour respondre. Il me conta au long sa fortune, et à mon pouvoir le reconfortay. Entre autres choses me conta comme il avoit perdu le tout, et entre ses autres malheurs, qu'un sien facteur estant en la ville, vers qui il avoit envoyé pour avoir des draps pour son frère et luy, pour cent ducats seulement, les luy avoit refusez. Qui estoit grande chose, veu son estat et authorité: car soixante ans avoit duré l'authorité de cette maison si grande, que plus ne pouvoit. Tost après il eut nouvelle, par le moyen de monseigneur de Bresse, depuis duc de Savoye, et luy escrivoit le Roy aller devers luy; mais jà estoit ledit seigneur party de Florence, comme je diray à cette heure; un peu m'a fallu parler de ce Pierre de Médicis.

◇◇◇

CHAPITRE XI.

Comment le Roy fit son entrée à Florence, et par quelles autres villes il passa jusques à Rome.

Le Roy entra le lendemain en la cité de Florence, et luy avoit ledit Pierre fait bailler sa maison, et jà estoit le seigneur de Ballassat (2) pour faire ledit logis; lequel quand il sceut la fuite dudit Pierre de Médicis, se prit à piller tout ce qu'il trouva en ladite maison, disant que leur banque à Lion luy devoit grande somme d'argent; et entre autres choses il prit une licorne entière (qui valoit six ou sept mille ducats) et deux grandes pièces d'une autre, et plusieurs autres biens. D'autres firent comme luy. En une autre maison de la ville avoit retiré tout ce qu'il avoit vaillant: le peuple pilla tout. La seigneurie eut partie des plus riches bagues, et vingt mille ducats comptans, qu'il avoit à son banc, en la ville, et plusieurs beaux pots d'agatte, et tant de beaux camayeux bien taillez, que merveilles, qu'autrefois j'avois veus, et bien trois mille médailles d'or et d'argent, bien la

---

(1) Pierre Cappon, dont il est parlé au chapitre 5 de ce livre.

(2) Ferron le nomme Mathæus Balassius; d'autres le nomment de Balsac. Dom Juan de Vitrian, dans ses notes sur Comines, lui donne le titre d'*Apozintador Major*.

pesanteur de quarante livres, et croy qu'il n'y avoit point autant de belles médailles en Italie. Ce qu'il perdit ce jour en la cité, valoit cent mille escus et plus.

Or estant le Roy en la cité de Florence, comme dit est, se fit un traicté avec eux, et crois qu'ils le firent de bon cœur. Ils donnèrent au Roy six vingts mille ducats, dont ils en payèrent cinquante mille comptant, et le reste en deux payemens assez briefs, et prestèrent au Roy toutes les places, dont j'ay parlé, et changèrent leurs armes, qui estoient la fleur de lis rouge, et en prirent de celles que le Roy portoit : lequel les prit en sa protection et garde, et leur promit et jura sur l'autel Sainct-Jehan, de leur rendre leurs places, quatre mois après qu'il serait dans Naples, ou plustost, s'il retournoit en France; mais la chose prit un autre train, dont sera parlé cy-après.

Le Roy s'arresta peu à Florence, et tira vers Sienne où il fut bien receu; et de là, à Viterbe, où les ennemis (car dom Ferrand s'estoit retiré vers Rome) avoient intention de venir loger, et s'y fortifier et combattre, s'ils y voyoient leur avantage; et ainsi le me disoit l'ambassadeur du roy Alphonse, et celuy du Pape, qui estoient à Venise; et à la vérité, je m'attendois que le roy Alphonse y vinst en personne (veu qu'il estoit estimé de grand cœur) et qu'il laissast son fils dedans le royaume de Naples : et me sembloit le lieu propice pour eux; car il eust eu son royaume, les terres du Pape, et les places et terres des Ursins à son dos. Mais je fus tout esbahy que les lettres me vindrent du Roy, comme il estoit en la ville de Viterbe, et puis un commandeur luy bailla le chasteau, et le tout par le moyen du cardinal Petri-ad-vincula, qui en estoit gouverneur, et les Colonnois. Lors me sembla que Dieu vouloit mettre fin à cette besogne, et me repentis qu'avois escrit au Roy, et conseillé de prendre un bon appointement, car on luy en offroit assez. Aquependente et Montefiascon (1) luy furent rendus avant Viterbe, et toutes les places d'alentour, comme je fus adverty par lettres du Roy, et celles de ladite seigneurie, qui de jour en jour étoient advertis de ce qui survenoit, par leurs ambassadeurs; et m'en monstrèrent plusieurs lettres, ou le me faisoient dire par un de leurs secrétaires. Et de là tira le Roy à Rome, par les terres des Ursins,

qui toutes luy furent renduës par le seigneur Charles Ursin, disant avoir ce commandement de son père (lequel estoit serviteur souldoyé du roy Alphonse), et que durant que dom Ferrand seroit alloüé, et en la terre de l'Eglise, qu'il luy tiendroit compagnie, et non plus (ainsi vivent en Italie, et les seigneurs et les capitaines, et ont sans cesse pratique avec les ennemis, et grand peur d'estre des plus foibles), et fut receu ledit seigneur dedans Brachane (2), principale place du susdit seigneur Virgile Ursin, qui estoit belle, forte, et bien garnie de vivres; et ay bien fort ouy estimer au Roy ladite place, et le recueil que l'on luy fit, car son armée estoit en nécessité et extrémité de vivres, et tant que plus ne pouvoit, et qui considéroit bien combien de fois cette armée se cuida rompre, depuis qu'il arriva à Vienne en Dauphiné, et comment elle se revenoit, et par quelles ouvertures; bref on disoit que Dieu la conduisoit.

◊◊◊

CHAPITRE XII.

Comment le Roy envoya le cardinal Petri-ad-vincula, qui fut depuis appellé le pape Jules II dedans Ostie, et de ce que le Pape faisoit à Rome cependant ; et comment le Roy y entra malgré tous ses ennemis ; avec les partialitez entre les Ursins et Collonnois dans ladite ville de Rome.

De Brachane envoya le Roy le cardinal Sainct-Pierre-ad-vincula à Ostie, dont il estoit évesque, et est lieu de grande importance; et le tenoient les Colonnois, qui l'avoient pris sur le Pape, et les gens du Pape l'avoient osté audit cardinal, n'y avoit guères. La place estoit très-foible, mais long-temps depuis tint Rome en grande subjétion avec ledit cardinal, lequel estoit grand amy des Colonnois, qui estoient nostres, par le moyen du cardinal Ascaigne, frère du duc de Milan, et vice-chancelier, et aussi en haine des Ursins, dont tousjours sont et ont esté contraires, et est toute la terre de l'Eglise troublée pour cette partialité, comme nous dirions Luce et Grandmont (3), ou en Hollande, Houc et Caballan (4); et quand ne seroit ce différend, la terre de l'Eglise seroit la plus heureuse habitation, pour les subjets, qui soit en tout

---

(1) Aquapendente et Montefiascon.
(2) Bracciano.
(3) Luz et Gramont étaient deux puissantes maisons de la Basse-Navarre.
(4) Caballan et Houc désignent deux factions qui se formèrent dans les Pays-Bas, vers le milieu du quator-

zième siècle, sous le nom de *Cabilliaves* et de *Houckiens*. La première tiroit son nom d'un poisson très commun en Hollande ; la seconde, du mot hollandais *hock*, qui signifie hameçon. Ces factions subsistaient encore en 1475. Olivier de la Marche en parle dans ses Mémoires.

le monde (car ils ne payent ne taille, ne guères autres choses), et seroient tousjours bien conduits (car tousjours les papes sont sages et bien conseillez), mais très-souvent en advient de grands et cruels meurtres et pilleries. Depuis quatre ans en avons veu beaucoup, tant des uns que des autres. Car depuis les Colonnois ont esté contre nous, à leur grand tort, car ils avoient vingt mille ducats de rente, et plus audit royaume de Naples, en belles seigneuries, comme en la comté de Taillecouse (1), et autres, que paravant avoient tenus les Ursins, et toutes autres choses qu'ils avoient sceu demander, tant en gens-d'armes qu'en pensions. Mais ce qu'ils firent, ils le firent par vraye desloyauté, et sans nulle occasion; et faut entendre que de toute ancienneté, ils estoient partisans de la maison d'Arragon et des autres ennemis de France, pour ce qu'ils estoient Gibelins; et les Ursins (2), partisans de France, comme les Florentins, pour estre de la part des Guelfes.

Avec ledit cardinal de Saint-Pierre-ad-vincula, à Ostie fut envoyé Péron de la Basche, maistre-d'hostel du Roy, qui trois jours auparavant avoit apporté audit seigneur vingt mille ducats, par mer, et estoit descendu à Plombin (3); et estoit de l'argent presté par le duc de Milan; et estoit demeuré en l'armée de mer, qui estoit petite, le prince de Salerne, et un appellé le seigneur de Sernon en Provence, que la fortune mena en Donserque (4), leur navire fort gastée; et mirent tant à se r'habiller, qu'ils ne servirent de rien; et si cousta largement ladite armée de mer, et trouvèrent le Roy dedans Naples.

Audit Ostie avoit, avec ledit cardinal, bien cinq cens hommes-d'armes, et deux mille Suisses, et y estoient le comte de Ligny (5), cousin germain du Roy, de par mère, le seigneur d'Alègre et autres; et là cuidoient passer le Tybre pour aller enclorre dom Ferrand, qui estoit dedans Rome, avec la faveur et aide des Colonnois, dont estoient chefs de la maison pour lors, Prospère et Fabrice Colonne, et le cardinal Colonne, à qui le Roy paya deux mille hommes-à-pied, par la main dudit Basche, qu'ils avoient assemblez à leur plaisir; et faisoient leur assemblée à Sannesonne, qui est à eux.

Il faut entendre qu'icy viennent plusieurs propos à un coup, et de chacun faut dire quelque chose. Avant que le Roy eust Viterbe, il avoit envoyé le seigneur de la Trimoüille, son chambelan, et le président de Guennay (6), qui avoit son seau, et le général Bidaut, à Rome, cuidant traiter avec le Pape, qui tousjours pratiquoit, comme est la coustume en Italie. Eux estant là, le Pape mit de nuict en la cité dom Ferrand, et toute sa puissance; et furent nos gens arrestez, mais en petit nombre. Le jour propre les despescha le Pape; mais il retint prisonniers le cardinal Ascaigne, vice-chancelier, et frère du duc de Milan, et Prospère Colonne (aucuns dirent que ce fut de leur volonté); et de toutes ces nouvelles j'eus incontinent lettres du Roy, et la seigneurie encores plus amplement de leurs gens; et tout cecy fut fait avant que le Roy entrast dedans Viterbe, car nulle part n'arrestoit que deux jours en un lieu; et advenoient les choses mieux qu'il ne les eût sceu penser; aussi le maistre des seigneurs s'en mesloit, et chacun le cognoissoit.

Cette armée qui estoit en Ostie, ne servoit de rien, pour le mauvais temps; et aussi faut entendre que les gens qu'avoit menez monseigneur d'Aubigny, estoient retournez, et luy aussi, et n'en avoit plus de charge, et si avoit-on donné congé aux Italiens qui avoient esté avec luy en la Romanie, qu'avoit menez le seigneur Rodolphe de Mantouë, le seigneur Galéot de la Mirandole et Fracasse, frère du seigneur Galéas de Sainct-Severin, qui furent bien payez, et estoient environ cinq cens armez, que le Roy payoit, comme avez ouy, et au partir de Viterbe, le Roy alla à Naples, que tenoit le seigneur Ascaigne, et n'est rien plus vray qu'à l'heure que nos gens estoient dedans Ostie, il tomba plus de vingt brasses de mur de la ville de Rome, par là où l'on vouloit entrer.

Le Pape voyant si soudainement venir ce jeune Roy (7), avec cette fortune, consent qu'il entre dedans Rome (aussi ne l'en eût sceu garder), requiert lettre d'asseurance, qu'il eut pour dom Ferrand, duc de Calabre, et seul fils du Roy Alphonse, lequel de nuict se retira à Naples, et le conduisit jusques à la porte le cardinal Ascaigne (8). Et le Roy entra dedans Rome

---

(1) Tagliacozzo.
(2) Les Ursins étaient Guelphes et partisans de la France; et les Colonnes, Gibelins.
(3) Piombino.
(4) Suivant Marco Guazzo, *Sardaine* ou *Corsique*; selon Jove, *Corsique*.
(5) Louis de Luxembourg, comte de Ligny, fils de Louis, connétable de France, et de sa seconde femme, Marie de Savoie, sœur de la reine Charlotte de Savoie, mère du roi Charles VIII.

(6) Messire Jean de Gannay, seigneur de Persan, premier président au parlement de Paris, chancelier de France sous Louis XII, en 1507; il avait été chancelier de Naples; mort en 1512.

(7) Le pape Alexandre VI, pour traverser l'expédition du Roi Charles VIII, en Italie, alla jusqu'à implorer la protection du Turc.

(8) Ascaigne Marie de Sforce, frère de Louis, duc de Milan, fait cardinal en 1484, par le pape Sixte IV; dé-

en armes, comme ayant authorité de faire partout à son plaisir; et luy vindrent au devant plusieurs cardinaux, et les gouverneurs et sénateurs de la ville; et logea au palais Sainct-Marc (qui est le quartier des Colonnois, ses amis et serviteurs pour lors), et le Pape se retira au chasteau Sainct-Ange.

◇◇◇

CHAPITRE XIII.

Comment le roy Alphonse fit couronner son fils Ferrand, et de la mauvaise vie qu'avoit menée le vieux Ferrand son père, et luy aussi.

Estoit-il possible de croire que le roy Alphonse, si orgueilleux, nourry à la guerre, et son fils et tous ces Ursins, qui ont si grande part à Rome, n'osassent demeurer en la cité; encores quand ils voyoient et sentoient que le duc de Milan branloit, et les Vénitiens, et se pratiquoit une ligue, qui eust esté conclue, si quelque résistance eust esté faite à Viterbe ou à Rome, comme j'estois bien asseuré, pourveu qu'ils eussent peu arrester le Roy aucuns jours. Au fort il falloit que Dieu monstrât que toutes ces choses passoient le sens et la connoissance des hommes; et si faut bien noter qu'ainsi comme les murs de la ville estoient tombez, aussi tomba bien quinze brasses des avant-murs du chasteau Sainct-Ange, comme m'ont conté plusieurs, et entre autres, deux cardinaux qui y estoient. Icy faut un peu parler du roy Alphonse.

Dès que le duc de Calabre, appellé le jeune Ferrand, dont jà plusieurs fois a esté parlé, fut retourné à Naples, son père le roy Alphonse, se jugeant n'estre digne d'estre roy, pour les maux qu'il avoit faits en toutes cruautez, contre les personnes de plusieurs princes et barons, qu'il avoit pris sur la seureté de son père et de luy, et bien jusques au nombre de vingt-quatre, et les fit tous mourir, si-tost que son père fut mort, qui les avoit gardez quelque temps, et depuis la guerre qu'ils avoient euë contre luy, et en fit mourir deux autres, que le père avoit pris sur sa seureté, dont l'un estoit le prince de Rossane, et l'autre le duc de Sesse, homme de grande authorité; ledit prince de Rossane, qui avoit eu à espouse et à femme la sœur dudit roy Ferrand, et en avoit eu un très-beau fils, et pour mieux s'asseurer de luy (car le prince et seigneur de Rossane luy avoit bien voulu faire une grande trahison, et avoit bien desservy toute punition s'il n'eût pris asseurance), venant devers luy à son mandement, le mit en merveilleuse et puante prison, et puis le fils mesme d'iceluy, dès qu'il fust venu en l'aage de quinze à seize ans, et y avoir demeuré ledit père trente-quatre ans ou environ, à l'heure que ledit roy Alphonse (1) est venu à estre roy; et lors qu'il y fut parvenu, fit mener tous ces prisonniers à Iscle (2) (qui est une petite isle auprès de la ville de Naples, dont vous orrez parler), et là les fit tous assommer, excepté quelques-uns qu'il retint au chasteau de Naples, comme le fils dudit seigneur de Rossane, et le noble comte de Popoli.

Je me suis fort bien enquis comment on les fit mourir si cruellement (car plusieurs les cuidoient encores en vie, quand le Roy entra en la bonne ville et cité de Naples), et m'a esté dit tant par leurs principaux serviteurs que par un More du pays d'Afrique, qu'il les fit assommer vilainement et horriblement; lequel incontinent après son commandement, s'en alla audit pays de Barbarie, à fin qu'il n'en fût point de nouvelle, sans espargner ces vieux princes, dont les aucuns avoient esté gardez en prison trente-quatre ou trente-cinq ans, ou environ. Nul homme n'a esté plus cruel que luy, ne plus mauvais, ne plus vicieux et plus infect, ne plus gourmand que lui. Le père estoit plus dangereux, car nul ne se congnoissoit en luy ny en son courroux, car en faisant bonne chère, il prenoit et trahissoit les gens, comme le comte Jacques, qu'il prit et fit mourir vilainement et horriblement, estant ambassadeur devers luy, de par le duc Francisque de Milan, duquel il avoit femme et espousé la fille bastarde (3). Mais ledit Francisque fut consentant du cas: car tous deux le craignoient pour sa vertu, et la sequelle qu'il avoit en Italie des Braciques (4), et estoit fils

---

pouillé de cette dignité, puis rétabli par le pape Alexandre VI, en 1495. Il est mort de peste ou de poison, en 1505; il en est encore parlé au chapitre suivant.

(1) Le texte de Philippe de Comines paraît ici un peu embarrassé : en voici l'éclaircissement. Alphonse I*er*, roi de Naples, qui commença à régner en 1434, mourut le 28 juin 1458, et légua par testament son royaume à Ferdinand, son fils naturel, qui commença à régner en 1458 et mourut en 1494. Il y eut beaucoup de révoltes sous son règne, et ce fut ce prince qui fit arrêter les seigneurs dont parle ici Comines. Alphonse II, son fils, fut chassé par ses sujets, se retira en Sicile et laissa la Couronne à Ferdinand II, son fils. C'est de cet Alphonse II et de son fils Ferdinand, qu'il est ici question; cependant il ne régna qu'un an, depuis 1496 jusqu'en 1497.

(2) Ischia, à sept ou huit lieues à l'ouest de Naples.

(3) Druzina Sforza.

(4) Soldats qui prirent leur nom de *Brachivo de Fortibraci*, célèbre capitaine de ce temps.

de Nicolo Picino (1). Et ainsi (comme dit est) prit ce roy Ferrand tous les autres, et jamais en luy n'y avoit grâce ne miséricorde, comme m'ont conté ses prochains parens et amis, et jamais n'avoit eu aucune pitié ne compassion de son pauvre peuple quant aux deniers. Il faisoit toute la marchandise du royaume, jusques à bailler les pourceaux à garder au peuple, et les leur faisoit engresser pour mieux les vendre. S'ils mouroient, falloit qu'ils les payassent. Aux lieux où croist l'huile d'olive, comme en la Poüille, ils l'achetoient luy et son fils à leur plaisir, et semblablement le froment, et avant qu'il fût meur, et le vendoient après le plus cher qu'ils pouvoient; et si ladite marchandise s'abaissoit de prix, contraignoient le peuple de la prendre; et par le temps qu'ils vouloient vendre, nul ne pouvoit vendre qu'eux.

Si un seigneur ou baron estoit bon mesnager, ou cuidoit espargner quelque bonne chose, ils la luy demandoient à emprunter, et il la leur falloit bailler par force; et leur ostoient les races des chevaux, dont ils ont plusieurs, et les prenoient pour eux, et les faisoient gouverner en leurs mains, et en si grand nombre, tant chevaux, jumens que poulains, qu'on les estimoit à beaucoup de milliers, et les envoyoient paistre en plusieurs lieux, aux pasturages des seigneurs, et autres, qui en avoient grand dommage. Tous deux ont pris à force plusieurs femmes.

Aux choses ecclésiastiques ne gardoient nulle révérence, n'obéïssance. Ils vendoient éveschez, comme celle de Tarente, que vendit le père treize mille ducats à un Juif, pour bailler à son fils, qu'il disoit chrestien. Bailloit abbayes à un fauconnier, et à plusieurs pour leurs enfans, disant : *Vous entretiendrez tant d'oyseaux, et les nicherez à vos despens, et tiendrez tant de gens à vos despens.* Le fils ne fit jamais quaresme, ne semblant qu'il en fût; maintes années fut sans se confesser, ne recevoir nostre Seigneur et rédempteur Jésus-Christ; et pour conclusion, il n'est possible de pis faire qu'ils ont fait tous deux. Aucuns ont voulu dire que le jeune roy Ferrand eût esté le pire, combien qu'il estoit humble et gracieux, quand il mourut; mais aussi il estoit en nécessité.

(1) Ainsi nommé à cause de sa petitesse : il était fils d'un boucher, ce qui n'empêcha pas le roi Alphonse de l'honorer du surnom d'Arragon.

CHAPITRE XIV.

Comment le roy Alphonse s'enfuit en Sicile, et fit pénitence.

Or pourroit sembler aux lisans que je disse toutes ces choses pour quelque haine particulière que j'aurois à eux, mais par ma foy, non fay; ainsi je le dis pour continuer mes Mémoires, où se peut voir dès le commencement de l'entreprise de ce voyage, que c'estoit chose impossible aux gens qui le guidoient, s'il ne fût venu de Dieu seul, qui vouloit faire son commissaire de ce jeune Roy, bon, si pauvrement pourveu et conduit, pour chastier roys si sages, si riches et si expérimentez, et qui avoient tant de personnages sages à qui la défense du royaume touchoit, et qui estoient tant alliés et sousténus, et mesme voyoient ce faix venir sur eux de si loing, que jamais n'y sceurent pourvoir, ne résister en nul lieu. Car hors le chasteau de Naples, n'y eut aucun qui empeschast le roy Charles VIII un jour naturel, et comme a dit le pape Alexandre qui règne, les François y sont venus avec des esperons de bois et de la croye en la main des fourriers, pour marquer leurs logis, sans autre peine; et parloit ainsi de ces esperons de bois, parce que pour cette heure, quand les jeunes gens de ce royaume vont par la ville, leur page met une petite broche dedans le soulier ou pantoufle, et sont sur leurs mules, branlans les jambes, et peu de fois ont pris le harnois de nos gens, en faisant ce voyage; et ne mit le Roy depuis Ast à entrer dedans Naples que quatre mois dix-neuf jours. Un ambassadeur y en eût mis une partie.

Parquoy je conclus ce propos, disant, après l'avoir ouy dire à plusieurs bons-hommes de religion et de saincte vie, et à mainte autre sorte de gens (qui est la voix de nostre Seigneur Jésus-Christ, que la voix du peuple) que nostre Seigneur Jésus-Christ les vouloit punir visiblement, et que chacun le cognût, pour donner exemple à tous roys et princes de bien vivre, et selon ses commandemens. Car ces seigneurs de la maison d'Arragon, dont je parle, perdirent honneur et royaume, et grandes richesses, et meubles de toute nature, si départis qu'à grand peine sçait-on qu'ils sont devenus; puis perdirent les corps, trois en un an, ou peu davantage, mais j'espère que les ames n'ont point esté perdues. Car le roy Ferrand, qui estoit fils bastard du grand Alphonse (lequel Alphonse fut sage roy, et honorable, et tout bon), porta grande passion en son cœur de voir venir sur luy cette armée, et qu'il n'y pouvoit remédier, et voyoit que luy et son fils avoient mal vescu, et estoient très-haïs (car il estoit très-sage roy), et s'y trouva un livre escrit, comme m'ont certifié des plus prochains de luy, qui fut trouvé en deffaisant une chapelle, où y avoit dessus : *La vérité, avec son conseil secret*, et veut-l'on dire qu'il contenoit tout le mal qui luy est advenu ; et n'estoient que trois à le voir, et puis le jetta au feu.

Une autre passion avoit, en ce qu'Alphonse son fils, ne Ferrand, fils de son fils, ne vouloient croire cette venue, et parloient en grandes menaces du Roy, et en grand mespris, disans qu'ils viendroient au devant de luy jusques aux Monts ; et il en fut aucun qui prioit Dieu, qu'il ne vinst jamais roy de France en Italie, et qu'il y avoit veu seulement un pauvre homme de la maison d'Anjou, qui luy avoit fait souffrir beaucoup de peine, qui fut le duc Jehan, fils du roy René. Ferrand travailla fort par un sien ambassadeur, nommé messire Cavillo Pendolfo, de faire demeurer le Roy, l'année de devant, avant qu'il partit de Vienne, luy offrant se faire tributaire de cinquante mille ducats l'an, et tenir le royaume de luy à foy et hommage ; et voyant qu'il ne pouvoit pas parvenir à aucune paix, ny appaiser l'estat de la ville de Milan, luy prit une maladie dequoy il mourut ; et en ses douleurs eut confession, et comme j'espère, repentance de ses péchez. Son fils Alphonse, qui tant avoit esté terrible et cruel, et tant feist le mestier de la guerre, avant que le Roy partist de ladite ville de Rome, renonça à sa couronne, et entra en telle peur, que toutes les nuicts ne cessoit de crier qu'il oyoit les François, que les arbres et les pierres crioient France ; et jamais n'eut hardiesse de partir de Naples ; mais au retour que fit son fils de Rome, le mit en possession du royaume de Naples, et le fit couronner et chevaucher par la ville de Naples, accompagné des plus grands qui y estoient, comme de dom Ferrand son frère, et du cardinal de Gennes, estant ledit nouveau Roy au milieu, et accompagné des ambassadeurs qui y estoient, et luy fit faire toutes lesdites solemnitez qui sont requises ; et luy se mit en fuite, et s'en alla en Cecile avec la Royne sa belle-mère, qui estoit sœur du roy Ferrand de Castille (1), qui encores vit, à qui appartient ledit royaume de Cecile, en une place qu'elle y

avoit, qui fut grande nouvelle par le monde, et par espécial à Venise, où j'estois.

Les uns disoient qu'il alloit au Turc ; autres disoient que c'estoit pour donner faveur à son fils, qui n'estoit point hay au royaume ; mais mon avis fut tousjours que ce fut par vraye lascheté, car jamais homme cruel ne fut hardy, et ainsi se voit par toutes histoires, et ainsi se désespéra Néron, et plusieurs autres ; brief, cet Alphonse eut si grande envie de fuir, qu'il dit à sa belle-mère (comme m'ont conté ceux qui estoient à luy), le jour qu'elle partit, que si elle ne partoit, qu'il la laisseroit, et elle luy respondit qu'il attendist encores trois jours, afin qu'elle eût esté en son royaume un an entier ; et il dit que qui ne le laisseroit aller il se jetteroit par les fenestres, disant : *N'oyez-vous point comme un chacun crie France ?* Et ainsi se mirent aux galées. Il emporta de toutes sortes de vins (qu'il avoit plus aimez qu'autre chose) et de toutes sortes de graines pour faire jardins, sans donner nul ordre à ses meubles, ny à ses biens ; car la pluspart demeura au chasteau de Naples. Quelques bagues emporta et quelque peu d'argent ; et allèrent en Cecile audit lieu, et puis alla à Messine, où il appella et mena avec luy plusieurs gens de religion, vouant de jamais n'estre du monde : et entre les autres, il aimoit fort ceux du Mont-Olivet, qui sont vestus de blanc (lesquels m'ont conté à Venise, là où est le corps saincte Hélène en leur monastère), et se mit à mener la plus saincte vie du monde, et servit Dieu à toutes les heures du jour et de la nuict, avec lesdits religieux, comme ils font en leurs couvents, et là faisoit grans jeusnes, abstinences et aumosnes ; et puis luy advint une maladie de l'escoriation et de gravelle ; et me dirent n'en avoir jamais veu homme si persécuté, et le tout portoit en grande patience, délibérant aller user sa vie en un monastère de Valence la grande, et là se vestir de religion ; mais il fut tant surpris de maladie, qu'il véquist peu, et mourust ; et selon sa grande repentance, il est à espérer que son ame est glorieuse en paradis. Son fils demeura peu après, et mourut de fièvre et de flux, et crois qu'ils sont mieux qu'ils n'estoient en ce monde, et semble que en moins de deux ans ils furent cinq roys portans couronne à Naples : les trois que j'ay nommez, le roy Charles de France huictiesme, et dom Fédéric (2), frère dudit Alphonse, qui de présent règne.

---

(1) Ferdinand-le-Catholique.
(2) Frédéric, roi de Naples, en 1496, régna six à sept ans. Puis fut chassé de son royaume, en 1502, et se réfugia en France, où il mourut. Il avait épousé en France Anne de Savoie, nièce de Louis XI ; il fut dépossédé par Louis XII et par Ferdinand-le-Catholique, qui par-

CHAPITRE XV.

Comment après que le jeune roy Ferrand fut couronné roy de Naples, alla asseoir son camp à Sainct-Germain, pour résister contre la venue du Roy, et de l'accord que le roy Charles fit avec le Pape, estant encor à Rome.

Et pour esclaircir le tout, faut dire comment, dès que le roy Ferrand fut couronné, il devint comme un homme neuf, et luy sembla que toutes haines et offenses estoient oubliées par la fuite de son père, et assembla tout ce qu'il peut de gens, tant de cheval que de pied, et vint à Sainct-Germain (1), qui est l'entrée du royaume et lieu fort, et aisé à deffendre, et par où les François sont passez deux autres fois; et là mit son camp et garnit la ville, et lors revint le cœur aux amis dudit Ferrand. Le lieu est deffendu d'une petite rivière, qui quelquefois se passe à gué, et quelquefois non, aussi se deffend par la montagne qui est dessus.

Le Roy estoit encores à Rome, où il séjourna environ vingt jours, où plusieurs choses se traictoient. Avec luy estoient bien dix-huit cardinaux, et d'autres qui venoient de costé et d'autre; et y estoient ledit monseigneur Ascaigne, vice-chancelier et frère du duc de Milan, et Petri-ad-vincula (qui estoient grands ennemis du Pape, et amis l'un de l'autre), celuy de Gurce (2), Sainct-Denis (3), Sainct-Severin (4), Savelly (5), Coulonne (6), et autres, qui tous vouloient faire élection nouvelle, et qu'au Pape (7) fût fait procès, lequel estoit audit chasteau. Deux fois fut l'artillerie preste, comme m'ont dit des plus grands, mais tousjours le Roy par sa bonté y résista. Le lieu n'est pas deffensable, car la motte est de main d'homme faite, et petite. Or alléguoient-ils bien que ces murs estoient tombez par miracles, et le chargeoient d'avoir acheté cette saincte dignité, et disoient vray; mais ledit Ascaigne en avoit esté le principal marchand, qui avoit tout guidé, et en eut grand argent, et si eut la maison dudit Pape, luy estant vice-chancelier, et les meubles qui estoient dedans, et son office de vice-chancelier, et plusieurs places du patrimoine. Car eux deux estoient à l'envy à qui seroit pape. Toutesfois je croy qu'ils eussent consenty tous deux d'en faire un nouveau, au plaisir du Roy, et encores d'en faire un François; et ne sauroisdire si le Roy fit bien ou mal; toutesfois je croy qu'il fit le mieux d'appointer; car il estoit jeune et mal accompagné pour cour conduire un si grand œuvre que réformer l'Eglise, combien qu'il eût le pouvoir, mais qu'il l'eust sceu bien faire, je croy que toutes gens de cognoissance et raison l'eussent tenu à une bonne, grande et très-saincte besongne; mais il y faudroit grand mistère; toutesfois le vouloir du Roy estoit bon, et est encor en ce cas, s'il y estoit aidé.

Le Roy print autre chemin et appointa avec le Pape un appointement, qui ne pouvoit durer, car il estoit violent en aucun point, et fut grand couleur, de faire une ligue, dont après sera parlé. Par cestuy appointement devoit estre paix entre le Pape et ses cardinaux et autres, et aulcuns devoient lesdits cardinaux estre payez du droict de leur chapeau, absens comme présens. Il devoit prester au Roy quatre places. Terracine, Civita-Vechia, et Viterbe que tenoit le Roy, et Spolète aussi; mais il ne la bailla point, combien qu'il l'eût promise; et se devoit rendre au Pape, comme le Roy partiroit de Naples; et ainsi le fit, combien que le Pape l'eût trompé. Il bailla au Roy pour cestuy appointement, le frère du Turc (8), dont il avoit soixante mille ducats par an dudit Turc, et le tenoit en grande crainte. Promettoit de ne mettre aucun légat en lieu ne place de l'Église, sans le consentement du Roy : et y avoit autres articles, qui touchoient le consistoire, et bailloit en ostage son fils le cardinal de Valence, qui alloit avec ledit seigneur pour légat, et luy fit le Roy l'obédience filiale en toute humilité que roy sauroit faire, et luy fit le Pape deux cardinaux; c'est à sçavoir le général Brissonnet, qui jà estoit évesque de Sainct-Malo, qui a esté souvent appellé général, et l'autre l'évesque du Mans,

---

tagèrent sa dépouille entre eux; il mourut en France en 1504.

(1) San-Germano.

(2) Raimond Pérault, né à Surgères, en Saintonge, évéque de Saintes, puis de Gurce, en Allemagne; cardinal en 1493, mort en 1505.

(3) Jean de la Grolaye ou de Villiers, religieux et abbé de Saint-Denis en France, puis évéque de Lombez; cardinal en 1493, mort en 1499.

(4) Fils de Robert, comte de Cajasse, et de Jeanne de Corrège; cardinal en 1489, et confirmé par le collége des cardinaux après la mort de ce Pape, en 1492; mort en 1516.

(5) Jean-Baptiste Savelly, romain; cardinal en 1480, mort en 1498.

(6) Jean Colonne, romain, fils d'Antoine, prince de Salerne, et neveu du cardinal Prosper Colonne; cardinal en 1489, mort en 1508.

(7) Alexandre VI, qu'on vouloit déposer comme simoniaque.

(8) Djem ou Zizim, frère de Bajazet II.

de la maison de Luxembourg, qui estoit par deçà (1).

⋘⋙

CHAPITRE XVI.

Comment le Roy partit de Rome pour aller à Naples ; de ce qui advint cependant en plusieurs contrées dudit royaume de Naples, et par quelles villes il passa jusques à ladite ville de Naples.

Ces choses faites, le Roy partit de Rome, en grande amitié avec le Pape, ce sembloit ; mais huict cardinaux partirent de Rome mal contens dudit appointement, dont les six estoient de la sequelle dudit vice-chancelier et de Sainct-Pierre-ad-vincula ; combien qu'on croyoit qu'Ascaigne faisoit cette feinte, et qu'au cœur estoit content du Pape ; mais son frère ne s'estoit point encores déclaré contre nous ; et alla le Roy à Jannessanne, et de là à Bélistre, d'où s'enfuit le cardinal de Valence.

Le lendemain, le Roy prit Chastelfortin d'assaut : et fut tué ce qui estoit dedans, qui estoit à Jacques Comte, qui avoit pris l'argent du Roy, et puis s'estoit tourné, car les Comtes (2) sont partisans des Ursins. Puis après alla le Roy à Valmonton, qui est des Colonnois ; puis alla loger à quatre milles du Mont-Sainct-Jehan (3), une très-forte place, laquelle fut batue sept ou huict heures, et puis fut prise d'assaut, et tué ce qui estoit dedans, ou la pluspart ; et estoit au marquis de Pescaire, terre d'Église, et y estoit toute l'armée jointe ensemble. Et de là tira le Roy vers Sainct-Germain (et y pouvoit avoir seize milles ou environ) là où le Roy Ferrand, nouveau couronné, estoit en camp (comme j'ay dit ailleurs) avec tout ce qu'il pouvoit avoir finé de gens, et estoit le dernier remède, et le lieu pour combattre ou jamais non ; car c'estoit l'entrée du royaume, et le lieu avantageux, tant pour le ruisseau que pour la montagne : et si envoya gens avec, pour garder et deffendre le pas de Cancello, qui est un pas de montagnes à six milles de Sainct-Germain.

Avant que le Roy fût à Sainct-Germain, s'en alla le roy Ferrand, en grand désordre, et abandonna la ville et passage. Monseigneur de Guise avoit en ce jour la charge de l'avantgarde. Monseigneur de Rieux (4) estoit allé à ce pas de Cancello, contre les Arragonnois, qui aussi l'abandonnèrent, et entra ledit roy audit Sainct-Germain. Le roy Ferrand tira droit à Capoua, où ils luy refusèrent l'entrée à ses gens-d'armes, mais ils laissèrent entrer sa personne avec peu de gens ; il n'y arresta point, et leur pria de tenir bon pour luy, et que le lendemain il reviendroit ; et alla à Naples, se doutant de la rébellion qui advint. Tous ses gens, ou la pluspart, le devoient attendre à Capoüa ; mais quand il vint le lendemain, il trouva tout party ; et estoient allez à Nola le seigneur Virgile Ursin et son cousin le comte de Petillane, où ils furent pris, et leurs gens, par les nostres. Ils vouloient maintenir qu'ils avoient sauf conduict, et qu'on leur faisoit tort, et estoit vray : mais il n'estoit point encore entre leurs mains. Toutesfois ils ne payèrent rien, mais ils eurent grande perte, et leur fut fait tort.

De Sainct-Germain alla le Roy à Mingamer, et à Triague, et logea à Calvy, deux milles de Capoüa : et là ceux de Capoüa vinrent composer, et y entra le Roy, et toute l'armée ; et de Capoüa alla le lendemain à Aversa, my-chemin de Capoüa et de Naples, à cinq milles de l'un et de l'autre, et là vinrent ceux de Naples, et composèrent, en asseurant leurs priviléges anciens, et y envoya le Roy devant le mareschal de Gié, le sénesclhal de Beaucaire, le président Ganay, qui tenoit le seau, et des secrétaires. Le roy Ferrand, voyant ces choses, le peuple et les nobles en armes rebellés contre luy, et qui à sa venuë, luy pillèrent son escurie, qui estoit grande, monta en galée, et alla en Iscle, qui est une isle à dix-huit milles de Naples. Et fut receu le Roy, à grande joye et solemnité, dedans la ville de Naples, et tout le monde luy vint au devant, et ceux qui plus estoient obligez à la maison d'Arragon, les premiers, comme tous ceux de la maison de Caraffe, qui tenoient de ladite maison d'Arragon quarante mille ducats de revenu, tant en héritages qu'en bénéfices. Car les roys y peuvent bien donner leur domaine, et si donnent bien celuy des autres, et ne croy point qu'il y en ait trois en tout le royaume, dont ce qu'ils possèdent ne soit de la Couronne, ou d'autruy.

Jamais peuple ne monstra tant d'affection à roy, ny à nation, comme ils monstrèrent au Roy, et pensoient estre tous hors de tyrannie,

---

(1) Philippe de Luxembourg. Il était fils de Thibaut, seigneur de Fiennes et de Grave, qui, étant veuf de Philippotte de Melun, se fit religieux de Citeaux, dans l'abbaye d'Igny, dont il fut ensuite abbé ; il fut évêque du Mans, et nommé cardinal par le pape Sixte IV, vers lequel il avait été envoyé en ambassade par le roi Louis XI, en 1472 ; mort en 1519.

(2) Ou Conti, selon l'édition de Bruxelles, de 1723.

(3) Monte-San-Giovanni.

(4) Jean, sire de Rieux, maréchal de Bretagne.

et se prenoient eux-mêmes, car tout tourna en Calabre, où fut envoyé monseigneur d'Aubigny, et Péron de Basche quand et luy, sans gens-d'armes. Toute l'Abrusse tourna d'elle-mesme, et commença par la ville de l'Aquila, laquelle a tousjours esté bonne françoise. Tout se tourna en Poüille, sauf le chasteau de Brandis (1), qui est fort et bien gardé, et Gallipoli, qui aussi fut gardé; autrement, le peuple se fût tourné. En Calabre, y eut trois places qui tinrent pour le roy Ferrand, dont les deux furent la Mantie et la Turpie, anciennes Angevinnes, qui avoient paravant levé les bannières du roy Charles, mais parce qu'il les donna à monseigneur de Persi, et ne les voulut recevoir, au domaine, relevèrent les bannières d'Arragon, et pour la tierce place, ce fut le chasteau de Règes (2), qui aussi demeura arragonnois. Mais tout ce qui tint ne fut que par faute d'y envoyer, car il n'alla pas assez de gens en Poüille et Calabre pour garder un chasteau pour le Roy. Tarente se bailla, ville et chasteau, et tout de mesme Otrante, Monopoli, Trani, Menfredonne, Barle (3), et tout, excepté ce que j'ay nommé. Ils venoient trois journées, au devant de nos gens, des citez, pour se rendre; et tous envoyèrent à Naples, et y vinrent tous les princes et seigneurs du royaume, pour faire hommage, excepté le marquis de Pescaire; mais ses frères et neveux y vinrent. Le comte d'Acri et le marquis de Squillazzo s'enfuïrent en Cecile, parce que le Roy donna leur terre à monseigneur d'Aubigny. A Naples, se trouva aussi le prince de Salerne, revenu de navire, et n'avoit de rien servy. Son frère, le prince de Besignan et ses fils s'y trouvèrent aussi, avec le duc de Melfe, le duc de Gravine, le vieil duc de Sora (qui piéçà avoit vendu la duché au cardinal de Sainct-Pierre-ad-vincula, et la possède encore son frère de présent), le comte de Montorio, le comte de Fondi, le comte de Tripalda, le comte de Célano (qui estoit allé avec le Roy, banny de long-temps), le comte de Troye, jeune, nourry en France, et estoit d'Écosse, et le comte de Popoli, que l'on trouva prisonnier à Naples. Le jeune prince de Rosane, qui avoit a esté parlé, après avoir esté long-temps prisonnier avec le père, qui le fut trente et quatre ans, avoit esté délivré, et s'en alla avec dom Ferrand ou par amour ou par force. Semblablement s'y trouvèrent le marquis de Guéfron (4), et tous les Caldoresques, le comte de Matalon, et le comte de Mérillano, ayant eux, et les leurs, tousjours gouverné la maison d'Arragon; et généralement y vinrent tous ceux du royaume, excepté ces trois que je vous ay nommez.

◇◇◇

CHAPITRE XVII.

Comment le roy Charles fut couronné roy de Naples; des fautes qu'il fit à l'entretènement d'un tel royaume, et comment une entreprise, qui se dressoit pour luy contre le Turc, fut descouverte par les Vénitiens.

Quand le roy Ferrand s'enfuit de Naples, il laissa au chasteau le marquis de Pescaire, et aucuns Allemans, et luy alla vers son père, pour avoir aide, en Cecile. Dom Fédéric tint la mer avec quelque peu de galées, et vint deux fois parler au Roy, à seureté, luy requérant que quelque portion du royaume pût demeurer à son neveu, avec nom de roy, et à luy le sien, et celuy de sa femme. Son cas n'estoit point grande chose, car il avoit eu petit partage. Le Roy luy offrit des biens en France, pour luy, et pour sondit neveu; et crois qu'il leur eût donné une bonne et grande duché; mais ils ne le voulurent accepter. Aussi ils n'eussent tenu aucun appointement qu'on leur eût sceu faire, demeurans dedans le royaume, quand ils eussent peu voir leur avantage. Devant le chasteau de Naples fut mise l'artillerie, qui tira, et n'y avoit plus que les Allemans, et estoit party ledit marquis de Pescaire, et qui eût envoyé quatre canons jusques en l'Isle, on l'eût prise, et de là retourna le mal. Aussi eût-on eu toutes les autres places qu'ils tenoient; qui n'estoient que quatre ou cinq; mais tout se mit à faire bonne chère, et joustes, et festes, et entrèrent en tant de gloire, qu'il ne sembloit point aux nostres que les Italiens fussent hommes; et fut le Roy couronné, et estoit logé en Capoüane, et quelquefois alloit au Mont-Impérial (5). Aux subjets fit de grandes grâces, et leur rabatit de leurs charges: et croy bien que le peuple de soy ne se fût tourné, combien qu'il soit muable, qui eût contenté quelque peu de nobles; mais ils n'estoient recueillis de nul, et leur faisoit-on des rudesses aux portes, et les mieux traictez furent ceux de la maison de Carafe, vrays Arragonnois,

---

(1) Brindes, Brindisi, en latin *Brundusium*.

(2 Reggio.

(3) Burletta.

(4) Gaifon ou Venafri.

(5) Godefroy pense qu'il faudrait lire *en manteau impérial*, pour indiquer qu'il fut, comme on l'a dit, couronné empereur de Constantinople.

encores leur osta-l'on quelque chose. A nul ne fut laissé office ny estat, mais pis traictez les Angevins que les Arragonnois; et à ceux du comte de Marillano fut donné un mandement, dont on chargea le président Gannay d'avoir pris argent, et le sénéschal, fait nouveau duc de Nole et grand chambelan du royaume. Par ce mandement chacun fut maintenu en sa possession, et furent forclos les Angevins de retourner au leur, sinon pas procès, et quant à ceux qui estoient entrez d'eux-mesmes, comme le comte de Célano, on bailla main-forte pour les en jetter. Tous estats et offices furent donnez aux François, à deux ou trois. Tous les vivres, qui estoient au chasteau de Naples, quand il fut pris, qui estoient fort grands, dont le Roy eut cognoissance, il les donna à ceux qui les demandoient.

En ces entrefaictes se rendit le chasteau, par pratique des Allemans, qui en eurent un monde de biens qui estoient dedans, et aussi fut pris le chasteau de l'Oeuf par batterie. Et par cette conclusion se peut voir que ceux, qui avoient conduit ce grand œuvre, ne l'avoient point fait d'eux, mais fut vraye œuvre de Dieu, comme chacun le vit; mais ces grandes fautes, que je dis, estoient œuvres d'hommes, accueillis de gloire, qui ne cognoissoient d'où ce bien et honneur leur venoit; et y procédèrent selon leur nature et expérience; et se vint changer la fortune aussi promptement, et aussi visiblement, comme on voit le jour en Hollande, ou en Auvergne (1), où les jours d'esté sont plus longs qu'ailleurs, et tant que quand le jour faut au soir, en un mesme instant, ou peu après comme d'un quart d'heure, on voit derechef le jour à venir; et ainsi veit tout sage homme en aussi peu d'espace changer cette bonne et glorieuse adventure, dont tant fussent advenus de biens et d'honneur à toute la chrestienté, si elle eût esté recognuë de celuy d'où elle venoit. Car le Turc eût esté aussi aisé à troubler qu'avoit esté le roy Alphonse : car il estoit et est encores vif, homme de nulle valeur ; et eut le Roy son frère (2) entre les mains (qui vesquit peu de jours après la fuite du cardinal de Valence, et disoit-on qu'il fut baillé empoisonné), qui estoit l'homme du monde qu'il craignoit le plus, et tant de milliers de chrestiens estoient si prests à se rebeller, que nul ne sçauroit penser. Car d'Otrante jusques à la Valonne, n'y a que soixante milles, et de Valonne en Constantinople, y a environ dix-huict journées de marchands, comme me le contèrent ceux qui souvent faisoient le chemin, et n'y a aucunes places fortes entre-deux, au moins que deux ou trois, le reste est abattu : et tous ces païs sont Albanois, Esclavons et Grecs, et fort peuplez, qui sentoient des nouvelles du Roy, par leurs amis qui estoient à Venise et en Poüille, à qui aussi ils escrivoient, et n'attendoient que messages pour se rebeller. Et y fut envoyé un archevesque de Duras de par le Roy, qui estoit Albanois ; mais il parla à tant de gens que merveilles prests à tourner, estans enfans et neveux de plusieurs seigneurs et gens de bien de ces marches, comme de Scanderberg, d'un fils de l'empereur de Constantinople propre, des neveux du seigneur Constantin (qui de présent gouverne Montferrat), et sont neveux ou cousins du roy de Servie.

En Thessalie plus de cinq mille se fussent tournez ; et encores se fût pris Scutari, ce que je sçavois par intelligence, et par la main du seigneur Constantin, qui plusieurs jours fut caché à Venise avec moy. Car de son patrimoine luy appartenoient la Macédoine et Thessalie, qui fut le patrimoine d'Alexandre le Grand, et la Valonne en est. Scutari et Croye en sont près ; et de son temps, son père, ou oncle, les engagea aux Vénitiens, qui perdirent Croye, Scutari baillèrent au Turc, en faisant paix. Et fut ledit seigneur Constantin à trois lieuës près, et se fût exécutée l'entreprise, n'eût esté que ledit archevesque de Duras demeura à Venise aucuns jours après ledit seigneur Constantin ; et tous les jours je le pressois de partir, car il me sembloit homme léger en paroles ; il disoit qu'il feroit quelque chose dont il seroit parlé, et de male adventure, le jour que les Vénitiens sceurent la mort du frère du Turc, que le Pape avoit baillé entre les mains du Roy, ils délibérèrent de le faire sçavoir au Turc par un de leurs secrétaires, et commandèrent qu'aucun navire ne passast la nuict entre les deux chasteaux, qui font l'entrée du gouffre de Venise ; et y firent faire guet (car ils ne se doutoient que de petits navires, comme grips, dont il y en avoit plusieurs au port d'Albanie, et de leurs isles de Grèce); car celuy qui eût porté ces nouvelles eût eu bon présent.

Ainsi ce pauvre archevesque, cette propre nuict, voulut partir pour aller à cette entreprise du seigneur Constantin qui l'attendoit, et portoit force espées, boucliers et javelines, pour bailler à ceux avec qui il avoit intelligence (car ils n'en ont point); mais en passant entre les deux chasteaux il fut pris et mis en l'un desdits

---

(1) On croit qu'il faut lire *Ostlant*, ou plutôt *Gothland*, et *Norwége* au lieu d'*Auvergne*.

(2) Zizim.

chasteaux et ses serviteurs ; et le navire passa outre par congé. Il luy fut trouvé plusieurs lettres qui descouvrirent le cas ; et m'a dit ledit seigneur Constantin que les Vénitiens envoyèrent advertir les gens du Turc aux places voisines, et le Turc propre, et n'eût esté le grip, qui passa outre, dont le patron estoit Albanois, qui l'advertit, il eût esté pris ; mais il s'enfuit en Poüille par mer.

◇◇◇

CHAPITRE XVIII.

Disgression ou discours, aucunement hors de la matière principale, par lequel Philippe de Comines, autheur de ce présent livre, parle assez amplement de l'estat et gouvernement de la seigneurie des Vénitiens, et de ce qu'il vit et y fut faict, pendant qu'il estoit ambassadeur pour le Roy en leur ville de Venise.

Or est-il temps que je die quelque chose des Vénitiens, et pourquoy j'y estois allé ; car le Roy estoit à Naples au-dessus de ses affaires. Mon allée fut d'Ast (1), pour les remercier des bonnes responses qu'ils avoient faites à deux ambassadeurs du Roy, et pour les entretenir en son amour, s'il m'estoit possible ; car voyant leurs forces, leurs sens et leur conduite, ils le pouvoient aisément troubler, et nuls autres en Italie. Le duc de Milan qui m'aida à despescher, escrivit à son ambassadeur, qui estoit là résident (car tousjours y en a un), qu'il me tinst compagnie et m'adressast ; et avoit sondit ambassadeur cent ducats le mois de la seigneurie, et son logis bien accoustré, et trois barques, qui ne luy coustoient rien à le mener par la ville. Celuy de Venise en a autant à Milan, sauf les barques, car on y va à cheval, et à Venise par eau. Je passay, en allant, par leurs citez, comme Bresse (2), Véronne, Vincence (3) et Padoüe et autres lieux. Partout me fut fait grand honneur, pour l'honneur de celuy qui m'envoyoit, et venoient grand nombre de gens au-devant de moy, avec leur podestat ou capitaine. Ils ne sailloient point tous deux ; mais le second venoit jusques à la porte par le dedans ; ils me conduisoient jusques à l'hostellerie, et commandoient à l'hoste qu'abondamment je fusse traitté, et me faisoient deffrayer avec toutes honorables paroles : mais qui compteroit bien ce qu'il faut donner aux tabourins et aux trompettes, il n'y a

(1) Asti.
(2) Brescia.
(3) Vicence.

guères de gain à ce deffray ; mais le traitement est honorable.

Ce jour que j'entray à Venise, vinrent au devant de moy jusques à la Chafousine, qui est à cinq milles de Venise ; et là on laissa le batteau en quoy on est venu de Padoüe, au long d'une rivière, et se met-on en petites barques, bien nettes et couvertes de tapisserie, et beaux tapis velus dedans, pour se seoir dessus ; et jusques là vient la mer, et n'y a point de plus prochaine terre pour arriver à Venise ; mais la mer y est fort plate s'il ne fait tourmente : et à ceste cause qu'elle est ainsi plate, se prend grand nombre de poissons, et de toutes sortes ; et fus bien esmerveillé de voir l'assiète de cette cité, et de voir tant de clochers et de monastères, et si grand maisonnement, et tout en l'eau, et le peuple n'avoir autre forme d'aller qu'en ces barques, dont je croy qu'il s'en fineroit trente mille ; mais elles sont fort petites. Environ ladite cité y a bien septantes monastères, à moins de demie lieuë françoise, à le prendre en rondeur (qui tous sont en isle, tant d'hommes que de femmes, fort beaux et riches, tant d'édifices que de paremens, et ont fort beaux jardins), sans comprendre ceux qui sont dedans la ville, où sont les quatre ordres des Mendiens, bien soixante et douze paroisses, et maintes confrairies : et est chose estrange de voir si belles et si grandes églises fondées en la mer.

Audit lieu de la Chafousine, vinrent au devant de moy, vingt cinq gentils-hommes bien et richement habillez, et de beaux draps de soye et escarlatte : et là me dirent que je fusse le bienvenu, et me conduisirent jusques près la ville, en une église de Sainct-André, où derechef trouvay autant d'autres gentils-hommes, et avec eux les ambassadeurs du duc de Milan et de Ferrare ; et là aussi me firent une autre harangue, et puis me mirent en d'autres batteaux, qu'ils appellent plats, et sont beaucoup plus grands que les autres, et y en avoit deux couverts de satin cramoisy, et le bas tapissé, et lieu pour faire seoir quarante personnes, et chacune me fit seoir au milieu de ces deux ambassadeurs (qui est l'honneur d'Italie que d'estre au milieu), et me menèrent au long de la grande ruë, qu'ils appellent le grand Canal, et est bien large, les galées y passent à travers, et y ay veu navire de quatre cens tonneaux ou plus, près des maisons, et est la plus belle ruë que je croy qui soit en tout le monde, et la mieux maisonnée, et va le long de ladite ville. Les maisons sont fort grandes et hautes, et de bonnes pierres, et les anciennes toutes petites, les autres faites depuis cent ans, toutes ont le devant de marbre blanc qui leur vient d'Istrie, à cent milles de là ; et encores ont maintes grandes pièces de porphyre et de serpentine sur le devant. Au dedans ont pour le moins, pour la pluspart, deux chambres qui ont les planchez dorez, riches manteaux de cheminées de marbre taillés, les châlitz des lits dorez, et les ostevens peints et dorez, et fort bien meublées dedans, c'est la plus triomphante cité que j'aye veue, et qui plus fait d'honneur à ambassadeurs et estrangers, et qui plus sagement se gouverne, et où le service de Dieu est le plus solennellement faict, et encores qu'il y peut bien avoir d'autres fautes ; si croy-je que Dieu les a en aide, pour la révérence qu'ils portent au service de l'Eglise.

En cette compagnie de cinquante gentils-hommes, me conduisirent jusques à Sainct-George, qui est une abbaye de moines noirs réformez, où je fus logé. Le lendemain me vinrent quérir et mener à la seigneurie, où je présentay mes lettres au duc, qui préside en tous leurs conseils, honoré comme un roy, et s'adressent à luy toutes lettres : mais il ne peut guères de luy seul ; toutesfois cestuy-cy a de l'authorité beaucoup, et plus que n'eut jamais prince qu'ils eussent, aussi il y a desjà douze ans qu'il est duc ; et l'ay trouvé homme de bien, sage, et bien expérimenté aux choses d'Italie, et douce et amiable personne. Pour ce jour je ne dis autre chose ; et me fit-on voir trois ou quatre chambres, les planchez richement dorez, et les licts et ostevens ; et est beau et riche le palais de ce qu'il contient, tout de marbre bien taillé, et tout le devant et le bord des pierres, dorez en largeur d'un pouce, par avanture, et y a audit palais quatre belles salles, richement dorées, et fort grand logis, mais la cour est petite. De la chambre du duc il peut oüir la messe au grand autel de la chapelle Sainct-Marc, qui est la plus belle et riche chapelle du monde, pour n'avoir que nom de chapelle, toute faite de musaicq (1) en tous endroicts. Encores se vantent-ils d'en avoir trouvé l'art, et en font bésogner au mestier, et l'ay veu.

En cette chapelle est leur trésor, dont l'on parle, qui sont choses ordonnées pour parer l'église. Il y a douze ou quatorze gros ballays (2). Je n'en ay veu aucun si gros. Il y en a deux, dont l'un passe sept cens, et l'autre huict cens carras ; mais ils ne sont point nets. Il y en a douze autres de pierres de cuirasse d'or, le devant et les bords bien garnis de pierreries trèsfort bonnes, et douze couronnes d'or, dont anciennement se paroient douze femmes, qu'ils appelloient reynes, à certaines festes de l'an, et alloient par ces isles et églises. Elles furent desrobées, et la pluspart des femmes de la cité, par larrons qui venoient d'Istrie ou de Friole (qui est près d'eux), lesquels s'estoient cachez derrière ces isles ; mais les maris allèrent après, et les recouvrèrent et mirent ces choses à Sainct-Marc, et fondèrent une chapelle au lieu où la seigneurie va tous les ans, au jour qu'ils eurent cette victoire ; et est bien grande richesse pour parer l'église, avec maintes autres choses d'or, qui y sont, et pour la suite d'amatiste, d'aguate, et un bien petit (3) d'esmeraude ; mais ce n'est point grand trésor pour estimer, comme l'on fait or ou argent comptant, et ils n'en tiennent point en trésor, et m'a dit le duc devant la seigneurie, que c'est peine capitale parmy eux de dire qu'il faille faire trésor ; et je croy qu'ils ont raison, pour doute des divisions d'entre-eux. Après me firent monstrer leur autre trésor, qui est un arcenal, où ils esquipent leurs galées, et font toutes choses qui sont nécessaires pour l'armée de mer, qui est la plus belle chose qui soit en tout le demeurant du monde d'aujourd'huy, et la mieux ordonnée pour ce cas.

En effect, j'y séjournay huit mois, deffrayé de toutes choses, et tous autres ambassadeurs qui estoient là, et vous dis bien que je les ay cognus si sages, et tant enclins d'accroistre leur seigneurie, que s'il n'y est pourveu tost, que tous leurs voisins en maudiront l'heure. Car ils ont plus entendu la façon d'eux deffendre et garder, en la saison que le Roy y a esté, et depuis, que jamais, car encores sont en guerre avec luy : et si se sont bien osez eslargir, comme d'avoir pris en Poüille sept ou huict citez (4) en gage, mais je ne sçay quand ils les rendront ; et quand le Roy vint en Italie, ils ne pouvoient croire que l'on prît ainsi les places, ny en si peu de temps (car ce n'est point leur façon), et ont fait et font maintes places fortes depuis, et autres en Italie. Ils ne sont point pour s'accroistre en haste, comme firent les Romains : car leurs personnes ne sont point de telle vertu, et si ne va nul d'entre eux à la guerre de terre ferme, comme faisoient les Romains, si ce ne sont leurs provéditeurs et payeurs, qui accompagnent leur capitaine, et le conseillent et pourvoyent l'ost : mais toute la guerre de mer est conduite par leurs gentils-hommes, en chefs et capitaines de galées et naves, et par autres leurs

---

(1) Mosaïque ; *opus musivum*, ouvrage de différentes pièces rapportées. Cette invention n'est pas des Vénitiens, mais des anciens Grecs. On en découvrit à Rome plusieurs anciens monuments dans le dix-septième siècle.

(2) Rubis balais.
(3) Peut-être faut-il lire : *bien petit nombre*.
(4) Otrante, Trani, Brindesi, Monopoli, Mole, Polignan et deux autres, qu'ils rendirent en 1500.

subjets. Mais un autre bien ont-ils eu lieu d'aller en personne aux armées par terre ; c'est qu'il ne s'y fait nul homme de tel cœur, ne de telle vertu, pour avoir seigneurie, comme ils avoient à Rome, et par ce n'ont-ils nulles questions civiles en la cité, qui est la plus grande prudence que je leur voye, et y ont merveilleusement bien pourveu, et en maintes manières ; car ils n'ont point de tribuns de peuple, comme avoient les Romains (lesquels tribuns furent en partie cause de leur destruction), car le peuple n'y a crédit, ne n'y est appelé en rien, et tous offices sont aux gentils-hommes, sauf les secrétaires ; ceux-là ne sont point gentils-hommes. Aussi la pluspart de leur peuple est estranger. Et si ont bien cognoissance, par Titus Livius, des fautes que firent les Romains ; car ils en ont l'histoire, et si en sont les os en leur palais de Padoüe. Et par ces raisons, et par maintes autres que j'ay cognuës en eux, je dis encores une autre fois qu'ils sont en voyage d'estre bien grands seigneurs pour l'advenir.

◇◇◇

CHAPITRE XIX.

Quels furent les sujets de l'ambassade du sieur d'Argenton, auprès de la république de Venise.

Or faut dire quelle fut ma charge, qui fut à cause des bonnes réponses qu'ils avoient faites à deux serviteurs du Roy, qui avoient esté vers eux ; et qu'à leur finance, il tira hardiment avant en cette entreprise, et ce fut avant qu'il partît de la ville d'Ast. Aussi je leur remontray les longues et anciennes alliances, qui avoient esté entre les roys de France et eux, et davantage leur offris Brandis et la ville d'Otrante, par condition que leur baillant mieux en Grèce, ils fussent tenus les rendre. Ils me tinrent les meilleures paroles du monde, du Roy, et de toutes ses affaires, car ils ne croyaient point qu'il allât guères loin ; et de l'offre que je leur fis, ils me firent dire qu'ils estoient ses amis et serviteurs, et qu'ils ne vouloient point qu'il achetât leur amour (aussi le Roy ne tenoit point encores les places), et que s'ils vouloient, ils se mettroient bien en guerre, ce qu'ils ne vouloient point faire, combien qu'il y eût vers eux ambassade de Naples, les suppliant tous les jours, et leur offrant ce qu'ils voudroient, et confessoit le roy Alphonse (qui lors régnoit) avoir failly vers eux, et leur remonstroit le péril que ce leur seroit, si le Roy venoit au-dessus de son entreprise.

Le Turc de l'autre costé leur envoya incontinent ambassadeur, que je vis plusieurs fois, qui à la requeste du Pape les menaçoit, s'ils ne se déclaroient contre le Roy. A chacun faisoient bonne response, mais ils n'avoient à ce commencement nulle crainte de nous, et ne s'en faisoient que rire ; et aussi le duc de Milan leur faisoit dire, par son ambassadeur, qu'ils ne se souciassent point, et qu'il sçavoit bien la façon de renvoyer le Roy, sans ce qu'il tînt rien en Italie ; et autant en avoit mandé à Pierre de Médicis, qui le m'a dit. Mais quand ils virent, et le duc de Milan aussi, que le Roy avoit les places des Florentins entre ses mains, et par espécial Pise, ils commencèrent à avoir peur, et parloient de la façon de le garder de passer plus avant ; mais leurs conseils estoient longs, et cependant le Roy tiroit avant, et gens alloient et venoient des uns aux autres. Le roy d'Espagne commençoit aussi à avoir peur pour ses isles de Cecile et de Sardaigne. Le roy des Romains commença aussi à estre envieux, et luy faisoit-on peur de la couronne impériale, disant que le Roy la vouloit prendre, et en avoit requis le Pape, qui n'estoit point vray.

Et pour ces doutes, ces deux roys envoyèrent grosses ambassades à Venise, moy estant là, comme dit est. Devant y envoya le roy des Romains, car il estoit voisin. L'évesque de Trente (1) en estoit le principal, et deux chevaliers, et un docteur, à qui fut fait grand honneur et révérence : et leurs logis comme à moy, et dix ducats par jour, pour leurs despens, et leurs chevaux deffrayez, qui estoient demeurez à Trévis. Incontinent après vint un très-honneste chevalier d'Espagne (2), bien accompagné et bien vestu, qui aussi fut fort honoré et deffrayé. Le duc de Milan, outre l'ambassadeur qu'il avoit, y envoya l'évesque de Come, et messire Francisco Bernardin Vicomte ; et commencèrent secrettement et de nuict, à convenir ensemble, et premièrement par leurs secrétaires ; et n'osoient encores en public se déclarer contre le Roy, par espécial le duc de Milan, et les Vénitiens, qui encores ne sçavoient si la ligue, dont estoit question, se concluroit ; et me vinrent voir ceux de Milan, et m'apportèrent lettre de leur maistre ; et me dirent que leur venuë estoit, parce que les Vénitiens avoient envoyé deux ambassadeurs à la ville de Milan, et ils avoient de coustume de n'y en laisser qu'un (aussi ne firent-ils à la fin) ; mais cecy estoit mensonge et tromperie, et toute déception ; car

(1) Ulric de Frondsperg.
(2) Il s'appelait Lorenço Suarez de Figuero y Mendoça ; il mourut à Venise.

tout cela estoit assemblé pour faire ligue contre le bon Roy : mais tant de villes ne se purent accorder en peu de temps. Après me demandèrent si je ne sçavois point qu'estoit venu faire cet ambassadeur d'Espagne, et celuy du roy des Romains, afin qu'ils en pussent advertir leur maistre.

Or j'estois jà adverty, et de plusieurs lieux, tant de serviteurs d'ambassadeurs qu'autrement, que celuy d'Espagne estoit passé par Milan, desguisé, et que les Allemans se conduisoient tous par ledit duc; et aussi sçavois qu'à toute heure l'ambassadeur de Naples bailloit des paquets de lettres qui venoient de Naples (car tout cecy estoit avant que le Roy partit de Florence), et despendois quelque chose pour en estre adverty, et en avois bons moyens; et si sçavois jà le commencement de leurs articles, qui estoient jettez, mais non point accordez, car les Vénitiens sont fort longs à telles conclusions. Et pour ces raisons, et voyant la ligue si approchée, ne voulus plus faire de l'ignorant, et respondis audit ambassadeur de Milan, que puisqu'ils me tenoient termes si estranges, que je leur voulois monstrer que le Roy ne vouloit point perdre l'amitié du duc de Milan, s'il y pouvoit remédier, et moy comme serviteur, m'en voulois acquitter, et l'excuser des mauvais rapports qu'on en pourroit avoir faits audit duc leur maistre, que je croyois estre mal informé, et qu'il devoit bien penser, avant que perdre la recognoissance de tel service, comme il avoit fait au Roy; que nos roys de France ne furent jamais ingrats, et que pour quelque parole qui pouvoit avoir esté dite, ne se devoit point départir l'amour d'eux deux, qui tant estoit séante à chacune desdites parties; et les priois qu'ils me voulussent dire leurs doléances, pour en advertir le Roy, avant qu'ils fissent autre chose. Ils me jurèrent tous et firent grands sermens qu'ils n'en avoient nul vouloir; toutesfois ils mentoient, et estoient venus pour traiter ladite ligue.

Le lendemain j'allay à la seigneurie leur parler de cette ligue, et dire ce qu'il me sembloit servir au cas, et entre autres choses, je leur dis qu'en l'alliance qu'ils avoient avec le Roy, et qu'ils avoient euë avec le feu roy Louys, son père, ils ne pouvoient soustenir les ennemis l'un de l'autre, et qu'ils ne pouvoient faire cette ligue, dont l'on parloit, que ce ne fût aller contre leur promesse. Ils me firent retirer, et puis quand je revins, me dit le duc que je ne devois point croire ce que l'on disoit par la ville, car chacun y estoit en liberté, et pouvoit chacun dire ce qu'il vouloit : toutesfois qu'ils n'avoient jamais pensé faire ligue contre le Roy, ne jamais oüy parler, mais au contraire, ils disoient faire ligue entre le Roy et ces autres deux roys et toute l'Italie, et qu'elle fût contre ledit Turc, et que chacun porteroit sa part de la despense, et s'il y avoit aucun en Italie qui ne voulût payer ce qui seroit advisé, que le Roy et eux l'y contraindroient par force, et vouloient faire un très-bon appointement, que le Roy prist une somme d'argent comptant, et qu'eux l'avanceroient et tiendroient les places de Poüille en gage, comme font à cette heure, et le royaume seroit recognu de luy, du consentement du Pape, et par certaine somme de deniers l'an, et que le Roy y tiendroit trois places : et pleut à Dieu que le Roy y eût voulu entendre lors.

Je dis n'oser entrer en cet appointement, leur priant ne se haster point de conclure cette ligue, et que de tout j'advertirois le Roy, leur priant, comme j'avois fait aux autres, me dire leurs doléances, et qu'ils ne les teussent point, comme faisoient ceux de Milan. Ils se doulurent des places que le Roy tenoit du Pape, et encores plus de celles qu'il tenoit des Florentins, et par espécial de Pise, disans que le Roy avoit mandé par escrit en plusieurs lieux, et à eux-mesmes, qu'il ne vouloit en Italie que le royaume de Naples, et aller contre le Turc, et qu'il monstroit à cette heure de vouloir prendre tout ce qu'il pourroit en Italie, et ne demander rien au Turc ; et disoient encores que monseigneur d'Orléans, qui estoit demeuré en Ast, faisoit crainte au duc de Milan, et que ses serviteurs disoient de grandes menaces ; toutesfois qu'ils ne feroient rien de nouveau que je n'eusse response du Roy, ou que le temps de l'avoir ne fût passé ; et me monstreroient plus d'honneur qu'à ceux de Milan. De tout j'advertis le Roy, et eus maigre response ; et dès-lors s'assembloient chacun jour, veu qu'ils sçavoient que l'entreprise estoit descouverte ; et en ce temps estoit le Roy encores à Florence; et s'il eût trouvé résistance à Viterbe, comme ils cuidoient, ils eussent envoyé des gens à Rome, et encores si le roy Ferdinand fust demeuré dedans ; et n'eussent jamais pensé qu'il eût deu abandonner Rome : et quand ils la virent abandonnée, commencèrent à avoir peur : toutesfois les ambassadeurs des deux roys les pressoient fort de conclure, ou vouloient départir : car jà y avoient esté quatre mois ; chacun jour alloyent à la seigneurie ; et je faisois le mieux que je pouvois à l'encontre.

CHAPITRE XX.

Comment le seigneur d'Argenton fut adverty que le Roy avoit gaigné Naples, et les places d'environ, dont les Vénitiens estoient desplaisans.

Voyans les Vénitiens tout cela abandonné, et advertis que le Roy estoit dans la ville de Naples, ils m'envoyèrent quérir et me dirent ces nouvelles, monstrans en estre joyeux; toutesfois ils disoient que ledit chasteau estoit bien fort garny, et voyois bien qu'ils avoient bonne et seure espérance qu'il tînt; et consentirent que l'ambassadeur de Naples levast gens-d'armes à Venise, pour envoyer à Brandis; et estoient sur la conclusion de leur ligue, quand leurs ambassadeurs leur escrivirent que le chasteau estoit rendu. Lors ils m'envoyèrent quérir derechef à un matin, et les trouvay en grand nombre, comme de cinquante ou de soixante en la chambre du prince, qui estoit malade de la colique; et il me conta ces nouvelles, de visage joyeux; mais nul en la compagnie ne se sçavoit feindre aussi bien comme luy. Les uns estoient assis sur un marchepied des bancs, et avoient la teste appuyée entre leurs mains. Les autres d'une autre sorte, tous démonstrant avoir grande tristesse au cœur, et croy que quand les nouvelles vinrent à Rome de la bataille perduë à Cannes, contre Hannibal, les sénateurs qui estoient demeurez, n'estoient pas plus esbahis, ne plus espouventez qu'ils estoient, car un seul ne fît semblant de me regarder, ny ne me dit un mot, que luy, et les regardois à grande merveille. Le duc me demanda si le Roy leur tiendroit ce que tousjours leur avoit mandé, et que je leur avois dit. Je les asseuray fort que ouy, et ouvris les voyes pour demeurer en bonne paix, et m'offrois fort de la faire tenir, espérant les oster de soupçon; et puis me départis.

Leur ligue n'estoit encore ne faite ne rompue, et vouloient partir les Allemans mal-contens. Le duc de Milan se faisoit encores prier de je ne sçay quel article, toutesfois il manda à ses gens qu'ils passassent tost; et en effect conclurent la ligue. Et durant que cecy se démenoit, j'avois sans cesse adverty le Roy du tout, le pressant de conclure ou de demeurer au royaume, et se pourvoir de plus de gens-de-pied et d'argent, ou de bonne heure se mettre en chemin pour se retirer, et laisser les principales places bien gardées avant qu'ils fussent tous assemblez. Aussi j'advertissois monseigneur d'Orléans, qui estoit en Ast avec les gens de sa maison seulement (car sa compagnie estoit avec le Roy), d'y mettre des gens, l'asseurant qu'incontinent iroient luy courre sus, et escrivois à monseigneur de Bourbon, qui estoit demeuré lieutenant pour le Roy, en France, d'envoyer des gens en Ast, pour le garder, et que si cette place estoit perdue, nul secours ne pouvoit venir au roy de France; et advertissois aussi la marquise de Montferrat, qui estoit bonne françoise et ennemie du duc de Milan, afin qu'elle aidast à monseigneur d'Orléans de gens, s'il en avoit affaire; car Ast perdu, les marquisats de Montferrat et Saluces estoient perdus.

La ligue fut concluë un soir bien tard. Le matin me demanda la seigneurie, plus matin qu'ils n'avoient de coutume. Comme je fus arrivé et assis, me dit le duc qu'en l'honneur de la Saincte Trinité ils avoient conclu ligue avec Nostre Sainct Père le Pape, les roys des Romains et de Castille, eux et le duc de Milan, à trois fins: la première pour deffendre la chrestienté contre le Turc; la seconde pour la deffense d'Italie; la tierce à la préservation de leurs Estats: et que le fisse sçavoir au Roy; et estoient assemblez en grand nombre, comme de cent ou plus, et avoient les testes hautes, faisoient bonne chère, et n'avoient point contenances semblables à celles qu'ils avoient le jour qu'ils me dirent la prise du chasteau de Naples. Me dit aussi qu'ils avoient escrit à leurs ambassadeurs, qui estoient devers le Roy, qu'ils s'en vinssent, et qu'ils prissent congé. L'un avoit nom messire Dominique Loredan, et l'autre messire Dominique Trévisan. J'avois le cœur serré, et estois en grand doute de la personne du Roy et de toute sa compagnie, et cuidois leur cas plus prest qu'il n'estoit, et aussi faisoient-ils eux, et doutois qu'ils eussent des Allemans prests; et si cela y eût esté, jamais le Roy ne fût sailly d'Italie. Je me délibéray ne dire point trop de paroles en ce courroux; toutesfois ils me tirèrent un peu aux champs. Je leur fis response que dès le soir avant je l'avois escrit au Roy et plusieurs fois, et que luy aussi m'en avoit escrit qu'il en estoit adverty de Rome et de Milan. Il me fit tout estrange visage de ce que je disois l'avoir escrit, le soir, au Roy; car il n'est nulles gens au monde si soupçonneux, ne qui tiennent leurs conseils si secrets, et par soupçon seulement confinent souvent les gens; et à cette cause le leur disois-je: outre ce je leur dis l'avoir aussi à monseigneur d'Orléans et à monseigneur de Bourbon, afin qu'ils pourveussent Ast; et le disois, espérant que cela donneroit quelque délay d'aller devant Ast; car s'ils eussent esté aussi prêts, comme ils se vantoient et cuidoient, ils l'eussent pris sans remède, car il estoit et fut mal pourveu de long-temps après.

Ils se prirent à me dire qu'il n'y avoit rien contre le Roy, mais pour se garder de luy, et qu'ils ne vouloient point qu'il abusât ainsi le monde de paroles, de dire qu'il ne vouloit que le royaume, et puis aller contre le Turc; et qu'il monstroit tout le contraire, et vouloit destruire le duc de Milan et Florence, et tenir les terres de l'Eglise. A quoy je respondis que les roys de France avoient augmenté l'Eglise, et accreue et deffendue, et que cettui-cy feroit plustost le semblable que de rien leur oster; mais que toutes ces raisons n'estoient point celles qui les mouvoient, mais qu'ils avoient envie de troubler l'Italie et faire leur profit; et que je croyois qu'aussi feroient-ils: ce qu'ils prirent un peu à mal, ce me dit-l'on : mais il se voit, parce qu'ils ont eu Poüille en gage du roy Ferrand, pour luy aider contre nous, que je disois vray. Sur ce poinct je me vouloisis lever pour me retirer; ils me firent rasseoir; et me demanda le duc si je ne voulois faire nulle ouverture de paix; parce que le jour de devant j'en avois parlé; mais c'estoit par condition qu'ils voulussent attendre à conclure la ligue, de quinze jours, afin d'envoyer devers le Roy et avoir response.

Après ces choses dites, je me retiray à mon logis; et ils mandèrent les ambassadeurs l'un après l'autre; et au saillir de leur conseil, je rencontray celuy de Naples, qui avoit une belle robbe neufve, et faisoit bonne chère, et en avoit cause; car c'estoit grandes nouvelles pour luy. A l'après-dînée tous les ambassadeurs de la ligue se trouvèrent ensemble en barque (qui est l'esbat de Venise, où chacun va, selon les gens qu'il a, et aux despens de la seigneurie), et pouvoient estre quarante barques, qui toutes avoient pendeaux aux armes de leurs maistres; et vis toute cette compagnie passer devant mes fenestres, et y avoit force ménestriers; et ceux de Milan, au moins l'un d'iceux, qui m'avoit tenu compagnie beaucoup de fois, faisoit bien contenance de ne me cognoistre plus; et fus trois jours sans aller par la ville, ne mes gens, combien que jamais ne me fût dit, en la ville, ny à homme, que j'eusse une seule mal gracieuse parole. Le soir firent une merveilleuse feste de feux, sur les clochers, force fallots allumez sur les maisons de ces ambassadeurs, et artillerie qui tiroit; et fus sur la barque couverte, au long des rives pour voir la feste, environ dix heures de nuict, et par espécial devant les maisons des ambassadeurs où se faisoient banquets et grande chère.

Ce jour-là n'estoit point encore la publication ne la grande feste, car le Pape avoit mandé qu'il vouloit qu'on attendist encore aucuns jours pour la faire à Pasques flories, qu'ils appellent le dimanche de l'olive; et vouloit que chacun prince, où elle seroit publiée, et les ambassadeurs qui y seroient, portassent un rameau d'olivier en la main, et le dissent *signe de paix et alliance*, et qu'à ce jour elle fût publiée en Espagne et en Allemagne. A Venise firent un chemin de bois, haut de terre, comme ils font le jour du sacre (1), bien tendu, qui prenoit du palais jusques au bout de la place Sainct-Marc; et après la messe, que chanta l'ambassadeur du Pape, qui à tout homme donna absolution de peine et de coulpe, qui seroit à la publication, ils allèrent en procession par ledit chemin, la seigneurie et ambassadeurs tous bien vestus; et plusieurs avoient robes de veloux cramoisy que la seigneurie avoit données, au moins aux Allemans, et à tous leurs serviteurs robes neufves; mais elles estoient bien courtes. Au retour de la procession se monstrèrent grand nombre de mystères et de personnages, et premièrement Italie, et après, tous ces roys et princes, et la reyne d'Espagne; et au retour, à une pierre de porfire où on fait les publications, firent publier ladite ligue; et y avoit un ambassadeur du Turc présent, à une fenestre, caché, et estoit dépesché, sauf qu'ils vouloient qu'il vist ladite feste; et la nuict vint parler à moy par le moyen d'un Grec, et fut bien quatre heures en ma chambre; et avoit grande envie que son maistre fût nostre amy. Je fus invité à cette feste par deux fois, mais je m'excusay, et demeuray en la ville environ un mois depuis, aussi bien traité que devant; et puis m'en partis, mandé du Roy, et de leur congé conduit en bonne seureté, à leurs despens, jusques à Ferrare. Le duc me vint au devant, et deux jours me fit bonne chère, et deffraya, et autant messire Jehan de Bentivole (2) à Boulogne; et de là m'envoyèrent les Florentins quérir, et allay à Florence pour attendre le Roy, duquel je retourneray à parler.

---

(1) Le jour de la fête du Saint-Sacrement.

(2) Bentivoglio.

LIVRE HUITIÈME.

CHAPITRE PREMIER.

De l'ordre et provision que le Roy mit au royaume de Naples, voulant retourner en France.

Pour mieux continuer mes Mémoires et vous informer, me faut retourner à parler du Roy, qui, depuis qu'il entra à Naples jusques à ce qu'il en partit, ne pensa qu'à passer temps et d'autres à prendre et à profiter; mais son âge l'excusoit; et nul ne sçauroit excuser les autres de leur faute, car le Roy les croyoit de toutes choses; et s'ils luy eussent sceu dire qu'il eût bien pourveu trois ou quatre chasteaux audit païs, comme celuy de Cajette ou seulement celuy de Naples dont il avoit donné les vivres, comme j'ay dit, il tiendroit encores le royaume; car en gardant celuy de Naples, jamais la ville ne se fût révoltée. Il tira tous les gens-d'armes à l'entour de luy, depuis la conclusion de la ligue, et ordonna cinq cens hommes-d'armes françois et deux mille cinq cens Suisses et quelque peu de gens-de-pied françois pour la garde du royaume; et avec le reste, il délibéra de s'en retourner en France par le chemin qu'il estoit venu; et la ligue se préparoit à l'en garder. Le roy d'Espagne avoit envoyé et envoyoit quelques caravelles (1) en Cecile, mais peu de gens dessus; toutesfois avant que le Roy partist, ils avoient jà garny Rège en Calabre, qui est près de Cecile; et plusieurs fois j'avois escrit au Roy qu'ils devoient là descendre, car l'ambassadeur de Naples le m'avoit dit, cuidant que jà y fussent, et si le Roy y eût envoyé d'heure, il eust pris le chasteau, car le peuple de la ville tenoit pour luy. Aussi vindrent gens de Cecile à la Mantia et à la Turpia par faute d'envoyer; et ceux d'Otrante, en Poüille, qui avoient levé les bannières du Roy, veuë la ligue, et qu'ils estoient situez près de Brandis et Galipoli, et qu'ils ne pouvoient finer de gens, levèrent les bannières d'Arragon, et dom Fédéric, qui estoit à Brandis, la fournit; et par tout le royaume, commencèrent à muer leur pensée, et se prit à changer la fortune, qui deux mois devant avoit esté au contraire, tant pour voir cette ligue que pour le partement du Roy, et la pauvre provision qu'on laissoit, plus en chef qu'en nombre de soldats.

Pour chef y demeura monseigneur de Montpensier, de la maison de Bourbon, bon chevalier et hardy, mais peu sage; il ne se levoit qu'il ne fût midi. En Calabre laissa monseigneur d'Aubigny (2), de la nation d'Ecosse, bon chevalier et sage, bon et honorable, qui fut grand connestable du royaume; et luy donna le Roy (comme j'ay dit) la comté d'Acri et le marquisat de Squillazo. Il laissa au commencement le sénescal de Beaucaire, appellé Estienne de Vers, capitaine de Cajette, fait duc de Nole et d'autres seigneuries, grand chambelan, et passoient tous les deniers du royaume par sa main; et avoit iceluy plus de faix qu'il ne pouvoit et n'eût sceu porter, mais affectionné estoit à la garde dudit royaume. Il laissa monseigneur don Julian, lorrain, le faisant duc en la ville de Sainct-Angelo, où il a fait merveilles de se bien gouverner. A Manfredonia laissa messire Gabriel de Montfaucon, homme que le Roy estimoit fort; et à tous donna grosses terres; celuy-là s'y conduisit très-mal, et la bailla au bout de quatre jours, par faute de vivres, et il l'avoit trouvée bien garnie, et estoit en lieu abondant de bleds. Plusieurs vendirent tout ce qu'ils trouvèrent aux chasteaux; et dit-l'on que cettuy pour garde, laissa là Guillaume de Villeneufve, que ses valets vendirent à dom Fédéric, qui long-temps le tint en galée. A Tarente laissa George de Suilly, qui s'y gouverna très-bien et y mourut de la peste; et a tenu cette cité là pour le Roy jusques à ce que la famine l'ait fait tourner. En l'Aquila demeura le baillif de Vitry, qui bien s'y conduisit; et messire Gracien des Guerres, qui fort bien s'est conduit en l'Abruzze.

Tout demeura mal fourni d'argent, et les assignoit-l'on sur le royaume, et tous les deniers failloient. Le Roy laissa bien appointez les princes de Salernes et de Bisignan (qui l'ont bien servy tant qu'ils ont peu), et aussi les Colonnois de tout ce qu'ils sçeurent demander : et leur laissa plus de trente places pour eux et les leurs. S'ils les eussent voulu tenir pour luy, comme ils devoient, et qu'ils avoient juré, ils luy eussent fait grand service, et à eux honneur et profit; car je croy qu'ils ne furent, cent ans y a, en si grands honneurs; mais avant son partement, ils commencèrent à pratiquer; et aussi ils estoient ses serviteurs à cause de Milan; car naturellement ils estoient du party gibelin; mais cela ne leur devoit point faire fausser leur foy, estant si grandement traitez. Encores fit le Roy plus pour eux; car il amena, sous garde d'amy, prisonniers, le seigneur Virgile Ursin et le comte de

---

(1) Petits navires qui vont à voile et à rames, et dont on fait usage sur la mer méridionale.
(2) Il était de la maison des Staurt.

Pétillane, aussi des Ursins, leurs ennemis. Ce qu'il fit contre raison, car combien qu'ils eussent esté pris, si sçavoit bien le Roy, et ainsi l'entendoit qu'il y avoit sauf conduict; et le moustroit bien, car il ne les vouloit mener sinon jusques en Ast et puis les renvoyer; et le faisoit à la requeste des Colonnois; et avant qu'il y fût, lesdits Colonnois furent tournez contre luy, et les premiers sans alléguer nulle cause.

CHAPITRE II.

Comment le Roy se partit de Naples, et repassa par Rome, d'où le Pape s'enfuit à Orviette; des paroles que le Roy tint à monsieur d'Argenton à son retour de Venise; des délibérations de rendre aux Florentins leurs places.

Après que le Roy eut ordonné de son affaire, comme il entendoit, se mit en chemin, avec ce qu'il avoit de gens, que j'estime neuf cens hommes-d'armes au moins, en ce compris sa maison, deux mille cinq cens Suisses, et crois bien sept mille hommes payez en tout, et pouvoit bien avoir mille cinq cens hommes de deffense, suivant le train de la Cour, comme serviteurs. Le comte de Pétillanne (qui les avoit mieux comptez que moy) disoit qu'en tout il y en avoit plus de neuf mille, et le me dit depuis notre bataille, dont sera parlé. Le Roy prit son chemin vers Rome, dont le Pape paravant vouloit partir, et venir à Padoüe, sous le pouvoir des Vénitiens, et y fut son logis faict. Depuis le cœur leur müa, et luy envoyèrent quelques gens, et le duc de Milan luy en envoya aussi; et combien qu'ils y fussent à temps, si n'osa attendre le Pape, nonobstant que le Roy ne luy eût faict que tout honneur et service, et luy avoit envoyé ambassadeur, pour le prier d'attendre; mais il se retira à Orviette, et de là à Pérouse, et laissa les cardinaux à Rome, qui recueillirent le Roy, lequel n'y arresta point; ne fut fait desplaisir à nul, et m'escrivit d'aller à luy vers Siène, où je le trouvay, et me fit, par sa bonté bon recueil, et me demanda, en riant, si les Vénitiens envoyoient au-devant de luy; car toute sa compagnie estoient jeunes gens, et ne croyoient point qu'il fût autres gens qui portassent armes; je luy dis que la seigneurie m'avoit dit, au départir, devant un de ses secrétaires, appellé Lourdin, que eux et le duc de Milan mettroient quarante mille hommes en un camp, non point pour l'assaillir, mais pour se deffendre, et me firent dire le jour que je partis d'eux, à Padoüe, par un de leurs provéditeurs, qui venoit contre nous, que leurs gens ne passeroient point une rivière, qui est en leur terre, près de Parme, et me semble qu'elle a nom Olye, sinon qu'il assaillist le duc de Milan; et prismes enseignes ensemble ledit provéditeur et moy de pouvoir envoyer l'un vers l'autre, s'il en estoit besoin pour traiter quelque bon appointement, et ne voulus rien rompre: car je ne sçavois ce qui pourroit survenir à mon maistre; et estoit présent à ces paroles un appellé messire Louys Marcel, qui gouvernoit, pour cette année-là, les Monts Vière (qui est comme un trésorier), et l'avoient envoyé pour me conduire, aussi y estoient les gens du marquis de Mantoüe, qui luy portoient argent; mais ils n'oüyrent point ces paroles. De ceux-là ou d'autres je portay au Roy par escrit le nombre de leurs gens de cheval, de pied et d'estradiots, et qui en avoit les charges. Peu de gens, d'entour du Roy, croyoient ce que je disois.

Estant ledit seigneur de Siène, je le pressay de partir, dès ce qu'il y eût esté deux jours, et les chevaux reposez; car ses ennemis n'estoient point encore ensemble et ne craignois sinon qu'il vînt des Allemans; car le Roy des Romains en assembloit largement, et vouloit fort tirer argent comptant, pour les soldoyer. Quelque chose que je disse, le Roy mit deux matières en conseil, qui furent briefves. L'une sçavoir si on devoit rendre aux Florentins leurs places, et prendre trente mille ducats qu'ils devoient encores de leur don, et septante mille qu'ils offroient prester, et servir le Roy à son passage, avec trois cens hommes-d'armes (sous la charge de messire Francisque Secco, vaillant chevalier, et de qui le Roy se fioit) et de deux mille hommes-de-pied. Je fus d'opinion que le Roy le devoit faire, et d'autres aussi, et seulement retenir Ligorne, jusques à ce qu'il fût en Ast. Il eût bien payé ses gens, et encores luy fût demeuré de l'argent, pour fortraire des gens de ses ennemis, et puis les allèrent chercher. Toutesfois cela n'eut point de lieu, et l'empeschoit monseigneur de Ligny (1) (qui estoit homme jeune et cousin germain du Roy), et ne sçavoit point bien pour quelle raison, sinon pour pitié des Pisans. L'autre conseil fut que ledit monseigneur de Ligny faisoit mettre en avant, par un nommé Gaucher de Tinteville (2), et par une partie de ceux de Siène, qui vou-

---

(1) Louis de Luxembourg, seigneur de Ligny, fils de Louis, connétable de France, et de Marie de Savoie, sa seconde femme.

(2) Gaucher de Tinteville ou Dinteville; il fut depuis premier maître d'hôtel du roi François Iᵉʳ, et gouverneur du dauphin François, son fils; il épousa Anne du

loient monseigneur de Ligny pour seigneur, car la ville est de tout temps en partialité, et se gouverne plus follement que ville d'Italie. Il m'en fut demandé le premier, je dis qu'il me sembloit que le Roy devoit tirer à son chemin, et ne s'amuser à ces folles offres, qui ne sçauroient durer une semaine; aussi que c'estoit ville d'Empire, et que ce seroit mettre l'Empire contre nous. Chacun fut de cette advis; toutesfois on fit autrement, et le prirent ceux de Siène pour leur capitaine, et lui promirent certaine somme d'argent l'an, dont il n'eut rien; et cecy amusa le Roy six ou sept jours, et lui monstrèrent les dames, et y laissa le Roy bien trois cens hommes, et s'affaiblit de tant : et de là tira vers Pise, passant par Poggibonzi, chasteau florentin; et ceux qu'on laissa à Siène, furent chassez avant un mois de là.

◇◇◇

CHAPITRE III.

Des prédications dignes du mémoire de frère Hiéronime de Florence.

J'ay oublié de dire que moy estant arrivé à Florence, allant au-devant du Roy, allay visiter un frère prescheur, appellé frère Hiéronymo, demeurant en un couvent réformé, homme de saincte vie, comme on disoit, qui quinze ans avoit demeuré audit; et estoit avec moy un maistre-d'hostel du Roy, appellé Jehan François, sage homme. La cause de l'aller voir fut parce qu'il avoit tousjours presché en grande faveur du Roy, et sa parole avoit gardé les Florentins de tourner contre nous, car jamais prescheur n'eut tant de crédit en cité. Il avoit tousjours asseuré la venuë du Roy (quelque chose qu'on dit ne qu'on escrivit au contraire) disant qu'il estoit envoyé de Dieu, pour chastier les tyrans d'Italie, et que rien ne pouvoit résister, ne se deffendre contre luy. Avoit dit aussi qu'il viendroit à Pise, et qu'il y entreroit, et que ce jour mourroit l'estat de Florence, et ainsi advint; car Pierre de Médicis fut chassé ce jour : et maintes autres choses avoit preschées, avant qu'elles advinssent, comme la mort de Laurens de Médicis; et aussi disoit publiquement l'avoir par révélation; et preschoit que l'Estat de l'Eglise seroit réformé à l'espée. Cela n'est pas encores advenu, mais en fus bien près, en encores le maintient.

Plusieurs le blasmoient de ce qu'il disoit que

Plessis, de laquelle il eut François, évêque d'Auxerre, et quelques autres enfants.

Dieu luy avoit révélé, autres y ajoûtèrent foy. De ma part je le répute bon homme, aussi luy demanday si le Roy pourroit passer sans péril de sa personne, veu la grande assemblée que faisoient les Vénitiens, de laquelle il sçavoit mieux parler que moy, qui en venois. Il me respondit qu'il auroit affaire en chemin ; mais que l'honneur lui en demeureroit, et n'eût-il que cent hommes en sa compagnie, et que Dieu, qui l'avoit conduit au venir, le conduiroit encores à son retour; mais pour ne s'estre bien aquitté de la réformation de l'Eglise, comme il devoit, et pour avoir souffert que ses gens pillassent et dérobassent ainsi le peuple, aussi bien ceux de son party, et qui luy ouvroient les portes sans contrainte, comme les ennemis, que Dieu avoit donné une sentence contre luy ; et en bref, auroit un coup de foüet; mais que je luy disse que s'il vouloit avoir pitié du peuple, et délibérer en soy de garder ses gens de mal faire, et les punir quand ils le feroient, comme son office le requiert, que Dieu révoqueroit sa sentence ou la diminueroit ; et qu'il ne pensast point estre excusé pour dire : *Je ne fais nul mal;* et me dit que luy-mesme iroit au-devant du Roy, et luy diroit ; et ainsi le fit, et parla de la restitution des places des Florentins. Il me cheut en pensée la mort de monseigneur le Dauphin, quand il parla de cette sentence de Dieu ; car je ne veis autre chose que le Roy prist à cœur ; mais je dis encores cecy afin que mieux on entende que tout cedit voyage fut vray mystère de Dieu.

◇◇◇

CHAPITRE IV.

Comment le Roy retint en ses mains la ville de Pise, et quelques autres places des Florentins, pendant que monsieur d'Orléans d'un autre costé entra dedans Novare en la duché de Milan.

Comme j'ay dit, le Roy estoit entré à Pise, et alors les Pisans, hommes et femmes, prièrent à leurs hostes que pour Dieu ils tinssent la main envers le Roy, qu'ils ne fussent remis soubs la tyrannie des Florentins, qui à la vérité les traitoient fort mal ; mais ainsi sont maintes citez en Italie, qui sont subjectes à autres ; et puis Pise et Florence avoient esté trois cens ans ennemies, avant que les Florentins la conquissent. Ces paroles en larmes, faisoient pitié à nos gens, et oublièrent les promesses et sermens que le Roy avoit faicts sur l'autel Sainct-Jehan à Florence ; et toutes sortes de gens s'en mesloient, jusques aux archers et aux

Suisses; et menaçoient ceux qu'ils pensoient que le Roy tinst sa promesse, comme le cardinal Sainct-Malo, lequel ailleurs j'ay appellé général de Languedoc. J'oüys un archer qui le menaça. Aussi en y eut-il qui dirent de grosses paroles au mareschal de Gié. Le président Gannay fut plus de trois jours qu'il n'osoit coucher à son logis; et sur tous tenoit la main à cecy le comte de Ligny; et venoient lesdits Pisans à grandes pleurs devers le Roy, et faisoient pitié à chacun, qui par raison les eût peu aider.

Un jour après disner s'assemblèrent quarante ou cinquante gentils-hommes de sa maison, portans leurs haches au col; et vinrent trouver le Roy en une chambre, jouant aux tables avec monseigneur de Piennes, et un valet-de-chambre ou deux, et plus n'estoient; et porta la parole un des enfans de Sallezard l'aisné, en faveur des Pisans, chargeant aucuns de ceux que je nommois n'aguères, et tous disoient qu'ils le trahiroient; mais bien vertueusement les renvoya le Roy, et autre chose n'en fut onques depuis.

Bien six ou sept jours perdit le Roy son temps à la ville de Pise, et puis mua la garnison, et mit en la citadelle un appellé Entragues (1), homme bien mal conditionné, serviteur du duc d'Orléans; et le luy adressa monseigneur de Ligny, et y fut laissé des gens-de-pied de Berry. Ledit seigneur d'Entragues fit tant qu'il eut encores entre ses mains Piètresancte (et croy qu'il en bailla argent) et une autre place auprès appellée Mortron. Il en eut une autre aussi, appellée Librefacto, près de la ville de Luques. Le chasteau de la ville de Serzane, qui est très-fort, fut mis par le moyen dudit comte monseigneur de Ligny, entre les mains d'un bastard de Roussi, serviteur dudit comte. Une autre appellée Serzanelle, entre les propres mains d'un de ses autres serviteurs; et laissa le roy de France beaucoup de gens ausdites places; et si n'en aura jamais tant à faire; et refusa l'aide des Florentins, et l'offre dont j'ay parlé; et demeurèrent ces Florentins comme gens désespérez; et si avoit sceu, dès devant qu'il partist de Siènes, comme le duc d'Orléans avoit pris la cité de Novarre sur le duc de Milan; parquoy le Roy voyoit estre certain de par eux les Vénitiens se déclaroient; veu que de par eux luy avoit esté dit, que s'il faisoit guerre audit duc de Milan, ils luy donneroient toute aide, à cause de la ligue nouvellement faite; et avoient leurs gens prests, et en grand nombre. Et faut entendre que quand la ligue fut conclue, que le duc de Milan cuidoit prendre Ast, et n'y pensoit trouver personne; mais mes lettres, dont j'ay parlé, avoient bien aidé à avancer des gens, que le duc de Bourbon y envoya; et les premiers qui y vindrent, furent environ quarante lances de la compagnie du mareschal de Gié, qui estoient demeurez en France (et ceux-là y vindrent bien à point), et cinq cens hommes-de-pied, qu'y envoya le marquis de Saluces.

Cecy arresta les gens du duc de Milan, que menoit messire Galéas de Sainct-Severin; et se logèrent à Nom, qui est un chasteau que le duc de Milan a à deux milles d'Ast. Peu après arrivèrent trois cens cinquante hommes-d'armes, et des gentils-hommes du Dauphiné, et quelques deux mille Suisses, et des francs-archers dudit Dauphiné; et estoient en tout bien sept mille cinq cens hommes payez, qui mirent beaucoup à venir, et ne servirent de rien à l'intention pourquoi ils avoient esté mandez (qui estoit pour venir secourir le Roy), car en lieu de secourir le Roy, il les fallut aller secourir. Et avoit esté escrit à Monseigneur d'Orléans, et aux capitaines, qu'ils n'entreprissent rien contre le duc de Milan, mais seulement entendissent à garder Ast, et à venir au-devant du Roy, jusques sur la rivière du Thésin, pour luy aider à passer; car il n'avoit nulle autre rivière qui l'empeschast. Et faut entendre que ledit duc d'Orléans n'estoit point passé Ast, et l'y avoit le Roy laissé. Toutesfois, nonobstant ce que le Roy luy avoit escrit, luy vint cette pratique si friande, que de luy bailler cette cité de Novarre (qui est à dix lieuës de Milan) et y fut receu à grande joye, tant des Guelphes que des Gibelins: et luy aida bien à conduire ceste œuvre la marquise de Montferrat. Le chasteau tint deux jours ou trois; mais si cependant il fût allé, ou envoyé devant Milan, où il avoit pratiqué assez, y eût esté bien receu à plus grande joye, qu'il ne fût onques en son chasteau de Blois, comme le m'ont conté des plus grands de la duché; et le pouvoit faire sans danger, les trois jours premiers; parce que les gens du duc de Milan estoient encores à Nom, près Ast, quand Novarre fut pris, qui ne vinrent de quatre jours après; mais peut-être qu'il ne croyoit point les nouvelles qu'il en avoit.

◇×◇

CHAPITRE V.

Comment le roy Charles passa plusieurs dangereux pas de montagnes entre Pise et Ser-

---

(1) Roffec de Balsac, seigneur d'Entragues et de Dunes.

zane, *et comment la ville de Pontrème fut bruslée par ses Allemans.*

De Siène le Roy estoit venu à Pise, comme avez veu, et entendu ce qu'il y fit; et de Pise vint à Luques, où il fut bien receu de ceux de la ville, et y séjourna deux jours; et puis vint à Piètresancte, que tenoit Entragues, ne craignant en rien ses ennemis, ne ceux à qui ils donnoient le crédit, et trouva de merveilleux pas de montagnes entre Luques et ledit lieu, et aisez à deffendre à gens-de-pied, mais encores n'estoient ensemble nos ennemis. Près dudit Plètresancte est le pas de la Seiere d'un costé, et le Roctaille d'autre costé, marais de mer bien profond, et faut passer par une chaussée, comme celle d'un étang, et estoit le pas, qui fut depuis Pise jusques à Pontrème, que je craignois le plus, et dont j'avois ouy parler, car une charette jettée au travers, et deux bonnes pièces d'artillerie, nous eussent gardez d'y passer sans y trouver remède, avec gens en bien petit nombre. De Piètresancte alla le Roy à Serzane, où fut mis en avant, par le cardinal de Sainct-Pierre-ad-Vincula, de faire rebeller Gennes, et d'y envoyer gens; et fut mise la matière en conseil, et estois en la compagnie de beaucoup de gens de bien, capitaines, où fut conclu par tous qu'on n'y entendroit point; car si le Roy gagnoit la bataille, Gennes se viendroit présenter d'elle-mesme, et s'il perdoit il n'en auroit que faire; et fut le premier coup que j'oüys parler que l'on creut, qu'il y deust avoir bataille; et fut fait rapport au Roy de cette délibération; mais nonobstant cela, il y envoya monseigneur de Bresse, depuis duc de Savoye, le seigneur de Beaumont de Polignac (1) mon beau-frère, et le seigneur d'Aubijoux, de la maison d'Amboise (2), avec six vingts hommes-d'armes, et cinq cens arbalestriers, venus tous frais de France, par mer. Et m'esbahis comment il est possible qu'un si jeune Roy n'avoit quelques bons serviteurs, qui luy osassent avoir dit le péril en quoy il se mettoit. De moy, il me sembloit qu'il ne me croyoit point du tout.

Nous avions une petite armée de mer, qui venoit de Naples, et y estoit monseigneur de Miolens, gouverneur du Dauphiné, et un Estienne de Nèves, de Montpellier, (et estoient en tout environ huict galées); et vindrent à la Spécie, et à Rapalo, où ils furent desfaicts, à l'heure dont je parle, et au lieu propre, où nos gens avoient deffait ceux du roy Alphonse, au commencement du voyage; et par ceux propres, qui avoient esté des nostres à l'autre bataille (qui estoient messire Jehan Loys de Flisco, et messire Jehan Adorne), et fut tout mué à Gennes. Il eût mieux valu que tout eût esté avec nous, et encores estoit-ce peu. Monseigneur de Bresse et ce cardinal allèrent loger aux fauxbourgs de Gennes, cuidans que leur partialité se deust lever en la ville pour eux; mais le duc de Milan y avoit pourveu, et les Adornes, qui gouvernoient et messire Jehan Loys de Flisco (qui est un sage chevalier), et furent en grand péril d'estre deffaicts, comme ceux de mer, veu le petit nombre qu'ils estoient, et ne tint sinon à la part qui gouvernoit à Gennes, qui n'osoit sortir de la ville, de peur que les Fourgouses ne se levassent, et leur fermassent les portes; et eurent nos gens grande peine à eux en venir vers Ast; et ne furent point à une bataille, que le Roy eut, où ils eussent esté bien séans.

De Serzane vint le Roy vers Pontrème (3), car il estoit force d'y passer, et est à l'entrée des montagnes. La ville et le chasteau estoient assez bons, et en fort païs; et s'il y eût eu bon et grand nombre de gens, elle n'eût point esté prise; mais il sembloit bien qu'il fût vray ce que frère Hiéronyme m'avoit dit, que Dieu le conduiroit par la main jusques à ce qu'il fût en seureté, car il sembloit que ses ennemis fussent aveuglez et abestis, qu'ils ne deffendoient ce pas. Il y avoit trois ou quatre cens hommes-de-pied dedans. Le Roy y envoya son avantgarde, que menoit le mareschal de Gié ; et avec luy estoit messire Jehan-Jacques de Trevoul (4), qu'il avoit recueilly du service du roy Ferrand, quand il s'enfuit de Naples, gentil-homme de Milan, bien apparenté, bon capitaine, et grand homme de bien, grand ennemy de ce duc de Milan, et confiné par luy à Naples; et par le moyen de luy, fut incontinent rendue ladite place sans tirer, et s'en allèrent les gens qui estoient dedans. Mais

---

(1) Jean de Polignac, seigneur de Beaumont et de Rendan, qui avait épousé Jeanne de Jambes, sœur aînée d'Hélène de Jambes, femme de Philippe de Comines.

(2) Hugues d'Amboise, baron d'Aubijoux, frère du fameux cardinal Georges d'Amboise.

(3) Pontremoli.

(4) Jean-Jacques Trivulce, milanais, marquis de Vigève, gouverneur de Milan, capitaine de cent hommes d'armes lombards, et de deux cents archers, lieutenant des armées du Roi en Italie; il se trouva aux batailles de Fornoue et d'Aignadel, et eut de grands emplois sous les rois Charles VIII, Louis XII et François Ier. Il fut fait maréchal de France en 1500, mort en 1518. Il était oncle de Théodore Trivulce, aussi gouverneur de Milan, et maréchal de France; on peut voir leurs éloges dans Brantôme, tome II des *Vies des Hommes illustres étrangers.*

un grand inconvénient y survint ; car il advint aux Suisses comme la dernière fois que le duc de Milan y vint. Il y eut un débat entre ceux de la ville et aucuns Allemans (comme j'ay dit), desquels fut bien tué quarante, et pour revanche, nonobstant la composition, tuèrent tous les hommes, pillèrent la ville, et y mirent le feu, et bruslèrent les vivres, et toutes autres choses, et plus de dix d'entre-eux mesmes, qui estoient yvres ; et ne sceut ledit mareschal de Gié y mettre remède. Aussi assiégèrent le chasteau, pour prendre ceux qui estoient dedans, qui estoient serviteurs dudit messire Jehan-Jacques de Trevoul, et les y avoit mis quand les autres partirent ; et falut que le Roy envoyast vers eux pour les faire départir. Ce fut un grand dommage de la destruction de cette place, tant pour la honte (1), qu'à cause des grands vivres qui y estoient, dont nous avions jà grande faute, combien que le peuple ne fût en rien contre nous, fors à l'entour, pour le mal qu'on leur faisoit. Mais si le Roy eût voulu entendre aux ouvertures que faisoit messire Jehan-Jacques Trevoul, plusieurs places, et gentils-hommes se fussent tournez ; car il vouloit que le Roy fist hausser par tout la bannière du petit duc, que le seigneur Ludovic tenoit entre ses mains, qui estoit fils du duc dernier mort à Pavie, dont avez oüy parler devant, appellé Jehan Galéas ; mais le Roy ne le voulut, pour l'amour de monseigneur d'Orléans, qui prétendoit, et prétend droict à ladite duché. Ainsi passa le Roy outre Potrème, et alla loger en une petite valée, où n'y avoit point dix maisons, et n'en sçay le nom, et y demeura cinq jours (et n'en sçaurois dire la raison) à très-grande famine, et à trente milles de nostre avantgarde, qui estoit devant, ayant des montagnes très-hautes et très-aspres à l'entour, et où onques homme ne passa artillerie grosse, comme sont canons et grosses coulevrines, qui lors y passèrent. Le duc Galéas y passa quatre faucons de telle grosseur qu'ils pesoient par aventure cinq cens livres, au moins ; dont le peuple du pays faisoit grand cas, durant ces jours que je dis.

◇◇◇

CHAPITRE VI.

Comment le duc d'Orléans se portoit dans la cité de Novarre.

Or faut parler du duc d'Orléans. Quand il

---

(1) Dans quelques anciennes éditions on lit : *la bonté*.
(2) Ville de Touraine, entre Chinon et Saumur.
(3) Trecane dans Guazzo.

eut pris le chasteau de Novarre, il perdit du temps aucuns jours, et puis tira vers Vigesve. Deux petites villes qui sont auprès envoyèrent vers luy pour le mettre dedans ; mais il fut sagement conseillé de non les recueillir. Ceux de Pavie y envoyèrent par deux fois. Là devoit-il attendre. Il se trouva en bataille devant ladite ville de Vigesve, où estoit l'armée du duc de Milan toute, et la conduisoient les enfans de Sainct-Severin, que tant de fois j'ay nommez. La ville ne vaut point Sainct-Martin-de-Cande (2), qui n'est rien, et y fust peu de temps après que le duc de Milan y estoit, et tous les chefs qui y estoient ; et me montrèrent les lieux où tous deux estoient en bataille, rasibus de la ville, et dedans ; si le duc d'Orléans eût marché cent pas, ils passoient outre la rivière du Thésin, où ils avoient fait un grand pont sur batteaux, et estoient sur le bord ; et veis deffaire un boulevert de terre, qu'ils avoient fait de l'autre part de la rivière, pour deffendre le passage ; et vouloient abandonner ladite ville et chasteau, qui leur eût esté grande perte. C'est le lieu du monde où le duc de Milan se tient le plus, et la plus belle demeure, pour chasses et voleries, en toutes choses, que je sçache en nul lieu.

Il sembla par aventure à monsieur d'Orléans qu'ils estoient en lieu fort, et qu'il avoit assez fait ; et se retira en un lieu appellé Trécas (3), dont le seigneur du lieu parla peu de jours après à moy, qui avoit charge du duc de Milan. Audit Trécas envoyèrent vers ledit duc d'Orléans des principaux de Milan, pour le mettre dedans, et offrirent leurs enfans en ostage, et l'eussent fait aisément, comme j'ay sceu par des hommes de grande authorité, qui estoient léans, qui sçavoient cecy et le m'ont conté, disans que le duc de Milan n'eût sceu trouver assez de gens pour se laisser assiéger dedans le chasteau de Milan, et que nobles et peuple vouloient la destruction de cette maison de Sforce. Aussi m'a conté le duc d'Orléans et ses gens, les pratiques dont j'ay parlé ; mais ne s'y fioient point bien, et avoient faute d'hommes, qui les entendit mieux qu'eux, et puis ses capitaines n'estoient point unis.

A l'ost du duc de Milan se joignoit quelques deux mille Allemans que le roy des Romains envoyoit, et bien mille hommes à cheval, allemans, qu'amenoit messire Fédéric Capelare, natif de la comté de Ferrette ; ce qui fit croistre le cœur à messire Galéas et aux autres, et allèrent auprès de Trécas présenter la bataille au duc d'Orléans ; et ne luy fut point conseillé de combattre, combien que sa bande valût mieux que l'autre ; et peut estre que les capitaines ne vouloient hazarder cette compagnie, craignans que s'ils la perdoient, que ce fust la perdition du Roy, dont ils ne sçavoient nouvelles; car les chemins estoient gardez. Ainsi se retira toute cette compagnie dedans Novarre, donnant très-mauvais ordre au faict de leurs vivres, tant à garder ceux qu'ils avoient, qu'à en mettre dedans la ville, dont assez pouvoient recevoir à l'entour sans argent, et dont depuis ils eurent grande faute, et se logèrent leurs ennemis à demie lieue d'eux.

◇◇◇

CHAPITRE VII.

Comment la grosse artillerie du Roy passa les monts Appenins à l'aide des Allemans, et du danger où fut le mareschal de Gié avec son avant-garde.

J'ay laissé à parler du Roy comme il fut en cette vallée deçà Pontrème, par cinq jours en grande famine, sans nul besoin. Un tour honorable firent nos Allemans. Ceux qui avoient fait cette grande faute audit Pontrème, et avoient peur que le Roy les en haïst à jamais, se vinrent d'eux-mesme offrir à passer l'artillerie en ce merveilleux chemin des montagnes (ainsi le puis-je appeler, pour estre hautes et droites, et où il n'y a point de chemin, et ay veu toutes les principales montagnes d'Italie et d'Espagne, mais trop aisées eussent esté au prix de ces monts), et firent cet offre par condition que le Roy leur pardonnast, ce qu'il fit. Il y avoit quatorze pièces de grosse et puissante artillerie, et au partir de ladite vallée commençoit-l'on à monter par un chemin fort droict, et je vis des mulets y passer à très-grande peine. Ces Allemans se couploient deux à deux, de bonnes cordes, et s'y mettoient cent ou deux cens à la fois, et quand ceux-là estoient las, il s'y en mettoit d'autres. Nonobstant cela, y estoient aussi les chevaux de l'artillerie, et toutes gens qui avoient train de la maison du Roy prestoient chacun un cheval, pour cuider passer plustot, mais si n'eussent esté les Allemans, les chevaux ne l'eussent jamais passée. Et à dire la vérité, ils ne passèrent point l'artillerie seulement, mais s'ils n'y fussent, la compagnie n'eût ame passé. Aussi furent-ils bien aidez; car ils avoient aussi bon besoin, et aussi grand vouloir de passer que les autres. Ils firent beaucoup de choses mal faictes, mais le bien passoit le mal. Le plus fort n'estoit point de monter, car incontinent après on trouvoit une vallée, car le chemin est tel que la nature l'a faict, et n'y a rien adoubé, et falloit mettre les chevaux à tirer contremont, et aussi les hommes, et estoit de plus grande peine, sans comparaison, que le monter; et à toute heure y falloit les charpentiers ou les mareschaux, et tomboit quelque pièce qu'on avoit grand peine à redresser. Plusieurs eussent esté d'advis de rompre toute la grosse artillerie, pour passer plustot, mais le Roy pour rien ne le vouloit consentir.

Le mareschal de Gié, qui estoit à trente milles de nous, pressoit le Roy de se haster, et mismes trois jours à le joindre; et si avoit les ennemis logez devant luy, en beau camp, au moins à demie lieuë près; qui en eussent eu bon marché, s'ils l'eussent assailly, et après il fut logé à Fornoüe (qui vaut à dire un trou nouveau) qui est le pied de la montagne, et l'entrée de la plaine, bon village, pour garder qu'ils ne nous vinssent assaillir en la montagne, mais nous avions meilleure garde que luy. Car Dieu mit autre pensée au cœur de nos ennemis, tellement que leur avarice fut si grande, qu'ils nous vouloient attendre au plain pays, afin que rien n'eschappast; car il leur sembloit que des montagnes en hors on eût pû fuir vers Pise, et en ces places des Florentins; mais ils erroient, car nous estions trop loin. Et aussi quand on les eût attendus jusques au joindre, ils eussent bien autant chassé qu'on eût sceu fuir; et si sçavoient mieux les chemins que nous.

Encores jusques icy n'est point commencée la guerre de nostre costé; mais le mareschal de Gié manda au Roy, comme il avoit passé ces montagnes, et comme il envoya quarante chevaux courir devant l'ost des ennemis, pour sçavoir des nouvelles, lesquels furent bien recueillis des estradiots, et tuèrent un gentil-homme appellé Le Beuf, et luy coupèrent la teste, qu'ils pendirent à la bannerole d'une lance, et la portèrent à leur providadeur (1), pour en avoir un ducat.

Estradiots sont gens comme génétaires, vestus à pied et à cheval comme les Turcs, sauf la teste où ils ne portent cette toile, qu'ils appellent Tolliban (2), et sont dures gens, et couchent dehors tout l'an, et leurs chevaux. Ils estoient tous Grecs, venus des places que les Vénitiens y ont, les uns de Naples de Romanie en la Morée, autres d'Albanie, devers Duras, et sont leurs chevaux bons, et tous chevaux turcs. Les Vénitiens s'en servent fort, et s'y

---

(1) Provéditeur.   (2) Turban.

fient. Je les avois tous veus descendre à Venise, et faire leurs monstres en une isle où est l'abbaye de Sainct-Nicolas; et estoient bien quinze cens, et sont vaillans hommes, et qui fort travaillent un ost, quand ils s'y mettent.

Les estradiots chassèrent, comme j'ay dit, jusques au logis dudit mareschal, où estoient logez les Allemans, et en tuèrent trois ou quatre, et emportèrent les testes, et telle estoit leur coustume; car ayans Vénitiens guerre contre le Turc, père de cettuy-cy, appellé Mahomet Otthoman, il ne vouloit point que ses gens prissent nuls prisonniers, et leur donnoit un ducat par teste, et les Vénitiens faisoient le semblable, et crois bien qu'ils vouloient espouventer la compagnie, comme ils firent; mais lesdits estradiots se trouvèrent bien espouventez aussi de l'artillerie. Car un faulcon tira un coup qui tua un de leurs chevaux, qui incontinent les fit retirer; car ils ne l'avoient point accoustumé, et en se retirant, prirent un capitaine de nos Allemans, qui estoit monté à cheval pour voir s'ils se retiroient, et eut un coup de lance au travers du corps, car il estoit désarmé. Il estoit sage, et fut mené devant le marquis de Mantoue, qui estoit capitaine général des Vénitiens, et y estoit son oncle, le seigneur Rodolphe de Mantoue, et le comte de Cajazze, qui estoit chef pour le duc de Milan, et cognoissoit bien ledit capitaine. Et faut entendre que tout leur ost estoit aux champs, au moins tout ce qui estoit ensemble, (car tout n'estoit point encores venu), et y avoit huict jours qu'ils estoient là faisans leur assemblée; et eust eu le Roy beau se retirer en France sans péril, si ce n'eussent esté ses longs séjours sans propos, dont vous avez ouy parler; mais Nostre-Seigneur en avoit autrement ordonné.

◇◇◇

CHAPITRE VIII.

Comment le mareschal de Gié se retira sur une montagne, luy et ses gens, attendant que le Roy fust arrivé près de luy.

Ledit mareschal craignant d'estre assailly, monta la montagne, et pouvoit avoir environ huict vingts hommes-d'armes (comme il me dit lors), et huict cens Allemans, et non plus. Et de nous ne pouvoit-il estre secouru; car nous n'y arrivasmes d'un jour et demy après, à cause de cette artillerie; et logea le Roy aux maisons de deux petits marquis en chemin. Estant l'avant-garde montée la montagne, pour attendre, ceux qu'ils voyoient aux champs, qui estoient assez loin, n'estoient point sans soucy; toutesfois Dieu (qui tousjours vouloit sauver la compagnie) osta le sens aux ennemis, et fut interrogé nostre Alleman, par le comte de Cajazze, qui c'estoit qui menoit ladite armée, et présenta avant-garde, il luy demanda encores le nombre de nos gens-d'armes; car il congnoissoit tout, mieux que nous-mesmes, car il avoit esté des nostres toute la saison.

L'Alleman fit la compagnie forte, et dit trois cens hommes d'armes et quinze cens Suisses; et ledit comte luy respondit qu'il mentoit, et qu'en toute l'armée n'y avoit que trois mille Suisses; parquoy n'en eussent point envoyé la moitié-là, et fut envoyé prisonnier au pavillon du marquis de Mantoue; et parlèrent entre eux d'assaillir ledit mareschal; et creut ledit marquis le nombre qu'avoit dit l'Alleman, disant qu'ils n'avoient point de gens-de-pied si bons comme nos Allemans, et aussi que tous leurs gens n'estoient point arrivez; et qu'on leur faisoit grand tort de combattre sans eux; et s'il y avoit quelque rebut, la seigneurie s'en pourroit courroucer; et qu'il les valoit mieux attendre à la plaine, et que par ailleurs ne pouvoient-ils passer que devant eux; et estoient les deux proviseurs (1) de son avis, contre l'opinion desquels ils n'eussent osé combattre. Autres disoient qu'en rompant cette avant-garde, le Roy estoit pris; toutesfois aisément tout s'accorda d'attendre la compagnie en la plaine; et leur sembloit bien que rien n'en pouvoit eschapper. Et ay sceu cecy par ceux-mesmes que j'ay nommez; et en avons devisé ensemble, ledit mareschal de Gié et moy avec eux depuis, nous trouvans ensemble. Et aussi se retirèrent en leur ost, estans asseurez que le lendemain, ou environ, le Roy seroit passé la montagne et logé en ce village, appellé Fornoüe; et cependant arriva tout le reste de leurs gens, et si ne pouvions passer que devant eux, tant estoit le lieu contraint.

Au descendre de la montagne, on vit le plain pays de Lombardie, qui est des beaux et bons du monde, et des plus abondans, et combien qu'il se die plain, si est-il mal aisé à chevaucher; car il est tout fossoyé, comme est Flandres, ou encores plus, mais il est bien meilleur et plus fertile, tant en bons fromens, qu'en bons vins et fruicts, et ne séjournent (2) jamais leurs terres, et nous faisoit grand bien à le voir, pour la grande faim et peine qu'on avoit endurée en

---

(1) Provéditeurs.

(2) Reposent, restent en jachères.

chemin, depuis le partement de Luques; mais l'artillerie donna un merveilleux travail à descendre, tant y estoit le chemin droict et malaisé. Il y avoit au camp des ennemis, grand nombre de tentes et de pavillons, et sembloit bien estre grand, aussi estoit-il, et tinrent Vénitiens ce qu'ils avoient mandé au Roy par moy, où ils disoient qu'eux et le duc de Milan mettroient quarante mille hommes en un camp ; car s'ils n'y estoient, il ne s'en falloit guères, et estoient bien trente-cinq mille prenans paye; mais de cinq, les quatre estoient de Sainct Marc (1), et y avoit bien deux mille six cens hommes-d'armes bardez, ayans chacun un arbalestrier à cheval, ou autre homme en habillement avec eux, faisant le nombre de quatre chevaux, pour hommes-d'armes. Ils avoient tant en estradiots qu'en autres chevaux-légers, cinq mille, le reste en gens-de-pied, et logez en lieu fort bien réparé et bien garny d'artillerie.

◇◇◇

CHAPITRE IX.

Comment le Roy et son armée en petit nombre arrivèrent au lieu de Fornoüe, près du camp de ses ennemys, qui l'attendoient en moult bel ordre et délibérés de le deffaire et de le prendre.

Le Roy descendit environ midy de la montagne, et se logea audit village de Fornoüe, et fut le cinquiesme jour de juillet, l'an 1495, par un dimanche. Audit logis y avoit grande quantité de farines et de vins, et de vivres pour chevaux. Le peuple nous faisoit par tout bonne chère (aussi nul homme de bien ne leur faisoit mal) et apportoient des vivres, comme pain, petit et bien noir, et le vendoient cher, et au vin mettoient les trois parts d'eau. Ils apportoient ainsi quelque peu de fruict, et firent plaisir à l'armée. J'en fis achepter, que je laissay devant moy; car on avoit grand soupçon qu'ils eussent laissé là les vivres, pour empoisonner l'ost; et n'y toucha-l'on point de prime-face, et se tuèrent deux Suisses, à force de boire, ou prirent froid, et moururent en une cave, qui mit les gens en plus grand soupçon; mais avant qu'il fust minuict, les chevaux commencèrent les premiers, et puis les gens, et se tint-l'on bien aise. Et ce cas faut parler à l'honneur des Italiens; car nous n'avons point trouvé qu'ils ayent usé de nulles poisons;

et s'ils l'eussent voulu faire, à grande peine s'en fût-l'on sceu garder en ce voyage. Nous arrivasmes comme avez oüy, un dimanche midy, et maint-homme de bien ne mangea qu'un morceau de pain au lieu où le Roy descendit et but, et croy que guères autres vivres n'y avoit pour celle heure, veu qu'on n'osoit encores manger de ceux du lieu.

Incontinent après disner vinrent courir aucuns estradiots, jusques dedans l'Ost, et firent une grande allarme, et nos gens ne les cognoissoient point encores; et toute l'armée saillit aux champs, en merveilleusement bon ordre, et en trois batailles, avant-garde, bataille, et arrière-garde, et n'y avoit point un ject de boule d'une bataille à l'autre, et bien aisément se fussent secourus l'un l'autre. Ce ne fut rien, et on se retira au logis; nous avions des tentes et des pavillons en petit nombre, et se tendoit nostre logis en approchant du leur; parquoy ne faloit que vingt estradiots pour nous faire une allarme; et ils ne bougèrent du bout de nostre logis, car il y avoit un bois par lequel ils venoient à couvert, et estions en une vallée entre deux petits costeaux, et en ladite vallée couroit une rivière que l'on passoit bien à pied, sinon quand elle croissoit en ce pays-là, qui est aisément et tost, et aussi elle ne dure guères, et l'appelle-on Torrent (2). Toute ladite vallée estoit gravier et pierres grosses, et mal-aisée pour chevaux, et estoit ladite vallée d'environ un quart de lieue de large, et en l'un des costeaux, qui estoit celuy de la main droite, estoient logez nos ennemis, et estions contraincts de passer vis-à-vis d'eux (la rivière entre deux), et pouvoit avoir demie lieue à leur ost, et y avoit bien un autre chemin, à monter le costeau à gauche (car nous estions (3) logez de leur costé), mais il eût semblé qu'on se fût reculé. Environ deux jours devant, on m'avoit marqué que j'allasse parler à eux (car la crainte commençoit à venir aux plus sages), et qu'avec moy je menasse quelqu'un, pour bien nombrer et cognoistre de leur affaire; cela n'entreprenois-je point volontiers (et aussi que sans sauf-conduict, je n'y pouvois aller), mais je respondis avoir pris bonne intelligence avec les provisieurs à mon partement de Venise, et au soir que j'arrivay à Padoüe, et que je croyois qu'ils parleroient bien à moy, à my-chemin des deux osts; et aussi si je m'offrois d'aller vers eux, je leur donnerois trop de cœur, et qu'on l'avoit dit trop tard.

---

(1) C'est-à-dire, de la seigneurie de Venise, qui a l'évangéliste saint Marc pour patron.
(2) Son vrai nom est Turro en italien.

(3) D'après ce que Comines a dit précédemment, on croit qu'il faut lire : *car nous n'estions pas*, etc.

Ce dimanche dont je parle, j'escrivis aux proviseurs (l'un s'appelloit messire Luques Pisan, l'autre messire Melchior Trévisan) et leur priois que à seureté, l'un vinst parler à moy, et qu'ainsi m'avoit-il esté offert au partir de Padoüe, comme a esté dit devant. Ils me firent response qu'ils l'eussent fait volontiers, si ce n'eust été la guerre encommencée contre le duc de Milan ; mais que nonobstant, l'un des deux, selon qu'ils adviseroient, se trouveroient en quelque lieu en my-chemin ; et j'eus cette response le dimanche au soir ; nul ne l'estima de ceux qui avoient le crédit. Je craignois de trop entreprendre, et qu'on le tinst à coüardise, si j'en pressois trop, et laissay ainsi la chose pour ce soir, combien que j'eusse volontiers aidé à tirer le Roy et sa compagnie de là, si j'eusse peu sans péril.

Environ minuict me dit le cardinal de Sainct-Malo qui venoit de parler au Roy (et mon pavillon estoit près du sien), que le Roy partiroit au matin, et iroit passage au long d'eux, et feroit donner quelque coup de canon en leur ost, pour faire la guerre (1), et puis passeroit outre sans y arrester, et crois bien ce avoit esté l'advis du cardinal propre, comme d'homme qui sçavoit peu parler de tel cas, et qui ne s'y cognoissoit ; et aussi il appartenoit bien que le Roy eût assemblé de plus sages hommes et capitaines pour se conseiller d'un tel affaire, mais je vis faire assemblée plusieurs fois en ce voyage, dont on fit le contraire des conclusions qui y furent prises. Je dis au cardinal, que si on s'approchoit si près que de tirer en leur ost, il n'estoit possible qu'il ne saillist des gens à l'escarmouche, et que jamais ne se pourroient retirer ne d'un costé ne de l'autre, sans venir à la bataille, et aussi que ce seroit au contraire de ce que j'avois commencé, et me despleut bien qu'il falloit prendre ce train ; mais mes affaires avoient esté tels, et au commencement du règne de ce Roy, que je n'osois fort m'entremettre afin de ne me faire point ennemy de ceux à qui il donnoit authorité, qui estoit si grande, quand il s'y mettoit, que beaucoup trop.

Cette nuict eusmes encores deux grandes allarmes ; le tout pour n'avoir mis ordre contre les estradiots, comme on devoit, et comme l'on a accoustumé de faire contre chevaux-légers ; car vingt hommes-d'armes des nostres, avec leurs archers, en arresteroient tousjours deux cens, mais la chose estoit encores fort nouvelle. Et s'y fit aussi cette nuict une merveilleuse pluye, esclairs, et tonnères, et si grands qu'on ne sçauroit dire plus, et sembloit que le ciel et la terre fondissent, ou que cela signifiast quelque grand inconvénient advenir. Aussi nous estions au pied de ces grandes montaignes, et en pays chaud et en esté : et combien que ce fust chose naturelle, si estoit-ce chose espouvantable que d'estre en ce péril, et voir tant de gens au-devant, et n'y avoit nul remède de passer, que par combattre, et se voir si petite compagnie ; car que bons que mauvais hommes, pour combattre, n'y avoit point plus de neuf mille hommes, dont je compte deux mille pour la sequelle et serviteurs des gens de bien de l'ost, je ne compte point les pages ne valets de sommiers, ne telles gens.

<><><>

CHAPITRE X.

Disposition des deux armées pour la journée de Fornoüe.

Le lundy matin, environ sept heures, sixième jour de juillet, l'an 1495, monta le noble Roy à cheval, et me fit appeller par plusieurs fois. Je vins à luy, et le trouvay armé de toutes pièces, et monté sur le plus beau cheval que j'aye veu de mon temps, appellé Savoye ; plusieurs disoient qu'il estoit cheval de Bresse, le duc de Savoye le luy avoit donné, et estoit noir, et n'avoit qu'un œil, et estoit moyen cheval, de bonne grandeur pour celuy qui estoit monté dessus. Et sembloit que ce jeune homme fust tout autre que sa nature ne portoit, ne sa taille, ne sa complexion ; car il estoit fort craintif à parler, et est encores aujourd'huy. Aussi avoit-il esté nourry en grande crainte, et avec petites personnes ; et ce cheval le monstroit grand, et avoit le visage bon, et de bonne couleur, et la parole audacieuse, et sembloit bien (et m'en souvient) que frère Hiéronyme m'avoit dit vray, quand il me dit que Dieu le conduisoit par la main, et qu'il auroit bien affaire au chemin, mais que l'honneur luy en demeureroit. Et me dit le Roy, que si ces gens vouloient parlementer, que je parlasse ; et parce que le cardinal estoit présent, le nomma, et le mareschal de Gié, qui estoit mal paisible, et estoit cause d'un différend qui avoit esté entre le comte de Narbonne et de Guise, qui quelquefois avoit mené des bandes, et chacun disoit qu'à luy appartenoit de mener l'avant-garde. Je luy dis : *Sire, je le feray volontiers ; mais je ne vis jamais deux si grosses compagnies, si près l'une de l'autre, qui se départissent sans combattre.*

Toute l'armée saillit en cette grève, et en bataille, et près l'un de l'autre, comme le jour de

(1) C'est-à-dire pour engager une escarmouche.

devant; mais à voir la puissance, me sembloit trop petite, auprès de celle que j'avois veuë à Charles de Bourgogne, et au Roy son père, et sur ladite grève nous tirasmes à part ledit cardinal et moy, et nommasmes une lettre aux deux provéditeurs dessusdits, qu'escrivoit monseigneur Robertet, un secrétaire que le Roy y avoit, de qui il se fioit, disant le cardinal qu'à son office et estat appartenoit de procurer paix, et à moy aussi, comme celuy qui de nouveau venois de Venise ambassadeur; et que je pouvais encore estre médiateur; leur signifiant, le Roy ne vouloit que passer son chemin, et qu'il ne vouloit faire dommage à nul; et par ce, s'ils vouloient venir à parlementer, comme il avoit esté entrepris le jour de devant, que nous estions contens, et nous employerions en tout bien. Jà estoient escarmouches de tous costez; et comme nous tirions pas à pas nostre chemin à passer devant eux la rivière entre deux, comme j'ay dit, y pouvoit avoir un quart de lieue de nous à eux, qui tous estoient en ordre en leur ost; car c'est leur coustume qu'ils font tousjours leur camp si grand, que tous y peuvent estre en bataille et en ordre.

Ils envoyèrent une partie de leurs estradiots, et arbalestriers à cheval, et aucuns hommes-d'armes, qui vinrent du long du chemin, assez couverts, entrèrent au village, dont nous partions, et là passèrent cette petite rivière, pour venir assaillir nostre charriage, qui estoit assez grand, et crois qu'il passoit six mille sommiers, que mulets, que chevaux, que asnes, et avoient ordonné leur bataille si très-bien que mieux on ne sçauroit dire, et plusieurs jours devant, et en façon qu'ils se fioient à leur grand nombre. Ils assailloient le Roy et son armée, tout à l'environ, et en manière qu'un seul homme n'en eust sceu eschapper, si nous eussions esté rompus, veu le pays où nous estions; car ceux que j'ay nommez, vinrent sur nostre bagage; à costé gauche vint le marquis de Mantoüe, et son oncle le seigneur Rodolphe, le comte Bernardin de Valmonton, et toute la fleur de leur ost, en nombre de six cens hommes-d'armes, comme ils me contèrent depuis; et vinrent se jetter en la grève, droict à nostre queuë; tous les hommes-d'armes, bardez, bien empanachez, belles bourdonnasses, bien accompagnez d'arbalestriers à cheval, et d'estradiots, et de gens de pied. Vis-à-vis du mareschal de Gié, et de nostre avant-garde, se vint mettre le comte de Cajazze, avec environ quatre cens hommes-d'armes, accompagnez comme dessus, et grand nombre de gens-de-pied. Avec luy estoit une autre compagnie de quelques deux cens hommes-d'armes, que conduisoit le fils de messire Jehan de Bentivoille de Boulogne, hommes jeunes, qui n'avoient jamais rien veu (et avoient aussi bon besoin de chefs que nous), et cestuy-là devoit donner sur l'avant-garde, après ledit comte de Cajazze; et semblablement y avoit une pareille compagnie après le marquis de Mantoüe (et pour semblable occasion) que menoit un appellé messire Antoine d'Urbin, bastard du feu duc d'Urbin, et en leur ost demeurèrent deux grosses compagnies. Cecy j'ay sceu par eux-mesmes; car dès le lendemain, ils m'en parlèrent, et le vis à l'œil; et ne voulurent point les Vénitiens estrader tout à un coup, ne dégarnir leur ost; toutesfois il leur eust mieux valu mettre tout aux champs, puis qu'ils commençoient.

Je laisse un peu ce propos pour dire que devint nostre lettre, qu'avions envoyée le cardinal et moy par un trompette. Elle fut receuë par les provéditeurs, et comme ils l'eurent leuë, commença à tirer le premier coup de canon de nostre artillerie, qui encores n'avoit tiré, et incontinent tira la leur qui n'estoit point si bonne. Lesdits provéditeurs renvoyèrent incontinent nostre trompette, et le marquis une des siennes, et mandèrent qu'ils estoient contens de parlementer, mais qu'on fist cesser l'artillerie, et aussi qu'ils feroient cesser la leur. J'estois pour lors loin du Roy, qui alloit et venoit, et renvoya les deux trompettes, dire qu'il feroit tout cesser, et manda au maistre de l'artillerie ne tirer plus, et tout cessa des deux costez un peu; et puis soudainement eux tirèrent un coup, et la nostre recommença plus que devant, en approchant trois pièces d'artillerie, et quand nos deux trompettes leur arrivèrent, ils prirent la nostre, et l'envoyèrent en la tente du marquis, et délibérèrent de combattre. Et dit le comte de Cajazze (ce me dirent les présens) qu'il n'estoit point temps de parler, et que jà estions demy vaincus; et l'un des proviseurs s'y accorda (qui me l'a conté) et l'autre non; et le marquis s'y accorda; et son oncle, qui estoit bon et sage, y contredit de toute sa puissance (lequel nous aimoit, et à regret estoit contre nous), et à la fin tout s'accorda.

◇◇◇

CHAPITRE XI.

Pourparlers tentés inutilement, et commencement de bataille de Fornoüe.

Or faut entendre que le Roy avoit mis tout son effort en son avant-garde, où pouvoit avoir trois cens cinquante hommes-d'armes, et trois mille Suisses (qui estoit l'espérance de l'ost) et fit le Roy mettre à pied, avec eux trois cens archers de sa garde (qui luy fut grande perte) et aucuns arbalestriers à cheval, des deux cens qu'il avoit de sa garde; d'autres gens-de-pied y avoit peu, mais ce qui y estoit y fut mis; et y estoient à pied avec les Allemans, Engilbert, monseigneur de Clèves, frère du duc de Clèves, Lornay et le baillif de Dijon, chef des Allemans, et devant eux l'artillerie. Icy faisoient bien besoin ceux qu'on avoit laissez aux terres des Florentins, et envoyez à Gennes, contre l'opinion de tous. Cette avant-garde avoit jà marché aussi avant que leur ost, et cuidoit-on qu'ils deussent commencer; et nos deux autres batailles n'estoient point si près, ne si bien pour s'aider, comme ils estoient le jour devant. Et parce que le marquis s'estoit jà jetté sur la grève, et passé la rivière de nostre costé, et justement estoit à nostre dos, quelqu'un quart de lieuë derrière l'arrière-garde, et venoient le petit pas, bien serrez, tant qu'à merveilles les faisoit beau voir; le Roy fut contraint de tourner le dos à son avant-garde, et le visage vers ses ennemis, et s'approcher de son arrière-garde, et reculer de l'avant-garde. J'estois lors avec monseigneur le cardinal, attendant response, et luy dis que je voyois bien qu'il n'estoit plus temps de s'y amuser, et m'en allay là où estoit le Roy; et partis d'auprès des Suisses, et perdis en allant un page, qui estoit mon cousin germain, et un valet-de-chambre et un laquais, qui me suivoient d'un petit loin, et ne les vis point tuer.

Je n'eus point fait cent pas, que le bruit commença de là où je venois, au moins un peu derrière. C'estoient les estradiots, qui estoient parmy le bagage, et au logis du Roy, où y avoit trois ou quatre maisons, et y tuèrent ou blessèrent quatre ou cinq hommes, le reste eschapa. Ils tuèrent bien cent valets-de-sommiers, et mirent le chariage en grand désordre. Comme j'arrivois là où estoit le Roy, je le trouvay où il faisoit des chevaliers; et les ennemis estoient jà fort près de luy, et le fit-on cesser. Et oüys le bastard de Bourbon Mathieu (à qui le Roy donna du crédit) en a appelé Philippe du Moulin, simple gentilhomme, mais homme de bien, qui appellèrent le Roy, disant : *Passez, Sire, passez;* et le firent venir devant sa bataille et devant son enseigne; et ne voyois nuls hommes plus près des ennemis que luy, excepté ce bastard de Bourbon, et n'y avoit point un quart d'heure que j'estois arrivé, et estoient les ennemis à cent pas du Roy, qui estoit aussi mal gardé et conduit que fût prince ne grand seigneur; mais au fort, il est bien gardé que Dieu garde;

et estoit bien vraye la prophétie du vénérable frère Hiéronyme, qui disoit que Dieu le conduisoit par la main. Son arrière-garde estoit à la main dextre, de luy un peu reculée, et la plus prochaine compagnie de luy ; de ce costé, estoit Robinet de Frainezelles, qui menoit les gens du duc d'Orléans, environ quatre-vingts lances, et le sire de la Trémoüille, qui en avoit environ quarante lances, et les cent archers escossois y estoient aussi, qui se mirent en la presse comme hommes-d'armes. Je me trouvay du costé gauche, où estoient les gentils-hommes des vingt escus, et les autres de la maison du Roy, et les pensionnaires. Je laisse à nommer les capitaines, pour briefveté, mais le comte de Foix estoit chef de cette arrière-garde.

Comme j'ay dit, un quart d'heure après que je fus arrivé, le Roy estant ainsi près d'eux, les ennemis jettèrent les lances en l'arrest, et se mirent un peu au galop; et en deux compagnies donnèrent nos deux compagnies, de la main d'eux dextre; et les archers escossois choquèrent presque aussi-tost l'un comme l'autre, et le Roy comme eux. Le costé gauche, là où j'estois, leur donna sur le costé, qui fut avantage grande; et n'est possible au monde de plus hardiment donner que l'on donna des deux costez. Leurs estradiots, qui estoient à la queuë, virent fuir mulets et coffres vers nostre avant-garde, et que leurs compagnons gagnoient tout. Ils allèrent celle part, sans suivre leurs hommes-d'armes, qui ne se trouvèrent point accompagnez, mais sans doute, six mille cinq cens chevaux-légers se fussent meslez parmy nous, avec leurs cimeterres au poing (qui sont terribles espées), veu le petit nombre que nous estions, nous estions desconfits sans remède. Dieu nous donna cette aide, et tout aussi-tost comme les coups de lances furent passez, les Italiens se mirent tous à la fuite; et leurs gens-de-pied se jettèrent au costé, ou la pluspart. A cette propre instance, qu'ils donnèrent sur nous, donna le comte de Cajazze sur l'avant-garde; mais ils ne joignirent point si près, car quand vint l'heure de coucher les lances, ils eurent peur, et se rompirent d'eux-mesmes, quinze ou vingt en prirent là les Allemans, par les bandes qu'ils tuèrent; le reste fut mal chassé, car le mareschal de Gié mettoit grande peine à tenir sa compagnie assez près de luy; toutesfois quelques-unes en chassèrent; et partie de ces fuyars venoient le chemin où nous avions combatu, le long de la grève, les espées au poing, car les lances estoient jettées.

Or vous faut sçavoir que ceux qui assaillirent le Roy se mirent incontinent à la fuite, et furent merveilleusement et vivement chassez; car tout alla après, les uns prirent le chemin du village, dont nous estions partis, les autres prenoient le plus court en leur ost, et tout chassa, excepté le Roy qui demeura avec peu de gens, et se mit en grand péril pour ne venir quand et nous. L'un des premiers hommes qui fut tué, ce fut le seigneur Rodolphe de Mantoüe, oncle dudit marquis, qui devoit mander à ce messire Antoine d'Urbin quand il seroit temps qu'il marchast, et cuidoient que la chose deust durer comme font leurs faicts d'armes d'Italie : et de cela s'est excusé ledit messire Antoine ; mais je croy qu'il ne vit nuls signes pour le faire venir. Nous avions grande sequelle de valets et de serviteurs, qui tous estoient à l'environ de ces hommes-d'armes Italiens, et en tuèrent la plus-part. Presque tous avoient des haches à couper bois, en la main, dequoy ils faisoient nos logis, dont ils rompirent les visières des armets, et leur en donnoient de grands coups sur les testes ; car bien mal-aisez estoient à tuer, tant estoient fortement armez ; et ne vis tuer nul, où il n'y eust trois ou quatre hommes à l'environ, et aussi les longues épées, qu'avoient nos archers et serviteurs, firent un grand exploict. Le Roy demeura un peu au lieu où l'on l'avoit assailly, disant ne vouloir point chasser, ny aussi tirer à l'avant-garde, qui sembloit estre reculée. Il avoit ordonné sept ou huict gentils-hommes, jeunes, pour estre près de luy. Il estoit bien eschapé au premier choc, veu qu'il estoit des premiers, car ce bastard de Bourbon fut pris, à moins de vingt pas de luy, et emmené en l'ost des ennemis.

◇◇◇

CHAPITRE XII.

Suite de la victoire remportée à Fornoüe par les François ; danger où se trouve le roy Charles VIII.

Or se trouva le Roy en ce lieu, que je dis, en si petite compagnie qu'il n'avoit point de toutes ses gens, qu'un valet-de-chambre, appellé Antoine des Ambus, petit homme et mal armé ; et estoient les autres un peu espars (comme me conta le Roy, dès le soir, devant eux-mesmes, qui devoient avoir grande honte de l'avoir ainsi laissé), toutesfois ils arrivèrent encores à heure, car une bande petite, de quelques hommes-d'armes desrompus, qui venoient au long de la grève qu'ils voyoient toute nette de gens, vinrent assaillir le Roy et ce valet-de-chambre ; ledit seigneur avoit le meilleur cheval du monde, et se remuoit et se deffendoit ; et arriva sur l'heure quelque nombre de ses autres gens, qui n'estoient guères loin de luy, et lors se mirent les Italiens à fuir, et lors le Roy creut conseil, et tira à l'avant-garde qui jamais n'estoit bougée, et au Roy vint bien à poinct ; mais si elle fût marchée cent pas, tout l'ost des ennemis se fût mis en fuite. Les uns disent qu'elle le devoit faire, les autres disent que non.

Nostre bande, qui chassa, alla jusques bien près du bout de leur ost, tirant jusques vers Fornoüe : et ne vis onques recevoir coup à homme des nostres, qu'à Julien Bourgneuf, que je vis cheoir mort, d'un coup que luy donna un Italien en passant (aussi il estoit mal armé), et là on s'arresta en disant : *Allon's au Roy* ; et à cette voix s'arresta tout, pour donner haleine aux chevaux qui estoient bien las ; car ils avoient grand pièce couru, et par mauvais chemin et par pays de cailloux. Auprès de nous passa une compagnie de fuyars, de quelque trente hommes-d'armes, à qui on ne demanda rien, et estions en doute (1). Dès que les chevaux eurent un peu repris leur haleine, nous nous mismes en chemin pour aller au Roy, qui ne sçavions où il estoit, et allasmes le grand trot, et n'eusmes guères allé que le vismes de loin, et fismes descendre les valets, et amasser des lances par le camp, dont il y avoit assez, par espécial de bourdonnasses, qui ne valoient guères, et estoient creuses et légières, qui ne pesoient point une javeline, mais bien peintes, et fusmes mieux fournis de lances que le matin, et tirasmes droict au Roy : et en chemin trouvasmes un nombre de gens-de-pied des leurs, qui traversoient le camp ; et estoient de ceux qui s'estoient cachez aux costeaux, et qui avoient mené le marquis sur le Roy. Plusieurs en furent tuez, autres eschappèrent et traversèrent la rivière ; et ne s'y amusa-l'on point fort.

Plusieurs fois avoit esté crié par aucuns des nostres en combattant : *Souvenez-vous de Guynegate*. C'estoit pour une bataille perdüe, du temps du roy Louys XI en la Picardie, contre le roy des Romains, pour soy estre mis à piller le bagage ; mais il n'y eut rien pris ne pillé. Leurs estradiots prirent des sommiers ce qu'ils voulurent, mais ils n'en emmenèrent que cinquante-cinq, tous les meilleurs et mieux couverts, comme ceux du Roy, et de tous ses chambelans, et un valet-de-chambre du Roy, appellé Gabriel, qui avoit ses reliques sur luy, qui long-temps avoient esté aux roys, et conduisoit lesdites

---

(1) Godefroy propose de lire : *en troupe.*

pièces, parce que ledit Roy y estoit. Grand nombre d'autres coffres y eust perdus et jettez, et dérobez par les nostres mesmes; mais les ennemis n'eurent que ce que je dis. En nostre ost y eut grande sequelle de pillards et pillardes à pied, qui faisoient le dommage des morts. Tant d'un costé que d'autre, je croy en dire près de la vérité, après estre bien informé des deux costez; c'est que nous perdismes Julien Bourgneuf; le capitaine de la porte du Roy; un gentilhomme des vingt escus; des archers escossois en mourut neuf; d'autres hommes à cheval, de cette avant-garde, environ vingt; à l'entour des sommiers soixante ou quatre-vingts valets de sommiers, et eux perdirent trois cens cinquante hommes-d'armes, morts en la place; et jamais nul ne fut pris prisonnier, ce que par adventure jamais n'advint en bataille. D'estradiots mourut peu, car ils se mirent au pillage.

En tout y mourut trois mille cinq cens hommes, comme plusieurs des plus grands de leur costé m'ont conté (autres m'ont dit plus), mais il y mourut des gens de bien, et en vis en un roolle, jusques à dix-huict, bons personnages, entre lesquels il y en avoit quatre ou cinq du nom de Gonzague, qui est le nom du marquis, qui y perdit bien soixante gentils-hommes de ses terres, et à tout cecy ne s'y trouva un seul homme à pied. C'est grande chose avoir esté tué tant de gens de coup de main; car je ne croy point que l'artillerie des deux costez tuât dix hommes, et ne dura point le combat un quart d'heure, car dès qu'ils eurent rompu ou jetté les lances, tout fuit. La chasse dura environ trois quarts d'heure. Leurs batailles d'Italie n'ont point accoutumé d'estre telles; car ils combattent esquadre par esquadre, et durent quelquefois tout le jour, sans ce que l'un ne l'autre gagne.

La fuite de leur costé fut grande, et fuirent bien trois cens hommes-d'armes, et la pluspart de leurs estradiots. Les uns fuirent à Rège (qui est bien loin de-là), les autres à Parme, où y pouvoit bien avoir huict lieuës; et à l'heure que la bataille fut ainsi meslée le matin, fuirent d'avec nous le comte de Petillane et le seigneur Virgile Ursin; mais cettui-cy n'alla qu'en une maison d'un gentil-homme, et estoit là sur la foy; mais vray est qu'on leur faisoit grand tort. Ledit comte alla droit aux ennemis. Il estoit homme bien cognu des gens-d'armes, car tousjours avoit eu charge, tant des Florentins que du roy Ferrand: et se prit à crier: *Petillane, Petillane*; et alla après ceux qui fuirent, plus de trois lieuës, crians que tout estoit leur, et qu'ils vinssent au gain, et en ramena la pluspart, et les asseura; et si n'eust-il esté, tout s'en fut fuy, car ce ne leur estoit petit reconfort d'un tel homme party d'avec nous, et mit en avant, le soir de nous assaillir, mais ils n'y voulurent entendre. Depuis il m'a conté, aussi me le conta le marquis de Mantoüe, disant que ce fut luy qui mit ce party en avant; mais à dire la vérité, si ce n'eût esté ledit comte, ils fussent tous fuis la nuict.

Comme tout fut assemblé auprès du Roy, on voyoit encores hors de leur ost grand nombre d'hommes-d'armes en bataille, et s'en voyoit les testes seulement et les lances, et aussi les gens-de-pied: et y avoient tousjours esté; mais il y avoit plus de chemin qu'il ne sembloit, et eût fallu repasser la rivière, qui estoit creuë et croissoit d'heure en heure, car tout le jour avoit tonné, esclairé et plu merveilleusement, et par espécial en combattant et chassant. Le Roy mit en conseil s'il devoit chasser contre ceux-là ou non. Avec luy avoit trois chevaliers Italiens: l'un est messire Jehan-Jacques de Trevoul (qui encore vit, et se gouverna bien ce jour); l'autre avoit nom messire Francisque Secco, très vaillant chevalier, soudoyé des Florentins, homme de soixante et douze ans; l'autre messire Camille Vitelly, luy et trois de ses frères estoient à la solde du Roy, et vinrent, de Civita-del-Castello, jusques vers Serzane, pour estre à cette bataille, sans estre mandez, où il y a un grand chemin, et quand il vit qu'il ne pouvoit atteindre le Roy avec sa compagnie, ledit Camille vint seul. Ces deux furent d'opinion que l'on marchast contre ceux que l'on voyoit encores. Les François, à qui on en demanda, ne furent point de cet avis; mais disoient qu'on avoit assez fait, qu'il estoit tard, et qu'il se falloit loger.

Ledit messire Francisque Secco soutint fort son opinion, moustrant gens qui alloient et venoient au long d'un grand chemin qui alloit à Parme (qui estoit la plus prochaine ville de leur retraite), et alléguoit que c'estoient fuyars, ou qui en revenoient; et à ce que sceusmes depuis, il disoit vray, et à sa parole et contenance, estoit hardy et sage chevalier, et qui eût marché; tous fuyoient (et tous les chefs le m'ont confessé, et quelqu'un devant le duc de Milan), qui eût esté la plus belle et grande victoire qui ait esté depuis dix ans, et la plus profitable. Car qui en eust bien sceu user, et faire son profit, et sagement s'y conduire, et bien traiter le peuple, huict jours après, le duc de Milan n'eût eu, au mieux venir pour luy, que le chasteau de Milan, à l'envie que ses sujets avoient à se tourner; et tout ainsi en fût-il allé des Vénitiens; et n'eût point esté besoin de se soucier de Naples, car les Vénitiens n'eussent sceu où recouvrer gens hors Venise, Bresse et Crémone (qui n'est qu'une petite ville), et tout le reste eussent perdu en Italie; mais Dieu nous avoit fait ce que me dit frère Hiéronyme : l'honneur nous estoit demeuré; car veu le peu de sens et ordre qui estoit parmy nous, tant de bien ne nous estoit point deu, car nous n'en eussions sceu user pour lors; mais je croy que si à cette heure (qui est l'an 1497) un tel bien avenoit au Roy, il en sçauroit mieux ordonner.

Estans en ce propos la nuict s'approche, et cette compagnie, qui estoit devant nous, se retira en leur camp: et nous, de l'autre costé, nous allasmes loger à un quart de lieuë de-là où avoit esté la bataille; et descendit le Roy en une cense ou métairie pauvrement édifiée; mais il se trouva nombre infini de bled en gerbe, dont tout l'ost se sentit. Aucunes autres maisonnettes y avoit auprès, qui peu servirent; car chacun logea comme il peut, sans faire nul quartier; je sçay bien que je couchai en une vigne, bien empressé, sur la terre, sans autre avantage et sans manteau, car le Roy avoit emprunté le mien le matin, et mes sommiers estoient assez loin, et estoit trop tard pour les chercher. Qui eut dequoy fit collation; mais bien peu en avoient, si ce n'estoit quelque lopin de pain pris au sein d'un valet. Je vis le Roy en sa chambre où il y avoit des gens blessez, comme le séneschal de Lion et autres qu'il faisoit habiller, et faisoit bonne chère, et se tenoit chacun bon marchand, et n'estions point tant en gloire comme peu avant la bataille, parce que nous voyions les ennemis près de nous. Cette nuict firent nos Allemans le guet, tous, et leur donna le Roy trois cens escus, et le firent bon, et sonnoient bien leurs tabourins.

◇◇◇

CHAPITRE XIII.

Comment le seigneur d'Argenton alla luy seul parlementer aux ennemis, quand il vit qu'autres députez avec luy n'y vouloient aller; et comment le Roy parvint sain et sauf, avec ses gens, jusques en la ville d'Ast.

Le lendemain au matin je me délibéray de continuer encores nostre pratique d'appointement, tousjours désirant le passage du Roy en seureté, mais à peine peu-je trouver trompette qui voulût aller en l'ost des ennemis, à cause qu'il avoit esté tué en la bataille neuf de leurs trompettes qui n'avoient point esté cognus, et eux en avoient pris un des nostres, et si en tuèrent un que j'ay nommé, que le Roy avoit envoyé avant que la bataille commençast; toutesfois un y alla, et porta un saufconduict du Roy et m'en rapporta un pour parlementer à my-chemin des deux osts. Ce qui me sembloit mal-aisé à faire, mais je ne voulois rien rompre ne faire le difficile. Le Roy nomma le cardinal de Sainct-Malo, et le seigneur de Gié, mareschal de France, le seigneur de Piennes, son chambelan, et moy en leur compagnie; et eux nommèrent le marquis de Mantoüe, capitaine général de la seigneurie, le comte de Cajazze (qui plusieurs fois a esté nommé en ces Mémoires, et naguères estoit des nostres, et estoit capitaine des gens du duc de Milan) et messire Luques Pisan, et messire Melchior Trévisan, proviseurs de ladite seigneurie de Venise, et marchions lors si près d'eux que nous les voyions, et n'estoient qu'eux quatre sur la grève, et la rivière couroit entre nous et eux, qui estoit bien creuë depuis le jour précédent, et n'y avoit rien hors l'ost, ny aussi de nostre costé n'y avoit rien plus que nous et nostre guet qui estoit à l'endroit. On leur envoya un héraut sçavoir s'ils voudroient point passer la rivière, qui estoit entre deux, comme j'ay dit. Je trouvay bien difficile que nous nous pussions assembler, et pensois bien que chacun y feroit des doutes; et eux le monstrèrent, respondans qu'il avoit esté dit que le parlement se feroit en my-chemin des deux osts, et qu'ils avoient fait plus de la moitié du chemin, et qu'ils ne passeroient point la rivière, et qu'ils estoient tous les chefs de l'ost, et qu'ils ne se vouloient point mettre en péril.

Les nostres firent doute de leur costé, qui aussi estrivoient leurs personnes, et me dirent que j'y allasse, sans me dire ce que j'y avois à faire, ny à dire. Je dis que je n'irois point seul, et que je voulois un tesmoin; et pourtant vint avec moy un appellé Robertet (1), secrétaire du Roy, et un mien serviteur, et un héraut, et ainsi passay la rivière, et me sembloit que si je ne faisois rien, qu'au moins je m'acquitterois vers eux qui estoient assemblez par mon moyen. Et quand je fus arrivé près d'eux, je leur remonstray qu'ils n'estoient point venus jusques à my-chemin, comme ils avoient dit, et que pour le moins ils vinssent jusques sur le bord de la rivière; et me sembloit que s'ils estoient si près, ils ne partiroient point sans parlementer. Ils me

---

(1) Robertet, secrétaire du Roi. Il a eu quelque réputation sous Louis XII et sous François Ier; nous avons de lui des poésies françaises encore manuscrites.

dirent que la rivière estoit trop large et couroit fort, parquoy ils ne s'entendoient point parler de plus près, et ne sceus tant faire qu'ils voulussent venir plus avant, et me dirent que je fisse quelque ouverture. Je n'avois aucune commission, et leur dis que seul je ne leur dirois autre chose; mais que s'ils vouloient rien ouvrir, j'en ferois le rapport au Roy; et nous estans en ce propos, vint un de nos hérauts, qui me dit que ces seigneurs dessusdits s'en alloient, et que j'ouvrisse ce que je voudrois, ce que je ne voulus point faire, car ils sçavoient du vouloir du Roy plus que moy, tant pour en estre plus prochains, que pour avoir parlé à luy en l'oreille à nostre partement; mais de son affaire présente j'en sçavois autant qu'eux pour lors.

Le marquis de Mantoüe me commença fort à parler de la bataille, et me demanda si le Roy l'eut fait tuer s'il eust esté pris. Je luy dis : *Non, mais il vous eust fait bonne chère* ; car le Roy avoit cause de l'aimer, veu qu'il luy faisoit acquérir grand honneur en l'assaillant. Lors il me recommanda les prisonniers, et par espécial son oncle, le seigneur Rodolphe, et le cuidoit vif; mais je sçavois bien le contraire; toutesfois je l'asseurois que tous les prisonniers seroient bien traitez; et luy recommanday le bastard de Bourbon qu'il tenoit. Les prisonniers par nous détenus estoient bien aisez à penser, car il n'y en avoit point, ce qui n'advint paraventure jamais en bataille, comme j'ay dit; et y avoit perdu ledit marquis plusieurs de ses parens, et jusques à sept ou huict, et de toute sa compagnie bien six-vingts hommes-d'armes. Après ces devises, je pris congé d'eux, disant qu'avant la nuict je retournerois, et fismes trèves jusques à la nuict.

Après que je fus retourné là où estoit le Roy, et ledit secrétaire avec moy, ils me demandèrent des nouvelles, et se mit le Roy en conseil, en une pauvre chambre, et ne conclut rien, ains chacun regardoit son compagnon. Le Roy parla à l'oreille du cardinal, et puis me dit que je retournasse voir ce qu'ils voudroient dire (or l'entreprise du parler venoit de moy, par quoy estoit vray-semblable qu'ils vouloient que je commençasse à parler), et puis me dit le cardinal que je ne conclusse rien. Je n'avois garde de rien conclure, car on ne me disoit rien; je ne voulus rien répliquer ne rompre mon allée; car j'espérois bien ne gaster rien, et pour le moins voir quelque chose des contenances de nos ennemis, qui sans doute estoient plus espouventez que nous, et paraventure eussent peu ouvrir quelques paroles qui eussent peu porter seureté aux deux parties. Ainsi me mis au chemin; mais jà approchoit la nuict, quand j'arrivay sur le bord de la rivière; et là me vint une de leurs trompettes, qui me dit que ces quatre, dont j'ay parlé, me mandoient que je ne vinsse point pour ce jour, à cause que leur guet estoit assis des estradiots qui ne cognoissoient personne, et qu'il y pourroit avoir danger pour moy; mais vouloit demeurer ladite trompette la nuict pour me guider. Je le renvoiay, disant que le matin, environ huict heures, je serois sur le bord de ladite rivière, et que là il m'attendist, ou que s'il y avoit quelque mutation, que je leur renvoirois un héraut; car je ne voulois point qu'il cognust cette nuict rien de nostre cas, et si ne sçavois quelle conclusion le Roy prendroit, car je vis des conseils en l'oreille qui me faisoient douter; et retournay dire ces choses audit seigneur.

Chacun soupa de ce qu'il avoit, et se coucha sur la terre, et tost après minuict me trouvay en la chambre dudit seigneur. Ses chambelans estoient là, en estat de monter à cheval, et me dirent que le Roy délibéroit de tirer en diligence jusques à Ast et aux terres de la marquise de Montferrat; et me parlèrent de demeurer derrière pour tenir parlement, dont je m'excusay, disant que je ne me voulois point faire tuer à mon escient, et que je ne serois point des derniers à cheval. Tantost le Roy s'esveilla, et oüit la messe, et puis monta à cheval. Une heure devant le jour, une trompette sonna : *Faictes bon guet*. Mais autre chose ne fut sonné à ce desloger (et croy aussi qu'il n'en estoit aucun besoin), toutesfois c'estoit donner effroy à l'armée, au moins aux gens de cognoissance, et puis nous tournions le dos à nos ennemis, et prenions le chemin de sauveté, qui est chose bien espouventable pour un ost, et y avoit bien mauvaise saillie au partir du logis, comme chemins creux et bois, et si nous teurdismes (1); car il n'y avoit point de guide pour nous guider, et oüys comme on demanda la guide à ceux qui conduisoient les enseignes, et à celuy qui faisoit l'office de grand-escuyer; mais chacun respondit : *Je n'en ay point*. Notez qu'il ne falloit point de guide; car Dieu seul avoit guidé la compagnie au venir, et ensuivant ce que m'avoit dit frère Hiéronyme, il nous vouloit encores conduire au retour : car il n'estoit point à croire qu'un tel Roy chevauchast de nuict sans guide là où il en pouvoit assez finer. Encores monstra nostre seigneur plus grand signe de nous vouloir préserver; car les ennemis ne s'apperceurent point de nostre partement qui ne fût midy, at-

(1) Nous nous égarâmes.

tendans tousjours ce parlement que j'avois entrepris, et puis la rivière creust si très-grande, qu'il fut quatre heures après midy avant que nul homme s'osast aventurer d'y passer pour nous suivre; et lors y passa le comte de Cajazze, avec deux cens chevaux-légers italiens, en grand péril, pour la force de l'eau; et en passant il s'y noya un homme ou deux, comme depuis il m'a conté.

Or cheminasmes-nous par chemin bossu et bois, et falloit aller à la file par ce chemin l'espace de six milles ou environ; et après trouvasmes une belle grande plaine, où jà estoit nostre avant-garde, artillerie et bagage, qui estoit fort grand, et qui de loin sembloit une grosse bande; et en eusmes effroy de prime-face, à cause de l'enseigne blanche et carrée de messire Jehan-Jacques Trevoul, pareille de celle qu'avoit portée à la bataille le marquis de Mantoüe; et ladite avant-garde eut doute de nostre arrière-garde qu'ils voyoient venir de loin, hors du chemin, pour venir par le plus court. Si se mit chacun en estat de combattre; mais cet effroy dura peu, car chevaucheurs vinrent de tous costez, et se reconnurent incontinent. Et de là nous allasmes repaistre au bourg Sainct-Denys, où l'on cria une allarme, faicte à propos, pour en tirer les Allemans de peur qu'ils ne pillassent la ville; puis allasmes coucher à Florensole; le second jour coucher près Plaisance, et passasmes la rivière de Trébia; mais il demeura de l'autre part deux cens lances, nos Suisses et toute l'artillerie, exceptez six pièces que le Roy menoit; et cela fit le Roy pour estre mieux logé et plus au large, espérant les faire bien passer à l'aise, quand il voudroit, car ladite rivière par ordinaire est petite, et par espécial en cette saison de lors, toutesfois environ dix heures de nuit, ladite rivière creut si fort que nul homme n'y eust sceu passer à pied ny à cheval, ne l'une compagnie n'eust sceu secourir l'autre, qui fut chose de grande doute, pour avoir les ennemis près, et chercha-l'on toute la nuict, pour trouver le remède, d'un costé et d'autre; mais il n'y en avoit point, jusques à ce qu'il vint de luy-mesme, qui fut environ cinq heures du matin; et lors on tendit des cordes d'un bout jusques à l'autre pour aider à passer les gens-de-pied qui estoient en l'eau jusques au-dessus de l'estomach.

Tost après passèrent les gens-de-cheval, et l'artillerie; mais ce fut une soudaine et périlleuse aventure, considéré le lieu où nous estions et les ennemis auprès de nous; c'est à sçavoir la garnison de Plaisance et le comte de Cajazze qui y estoit entré; car aucuns de ladite ville pratiquoient d'y mettre le Roy; mais ils vouloient que ce fust sous le titre d'un petit fils demeuré de Jehan Galéas, dernier duc, qui naguères estoit mort, comme avez oüy. Et quand le Roy eût voulu entendre à cette pratique, plusieurs villes et autres personnes y eussent entendu, par le moyen dudit messire Jehan-Jacques de Trevoul. Mais ledit seigneur ne voulut point faire ce desplaisir au duc d'Orléans son cousin, qui jà estoit dedans Novarre, comme avez veu; mais à dire vérité, de l'autre costé il ne désiroit point fort de voir sondit cousin si grand, et luy suffisoit de passer et laisser aller ce différend comme il pourroit. Le troisième jour après le partement du lieu où avoit esté la bataille, alla le Roy disner au chastel Saint-Jehan, et coucha en un bois; le quatrième disna à Voghera, et coucha à Pont-Curon; le cinquième jour coucha près Tortone, et passa la rivière, appellée Scrivia, que Fracasse deffendoit, car les gens qui estoient à Tortone estoient sous sa charge pour le duc de Milan. Et averty qu'il fut par ceux qui faisoient le logis du Roy que ledit seigneur ne vouloit que passer, se retira en la ville, et manda qu'il bailleroit des vivres tant que l'on voudroit, et ainsi le fit; car toute l'armée passa rasibus de la porte dudit Tortone; et vint ledit Fracasse au devant du Roy, armé; mais il n'avoit que deux personnes avec luy; et s'excusa fort au Roy qu'il ne le logeoit en la ville; et fit mettre force vivres hors ladite ville, dont tout l'ost fut bien fourny, et au soir vint au coucher du Roy. Or faut entendre qu'il estoit de cette maison de Sainct-Severin, et frère de ce comte de Cajazze et de messire Galéas, et avoit esté, peu de temps devant, à la soude du Roy, en la Romagne, comme il a esté dit ailleurs. De là vint le Roy à Nice-de-la-Paille, qui est du marquisat de Montferrat, que nous désirions bien trouver pour estre en pays d'amis et en seureté. Car ces chevaux-légers que menoit le comte de Cajazze estoient sans cesse à nostre queuë, et les premiers jours nous firent grand ennuy; et avions peu de gens à cheval qui se voulussent mettre derrière, car plus approchions du lieu de seureté, et moins monstroient les nostres qu'ils eussent vouloir de combattre. Aussi dit-l'on que c'est la nature d'entre nous François; et l'ont escrit les Italiens en leurs histoires, disans qu'au venir des François ils sont plus qu'hommes, mais qu'à leur retraite sont moins que femmes; et je le croy du premier poinct, car véritablement ce sont les plus rudes gens à rencontrer qui soient en tout le monde (j'entends les gens-de-cheval), mais à la retraicte d'une entreprise, toutes gens du monde ont moins de cœur qu'au partir de leurs maisons.

◇◇◇

CHAPITRE XIV.

Comment les Allemans mettent l'armée de France en seureté dans sa retraite.

Ainsi pour continuer ce présent propos, nostre queuë estoit deffendue par trois cens Allemans, qui avoient moult largement de coulevrines, et leur portoit-on beaucoup d'harquebutes à cheval; et ceux-là faisoient bien retirer les estradiots, qui n'estoient point grand nombre; et le grand ost, qui nous avoit combattus, venoit tant comme il pouvoit, mais pour estre partis un jour après nous, et pour leurs chevaux bardez, ne nous sceurent joindre, et ne perdismes jamais un homme au chemin, et ne fut ledit ost jamais un mille (1) près de nous, et quand ils virent qu'ils ne pouvoient joindre (et peut-estre aussi qu'ils n'en avoient pas grande envie), ils tirèrent devant Novarre, où estoient les gens du duc de Milan et des leurs, comme avez ouy cy-devant; mais s'ils nous eussent peu atteindre près de nostre retraite, peut-estre qu'ils en eussent eu meilleur marché qu'ils n'eurent à la vallée de Fornouë.

J'ay dit en plusieurs lieux comme j'avois dit et monstré que Dieu le créateur nous avoit guidez en ce présent voyage; mais encores me sert-il à le dire icy; car depuis le jour de ladite bataille, jusques audit lieu, les logis furent mal départis, mais se logeoit chacun comme il pouvoit en patience, sans trouble ou débat. De vivres, nous en avions grande nécessité : toutesfois quelque peu en apportoient ceux du pays, qui aisément nous eussent empoisonnez, s'ils eussent voulu, tant en leurs vivres qu'en leurs vins et eaux, qui en un moment estoient taries, et les puits; aussi je ne vey que petites fontaines; mais ils n'y eussent point failly, s'ils y eussent voulu essayer; mais il est de croire que nostre Sauveur et rédempteur Jésus-Christ leur ostoit leur vouloir. J'ay veu la soif si grande, qu'un monde de gens-de-pied beuvoient aux fossez de ces petites villettes où nous passions. Nous faisions grandes traites et longues, et beuvions eau orde, et non courante, et pour boire se fouroient dedans jusques à la ceinture; car il nous suivoit grand peuple, qui n'estoient point gens de guerre, et un bien grand nombre de sommiers.

Le Roy partoit avant jour, et ne sceus onques qu'il y eût guide, et touchoit jusques à midy, là où il repaissoit, et chacun prenoit place, et falloit apporter les vivres des chevaux entre les bras, et que chacun fît repaistre son cheval, et sçay bien que je l'ay fait deux fois, et fus deux jours sans manger que pain bien meschant, et si j'estois de ceux qui avoient moins de nécessité. D'une chose faut louer cette armée, c'est que jamais je n'oüy homme soy plaindre de nécessité qu'il eût, et si ce fut le plus pénible voyage que je vis onques jamais en ma vie, et si en ay veu, avec le duc Charles de Bourgogne, de bien aspres. Nous n'allions point plus fort que ces grosses pièces d'artillerie, où souvent y avoit à besongner à leurs affaires, et grande faute de chevaux, mais à toute heure qu'il en estoit besoin, s'en recouvroit en l'ost, par les gens-debien, qui volontiers les bailloient, et ne se perdit pas une seule pièce, ny une livre de poudre, et croy que jamais homme ne vit passer artillerie de telle grosseur, ny à telle diligence, par les lieux où passa cette-cy. Et si j'ay parlé du désordre qui estoit tant à nostre logis qu'aux autres choses, ce ne fut pas par faute qu'il y eût des gens bien expérimentez en l'ost, mais le sort voulut que ceux-là avoient le moins de crédit. Le Roy estoit jeune et volontaire, comme ailleurs ay dit; et pour conclure l'article, semble que nostre Seigneur Jésus-Christ ait voulu que toute la gloire du voyage ait esté attribuée à luy.

Le septième jour, depuis le partement du lieu où avoit esté la bataille, partîmes de Nice-de-la-paille, et logeasmes en camp tous ensemble, assez près d'Alexandrie, et fut fait gros guet la nuit; et du matin devant le jour partismes, et allasmes en Ast; c'est à sçavoir la personne du Roy, et les gens de sa maison (les gens-d'armes demeurèrent près de là en camp), et trouvasmes la ville d'Ast bien garnie de tous vivres, qui firent grand bien et secours à toute la compagnie, qui en avoit bon besoin, parce que ladite armée avoit enduré grande faim et soif, grand travail et chaleur, et très-grande faute de dormir, et les habillemens tous gastez et rompus. Sitost que le Roy fut arrivé en Ast, et sur l'heure, avant que dormir, j'envoiay un gentilhomme nommé Philippe de la Couldre (qui autrefois m'avoit servy, et qui pour lors estoit au duc d'Orléans) à Novarre, là où il estoit assiégé de ses ennemis, comme avez pu entendre. Le siège n'estoit pas encore si contraint, qu'on ne pût aller et saillir dehors, parce qu'ils ne taschoient sinon de l'affamer. Je luy manday par ledit gentilhomme, que plusieurs traictez se menoient avec le duc de Milan, de par le Roy nostre sire (dont j'en menois un par la main du duc de

---

(1) L'édition de Marnef de 1528 met vingt milles.

Ferrare), et que pour cette cause me sembloit qu'il s'en devoit venir devers le Roy, en asseurant bien ceux qu'il laisseroit dedans, de brief y retourner, ou les venir secourir. Lesquels estoient le nombre de sept mille cinq cens hommes de solde, de la plus belle compagnie qu'on sçauroit dire, touchant le nombre, tant François que Suisses. Après que le Roy eut séjourné un jour audit Ast, il fut adverty, tant par le duc d'Orléans que par autres, comment les deux osts s'estoient assemblez devant Novarre; et désiroit ledit duc d'Orléans estre secouru, parce que ses vivres appetissoient; là où il avoit donné mauvais ordre au commencement, car il y en avoit assez aux villes d'alentour, et par espécial bleds; et si la provision eust esté faicte de bonne heure et bien pourmenée, jamais n'eussent rendu la ville; mais en fussent saillis à leur honneur, et les ennemis à grande honte, s'ils eussent pû tenir encore un mois.

◇◇◇

CHAPITRE XV.

Comment le Roy fit dresser une armée de mer pour cuider secourir les chasteaux de Naples, et comment ils n'en purent estre secourus.

Après que le Roy eut séjourné quelque peu de jours audit Ast, il s'en alla à Thurin, et au départir que ledit seigneur fit d'Ast, il dépescha un maistre-d'hostel, nommé Péron de Basche, pour faire une armée de mer, pour aller secourir les chasteaux de Naples, qui encores tenoient. Ce qu'il fit, et mit sus ladite armée monseigneur d'Arban, chef et lieutenant d'icelle armée, et alla jusques vers la cité de Pruce, où il fut à la veuë des ennemis, là où une fortune de temps le garda d'approcher; et fit cette armée peu de fruict; pource que ledit Arban tourna à Ligorne, là où la pluspart de ses gens s'enfuirent en terre, et laissèrent les navires vuides, et l'armée des ennemis s'en vint au port de Bengon, près Plombin, là où elle fut bien deux mois sans partir: et les gens de nostre armée fussent allez légèrement secourir lesdits chasteaux, parce que le port de Bengon est de nature que l'on n'en peut saillir que d'un vent, lequel règne peu souvent en hyver. Ledit d'Arban estoit vaillant homme, et expérimenté en armée de mer.

En ce mesme temps, le Roy estant arrivé à Thurin, se menoient plusieurs traitez entre le Roy et le duc de Milan, et s'en empeschoit la duchesse de Savoye, qui estoit fille de Montferrat, veuve et mère d'un petit duc, qui estoit lors, mais par autres s'en traitoient encores. Je m'en meslois aussi, et le désiroient bien ceux de la ligue, (c'est à sçavoir les chefs, qui estoient au camp devant Novarre) que je m'en meslasse, et m'envoyèrent un sauf-conduit, mais (comme les envies sont entre gens de Cour) le cardinal, que tant ay nommé, rompit que je ne m'en meslasse point, et vouloit que la pratique de madame de Savoye sortist son effect, que conduisoit son hoste le trésorier de Savoye (1), homme sage et bon serviteur pour sa maistresse. Longtemps traisna cette matière, et pour cette cause fut envoyé le baillif de Dijon aux Suisses, ambassadeur, pour en lever jusques à cinq mille.

Peu avant j'ay parlé comme l'armée de mer fut faite à Nice, pour secourir les chasteaux de Naples. Ce qui ne se put faire, pour les raisons dessusdites. Incontinent monseigneur de Montpensier, et autres gens de bien, qui estoient dedans lesdits chasteaux, voyant ledit inconvénient, prirent party, et saillirent dehors par le moyen de l'armée de ceux qui estoient demeurez, pour le roy Charles, en diverses places du royaume, laquelle armée pour lors estoit près desdits chasteaux, et les laissèrent fournis en nombre suffisant, pour les garder, selon les vivres, qui y estoient si estroits que plus ne pouvoit, et partirent avec deux mille cinq cens hommes, et laissèrent pour chef Ognas et deux autres gens de bien, et s'en alla ledit seigneur de Montpensier, le prince de Salerne, le sénéschal de Beaucaire, et autres qui là estoient, à Salerne; et voulut dire le roy Ferrand, qu'ils avoient rompu l'appointement, et qu'il pouvoit faire mourir les ostages qu'ils avoient baillez peu de jours avant, qui estoient le seigneur d'Alègre (2), un appellé de la Marche-d'Ardaine, et le seigneur de la Chapelle d'Anjou, un appellé Roquebertin Catelan, et un appellé Genly. Et faut entendre qu'environ trois mois auparavant, ledit roy Ferrand estoit entré dedans Naples par intelligence, et par le mauvais ordre des nostres; qui estoient bien informez de tout, et n'y sceurent mettre remède. Je parlerois bien plus avant de ce propos, mais je n'en puis parler que pour l'avoir ouÿ dire aux principaux; et ne tiens point volontiers long propos des choses où je n'ay point esté présent. Mais estant ledit roy Ferrand dedans la ville de Naples, nouvelles y vinrent que le Roy estoit mort à la bataille de Fornoüe; et fut certifié à nos gens, qui estoient au chas-

---

(1) Antoine de Bessey, baron de Trichastel.

(2) Yves, baron d'Alègre en Auvergne.

teau, par les lettres et mensonges que mandoit le duc de Milan, qu'ainsi estoit, et adjoustèrent foy, et si firent les Colonnois, qui se tournèrent incontinent contre nous; avec le bon vouloir qu'ils avoient d'estre tousjours des plus forts, encores qu'ils fussent bien tenus au Roy, comme il est dit ailleurs; et pour cesdits mensonges, et principalement pource que nos gens se voyoient restraincts en grand nombre, dedans le chasteau, et peu de vivres, et avoient perdu tous leurs chevaux et autres biens qu'ils avoient dedans la ville, composèrent le sixième octobre 1495, (et avoient jà esté environnez trois mois et quatorze jours, et environ vingt jours après partirent, comme dit est), et promirent que s'ils n'estoient secourus dedans certain nombre de jours, qu'ils s'en iroient en Provence, et laisseroient les chasteaux, sans plus faire de guerre, ny par mer ny par terre, audit royaume, et baillèrent les ostages susdits. Toutesfois selon le dit du roy Ferrand, ils rompirent l'appointement, à l'heure qu'ils partirent sans congé. Les nostres disoient le contraire, mais lesdits ostages furent en grand danger, et y avoit cause; et croy que nos gens firent sagement de partir, quelque appointement qu'il y eust; mais ils eussent mieux faict de bailler les chasteaux audit jour qu'ils partirent, et retirer leurs ostages, car aussi bien ne tindrent-ils que vingt jours après leur partement à faute de vivres, et qu'ils n'avoient aucune espérance de secours, et fut la totale perte du royaume, que ledit chasteau de Naples.

◇◇◇

CHAPITRE XVI.

De la grande famine et peine où estoit le duc d'Orléans à Novarre avec ses gens; de la mort de la marquise de Montferrat, et de celle de monsieur de Vendosme; et comment après plusieurs délibérations on entendit à faire paix, pour sauver les assiégez.

Estant le Roy à Thurin, comme j'ay dit, et a Quiers, où quelquefois alloit pour son esbat, il attendoit nouvelle des Allemans qu'il avoit envoyé quérir, et aussi essayoit s'il pourroit réduire le duc de Milan, dont il avoit grand vouloir, et ne luy chaloit point trop du faict du duc d'Orléans, qui commençoit à estre pressé, à cause de la nécessité des vivres, et escrivoit chacun jour pour avoir secours, et aussi estoient approchez les ennemis de plus près qu'ils n'avoient esté, et estoit crû l'ost de mille hommes à cheval, Allemans, que menoit messire Fédéric Capelarc, de la comté de Ferrette, vaillant chevalier, et bien expérimenté, tant en France qu'en Italie. Aussi y avoit bien onze mille Allemans, des terres du roy des Romains et Lansquenets, que conduisoit messire George Dabecfin, vaillant chevalier, et fut celuy qui prit Saint-Omer, pour le roy des Romains, natif d'Austriche. Et voyant croistre les ennemis, et que nul accord ne se pouvoit trouver à l'honneur du Roy, il luy fut conseillé se retirer à Verceil, pour voir la manière de sauver ledit duc d'Orléans et sa compagnie, qui, comme dit est ailleurs, avoient mis petite provision pour leurs vivres au commencement qu'ils entrèrent audit Novarre; et luy eût mieux valu avoir faict ce que je luy manday, comme il se voit cy-dessus, dès qu'arrivasmes en Ast, qui estoit de partir, et mettre hors toutes gens inutiles, et venir devers le Roy, car sa présence eust guidé partie de ce qu'il eût voulu; au moins ceux qu'il eust laissez n'eussent point souffert si extrême nécessité de faim, comme ils firent; car il eust pris party plustost, s'il eust veu qu'il n'y eust eu autre remède. Mais l'archevesque de Rouen (1), qui avoit esté avec luy au commencement, audit lieu de Novarre, pour faire service audit seigneur, estoit venu devers le Roy, et se trouvant présent aux affaires, luy mandoit tousjours ne partir point, et qu'il seroit secouru, et se fondoit qu'ainsi le disoit le cardinal de Saint-Malo, qui avoit tout le crédit; et bonne affection le faisoit parler; mais j'estois asseuré du contraire, car nul ne vouloit retourner à la bataille si le Roy n'y alloit, et celuy-là n'en avoit nulle envie; car la question n'estoit que pour cette seule ville, que ledit duc d'Orléans vouloit retenir, et le duc de Milan la vouloit ravoir; car elle est à dix lieues de Milan, et estoit force que l'un eût tout, car en ladite duché de Milan sont neuf ou dix grosses citez près l'une de l'autre, et en petit d'espace; mais bien disoit ledit duc de Milan, qu'en luy laissant Novarre, et ne luy demandant point Gênes, que toutes choses il feroit pour le Roy.

Plusieurs fois on mena farines audit Novarre, dont il s'en perdit la moitié au chemin, et en un coup furent destroussez quelques soixante hommes-d'armes, que menoit Chastillon, qui estoit jeune gentil-homme de la maison du Roy. Aucuns furent pris, autres entrèrent, autres eschappèrent en grande peine; et n'est possible de croire en quelle détresse estoit cette compagnie de Novarre, car chacun jour en mouroit de faim. Les deux parts estoient malades, et ve-

---

(1) George d'Amboise, depuis principal ministre de Louis XII.

noient de piteuses lettres en chiffre, et en grande difficulté. Tousjours on leur donnoit reconfort, et tout estoit abus; mais ceux qui menoient l'affaire du Roy désiroient la bataille, et ne considéroient point que nul ne la vouloit qu'eux; car tous les grands chefs, comme le prince d'Orange, qui estoit de nouveau arrivé, à qui le Roy donnoit grand crédit aux affaires de la guerre, et tous autres chefs de guerre, cherchoient une honneste issue par appointement, veu que l'hyver approchoit, qu'il n'y avoit point d'argent, et que le nombre des François estoit petit, et plusieurs malades, et s'en alloient chacun jour sans congé, et d'autres à qui le Roy donnoit congé; mais tous les sages ne pouvoient garder ceux dont j'ay parlé, de mander au duc d'Orléans qu'il ne bougeast, lequel ils mirent en grand péril; et se fioient sur le nombre des Allemans dont nous asseuroit le bailly de Dijon, auquel aucuns avoient mandé qu'il amenast ce qu'il pourroit; et estoit une compagnie mal unie, et chacun disoit et escrivoit ce qu'il vouloit.

Ceux qui ne vouloient point d'accord, ny qu'on se trouvast ensemble pour en parler, disoient que le Roy ne devoit point commencer, mais devoit laisser parler ses ennemis; qui aussi disoient ne vouloir commencer les premiers, et tousjours s'avançoient le temps en la détresse de ceux de Novarre, et ne parloient plus leurs lettres que de ceux qui mouroient de faim chacun jour, et que plus ne pouvoient tenir que dix jours, et puis huict, et telle heure les vis à trois, mais avant passèrent les termes qu'ils avoient baillez. Bref, on n'avoit veu de long-temps si grosse nécessitez; et cent ans avant que fussions nez, ne souffrirent gens si grande faim comme ils souffrirent léans (1).

Estans les choses en ce train, mourut la marquise de Montferrat, et y eut quelque division léans, pour le gouvernement que demandoit le marquis de Saluces; et d'autre part, le seigneur Constantin, oncle de la feue marquise, qui estoit Grec et elle Grecque, et fille du roy de Servy, tous deux destruits par le Turc. Ledit seigneur Constantin s'estoit mis fort au chasteau de Casal, et avoit en ses mains les deux fils (dont le plus grand n'avoit que neuf ans) du feu marquis et de cette sage et belle dame qui estoit morte en l'âge de vingt et neuf ans, grande partisane des François. Autres particuliers taschoient encore audit gouvernement, et en estoit grande question chez le Roy, pour ceux qui les soustenoient. Ledit seigneur m'ordonna d'y aller, pour accorder cette question à la seureté des enfans, et au gré de la pluspart du pays, doutant que le différend ne leur fît appeler le duc de Milan, et le seigneur de cette maison nous estoit bien séant.

Il me desplaisoit fort de partir, que je ne misse en train de reprendre cette paix, veu les maux que j'ay dits, et que l'hyver approchoit, et doutois que ces prélats ne fussent cause de ramener le Roy à la bataille, qui estoit mal fourny, s'il ne venoit force estrangers, comme Suisses; encore s'ils venoient si forts comme l'on disoit, il n'y avoit que danger pour le Roy de se mettre en leurs mains; et estoient les ennemis fort puissans, et logez en lieu fort de situation, et bien fortifiez. Considérées ces choses, je m'adventuray de dire au Roy qu'il me sembloit qu'il vouloit mettre sa personne et l'Estat en grand hazard, pour peu d'occasion; qu'il luy devoit souvenir qu'il avoit esté en grand péril à Fornoüe; mais là avoit esté contraint, et icy n'y avoit nulle contrainte, et ne devoit point laisser à prendre quelque honneste appointement, pour ces paroles qu'on disoit qu'il ne devoit point commencer, et que s'il vouloit, je le ferois bien parler, en sorte que l'honneur des deux costez y seroit bien gardé. Il me respondit que je parlasse à monseigneur le cardinal, ce que je fis, mais il me faisoit d'estranges responses, et désiroit la bataille, et tenoit la victoire seure, à son dire, et disoit-on qu'on luy avoit promis dix mille ducats de rente, pour un sien fils, de par le duc d'Orléans, s'il avoit cette duché de Milan. Le lendemain je vins prendre congé du Roy, pour aller à Casal, et y avoit environ journée et demie. Je rencontray monsieur de la Trimoüille, à qui je contay cette affaire, parce qu'il estoit des prochains du Roy, demandant si encores luy en devoit parler. Il me conforta qu'ouy, car chacun désiroit de se retirer. Le Roy estoit en un jardin. Je repris les paroles dessusdites, devant le cardinal, qui dit que luy qui estoit homme d'Eglise, devoit commencer. Je luy dis que s'il ne commençoit je commencerois, car il me sembloit que le Roy n'en seroit point marry, ny ses plus prochains; et ainsi partis, et au départir dis à monseigneur le prince d'Orange, qui avoit la principale charge de l'ost, que si je commençois rien, je luy adresserois; et allay à Casal où je fus bien recueilly par tous ceux de cette maison, et les trouvay la pluspart rengez avec le seigneur Constantin, et sembloit à tous que c'estoit la plus grande seureté pour les enfans, car il ne pouvoit venir à la succession, et le marquis de Saluces y prétendoit droit. Je fis plusieurs jours assemblée, tant de nobles que

---

(1) Dedans, dans cette place.

des gens d'Eglise et des villes, et à leur requeste, ou de la pluspart, déclaray que le Roy vouloit que ledit seigneur Constantin demeurast en son gouvernement; car veu la force du Roy de-là les monts, et l'affection que le pays porte à la maison de France, ils ne pouvoient contredire au vouloir du Roy.

Environ le troisième jour que j'eus esté là, vint léans un maistre d'hostel du marquis de Mantoüe, capitaine général des Vénitiens, qui, comme parent, envoyoit faire doléance de la mort de ladite marquise, et celuy-là et moy entrasmes en paroles d'appointer ces deux osts, sans combattre, car les choses s'y disposoient, et estoit logé le Roy en camp, près Verceil; mais à la vérité dire, il ne passa seulement que la rivière, et logea son ost, mal fourny de tentes et de pavillons (car ils en avoient peu porté), et encores ceux-là estoient perdus, et jà estoit le lieu moite, pour l'hyver qui approchoit, et que c'est pays bas.

Ledit seigneur n'y logea qu'une nuict, et se retira le lendemain en la ville, mais y demeurèrent le prince d'Orange, le comte de Foix et le comte de Vendosme (1), qui y prit un mal de flux dont il mourut, qui fut dommage, car il estoit beau personnage, jeune et sage, et y estoit venu en poste, parce qu'il y devoit avoir bataille, car il n'avoit point fait le voyage en Italie avec le Roy. Avec ceux-là y demeurèrent le mareschal de Gié et plusieurs autres capitaines; mais la principale force estoit des Allemans, qui avoient fait le voyage avec le Roy; car mal volontiers y demeuroient les François, estans si près de la ville, et plusieurs estoient malades, et plusieurs partys, les uns avec congé, les autres sans congé dudit ost. Jusques à Novarre y avoit dix gros milles d'Italie, qui valent bien six lieues françaises, fort pays et mol (comme aux pays de Flandres), à cause des fossez qui sont au long des chemins, de l'un costé et de l'autre, fort profonds, et beaucoup plus que ceux de Flandres. L'hyver les fanges y sont fort grandes, et l'esté la poudre. Entre nostredit ost et Novarre, y avoit une petite place, appellée Bourg, à une lieue de nous, que nous tenions; et eux en tenoient une autre, qu'on appelloit Camerian, qui estoit à une lieuë de leur ost, et jà estoient les eaux bien grandes, à aller d'un ost à l'autre.

Comme j'ay commencé à dire, ce maistre-d'hostel du marquis de Mantoüe, qui estoit venu à Casal, et moy continuasmes nos paroles; et disois les raisons pourquoy son maistre devoit éviter cette bataille, et qu'il avoit veu le péril en quoy il avoit esté à la première, et qu'il combattoit pour gens qui ne l'accoustrèrent jamais pour service qu'il leur fit, et qu'il devoit entreprendre l'appointement, et moy que je luy aiderois de nostre costé. Il me respondit que son maistre le voudroit, mais il faudroit, comme autrefois m'avoit esté mandé, que nous parlassions les premiers, veu que leur ligue, dont estoit le Pape, les roys des Romains et d'Espagne, et le duc de Milan, estoit plus grande chose que le Roy, et luy disois que c'estoit folie de mettre cette cérémonie, et que le Roy devoit aller devant, qui estoit là en personne, et que les autres n'y avoient que leurs lieutenans, et que moy et luy, comme médiateurs, commencerions, s'il vouloit, mais que je fusse seur que son maistre continuât et tînt, et conclûmes que j'envoyrois un trompette en leur ost le lendemain, et escrirois aux deux provéditeurs vénitiens, l'un appellé messire Luques Pisan, l'autre messire Melchior Trévisan, qui sont officiers députez pour conseiller leurs capitaines, et pour pourvoir aux affaires de leur ost.

En ensuivant ce que nous avions conclu, je leur escrivis la substance de ce que j'avois dit audit maistre-d'hostel; et avois occasion de continuer l'office de bon médiateur, car ainsi l'avois conclu, au partir de Venise; et aussi le Roy l'avoit bien agréable, et si me sembloit nécessaire, car il se trouve assez gens pour troubler une affaire, mais il s'en trouve peu qui ayent l'aventure (2) et le vouloir ensemble, d'accorder si grand différend, ne qui voulissent endurer tant de paroles, qui se disent de ceux qui traitent tels affaires; car en tels grands osts il y a maintes différentes opinions. Lesdits provéditeurs furent joyeux de ces nouvelles, et m'escrivirent que tost me feroient response, et par leurs postes le firent sçavoir à Venise, et tost eurent responses, et vint en l'ost du Roy un comte, qui estoit au duc de Ferrare, lequel y avoit gens (car son fils aisné y estoit, à la solde du duc de Milan), et cestui-là en estoit, et avoit ledit duc de Ferrare un autre fils avec le Roy. Ledit comte avoit nom le comte Albertin, et vint voir messire Jehan-Jacques de Trévoul, sous couleur d'un fils qu'il avoit avec ledit messire Jehan-Jacques, et s'adressa au prince d'Orange, ainsi qu'il avoit esté conclu entre ce maistre-d'hostel, dont j'ay parlé, et moy, disant avoir commission du marquis de Mantoüe, et des provéditeurs, et autres capitaines, estans en leur ost, de demander saufconduict pour ledit marquis et autres, jusques à cinquante chevaux,

---

(1) François de Bourbon, comte de Vendôme, mort le 3 octobre 1495, à l'âge de vingt-cinq ans.

(2) Le bonheur, l'heureux sort.

à se trouver à parler avec tels personnages qu'il plairoit au Roy ordonner; et ceux-là cognoissoient bien que c'estoit raison qu'ils vinssent devers le Roy, où les siens les premiers, et aussi qu'ils luy vouloient bien faire cet honneur; puis demanda congé de parler au Roy, à part. Ce qu'il fit; et à part conseilla de n'en faire rien, disant que cet ost estoit en grande peur, et qu'en bref il deslogeroit; et par ces paroles, il monstroit vouloir rompre cet accord, et non point le faire, ny aider, combien que sa charge publique fust telle qu'avez oüy, et fut présent à ces paroles ledit messire Jehan-Jacques Trévoul, grand ennemy du duc de Milan, et volontiers eust rompu ladite paix; et sur tout le maistre dudit comte messire Albertin, le duc de Ferrare désiroit fort la guerre, pour la grande inimitié qu'il avoit aux Vénitiens, à cause de plusieurs terres qu'ils tenoient de luy, comme le Polésan et plusieurs autres, et estoient venu en l'ost du dessusdit duc de Milan, qui avoit sa fille pour femme.

Dès que le Roy eut oüy parler ledit comte, il me fit appeler, et eut en conseil s'il bailleroit ce saufconduict ou non. Ceux qui vouloient rompre la paix (comme messire Jehan-Jacques et autres, qui parloient en faveur du duc d'Orléans, ce leur sembloit) monstroient vouloir la bataille (mais ils estoient gens d'Église, et ne s'y fussent point trouvez), disans estre bien asseurez que les ennemis deslogeroient, et qu'ils mouroient de faim. Autres disoient (et j'estois de ceux-là) que nous aurions faim plustost qu'eux, qui estoient en leur pays, et si avoient la puissance trop grande pour s'enfuir, et se laisser destruire, et que ces paroles venoient de gens qui vouloient qu'on se hazardast et combatist pour leurs querelles. Toutesfois pour abréger, le saufconduict fut accordé et envoyé, et dit que le lendemain, à deux heures après midy, ledit prince d'Orange, le mareschal de Gié, le seigneur de Piennes et moy en leur compagnie, nous trouverions entre Bourg et Camarian, près d'une tour, où ils faisoient le guet, et que là parlerions ensemble, et nous y trouvasmes bien accompagnez de gens-d'armes. Ledit marquis et un Vénitien qui avoit la charge de leurs estradiots, y vinrent, et usèrent d'honnestes paroles, disans que de leur part ils désiroient la paix, et fut conclu que, pour parler plus à loisir, ils viendroient le lendemain quelques gens des leurs en l'ost, et que le Roy après envoyeroit des siens au leur. Ce qui se fit; et vint le lendemain devers nous messire Francisco Bernardin, viscomte pour le duc de Milan, et un secrétaire du marquis de Mantoüe; et nous trouvasmes avec eux, ceux que j'ay nommez, et le cardinal de Sainct-Malo, et entrasmes en pratique de la paix; et demandoient Novarre, en laquelle cité estoit assiégé le duc d'Orléans. Aussi demandions-nous Gènes, disans que c'estoit fief du Roy, et que ledit duc de Milan l'avoit confisquée; eux s'excusoient, disans n'avoir rien entrepris contre le Roy, que pour se deffendre, et que ledit duc d'Orléans leur avoit pris ladite cité de Novarre, et commencé la guerre, avec les gens du Roy, et qu'ils croyoient que leurs maistres ne feroient rien de ce que demandions; mais que toute autre chose voudroient faire pour complaire au Roy. Ils furent là deux jours, et puis retournèrent en leur ost; où nous allasmes ledit Mareschal de Gié, monseigneur de Piennes et moy, tousjours sur la demande de cette cité; et bien eussions-nous été contens que Novarre se fût mise en la main des gens du roy des Romains (qui estoient en leur ost, dont estoient chefs messire Georges de Pietre Plane, et messire Fédéric Capellare, et un nommé messire Hance), car nous ne le pouvions secourir que par la bataille, que nous ne désirions point, et le disions parce que la duché de Milan est tenuë en fief de l'Empereur, et pour honnestement s'en deschdrger. Plusieurs allées et venues se firent de nous en leur ost, et des leurs au nostre, sans conclusion; mais je demeurois toujours au giste en leur ost, car tel estoit le vouloir du Roy, qui ne vouloit rien rompre.

Finalement y retournasmes, et davantage y vint le président de Gannay, pour porter la parole en latin, et un appelé monsieur de Morvilliers, baillif d'Amiens (car jusques alors j'avois parlé en mauvais italien), et aydoient à coucher nos articles, et estoit nostre façon de procéder, que si tost que nous estions arrivez au logis dudit duc, il venoit au-devant de nous et la duchesse, jusques au bout d'une galerie, et nous mettions devant luy, à l'entrée en sa chambre, où nous trouvions deux grands rangs de chaires l'un devant l'autre, et bien près l'un de l'autre. Ils se seoyent de l'un des costez et nous de l'autre. Premier estoit assis de son costé, un pour le roy des Romains, l'ambassadeur d'Espagne, le marquis de Mantoüe, les deux provéditeurs vénitiens, et puis le duc de Milan, sa femme, et le dernier l'ambassadeur de Ferrare: et de leur costé ne parloit nul, que ledit duc, et du nostre, un; mais nostre condition n'est point de parler si posément comme ils font, car nous parlions quelquefois deux ou trois ensemble, et ledit duc disoit: *Ho, un à un.* Venant à coucher les articles, tout ce qui s'accordoit estoit escrit incontinent, par un secrétaire des nostres, et aussi par un de leur costé, et au départir, le lisoient les deux secrétaires, l'un en italien et l'autre en françois; et quand on se rassembloit aussi afin de voir si on n'y avoit point rien mué, et aussi pour nous abréger, et est bonne forme pour expédier grande affaire. Ce traicté dura environ quinze jours et plus, mais dès le premier jour que commençasmes à traicter, fut accordé que monseigneur d'Orléans pourroit partir de là, et fismes une trève, ce jour, qui continua, jour après autre, jusques à la paix; et pour seureté dudit duc, se mit en ostage le marquis de Mantoüe, entre les mains du comte de Foix, qui très-volontiers le fit, et plus pour faire plaisir que pour crainte : et premièrement nous firent jurer que nous procédions, à bon escient, au traité de paix, et que nous ne le faisions point pour délivrer ledit duc d'Orléans seulement.

◇◇◇

CHAPITRE XVII.

Comment le duc d'Orléans et sa compagnie furent délivrez, par appointement, de la dure calamité de Novarre, où ils estoient assiégez, et de la descente des Suisses, pour secourir le Roy et monseigneur d'Orléans.

Le mareschal de Gié alla à ladite place, avec d'autres du duc de Milan, et fit partir ledit duc d'Orléans seulement, à petite compagnie, qui à grande joye en saillit. Ceux de ladite place estoient tant pressez de faim et de maladie, qu'il fallut que ledit mareschal laissast son neveu, appellé monsieur de Romefort en ostage, promettant à ceux de dedans qu'ils partiroient tous dedans trois jours. Vous avez bien entendu comme paravant le bailly de Dijon avoit esté envoyé devers les Suisses, par tous leurs cantons, pour en assembler jusques à cinq mille, qui à l'heure du partement du duc d'Orléans, de la place de Novarre, n'estoient encores venus; car s'ils eussent esté venus, sans nulle doute, à mon advis, on eût combattu; et combien que l'on fût bien seur qu'il en venoit plus largement que le nombre qu'on demandoit, si n'estoit-il possible d'attendre, pour l'extrême famine qui estoit en ladite place, où il mourut bien deux mille hommes, que de faim, que de maladie, et le reste estoit si maigre qu'ils sembloient mieux morts que vifs; et croy que jamais hommes n'endurèrent plus de faim (je n'y voudrois alléguer le siége de Hiérusalem) et si Dieu les eût faicts si sages que de vouloir mettre les bleds dedans, qui estoient environ ladite ville, quand au premier ils la prirent, ils ne fussent jamais venus en cet inconvénient, et se fussent leurs ennemis levez à leur grande honte.

Trois jours ou quatre après le partement dudit duc d'Orléans, dudit Novarre, fut accordé des deux costez, que tous les gens de guerre pourroient saillir, et furent ordonnez le marquis de Mantoüe et messire Galeas de Sainct-Severin, chef de l'armée tant des Vénitiens que du duc de Milan, pour les conduire en seureté, ce qu'ils firent; et demeura la place entre les mains de ceux de la ville, qui firent serment de n'y mettre ny François, ny Italiens, jusques à ce que le tout fût conclu, et demeurèrent trente hommes au chasteau, à qui le duc de Milan laissoit avoir des vivres pour leur argent, ce qui leur en falloit pour chacun jour seulement ; et ne croyroit-on jamais, sans l'avoir veuë, la pauvreté des personnes qui en sailloient. Bien peu de chevaux en saillit, car tout estoit mangé, et n'y avoit point six cens hommes qui se fussent peu deffendre, combien qu'il en saillît bien cinq mille cinq cens. Largement en demeuroit par les chemins, à qui les ennemis propres faisoient de l'aide. Je sçay bien que j'en sauvay bien cinquante pour un escu, auprès du petit chasteau que les ennemis tenoient, appellé Camarian, qui estoient couchez en un jardin, et à qui on donna de la soupe, et n'en mourut qu'un ; sur le chemin en mourut environ quatre, car il y avoit dix milles de Novarre à Verceil, où ils alloient. Le Roy usa de quelque charité envers ceux qui arrivèrent audit Verceil, et ordonna huict cens francs pour les départir en aumosnes, et aussi des payemens de leurs gages, et furent payez les morts et le vifs, et aussi les Suisses, dont il estoit bien mort quatre cents; mais quelque bien qu'on leur sceust faire, il mourut bien trois cens hommes audit Verceil, les uns par trop manger, les autres par maladie, et largement sur les fumiers de la ville.

Environ ce temps que tout fut dehors, exceptez trente hommes, qu'on avoit laissez au chasteau, dont chacun jour en sailloit quelqu'un, arrivèrent les Suisses, en nombre de huict ou dix mille hommes en nostre ost, où y en avoit quelques deux milles qui avoient servy au voyage de Naples. Tous les autres demeurèrent auprès de Verceil, environ à dix mille, et ne fut point conseillé le Roy de laisser joindre ces deux bandes, où estoient bien vingt-deux mille ; et croy que jamais ne se trouvèrent tant de gens de leur pays ensemble; et selon l'opinion des gens qui les cognoissoient, il demeura peu de gens combattans (1) en leur pays, et vinrent la pluspart,

___
(1) En état de combattre.

malgré qu'on en eût; et fallut deffendre l'entrée du pays de Piémont, pour n'en laisser plus passer, ou bien les femmes et les enfans y fussent venus. On pourroit demander si cette venue procédoit de grand amour, veu que le feu roy Louys leur avoit fait beaucoup de bien, et les avoit aidez à eux mettre en la gloire du monde, et en réputation. Vray est qu'aucuns vieux avoient amour au roy Louys XI, et y vint beaucoup de capitaines qui avoient soixante et douze ans passez, qui avoient esté capitaines contre le duc Charles de Bourgogne, mais la principale cause estoit avarice, et leurs grandes pauvretez, car, à la vérité, tout ce qu'ils avoient de gens combattans y vinrent ; tant de beaux hommes y avoit, que je ne vis jamais si belle compagnie, et me sembloit impossible de les avoir sceu desconfire, qui ne les eût pris par faim, par froid, ou par autre nécessité.

Or faut venir au principal poinct de ce traicté. Le duc d'Orléans, qui jà avoit esté huict à dix jours à son aise, et qui estoit accompagné de toutes sortes de gens, et à qui il sembloit bien qu'aucuns avoient parlé de ce que tant de gens, comme il avoit dedans Novarre avec luy, s'estoient laissez mener à cette nécessité, parloit fort de la bataille, et un ou deux avec luy, monseigneur de Ligny, et l'archevêque de Roüen qui se mesloit de ses besognes, et deux ou trois menus personnages; et forgèrent aucuns Suisses, qui venoient s'offrir à combattre, et n'alléguoient aucune raison, car aussi le duc d'Orléans n'avoit plus en la place que trente hommes au chasteau ; et ainsi n'y avoit plus d'occasion de combattre, car le Roy ne prétendoit aucune querelle, et ne vouloit combattre que pour sauver la personne du duc et de ses serviteurs. Les ennemis estoient bien forts, et estoit impossible de les prendre dedans leur ost, tant estoient bien fermez de fossez pleins d'eau, et l'assiette propre, et n'avoient à se deffendre que de nous, car de ceux de la ville ils n'avoient plus de crainte. Ils estoient bien deux mille huit cens hommes d'armes-bardez, et cinq mille chevaux-légers, onze mille cinq cens Allemans, menez par bons chefs (comme ce messire Georges de Piètre-Plane, messire Fédéric Capelare, et messire Hance) et autre grand nombre de gens-de-pied, et sembloit bien parler par volonté, de dire qu'on les deust prendre léans, ne qu'ils deussent fuir. Un autre plus grand doute y avoit : c'estoit que si tous les Suisses se trouvoient ensemble, ils ne prissent le Roy, et tous les hommes riches de sa compagnie, qui estoit bien foible, au prix d'eux, et qu'ils ne les menassent en leur pays, et quelque apparence s'en vit, comme verrez par la conclusion de la paix.

CHAPITRE XVIII.

Comment la paix fut conclue entre le Roy et le duc d'Orléans d'un costé, et les ennemis de l'autre, et des conditions et articles qui furent contenus en ladite paix.

Estans toutes ces questions parmy nous, et que ledit duc d'Orléans en prit débat avec le prince d'Orange, jusques à le desmentir, nous retournasmes, ledit mareschal, le seigneur de Piennes, le président de Gannay, le seigneur de Morvilliers, le vidasme de Chartres et moy, en l'ost des ennemis, et conclûmes une paix, croyans bien par les signes que voyons, qu'elle ne tiendroit point, mais nous avions nécessité de la faire, pour maintes raisons qu'avez entendues, et pour la saison d'hyver qui nous y contraignoit, et aussi par faute d'argent, et pour nous départir honorablement, avec une honorable paix par escrit, qui se pourroit envoyer par tout, comme elle fut, et ainsi l'avoit conclu le Roy, en un grand conseil, présent le duc d'Orléans. La substance (1) estoit que le duc de Milan serviroit le Roy, de Gênes, contre tout le monde, et en ce faisant, il feroit équiper deux navires à ses despens, pour aller secourir le chasteau de Naples, qui encores tenoit ; et l'année après de trois, et de sa personne serviroit le Roy derechef, à l'entreprise du royaume, au cas que le Roy y retournast, et donneroit passage au gens du Roy, et en cas que les Vénitiens n'acceptassent la paix dedans deux mois, et qu'ils voulussent soustenir la maison d'Arragon, il devoit soustenir le Roy contre eux, moyennant que tout ce que le Roy prendroit de leurs terres, luy seroit baillé, et employeroit sa personne et ses sujets, et quittoit au Roy quatre-vingt mille ducats, de cent vingt-quatre mille, qu'il luy avoit prestez en ce voyage, que le Roy avoit fait; et devoit bailler deux ostages de Gênes, pour seureté, et fut mis le chastelet (2) entre les mains du duc de Ferrare, comme neutre pour deux années entières, et payoit ledit duc de Milan la moitié de la garde, qui estoit audit chastelet et le Roy l'autre ; et en ce cas que le duc de Milan fît rien de Gênes contre le Roy, ledit duc de Ferrare pouvoit bailler ledit chastelet au Roy, et devoit bailler deux autres

---

(1) Ce traité fut signé à Verceil le 10 octobre 1495.

(2) Château de Gênes.

ostages de Milan qu'il bailla, et aussi eussent fait ceux de Gênes, si le Roy n'eust esté si hastif de partir; mais dès qu'il le vit party, il s'excusa.

Dès que nous fusmes retournez de faire jurer cette paix au duc de Milan, et que les Vénitiens eurent pris terme de deux mois de l'accepter ou non (car plus avant ne se voulurent mettre), ledit seigneur jura aussi ladite paix; et dès le lendemain, délibéra de partir, comme celuy qui avoit grande envie de retourner en France, et aussi avoit toute sa compagnie; mais la nuict, les Suisses qui estoient en nostre ost, se mirent en plusieurs conseils, chacun avec ceux de son canton, et sonnèrent leurs tabourins, et tinrent leur rang (qui est la forme de leur conseil), et ces choses que je dis me conta Lornay, qui estoit un des chefs d'entre eux, et tousjours a esté, et qui entend bien la langue, et estoit couché en l'ost, et en vint advertir le Roy.

Les uns disoient qu'ils prissent le Roy et toute sa compagnie, c'est à sçavoir les riches. D'autres ne le consentoient point, mais bien qu'on luy demandât le payement de trois mois, disans qu'ainsi leur avoit esté promis, par le Roy son père, que toutes les fois qu'ils sortiroient de leur pays, avec leurs bannières, que tel payement devoient avoir. Autres vouloient qu'on ne prît que les principaux, sans toucher au Roy, et se disposoient de l'exécuter, et avoient jà largement gens dedans la ville; mais avant qu'ils eussent conclu, le Roy partit, et tira vers Trin, une ville du marquis de Montferrat. Toutesfois ils avoient tort, car il ne leur avoit esté promis qu'un mois de payement, aussi ne servirent point. Pour fin de compte, on appointa avec eux, mais avant ils prirent ledit baillif de Dijon et Lornay (mais ce furent ceux qui avoient esté avec nous à Naples) qui tousjours avoient esté leurs chefs, pour avoir un payement de quinze jours, pour eux en en aller, mais les autres furent payez de trois mois, et monta bien le tout à cinq cens mille francs, desquels ils se fièrent en pleiges et en ostages, et cela advint des François propres, qui leur mirent cela en avant, car un de leurs capitaines en vint advertir le prince d'Orange, qui le dit au Roy, et c'estoit par despit de cette paix.

Si tost que le Roy fut arrivé à Trin, il envoya vers le duc de Milan ledit mareschal, le président de Cannay et moy, afin qu'il voulût venir devers ledit seigneur, pour parler à luy, et luy dismes plusieurs raisons pour le faire venir, et que cela seroit la vraye confirmation de la paix. Il nous dit plusieurs raisons au contraire, et s'excusa sur aucunes paroles que monseigneur de Ligny avoit dites (c'est à sçavoir qu'on le devoit prendre quand il fut devers le Roy à Pavie), et sur d'autres paroles qu'avoit dites le cardinal de Sainct-Malo, qui avoit tout le crédit avec le Roy. Il est bien vray que plusieurs folles paroles avoient esté dites. De qui que ce fût, je ne sçay, mais pour lors, le Roy avoit envie d'estre son amy. Il estoit en un lieu appellé Bolie, et vouloit bien parler, une barrière entre deux et une rivière. Quand le Roy eut sceu cette responce, il tira à Quiers (1), où il n'arresta qu'une nuict ou deux, et pris son chemin pour passer les monts, et me renvoya à Venise, et d'autres à Gênes, pour armer ces deux naves, que ledit duc devoit prester; mais de tout ne fit rien, et leur laissa faire grande despense et grand apprest, et puis les garda de partir, et au contraire, il en envoya deux contre nous, en lieu de tenir promesse.

◇◇◇

CHAPITRE XIX.

Comment le Roy renvoya le seigneur d'Argenton à Venise, pour les conditions de la paix, lesquelles refusèrent les Vénitiens, et des tromperies du duc de Milan.

Ma charge estoit à Venise de sçavoir s'ils voudroient accepter cette paix, et passer trois articles. Le premier, rendre Monopoli, qu'ils avoient pris pour nous; l'autre de retirer le marquis de Mantoüe, et autres qu'ils avoient au royaume de Naples, du service du roy Ferrand; le tiers, qu'ils déclarassent que le roy Ferrand n'estoit de la ligue qu'ils avoient faite de nouveau, où estoient nommez seulement le Pape, le roy des Romains, le roy d'Espagne et le duc de Milan. Quand j'arrivay audit lieu de Venise, ils me recueillirent honorablement, mais non point tant qu'ils avoient fait au premier coup; aussi nous estions en inimitié déclarée, et la première fois, nous estions en paix. Je dis ma charge au duc de Venise, et il me dit que je fusse le très-bien venu, et que de brief il me feroit responce, et qu'il se conseilleroit avec son sénat.

Par trois jours ils firent processions générales, grandes aumosnes, et sermons publics, prians nostre Seigneur qu'il leur donnast grâce de prendre bon conseil, et me fut dit que souvent le font en cas semblable. Et à la vérité, ce me semble la plus révérente cité que j'aye jamais

(1) Quiers ou Chieri. *Voyez* la savante histoire de cette petite ville, par M. Luigi Cibrario.

veuë aux choses ecclésiastiques, qui ont leurs églises mieux parées et accoustrées; et en cela je les tiens assez égaux aux Romains, et croy que la grandeur de la seigneurie vient de-là, qui est digne d'augmenter plus que d'appetisser. Pour conclusion de mon affaire, j'attendis quinze jours avant qu'avoir response, qui fut de refus de toutes mes demandes, disans n'avoir aucune guerre avec le Roy, et que ce qu'ils avoient fait, estoit pour aider à leur allié le duc de Milan, que le Roy vouloit destruire, si firent parler à part avec moy le duc, qui m'offroit bon appointement, qui fut que le roy Ferrand feroit hommage au Roy du royaume de Naples, et du consentement du Pape, et qu'il payeroit cinquante mille ducats l'an de cens, et quelque somme comptant, et qu'ils la presteroient, et entendoient, moyennant ce prest, avoir entre leurs mains les places qu'ils ont en la Poüille, comme Brandis, Otrante, Trani et autres, et aussi bailleroit ledit dom Ferrand, ou laisseroit au Roy, quelque place au quartier de la Poüille, pour seureté, et vouloient dire Tarente, que le Roy tenoit encores, et en eût baillé une ou deux davantage; et s'offroient de les bailler de ce costé-là, parce que c'estoit le plus loin de nous; mais ils se couvroient en ce que c'estoit en lieu pour servir contre le Turc, dont le Roy avoit fort parlé quand il entra en Italie, disant qu'à cette fin il faisoit cette entreprise, et pour en estre plus près, qui fut une très-meschante invention, car c'estoit mensonge, et l'on ne sçauroit céler à Dieu les pensées. Outre, m'offroit ledit duc de Venise, que si ledit Roy vouloit entreprendre contre le Turc, qu'il auroit assez des places que je dis, et toute l'Italie y contribueroit, et que le roy des Romains feroit la guerre de son costé aussi; et que le Roy et eux tiendroient toute l'Italie, et que nul ne contrediroit à ce qu'ils en ordonneroient, et que pour leur part, serviroient le Roy avec cent galées à leurs despens, et de cinq mille chevaux par terre.

Je pris congé dudit duc et seigneurie, disant que j'en ferois le rapport au Roy. Je revins à Milan, et trouvay le duc de Milan à Vigesve, où estoit un maistre-d'hostel du Roy, appellé Rigault Doreilles, ambassadeur pour le Roy. Ledit duc vint au-devant de moy, feignant chasser; car ils sont ainsi honorables aux ambassadeurs. Il me fit loger en son chasteau, en très-grand honneur. Je le suppliay de pouvoir parler à luy à part. Il me dit qu'il le feroit, mais il monstroit signe de ne le chercher point. Je le voulois presser de ses navires, qu'il nous avoit promis par ce traicté de Verceil, qui estoient en estat de partir (et encor tenoit ledit chasteau de Naples), et il feignoit de les bailler, et estoit à Gennes pour le Roy, Peron de Basche, son maistre-d'hostel, et Estienne de Nevers, qui soudainement m'escrivirent, dès qu'ils sceurent ma venue là, se doulans de la tromperie du duc de Milan, qui feignoit de leur bailler les navires, et au contraire en avoit envoyé deux contre nous. L'un jour respondit le gouverneur de Gênes, qu'il ne souffriroit point que lesdites Navires fussent armées des François, et qu'en chacun n'en mettroit que vingt-cinq, avec maintes autres excuses de cette sorte, dissimulant et attendant les nouvelles que ledit chasteau de Naples fût rendu, où ledit duc sçavoit bien qu'il n'y avoit vivres que pour un mois ou environ, et l'armée qui se faisoit en Provence, qui n'estoit point suffisante pour faire ledit secours, sans lesdites deux navires, car les ennemis avoient devant ledit chasteau grosse armée de mer, tant d'eux que des Vénitiens et du roy d'Espagne.

Trois jours je fus avec ledit duc. L'un jour il se mit en conseil avec moy, se courrouçant que je ne trouvois pas bonne la response qu'il faisoit touchant lesdites navires, et disoit que par le traicté de Verceil, il avoit bien promis de servir avec deux navires, mais qu'il n'avoit point promis de laisser monter aucuns François dessus. A quoy je respondis que cette excuse me sembloit bien maigre, et si d'adventure il me prestoit une bonne mule pour passer les monts, que feroit-il pour moy, de me la faire mener en main, et que je n'en eusse que la veuë, sans pouvoir monter dessus? Après long débats, il me retira en une galerie à part, et là je luy monstray la peine que d'autres et moy avions prise, pour ce traicté de Verceil, et le péril en quoy il nous mettoit d'aller ainsi au contraire, et faire ainsi perdre au Roy ses chasteaux, qui estoient la totale perdition du royaume de Naples, et qui seroit haine perpétuelle entre le Roy et luy, et luy offris la principauté de Tarente, avec la duché de Bari, car jà il la tenoit. Je luy disois le péril en quoy il se mettoit, et toute l'Italie, de vouloir consentir que les Vénitiens eussent ces places en la Poüille. Il confessoit que je disois de tout vérité, et par espécial des Vénitiens, mais pour toute conclusion, il me dit qu'il ne pouvoit trouver avec le Roy aucune seureté ni fiance.

Après ces devises je pris congé dudit duc de Milan, lequel me conduisit une lieuë: et au partir advisa une plus belle mensonge (si on doit ainsi parler des princes) que devant, luy semblant bien que je m'en allois fort mélancolique. Ce fut qu'il me dit soudainement (comme un homme qui change de propos) qu'il me vouloit monstrer un tour d'amy, afin que le Roy eût occasion de me faire bonne chère, et que le lendemain il feroit partir messire Galéas (qui estoit le tout, quand il me nommoit cestuy-là) pour aller faire partir lesdites navires, et les joindre avec nostre armée, et qu'il vouloit faire ce service au Roy, que de luy sauver son chasteau de Naples; qu'en ce faisant il luy sauveroit le royaume de Naples (il disoit vray s'il l'eust fait), et que quand elles seroient parties, il m'escriroit de sa main, afin que par moy le Roy en sceust des nouvelles le premier, et qu'il vît que je luy aurois fait ce service, et que le courrier me joindroit avant que je fusse à Lion; et en cette bonne espérance je partis, et me mis à passer les monts, et n'oüis venir poste derrière moy, que je ne cuidasse que ce fût celuy qui me devoit apporter les lettres dessus-dites (combien que j'en faisois quelque doute, cognoissant l'homme), et veins jusques à Chambéry, où je trouvay monseigneur de Savoye, qui me fit bonne chère et me retint un jour, et puis je vins à Lion (sans que mon courrier vinst) du tout faire mon rapport au Roy qui lors estoit entendant à faire bonne chère et à jouster, et de nulle autre chose ne luy chaloit.

Ceux qui avoient esté courroucez de la paix de Verceil, furent fort joyeux de la tromperie que nous avoit faite le duc de Milan, et en accreut leur authorité; et me lavèrent bien la teste, comme on a accoustumé de faire aux cours des princes, en semblable cas. J'estois bien iré et marry. Je contay au Roy, et monstray par escrit, l'offre que les Vénitiens luy faisoient, qu'avez entendu devant, dont il ne fît aucune estime, moins encore le cardinal de Sainct-Malo, qui estoit celuy qui conduisoit tout. Toutesfois j'en parlay une autre fois, et me sembloit qu'il eût mieux valu accepter cet offre que de perdre tout, et aussi je ne voyois point gens pour conduire une telle entreprise, et n'appelloient aucun qui leur pût aider, ou le moins souvent qu'ils pouvoient. Le Roy l'eût bien voulu; mais il estoit craintif de desplaire à ceux à qui il donnoit crédit, et par espécial à ceux qui manioient ses finances, comme ledit cardinal, ses frères et parens. Qui est bel exemple pour les princes; car il faut qu'ils prennent la peine de conduire eux-mesmes leurs affaires pour le moins, et quelquefois en appeler d'autres, selon les matières, et les tenir presque égaux : car s'il y en a un si grand que les autres le craignent (comme fît le roy Charles VIII et a fait jusques icy, qui tousjours en a eu un), cestuy-là est le Roy et seigneur, quant à l'effect, et se trouve le maistre mal servy, comme il a esté de ses gouverneurs, qui ont très-bien fait leurs besognes et mal les siennes, et en a esté moins estimé.

◇◇◇

CHAPITRE XX.

Comment le Roy, estant retourné en France, mit en oubly ceux qui estoient demeurez à Naples, et comment monseigneur le Dauphin mourut, dont le Roy et la Reyne menèrent grand deuil.

Mon retour à Lion fut l'an 1495, le douzième jour de décembre, auquel lieu estoit arrivé le Roy avec son armée, et avoit esté dehors, audit voyage, un an et environ deux mois, et tenoient encores les chasteaux de Naples, comme j'ay dit peu plus avant, et estoient encores audit royaume de Naples monseigneur de Montpensier, lieutenant du Roy, et à Salerne, avec le prince du lieu, et monseigneur d'Aubigny, en Calabre (où presque tousjours avoit esté malade, mais bien et grandement y avoit servy), et messire Gracien des Guerres estoit en l'Abruzze, dom Julian au Mont-Sainct-Ange, George de Suilly à Tarente; mais le tout tant pauvre et tant abandonné, que nul ne le sauroit penser, sans avoir, à grande peine, une nouvelle ou lettre, et celles qu'ils avoient n'estoient que mensonges et promesses sans effect. Car (comme dit est) de soy le Roy ne faisoit rien; et qui les eût fournis de sommes d'argent à heure, dont on a despendu six fois le double, jamais n'eussent perdu le royaume. Finalement leur vinrent quarante mille ducats seulement, qui leur furent envoyez, quand tout fut perdu, pour partie de leur solde d'un an; et y a plus, que s'ils fussent arrivez un mois plustost, les maux et hontes qui leur avinrent (comme entendez) ne leur fussent pas avenus, ne les divisions; et tout par faute que le maistre n'expédioit rien de luy, ny n'escoutoit les gens qui en venoient; et ses serviteurs, qui s'en mesloient, estoient peu expérimentez et paresseux, et croy que quelqu'un avoit intelligence avec le Pape, et sembloit que Dieu laissast de tous poincts à faire la grâce au Roy, qu'il luy avoit faite à l'aller.

Après que le Roy eut sejourné à Lion deux mois ou environ, luy vinrent nouvelles comme monsieur le Dauphin, son seul fils (1), estoit en péril de mort, et trois jours après luy vinrent nouvelles qu'il estoit trespassé. Ledit seigneur en eut dueil, comme la raison le veut; mais peu

---

(1) Charles Orland.

luy dura le dueil, et la reyne de France, duchesse de Bretagne, appellée Anne, mena le plus grand dueil qu'il est possible que femme peust faire, et longuement luy dura ce dueil : et croy qu'outre le dueil naturel que les mères ont accoustumé d'avoir de la perte de leurs enfans, le cœur luy jugeoit quelque grand dommage à venir; mais au Roy, son mary, dura peu ce dueil (comme dit est), et la voulut reconforter de faire dancer devant elle, et y vinrent aucuns jeunes seigneurs et gentils-hommes, que le Roy y fit venir en pourpoinct pour dancer, et entre les autres y estoit le duc d'Orléans, qui pouvoit bien avoir trente-quatre ans. Il luy sembloit bien qu'il avoit joye de ladite mort (à cause qu'il estoit le plus prochain de la couronne après le Roy), et furent long-temps après sans parler ensemble pour cette cause. Ledit Dauphin avoit environ trois ans, bel enfant et audacieux en parole, et ne craignoit point les choses que les autres enfans ont accoustumé de craindre ; et vous dis que pour ces raisons, le père en passa aisément son dueil, ayant desjà doute que tost cet enfant ne fust grand, et que continuant ses conditions, il ne luy diminuast l'authorité et puissance, car ledit Roy ne fut jamais que petit homme de corps et peu entendu; mais estoit si bon, qu'il n'est point possible de voir meilleure créature.

Or entendez quelles sont les misères des grands roys et princes qui ont peur de leurs propres enfans. Le roy Louys XI son père en avoit eu peur, qui fut si sage et vertueux, mais bien sagement y pourveut, et après en l'âge de quatorze ans il le laissa roy. Ledit roy Louys avoit fait peur à son père le roy Charles VII ; car il se trouva en armes et en assemblée contre luy, avec aucuns seigneurs et chevaliers de ce royaume, en matière de broüillis de cour et de gouvernement (et le m'a maintesfois conté ledit roy Louys XI), ayant environ l'âge de treize ans; mais cela ne dura point. Mais depuis qu'il fut homme, il eut grande division avec ledit Charles VII son père, et se retira au Dauphiné, et de là en Flandres, laissant ledit pays du Dauphiné audit Roy son père ; et est parlé de ce propos au commencement de ces Mémoires, touchant le règne dudit roy Louys XI.

Nulle créature n'est exempte de passion, et tous mangent leur pain en peine et en douleur, comme Nostre-Seigneur le promit dès qu'il fit l'homme, et loyaument l'a tenu à toutes gens. Mais les peines et labeurs sont différentes, celles du corps sont les moindres, et celles de l'entendement les plus grandes. Celles des sages sont d'une façon, et celles des fols d'une autre; mais trop plus de douleur et de passion porte le fol que le sage (combien qu'à plusieurs semble le contraire), et si y a moins de reconfort. Les pauvres gens (qui travaillent et labourent pour nourrir eux et leurs enfans, et payent la taille et les subsides à leurs seigneurs) devroient vivre en grand desconfort, si les grands princes et seigneurs n'avoient que tous plaisirs en ce monde, et eux travail et misère ; mais la chose va bien autrement, car (si je me voulois mettre à escrire les passions que j'ay veu porter aux grands, tant hommes que femmes, depuis trente ans seulement), j'en ferois un gros livre (je n'entends point de ceux qui sont des conditions de ceux qui sont nommez au livre de Bocace (1) ; mais j'entends de ceux et celles qu'on voit en toute richesse, santé et prospérité), et ceux qui ne les pratiquoient point de si près comme moy, les réputoient estre bien-heureux, et si ay veu maintesfois leurs desplaisirs et douleurs estre fondez en si peu de raison, qu'à grande peine l'eussent voulu croire les gens qui ne les hantoient point, et la pluspart estoient fondez en soupçons et rapports; qui est une maladie cachée (qui règne aux maisons des grands princes) dont maint mal advient, tant à leurs personnes qu'à leurs serviteurs et sujets, et s'en abrège tant leur vie, qu'à grand peine s'est veu aucun roy en France, depuis Charlemagne, avoir passé soixante ans.

Pour cette suspicion, quand Louys XI vint et approcha du terme, estant malade, se jugeoit desjà mort. Son père Charles VII, qui tant avoit fait de belles choses en France, estant malade, se mit en fantaisie qu'on le vouloit empoisonner, parquoy il ne vouloit jamais manger. Autres suspicions eut le roy Charles VI qui devint fol, et le tout par rapport. Ce qui doit estre réputé à grande faute aux princes, quand ils ne les avèrent ou font avérer, si ce sont choses qui leur touchent, et encores que ne fussent de trop grande importance (car par ce moyen ils n'en auroient point si souvent), et faudroit en demander aux personnes l'un devant l'autre, j'entens de l'accusateur et de l'accusé, et par ce moyen ne se feroit aucun rapport s'il n'estoit véritable. Mais il y en a de si bestes, qu'ils promettent et jurent n'en dire rien, et par ce moyen ils emportent aucunesfois ces angoises dont je parle, et si hayent le plus souvent les meilleurs et les plus loyaux serviteurs qu'ils ayent, et leur font des dommages à l'appétit et rapport de plusieurs meschans, et par ce moyen font de grands torts et de grands griefs à leurs sujets.

<><>

(1) Dans son livre des *Nobles malheureux*.

CHAPITRE XXI.

Comment les nouvelles de la perte du chasteau de Naples vinrent au Roy ; de la vendition des places des Florentins à diverses gens ; du traité d'Atelle en la Poüille, au grand dommage des François, et de la mort du roy Ferrand de Naples.

Le trespas de monseigneur le Dauphin, seul fils du roy Charles VIII, fut environ le commencement de l'an 1496, qui luy fut la plus grande perte que jamais luy fût advenue ne qui luy pût advenir, car jamais n'a plus eu enfant qui ait vescu. Ce mal ne vint point seul, car en ce propre temps, luy vinrent nouvelles que le chasteau de Naples estoit rendu par ceux que monseigneur de Montpensier y avoit laissez par faveur, et aussi pour avoir les ostages que ledit seigneur de Montpensier avoit baillez (qui estoient monseigneur d'Alègre, un des enfans de la Marche-d'Ardaine, et un appellé de la Chapelle, de Loudonnois, et un appellé Jean Roquebertin, Catelan), et revinrent par mer ceux qui estoient audit chasteau. Une autre honte et dommage luy advint, c'est qu'un appellé Entragues (qui tenoit la citadelle de Pise, qui estoit le fort, et qui tenoit cette cité en subjection) bailla ladite citadelle aux Pisans ; qui estoit aller contre le serment du Roy, qui deux fois jura aux Florentins de leur rendre ladite citadelle et autres places comme Serzanne et Serzannelle, Piètre-Sancte, Librefacto et Mortron, que les Florentins avoient prestées audit seigneur, à son grand besoin et nécessité, à son arrivée en Italie, et luy avoient donné six-vingt mille ducats, dont il n'en restoit que trente mille à payer quand nous repassasmes, comme en quelque autre endroit en a esté parlé. Bref toutes ces places furent vendues. Les Genevois acheptèrent Serzanne et Serzannelle, et les leur vendit un bastard de Sainct-Paul ; Piètre-Sancte vendit encores ledit Entragues aux Luquois, et Librefacto aux Vénitiens, le tout à la grande honte du Roy et de ses sujets, et au dommage et consommation de la perte du royaume de Naples. Le premier serment (comme dit est ailleurs) que le Roy fit de la restitution desdites places fut à Florence, sur le grand autel, en la grande église de Sainct-Jehan. Le second fut en Ast, quand il fut retourné, et prestèrent les Florentins trente mille ducats comptant audit seigneur (qui en avoit bien grand besoin), par condition que si Pise se rendoit, le Roy ne payeroit rien de ladite somme, et seroient rendus les gages et bagues qu'on leur bailloit, et si devoient prester audit seigneur encores soixante mille ducats, et les faire payer comptant au royaume de Naples, à ceux qui encores estoient là pour le Roy, et tenir audit royaume trois cens hommes-d'armes continuellement, à leurs despens, au service dudit seigneur, jusques à la fin de l'entreprise ; et pour cette mauvaisetié dite, rien ne se fit de ces choses, et fallut rendre lesdits trente mille ducats que ces Florentins avoient prestez, et advint tout ce dommage par faute d'obéissance et par rapports en l'oreille ; car aucuns des plus près de luy donnèrent cœur audit Entragues d'ainsi le faire.

En ce mesme temps, deux mois plus ou moins, au commencement de cette année 1496, voyans monseigneur de Montpensier et le seigneur Virgile Ursin, messire Camille Vitelly, et autres capitaines françois, que tout estoit ainsi perdu, se mirent aux champs et prirent quelques petites places, et là leur vint au-devant le roy Ferrand, fils du roy Alphonse (qui s'estoit voué de religion, comme avez veu devant), et avec ledit Ferrand estoit le marquis de Mantoüe, frère de la femme dudit Montpensier, et capitaine général des Vénitiens, qui trouvèrent logé ledit Montpensier en une ville appellée Atelle, lieu très-avantageux pour eux, pour avoir vivres, en un haut, et fortifièrent leurs logis, comme ceux qui craignoient la bataille ; car ledit roy Ferrand, et ses gens, avoient tousjours esté battus en tous lieux, et ledit marquis, en venant à Fornoüe, où nous avions combattu ; et l'avoient les Vénitiens presté au roy Ferrand, auquel ils prestèrent aussi quelque somme d'argent, qui valoit peu, pour les gages qu'ils en prirent : car ils en eurent six places en la Poüille, de grande importance (comme Brandis, Trani, Galipoli, Carna, Otrante et Monopoli, qu'ils avoient prises sur nous), et comptèrent le service de leurs gens-d'armes, qu'ils avoient audit royaume ; et tant qu'ils tiennent lesdites places pour deux cens mille ducats, et puis veulent compter la despense de les garder, et croy que leur intention n'est point de les rendre ; car ils ne l'ont point de coustume, quand elles leur sont bienséantes, comme sont celles-cy, qui sont du costé de leur goufre de Venise ; et par ce moyen sont vrays seigneurs du goufre (qui est une chose qu'ils désirent bien), et me semble que dudit Otrante (qui est le bout du goufre) y a neuf cens milles jusques à Venise. Le Pape y a eu autres places entre deux : mais il faut que tout paye gabelle à Venise, si on veut naviguer par ledit goufre. Or est-ce grand chose à eux d'avoir acquis ces places, et plus que beaucoup de gens n'entendent; car ils en tirent grands bleds et huiles, qui leur sont deux choses bienséantes et nécessaires.

Audit lieu dont je parle, survint question entre les nostres, tant pour les vivres (qui se commencèrent à diminuer) que pour faute d'argent; car il estoit deu aux gens-d'armes un an et demy et plus, et avoient enduré grandes pauvretez. Aux Allemans estoit aussi deu largement, mais non point tant, car tout l'argent que monseigneur de Montpensier pouvoit finer audit royaume, estoit pour eux; toutesfois il leur estoit deu un an et plus. Mais ils avoient pillé plusieurs petites villes, dont ils s'estoient enrichis. Si les quarante mille ducats qu'on leur avoit tant de fois promis envoyer y eussent esté, ou qu'on eust sceu qu'ils eussent esté à Florence, le débat qui y advint, n'y fust point advenu; mais tout estoit sans espoir. Toutesfois plusieurs des chefs m'ont dit que si nos gens eussent esté d'accord pour combattre, il leur sembloit qu'ils eussent gagné la bataille, et quand ils l'eussent perduë, ils n'eussent point perdu la moitié des gens qu'ils perdirent en faisant un si vilain accord qu'ils firent. Monsieur de Montpensier et le seigneur Virgile Ursin, qui estoient les deux chefs, vouloient la bataille, et ceux-là sont morts en prison, et ne leur fut point observé ledit appointement. Ces deux que je dis, chargèrent monseigneur de Percy, un jeune chevalier d'Auvergne, d'avoir esté cause que l'on ne combattit pas, et qu'il estoit un très-mauvais chevalier, et peu obéissant à son chef.

Il y avoit deux sortes d'Allemans en cet ost. Il y pouvoit avoir quinze cens Suisses, qui y avoient esté dès que le Roy y alla. Ceux-là le servirent loyaument jusques à la mort, et tant que plus on ne sçauroit dire. Il y en avoit d'autres que nous appellons communément lansquenets, qui vaut autant à dire comme compagnons du pays, et ceux-là haïssent naturellement les Suisses, et les Suisses eux. Ils sont de tous pays, comme de dessus le Rhin, et du pays de Souave (1); il y en avoit aussi du pays de Vaux en Sénonie (2), et du pays de Gueldres; tout cecy montoit environ sept ou huict cens hommes, qu'on y avoit envoyez nouvellement, avec payement de deux mois, qui estoit mangé, et quand ils arrivèrent là, ils ne trouvèrent autre payement. Ceux-cy se voyans en ce péril et nécessité, ne nous portèrent point l'amour que font les Suisses. Ils pratiquèrent et se tournèrent du costé dudit dom Ferrand, et pour cette cause, et pour la division des chefs, nos gens firent un vilain et infame appointement avec ledit dom Ferrand, qui bien jura de le tenir, car ledit marquis de Mantoüe voulut bien en asseurer la personne de son beau-frère monsieur de Montpensier.

Par ledit accord ils se rendirent tous en la main de leurs ennemis, et leur baillèrent toute l'artillerie du Roy, et leur promirent faire rendre toutes les places que le Roy avoit audit royaume, tant en Calabre, où estoit monseigneur d'Aubigny, qu'en l'Abruzze, où estoit messire Gracien des Guerres, avec Gajette et Tarente, et par ce moyen ledit roy Ferrand les devoit envoyer en Provence par mer, leurs bagues sauves, lesquelles ne valoient guères. Ledit roy Ferrand les fit tous mener à Naples, et estoient cinq ou six mille personnes, ou plus. Si deshonneste appointement n'a esté fait de nostre temps, et n'en ay leu de semblable, fors celuy qui fut fait par deux consuls romains (comme dit Titus (3) Livius) avec les Samnitiens, qu'on veut dire estre ceux de Bénévent, en un lieu appellé lors les Furques Caudines, qui est certain païs de montagnes; lequel appointement les Romains ne voulurent tenir, et renvoyèrent prisonniers les deux consuls aux ennemis.

Quand nos gens eussent combatu et perdu la bataille, ils n'eussent point perdu tant de morts: car les deux parts des nostres y moururent par famine ou peste, dedans les navires, en l'isle de Prusse, où ils furent envoyez depuis par ledit roy Ferrand, et mesmes y mourut monsieur de Montpensier (aucuns disent de poison, et autres de fièvres, ce que je croy mieux), et ne croy point que de tout ce nombre revinst jamais quinze cens personnes: car des Suisses qui estoient bien treize cens, n'en revint point plus de trois cens cinquante, tous malades, lesquels doivent estre loüez de leur loyauté; car jamais ne voulurent prendre le party du roy Ferrand, et eussent avant enduré la mort, comme plusieurs firent audit lieu de Prusse, tant de chaleur et de maladie, comme de faim: car on les tint en ces navires par long-temps en si grande extrémité de vivres, qu'il n'est possible de croire. Je vis revenir ceux qui en revinrent, et par espécial les Suisses, qui rapportèrent toutes leurs enseignes, et monstroient bien à leurs visages, qu'ils avoient beaucoup

---

(1) Souabe.

(2) C'est le pays que les géographes latins nomment *Valesia Sedusiorum*, dont *Sedunum*, en français *Sion*, est la métropolitaine.

(3) Première décade, livre IX.

souffert, et tous estoient malades ; et quand ils partirent des navires, pour un peu prendre l'air, on leur haussoit les pieds. Ledit seigneur Virgile s'en pouvoit bien aller en ses terres, par ledit appointement, et son fils et tous les Italiens qui servoient le Roy ; toutesfois ils le retinrent, et sondit fils légitime aussi, car il n'en avoit qu'un. Bien avoit un bastard, homme de bien, appellé le seigneur Carlo. Plusieurs Italiens de leur compagnie le destrousserent en s'en allant. Si cette male-aventure ne fust tombée que sur ceux qui avoient fait ledit appointement, on ne les devroit point plaindre.

Tost après que ledit roy Ferrand eust receu cet honneur, dont j'ay parlé dessus, et que de nouveau avoit esté marié avec la fille de son grand-père le roy Ferrand, qu'il avoit euë de la sœur du roy de Castille, de présent régnant, et si estoit sœur du roy Alphonse son propre père, estant jeune fille de treize ou quatorze ans : il prit une fièvre continuë, dont en peu de jours mourut, et vint la possession du royaume au roy Fédéric (qui de présent le tient), oncle dudit Ferrand. Ce me semble horreur de parler d'un tel mariage, dont en ont fait jà plusieurs en cette maison, de fresche mémoire, comme depuis trente ans en çà. Ladite mort fut tost après ledit appointement, qui fut fait en la ville d'Atelle (1), l'an 1496. Ledit roy dom Ferrand quand il vivoit, et ledit dom Fédéric, depuis qu'il fut Roy, s'excusoient sur ce que monsieur de Montpensier ne faisoit point rendre lesdites places qu'il avoit promises, en faisant ledit traicté ; car Gajette et autres n'estoient point en sa main. Et combien qu'il fust lieutenant du Roy, si n'estoient point tenus ceux qui tenoient les places pour leur Roy, de les rendre par son commandement, combien que le Roy n'y eust guères perdu, car elles coustèrent beaucoup depuis à garder et avitailler, et si se perdirent : et ne pense mentir (car j'estois présent à voir dépescher trois ou quatre fois ceux qui allèrent pour avitailler et secourir les chasteaux de Naples, en un coup, et après jusques à trois, pour avitailler Gajette) que ces quatre voyages coustèrent plus de trois cens mille francs, et si furent voyages perdus.

◇◇◇

CHAPITRE XXII.

Comment quelques pratiques menées en faveur du Roy, par aucuns seigneurs d'Italie,

(1) Atella, petite ville à deux lieues au sud de Melphi, dans la Basilicate.

tant pour Naples que pour déchasser le duc de Milan, furent rompues, par faute d'y envoyer; et comment une autre entreprise contre Gênes, ne put aussi venir à bon effect.

Depuis le retour du Roy dudit voyage de Naples, comme dit est, il se tint à Lion grand temps, à faire tournois et joustes, désirant tousjours ne perdre point ses places dont j'ay parlé, et ne luy chaloit qu'il luy coustast; mais nulle peine ne vouloit prendre pour entendre à son affaire. Pratiques luy venoient assez d'Italie, et de grandes et seures pour le royaume de France, qui est fort de gens, et a largement bleds en Provence et Languedoc, et autres pays pour y envoyer, et argent; mais à un autre prince que le roy de France, seroit tousjours se mettre à l'hospital, de vouloir entendre au service des Italiens, et à leurs entreprises et secours : car tousjours y mettra ce qu'il aura, et n'achèvera point, car ceux-là ne servent point sans argent, et aussi ils ne pourroient, si ce n'estoit un duc de Milan, ou une des plus grandes seigneuries ; mais un pauvre capitaine, encores qu'il ait bonne affection de servir un prince de la maison de France, qui prétendroit raison au royaume de Naples, ou un autre qui prétendist droict à la duché de Milan, quelque loyauté qu'il tinst, et encores qu'il soit vostre partisan, si ne vous sçauroit-il servir guères longuement, après le payement failly, car ses gens le laisseroient, et le pauvre capitaine auroit perdu son vaillant : car la pluspart n'ont rien que le crédit que leur donnent leurs gens-d'armes, lesquels sont payez de leur capitaine, et luy se fait payer de celuy qu'il sert, et plus grand seureté ne sçauroit-on demander en Italie que la partialité.

Mais pour sçavoir quelles ont esté ces pratiques que j'ay dites, si grandes furent, qu'elles commencèrent avant que Gajette fust perdue, et durèrent encores depuis, deux ans après le retour du Roy, quand le duc de Milan ne tenoit choses qu'il eût promises. Ce qu'il ne faisoit point du tout par tromperie, ne malveillance, mais en partie de crainte : car il craignoit que si le Roy estoit si grand qu'il ne le deffist. Après il estimoit aussi le Roy estre de peu de tenue et seureté. Il fut entrepris finalement que le duc d'Orléans iroit en Ast, avec un nombre de gens, bon et grand, et le vis prest à partir, et tout son train partit. Nous estions asseurez du duc de Ferrare, avec cinq cens hommes-d'armes, et deux mille hommes-de-pied, combien qu'il fût beau-père du duc de Milan, car il le faisoit pour s'oster du péril où il se voyoit estre entre les Vénitiens et le duc; car pièça, comme a esté veu dessus, lesdits Vénitiens luy avoient osté le Polésan, et ne demandoient que sa destruction. Il eût préféré sa seureté, et de ses enfans, à l'amitié de son gendre, et par aventure luy sembloit que ledit duc s'appointeroit avecques le Roy, quand il se verroit en cette crainte. Le semblable eût fait par sa main le marquis de Mantoüe, qui naguères estoit capitaine des Vénitiens, et encores estoit, mais en suspicion d'eux, et luy mal-content d'eux, séjournoit avec son beau-père le duc de Ferrare, avec trois cens hommes-d'armes, et si avoit pour femme, et a encores, la sœur de la duchesse de Milan, et fille du duc de Ferrare. Messire Jehan Bentivoille (qui gouverne Boulogne, et y est comme seigneur) eût fourny cent cinquante hommes-d'armes, et deux de ses fils, qui avoient gens-d'armes, et de bonnes gens-de-pied, et si est assis en lieu où il pouvoit bien servir contre le duc de Milan. Les Florentins qui se voyoient destruicts, si par quelque grand inconvénient ne se ressourdoient, de peur d'estre dessaisis de Pise, et d'autres places dont il a esté parlé, fournissoient huict cens hommes-d'armes, et cinq mille de pied, et cela à leurs despens, et avoient provision de leurs payemens pour six mois. Les Ursins, et aussi le préfect de Rome, frère du cardinal de Sainct-Pierre-ad-vincula, dont plusieurs fois a esté parlé (car ils estoient à la solde du Roy), eussent bien amené mille hommes-d'armes, mais entendez que la suite de leurs hommes-d'armes n'est pas telle que celle des nostres, qui ont archers : mais la solde est assez pareille. Car un homme-d'armes bien payé couste cent ducats l'an, et il nous faut le double pour les archers. Ces gens souldoyez falloit bien payer; mais aux Florentins, rien. Quant au duc de Ferrare et au marquis de Mantoüe et Bentivoille, ils parloient seulement de leurs despens : car ils prétendoient gains de terres aux despens du duc de Milan; et s'il se fût trouvé soudainement assailly de ce qu'eût mené le duc d'Orléans, et de tous ceux que j'ay nommez, ceux qui se fussent sceu mettre en ordre pour le deffendre, comme les Vénitiens, n'eussent esté prests à moins de quatre-vingt mille escus, devant qu'il eust esté contraint de se tourner du costé du Roy, qui eust tenu tous ces Italiens aux champs long-temps. Et de faict, le duché de Milan gagné, le royaume de Naples se recouvroit de soy-mesme.

La faute d'esprouver cette belle aventure, vint de ce que ledit duc d'Orléans mua de propos, combien qu'on entendoit qu'il deust partir du soir au matin, parce qu'il avoit envoyé devant toutes choses qui servoient à sa personne, et ne restoit que luy à partir, et l'armée preste et payée : car en Ast avoit huict cens hommes-d'armes françois, et bien six mille hommes-de-pied, dont y en avoit quatre cens Suisses. Ledit duc d'Orléans, ayant ainsi mué de propos, requit au Roy par deux fois, qu'il luy pleust mettre cette matière au conseil. Ce qui fut fait par deux fois, et m'y trouvay présent à toutes les deux fois, et fut conclu, sans une voix au contraire (et si y avoit tousjours dix ou douze personnes pour le moins) qu'il y devoit aller, veu qu'on avoit asseuré tous les amis en Italie, qui dessus sont nommez, lesquels jà avoient fait grosse despense et se tenoient prests. Lors dit ledit duc d'Orléans (qui estoit de quelqu'un conseillé, ou fuyoit son partement, parce qu'il voyoit le Roy assez mal disposé de sa santé, dont il devoit estre propre héritier s'il venoit à mourir) qu'il ne partiroit point pour y aller pour sa propre querelle, mais que très-volontiers iroit comme lieutenant du Roy nostre sire, et par son commandement, et ainsi finit ce conseil. Le lendemain, et plusieurs autres jours après, pressèrent fort les ambassadeurs florentins, et plusieurs autres, le Roy pour faire partir ledit duc d'Orléans ; mais le Roy respondit qu'il ne l'envoyeroit jamais à la guerre par force. Parquoy ce voyage fut ainsi rompu, et en desplaisoit au Roy, qui en avoit fait grande despence, et avoit grande espérance de se venger du duc de Milan, veu lesdites nouvelles qu'il pouvoit avoir eues à l'heure des intelligences qu'avoit messire Jehan-Jaques de Trevoul, qui estoit lieutenant-général pour le Roy et pour le duc d'Orléans, qui est natif de Milan, et fort aimé et apparenté en ladite duché de Milan, où avoit largement gens qui avoient bonne intelligence avec luy, tant de ses parens comme d'autres.

Faillie cette entreprise, en survint tost après une autre, voire deux ou trois à un coup, de Gênes, là où ils sont enclins à toutes mutations. L'une se dressoit par messire Baptiste de Campefourgouse, qui estoit un grand chef entre ces partialitez de Gênes, mais il en estoit banny, et n'y pouvoit sa partialité rien, ne ceux de Dorie, qui sont gentils-hommes, et ceux de Fourgouse, non. Lesdits Dorie sont partisans desdits Fregouses, et ne peuvent estre ducs, à cause qu'ils sont gentils-hommes ; car un gentil-homme ne le peut estre, et ledit messire Baptiste l'avoit esté, n'y avoit guères, et avoit esté trompé par son oncle, le cardinal de Gênes, et cestuy-là avoit mis la seigneurie de Gênes en la main du duc de Milan (il n'y a pas encores fort long-temps), et gouvernoient à Gênes les Adornes, qui aussi ne sont point gentils-hommes, mais souvent ont esté ducs de Gênes, et aidez par les Spinoles, qui sont aussi gentils-hommes. Ainsi les nobles font bien un duc à Gênes, mais ils ne le peuvent estre. Ledit messire Baptiste espéroit mettre en armes sa partialité, tant en la cité qu'aux champs, et que la seigneurie seroit au Roy, et que luy et les siens gouverneroient et chasseroient les autres dehors.

L'autre entreprise estoit que plusieurs personnes de Savonne s'estoient adressez au cardinal de Sainct-Pierre-ad-vincula, asseurant de luy pouvoir bailler ladite ville de Savonne, espérant estre en liberté: car elle est sous la ville de Gênes, et y paye les gabelles. Qui eust peu avoir ce lieu, Gênes eust esté fort à l'estroict, veu que le Roy tient le païs de Provence, et que Savoye est à son commandement. Et pour toutes ces nouvelles manda le Roy à messire Jehan-Jaques de Trevoul, qu'il fist espaule audit messire Baptiste de Campefourgouse, et prestast des gens pour le conduire jusques aux portes de Gênes, pour voir si sa partialité se pourroit lever. D'autre costé fut empesché du cardinal Sainct-Pierre-ad-vincula, qui fit tant que le Roy escrivit aussi audit messire Jaques qu'il envoyast des gens avec ledit cardinal, pour le conduire jusques à Savonne, et le luy mandoit de bouche par le seigneur de Servon en Provence, amy dudit cardinal, et très-hardy parleur. Ledit Roy mandoit audit messire Jehan-Jaques qu'il se mît en lieu où il pût faire espaule aux deux bandes, et qu'il n'entreprît rien sur le duc de Milan, ne contre la paix qu'on avoit faite la saison devant avec ledit duc, comme l'on a pû voir ailleurs (1).

Or estoient ces commandemens bien différens, et ainsi se dépeschent les affaires des grands princes, quand ils n'y sont point présens et qu'ils sont soudains à commander lettres, et expédier gens, sans bien ouyr débattre devant les expéditions de si grosses entreprises. Or entendez quant à ce que demandoit ledit messire Baptiste de Campefourgouse, et à ce que cherchoit ledit cardinal, que c'estoit chose impossible de fournir aux deux à un coup: car d'aller jusques aux murs de Gênes, sans grand nombre de gens, ne se pouvoit faire, car il y a grand peuple dedans, hardis, bien armez, et vaillantes gens; et en baillant aussi compagnie au cardinal, l'armée estoit départie en trois, car il falloit qu'il en demeurât audit messire Jehan-Jaques, et si y avoit à Gênes et à Sa-

(1) Chapitre 20.

vonne beaucoup de gens que le duc de Milan y avoit envoyez, et les Vénitiens, qui tous avoient bien grande peur que Gênes tournast, et si avoit dom Fédéric et le Pape.

Or messire Jehan-Jaques avoit eu une tierce entreprise en son cœur: car il eût voulu tost tirer droict contre le duc de Milan, et laisser les autres entreprises, et qui l'eût laissé faire, il eût fait grandes choses, et commença. Car sous couleur d'escrire au Roy qu'il ne pouvoit autrement garder de dommage ceux qui iroient à Gênes ou à Savonne, il s'en alla mettre sur le grand chemin par où l'on pouvoit venir d'Alexandrie vers Gênes (car par ailleurs que par ce chemin, ne pouvoit le duc de Milan envoyer gens pour courir sus aux nostres), et prit ledit messire Jehan-Jaques trois ou quatre petites villes qui luy ouvrirent; et disoit ne faire point de guerre au duc pour cela, veu qu'il estoit nécessaire qu'il s'y mist, et aussi que le Roy n'entendoit point faire guerre audit duc, mais avoir Gênes et Savonne, s'il eust pû: disant qu'ils sont tenus de luy, et qu'ils avoient forfait. Pour satisfaire au cardinal, ledit messire Jehan-Jaques luy bailla partie de l'armée pour aller à Savonne. Il trouva la place garnie, et son entreprise rompue, et s'en revint. On en bailla d'autres audit messire Baptiste, pour aller à Gênes, s'asseurant fort de ne faillir point. Quand il eut fait trois ou quatre lieues, ceux qui alloient en sa compagnie entrèrent en aucuns doutes de luy, tant Allemans que François, toutesfois c'estoit à tort; mais leur compagnie, qui n'estoit pas grande, se fût mise en danger d'y aller si sa partialité ne se fût levée; et ainsi faillirent toutes ces entreprises, et estoit jà fort le duc de Milan, qui avoit esté en grand péril, qui eust laissé faire le seigneur Jehan-Jaques, et luy estoient venus beaucoup de gens des Vénitiens. Nostre armée se retira, et donna-l'on congé aux gens-de-pied, et furent laissées ces petites villes qu'on avoit prises, et cessa la guerre, à peu de profit pour le Roy; car fort grand argent s'y estoit despendu.

◇◇◇

CHAPITRE XXIII.

De quelques dissentions d'entre le roy Charles et Ferrand de Castille, et des ambassadeurs envoyez de l'un à l'autre pour les appaiser.

Depuis le commencement de l'an 1496 que jà le Roy estoit deçà les monts, trois ou quatre mois y avoit, jusques en l'an 1498, ne fit le Roy autre chose en Italie, et me trouvay tout ce temps avec luy, et estois présent à la pluspart des choses; et alloit le Roy de Lion à Moulins, et de Moulins à Tours, et partout faisoit des tournois et des joustes, et ne pensoit à autres choses. Ceux qui avoient plus de crédit à l'entour de luy estoient tant divisez que plus ne pouvoient. Les uns vouloient que l'entreprise d'Italie continuast (c'estoient le cardinal et le sénéchal), voyans leur profit et authorité en la continuant, et passoit tout par eux. D'autre costé estoit l'admiral (1), qui avoit eu toute l'authorité avec le jeune Roy, avant ce voyage. Cestuy-là vouloit que ces entreprises demeurassent de tous poincts, et y voyoit son profit et moyen de retourner à sa première authorité et les autres à la perdre; et ainsi passèrent les choses un an et demy ou environ.

Durant ce temps alloient ambassadeurs devers le roy et la reyne de Castille : car fort désiroit le Roy d'appaiser ce bout, qui estoit en guerre, et estoient forts par mer et par terre; et combien que par la terre fissent peu d'exploit, par mer avoient fort aidé au roy Ferrand et Fédéric; car le païs de Cecile est voisin au royaume de Naples, d'une lieuë et demie, à l'endroit de Règes en Calabre, et aucuns veulent dire qu'autresfois fut terre, mais que la mer a fait cette ouverture que l'on appelle de présent le far de Messine. Et de Cecile, dont les roy et reyne de Castille estoient seigneurs, vindrent grands secours à Naples, tant de caravelles qu'ils avoient envoyées d'Espagne, que de gens; et en Cecile mesme se trouva quelque nombre d'hommes-d'armes qui estoient passez en Calabre avec une quantité de génétaires, et faisoient la guerre à ceux qui estoient là pour le Roy; leurs navires estoient sans cesse avec ceux de la ligue; et ainsi, quand tout estoit assemblé, le Roy estoit de beaucoup trop foible par la mer. Par ailleurs fit le roy de Castille peu de dommage au Roy. Vray est que grand nombre de gens de cheval entrèrent en Languedoc et y firent du pillage, et couchèrent audit païs, et y en eut plusieurs qui furent sur ledit païs deux ou trois ou quatre jours; mais autre exploict ne firent-ils. Monseigneur de Sainct-André (2) de Bourbonnois estoit à cette frontière, pour monseigneur le duc de Bourbon, gouverneur de Languedoc. Celuy-là entreprit de prendre Sausses, une petite ville qui estoit en Roussillon; car de là ils faisoient la guerre au Roy, deux ans devant, et leur avoit le Roy rendu ledit païs de Roussillon où est assis le païs de Perpignan, et cette petite ville est du païs. L'entreprise estoit grande, parce qu'il y avoit largement gens, selon le lieu, et des gentils-hommes de la maison du roy de Castille mesme, et leur armée aux champs, logée à une lieuë près, qui estoit plus grosse que la nostre : toutesfois ledit seigneur de Sainct-André conduisit son entreprise si sagement et si secrettement, qu'en dix heures il prit ladite place, comme je vis, par assaut, et y mourut trente ou quarante gentils-hommes d'estime, Espagnols, et entre les autres le fils de l'archevesque de Sainct-Jacques, et trois ou quatre cens autres hommes, lesquels ne s'attendoient point que si tost on les dût prendre, car ils n'entendoient point quel exploict faisoit nostre artillerie, qui à la vérité passe toutes les artilleries du monde.

Voilà tout l'exploict qui fut fait entre ces deux roys : ce fut honte et descry au roy de Castille, veu que son armée estoit si grosse; mais quand nostre Seigneur veut commencer à punir les gens, il leur advient volontiers de telles petites douleurs au commencement, car il en advint bien de plus grandes ausdits Roy et Reyne tost après, et si fit-il à nous. Grand tort avoient lesdits Roy et Reyne d'ainsi s'estre parjurez envers le Roy, après cette grande bonté qu'il leur avoit faite de leur avoir rendu ledit païs de Roussillon, qui tant avoit cousté à réparer et garder à son père; lequel l'avoit en gage pour trois cens mille escus, qu'il leur quitta; et fit tout cecy afin qu'ils ne l'empeschassent point à la conqueste qu'il espéroit faire dudit royaume de Naples; et refirent les anciennes alliances de Castille (qui sont de roy à roy, de royaume à royaume, et d'homme à homme de leurs sujets), et ils promirent de ne l'empescher point à ladite conqueste, et de ne marier aucunes de leurs filles en ladite maison de Naples, d'Angleterre, ne de Flandres : et cette estroicte offre de mariage vint de leur costé; et en fit l'ouverture un cordelier, appellé frère Jehan de Mau-

---

(1) Louis Malet, seigneur de Graville, de Marcoussi, et de Bois-Malesherbes, gouverneur de Picardie et de Normandie, pourvu de la charge d'amiral l'an 1485. Il résigna cette dignité, l'an 1508, à son gendre Charles d'Amboise, seigneur de Chaumont-sur-Loire, lieutenant-général pour le Roi, et gouverneur de Paris, Milan, Gênes et Normandie, chevalier de l'ordre, maréchal et grand-maître de France, et neveu du célèbre cardinal Georges d'Amboise. Charles d'Amboise mourut en 1510 à Corrège en Lombardie. Après sa mort, Graville exerça de nouveau la charge d'amiral dont il s'était réservé la survivance. Il mourut le 30 octobre 1516.

(2) Guichard d'Albon, fils de Gilles, seigneur de St.-André, et de Jeanne de la Palisse Semur, et grand-père de Jacques de d'Albon, marquis de Fronsac, seigneur de Saint-André, maréchal de France.

léon, de par la Reyne de Castille; et dès qu'ils virent la guerre encommencée et le Roy à Rome, ils envoyèrent leur ambassadeur partout pour faire alliances contre le Roy, et mesmes à Venise où j'étois; et là se fit la ligue, dont j'ay tant parlé, du Pape, du Roy des Romains, d'eux, de la seigneurie de Venise et du duc de Milan; et incontinent commencèrent la guerre au Roy, disans que telle obligation n'estoit point de tenir, c'est à sçavoir de ne pouvoir marier leurs filles (dont ils en avoient quatre et un fils) à ces roys dont j'ay parlé; et d'eux-mesmes estoit venuë cette ouverture, comme avez veu.

Or, pour retourner à mon propos, quand toutes ces guerres d'Italie furent faillies, et que le Roy ne tenoit plus Gajette audit royaume de Naples (car encores la tenoit-il, quand les pratiques de paix commencèrent entre lesdits roys; mais tost après fut perduë), et aussi ne se faisoit plus aucune guerre du costé de Roussillon, mais gardoit chacun le sien; ils envoyèrent vers le roy Charles un gentil-homme et des religieux de Montferrat: car toutes leurs œuvres ont fait mener et conduire, par telles gens, ou par hypocrisie, ou afin de moins despendre: car ce frère Jehan de Mauléon, cordelier dont a esté parlé, mena le traicté de faire rendre le Roussillon. Ces ambassadeurs, dont j'ay parlé, prièrent au Roy d'entrée, qu'il luy pleust jamais n'avoir souvenance du tort que lesdits Roy et Reyne luy tenoient (on nomme tousjours la Reyne, parce que Castille est de son costé; et aussi elle en avoit la principale authorité; et a esté un fort honorable mariage que le leur); après commençoient une trefve, y comprenant toute leur ligue, et que le Roy demeurast en possession de Gajette, et autres pièces qu'il avoit audit royaume de Naples, et qu'il les pourroit avitailler à son plaisir durant la trefve; et que l'on prist une journée où se trouveroient ambassadeurs de toute la ligue pour traiter paix qui voudroit; et après vouloient continuer lesdits roys en leur conqueste ou entreprise sur les Maures, et passer la mer qui est entre Grenade et Afrique, dont la terre du Roy de Fez leur estoit la plus prochaine: toutesfois aucuns ont voulu dire que leur vouloir n'y estoit point, et qu'ils se contenteroient de ce qu'ils avoient faict, qui est d'avoir conquis le royaume de Grenade, qui, à la vérité, a esté une belle et grande conqueste et la plus belle qui ait esté de nostre temps, et que jamais leurs prédécesseurs ne sceurent faire; et voudrois pour l'amour d'eux que jamais n'eussent entendu à autre chose, et tenu à nostre Roy ce qu'ils luy avoient promis.

Le Roy renvoya avec ces deux ambassadeurs le seigneur de Clérieux (1) du Dauphiné, et taschoit le Roy de faire paix ou trefve avec eux, sans y comprendre la ligue; mais toutesfois, s'il eût accepté leurdit offre, il eust sauvé Gajette, qui estoit assez bien suffisante pour recouvrer le royaume de Naples, veu les amis que le Roy y avoit. Quand ledit de Clérieux revint, il apporta pratique nouvelle, et jà estoit perduë Gajette avant qu'il fût en Castille. Cette nouvelle ouverture fut que le Roy et eux retournassent en leur première et ancienne amitié, et qu'eux d'eux, à butin, entreprissent toute la conqueste d'Italie, et à communs despens; et que les deux roys y fussent ensemble; mais premièrement vouloient la trefve générale, où toute la ligue fust comprise, et qu'une journée se tinst en Piedmont, où chacun pourroit envoyer ambassadeurs: car honnestement ils se vouloient départir de ladite ligue. Toute cette ouverture, à mon advis, et ainsi qu'on m'a depuis donné à entendre, n'estoit que dissimulation, et pour gagner temps, et pour laisser reposer ce roy Ferrand, quand encores vivoit, et dom Fédéric nouvellement entré en ce royaume; toutefois ils eussent bien voulu ledit royaume leur: car ils y avoient meilleur droict que ceux qui l'ont possédé; mais la maison d'Anjou, dont le Roy a le droict, doit aller devant; mais de la nature dont il est, et aux gens qui y habitent, il me semble qu'il est à celuy qui le peut posséder, car ils ne veulent que mutation.

Depuis y retourna ledit seigneur de Clérieux et un appellé Michel de Grammont sur aucunes ouvertures. Ledit de Clérieux portoit quelque peu d'affection à cette maison d'Arragon, et espéroit avoir le marquisat de Cotron qui est en Calabre, que ledit roy d'Espagne tient de cette conqueste dernière, que ses gens firent audit pays de Calabre, et ledit de Clérieux le prétend sien, et est homme bon, et qui aisément croit, et par espécial tels personnages. A la deuxième fois qu'il revint, il amena un ambassadeur desdits roys; et rapporta ledit de Clérieux qu'ils se contenteroient d'avoir ce qui est le plus prochain de Cécile, qui est Calabre, pour ledit droict qu'ils prétendoient audit royaume de Naples, et que le Roy prist le reste, et qu'en personne viendroit ledit roy de Castille en ladite conqueste, et payeroit autant de la despense de l'armée comme le Roy, et jà tenoit et tient quatre ou cinq places fortes en Calabre, dont Cotron est l'une, qui est cité bonne et forte. Je fus présent au rapport, et à plusieurs sembla que ce n'estoit

(1) Guillaume de Poitiers, seigneur de Clérieux, gouverneur de Paris.

qu'abus, et qu'il falloit là envoyer quelqu'un bien entendu, et qu'il joignist cette pratique de plus près; parquoy fut joint, avec les premiers, le seigneur du Bouchage, homme bien sage, et qui avoit eu grand crédit avec le roy Loys, et encores de présent avec le roy Charles, fils dudit feu roy Loys. L'ambassadeur, que ledit de Clérieux avoit amené, ne voulut jamais confirmer ce que ledit de Clérieux disoit; mais disoit qu'il croyoit que ledit de Clérieux ne le diroit pas si ses seigneurs ne luy eussent dit, ce qui confirmoit l'abusion, et aucun ne pouvoit croire que le roy de Castille y vinst en personne, ne qu'il voulust, ou y pust autant despendre que le Roy.

Après que ledit seigneur du Bouchage, de Clérieux et Michel de Grammont, et autres furent venus devers lesdits roy et reyne de Castille, ils les firent loger en un lieu où personne ne communiquoit avec eux, et avoient gens qui y prenoient garde, et lesdits Roy et Reyne parlèrent avec eux par trois fois; mais quand ce vint que ledit du Bouchage leur dit ce qu'avoient raporté ledit de Clérieux et ledit Michel de Grammont, ils firent response qu'ils en avoient bien parlé par forme de devis, mais non point autrement, et que très-volontiers se meslcroient de ladite paix, et de la faire à l'honneur du Roy et à son profit. Ledit de Clérieux fut bien mal content de cette response, et non sans cause, et soutint devant eux, présent ledit seigneur du Bouchage, qu'ainsi luy avoient dit. Lors fut conclue, par ledit seigneur du Bouchage et ses compagnons, une trêve, à deux mois de desdit, sans y comprendre la ligue, mais bien y comprenoient ceux qui avoient espousé leurs filles, et les pères de leurs gendres; c'est à savoir les rois des Romains et d'Angleterre (1), car le prince de Galles (2) estoit bien jeune. Ils avoient quatre filles, et l'aisnée (3) estoit veufve, et avoit espousé le fils du roy de Portugal (4), dernier trespassé, lequel se rompit le col devant elle, en passant une carrière, sur un genet, trois mois après qu'il l'eut espousée. Ils en ont encore une à marier.

Si tost que fut arrivé ledit du Bouchage, et eut fait son rapport, connut le Roy qu'à propos il avoit envoyé ledit du Bouchage, et qu'au moins il estoit asseuré de ce dont il estoit en doute, et luy sembloit bien que ledit de Clérieux avoit creu trop de léger. Outre luy dit ledit du Bouchage, qu'autre chose n'avoit pû faire que ladite trefve, et qu'il estoit au choix du Roy de l'arrester ou refuser. Le Roy l'arresta, et aussi elle estoit bonne : veu que c'estoit la séparation de cette ligue, qui tant l'avoit destourbé en ses affaires, et qu'aucune manière n'avoit sceu trouver de la départir, et si il y avoit par toutes voyes essayé. Encores luy dit ledit du Bouchage, qu'après luy venoient ambassadeurs devers le Roy, et que lesdits Roy et Reyne luy avoient dit à son partement, qu'ils auroient pouvoir de conclure une bonne paix ; et aussi dit ledit du Bouchage qu'il avoit laissé malade le prince de Castille, leur seul fils.

CHAPITRE XXIV.

Discours sur les fortunes et malheurs qui advinrent à la maison de Castille, au temps du seigneur d'Argenton.

Dix ou douze jours après l'arrivée dudit du Bouchage et de ses compagnons, vinrent lettres audit du Bouchage, d'un des hérauts du Roy, qu'il avoit laissé là, pour conduire ladite ambassade qui devoit venir, et disoient ces lettres qu'il ne s'esbahît point si lesdits ambassadeurs estoient retardez par aucuns jours : car c'estoit pour le trespas du prince de Castille (car ainsi ils les appellent), dont les Roy et Reyne faisoient si merveilleux dueil, qu'on ne sçauroit croire, et par espécial la Reyne, de qui on espéroit aussitost la mort que la vie ; et à la vérité je n'ouys parler jamais de plus grand dueil que celuy qui en a esté faict par tous leurs royaumes; car toutes gens de mestier ont cessé quarante jours (comme leurs ambassadeurs me dirent depuis); tout homme estoit vestu de noir, de ces gros bureaux, et les nobles, et les gens de bien chargeoient leurs mulets couverts jusques aux genoux dudit drap, et ne leur paroissoient que les yeux, et bannières noires estoient par tout sur les portes des villes. Quand madame Marguerite, fille du roy des Romains (5), sœur de monsieur l'archiduc d'Austriche (6), et femme dudit prince, sceut cette douloureuse nouvelle, estant grosse de six mois, elle accoucha d'une fille toute morte. Quelles piteuses nouvelles en cette maison, qui tant avoit receu de gloire et d'honneur, et qui plus possédoit de terre que ne fit jamais prince en la chrestienté, venant de succession ? et puis avoir fait cette belle con-

---

(1) Henri VII mourut en 1509.
(2) Artus, frère aîné d'Henri VIII, qui épousa depuis la veuve de son frère, nommée Catherine, de laquelle il eut Marie, qui régna depuis en Angleterre.
(3) Elle se nommait Isabelle ou Elisabeth.

(4) Alphonse, mort en 1491.
(5) Maximilien, duc d'Autriche, et empereur en 1493.
(6) Philippe Ier, archiduc d'Autriche, et roi de Castille, du chef de sa femme Jeanne, fille et héritière desdits rois.

queste de Grenade, et fait partir un Roy tant honoré par tout le monde, hors d'Italie, et faillir en son entreprise : ce qu'ils estimoient à grande chose, et le Pape mesme, qui sous ombre de la conqueste de Grenade, leur avoit voulu attribuer le nom de Très-Chrestien, et l'oster au roy de France, et plusieurs fois leur avoit escrit ainsi, au-dessus de leurs brefs, qu'il leur envoyoit, et parce qu'aucuns cardinaux contredisoient à ce titre, il leur en donna un autre, en les appellant Très-Catholiques, et ainsi leur escrit encores, et est à croire que ce nom leur demeurera à Rome. Quelles douleurs donc receurent-ils de cette mort, quand ils avoient mis leur royaume en toute obéissance et justice, et lorsqu'il sembloit que Dieu et le monde les voulust plus honorer que tous les autres princes vivans, et qu'ils estoient en bonne prospérité de leurs personnes ?

Encores ne furent-ils point quittes d'avoir eu telles douleurs ; car leur fille aisnée (que plus ils aimoient que tout le monde, après leur fils le prince de Castille, qu'ils avoient perdu) estoit contrainte à se départir d'eux, ayant depuis peu de jours esté espousée avec le roy de portugal, appellé Emanuel, prince jeune, et de nouveau devenu roy, et luy estoit advenue la couronne de Portugal, par le trespas du Roy dernier mort : lequel cruellement fit couper la teste au père (1) de sa femme (2), et tua le frère d'elle, depuis, fils du dessusdit, et frère aisné de celuy qui de présent est roy de Portugal, qu'il a fait vivre en grande peur et crainte, et tua son frère de sa main, en disnant avec luy, sa femme présente, par envie de faire roy un sien bastard ; et depuis ces deux cruautez, il vesquit en grande peur et suspicion, et tost après ces deux exploicts, il perdit son seul fils, qui se rompit le col, en courant sur un genet, et passant une carrière, comme j'ay dit ; et fut celuy-là qui fut le premier mary de cette dame que je dis, qui maintenant a espousé le roy de Portugal, qui règne : et ainsi est retournée deux fois en Portugal, sage dame et honneste (ce dit-on) entre les sages dames du monde.

Or donc pour continuer les misérables adventures qui advinrent en si peu d'espace, ces roy et reyne de Castille, qui si glorieusement et heureusement avoient vescu jusques environ en l'âge qu'ils sont, de cinquante ans tous deux, (combien que la Reyne avoit deux ans davantage),

avoient donné leur fille à ce roy de Portugal, pour n'avoir aucun ennemy en Espagne, qu'ils tiennent toute, excepté la Navare, dont ils font ce qu'il leur plaît, et y tiennent quatre des principales places. Aussi l'avoient fait pour pacifier du doüaire de cette dame, et de l'argent baillé, et pour subvenir à aucuns seigneur de Portugal; car, par ce mariage, ces seigneurs et chevaliers qui furent bannis du pays, quand le roy mort fit mourir ces deux seigneurs dont j'ay parlé, et qui avoient confisqué leurs biens, et par ce moyen la confiscation tient de présent (combien que le cas dont ils estoient accusez, estoit de vouloir faire, celuy qui de présent règne, roy de Portugal), sont récompensez en Castille, du roy de Castille, et leurs terres sont demeurées à la reyne de Portugal, dont je parle ; mais nonobstant telles considérations, ces roy et reyne de Castille avoient grand douleur de ce mariage. Or il faut entendre qu'il n'est nation au monde que les Espagnols hayent tant que les Portugais, et si les mesprisent et s'en mocquent. Parquoy il déplaisoit bien aux dessusdits d'avoir baillé leur fille à homme qui ne seroit point agréable au royaume de Castille, et à autres leurs seigneuries, et s'ils l'eussent eu à faire, ils ne l'eussent jamais fait, qui leur estoit une amère douleur, et encores une autre plus grande, en ce qu'il falloit qu'elle se départist d'eux : toutesfois leurs douleurs passées, ils les ont menez par toutes les principales citez de leurs royaumes, et fait recevoir le roy de Portugal (3) pour prince, et leur fille pour princesse, et pour leur estre roys après leur décès. Et un peu de réconfort leur est venu ; c'est que ladite dame, princesse de Castille et reyne de Portugal, a esté grosse d'un enfant bougeant, mais il leur advint le double de leurs douleurs, et croy qu'ils eussent voulu que Dieu les eût ostez du monde, car cette dame, que tant ils aimoient et prisoient, mourut en accouchant de son enfant, et croy qu'il n'y a pas un mois, et nous sommes en octobre l'an 1498 ; mais le fils est demeuré vif, du travail duquel elle est morte, et a nom, comme le père, Emanuel.

Toutes ces grandes fortunes leurs sont advenues en trois mois d'espace, mais avant le trespas de cette dame dont je parle, est advenu en ce royaume un autre grand dueil et desconfort, car le roy Charles VIII de ce nom, dont tant j'ay parlé, estoit trespassé, comme je diray après,

---

(1) Ferdinand, son oncle, fils puîné d'Edouard, mort en 1438, et frère d'Alphonse V, mort en 1481.

(2) Elle se nommait Eléonore.

(3) Emmanuel épousa en secondes noces sa sœur, nommée Marie, mère de Jean III, roi de Portugal, et en troisièmes noces, Léonore d'Autriche, sœur de l'empereur Charles V.

et semble que Nostre-Seigneur ait regardé ces deux maisons de son visage rigoureux, et qu'il ne veut point qu'un royaume se moque de l'autre; car aucune mutation ne peut estre en un royaume, qu'elle ne soit bien douloureuse pour la pluspart, et combien qu'aucuns y gagnent, encores en y a-il cent fois qui y perdent, et faut changer mainte coustume et forme de vivre à celle mutation ; car ce qui plaist à un roy desplaist à l'autre. Et (comme j'ay dit en un autre endroit) qui voudroit bien regarder aux cruelles et soudaines punitions que Dieu a faictes sur les grands princes, depuis trente ans en ça, on y en trouveroit plus qu'en deux cens ans auparavant, à y comprendre France, Castille, Portugal, Angleterre, le royaume de Naples, Flandres et Bretagne ; et qui voudroit escrire les cas particuliers, que tous j'ay veus, et presque tous les personnages, tant hommes que femmes, on en feroit un grand livre, et de grande admiration, n'y en eût-il seulement de ce qui en est advenu depuis dix ans, et par là la puissance de Dieu devroit estre bien cognue et entendue, et sont les coups qu'il donne sur les grands, plus cruels et plus pesans, et de plus longue durée que ne sont ceux qu'il donne sur les petites gens. Et enfin me semble que, à tout bien considérer, ils n'ont guères davantage en ce monde plus que les autres, s'ils veulent bien voir et entendre par eux, ce qu'ils voyent advenir à leurs voisins, et avoir crainte que le semblable ne leur advienne; car, quant à eux, ils chastient les hommes qui vivent sous eux, et à leur plaisir, et Nostre-Seigneur dispose à son vouloir, car autre n'ont-ils par dessus eux, et est le païs, ou royaume bienheureux, quand il y a un roy, ou seigneur, sage et qui craint Dieu et ses commandemens.

Nous avons pû voir en peu de paroles, les douleurs qu'ont receues ces deux grands et puissans royaumes, en trois mois d'espace, qui peu paravant estoient si enflammez l'un contre l'autre, et tant empeschez à se tourmenter, et à penser à s'accroistre, et n'estoient en rien saouls de ce qu'ils avoient. Je confesse bien (comme j'ay dit) que tousjours en y a en telles mutations, qui en ont joye et qui en amendent ; mais encores de prime-face, leur est celle mort advenuë ainssi soudaine, fort espouventable.

CHAPITRE XXV.

Du somptueux édifice que le roy Charles commença à bastir, peu avant sa mort, du bon vouloir qu'il avoit de réformer l'Eglise, ses finances, sa justice, et soi-mesme ; et comment il mourut soudainement, sur ce bon propos, en son chasteau d'Amboise.

Je veux laisser de tous poincts, à parler des choses d'Italie et de Castille, et retourner à parler de nos douleurs et pertes particulières en France, et aussi de la joye que peuvent avoir ceux qui y ont du gain, et parler du soudain trespas de nostre roy Charles VIII de ce nom ; lequel estoit dans son chasteau d'Amboise, où il avoit entrepris le plus grand édifice que commença, cent ans a, roy, tant au chasteau qu'à la ville, et se peut voir par les tours, par où l'on monte à cheval, et par ce qu'il avoit entrepris à la ville, dont les patrons estoient faicts de merveilleuses entreprises et despenses, et qui de long-temps n'eussent pris fin, et avoit amené de Naples plusieurs ouvriers excellens en plusieurs ouvrages, comme tailleurs et peintres, et sembloit bien que ce qu'il entreprenoit estoit entreprise de roy jenne, et qui ne pensoit à la mort, mais espéroit longue vie ; car il joignit ensemble toutes les belles choses, dont on luy faisoit feste, en quelque pays qu'elles eussent esté veuës, fussent France, Italie ou Flandres : et si avoit son cœur tousjours de faire et accomplir le retour en Italie, et confessoit bien y avoir fait des fautes largement, et les contoit, et luy sembloit que si une autre fois il y pouvoit retourner, et recouvrer ce qu'il avoit perdu, qu'il pourvoyeroit mieux à la garde du pays qu'il n'avoit fait ; et parce qu'il avoit intelligence de tous costez, pensoit bien d'y pourvoir pour recouvrer et remettre en son obéissance le royaume de Naples, et d'y envoyer quinze cens hommes-d'armes italiens, que devoient mener le marquis de Mantoüe, les Ursins, et Vitellis, et le préfect de Rome, frère du cardinal de Sainct-Pierre-ad-Vincula, et monsieur d'Aubigny, qui si bien l'avoit servy en Calabre, s'en alloit à Florence, et ils faisoient la moitié de cette despense pour six mois. On devoit aussi premièrement prendre Pise, ou, au moins, les petites places d'alentour, et puis tous ensemble entrer au royaume, dont à toutes heures venoient messagers. Le pape Alexandre, qui règne de présent, estoit en grande pratique, de tous poincts, à se renger des siens, comme malcontent des Vénitiens, et avoit messager secret, que je conduisis en la chambre du Roy nostre sire, peu avant sadite mort. Les Vénitiens estoient prests à pratiquer contre Milan. La pratique d'Espagne estoit telle que l'avez veuë. Le roy des Romains ne désiroit chose en ce monde tant que son amitié, et qu'eux deux ensemble fissent leurs besognes en Italie : lequel roy des Romains, appelé Maximilian, estoit grand ennemy des Vénitiens, aussi ils tiennent grande chose de la maison d'Austriche, dont il est, et aussi de l'Empire.

Davantage avoit mis le Roy, de nouveau, son imagination de vouloir vivre selon les commandemens de Dieu, et mettre la justice en bon ordre, et l'Eglise, et aussi de ranger ses finances, de sorte qu'il ne leva sur son peuple que douze cens mille francs, et par forme de taille, outre son domaine, qui estoit la somme que les trois Estats luy avoient accordée en la ville de Tours, lorsqu'il fut Roy, et vouloit ladite somme par octroy pour la deffense du royaume, et quant à luy, il vouloit vivre de son domaine, comme anciennement faisoient les roys. Ce qu'il pouvoit bien faire; car le domaine est bien grand, s'il estoit bien conduit, compris les gabelles, et certaines aides; et passe un million de francs. S'il l'eût fait, c'eût esté un grand soulagement pour le peuple, qui paye aujourd'huy plus de deux millions et demy de francs, de taille. Il mettoit grande peine à réformer les abus de l'ordre de Sainct-Benoist, et d'autres religions. Il approchoit de luy bonnes gens de religion, et les oyoit parler. Il avoit bon vouloir, s'il eût pû, qu'un évesque n'eût tenu que son évesché, s'il n'eût esté cardinal, et cestuy-là deux, et qu'ils se fussent allez tenir sur leurs bénéfices; mais il eût eu bien affaire à ranger les gens d'église. Il fit de grandes aumosnes aux mandians, peu de jours avant sa mort, comme me conta son confesseur l'évesque d'Angers, qui est notable prélat. Il avoit mis sus une audience publique, où il escoutoit tout le monde, et par espécial les pauvres, et si faisoit les bonnes expéditions, et l'y vis huict jours avant son trespas, deux bonnes heures, et oncques puis ne le vis. Il ne se faisoit pas grandes expéditions à cette audience; mais au moins, estoit-ce tenir les gens en crainte, et par espécial ses officiers, dont aucuns il avoit suspendus pour pillerie.

Estant le Roy en cette grande gloire quant au monde, et en bon vouloir quant à Dieu, le septième jour d'avril, l'an 1498, veille de Pasques flories, il partit de la chambre de la reine Anne de Bretagne, sa femme, et la mena avec luy, pour voir jouër à la paume ceux qui jouöient aux fossez du chasteau, où ne l'avoit jamais menée que cette fois, et entrèrent ensemble en une galerie qu'on appeloit la galerie Haquelebac, parce que cettuy Haquelebac l'avoit euë autrefois en garde, et estoit la plus déshonneste lieu de léans; car tout le monde y pissoit, et estoit rompuë à l'entrée; s'y heurta le Roy, du front, contre l'huys, combien qu'il fût bien petit, et puis regarda long-temps les jouëurs, et devisoit à tout le monde. Je n'y estois point présent; mais sondit confesseur, l'évesque d'Angers et ses prochains chambellans, le m'ont conté; car j'en estois party huict jours avant, et estois allé à ma maison. La dernière parole qu'il prononça jamais en devisant en santé, c'estoit qu'il dit qu'il avoit espérance de ne faire jamais pêché mortel ne véniel, s'il pouvoit, et en disant cette parole, il cheut à l'envers, et perdit la parole (il pouvoit estre deux heures après midy) et demeura là jusques à onze heures de nuict. Trois fois luy revint la parole; mais peu luy dura, comme me conta ledit confesseur, qui deux fois cette semaine l'avoit confessé. L'une à cause de ceux qui venoient vers luy pour le mal des escrouelles. Toute personne entroit en ladite galerie qui vouloit, et le trouvoit-on couché sur une pauvre paillaisse, dont jamais il ne partit, jusques à ce qu'il eût rendu l'âme, et y fut neuf heures. Ledit confesseur, qui tousjours y fut, me dit que lorsque la parole luy revint, à toutes les fois il disoit : « Mon Dieu et la glorieuse » vierge Marie, monseigneur sainct Claude et » monseigneur sainct Blaise, me soient en » ayde. » Et ainsi départit de ce monde si puissant et si grand Roy, et en si misérable lieu, qui tant avoit de belle maisons, et en faisoit une si belle, et si ne sceut à ce besoin finer d'une pauvre chambre. Combien donc peut-on par ces deux exemples, cy-dessus couchez, cognoistre la puissance de Dieu estre grande, et que c'est peu de chose que de nostre misérable vie, qui tant nous donne de peine pour les choses du monde, et que les roys n'y peuvent résister non plus que les laboureurs.

◇◇◇

CHAPITRE XXVI.

Comment le sainct homme, frère Hiéronyme, fut bruslé à Florence, par envie qu'on eut sur luy, tant du costé du Pape, que de plusieurs autres Florentins et Vénitiens.

J'ay dit en quelque endroit de cette matière d'Italie, comme il y avoit un frère Prescheur, ou Jacobin, ayant demeuré à Florence, par l'espace de quinze ans, renommé de fort saincte vie (lequel je vis et parlay à luy en l'an 1495), appelé frère Hiéronyme, qui a dit beaucoup de choses avant qu'elles fussent advenuës, comme j'ay desjà dit cy-dessus, et tousjours avoit soustenu que le Roy passeroit les monts, et le prescha publiquement, disant l'avoir par révélation de Dieu, tant cela qu'autres choses dont il parloit, et disoit que le Roy estoit esleu de Dieu pour réformer l'Eglise par force, et chastier les tyrans : et à cause de ce qu'il disoit sçavoir les choses par révélation, murmuroient plusieurs contre luy, et acquit la haine du Pape et de plusieurs de la ville de Florence. Sa vie estoit la plus belle du monde ainsi qu'il se pouvoit voir, et ses sermons preschant contre les vices, et a réduit en icelle cité maintes gens à bien vivre, comme j'ay dit.

En ce temps, 1498, que le roy Charles est trespassé, est finy aussi frère Hiéronyme, à quatre ou cinq jours l'un de l'autre, et vous diray pourquoy je fais ce conte. Il a tousjours presché publiquement que le Roy retourneroit derechef en Italie, pour accomplir cette commission que Dieu luy avoit donnée, qui estoit de réformer l'Eglise par l'espée, et chasser les tyrans d'Italie, et que, au cas qu'il ne le fîst, Dieu le puniroit cruellement; et tous ses sermons premiers, et ceux de présent, il les a fait imprimer et se vendent. Cette menace qu'il faisoit au Roy, de dire que Dieu le puniroit cruellement, s'il ne retournoit, luy a plusieurs fois escrite ledit Hiéronyme, peu de temps avant son trespas, et ainsi le me dit de bouche ledit Hiéronyme, quand je parlay à luy (qui fut au retour d'Italie), en me disant que la sentence estoit donnée contre le Roy, au ciel, au cas qu'il n'accomplist ce que Dieu luy avoit ordonné, et qu'il ne gardast ses gens de piller.

Or environ ledit trespas du Roy, estoient Florentins en grand différend en la cité. Les uns attendoient encores la venuë du Roy, et la désiroient sur l'espérance que ledit frère Hiéronyme leur donnoit, et se consommoient, et devenoient pauvres à merveilles, à cause de la dispense qu'ils soustenoient, pour cuider recouvrer Pise, et les autres places qu'ils avoient baillées au Roy, dont les Vénitiens tenoient Pise. Plusieurs de la cité vouloient que l'on prist le party de la ligue, qu'on abandonnast de tous poincts le Roy, disans que ce n'estoient qu'abusions et folies de s'y attendre, et que ledit frère Hiéronyme n'estoit qu'un hérétique et un paillard, et qu'on le devoit jetter en un sac en la rivière : il estoit tant soustenu en la ville, que nul ne l'osoit faire. Le Pape et le duc de Milan escrivoient souvent contre ledit frère, assurans les Florentins de leur faire rendre la cité de Pise, et autres places, en délaissant l'amitié du Roy, et qu'ils prissent ledit frère Hiéronyme, et qu'ils en fissent punition; et par cas d'adventure, se fit à l'heure une seigneurie à Florence, où il y avoit beaucoup de ses ennemis; car ladite seigneurie se change et se muë de deux mois en deux mois : se trouva un Cordelier forgé, ou de luy-mesme prit débat audit frère Hiéronyme, l'appellant *hérétique et abuseur du peuple*, de dire qu'il eust révélation, ne chose semblable, et s'offrit de le prouver jusques au feu, et estoient ces paroles devant ladite seigneurie. Ledit frère Hiéronyme ne se voulut point présenter au feu; mais un sien compagnon dit qu'il s'y mettroit pour luy, contre ledit Cordelier; et alors un compagnon Cordelier se présenta de l'autre costé, et fut pris jour qu'ils devoient entrer dedans le feu, et tous deux se présentèrent, accompagnez de leurs religieux au jour nommé; mais le Jacobin apporta le *Corpus Domini* en sa main, et les Cordeliers et aussi la seigneurie vouloient qu'il l'ostast, ce qu'il ne voulut point faire. Ainsi s'en retournèrent à leur couvent, et le peuple esmeu par les ennemis dudit frère, par commission de cette seigneurie, l'allèrent prendre audit couvent, luy troisième, et d'entrée le gesnèrent à merveilles. Le peuple tua le principal homme de la ville, amy dudit frère, appellé Francisque Valory. Le Pape leur envoya pouvoir et commission pour faire le procès. Et fin de compte ils les bruslèrent tous trois. Les charges n'estoient sinon qu'il mettoit discord en la ville, et que ce qu'il disoit de prophétie, il le sçavoit par ses amis qui estoient du conseil. Je ne les veux point accuser ni excuser. Je ne sçay s'ils ont fait bien ou mal de l'avoir fait mourir; mais il a dit maintes choses vrayes, que ceux de Florence n'eussent sceu luy avoir dites. Et touchant le Roy, et les maux qu'il dit luy devoir advenir, luy est advenu; ce que vous voyez, qui sçeut premier la mort de son fils, puis la sienne, et ay des lettres qu'il escrivoit audit seigneur.

CHAPITRE XXVII.

Des obsèques et funérailles du roy Charles VIII, et du couronnement du roy Louys XII de ce nom, son successeur, avec les généalogies de France, jusques à iceluy.

Le mal du Roy fut un catharre ou apoplexie,

espéroient les médecins qu'il luy descendroit sur un bras, et qu'il en seroit perclus, mais qu'il n'en mourroit point ; toutesfois il advint autrement. Il avoit quatre bons médecins ; mais il n'adjoustoit foy qu'au plus fol, et à celuy-là donnoit l'authorité, tant que les autres n'osoient parler, qui volontiers l'eussent purgé quatre jours avant ; car ils y voyoient les occasions de mort, qui fut et advint. Tout homme couroit vers le duc d'Orléans, à qui advenoit la couronne, comme le plus prochain ; mais les chambelans dudit roy Charles le firent ensevelir fort richement, et sur l'heure on commença le service pour luy, qui jamais ne failloit ne jour, ne nuict ; car quand les Chanoines avoient achevé, les Cordeliers commençoient, et quand ils avoient finy, commençoient les Bons-Hommes qu'il avoit fondez. Il demeura huict jours à Amboise, tant en une grande chambre bien tendue, qu'en l'église, et toutes choses y furent faites plus richement qu'elles ne furent jamais à Roy, et ne bougèrent d'auprès du corps tous les chambelans, et ses prochains, et tous ses officiers, et dura ce service, et cette compagnie, jusques à ce qu'il fust mis en terre, qui dura bien l'espace d'un mois, et cousta quarante-cinq mille francs, comme me dirent les gens des finances. J'arrivay à Amboise, deux jours après son trespas, et allay dire mon oraison là où estoit le corps, et y fut cinq ou six heures, et à la vérité, on ne vit jamais semblable dueil, et qui tant durast. Aussi ses prochains, comme chambelans, et dix ou douze gentils-hommes, qui estoient de sa chambre, estoient mieux traitez et avoient plus grands estats et dons, que jamais roy ne donna, et trop. Davantage la plus humaine et douce parole d'homme que jamais fut, estoit la sienne : car je croy que jamais à homme ne dit chose qui luy deust desplaire, et à meilleure heure ne pouvoit-il jamais mourir ; pour demeurer en grande renommée par les histoires, et en regret de ceux qui l'ont servy, et croy que j'ay esté l'homme du monde à qui il a plus fait de rudesse ; mais cognoissant que ce fut en sa jeunesse, et qu'il ne venoit point de luy, ne luy en sceus jamais mauvais gré.

Quand j'eus couché une nuict à Amboise, j'allay devers ce Roy nouveau, de qui j'avois esté aussi privé que nulle autre personne, et pour luy avois esté en tous mes troubles et pertes ; toutesfois pour l'heure ne luy en souvint point fort, mais sagement entra en possession du royaume, car il ne mua rien des pensions, pour celle année, qui avoient encores six mois à durer. Il osta peu d'officiers, et dit qu'il vouloit tenir tout homme en son entier et estat, et tout cela luy fut bien séant, et le plustost qu'il put, il alla à son couronnement là où je fus, et pour les pairs de France, s'y trouvèrent ceux qui s'ensuivent. Le premier fut le duc d'Alençon, qui servoit pour le duc de Bourgogne. Le deuxiesme, monseigneur de Bourbon, qui servoit pour le duc de Normandie. Le troisiesme fut le duc de Lorraine, qui servoit pour le duc de Guyenne. Le premier comte, Philippe, monsieur de Ravestain, qui servoit pour le comte de Flandres. Le deuxiesme, Engilbert, monsieur de Clèves, qui servoit pour le comte de Champagne. Le troisiesme, monseigneur de Foix, qui servoit pour le comte de Toulouze ; et fut ledit couronnement à Reims, du roy Louys XII, de présent régnant, le vingt-septième jour de may, l'an 1498, et est le quatrième venu en ligne collatérale. Les deux premiers ont esté Charles Martel, ou Pépin son fils, et Hue Capet, tous deux maistres du Palais, ou gouverneurs des roys, qui usurpèrent le royaume sous lesdits roys, et le prirent pour eux. Le tiers fut le roy Philippe de Valois, et le quart le Roy de présent. A ces deux derniers venoit le royaume justement et loyaument. La première génération des roys de France est à prendre à Mérouée. Deux roys y avoit eu en France avant ledit Mérouée : c'est à sçavoir, Pharamond (qui fut le premier eslu roy de France, car les autres avoient esté appellez ducs ou roys de Gaule) et un sien fils, appellé Clodion. Ledit Pharamond fut esleu roy l'an 420, et régna dix ans. Son fils Clodion en régna dix-huit. Ainsi régnèrent ces deux roys vingt-huict ans, et Mérouée, qui vint après, n'estoit point fils dudit Clodion, mais son parent ; parquoy sembleroit qu'il y eût eu cinq fois mutations en ces lignes royales ; toutesfois, comme j'ay dit, on prend la première génération à commencer à Mérouée, qui fut fait roy en l'an 448, et là commença cette première ligne, et y a eu jusqu'au sacre du roy Louis XII mil cinquante ans que commença la génération desdits roys de France, et qui le voudra prendre à Pharamond, il y en auroit vingt et huict davantage, qui seroit mil septante et huict ans, que premier y a eu roy, appellé roy de France. Depuis Mérouée jusques à Pépin, il y eut trois cens trente-trois ans qu'avoit duré ladite lignée de Mérouée. Depuis Pépin jusques à Hue Capet, y a deux cens trente sept ans qu'a duré ladite vraye ligne de Pépin et de Charlemagne son fils. Celle de Hue Capet a duré en vraye ligne trois cens trente-neuf ans, et faillit au roy Philippe de Valois, et celle dudit roy Philippe de Valois a duré en vraye ligne jusques au trespas du roy Charles VIII, qui fut l'an 1498, et celuy-là a esté le dernier roy de cette ligne, qui a duré cent soixante-neuf ans, et y ont régné sept roys ; c'est à sçavoir, Philippe de Valois, le roy Jehan, le roy Charles V, le roy Charles VI, le roy Charles VII, le roy Louis XI et le roy Charles VIII, fin de la ligne droite de Philippe de Valois.

FIN DES MÉMOIRES DE PHILIPPE DE COMINES, SEIGNEUR D'ARGENTON.

HISTOIRE
DE LOUYS UNZIESME,
ROY DE FRANCE,

ET LES CHOSES MÉMORABLES ADVENUES DE SON RÈGNE,

DEPUIS L'AN 1460 JUSQUES A 1483,

AUTREMENT DICTE LA CHRONIQUE SCANDALEUSE,

Escrite par un Greffier de l'Hostel-de-Ville de Paris.

SUR LES MÉMOIRES
DE JEAN DE TROYES.

On connaît beaucoup d'éditions ou de réimpressions des Mémoires de Jean de Troyes : la première, formant un petit *in-folio*, est anonyme: elle n'est même marquée d'aucune date; on pourrait la placer dans les dernières années du 15e siècle. Elle porte pour titre : *La chronique de très chrestien et très victorieux Loys de Valois, que Dieu absolve, unziesme du nom, avec plusieurs autres adventures advenues en ce royaulme de France comme ès pays voisins, depuis l'an 1460 jusques en l'an 1483 inclusivement.* L'ouvrage reparut en 1500 avec la deuxième partie de la Chronique Martinienne; en 1512, à la suite des chroniques de Monstrelet; en 1514, dans les grandes Chroniques de France. Réimprimés pour la cinquième fois à Paris, en 1529, ces mémoires furent donnés comme l'œuvre d'un greffier de l'Hôtel-de-Ville; dans la 6e édition publiée en 1558, on ne tint aucun compte de l'indication mise en avant par l'éditeur de 1529; on n'y trouve aucun nom d'auteur. Gilles Corrozet, dans son *Trésor des Histoires de France*, publié en 1583, et La Croix-du-Maine, dans sa *Bibliothèque française*, imprimée en 1584, rendirent enfin à ces mémoires, long-temps anonymes, le nom de leur auteur; cet auteur était Jean de Troyes. En 1611 et en 1620(1), l'œuvre de Jean de Troyes parut sous le titre de *Chronique scandaleuse*. Le texte de ces deux éditions avait été donné d'après l'original *et revu sur des manuscrits dignes de foi*; on le publiait *en sa pureté tant pour le langage que pour l'histoire, non à moitié comme du Haillan* (2) *et quelques autres ont fait, mais entière et sans altération, portant sur le front la vérité.* Jean Godefroy, dans son édition des *Mémoires de Comines*, publiée en 1713 à Bruxelles (5 vol. in-8o), réimprimé avec des notes la *Chronique scandaleuse*; trente-quatre ans plus tard, Langlet-du-Fresnoy complétait sa publication de Comines par celle de Jean de Troyes (4 vol. in-4o), qu'il faisait suivre d'extraits historiques d'un médiocre intérêt. Les premiers collecteurs des mémoires relatifs à l'histoire de France, réimprimèrent intégralement le travail de Langlet-du-Fresnoy. Nous croyons inutile de répondre aux érudits qui ont voulu attribuer à d'autres qu'à Jean de Troyes la Chronique scandaleuse; il n'y aurait aucun intérêt bibliographique à répéter ici que Denys Hesselin, prévôt de Paris, et que Jean Castel, abbé de Saint-Maur, doivent être mis hors de cause dans cette question pleinement résolue. Les récits de Jean de Troyes se trouvent dans les grandes Chroniques de France, et quelques savants ont voulu conclure de là que la Chronique scandaleuse n'était point un ouvrage original; cela prouve seulement que les mémoires du greffier de l'Hôtel-de-Ville ont été reproduits dans ces vastes archives de notre histoire, comme d'autres chroniques ou récits contemporains; Jean de Troyes dit, en commençant, *qu'il va escripre et faire mémoire de plusieurs choses advenues au royaulme de France et aultres royaulmes voisins, ainsi qu'il a pu s'en souvenir.* Un homme qui parle ainsi n'a pas le projet de copier ce que d'autres ont dit avant lui. Le titre de Chronique scandaleuse donné aux Mémoires de Jean de Troyes, semble promettre des révélations d'un genre fort extraordinaire, et pourtant cette narration contemporaine ne renferme rien de très hardi, rien d'étrange. « L'auteur, dit Sorel (*Bibliothèque française*), est
» un bon bourgeois qui parle naïvement; on
» rencontre dans son ouvrage des remarques
» assez curieuses sur ce qui s'est passé dans ce
» temps-là, comme pourroit faire un homme
» qui avoit connoissance de la surface des choses,
» sans pénétrer jamais jusqu'aux motifs et à leurs
» circonstances. » Les récits de Jean de Troyes sont écrits sous un point de vue tout particulier; ils nous disent simplement ce que Louis XI permettait qu'on sût de sa politique; c'est un journal où se trouve consigné le gros des faits, sans que le rédacteur s'inquiète d'expliquer le pourquoi et le comment de ce qui se passe. Aussi l'intérêt des Mémoires de Jean de Troyes consiste bien moins dans les faits politiques que dans la peinture des mœurs contemporaines et le récit de curieuses anecdotes. Nous ne savons rien sur la vie de l'auteur; Grosley, dans son *Mémoire sur les Troyens célèbres*, a beaucoup fouillé pour découvrir des détails biographiques sur l'auteur de la Chronique scandaleuse, mais ses recherches ne l'ont pas conduit à de grands résultats; il pense que le narrateur pour-

---

(1) Avertissement des deux éditions de 1611 et 1620.

(2) Du Haillan, en 1584, avait donné les Mémoires de Jean de Troyes à la suite de son *Histoire de France*.

rait bien être fils de Jean de Troyes, grand-maître d'artillerie sous Charles VII ; cette opinion est fort incertaine. Ce que nous savons de plus positif, c'est que l'auteur, à l'époque où il écrivit cette histoire, était, comme il le dit lui-même, *au trente-cinquiesme an de son âge*. Le style de Jean de Troyes se distingue par une simplicité charmante et une élégance naïve. Nos prédécesseurs ont reproduit le texte de l'édition de 1611, après l'avoir comparé à celui d'un manuscrit du 15e siècle (1) qui présentait des passages inédits ; nous nous en tenons à cette version. Nous avons laissé subsister quelques notes de Jean Godefroy. Nous renvoyons aux Mémoires de Comines pour certains faits inexactement rapportés dans la Chronique du greffier de l'Hôtel-de-Ville.

(1) Bibliothèque française, M⁺. C., n° 9689.

LES CHRONIQUES

DU

TRES CHRESTIEN ET TRÈS VICTORIEUX

LOUYS DE VALOIS,

FEU ROY DE FRANCE (QUE DIEU ABSOLVE).

UNZIESME DE CE NOM;

AVECQUES PLUSIEURS AULTRES ADVENTURES ADVENUES TANT EN CE ROYAULME DE FRANCE,
COMME ÈS PAYS VOISINS, DEPUIS L'AN 1460 JUSQUES EN L'AN 1483 INCLUSIVEMENT.

PREMIÈRE PARTIE

A l'honneur et loüange de Dieu nostre doulx Saulveur et Rédempteur, et de la bénoiste, glorieuse Vierge et pucelle Marie, sans le moyen desquels nulles bonnes œuvres ou opérations ne peuvent estre conduictes. Et pour ce aussi que plusieurs roys, princes, comtes, barons, prélats, nobles hommes, gens d'église, et aultre populace, se sont souvent délictez et délictent à ouyr et escouter des histoires merveilleuses, et choses advenües en divers lieux, tant de ce royaulme que d'aultres royaulmes chrestiens. Au trente cinquiesme an de mon aage me délectay en lieu passer temps et deschever (1) oysiveté à escripre et faire mémoire de plusieurs choses advenües au royaulme de France, et aultres royaulmes voisins, ainsi qu'il m'en est peu souvenir. Et mesmement depuis l'an 1460, que régnoit à roy de France Charles septiesme de ce nom, jusques au trespas du roy Louys unziesme de ce nom, fils dudit roy Charles, qui fut le pénultiesme jour du mois d'aoust, l'an 1483, combien que je ne vueille ne n'entens point les choses cy après escriptes estre appelées, dictes ou nommées chroniques, pource que à moy n'appartient, et que pour ce faire n'ay pas esté ordonné et ne m'a esté permis; mais seulement pour donner aucun petit passe-temps aux lisans, regardans, ou escoutans icelles. En leur priant humblement excuser et supployer à mon ignorance, et adresser ce que y seroit mal mis ou escript : car plusieurs desdites choses et merveilles sont advenües en tant de diversitez et façons estranges, que moult pénible chose auroit esté à moy, ou aultre, de bien au vray et au long escripre la vérité des choses advenües durant ledit temps.

Et premièrement, touchant le faict et utilité de la terre durant ladicte année 1460. Au regard et tant que touche le terroüer et finaige du royaulme de France, il y creut compectamment de blez, qui furent bons et de garde, et et n'en fut point vendu au plus chier temps de ladicte année que vingt-quatre sols parisis le septier; mais il n'y creust que bien peu de fruict. Et au faict des vignes il y eut bien peu de vin, et par espécial en l'Isle de France, comme d'un muy de vin pour chascun arpent, mais il fut bien bon, et se vendit chier le vin crou ès bons terroüers d'entour Paris, comme de dix et unze escus chacun muy.

En ce temps fut faicte justice et grande exécution audit lieu de Paris, de plusieurs povres et indigentes créatures, comme de larrons, sacriléges, pipeurs et crocheteurs. Et pour lesdits cas plusieurs en furent batus au cul de la charrecte pour leurs jeunes âges et premier meffaict, et les aultres pour leur mauvaise coustume et persévérance furent pendus et estranglez au gibet de Paris, nommé Montigny, nouvelle créé et establiy pour la grande vieillesse, ruyne et

(1) Eviter.

décadence du précédent et ancien gibet nommé Montfaulcon.

Audit temps fut faict mourir et enfouye toute vive audit lieu de Paris, une femme nommée Perrette Mauger, pour occasion de ce que ladicte Perrette avoit fait et commis plusieurs larrecins, et en ce faisant par long-temps continué, et aussi favourisé et recellé plusieurs larrons, qui aussi faisoient et commectoient plusieurs et divers larrecins audit lieu de Paris, lesquels larrecins pour lesdits larrons vendoit et distribuoit, et l'argent que de ce elle recepvoit, en bailloit et délivroit ausdits larrons leur portion, et pour elle en retenoit son butin. Pour lesquels cas et aultres par elle confessez fut condamnée par sentence donnée du prévost de Paris, nommé messire Robert Destouteville, chevalier, à souffrir mort et estre enfouye toute vive devant le gibet, et tous ses biens acquis et confisquez au Roy : de laquelle sentence et jugement elle appella formellement en la cour de parlement, pour révérence duquel appel fut différé à exécuter. Et après que par ladicte court le procez d'icelle eut esté veu et visité fut dit par arrest d'icelle, et en confermant ladicte sentence, que ladicte Perrette avoit mal appellé et l'amanderoit, et que ladicte sentence seroit exécutée : ce qui fut dit à icelle Perrette, laquelle déclaira lors qu'elle estoit grosse, parquoy fut de rechief différé de l'exécuter. Et fut faict visiter par ventrières et matrosnes, qui rapportèrent à justice qu'elle n'estoit point grosse. Et incontinent ledit rapport fait fut envoyée exécuter aux champs devant ledit gibet, par Henry Cousin, exécuteur de la haulte justice audit lieu de Paris.

Merveilles advenuës au royaulme d'Angleterre en ladicte année.

En ce temps passa la mer en Angleterre un légat de Rome, légat de par le Pape, qui illec prescha le peuple du pays. Et par espécial en la ville de Londres, maistresse ville dudit royaulme, là où il fist plusieurs remonstrances aux habitans dudit lieu et aultres d'environ, contre et au préjudice du roy Henry d'Angleterre, lesquelles remonstrances le cardinal d'Yorth qui accompagnoit ledit légat après ladicte exposition par lui exposée en leur langage. Et tantost après ladicte exposition faite, ledit peuple qui estoit assez de légière créance se esmeut pour faire guerre allencontre dudit roy Henry de Lancastre et de la Royne (1) sa femme, fille du roy

(1) Marguerite d'Anjou.

René de Cecille et de Ihérusalem, et du prince de Galle leur fils. Et print ledit populaire pour leur capitaine le comte de Warwich, qui estoit capitaine de Calais, pour et au lieu de Richard duc d'Yorth, qui vouloit et prétendoit à estre roy dudit royaulme, qui maintenoit à luy duyre et compecter ledit royaulme d'Angleterre, comme prouchain héritier de la lignée et du cousté du roy Richard. Et peu de temps après ledit duc d'Yorth qui avoit après luy grand nombre de populaires en armes, se misrent aux champs et vindrent en un parc où estoit illec ledit roy Henry avec plusieurs ducs, princes, et aultres seigneurs, aussi tous en armes. Et auquel parc y avoit huit entrées, qui estoient gardées par huit barons dudit royaulme, qui tous estoient traistres audit roy Henry. Lesquels huit barons, quant ils sceurent venir le duc d'Yorth devers ledit parc, le laissèrent entrer en icelluy avec le comte de Warwich et autres, qui vindrent tout droit où estoit ledit roy Henry, lesquels ils prindrent et saisirent. Et incontinent ce fait, vindrent tuer plusieurs princes et aultres grands seigneurs de son sang qui estoient autour de luy. Et ces choses faictes ledit comte de Warwich print ledit Henry et l'amena tout droit en la ville de Londres, et portoit l'espée nuë devant ledit Henry comme son connestable. Et quand icelluy roy Henry de Lancastre fut audit lieu de Londres, il le mena tout droit devant la tour dudit Londres, dedans laquelle tour estoient quatre barrons dudit pays pour ledit Henry. Ausquels ledit Henry et Warwich parlèrent par belles paroles, les tirèrent hors de la tour, après ce qu'ils leur prosmirent qu'ils ne auroient nul mal de leurs personnes, et qu'ils les asseuroient : lesquels soubs umbre de leurs dictes promesses yssirent hors de ladicte tour. Et ainsi qu'on menoit lesdits quatre barons après ledit Henry et Warwich, plusieurs de ladicte ville de Londres s'esmurent et vindrent tuer l'un desdits quatre barons, nommé le seigneur Descalles, et luy baillèrent plusieurs coups orbes. Et le lendemain ils firent escarteller lesdits aultres barons devant ladicte tour de Londres, nonobstant lesdictes promesses ainsi à eux faictes. Et s'y fie qui vouldra.

Audit temps advint en la cité de Paris un grant débat entre les gens et officiers du Roy en sa chambre des aides à Paris, et un des bedeaux de l'Université d'icelle ville, pour un exploict fait par icelluy bedeau à l'encontre de deux conseillers de ladicte chambre des aydes, pour lequel exploict ledit bedeau fut constitué prisonnier en la conciergerie du Palais-Royal audit lieu de Paris. Dont ceulx de ladicte Université furent moult desplaisans, et pour le ravoir firent cessations en ladicte ville de preschier, lire et estudier. Et après furent appointez, et fut restably et demourèrent contens.

Audit temps advint à Paris aussi qu'un nommé Anthoine le bastard de Bourgogne vint et entra en ladicte ville de Paris en habit mescognu, et n'y séjourna que un jour et une nuit et puis s'en retourna. Et quant il fut sceu qu'il estoit ainsi venu en ladicte ville, plusieurs officiers du Roy et gens de façon d'icelle, furent fort imaginatifs comment ne pourquoy il estoit ainsi venu que dit est. Et de ladicte venuë en furent portées les nouvelles au Roy par aucuns qui en parlèrent à la charge de ladicte ville, qui n'y avoient aucune coulpe. Et pour ceste cause et à grant haste le Roy envoya audit lieu de Paris son mareschal seigneur de Loheac (1), et maistre Jehan Bureau thrésorier de France, pour pourveoir et donner provision audit donné à entendre. Et affin que le Roy n'eust aucune imagination que ceulx de ladicte ville de Paris eussent aucune coulpe ou charge à ladite venuë, luy fut envoyé de par ladicte ville une ambaxade, ou estoient maistre Jehan de Lolive docteur en théologie et chancelier de l'église de Paris, Nicolas de Louviers, sire Jehan Clèrebourg général maistre des monnoyes, sire Jehan Luilier clerc de ladicte ville, Jacques Rebours procureur d'icelle, Jehan Volant marchant, et aultres, tous lesquels le Roy receupt bénignement. Et après leur propos fait servant à leur excusation fut le Roy très content d'eulx, et leur fist bonne et gracieuse response, et s'en retournèrent joyeusement à Paris dont ils estoient partis.

En ce temps messire Robert Destouteville chevalier, qui estoit prévost de Paris, fut mis et constitué prisonnier en la bastille Sainct-Anthoine à Paris. Et depuis au Louvre par l'ordonnance desdits seigneurs de Loheac, maistre Jehan Bureau, pour aucunes injustices ou abus qu'on luy mettoit sus, qu'il faisoit en exerçant sondit office, dont de ce ne fust point attaint. Et lors par maistre Jehan Advin, conseiller lay en la court de parlement, furent faits plusieurs exploits en l'ostel dudit Destouteville : comme de chercher boistes, coffres et aultres lieux, pour sçavoir se on y trouveroit nulles lettres, et fist plusieurs rudesses audit ostel à dame Ambroise de Loré, femme dudit Destouteville, qui estoit moult saige, noble et honneste dame, Dieu de ses exploicts les vueille pugnir, car il le a bien desservy (2).

En ladite année furent les rivières de Seine et Marne moult grandes, tellement que en une nuit ladicte rivière de Marne creust et devint si grande à l'environ de Sainct-Mor-des-Fossez, comme de la haulteur d'ung homme, et fist plusieurs grands dommages en divers lieux. Et entre les aultres dommages ladicte rivière vint si grande à un village nommé Claye, et en un hostel illec estant qui est à l'évesque de Meaulx, qu'elle en emporta toute la massonnerie du devant dudit hostel où il avoit deux belles tours nouvellement basties, dedans lesquelles y avoit de belles chambres bien nattées, voires bien garnies de lict, tapisseries et aultres choses qui tout en emporta ladicte rivière.

En ce temps advint en Normandie que le corps de l'église de Fescamp, par malle fortune et feu d'adventure qui vint de la mer devers les Marches de Cornouaille, se bouta au clochier d'icelle abbaye, qui fut tout brûlé et ars, et furent les clochers d'icelle abbaye toutes fondues et mises en une masse, qui fut moult grant pitié en ladicte abbaye.

Audit temps furent grandes nouvelles par tout le royaulme de France et en aultres lieux, d'une jeune fille de l'aage de dix-huit ans ou environ, qui estoit en la ville du Mans, laquelle fist plusieurs folies et grandes merveilles, et disoit que le diable la tourmentoit, et sailloit en l'air, crioit et escumoit, et faisoit moult d'aultres merveilles, en abusant plusieurs personnes qui l'alloient voir ; mais en fin on trouva que ce n'estoit que tout abus, et qu'elle estoit une meschante folle, et faisoit lesdictes folies et diableries par l'enhortement, conduicte et moyen d'aucuns des officiers de l'évesque dudit lieu du Mans, qui la maintenoient et en faisoient tout ce que bon leur sembloit, et qui ausdites folies faire l'avoient ainsi duicte (3).

Audit temps advint de rechief audit royaulme d'Angleterre après que la desconfiture devantdite ait esté faite par le comte de Warwich, que le duc de Sommerset, cousin dudit roy Henry d'Angleterre, accompaigné de plusieurs aultres jeunes seigneurs parens et héritiers des aultres princes et seigneurs qui estoient et avoient esté tuez à la prise dudit roy Henry de Lancastre, firent de grands amas de gens-d'armes et vindrent tenir les champs à l'encontre dudit duc d'Yorth, et tant firent qu'ils le vindrent trouver en un champ luy et sa compaignie, qui furent tuez. Et audit champ nommé les plaines Sainct-Albans fut tué ledit duc d'Yorth ; après qu'il

---

(1) André de Laval, de la maison de Montmorency.
(2) Mérité.

(3) Instruite.

eut esté tué luy couppèrent la teste, laquelle ils mirent au bout d'une lance. Et au tour d'icelle teste luy mirent une couronne de feurre (1), en figure de couronne royalle, en dérision de ce qu'il se vouloit faire roy dudit royaulme. Et aveecques luy moururent audit champ bien six-vingts barons, chevaliers, escuyers et gens de nom dudit royaulme, et grant nombre d'aultres gens de guerre, que bien on estimoit de neuf à dix mille combattans.

Et le mercredy tiers jour de febvrier audit an 1460, furent leuës et publiées à Rouen et en divers aultres villes de la duché de Normendie, ès lieux publicques et à son de trompe, lettres patentes du Roy, par lesquelles il déclairoit son plaisir estre tel que partout ledit pays de Normendie et les ports de mer d'iceluy, feussent laissez paisiblement descendre tous Anglois et Anglesches, de quelque estat qu'ils fussent, et en tel habit que bon leur sembleroit, tenans et adurans le party du roy Henry d'Angleterre et de la Royne sa femme, sans aucun saufconduit avoir de luy, et de les laisser converser par tout son royaulme.

Et l'an 1461 au mois de juillet, advint que le roy Charles fut malade au chasteau de Meum sus Yèvre, d'une maladie qui luy fut incurable, dont et de laquelle maladie il ala de vie à trespas audit lieu de Meum, le mercredy vingt-deuxiesme jour dudit mois de juillet, feste de la Bénoiste Magdaleine, entre une et deux heures après midy dudit jour, dont fut grant pitié et dommage. Au royaulme des cieulx puisse estre l'ame de luy en bon repos; car quant il vivoit c'estoit ung moult saige et vaillant seigneur, et qui laissa son royaulme bien uny et en bonne justice et tranquilité.

Et incontinent après ladicte mort, et qu'elle fut manifestée, la pluspart des officiers dudit lieu de Paris et plusieurs aultres du royaulme s'en partirent et allèrent au pays de Hénault et de Picardie par devers monsieur le Daulphin, qui illec estoit avec monsieur le duc de Bourgongne. Lequel monseigneur le Daulphin par le décès de son feu père venoit à la couronne, pour sçavoir de luy quel estoit son plaisir et comment ils se auroient à gouverner soubs luy, et pour estre de luy confermez en leurs offices. Auquel lieu après icelle mort fist plusieurs officiers en sa chambre des comptes à Paris et aultres. Et entre aultres y fist et créa maistre Pierre l'Orfévre seigneur Dermenonville, et Nicolas de Louviers, conseilliers en ladicte chambre, et maistre Jehan Baillet maistre des requestes et rapporteur en sa chancellerie. Et y conferma en icelle chambre messire Simon Charles, qui aussi se fist porter audit pays en une litière, et les aultres officiers requérans estre confermez furent renvoyez à Paris, pour illec à actendre la venuë du Roy.

Et le vingt-quatriesme jour de juillet audit an 1461, maistre Ethienne Chevalier qui avoit esté trésorier des finances dudit feu roy Charles, et lequel il avoit nommé ung des exécuteurs de son testament, et aussi maistre Dreux Budé audiencier de la chancellerie de France, se partirent de la ville de Paris pour aller au corps dudit deffunct audit lieu de Meum; mais le seigneur d'Aigreville, capitaine de Montargis, par le pourchas d'ung gentil-homme nommé Vuast de Morpedon, fit arrester audit lieu de Montargis lesdits Chevalier et Budé, et illec furent une espace de temps, et jusques à ce que le Roy les envoya faire délivrer eulx et leurs biens; et depuis furent par luy entretenus en leurs offices de trésorier et audiencier.

Et est assavoir que le jeudy vingt-troisiesme jour de juillet audit an 1461, qui fut le landemain de ladicte mort, environ heure de nuit, fut veuë au ciel courir bien fort une très-longue comète qui jettoit en l'air grant resplendisseur et grande clarté, tellement qu'il sembloit que tout Paris feust en feu et en flambe, Dieu l'en veuille bien préserver.

Et le jeudy sixiesme jour d'aoust 1461, le corps dudit deffunct arriva et fut amené reposer en l'église de Nostre-dame-des-Champs hors Paris, où il fut amené dudit lieu de Meum. Et le landemain fut alé quérir audit lieu, et apporté à Paris en moult grande et belle conduicte, ordonnance et révérence qui fut faicte audit corps, comme bien le valoit : c'est assavoir, du clergié, des nobles personnes, officiers, bourgeois et populaire. Et y avoit pour luminaire porté devant ledit corps deux cens torches de quatre livres de cire chacune pièce, toutes armoyées en double aux armes de France, et estoient portées par deux cens povres personnes, tous revestus de robes et chapperons de dueil. Et estoit ledit corps porté en une litière par les hénouars (2) de Paris. Laquelle litière estoit couverte et assemblée d'ung moult riche drap d'or qui bien pouvoit valoir mille ou douze cens escus d'or. Et dessus ladicte litière estoit la portraicture faite dudit deffunct roy Charles, revestu d'un bel habit royal, une couronne en la teste, et en l'une de ses mains tenoit ung sceptre, et en l'autre le baston royal. Et en cet estat fut

---

(1) De paille.

(2) Officiers de gabelles.

porté en la grant église Nostre-Dame-de-Paris : et devant alloyent tous les crieurs de corps de ladicte ville, pareillement vestus de dueil, et armoyez devant et derrière desdictes armes de France. Et après eulx estoient portées devant icelle litière lesdictes deux cens torches, ainsi armoyées en double que dit est. Et après icelle litière alloyent faisans le dueil messeigneurs les ducs d'Orléans, conte d'Angoulesme, frères; les contes d'Eu et de Dunois, messire Jehan Jouvenelle des Ursins chevalier chancellier de France, et le grant escuyer, tous revestus de dueil et montez à cheval. Et puis après icelle litière alloyent à pied deux à deux tous les officiers de l'ostel dudit deffunct, aussi tous vestus de dueil angoisseux, lesquels il faisoit moult piteux veoir : et de la grant tristesse et courroux que on leur veoit porter pour la mort de leurdit maistre, furent grans pleurs et lamentations faictes parmy toute ladicte ville. Et aussi y avoit au joingnement de ladicte litière six des paiges dudit deffunct, housez et esperonnez sus six coursiers tous vestus et couvers de veloux noir, et lesdits paiges audit habit de dueil. Et Dieu sçait le douloureux et pitueul dueil qu'ils faisoient pour leurdit maistre. Et disoit-on lors que l'ung desdits paiges avoit esté par quatre jours entiers sans boire et sans menger, pour cause de ladicte mort : et le landemain qui fut le vendredy septiesme jour d'aoust audit an 1461, ledit corps d'iceluy deffunct fust tiré hors de ladicte église de Nostre-Dame-de-Paris, environ trois heures après midy, et mené et accompagné, comme devant est dit, en l'église Sainct-Denis-en-France, et là il fut inhumé et y gist : nostre Dieu ait mercy de son ame. Et vers la fin dudit mois d'aoust nostre souverain seigneur le roy de France Louys, lors estant daulphin de Viennois et aisné fils dudit deffunct, succéda à ladicte couronne, fut sacré roy à Reims par l'archevesque Jouvenel, auquel lieu il fut moult noblement accompagné par la plus part des seigneurs de nom de son royaulme en moult grand et notable nombre.

Et le dernier jour dudit mois d'aoust il partist d'ung hostel estant aux faulxbourgs de la porte Sainct-Honnoré, nommé les Porcherons, appartenant à messire Jehan Bureau, qui fut fait chevalier audit sacre à Reims, pour venir faire son entrée en sa bonne ville de Paris. Au devant de laquelle entrée yssirent hors de la ville tous les estats d'icelle, et par belle ordre, pour illec trouver le Roy et luy faire la révérence et bien viengnant. En laquelle assemblée estoit l'évesque de Paris nommé Chartier, l'Université, la court de parlement, prévost de Paris, chambre des comptes et tous officiers, le prévost des marchands et eschevins tous vestus de robes damas fourrées de belles martres. Et lesquels prévost des marchands et eschevins vindrent aux champs rencontrer et faire la révérence au Roy, et proposa devant luy pour ladicte ville ledit prévost des marchands nommé maistre Henry de Livres qui luy bailla et présenta les clefs de la porte Sainct-Denis, par où il fist sadicte entrée. Et ce fait chacun se tira à part : et au mesme lieu le Roy fist ce jour grant nombre de chevaliers. Et en venant le Roy par ladicte porte Sainct-Denis, il trouva près de l'église de Sainct-Ladre un hérault monté à cheval revestu des armes de ladicte ville qui estoit nommé Loyal Cueur, qui de par ladicte ville, luy présenta cinq dames richement aournées ; lesquelles estoient montées sur cinq chevaulx de pris, et estoit chascun cheval couvert et habillé de riches couvertures toutes aux armes d'icelle ville, lesquelles dames et chacune par ordre avoient tous personnages tout compillez à la signification de cinq lettres faisans Paris, qui toutes parlèrent au Roy ainsi que ordonné leur estoit.

Et en icelle entrée faisant, le Roy estoit moult noblement accompagné de tous les grans princes et nobles seigneurs de son royaulme, comme de messeigneurs les ducs d'Orléans, de Bourgongne, de Bourbon, et de Clèves, le comte de Charrolois fils unicque dudit duc de Bourgongne, des contes d'Angoulesme, de Sainct Pol, et de Dunois, et aultres plusieurs contes, barons, chevaliers, capitaines, et aultres gentils-hommes de grant façon, qui pour honeur luy faire en ladicte entrée avoient de moult belles et riches housseurs dont leurs chevaulx estoient tous couverts de diverses sortes et façons, et estoient les unes d'icelles de fin drap d'or, fourrées de martres sebelines, les aultres de veloux, fourrées de pennes d'ermines, de drap de damas, d'orfévrerie, et chargées de grosses campanes d'argent, blanches et dorées, qui avoient cousté moult grant finance, et si y avoit sur lesdits chevaulx et couvertures de beaux jeunes enfans paiges, et bien richement vestus. Et sur leurs espaulles avoient de belles escharpes branlans sur les cropes desdits chevaulx, qui faisoient moult bel et plaisant veoir.

Et à l'entrée que fist le Roy en ladicte ville de Paris, par ladicte porte Sainct-Denis, il trouva une moult belle nef en figure d'argent, portée par hault contre la maçonnerie de ladicte porte dessus le pont levis d'icelle, en signifiance des armes de ladicte ville, dedans laquelle nef estoient les trois Estats, et aux chasteaulx de devant et derrière d'icelle estoient justice et équité, qui avoient personnages pour ce à eulx ordonnez, et à la hune du mast de ladicte nef qui estoit en façon d'un lis, yssoit ung Roy habillé en habit royal que deux anges conduisoient.

Et ung peu avant dedans ladicte ville estoient à la fontaine du Ponceau hommes et femmes sauvaiges qui se combattoient et faisoient plusieurs contenances, et si y avoit encores trois bien belles filles faisans personnaiges de séraines toutes nuës, et leur veoit-on le beau tetin droit séparé, rond et dur, qui estoit chose bien plaisante, et disoient de petits motets et bergerettes. Et près d'eulx joüoient plusieurs bas instrumens qui rendoient de grandes mélodies. Et pour bien raffreschir les entrans en ladicte ville, y avoit divers conduits en ladicte fontaine gettans laict, vin et ypocras, dont chacun buvoit qui vouloit, et ung peu au dessoubs dudit Ponceau, à l'endroit de la Trinité, y avoit une passion par personnaiges, et sans parler Dieu estendu en la croix, et les deux larrons à dextre et à sénestre. Et plus avant à la porte aux Paintres avoit aultres personnaiges moult richement habillez. Et à la fontaine Sainct-Innocent y avoit aussi personnaiges de chasseurs, qui accueillirent une bische illec estant, qui faisoient moult grant bruit de chiens et de trompes de chasses. Et à la boucherie de Paris y avoit eschaffaulx figurez à la bastille de Dieppe. Et quant le Roy passa, il se livra illec merveilleux assault de gens du Roy à l'encontre des Anglois estans dedans ladicte bastille, qui furent prins et gaignez, et eurent tous les gorges couppées. Et contre la porte de Chastellet y avoit de moult beaulx personnaiges. Et oultre ledit Chastellet sur le Pont-aux-Changes y avoit aultres personnaiges, estoit tout tendu par dessus : et à l'heure que le Roy passa on laissa voler parmy ledit pont plus de deux cens douzaines d'oyseaulx de diverses sortes et façons, que les oyseleurs de Paris laissèrent aler, comme ils sont tenus de ce faire, pource qu'ils ont sur ledit pont, lieu et place à jour de feste pour vendre lesdits oyseaulx. Et par tous les lieux en ladicte ville par où le Roy passa celle journée, estoit tout tendu au long des ruës bien notablement : et ainsi s'en ala faire son oraison en l'église Nostre Dame de Paris, et puis s'en retourna souper en son Palais Royal à Paris, en la grande salle d'iceluy; lequel souper fut moult bel et plantureux, et coucha celle nuit audit palais. Et le landemain, premier jour de septembre audit an 1461, il se deslogea dudit palais, et s'en ala loger en son hostel des Tournelles, près de la bastille de Sainct Anthoine, où il fut et séjourna, depuis par aucun temps : et là il fist et ordonna plusieurs choses touchant les affaires de son royaulme, et illec fit plusieurs ordonnances, et désapointa les plus grans et principaulx officiers de sondit royaulme : comme le chancelier Juvenel, le mareschal, l'admiral, le premier président de parlement, le prévost de Paris, et plusieurs aultres.

Et en leurs lieux y en mist d'aultres tous neufz. Pareillement aussi désapointa plusieurs maistres des requestes, secrétaires, conseillers et clers des comptes, de la cour de parlement, des généraulx des aydes, de la chambre du thrésor, des généraulx des monnoyes et aultres. Et en leurs lieux y en mist de tous nouveaulx.

Et le tiers jour de septembre 1461, le Roy avecques les seigneurs et aucuns gentils-hommes de sa maison soupèrent en l'ostel de maistre Guillaume de Corbie lors conseiller en sa court de parlement. Et celle nuit le Roy le fist et créa premier président du Daulphiné : et là y furent plusieurs damoiselles et honnestes bourgoises dudit lieu de Paris. Et ce jour aussi fut fait et créé secrétaire Jehan Prévost, clerc de maistre Jehan de Balengelier, greffier des requestes de l'hostel du Roy, au moyen de ce qu'il espousa une jeune femme nommée Mariète, qui avoit servy monseigneur le bastard d'Armignac conte de Comminge, à cause de quoy ledit Prévost a eu de grans biens et y print le bien qu'il a. Et en ce temps le Roy estant audit lieu de Paris, fist de grandes, honnestes et bonnes chières en divers lieux et hostels de Paris.

Et si advint en ce temps audit lieu de Paris, que une belle jeune femme nommée Jehanne du Bois, femme d'un notaire de Chastelet dudit lieu de Paris, se partit et absenta hors de la maison de sondit mary et s'en ala où bon luy sembla. Et depuis par long-temps fut perdue. Et après sondit mary bien conseillé de ses principaulx amis la reprint, et se contint de là en avant avecques sondit mary bien et honnestement.

En l'année 1462 ensuivant, ne survindrent guères de nouvelletez qui feussent de grant mémoire, pourquoy n'en est icy faicte aucune mention. Et au regard de l'année ensuivant 1463, pareillement que dit est, ne survint riens qui doye estre mis en grant mémoire : mais l'hyver fut court sans estre froit, et fut l'esté long. Il creust en ladicte année assez de vin et assez bon. Et au regard des autres biens de terre n'en fut pas grant habondance, mais la mer fut fort fructueuse.

En l'an 1464, à un jour de mardy quinziesme jour de may, le Roy vint et arriva en sa ville de Paris, qui venoit de Nogent-le-Roy, où illec la Royne s'estoit délivrée d'une belle fille (1). Et ce jour il souppa en l'ostel de maistre Charles d'Orgemont, seigneur de Méry, et puis s'en partit audit mois de may de ladicte ville de Paris, pour aler ès marches de Picardie, cuidant illec trouver les ambassades du roy Edouart d'Angleterre, que on luy avoit dit qu'ils y devoient venir par devers luy, qui n'y vindrent point. Et à ceste cause s'en partit dudit pays de Picardie et s'en ala à Rouen et aultres lieux de Normendie, et luy estant audit pays de Normendie, advint que ung balénier (2) furent prins sur mer ès marches de Hollande, dedans lequel estoient avecques aultres ung nommé le bastard de Rubempré, lequel balénier et ceulx qui dedans estoient furent prins tous prisonniers, par les navires de Flandres : et après ladite prise faicte, plusieurs Picards et Flamans disoient et publioient que dedans iceluy le Roy les avoit envoyez pour prendre prisonnier monseigneur de Charrolois, dont il n'estoit riens.

En ce temps le Roy qui estoit en Normendie s'en partit pour retourner audit lieu de Nogent. Et puis de là s'en ala à Tours, Chinon, et de là à Poictiers. Auquel lieu de Poictiers ala et fut par devers luy une ambassade de Paris luy requérir aucunes franchises pour ladicte ville, dont riens ou que peu ne leur accorda, sinon que l'imposition foraine n'auroit plus de cours en ladicte ville, qui n'estoit pas grant chose ; mais ils n'en joyürent point, nonobstant leurdit don, pource que les gens de comptes à qui leurs lettres s'adressoient, ne leur voulurent bailler d'icelles leur expédition. Et aussi furent devers le Roy audit lieu de Poictiers les ambassadeurs du duc de Bretaigne, qui par luy furent oys sur aucuns articles qu'ils luy exposèrent touchant le fait du Roy et dudit duc ; lesquels articles ou la plus part d'iceulx furent par le Roy accordez, et en iceulx articles accordant lesdits ambassadeurs promisrent de faire venir ledit duc de Bretaigne audit lieu de Poictiers ou ailleurs, au bon plaisir du Roy, pour conformer iceulx articles accordez. Et à tant se départirent dudit lieu de Poictiers lesdits ambassadeurs faignans eulx en retourner audit pays de Bretaigne ; mais ils firent tout le contraire, comme cy-après sera dit, car ils partirent dudit Poictiers, à ung jour de samedy, et ce jour ne firent que quatre lieuës, et illec demourèrent jusques au lundy ensuivant que monsieur le duc de Berry frère du Roy s'en partit aussi dudit lieu de Poictiers, et vint jusques ausdits ambassadeurs qui le recueillirent et l'en emmenèrent audit pays de Bretaigne à bien grant haste et diligence, pour peur que le Roy n'en eust nouvelles et qu'ils fussent suivis. Et desjà estoit audit pays alé par devers icelluy duc monseigneur le comte de Dunoys, et si s'en allèrent audit pays de Bretaigne après ledict partement aucuns particuliers par devers mondit seigneur de Berry.

Et tantost après ledit partement ainsi fait que dit est, monseigneur le duc de Bourbon porta guerre au Roy et à ses pays, et print toutes les finances qui estoient au Roy estans ès pays de mondit seigneur le duc. Et si y fist prendre et arrester le seigneur de Crussol, qui bien estoit fort familier du Roy. Et lequel seigneur de Crussol passoit lors par le pays de monseigneur le duc de Bourbon, menant avecques soy sa femme et plusieurs de ses biens, tous lesquels furent en arrest en la ville de Cosne, en Bourbonnois.

Et après les choses dessusdictes furent aussi arrestez prisonniers en la ville de Molins, le seigneur Traynel (3) paravant chancelier de France, et maistre Pierre Doriolle (4) général des finances du Roy, lesquels furent longuement détenus en arrest en la ville de Molins, et puis après par mondit seigneur le duc furent délivrez, et s'en retournèrent par devers le Roy.

Et le dimanche douziesme jour de mars audit an 1464, après ledit partement de monseigneur de Berry dudit lieu de Poictiers, Anthoine de Chabannes conte de Dampmartin, qui estoit constitué prisonnier en la bastille Sainct-Anthoine, s'en partit et eschappa dudit lieu et s'en ala en Berry et en Bourbonnois : où illec il fut bien recuilly par les gens de mesdits seigneurs de Bourbon et Berry. Et pour occasion dudit eschapement en furent plusieurs constituez prisonniers.

Et le mercredy ensuivant quinziesme jour du mois, messire Charles de Melun lieutenant du Roy, maistre Jehan Balue eslu évesque d'Evreux, et maistre le Prévost notaire et secrétaire du Roy, vindrent et arrivèrent à Paris en l'ostel de la ville, où illec fut faicte lecture d'aucuns articles dont le Roy leur avait baillé charge. Et après ladicte lecture ainsi faicte, furent faictes en l'ostel de ladicte ville plusieurs belles ordonnances pour la tuition, garde et seureté d'icelle ville ; comme de faire guet et de garder les

---

(1) Jeanne de France. Le 19 du même mois il y eut des accords signés pour le mariage de cette jeune princesse avec Louis d'Orléans, qui fut depuis roi de France, sous le nom de Louis XII, et qui avait à peine deux ans.

(2) Bateau destiné à la pêche de la baleine.
(3) Guillaume Juvénal des Ursins.
(4) Depuis chancelier.

portes d'icelle, et les aultres fermer et murer, et mettre les chesnes de fer des ruës de ladite ville en estat, pour servir quant mestier en seroit; et plusieurs autres choses qui longues seroient à escripre, que je passe cy pour cause de briefveté.

En ce temps furent prins par inventoire et mis en la main du Roy, tous et chacun les biens de Pierre Morin trouvez, et estans à Paris, pource que ledit Morin qui estoit trésorier de mondict seigneur de Berry tenoit pour ledit seigneur contre le Roy, la ville et tour de Bourges : et à ceste cause le Roy donna l'office de huissier du thrésor qui estoit audit Morin, à ung nommé Jacques Testeclère.

Et après le partement dudit Dampmartin, il trouva moyen et façon de prendre et avoir sur Geuffroy Cueur, fils de feu Jacques Cueur, les places de Sainct-Forgeau et Sainct-Morice, où il print ledit Geuffroy à son prisonnier, et aveeque aussi print tous les biens qu'il avoit esdits lieux.

Et après ces choses le Roy s'en tira devers Angers et le pont de Sée, pour sçavoir le vouloir de ceulx qui ainsi s'estoient mauvaisement de luy despartis et alez audit pays de Bretaigne. Et avoit le Roy aveeques luy pour le accompaigner, le Roy de Cecille et monseigneur du Maine ; et si le suivirent plusieurs gens de guerre de son royaulme, et en grant nombre, qu'on estimoit estre de vingt à trente mille combatans. Et après que le Roy eut ainsi esté illec un espace de temps, voyant qu'il n'y faisoit guères, s'en ala et tira au pays de Berry vers Yssoudun, Viarron, le Bourg de Dreux, et aultres places environ, et mena avec luy grant quatité de ses gens de guerre et de son artillerie, et laissa lesdits roy de Cecille et seigneur du Maine bien accompagnez de gens de guerre, pour garder et deffendre que lesdits de Bretaigne n'entrassent en Normandie ne en aultres lieux de ce royaulme, pour le dommaiger.

Et quant le Roy fut ainsi venu audit païs de Berry que dit est, il séjourna illec un peu de temps, et puis s'en partit pour aller au païs de Bourbonnois; et laissa la ville de Bourges sans y aller, pource qu'il y avoit grant garnison dedans ladicte ville, dont estoit conducteur et capitaine monseigneur le bastard de Bourbon pour mondit seigneur de Berry; et vint entrer audit païs de Bourbonnois, où illec environ le jour de l'Ascension de nostre Seigneur, la ville et chastel de Sainct-Amand-Lallier fut prinse d'assault, et peu de temps après luy fut renduë la ville et chastel de Montluçon par composition, dedans laquelle estoient Jacques de Bourdon et trente-cinq lances, qui s'en allèrent eulx et leurs biens saufs, et jurèrent que jamais ne s'armeroient contre le Roy.

Et la veille dudit jour de l'Ascension de nostre Seigneur, arrivèrent à Paris monseigneur le chancellier Trainel, maistre Estienne Chevalier, Nicolas de Louviers, maistre Jehan de Molins, par lesquels le Roy escripvoit à ses bons bourgois, manans et habitans de Paris, en les mercians de leurs bons vouloirs et loyautez, en les priant et enhortant de bien en mieulx continuer, et par iceux leur mandoit qu'il leur envoyeroit la Royne pour accoucher à Paris, comme à la ville du monde que plus il aimoit.

Et le jeudy trentiesme et pénultiesme jour de may, l'an 1465, advint que à ung moulin qui est par delà Moret en Gastinois, nommé le Moulin Basset, en une hostellerie illec estant se vindrent loger Jehan la Hure, marchant de la ville de Sens, ung sien nepveu et aultres en sa compagnie ; et en ladite hostellerie environ minuit vindrent de trente à quarante hommes à cheval tous en armes, qui estoient venus desdits lieux de Sainct-Maurice et Sainct-Forgeau, qui emmenèrent prisonniers esdits lieux lesdits la Hure et ceux de sadite compagnie, ensemble tous leurs biens et bagues ; et audit temps le Roy ordonna de rompre et abattre les ponts de Chamois, et Beaumont-sur-Oise, et aultres.

Et le jeudy sixiesme jour de juing audit an 1465, advint à Paris, en la ruë Sainct-Denis, devant la Barbe d'or, que ung ancien homme, bonnetier nommé Jean Marceau, se pendit et estrangla en sa maison, et fut le corps trouvé mort. Si fut despendu et apporté au chastellet de Paris, pour estre illec visité, et après ladite visitation faite fut envoyé et porté pendre ledit corps au gibet de Paris. Et en ce mesme jour y eut ung laboureur, demourant à Clignencourt, nommé Jehan Petit, qui couppa la gorge à sa femme.

En ce temps le bastard de Bourgongne et le mareschal de Bourgongne (1), accompaignez de grant quantité de gens de guerre de la compagnie dudit monseigneur de Charrolois, commencèrent à courrir sus aux villes et subjects du Roy par port d'armes, et vindrent prendre sus le Roy Roye et Montdidier. Et lors monseigneur le conte de Nevers et Joachin Rouault, mareschal de France, et estant pour le Roy dedans la ville de Péronne à tout bien quatre mille combatans, se retrayèrent à Noyon et à Compiengne; et laissèrent audit lieu de Péronne pour la d'icelle, des nobles de France, et cinq cens francs archiers.

(1) Thibaut de Neufchâtel.

Et le dimenche unziesme jour dudit mois de juing fut faite à Paris une moult belle et notable procession générale, où furent portées moult de sainctes reliques, et entre aultres sainctes choses furent portées les châsses de madame saincte Geneviefve et sainct Marcel, et par belle ordonnance vindrent en la grant église de Paris où illec fut chantée une haulte messe de Nostre-Dame. Et illec prescha au peuple maistre Jehan de Lolive, docteur en théologie, qui déclaira que ladicte assemblée et congrégacion se faisoit pour la santé et bonne prospérité du Roy, et aussi de la Royne et du fruict qui estoit autour d'elle (1), et pour la paix et bonne union estre mise entre le Roy et les princes, et pour les biens de terre.

Audit temps le Roy estant en Bourbonnois s'en tira à Sainct-Poursain, auquel lieu madame la duchesse de Bourbonnois et d'Auvergne, sa sœur, s'en ala pour parler à luy, comme desplaisante du discord qu'elle veoit estre entre le Roy son frère, et monseigneur de Bourbon son mary. Et pour y cuider trouver bon moyen, ce qui ne se peut faire lors; et cependant ledit monseigneur le duc vuida hors de Moulins, et s'en ala à Riom.

Audit temps fut ordonné en l'ostel de la ville de Paris que les portes de Sainct-Martin, Montmartre, le Temple, Sainct-Germain-Desprez, Sainct-Victor et Sainct-Michel seroient toutes murées, et qu'on feroit guet de nuit dessus les murs d'icelle ville.

Audit temps fut envoyé mettre le siége devant Sainct-Morise, tenu et occupé par l'adveu dudit comte de Dampmartin; à tenir lequel siége y estoit la bailly de Sens, nommé messire Charles de Meleun et plusieurs gens de communes avecques luy. Et encores y fut de rechief envoyé Anthoine, bailly de Meleun, qui y mena avecques luy aucuns archiers et arbalestriers dudit lieu de Paris; et tantost après que ledit Meleun et iceux archiers et arbalestriers furent ainsi arrivez devant ladicte place, ceux dudit Sainct-Morise se rendirent par composition, et baillèrent ladicte place.

Audit temps aussi advint que ung nommé maistre Louys de Tilliers, notaire et secrétaire du Roy et trésorier de Carcassonne et grenetier de Selles en Berry, qui estoit serviteur de messire Anthoine de Chasteauneuf, seigneur du Lau, fut tué par malle-fortune d'un archer qui essayoit un arc duquel il tiroit une flesche contre un huys qui estoit devant luy, que à l'heure ledit maistre Louys ouvroit, et luy vint passer la flesche tout au travers du corps; et incontinent s'en alla jetter dessus une couchette estant en la chambre, dessus laquelle il rendit l'ame à Dieu incontinent après.

Et le jour sainct Jean-Baptiste, vingt-quatriesme jour de juin, aucuns qui se baignoient à leurs plaisances en la rivière de Seine par malle-fortune se noyèrent; et pour cause de ce, fut crié par les carrefours de Paris, que de là en avant nul ne fust si hardy de soy aler plus baigner en ladicte rivière, et que chascun teint de jour devant son huys ung seau d'eauë, sur peine de prison et de soixante sols parisis d'amende.

Et le landemain vingt-cinquiesme jour dudit mois de juing, fut ordonné en ladicte ville de Paris que toutes les chesnes des ruës de ladicte ville seroient abatuës et laissées gésir sur terre, ès lieux où elles sont ordonnées pour estre toutes prestes, et regarder où il y auroit faulte pour les amender, et y pourvoir à les trouver toutes prestes quant besoing en seroit : ce qui fut fait. Et si fut aussi ordonné et enjoinct à un chascun de ladicte ville qu'ils se armassent et eussent provision d'armeures, chascun selon son estat, pour la garde de ladite ville, et pour estre tous prests quant mestier en seroit. Et ce par cédulles envoyées de par ladicte ville à un chacun particulier.

Audit temps tous Bourguignons, Picards et autres nations de l'obéissance et sous la conduite dudit monseigneur de Charrolois, marchèrent tant en France qu'ils vindrent et arrivèrent jusques à Pont-Saincte-Maixance, qu'ils trouvèrent moyen d'avoir, et que ung nommé Madre, qui en estoit capitaine pour maistre Pierre l'Orfèvre, seigneur Dermenonville, leur bailla par composition et argent qu'il en print dudit seigneur de Charrolois. Et à cette cause vindrent et passèrent parmy l'Isle-de-France, qui par les dessusdicts fut fort dommaigé, nonobstant qu'ils disoient partout où ils passoient qu'ils venoient pour affranchir le pays de France, et pour le bien publicq.

Et incontinent après ledict passaige fait audict Pont-Saincte-Maixance, lesdicts Bourguignons eurent la place de Beaulieu, qui longuement avoit esté tenuë contre iceulx Bourguignons par aucuns de la charge et compaignie de Jouachin Rouault, qui s'en alèrent par composition eux et leurs biens saufs.

Et lesdicts Bourguignons ainsi venus en ladicte Isle-de-France, s'espandirent en divers lieux en icelle, et y prindrent Dampmartin, Nantouillet, Villemomble et aultres menuës places. Et puis alèrent à Laigny sur Marne, où

---

(1) Dont elle était enceinte.

ils firent plusieurs exploicts, comme de ardre et brusler tous les papiers qu'ils trouvèrent sur le fait des aydes, et ordonnèrent en ladite ville que tout y seroit franc; et si ordonnèrent que le sel qui estoit au grenier dudit lieu pour le Roy, fust baillé et distribué à tous ceux qui en voudroient avoir, en payant le droit du marchand seulement.

Et le dimanche, dernier jour dudit mois de juin audit an 1465, Jouachin Rouault, maréchal de France, à tout cent et dix lances, vindrent et arrivèrent en la ville de Paris pour la garde d'icelle, combien qu'il n'en estoit guères de mestier; car les habitans d'icelle, qui tous estoient bien unis et loyaulx au Roy, estoient assez souffisans pour la garde d'icelle ville.

Audit temps le Roy, qui estoit audit pays de Bourbonnois, mist le siége devant Riom en Auvergne, dedans laquelle y estoient monseigneur le duc de Bourbon, le duc de Nemours, le comte d'Armignac, le seigneur d'Albret et autres. Et avoit le Roy devant ladicte ville la plus belle et noble armée que oncques fut guère veuë, car il avoit de bonnes gens de guerre et de grand façon, vingt quatre mille hommes et mieulx.

Et après que ledit siége eut esté ainsi mis devant ladicte ville de Riom, et voyant à Paris que lesdits Bourguignons approuchoient de ladicte ville, fut ordonné et estably en icelle ville de Paris un grand guet à cheval, qui aloit toutes les nuits sur les murs et en ladicte ville, depuis l'heure de minuit jusques au jour apparant; pour la conduicte duquel guet y avoit capitaines ordonnez par icelle ville par chacune nuit, de gens de façon d'icelle. Auquel guet estoient ordinairement de huict vingts à deux cens chevaux, aucunesfois plus et à l'autre fois moins.

Et le lundy, second jour de juillet audit an, maistre Jehan Balue, évesque d'Evreux, fit le guet de nuit parmy ladicte ville, et mena avecques luy la compagnie dudit Jouachin Rouault, avec clairons, trompettes et autres intrumens sonans par les ruës et sur les murs, qui n'estoit pas accoustumé de faire à gens faisans guet.

Et le mercredy, quatriesme jour dudit mois de juillet audit an 1465, le Roy estant devant ledit lieu de Riom, escripvit à messire Charles de Meleun son lieutenant audit lieu de Paris, audit Jouachin et ausdits habitans de Paris, par sire Jehan de Harlay, son chevalier du guet audit lieu de Paris, par lesquelles lettres le Roy mercioit moult fort lesdits habitans de Paris de leurs bonnes loyaultez, en les priant et exhortant de tousjours y continuer et persévérer, et que dedans quinze jours ensuivans luy et toute son armée seroit à Paris; et si leur mandoit de bouche par ledict de Harlay certain accord qu'il avoit fait avec lesdicts ducs de Bourbon et Nemours, et les sires d'Armignac et d'Albret; et comment en faisant ledict accord chascun d'eulx avoit promis au Roy de bien et loyaulment le servir, et de vivre et mourir pour luy.

Et par lesdits appointemens iceulx seigneurs de Bourbon et aultres dessus nommez, promectoient de faire faire la paix au Roy par les aultres seigneurs avecques eulx aliez contre luy. Et que pour ce faire seroient envoyez de par lesdits quatre seigneurs certains ambassadeurs devers le Roy à Paris, dedans le jour et feste de myaoust ensuivant, pour traicter ladicte paix. Et que où lesdits aultres seigneurs avec eulx aliez contre luy ne vouldroient entendre à icelle paix, ils prosmirent et jurèrent que d'oresnavant à jamais ils ne s'armeroient contre le Roy, et qu'ils vivroient et mourroient pour luy et son royaume. Et fut tout ce que dit est ainsi promis par lesdits quatre seigneurs au lieu de Moissiat près dudict Riom. Et pour plus ample promesse ils s'en obligèrent ès mains de deux notaires apostoliques, voulans et accordans estre incontinent excommuniez se par eulx, ou l'ung d'eulx, estoit fait le contraire; et pour les nouvelles dessusdictes fut ordonné et délibéré que le vendredy ensuivant en seroient faictes processions générales en l'église de Saincte-Katherine du Val-des-Escoliers à Paris, laquelle y fut faicte bien honneste et solempnelle, et y prescha ledit jour maistre Jehan Pain et Chair, docteur en théologie.

Et le mercredy fut publié et fait à sçavoir par les carrefours de Paris, que en chascun hostel d'icelle ville y eût une lanterne et une chandelle ardente dedans durant la nuit, et que chascun mesnaige qui auroit chien l'enfermast en sa maison et sur peine de la hart.

Et le vendredy ensuivant la compaignie, ou la pluspart desdits Bourguignons vindrent et arrivèrent à Sainct-Denis en France eulx loger illec. Et ce jour venoient à Paris trente chevaux de marée, dont lesdits Bourguignons en prindrent les vingt-deux, les aultres huit chevaux se sauvèrent et vindrent à Paris. Et bientost après que lesdits Bourguignons eurent esté ainsi arrivez audit lieu de Sainct-Denis, partie d'eulx s'en alèrent devant le pont de Sainct-Cloud pour le cuider avoir, ce qu'ils ne peurent pour cette fois, et à tant s'en retournèrent.

Et le dimenche septiesme jour de juillet audit an 1465, lesdits Bourguignons vindrent voulster (1) devant Paris et n'y gaignèrent riens, sinon qu'il y en eut aucuns d'eulx tuez de l'artillerie,

(1) Voltiger.

estant dessus les murs d'icelle ville, et puis s'en retournèrent audit lieu de Sainct-Denis.

Et le lundy ensuivant huictiesme jour dudit mois de juillet, lesdits Bourguignons vindrent de rechief devant Paris, et deslogèrent tous dudit Sainct-Denis, et en amenèrent avec eulx toute leur artillerie. Et par grande cautelle et subtilité envoyèrent avant qu'ils se montrassent quatre de leurs héraulx aux portiers de la porte Sainct-Denis, de laquelle estoient commissaires et capitaines pour le jour, maistre Pierre l'Orfèvre, seigneur Dermenonville, et maistre Jehan de Poupaincourt (1) seigneur de Cercelles, et vindrent lesdits quatre héraulx demander des vivres pour leur ost, et aussi que on leur donnast passaige parmy ladicte ville, et dirent que se on ne leur bailloit ledit passaige et lesdits vivres qu'ils entreroient dans ladicte ville au déshonneur et grande confusion d'icelle ville et de ceux de dedans.

Et ainsi que on escoutoit lesdits quatre héraulx sur les choses dessusdictes, et avant que on eust peu avoir loisir de leur rendre aucune responce, lesdits Bourguignons cuidans prendre à despourveu les habitans de ladicte ville, et mesmement ceulx qui gardoient ladicte porte de Sainct-Denis, vindrent à grant fureur grosse compagnie et armée passer jusques à Sainct-Ladre et plus avant, cuidans gaigner les barrières qui aux faulx bourgs de ladicte ville devant ladicte porte Sainct-Denis avoient esté faictes, et venir jusques à ladicte porte et dedans ladicte ville, en jettant par eulx canons, serpentines et aultres traicts; à quoy leur fut moult asprement et vaillamment résisté par les bourgois de Paris, et autres estans illec de par ladicte ville, et aussi par les gens dudit Jouachin et de luy-mesme qui s'y vindrent trouver. Et y eut lors desdits Bourguignons tuez et navrez : et puis s'en retournèrent aux champs sans aultre chose faire, et se mirent en bataille devant ladicte ville, et lors y eut beau hurtibilis de canons, vulgiaires, serpentines, coulevrines et aultre trait qui leur fut envoyé de ladicte ville, et dont y eut aucuns de tuez et navrez. Et durant ladite escarmouche y eut ung paillart sergent à verge du Chastellet de Paris, nommé Casin Chollet, qui en courant fort eschauffé par plusieurs des rues de Paris crioit à haulte voix ces mots : *Boutez-vous tous en vos maisons et fermez vos huis, car les Bourguignons sont entrez dedans Paris.* Et à cause de l'effroy qu'il fist, y eut plusieurs femmes grosses qui en accouchèrent avant terme, et d'aultres en moururent et perdirent leur entendement.

Le mardy ensuivant ne fut riens fait devant Paris, sinon que le comte Sainct-Paul, qui estoit audit lieu de Sainct-Denis avecques ledit seigneur de Charrolois, se partit dudit lieu de Sainct-Denis, avecques aucuns Picards et Bourguignons estant audit lieu de Sainct-Denis, pour s'en aller au pont Sainct-Cloud, et pour le prendre et avoir, ce qu'il ne peust avoir ce jour : et le mercredy ensuivant fut menée audit de Sainct-Paul certaine quantité d'artillerie dudit seigneur de Charrolois, comme de cinquante à soixante chariots. Et ce mesme jour aucuns de la compagnie de messire Pierre de Brézé yssirent dehors Paris pour aller à leur aventure dessus lesdits Bourguignons, qui ainsi alloient audit Sainct-Cloud : desquels Bourguignons en fut eu tué deux et en fut prins cinq, dont l'ung d'iceulx fut fort navré, et tellement que tout le devant de son visaige luy fut abatu d'un coup d'espée, et luy pendoit le visaige à sa peau sur sa poitrine : et par iceulx Bourguignons fut prins ung archier serviteur de messire Jehan Mohier chevalier de la compagnie dudit Brézé. Et ledit jour de mercredy environ six heures de nuit lesdits Bourguignons baillèrent une escarmouche terrible et merveilleuse au boulevart dudit Sainct-Cloud, qui fort espouvanta ceulx de dedans qui le tenoient pour le Roy ; tellement qu'ils prindrent composition de rendre ledit pont à l'heure présente, ce qu'ils firent et s'en revindrent à Paris eulx et leurs biens saufs ; et si promisrent de livrer et bailler lesdits cinq Bourguignons prins ledit jour. Et pour ce faire demourèrent pour ostages Jacques-Le-Maire bourgois de Paris, qui estoit capitaine dudit Sainct-Cloud, et ung homme-d'armes de la compagnie dudit de Brézé, estant audit pont de Sainct-Cloud.

Et le vendredy ensuivant fut tenu en l'ostel de ladite ville de Paris un grand conseil, pour délibérer et sçavoir quelle response seroit renduë ausdits Bourguignons sur ce qu'ils avoient requis que de ladicte ville feussent envoyez aucuns déléguez par icelle ville, par devers ledit seigneur de Charrolois et ceux de sadicte compagnie, pour leur estre dit par eulx de bouche et en secret, les causes pour lesquelles ils estoient ainsi venus en armes audit pays de France. A quoy fut conclud que on feroit sçavoir audit de Charrolois qu'il envoyast bon sauf conduit à Paris, pour ceux qui seroient ordonnez estre

---

(1) Fils de Jean de Popaincourt, premier président au parlement de Paris, mort président à mortier en 1480. Ce fut lui qui, en décembre 1475, prononça l'arrêt de mort contre le connétable de Saint-Pol.

envoyez par devers luy; et ce fait que on y envoyeroit gens pour les ouyr et escouter tout ce qu'ils voudroient dire, pour au surplus le faire assavoir au Roy qui estoit près de Orléans, ou à son conseil estant audit lieu de Paris, pour leur faire telle response qu'il seroit advisé de faire : et ce mesme jour vindrent à la porte Sainct-Honoré environ cinq heures du soir deux héraulx de par ledit seigneur de Charrolois, pour avoir la responce de ce que dit est ; ausquels fut dit comme devant est dit, et que ledit de Charrolois approchast en aucun lieu près Paris et envoyast ledit sauf conduit, et que on yroit à luy pour l'escouter, et aultre chose n'eurent. Et après ces choses ils requirent avoir pour argent du papier et perchemin avec de l'encre, dont il leur fut baillé : et si demandèrent à avoir du succre et aultres drogueries pour aucuns gentils-hommes qui estoient malades en leur ost, dont on leur fit reffus, qui s'en tindrent à bien mal contens de ceulx de ladicte ville. Et à tant s'en retournèrent iceux deux héraulx.

Et le dimenche ensuivant quatorziesme jour dudit mois de juillet audit an 1465, arrivèrent à Paris bien matin monseigneur de La Borde et messire Guillaume Cousinot, qui apportèrent lettres de par le Roy aux bourgois, manans et habitans de ladicte ville, par la teneur desquelles le Roy les mercioit comme devant de leurs bons vouloirs qu'ils avoient envers luy, et de la bonne et grande résistence qu'ils avoient faicte à l'encontre desdits Bourguignons, et qu'ils voulsissent adjouster foy ausdits de La Borde et Cousinot de tout ce qu'ils leur diroient de par luy. Laquelle crédence estoit en effet que le Roy les mercioit moult de fois de leurs grandes loyaultez, et si leur prioit oultre de tousjours de bien en mieulx continuer. Et que dedans le mardy ensuivant il seroit à Paris, comme au lieu du monde que plus il désiroit estre, pour donner remède et provision par tout, et qu'il aimeroit mieulx avoir perdu la moitié de son royaume que mal ne inconvénient aucun venist en ladicte ville, où possible luy seroit de y pourvoir. Aussi dit et pria ledit Cousinot de par le Roy, que ceulx de Paris pourveussent au logis des gens-d'armes et de traict que le Roy avoit et menoit avecques luy, et aussi de mettre pris raisonnable sur les vivres. A quoy luy fut respondu par maistre Henry de Livre prévost des marchans que aussi feroit-on.

Et le lundy ensuivant lesdits Bourguignons qui estoient deslogez dudit Sainct-Cloud, s'en alèrent loger à Montlehéry, eulx et toute leur artillerie, cuidans aler eulx joindre avec les compaignies des ducs de Berry et de Bretaigne, le comte de Dunois et aultres qui s'en venoient audit de Charrolois. Et de ce en furent portées les nouvelles au Roy qui estoit par deçà Orléans pour s'en venir à Paris ; lequel et à toute diligence vint et arriva le mardy matin seiziesme jour dudit mois de juillet à Chastres soubs ledit Montlehéry. Et d'illec sans soy raffraischir ou que bien peu, et sans attendre toute sa compaignie qui estoit pour gens à cheval la plus belle et mieulx en point que oncques avoit esté veuë paravant, pour autant de gens qu'il y avoit. Se vint frapper et bouter dedans l'armée desdits Bourguignons, et illec à l'aborder y eust fait des plus beaulx faits d'armes que jamais furent veus pour ung peu de gens, car aussi c'estoient tous nobles hommes, vaillans et de grant eslite, qui tellement besongnèrent que le Roy gaigna et mist en fuite toute l'avangarde desdits Bourguignons, et y eust d'iceux Bourguignons à ladicte rencontre grant quantité de morts et de pris. Et d'icelle desconfiture en vint incontinent le bruit à Paris, de laquelle ville en yssit aux champs plus de trente mille personnes, partie desquels s'en alèrent à cheval à l'escart, et trouvèrent moult desdits Bourguignons qui furent prins et desconfis par eulx et aussi de ceulx des villaiges d'autour d'icelle ville, comme de Vanves, Yssi, Sèvre, Sainct-Cloud, Suresnes et autres lieux : et en ce faisant fut gaigné bien grant butin sur lesdits Bourguignons, tant en chariots, bahus, malles, boistes, que aultrement; et tant y perdirent lesdits Bourguignons que on disoit lors que leur perte en toutes choses montoit plus de deux cens mille escus d'or. Et après que ladicte avangarde eust esté ainsi desconfite, le Roy non content de ce, mais cuidant tousjours persévérer et avoir le bout d'iceulx Bourguignons, et sans soy rafreschir ne prendre aucun repos, ne luy, ne ses gens, se rebouta luy, sa garde et environ quatre cens lances de sa compaignie dedans lesdits Bourguignons, qui s'estoient fort ralliez par le moyen dudit comte de Sainct-Paul, qui moult bien servist ledit de Charrolois celle journée : lesquels Bourguignons recueillirent vigoureusement le Roy et sadicte compaignie ; car ils s'estoient serrez en bataille et par ordre, et leur artillerie apprestée, de laquelle ils grévèrent fort les gens du Roy, et en tuèrent plusieurs gens de bien, et aussi de ceulx de la garde du Roy qui moult vaillamment se portèrent et servirent bien le Roy, qui eust illec beaucoup affaire, et en grand dangier par diverses fois de sa personne, car il n'avoit que ung peu de gens et sans artillerie : et tellement y fut oppressé le Roy qui tousjours estoit des premiers dedans, qu'il ne sçavoit que faire. Et posé ores qu'il n'avoit que ung peu de gens, si maintenoient plusieurs, que s'il eust eu davantage cinq cens francs-archiers à pié pour illec expédier les Bourguignons, qui illec furent jettez par terre qui après se relevoient, qu'il eust mis en telle subjection iceulx Bourguignons, que jamais n'eust esté mémoire d'eulx en armes. Ledit seigneur de Charrolois y perdit toute sa garde. Et aussi fist le Roy beaucoup de la sienne. Et fut tellement suivy ledit de Charrolois, que par deux fois fut prins par Gueffroy de Saint-Belin et Gilbert de Grassay, et puis fut rescoux. Et durant ladite journée y eust grant occision de hommes et de chevaulx, dont plusieurs en furent tuez par les ribaulx piétons du costé dudit de Bourgongne, qui de picques et aultres ferremens les tuoient, et y mourut de gens de nobles maisons de costé et d'aultre.

Et après que tout fut fait on trouva que audit champ y estoient morts trois mille six cens hommes, Dieu en ait les ames. Et vers la nuict les Escossois de la garde du Roy, voyans et considérans le grant danger où le Roy estoit et la grant perte de leurs gens, aussi que lesdits Bourguignons poursuivoient fort et asprement, prindrent le Roy qui moult estoit las et afflict, et qui n'avoit cessé de combattre et faire grans armes toute la journée, sans boire et sans manger, et le menèrent dedans le chasteau dudit Montlehéry. Et pource que plusieurs gens de l'armée du Roy n'avoient point veu qu'il eust ainsi esté mené audit Montlehéry et ne le sçavoient où trouver, cuidoient qu'il feust mort ou pris, et à ceste cause la pluspart d'iceulx se mirent en fuite; et lors monseigneur du Maine, monsieur l'admiral de Montaulban, le seigneur de La Barde et aultres capitaines qui bien avoient de sept à huict cens lances se retrahirent, et s'en alèrent et abandonnèrent ainsi le Roy. Et ladicte journée nul des dessusdits n'y frappa ung seul coup, et à ces moyens le champ demoura ausdits Bourguignons; en icelle rencontre au nombre des mors y furent trouvez des gens de façon et de bonnes maisons : c'est assavoir messire Pierre de Brézé chevalier sénéchal de Normendie, Geuffroy de Sainct-Belin dit la Hyre, bailly de Chaumont, Floquet bailly d'Evreux, et plusieurs autres chevaliers et escuyers de nom de la compaignie du Roy : et aussi de la compagnie desdits Bourguignons y en eut beaucoup de morts, et de pris plus que de ceulx du Roy. Et après que le Roy eust esté ung peu raffreschy audit chasteau de Montlehéry, fust mené et conduit d'illec jusques en la ville de Corbueil, où il y séjourna jusques au jeudy ensuivant dix huictiesme jour dudit mois de juillet qu'il arriva sur le tard en sa ville de Paris, et souppa cedit jour en l'ostel de son lieutenant général messire Charles de Melun, et aveecques luy y souppèrent aussi plusieurs seigneurs, damoiselles et bourgoises ; auquel lieu il récita son aventure tout ainsi advenue audit Montlehéry. Et en ce faisant dist et déclaira de moult beaulx mots et piteux, dequoy tous et toutes plorèrent bien largement. Et si dist plus que au plaisir de Dieu le lundy ensuivant il retourneroit de rechief à l'encontre de ses ennemis, et qu'il mourroit en la poursuite, ou que brief en auroit le bout, dont il ne se fist riens : pource qu'il fut conseillé pour le mieulx du contraire, aveecques ce qu'il fut laschement servy de ses gens de guerre, et ne tint point à luy, car il estoit assez et trop vaillant.

Et le vendredy ensuivant dix-neuflesme jour dudit mois de juillet audit an 1465, ung gentilhomme nommé Laurens de Mory, seigneur dudit lieu de Mory, près de Mictry en France, qui avoit esté constitué prisonnier en la bastille Sainct-Anthoine, pour occasion de ce qu'il avoit favorisé lesdits Bourguignons, et les avoit induits et menez en divers lieux, en plusieurs maisons assises en divers villaiges d'entour Paris appartenans à aulcuns bourgois dudit lieu de Paris, pour icelles maisons piller et prendre les biens desdits bourgois de Paris. Et que en ce faisant avec plusieurs larrecins fut fait son procez sur lesdits cas audit lieu de la Bastille, par aucuns commissaires à ce faire ordonnez. Par lesquels fut dit et déclairé audit de Mory qu'il estoit criminculx de crime de lèze-majesté, et comme tel le condempnèrent à estre escartellé ès halles de Paris, et ses biens et héritaiges acquis et confisquez au Roy, dont et de quoy il appella en la court de parlement, pour révérence duquel appel fut différé d'estre exécuté pour ledit jour ; et le samedy ensuivant par la cour de parlement fut vuidé ledit appel, et en corrigant icelluy fust dit par arrest de ladicte court que ledit Laurens de Mory seroit pendu et estranglé au gibet de Paris. Et fust exécuté cedit jour.

Et cedit jour de samedy l'évesque de Paris, nommé maistre Guillaume Chartier et aultres conseillers et gens d'église de ladicte ville, furent devers le Roy en son hostel des Tournelles. Et la fut proposé devant luy par ledit évesque et dictes de moult belles paroles qui toutes tendoient affin que le Roy conduisist delà en avant toutes ses affaires par bon conseil, ce que le Roy accorda. Et fut lors ordonné que delà en avant iroient au conseil du Roy aveecques le conseil ordinaire ; c'est assavoir six conseillers bourgois de ladicte ville, six aultres conseillers de la court de parlement, et six clercs prins en l'Université de Paris. Et aussi pource que le Roy vit qu'il avoit moult d'ennemis en son royaulme, mist en délibération de trouver des gens de guerre avecques ceulx que desjà il avoit, et aussi combien on en trouveroit à Paris. Et à ceste cause fut ordonné que tous ceulx de Paris seroient prins par escrit et par dixènes, pour en prendre de chascune dixène, dix hommes, mais il ne s'en fist riens.

Et au moyen de la venue du Roy à Paris, il convint que plusieurs gens de guerre qui le suivoient feussent logez ès villaiges d'autour Paris et de Brie, et aultres lieux voisins, lesquels gastèrent et desconfirent tous lesdits villaiges, et prindrent de fait et sans riens payer tous vivres qu'ils y trouvèrent, et aultres choses qui appartenoient tant aux habitans desdits villaiges que d'aultres demourans à Paris; et aussi quant le Roy se trouva à Paris, il se trouva fort chargé des gens de guerre, pour lesquels payer de leursdits gaiges et souldées, luy convint finer de grans sommes de deniers : car il ne recepvoit riens d'aucunes villes sur lesquelles lesdits gaiges estoient assignez, qui estoient tenues et usurpées par aucuns princes qui ne vouloient riens souffrir estre cueilly dudit payement en leur pays, fut contraint de faire emprunt d'argent sur plusieurs officiers et aultres de la ville de Paris, ausquels de par luy fut demandé argent à prester, dequoy ils furent reffusans, au moins de si grant somme que on leur demandoit. Et pour leur reffus à aucuns d'eulx fut dit et déclaré de par le Roy que de luy ils estoient privez de toutes offices royaulx, comme à maistre Jehan Chenéteau greffier de parlement, maistre Martin Picard conseiller des comptes, et aultres.

Et le mercredy ensuivant vingt-quatriesme jour de juillet audit an 1465, le Roy fist bailler commission au prévost forain de Senlis pour aler abatre les arches de pont Sainct-Maixances, pource qu'il estoit grant bruit que le seigneur de Saveuse avec grand nombre de gens de guerre, venoient audit lieu pour le prendre sus ceulx qui le tenoient pour le Roy. Et ce mesme jour le Roy en avoit donné la capitainerie à Jehan l'Orfèvre chastellain dudit lieu, et luy donna charge d'aler garder ladicte place, et luy deffendit bien fort que rien ne feust rompu dudit pont. Et le vendredy ensuivant le Roy ordonna qu'il demourroit deux cens lances à Paris, soubs la charge et conduicte dudit bastard d'Armignac comte de Comminge, de messire Gilles de Saint-Symon bailly de Senlis, le sire de La Barde, de Charles des Mares, et dudit messire Charles de Meleun, que le Roy continua lieutenant pour luy en ladicte ville, à la relation et requeste d'aucunes gens d'église, et des prévosts des marchans et eschevins de ladicte ville.

Et le samedy ensuivant vingt-septiesme jour dudit mois de juillet audit an 1465, un nommé Jehan de Bourges qui avoit esté clerc et serviteur de maistre Jehan Bérard conseiller du Roy nostre sire en sa court de parlement, et qui avoit esté mis et constitué prisonnier avec Gacion Mériodeau et François Mériodeau son frère, pour occasion de ce qu'ils et aultres, s'estoient tirez de Paris en Bretaigne par devers mondit seigneur de Berry, en conspirant contre le Roy, fut iceluy Jehan de Bourges tiré hors de la Bastille, et ledit François Mériodeau. Et par la sentence du prévost des mareschaulx furent noyez en la rivière de Seine par le bourreau de Paris, devant la tour de Billy; et le mardy ensuivant trentiesme jour d'iceluy mois, ledit Gacion, qui estoit notaire du Roy au Chastellet de Paris, aussi prisonnier audit lieu de Paris, et pour ledit cas fut pareillement tiré dudit lieu de la Bastille, comme les aultres dessus nommez, et noyé au lieu dessusdit. Et pareillement y fut aussi noyé ung povre ayde à maçon qui avoit esté envoyé de Paris à Estampes de par la femme d'un nommé maistre Odo de Bucy, pour porter lettres audit de Bucy son mary, qui lors estoit advocat au Chastellet de Paris, et qui estoit audit lieu d'Estampes avec le frère dudit seigneur de Sainct-Pol, dont il estoit serviteur, estant audit Estampes avec les aultres princes et seigneurs estans contre le Roy, comme dit est. Et lequel ayde à maçon rapporta responce desdictes lettres à ladicte femme dudit maistre Odo, qui avoit gaigné par chacun jour qu'il avoit vacqué à aller audit lieu d'Estampes et retourner à Paris, par chascun jour deux sols parisis. Pour lequel cas ledit ayde à maçon fut aussi condempné à mourir, et fut noyé au devant dit lieu après les autres dessus nommez. Et le landemain fut fait commandement à icelle femme dudit maistre Odo de vuider hors de la ville de Paris, ce qu'elle fist et s'en ala à Sainct-Antholne-des-Champs hors Paris, où depuis tousjours s'est tenue, jusques à ce que l'appointement fust fait entre le Roy et les princes et seigneurs, qui depuis vindrent à Sainct-Mor, Conflans, et devant Paris.

Et après que ladicte rencontre eust esté ainsi faicte audit lieu de Montlehéry, lesdits princes tous ensemble ainsi estans contre le Roy que dit est, furent et demourèrent ensemble, se mirent audit lieu d'Estampes et s'y tindrent par l'espace de quinze jours, et après se deslogèrent et prindrent le chemin par devers Sainct-Mathurin de l'Archant, Moret en Gastinois, Provins et le pays d'environ. Et quant le Roy en eut ouy les nouvelles, il envoya à Meleun, à Monstereau, à Sens et autres villes d'environ, des gens de guere et de l'artillerie pour garder lesdits lieux, et pour faire des saillies sur les dessusdits, quant ils verroient leur avantage.

Et le samedy tiers jour d'aoust audit an 1465, le Roy ayant singulier désir de faire des biens à sa ville de Paris et aux habitans d'icelle, remist le quatriesme du vin vendu à détail en ladicte ville au huictiesme : et veult que tous privilégez peussent jouyr de leurs priviléges, tout ainsi qu'ils avoient fait durant la vie dudit deffunct roy Charles.

Et en oultre, ordonna toutes les impositions qui avoient cours en ladicte ville estre abatues, hors et excepté les denrées de six fermes vendues en gros en icelle ville; c'est assavoir les fermes de la Busche, du Pié-Fourché, le drap vendu en gros, le vin en gros, le poisson de mer, et....

Et ce mesme jour ces choses furent publiées à son de trompe par les carrefours de Paris, en la présence de sire Denis Hesselin esleu sur le fait des aydes à Paris; et incontinent après ledit cry tout le populaire oyant iceluy, crioient de joye et de bon vouloir, *Noel, Noel*. Et en furent faits les feux parmy les rues de ladicte ville.

Et le dimenche ensuivant quart jour d'aoust, révérend père en Dieu maistre Jehan Balue fut sacré évesque d'Evreux en l'église Nostre Dame de Paris, et ce mesme jour le Roy souppa en l'ostel de son trésorier des finances, maistre Estienne Chevalier; et le mardy ensuivant, fut exécuté ès halles de Paris ung jeune compaignon nommé maistre Pierre de Guéroult natif de Lésignen, et illec escartellé par la sentence du prévost des maréchaulx, pour occasion de ce qu'il avoit confessé estre venu de Bretaigne à Paris, et illec envoyé de l'ordonnance du duc de Bretaigne pour dire et advertir le Roy que plusieurs capitaines et chefs de guerre de son ordonnance et retenue estoient à luy contraires, pour et affin de mettre dissention entre le Roy et lesdits gens de guerre, et aussi pour accuser plusieurs notables personnes de Paris de non estre à luy féaulx, et aveecques ce pour espier et regarder quels gens de guerre et puissance le Roy avoit; pour tout ce que dit est, le rapporter ausdits princes et seigneurs au Roy contraires, pour mieulx et plus aisément exécuter contre luy leur dampnée entreprise. Et pour ledit cas fut ainsi exécuté que dit est, ses biens et héritages au Roy acquis et confisquez.

Audit temps lesdits Bretons et Bourguignons passèrent les rivières de Seine et Yonne par bateaulx qu'ils trouvèrent à Moret en Gastinois et ailleurs. Et audit passaige faisant se y trouva Salezart et aucuns de la compaignie de Jouachin Rouault pour cuider empescher ledit passaige, mais ils n'estoient que peu de gens et sans artillerie, et les ennemis du Roy en avoient largement, parquoy les convint recueiller et retraire; et audit passaige fut tué par lesdits Bretons contre lesdits gens du Roy, d'une serpentine qui d'un coup emporta le bras d'un paige et après vint frapper un gentil-homme nommé Pamabel, parent dudit Jouachin Rouault, parmy le petit ventre, et après en tua trois aultres hommes de guerre.

Et le jeudy ensuivant huictiesme jour d'aoust, monseigneur de Précigny (1), conseillier du Roy nostre sire, et président en sa chambre des comptes à Paris, et Chrystofle Paillart aussi conseiller dudit seigneur en sadicte chambre, que le Roy avoit envoyez par devers le duc de Calabre qu'ils trouvèrent au pays de l'Auxerrois, pour lui porter lettres de par le Roy, s'en retournèrent à Paris par devers le Roy à toute la response qu'ils avoient eue dudit de Calabre. Et le samedy ensuivant, dixiesme jour dudit mois, le Roy s'en partist de Paris pour aler à Rouen, Evreulx, et aultres lieux en Normendie, et alla ce jour à Ponthoise, et à son partement de Paris ordonna plusieurs francs-archiers qui estoient venus dudit pays de Normendie, et environ quatre cens lances des compagnies de feu Floquet, du comte de Boulongne, de feu Geuffroy de Sainct-Belin, du seigneur de Craon et du seigneur de La Barde, estre et demeurer à Paris pour la garde et tuition de ladicte ville.

Et ledit jour du partement du Roy se tint et assembla un grant conseil en l'hostel de ladicte ville de Paris, et en iceluy tenant vint et arriva audit conseil ung gentil-homme de par le Roy, nommé le seigneur de Buisset, qui vint dire à tout le conseil ainsi assemblé, que le Roy leur mandoit de par luy qu'il avoit changé de propos, et que le mardy ensuivant il seroit de son retour audit lieu de Paris; et au regard desdits francs-archiers de Normendie qui estoient des baillages de Caën et Alençon, ils furent logez par distribution : c'est assavoir, ceulx de Caën qui avoient jacquectes où estoit escript dessus la broderie *Caën*, furent mis et logez tout dedans l'ostel et pourpris du Temple, et les aultres dudit bailliage d'Alençon qui avoient jacquectes où estoit dessus escript aussi de broderie, *Audi partem*, furent logez au quartier dudit Temple, par tout où ils peurent estre logez oultre l'ancienne porte dudit Temple.

En ce temps maistre Jehan Bérard, conseil-

---

(1) Beauveau, seigneur de Pressigny.

ler du Roy en sa cour de parlement, s'en partit et ala audit païs de Bretaigne par devers mondit seigneur de Berry, pour ce qu'il disoit qu'on avoit arrestée prisonnière sa femme à Paris, et fait vuider hors de ladicte ville, pour ce que on la chargeoit d'avoir favorisé mondit seigneur de Berry et aultres ses serviteurs contre le Roy.

Audit temps fut publié et crié par les carrefours de Paris, que tous ceux de ladicte ville qui avoient marests aux champs d'icelle ville, feissent coupper et abattre tous les saulx et autres arbres estans en iceulx; et tout ce dedans deux jours, ou aultrement tous iceulx saulx et aultres arbres estoient habandonnez à ceulx qui les vouldroient abatre. Et ce mesme jour vint et arriva à Paris monsieur le comte d'Eu, comme lieutenant du Roy. Et comme tel y fut receu ledit jour qui estoit le treiziesme jour d'aoust 1465.

Et le mardy ensuivant, quatorziesme jour dudit mois d'aoust, ledit Casin Chollet dont devant est parlé, pour le cas dessusdit de avoir crié en courant par les rues de Paris: *boutez-vous en vos maisons et fermez vos huis, car les Bourguignons sont dedans Paris*. Et qui à cause de ce avoit esté depuis constitué prisonnier par sentence du prévost de Paris, fut condempné à estre batu par les carrefours de ladicte ville, et privé de tous offices royaulx, et estre ung mois encores en prison au pain et à l'eauë. Et fut ainsi mené que dit est battre par lesdits carrefours dedans un ord, vilain et paillard tumbereau, dont on venoit de porter la bouc en la voirie. Et le battant par lesdits carrefours comme dit est, le peuple crioit à haulte voix au bourreau: *batez fort et n'espargnez point ce paillard, car il a bien pis desservy*. Et ce mesme jour arriva à Paris deux cens archiers tous à cheval, dont estoit capitaine Mignon; tous lesquels estoient assez bien en point, au nombre desquels y avoit plusieurs crannequiniers, voulgiers (1) et coulevriniers à main. Et tout derrière icelle compaignie aloyent aussi à cheval huict ribauldes et ung moine noir leur confesseur.

En ce temps, messire Charles de Meleun, qui avoit esté lieutenant pour le Roy audit lieu de Paris, durant le temps dessusdit, fut désappoincté de sa charge, et fut baillée audit seigneur d'Eu, et au lieu dudit estat de lieutenant le Roy le fist son grand maistre d'hostel, et si luy bailla le bailliage et la capitainerie d'Evreux et la capitainerie de Honnefleu.

En ce temps, aucuns desdits Bourguignons et Bretons qui s'estoient rafreschis en la ville de Provins, s'en retournèrent à Laigny-sur-Marne le jour et feste de my-aoust. Et le vendredy ensuivant vindrent loger à Creteil, maison sur Seine, Cheelle Saincte Bapteur, et aultres lieux illec environ. Et pour ce qu'on doubtoit fort lesdits Bourguignons et Bretons retourner devant Paris, et qu'il fût rapporté que maistre Girauld, canonier, s'estoit venté de asseoir et assortir de son artillerie à la voirie devant la porte Sainct-Denis et celle de Sainct-Anthoine pour fouldroyer aucuns lieux de ladicte ville, et au long des murs fut ordonné ce jour en ladicte ville que chascune personne alast le lendemain en ladicte voirie garni de pics et de pelles, pour ruer et espendre icelle voirie, ou ce que on en pourroit faire, et ainsi fut fait; mais on n'y fist que peu ou néant, et fut tout laissé. Et à ceste cause furent faits dessus lesdits murs plusieurs tauldis, boulevers et tranchées au long desdits murs, pour la seureté et deffence de ladicte ville et des habitans d'icelle, et aussi de ceulx qui se employeroient à la garde et deffence d'icelle. Et le samedy ensuivant plusieurs notables personnes et de divers estats de ladicte ville furent par devers mondit seigneur le comte d'Eu, lieutenant pour le Roy en ladicte ville, auquel ils firent de moult belles remonstrances qui concluoient qu'il luy pleust pour le bien, proffit et utilité du Roy, de ladicte ville et des subjects d'icelle et du royaume, de adviser façon et moyen par devers lesdits seigneurs de Berry, Bourgongne, Bretaigne et autres devant nommez, d'avoir avec eulx aucune bonne pacification de paix ou accord à l'honneur du Roy et au soulagement et bien dudit royaulme; à tous lesquels ledit monseigneur d'Eu fist responce telle que le Roy l'avoit mis et laissé à Paris pour y estre son lieutenant, et en son absence pour donner de tout son pouvoir, provision à tout ce qui seroit nécessaire tant au Roy que au fait dudit royaulme, et que à ce fait estoit bien tenu et obligé, et que à tout ce que possible luy seroit-il mettroit toute possibilité de pourchasser ledit accord et bonne union avec les seigneurs dessusdits, et que si mestier estoit luy mesme se offroit d'y aler en personne, et plusieurs aultres choses luy fut dit de par mondit seigneur d'Eu et maistre Jehan de Poupaincourt son conseiller.

Et le lundy ensuivant lesdits Bretons et Bourguignons et aultres de leurdicte compaignie vindrent devant le pont de Charenton, auquel lieu ils assirent plusieurs pièces d'artillerie, et d'icelles tirèrent aulcuns coups contre la tour dudit pont. Et incontinant ce fait, ceux qui

(1) Soldats armés de piques ou de pieux.

avoient la garde dudit pont l'abandonnèrent et s'en vindrent à Paris, parquoy et qu'ils n'eurent nulle résistance, passèrent incontinent par dessus ledit pont avecques leurdicte artillerie, et ce mesme jour, environ vespres, iceulx Bretons et Bourguignons vindrent voulster par devant Paris, et là y eust deux francs-archiers de Caën qui y furent tuez, et aussi y eut aucuns d'iceux Bretons et Bourguignons prins et amenez à Paris; et celle nuit aucuns des dessusdits Bretons et Bourguignons s'alèrent loger dedans le parc du bois de Vincennes, environ de trois à quatre mil hommes. Et le mardy ensuivant mondit seigneur d'Eu envoya devers lesdits seigneurs ung nommé le seigneur de Rambures pour sçavoir de leur intention et qu'ils vouloient dire. Et le lendemain ledit seigneur de Rambures retourna à Paris, mais de ce qu'il fist par devers lesdits seigneurs en fut peu de bruit, et ce jour vindrent voulster devant Paris; et aussi yssit aulx champs des gens de guerre de Paris; mais il n'y eust riens fait sinon qu'il y eust un franc-archier d'Alençon qui fust tué par lesdits Bourguignons.

Et le jeudy ensuivant, vingt et deuxiesme jour dudit mois d'aoust, lesdits Bretons et Bourguignons vindrent escarmoucher, et il yssit de Paris plusieurs gens de guerre aux champs, et là y eut ung Breton archier du corps de monseigneur de Berry qui estoit habillé d'unes brigandines couvertes de veloux noir à cloux dorez, et en sa teste un bicoquet garny de bouillons d'argent dorez qui vint frapper ung cheval sur quoy estoit monté un homme d'armes de l'ordonnance du Roy, par les flancs et la cuisse, tellement que ledit homme d'armes en s'en retournant à Paris, ledit cheval cheut soubs luy tout mort dessoubs les galleries des Tournelles, et incontinent que ledit Breton eut ainsi navré ledit cheval, vint à luy un archier de la compaignie dudit monsieur d'Eu, qui le traversa tout oultre le corps d'une demie lance, et incontinent cheut à terre tout mort, et fut son cheval et habillement prins pour apporter à Paris, et le corps laissé mort en chemise. Et bien tost après vint ung héraut à la porte Sainct-Anthoine qui request avoir ledit corps mort, ce qui luy fut octroyé, et le fist porter à Sainct-Anthoine des Champs hors Paris, où illec fut inhumé et son service fait.

Et cedit jour mondit seigneur de Berry qui estoit logié à Beaulté avecques plusieurs desdits seigneurs de son sang, envoya ses héraulx à ladicte ville de Paris, qui apportèrent de par luy quatre lettres, les unes aux bourgois, manans et habitans d'icelle ville, unes à l'Université, les aultres aux gens d'Eglise, et les aultres à la court de parlement, qui contenoient en effect que luy et ceux de son sang avecques luy tous assemblez, estoient illec venus pour tout le bien universel du royaulme de France, et que par ladicte ville luy feussent envoyez cinq ou six hommes notables pour ouyr les causes pour quoy luy et ceulx de sondit sang estoient ainsi venus que dit est. En obtempérant ausquelles lettres et pour icelles oyr et escouter furent esleuz et déléguez pour ladicte ville, maistre Jehan Choart, lieutenant civil au chastelet de Paris, maistre François Hasle, advocat en parlement, et Arnault Luillier, changeur de Paris. Pour l'église de Paris, maistre Thomas de Courcelles, doyen de Paris, maistre Jehan de Lolive, docteur en théologie, et maistre Eustache Luillier, advocat en ladicte court de parlement. Et pour ladicte court de parlement, maistre Jehan Le Boulengier, maistre Jehan Le Sellier, archidiacre de Brie, et maistre Jaques Fournier. Et pour l'Université, maistre Jaques Ming lisant pour la faculté des Ars, maistre Jehan Luillier pour théologie, maistre Jehan de Montigny pour décret, et maistre Anguerrant de Parenti pour médecine. Tous iceulx nommez dessus estoient menez et conduits par révérend père en Dieu le devant nommé Guillaume, évesque de Paris, qui eut la charge de présenter, mener et conduire tous iceulx nommez.

Ledict jour y eut un archier du seigneur de la Barde, monté à cheval, armé et délibéré d'aller à son aventure, vint à la porte Sainct-Anthoine, auquel archier, le bastard du Maine, qui gardoit ladite porte Sainct-Anthoine, dit et deffendit qu'il n'y alast point, lequel archier luy respondit que si feroit, et qu'il n'estoit point à luy ne soubs luy, mais estoit audit de la Barde son maistre et capitaine. Et lors pour son refus ledit bastard du Maine tira son espée pour frapper icelluy archier, et ledit archier tira aussi la sienne pour se revencher. Et alors ledit bastard du Maine cria à ses gens et aultres estans à ladite porte : *Courez et prenez ce ribault et le tuez.* Et incontinent fut couru sus audit archier, et illec le tuèrent tout mort.

Ce jour aussi vint nouvelles que maistre Pierre Doriolle, général des finances du Roy, l'avoit délaissé et s'en estoit alé rendre à monseigneur de Berry. Cedit jour aussi les ambassadeurs de Paris qui ainsi estoient alez à Beaulté par devers les seigneurs devant dits, s'en retournèrent à Paris et vindrent arriver en l'ostel des Tournelles où ils trouvèrent mondit seigneur d'Eu, auquel ils dirent ce qu'il leur avoit esté dit et proposé

Et le samedy ensuivant furent tous les dessus nommez ambassadeurs en l'ostel de ladite ville, où estoient assemblez plusieurs notables personnes pour oyr ce qu'il leur avoit esté dit par les dessusdits princes et seigneurs, à quoy ne fut rien conclud pour la matinée ; mais fut ordonné que ledit jour après disner seroient assemblez en ladite ville l'Université, l'église, la court de parlement, et autres officiers, et le corps de ladite ville ; tous lesquels s'y trouvèrent et conclurent qu'au regard des trois Estats que requéroient estre tenus lesdits princes et seigneurs, dirent que la requeste estoit juste. Et en oultre que passaige leur seroit baillé à Paris, et des vivres en les payant, et aussi en baillant par eulx bonne caution, que nul mal ou esclandre ne seroit faict par eulx ou leurs gens en ladicte ville ne aux habitans d'icelle, sauf sur tout le bon plaisir du Roy. Et à tant iceulx ambassadeurs retournèrent par devers lesdits princes leur dire leurdicte délibération. Et est assavoir que durant que ledit conseil fut en ladicte ville à ladicte heure d'après disner, furent tous les archiers et arbalestriers de Paris en armes devant ledit hostel, pour garder d'oppresser les oppinans audit conseil. Et ledit jour de samedy les gens-d'armes et de traict de l'ordonnance du Roy estant en icelle ville, firent leurs monstres au long de ladite ville, et tous marchans les ungs après les aultres par ordre, ce qui faisoit bien bon veoir. Et premièrement alloient les archiers à pié dudit Normendie, et puis les archiers à cheval ; et en après les hommes-d'armes des compagnies de mondit seigneur d'Eu, de monseigneur de Craon, de monseigneur de La Barde et dudit bastard du Maine, et pouvoient bien estre en tout de quatre à cinq cens lances bien en point, sans ceulx de pied qui bien estoient quinze cens hommes et mieulx, et ce mesme jour le Roy escrivit lettres à ceulx de Paris, par lesquelles leur mandoit qu'il estoit à Chartres avec son oncle, monseigneur du Maine, à tout bien grand nombre de gens de guerre, et que dedens le mardy ensuivant il seroit à Paris.

Et ce mesme jour vint et arriva à Paris l'admiral de Montaulban, et grant quantité de gens de guerre avecques luy.

Ce jour se deslogea de Beaulté mondit seigneur de Berry pour aller à Sainct-Denis, et puis s'en retourna audit lieu de Beaulté, pour ce qu'on luy dist qu'il seroit beaucoup plus seurement audit lieu de Beaulté, où près d'illec estoient logez lesdits ennemis, que d'estre seul audit lieu de Sainct-Denis, et aussi que on luy alla dire que le Roy venoit et retournoit audit lieu de Paris.

Et le mercredy ensuivant le Roy retourna à Paris, et amena avecques luy son oncle, monseigneur du Maine, monseigneur de Penthièvre et autres, et ramena son artillerie qu'il avoit menée avec luy, et grant nombre de pionniers qui furent prins et levez au pays de Normendie, qui tous furent logez à l'ostel du Roy à Sainct-Pol.

Et de ladicte venuë que fit le Roy en sadicte ville de Paris, fut le populaire d'icelle moult fort resjoüy en criant à haulte voix par tout où il passoit par ladicte ville, *Noël*.

Et le lendemain bien matin lesdits Bourguignons et Bretons vindrent bailler une reverdie devant le boulevert de la Tour de Billy, et avoient avecques eulx trompettes, clérons, hauts menestriers et aultres instrumens dont ils faisoient grand bruit. Et illec et devant la bastille Sainct-Anthoine vindrent faire ung grand bruit et cry, en criant à l'assault et à l'arme dont chascun fut fort espouventé, et s'en ala chascun sur les murs et en sa garde. Et ledit jour vindrent lesdits Bretons et Bourguignons voulster devant Paris, dessus lesquels yssirent grand nombre de gens de guerre de l'ordonnance du Roy, et tant par port d'armes que de grosses serpentines du Roy, qui fort tirèrent : y eut ce jour plusieurs desdits Bretons et Bourguignons tuez.

Et le vendredy ensuivant vindrent et arrivèrent à Paris des farines et aultres vitailles du pays de Normendie. Et entre les aultres choses y fut amené de la ville de Mante deux chevaulx chargez de pastez d'anguilles de gort, qui furent vendus devant le Chastellet de Paris en la place à la Volaille. Et ce mesme jour après disner yssirent dehors Paris, Poncet de Rivière et ceulx de sa compagnie, qui bien pouvoient estre de trois à quatre cens chevaulx, cuidans trouver lesdits Bretons et Bourguignons ; mais point ne s'y trouvèrent, et ne fut lors riens fait qui soit digne de mémoire ; et la nuit les Bourguignons qui estoient logez à la Grange-aux-Merciers, s'en deslogèrent, pource que l'artillerie du Roy portoit de Paris jusques en ladicte Grange ; et au desloger abatirent toute la couverture dudit lieu, et en emportèrent tout le portatif, comme huis, fenestres et aultres bois, pour eulx taudir et pour ardoir. Et ce jour le Roy fist dire à cinq des devant nommez qui avoient esté à Beaulté devers lesdits princes, après la délibération ainsi faicte que dit est devant audit hostel de la ville, qu'ils s'en alassent et vuidassent hors de ladicte ville, desquelles cinq personnes les noms ensuivent, c'est à sçavoir : maistre Jehan Luillier, curé de Sainct-Germain-l'Auxerrois, maistre Eustache Luillier et Arnault Luillier ses frères, maistre

Jehan Choart, et maistre François Hasle, advocat en parlement.

Et le samedy ensuivant, dernier jour d'aoust, y eut moult belles saillies faictes par les portes de Sainct-Antoine et Sainct-Denys. Et du costé de ladicte porte Sainct-Denys y eut ung archier de l'ostel du Roy tué; et du costé desdits Bretons et Bourguignons y en eut aussi de tuez et navrez. Et si advint que ung brave et renommé gentil-homme, nommé le seigneur de Sainct-Quentin, fut en ladicte saillie ou escarmouche abbatu de dessus ung bon coursier, sus lequel il estoit monté; et après fut recoux, mais il perdit sondit coursier et deux aultres bons chevaulx: mais du costé de ladicte porte Sainct-Anthoine n'y fut rien fait. Et ce jour le Roy saillit aux champs du costé de son bolevart de la Tour de Billy, et illec fist passer au travers de Seine de l'autre costé de trois à quatre cens piétons pionniers, qui estoient venus du pays de Normendie pour aller pionner à l'endroit du Port-à-l'Anglois et devant Conflans tout devant où estoit planté le siége desdits Bourguignons à l'endroit de le rivière; car on disoit que lesdits Bourguignons avoient intention de faire ung pont pour passer ladicte rivière. Et audit lieu le Roy ordonna certain nombre de gens de guerre pour garder et deffendre de faire ledit pont et passer ladicte rivière; et après lesdicts pionniers ainsi passez que dit est, le Roy aussi passa après eux ladicte rivière tout à cheval dedans un bac sans descendre de dessus ledit cheval.

Et le dimenche ensuivant, premier jour de septembre, lesdits Bourguignons mirent et assirent un pont pour passer ladicte rivière audit Port-à-l'Anglois. Et advint que à l'heure qu'ils avoient déliberé de passer par dessus ledit pont, arriva audit Port-à-l'Anglois certain grant nombre de francs-archiers et autres gens de guerre pour le Roy, qui vindrent asseoir engins au bout dudit pont, dont ils tirèrent à l'encontre desdits Bourguignons, et en tuèrent et navrèrent, et leur convint reculer. Et de l'autre costé de la rivière, du costé desdits Bourguignons, passa à nage un Normant qui ala coupper les chables ordonnez à porter ledit pont, et partant ledit pont s'en ala aval l'eaue. Ce jour aussi fut tiré grant quantité d'artillerie dedans l'ost desdits Bourguignons, pourquoy les convint reculer plus arrière. Ce jour aussi lesdits Bourguignons tirèrent de leur artillerie aux gens du Roy, estans audit Port-à-l'Anglois, et y eut un gentilhomme de Normendie qui eut la teste emportée d'un coup de serpentine. Aussi vindrent et arrivèrent à Paris par devers le Roy deux ambassades, l'une pour le duc de Nemours, l'autre pour le comte d'Armignac. Ledit jour aussi fut faicte belle saillie aux champs par messire Charles de Meleun Malortie et ceux de leur compaignie qui saillirent tous bien à point pour escarmoucher sus lesdits Bretons et Bourguignons. Et ledit jour aussi arriva à Paris les voulgiers et crannequiniers du pays et duché d'Anjou, qui bien pouvoient estre quatre cens hommes, qui aussi ledit jour furent menez aux champs pour escarmoucher lesdits Bretons et Bourguignons, et y eut à ceste fois deux archiers de l'ordonnance du Roy tuez, et un prins; et les gens du Roy prindrent sept Bourguignons et en tuèrent deux. Ledit jour encores fut à Paris à seureté par devers le Roy le conte de Sommerset du royaume d'Angleterre, qui estoit de l'ost desdits Bourguignons, et parla au Roy qui estoit en la bastille Sainct-Anthoine, assez longuement, et puis luy fut donné à boire et prins congé du Roy, qui au partir, pour ce qu'il plouvoit, luy donna sa cappe qui estoit de veloux noir.

Et le lundy ensuivant, second jour de septembre audit an 1465, monseigneur du Maine qui estoit logé à Paris devant l'ostel du Roy, envoya à monseigneur le duc de Berry deux muys de vin vermeil, quatre demies queues de vin de Beaulne, et ung cheval chargé de pommes, de choulx et de raves. Et le mardy ensuivant furent nommez et esleus ambassadeurs pour le Roy et lesdits Bourguignons, pour communiquer sur leurs différens. C'est assavoir, pour le Roy furent esleuz mondit seigneur du Maine, le seigneur de Préçigny président des comptes, et maistre Jehan Dauvet (1) président du parlement de Thoulouse.

Et du costé desdits princes et seigneurs contraires, furent nommez le duc de Calabre, le comte de Sainct-Pol et le comte de Dunois; et ce jour aussi par cas de fortune fut mis et bouté le feu dedans la pouldre à canon qui estoit à la porte du Temple, qui en emporta le comble de ladicte porte, et fist descharger huit pièces d'artillerie estans à ladicte porte, qui à ladicte heure estoient toutes chargées. Et incontinent que lesdits seigneurs ambassadeurs furent ainsi esleuz et nommez, pourparlèrent ensemble sur l'accord et pacification d'entre eulx, et fut fait trève jusques au jeudy ensuivant. Pendant laquelle trève ne fut faicte aucune guerre de costé ne d'autre; mais durant icelle chascun mist peine de sa part de soy fortifier. Et durant icelle trève y eut plusieurs alées et venues faictes de

___
(1) Il est mort premier président au parlement de Paris, en 1471.

costé et d'autre, et jusques audit jour de jeudy que ladicte trève devoit faillir, que mondit seigneur du Maine en retournant de l'ost desdits Bourguignons, dist aux portiers de ladicte porte Sainct-Antoine qu'ils feissent tous bonnes chières, et que au plaisir de Dieu avant qu'il feust huict jours lors à advenir, tous auroient cause de joye et de crier *Noël*. Et cedit jour ladicte trève fut continuée jusques au mercredy ensuivant.

Et le vendredy après furent tous iceulx seigneurs consulter ensemble en la Granche-aux-Merciers, dessoubs ung pavillon pour ceste cause illec ordonné; et cependant lesdits Bretons et Bourguignons en grant nombre comme deux mil ou environ, et des plus honnestes venoient en grand pompe eux monstrer devant Paris, jusques au fossé de derrière Sainct-Anthoine-des-Champs, et aussi yssit hors de Paris plusieurs personnes pour les aler veoir et parler à eulx, nonobstant que le Roy l'eust defendu, et en fut bien mal content, et voyant ces choses fut meu de leur faire jecter plusieurs canons et serpentines qui estoient chargées en la Tour de Billy, et près d'illec. Et quand lesdits de Paris retournèrent en la ville il en fist prendre les noms de plusieurs par escrit. Et le dimenche, huictiesme jour de septembre, feste de Nostre Dame, le Roy partit de son hostel des Tournelles pour aller en la grant église Nostre-Dame, et en y allant passa par l'église de la Magdelène, où illec il se fist frère et compaignon de la grant confrairie aux bourgois de Paris, et avecques luy s'y mirent monseigneur l'évesque d'Evreux et autres. Et le lundy ensuivant, neufiesme jour dudit mois de septembre, lesdits Bretons et Bourguignons furent ès terroüers de Clignencourt, Montmartre, la Courtille et autres vignobles d'entour Paris, prendre et vendengier toute la vendenge qui y estoit, jaçoit-ce qu'elle n'estoit point meure, et en firent du vin tel quel pour le boire. Et à ceste cause furent ceulx de Paris contraints de vendenger les autres vignes par tout autour de Paris, qui n'estoient pas à demy meures, et aussi le temps leur fut fort contraire, et fut la plus meschante année et povre vignée qui longtemps fut sceuë en France, et l'appelloit-on le vin de l'année des Bourguignons.

En ce temps vindrent aussi à Paris plusieurs des nobles de Normendie, pour servir le Roy en ses guerres; tous lesquels furent logez aux faux-bourgs de Sainct-Marcel-lez-Paris. Entre lesquels y en avoit aucuns particuliers qui firent moult de maulx et larrecins, et de ce en furent deux reprins par aucuns des bourgois de ladite ville, et qui contre leur gré et voulonté y vouloient entrer.

Et pour le refus qui leur en fut fait par lesdits bourgois, leur dirent iceulx de Normendie plusieurs injures et mauvaises parolles, en eulx rebellant à l'encontre d'eulx et en les appelant traistres Bourguignons, et qu'ils les mettroient bien en point, et qu'ils n'estoient venus dudit pays de Normendie à Paris que pour les tuer et piller. Desquelles choses information fut faicte à la plainte de ceulx dudit Paris, qui desdites paroles se sentirent fort injuriez. Et veue icelle, le principal malfaicteur et prononceur desdictes paroles fut condempné à faire amende honorable devant l'ostel de ladicte ville au procureur d'icelle pour toute ladicte ville, teste nue, desseint, une torche au poing, en disant par luy que faulsement et mouvaisement il avoit menty en disant lesdictes parolles, en priant et requérant icelles luy estre remises et perdonnées, et après eut la langue percée, dont il avoit proféré lesdictes parolles, et ce fait fut banny.

Et le lundy ensuivant les Bourguignons se vindrent monstrer devant Paris, entre lesquels y estoit monseigneur de Sainct-Pol, pour parler, auquel le Roy yssit dehors Paris et parlèrent ensemble bien deux heures. Et pour s'en retourner seurement le Roy bailla pour luy en hostaigne monseigneur le conte du Maine, qui demeura en l'ost desdits Bourguignons jusques au retour de mondit seigneur de Sainct-Pol; et ce mesme jour le Roy en retournant des champs dist à plusieurs de Paris estans à ladicte porte Sainct-Antoine, que lesdits Bourguignons ne leur donneroient plus tant de peine qu'ils avoient fait, et qu'il les en garderoit bien; et lors ung procureur de Chastellet, nommé Pierre Béron, luy respondit : « Voire Sire; mais ils venden- » gent nos vignes et mengent nos raisins sans y » sçavoir remédier. » Et le Roy répliqua qu'il valloit mieux qu'ils vendengeassent lesdictes vignes, et mengeassent lesdits raisins que ce qu'ils vensissent dedans Paris prendre leurs tasses et vaillant qu'ils avoient mis et mussez dedans leurs caves et celiers.

Et le vendredy ensuivant vint et arriva ès halles de Paris deux cens chevaulx tous chargez de marée et de toutes manières et sortes, et y vint aussi plusieurs saulmons, estourgeons, et du harenc frais, en despit et malgré de tous lesdits Bourguignons, Bretons et aultres, ainsi astans devant Paris, qui avoient menassez ceux de ladicte ville de leur faire mengier leurs chats et leurs rats par famine. Et depuis fut ladicte trève continuée par deux ou trois fois jusques au dix-huictiesme jour de septembre, pendant laquelle lesdits Bretons et Bourguignons se avittaillèrent fort en leur ost, à la grant charge et foule du pays et du peuple. Et n'est point à doubter que quand le Roy eust voulu dire avant, et qu'il eust esté bien servy des gens de guerre prenant ses gaiges et souldées, avec les nobles et peuple de Paris, qui bonne dévotion avoient au sainct, il eust subjugué et mis tous sesdits ennemis en tel estat que jamais ne fussent retournez dont ils estoient partis, pour venir devant ladicte ville de Paris.

Et ledit jour de mercredy, dix-huictiesme jour dudit mois de septembre, nonobstant le pourparlé desdits ambassadeurs de costé et d'aultre, fut tout rompu et perdu le bon espoir que on avoit eu auparavent.

Et cedit jour de mercredy fut désemparé le siége que le Roy avoit fait audit Port-à-l'Anglois, auquel siége avoient esté faictes de belles tranchées et boulevars, tentes et pavillons : et après ledit désemparement tous les gens de guerre estant audit siége s'en vindrent retraire et loger aux Chartreux près Paris, dedans lequel lieu des Chartreux furent logez six cens hommes de guerre et leurs chevaux. Et tellement en fut remply ledit lieu, que les saincts-hommes religieux de léans en furent déchassez et boutez hors de leurs cellules et lieux de dévotion. Et le landemain jour de jeudy lesdits Bretons et Bourguignons passèrent ladicte rivière audit Port-à-l'Anglois, et vindrent au point du jour escarmoucher lesdits gens de guerre du Roy ainsi logez à Sainct-Marcel, les Chartreux et Sainct-Victor, et y en eut de costé et d'aultre de mors, navrez et pris. Et ce mesme jour se fist ung grant conseil et assemblée en la chambre des comptes, auquel furent assemblez avecques aultres les seize quarteniers d'icelle, les cinquanteniers, et de chascun desdits quarteniers six hommes notables avec aucuns conseilliers de la court de parlement, officiers et aultres. Et illec monseigneur le chancellier Morvillier dist et exposa de par le Roy comment il s'estoit grandement mis en son devoir, d'avoir offert aux princes et seigneurs qui estoient devant Paris, aux demandes qu'ils luy faisoient pour l'appanaige de monseigneur le duc de Berry, pour lequel ils demandoient avoir la duché de Guyenne, Poictou et le pays de Xainctonge, ou la duché de Normendie. A quoy leur fut dit et respondu par ledit conseil ainsi assemblé, que le Roy ne leur povoit pas bailler ne desmembrer de sa Couronne. Et depuis le Roy leur offrit bailler le païs de Champaigne et Brie, réservé à luy Méaulx, Monstereau et Meleun, pour ledit ampanaige. Et ausdits de Charrolois et autres seigneurs fist de grans offres pour leurs deffrayemens, ce qu'ils ne devoient point reffuser ; mais riens ne voulurent accepter, et demoura tout jusques au vendredy matin ensuivant : auquel jour le jeune séneschal de Normendie yssit hors de Paris à tout bien six cens chevaux pour escarmoucher, et soy monstrer devant les dessusdits.

Et pareillement se monstrèrent de l'autre costé de la rivière grant quantité de gens de guerre devant lesdits Bourguignons, qui fort tirèrent engins celle journée, dont ils tuèrent un gentilhomme de Poictou, de la compaignie de monseigneur de Panthièvre, qui se nommoit Jehan Chanreau seigneur de Pampélie. Et dedens les vignes près Sainct-Anthoine-des-Champs, furent prins bien vingt ou ving-quatre paillars Calabriens (1) et Bourguignons tous nuds et mal en point, qui tous furent vendus au butin, et en donnoit-on quatre pour ung escu, qui est audit prix six sols six deniers parisis la pièce.

Et le samedy ensuivant au point du jour un nommé Louys Sorbier (2), qui estoit à Ponthoise lieutenant de Jouachin Rouault mareschal de France, par faulce et mauvaise trahison qu'il fist et conspira contre le Roy son souverain seigneur, bouta dedens ladicte ville les Bretons et aultres ennemis du Roy, et en faisant par luy ladite trahison mist en son appointement que ceux qui estoient audit lieu de Ponthoise de la compaignie dudit Jouachin qui ne vouldroient demourer, s'en yroient franchement eulx et leurs biens saufs. Et incontinent qu'il eut ainsi baillée ladicte ville de Ponthoise, il s'en partit luy et aucuns de sa compaignie, et alèrent devant Meulanc porter et montrer l'enseigne dudit Jouachin, affin que ceulx estant audit lieu les boutassent dedens sans en faire difficulté, en cuidant par luy qu'ils n'eussent point encores esté advertis de sadicte trahison ; mais avant qu'il vinst ceulx dudit Meulanc estoient bien advertis d'icelle trahison, et incontinent qu'il fut apperceu par lesdits de Meulanc qui jà estoient en armes dessus le murs, crièrent à haulte voix : *Allez faulx et mauvais traistres*, et leur jettèrent des engins dudit lieu. Et partant fut contraint de soy en retourner audit lieu de Ponthoise à toute sa honte.

Et cedit jour ledit Sorbier escrivit unes lettres audit Jouachin, par lesquelles luy mandoit qu'il avoit mis et bouté lesdicts Bretons et aultres audit Ponthoise, et qu'il avoit esté conseillé de

---

(1) Soldats au service du duc de Calabre.

(2) Il est nommé *Forbier* dans Monstrelet.

ainsi le faire pour le mieux, et que de la faulte qu'il avoit faicte, luy et le Roy luy pardonnassent. Et sur la superscription desdites lettres estoit escript : *A vous et au Roy*. Et ce jour fut faicte saillie de Paris sur lesdits Bretons et Bourguignons, et y eut de prins, navrez et tuez de costé et d'aultre, et si y eut un cheval de pris qui estoit tout bardé de cuyr boully, qui fut tué d'un coup de coulevrine que luy baillèrent lesdits Bourguignons.

Et le dimenche ensuivant, au point du jour, les dessusdits ennemis vindrent faire ung resveil devant ladicte ville du costé de ladicte porte Sainct-Anthoine, et vindrent bien grant nombre jusques audit Sainct-Anthoine-des-Champs : et pour les faire desplacer leur furent jectez d'icelle ville plusieurs traicts de canons, serpentines et aultre artillerie d'icelle porte Sainct-Anthoine et de la Bastille, et aultre chose n'y fut faicte. Et le lundy ensuivant, de nuict apparut à ceulx qui faisoient le guet et arrièreguet en ladicte ville, une comecte qui vint des parties dudit ost cheoir dedens les fossez d'icelle ville à l'environ de l'ostel d'Ardoise, dont plusieurs furent espouventez, non sçachans que c'estoit, mais cuidans que ce eust esté une fusée ardante illec jettée et envoyée par lesdits Bourguignons.

Si en furent portées les nouvelles au Roy, en son hostel des Tournerelles, qui incontinant monta à cheval et s'en ala dessus les murs au droit dudit hostel de Ardoise, et y demeura grant espace de temps, et fist assembler tous les quarteniers de Paris pour aler chascun en sa garde dessus lesdits murs. Et à ceste heure courut bruit que lesdits ennemis ainsi estans devant Paris, s'en aloient et deslogeoient, et que à leurdit partement mettoient peine de brûler et endommager ladicte ville par tout où possible leur seroit ; et fut trouvé que de tout ce il n'estoit rien.

Audit temps lesdicts ennemis ainsi logez devant Paris firent plusieurs ballades, rondeaulx, libelles diffamatoires et aultres choses pour diffamer aucuns bons serviteurs estans autour du Roy, afin que à ceste cause le Roy les print en sa mal veillence et les déchassast de son service. En ce temps les gens de guerre de l'ordonnance du Roy estans logez à Paris, y firent de grandes et bonnes chières. Et en lieu de passe-temps y séduisirent plusieurs femmes et filles, qui par leur moyen en laissèrent et déguerpirent leurs ménaiges et enfans, et les autres jeunes filles servans leurs maistres et services pour suivre iceulx gens de guerre.

Et entre autres y eut une jeune fille qui estoit fille d'un procureur du Chastellet de Paris, nommé Eustache Fernicle qui avoit prins habit de damoiselle et grant estat, pource qu'elle avoit fiancé ung nommé Le Chien, natif de Carentem en Normendie, et serviteur d'un nommé le seigneur de Saincte-Marie dudit pays de Normendie. Laquelle jeune fille, pource que ledit Le Chien mettoit trop à l'espouser, se acointa d'un archer de l'ordonnance du Roy, qui avecques luy l'emmena et accordèrent leurs vielles ensemble, et en fut courroucé ledit Le Chien, et n'y sceut remédier ; mais le père et la mère de ladicte jeune fille très-mal contens de ce que dit est, s'en alèrent faire grans plaintes par devers le Roy, mais ils n'en eurent aultre chose. Et cedit jour au soir, environ deux heures de nuit, monseigneur l'évesque d'Evreux Baluë fut guetté et accueilly par aucuns ses ennemis de la ruë de la Barre-du-Bec, à l'environ de la porte de derrière de feu maistre Bureau Boucher, lesquels chargèrent sus luy, et de première arrivée vindrent oster et souffler deux torches que on portoit devant luy, et après vindrent audit Baluë qui estoit monté sur une bonne mulle, qui le sauva et gaigna à fuyr ; car tous ses gens à l'effroy l'abandonnèrent pour paour des horions, et emporta ladicte mulle sondit maistre Baluë jusques au cloistre Nostre-Dame en son hostel, dont elle estoit partie. Et avant ladicte fuite il eut deux coups d'espée, l'un au plus hault de ses biens et au milieu de sa couronne, et l'autre en l'un de ses dois.

Et sesdits gens qui ainsi s'en aloient, courans aval la ruë, crioient à l'arme et au meurtre, affin que le peuple saillist pour donner secours à leur maistre. Et dudit cas le Roy en fut courroucé et ordonna que on en fist information, et que la chose feust sceuë ; mais tout en demeura ainsi sans en sçavoir aultre chose, combien que aucuns disoient depuis que ce avoit fait faire monseigneur de Villiers le Boscaige, pour l'amour de ladite Jehanne du Bois dont il estoit moult grandement amoureux.

Celle nuict aucuns Bretons et Bourguignons furent à Sèvre où ils trouvèrent aucuns Escossois de la compaignie Robert de Conychan, lesquels ils tuèrent et leur couppèrent à tous les gorges.

En ce temps un nommé Alexandre Lorget, natif de Paris, qui estoit homme d'armes de l'ordonnance du Roy nostre sire, soubs la charge et compagnie du seigneur de La Barde, s'en ala et absenta de Paris pour soy aler rendre à Sainct-Denys à monseigneur de Berry qui illec estoit, et s'y en ala luy cinquiesme, et avecques luy en emporta toutes ses bagues et sa malle.

Et le jeudy ensuivant vindrent en l'ostel de ladicte ville plusieurs grandes plaintes par aucuns des bourgois de ladicte ville, de plusieurs mauvaises paroles mal sonnans, que disoient et publioient plusieurs gens de guerre estans en ladicte ville, contre lesdits bourgois, manans et habitans d'icelle, pour y donner provision. Et estoient lesdites paroles telles, proférées et dictes par iceulx gens de guerre. « Je regny » Dieu, les biens qui sont à Paris, ne aussi la » ville, ne sont point ne appartiennent à ceulx » qui y sont demourans ne résidens, mais à » nous gens de guerre qui y sommes; et voulons bien que vous sçachiez que malgré vos » visaiges nous porterons les clefs de vos maisons, et vous en bouterons dehors vous et les » vostres; et se vous en quectez, nous sommes » assez pour estre maistres de vous. »

Et ce mesme jour y eut un fol Normant qui dist à la porte Sainct Denis que ceulx de Paris estoient bien fols de penser que leurs chesnes de fer tenduës au travers de leurs ruës leur peust valoir à l'encontre d'eulx. Pour lesquelles parolles ainsi mal sonnans que dit est, fut soubdainement ordonné par aucuns estans en l'ostel de ladicte ville à qui lesdictes parolles furent ainsi dictes et rapportées, que ceste nuit chascun quartenier de Paris feroit faire beaux et grans feux par toutes les dixaines de son quartier, et que ung chascun seroit en armes et sur sa garde devant lesdicts feux. Et si furent ordonnées toutes les chesnes des rues foraines estre tenduës, ce qui fut fait, et veilla chascun jusques au point du jour. Et ceste mesme nuit fut grant bruit que la bastille Sainct-Anthoine fut laissée ouverte pour laisser entrer dedens Paris ceux qui estoient devant.

Et si trouva l'on ceste nuit aucuns canons près dudit lieu, dont les chambres estoient encloüez à ce qu'ils ne peussent servir quant mestier en seroit. Et desdits feux et du grant guet qui y fut fait, et ainsi ordonné que dit est, furent lesdits capitaines qui estoient à Paris moult esbahys, et dont aucuns s'en alèrent en la chambre du Roy en son hostel des Tournelles, sçavoir à luy se c'estoit de son ordonnance et commandement que lesdits feux et guet estoient ainsi faits et ordonnez, ou de par qui. Lequel dist et respondit que non. Et tout incontinant il manda venir à luy sire Jehan Luillier, clerc de ladicte ville, qui y vint et luy certifia que lesdits feux et guet estoient faits à bonne fin, et de ce asseura le Roy et lesdits capitaines. Et ce nonobstant ordonna à messire Charles de Meleun qu'il alast en l'ostel de la ville, et par tous les quartiers d'icelle dire que on laissast lesdits feux, et que chascun s'alast coucher, dont riens ne vouldrent faire; mais demourèrent ainsi armez jusques au jour, et maintenoient plusieurs depuis que ce fut grâce de Dieu, et que s'ils s'en feussent allez et départis ladicte ville estoit perduë et destruicte. Et que lesdits de devant Paris y fussent entrez par ladicte Bastille, et par ce fut demourée ladicte ville destruicte et du tout désolée.

Et le vendredy ensuivant vindrent à Paris deux poursuivans, l'ung de Gisors qui vint dire au Roy qu'il envoyast secours en ladicte ville, et que devant y avoit bien cinq ou six cens lances, et que dedens icelle n'y avoit nulles gens de guerre de par le Roy. Et si n'avoient aussi artillerie, poudres, ne aultres deffences; et l'autre poursuivant estoit aussi envoyé au Roy de par Hue des Vignes, escuyer homme-d'armes de l'ordonnance dudit seigneur, soubs la charge et compaignie du seigneur de La Barde, lequel Hue estoit lors à Meulanc, par lequel poursuivant estoit mandé au Roy que ledit des Vignes avoit sceu, par gens dignes de foy, que les Bretons et aultres avoient entrepris d'entrer à Roüen tout ainsi qu'ils avoient fait à Ponthoise, et par dedans le chastel ou palais de ladicte ville, affin qu'il y pourveust. Et cedit jour de vendredy lesdits ambassadeurs ordonnez de chascun costé disnèrent à Sainct-Anthoine-des-Champs dehors Paris. Et là leur fut envoyé de par le Roy, pain, vin, poisson, et tout ce que mestier leur estoit pour ledit disner. Et fut illec aussi porté en une charrète plusieurs des comptes rendus en la chambre des comptes à Paris, des pays et villes de Champaigne et Brie: et le samedy ensuivant lesdits ambassadeurs de costé et d'aultre furent derechef assemblez en deux parties : c'est assavoir, monsieur du Maine et ceulx de sa compaignie pour la partie du Roy, avec les aultres princes et seigneurs, estans dehors tous en la Grange-aux-Merciers. Et pour le Roy audit Sainct-Anthoine-des-Champs, y estoient ordonnez maistre Estienne, chevalier, trésorier de France, maistre Arnault Bouchier et Crystofle Paillard, conseillers des comptes. Et les commissaires de l'autre partie estoient Guillaume de Bische, maistre Pierre Doriolle, maistre Jehan Bérart, maistre Jehan Compaing, un aultre licencié escumant latin, et maistre Ylthier marchant, et ce jour ne firent que peu de chose. Cedit jour, le Roy receupt lettres de la vefve messire Pierre de Brézé, par lesquelles luy mandoit qu'elle avoit fait prendre le seigneur de Broquemont, capitaine du palais de Roüen pource qu'elle se souspçonnoit dudit cas, et qu'il n'eust aucune doubte de ladicte ville de Roüen, du Chastelet du bout du pont du palais, ne des habitans d'icelle, et que tous ils se trouveroient bons et loyaulx envers luy.

Et le dimenche ensuivant, au point du jour, se vindrent rendre au boulevart de la Tour-de-Billy, sept hommes qui estoient eschappez prisonniers de l'ost desdits Bourguignons, dont il y en avoit quatre facteurs de marchans d'Orléans, deux autres facteurs de marchans de Paris, et ung Flament, qui tous avoient esté condempnez à estre pendus par lesdits Bourguignons, pource que depuis leur prinse n'avoit eu personne qui les eust pourchassez. Et rapportèrent que le mécredy précédent fut tirée une serpentine de la Tour-de-Billy dedans l'ost desdits Bourguignons, laquelle d'un seul coup tua sept Bourguignons et en blessa plusieurs. Ce jour après disner vindrent nouvelles au Roy que Roüen estoit pris par monseigneur le duc de Bourbon, qui y entra par le chastel de Roüen du costé des champs. Le vendredy au soir précédent [27 septembre], par le moyen de la vefve (1), messire Pierre de Brézé à qui le Roy avoit fait moult de biens, et où il avoit grant fiance, et conduisoit le fait d'icelle vefve, l'évesque de Bayeux et ledit maistre Jean Hébert et aultres : et au moyen de ladicte prise quant les seigneurs de dehors Paris sceurent icelle, ils donnèrent response au Roy que Monseigneur Charles, frère du Roy, qui paravant se feust contenté de Champaigne et Brie n'auroit point d'aultre appanaige que de la duchié de Normendie, laquelle chose le Roy, par force et contraincte, et pource qu'il n'y pouvoit remédier, bailla à mondit Seigneur Charles, pour sondit appanaige la duché de Normendie, et reprint à luy la duchié de Berry. Et après que le Roy eust baillé ladicte duché de Normendie audit monseigneur Charles, il fut après contrainct de récompenser tous lesdits princes et seigneurs de leurs armées et intérests qu'ils avoient fait contre luy, qui touts le butinèrent ainsi qu'il s'ensuit.

C'est assavoir monseigneur de Charrolois eut pour son butin les villes de Péronne, Roye et Mondidier, pour estre siennes et demourer en perpétuel héritaige, Et si luy laissa aussi le Roy, durant le cours de la vie d'icelluy Charrolois, les villes et terres qu'il avoit nouvellement dégaigées de quatre cens vingt-cinq mille escus d'or de monseigneur de Bourgongne son père. Et oultre luy bailla et laissa les contez de Guynes et de Boulongne-sur-la-mer aussi en perpétuel héritaige. Et après fut baillée au duc de Calabre certaine grant somme de deniers et de gens de guerre du Roy, souldoyez à ses despens, pour les exploicter à son plaisir. Et à monseigneur de Bourbon fut baillé et laissé sa pension, telle qu'il avoit du temps du Roy trespassé, et les gens de guerre qu'il tenoit audit temps, et assigné du payment à luy deu pour le reste de son mariage, et aultre chose ne eut du Roy. Et au conte de Dunois fut tost rendu ce qui luy avoit esté osté durant la division, et retenu à grant pension. Et au conte de Dampmartin fut faits de beaulx dons de par le Roy, et restituer en toutes ses terres qu'il avoit perduës et confisquées par arrest de parlement. Et au regard des aultres seigneurs, chascun en emporta sa pièce. Et le mardy premier, jour d'octobre ensuivant, fut criée et publiée la trève à tousjours entre le Roy et lesdits princes, et le lendemain, monseigneur de Sainct-Pol vint à Paris et disna ce jour avecques le Roy, et ala en la salle du palais dudit Paris : et là, à la table de marbre, fut créé connestable de France, et fist le serment en tel cas accoustumé de faire. Et cedit jour fut crié à Paris de par le Roy que chascun portast des vivres et aultres choses pour avitaillier et revestir lesdits Bourguignons et Bretons, laquelle chose fust faicte. Et incontinant que ledit cry fut fait plusieurs marchans de Paris y portèrent grant foison de vivres aux champs devant Sainct-Anthoine, lesquels vivres y furent incontinent moult bien recueillis par lesdits de l'ost qui y vindrent de toutes parts, et achetoient iceulx vivres ce que on leur faisoit par espécial pain et vin : car lesdits de l'ost estoient tant affamez, les joües veluës et si pendans de maleureté qu'ils avoient longuement enduré que plus n'en pouvoient, et la pluspart estoient sans chausses et souilliers, plains de poulx et de ordure.

Et entre aultres vindrent et arrivèrent ausdits vivres plusieurs Lifrelofres, Calabriens et Suisses, qui avoient telle raige de fain aux dents, qu'ils prenoient fromaiges sans peler et mordoient à mesmes, et puis buvoient de grans et merveilleux traits en beaulx pots de terre. Et Dieu seet en quels nopces ils estoient, mais ils ne leur estoient pas franches, pource qu'ils payèrent bien leur escot, et plusieurs aultres choses y eust faictes ce jour qui sont cy passées pour cause de briefveté : mais chascun peult scavoir que c'est chose incompréhensible et inestimable que la puissance de Paris : car lesdits Bourguignons, Bretons, Calabriens, Bourbonnois, Picars et aultres, ainsi estans devant Paris que dit est, que on estimoit à bien cent mille chevaulx après l'appoinctement fait, et ceulx

---

(1) Jeanne Crépin. Elle obtint pour ce crime une abolition du roi Louis XI.

de Paris qui estoient trois fois plus, furent tous fournis et nourris des biens de ladicte ville par moult grant espace de temps et sans riens enchérir. Et après leur partement, y fut encores beaucoup meilleur marché que devant n'avoit esté, et le jeudy ensuivant ne fut riens sinon que tousjours on avitailloit lesdits de l'ost, et aussi ce mesme jour, le Roy à privée meisnée ala jusques au joingnant de Conflans parler à mondit seigneur de Charrolois, laquelle chose sembla à toutes personnes voulans son bien, estre simplement fait à luy. Et de ce se farsoient et mocquoient les Picars et aultres de leur party, qui en disoient tels mots : *Et revoitiez vo Roy qui parle à no seigneur de Charrolois, et a passé à deux heures qu'ils y sont, et par foy se voulions il est bien à no commandement.*

Et le vendredy ensuivant, quart jour dudit mois, le Roy ordonna aux portiers de ladicte porte Sainct-Antoine que on laissast entrer lesdits Bourguignons en icelle ville, dont plusieurs y vindrent à ceste cause et en grant nombre, qui y firent plusieurs excez et maistrises, ce qu'il ne leur eust pas esté souffert, qui bien eust sceu que le Roy ne s'en feust point courroucié. Et à cause de la permission d'icelle entrée y eut ung Bourguignon entre les aultres qui voulsist entrer en icelle ville par ladicte porte Sainct-Anthoine, contre le gré des portiers illec estans, et mesmement d'un archier de la compaignie dudit bastard du Maine qui gardoit le guichet de ladite porte Sainct-Antoine. Et pour le reffus que fist ledit archier audit Bourguignon d'entrer dedans ladite porte et en icelle ville, ledit Bourguignon bailla à iceluy archier en entrebaillant ledit guichet d'une dague dedans le ventre, et incontinent ledit Bourguignon fut prins et merveilleusement batu et navré, et le voulurent plusieurs tuer, ce qui leur fut deffendu ; mais on fist assavoir ces choses au Roy, qui ordonna que on le menast audit seigneur de Charrolois pour en faire justice, lequel y fut incontinent mené. Et tout aussi tost qu'il fut vers luy arrivé et qu'il fut adverty des choses dessusdites, le fist pendre et estrangler à la justice estant près du pont de Charenton.

Ce jour aussi le Roy ordonna que en chascun quartier de Paris feust fait des feux, et ceulx desdits quartiers de ladicte ville estre illec en armes, et que en chascun desdits carrefours y eust un notable homme esleu pour parler aux passans parmy les ruës, et sçavoir que ils estoient et où ils éloient ; et ce jour fut éclipse de lune.

Et le dimenche ensuivant [6 octobre] plusieurs des seigneurs de l'ost vindrent souper à Paris avec le Roy en l'ostel de sire Jehan Luillier, clerc de ladicte ville de Paris ; et là s'y trouvèrent plusieurs dames, damoiselles, bourgeoises et aultres notables femmes d'icelle ville. Et cedit jour Sallezart, capitaine, et vingt hommes-d'armes de sa compaignie, furent aux champs dehors Paris, et yssirent par la bastille de Sainct-Anthoine, pource que la porte estoit gardée, et deffendu de par le Roy que homme n'yssist hors d'icelle ville ; mais à les bouter dedans on n'y en mettoit que dix à une fois, car on levoit le pont-levis devers ladicte place, et les menoit-on aux champs, et puis revenoit-on quérir les aultres dix pour aussi faire passer aux champs. Tous lesquels vingt hommes-d'armes estoient vestus et habillez de hocquetons de camelot violet à grans croix blanches, et avoient belles chesnes d'or autour du col, et en leurs testes cramignolles de veloux noir, à grosses houppes de fil d'or de Chippre dessus, et tous leurs chevaulx estoient couverts de grosses campanes d'argent. Et au regard dudit Sallezart pour différence de ses gens, il estoit monté dessus ung beau coursier à une moult belle houssure, toute couverte de tranchouers d'argent, dessus chascun desquels y avoit une grosse campane d'argent dorée, et tout devant ladicte compaignie aloit la trompette dudit Sallezart monté dessus un cheval grison, lequel en courant au long des fossez d'entre ladicte porte Sainct-Anthoine et le boulevart de la Tour-de-Billy, ledit cheval cheut dessoubs ladicte trompette, si très-lourdement que icelle trompette se rompist le col.

Et le lundy ensuivant vint nouvelles à Paris que le seigneur de Halbourdin et le seigneur de Saveuzes avoient prins Péronne et le comte de Nevers qui estoit dedans. Et cedit jour eschappèrent trois prisonniers des prisons de Tison, dont l'ung avoit esté cause avec Loys Sorbier de bouter les Bretons et aultres dedans Ponthoise, et estoit de la compaignie Joüachin Rouault. Ce jour aussi se print le feu à Paris en une maison en champ-gaillard, dont le Roy en eut ung peu de paour. Et ordonna pour ceste cause que on fist faire des feux par tous les quartiers de Paris, et les habitans armez devant iceux et le guet fust renforcié, ce qui fut fait.

Audit mois d'octobre furent aucunes gens de guerre du party dudit de Bourgongne devant la ville de Beauvais, pour sommer les prélat et populaire d'icelle de eulx rendre et mettre ès mains dudit seigneur de Bourgongne et ladicte place aussi, lesquels prélat et habitans prindrent ladicte sommation par escript et l'envoyèrent au Roy, qui incontinent l'envoya au seigneur de Charrolois avec lequel il avoit fait paix et trève.

Lequel Charrolois rendit responce que ce n'estoit point de par luy qu'on faisoit lesdictes sommations, en disant que le diable peust emporter ceulx qu'ils faisoient tels, et qu'ils faisoient plus que on ne leur commandoit. Et dist le Roy audit seigneur de Charrolois que puis que appoinctement avoit esté fait entre eulx, qu'il ne falloit plus user de telles voyes ; et si luy dist plus le Roy qu'il luy donneroit ladicte ville de Beauvais, s'il vouloit.

Et le mercredy ensuivant, neufiesme jour dudit mois, fut ordonné de par les prévosts des marchans et eschevins de ladicte ville que chascun quartenier et dizenier d'icelle ville feissent faire des feux ès lieux accoustumez de les faire, et que toutes les chesnes des ruës foraines feussent tenduës, et que chascune personne feust veillant devant lesdits feulx, laquelle chose fut faicte.

Et le jeudy ensuivant vint ledit seigneur de Saveuzes et arriva en l'ost desdits Bourguignons à tout grant puissance de gens, qui amenoient certaine grosse somme d'or et d'argent pour faire le payement des gens de guerre dudit seigneur de Charrolois. Et ce jour aussi le duc de Bretaigne eut son appointement avecques le Roy nostre sire de ses vaccations, frais et mises de luy et son armée, pour estre venu contre luy et son royaulme devant Paris avec les aultres princes et seigneurs dessus nommez, et en faisant ledit appointement luy fut reballée sa comté de Montfort et aultres, avecques grant somme de deniers.

Et le vendredy ensuivant vint en l'hostel de ladicte ville maistre Jehan Le Boulenger, président en parlement, dire illec de par le Roy nostre sire que on fist assavoir aux quarteniers et dizeniers de ladicte ville, et de main en main au populaire d'icelle, que on ne se esbahyst point se on veoit la puissance des Bourguignons venir ce jour devant Paris, et que ce seroit pour illecques faire leurs monstres. Et nonobstant ce n'y vindrent point ce jour, mais les firent depuis le pont de Charenton jusques au bois de Vinciennes, et se monstrèrent grant puissance ; et là le Roy se trouva pour voir icelles monstres bien simplement, comme de luy quatriesme seulement, c'est assavoir, le Roy, le duc de Calabre, le seigneur de Charrolois et monseigneur de Sainct-Pol. Et quant lesdictes monstres furent faictes, le Roy s'en retourna par eaü à Paris ; et avant son partement et en sa présence ledit seigneur de Charrolois dist à tous sesdictes gens de guerre ces mots : « Mes seigneurs, vous
» et moy sommes au Roy mon souverain sei-
» gneur qui cy est présent, pour le servir toutes
» les fois que mestier en aura. »

Et le samedy ensuivant, douziesme jour dudit mois d'octobre 1465, vint nouvelles que la ville d'Evreux avoit esté baillée et livrée aux Bretons par ung nommé messire Jehan Le Beuf, chevalier, qui les bouta en ladicte ville le mercredy précédent, jour de Sainct Denys, ainsi que les bourgois et habitans de ladicte ville aloient en procession hors d'icelle ville. Et ainsi qu'ils yssoient par l'une des portes, lesdits Bretons entroient par une autre.

Et le seiziesme jour d'icelluy mois d'octobre advint que on advertit le Roy qu'il y avoit entreprise faicte sus sa personne par aucuns ses ennemis, de le prendre ou tuer dedans ladicte ville ; et pour soy en garder et dormir seurement, ordonna expressément que on fist grant guet et garde en ladicte ville, tant sur la muraille que dedans, et que par chascun quartier et ruë feussent faits les feux, ce qui fut fait. Et vint aussi nouvelles que la ville de Caën et aultres de Normendie s'estoient remises et réduictes en l'obéissance de mondit seigneur de Berry. Et depuis ce, le Roy envoya en la ville de Mante grant quantité de gens de guerre et de francs-archiers.

En ce temps le Roy fist aler la Royne à Orléans, qui lors estoit à Emboise. Et le jeudy ensuivant, dix-huictiesme jour dudit mois, le Roy souppa en l'hostel du seigneur de Armenonville où il fist grant chère, et y mena avecques luy le comte de Perche, Guillaume de Biche, Guiot Durie, Jaques de Crèvecueur, monseigneur de Craon, messire Yves du Fau, messire Gastonnet du Léon, Vuaste de Monpédon, Guillaume Le Comte, et maistre Regnault des Dormans. Et pour femmes y estoient madamoiselle Dermenonville, La Longue Joe et la duchesse de Longueil. Et pour bourgoises, Estiennette de Paris, Perrète de Chaalon, et Jehanne Baillète. Et le mardy, vingt-deuxiesme jour dudit mois, le Roy ala par devers lesdits princes à privée meisnée sans sa garde jusques à la Grange-aux-Merciers, sauf que monseigneur de Berry n'y estoit point ; et le jeudy ensuivant monseigneur le duc de Bourbon vint parler au Roy en la place devant Paris, par deçà le fossé de la Granche-de-Ruilly. Et estoit le Roy ce jour le plus honnestement habillé qu'on ne l'avoit point veu devant, car il estoit vestu d'une robbe de pourpre desseinte et toute fourrée d'ermines, qui luy seoit beaucoup mieux que ne faisoient les cours habits qu'il avoit portez paravant.

Et le samedy ensuivant mondit seigneur de Charrolois se départit de son ost, et fist crier par tout icelluy, sur peine de la hart, que tous ceulx de son armée et compaignie feussent incontinent prests pour le aler servir à l'encontre des Liégeois, qui gastoient et mettoient à feu et à l'espée tout ce qu'ils trouvoient ès pays dudit seigneur de Charrolois. Et les dimenche, lundy et mardy ensuivans, monseigneur de Berry, qui estoit logé à Sainct-Mor-des-Fossez, fut un peu malade d'une fièvre, qui le tint durant lesdits trois jours, et puis fut guéry. Et pareillement que devant le Roy fist faire ledit jour de lundy les feux et le guet parmy ladicte ville, et tendre les chesnes de toutes les ruës foraines.

Et le mercredy ensuivant, trentiesme et pénultiesme jour d'octobre audit an, furent leuës et publiées les lettres de la paix, ou trève faicte entre le Roy et lesdits princes en la court de parlement où illec elle fut enregistrée. Et ce mesme jour le Roy partit de Paris pour aler au bois de Vinciennes par devers lesdits princes, et là mondit seigneur de Berry luy fist hommaige de la duché de Normendie, qui baillée luy avoit esté pour sondit appanaige. Et cedit jour fut ladicte ville de Paris fort gardée, et fist-on armer tous les archiers et les arbalestriers d'icelle et aultres pour garder les portes de ladicte ville jusques à ce que le Roy fust retourné en icelle de devers lesdits princes, où il s'en estoit ainsi simplement alé. Et délibéra le Roy cedit mesme jour de coucher la nuit audit lieu du bois, et envoya quérir son lict à Paris ; mais le prévost des marchans et eschevins de ladicte ville luy envoyèrent message exprez, luy humblement prier et requerre qu'il n'y couchast point pour moult de causes, ce qu'il leur accorda et s'en retourna au giste audit lieu de Paris ; et le jeudy ensuivant monseigneur de Berry, monseigneur de Charrolois et aultres se despartirent de devers Paris, et s'en alèrent en divers lieux, c'est assavoir, mondit seigneur Charles s'en ala en Normendie, et le convoya le Roy bien loing sur le chemin de Ponthoise, et puis s'en tira luy et ledit de Charrollois vers Villers-le-Bel, où ils eurent deux ou trois jours, et puis s'en ala ledit de Charrolois au pays de Picardie, et de là s'en ala faire guerre aux Liégeois.

Et le lundy ensuivant messire Robert Destouteville, chevalier seigneur de Beyne, qui avoit esté prévost de Paris du temps du feu roy Charles, et que le Roy luy avoit ostée la prévosté et baillée à Jaques de Villers, seigneur de l'Isle-Adam, fut remis et restitué audit office de prévost de Paris. Et ce mesme jour fut en l'hostel de ladicte ville pour les affaires du Roy, et là luy fut baillé le nom de la nuit (1) comme à prévost de Paris.

Et le mardy, ensuivant le Roy souppa en l'ostel d'icelle ville, où il y eut moult beau service de chair et poisson, et y souppèrent avecques luy plusieurs gens de grant façon, invitez et mandez avecques leurs femmes. Et avant ledit souper le Roy proposa à aucuns quarteniers et dizeniers, pour ce aussi mandez, disant qu'il les mercioit tous en général et particulier de la grande féaulté et loyaulté qu'il avoit trouvée en eulx, et que pour eulx il estoit du tout disposé de faire tout ce que possible luy seroit, et que pource que durant la guerre et division qui avoit esté devant ladicte ville, il avoit donnez et conférez à icelle aucuns priviléges, et que aulcuns pourroient avoir imagination qu'il auroit ce fait pour la nécessité où il s'estoit trouvé de avoir d'eulx secours, et que après ladicte paix ou accord les leur pourroit oster, il leur déclaira pour ceste cause dès lors et dès maintenant pour lors à tousjours, il les leur avoit donnez et laissez, sans jamais avoir espérance de les rappeller ne venir contre, et se mieulx vouloient avoir de luy qu'ils le demandassent et il le leur octroyeroit. Et leur dist encores qu'ils laissoient en ladite ville le seigneur de Beyne comme prévost de ladicte ville de Paris, auquel il vouloit qu'ils obéyssent comme à luy, et leur dist qu'il avoit moult bien servy à la journée de Montlehéry, et pour aultres causes qu'il déclara audit prévost des marchans et eschevins de ladicte ville de Paris, en le priant d'estre tousjours bons et loyaulx envers luy et à la couronne de France, sans ce que aucune parcialité soit trouvée en ladicte ville. Et illec ce jour fut fiancée la fille naturelle du Roy à monseigneur le bastard de Bourbon, et après souper y furent faictes plusieurs joyeusetez, dances et aultres plaisances ; et là mondit seigneur le bastard y dança et y fist grande et bonne chière.

Et le lundy ensuivant septiesme jour de novembre audit an 1465, ledit messire Robert Destouteville fut amené au Chastellet de Paris par messire Charles de Meum et maistre Jehan Dauvet, premier président du parlement de Thoulouse, auquel président le Roy mandoit qu'il avoit receu le serment dudit Destouteville à prévost de Paris, au lieu de Jacques de Villiers seigneur de l'Isle Adam, auquel il avoit donné ladicte prévosté à son joyeux advénement, et qu'il le mit et institua en possession et saisine dudit office de prévost de Paris. Et après que les lettres de don dudit office furent lues au grant parc du Chastellet de Paris, iceluy Destouteville fut mis et institué en possession dudit office, sans préjudice du cas d'appel dudit de Villiers.

Et tantost après ces choses ainsi faictes le Roy manda venir à luy les présidens de sa cour de

---

(1) Le mot d'ordre.

parlement, auxquels il dit telles ou semblables paroles : « Il est vrai que après que je vins à mon joyeux advénement à la Couronne, je feis le premier président en ma court de parlement messire Hélye de Thorrètes, qui tantost après ala de vie à trespas. Et à l'eure que je le feis j'avoye mon affection singulière de y mettre en son lieu maistre Jehan Dauvet nostre premier président à Thoulouze qui icy est présent; mais tant par importunité de requérans que aussi à la prière et requeste de messire Jehan Bureau, nous y mismes le président de Nanterre, qui depuis y a esté jusques à la venue en nostre ville de Paris d'aucuns seigneurs de nostre sang, qui nous firent dire et remonstrer que en nostre royaulme avoient esté faictes plusieurs grans injustices, et mesmement en nostre court de parlement : pourquoy et aultres causes qui nous meuvent, déclarons que ledit de Nanterre ne sera plus nostre premier président en nostre court de parlement, et que pour et en son lieu y avons mis et créons ledit maistre Jehan Dauvet, pour y estre et demourer. »

Et le samedy ensuivant neufiesme jour dudit mois de novembre, messire Pierre de Morvillier chevalier qui avoit esté chancelier de France, fut désapointé dudit office, et y fut mis en son lieu messire Jehan Juvenel des Ursins, qui aussi avoit esté chancelier de France, et qui encores l'estoit au jour du trespas dudit feu roy Charles. En ce temps aussi le Roy désapointa messire Pierre Puy de l'office de maistre des requestes ordinaire de son hostel, et donna ledit office à maistre Regnault des Dormans.

Après ces choses le Roy se partit de Paris pour aler à Orléans, et en emmena avecques luy Arnault Luillier changeur et bourgois de Paris, auquel il chargea très-expressément de le suivre et estre tousjours près de luy, et si y mena aussi maistre Jehan Longue Joe le jeune, nouvellement marié à damoiselle Geneviefve fille de maistre Jehan Baillet, pour estre de son grant conseil. Et à l'eure dudit partement il créa trésorier de France maistre Charles d'Orgemont seigneur de Méry, et fist ledit Arnault Luillier trésorier de Carcassonne, et maistre Pierre Frétil mary de Tréteau maistre des requestes de son hostel, sans gaiges et intérest.

Et le lundy ensuivant, dix-huictiesme jour dudit mois, advint à Paris, à six heures du matin, que une comète y cheut en resplandisseur de feu, qui dura longuement, et estoit telle qu'il sembloit que toute ladicte ville feust en feu et en flambe. Et de ceste espouvantable et merveilleuse chose ung homme en la place de Grève, qui, à la dicte heure aloit ouyr messe au Sainct Esperit, fut de ce si très-espouvanté qu'il en devint fol, et perdit son sens et entendement.

Et après toutes ces choses, mondit seigneur Charles qui ainsi estoit party de Paris pour aler en Normendie, s'en ala jusques à Saincte-Katherine du mont de Rouën, où il séjourna illec par diverses journées, en attendant que ceulx de Rouën eussent préparé ce qu'ils avoient intention de faire pour son entrée ; mais cependant se meust noise entre mondit seigneur Charles, le duc de Bretaigne et le conte de Dampmartin, dont fut dit audit monseigneur Charles que ledit duc de Bretaigne et comte de Dampmartin avoient entreprins de le prendre et ramener en Bretaigne, pour laquelle cause Jehan monseigneur de Lorraine qui de ce fut adverty, ala incontinent dire ces nouvelles en l'hostel de ladicte ville de Rouën, qui incontinent y pourveurent et firent armer tous ceulx de ladicte ville.

Et à grant port d'armes ledit monseigneur Jehan de Lorraine à l'aide desdits de Rouën ala en la place dudit lieu de Saincte-Katherine où on ne les vouloit laisser entrer. Et illec malgré ledit duc de Bretaigne et conte de Dampmartin, sans solempnité garder, fist monter mondit seigneur Charles sur ung cheval garny de selle et harnois simplement, sans aucune houssure, et avoir vestu à ceste heure une robbe de veloux noir, et en cest estat le menèrent en ladicte ville de Rouën, tout droit en l'église Nostre-Dame, où chanté fut *Te Deum laudamus*, et de là au chasteau dudit lieu.

En ce temps, le Roy estant à Orléans fist plusieurs ordonnances et establissemens, et désapointa plusieurs capitaines de guerre, et entre les aultres il osta les cent lances, dont Poncet-de-Rivière avoit la charge, et le fist bailly de Montferrant, et à d'aultres osta aussi les charges et mist d'aultres en leurs lieux. Et quant ledit Poncet-de-Rivière se vit ainsi désapointé de sadicte charge, il s'en ala oultre la mer au sainct voyage de Ihérusalem, et de là à Saincte-Katherine du mont de Sinay, et si remist et fist le Roy le seigneur de Loheac mareschal de France, comme aultre fois l'avoit esté, et fut mis au lieu du conte de Comminge bastard d'Armignac. Et après ces choses ainsi faictes, le Roy se party d'Orléans et s'en ala en Normendie à toute son armée francs-archiers, et son artillerie grosse et menue, et s'en tira vers Argenten, Exmes, Falaize, Caën et aultres places dudit pays, pour les prendre, saisir et mettre en ses mains. Et là il trouva le duc de Bretaigne, et furent ensemble une espace de temps.

Et d'aultre part, audit pays de Normendie y estoit pour le Roy monseigneur de Bourbon qui ala devant Evreulx pour l'avoir, qui n'y obéyrent point de première venue, mais depuis traictèrent avecques luy et le boutèrent dedans ladicte ville luy et ses gens. Et après d'illec se partist et s'en vint devant Vernon-sur-Seine, et semblablement luy fut fait reffus de première venue, et puis le mirent dedans. Et d'une aultre part, estoit messire Charles de Meleun grant maistre d'ostel du Roy, qui aussi prenoit et saisissoit villes et places, comme Gisors, Gournay et aultres; et si rua jus (1) environ six vingts Escossois qui s'en alloient au seigneur de Bueil (2), pour mondit seigneur Charles (3). Et fut la rencontre faicte desdicts Escossois à un villaige du bailliage de Caulx nommé Cailly.

En ce temps le seigneur d'Esternay qui estoit général de Normendie, qui s'en estoit party hors de la ville de Rouen pour la doubte et fureur du Roy; et affin qu'il ne feust cogneu se abilla en Cordelier de l'Observance, fut rencontré par aucuns gens de guerre de la compaignie dudit grant maistre, au pont Sainct-Pierre, qui est à quatre lieues de Rouen, et avoit avec luy un Augustin. Lesquels après qu'ils eurent esté saisis furent cerchez par lesdits gens de guerre, et trouvèrent sur eux plusieurs bagues et or monnoyé contant, qu'ils prindrent et saisirent. Et après mondit seigneur Charles qui s'en estoit alé à Rouen s'en ala à Louviers, cuidant y trouver monseigneur de Bourbon, lequel il n'y trouva point, et incontinent et sans délay s'en retourna audit lieu de Rouen.

Et après son retour audit lieu de Rouen, ceulx de ladicte ville le receurent et le menèrent en l'ostel de leurdicte ville, où illec l'espousèrent à leur duc ; et en ce faisant luy baillèrent un anneau qu'ils luy mirent au doy, que à ce faire est ordonné ; lequel depuis mondit seigneur Charles porta, et promist lors ausdits de Rouen de les entretenir et garder en leurs franchises et libertez, et leur donna à ceste heure la moitié de tous les aydes que paravant sa réception ils avoient payez. Et ces choses faictes luy fut dit et remonstré par les gens d'église, les nobles, bourgois et populaire d'icelle ville, qu'ils se rendoient et demouroient du tout ses vrais et loyaulx subjects, tous bien délibérez de vivre et mourir pour luy, et jusques au dernier homme ; et puis luy firent lire un article contenu en une chronique qui estoit en icelle maison de la ville, publiquement devant tous, qui contenoit de grandes choses, et en effect que jadis y ot ung roy de France qui mourut, et après son trespas demoura deux fils, dont l'un par aisnesse succéda à la couronne, et à l'autre fut baillé pour son appanaige la duché de Normendie, que depuis ledit roy de France voulut ravoir, et en print guerre contre son frère pour la ravoir. Et ceux de ladicte duché qui la tindrent bonne et oultre pour leurdit duc guerroyèrent tellement ledit roy de France, que par leur puissance d'armes ils mirent en exil ledit roy de France, et firent leurdit duc roy. Et après ladicte lecture, luy dirent qu'il ne se souciast de riens, et que de là en avant ceulx de ladicte ville le fourniroient dedans icelle et dessus leurs murs d'engins et aultres choses deffensables, et de tout ce que nécessité leur seroit d'avoir ; tellement que aucun dommaige ou esclandre ne viendroit audit seigneur, ne à eulx, ne à leurdicte ville.

Et le lundy pénultième jour de décembre audit an, le Roy en retournant dudit bas pays de Normendie vint au Ponthaudemer, et de là en la champaigne de Neuf-bourg près Conches, et envoya mondit seigneur de Bourbon devant la ville de Louviers. Et le mercredy ensuivant premier jour de janvier, ladicte ville de Louviers fut renduë à mondit seigneur de Bourbon pour le Roy, et ce mesme jour le Roy entra dedans ladicte ville de Louviers après disner. Et en ce mesme jour aussi fut mené par les gens dudit grant maistre d'ostel, ledit seigneur d'Esternay qui aussi en icelluy jour fut noyé en la rivière Dure, et aussi ledit Augustin avecques luy par les gens du prévost des mareschaux. Et puis fut le corps dudit d'Esternay retiré hors de ladite rivière et mis en terre en l'église Nostre-Dame de Louviers, où illec fut fait son service.

Audit temps furent plusieurs personnes, officiers et aultres dudit païs de Normendie exécutez et noyez par le prévost des maréchaulx, pour les questions du Roy et monseigneur Charles son frère. Et après le Roy se partit dudit Louviers, et vint mettre le siége devant la ville du Pont des Arches, qui est à quatre lieuës de ladicte ville de Roüen.

Et le lundy sixiesme jour dudit mois de janvier fut crié en la ville de Paris, que tous marchans accoustumez de porter vivres en ost, portassent vivres où l'ost du Roy qui estoit devant ladicte ville du Pont-des-Arches, et aussi que tous pionniers feussent tous prests à partir le landemain pour aler audit lieu, sous sire Denis

---

(1) Jeta par terre.
(2) Antoine, comte de Sancerre.

(3) Le duc de Normandie, suivant le manuscrit de la Bibliothèque du Roi.

Giber l'un des quatre eschevins de ladicte ville à la conduicte d'iceulx ordonné. Et le mercredy ensuivant les gens du Roy qui estoient alez à leur avantaige sur les champs, prindrent quatre hommes-d'armes de la compaignie et estans soubs ledit monseigneur Charles, et qui autrefois avoient esté en l'ordonnance du Roy, et l'un d'eulx estoit nommé le petit Bailly, qui aultrefois avoit esté de la compaignie de Jouachin Rouault mareschal de France, et qui avoit esté cause de la prinse de Pontoise contre le Roy: furent menez devers le Roy, et incontinent fut ordonné qu'on leur couppast les testes, et lors ils requirent au Roy que il leur sauvast la vie et ils luy feroient rendre ledit Pont-des-Arches: ce que le Roy leur accorda, à la requeste de mondit seigneur de Bourbon et de plusieurs aultres princes et seigneurs.

Et le mesme jour le Roy et sa compaignie entrèrent dedans ledit Pont-des-Arches, et ceulx qui estoient dedans ladicte ville se retirèrent dedans le chasteau. Entre lesquels y estoit maistre Jehan Hebert, général des finances du royaulme de France, et trois jours après fut rendu au Roy le chasteau dudit Pont-des-Arches.

Et après que ladicte ville et chasteau eurent esté ainsi rendus au Roy, ceulx de Rouen envoyèrent par devers luy pour parler d'appointement, lequel encharga haut et bas les ducs de Bourbon et de Bretaigne. Et pour ledit appointement avoir vindrent de ladicte ville de Rouen aucuns commissaires ordonnez de par icelle pour luy faire plusieurs requestes et remonstrances, et entre aultres que quelque chose qu'ils eussent fait le Roy voulsist estre content d'eulx, et qu'il luy pleust déclarer qu'ils n'avoient point failly ne fait chose contre luy dont il leur voulsist donner pardon, grâce ou rémission, et que le Roy de là en avant les affranchist en la manière qu'il avoit fait ceux de sa ville de Paris, et plusieurs aultres requestes firent au Roy, qui leur rendit response que sur tout il auroit son advis.

Et durant ces choses plusieurs des gens du Roy aloient et venoient en ladicte ville, et les ungs avecques les aultres. Et cependant mondit seigneur Charles, luy et plusieurz autres de sa compaignie sortirent dehors de ladicte ville de Rouen, et s'en tirèrent à Honnefleu et à Caën, où ils furent depuis certaine espace de temps. En ces entrefaictes Jehan monseigneur de Lorraine se cuida eschapper pour aler en Flandres, mais il fut rencontré par les gens du Roy, qui le prindrent et menèrent vers le Roy. Et donna le Roy la pluspart des offices de la duchié de Normendie, et y fist de nouveaux officiers, et en débouta les aultres. Et après ledit partement dudit monseigneur Charles de ladicte ville de Rouen, elle fut remise et réduicte au Roy. Et ce fait le Roy renvoya tous ses francs-archiers, et leur donna congé jusques au premier jour de mars ensuivant, et renvoya aussi son artillerie à Paris, et puis print son chemin pour aler au bas païs de Normendie, et vers le Mont-Sainct-Michel. En ce temps Anthoine de Chabannes conte de Dampmartin, dont dessus est faicte mention, se tint avecques le Roy, et y eut gouvernement et charge de gens-d'armes de cent lances, dont avoit la conduicte messire Charles de Meleun grant maistre d'ostel du Roy, et si luy osta l'office de grant maistre et le bailla à monseigneur de Craon. Jaçoit que moult de gens estoient assez d'opinion que ledit de Meleun eust bien servy le Roy et fait de moult grans services, mesmement à la grant diligence qu'il print à la garde de la ville de Paris en l'absence du Roy, et luy estant en Bourbonnois, où tant et si bien se gouverna et maintint, que plusieurs estoient d'opinion que se n'eust esté sa grant diligence et bonne conduite que ladicte ville eust eu beaucoup à souffrir, au grant dommaige du Roy et du royaulme.

Et en ces choses faisant, le Roy fist eschange avecques ledit conte de Dampmartin, d'un sien chastel qu'il avoit en Gascongne nommé Blancaffort, et alencontre le Roy luy bailla tout le domaine et souveraineté qu'il avoit ès villes de Gonnesse, Gournay-sur-Marne et Crécy en Brie. Et de ce luy bailla lettres addressans à sa court de parlement, pour icelles estre par eulx expédiez, et pour les joindre avecques sadicte conté de Dampmartin.

Audit temps le Roy ordonna que la place de Chaumont-sur-Loire qui appartient à messire Pierre d'Amboise seigneur dudit lieu de Chaumont, feust mise en feu et en flambe et arrasée, ce qui fut fait.

Et le lundy tiers jour de février ung nommé Gauvain Manniel, qui estoit lieutenant-général du bailly de Rouen, fut prins en ladite ville et mené prisonnier au Pont-de-l'Arche. Et là par le prévost des mareschaulx dessus le pont dudit lieu fut dréciéung eschauffault, dessus lequel ledit Gauvain fut décapité pour aucuns cas de crimes à luy imposez, et dessus ledit pont fut sa teste mise au bout d'une lance, et son corps jetté en la rivière de Seine.

Et en ce temps le hault doyen de l'église de Rouen et aultres chanoines de ladicte église jusques au nombre de six, furent envoyez hors icelle, et leur fut ladicte ville interdicte, et furent envoyez demourer hors de la duché de Normendie.

Après ce le Roy se partit de Rouen et s'en ala à Orléans où la Royne estoit, et y demoura par long-temps et puis s'en ala à Jargeau, et illec environ. Et pendant qu'il y fut arrivèrent devers luy plusieurs ambassades de diverses contrées, et pour divers cas, et durant ce le Roy délibéra envoyer ambassade au royaulme d'Angleterre pour aucunes causes. Et pour ce faire esleut le comte de Roussillon bastard de Bourbon et admiral de France, le sire de La Barde, l'évesque et duc de Langres, maistre Jehan de Poupaincourt, seigneur de Sercelles, maistre Olivier Le Roy (1) conseiller et maistre des comptes, et aultres. Et partirent pour aler audit royaulme d'Angleterre au mois d'avril 1466.

Et audit temps par la justice ordinaire de Paris furent prins plusieurs povres créatures, larrons, crocheteurs et autres malfaicteurs, qui pour lesdits cas furent les aucuns pendus et estranglez au gibet de Paris à Montfaucon, et les aultres en furent batus au cul de la charrette par les carrefours de ladicte ville.

En ce temps damoiselle Ysabeau de Cambray, femme de sire Guillaume Coulombel, puissant et riche homme, fut mise et constituée prisonnière en la conciergerie du Palais-Royal à Paris, à la requeste et pourchas de sondit mary, qui principalement le chargeoit de trois choses : la première, qu'elle s'estoit forfaicte et habandonnée à aultre qu'à luy. La seconde, qu'elle l'avoit desrobé de ses biens en grans sommes de deniers. Et aussi qu'elle avoit fait et compilé plusieurs poisons pour l'empoisonner et faire mourir. Et sur ces choses avoit sondit mary fait faire ses informations après lesquelles veuës et pour lesdits cas demoura longuement prisonnière, et fut sur ce gehennée. Et finablement estant veu par la court de parlement lesdictes charges et informations sur ce faictes, et sa confession prise par arrest et jugement diffinitif d'icelle, fut dit et prononcé que lesdictes charges par ledit Coulombel, imposées à sadite femme, estoient suffisamment prouvées, pourquoi fut déclarée par ledit arrest privée de toute communaulté de biens et douaire avecques sondit mary. Et au regard des poisons furent appoinctez contraires, dequoy elle proposa erreur, et consigna six vingts livres parisis.

Le dixiesme jour de may audit an 1466, messire Anthoine de Chasteauneuf, seigneur du Lau, qui avoit eu congé du Roy long-temps paravant, fut trouvé par cas d'aventure par le seigneur de Chabesnais et autres ès plaines de Cléry près Orléans. Et pource que luy et ses gens furent apperceus en habits mescogneus, fut prins prisonnier et mené au Roy, qui l'envoya avecques ses gens prisonnier en ung chastel près Mehun. Et le mercredy, veille d'Ascension nostre Seigneur, par l'ordonnance du Roy maistre Jehan Le Prévost, notaire et secrétaire du Roy, entra dedans la bastille Sainct-Anthoine par moyens subtils, et d'icelle en mist et jecta hors un nommé Marc qui en estoit lieutenant pour monseigneur de La Borde, et lequel Marc avoit nouvellement espousé la fille naturelle dudit messire Charles de Meleun, qui estoit fils dudit seigneur de La Borde. Et après ce, ledit Marc et sadicte femme et mesnaige s'en retournèrent à reffuge par devers ledit messire Charles en la ville de Meleun.

Et le samedy, veille de Penthecouste, vingt-quatriesme jour dudit mois, audit an 1466, furent leuës et publiées en ladicte ville de Paris, par les carrefours d'icelle, à son de trompe et à cry publique, le mandement du connestable de France, dedans lequel estoit inséré le mandement du Roy, qui contenoit que le Roy estoit deuement informé que les Anglois, ses anciens ennemis, en grosse et merveilleuse armée estoient délibérez d'entrer et descendre au royaulme de France, pour destruire et gaster icelluy, et que pour ce faire avoient desjà fait grant amas de navires. Et pour ce, le Roy voulant résister à leur mauvaise et dampnée entreprise, et pour les grever et nuire en tout ce que possible seroit, mandoit audit connestable que par toutes villes, pays et lieux dudit royaulme, ès places où on a accoustumé de faire cry publique, il fist assavoir que tous nobles tenans du Roy en fief et arrière-fief, de quelque estat ou condition qu'ils feussent, feussent en armes et habillement dedans le 15 de juing ensuivant, sur peine de confiscation de corps et de biens ; et aussi à tous francs-archiers à estre tous prests audit jour.

En ce temps, le Roy, qui ainsi avoit désappoincté ledit seigneur de La Borde de la capitainerie de la bastille Sainct-Anthoine, donna ladicte capitainerie au seigneur de Blot, séneschal d'Auvergne (2), que on disoit estre homme de grant conduicte.

En ce temps ledit seigneur de Montaulban, qui avoit esté admiral, grant maistre administrateur et général réformateur des eaux et forestz, et qui avoit esté cause de toute la noise

---

(1) Suivant le manuscrit de la Bibliothèque du Roi : Le Roux.

(2) Suivant le manuscrit : de Bourbonnoys.

advenue en Bretaigne et par conséquent au royaulme de France, et qui avoit eu des biens du royaulme et argent inestimable, mourut à Tours, et ne fut point pleuré; et après sa mort le Roy donna ses offices : c'est assavoir, l'office d'admiral à monseigneur le bastard de Bourbon, qui avoit espousé une sienne fille naturelle; et l'office de grant maistre des eauës et forests fut donnée au seigneur de Chastillon, frère du mareschal de Loheac.

Audit temps furent prises trèves avecques lesdits Anglois durant vingt-deux mois, tant par mer que par terre, et furent lesdictes trèves publiées; et aussi audit temps monseigneur du Maine, pour aucunes causes qui meurent le Roy, fut désappoincté du gouvernement de Languedoc, et fut baillé à monseigneur de Bourbon.

Et après ledit mariage fait dudit monseigneur l'admiral, le Roy luy donna le chastel et place de Usson en Auvergne, qu'on dit estre la plus forte place du royaulme, avecques les capitaineries de Honnefleur et aultres places de Normendie. Audit mois de juing que les fèves flourissent et deviennent bonnes, advint que plusieurs hommes et femmes perdirent leur bon entendement, et mesmement à Paris; il y eut entre aultres ung jeune homme nommé maistre Marcial d'Auvergne, procureur en la court de parlement et notaire au Chastellet de Paris, lequel après qu'il eut esté marié trois sepmaines avecques une des filles de maistre Jacques Fournier, conseiller du Roy en sadicte court de parlement, perdit son entendement en telle manière, que le jour de monseigneur sainct Jehan-Baptiste, environ neuf heures du matin, une telle frénaisie le print qu'il se jetta par la fenestre de sa chambre en la ruë, et se rompit une cuisse et froissa tout le corps, et fut en grant dangier de mourir; et depuis persévéra longuement en ladicte frénaisie, et après se revint et fut guéry.

Au mois de juillet ensuivant vindrent et arriverent à Paris plusieurs prélats, seigneurs, chevaliers, gens d'église et aultres gens du conseil que le Roy ordonna venir, et que on disoit qu'ils estoient ordonnez pour mettre ordre et police en la justice, et refformer en toutes choses, et leur fut baillé moult grant pouvoir; et par icelluy estoient nommez vingt-et-ung commissaires, dont monseigneur Jehan, bastard de Orléans, comte de Dunois et de Longueville, estoit l'un et premier; et duquel nombre de ving-et-ung ne povoit estre rien fait qu'ils ne feussent treize, ledit conte de Dunois toujours devant et le premier, et les appelloit-on lors les refformateurs du bien publicque. Et sur ladicte commission ainsi à eulx baillée, commencèrent à besoigner le mardy seiziesme jour dudit mois de juillet (1) audit an 1466. Et pour y bien commencer et mettre tousjours en leurs faits Dieu devant, fut fait par eulx chanter une belle messe du Sainct-Esperit en la saincte Chappelle du Palais Royal à Paris; laquelle messe fut chantée et célébrée par l'archevesque de Reims Juvenel, qui estoit esleu et nommé l'un desdits commissaires. Et à cedit jour de mardy avoit eu ung an que le Roy rencontra monseigneur de Charrolois à Montlehéry. Et le lendemain, qui fut le mercredy seiziesme jour de juillet, advint en la court dudit palais que plusieurs des paiges des conseilliers de ladicte court illec attendans leurs maistres, prindrent noise et question aux paiges desdits seigneurs tenans le conseil dudit bien publique, et se meut la noise d'entre lesdits paiges du palais contre lesdits paiges du bien publicque sur ce qu'ils n'avoient point payé leurs bienvenuës à iceulx du palais, et de ce avoient esté refusans, et demoura à tant ladicte noise jusques au landemain qui fut jeudy, que tous lesdits paiges d'un costé et d'aultre retournèrent en icelle court, et remirent sus leurdicte question. Et en pourparlant d'icelle lesdits paiges du bien publique coururent sus ausdits paiges du palais, qui se revenchèrent, et baillèrent les ungs aux autres de terribles et merveilleux coups, tant de poings, de pierres, bastons, cousteaulx et dagues, que il y en eut plusieurs navrez, batus et les yeux crevez, et fallut fermer les portes, et que gens de bien s'en meslassent pour les desmeller et appointer. Et de ce fut dit par plusieurs que ces choses signifioient le bout de l'an de la rencontre de Montlehéry. Ladicte année fut fort moiste, et en divers lieux en France y creust de bons blez, et en autres lieux ne valurent guières, et estoient nuillez, et y eut de grans tempestes en divers lieux, tant de clair que de tonoire, vents, pluyes et autres tempestes, qui firent moult de maulx et de dommages en divers lieux dudit royaulme, et par espécial au pays de Soixonnois où elle gasta les blez, les vignes et autres fruicts, et destruisit plusieurs belles maisons, manoirs, couvertures d'églises, et fit plusieurs autres maulx.

En ce temps s'esmeust grande guerre entre les Liégeois et le duc de Bourgongne, qui pour ceste cause se mist en armes et leur alla faire guerre, et s'y feist porter en une litière, et y mena avecques luy son fils, ledit seigneur de Charrolois, avecques tous les nobles hommes, gens de guerre et autres qu'il peust recouvrer, et tous ses har-

(1) Le 16 juillet était un lundi.

nez et artillerie, et fist mettre le siége devant la ville de Dynan, contre laquelle y fut incontinent fait grans approches, et si y furent faictes de belles saillies et grandes escarmouches de costé et d'aultre, et au commencement lesdits de Dynan firent de grans maulx et dommaiges ausdits Bourguignons, et y en demoura plusieurs morts, qui guères ne furent plains ; mais en la fin ceulx de ladicte ville de Dynan par trayson et aultrement furent surprins, et entrèrent lesdits Bourguignons dedans icelle ville, qui d'icelle en jettèrent et boutèrent dehors, hommes, femmes et enfans, et retindrent prisonniers les plus notables gens d'icelle ville, et puis la pillèrent tellement qu'il n'y demoura rien ; et après boutèrent le feu parmy toutes les églises et maisons, et y firent meschief et dommaige irréparable. Et après que tout fut bruslé et consommé, emplirent les fossez des murs d'icelle, et à cause d'icelle destruction devindrent les povres habitans d'icelle mandians, et aucunes jeunes femmes et filles habandonnées à tout vice et péché pour avoir leur vie.

En ladicte année, ès mois d'aoust et septembre, fut grande et merveilleuse chaleur, au moyen de laquelle s'en ensuivit grande mortalité de pestilence et autres maladies, dont et de quoy il mourut, tant en la ville, villages voisins, prévosté et viconté de Paris, quarente mil créatures et mieulx, entre lesquels y mourut maistre Arnoul, astrologien du Roy, qui estoit fort homme de bien, saige et plaisant ; aussi y mourut plusieurs médecins et officiers du Roy en ladicte ville de Paris. Et si grant nombre de créatures furent portez ensevellir et enterer au cymetière des Saincts-Innocens en ladicte ville de Paris, que tant des morts en ladicte ville que de l'Ostel-Dieu tout y fut remply ; et fut ordonné que de là en avant on porteroit les morts au cymetière de la Trinité, qui est et appartient à l'ostel de la ville de Paris. Et continua ladicte mort jusques en la fin de novembre, que pour faire cesser et prier Dieu que ainsi il luy pleust de le faire, furent faictes de moult belles processions génerales à Paris, par toutes les paroisses et églises d'icelle, où furent portées toutes les châsses et sainctes reliques, et mesmement les châsses de Nostre-Dame, de Saincte-Geneviefve et Sainct-Marcel, et lors cessa ung petit ladicte mort. En ce temps fut grant bruit à Paris de larrons et crocheteurs alant de nuit crocheter huis, fenestres, caves et céliers. Et pour lesdits cas en furent aucuns batus au cul de la charette, et les aultres pendus et estranglez au gibet de Paris.

Audit temps fut pendu et estranglé au gibet de Paris ung gros Normant, natif de Constantin en Normendie, pource qu'il avoit longuement maintenuë une fille sienne, et en avoit eu plusieurs enfans que luy et sadicte fille incontinent qu'elle en estoit délivrée meurdrissoient. Et pour ledit cas fut pendu comme dit est, et sadicte fille fut arse à Maigny près Ponthoise où ils estoient venus demourer dudit pays de Normendie. En ce temps furent apportées à Paris les châsses de sainct Crespin et sainct Crespinien, pour trouver remède à ladicte maladie de pestilence, et aussi pour eulx quester affin d'avoir dequoy recouvrer l'église desdits saincts audit lieu de Soixons, que ladicte fouldre et tempeste avoit ainsi destruicte et abbatuë comme dit est devant. Et durant ce temps le Roy et son conseil se tindrent à Orléans, Chartres, Bourges, Mehun, Amboise et autres lieux, et durant qu'il y fut vindrent plusieurs ambassades de diverses nations, comme d'Angleterre, de Bourgongne, de Bretagne et autres, et délibéra lors le Roy de faire guerre ausdits duc de Bourgongne et comte de Charrolois son fils. Et pour ceste cause fist crier ès villes de son royaulme, ban et arrière-ban, et ordonna et créa plusieurs francs-archiers oultre le nombre ordinaire.

Après ce que dit est, le Roy fist plusieurs ordonnances et establissement pour la tution et garde de ses païs et villes, et ordonna monseigneur le mareschal de Loheac son lieutenant en la ville de Paris et en l'Isle-de-France. Et à monseigneur de Geilon (1) fut baillé le païs de Champaigne ; et la garde du païs et duché de Normendie fut baillée à monseigneur le conte de Sainct-Pol, connestable de France, qui auparavant avoit esté ennemy du Roy avecques le duc de Bourgongne et mondit seigneur de Charrolois.

En après au mois de février 1466, arriva une ambassade de Bretagne par devers le Roy, lesquels, après qu'ils eurent par luy esté ouys, les receut très-bien, et puis après s'en alèrent en Flandres devers ledit duc de Bourgongne et monseigneur le comte de Charrolois son fils. Et lors fut grant bruit par tout qu'il y avoit appointement fait entre le Roy et monseigneur son frère, dont plusieurs gens de bien furent moult joyeux. Et avant ce, le Roy avoit envoyé son ambassade au païs de Liége, entre lesquels y estoit ledit maistre Jehan Hébert, monseigneur l'évesque de Troyes (2) et autres.

---

(1) Suivant le manuscrit : Chastillon.
(2) Louis Raguier, évêque de Troyes, mort en 1488, après s'être démis de cet évêché. (Camusat, *Antiquitates Tricassinæ*, p. 238.)

Et en icelluy temps advint en la ville de Paris, que trois sergens à verge du Chastellet, qui estoient bien mal renommez, furent de nuit prendre ung prestre de l'église monseigneur Sainct-Pol à Paris, lequel prestre estoit paisiblement couché en sa chambre, en laquelle par force et violence entrèrent dedans lesdits sergens, et illec le battirent et mutilèrent, et puis l'en emmenèrent en la ruë et le traisnèrent au long d'icelle, et le navrèrent en plusieurs lieux et puis le laissèrent. Et après ledit prestre les en poursuivit par justice, et tellement qu'ils en furent constituez prisonniers au Chastellet, où leur procez fut fait, et furent illec condampnez à estre bannis du royaulme de France, et leurs biens et héritaiges confisquez, et à faire amende honnorable. Dont et dequoy ils appellèrent en la court de parlement, dont aussi en appela le procureur du Roy de ce qu'ils avoient esté trop peu jugiez.

Et depuis par arrest d'icelle court, fut dit que avecques le jugement de sentence du prévost de Paris, qu'ils seroient batus par les carrefours de Paris, ce qui fut fait.

Et le jeudy vingt-troisiesme jour d'avril 1467, Anthoine de Chabannes conte de Dampmartin, qui ainsi estoit eschappé de la bastille Sainct-Anthoine, et qui depuis fist moult de maulx au Roy et à ses subjects en Auvergne et ailleurs, venu devant Paris avecques les aultres princes, fut fait et créé grant maistre d'hostel du Roy au lieu du seigneur de Crouy; en déboutant de ce ledict de Crouy, messire Charles de Melun, et tous aultres, et luy en furent baillées lettres par le Roy, qui certiffioit que ledit de Chabannes lui avoit fait serment de loyaulment le servir à l'encontre de tous. Depuis toutes ces choses, au mois de juing audit an 1467, le Roy se partit de Paris et ala en Normendie, à Rouen et ailleurs: et luy estant à Rouen fist venir à luy le conte de Warvich hors du royaulme d'Angleterre, pour aucunes causes qui le murent et descendy à Honnefleur et Haveslen. Et illec se mist en bateaulx luy et sa compaignie, et vindrent jusques à la Bouille, assis sur la rivière de Seine, à cinq lieuës près de Rouen, à ung samedy sixiesme jour du mois de juing à l'eure de disner, lequel trouva illec son disner tout prest.

Et le Roy qui estoit illec aussi arrivé pour le recevoir, et y fut moult fort festoyé et tous ceulx de sadicte compaignie, et puis après disner rentra ledit Warvich esdits bateaulx, et s'en ala par la rivière de Seine, et le Roy s'en ala par terre luy et sa compaignie jusques audit Rouen. Et alèrent alencontre ceulx de ladicte ville par la porte du cay Sainct-Eloy, où le Roy luy fist faire moult grand recueil et honorable : car de toutes les paroisses et églises de ladicte ville furent portées au devant de luy les croix, bannières et eauë béniste, et tous les prestres revestus en chappes.

Et ainsi fut conduit jusques à la grant église de Nostre-Dame de Rouën, où il fist son offrande, et après s'en ala en logis qu'on luy avoit ordonné aux Jacobins dudit lieu. Et après vindrent en ladicte ville la Royne et ses filles, et demoura illec le Roy avecques ledit Warvich par l'espace de douze jours. Et après ledit de Warvich s'en départit et sa compaignie, et retourna en Angleterre, et renvoya le Roy avecques luy monseigneur l'admiral, l'évesque de Laon, maistre Jehan de Poupaincourt, son conseillier, maistre Olivier Le Roux et aultres.

Et est assavoir que durant le temps que ledit de Warvich et ceulx de sadicte compaignie furent et séjournèrent à Rouen, que le Roy leur fist de moult grans dons, comme de belles pièces d'or que le Roy feit forger, qui pesoient dix escus d'or la pièce, une couppe d'or toute garnie de pierreries, et monseigneur de Bourbon aussi luy donna ung moult beau riche diamant, et d'aultres choses : et si fut du tout deffrayé de toute la despence que luy et tous ses gens avoient faicte depuis qu'ils descendirent de la mer à terre, jusques à ce qu'ils remontassent en mer. Et après ledit partement de Rouen le Roy s'en retourna à Chartres, où illec il demoura par aucun temps. Audit mois de juing audit an le duc de Bourgogne mourut en la ville de Bruges, et fut son corps porté en la ville de Dijon, et inhumé aux Chartreux. Et aussi fist et ordonna le Roy audit lieu de Chartres, que toutes personnes estans et résidens à Paris feroient des banières, et que en chascune desdictes banières auroit des gouverneurs qui seroient nommez principaulx et soubs-principaulx, qui auroient la conduicte et gouvernement desdictes banières. Et que tous les subjects estans soubs icelle seroient armez de jaques, de brigandines, sallades et harnois blancs, voulges, haches, et aultres choses qui y appartiennent, pour estre bien armez, tant gens de mestiers, officiers, nobles, marchans, gens d'église, que aultres, laquelle chose fut faicte.

Et en ce mesme an au mois de juing, le Roy manda aler par devers luy au Mellay, prez de Chartres, plusieurs gens notables de Paris, entre lesquels y fut maistre Jehan Le Boulengier, président en parlement, maistre Henry de Livres, conseillier de ladicte court, sire Jehan Clerbout, général maistre des monnoyes, Jaques Rebours, procureur en ladicte ville de Paris, maistre Eustache Milet, aussi conseillier en ladicte court, Nicolas Laurens, Guillaume Robert (1), Jehan de Hacqueville, et plusieurs aultres bons marchans que le Roy envoya à Chartres devers le conseil, qui depuis y furent par aulcuns temps, durant lequel ung nommé Robert de La Mote et Jehan Raoul, qui avoient longuement esté tenus prisonniers par l'accusation d'un religieux de Sainct-Lo de Rouen, nommé maistre Pierre Le Mareschal, qui les avoit accusez d'estre ennemys du Roy, et conspiré contre luy, et avec eulx en avoit accusé plusieurs aultres, ce qui ne peust monstrer ne enseigner, mais fut trouvé qu'il avoit menty de tout ce qu'il avoit dit : et comme faulx accusateur fut jugé à mort et fut noyé le quatorziesme jour du mois de juillet audit an. Et après ce furent despechez lesdits de La Mote, Jehan Raoul et aultres, et renvoyez en leurs maisons. Et après ce le Roy envoya à Paris ung mandement pour y estre scellé, et fut signé Michel de Villechartre, par lequel le Roy vouloit que pour bien repeupler sa ville de Paris, qui disoit avoir esté fort dépopulée, tant pour les guerres, mortalitez et aultrement, que quelque gens de quelque nation qu'ils feussent peussent de là en avant venir demourer en ladicte ville et ès fauxbourgs et banlieuë, qu'ils peussent jouyr de toutes franchises de tous cas par eulx commis, comme de meurdre, furt, larrecins, piperies, et tous aultres cas, réservé crime de lèze-majesté : et aussi pour résider illec en armes pour servir le Roy contre toutes personnes, lesquelles lettres furent leuës et publiées par les carrefours de Paris à son de trompe, et tout selon le prévillége donné à tous bannis, résidens et demourans ès villes de Sainct Malo et Valenciennes.

Et ce mesme mois aussi le Roy fist crier et publier que tous nobles tenans fiefs et arrière-fiefs, feussent tous prests et en armes, et mesmement ceulx de l'Isle-de-France, tant en la ville de Paris que ailleurs, au quinziesme jour d'aoust, pour le servir et estre tous prests quant mestier en auroit.

Et le lundy tiers jour d'aoust audit an, advint à Paris que l'ung des religieux du Temple nommé frère Thomas Louecte, qui estoit recepveur dudit temple, eust la gorge couppée audit lieu du Temple par ung de ses frères et compaignons nommé frère Henry, pour aucunes noises qu'il avoit conceu contre ledit frère Thomas.

Et pour raison dudit cas ledit frère Henry se absenta et ne peust estre trouvé qu'il ne feust le dixiesme jour dudit mois, que environ dix heures de nuit ung examinateur du Chastellet de Paris, nommé maistre Jehan Potin, accompaignié de trois sergens, en fist telle diligence qu'il le trouva mucié (2) en l'hostel de Sainct-Pol à Paris, dedans unes aumaires, en habillemens d'ung rocquet blanc de toille et ung chappeau noir, et en cest estat fut mené prisonnier en Chastellet ; et puis rendu en la cour de parlement, pource qu'il estoit appellant de sa prise, et disoit que le lieu où il avoit esté pris estoit lieu de franchise, et que on luy devoit remettre. Et puis fut requis par les religieux du Temple leur estre rendu : ce qui fut fait, et fut mené ès prisons dudit lieu du Temple.

Le mercredy douziesme jour d'aoust audit an 1467, et le jeudy ensuivant, le grant prieur de France pour ledit cas, accompaignié de plusieurs aultres seigneurs de leurdit ordre pour faire le procez dudit frère Henry, qui depuis fut par eulx condamné à demourer prisonnier en lieux ténébreux, et d'avoir illec pour pitance tant qu'il y pourroit vivre, le pain de douleur et eauë de tristesse. En ce temps retournèrent du royaulme d'Angleterre monseigneur l'admiral et aultres dessus nommez, qui ainsi s'en estoient alez avec ledit de Warvich audit pays d'Angleterre, lesquels y demourèrent longuement et n'y firent riens. Et par eulx ledit roy d'Angleterre envoya au Roy des troupes de chasse et des boutilles de cuyr, à l'encontre des belles pièces d'or, couppe d'or, vaisselle, pierreries, et aultres belles besongnes que le Roy et aultres seigneurs avoient donnez audit de Warvich à son partement de Rouen. Et le vendredy vingt-huictiesme jour du mois d'aoust, le Roy arriva à Paris environ huict heures du soir, et estoient avecques luy monseigneur le duc de Bourbon et plusieurs aultres seigneurs.

Et le mardy premier jour de septembre, la Royne aussi arriva à Paris en bataulx par la rivière de Seine, et vint arriver au terrain de Nostre-Dame, et illec à l'arriver qu'elle fist trouva tous les présidens et conseillers de ladicte court de parlement, l'évesque de Paris, et plusieurs aultres gens de façon, tous honnestement vestus et habillez. Et à l'entrée dudit terrain y avoit fait de moult beaulx personnaiges, illec richement mis et ordonnez de par la ville de Paris : et si est assavoir que avant que ladicte Royne se mist esdits bataulx pour venir à Paris, furent audevant d'elle et pour la recepvoir les conseillers et bourgois de ladicte ville en grant et notable nombre, aussi tous en bataulx, qui estoient tous richement couvers de belle tapisserie et

---

(1) Suivant le manuscrit : Roger.

(2) Caché.

draps de soye. Et dedans iceulx estoient les petits enfans de chœur de la Saincte Chappelle, qui illec disoient de beaulx virelais, chançons, et aultres bergerettes moult mélodieusement. Et si y avoit aultre grant nombre de clarons, trompettes, chantres, haulx et bas instrumens de diverses sortes, qui tous ensemble jouoyent chascun endroit soy moult mélodieusement, à l'eure que ladicte Royne, ses dames et damoiselles entrèrent en leur basteau, dedans lequel par lesdits bourgois de ladicte ville luy fut présenté ung beau cerf fait de confiture, qui avoit les armes d'icelle noble Royne penduës au col : et si y avoit plusieurs aultres beaulx drageouers tous plains d'espiceries de chambre, belles confictures, grant quantité aussi y avoit de fruicts nouveaulx de moult de sortes, violettes fort odorans gettées et semées tout parmy le basteau, et vin à tous venans y fut baillé et distribué, tant que on en vouloit avoir et prendre. Et après qu'elle eut faicte son oraison à Nostre-Dame de Paris, elle se rebouta en son bateau et s'en vint descendre à la porte devant l'église des Célestins, où aussi elle trouva dessus ladicte porte de moult beaulx personnaiges, et elle descendit à terre, monta et ses dames et damoiselles sus chevaulx, belles hacquenées et parlefrois qui illec l'attendoient, et puis s'en ala jusques en l'ostel du Roy aux Tournelles. Et devant la porte dudit hostel trouva aultre moult beau personnaige.

Et icelle nuit furent faits à Paris les feux par les ruës d'icelle, et illec mises aussi tables rondes et donné à boire à tous venans : et le jeudy ensuivant, quatriesme jour dudit mois de septembre ensuivant, maistre Nicole Balue, frère de monseigneur l'évesque d'Evreux, fut marié à la fille de maistre Jehan Bureau, chevalier seigneur de Mont glat, et fut la feste desdites nopces faicte en l'ostel de Bourbon, laquelle fut moult belle et honneste ; et luy fut illec fait grant honneur ce jour : car le Roy et la Royne, monseigneur de Bourbon et madame sa femme, monseigneur de Nevers, madame de Bueil, et toute leur noblesse qui les suivoient y furent et s'y trouvèrent, et y fut fait moult grant chière, et si leur fist on de moult grans, beaulx et riches dons. Et depuis ce le Roy et la Royne firent de grans chiers en plusieurs des hostels de leurs serviteurs et officiers en ladicte ville. Et entre les aultres le jeudy, dixiesme jour dudit mois de septembre audit an 1467, la Royne, accompaignée de madite dame de Bourbon et madamoiselle Bonne de Savoye sœur de la Royne, et plusieurs autres dames de sa compaignie souppèrent en l'ostel de maistre Jehan Dauvet, premier président en parlement, et illec furent reçeuës et festoyées moult noblement et à grant largesse, et y eut faits quatre moult beaux bains et richement aornez, cuidant que la Royne se y deust baigner, dont elle ne fist riens, pour ce qu'elle se sentit ung peu mal disposée, et aussi que le temps estoit dangereux ; mais en l'un desdits baings se y baignèrent madicte dame de Bourbon, madamoiselle Bonne de Savoye : et en l'autre baing au joignant se baignèrent madame de Montglat et Perrette de Châlon (1), bourgoise de Paris, et là firent bonne chière.

Et le lundy ensuivant, quatorziesme jour dudit mois de septembre, le Roy qui avoit ordonné mettre sus les banières de Paris, comme dit est devant, fist publier que audit jour ils feussent toutes prestes pour estre aux champs dehors Paris, en faisant sçavoir à tous de quelque estat ou condition qu'ils feussent, depuis l'aage de seize ans jusques à soixante ans yssissent dehors ladicte ville en armes et habillement de guerre, et s'il en y avoit aucuns qui n'eussent harnois, que néantmoins ils eussent en leurs mains ung baston deffensable, et sur peine de la hart, ce qui fut fait. Et yssit hors de ladicte ville la pluspart du populaire d'iceluy, chascun soubs son estendard ou bannière, qui faisoit moult beau veoir, car chascun y estoit en moult belle ordonnance et sans noise ne bruit : et estoient bien de soixante à quatre-vingts mille testes armées, dont il y en avoit bien trente mille tous armez de harnois blancs, jaques ou brigandines. Et tous estant en belle bataille, le Roy, la Royne et leur compagnie qui les suivoient les vindrent veoir, laquelle chose leur pleust moult, car onques n'avoient veu y estre de ville du monde à beaucoup près, telle ne si grant armée, et se trouvèrent soixante-sept banières des maistiers, sans les estendarts et guidons de la cour de parlement, de la chambre des comptes, du trésor, des généraulx, des aydes, des monnoyes, du Chastellet et hostel de la ville, soubs lesquels il se trouva autant et plus de gens de guerre que soubs toutes lesdictes bannières : et hors Paris en aucuns lieux ordonnez leur fist porter et conduire plusieurs tonneaux de vin, qui illec furent deffoncez pour faire boire et rafraischir tous ceux de ladicte monstre, qui tenoient moult grant pays : car ils estoient tous en bataille à commencer au bout de la voirie d'entre la porte Sainct-Anthoine et celle du Temple, depuis les fossez de Paris en montant contre mont, jusques à un pressoüer devant ladicte voirie, et de là en bataille au long des

---

(1) Elle était maîtresse du Roi.

vignes jusques à Sainct-Anthoine-des-Champs : et puis après jusques au long des murs dudit Sainct-Anthoine-des-Champs jusques à la Granche-de-Ruilly, et d'icelle granche jusques à Conflans : et dudit Conflans en revenant par la Granche-aux-Merciers, tout au long de la rivière de Seine jusques au boulevart du Roy de la tour de Billy.

Et iceluy boulevart tout au long des fossez de ladicte ville par dehors jusques à la Bastille et à la porte Sainct-Anthoine. Et bref c'estoit merveilleuse chose à veoir le monde qui estoit en armes dehors Paris, et si maintenoient plusieurs qu'il en estoit à peu près demouré autant dedans Paris qu'il y en avoit dehors. Et le mardy ensuivant vingt et deuxiesme jour de septembre audit an 1467, le Roy partit de Paris après disner, pour aler à pié jusques à Sainct-Denis en France, et avoit avecques luy aussi à pié mondit seigneur d'Evreulx, monsieur de Crussol (1), Phelippe Luillier et autres.

Et entre Paris et Sainct-Denis, le Roy alant à son pélerinaige, trouva trois ribaulx qui luy vindrent requérir grâce et rémission de ce que tout leur temps ils avoient esté larrons, meurdriers et espieurs de chemins, laquelle chose le Roy leur accorda bénignement. Et tout ce jour demoura audit lieu de Sainct-Denis jusques au lendemain vespres qu'il s'en retourna en son hostel des Tournelles, et d'illec s'en ala souper en l'ostel du sire Denis Hesselin, son pannetier et esleu de Paris, qui nouvellement estoit devenu compère du Roy, à cause d'une sienne fille dont la femme estoit accouchée que le Roy fist tenir pour luy par maistre Jean Balue, évesque d'Evreux ; et pour comères y estoient madame de Bueil (2) et madame de Montglat (3). Et audit hostel le Roy y fist grande chière, et y trouva trois beaulx baings honnestement et richement attintelez, cuidant que le Roy deust illec prendre son plaisir et se baigner, ce qu'il ne fist point pour aucunes causes qui en raison le mirent : c'est assavoir, tant pource qu'il estoit enrumé, que aussi pource que le temps estoit moult dangereux et maladif.

En ce temps s'esmeut par grande discorde et querelle une moult grande guerre entre les Liégois et monseigneur de Bourgongne, et leur évesque, cousin de mondit seigneur de Bourgongne et frère de monseigneur le duc de Bourbon, lequel évesque lesdits Liégois alèrent assiéger dedans une ville où il s'estoit renfermé, nommée Huye. Et après que iceux Liégois eurent longuement esté devant icelle ville ils la prindrent et gaignèrent, et en ce faisant eschappa leurdit évesque estant en icelle ville, qui autrement estoit perdu.

Et durant ce que dit est, le Roy ordonna aler au secours et ayde desdits Liégois quatre cens lances de son ordonnance, dont avoient la charge le conte de Dampmartin, Sallezart, Robert de Conychan et Stevenot de Vignolles avec six mille francs-archiers, prins et esleuz de Champagne, Soixonnois et autres lieux en l'Isle-de-France.

Et après ce que ledit monseigneur de Bourgongne fut averty et eut bien sceué la gaigne que lesdits Liégois avoient faicte de ladite ville de Huye, et qu'ils y avoient tué plusieurs Bourguignons, il assembla tout son ost en soy délibérant d'aler aux armes sur les champs, en intention de tout destruire et mettre à feu et à sang lesdits Liégois. Et ainsi le fist crier et publier par tous ses pays : et ceulx qui faisoient lesdictes publications, en icelles publiant, tenoient en une main une espée toute nuë, et en l'autre une torche alumée, qui signifioit guerre de feu et de sang.

Audit temps au mois de septembre le Roy bailla ses lettres à un légat venu de Rome de par le Pape, pour la rompture de la Pragmatique Sanction (4), lesquelles lettres furent leuës et publiées au Chastellet de Paris sans y faire aucun contredit ou opposition.

Et le premier jour d'octobre ensuivant maistre Jehan Balue fut et ala en la salle du Palais-Royal à Paris, la cour de parlement vaccant, pour illec aussi faire publier lesdites lettres, où il trouva maistre Jehan de Sainct-Romain, procureur général du Roy nostre Sire, qui formellement s'opposa à l'effect et exécution desdites lettres, dont ledit Balue fut fort desplaisant. Et pour ceste cause fist audit de Sainct-Romain plusieurs menasses, en luy disant que le Roy n'en seroit point content, et qu'il le désappointeroit de son office, dequoy ledit de Sainct-Romain ne tint pas grant compte : mais luy dist et respondit que le Roy luy avoit donné et baillé ledit office, laquelle il tiendroit et exerceroit jusques au bon plaisir du Roy. Et que quant son plaisir seroit de la luy oster que faire le pourroit, mais qu'il estoit du tout délibéré et bien résolu de tout perdre avant que de faire chose qui feust contre son ame, ne dommaige

---

(1) Louis, sire de Crussol, grand panetier de France.

(2) Jeanne, fille naturelle du roi Louis XI, épouse d'Antoine de Bueil, comte de Sancère, fils de Jean, amiral de France.

(3) Germaine Hesselin, femme de Jean Bureau, seigneur de Monglat.

(4) La pragmatique était abolie depuis plusieurs années, mais l'édit d'abolition n'avait pas été enregistré au parlement.

au royaulme de France et à la chose publique, et dist audit Balue qu'il devoit avoir grant honte de poursuivre ladicte expédition. Et en après le recteur de l'université de Paris et les suppostz d'icelle alèrent par devers ledit légat, qui de luy appellèrent, et de l'effect desdites lettres au sainct concile, et par tout ailleurs où ils verroient estre à faire, et puis vindrent audit Chastellet, où pareillement autant en firent et dirent, et firent illec enregistrer leur opposition. Audit temps le Roy envoya par devers ledit de Charrolois lesdits légat et évesque d'Evreux, qui nouvellement avoit esté cardinal à Rome (1), maistre Jehan de Ladriesche, trésorier de France, et autres pour faire de par luy aucunes choses dont il leur avoit donné charge.

Et le jeudy huictiesme jour d'octobre audit an 1467, ung nommé Sevestre Le Moyne, natif de la ville d'Auxerre, pour aucuns cas et délits par luy commis et imposez, et qui par aucun temps avoit esté constitué et tenu prisonnier, ès prisons de Thyron, fut ledit jour tiré hors desdictes prisons, et fut mené noyer en la rivière de Seine, près de la Granche-aux-Merciers, par la sentence et jugement de messire Tristan l'Ermite, prévost des mareschaulx de l'ostel du Roy. Et le dimenche unziesme jour dudit mois d'octobre fut un grant et merveilleux escler et tonnoirre, environ huit heures de soir : et par avant et depuis durant ledit mois furent faittes grandes et merveilleuses chaleurs, et les plus extrêmes que homme eust veu en sa vie, qui sembloit chose moult estrange et desnaturée. Et le lundy douziesme jour dudit mois d'octobre audit an 1567, le Roy se partist de son hostel des Tournelles à Paris pour aler en l'église Nostre-Dame, où il oyt les vespres, et après icelles dictes, fut faicte procession par l'évesque et chanoines dudit lieu, et puis s'en ala reposer en l'ostel de son premier président maistre Jehan Dauvet, où il fut certaine espace de temps, et puis s'en partit pour s'en retourner en sondit hostel des Tournelles, et à l'eure de son partement qui estoit heure de noire nuit, haussa la veuë, il vit et apperceut au ciel une estoille tout au-dessus de l'ostel dudit président, laquelle incontinant que le Roy commença à marcher pour s'en retourner, ladicte estoille le suivoit, et fut tousjours après luy, jusques à ce qu'il fût entré en sondit hostel : et incontinant qu'il y fut entré elle se disparut et depuis ne fut veuë.

Et le jeudy ensuivant quinziesme jour dudit mois, vint nouvelles au Roy que certain grant nombre de Bretons estoient venus eulx bouter dedans le chastel et en la ville de Caën, et puis s'en allèrent d'illec à Bayeulx, et tindrent lesdictes villes contre le Roy dont de ce il fut courroucé; et en renvoya pour ceste cause le mareschal de Loheac qui lors estoit avecques le Roy, et qui avoit cent lances de Bretaigne soubs sa charge esdictes villes de par le Roy, pour y pourveoir et mettre provision; et ausquels Bretons le duc d'Alençon, qui criminelx de crime de lèze-majesté du temps du Roy Charles dernier trespassé, avoit esté constitué prisonnier pour aucuns crimes qu'il avoit machinez contre luy, et à la faveur des Anglois anciens ennemis du royaulme en la ville de Vendosme, le lit de justice illec séant, auquel lieu, après ses confessions prises, et procez fait, fut condempné à mourir, sauf sur ce le bon plaisir du Roy. Et lequel d'Alençon, depuis le temps deslors jusques au trespas dudit feu roy Charles, fut tenu prisonnier au chasteau de Loches; et après icelluy trespas que le Roy vint à sa couronne le bouta hors desdictes prisons et luy pardonna tout, en voulant que dudit procez ne feust jamais nouvelle; et puis advint que ung boiteux, qui avoit accusé ledit d'Alençon audit deffunct Roy, craignoit fort que ledit d'Alençon ne luy fist quelque grant desplaisir, se tira par devers le Roy, en luy suppliant qu'il luy fist avoir asseurance dudit d'Alençon, laquelle chose il fist et ordonna, et commanda le Roy de sa bouche audit duc d'Alençon que sur sa vie il ne luy meffeist ne fist meffaire, en luy disant qu'il le mettoit en sa main, protection et sauvegarde, ensemble sa famille et ses biens; laquelle chose ledit d'Alençon luy promist et enconvenença, mais tantost après, ledit d'Alençon en alant contre sondit serment, fist prendre ledit boiteux et amener devant luy; et nonobstant les deffenses ainsi à luy faictes de par le Roy, fist incontinant icelluy boiteux meurdrir et mettre à mort. Pour laquelle mort la femme dudit boiteux se tira quelques temps après devers le Roy luy faire sçavoir ces choses, et pour estre son injure réparée, dont et dequoy le Roy depuis empescha les villes et terres dudit d'Alençon, mais bien tost après tout luy fut délivré, et par luy tout pardonné comme devant. Et puis après le duc d'Alençon pour bien le rémunérer de toutes ses grâces et biens faits, bailla ou offrit bailler toutes ses villes et pays ausdits Bretons et à monseigneur Charles contre la voulenté du Roy, et à sa grant desplaisance. En ce temps aussi, messire Anthoine de Chasteanneuf, chevalier seigneur du Lau, grant bouteiller de France et sénéchal de Guienne, qui estoit grant chambel-

---

(1) Il avait été fait cardinal en 1464, suivant Ciaconius.

lant, du Roy, et de luy plus aimé que oncques n'avoit esté aultre, et à qui le Roy fist de moult grans biens, tant qu'il fut autour de luy et en son service; car en moins de cinq ans, il amenda des biens du Roy de trois à quatre cens mil escus d'or, qui avoit esté fait prisonnier du Roy et mis au chasteau de Sully-sur-Loire, de l'ordonnance du Roy, fut envoyé audit lieu au mois d'octobre messire Tristan-l'Ermite, prévost des mareschaulx de l'ostel du Roy, et maistre Guillaume Cérisay, nouvellement greffier civil de parlement, pour illec tirer hors ledit seigneur du Lau, et le mener prisonnier au chasteau de Husson en Auvergne; lorsqu'il fut amené au dehors dudit lieu il fut grand bruit que ledit seigneur du Lau avoit esté noyé (1) et fut ce que dit est longuement continué.

Et le mardi vingtiesme jour dudit mois d'octobre, le Roy se partit de sa bonne ville de Paris pour aler au païs de Normendie, et ala cedit jour au giste de Vellepereux, et le landemain à Mante. Et avant son partement envoya plusieurs capitaines qu'il avoit avec luy, quérir toutes les gens de guerre qui estoient soubs leurs charges pour venir après luy audit païs de Normendie, ou aultre part, quelque lieu qu'il feust. Et le jour de sondit partement il fist et ordonna certaines lettres et ordonnances, par lesquelles il voulsist et ordonna que de là en avant son plaisir estoit que tous les officiers de son royaulme demourassent paisibles en leurs offices, et que nulle office ne feust dicte vaccante, si non par mort, résination ou confiscation; et s'il donnoit nulles aultres lettres au contraire, par importunité de requérans ou aultrement, vouloit qu'il n'y fust aucunement obtempéré, et que de là en avant toute justice feust faicte, et ordonnée à ung chascun; et puis s'en partit dudit lieu de Mante, et s'en ala à Vernon-sur-Seine, où il demeura illec depuis par certains temps, durant lequel vint et arriva devers luy monseigneur le connestable, lequel trouva moyen que le Roy bailla et donna trève entre luy et monseigneur de Charrolois, jusques à six mois lors après ensuivans, sans en ce y compréendre les villes et païs de Liége, qui desjà estoient mis sus et en armes à l'encontre du seigneur de Charrolois, en espérance d'avoir l'aide et secours du Roy, ainsi que promis leur avoit esté, et à ceste cause demourèrent du tout habandonnez. Et puis après ce que dit est ainsi fait, ledit monseigneur le connestable s'en retourna par devers ledit monseigneur de Bourgogne luy porter nouvelles desdites trèves.

Et ce fait, maistre Jehan Balue, cardinal d'E-

(1) Il n'est mort qu'en 1483 ou 1484.

vreulx, maistre Jehan de Ladriesche, et maistre Jehan Prévost, retournèrent devers le Roy audit lieu de Vernon, qui estoient alez en Flandres de l'ordonnance du Roy par devers ledit de Bourgongne, et tantost après ledit retour fait, le Roy se partit dudit lieu de Vernon et s'en ala à Chartres, où il fit illec venir et arriver la plus grant partie de son artillerie, qui lors estoit à Orléans, pour envoyer à Alençon et aultres villes du pays, pour les avoir et mettre en ses mains; et après le Roy envoya ledit maistre Jehan Prévost audit lieu de Flandres par devers ledit de Bourgongne, pour luy porter et bailler les lettres desdites trèves.

Et après vint et arriva à Paris, le seiziesme jour du mois de novembre, ledit monseigneur le cardinal, ledit trésorier de Ladriesche, maistre Jehan Bérart, et maistre Geuffroy Alnequin, pour faire faire les monstres des bannières de Paris par devant eux, et pour faire aultres charges qui leur estoient donnez de par le Roy. Et après s'en partist dudit lieu de Chartres pour aler à Orléans, Cléry, et aultres villes près d'illec, et puis à Vendosme, et de là jusques au mont Sainct-Michel, et avecques luy fist mener grande quantité de sadicte artillerie, et si aloient avecques luy grant nombre de ses gens de guerre. Et en ces entrefaictes les Bretons yssirent tous en armes hors de leur païs, et vindrent en Normendie jusques à la cité d'Avranches et autres villes dudit païs. Et après iceux Bretons s'espandirent par ledit païs de Normendie, comme jusques à Caën, à Bayeux, Constances, et autres lieux. Audit temps ledit seigneur de Bourgongne au moyen desdites trèves à luy baillées par le Roy, esquelles n'estoient aucunement compris lesdits Liégois, entra audit païs du Liége avecques toute son armée, en présentant lesdits Liégois; tous lesquels pource que leur faillit de secours et qu'ils voirent clairement leur destruction advenuë, se rendirent audit de Charrolois, ensemble toutes leurs villes; avec lequel ils prindrent composition; et pour ce faire et avoir, lui donnèrent et baillèrent grant somme d'or, et si eurent une partie de leurs portes et murailles abatuës.

En après ledit cardinal Balue et commissaires devant nommez procédèrent à faire les monstres des bannières desdits mestiers par devant iceulx commissaires en divers lieux de ladicte ville, tant dessus les murs d'icelle d'entre les portes du Temple et Sainct-Martin, en la cousture du Temple sur les murs d'entre la tour du Bois et la porte Sainct-Honnoré, devant le Louvre, au marché au Brebis, et sur les murs jusques à ladicte porte Sainct-Honnoré. Et le samedy ensuivant, vingt-et-ung jour dudit mois de novembre, le Roy fist crier par les carrefours de Paris que toutes gens qui avoient accoustumé de suivre la guerre, et qui avoient esté cassez de gaiges, se trayssent par devers certains commissaires qu'il avoit ordonné pour les recepvoir et mettre à ses gaiges et souldes pour le servir en ses guerres.

Et le lundy ensuivant, vingt-troisiesme jour de novembre, maistre Jehan Prévost retourna de devers ledit seigneur de Charrolois, où le Roy l'avoit envoyé porter les lettres de trèves qu'il avoit faictes avecques luy, et pour rapporter au Roy la response que ledit seigneur de Charrolois avoit faicte audit Prévost touchant le fait desdictes trèves. Et le jeudy ensuivant, vingt-sixiesme jour dudit mois de novembre, partie desdictes monstres furent faictes dehors Paris, devant l'église et abbaye de Sainct-Germain-Desprez jusques sur la rivière de Seine, esquelles monstres y avoit grant nombre de gens à pié et à cheval, tous bien en point et armez, où estoient les trésoriers de France, les conseillers et clercs des comptes, les généraulx des monnoyes et des aydes, le trésor, les esleuz, et toute la court de parlement tout ensemble. Après y estoient tous les praticiens et officiers du Chastellet de Paris, en bien belle et grosse compaignie; et avec les compaignies dessusdictes estoient aussi tous ceux estans soubs l'estendart et guidon de la ville de Paris, qui estoient moult grant nombre de gens à pié et à cheval; et si y vindrent pour l'évesque, université, abbez, prieurs et aultres gens d'églises de ladicte ville, certaine quantité de gens en armes, et en icelles monstres y avoit grant nombre de gens bien armez. Et après lesdictes monstres ainsi faictes, ledit cardinal et commissaires dessus nommez, maistre Jehan de Ladriesche, trésorier de France, maistre Pierre L'Orfèvre, seigneur Dermenonville, et aultres officiers du Roy, partirent de la ville de Paris pour aler devers le Roy, qui estoit lors entre le Mans et Alençon, à tout moult grant armée, car il avoit qui le suivoit plus de cent mille chevaulx, et plus de vingt mille hommes à pié pour résister à l'armée desdits Bretons, et fist mener le Roy avec luy de son artillerie grant quantité pour mettre le siége à Alençon.

Et en ces entrefaictes fut pourparlé de trèves, qui tindrent le Roy et sadicte armée longuement sans riens faire, et en ce faisant mangèrent et destruisirent tout le plat païs, bien à vingt ou trente lieuës dudit lieu du Mans et d'Alençon. Et durant ce que dit est, ledit seigneur de Charrolois, qui ainsi avoit destruit lesdits Liégois et leur païs, s'en retourna vers Sainct-Quentin, et fist crier par tous ses païs que toutes gens de guerre desdits païs s'en tirassent devers Sainct-Quentin, pour illec faire leurs monstres au quinziesme jour du mois de décembre, sur bien et grosses peines; et si fist aussi crier par tout le païs de Bourgongne que tous nobles et aultres gens suivans les armes feussent tous prest à Montsaujon, pour illec prendre les gaiges et souldées dudit seigneur de Charrolois par les mains de ses commissaires, que pour ce il avoit ordonnez; et ce dedans le vingtiesme jour de décembre prouchain ensuivant, et pour partir dudit Montsaujon et aler audit Sainct-Quentin par devers luy pour le accompaigner, et luy aider à secourir son très-chier et amé frère monseigneur Charles de France et le duc de Bretaigne, estans avecques luy, alencontre de aucuns leurs malveillans, et telle substance portoit ledit cry. Pour occasion duquel cry les marchans et facteurs des marchans de Paris, qui estoient alez audit pays de Bourgongne pour faire leurs amplettes, s'en retournèrent à Paris bien hastivement, sans rien faire. Et de rechief après toutes ces choses ledit de Charrolois fist mander à luy venir toutes ses gens de guerre audit Sainct-Quentin, au quatriesme jour de janvier ensuivant.

Et le lundy, feste des saincts Innocens, vingt-huictiesme jour de décembre, vint et arriva à Paris monseigneur le duc de Bourbon, de par le Roy, pour mettre garnison en plusieurs villes, et garder les Bourguignons d'entrer ès pays du Roy. Et vint et arriva avecques luy monseigneur le mareschal de Loheac, qui venoit à Paris, comme on disoit, pour estre lieutenant de ladicte ville. Lequel de Loheac s'en partit deux jours après pour aler à Roüen et aultres villes de Normendie pour y mettre garde et ordre par le Roy, et illec demoura par certain temps. Et mondit seigneur de Bourbon depuis demoura à Paris par certain aultre temps, pendant lequel fut festyé de plusieurs notables gens de ladicte ville; endementiers la ville d'Alençon, qui estoit tenuë par les Bretons, comme dit est devant, fut renduë et mise ès mains du Roy par le conte du Perche, fils du duc d'Alençon, qui tenoit le chasteau dudit Alençon, et lesdits Bretons tenoient la ville. Mais durant ce le Roy ne partit point de ladicte ville du Mans, et durant qu'il y fut envoya devers mondit seigneur Charles audit païs de Bretaigne, le légat du Pape, dont parlé est devant, et Anthoine de Chabannes, conte de Dampmartin, le trésorier de Ladriesche, et aultres, pour cuider trouver aucun bon expédient. Et en fin le Roy se condescendit que les trois Estats se tiendroient et assembleroient;

et pour ce faire leur fut lieu assigné en la ville de Tours pour illec eux y trouver au premier jour d'avril 1467 ; et s'en revint le Roy dudit pays du Mans, et ala aux Montils-lez-Tours, à Amboise et illec environ.

Et puis fut l'assemblée desdits trois Estats tenuë audit lieu de Tours (1), qui pour ceste cause y estoient alez ; et illec le Roy présent fut pourparlé et conclud sur la question pour laquelle ils estoient assemblez audit lieu de Tours jusques au jour de Pasques, qui fut 1468, que chascun d'eulx illec venus s'en retournèrent en leurs maisons, après la conclusion par eulx prinse sur le faict de ladicte assemblée. Et pour ceste cause y estoient venus le Roy premièrement, le roy de Cecile, monseigneur le duc de Bourbon, le conte du Perche, le patriarche de Ihérusalem, le cardinal d'Angiers, et plusieurs aultres seigneurs, barons, archevesques, évesques, abbez, et aultres notables personnes et gens de grant façon, ensemble aussi les ambassadeurs venus audit lieu pour ceste cause de la pluspart de tout le royaulme de France. Et par tous iceulx ainsi assemblez, et à grande et meure délibération fut dit et conclud que au regard de la question d'entre le Roy et mondit seigneur Charles, touchant son appanaige, qu'il auroit et recevroit pour iceluy appanaige, et de ce se tiendroit pour bien content, de douze mil livres tournois en assiète de terre par an, et tiltre de conté ou duché ; et en oultre que le Roy luy fourniroit en pension par chascun an jusques à soixante mil livres tournois, et tout ce sans préjudice aux aultres enfans qui, pour le temps advenir, pourroient venir à la Couronne de pouvoir demander tel et semblable appanaige. Pource que le Roy pour avoir paix et bonne amour avec sondit frère se eslargissoit à luy bailler si grant somme que de soixante mil livres tournois par an. Et en tant que touchoit la duché et pays de Normendie, monseigneur Charles ne l'auroit point, disans qu'il n'estoit pas au pouvoir du Roy de la bailler ne desmembrer sa Couronne. Et que au regard du duc de Bretaigne qui détenoit par force et rudesse mondit seigneur Charles, et qui avoit prinses les villes du Roy en Normendie, lequel on disoit avoir intelligence avecques les Anglois, anciens ennemis de la couronne de France, fut dit et délibéré par lesdits trois Estats qu'il seroit sommé de rendre au Roy lesdictes villes, et au cas que il en feroit reffus, et que le Roy seroit deuëment adverty de ladicte alliance ausdits Anglois, que incontinent le Roy recouvrast sesdictes villes à main armée, et de luy courir sus. Et que pour ce faire lesdits trois Estats promirent de secourir et aider au Roy, c'est assavoir : les gens d'église, de prières et oraisons, et biens de leur temporel ; et les nobles et populaire, de corps et de biens, et jusques à la mort inclusivement. Et que en tant que touchoit la justice de tout le royaulme, le Roy avoit singulier désir de la faire courir par tout sondit royaulme, et fut content que on esleust nobles personnes de tous estats pour y mettre remède et bonne ordre ; et oultre furent d'opinion lesdits trois Estats que à ce faire monseigneur de Charrolois se devoit fort employer, tant à cause de la proximité de lignaige qu'il a au Roy, comme aussi de pair de France. Et après ladite délibération le Roy se partit de Tours et s'en ala à Amboise, et puis après envoya son ambassade par devers l'assemblée estant à Cambray, affin de sçavoir leur vouloir et responce sur ladicte délibération prinse par les trois Estats ainsi assemblez comme devant dit est.

Après ces choses, le lundy cinquiesme jour de may 1468, dame Ambroise de Loré (2), en son vivant femme de Robert Destouteville, chevalier prévost de Paris, ala de vie à trespas ce jour environ une heure après minuict, laquelle fut fort plainte, pource qu'elle estoit noble dame, bonne et honneste, et en l'hostel de laquelle toutes nobles et honnestes personnes estoient honorablement receuës.

Et ce mesme jour, entre neuf et dix heures de nuit, se bouta le feu en l'un des moulins aux musniers de Paris, qui appartenoit au prieur de Sainct-Ladre, et fut tout le comble d'icelluy bruslé par ung paillart varlet du musnier, qui avoit attaché une chandelle contre le mur de son lict, qui cheyt dedans icelluy lict, et brusla tout, réservé ledit paillart qui se saulva et s'enfuit comme ung renard.

Le quinziesme jour d'icelluy mois de may furent faictes joustes à Paris, devant l'ostel du Roy aux Tournelles, par quatre gentilshommes de guerre de la compaignie du grant sénesehal de Normendie, qui avoient ordonné les lices et préparé le champ, en faisant assavoir à tous qu'ils se trouveroient audit quinziesme jour de may pour attendre les venans, rompans chascun trois lances à l'encontre d'eulx. Auquel jour y vindrent et comparurent les enfans (3) de Paris, desquels et tout le premier y vint et arriva Jehan Raguier, grenetier de Soixons et trésorier des

---

(1) Cette assemblée commença le 6 avril et finit le 14 du même mois, suivant la petite Chronique.

(2) Elle était fille d'Ambroise de Loré, prévôt de Paris.
(3) Suivant le manuscrit : cinq enfans.

guerres au duché de Normendie, fils de maistre Anthoine Raguier, conseiller et trésorier des guerres du Roy; lequel Jehan Raguier vint et arriva à bien grant haste de la ville de Rouen o il est oit pour estre et comparoistre ausdites joustes, et arriva le soir de devant lesdictes joustes à Sainct-Ladre-lez-Paris, accompaigné de plusieurs nobles et scientifiques hommes de la charge et compaignie de messire Jouachin Rouault, mareschal de France, et aultres gens, jusques au nombre de vingt chevaulx. Auquel lieu de Sainct-Ladre ils se tindrent secrettement et sans faire bruit jusques au lendemain qu'ils menèrent et accompaignèrent ledit Raguier bien et honnorablement, garny de trompettes et clairons qui faisoient de grands mélodies jusques au lieu desdictes lices; et lequel Raguier, accompaigné comme dit est, avoit autour de luy quatre piétons vestus de livrées, et tousjours estans prez de luy et du coursier surquoy il estoit monté, lesquels estoient prests de le servir et recueillir son bois; et estoient tous ceulx de sa compaignie habillez de hocquetons brodez à grans lettres d'or.

Et audit champ et dedans les lices se pourmena plusieurs tours attendant lesdicts quatre champions, ou l'un d'eux, contre lesquels il se porta vaillamment, car il rompit cinq lances bien et nettement, et eust fait plus s'il eust pleu aux commissaires ordonnez pour lesdictes joustes. Et après lesdictes lances ainsi rompuës s'en partit moult honnorablement en soy pourmenant par lesdictes lices, et prenant congié des juges desdictes joustes, et merciant les dames, damoiselles et bourgeoises qui illec estoient venuës, desquelles il acquist moult grant los. Et après luy y vint et comparut un esleu de Paris, nommé Marc Senamy, et deux des fils de messire Jehan Sanguin, qui aussi vindrent en ladicte jouste honnorablement, et ils firent tout le mieux qu'ils peurent, mais n'en emportèrent guères de bruit. Et en après y vint aussi et arriva un nommé Charles de Louviers, eschançon du Roy, qui moult bien et vaillamment s'y porta, en portant bien et honnestement son bois et sans aide, et rompit nettement plusieurs lances, et tellement se porta à la journée que en la fin le prix luy fut donné; et demourèrent lesdits quatre gentilshommes dedans moult foullez, desquels les deux portèrent le bras en l'escharpe, et le tiers eut la main blessée dessoubs la gantelet. Et par ainsi l'onneur fut et demoura ausdits enfans de Paris.

Et le dimenche précédent qui fut huictiesme jour dudit mois de may, se firent aussi à Bruges en Flandres autres joustes devant monseigneur le duc de Bourgongne, qui aussi furent moult triomphantes, esquels aussi un enfant de Paris, nommé Jérosme de Cambray, serviteur dudit monseigneur le duc, jousta, et illec se porta vaillamment et tellement qu'il en emporta l'onneur de ladicte jouste (1). Après lesdites joustes, le Roy qui estoit à Amboise s'en partit pour aler à Paris, et en emmena avecques luy monseigneur de Bourbon, monseigneur de Lyon, monseigneur de Beaujeu et autres seigneurs, et se tint par aucun temps à Laigny-sur-Marne, à Meaux et aultres villes illec environ.

Et avant son partement dudit Amboise, advint que le jour veille d'Ascension nostre Seigneur, la terre trembla à Tours, audit lieu d'Amboise, et autres lieux en Touraine. Et quand le Roy se partit de Laigny, où il s'estoit tenu par aucunes journées pour aler à Meaux, il envoya à Paris son mandement pour faire publier par les carrefours d'icelle ville, que tous nobles et gens suivans la guerre, feussent tous prets et en armes le huictiesme jour de juillet, pour aler et eux trouver où il leur seroit ordonné de par le Roy; et sur peine de confiscation de corps et de biens.

Et puis ces choses ainsi faictes, le Roy s'en ala à Meaulx en Brie, et durant ce qu'il y fut, y eut un homme natif du païs de Bourbonnois, qui pour aucun cas par luy commis, et aussi pour avoir révélé les faits du Roy aux anciens ennemis les Anglois, fut décapité audit lieu de Meaulx, le lundy vingt-septiesme jour de juing audit an 1468; et auparavant le Roy envoya à Paris le prince de Piémont, fils du duc de Savoye, pour bouter le feu en Grève. Et si mist en ladicte ville de Paris les prisonniers à délivrance, qui estoient en parlement, en Chastellet et aultres prisons. Environ ce temps y eut un nommé Charles de Meleun, homme-d'armes de la compaignie de monseigneur l'admiral, lequel de Meleun estoit capitaine de Usson en Auvergne, qui avoit la garde de par le Roy du seigneur du Lau sur sa vie, audit lieu de Ussón, dont il eschappa, dequoy le Roy fut fort desplaisant; et pour ledit cas fist constituer prisonnier ledit de Meleun au chasteau de Loches, auquel lieu et pour icelluy cas fut décapité. Et après luy, fut aussi décapité pour icelluy cas ung jeune fils nommé Remonnet, qui estoit fils de la femme dudit Charles de Meleun en la ville de Tours, et si fut aussi pour icelluy cas décapité en ladicte ville de Meaulx, le procureur du Roy audit lieu

---

(1) On peut voir l'ample relation de ces joûtes dans Olivier de la Marche, liv. II, chap. 4; Philippe de Comines y figura.

de Usson. Et puis le Roy s'en ala dudit lieu de Meaulx à Senlis et à Creil.

Audit temps les Bourguignons ou Bretons estans en Normendie, prindrent le seigneur de Merville séant entre Sainct-Saulveur-de-Dive et Caen, et luy firent rendre et mettre en leurs mains sadicte place, dedans laquelle y avoit plusieurs francs-archiers, et incontinent qu'ils furent dedans tuèrent et meurdrirent tout ce qu'ils y trouvèrent, et puis pendirent ledit seigneur de Merville, et pillèrent tout ce qu'ils trouvèrent, et puis ils boutèrent le feu en ladicte place. Et après le Roy se deslogea de Creil et s'en ala à Compiègne, où il fut depuis par aucuns temps, et puis s'en retourna à Senlis, et d'illec s'en vint à Paris monseigneur de Bourbon le jour de feste de Assumption Nostre-Dame. Et paravant le Roy avoit envoyé par devers le duc de Bourgongne monseigneur de Lyon, monseigneur le connestable et aultres seigneurs, pour tousjours se mettre en devoir, et trouver par tout bon moyen de paix, sans figure de guerre. Et ce nonobstant le Roy envoya son armée au païs de Normendie, dont avoit la charge et conduicte monseigneur son admiral, qui bien y besongna : car en moins d'un mois il chassa les Bretons estans dedans Bayeux. Et puis après, le samedy vingtiesme jour d'aoust audit an 1468, messire Charles de Meleun, seigneur de Normainville, qui avoit esté grant maistre d'hostel du Roy, et lequel nouvellement avoit esté constitué prisonnier au chasteau de Gaillart en la garde du conte de Dampmartin, capitaine dudit lieu, fut par le prévost des mareschaulx fait son procez sur les cas à luy imposez. Et ledit jour fut tiré hors de sa prison et mené au marché d'Andely, où illec publiquement devant tous, fut décapité et mis à mort. Et depuis ce le Roy se tint par certain longtemps à Noyon, Compiègne, Chauny et aultres places environ, jusques au quinziesme jour de septembre que nouvelles luy furent illec apportées, que monseigneur Charles son frère et le duc de Bretaigne s'estoient réunis et devenus bons amis et bien veillans au Roy, et prest mondit seigneur Charles de prendre la pension de soixante mil livres tournois par an, jusques à ce que son appanaige luy eust esté assigné selon le dit de plusieurs princes et seigneurs, que ledit monseigneur Charles esliroit pour ce faire, et ausquels il se vouloit raporter : c'est assavoir à monseigneur le duc de Calabre et monseigneur le connestable de France. Et ledit duc de Bretaigne offrit bailler au Roy les villes que luy et ses gens tenoient en Normendie, en luy rendant et restituant les autres villes et les places que les gens du Roy tenoient en Bretaigne. Laquelle chose le Roy luy accorda.

Et puis le Roy fist sçavoir ces choses au duc de Bourgongne qui estoit à tout son ost aux camps près de Péronne, entre Esclusiers et Cappy, sur la rivière de Somme. Desquelles nouvelles il ne voulut rien croire jusques à ce qu'il en fût aultrement acerténé par lesdits monseigneur Charles et duc de Bretaigne ; laquelle chose luy fut depuis dicte et certifiée par le hérault dudit duc de Bretaigne, mais ce nonobstant il ne s'en voulut aler, ne désemparer son ost, mais s'en ala aveecques sondit ost tenir et édifier ung parc audit lieu d'entre Esclusiers et Cappy, le dos au long de la rivière de Somme. Et pendant certain temps qu'ils y furent, furent envoyez par diverses fois audit duc de Bourgongne de par le Roy plusieurs ambassadeurs, comme monseigneur le connestable, monseigneur le cardinal d'Angiers, maistre Pierre Doriolle et autres, pour tousjours cuider trouver moyen de bonne amour et pacification du costé du Roy, qui tousjours la vouloit avoir, jaçoit ce que les capitaines et gens de guerre du Roy n'en estoient point d'opinion ; mais requéroient au Roy qu'il les laissast faire et qu'ils rendroient au Roy ledit duc de Bourgongne et ceux de sadicte compaignie, tout à son bon plaisir et volonté. Laquelle chose il ne voulut souffrir, ne tollérer qu'on leur courût sus ; mais leur défendit de le faire et sus la hard.

Et durant ce temps, et jusques au douziesme jour d'octobre ensuivant, 1468, furent grans nouvelles que le Roy et ledit duc de Bourgongne avoient fait une trêve jusques au mois d'avril prouchain ensuivant, et sur l'espérance de icelle trêve le Roy délibéra soy en retourner de Compiègne où il estoit, pour s'en venir à Creil et à Pontoise

Et pour ceste cause envoya ses fourriers audit lieu de Pontoise, qui y prindrent son logis ; mais depuis il changea propos, et retourna hastivement dudit lieu de Compiègne à Noyon, où peu de temps paravant y avoit esté. Pendant lequel temps Phelippe de Savoye, Poncet de Rivière, le seigneur Dulsé (1), le seigneur du Lau et autres qui s'estoient mis et meslez ensemble, firent moult de maux ; et cependant le samedy, huictiesme jour du mois d'octobre, fut crié à son de trompe par les carrefours de la ville de Paris, que tous les nobles tenant fief ou arrièrefief de la prévosté et vicomté de Paris, feussent tous prests et en armes à Gonnesse, pour d'illecques partir le lundy ensuivant et aler

---

(1) Suivant le manuscrit : Dulfe ou Dulfé.

où mandé leur seroit : lequel cry esbahist beaucoup plusieurs de Paris, qui cuidoient bien que veu ledit cry il n'y avoit point de trève ne abstinence. Et puis le Roy qui estoit à Noyon s'en partit, et ledit duc de Bourgongne s'en partit pour aler à Péronne. Auquel lieu le Roy s'en ala bien hastivement par devers luy, audit lieu de Péronne, et à bien petite compaignie : car il n'avoit avecques luy que ledit cardinal d'Angiers et ung peu de gens de son hostel, monseigneur le duc de Bourbon et aultres. Et ainsi privément que dit et s'en ala jusques audit lieu de Péronne pardevers ledict de Charrolois, le 14 dudict mois d'octobre, lequel luy fist grande révérence, comme bien tenu y estoit, et puis parlèrent ensemble longuement et devindrent bien contens l'un de l'autre, quelque rumeur qu'il y eust euë auparavant, et tellement pacifièrent ensemble qu'ils firent entre eulx paix. Et jura ledit monseigneur de Bourgongne que jamais ne feroit riens contre le Roy, et qu'il vouloit estre son subject et serviteur, et vivre (1) et mourir pour luy. En faisant laquelle paix le Roy lui conferma le traicté d'Arras et plusieurs aultres choses, ainsi que depuis le Roy le manda et fist assavoir aux nobles, gens d'église, à sa court de parlement, et aultre populaire de sadicte ville de Paris, qui pour cause de ce, et par son ordonnance firent processions généralles, chantans aux églises *Te Deum laudamus*, et aultres belles louanges à Dieu. Les feux furent faits parmy les rues, et tables dressées, donnans à boire à tous venans, et plusieurs autres grans joyes en furent faictes en ladicte ville de Paris. Et en ces entrefaictes vint nouvelles que les Liégois avoient prins et tué leur évesque et tous ses officiers, dont et dequoy le Roy, ledit monseigneur de Bourgongne, monseigneur le duc de Bourbon, et messeigneurs ses frères, et aultres, furent moult desplaisans et marris, et furent grans nouvelles que le Roy et ledit seigneur de Bourgongne yroient en personne pour punir et destruire lesdits Liégois. Et incontinent après vindrent aultres nouvelles que ledit évesque n'estoit point mort, ne prins, mais l'avoient iceulx Liégeois contraint de chanter messe, et depuis se tindrent iceulx Liégeois bien contens de lui, et se rendirent tous à lui comme à leur vray seigneur naturel, en eux offrant à luy à tout son bon plaisir faire, cuidans à ceste cause appaiser tout le mal-tallent de auparavant.

En ce temps le Roy s'en ala à Nostre-Dame de Haulx en Almaigne, où il ne séjourna guères,

aussi Phelippe de Savoye et aultres estans avecques lui firent leur paix au Roy, par le moyen dudit seigneur de Bourgongne.

Et après que le Roy eut fait son voyage et pélerinaige audit lieu de Nostre-Dame de Haulx, il s'en ala à Namur pardevers ledit seigneur de Bourgongne, où on lui fist délibérer d'aler avec ledit de Bourgongne devant la cité du Liége, où ils furent et demourèrent depuis par aucun temps logez aux faulxbourgs d'icelle, y tenans le siége, et avecques le Roy y estoient monseigneur de Bourbon, monseigneur de Lyon, monseigneur de Beaujeu, et monseigneur l'évesque dudit Liége, tous frères. Lequel mondit seigneur du Liége estoit yssu hors d'icelle ville pour aler devers mondict seigneur de Bourgongne, pour sçavoir s'il pourroit trouver aucun bon appointement pour les habitans dudit Liége, en luy offrant par eulx luy bailler et délivrer ladicte ville et tous les biens de dedans, pourveu que les habitans d'icelle ville, hommes, femmes et enfans eussent leur vie saulve seulement, dont il ne voulut rien faire ; mais au contraire fist serment que luy et tous ses satellites mourroient en la poursuite, ou il auroit ladicte ville et tous les habitans d'icelle, pour en faire du tout à son plaisir et voulenté, et retint pardevers luy ledit évesque du Liége, sans vouloir souffrir qu'il s'en retournast en ladicte ville, nonobstant que ledit évesque avoit promis et juré ausdits du Liége de retourner par devers eulx, et de vivre et mourir avec eulx. Et tantost après le partement dudit évesque de ladicte ville et cité de Liége, et que lesdits Liégeois furent advertis que leurdict évesque estoit détenu par ledit de Bourgongne, et ne s'en pouvoit retourner en ladicte ville, iceulx Liégeois firent plusieurs saillies sur lesdits Bourguignons et gens du Roy, et sur leurs compagnies. Lesquels Liégeois quant aucuns en povoient prendre les mettoient à mort, et gens et chevaulx ; mais nonobstant toutes ces choses, le dimenche, trentiesme et pénultiesme jour d'octobre, audit an 1468, entre neuf et dix heures du matin, ledit duc de Bourgongne fist ordonner de bailler et livrer assault en icelle ville : ce qui fut fait, et y entrèrent iceulx Bourguignons sans aucune résistance, et y entra aussi le Roy et les ducs de Bourgongne, monseigneur de Bourbon, messeigneurs de Lyon, du Liége et Beaujeu frères. Et à l'heure dudit assault la plus grant et saine partie des habitans de icelle cité s'enfuirent et retrahirent, et laissèrent ung peu de populaire, comme femmes, enfans, prestres, religieuses, et vieils et anciens hommes, qui tous y furent tuez et meurdris, et moult d'autres merveil-

---

(1) Suivant le manuscrit : du tout vivre.

leuses cruaultez et inhumanitez y furent faictes, comme jeunes femmes et filles efforcées et violées : et après le désordonné plaisir pris d'elles, les tuer et meurdrir. Les religieuses aussi efforcer, petits enfans tuer, et prestres consacrans *corpus Domini*, aussi tuer et meurdrir dedans les églises. Et après toutes ces choses faictes, robèrent et pillèrent toute ladicte ville et cité, et en après la brûlèrent et ardirent, et gettèrent la muraille dedans les fossez.

Et après toutes ces choses ainsi faictes que dit est, le Roy s'en retourna à Senlis et Compiègne, où il manda aler par devers luy toute sa cour de parlement, sa chambre des comptes, généraulx des finances et aultres ses officiers : ce qu'ils firent. Et eulx venus et arrivez par devers luy, fist et ordonna plusieurs choses, et aussi pource qu'il n'avoit pas intention de séjourner audit lieu, il fist proposer par la bouche dudit cardinal d'Angiers à tous les dessusdits officiers tout ce qui par luy avoit esté accordé audit seigneur de Bourgongne, qui plus à plain estoit contenu et spécifié en quarante-deux articles, qui par ledit cardinal furent déclairez lors ausdits officiers, en leur disant de par le Roy que son plaisir estoit que par sadicte court de parlement et tous aultres ses officiers, fust fait et accompli tout ce qu'il avoit conclud et accordé avecques ledit de Bourgongne, et que tout luy feust du tout entériné et accompli, sans aucun contredit ou difficulté, sur certaines grans peines que lors il exprima de bouche. Et puis le Roy s'en ala en aucuns lieux près Paris, sans vouloir entrer dedans ladicte ville : mais aucuns grands seigneurs estans autour de luy y vindrent et y séjournèrent, comme mes seigneurs les ducs de Bourbon, de Lyon et Beaujeu frères, le marquis du Pont, et autres.

Et le samedy dixneufiesme jour de novembre audit an 1468, fut crié et publié à son de trompe et cry publique par les carrefours de Paris, ledit accord et union fait comme dit est entre le Roy et mondit seigneur de Bourgongne. Et que pour raison du temps passé personne vivant ne feust si osé ou hardy d'en rien dire à l'opprobre dudit seigneur, feust de bouche, par escript, signes, painctures, rondeaulx, ballades, virelaiz, libelles diffamatoires, chançons, de geste, ne aultrement, en quelque manière que se peust estre. Et que ceulx qui seroient trouvez avoir fait, ou esté au contraire, feussent griefvement pugnis, ainsi que plus à plain ledit cry le contenoit.

Et ce mesme jour furent prinses pour le Roy et par vertu de sa commission adressant à ung jeune fils de Paris, nommé Henry Perdriel, en ladicte ville de Paris, toutes les pies, jays et chouettes, estans en caiges ou aultrement, et estans privées, pour toutes les porter devers le Roy, et estoit escript et enregistré le lieu où avoient esté prins lesdits oiseaulx : et aussi tout ce qu'ils sçavoient dire, comme *larron, paillart, fils de putain, va hors va, Perrette donne-moy à boire* (1), et plusieurs aultres beaulx mots que iceulx oiseaulx sçavoient bien dire, et que on leur avoit apprins. Et depuis encores par aultre commission du Roy adressant à Merlin de Cordebeuf, fut venu quérir et prendre audit lieu de Paris tous les cerfs, biches et gruës qu'on y peust trouver, et tout fait mener à Amboise.

En après le conte de Fouez, qui nouvellement estoit venu à Paris au mois de décembre ensuivant, devint merveilleusement amoureux d'une moult belle bourgoise de Paris, nommée Estiennète de Besançons, femme d'un marchant de ladicte ville, nommé Henry de Paris, qui estoit bon marchant et puissant homme : et si estoit ladicte bourgoise moult prisée et honnorée entre les femmes de bien de ladicte ville, et fort priée et requise de estre et soy trouver en tous banquets, festes et honnestes assemblées qui se faisoient en icelle ville, communiqua avecques ledit conte de Fouez de questions joyeuses et amoureuses, et sur plusieurs requestes, offres, et autres plaisans bourdes que luy fist et promist ledit conte de Fouez, convindrent tellement ensemble que le dimenche douziesme jour dudit mois de décembre audit an 1468, icelle Estiennète se départit de son hostel de Paris qu'elle laissa et habandonna ensemble sondit mary, ses enfans, père et mère, frères et sœurs, et tous ses parens et amis, et s'en ala après ledit seigneur de Fouez avecques aucuns de ses gens et serviteurs, qui pour ce faire estoient demourez audit lieu de Paris, et l'emmenèrent à Blois, où estoit demouré à séjour ledit seigneur, attendant illec la venue d'icelle Estiennète : avecques lequel seigneur icelle Estiennète demoura par l'espace de trois jours, et puis s'en partit ledit seigneur de Fouez et s'en ala à Tours par devers le Roy, et en fist mener avecques luy icelle Estiennète. Et peu de temps après fut ladicte Estiennète envoyée à Frontevaulx pardevers la prieure dudit lieu, tante de ladicte Estiennète, où depuis elle demoura par certain

---

(1) Suivant Duclos, Louis XI était choqué de ce que ces oiseaux répétaient le nom de Perrette (de Châlons), sa maîtresse. L'abbé Le Grand pense que c'était le mot *Péronne* qu'on avait appris à ces oiseaux, et qui rappelait de fâcheux souvenirs au Roi.

long-temps après. En après le Roy se tint et séjourna à Tours, à Amboise, et illec environ, tousjours attendant que la Royne deust accoucher que on disoit estre fort grosse, mais elle ne eut point d'enfant. Et après ces choses le Roy ordonna certaine quantité de lances de son ordonnance pour aler servir le duc de Calabre, pour recouvrer son royaulme d'Arragon, et avecques lesdites lances y ordonna aussi aler huict mil francs-archiers avecques grant quantité de son artillerie, où ils ne furent point, nonobstant ladicte ordonnance.

Et le mois de février ensuivant, vindrent à Paris les ambassadeurs de mondit seigneur de Bourgongne pour l'expédition des articles à luy accordés de par le Roy, et pour lesquels le Roy escripvit et chargea bien expressément aux prévost des marchans et eschevins, et tous aultres officiers et gens notables de ladicte ville, que de tout leur pouvoir ils festoyassent fort et honorablement lesdits ambassadeurs. Laquelle chose fut faicte, et furent moult honorablement et habondamment festiez; et premièrement par ledit monseigneur le cardinal d'Angiers, secondement par le premier président de la court de parlement, tiercement par maistre Jehan de Ladriesche, président en la chambre des comptes et trésorier de France, quartement par monseigneur de Méry, et quintement et pour dernière fois par les prévost des marchands et eschevins, et bourgois de ladicte ville. Lequel festoy fut moult honnorable, et durant lesdites choses furent leurs lettres expédiées par toutes les cours de Paris, tous lesdits articles ainsi à eulx accordés par le Roy, comme dit est. Et le jeudi seiziesme jour de février audit an 1468, advint au Chastellet de Paris que ung nommé Charlot Le Tonnellier, dit La Hote-Varlet, chaussetier, demourant à Paris, qui avoit esté constitué prisonnier audit Chastellet de Paris, pour raison de plusieurs larrecins dont on le chargeoit, qu'il dénioit, fut ordonné par le prévost de Paris et les officiers du Roy audit Chastellet, que son procez fait sur les charges à luy imposées, et conclud de ainsi le faire, dont il appella, et par arrest fut envoyé audit prévost pour estre fait sondit procez. Et en l'amenant de sa prison en la chambre de la question dudit Chastellet, saisit ung cousteau qu'il apperceut sur son chemin, et d'icelluy se couppa la langue, et puis fut ramené en sa prison sans aultre chose faire pour ledit jour. Audit an advint que aux païs de Holande et Zélande, qui sont des païs de monseigneur de Bourgongne, y vindrent et habordèrent si grans eauës, que l'eauë noya et emporta plusieurs villes et places desdits païs, pour raison de plusieurs escluses qui tenoient la mer, qui se rompirent.

Et à ceste cause y eut de grans dommaiges faits, et plus grant destruction comme on disoit, que ledit seigneur de Bourgongne n'avoit fait par fureur en la cité et habitans du Liége. Et après que ledit Charlot Tonnelier, dont est parlé devant, qui ainsi s'estoit incisée la langue, en fut guerry, fut derechef amené en la question près d'estre estendu en la gehayne, pource qu'il ne vouloit cognoistre les cas à luy imposez; lequel, après qu'il eut esté longuement assis sur la sellette, dist qu'il diroit la vérité, et lors déclaira tout au long sa vie et de moult grans et merveilleuses larrecins, et si accusa moult de gens coulpables à faire icelles, comme ung sien frère surnommé Le Gendarme, ung serrurier, un orfèvre, ung sergent fieffé nommé Pierre Moynel, et plusieurs aultres qui pour lesdits cas furent constituez prisonniers, et sur ce interroguez qui depuis confessèrent avoir fait plusieurs larrecins. Et après toutes ces choses le mardy de la sepmaine péneuse ledit La Hote et son frère, ledit sergent fieffé, le serrurier, ung tondeur de grans forces, et ung freppier nommé Martin de Coulongne, par la sentence du prévost de Paris, furent condempnez à estre pendus et estranglez au gibet de Paris, dont ils appellèrent en parlement. Et par arrest de la cour ladicte sentence fut confermée au regard des quatre d'iceulx : c'est assavoir, desdits de La Hote, son frère, dudit tondeur de grans forces, et dudit serrurier, et le landemain qui fut mercredy, furent menez pendre au gibet, et au regard desdits freppier et sergent fieffé ; ils demourèrent encore en la prison jusques après les festes de Pasques. Et le vendredy sainct et aourné vint et yssit du ciel plusieurs grands esclats de tonnoirre, espartissemens et merveilleuse pluye, qui esbahist beaucoup de gens, pource que les anciens dient tousjours que *nul ne doit dire hélas, s'il n'a ouy tonner en mars*. Et après ce que dit est, ledit freppier nommé Martin de Coulongne, fut rendu par ladite court de parlement audit prévost de Paris, et fut envoyé audit gibet le samedy veille de Quasimodo 1469.

Au mois d'avril ensuivant 1469, maistre Jehan Balue, cardinal d'Angiers, qui en peu de temps avoit eu de moult grans biens du Roy et du Pape par le moyen du Roy, qui pour l'avancer et faire si grant comme de cardinal, et auquel cardinal le Roy se fioit moult fort, et faisoit plus pour luy que pour prince de son sang et lignaige, et icelluy cardinal non ayant Dieu en mémoire, ne l'honneur et prouffit du Roy ne du royaulme devant ses yeux, mena le Roy jusques à Péronne, auquel lieu il le fist joindre avec icelluy duc de Bourgongne, et leur fit faire ensemble une telle quelle paix, laquelle fut jurée et promise entre les mains dudit cardinal, et puis voult, conseilla et ordonna que le Roy yroit et accompaigneroit ledit de Bourgongne jusques en ladicte cité du Liége, qui paravant s'estoient eslevez et mis sus pour le Roy contre ledit de Bourgongue, et pour luy porter dommaige. Et au moyen d'icelle allée du Roy devant icelle cité, lesdits Liégeois et icelle cité furent ainsi meurdris et destruis, tués et fugitifs comme dit est devant : mais qui pis est, le Roy, messeigneurs de Bourbon, de Lyon, Beaujeu, et évesque dudit Liége, frères, et toute la seigneurie estant devant ladicte cité, furent en moult grant dangier d'estre morts et tous pris, qui eust esté fait la plus grant esclandre qui oncques feust au royaume de France depuis la création d'icelluy. Et après que le Roy s'en fût retourné devers Paris pour s'en retourner à Tours et aultres lieux environ, il le garda d'entrer en sadicte bonne ville et cité de Paris, et le fist passer à deux lieuës près d'icelle, en cuidant luy à ceste cause mettre ladicte bonne ville et par cité, ensemble les subjects d'icelle, en l'indignation du Roy. Et en faisant ledit voyage audit lieu de Tours et Angiers par le Roy, il fist content monsieur son frère de son appanaige, et luy bailla pour icelluy la duché de Guyenne et autres choses, dont il se tint à bien content du Roy, et voyant par icelluy cardinal la paix et bonne union estre entre le Roy et sondit frère, cuida de rechief faire son effort et rebouter trouble et malveillance entre le Roy et autres seigneurs de son royaulme, comme devant avoit fait : car il envoya et mist sus messaige espécial avecques lettres et instrumens qu'il envoyoit audit de Bourgongne, en lui faisant assavoir que ledit accord ainsi fait estoit du tout à sa confusion et destruction, et n'estoit fait à aultre fin que pour l'aler destruire incontinent que le Roy et sondit frère seroient assemblez. Et que pour soy garder contre eulx, luy estoit besoing et nécessité qu'il se mist en armes comme devant avoit fait, et qu'il assemblast plus grant armée que oncques n'avoit fait, et mouvoir guerre au Roy plus que jamais, et aultres grandes et merveilleuses diableries qu'il escripvoit audit de Bourgongne par ung sien serviteur, qui de cesdictes lettres et instructions qu'il portoit fut trouvé saisi, et promptement furent portées au Roy, lequel incontinent ces choses par luy sceuës, fut icelluy cardinal prins et saisi, et mené prisonnier à Montbason, où il fut laissé en la garde de monsieur de Torcy et autres. Et après furent prins et saisis en la main du Roy tous ses biens et serviteurs, et furent lesdits biens prins par inventaire, et luy furent baillez commissaires pour l'interroguer sur les cas et charges à luy imposez : c'est assavoir messire Tanneguy du Châtel, gouverneur de Roussillon, messire Guillaume Cousinot, mondit seigneur de Torcy, et maistre Pierre Doriolle, général des finances, tous lesquels besongnèrent à l'interroguer et examiner sur lesdits cas et charges. Et en après le Roy donna et distribua des biens dudit cardinal à son plaisir; c'est assavoir : sa vaisselle d'argent fut venduë et l'argent baillé au trésorier des guerres pour les affaires du Roy, la tapisserie fut baillée audit gouverneur de Roussillon, et la librairie audit maistre Pierre Doriolle, et ung beau drap d'or tout entier contenant vingt-quatre aunes et ung quart, qui valoit bien douze cens escus, et certaine quantité de martres sebelines, et une pièce d'escarlate de Fleurance, furent baillez et délivrez à monsieur de Crussol, et ses robes et ung peu de mesnaige fut vendu pour payer les frais des officiers et commissaires qui avoient vaqué à faire ledit inventaire.

Et durant ces choses le roy de Cecille et la Royne sa femme vindrent par devers le Roy, à Tours et Amboise, où illec furent moult honorablement receuz de par le Roy, et après tout ce que dit est, le Roy, mondit seigneur de Bourbon, et aultres seigneurs s'en tirèrent devers Niort, la Rochelle et aultres lieux environ, où ils trouvèrent monseigneur le duc de Guyenne, frère du Roy; et en icelluy voyaige moyennant la grâce de Dieu et de la bénoiste vierge Marie, le Roy et mondit seigneur de Guyenne furent réunis et mis en bonne paix et amour l'ung avec l'autre, dont moult grant joye fut incontinant expendüe par tout le royaulme. Et pour ceste paix fut dict et chanté en saincte église le *Te Deum laudamus*, faict les feux par toutes les bonnes villes, tables rondes dressées, et de moult grans soulas, esbatemens et joyes prins. Et puis après le Roy s'en retourna à Amboise par devers la Royne, qui comme bonne, honneste et très-noble dame avoit fort travaillé à traicter ladicte bonne paix et union, que nostre Seigneur par sa saincte grâce et bonté veille de bien en mieulx tousjours bien entretenir. Et puis fut délibéré par le Roy et son grant conseil d'aler conquérir, prendre et avoir la conté d'Armignac, et la mettre en la main du Roy, et promis de icelle bailler à mondit seigneur de Guyenne. Et pour ce mettre à exécution y envoya le Roy grant quantité de son artillerie, de ses gens de guerre et francs archiers. Et pour ledit voyage faire et préparer ladicte armée, le

Roy se partit dudit lieu d'Amboise pour aller jusques à Orléans, où il séjourna cinq ou six jours, et puis s'en retourna audit lieu d'Amboise. Et peu de temps après vint et arriva à Paris monsieur de Chastillon grant maistre enquesteur, et général réformateur des eauës et forests, pour prendre, recevoir et veoir les monstres des bannières, des officiers, gens d'estat et populaire de la ville de Paris.

Et le samedy quart jour de novembre 1469, fut leuë et publiée par les carrefours de Paris ès lieux ordinaires en icelle ville l'alliance et bonne union faicte entre le Roy et le roy d'Espaigne, laquelle lecture et publication fut faicte par maistre Jehan Le Cornu, clerc de la prévosté de Paris, ès présences des lieutenans criminel et civil de ladicte prévosté, et de la plus part des examinateurs ordinaires et extraordinaires dudit Chastellet. Et depuis ce, le Roy, monseigneur de Bourbon et autres seigneurs d'autour de luy se tindrent à Amboise, et illec environ, et jusques au samedy vingt-troisiesme jour de décembre audit an 1469, que monsieur de Guyenne accompagné des nobles de sa duché, en moult grant, belle et noble compaignie, arriva par devers le Roy en son chasteau des Montis-lez-Tours, qui de sa venue eust moult grant joye, et aussi eurent la Royne, madame de Bourbon, et aultres dames et damoiselles de leur compaignie, qui incontinent qu'ils sceurent ladicte venue se partirent dudit lieu d'Amboise pour aler audit lieu des Montis, pour aler veoir et festier ledit monseigneur de Guyenne. Et en ces entrefaictes fut tout le païs d'Armignac mis et rendu ès mains du Roy, et sans effusion de sang, et tout délivré à monsieur l'admiral et conte de Dampmartin, comme gouverneur de ladicte armée pour le Roy. Et demourèrent depuis ce le Roy, monseigneur de Guyenne, la Royne, madame de Bourbon et aultres de ladicte compaignie, audit chasteau de Montis, faisans illec de moult grans chières, et jusques à Noël. Et après mondit seigneur de Guyenne s'en partist et print congié du Roy et de toute sa compaignie, et s'en ala, et retourna à la Rochelle, à Sainct-Jean-d'Angéli, et aultres ses païs voisins, pour illec tenir ses Estats, et appointer de ses offices et aultres affaires de sondit païs et duché de Guyenne. Et après le Roy s'en revint et retourna audit lieu d'Amboise, où il se tint depuis par aucun temps, durant lequel il envoya ses ambassadeurs par devers le duc de Bretaigne, par lesquels ses ambassadeurs il envoyoit audit duc de Bretaigne son ordre (1) nouvellement mise et créée sus, afin que icelle il portast, et jurast tout ainsi et selon que l'avoient prise et jurée plusieurs autres princes et seigneurs de ce royaulme. Et jaçoit ce que le Roy luy eust fait cest honneur, néantmoins de prime face il la refusa et ne la voulut prendre ne accepter. Et disoit-on que c'estoit pource que auparavant ledit duc de Bretaigne avoit prise la Toison d'or, en soy déclarant amy, frère et alié du duc de Bourgongne, pourquoy le Roy se tint pour mal content, et non sans cause. Et bien tost après le Roy ordonna certaine quantité de gens-d'armes de son ordonnance, et ses archiers, avec partie de son artillerie pour faire guerre audit duc de Bretaigne et à ses païs ; mais avant le partement desdites gens de guerre d'aler audit païs de Bretaigne, fut donné délay audit duc de Bretaigne de dix jours entiers, qui faillirent le quinziesme jour de febvrier pour donner au Roy sa responce de tout ce qu'il avoit intention de faire, et comment il se vouloit avecques luy gouverner.

Et le mécredy quatorziesme jour d'iceluy mois de febvrier furent leues et publiées ès carrefours de Paris le mandement patent du Roy, signé Guillaume de Cérisay, par lequel le Roy mandoit au prévost de Paris qu'il estoit deuement acertainé, que le roy Edoüard d'Angleterre, et les princes, seigneurs et populaire dudit royaulme, qui par long-temps avoient esté en grant guerre et division entre eux, avoient fait leur paix et pacification entre eux. Et que tous iceux estans assemblez en conseil avoient conclud, promis et juré de venir descendre en plusieurs et divers lieux de ce royaulme, en intention de y prendre, saisir et gaster villes, places, païs et forteresses, et destruire ledit royaulme et les habitans d'iceluy, tout ainsi que autrefois ils avoient fait. Pour lesquelles causes et voulant par le Roy de tout son pouvoir et puissance obvier aux dampnées et fausses entreprises desdits Anglois, ordonna son ban et arrière-ban estre fait ; et que par ledit prévost de Paris toutes excusations cessant il contraignist vigoureusement et sans depport aucun, tous les nobles et non nobles, tenans en fief et arrièrefief, prévilégez et non prévilégez à estre tous en armes et habillement souffisant, et en personne, sans y prendre ne recevoir aucun au lieu d'eulx, dedans le premier jour de mars ensuivant, et sur peine de confiscation de corps et de bien, en deffendant de par le Roy par lesdictes lettres audit prévost et tous aultres, de bailler ne recepvoir aucune excusation ou certification, pour iceux tenant en fief ou arrièrefief, sur peine de perdition de leurs offices et de la confiscation de corps et de biens, et

---

(1) L'ordre de Saint-Michel.

nonobstant oppositions ou appellations ; et aussi en déclairant les deffaillans ou reffusans estre ennemis du Roy, et avoir confisqué envers luy corps et biens, sans jamais le leur remettre ou pardonner. Et ce mesme jour de mercredy vint nouvelles à Paris que monseigneur de Bourgongne avoit esté veu en la ville de Gand, portant à l'une de ses jambes la jarretière et sur luy la croix rouge, qui estoit l'ordre et enseigne dudit roy Edouart d'Angleterre ; et à ceste cause se démonstroit et déclairoit ennemy capital du Roy et du royaulme, et comme Anglois tenu et réputé.

En après ledit seigneur de Bourgongne envoya à Tours ses ambassadeurs par devers le Roy, lesquels depuis y demourèrent par certain temps illec, attendans leur expédition : durant ces choses le viconte et seigneur de Thouars en Poictou ala de vie à trespassement, lequel en son vivant avoit donnée et laissée sa succession au Roy, pour en jouyr par luy incontinent après son trespas. Et pour icelle succession avoir et recueillir, le Roy s'en partit pour aler audit païs de Poictou, pour prendre, saisir et avoir ladicte succession d'icelluy seigneur de Thouars, à quoy faire le Roy y demoura tout le mois d'avril. Audit mois d'avril ung nommé maistre Pierre Durand, qui estoit nepveu dudit cardinal d'Angiers, lequel par long temps avoit esté détenu prisonnier au chasteau de Mailly, eschappa des prisons dudit lieu et s'en vint jusques à Paris, où il fut cogneu par un appoticaire nommé Chambetin, et fut derechief prins et saisi, et mené prisonnier ès prisons de la conciergerie du Palais-Royal à Paris, où il fut détenu jusques au vingt-sixiesme jour d'avril 1470 après Pasques, qu'il fut tiré et mis hors desdictes prisons de la conciergerie, et baillé et délivré ès mains des sergens et serviteurs du prévost des mareschaulx, pour mener où ordonné leur seroit.

Au mois de may ensuivant 1470, le comte de Warvich et le duc de Clairance avec leurs femmes, qui déchassez avoient esté par le roy Edouart d'Angleterre, au moyen de certains grans débats et questions qui s'estoient meus entre eulx, se mirent eulx, leurs serviteurs et aultres gens qu'ils avoient peu recueillir en plusieurs manières, sur mer, jusques au nombre de quatre-vingts navires, et s'en vindrent prendre terre en Normendie jusques à Honnefleu et Harefleu. Et illec ils trouvèrent monsieur l'admiral qui les recueillit et bouta lesdits de Warvich, de Clairance, le comte de Wasonfort, dames et damoiselles, avec ung peu de leur privée mesgnée. Et au regard des navires ils se retrabirent depuis, et ceulx estans dedans, ès ha-

bles (1) de Honnefleu et Harefleu ; et en après aussi se deslogèrent les dames et damoiselles, et leur train, et s'en alèrent à Valoignes, où leur logis leur fut ordonné. Et bien-tost après ces choses le duc de Bourgongne sçachant ce que dit est, escripvit lettres missives à la court de parlement, par lesquelles il leur mandoit qu'il avoit sceu que le Roy avoit recueilly ledit de Warvich en aucunes villes de son royaulme, ès marches de Normendie, qui estoit alé contre l'appointement faict à Péronne entre le Roy et luy ; en priant et exhortant ausdits de parlement qu'ils voulsissent démonstrer ces choses au Roy, afin qu'il ne favorisast ledit de Warvich et ceulx de sadicte compagnie, qui disoit estre son ennemy capital et dudit royaulme, ou aultrement il le yroit quérir quelque part qu'il le peust sçavoir en France, pour en faire à son bon plaisir, et nonobstant ce, ledit de Warvich séjourna et demoura depuis certain temps, c'est assavoir, durant ledit mois de juing audit Honnefleu. Et durant ce temps plusieurs gens de guerre de l'ordonnance du Roy deslogèrent de leurs garnisons, et s'en vindrent gastant tout le plat pays, loger et eux mettre en plusieurs villes et places sur les marches de Normendie et Picardie. Audit mois de juing advint que deux hommes de guerre de ladicte ordonnance soubs la charge de monseigneur le connestable, tuèrent et meurdrirent deux jeunes clercs du trésorier des guerres en plaine Beaulse, pour avoir l'argent qu'ils portoient pour le payement des gens-d'armes. Et peu de temps après furent pris et saisis à Honnefleu, et d'illec menez par devers mondit seigneur le connestable en la ville de Meaulx, où il y a deux arbres, et sur deux divers chemins furent pendus et estranglez. En ces entrefaictes le Roy se tint et séjourna à Tours, à Amboise, Vendosme et aultres lieux près d'illec, par devers lequel lesdits Anglois alèrent. Et aussi y fut et ala la royne d'Angleterre et le prince de Galles son fils : et illec tous arrivez fut pourparlé entre-eux de la matière pourquoy ils estoient illec tous venus et arrivez ; et depuis s'en retournèrent lesdits Anglois à Honnefleu, à Valongues, Sainct-Lo, et aultres lieux en Normendie. Durant ce que dit est le duc de Bourgongne fist prendre et mettre en sa main toute la marchandise qu'il avoit en ses pays, appartenant aux marchans de France, jusques à ce que les marchans de ses pays eussent eu restitution d'aucuns biens prins sur mer par lesdits Anglois.

Audit temps et le samedy dernier jour de

(1) Havres, ports.

juing 1470, environ entre deux et trois heures de matin, la Royne accoucha au chasteau d'Amboise de ung beau fils, qui illec fut baptisé et nommé Charles par monsieur l'archevesque de Lyon avecques le prince de Galles fils de Henry, jadis roy d'Angleterre, et prisonnier détenu par Edoüart, qui se disoit roy dudit païs, et la commère fut madame Jehanne de France, duchesse de Bourbon. Et de ladicte nativité fut grant joye faicte et espendüe par tout le royaulme de France, et en fut chanté en divers lieux *Te Deum laudamus* et aultres belles loüanges à Dieu, les feux faits parmy les rues, tables rondes, et autres grans joyes et esbatemens. Et tantost après ladicte nativité le Roy de Cecile, monseigneur de Guyenne, monseigneur de Bourbon, de Lyon, Beaujeu et aultres, s'en alèrent à Angiers, à Saumur, le Pont-de-Sée et aultres lieux illec environ, pour trouver pacification et accord avecques le duc de Bretaigne, et illec demourèrent par certain temps, et jusques à tant que appointement se trouva et fut fait entre eulx, et puis le Roy s'en retourna par devers la Royne à Amboise. Après ledit accord ainsi fait furent envoyez ambassadeurs dudit duc de Bretaigne par devers ledit de Bourgongne, et luy furent rendus le séel et aliance qui estoit entre eulx, dequoy ledit de Bourgongne se courrouça fort quand il apperceut l'accord du Roy et dudit duc de Bretaigne.

Durant ce que dit, est le conte de Warvich dont devant est parlé qui estoit au païs de Normendie, cuidant soy en retourner en son païs d'Angleterre, fut ordonné et establj sur mer de par ledit de Bourgongne plusieurs beaulx et grands navires de guerre, comme hurques, gallées et aultres navires, en grant quantité, tous fort avitaillez et garnis d'artillerie et gens de guerre, d'Anglois, Bourguignons, Picars et aultres, et singlèrent en mer tellement qu'il s'en vindrent arriver et entrer sur la coste de Normendie, environ la fosse de Laire, cuidans trouver et rencontrer ledit de Warvich et sa compagnie pour les desconfire, et illec demourèrent à l'encre par certain long-temps, pendant lequel le Roy qui estoit à Amboise s'en partit et ala au mont Saint-Michiel en pélérinaige. Et après icelluy fait et accomply s'en revint et retourna à Avranches, Tombelaine, Constances, Caën, Honnefleu et aultres places de Normendie, et illec sur la coste de la mer fist aussi arriver et avitailler sa nef, la nef de monseigneur l'admiral, la nef de Colon (1), et aultres plusieurs beaulx navires, dedans lesquels se mirent et boutèrent lesdits de Clairance, de Warvich, et ceulx de leur compaignie, avec aucuns francs-archiers et aultres gens de guerre que le Roy leur avoit baillez pour leur seureté et conduite. Et incontinent qu'ils furent ainsi montez que dit est près de partir et singler en mer, lesdits Bourguignons, Anglois, Picars et aultres, voyant qu'ils avoient longuement esté à l'ancre sans avoir riens fait, et mangé tous leurs vivres, retirèrent leursdits ancres et s'en retournèrent à leur duc sur trayne boyau (2), et sans avoir riens fait, dequoy il eust bientost ris son saoul, pource qu'ils avoient perdu grant temps, et ly avoit beaucoup frayé et despendu à l'avitaillement desdictes navires, et au souldoy desdictes gens de guerre.

Et ce fait ledict de Warvich accompaigné comme dessus entrèrent en mer, et eurent vent propre et à gré, tellement que en peu de temps ils vindrent arriver audit royaulme d'Angleterre, et descendirent et arrivèrent iceulx navires à Pleume et Dertemuë (3) à heure de nuit. Et tout incontinant qu'il eut mis le pié à terre il envoya dix mil dedans ledit pays d'Angleterre par aucuns de ses gens, prendre et saisir ung baron d'Angleterre qui estoit en son lict couché, et qui ne pensoit point à ladicte descendüe, et l'amenèrent au matin par devers ledit de Warvich, auquel baron incontinant luy arrivé fut mise la teste hors des espaules, et après s'en ala hors dudit lieu Dertemuë, à Bristo où il fut bien recueilly, et illec avoit laissé son artillerie et de ses bagues, quant il s'en ala en Normendie. Et après qu'il eut recouvré les choses et avant qu'il fust trois jours, il vint et arriva par devers luy plus de soixante mil hommes en armes, pour le servir, et vivre et mourir pour luy, il se mist dessus les champs tousjours cherchant à trouver ledit Edoüart, et fut plus de quinze jours après sadicte descendüe avant que en France on peust avoir aucunes de ses nouvelles. Après les choses dessusdictes le seigneur d'Argueil (4), fils du prince d'Orenge, qui estoit domestique et le plus prochain dudit Bourguignon, et qui estoit marié à la sœur de monseigneur de Bourbon, s'en partit et embla (5) d'autour dudit de Bourgongne

---

(1) Duchat observe qu'il ne s'agit pas, comme l'a cru Leibnitz, du fameux Christophe Colomb, Génois, mais de Guillaume de Caseneuve, surnommé Coulomp, vice-amiral de Louis XI.

(2) Les boyaux vides; c'est-à-dire, sans avoir rien gagné à une expédition où ils espéraient faire beaucoup de butin. (Duchat.)

(3) Plimouth et Darmouth.

(4) Jean de Châlons, fils de Guillaume, prince d'Orange.

(5) S'enfuit.

et s'en vint et retrahit par devers le Roy qui bien le recueillit. Et quant ledit duc sceust ledit partement, il cuida enrager et crever de dueil. En la présence de ladicte ambassade de Bretaigne ledit duc de Bourgongne déclaira ledit seigneur d'Argueil avoir confisqué envers luy corps et biens, et puis fist arracher et abatre toutes les places et chasteaux qu'il avoit en ses païs.

En après le quatorziesme jour d'octobre audit an 1470, le Roy envoya ses lettres patentes à Paris, qui y furent leuës et publiées par les carrefours d'icelle, présens les lieutenans civil et criminel de la prévosté de Paris, et plusieurs des examinateurs d'icelluy Chastellet. Et par lesdictes lettres estoit contenu l'alliance faicte du Roy et du roy Henry d'Angleterre, en mandant par lesdictes lettres tous Anglois laisser venir et descendre en ce royaulme, pour leurs affaires et marchandises, sans sauf-conduits ne aultre seureté comme les subjets de France, sauf en ce non comprins Edoüart de la Marche, n'aguières roy dudit royaulme d'Angleterre, ses aliez et complices. Et à ce jour et depuis vindrent certaines nouvelles en France, que lesdicts de Clairance, Warvich, qui ainsi estoient sur les champs et en armes audit royaulme d'Angleterre, cuidans trouver ledit Edoüart, prospérèrent illec tellement, que tous les princes, seigneurs, nobles, prélats, bourgois et commune dudit pays d'Angleterre, et singulièrement tout le populaire de Londres vindrent au devant dudit Warvich, et tournèrent le dos audit Edoüart, et vindrent mettre à pleine délivrance ledit roy Henry, qui par long-temps avoit esté détenu en captivité de prison par ledit Edoüart, et lui baillèrent de rechief la possession et jouyssance dudit royaulme; et fut fait ledit de Warvich gouvernant dudit royaulme, et puis s'en vindrent tous en la cité de Londres faisans grans chières, et illec et aussi audit royaulme furent mis à pleine délivrance tous François qui illec estoient prisonniers et renvoyez en France, quittement. Et si fist ledit de Warvich prendre et saisir tous les biens appartenans aux subjects dudit de Bourgongne, et mettre en arrest et en ses mains. Et puis ledit Edoüart voyant qu'il estoit seul demouré et du tout habandonné, s'en fuit et vuida hors ledit royaulme et s'en vint à recours audit duc de Bourgongne son beau frère, et audit royaulme d'Angleterre demoura sa femme et mesnaige.

En après le Roy qui par long espace de temps n'estoit bougé de Tours et Amboise, meu de bonne dévotion s'en partit et ala à Nostre-Dame de Celles en Poictou, où il séjourna ung peu et puis retourna audit lieu d'Amboise. Audit mois de novembre le Roy envoya à Paris ses lettres patentes, par lesquelles il mandoit aux nobles, clercs et laïs de la ville de Paris, qu'ils feissent proccessions et loüanges à Dieu et à la Vierge Marie, et toutes œuvres cessans par l'espace de trois jours, en loüant et merciant Dieu nostre Créateur, la bénoiste Vierge Marie, et tous saincts et sainctes de paradis, de la bonne victoire que avoit euë Henry de Lancastre, roy d'Angleterre de sondict royaulme, alencontre de Edoüart de la Marche, qui longuement sur luy l'avoit usurpé, à la faveur dudit duc de Bourgongne. Et aussi de la bonne paix et union que faicte estoit entre le Roy et ledit roy Henry d'Angleterre, laquelle procession fut faicte et accomplie ainsi que le Roy l'eut mandé, et tout ainsi en fut faict par toutes les bonnes villes de ce royaulme.

En après le Roy escripvit aultres lettres, par lesquelles il mandoit à Paris qu'il y envoyoit la royne d'Angleterre, femme dudit roy Henry, avec son fils, le prince de Galles et sa femme, fille dudit comte de Warvich, avec la femme dudit de Warvich, mère de la femme dudit prince de Galles, la dame de Wilechère et aultres dames et damoiselles de la compaignie d'icelle royne d'Angleterre. Laquelle royne d'Angleterre y vint et arriva audit lieu de Paris, accompaignée comme dit est, et estoient à l'accompaigner de par le Roy, les contes d'Eu, de Vendosme, et de Dunois, de monseigneur de Castillon et aultres plusieurs nobles hommes. Et furent et yssirent hors de ladicte ville de Paris, pour aler et mestre au devant de ladicte royne et du commandement exprez du Roy, le prélat et évesque de ladicte ville, l'université, la court de parlement, le prévost de Paris et supposts de Chastellet, les prévost des marchans et eschevins, marchans, bourgois, manans et officiers d'icelle ville de Paris, tous moult honorablement et en habits honnestes, et en moult grant et merveilleux nombre. Et entra en icelle ville par la porte Sainct-Jacques, et par toutes les rues où elle passa avoit de moultes belles tapisseries et tentes au long desdictes rües, depuis ladicte porte par où elle passa, jusques au palais, où son logis luy fut moult honnorablement appresté. En ce temps fut amené à Paris toute la belle artillerie de Tours que le Roy y avoit, laquelle fut mise et descendüe au chasteau du Louvre.

Audit temps aussi le Roy escripvit aux prévost et eschevins de ladicte ville de Paris, que son plaisir, volonté et intention estoit de faire et tenir la feste de son ordre en ladicte ville de

Paris, et que pour ceste cause et pour estre à icelle feste y ameneroit tous les seigneurs de son sang, qui y viendroient et seroient à grant compaignie de gens ; et pour ceste cause les manans et habitans de ladicte ville fussent contens qu'ils y feussent logez et hébergez par fourriers, ce qui leur fut accordé. En ce temps aussi, qui estoit le mois de décembre, messire Artus de Longueval chevalier, et aultres gentils-hommes entrèrent pour le Roy en la ville de Sainct-Quentin en Vermendois, du bon vouloir des habitans dudit lieu. Et puis le dixiesme jour dudit mois monseigneur le connestable vint et entra pour le Roy en ladicte ville, à tout deux cens lances et ses archiers. Et d'icelle entrée le quatorziesme jour dudit mois ensuivant, maistre Jehan de Ladriesche trésorier de France, maistre Robert Fessier, maistre Pierre de Boyeuval et aultres officiers de mondit seigneur le connestable, firent faire ung cry publique à son de trompe à la table de marbre au Palais-Royal à Paris. En faisant sçavoir la prise et entrée ainsi faicte audict Sainct-Quentin par mondit seigneur le connestable, et que de ce on merciast Dieu en luy priant de donner bonne prospérité au Roy et audit connestable, stipulant pour luy au recouvrement de ses aultres villes et pays engagez, qu'il avoit intention de recouvrer et mettre hors des mains de Charles, soy disant duc en Bourgogne, et ainsi le contenoit ledit cry. Au mois de janvier ensuivant, le Roy qui s'estoit party d'Amboise pour venir à Cléry et Orléans, s'en partit pour venir au païs de Beausse, et vint coucher au Puyset, et le lendemain s'en ala au giste à Palaiseau près de Montlehéry, et le lendemain vint à disner à Seaulx Le Grant, en ung hostel qui appartient à maistre Jehan Baillet, maistre des requestes ordinaires de l'ostel du Roy, et d'illec s'en vint au giste à la ville de Paris en son hostel des Tournelles. Et aveeques ce aussi y vindrent la Royne, madame de Bourbon, et aultres plusieurs dames et damoiselles en leur compaignie, et demoura le Roy à sa bonne ville de Paris jusques au samedy vingt-sixiesme jour dudit mois, qu'il s'en partit pour s'en aler à Senlis, à Compiègne et aultres lieux voisins où estoit la pluspart de toute son armée, pour batailler contre ledit duc de Bourgongne.

Et après luy fut menée par eaue et par terre grant quantité de son artillerie, et menée à Compiègne, Noyon et ailleurs au païs de Picardie et Flandres. Et puis fut crié à Paris par les carrefours de ladite ville à son de trompe, que tous les francs-archiers de l'Isle de France, et aussi tous les nobles feussent tous prests et en leurs habillemens pour suivre et aler aveeques le Roy en ladite armée. Et durant ce temps fut fait à Paris moult grande quantité de pouldre à canon et serpentines, pour fournir à ladite guerre. Et en ce temps avoient esté envoyez de par le Roy sire Christofle Paillart, seigneur des comptes, et sire Jacques Hesselin, conterolleur du grenier à sel à Paris, en la ville d'Auxerre, pour sommer les habitans d'icelle de eulx et ladicte ville rendre au Roy et de prendre illec garnison pour luy, et par lesdits commissaires leur furent faictes de moult belles remonstrances. Lesquels habitans demandèrent ausdits ambassadeurs terme jusques au jeudy ensuivant, pour avoir advis entre eulx et de ce leur rendre responce.

Pour laquelle responce attendre s'en allèrent lesdits ambassadeurs à Joigny, distant d'illec de six lieuës, et y séjournèrent jusques audit jeudy, que iceulx habitans leur envoyèrent response par ung homme de ladite ville que l'on disoit estre savetier : lequel leur dist et rendit response que lesdits habitans d'Auxerre mandoient ausdits commissaires qu'ils avoient mis et bouté aveeques eux dedans ladicte ville grande garnison de gens de guerre pour ledit duc, et que au regard d'eulx ils estoient fermes et délibérez de vivre et mourir pour ledit duc, et garder ladicte ville pour luy. Et le jour que ladite garnison y fut boutée, y fut tué et meurdry ung des bourgois d'icelle ville, nommé Guillemin Goutier qui fut dommaige, car il mourut pour la querelle du Roy soustenir. Et après le partement du Roy de sa ville de Paris pour aler à Compiègne et Senlis, se réduisirent pour le Roy les villes d'Amiens, de Roye et Mondidier, et puis le mardy, quatriesme jour de février, furent faites à Paris processions génerales moult honnorables. Et y fut la Roine, madame de Bourbon et toute leur noble compagnie, et alèrent en la grant église de Nostre-Dame, et delà à Nostre-Dame-de-Recouvrance aux Carmes. Et là fut prié pour le Roy, la Roine et leur bonne prospérité. Et fut dit et déclaré comment lesdictes villes estoient renduës au Roy, et entre aultres la ville d'Abeville, dont il n'estoit riens.

Audit temps furent prins à Paris et contrains tous manouvriers de bras, comme maçons, charpentiers de la grande congnée et aultres plusieurs, de aler esdites villes ainsi nouvellement réduictes au Roy, dont on bailla la charge au regard desdits pionniers à maistre Henry de La Cloche, procureur du Roy au Chastellet de Paris, qui estoit bon et loyal François, qui les mena et conduisit jusques en ladicte ville de Roye, où illec fut fait de grans boulevers ; fossez, tranchées et aultres belles fortifications : et aussi en furent faictes d'aultres en aultres villes et divers lieux, et illec demourèrent lesdits pionniers certain grant espace de temps, et jusques environ le jour de Pasques que le Roy donna et bailla trève pour certain temps avecques le duc de Bourgongne, qui estoit assiégé par les gens du Roy en son parc, qu'il tenoit entre Bapaulmes et la ville d'Amiens. Et là où il fut en telle misère et povreté qu'il estoit du tout et sondit ost à la disposition et volenté du Roy, pour en avoir du tout fait à son bon plaisir, n'eust esté ladite trève. Et depuis la guerre encommencée jusques à ladicte trève y eut de grandes et merveilleuses desconfitures faictes par les gens du Roy sur les Flamens et Picars, tant sur ceulx qui avitailloient le parc desdits Bourguignons, que à cause de plusieurs belles saillies que les gens du Roy faisoient sur ceux tenans le party desdits Bourguignons. Et mesmement se fist de moult belles destrousses en la duché de Bourgongne et comtez de Charrolois et Masconnois, où les gens du Roy y gaignèrent de moult beaulx butins, et y prindrent de moult bons prisonniers, et moult grant nombre en y eut de tuez.

Et avoient tout gaigné mes seigneurs les conte daulphin d'Auvergne, de Comminge, le sire de Combronde, de Charentez, messire Guillaume Cousinot et moult d'aultres nobles hommes, n'eust esté que le Roy leur manda qu'ils cessassent tout pour l'amour desdictes trèves, qui moult en furent desplaisans, et moult de gens de façon aymans le Roy et son honneur. Et à ceste cause s'en firent à Paris épitaphes qui furent mis et assis à Sainct-Innocent, à l'ostel de ville et aultres lieux, en vitupérant et en donnant grant charge à plusieurs seigneurs estans près du Roy. Et durant ladicte trève le Roy, monseigneur de Guyenne, et aultres seigneurs et nobles hommes d'autour d'eulx se tindrent à Han avecques monseigneur le connestable. Auquel lieu durant ledit temps se firent de grandes alées et venuës des ambassadeurs du Roy et de ceulx de mondit seigneur de Bourgongne, et illec demourèrent par longtemps sans riens conclure; mais en la fin fut fait trève entre le Roy et ledit duc de Bourgongne durant ung an. Et pour appointer des différens du Roy et ledit duc de Bourgongne y eut ambassadeurs ordonnez, et pour appointer des débats et questions des gens de guerre de chascun des deux costez, et puis se départirent dudit lieu de Han, et s'en ala chascun en sa maison : et demourèrent les gens de guerre du Roy en garnison ès villes qui auparavant ladicte trève avoient esté gaignées pour le Roy.

En ce temps se murent de grans questions, noises et débats au royaume d'Angleterre entre le roy Henry de Lancastre, roy dudit royaulme, le prince de Galles son fils, le conte de Warvich et aultres seigneurs dudit royaulme, tenans le party dudit Henry contre ledit Edoüard de la Marche, qui usurpoit ledit royaulme contre ledit Henry. Et y eut à cause de leur dit débat de moult grant meurdre (1) fait de costé et d'aultre, et dura ladicte guerre jusques au mois de juing 1471, que nouvelles furent apportées au Roy audit lieu de Han, que ledit Edoüard, accompaigné de grant quantité de gens de guerre, tant Anglois, Austrelins, Flamens, Picars et aultres nations, que ledit de Bourgongne luy avoit envoyez, se mist sur les champs alencontre de l'armée et puissance desdits roy Henry, prince de Galles, la Roine, ledit de Warvich et aultres princes et seigneurs tenans ledit party de Henry. Et y eut les ungs contre les aultres de grans armes faictes, et grant nombre de gens morts de chascun costé : mais en la fin ledit Edoüart demoura victorieux, tant par trahison qui estoit du costé d'aucuns estans en l'armée dudit Henry que autrement, et y mourut et fut tué ledit prince de Galles qui fut moult grand pitié, car il estoit moult beau jeune prince; et aussi y mourut ledit de Warvich qui aussi fut ung grant dommaige, car il avoit singulier désir de bien servir le Roy et le royaume : et pour lequel le Roy avoit frayé et despendu moult grant finance pour l'entretenement dudit conte de Warvich. Et de ladicte desconfiture fut le Roy moult desplaisant, et puis après ces nouvelles ouïes, se partit le Roy de ladicte ville de Han en Vermendois, et en emmena avecques luy mondit seigneur de Guyenne, le conte de Dampmartin, le président des comptes et plusieurs aultres, et vint à Paris où il ne séjourna guières : et durant qu'il y fust il fist grande et joyeuse feste, et fist cest honneur à sa dicte bonne ville et cité de Paris de luy mesmes bouter le feu au feu fait en la place de Grève d'icelle ville, la veille Saint-Jehan-Baptiste. Et puis s'en partit et s'en ala à Orléans, où le prince de Piémont (2) y devint malade de maladie, dont il ala de vie à trespas audit lieu d'Orléans. En après s'en ala le Roy à Tours et à Amboise veoir la Royne et monseigneur le Daulphin.

En ce temps dudit mois de juing 1471, le Roy fut mal content des épitaphes et libelles diffama-

---

(1) Carnage.

(2) Suivant le manuscrit : de Savoye.

toires qui ainsi avoient esté mis et attachez à l'esclandre dudit monseigneur le connestable et d'aultres. Et pour sçavoir la vérité de ceulx qui ce avoient faict, fist crier à son de trompe et cry publique par les carrefours d'icelle ville, que quelque personne qui sçauroit aucune chose desdits épitaphes, ou de ceux qui les avoient faits, qu'ils le venissent incontinent dire et dénoncer aux commissionnaires sur ce ordonnez, et on donneroit trois cens escus d'or au dénonciateur, et qui le sçauroit et ne le viendroit déclarer, auroit le col couppé. Et pour soupeçon de ce, fut mis et constitué prisonnier ung jeune escollier de Paris nommé maistre Pierre Le Mercier, fils d'un lunetier du Palais, qui peu de temps après fut délivré non chargé du cas. Aussi y fut mis et constitué prisonnier maistre Henry Mariète, qui avoit esté lieutenant criminel de la prévosté de Paris, tant pour raison desdicts épitaphes, que aussi pour aucunes injures ou paroles par luy dictes, comme on disoit de maistre Jehan de Ladriesche, trésorier de France, et puis fut délivré iceluy Mariète par la cour de parlement, et mis hors des prisons de conciergerie, où il estoit détenu pour ceste mesme cause.

Au mois de juillet audit an 1471, mourut monseigneur le conte d'Eu, qui fut moult grant dommaige; car c'estoit ung moult notable, saige et bon seigneur, et qui de tout son pouvoir avoit bien et loyaulment servy le Roy, et fort aimé le bien et utilité du Roy et de son royaulme, et fut mise ladicte conté d'Eu en la main du Roy, et mise et baillée ès mains de monseigneur le connestable, à la grant desplaisance de monseigneur le conte de Nevers, frère de mondit seigneur d'Eu, et qui après ladicte mort cuidoit bien joüyr de ladicte conté d'Eu et des aultres terres dudit deffunct, comme son vray héritier.

Depuis ledit mois de juillet jusques au jour de Noel en suivant, ne fut riens fait audit royaulme de France sinon que les ambassadeurs du Roy et de mondit seigneur de Bourgongne firent plusieurs alées et venuës et les ungs avecques les aultres, pour pacifier et trouver moyen de paix et accord entre eux. En ladicte année fut mortalité commune et universelle par la pluspart dudit royaulme, de maladie de flux de ventre et aultres maladies, à cause de quoy plusieurs gens de façon mourrurent en ladicte ville de Paris et ailleurs.

Audit an monseigneur de Guyenne qui s'en estoit retourné audit pays de Guyenne après le retour d'Amiens, devint mal content du Roy, et manda venir à luy le conte d'Armignac, qui avoit esté fugitif hors du royaulme, et duquel le Roy avoit mis sadicte conté en sa main. Lequel conte vint par devers mondit seigneur de Guyenne, et puis mondit seigneur luy rendit la pluspart de sadicte conté contre le gré et voulonté du Roy. En après lesdits de Guyenne et Armignac, et aussi le conte de Fouez et aultres assemblèrent en leur pays gens de guerre, feignans de vouloir faire guerre au Roy, lequel pour ce leur empescher y envoya sur la marche dudit Guyenne cinq cens lances, et certain nombre de francs-archiers, avecques grant nombre de son artillerie, qui depuis ce y fut et séjourna par long-temps, pendant lequel vint et fut nouvelles que mondit seigneur de Guyenne estoit mort à Bourdeaulx, dont il n'estoit riens.

Audit temps aussi furent envoyées par diverses fois de par le Roy ambassades par devers le duc de Bourgongne, pour le fait de la trève d'entre eulx qui failloit le quatriesme jour de may 1472, et y estoient encores le premier jour de may le sire de Craon, maistre Pierre Doriolle, et aultres.

Et ledit premier jour de may 1472, fut fait à Paris une moult belle et notable procession en l'église de Paris, et fait ung preschement bien solemnel par ung docteur en théologie nommé maistre Jehan Brète, natif de Tours, lequel dist et déclaira entre aultres choses, que le Roy ayant singulière confidence en la bénoiste glorieuse vierge Marie, prioit et exhortoit son bon populaire, manans et habitans de sa cité de Paris, que dores en avant de l'eure à midy, que sonneroit à l'église dudit Paris la grosse cloche, chascun feust fleschy ung genoüil à terre en disant *Ave Maria*, pour donner bonne paix et union au royaulme de France, et après ladicte procession faicte révérend père en Dieu monseigneur l'évesque de Paris cheut malade d'une maladie de laquelle ce mesme jour il ala de vie à trespas, dont fut grant dommaige et fut fort pleuré; car il estoit sainct, bonne personne et grant clerc. Et ce jour furent en son hostel espiscopal grand populaire de la ville de Paris, tant hommes que femmes pour le voir mort en sa chappelle haut, estant au bout de la grant salle dudit hostel. Et illec par ledit peuple fut moult piteusement pleuré, et pour son âme dévotement prié, et au partir luy baisoient les pieds et les mains, et disoient la pluspart d'iceulx qu'ils croioient fermement que ledit évesque feust sainct et bien aimé de Dieu; et le quinziesme jour dudit mois de may, le Roy envoya lettres aux prévost des marchans et eschevins et bourgois de Paris, par lesquelles il leur faisoit sçavoir que ledit évesque en son vivant luy avoit esté mauvais, et non aimé son prouffit, et qu'il avoit eu intelligence avecques le duc de Bourgongne et aultres princes et seigneurs qui avoient esté devant la ville de Paris durant le bien publicque, et que pour leur donner faveur en icelle ville, avoit suborné desdits habitans. Et que, pour ces causes et afin qu'il en feust mémoire ordonna estre faicte et mise sur son corps un tableau ou épitaphe contenant les choses dessusdictes, lequel épitaphe fut fait faire par les dessusdits jusques à l'asseoir. En ce temps audit mois de may, la trève d'entre le Roy et le duc de Bourgongne qui failloit au quatriesme jour dudit mois, fut derechef continuée jusques au quinziesme jour de juing ensuivant.

Audit mois de may, le duc de Calabre, nepveu du roy de Cecile et de Jérusalem, à qui le Roy avoit fait tant d'honneur de luy donner sa fille aisnée en femme et espouse, s'en ala hors de sa duchié de Lorraine par devers ledit duc de Bourgongne pour traicter d'avoir et espouser sa fille, en délaissant en ce faisant ladicte fille du Roy sa femme, qui fut chose moult estrange à luy de ainsi faulser sa foy, et soy ainsi abaisser de délaisser la propre fille aisnée du Roy son souverain seigneur, pour cuider avoir et prendre la fille dudit de Bourgongne, subject et vassal du Roy. Et paravant ces choses ledit de Bourgongne avoit fait et fait faire moult de guerre au royaulme de France, à la faveur de mondit seigneur de Guyenne, feignant à ceste cause de luy donner et bailler sadicte fille, dont il ne fist riens; mais fist tout le contraire, en abusant iceulx seigneurs et plusieurs aultres, soubs umbre dudit mariage.

Et le jeudy quatorziesme jour dudit mois de may 1472, advint par male fortune que tout le comble et feste de l'Eglise Nostre-Dame-de-Cléry, près d'Orléans, que le Roy avoit fait faire et édiffier de nouvel, où il y avoit moult noble et belle couverture tant de charpenterie de bois que d'ardoise et de plomb, fut toute arse et broyée, et tout tombé en bas et par terre, par ce que ung plombeur besoignant en icelle couverture, s'en dévala en bas, et laissa le feu où il chauffoit les fers à soulder en icelle couverture, sans aucune garde, et lequel feu le vent accueillit tellement qu'il s'en vola et dispersa au long d'icelle charpenterie et couverture, en telle façon que sans y pouvoir remédier tout fut brûlé et ars.

Et ce mesme jour le Roy eut certaines nouvelles que luy fist assavoir monseigneur de Malicorne, serviteur et bien fort aimé de mondit seigneur de Guyenne, que sondit seigneur et maistre estoit alé de vie à trespas (1) en la ville de Bourdeaulx. En icelluy mois monseigneur de Craon (2), maistre Pierre Doriolle, général des finances, maistre Olivier Le Roux, conseiller et maistre des comptes, et aultres ambassadeurs du Roy par luy envoyez par devers ledit duc de Bourgongne, retournèrent devers le Roy luy relater ce que fait avoient avecques luy, et de la trève qu'ils avoient ainsi faicte, qui devoit durer jusques au quinziesme jour de juing ensuivant. Durant laquelle trève et nonobstant icelle, ledit de Bourgongne fist mettre ses gens de guerre sur les champs, et mener et asseoir son parc et artillerie entre Arras et Bapaulmes, en un lieu qu'on nomme Hébuterne en Artois. Et pendant ce temps le Roy après les nouvelles de la mort de mondit seigneur de Guyenne son frère, se partit du Plessis-du-Parc-lez-Tours, et tira audit païs de Guyenne, la Rochelle, Sainct-Jehan-d'Angély, Bourdeaulx et aultres lieux voisins, et y mist et créa officiers nouveaux de par lui. Et d'icelle duché de Guyenne fist et establist gouverneur monseigneur de Beaujeu, frère de monseigneur le duc de Bourbon,

Après ces choses ledit de Bourgongne en persévérant tousjours en ses diableries, foles obstinations et mauvaisetiez, comme devant avoit fait. Le jeudy unziesme jour de juing audit an 1472, envoya devant la ville de Nesle dedans laquelle y avoit de par le Roy ung nommé le petit Picart, qui estoit capitaine de cinq cens francs-archers de l'Isle-de-France qui estoient dedans ladicte ville, et par grant force et violence voulurent avoir ladicte ville et chasteau; et pour l'avoir y baillèrent et livrèrent de grans et divers assaux, ausquels Bourguignons fut vaillamment résisté par ledit Picart et ceux de sadicte compagnie. Et jusques au vendredy qui estoit le lendemain douziesme jour dudit mois de juing que environ cinq heures du matin ledit Picart en la compagnie de la comtesse dudit lieu de Nesle yssirent hors de ladicte place pour aler par devers le bastard de Bourgongne et autres, ayans illec leur armée pour ledit de Bourgongne pour cuider trouver pacification et accord entre les gens du Roy et ledit de Bourgongne, qui traicta avecques eux en telle manière que lesdits Picard et ceux de sadite compagnie s'en iroient leurs vies sauves, en rendant ladicte place, en laisant leurs biens et harnois, à quoi faire ils furent contens. Et à tant se départirent et s'en retour-

(1) La nouvelle était prématurée: le duc de Guyenne ne mourut que le 28 mai 1472.

(2) George de la Trémouille.

nèrent en ladicte ville de Nesle, et dirent aux dessusdits francs-archiers leur composition, et comment ils devoient tous laisser leurs biens, chevaulx et harnois, et eulx en aler leurs vies sauves. Pour laquelle chose, incontinent après plusieurs d'iceulx, par l'ordonnance dudit Picard leur capitaine, se dépouillèrent et habandonnèrent leursdicts harnois, et en ce faisant et avant qu'ils feussent bien asseurez d'avoir lettres de leurs promesses et traictez, feurent par aucuns dudit lieu de Nesle mis et boutez en icelle place lesdits Bourguignons, qui incontinent, nonobstant ladicte promesse, vindrent charger sur lesdits francs-archiers ainsi déshabillez, soubs umbre d'icelle promesse, et plusieurs en tuèrent et meurdrirent; et partie d'iceulx cuidans eux sauver, s'en alèrent et retrayèrent dedans l'église dudit lieu de Nesle, où depuis lesdits Bourguignons alèrent les tuer tous et meurdrir. Et après qu'ils furent tous ainsi tuez et meurdris, y survint et se y trouva ledit de Bourgongne, qui tout à cheval entra dedans ladite église, en laquelle y avoit bien demy pied de hault de sang espandu des pauvres créatures illec estans, qui à ceste heure estoient tous nuds gisans illec morts. Et quant ledit Bourguignon les vit ainsi abatus, se commença à seigner et dire qu'il veoit moult belles choses, et qu'il avoit avecques luy de moult bons bouchiers. Et le lendemain ensuivant, qui fut le samedy treiziesme jour dudict mois, ledict petit Picart, qui estoit prisonnier, avec aultres de ceux de sadite compaignie, furent pendus et estranglez de l'ordonnance dudict de Bourgongne, et puis fist arraser ladicte place et mettre le feu dedans. Et le dimenche quatorziesme de iceluy mois s'en partirent dudict lieu de Nesle et alèrent devant Roie où estoient environ quatorze cens archiers de la compagnie et charge Pierre Aubert, bailly de Meleun et de Nugnon, et aussi y estoient pour gentils-hommes et capitaines Loisel de Balagny (1), capitaine de Beauvais, monseigneur de Mouy, le seigneur de Rubempré et autres, qui bien avoient deux cens lances bien en point. Et jaçoit ce qu'ils feussent dedans ladicte ville que le Roy avoit faict bien remparer, bien avitailler et garnir de moult belles serpentines, ils se rendirent le mardi ensuivant seiziesme jour d'icelui mois, à l'heure de midi, et laissèrent illec ladicte artillerie, leurs chevaux et harnois. Et tout abillement de guerre, et toutes leurs bagues, où le Roy et eux eurent dommaige de cent mille escus d'or et plus, et s'en revindrent tous nuds et en pourpoint, ung baston en leur poing. Et demoura illec ledict duc de Bourgongne depuis par certain temps, et d'illec s'en ala devant la ville de Beauvais pour y mettre le siège, où il y arriva le samedi vingt-septiesme jour de juing audit an 1472, où de plaine venuë y donnèrent ung fort assault, à quoy fut fort résisté par les bourgois, manans et habitans d'icelle ville. Et celle mesme nuict y arriva Guillaume de Valée, lieutenant du sénéschal de Normendie, à tout deux cens lances qui moult bien secoururent ceux dudit lieu, car ils arrivèrent à l'heure du fort de leur assault, et tout incontinent montèrent dessus la muraille, et firent reculer lesdits Bourguignons. Et le lendemain ensuivant y vint monseigneur de Crussol, Jouachin Rouault, la compagnie de monseigneur de Bueil, Guérin Le Groing, monseigneur de Torcy et autres nobles de Normendie, qui très-vaillamment s'y contindrent. Et pendant ce temps furent bien secourus de ceux de la bonne ville de Paris, tant de pionniers, pics, pelles, farines, vins, pouldres à canon et autres avitaillemens qui firent très-grant bien ausdits gens de guerre et aux habitans d'icelle ville. Et en ces entrefaictes y eut de belles et grandes escarmouches où plusieurs Bourguignons estans devant icelle ville furent morts et tuez.

En ce temps advint que aucuns des habitans d'Auxerre saillirent hors de leur ville pour aler courir ès païs du Roy, pour prendre et mener audit lieu d'Auxerre, bœufs, vasches, et tout ce qu'ils pourroient trouver pour eux avitailler, et vindrent près de Joigny, de Seignelay et illec environ, contre lesquels y alèrent le bastard dudit Seignelay, le seigneur de Plancy et aultres, jusques au nombre de trois cens, qui vindrent en rencontrer lesdits d'Auxerre, qui se mirent en bataille contre eux. Et quant les dessusdits seigneurs les eurent ainsi veus, ils se frappèrent dedans moult vigoureusement, et y en eut huict-vingts de morts et quatre-vingts de prins, et le demourant se mist en fuite ou fut noyé. Audit temps pour raison de l'approuchement desdits Bourguignons ainsi venus à Beauvais, furent faictes à Paris de moult belles ordonnances par sire Denis Hesselin, panetier du Roy nostre sire, esleu de Paris et prévost des marchans de ladicte ville, comme de faire rédiffier la muraille et garde de dessus les murs, faire faire belles et grandes tranchées, mettre en point les chaisnes, rédiffier les fossez, boulevars et barrières des portes, en faire murer d'aucunes, faire faire de moult belles serpentines toutes neuves, et d'autres belles ordonnances y furent faictes.

Et le jeudy second jour de juillet vint et

---

(1) Suivant le manuscrit : Loyset de Baligny.

arriva à Paris le seigneur de Rubempré, qui venoit de ladite ville de Beauvais et apporta lettres des capitaines de ladicte ville addressans au seigneur de Gaucourt, lieutenant du Roy à Paris, aux prévost des marchans et eschevins de ladite ville de Paris. Par lesquelles leur estoit fait sçavoir que le duc de Bourgongne et ceulx de son ost estoient en telle nécessité de vivres, que ung pain de deux deniers à Beauvais valoit audit ost trois sols parisis, et que iceluy duc de Bourgongne avoit intention de jouër au désespoir et avoir ladicte ville pour y perdre la pluspart de tous ses gens; et pour ce prioient ausdits de Paris que on leur envoyast de la menuë artillerie, des arbalestres, du traict et des vivres. Laquelle chose fut faicte et envoyée à eux par le bastard de Rochechouart, seigneur de Méru, qui y mena et conduisit les soixante arbalestriers de Paris, avecques traict, arbalestres, artillerie et vivres. Et le jeudy, neufiesme jour dudit mois de juillet, environ l'heure de sept heures au matin, après que ledit de Bourgongne eut fait getter grant nombre et quantité de bombardes et autres artilleries contre les murs de ladicte ville, à l'endroit de la porte de l'Hostel-Dieu, vindrent et accoururent dedans les fossez de ladite ville grant quantité desdits Bourguignons, qui y apportèrent grant nombre de bourrées, clayes et autres mesrain dedans lesdits fossez, et puis y dressèrent eschelles, et moult vigoureusement assaillirent ladicte ville à l'endroit de la muraille et portail dudit Hostel-Dieu, dont avoit la garde et charge monseigneur Robert Destouteville, chevalier seigneur de Beyne et prévost de Paris, qui moult honnorablement et vaillamment s'y contint et ceux de sadicte compaignie. Et dura ledict assault depuis ladicte heure de sept heures jusques après unze heures, durant lequel temps y eut grant quantité de Bourguignons ruez et abbatus morts de dessus lesdicts murs dedans les fossez d'icelle ville, et de navrez grant nombre, et bien jusques au nombre de quinze à seize cens hommes et plus largement y en eust eu de morts s'il y eust eu saillie à y estre hors d'icelle ville; mais toutes les portes d'icelle estoient murées du costé de l'ost desdicts Bourguignons, pourquoy ne se peut faire ladicte saillie, dont furent moult dolans les nobles seigneurs, capitaines, gens-d'armes et de traict qui estoient dedans icelle ville en bien grand nombre et bon habillement, comme de quatorze à quinze mil combatans, dont avoit la charge et conduite le conte de Dampmartin, Jouachin Rouault, mareschal de France, Salezar, Guillaume de Valée, Méry de Coué, Guérin Le Groing, les sires de Beyne et de Torcy frères, et plusieurs autres gentils-hommes de conduite et grant façon. Et durant ledict assault, moyennant la grâce de Dieu, ne fut point tué des gens du Roy plus de trois ou quatre personnes, et encores disoit-on que ce avoit esté par leur oultraige. Et au regard de toute l'artillerie qui fut tirée par lesdits Bourguignons durant ledit temps en icelle ville jusques au neufiesme jour de juillet, n'en fut tué plus de quatre personnes. Et le lendemain dudit assaut, environ le point du jour, fut de rechief envoyé par ledict sire Denis Hesselin, prévost des marchans, audict lieu de Beauvais grant quantité de traict à arbalestre et des cordes pour y servir, des poudres à canon et coulevrine, et des chirurgiens pour penser et guérir les navrez.

Et le samedy unziesme jour dudit mois de juillet, au matin, fut tiré hors des prisons du Chastelet de Paris un messager de l'ostel du Roy, qui avoit esté constitué prisonnier esdites prisons, pource qu'il avoit dict et publié au palais et autres plusieurs lieux de ladicte ville de Paris, que monseigneur le connestable avoit tiré dudit lieu de Beauvais aux champs les capitaines estans dedans icelle, faignant d'avoir conseil avecques eulx, à sçavoir qu'il estoit de faire pour la seureté et deffence d'icelle ville; et que ce pendant qu'il tenoit ledit conseil lesdits Bourguignons furent avitaillez en leur ost de grant quantité de vivres, à quoy eust esté fait faire résistance par lesdicts capitaines, si n'eust esté ledict conseil. Desquelles paroles ainsi dictes par ledit messagier, qui sonnoient mal à la charge de mondit seigneur le connestable, et que de ce se tint fort à mal content fut ledict messagier, baillé et délivré par l'ordonnance du Roy à maistre Milles, huissier d'armes de son hostel, qui le mena et conduisit par devers ledict connestable, et si luy porta les charges et informations qui faictes avoient esté desdictes paroles.

Et le vendredy dixiesme jour dudit mois, qui fut le lendemain dudit assaut, par une trenchée, qui fut faicte pour y estre hors dudict lieu de Beauvais, Salezart et autres de sa compaignie entrèrent dedans le parc d'iceluy de Bourgongne, environ le point du jour, où furent tuez tous les Bourguignons qu'ils rencontrèrent; et en iceluy parc y furent bruslées trois tentes et tout ce qui estoit dedans, et en une d'icelles y furent tuez deux hommes de grant façon, jaçoit ce qu'ils promettoient de payer moult grant finance. Et pour ce que en iceluy ost fut fait grant cry et noise, en criant vive Salezart, lesdicts de l'ost se assemblèrent en bien grant nombre, parquoy il convint audict Salezart se retraire audict lieu de Beauvais, et en soy retraiant et ceux de sa compagnie, en emmenèrent avecques eux de bien belle artillerie, comme deux des chambres des bombardes qui avoient battu et getté en bas la muraille de ladicte ville. Lesquelles chambres pour causes de hastiveté ils gettèrent dedans les fossez, et si bouttèrent dedans ladicte ville deux bien belles serpentines avec ung gros canon de cuivre nommé l'un des douze pers que le Roy à la journée au rencontre de Montlehéry y perdit. Et fut ledict Salezart suivi de bien près, et fort battu et navré, et son cheval aussi navré de plusieurs coups de piques de Flandres et autres, nonobstant quoy il le rapporta jusques audict lieu de Beauvais, où ledict cheval mourut incontinent qu'il y fut arrivé. Et depuis ladicte saillie n'advint audict ost guères de choses jusques au vingt-uniesme jour dudit mois de juillet, que les bons bourgois, manans et habitans de la ville d'Orléans, envoyèrent et firent passer parmy la ville de Paris la quantité de cent tonneaux de vin du creu dudit lieu d'Orléans, qu'ils envoyoient et donnoient ausdits seigneurs et gens de guerre estans audit Beauvais, pour les rafraischir et aider à bien besongner alencontre desdits Bourguignons. Et si leur renvoyèrent encores grant quantité de trousses, de flèches à arc, artillerie, arbalestres et des poudres à canon. Et pour conduire les choses dessusdites y estoient en personne auscuns bourgois dudit lieu d'Orléans, pour faire le présent ausdits seigneurs et gens de guerre estans audit Beauvais et de par icelle ville d'Orléans.

En ce temps furent faictes les monstres en la ville de Paris, par les habitans d'icelle, par chascune dizaine et quartiers de ladite ville, tous lesquels y furent en armes et par ordre; lesquelles monstres furent veues et receues par le seigneur de Gaucourt, lieutenant du Roy en ladicte ville, maistre Jehan de Ladriesche président des comptes, sire Denis Hesselin, panetier du Roy, esleu sur le faict des aydes et prévost des marchans de ladicte ville, lesquelles monstres il faisoit moult beau veoir, et plus eust fait se les arbalestriers coulevriniers, gens prins ès bannières, et aultres gens de guerre en grant nombre, envoyez de ladicte ville audit lieu de Beauvais, y eussent esté. En ce temps fut mis en termes que encores seroit prins parmy ladicte ville, jusques au nombre de trois mil combatans, qui seroient armez et souldoyez de par ladicte ville, ceulx de parlement, de Chastellet, la chambre des comptes, la chambre des monnoyes, le chancellier, maistre des requestes, les esleus et aultres, qui sembla estre moult

grant charge aux habitans d'icelle, veu le grant nombre de gens que desjà on avoit envoyé audit Beauvais, et que aussi ladicte ville en demouroit moult affoiblie. Et furent ces choses moult honnorablement remonstrées par ledit sire Denis Hesselin aux capitaines estans audit Beauvais, qui desdictes remonstrances se tindrent à bien contens, et se contentèrent de ce qui leur avoit esté envoyé, sauf qu'ils prièrent que encores on leur menast cent arbalestriers et coulevriniers, ce que fist ladicte ville.

Et depuis le mercredy, feste de la Magdelaine, environ l'eure de trois heures du matin, ledit duc de Bourgogne honteusement se desloga de son ost et s'en partit et s'en ala sans aultre chose faire, sinon que durant l'espace de vingt-six jours entiers qu'il fut devant ladicte ville, il ne cessa de faire getter son artillerie contre ladite ville nuit et jour, qui peu ou néant grevèrent icelle ville, ne les habitans d'icelle, et y donna et fist donner deux grans et merveilleux assaults, ausquels y furent tuez et meurdris bien grand nombre de ses gens de guerre, des plus grans qu'il eût en sa compaignie, et perdit durant icelluy temps grant quantité de son artillerie, que ceulx de la garnison d'Amiens pour le Roy gaignerent dessus lesdits Bourguignons. Et depuis ledit partement desdits Bourguignons, ils s'en alèrent boutant les feux ès bleds et ès villaiges par tout où ils passoient, et vindrent devant Sainct-Valéry-lez-le-Crotoy, qui leur fut rendu par ceulx de dedans, pour ce qu'ils n'estoient pas assez de gens, et que la place n'estoit point de tenir contre sa puissance, et après s'en ala à Eu qui pareillement luy fut rendue pour les causes que dessus. Et le mercredy, vingt-neufiesme jour de juillet, monseigneur le connestable, monseigneur le grant maistre, et aultres capitaines qui estoient dedens la ville de Beauvais, accompaignez de huict cens lances, se partirent dudit lieu pour eulx tirer au pays de Caulx vers Arques et Moustiervillier, pour estre au devant desdits Bourguignons qu'ils supposoient qu'ils y devoient aler, ce que firent lesdits Bourguignons, et alèrent mettre et asseoir leur parc entre ladicte place d'Eu et Dieppe, en ung village nommé Ferrières. Et illec depuis y séjourna bien grant pièce sans riens conquérir, sinon le neuf chastel de Nicourt où ils se boutèrent, pource que dedens n'y trouvèrent aucun qui leur contredist, et y furent par l'espace de trois jours, puis s'en alèrent, et au partir y boutèrent le feu et brûlèrent la ville et chastel, qui fut ung moult grant et piteux dommaige, car c'estoit une moult belle ville de guerre et grande. Et en après fist mettre et bouter ledit Bourguignon le feu à Longueville, au Fay, et aultres plusieurs lieux et villages du bailliage de Caulx, qui pour tout son vaillant n'eust sceu réparer. Et plus ne aultre vaillance ne fist que de bouter lesdits feux depuis son partement de ses pays jusques au premier jour de décembre 1472. Durant ces choses le Roy qui estoit en Bretagne à tout plus de cinquante mil combatans, ne fist que peu ou rien, pour ce qu'il fut mené de belles paroles et par ambassades, au moyen de quoy il cuidoit avoir bonne pacification et accord avec ledict duc de Bretagne, sans effusion de sang ne perdition de ses gens de guerre, que tousjours il a fort craint, plus sans comparaison que ledit de Bonrgongne, qui estoit trop cruel et plain de mauvaise obstination, ainsi que en son temps l'a bien monstré et monstroit chascun jour. Et après que ledit duc de Bourgongne fut retourné dudit pays de Caulx, où ainsi avoit bouté le feu comme dit est, et que devant Arques et Dieppe fut si vigoureusement recueilly et batu, luy et ses gens, s'en partit d'iceluy pays et délibéra de s'en aler devant la bonne ville et cité de Rouen, où plus que devant fut bien receu. Et tellement que au moyen des saillies et grans vaillances qu'firent sur luy ceux de dedens, luy convint soy en retourner bien honteusement et à sa grant perte vers Abbeville, et fist courir lors le grant bruit de mettre le siége devant la ville de Noyon, et icelle avoir par force, à quoy luy fut bien résisté par le sire de Crussol et autres vaillans capitaines pour le Roy, qui se vindrent loger dedens, et qui la fortifièrent d'engins, de vivres et autres choses, pour répulser sa dampnee fureur, mais ung grand mal fut fait par son moyen : car lesdits capitaines, pour estre et demourer plus seurs en ladite ville, firent brusler et abattre les fauxbourgs d'icelle ville, pour garder de y loger lesdicts Bourguignons qui n'y vindrent point.

Audit temps messire Robert Destouteville, chevalier prévost de Paris, qui estoit dedens la ville de Beauvais, aveeques les nobles de la prévosté et viconté de Paris, et certain nombre de francs-archiers, s'en partit dudit lieu de Beauvais et s'en vint loger és fauxbourgs de la ville d'Eu, du costé d'Abbeville. Et ce mesme jour aussi arriva d'autre costé esdits faux bourgs du costé de Dieppe, monseigneur le mareschal Jouachin (1), lesquels incontinent envoyèrent sommer les Bourguignons qui estoient dedens. Et tels effrois leur firent les gens du Roy qu'ils prindrent composition, qui estoit telle qu'ils s'en alèrent tous, et si rendirent ladite ville; c'est assavoir les chevaliers chascun sur ung petit courtaut, et tous les autres Bourguignons qui estoient bien cent (2) et plus, s'en alèrent chascun un baston en leur poing, et laissèrent tous leurs habillemens, biens et chevaux, et si payèrent dix mil escus, et puis ne demoura guières que lesdicts Jouachin et Destouteville, eulx et leurs gens s'en alèrent devant la ville de Sainct-Walery qu'ils eurent par semblable condition, et payèrent six mil escus, et puis s'en alèrent à Rembures, un bien bel et fort chasteau, où dedans estoient aucuns Bourguignons, qui vindrent au devant dudict Destouteville et Jouachin, ausquels ils rendirent ledit chastel, moyennant que lesdicts Bourguignons s'en alèrent, eulx et leurs bagues sauves.

En ces entrefaictes aucuns tenans le party dudit de Bourgogne, comme le conte de Roussi, fils dudict connestable, et aultres de leur party, tindrent les champs au pays et marche de Bourgongne, et se vindrent espandre et loger en la conté de Tonnerre, où ils ne trouvèrent aucune résistence. Et en gastant et destruisant pays vindrent jusques à Joigny, qui fut fort secouru par les gens du Roy, et ne l'eurent point, et puis s'en alèrent vers Troyes, boutans feux és granches et villaiges, et aultre vaillance ne firent. Et pendant qu'ils faisoient tels maux, semblablement le faisoient le conte Daulphin d'Auvergne et aultres nobles hommes de sa compaignie au pays de Bourgongne pour le Roy, où ils mirent et boutèrent aussi le feu en plusieurs des villes, villaiges et lieux dudit de Bourgongne, et y firent du dommaige irréparable; mais c'estoit pour revenche de ce que ledit Bourguignon avoit fait sur les villes, pays et subgects du Roy, comme mauvais subjects qu'ils estoient à leur vray et souverain seigneur.

Au mois de septembre ensuivant, le Roy qui avoit esté par certains temps au pays de Bretaigne, fist trève ou abstinence de guerre avec ledit duc de Bretagne jusques au premier jour d'avril ensuivant, en laquelle trève estoient comprins les amis et aliez d'iceluy de Bretaigne, lesquels il déclara estre ledit duc de Bourgongne, qui aussi print et accepta ladicte trève ledict temps durant, aussi pour luy, ses amis et aliez, qu'il déclara estre l'empereur d'Almaigne, les rois d'Angleterre, Escosse, Portugal, Espaigne, Arragon, Cecille, et autres rois, jusques au nombre de sept, et plusieurs autres ducs grands seigneurs. En ce temps accoucha d'un fils la bonne Royne de France, que on

---

(1) Joachim Rouault. (2) Manuscrit : huit cents.

appella monseigneur de Berry (1), qui ne vesquit guières.

Vers la fin du mois d'octobre advint que monseigneur de Beaujeu, frère de monseigneur le duc de Bourbon, qui estoit alé par l'ordonnance du Roy au païs d'Armignac comme gouverneur de Guyenne, lequel estoit bien accompaigné de grans seigneurs et nobles hommes, luy estans dedens la ville et cité de Lestore audit païs, fut par trahison pris et mis ès mains dudit conte d'Armignac, lequel au moyen d'icelle prise recouvra ladicte cité. Et puis après icelle prise ledict d'Armignac délivra plusieurs des seigneurs estans avec ledit seigneur de Beaujeu, qui depuis furent prins de par le Roy, pour ce qu'il avoit soupçon qu'ils eussent esté cause de la prise dudit seigneur de Beaujeu, et furent menez prisonniers au chasteau de Loches. Et de ladicte prise dudit de Beaujeu fut le Roy moult doulant, et pour le ravoir envoya devant icelle cité de ses gens de guerre et artillerie en grant nombre, et lui mesmes ala jusques à Poictiers, à la Rochelle, et au pays d'environ, et y estoit le jour sainct Andry, audit an 1472, et puis s'en retourna à Angiers. Et à cause de ladicte prise y eut un gentilhomme serviteur dudit monseigneur de Beaujeu, nommé Jean Deymer (2), qui estoit prisonnier audit lieu de Loches, lequel fut escartellé en la ville de Tours, pour ce qu'il confessa avoir esté traistre au Roy et à sondit maistre : et à l'eure qu'il deust mourir parla moult honnorablement et publiquement devant tous dudit seigneur de Beaujeu, en disant par luy qu'il estoit bon et loyal, et qu'il n'avoit rien sceu de ladicte trahison ; mais d'icelle en chargea fort le cadet d'Alebret, seigneur de Sainct-Basile, auquel ledit de Beaujeu avoit eu grant confidence, pour ce qu'il avoit esté nourry et eut moult de biens en la maison de Bourbon. Après ces choses le Roy séjourna longuement en Poictou, et vers les marches de Bretaigne ; et tant y demoura que appoinctement se fist entre le Roy et le duc de Bretaigne, dont de ce faire se mesla fort Oudet de Rie, seigneur de Lescun, à qui le Roy à ceste cause fist de grans biens, et paravant luy en avoit aussi fait, et en faisant ledict appointement le Roy bailla et délivra audit duc de Bretaigne la conté de Montfort, et certaine somme de deniers.

Et après ledit accord ainsi fait, fut envoyé par ledit duc de Bretaigne le faire nottifier et sçavoir par ses ambassadeurs au duc de Bourgongne, et pour ravoir de lui les seelez que ledit duc de Bretaigne lui avoit baillez en faisant l'alience d'entreulx.

Au mois de février audit an 1472, le tiers jour dudit mois, advint sur le point de six heures au soir que le temps estoit fort doux et chault, qu'il descendit du ciel deux grans clartez comme deux chandelles, passant devant les yeux des regardans, qui sembloit estre fort espouventable, et en yssoit moult grand clarté, mais ce ne dura guières. Le septiesme jour dudit mois de février, monseigneur l'évesque de Paris (3), fils de monseigneur de La Forest, fist son entrée comme évesque de ladicte ville, et y eut grande solemnité gardée à son entrée. Et après le service fait en la grant église, donna à disner aux gens d'église, université, parlement, chambre des comptes, généraulx, maistres des requestes, secrétaires, prévost des marchans, eschevins et bourgois de ladite ville, bien et honnorablement. En ce temps fut tirée de la ville de Lestore une grosse serpentine en l'ost des gens du Roy estans devant, laquelle d'un seul coup tua le maistre de l'artillerie du Roy et quatre autres canonniers.

Audit temps fut prins prisonnier le duc d'Alençon, par messire Tristan Lermite, prévost des mareschaux, et mené devers le Roy, pour occasion de ce que on disoit qu'il s'en estoit party de ses pays, cuidans s'en aler par devers ledit de Bourgongne, pour lui vendre et délivrer toutes ses terres et seigneuries qu'il avoit au pays du Perche et Normendie, avec ladite duchié d'Alençon.

Au mois de mars ensuivant 1472, le vendredy cinquiesme jour, le conte d'Armignac estant dedens ladicte ville de Lestore, et qui audict jour avoit composition faicte avecques le Roy, par le moyen de messire Yves du Fau, que le Roy avoit envoyé par devers ledit de Armignac pour ceste cause, affin de soy en vuider dudit lieu de Lestore, luy, sa femme et serviteurs, leurs vies sauves, fut ledict de Armignac tué et meurdri par les gens du Roy, qui par assault entrèrent en icelle ville, pource que ledict de Armignac nonobstant sondit appointement, en alant à l'encontre, voulut tuer et meurdrir aucun des gens du Roy qui entrèrent en icelle ville, soubz ombre et couleur dudict traité, lesquels quant ils virent que ledit de Armignac les vouloit ainsi traicter, crièrent aux gens du Roy te-

---

(1) Il fut nommé *François*.

(2) Manuscrit : *Deynner*.

(3) Louis de Beaumont, d'une noble et ancienne famille de Poitou, fut premièrement chancelier de l'Eglise de Paris, conseiller et chambellan de Charles VII. et ensuite de Louis XI. qui le fit pourvoir à son insu par le pape Sixte IV de l'évêché de Paris. Il défendit par son testament qu'on lui fit aucune pompe funèbre ; il mourut le 5 juillet 1492.

nans illec le siége qu'ils les vousissent secourir, ce qu'ils firent. Et vindrent assaillir ladicte ville à l'endroit où elle avoit esté batuë, et par là entrèrent dedens le séneschal de Lymosin et autres en grand nombre, et tels qu'ils tuèrent ledit de Armignac, toutes ses gens, et tous les habitans de ladicte ville de Lestore, tellement que de tous n'en demeura que la contesse d'Armignac (1) et trois femmes, et trois ou quatre hommes, que tout ne fut tué, meurdry et tout pillié.

Et partant monseigneur de Beaujeu et les autres seigneurs et gentils-hommes que ledit d'Armignac tenoit prisonniers audit lieu de Lestore, furent délivrez et s'en vindrent devers le Roy. Et des choses dessusdites en apporta les nouvelles au Roy ung des chevaucheurs de son escurie nommé Jehan Dauvergne, dont le Roy fut moult joyeux, et pour ceste cause le fist et créa son hérault, et si luy donna cent escus d'or. Et aussi entra dedens ladite ville le cardinal d'Arras (2), qui moult vaillamment s'estoit porté devant icelle en y tenant le siége pour le Roy, et après fut toute ladicte ville arse et tout getté dedens les fossés, et pour la desconfiture dudit lieu de Lestore et dudit d'Armaignac en ala la nouvelle au roy d'Arragon, qui estoit à Parpignan, lequel pour la cause dessusdicte et aussi qu'on luy rapporta que Phelippe monseigneur de Savoye s'en alloit à luy, pour luy faire la guerre et recouvrer ladite ville de Parpignan, qu'il avoit prise sur le Roy, et venoit illec à tout grant compaignie de gens de guerre, tant des pays de Savoye, du Dauphiné que d'Armignac, s'en ala et départit dudit Parpignan et se retrahit en autres lieux ses pays.

Et puis le samedy matin quatorziesme jour dudict mois de mars à l'heure de six heures, le Roy qui estoit au Plessis-du-Parc, jadis nommé les Montils-lez-Tours, s'en partit à privée compaignie et s'en ala à Bourdeaux et à Bayonne. Et affin que homme vivant autres que ceux qu'il avoit ordonnez ne le suivissent, ne allassent après luy, fist tenir toutes les portes de Tours fermées depuis ladicte heure jusques à dix heures sonnées, et si fist rompre un pont près dudict lieu de Tours par où il estoit passé, affin que homme n'y passast, et fist illec aussi demourer monseigneur de Gaucourt, capitaine des gentils-hommes de sa maison, affin que personne n'alast après luy.

Et le mercredy septiesme jour d'avril avant Pasques audit an 1472, le cadet d'Alebret fils du conte d'Alebret, qui avoit esté avec mondit seigneur de Beaujeu audit lieu de Lestore, et avoit trahy et baillé ledit seigneur au comte d'Armignac, fut iceluy cadet pris prisonnier audit lieu de Lestore après la mort dudit d'Armignac, et amené en prison à Poictiers, où illec fut fait son procès et condampné à estre décapité, lequel y fut ledit jour de mercredy sept avril, et incontinent qu'il eut eu le col couppé fut son corps et sa teste mis en ung cercueil couvert d'ung poille armoyé à ses armes; et fut porté ledit corps enterrer par les quatre ordres mendians dudict Poictiers, et luy fut fait ung moult beau service. Audit mois d'avril fut fait derechef trève entre le roy et le duc de Bourgongne jusques à ung an prouchain ensuivant, qui finiroit l'an 1474.

L'an 1473, environ la fin d'avril, advint que le roy d'Arragon fist entreprise sur la ville de Parpignan, et la prit sur monseigneur de Lau qui en avoit la garde et la charge, mais le chasteau demoura au Roy et à ceux qui dedens estoient, et le tindrent depuis ladicte ville prise bien longuement, et jusques près la conqueste faite dudit lieu de Lestore, que après icelle le Roy en envoya son armée par devant ladicte ville de Parpignan, devant laquelle ils mirent le siége, et y assiégèrent ledit roy d'Arragon et son fils, et avec les nobles, seigneurs, capitaines et séneschaulx de ladite armée; y estoit aussi monseigneur le cardinal d'Alby, qui moult bien et sagement se y gouverna. Et devant icelle ville tindrent le siége longuement, et jusques au mois de juin que le Roy y envoya de rechef pour reconforter ladite armée, quatre cens lances prises à Amiens et autres villes voisines, et si y envoia grant quantité d'artillerie et cannonniers.

Au mois de juin audit an 1473, le duc d'Alençon que le Roy avoit fait prendre et amener prisonnier à Loches, fut mené à Paris au chasteau du Louvre, et y arriva le mercredy veille du Sainct-Sacrement, seiziesme jour dudit mois de juin, à l'heure d'entre neuf et dix heures au soir à l'arche de Bourbon, où il descendit illec des bateaux qui le avoient amené de Corbeil, et y estoient à le conduire monseigneur de Gaucourt, le sire de La Choletière maistre de l'ostel du Roy, et avecques ce en leur compaignie y estoient cinquante archiers de la garde et vingt-quatre gentils-hommes de l'ostel du Roy, lesquels après que leurdit seigneur eust esté mis et bouté audit chasteau du Louvre, s'en retournèrent devers le Roy et le laissèrent en la garde dudit seigneur de La Choletière, et des archiers

---

(1) Jeanne de Foix.

(2) Jean Jeoffroy, alors évêque d'Alby.

de ladite ville de Paris, et est assavoir que le jour qu'il arriva fut mené loger en la rue Sainct-Honoré à l'enseigne du Lyon d'argent. Et ledit jour dudict Sainct-Sacrement après soupper aussi à ladite heure d'entre neuf et dix heures au soir, fut mené et conduit ledict seigneur audict chasteau du Louvre.

Et après que ledict siége eust esté longuement tenu devant ladite ville de Parpignan, advint que les gens du Roy au moyen de la grande et extrême chaleur qu'ils avoient et souffroient illec, et aussi qu'ils avoient grant souffreté de vivres, prindrent trèves lesdicts de Parpignan, et eulx ung peu de temps, pendant lequel chascun se avitailla et appointa de ce que besoing leur estoit, et en ces entrefaictes y furent envoyez grant quantité de gens de guerre. Et pour y remettre le siége et fournir de vivres ledit ost, le Roy y envoya monseigneur de Gaucourt, maistre Jehan Bourré, et le changeur du trésor, pour prendre vivres et les payer partout où recouvrer en pourroient, pour mener audict Parpignan. Durant ce temps et au mois de juillet 1473, mourut ung des enfans du Roy nommé monseigneur François de France, duc de Berry, dont le Roy porta moult grand dueil, et fut par l'espace de six heures au chasteau d'Amboise, que homme ne parloit à luy. Audit mois de juillet le duc de Calabre mourut de pestilence à Nancy, en la duché de Lorraine, et incontinant après son trespas fut nouvelles que ung Alemant, qui avant ledit trespas avoit la conduicte de l'armée dudit de Calabre, print à prisonnier le conte de Vaudemons héritier de ladicte duchié de Lorraine, à l'adveu et faveur du duc de Bourgongne, pour laquelle cause et affin de ravoir ladicte conté de Vaudemons fut prins pour marque en ladicte ville de Paris ung jeune fils escollier, nepveu de l'empereur d'Alemaigne. Audit mois de juillet fut ordonné ung grand conseil estre tenu en la ville de Senlis entre les gens du Roy et ceulx du duc de Bourgongne, pour appointer sur les diférens d'entre eux. Et y envoya le Roy de son costé le conte de Dampmartin qui y fist de grans pompes, monseigneur le chancellier, monseigneur de Craon, monseigneur le premier président de parlement, maistre Guillaume de Sérisay greffier civil d'icelle court, et maistre Nicole Bataille advocat en ladicte court, lesquels et séjournèrent par longue espace de temps, et jusques au jour demy-aoust dudit an 1473, sans aucune chose faire.

En ce mesme temps le duc de Bourgongne mist sus son armée, et s'en ala en la duché de Guerles, pour la subjuguer et mettre en ses mains. Audit mois d'aoust, le dimenche huictiesme jour d'icelluy, le Roy estant dedens le chasteau d'Alençon qui s'en aloit hors d'icelluy, advint que par grant fortune ainsi qu'il yssoit hors du chasteau d'icelluy lieu, chey (1) sur luy, dessus l'une de ses manches, une grosse pierre de faix, dont et dequoy il fut en moult grant dangier de sa personne, duquel dangier, Dieu et la bénoiste Vierge Marie et tous les saincts et sainctes de paradis, à la grâce de laquelle il estoit moult enclin, en fut garenty et getté hors. Audit mois d'aoust le conseil du Roy qui estoit en la bonne ville de Senlis avec les ambassadeurs de Bourgongne et Bretaigne et qui y avoient séjourné longuement, s'en départirent, et s'en ala et retourna chascun en son lieu, sans rien faire de la matière pour laquelle ils estoient alez. Et au regard du fait et disposition du temps de ladite année, l'esté fut moult chaut, et par espécial depuis le mois de juin jusques au premier jour de décembre, et plus chault et ardant que oncques n'avoit esté veu d'aage d'homme lors vivant, et à ceste cause furent les vins chaulx et ardans, et plusieurs d'iceulx devindrent aigres et puants, et en fut grant quantité de perdus et gettez par les rues, et ne fist point de froit, ne ne géla point qu'il ne fust la Chandeleur passée.

En ce temps pour ce qu'il estoit bruit que les Bourguignons tiroient vers Lorraine et Barrois, le Roy y envoya cinq cens lances soubs la conduicte de monseigneur de Craon, qu'il fist son lieutenant général, et y envoya les nobles de l'Isle-de-France, de Normendie et les francs-archiers, qui furent logez en divers lieux au pays de Champaigne, et y demourèrent plus de deux mois; et puis s'en retourna chacun en sa maison sans rien faire.

Audit temps ledit Bourguignon amena l'empereur d'Alemaigne jusques à Luxembourg. Et fut ledit Empereur dedens la ville de Mets pour les enhorter de bouter ledit de Bourgongne en ladite ville, ce qu'ils ne voulurent pas faire, et s'en retourna ledit Empereur audit lieu de Luxembourg, et de illec s'en retourna en Alemaigne.

En ce temps ledict de Bourgongne envoya à Venize pour emprunter de l'argent aux Véniciens, et de icelluy argent en soudoyer six cens lances du pays, pour le temps et termes de trois mois, et passèrent par la duché de Milan et s'en vindrent joindre au hault pays de Bourgongne avecques les subjets dudit duc, pour ce qu'ils n'estoient pas assez forts pour grever l'armée du Roy, qu'il avoit fait loger sur les marches dudit duc de Bourgongne.

(1) Tomba.

Audit temps le Roy maria son aisnée fille (1), que paravant il avoit promise au feu duc de Calabre, à monseigneur de Beaujeu, frère de monseigneur le duc de Bourbon.

Audit temps les Bourguignons par trahison et emblée entrèrent au pays de Nivernois, et y prindrent des places de monseigneur de Nevers, comme la Roche, Chastillon et aultres. Audit temps se rassemblèrent à Compiengne les ambassadeurs du Roy, qui auparavant avoient esté assemblez à Senlis, cuidans y trouver l'ambassade de Bourgongne qui avoient promis y venir, lesquels y firent longuement attendre lesdits ambassadeurs du Roy, lesquels s'en retournèrent à Paris pource que lesdits Bourguignons n'y venoient point, et puis encores y retournèrent le mois de janvier, et y estoient le quinziesme jour dudit mois.

En ce temps fut nouvelles que ledit duc de Bourgongne, voyant qu'il n'avoit pas puissance de parvenir à destruire le royaulme de France, ainsi que grant peine y avoit mis, conspira avecques ung nommé maistre Ythier, marchant, qui avoit esté serviteur de monseigneur de Guyenne, et avecques un nommé Jehan Hardy, serviteur dudit maistre Ythier, qui s'en estoient retirez après ledit trespas dudit de Guyenne devers ledit de Bourgongne, de trouver moyen de faire mourir et empoisonner le Roy. De laquelle chose faire ledit Hardy print à luy la charge, et pour ce faire et accomplir luy furent baillez les poisons, en luy promettant faire moult de biens, et de luy donner cinquante mil escus pour distribuer à celluy ou ceux qui feroient ladicte exécution, et si fut délivré argent audit Hardy pour faire ses despens en la poursuite. Lequel Hardy fol et enraigé et non ayant Dieu devant les yeulx, et non voulant cognoistre que se ladicte exécution eust esté accomplie, ou Dieu a bien pourveu, tout le bon et très-noble royaulme de France estoit du tout perdu, destruit et espillié, s'en partit et tira tout droit où le Roy estoit, et pour mettre sa damnée entreprise à exécution, et non cognoissant que le Roy l'avoit recueilly et donné grant argent, s'adressa à ung des serviteurs du Roy, ayant charge en sa cuisine de faire saulces, et auquel ledit Jehan Hardy avoit eu cognoissance durant que ledit saulcier et Hardy avoient esté en l'ostel et au service de mondit seigneur de Guyenne.

Et lui déclara ledit Hardy de sa dicte entreprise, en luy promettant vingt mil escus au cas où il vouldroit faire et accomplir ladicte charge,

qui luy presta l'oreille, et dist qu'il n'y pourroit riens faire sans le moyen de Colinet queux du Roy, et qui aussi avoit esté et demouré avecques ledit Hardy et saulcier en l'ostel dudit seigneur de Guyenne. En disant par ledit saulcier à icelluy Hardy qu'il parleroit audict queux et y feroit ce qu'il pourroit, en disant oultre audit Hardy qu'il lui délivrast lesdictes poisons pour les monstrer audit queux. Et bien tost après ledit saulcier et Colinet, qui de ce avoient parlé ensemble, en alèrent advertir le Roy, dont il fut moult esbahy et espouvanté. Et dudit advertissement furent lesdits queux et saulcier moult honnorablement et prouffitablement guerdonnez du Roy. Et en toute diligence fut ledit Jehan Hardy suivy, qui s'en retournoit devers Paris, et fut prins vers Estampes et remené devers le Roy, qui le interroga ou fist interroguer sur les choses dessusdites, et icelles luy confessa estre vrayes. Pourquoy et affin de y donner le jugement ordonné estre fait en pareil cas, s'en partit le Roy d'Amboise et s'en vint à Chartres, Meulenc, Creil et aultres lieux ès marches de Beauvoisis. Et après luy estoit mené ledit Hardy en une basse charrette où il estoit moult bien enferré de gros fers, et enchaisné, et le conduisoit Jehan Blosset, escuyer, capitaine des cent-archiers de la garde de monseigneur le Daulphin, et avoit avecques luy cinquante desdicts archiers tousjours estans autour de ladicte charrette. Et ainsi accompagné que dit est fut ledit Hardy envoyé à Paris, pour estre délivré au prévost des marchans et eschevins de ladite ville, et y fut mené et y arriva le jeudy vingtiesme jour de janvier 1473, environ l'eure de trois heures après disner, que sire Denis Hesselin, conseiller et maistre d'hostel du Roy, prévost des marchans et esleu sur le faict des aydes de ladicte bonne ville, le ala recueillir ès fauxbourgs de la porte Sainct-Denis d'icelle ville, et avecques lui estoient les quatre eschevins, le clerc et sergens de l'hostel de ladite ville, et autres notables habitans d'icelle, et accompagnoient lesdits prévost et eschevins avecques les archiers d'icelle ville, et par bel ordre. Et fut ledit Hardy ainsi accompagné que dessus, et assis sur une haute chaire mise au dedens et au milieu d'une charrette, affin qu'il feust magnifesté et apperceu par le populaire d'icelle ville.

Ausquels et affin qu'ils ne feussent meus de mal faire ou injurier ledict Hardy, pour l'énormité dudit cas, fut deffendu de le mutiller, blasphémer ne injurier. Et ainsi estant en ladite charrette que dit est, fust amené tout au long de la grant ruë Sainct-Denis, et descendu audit hostel de la ville, et délivré par ledict Blosset

(1) Anne de France.

ès mains et en la garde desdicts prévost des marchans et eschevins ausquels le Roy voulut leur attribuer l'honneur d'en avoir la garde, et faire faire son procez et iceluy mettre à exécution.

Audit temps le Roy estant à Creil, fist un édict touchant les gens-d'armes de son royaume, par lequel il déclaira que chascune lance n'auroit ne ne tiendroit que six chevaux. C'est assavoir la lance trois chevaux pour luy, son paige et le coustillier, et les deux archiers deux chevaux, et un cheval pour leur varlet, et qu'ils n'auroient plus de panniers à porter leurs harnois, et avecques ce qu'ils ne séjourneroient que ung jour en un villaige. Et en oultre fut crié que nul marchant ne vendist ausdits gens de guerre, ne prestast aucuns draps de soye ne camelots, sur peine de perdre l'argent que lesdicts gens de guerre leur pourroient devoir à cause de ce, et aussi que on ne leur vendist aucun drap de laine plus de trente-deux sols parisis l'aulne.

Audit temps le Roy fist ordonnance sur le faict de ses monnoyes, et ordonna ses grans blancs courir pour unze deniers tournois, qui paravant n'en valoient que dix, les targes unze deniers tournois qui en valoient douze, l'escu trente sols trois deniers tournois, et ainsi de toutes les aultres espèces de monnoyes, tout fut changé. Audit temps environ le vingtiesme jour de janvier 1473, fut fait accord et appointement entre le Roy et monseigneur le connestable, qui avoit prins et mis en sa main la ville de Sainct-Quentin, et en bouta hors le sire de Créton, qui y avoit cent lances de par le Roy. Et par ledict accord demoura ledit connestable audit Sainct-Quentin, ainsi que avant avoit fait, et luy fut rendu Meaux et autres places dont il avoit esté désappointé, et si luy bailla-on commissaires pour eux informer de ceux qui avoient parlé dudit connestable, pour raison de ladite prinse de Sainct-Quentin, affin de les punir, et luy fut délivré l'argent du souldoy de ses gens de guerre, qui empesché fut incontinent après ladicte ville de Sainct-Quentin prinse. Audict temps le Roy vint des parties d'Amboise où il estoit, soy tenir à Senlis et illecques environ, et cependant les ambassadeurs du Roy et du duc de Bourgongne qui communiquèrent sur le fait de trouver entre eulx appointement de paix ou trèves, et finablement fut ladicte trève continuée jusques à la my-may, en attendant plus ample appointement. En ce temps le Roy qui estoit à Senlis s'en vint loger à Ermenonville en Xanters, appartenant à maistre Pierre L'Orfèvre, conseiller des comptes, et illec y séjourna environ un mois, pendant lequel temps monseigneur le duc de Bourbon que le Roy avoit diverses fois mandé venir pardevers luy, y vint et arriva, et n'y demeura que dix ou douze jours, et puis s'en retourna en ses pays faire ses Pasques ainsi que le Roy lui en donna le congié, auquel il promist incontinent après Quasimodo s'en retourner et revenir par devers luy.

En ce temps au mois de mars, le jeudy trentiesme et pénultiesme jour dudict mois, Jehan Hardy, empoisonneur dont est parlé devant, fut condempné par arrest de la court de parlement à estre traîné depuis l'uys de la conciergerie du Palais jusques à la porte dudit lieu, et de illec bouté en ung tombereau et mené devant l'hostel de la ville de Paris, dessus l'eschauffault, pour ce illec dréci pour y estre escartellé, ainsi qu'il fut faict. Et condempné la teste estre mise et demourer dessus une lance devant l'hostel de ladicte ville, les quatre membres porter en quatre des bonnes villes des extrémitez de ce royaume. Et à chascun desdits membres estre mis une épitaphe pour faire sçavoir la cause pourquoy lesdicts membres y estoient mis et posez. Et outre condamné le corps estre bruslé et mis en cendre devant l'hostel de ladicte ville, toutes les maisons dudict Jehan Hardy arrasées et mises par terre, mesmement le lieu de sa nativité getté par terre, sans jamais y estre faict édifice, et de y mettre épitaphe pour sçavoir l'énormité du cas dudit Hardy, et pourquoy estoit faicte ladicte démolition. Et fut ledit Hardy ainsi exécuté ledit jour de jeudy ès présences du seigneur de Gaucourt, lieutenant du Roy, du premier président Boulenger, du prévost de Paris, du prévost des marchans et eschevins de ladicte ville, du procureur et le clerc d'icelle, et plusieurs autres notables personnes, et fut baillé audit Hardy pour la conduite de son ame et conscience, ung notable docteur en théologie, nommé maistre Jean Huë. Et puis le samedy ensuivant environ minuit, pour quoy n'a esté sceu, la teste dudict Hardy mise au bout d'une lance, fut ostée de dessus l'eschauffaut où elle estoit, mise et gettée en une cave près d'illec. Ledit jour vint et arriva à Paris une moult belle ambassade du roy d'Arragon, qui fut bien recueillie par monseigneur le conte de Panthèvre (1), monseigneur de Gaucourt et autres, qui bien festièrent ladite ambassade en plusieurs lieux de Paris, et jusques au jour de Pasques fleuries que on cessa

(1) Jean de Brosse, dit de Bretagne; René, son fils, épousa Jeanne, fille unique de Philippe de Comines.

pour la sepmaine péneuse (1) qui entra, de les festier. Et puis vint et arriva le Roy à Paris le samedy seiziesme jour d'avril 1474, après Pasques.

Et le mercredy ensuivant, vingtiesme jour dudit mois d'avril 1474, le Roy ordonna que les monstres feussent faictes des officiers, bourgois, manans et habitans de ladite ville de Paris, ce qui fut fait. Et fut ladite monstre faite et monstrée au dehors de Paris, depuis la bastille Sainct-Anthoine en alant au long des fossez jusques à la Tour de Billy, et d'illec en bataille jusques à la Grange-aux-Merciers, et de l'autre costé aussi estoient en bataille les habitans de ladite ville, qui estoit moult grande et belle chose à voir. Et estimoit-on le nombre des armez de quatre-vingts à cent mil hommes, tous d'une livrée de hocquetons rouges à belles croix blanches, et fut tirée aux champs grant quantité de l'artillerie de ladite ville de Paris, qu'il faisoit moult beau voir. Et à veoir ladite monstre y estoit le Roy et l'ambassade du roy d'Arragon, qui tous faisoient grandes admirations de la quantité des gens de guerres qu'ils veirent yssir hors de ladite ville. Et avecques le Roy estoient sa garde, ses gentils-hommes de sa maison, le conte de Dampmartin, qui se y trouva moult fort pompeux, aussi y estoient Phelippe monseigneur de Savoye conte de Bresse, monseigneur du Perche, Sallezart et plusieurs autres capitaines, nobles hommes et gens de nom. Et après ladite monstre faite, le Roy s'en ala au bois de Vinciennes soupper, et y mena avecques luy ladite ambassade d'Arragon, et peu de temps après le Roy donna aux deux seigneurs chefs de ladite ambassade, deux hanaps couvers, à petit souage (2), tout de fin or, qui pesoient quarante marcs d'or fin, et coustèrent trois mil deux cens escus d'or, et puis s'en partit le Roy pour s'en retourner à ladicte ville de Senlis, où il séjourna depuis par certain temps. Pendant lequel temps vint et arriva l'ambassade de Bretagne, qui s'en ala devers le Roy, et des Alemaignes aussi arriva à Paris ambassade, dont estoit chef le duc de Bavière, et avecques ladicte ambassade de Bretaigne y vint Phelippe des Essars, seigneur de Thieux, maistre d'hostel du duc de Bretaigne, lequel avoit auparavant esté contre le Roy. Et le recueillit très-bien le Roy, et lui donna dix mil escus, et si le fist maistre enquesteur et général réformateur des eauës et forêts ès marches de Brie et de Champaigne, que tenoit monseigneur de Chastillon, à qui le Roy le osta pour bailler audit Phelippe des Essars.

Audit temps que le Roy estoit à Senlis, à Ermenonville et illec environ, y vint et arriva l'ambassade de Bourgogne qui y demoura assez longuement sans rien faire, durant lequel temps le Roy s'en ala à Compiègne, à Noyon et autres places d'environ. Et là le connestable vint pardevers luy pour aucuns différens qui estoient entre le Roy et luy, et parlèrent aux champs ensemble à un village nommé.........., où fut fait ung pont entre eux deux, et chacun d'eux estoient garnis de gens de guerre pour la garde de leurs personne. Et illec ainsi assemblez que dit est, parlèrent de leursdicts différens, mesmement pour raison de la prinse et retenuë que faisoit ledit connestable de la ville de Sainct-Quentin, qu'il avoit prise et mise en sa main, et en deschassé et bouté dehors le sire de Creton, qui avoit la garde d'icelle ville de par le Roy, et la retenuë de cent lances, qui tous par la force et contrainte dudit connestable vuidèrent hors de ladite ville, dont le Roy fut bien mal content.

Et pour ceste cause le Roy fist arrester les deniers et descharges qui avoient esté levez pour le payement dudit connestable et des quatre cens lances de sa charge et retenuë, pour le quartier d'avril, may et juing, lors escheu, qu'il print ledit Sainct-Quentin. Et après ledit pourparlé ensemble, le Roy leva sa main dudit arrest et fist tout le payement délivrer audit monseigneur le connestable, et puis se départirent d'ensemble bons amis, et si fist le Roy la paix dudit seigneur et du conte de Dampmartin, qui rien ne s'entredemandoient. Et audit partement le Roy pardonna tout audit monseigneur le connestable, qui luy promist et jura de non luy faire jamais autres faultes, mais que bien le serviroit de là en avant alencontre de tout le monde, sans nul en excepter. En icelluy temps le Roy s'en retourna à Senlis, Ermenonville, Ponts-Saincte-Maixance et aultres lieux, et souvent et presque tous les jours aloit le Roy en l'abbaye de la Victoire, prier et aourer la bénoiste Vierge Marie, illec requise, à l'honneur et loüange de laquelle il fist faire audit prieuré de bien grans dons en or content, qui bien montèrent dix mil escus d'or.

Audit temps le Roy ayant en singulière recommandation son populaire et gens de guerre, et pour eschever effusion de sang par guerre, fist une trève avecques son ennemy et adversaire le duc de Bourgongne pour ung an, finissant le premier jour d'avril 1475, combien que plusieurs ambassades feussent venuës par devers

---

(1) La semaine de la Passion.

(2) Forme.

luy de par l'empereur d'Alemaigne luy humblement prier et requérir qu'il ne feist point ladicte trève avecques ledit de Bourgongne. Et que par port d'armes ils le rendroient fugitif et en la mercy du Roy, et que toute la conqueste et prouflt qu'ils pourroient faire et avoir sur ledit de Bourgongne à la grant desplaisance des très-bons et loyaulx subjects du Roy. Et nonobstant ladicte trève et au commencement d'icelle lesdits Bourguignons firent de grands oultraiges et dommages aux pays et subjects du Roy, estans alentour desdits Bourguignons dont aucune réparation ne ne fut faicte par iceulx Bourguignons, laquelle chose demoura en grant esclandre de veoir le vassal du Roy ainsi oultraiger les pays et subjects de son souverain seigneur.

Au commencement du mois de juillet 1474, le Roy vint et arriva en sa bonne ville et cité de Paris, où il ne séjourna qu'une nuit, et le lendemain s'en ala à l'église Nostre-Dame, et delà en la Saincte-Chapelle du Palais, et disna en la conciergerie dudit Palais, au logis et domicile de maistre Jehan de Ladriesche, président des comptes, et illec environ quatre heures après midy s'en partit, et ala en ung bateau par la rivière depuis la poincte dudit Palais jusques à la tour de Nesle, où il monta à cheval et s'en ala à Chartres, à Amboise, et de là à Nostre-Dame de Behuart en Poictou.

Audit an le Roy envoya grand nombre des gens d'armes de son ordonnance, des francs-archers et aultres, et de son artillerie pour reconquérir le royaume d'Arragon, dont on disoit que Dieu leur donnast grâce de y bien besongner et de retourner joyeusement, car on dit communément que c'est le cymetière aux François.

Audict temps, le lundy dix-huictiesme jour dudit mois de juillet 1474, l'arrest fut prononcié en la court de parlement par monseigneur le chancellier nommé maistre Pierre Doriolle, du procès fait à l'encontre dudit d'Alençon, qui paravant avoit esté détenu prisonnier au Louvre et audit Palais, et par iceluy arrest fut ramené à fait les cas et crimes à luy imposés, et la condamnation jadis contre luy prononcée à Vendosme du temps du roy Charles, dont Dieu ait l'ame. Et le pardon et grâce que celuy avoit depuis faict le Roy de luy laisser la vie saulve, et que depuis il avoit encores continué de mal en pis comme ingrat. Et tout dit et récité publiquement en icelle court, fut ledit d'Alençon declaré par arrest estre criminel de crisme de lèze-majesté, et comme tel condamné à estre décapité et souffrir mort. Sauf sur ce le bon plaisir du Roy. Et toutes ses terres et seigneuries, et tous ses biens estre acquises et confisquées au Roy. Et luy fut le dictum dudit arrest dit à sa personne par mondit seigneur le chancelier, et bientost après fut ramené prisonnier en sa première prison dudit Louvre, en la garde et conduicte de sire Denis Hesselin, esleu de Paris, et de ses gens pour luy, de sire Jacques Hesselin son frère, escuier de l'escurie du Roy, et de sire Jehan de Harlay, chevalier du guet de nuit de ladicte ville, et autres ordonnez par le Roy à la garde dudit seigneur.

Après ledit arrest le Roy s'en tira à Angiers et au païs d'environ, et fist mettre en sa main ladicte ville d'Angiers et autres terres et seigneuries qui estoient et appartenoient au Roy de Cecile pour aucunes causes qui à ce le meurent; et au gouvernement et administration desdites seigneuries et terres y fut mis et commis maistre Guillaume de Cerisay, greffier civil de la court de parlement. Et après le Roy retourna par devers le pays de Beausse, à Chartres et en Gastinois, au bois Males-Herbes et autres lieux voisins où il séjourna par certaine longue espace de temps, en chassant et prenant bestes sauvages, comme cerfs, sangliers et autres bestes dont il trouva largement. Et pour raison de la grant quantité des bestes qui y furent trouvées ayma fort ledit pays, combien que en autres choses il est maigre pays, sec, inutile et de petite valeur. Et puis s'en partit le Roy, et s'en ala au pont de Chamoys où aussi il demoura par certain temps et jusques au jeudy sixiesme jour d'octobre audit an 1474 qu'il s'en partit, et ala jusques à Montereau où foult Dyonne. Et audit pont de Chamois demoura mondit seigneur de Beaujeu, par devers lequel s'en aloient par chascun jour les gens du grant conseil en l'absence du Roy.

En ce temps le duc de Bourgongne, qui s'en estoit party de ses pays pour aler faire guerre aux Alemans, ala en Alemaigne tenir et mettre le siége devant la ville de Nuz, qui est une bonne ville près de Coulongne sur le Rhin, où il séjourna bien longuement, tenant le siége illec devant avecques toute son armée et artillerie. Audit temps furent envoyez en Bretaigne ambassadeurs de par le Roy, c'est assavoir, monseigneur le chancellier Phelippe des Essars et aultres. Et au retour de ladicte ambassade revint et retourna dudit Bretaigne messire Pierre de Morvillier, jadis chancelier, qui s'en estoit alé avec feu monseigneur de Guyenne, et depuis son trespas s'en estoit retrait audit païs de Bretaigne. En ce temps les gens tenans le party dudict de Bourgongne, nonobstant ladicte trève, prindrent la cité de Verdun en Lorraine, dont le Roy estoit seigneur et gardien. Et pour la ravoir le Roy envoya trois cens lances et quatre mil francs-archiers qui estoient accompaignez du seigneur de Craon et autres. Audict temps aussi lesdicts Bourguignons prindrent par emblée une ville au païs de Nivernois, nommée Molins en Gibers, où pareillement le Roy envoya des gens de guerre et de son artillerie. Et ne différa point ledit de Bourgongne que par ces pays et de son party, nonobstant icelle trêve, de tousjours faire maux et persécuter les gens serviteurs, villes et subjects du Roy.

En iceluy temps Edoüart, roy d'Angleterre, envoya ses héraulx par devers le Roy le sommer de luy rendre et bailler les duchez de Guyenne et de Normendie qu'il disoit à luy appartenir, ou que en son reffus il luy feroit guerre, ausquels héraulx fut faicte et rendue response. Et par iceulx le Roy envoya audit Edoüart le plus beau courcier qu'il eût en son escurie, et depuis ce le Roy luy envoya encores par Jean de Laislier, mareschal de ses logis, un asne, ung loup et ung sanglier, et à tant s'en retournèrent lesdits héraulx en leurdict pays par devers leur Roy. Au mois de novembre le Roy vint par devers Paris, et fut logé à Ablon-sur-Seine, depuis au bois de Vincienes, à Hauberviller et aultres lieux, et puis d'illec se desloga et ala en la France soy loger en ung hostel appartenant à maistre Dreux Budé, audiencier, nommé le Bois-le-Comte, et messeigneurs de Lyon, de Beaujeu, et autres seigneurs suivans le Roy, se logèrent à Mictry en France. Et puis se desloga le Roy, et ala avec les seigneurs devantdits à Chasteau-Thierry, où il demoura certaine espace de temps, et jusques environ le douziesme jour de décembre qu'il retourna à Paris et y fist son Noël, et fut le Roy au service la veille de Noël en l'église Nostre-Dame de Paris. Le landemain de Noël, qui estoit le jour sainct Estienne, le Roy eut des nouvelles que les Anglois estoient en armes en grant nombre sur mer, et estoient vers les parties du mont Sainct-Michel. Et incontinant fist monter à cheval et envoyer en Normendie les archiers par luy mis sus de sa nouvelle garde, nommée la garde de Monseigneur le Daulphin.

En ce temps le Roy eut des nouvelles de son armée qu'il avoit envoyée en Arragon, et comment ses gens avoient prins une place près de Parpignan, nommée Gonne, dedens laquelle y estoient aucuns gentils-hommes et habitans d'icelle ville de Parpignan, que on voulut faire mourir comme traistres; mais on différa pour ce qu'ils promirent, dedens ung temps qu'ils nommèrent, de faire réduire et mettre en l'obéyssance du Roy ladicte ville de Parpignan, laquelle chose ils ne firent point dedens le temps qu'ils avoient promis, par quoy en furent aucuns d'eulx décapitez. Et entre les aultres y eut ung nommé Bernard de Douis qui eust le col couppé. Et bien tost après fut fait appointement entre le Roy et ledit d'Arragon, par lequel la conté de Roussillon fut de rechief remise en la main du Roy.

Au mois de janvier 1474 advint que aulcuns larrons bourguignons, sans maistre ne adveu, se mirent sur les champs et vindrent courir ès pays du Roy et jusques près de Compiengne, où ils prindrent et tuèrent gens, et puis voulurent édiffier une place pour eulx retraire près de Roye, nommée Arson, où ils amenèrent grant quantité de pionniers. Et quant le Roy en eut ouy les nouvelles, il manda aux garnisons d'Amiens, Beauvais et aultres lieux, avec la compaignie du grant maistre, et aussi des arbalestriers et archiers de Paris et aultres de ladicte ville, que messire Robert Destouteville, prévost de Paris, conduisoit, qu'ils allassent destruire lesdits Bourguignons et place; mais incontinent qu'ils en oyrent la nouvelle ils désemparèrent tout, et s'enfuirent comme paillars qu'ils estoient.

Audit mois de janvier 1474, advint que ung franc-archier de Meudon près Paris estoit prisonnier ès prisons de Chastellet, pour occasion de plusieurs larrecins qu'il avoit faictes en divers lieux, et mesmement en l'église dudit Meudon, et pour lesdits cas et comme sacrilége fut condempné à estre pendu et estranglé au gibet de Paris, nommé Montfaulcon, dont il appella en la court de parlement où il fut mené pour discuter de son appel, par laquelle court et par son arrest fut ledit franc-archier déclaré avoir mal appellé et bien jugié par le prévost de Paris, par devers lequel fut renvoyé pour exécuter sa sentence. En ce mesme jour fut remonstré au Roy par les médecins et cirurgiens de ladite ville que plusieurs et diverses personnes estoient fort travaillez et molestez de la pierre, colicque, passion et maladie du costé, dont pareillement avoit été fort molesté ledit franc-archier; et que aussi desdictes maladies estoit fort malade monseigneur du Bochaige, et qu'il seroit fort requis de veoir les lieux où lesdites maladies sont concrées dedens les corps humains, laquelle chose ne povoit mieulx estre sceuë que inciser le corps d'ung homme vivant, ce qui povoit bien estre fait en la personne d'icelluy franc-archier, qui aussi bien estoit prest de souffrir mort; laquelle ouverture et incision fut faicte au corps dudit franc-archier, et dedens iceluy quis et regardé le lieu desdictes maladies ; et après qu'elles eurent esté veuës, fut recousu, et ses entrailles remises dedens. Et fut par l'ordonnance du Roy fait très-bien penser, et tellement que dedens quinze jours après il fut bien guéry, et eut rémission de ses cas sans despens, et si luy fut donné avecques ce argent.

En ce temps, le vingt-huictiesme jour dudict mois de janvier, le Roy ayant singulière affection aux saincts fais et grans vertus de sainct Charlemaigne, voulut et ordonna que ledit vingt-huictiesme jour feust faicte et solempnisée la feste dudit saint Charlemaigne, laquelle chose fut faite et solempnisée en la ville de Paris, et ladicte feste gardée comme le dimenche, et ordonné que d'oresnavant par chascun an ladicte feste seroit faicte ledit vingt-huictiesme jour de janvier. Au mois de febvrier ensuivant furent les Allemans dedens la ville de Nux avitaillez par ceulx de la ville de Coulongne sur le Rhin, et aultres Alemans de la partie de l'empereur d'Alemaigne, nonobstant le duc de Bourgongne qui passé a long-temps estoit demouré tenant le siége devant ladicte ville de Nux, et qui avoit fait arriver plusieurs navires pour cuider empescher que ledit avitaillement ne vinst en icelle ville ; mais nonobstant toute sa puissance et armée vint et entra ledit avitaillement en ladicte ville. Et furent toutes les navires dudit duc rompuës et mises en pièces dedens la rivière du Rhin, et morts plus de six à sept mil Bourguignons estans dedens iceulx navires. Et auparavant avoient eu et souffert lesdits Bourguignons de grans pertes et maux par lesdicts de Nux.

Au mois de mars ensuivant, pour ce que lesdicts Bourguignons des parties de Flandres, Picardie, et aussi de ceulx estans par ledit duc de Bourgongne logez à Roye, Péronne, Montdidier et aultres places tenans son party, estoient venus courir ès pays et sur les subjects du Roy. Et en iceux prins plusieurs prisonniers, vivres et biens, et menez en leurs places contre la trève faicte entre le Roy et luy, se mirent aux champs plusieurs des compaignies de l'ordonnance du Roy estans ès garnisons d'Amiens, Beauvais, Sainct-Quentin et aultres lieux, jusques au nombre de quatre cens lances, et aultres populaires qui pareillement alèrent courir sur lesdits Bourguignons, et jusques dedens les fauxbourgs d'Arras où ils couchèrent une nuit entière. Et illec, au moyen de certaine grande quantité de vents, fléaulx et autres outils dont les gens du Roy avoient mené grant nombre avec eulx en charrettes et chariots, fut batu tout le grain estant et trouvé ès granches dudit pays de Bourgongne et Picardie. Et icelluy avecques aultres bestail, gens prisonniers et utencilles fait amener et conduire par Sallezart et autres capitaines dedens lesdites villes d'Amiens et Beauvais. Durant le temps le Roy ne bougea de Paris, et y fist son karesme, faisant grant chière, et s'y trouva sain et bien disposé comme il disoit.

Audit moys de mars, advint à Paris que ung jeune fils brigandinier, qui avoit esté nourry en partie par ung poissonnier d'eauë doulce de ladicte ville, nommé Jehan Pensart, meu de maulvais couraige et trahison, sçaichant que ledit Pensart avoit grant argent qui estoit venu et yssu de la vente du poisson qu'il avoit vendu durant le karesme, et dont il devoit la plus part à plusieurs seigneurs et aultres notables hommes qui luy avoient vendu le poisson de la pesche de leurs estangs, et lequel argent ledit brigandinier avoit veu, et le lieu où icelluy Pensart le mettoit, vint et entra de nuit en l'hostel dudit Pensart, et après la minuit passée vint ouvrir l'uys dudit Pensart à trois Escossois qu'il avoit illec fait venir pour avoir ledit argent et desrober ledit Pensart, dont l'ung desquels Escossois estoit nommé Mortemer, dit Lescuier, et l'ung des aultres Thomas Le Clerc, lesquels Escossois, par le moyen dudit brigandinier, crochetèrent, prindrent et emportèrent ledit argent montant en somme deux mil cinq cens livres tournois. Et pour lequel recouvrer fut fait bien grant diligence, tellement que ledit jour dudit desrobement fut ledit brigandinier trouvé tenant franchise aux Carmes de ladicte ville de Paris, duquel lieu il fut tiré hors et apporté au Chastellet de Paris, pour ce qu'au moyen des fers dont il estoit enferré il ne pouvoit aler.

Et illec il confessa que lesdits Escossois avoient eu tout ledit argent, pourquoy fut fait grand diligence de le recouvrer, et eust esté ledit Mortemer prins et fait amener audit Chastellet, par l'ordonnance de maistre Phelippes du Four se n'eussent esté deux autres Escossois de la garde du Roy qui vouldrent tuer ledit maistre Phelippes et ses sergens, et firent eschapper ledit Mortemer. Et depuis fut ledit Thomas Le Clerc trouvé tenant franchise dedens l'église Sainte-Katerine du Val-des-Escolliers, qui illec fut prins à grant port d'armes qu'il fist contre des gens dudit monseigneur le prévost de Paris, dont il blessa plusieurs, et à la fin, après qu'il eut receu plusieurs playes, fut amené esdictes prisons, où il confessa ledit larrecin, à cause de quoy fut renduë partie de ladicte somme qu'il avoit mussée près de Sainct-Estienne-des-Grez. Et pour ledit cas et aultres, par mondit seigneur le prévost de Paris, eu sur ce opinion et délibération de saiges, fut condemné à estre pendu et estranglé au gibet de Paris, dont il appella. Et depuis fut ledit appel vidé par la court de parlement, et renvoyé audit monseigneur le prévost pour exécuter sa sentence, laquelle fut mise à exécution le jeudy seiziesme jour dudit mois de l'an 1474, pour veoir laquelle gent furent jusques audict gibet sire Denis Hesselin, maistre Jehan de Ruel comme commis par maistre Pierre de Ladehors à l'exercice de l'office de lieutenant criminel, pour occasion de la maladie dudit de Ladehors.

Audit temps fut la ville de Parpignan mise et réduicte en l'obéyssance du Roy, et s'en alèrent ceulx de dedens qui s'en voulurent aler, eulx et leurs biens saufs, fors que l'artillerie, qui dedens estoit, qui demoura au Roy, laquelle estoit moult belle et de grant valeur.

SECONDE PARTIE.

Le septiesme jour du mois d'avril, l'an 1475, fut publiée à Paris l'alliance d'entre l'Empereur et le Roy, et de l'ordonnance du Roy fut envoyé publier devant le logis de monseigneur du Mayne, duc de Calabre et l'ambassade de Bretaigne, qui estoit en ladicte ville, et après les carrefours d'icelle ville. Audit mois d'avril, vint par devers le Roy deux ambassades, l'une de Fleurance et l'autre de l'empereur d'Alemaigne, qui furent moult honorablement receuz et festiez, tant du Roy que des aultres seigneurs d'autour de luy. Audit mois d'avril, le Roy se partit de Paris pour aler à Vernon-sur-Seine, auquel lieu l'attendoient monseigneur l'admiral et les aultres capitaines, pour conclure de la guerre, et ce qui estoit à faire pour la trève qui failloit le dernier jour dudit mois d'avril, et puis s'en retourna à Paris, où il arriva le vendredy quatorziesme jour dudit mois. Et le lundy vingt-cinquiesme jour dudit mois d'avril s'en partit le Roy pour aler à Pons-Saincte-Maixance, pour illec préparer de son armée, et emmena pour le conduire et estre autour de luy aveecques les gentils-hommes, sa garde et officiers de son hostel, huit cens (1) lances fournies, et y fut menée et conduicte grant quantité d'artillerie, grosse et menuë, entre lesquelles y avoit cinq bombardes, dont les quatre avoient nom, c'est assavoir : l'une Londres, l'autres Brébant, la tierce Bourg-en-Bresse, et la quarte Sainct-Omer. Et

(1) Manuscrit : sept cens.

oultre et par dessus la compaignie desdits de la garde escossoise et françoise et aultres gentils-hommes et officiers de l'ostel, y fut et y ala grande compaignie des nobles et francs-archiers de France et Normendie, et pour l'avitaillement de l'ost y furent envoyez vivres de toutes parts.

Et le lundy premier jour de may le Roy se partit de l'abbaye de la Victoire où il estoit, pour aller audit Pons-Saincte-Maixance pour faire ses approuches, et ordonner de la guerre en ce qui estoit affaire sur les Bourguignons, et fut envoyé devant le Tronquoy et Mondidier. Et le mardy deuxiesme de may, vint et arriva à Paris monseigneur de Lyon qui venoit de devers le Roy, lequel fut establyl ieutenant du Roy au conseil de Paris. Et le mercredy troisiesme jour dudit mois, feste de saincte Croix, fut faicte une moult belle procession générale audit lieu de Paris de toutes les églises. En laquelle faisant furent tous les petits enfans de Paris, chascun tenant ung cierge, et fut alé quérir le sainct Innocent et porté à Nostre-Dame. Et en ladicte procession estoient monseigneur de Lyon, monseigneur le chancellier de costé luy, et après aloient monseigneur de Gaucourt, lieutenant du Roy à Paris, les prévost des marchans et eschevins de ladicte ville, les présidens et conseillers de parlement, chambre des comptes, et aultres officiers d'icelle ville. Et après le populaire aloient en grant et merveilleux nombre, que on estimoit à cent mil personnes et mieulx, et fut porté ledit sainct Innocent en ladicte procession par monseigneur le premier président, et par Nanterre, président en ladicte court de parlement, et le président des comptes de Ladriesche, et le prévost des marchans. Et pour conduire et mettre ordre en ladicte procession, y estoient les archiers de la ville et aultres gens ordonnez pour garder de faire bruit et noise en icelle procession. Et le mardy, second jour de may, audit an, le Roy qui avoit envoyé sommer les Bourguignons tenans ledit Tronquoy, furent par iceulx Bourguignons, tuez ceulx qui estoient alez faire ladite sommation. Et pour ceste cause, fit tirer son artillerie contre ledit lieu du Tronquoy, tellement que ledit jour à cinq heures après-midy y fut livré l'assault fort et aspre, et fut emportée ladicte place d'assault, et furent tuez et pendus tous ceux qui furent trouvez dedens, sauf et réservé ung nommé Motin de Caulers, que le roy fist sauver, et si le fist esleu de Paris extraordinaire. Mais avant qu'ils fussent prins firent grant résistance iceulx Bourguignons contre les gens du Roy, et tuèrent audit assault le capitaine de Ponthoise, qu'on disoit estre vaillant homme, et aultres gens de guerre et francs-archiers, et puis fut ledit lieu abatu et démoly. Et ledit jour de saincte Croix s'en ala l'armée du Roy mettre le siége devant Mondidier, pour ce qu'ils furent reffusans d'eulx rendre au Roy. Et le vendredy, cinquiesme jour dudit mois d'avril audit an, fut mise et réduite en la main du Roy ladicte ville de Montdidier, et s'en alèrent ceulx de dedens leurs vies saulves, et laissèrent tous leurs biens, et puis fut toute ladite ville abatuë.

Le samedy ensuivant, sixiesme jour de may, fut pareillement renduë la ville de Roye et s'en alèrent les Bourguignons de dedens, vies et bagues saulves, et puis fut aussi rendu le chasteau de Moreul pareillement que ceux de Roye. Et en faisant telles exécutions que dit est sur ledit de Bourgongne et son pays par l'armée du Roy qui estoit si noble, telle et si belle compagnie et artillerie, que là où elle eust esté menée y avoit gens assez pour en brief temps prendre et mettre en la main du Roy toutes les villes et places dudit de Bourgongne, tant Flandres, Picardie que aultres lieux, car tout fuyoit devant iceulx. Et pour rompre icelle armée, fut le Roy adverty par aucuns, et mesmement de par monseigneur le connestable, que besoing luy estoit de garder sa duchié de Normendie, pour les Anglois que on luy disoit qui y devoient descendre : et si luy fut dit par mondit seigneur le connestable, au moins fut mandé ou escript qu'il fist hardiment ledit voyage en Normendie, et qu'il ne se souciast point d'Abbeville et Péronne, et que cependant qu'il yroit, les feroit réduire en sa main. Et le Roy, croyant ces choses, s'en ala audit païs de Normendie, et là mena avecques luy monseigneur l'Admiral et cinq cens lances, avec les nobles et francs-archiers de Normandie, et à ceste cause, se départit l'armée et s'en ala chascun en son logis. Et puis quant le Roy fut en Normendie, trouva qu'il n'estoit nulles nouvelles desdits Anglois, et ala à Harfleu, Dieppe, Caudebec et autres places. Et cependant ne se fist riens à l'avantage du Roy; mais au contraire, au moyen de ladite alée en Normendie, firent lesdits Bourguignons de grans maulx aux sujects et païs du Roy, qui y eurent de grans pertes, et puis s'en vint le Roy à Nostre-Dame-Descouys, en un hostel près d'illec, nommé Gaillart-Bois, lors appartenant à Colon, lieutenant de monseigneur l'admiral, où il se tint par aucun temps, durant lequel eut nouvelles de monseigneur le connestable, de la venuë et descenduë que faisoient lesdits Anglois à Calais. Et aussi que monseigneur de Bourgongne s'estoit levé de devant Nux, dont il disoit qu'il avoit la possession, et fait son appointement avecques l'empereur. Lequel empereur, avec ledit de Bourgongne s'en venoit faire guerre au Roy, desquelles choses n'estoit rien, et fust trouvé tout le contraire estre vray.

Durant ces choses fut prins ung hérault d'Angleterre nommé Scales, qui avoit plusieurs lettres qu'on escripvoit de par le Roy Edouart à diverses personnes, lesquelles lettres le Roy vist, et dict et certifia au Roy ledit Scales, que les Anglois estoient descendus à Calais, et que ledit roy Edouart y devoit estre le vingt-deuxiesme jour de ce présent mois de juing, à tout douze ou treize mil combatans. Et si luy certifia oultre que ledit de Bourgongne avoit fait son accord avec ledict empereur, et estoit retourné à Brucelles, dont de tout il n'estoit rien. Audit lieu Descouys fut aussi le Roy adverty que mondit seigneur le connestable avoit envoyé à monseigneur de Bourbon son séellé, pour suborner et tant faire, que mondit seigneur de Bourbon, voulsist devenir et estre contre le Roy, et de soy alier avecques ledit duc de Bourgongne, de toutes lesquelles choses le Roy fut moult merveillé. Et incontinant par plusieurs et divers messaiges, fut mandé par le Roy mondit seigneur de Bourbon venir à luy, et enfin, l'envoya quérir par monseigneur l'évesque de Mande, par lequel ledit seigneur de Bourbon avoit envoyé au Roy le séellé dudit monseigneur le connestable, des choses devant dictes.

Audit temps, le roy eut nouvelles de mondit seigneur de Bourbon comment les gentils-hommes de ses pays, francs-archiers et aultres que mondit seigneur avoit envoyez faire guerre pour le Roy à la duchié de Bourgongne, par laquelle guerre le Roy avoit commis mondit seigneur à son lieutenant-général qu'ils avoient trouvé lesdicts Bourguignons à Guy près de Chasteauchinon, et illec chargèrent sur iceux, lesquels ils desconfirent et y en eut de prins, de mors et qui s'en fuyrent grant quantité, entre lesquels Bourguignons y fut deffait deux cens lances de Lombardie, dont la pluspart y moururent, et si y mourut le seigneur de Conches et aultres seigneurs. Et y furent prins le comte Roussi, mareschal de Bourgongne, le sire de Longy, le bailly d'Auxerre (1), le sire de Lisle, l'enseigne du seigneur de Beauchamp, le fils du comte de Sainct-Martin, messire Louys de Montmartin, messire Jehan de Digoigne, le seigneur de Rugny, le seigneur de Chaligny, les deux fils de monseigneur de Vitaulx, dont l'un estoit conte de Joigny, et aultres, et fut ladicte destrousse ainsi faite le mardy vingtiesme jour de juing.

(1) Le manuscrit : d'Auxois.

Audit mois de juing, nonobstant les lettres ainsi envoyées par mondit seigneur le connestable au Roy, le Roy eut nouvelles de l'Empereur qu'il avoit fait rafreschir ceulx de ladicte ville de Nux, et d'icelle avoit mis hors tous les navrez et malades, et les avoit avitaillez pour un an entier, et mis gens tous nouveaulx, et partant mist ledit de Bourgongne à sa croix de pardieu, et que avecques ce avoit gaignée grant quantité de son artillerie, sa vaisselle d'argent et aultres bagues. Audit temps de juing le mardy vingt-septiesme, monseigneur l'admiral et ceulx de sa compaignie qui avoient esté ordonnez de par le Roy à faire le gast en Picardie et Flandres, et de mettre à feu et à sang tout ce qu'ils trouveroient esdits pays, vint ledit jour mettre ses embusches près de la ville d'Arras. Et icelles mises envoya environ quarante lances courir devant ladite ville d'Arras, lesquels d'Arras cuidans desconfire lesdictes lances, firent sur eulx grans saillis qui vindrent asprement courir sus ausdictes quarante lances, lesquelles se vindrent rendre esdictes embusches. Et après eulx lesdicts de Arras, tous lesquels furent enclos par ceulx desdictes embusches, qui sur eulx chargèrent et les mirent en fuite, et en fuyant y en eut de tuez de quatorze à quinze cens hommes, et y fut tué le cheval du sire de Romont fils de Savoye et frère de la Royne, mais il se sauva. Le gouverneur d'Arras, nommé Jacques de Sainct-Pol, et plusieurs aultres seigneurs et gens de nom y furent prins, que mondit seigneur l'admiral mena devant icelle ville pour les sommer de ceulx rendre ès mains du Roy leur souverain seigneur, ou aultrement qu'il feroit couper les cols ausdits seigneurs prisonniers. Audit mois de juing le Roy qui avoit à son prisonnier le prince d'Orenge seigneur de Harlay, et qui estoit à trente mil escus de finance, le délivra et donna sadicte finance, et en ce faisant devint homme lige du Roy, et luy fist hommaige de ladicte principauté d'Orenge. Et partant le Roy le renvoya à ses despens en ses pays, et luy donna et octroya telle prééminence qui se peust nommer par la grâce de Dieu, puissance de faire monnoye d'or et d'argent de bon aloy, aussi bon que la monnoye du Dauphiné, donner aussi toutes grâces, rémissions et pardons, réservé de hérésie et de crime de lèze-majesté. Et si donna le Roy dix mil escus contens au seigneur qui avoit prins ledit prince.

Audit mois de juing le Roy envoya ses lettres patentes à Paris, par lesquelles il fist publier que les Anglois estoient descendus à Calais, et que pour y résister il mandoit au prévost de Paris de contraindre tous les nobles et non nobles, tenans fief ou arrière-fief, pour estre prests le lundy troisiesme jour de juillet, entre Paris et le bois de Vinciennes, pour d'illec partir et aler où ordonné leur seroit, et nonobstant le privilége et pour cette fois seulement. En ensuivant lequel cry, furent envoyez par ceulx de Paris plusieurs gens en armes, montez et habillez par devers mondit seigneur le prévost de Paris au pays de Soixonnois. Au mois de juillet ensuivant le Roy qui séjourna en Normendie par aucun temps, s'en revint à Nostre-Dame-Descouys et à Gaillart-Bois près d'illec, où aussi il séjourna une pièce, et puis s'en partit pour aler à Nostre-Dame-de-la-Victoire, où il fut aussi une autre espace de temps, et puis s'en ala à Beauvais.

Audit mois ledit duc de Bourgongne qui avoit esté devant la ville de Nux par l'espace de douze mois, s'en partit et s'en ala de nuict et honteusement de devant icelle ville sans l'avoir peu conquérir, qui luy vint à moult grant blasme et perte de gens et biens. Et puis s'en revint à ses pays, où il trouva son frère le roy Edoüart d'Angleterre qu'il y avoit fait descendre, pour en continuant son mal et malice de rechief faire guerre au Roy et à ses pays et subjects.

Audit temps se fist de grandes batteries et destructions de pays et terres dudit duc de Bourgongne, et y eut plusieurs villes, bourgs et villaiges ars et destruicts.

Et audit temps fut mandé par le Roy venir à luy monseigneur le duc de Bourbon, qui avant qu'il y vinst eut plusieurs lettres et messaiges, et puis vint pardevers le Roy, luy estant à Nostre-Dame-de-la-Victoire, et arriva en la ville de Paris mondit seigneur de Bourbon au mois d'aoust, à moult belle et honneste compaignie de nobles hommes, et bien fort triomphans, et avoit bien avecques luy de sa compaignie cinq cens chevaulx. Et s'en partit ledit duc de Bourbon de ladicte ville de Paris pour aler par devers le Roy, le lundy quatorzième jour d'aoust, et fut ung peu d'espace de temps avecques le Roy, et puis s'en partit de Senlis pour aler à Cleremont.

Audit mois d'aoust le Roy eut ambassades de par le roy d'Angleterre, qu'il s'estoit venu loger à Lihons en Santers, qui communiquèrent avecques le Roy d'aucunes matières, après lequel pourparlé le Roy envoya à Paris monseigneur le chancellier, messeigneurs les gens des finances et aultres, pour avoir prest d'argent de ceulx de ladicte ville, ausquels fut fait promesse et obligation de leur restituer leur prest dedens le jour de Toussaincts. Et fut presté de ladicte ville soixante et quinze mil escus d'or, qui furent baillez ausdits Anglois au moyen de certain traicté fait avecques eulx. Et si fut envoyé au Roy grant quantité de gens en armes de par ladicte ville, montez et habillez aux gaiges et despens des officiers et aultres habitans de ladicte ville.

Audit mois d'aoust, le mardy vingt-neufiesme jour dudit mois, le Roy se partit d'Amiens, et aussi messeigneurs de Bourbon, de Lyon, et autres nobles hommes, capitaines, gens-d'armes et de traict, officiers et aultres gens, en moult grant et merveilleux nombre, que bien on estimoit estre cent mil chevaulx, pour tous aler à Piquigny. Auquel lieu le roy Edoüart d'Angleterre vint parler au Roy, et en amena avecques luy son avant-garde et arriere-garde, et demoura en bataille près dudit Piquigny. Et dessus le pont dudit Piquigny, le Roy avoit fait dresser deux appentis de bois, l'ung devant l'autre, dont l'ung estoit fait pour le Roy et l'autre pour le roy d'Angleterre. Et entre lesdits deux appentis y avoit une cloison de bois, dont la moitié par le hault estoit treillissée, tellement que chascun des deux rois pouvoient mettre leur bras par dedens ledit treillis. Et en l'un desdits appentis vint et arriva le Roy tout le premier, et incontinent qu'il y fut arrivé s'en partit ung baron d'Angleterre illec attendant le venüe du Roy, qui ala dire au roy d'Angleterre que le Roy estoit ainsi arrivé : lequel roy d'Angleterre qui estoit en son parc loing d'une bonne lieuë dudit Piquigny, accompaigné de vingt mil Anglois, bien artillez dedens sondit parc, s'en vint incontinent audit lieu de Piquigny, audit appentis qui lui estoit appareillé. Et amena seulement avecques luy pour l'attendre au joignant d'icelluy appentis, vingt des lances de sadicte compaignie, qui illec furent et demourèrent dedens l'eauë à costé dudit pont, par tout le temps que le Roy et ledit roy d'Angleterre furent et demourèrent en icelluy appentis. Durant lequel temps vint une moult grande et merveilleuse pluye, qui fist moult de mal et perte aux seigneurs et gentils-hommes du Roy, à cause des belles houssures et nobles habillemens qu'ils avoient préparez pour la venüe dudit roy Edouart d'Angleterre. Et lequel roy d'Angleterre quant il vit et apperceut le Roy il se getta à un genoil à terre, et depuis par deux fois se y getta avent que arriver au Roy, lequel le receut bien bénignement, et le fist lever, et parler bien ung quart d'eure ensemble ès présences de mesdits seigneurs de Bourbon, de Lyon et aultres seigneurs et gens des finances, que le Roy avoit faict illec venir jusques au nombre de cent. Et puis après ce qu'ils eurent parlé ensemble en général, le Roy fist tout reculler, et parlèrent à privé ensemble, où aussi ils furent et demourèrent une espace de temps.

Et au département fut publié que l'appoinctement estoit fait entre eulx tel qu'il s'ensuit : c'est assavoir, que trèves estoient accordées entre eulx pour le temps de sept ans, qui commencèrent ledit vingt-neufiesme jour d'aoust, l'an 1475, et finiroient à pareil et semblable jour qui seroit 1482. Laquelle trève seroit marchande, et pourroient aler et venir lesdits Anglois par tout le royaulme armez et non armez, pourveu qu'ils ne seroient en armes en une compaignie plus que de cent hommes. Et fut publiée ladicte trève à Paris, Amiens (1), et aultres lieux du royaulme de France. Et puis fut baillé audit roy d'Angleterre soixante-quinze mil escus d'or, et si fist le Roy d'aultres dons particuliers à aucuns seigneurs d'autour dudit Edouart, et aux héraulx et trompettes de ladicte compaignie, qui en firent grant feste et bruit, en criant à haulte vois, *largesse au très-noble et puissant roy de France, largesse, largesse.*

Et si promist encores audit roy Edouart luy payer et donner par chascunes desdites sept années cinquante mil escus. Et si festoya bien fort le duc de Clairance frère dudit roy d'Angleterre, et luy donna de beaulx dons. Et puis le roy Edouart retira tous ses Anglois qu'il avoit, tant de son ost que aultres qu'il avoit envoyez à Abbeville, Péronne et ailleurs, et fist trousser et baguer (2) tout son bagage, et s'en retourna à Calais pour passer la mer et s'en aler en son royaulme d'Angleterre. Et le convoya jusques audit lieu de Calais maistre Jehan Hesberges évesque d'Evreux, et si laissa ledit Edouart au Roy deux barons d'Angleterre, l'un nommé le seigneur de Havart, et l'autre le grant escuyer d'Angleterre, jusques à ce que le Roy eust en aucune chose que ledit Edouart luy devoit envoyer du royaulme d'Angleterre, et lesquels seigneur de Havart et grant escuyer estoient fort amis et en la grâce dudit Edouart, et qui avoient esté moyen de faire ladicte paix, trèves, et autres traitiez entre iceulx Rois. Et furent iceulx Havart et grant escuyer fort festiez à Paris, et puis le Roy, mesdits seigneurs de Bourbon, de Lyon et aultres seigneurs qui estoient à Amiens, s'en retournèrent à Senlis, où ils furent une espace de temps.

Et ordonna le Roy gens de sa maison pour mener et conduire lesdits de Havart et escuyer

---

(1) Dans toutes les autres éditions on lit : avenües.

(2) Emballer.

parmy la ville de Paris et aultres lieux, et entre aultres y ordonna et en bailla la charge à sire Denis Hesselin, son maistre d'hostel et esleu de Paris, qui en fist bien son debvoir, à l'onneur et loüange du Roy, et demeurèrent en ladicte ville par l'espace de huict jours entiers, où ils furent bien fort festiez et menez joüer au bois de Vinciennes et ailleurs. Et entre aultres choses furent bien fort festiez aux Tournelles, en l'ostel du Roy, et pour ce faire leur fut envoyé pour les honnestement entretenir, plusieurs dames, damoiselles et bourgoises, et puis s'en retournèrent lesdits de Havart et escuyer par devers le Roy, qui lors estoit à la Victoire près Senlis. Et audit mois de septembre le Roy, qui estoit audit lieu de la Victoire, s'en ala vers le païs de Soixonnois et à Nostre-Dame-de-Lièce. Et en ce voyage print et réduisit en ses mains la ville de Sainct-Quentin que monseigneur le connestable avoit prinse et usurpée sur luy, et bouté hors ceulx à qui le Roy en avoit baillé la charge, ainsi que dit est devant. Et auparavant ledict connestable s'en estoit alé, et avoit habandonné ses villes et places pour aller avec et en l'obéyssance dudit de Bourgongne. Et qui pis estoit avoit escrit et mandé au roy Edouart d'Angleterre après le traicté par luy fait avecques le Roy, et qu'il estoit retourné à Calais pour passer la mer, et retourner en Angleterre, qu'il estoit ung lasche deshonnouré et povre Roy d'avoir fait ledict traictié avecques le Roy soubs umbre des promesses que le Roy luy avoit faictes, dont il ne luy tiendroit rien, et qu'en fin s'en trouveroit deceu. Lesquelles lettres ainsi audit roy Edouart escriptes par ledit connestable, il envoya dudit lieu de Calais au Roy, lequel apperceut que ledict connestable n'estoit point féal comme estre devoit. Et puis fut donné congié par le Roy auxdits de Havart et grant escuyer d'eux en retourner audit royaulme d'Angleterre, et leur fut donné de beaulx dons, tant en or qu'en vaisselle d'or et d'argent, et si fist le Roy publier à Paris qu'on leur laissast prendre des vins au pays de France, tant que bon leur sembleroit pour mener en Angleterre, en les payant.

Audit mois d'octobre, le Roy qui estoit alé à Verdun et aultres places environ la duché de Lorraine, retourna à Senlis et à la Victoire. Et y vindrent les ambassadeurs de Bretaigne qui firent la paix entre le Roy et ledit duc de Bretaigne, qui renonça à toutes alliances et séelez qu'il avoit fait et baillé contre le Roy. Et pareillement ledit monseigneur de Bourgongne print et accepta trèves marchandes avecques le Roy, pareillement que la trève des Anglois.

Et le lundy, seiziesme jour dudit mois d'octabre audit an 1475, fut publiée solempnellement au son de deux trompettes, et par les carrefours de ladicte ville de Paris ladicte trève marchande d'entre le Roy et mondit seigneur de Bourgongne, pour le temps et terme de neuf ans, commençans le quatorziesme jour de septembre audit an, et finissans à semblable jour l'an 1484. Par laquelle toute marchandise devoit avoir cours par tout le royaulme de France, et ce temps durant chascun povoit retourner en ses possessions immeubles.

Et puis le Roy s'en retourna à Sainct-Denis, et puis à Savigny près de Montlchéry, et de là au bois de Malesherbes, et en après à Orléans, à Tours et à Amboise. Et le lundy vingtiesme jour de novembre audit an 1475, fut mené escarteller aux halles de Paris par arrest de la court de parlement, un gentil-homme natif de Poictou, nommé Regnault de Veloux, serviteur et fort familier de monseigneur du Maine, pour occasion de ce que ledit Regnault avoit fait plusieurs voyages par devers divers seigneurs de ce royaulme, et conseillé de faire plusieurs traictiez, et porté plusieurs séellez contre et au préjudice du Roy, dudit royaulme et de la chose publique. Et fut ledit Regnault, par l'ordonnance de ladicte court, fort secouru pour le fait de son asme et conscience ; car il luy fut baillé le curé de la Magdeleine, pénancier de Paris, et moult notable clerc, docteur en théologie, et deux grans clercs de l'ordre des Cordeliers, et furent pendus ses membres aux quatre portes de Paris, et le corps d'icelluy au gibet de Paris.

Et pour ce que par le Roy nostre sire d'une part et ses ambassadeurs pour luy, et les ambassadeurs de monseigneur de Bourgongne, au mois d'octobre qui estoit passé dernier, en faisant par eulx la trève de neuf ans entre eulx deux, dont est faicte mention devant, avoit esté promis de par ledit duc de Bourgongne de mettre et livrer ès mains de gens et ambassadeurs du Roy ledit connestable de France, nommé messire Loys de Luxembourg. Fut par ledit duc de Bourgogne baillé et livré ledit connestable ès mains de monseigneur l'admiral bastard de Bourbon, de monseigneur de Sainct-Pierre, de monseigneur du Bouchaige, de maistre Guillaume de Cerisay, et aultres plusieurs. Et par tous les dessus nommez en fut mené prisonnier en la ville de Paris, et mené par dehors les murs d'icelle du costé des champs, à l'entrée de la bastille Sainct-Anthoine. Laquelle entrée ne fut point trouvée ouverte, et pource fut ordonné et amené ledit monseigneur le connestable passer parmy la porte Sainct-Anthoine au dedans de ladicte ville, et mis en ladicte Bastille. Et estoit ledit monseigneur le connestable vestu et habillé d'une cappe de camelot doublée de veloux noir, dedans laquelle il estoit fort embrunché (1), et estoit monté sur ung petit cheval à courts crains et en ses mains avoit unes moufles fort veluës.

Et audit estat, après ce qu'il fut descendu audit lieu de la Bastille, trouva illec monseigneur le chancellier, le premier président, et les aultres présidens en la court de parlement, et plusieurs conseillers d'icelle court. Et aussi y estoit sire Denis de Hesselin, maistre d'ostel du Roy nostre sire, qui tous illec le receurent, et après s'en départirent et le laissèrent en la garde de Phelippe Luillier, capitaine dudit lieu de la Bastille. Et auquel lieu de la Bastille ledict monseigneur l'admiral, présent mondit seigneur le connestable, ausdits chancellier, présidens et aultres dessus nommez, proféra et dist telles ou semblables paroles, en effect et substance : « Messeigneurs qui cy estes tous présens, veez » cy monseigneur de Sainct-Pol, lequel le Roy « m'avoit chargé d'aler quérir par devers mon- « seigneur le duc de Bourgongne, qui luy avoit » promis le luy faire bailler, en faisant avecques » le Roy son dernier appointement de la trève » entre eulx. En fournissant à laquelle promesse » le me a faict bailler et délivrer pour et au » nom du Roy. Et depuis l'ay bien gardé jus- » ques à présent que je le mets et baille en vos » mains, pour luy faire son procez le plus dili- » gemment que faire le pourrez, car ainsi m'a » chargé le Roy de le vous dire. » Et à tant s'en partit ledit monseigneur l'admiral dudit lieu de la Bastille. Et après que ledit connestable eut ainsi esté laissé és mains des dessus nommez, monseigneur le chancellier, premir et second présidens de parlement, et aultres notables et saiges personnes, en bien grant nombre, à faire ledit procez, vacquèrent et entendirent à bien grant diligence et solicitude à faire ledit procez, et en faisant iceluy interroguèrent ledit seigneur de Sainct-Pol sur les charges et crimes à luy mis sus et imposez, ausquels interrogatoires il respondit de bouche sur aucuns points, lesquels interrogatoires et confessions furent mis au net et envoyez devers le Roy.

Et le lundy, quatriesme jour de décembre audit an 1475, advint que ung hérault du Roy, nommé Montjoye, natif du pays de Picardie, et qui faisoit la pluspart de sa résidence avecques ledit seigneur de Sainct-Pol, luy estant connes- table, vint et arriva luy et ung sien fils en la ville de Paris, par devers maistre Jehan de Ladriesche, président des comptes et trésorier de France, natif du pays de Brebant, pour lui apporter lettres de par le comte de Merle, sa femme et enfans, affin de secourir et aider par luy en ce que possible luy seroit audit connestable, père dudit conte de Merle : lesquelles lettres ledit maistre Jehan de Ladriesche ne voulut pas recevoir d'iceluy hérault, sinon en la présence de mondit seigneur le chancellier, et des gens du conseil du Roy. Et à ceste cause ledit maistre Jehan de Ladriesche mena et conduisit ledit hérault jusques au logis dudit monseigneur le chancellier, affin que par luy lesdites lettres feussent vuës et ce que dedens y estoit contenu ; mais pource que ledit Jehan de Ladriesche demoura longuement au conseil avecques iceluy monseigneur le chancellier et aultres, ledit Montjoye et sondit fils s'en retournèrent en leur logis, et illec montèrent incontinent à cheval et s'en alèrent au giste au Bourgel. Combien que à leur partement ils dirent à leur hoste que se aucuns les demandoit, qu'il dist qu'ils s'en estoient alez au giste au Bourg-la-Royne. Et quand ledit de Ladriesche cuida trouver ledit hérault pour avoir lesdictes lettres, ne le trouva point, pourquoy fut hastivement envoyé après ledit hérault jusques au Bourg-la-Royne où il ne fut point trouvé ; mais fut trouvé par deux archiers de la ville de Paris audit lieu du Bourgel, et par eulx ramené le dimenche tiers jour de décembre audit an, lequel fut mené et conduit jusques en l'ostel d'icelle ville, et illec devant les gens et conseil à ce ordonnez, fut ledit Montjoye et sondit fils, chascun à part interrogué, et furent leurs dépositions rédigées et mises par escrit par le sire Denis Hesselin. Et après ce furent lesdits Montjoye et sondit fils mis et laissez en la garde de Denis Baudart, archier de ladite ville et en son hostel, auquel lieu il fut et demoura par l'espace de vingt-cinq jours, et illec bien et diligemment gardé avec sondit fils par trois des archiers de ladicte ville.

Audit temps au commencement du mois de décembre, fut amené le conte de Roussi (2), qui prisonnier estoit dedens la grosse tour de Bourges, jusques au Plessis-du-Parc, autrement dit les Montils-lez-Tours, où le Roy estoit. Et illec fut parlé à luy, et luy fist plusieurs grans remonstrances des grandes folies esquelles par long-temps il s'estoit entremis, et comment il avoit du Roy mal parlé, durant ce qu'il avoit esté

---

(1) Signifie également embarrassé, à couvert.

(2) Antoine de Luxembourg, fils du connétable.

et soy porté son ennemy, et fait plusieurs grans et énormes maulx à ses villes, pays et subgects, comme mareschal de Bourgongne pour le duc. Et comment villainement et honteusement il avoit esté prins prisonnier par les gens du Roy, qui pour luy estoient en armes audit pays de Bourgongne soubs la charge de monseigneur le duc de Bourbonnois.

Et par ledict de Roussi baillée sa foy au seigneur de Combronde, et comment il avoit accepté de mondit seigneur le duc vingt-deux mil escus d'or. Et luy fist le Roy de grans paours et effrois, dont ledit seigneur de Roussi cuida avoir froide joye de sa peau (1), mais en conclusion le Roy le mist à quarante mil escus de rançon, et luy fut par luy donné terme de les trouver et rapporter devers le Roy dedans deux mois après ensuivans, pour tous termes et délais, et que aultrement et où il y auroit faulte dedens ledit terme, qu'il feust asseuré qu'il mourroit. Et depuis ces choses fut procédé par toute diligence à faire le procez dudit connestable, par mesdits seigneurs le chancelier, présidens et conseillers, clercs et lais de la cour de parlement, desdicts de Sainct-Pierre Hesselin et aultres, à ce faire ordonnez et appelez. Lequel procez veu fut par eux conclud, tellement que le mardy dix-neufiesme jour de décembre audit an 1475, fut ordonné que ledit connestable seroit mis et tiré hors de sa prison et amené en la cour de parlement, pour luy dire et déclarer le dictum donné et conclud alencontre de lui, par icelle cour de parlement, et fut à luy ledit jour de mardy en la chambre et logis d'iceluy connestable en ladite bastille Sainct-Anthoine, où il estoit prisonnier, ledict monseigneur de Sainct-Pierre qui de luy avoit la garde et charge, lequel en entrant en la chambre luy fut par luy dict : *Monseigneur, que faictes-vous, dormez-vous ?* Lequel connestable lui respondit : *Nenny, long-temps a que ne dormy, mais suis icy où me voyez pensant et fantasiant.* Auquel ledit de Sainct-Pierre dist qu'il estoit nécessité qu'il se levast pour venir en ladicte cour de parlement, pardevant les seigneurs d'icelle court, pour luy dire par eulx aucunes choses qu'ils luy avoient à dire touchant son faict et expédition, ce que bonnement ne pouvoit mieulx faire que en ladicte court; en luy disant aussi par ledict de Sainct-Pierre qu'il avoit esté ordonné que avecques luy et pour l'accompaigner y seroit et viendroit monseigneur Robert Destouteville,

chevalier prévost de Paris, dont de ce ledict connestable fut ung peu espouventé, pour deux causes que lors il déclara.

La première, pource qu'il cuidoit que on le vousist mettre hors de la possession dudit Phelippe Luillier, capitaine d'icelle bastille, avecques lequel il s'estoit bien trouvé, et l'avoit fort agréable, pour le mettre ès mains dudict Destouteville qu'il réputoit estre son ennemy, et que s'il y estoit, doutoit qu'il luy fist desplaisir, et aussi qu'il craignoit le populaire de Paris, et de passer parmy eulx. A toutes lesquelles doubtes ainsi faictes par le dict connestable luy fut solu (2) et dit par ledict seigneur de Sainct-Pierre que ce n'estoit point pour luy changer son logeis, et qu'il le mèneroit seurement audit lieu du Palaiz sans luy faire aucun mal, et à tant s'en partit dudict lieu de la Bastille, monta à cheval et ala jusques audict palais, tousjours au milieu desdicts Destouteville et de Sainct-Pierre, qui le firent descendre aux degrez de devant la porte aux Merciers d'icelle court de parlement. Et en montant esdicts degrez trouva illec le seigneur de Gaucourt et Hesselin, qui le saluèrent et luy firent le bien venant, et icelluy connestable leur rendit leur salut. Et puis après qu'il fut monté le menèrent jusques en la tour criminelle dudit parlement, où il trouva monseigneur le chancelier, qui à luy s'adressa, en luy disant telles paroles : « Monseigneur de » Sainct-Pol, vous avez esté par cy-devant et » jusques à présent tenu et réputé le plus saige » et le plus constant chevalier de ce royaume, » et puis donques que tel avez esté jusques à » maintenant, il est encores mieux requis que » jamais que ayez meilleure constance que oncques vous n'eustes. » Et puis luy dist : « Monseigneur, il faut que ostiez d'autour de vostre » col l'ordre du Roy que y avez mise. » A quoy respondit ledit de Sainct-Pol, que voulentiers il le feroit. Et de fait mist la main pour la cuider oster, mais elle tenoit par derrière à une espingle. Et pria audit de Sainct-Pierre qu'il luy aidast à l'avoir, ce qu'il fist. Et icelle baisa et bailla audit monseigneur le chancelier, et puis luy demanda ledit monseigneur le chancelier où estoit son espée que baillée luy avoit esté en le faisant connestable. Lequel respondit qu'il ne l'avoit point, et que quant il fut mis en arrest que tout luy fut osté, et qu'il n'avoit riens avecques luy aultrement qu'ainsi qu'il estoit quant il fut amené prisonnier en ladicte Bastille, dont par mondit seigneur le chancelier fut tenu pour excusé. Et à tant se départit mondit seigneur le chancellier, et tout incontinent après y vint et arriva maistre Jehan de Poupaincourt président

---

(1) Expression proverbiale, craindre pour sa peau.

(2) Du latin *solutus*, lui fut signifié comme chose résolue.

en ladite court, qui luy dist aultres parolles telles que s'ensuivent : « Monseigneur, vous sçavez » que par l'ordonnance du Roy vous avez esté » constitué prisonnier en la bastille Sainct-An- » thoine, pour raison de plusieurs cas et crimes » à vous mis sus et imposés. Ausquelles charges » avez respondu et esté ouy en tout ce que vous » avez voulu dire, et sur tout avez baillé vos ex- » cusations, et tout veu à bien grant et meure » délibération, je vous dis et déclaire, et par » arrest d'icelle court, que vous avez esté crimi- » neux de crime de lèze-majesté, et comme tel » estes condemné par icelle court à souffrir mort » dedans le jourd'huy, c'est à sçavoir, que vous » serez décapité devant l'ostel de cette ville de » Paris, et toutes vos seigneuries, revenuës, et » aultres héritages et biens déclarez acquis et » confisquez au Roy nostre sire. » Duquel dictum et sentence il se trouva fort perplex, et non sans cause, car il ne cuidoit point que le Roy ne sa justice le deussent faire mourir. Et dist alors et respondit : « Ha, ha! Dieu soit loué, » véez cy bien dure sentence, je luy supplie et » requier qu'il me doint grâce de bien le recog- » noistre aujourd'hui. » Et si dist oultre à monseigneur de Sainct-Pierre : « Ha, ha! monsei- » gneur de Sainct-Pierre, ce n'est pas cy ce que » m'avez tousjours dict, et à tant se retrahit. » Et lors ledit monseigneur de Sainct-Pol fut mis et baillé ès mains de quatre notables docteurs en théologie, dont l'un estoit cordelier nommé maistre Jehan de Sordun, l'autre Augustin, le tiers pénancier de Paris, et le quart estoit nommé maistre Jehan Huë, curé de Sainct-Andry-des-Ars, doyen de la faculté de théologie audict lieu de Paris, ausquels et à mondict seigneur le chancelier, il requist qu'on luy baillast le corps de nostre Seigneur, ce qui ne luy fut point accordé, mais luy fut fait chanter une messe devant luy, dont il se contenta assez.

Et icelle dicte luy fut baillé de l'eauë béniste et du pain bénoist dont il menga, mais il ne bust point lors ne depuis, et ce faict demoura avec lesdicts confesseurs jusques à entre une et deux heures après midy dudict jour qu'il descendit dudict palais et remonta à cheval pour aler en l'hostel de ladite ville, où estoient faicts plusieurs eschaffaulx pour son exécution. Et avecques luy y estoient le greffier de ladicte cour, et huissiers d'icelle. Et audict hostel de la ville descendit et fut mené au bureau dudict lieu, contre lequel y avoit un grant eschaffault drecié, et au joignant d'icelluy on venoit par une alée de bois à ung aultre petit eschaffault, là où il fut exécuté. Et en icelluy bureau fut illec avec sesdicts confesseurs faisans de grans et piteux regrets, et y fist ung testament tel quel, et soubs le bon plaisir du Roy, que ledict sire Denis Hesselin escripvit soubs luy. En faisant lesquelles choses il demoura audit bureau jusques à trois heures dudict jour, qu'il yssit hors d'icelluy bureau, et s'en vint getter au bout du petit eschaffault et mettre la face et les deux genouils fléchis devant l'église Nostre-Dame de Paris, pour y faire son oraison, laquelle il tint assez longue en douleureux pleur et grant contrition, et tousjours la croix devant ses yeux, que luy tenoit ledit maistre Jehan Sordun, laquelle souvent il baisoit en bien grant révérence, et moult piteusement plourant.

Et après sadite oraison ainsi faicte, et qu'il se fust levé de bout, vint à luy ung nommé Petit Jehan, fils de Henry Cousin, lors maistre exécuteur de la haute justice, qui apporta une moyenne corde dont il lia les mains dudict de Sainct-Pol, ce qu'il souffrit bien bénignement. Et en après le mena ledit Petit Jehan, et fist monter dessus ledit petit eschaffault, dessus lequel il se arresta et tourna le visaige par devers lesdits chancellier, de Gaucourt prévost de Paris, seigneur de Sainct-Pierre, greffier civil de ladicte court, dudit sire Denis Hesselin, et aultres officiers du Roy nostre sire, estans illec en bien grant nombre, en leur criant mercy pour le Roy, et leur requérant qu'ils eussent son ame pour recommandée. Non pas comme il leur dist qu'il n'entendoit pas qu'il leur coustast riens du leur. Et aussi se retourna au peuple estant du costé du Sainct-Esprit, en leur suppliant aussi de prier pour son ame, et puis s'en ala mettre à deux genoulx dessus un petit carreau de laine aux armes de ladite ville, qu'il mist à point et remua de l'ung de ses pieds, où il fut illec diligemment bandé par les yeulx par ledit Petit Jehan, tousjours parlant à Dieu et à sesdits confesseurs, et souvent baisant ladicte croix. Et incontinent ledit Petit Jehan saisit son espée que sondit père luy bailla, dont il fist voller la teste de dessus les espaules, si tost et si transivement que son corps cheyt à terre aussi tost que la teste, laquelle teste incontinent après fut prise par les cheveulx par icelluy Petit Jehan, et mise laver en ung seau d'eau estant près d'illec, et puis mise sur les appuyes dudit petit eschaffault et monstré aux regardans ladite exécution, qui estoient bien deux cens mil personnes et mieulx.

Et après ladicte exécution ainsi faicte, ledit corps mort fut despouillé et mis avec ladite teste, tout enseveli dedans ung beau drap de lin, et puis bouté dedens ung cercueil de bois, que ledit sire Denis Hesselin avoit fait faire. Et lequel corps ainsi ensepvely que dit est, fut venu quérir par l'ordre des Cordeliers de Paris, et sur leurs espaules l'emportèrent inhumer en leur église. Et ausquels Cordeliers ledit Hesselin fist bailler quarante torches pour faire le convoy dudit corps, après lequel il fut et le convoya jusques audit lieu des Cordeliers, et le lendemain y fist aussi faire ung beau service en ladicte église, et aussi en fut fait service à Sainct-Jehan en Grève, là où aussi la fosse avoit esté faite, cuidant que on luy deust enterrer, et y eust esté mis se n'eust esté que ledit Sordun dist à iceluy de Sainct-Pol, que en leurdicte église y avoit enterrée une contesse de Sainct-Pol, et qu'il devoit mieux vouloir y estre enterré que en nulle aultre part, dont iceluy de Sainct-Pol fut bien content, et pria à ses juges que sondit corps feust porté ausdicts Cordeliers.

Et est vray que après ladicte sentence ainsi déclairée appert audict deffunct de Sainct-Pol, que dit est, fut tout son procez bien au long déclairé au grand parc de ladicte court, et à huis ouvers. Auquel procès fut dict et déclairé de moult merveilleux et énormes cas et crismes avoir esté faits et perpétrez par ledict de Sainct-Pol, et en iceulx maux soy estre entretenu, continué et maintenu par long-temps, et par diverses fois. Et entre aultres choses fut dict et récité comment lesdicts de Bourgongne et de Sainct-Pol avoient envoyé de la partie d'iceluy de Bourgongne, messire Phelippe Bouton et messire Phelippe Pot, chevaliers, et de la partie dudict connestable Hector de l'Escluse par devers monseigneur le duc de Bourbon, affin de esmouvoir mondit seigneur de Bourbon de soy eslever et estre contre le Roy, et soy départir de sa bonne loyauté, ausquels fut dit pour ledit seigneur par la bouche du seigneur de Fleurac son chambellan, qu'ils s'abusoient et que ledict seigneur aimeroit mieulx mourir que d'estre contre le Roy, et n'en eurent plus pour ceste fois. Et que depuis ce ledict de l'Escluse y retourna de rechief, qui dist audict monseigneur de Bourbon que ledict connestable luy mandoit par luy, que les Anglois descendroient en France, et que sans difficulté à l'aide dudict connestable ils auroient et emporteroient tout le royaulme de France. Et que pour eschever sa perdition et de ses villes et pays, ledit seigneur de Bourbon voulsist estre et soy alier avec ledict de Bourgongne, et luy dist en ce faisant que luy en viendroit grant prouffit. Et où il ne le vouldroit faire que bien luy en convenist, et que s'il luy en prenoit mal, qu'il ne seroit pas à plaindre. Lequel mondit seigneur de Bourbon dist et respondit audit de l'Escluse qu'il n'en feroit riens, et qu'il aimeroit mieulx estre mort et avoir perdu tout son vaillant, et devenir en aussi captivité et povreté que oncques fut Job, que de consentir faire ne estre faict quelque chose que ce feust, qui feust au dommaige, au préjudice du Roy, et à tant s'en retourna ledict Hector sans aultre chose faire. Et paravant ces choses mondict seigneur de Bourbon envoya au Roy lesdictes lettres de séellé dudit connestable, par lesquelles apparoist la grande trahison dudict connestable, et plusieurs aultres grands cas, trahisons et mauvaistiez que avoit confessées en sondit procès ledit connestable bien au long déclairées en iceluy procez, que je laisse icy pour cause de briefveté.

Et si est vérité que ledit connestable, après ce qu'il eust esté confessé et qu'il vouloit venir audit eschaffaut, dist et déclaira à sesdicts confesseurs qu'il avoit dedans son pourpoing soixante-dix demy escus d'or qu'il tira hors d'iceluy, en priant audit Cordelier qu'il les donnast et distribuast pour Dieu, et en aumosne pour son ame et en sa conscience; lequel Cordelier luy dist qu'ils seroient bien employez aux povres enfans novices de leur maison, et autant luy en dist ledict confesseur Augustin des enfans de leur maison. Et pour tous les appaiser dist et respondit iceluy deffunct connestable à sesdits confesseurs qu'il prioit à tous lesdits quatre confesseurs que chascun en prenist la quatriesme partie, et que en leurs consciences le distribuassent là où ils verroient qu'il seroit bien employé. Et en après tira un petit anneau d'or où avoit ung diamant qu'il avoit en son doy, et pria audit pénancier qu'il le donnast et présentast de par luy à l'imaige Nostre-Dame de Paris, et le mist dedens son doy, ce que ledit pénancier promist de faire. Et puis dist encore audit cordelier Sordun : « Beau père, veez-cy une pierre que j'ay
» longuement portée en mon col, et que j'ay
» moult fort aymée pource qu'elle a moult grande
» vertu, car elle résiste contre tout venin, et
» préserve aussi de toute pestilence, laquelle
» pierre je vous prie que portez de par moy à
» mon petit-fils, auquel direz que je luy prie
» qu'il la garde bien pour l'amour de moy, » laquelle chose luy promist de le faire.

Et après ladicte mort mondit seigneur le chancelier interroga lesdits quatre confesseurs, s'il leur avoit aucune chose baillée, qui luy dirent qu'il leur avoit baillé lesdits demy escus, diamant et pierre, dessus déclairez. Lequel monseigneur le chancellier leur respondit que au regard d'iceux demy escus et diamant, ils en feissent ainsi que ordonné l'avoit, mais que au regard de ladicte pierre, qu'elle seroit baillée au Roy pour en faire à son bon plaisir.

Et de ladicte exécution ainsi faicte que dit est, en fut faict un petit épitaphe tel qu'il s'ensuit (1) :

> Mil quatre cens l'année de grâce,
> Soixante-quinze en la grant place,
> A Paris que l'on nomme Grève.
> L'an qui fut fait aux Anglois tréve,
> De décembre le dix-neuf,
> Sur un eschaffault fait de neuf,
> Fut amené le connestable,
> A compagnie grant et notable,
> Comme le veult Dieu et raison,
> Pour sa très-grande trahison.
> Et là il fut décapité
> En cette très-noble cité.

Et après ladicte exécution ainsi faicte dudict connestable, fut le samedy vingt-troisiesme jour dudit mois de décembre, faict publier à Paris à son de trompe et cry publique le désappointement des généraulx maistres des monnoyes, pour les causes contenuës audit mandement. Et au lieu d'eulx le Roy mist et establist quatre personnes seulement : c'est assavoir, sire Germain de Merle, et Nicolas Potier, Denis Le Breton, et Symon Ausortan (2). Et fut ordonné que les escus d'or du Roy, qui auparavant avoient eu cours pour vingt-quatre sols parisis et trois tournois, auroient cours pour trente-cinq unzains, valans vingt-cinq sols huict deniers parisis. Et que on feroit des aultres escus d'or qui auroient ung croissant, au lieu de la couronne qui estoit ès aultres escus, qui vaudroient trente-six unzains, du prix de vingt et six sols six deniers tournois, et des douzains neufs de douze tournois pour pièce. Et ledit jour de samedy par la permission du Roy furent alez quérir et assembler le corps qui pendu estoit au gibet de Paris de Regnault de Veloux, et la teste qui mise estoit au bout d'une lance ès Hales de Paris, avecques ses membres attachez à quatre potences aux portes de Paris, et fut tout assemblé ensemble. Et puis furent portez inhumer et enterrer au couvent desdits Cordeliers de Paris, auquel lieu luy fut fait son service bien et honorablement, pour le salut et remède de son ame, tout au coust, mises et despens des parens et amis dudit deffunct Regnault de Veloux.

Et le mardy ensuivant jour de sainct Estienne après Noël, audit an 1475, fut et comparust pardevant l'ostel de ladite ville de Paris, un chevalier Lombart, nommé messire Boufille, qui avoit esté deffié d'estre combatu à outrance en lice de pié, par ung aultre chevalier natif du royaulme d'Arragon, qui audit jour y devoit comparoir, mais il n'y vint point. Et pour avoir contre luy tel deffaut que de raison par ledit Boufille, s'en vint par devers le conte de Dampmartin illec ordonné juge de par le Roy de la question d'entre lesdictes deux parties. Et vint en icelle place ledit Boufille tout armé de son harnois, et en l'estat qu'il devoit combatre, sa hache au poing, et devant luy faisoit porter son enseigne, et avoit trois trompettes, et après luy avoit plusieurs serviteurs, dont l'ung luy portoit encores une aultre hache d'armes. Et après qu'il eut ainsi parlé audict de Dampmartin et faict sadicte requeste, il se retrahit et s'en retourna en son hostellerie, où pend l'enseigne du grand Godet, près dudict hostel de la ville.

Et le jeudy vingt-huictiesme jour de décembre, audict an 1475, environ l'heure de six heures de nuict, monseigneur d'Alençon, dont est parlé devant, et qui avoit esté longuement détenu prisonnier audit chasteau du Louvre, en fut mis dehors par la permission du Roy, qui octroya à ses gardes que on le mist en ladicte ville en ung hostel de bourgeois, où ils verroient estre bon, et il fut mené loger en l'ostel feu maistre Michel de Laillier, et y estoient à le mener dudit Louvres jusques audict hostel, ledict sire Denys Hesselin, Jacques Hesselin, son frère, sire Jehan de Harlay, chevalier du Guet, et autres personnes en armes, et devant ledit seigneur estoient portées quatre torches.

Au mois de janvier ensuivant, dudit an 1475, furent publiées à son de trompe par les carrefours de Paris les lettres patentes du Roy nostre sire, qui contenoient comme de toute ancienneté il avoit esté permis aux rois de France par les Saincts Pères Papes, que de cinq ans en cinq ans ils peussent faire assemblée de tous les prélats du royaulme de France, pour la réformation et affaires de l'Eglise, ce qui de long-temps n'avoit esté fait : pour laquelle chose et aussi que le Roy voulant les droits de l'Eglise estre gardez et observez, voult et ordonna qu'il tiendroit le concile de l'Eglise en la ville de Lyon, ou aultre lieu près d'illec, pourquoy il vouloit, mandoit et ordonnoit, que tous archevesques, évesques, et aultres constituez en dignité, feussent résidens chacun en leurs bénéfices, et s'y en alassent demourer, pour estre tous prests et appareillez à aler où ordonné leur seroit, et où ils n'auroient ce fait dedens six mois après ladicte publication, que tout leur temporel feust saisi et mis en la main du Roy. Et après ledit cry, fut fait derechief publier comme de piéça le Roy pour luy subvenir à aucuns ses affaires, et pour la nécessité de son royaulme, eust mis et or-

---
(1) On trouve dans les recueils de l'abbé Le Grand une longue complainte sur la mort du connétable.

(2) Anjorand ou Ausoran.

donné ung escu à estre levé et payé sur chascune pipe de vin à mener dehors du royaulme et qui en seroit tirée, et de toutes aultres denrées à la valeur, qui par aucuns temps avoit esté délaissée à cueillir. Lequel ayde d'un escu sur chacune pipe de vin seulement et non point sur aultre marchandise, fut de rechief mis sus par toutes les extrémitez de ce royaulme. Et à ce faire et recueillir furent commis maistre Laurens Herbelot, conseiller dudit seigneur, et Denys Chevalier, jadis notaire au Chastellet de Paris, nonobstant que de ceste mesme charge le Roy y avoit pièça ordonné maistre Pierre Jouvelin, correcteur des comptes, qui de ce en demoura deschargé.

Au mois de febvrier audit an 1475, le Roy qui estoit à Tours et à Amboise, s'en partit pour aler au pays de Bourbonnois et d'Auvergne, et de là s'en ala faire sa neufvaine à Nostre-Dame du Puy, et de là en Lyonnois et au pays du Dauphiné. Et luy estant audit lieu du Puy eut nouvelles que les Suisses avoient rencontré le duc de Bourgoigne et son armée, qui vouloient entrer audit pays de Suisse. Et comment ils avoient rué jus ledit de Bourgongne, et tué des gens de son armée, bien de seize à dix-huit mil hommes, et si gaignèrent toute son artillerie par la manière qui s'ensuit. Après que le duc de Bourgongne eut prins Gransson où il y a ville, il s'en ala au long du lac de Verdon (1), en tirant devers Fribourg, et trouva moyen d'avoir deux chasteaulx qui sont sur les montagnes à l'entrée de Saxe (2); mais les Suisses qui bien sçavoient sa venuë, et la prise qu'il avoit fait desdicts deux chasteaux, et dudit Gransson, s'approuchèrent. Et le vendredy au soir devant le jour des brandons, trouvèrent iceulx Suisses moyen de enclore lesdicts deux chasteaux en façon telle que ceulx qui estoient dedens n'en pouvoient saillir, et mirent leurs embusches entre et assez près desdits deux chasteaux en ung petit bois près de là où les Bourguignons avoient mises leurs batailles. Et le lendemain ensuivant veille desdicts brandons au bien matin, ledit duc de Bourgongne passa avecques ses gens et son artillerie. Et incontinent qu'il fut passé lesdits Suisses qui n'estoient que environ de quatre à six mil couleuvriniers, et tout à pied, qui se prindrent à tirer et bouter le feu dedans leurs bastons, dont ils firent tel et si bon bruit, que les chefs de l'avantgarde dudit de Bourgongne y furent tuez, et ainsi tourna en fuite toute ladicte avantgarde. Et tantost après chargèrent lesdits Suisses si estoit que la bataille tourna en fuite. Et nonobstant ce que ledict de Bourgongne fist son pouvoir de ralier ses gens pour résister à la fureur desdits Suisses, finalement luy fut force de tourner en fuite, et s'en eschappa à grant peine et dangier de sa personne, et luy cinquiesme en chevauchant et fuyant sans arrester, et souvent regardoit derrière luy vers le lieu où fut faicte sur luy ladite destrousse, jusques à Joigné, où il y a huict grosses lieuës, en valent bien seize de France la jolie, que Dieu saulve garde. Et y furent mors à ladicte rencontre la plus part des capitaines et gens de renom de l'arme dudit de Bourgongne. Et y fut faicte ladicte destrousse le samedy deuxiesme jour de mars audit an 1475, où il y eut grand meurdre fait desdits Bourguignons. Et après ce que ledit de Bourgongne s'en fut ainsi honteusement fuy que dit est, et qu'il eust perdu toute son artillerie, sa vaisselle et toutes ses bagues, lesdits Suisses reprindrent lesdicts deux chasteaulx, et firent pendre tous les Bourguignons qui dedens estoient. Et aussi reprindrent les ville et chastel de Gransson, et firent despendre tous les Allemans que ledit de Bourgongne y avoit fait pendre, qui estoient en nombre cinq cens et douze, et les firent mettre en terre saincte. Et puis firent pendre les Bourguignons qui estoient dedens ledit Gransson ès mesmes lieux et des licols dont ils avoient pendu lesdits Allemans en Suisses.

Audit mois de mars et audit an 1475, le Roy, qui avoit envoyé monseigneur de Beau-Jeu avecques grant quantité de gens de guerre assiéger mondit seigneur le duc de Nemours qui lors estoit à Carlat en Auvergne, se mist et rendit mondit seigneur de Nemours ès mains de mondit seigneur de Beau-Jeu qui le amena par devers le Roy, estant lors au pays du Dalphiné et Lyonnois. Et fut ledit de Nemours de l'ordonnance du Roy mené prisonnier au chasteau de Vienne. Et durant ce qu'il fut ainsi assiégé au chasteau de Carlat, madame sa femme (3), fille de Charles d'Anjou, comte du Maine, accoucha d'enfant en iceluy lieu de Carlat. Et tant par desplaisance de sondit seigneur et mary que dudit mal d'enfant, ala de vie à trespas, dont ce fut grant dommage, car on la tenoit bien bonne et honneste dame. Et après ces choses fut mené ledit seigneur de Nemours à Pierre-Assise-lez-Lyon.

Au mois d'apvril audit an, le conte de Cambobache Lombart ou Millenois, qui avoit la conducte de deux cens lances de Lombardie qu'il avoit amenées audit duc de Bourgongne, luy tenant le siége devant la ville de Nux, et

---

(1) Ou de Neuf-Châtel.
(2) Suivant le manuscrit: Soixe.
(3) Elle se nommait Louise.

qui depuis s'estoit trouvé avec ledit de Bourgongne à la destrousse sur luy faite près de Gransson, se partit ledit de Cambobache dudit de Bourgongne, et ala par devers le duc de Bretaigne duquel il se disoit estre parent (1), et faignant par luy d'aler en pélerinage à Sainct-Jacques en Galice, lequel duc de Bretaigne le recueillit très-bien et luy donna de l'argent. Et illec ledit Cambobache disoit dudit de Bourgongne qu'il estoit très-cruel et inhumain, et que en toutes ses entreprises n'y avoit point d'effect, et ne faisoit que perdre temps, gens et pays par ses folles obstinations.

Au mois de may ensuivant l'an 1476, et après la rencontre sur ledit Bourguignon faite par lesdits Allemans près dudit Gransson, ledit de Bourgongne délibéra de poursuivre et continuer sa poursuite sur et alencontre desdits Allemans, et d'aler devant la ville de Strasbourg y mettre le siége, laquelle chose bonnement il ne pouvoit faire sans avoir ayde et secours de gens, et aussi avoir argent de ses pays. Et à ceste cause y envoya son chancelier nommé maistre Guillaume Gonnet, et autres déléguez avecques luy, jusques au nombre de douze, en aucuns de ses pays et villes pour leur dire et remonstrer la destrousse ainsi sur luy faicte par lesdits Allemans ou Suisses. Et que nonobstant icelle son intention estoit de tirer avant, et estre vengié desdits Suisses, pour lesquelles choses luy falloit avoir argent et gens, et qu'ils luy voulsissent ayder du sixiesme de leur vaillant, et de six hommes, l'un puissant de porter arnois; auxquels douze ainsi déléguez de luy que dit est, fut rendüe et faicte responce par les habitans de Gant, Bruges, Brucelles, l'Isle-lez-Flandres et aultres, que au regard dudit de Bourgongne ils le réputoient leur vray et naturel seigneur, et que pour luy feront toute leur possibilité. En disant par eulx que se il se sentoit aucunement empressé desdits Allemans ou Suisses, et qu'il n'eust avecques luy assez de gens pour s'en retourner franchement en ses pays, qu'il le leur fist assavoir, et qu'ils exposeroient leurs corps et leurs biens pour l'aler quérir pour le ramener saulvement en sesdits pays; mais que pour faire plus de guerre pour luy, n'estoient point délibérez, de plus luy ayder de gens, ne d'argent.

Durant ces choses le Roy demoura à Lyon faisant grant chière, et vint par devers luy le roy de Cecille, son oncle, auquel il fist moult beau recueil à l'arriver par devers luy audit lieu de Lyon, et luy mena voir la foire qui estoit audit lieu, avecques les belles bourgeoises et dames dudit Lyon. Aussi y vint et arriva ung cardinal, nepveu du Pape, qui avoit fait aucuns excez en Avignon contre le Roy et monseigneur l'archevesque de Lyon, légat de Avignon. Lequel cardinal demoura par long-temps autour du Roy avant que de luy peust avoir son expédition. Et puis tout ledit débat fut appointé entre le Roy, ledit légat d'Avignon et ledit cardinal.

Audit temps le roy de Cecile apoincta, voulut et accorda avecques le Roy que après sa mort sa conté de Provence retourneroit de plain droit au Roy, et seroit unie à la Couronne. Et en ce faisant, la royne d'Angleterre, fille dudit roy de Cecile, veufve du feu roy Henry d'Angleterre, qui estoit prisonnière audit Edoüart, fut par le Roy racheptée, et pour sa rançon en paya audit Edoüart cinquante mil escus d'or. Et à ceste cause ladite royne d'Angleterre céda et transporta au Roy tout le droit qu'elle pouvoit avoir en la conté de Provence, moyennant aussi certaine pension à vie que le Roy luy bailla par chacun an, durant le cours de la vie d'icelle royne seulement.

En ce temps, le samedy treiziesme (2) jour du moys de juing 1476, le séneschal de Normendie, conte de Maulevrier, fils de feu messire Pierre de Brézé, qui fut tué à la rencontre de Montlehéry. Lequel monseigneur le séneschal qui s'en estoit alé à la chasse près d'ung villaige nommé Rouvres-les-Dourdan (3), à luy appartenant, et avecques luy y avoit mené madame Charlote de France sa femme, fille naturelle dudit feu roy Charles et de damoiselle Agnès Sorel. Advint par male fortune, après que ladite chasse fut faicte, et qu'ils furent retournez au soupper et au giste audit lieu de Rouvres, ledit séneschal se retrahit seul en une chambre pour illec prendre son repos de la nuict, et pareillement sadicte femme se retrahit en une autre chambre. Laquelle meuë de lescheric (4) désordonnée, comme disoit sondit mary, tira et mena avecques elle un gentil-homme du pays de Poictou, nommé Pierre de La Vergne, lequel estoit veneur de la chasse dudit séneschal, et lequel elle fist coucher avecques elle, laquelle chose fut dicte audit séneschal par un sien serviteur et maistre d'hostel, nommé Pierre l'apoticaire. Lequel séneschal incontinent print son espée et vint faire rompre l'uys où estoient lesdits dame et veneur, lequel de La Vergne il trouva en che-

---

(1) Il était de la maison de Montfort-l'Amaury, alliée à celle de Bretagne.
(2) Le 13 juin était un jeudi.

(3) Ce village est situé à une demi-lieue d'Anet.
(4) Débauche, libertinage.

mise et pourpoint, auquel il bailla de son espée dessus la teste et autravers du corps, tellement qu'il le tua. Et ce fait s'en ala en une chambre où retraict au joignant de ladicte chambre il trouva sadite femme mucée dessous la couste(1) d'ung lict où estoient couchez ses enfans, laquelle il print et tira par le bras à terre. Et en la tirant abas luy bailla de ladicte espée parmy les espaules, et puis elle descendue à terre et estant à deux genoulx, luy traversa ladicte espée parmy les mamelles et estomach, dont incontinent elle ala de vie à trespas, et puis l'envoya enterrer en l'abbaye de Coulons, et y fist faire son service. Et ledit veneur fist enterrer en ung jardin au joignant de l'ostel où il avoit esté occis.

En après le Roy estant à Lyon, qui auprès de illec avoit grant quantité de son armée, eut certaines nouvelles que le duc de Lorraine, qui estoit au pays de Suisse avec les Suisses, Barnes(2), Alemans et Lorrains pour déconfire ledit de Bourgongne, qui par folle obstination et oultrecuidance estoit entré audit pays de Suisse, et avecques luy mené grande quantité d'artillerie, de gens de guerre et marchands suivans son ost qu'il avoit parqué et mis en forme de siége devant une petite ville dudit pays de Suisse nommée Morat.

Et le samedy vingt-deuxiesme dudict mois de juing audit an 1476, environ l'eure d'entre dix et onze eures du matin, ledit duc de Lorraine, accompagné comme dit est, s'en vint assaillir ledict de Bourgongne en sondit parc. Et de prime venuë iceluy de Lorraine et sadicte compagnie desconfit toute l'avant-garde dudit de Bourgongne, qui estoient douze mil combattans et mieulx, dont avoit la charge et conduicte monseigneur le conte de Romont qui bien à grant haste trouva moyen de soy saulver, et mettre en fuitte luy douziesme. Et puis se bouttèrent les gens de guerre estans dedens ledit Morat avecques les autres de ladicte armée de mondit seigneur de Lorraine dedens le parc dudit de Bourgongne, où ils tuèrent tout ce qui y fut trouvé et sans miséricorde aucune. Et fut ledit Bourguignon contrainct de se retraire avecques ung peu de gens de guerre de son armée qui se saulvèrent. Et depuis sondit parc s'enfuit sans arrester, souvent regardant derrière luy jusques à Joigné qui est bien distant dudit lieu où fut ladicte desconfiture de quinze à seize lieuës françoises; et illec perdit tout son vaillant qui y estoit, comme or, argent, vaisselle, joyaulx, tapisserie, toute son artillerie, tentes, paveillons, et generallement tout ce qu'il y avoit amené; et après ladite desconfiture lesdits Alemans et Suisses considérant le grant service à eulx fait par ledit de Lorraine, luy donnèrent et délivrèrent toute ladicte artillerie et parc dudit de Bourgongne, pour le récompenser de son artillerie qu'il avoit perduë audit lieu de Nancy, que iceluy de Bourgongne par violence et vouloir désordonné sans aulcun tiltre avoit prinse et emportée hors d'icelle ville. Et en ladicte desconfiture moururent vingt-deux mil sept cens hommes qui y furent trouvez morts, tant dedens ledit parc que dehors, par le rapport fait des héraulx et poursuivans qui pour ladite estimation faire se transportèrent audit lieu. Et après ladicte desconfiture ainsi faicte que dit est, lesdits de Lorraine et Suisses firent leur suite après ledit de Bourgongne, et tuèrent depuis plusieurs aultres Bourguignons qui aussi se retiroient audit lieu de Joigné, et puis firent bouter les feux et destruire toute la conté de Romont en Savoye où ils tuèrent tout ce qui y fut par eulx trouvé et sans miséricorde aucune.

Après ces choses ainsi faictes ledit seigneur de Lorraine se retrayt à Strasbourg audit pays de Suisse, et d'illec après s'en partit à tout quatre mil combatans de ladicte armée, et ala mettre le siége devant sa ville de Nancy, où dedens estoient bien de mil à douze cens combatans pour ledit de Bourgongne, lequel siége il mist et ordonna devant ladicte ville de Nancy. Et après qu'il eut ce fait s'en retourna audit lieu de Suisse, et depuis revint audit siége ledit seigneur de Lorraine à tout grant quantité d'aultres gens de guerre.

En après le Roy, qui par long-temps s'estoit tenu à Lyon et illec environ, s'en retourna au Plessis-du-Parc-lez-Tours où estoient la Royne et monseigneur le Dauphin, où il séjourna un peu de temps, et puis s'en ala rendre grâces à nostre Dame-de-Behuart de ce que ses besoignes s'estoient bien portées durant sondit voyage dudit lieu de Lyon, et si envoya argent en plusieurs et divers lieux où est révérée la bénoiste et glorieuse Vierge Marie. Et en aultres lieux donna et envoya à nostre Dame-de-Ardenbourg en Flandres douze cens escus d'or, et en soy retournant dudit Lyon, fist venir après luy deux damoiselles dudit lieu jusques à Orléans, dont l'une estoit nommée la Gigonne, qui aultrefois avoit esté mariée à un marchant dudit Lyon, et l'autre estoit nommée la Passe-Fil-

---

(1) Couste ou couète : lit de plume, matelas.

(2) Bernois.

lon (1), femme aussi d'un marchant dudit Lyon, nommé Anthoine Bourcier. Et pour l'onnesteté desdites deux femmes, leur fist et donna le Roy de grans biens, car il maria ladicte Gigonne à ung jeune fils natif de Paris, nommé Geuffroy de Caulers. Et pour ledit mariage donna argent et des offices audit Geuffroy. Et au mary de Passe-Fillon donna l'office de conseillier en sa chambre des comptes à Paris, au lieu de maistre Jehan de Reillac auquel pour ceste cause elle fut ostée. Et puis laissa la conduicte desdites deux femmes à les amener à Paris dudit lieu d'Orléans à damoiselle Ysabeau de Caulers, femme de maistre Phelippe Le Bègue, correcteur en la chambre des comptes à Paris. En après le Roy s'en ala dudict lieu d'Orléans à Amboise et à Tours, par devers la Royne et monseigneur le Dauphin, et depuis en pélerinage à Nostre-Dame-de-Behuart, et aultres saincts lieux; et après s'en retourna audit Plessis-du-Parc et aultres lieux voisins.

En après ladicte desconfiture faicte desdits Bourguignons audit lieu de Morat, et que le siége eut esté ainsi mis devant ledit Nancy que dit est, par ledit seigneur et duc de Lorraine, fut icelle ville remise en ses mains, et s'en alèrent lesdits Bourguignons estans dedens par composition, eulx et leurs biens saufs. Et après ce que ledit seigneur de Lorraine eut ainsi recouvré sadicte ville de Nancy, et de nouvel avitaillée, et mis gens pour la garde d'icelle, ne demoura pas ung mois après que ledict duc de Bourgongne qui s'estoit retraict en une ville nommée Rivières, qui est près de Salins en Bourgongne, et qui avoit assemblé et fait amas de gens le plus qu'il avoit peu, s'en vint de rechief mettre le siége devant ladicte ville de Nancy. Et d'autre part s'en ala ledit duc de Lorraine audit pays de Suisse pareillement faire son amas de gens pour revenir secourir ses gens dudit Nancy et lever ledit siége.

Après ces choses le roy de Portugal, qui prétendoit à luy apartenir les royaulmes de Léon et Castille, ensemble toutes les Espaignes, a cause de sa femme, se partit de sondit royaulme de Portugal, et vint descendre ès marches de France, et puis vint à Lyon, et de là à Tours par devers le Roy, pour luy requérir aide et secours de gens, pour luy aider à recouvrer lesdits royaulmes. Et fut receu du Roy moult bé-

(1) Les vers suivants de Marot nous apprennent que Passe-Fillon avait donné son nom à une nouvelle coiffure:

Linge blanc, ceinture houpée,
Le chaperon fait en poupée,
Les cheveux en Passe-Fillon,
Et l'œil gay en esmerillon.

nignement et honnorablement, et après ce qu'il eust esté audit lieu de Tours par certaine espace de temps, où il fut fort festoyé et entretenu de plusieurs seigneurs et nobles hommes estans avec le Roy et tout aux couts et despens du Roy. Ledit roy de Portugal print congé du Roy, et s'en vint à Orléans où il luy fut fait honneste recueil, et après s'en partit dudit Orléans et vint en la bonne ville et cité de Paris, dedens laquelle il fit son entrée, et y arriva le samedy vingt-troisiesme jour de novembre 1476, environ l'heure d'entre deux et trois heures après midy, et y entra par la porte Sainct-Jacques. Et pour aler au-devant de luy et le recueillir aux champs jusques au moulin à vent, y furent tous les estats de Paris, et par ordre, en honnestes et riches habits, tout ainsi que ce eust esté pour faire l'entrée du Roy. Et premièrement yssirent hors Paris pour aler à luy, les prévost des marchans et eschevins de ladicte ville, qui pour ladite venuë furent vestus de robes de damas blanc et rouge, fourrées de martres, lesquels estoient accompaignez des bourgeois et officiers de ladicte ville. Et après y fut aussi messire Robert Destouteville, prévost de Paris, qui estoit accompagné de ses lieutenans civil et criminel, et tous les officiers du Roy et praticiens du Chastelet, qui se y trouvèrent en grand nombre et honnestes habits.

Et après y vint monseigneur le chancelier Doriolle, messeigneurs les présidens et conseilliers de la cour de parlement, les conseillers et gens des comptes, les généraux sur le faict des aydes et monnoyes et du trésor, avecques grant quantité de prélats, évesques et arcévesques, et aultres notables hommes, en moult grant et honneste nombre. Et ainsi accompaigné que dit est fut mené et conduit jusques à la porte Sainct-Jacques, où illec en entrant par icelle dedens ladicte ville trouva de rechief lesdits prévost des marchans et eschevins, qui lui présentèrent ung moult beau poisle ou ciel, qui estoit armoyé par les costés aux armes du Roy, et au milieu y estoient les armes d'Espaigne, et puis se bouta dessoubs icelluy poisle. Et luy estant ainsi dessoubs, vint et fut conduit jusques à Sainct-Estienne-des-Grès, où il trouva là les recteur, suppots et bédeaulx de l'université de Paris, qui proposèrent devant luy sa bienvenuë. Et ce fait s'en vint jusques en l'église de Paris, où il fut receu par le prélat d'icelle moult honorablement. Et après son oraison faicte s'en revint au long du pont Nostre-Dame, et trouva à l'entrée du Marché-Palu cinquante torches allumées, qui le conduisirent autour dudit poisle.

Et au bout dudit pont Nostre-Dame, à l'endroit

de la maison d'un cousturier nommé Motin, y fut trouvé ung grand eschaffault où estoient divers personnaiges, qui estoient ordonnés pour sadite venuë. Et d'illec s'en ala descendre en son logis, qui luy fut ordonné en la ruë des Prouvaires, en l'hostel de maistre Laurens Herbelot, marchant et bourgois de ladite ville, où il fut bien recueilly. Et là luy furent faits plusieurs beaulx présens, tant de ladicte ville que d'ailleurs, et y fut voir tous les beaulx lieux et estats de Paris. Et premièrement fut mené en la court de parlement, qui fort triompha à ce jour de sadite venuë : car toutes les chambres y furent tenduës et parées, et en la grant chambre y trouva monseigneur le chancelier Doriolle, messeigneurs les présidens, prélats, conseillers et autres officiers, tous honnestement vestus. Et devant luy y fut plaidoyé et publié une matiere en regalle par maistre François Haslé, archidiacre de Paris et advocat du Roy en ladicte court, et contre luy estoit pour advocat maistre Pierre de Breban, advocat en ladicte court et curé de Sainct-Eustace, lesquels deux advocats il faisoit moult bel oyr. Et après ladicte plaidoirie luy furent monstrées les chambres et lieux de ladicte cour. Et par aultres journées fut en la grant salle de l'ostel de l'évesque de Paris, pour illec veoir faire un docteur en la faculté de théologie, et après ala voir le Chastellet, les prisons et chambres, qui toutes estoient tenduës, et tous les officiers chascun en son estat vestus de beaulx et honnestes habits. En après le dimenche, premier jour de décembre audit an 1476, alèrent passer pardevant son logis toute l'université de Paris, et toutes les facultez et subgets d'icelle, et puis s'en vindrent chanter une grant messe à Sainct-Germain-l'Auxerrois, et par tout où il aloit par ladite ville estoit mené et conduit par monseigneur de Gaucourt, lieutenant du Roy audit lieu de Paris, qui luy donna en sa maison ung moult beau et riche souper où y furent grant nombre de gens notables d'icelle ville, tant hommes que femmes, dames, damoiselles et autres.

Audit mois d'octobre advint à Tours que ung nommé Jehan Bon, natif du pays de Galles, qui avoit belle pension du Roy, et qui l'avoit marié à une femme de Mante qui avoit bien du sien, conspira par l'enhortement du duc de Bourgongue, comme il confessa, de empoisonner et mettre à mort monseigneur le Daulphin, aisné fils du Roy. Et pour ledit cas qu'il confessa estre vray, fut condamné par le prévost de l'ostel du Roy à estre décapité. Et en le voulant exécuter luy fut demandé par ledit prévost s'il vouloit plus rien dire, lequel respondit que non, sinon que pleust au Roy d'avoir sa femme et ses enfans pour recommandés. Et alors luy fust dit par ledit prévost qu'il choisist de deux choses l'une : c'est assavoir, de mourir ou d'avoir les yeulx crevez. Lequel choisit d'avoir les yeulx crevez, ce qui luy fut fait faire par ledit prévost, et puis fut délivré à sa femme, laquelle le Roy voulut qu'elle eust la pension de sondit mary durant sa vie.

Au mois de décembre audit an 1476, feste de Sainct-Jehan ès festes de Noël, advint par male fortune que le duc de Milan (1) fut tué et meurdry par ung gentil-homme du pays, qui ledit jour en faingnant de vouloir parler à luy dedens la grant église dudit Milan, où il se pourmenoit avecques une ambassade qui estoit venuë par devers luy, vint secrettement luy bouter ung cousteau parmy la fente de sa robbe dedens le petit ventre, où le mist soubdainement par trois ou par quatre fois, et sans dire mot cheyt soudainement à terre tout mort ; et fut fait ledit meurdre pour raison de ce que ledit gentil-homme, ses parens et amis avoient mis et employé tout leur vaillant pour payer le vaccant d'une abbaye pour l'un de leurs parens, auquel ledit duc de Milan l'avoit ostée pour la bailler à un aultre : et pource qu'il ne voulut délaisser et en souffrir jouyr leurdit parent, icelluy gentil-homme après ce qu'il eut de ce fait plusieurs requestes audit duc de Milan, qui ne luy vouloit accorder, fist et commist ledit homicide à la personne dudit duc de Milan dedens ladicte église. En laquelle aussi incontinant ce fait fut tué et meurdry, et un aultre de ladicte ville qui accompaignoit ledit gentil-homme, qui aussi avoit délibéré de tuer ledit duc de Milan, pour ce qu'il luy détenoit et maintenoit sa femme, contre son gré et voulenté, estant avecques luy, et par la sentence des nobles dudit pays, des juges et aultres nobles personnes dudit Milan, fut dit et délibéré que tous les hommes, femmes et enfans du costé et ligne de icelluy gentil-homme, et celui de sadicte compaignie, quelque part qu'ils serpient trouvez, seroient tuez et meurdris, et leurs maisons et seigneuries démolies et gettées par terre et arrasez, mesmement les arbres portans fruicts à eulx appartenans desracinez et mise la racine dessus, ce qui fut fait.

Audit mois de décembre 1476, mourut et ala de vie à trespas madame Agnès de Bourgongne, au chasteau de Moulins en Bourbonnois, laquelle en son temps eut espousé feu prince de très-

(1) Galéas Marie

noble mémoire monseigneur Charles, en son vivant duc de Bourbonnois et d'Auvergne, dont est issuë très-noble et très honneste lignée, tant masles que femelles, comme très-hault, excellent et puissant prince monseigneur Jehan duc de Bourbonnois et d'Auvergne, qui espousa très-excellente princesse madame Jehanne de France, fille aisnée du bon roy Charles septiesme de ce nom, monseigneur Loys, seigneur de Beaujeu, qui mourut jeune, monseigneur Charles, archevesque et conte de Lyon, primat de France, cardinal de Bourbon, monseigneur Pierre de Bourbon, seigneur de Beaujeu, qui espousa l'aisnée fille du roy de France, Louis fils dudit feu roy Charles, monseigneur l'archevesque du Liége, Jacques, monseigneur de Bourbon qui mourut à Bruges, madame Jehanne qui fut espousée au prince d'Orenge, seigneur d'Arlay, madame Marguerite, femme de Phelippe, monseigneur de Savoye, seigneur de Bresse, et laquelle défuncte dame vesquit sainctement et longuement, et à son trespas fut fort plaint et ploré de tous ses enfans, parens, serviteurs et amis, et de tous aultres habitans esdits pays de Bourbonnois et d'Auvergne, en bénoist respos gise son ame. Elle gist en l'église de Souvigny.

Et après que ces choses eurent esté ainsi faictes que dit est, le duc de Bourgogne qui avoit mis le siége devant la ville de Nancy en Lorraine, pour icelle avoir comme devant avoit euë, mit les gens qui estoient dedans icelle ville pour ledit duc de Lorraine en telle nécessité qu'ils n'avoient plus que menger, et par grant contraincte de famine estoient ceux de dedans mis en composition d'eux rendre ès mains dudict duc de Bourgogne. Le dimenche veille des Rois, cinquiesme jour de janvier audit an 1476, vint et arriva ledit monseigneur de Lorraine, accompaigné de douze à quatorze mil Suisses, Alemans et aultres gens de guerre, pour lever ledit siége, combatre ledit de Bourgongne, et recouvrer ledit Nancy, dont en advint ce qui s'ensuit : c'est assavoir que quatre jours avant la journée et venuë dudict de Lorraine devant Nancy, qui fut le dimenche veille des Roys, cinquiesme jour de janvier 1476, le conte de Campbasts, le sire Ange et le seigneur de Montfort laissèrent le duc de Bourgongne et l'abandonnèrent en sondit parc. Et le mercredy devant la bataille ou journée, iceluy conte de Campbasts en emmena bien avecques luy neuf-vingts hommes-d'armes, et le samedy ensuivant, les deux aultres capitaines dessus nommez en emmenèrent bien six-vingts hommes-d'armes, qui tous vouloient estre François ; mais on dissimula de les recevoir pour la trève, et fut ordonné par plusieurs et diverses personnes à qui ils s'adressèrent, qu'ils s'en iroient en Lorraine : laquelle chose ils firent, réservé une partie qui demoura pour garder Condé, qui est une place sus la rivière de Mezelle, par où tous les vivres dudit duc de Bourgogne passoient, qui venoient du val de Mets et du pays de Luxembourg, et s'en tira ledit seigneur de Campbasts devers monseigneur de Lorraine, et l'advertit de tout le fait dudit de Bourgogne, et incontinent s'en retourna luy et ses gens audit lieu de Condé, qui n'est que à deux lieuës dudit lieu de Nancy. Et ledit jour de samedy quatriesme jour dudit mois de janvier, ledit monseigneur le duc de Lorraine arriva à Sainct-Nicolas de Varengeville et les Suisses avec luy, qui bien estoient dix mil cinq cens de vray compte fait, et d'aultres Alemans y avoit beaucoup, sans les Lorrains et aultres gens de guerre.

Et le dimenche ensuivant, cinquiesme jour dudit mois, environ huict heures du matin, désemparèrent et partirent lesdits seigneurs de Lorraine et de Suisse, et vindrent à Neufville, et oultre ung estang près d'illec firent leurs ordonnances, et en effect lesdits Suisses se mirent en deux bandes, dont le conte d'Abstain et les gouverneurs de Fribourg et de Zuric avoient l'une, et les advouez de Berne (1) l'autre, et environ midy marchèrent tous à une fois ; c'est assavoir, une bande devers la rivière, et l'autre tout le grant chemin à venir devers ledit Neufville audit Nancy. Ledit duc de Bourgongne s'estoit jà mis hors de son parc et en bataille, et au devant et devers luy y avoit ung ruisseau qui passe à une maladerie nommée la Magdelaine, et estoit ledit ruisseau entre deux fortes hayes des deux costez, entre luy et lesdits Suisses. Et sur le grant chemin par où venoient l'une des bendes d'iceulx Suisses, avoit ledit duc de Bourgongne fait asseoir tout le plus fort de son artillerie. Et ainsi que les deux bandes marchoient et qu'elles furent à un grant traict d'arc des Bourguignons, l'artillerie dudit duc de Bourgongne deschargea sur iceux Suisses, et y fist quelque dommaige. Laquelle bande des Suisses laissa ledit chemin et tira au-dessus vers le bois, et fist tant qu'elle fut au costé dudit duc de Bourgongne, au plus hault du lieu.

En faisant ces choses ledit duc de Bourgongne fist tourner ses archiers, qui tous estoient à pié devers iceulx Suisses, et ordonna deux

(1) Dans le manuscrit il y a de Berne et de Terne ; peut-être que ce dernier mot est pour Tésin.

esles de ses hommes-d'armes pour batailler, dont en l'une estoit Jacques Galiot, capitaine italien, et à l'autre estoit le souverain de Flandres, nommé messire Josse de Lalain (1). Et si tost que lesdits Suisses se trouvèrent au-dessus et au costé dudit duc de Bourgongne, tout à ung coup se tournèrent le visaige vers luy et son armée, et sans arrester, marchèrent le plus impétueusement et orgueilleusement que jamais gens firent. Et à l'approucher pour joindre deschargèrent leurs coulevrines à main, et à ladite descharge, qui n'estoit pas des généraulx de finances (2), tous les gens de pié dudit de Bourgongne se mirent en fuite. La bende desdits Suisses qui estoient devers la rivière marchèrent quant et quant celle dudit Galiot et de ceux qui estoient avecques luy, et frappèrent lesdits Suisses dedens eulx tellement qu'ils furent incontinent deffaits. L'autre esle desdits Bourguignons tourna pareillement sur l'autre bende desdits Suisses, mais ils les recueillirent bien ; et si tost que lesdits gens dudit duc de Bourgongne qui estoient à pied se mirent en fuite, tous ses gens de cheval picquèrent après, et tirèrent pour passer au pont de Bridores, à demie lieue de Nancy, qui estoit le chemin à tirer vers Thionville et Luxembourg. Et lequel pont ledit conte de Combasts (3) avoit empesché, et y estoit luy et ses gens, et aultres gens-d'armes tous en armes, et avoient fait mettre des chariots au travers dudit pont. Et ainsi que la foule desdits Bourguignons y arrivoit, trouva illec empeschement, monseigneur de Lorraine et ses gens qui la suivoient au dos, et pource que on gardoit ledit pont et qu'il estoit bastillé, lesdits Bourguignons furent contraints de eux jetter au guez de la rivière. Et là fut la grant déconfiture et plus la moytié que au champ de la bataille, car ceulx qui se gettoient en l'eaue estoient incontinent tuez par lesdits Suisses qui y vindrent, et ceux de l'autre partie se noyoient eulx-mesmes, et tout le demourant fut mort ou prins, et bien peu s'en sauva.

Et aucuns quant ils virent l'embusche dudit pont se tirèrent vers le bois, et là les gens du pays si les suivoyent et les prenoient et tuoient, et à quatre lieues environ on ne trouvoit que gens morts par les champs et chemins, et dura la chasse sur lesdits Bourguignons jusques à plus de deux heures de nuict, que monseigneur de Lorraine s'enquist par tout et de tous costez qu'estoit devenu ledit duc de Bourgongne, et s'il en estoit fouy, ou s'il estoit pris ; mais à l'heure n'en furent sceuës aucunes nouvelles, et tout incontinent après fut envoyé par ledit de Lorraine homme propre et exprès en la ville de Mets, par devers un homme qui estoit nommé Jehan Dais, clerc de ladicte ville de Mets, pour sçavoir si ledict duc de Bourgongne estoit point passé, et le landemain ledict Jehan Dais manda dudit lieu de Mets audit seigneur de Lorraine, que seurement il n'y estoit point passé et ne sçavoit-on qu'il estoit devenu, et qu'il n'avoit point tiré vers Luxembourg. Et le lendemain qui fut lundy, jour des Rois, ledit conte de Cambast monstra ung paige qui avoit esté prins, qui avoit nom Baptiste, natif de Rome, de la lignée de ceux de la Coulompne, qui estoit avec le conte de Châlon Néapolitain, lequel estoit avec ledit duc de Bourgongne. Et après qu'ils eust esté interrogué fut icelluy paige mené à grant compaignie de gens de guerre, au lieu où ledit de Bourgongne gisoit mort, lequel estoit tout nud. Et en icelluy lieu le mardy ensuivant de ladicte bataille au matin, ledit paige monstra clairement ledit duc de Bourgongne mort et tout nud, et environ luy quatorze hommes tous nuds, les ungs assez loings des autres.

Et avoit ledit duc de Bourgongne ung coup d'un baston nommé hallebarde, à ung cousté du milieu de la teste par dessus l'oreille jusques aux dents, ung coup de picque au travers des cuisses, et ung autre coup de picque par le fundement, et fut cogneu manifestement que c'estoit le duc de Bourgongne à six choses. La première et la principale fut aux dents de dessus, lesquelles il avoit autrefois perdues par une cheute. La seconde fut d'une cicatrice à cause de la playe qu'il eut à la journée de Montlehéry en la gorge, en la partie dextre. La tierce à ses grans ongles qu'il portoit plus que nul autre homme de sa court, ne aultre personne. La quarte fut d'une playe qu'il avoit en une espaule, à cause d'une escarboucle (4) que autrefois y avoit eue. La cinquiesme fut à une fistule qu'il avoit au bas du ventre en la pennillière du costé dextre. Et la sixiesme fut d'un ongle qu'il avoit retrait en l'orteil. Et ausdites enseignes donna son jugement pour tout vray ung sien médecin portugalois, nommé maistre Mathieu, que c'estoit ledit duc de Bourgongne son maistre, et aussi le dirent pareillement ses

---

(1) Josse de Lalain, qui fut depuis chevalier de la Toison-d'Or, nommé souverain de Flandres, parce qu'il en était bailli souverain.

(2) Jeu de mot fondé sur ce que les receveurs généraux donnaient en papier des décharges des sommes qu'ils recevaient.

(3) Campobache.

(4) Charbon.

varlets de chambre, le grant Bastard, messire Olivier de la Marche, son chappelain, et plusieurs autres de ses gens prisonniers dudit monseigneur de Lorraine.

Et après que ledit de Bourgongne ainsi trouvé, eut esté porté audit lieu de Nancy, et illec lavé et mondé et nétoyé, il fut mis en une chambre bien close où il n'y avoit point de clarté, laquelle fut tendue de veloux noir, et estendu le corps dessus une table, habillé d'un vestement de toile depuis le col jusques aux pieds, et dessous sa teste fut mis ung oreiller de veloux noir, et dessus le corps ung poille de veloux noir, et aux quatre cornets avoit quatre grans cierges, et aux pieds, la croix et l'eauë bénoiste. Et ainsi habillé qu'il estoit le vint veoir mondit seigneur de Lorraine vestu de deuil et avoit une grant barbe d'or venant jusques à la seinture, en signification des anciens preux, et de la victoire qu'il avoit sur luy eue. Et à l'entrée dist ces mots en luy prenant l'une des mains de dessus ledit poille : « Vos ames ait Dieu, vous » nous avez fait mains maulx et douleurs. » Et à tant vint prendre l'eauë bénoiste et en getta dessus luy le corps, et depuis y entrèrent tous ceulx qui le vouldrent voir, et puis le fist ledit duc de Lorraine enterrer en sépulture bien et honorablement, et luy fist faire moult beau service.

Et incontinent après ladicte desconfiture et mort dudit de Bourgongne, ledit monseigneur de Lorraine et aultres seigneurs et capitaines, se mirent à conseil et ordonnèrent que aucuns d'eulx yroient en la duché de Bourgongne, en la conté et aultres lieux qui se tenoient pour ledit de Bourgongne, pour tous les réduire et mettre en la main du Roy, laquelle chose fut incontinent faicte sans résistance, et pareillement ceulx de la conté d'Auxerre se rendirent et firent serment au Roy. En ladicte bataille moururent la pluspart de tous les gens de bien de sadicte compaignie, et y furent prins le grant bastard de Bourgongne, lequel depuis ledit monseigneur de Lorraine mena au Roy, luy estant en Picardie, le bastard Baudouin de Bourgongne et plusieurs aultres grans seigneurs prisonniers.

Après ces choses et que le Roy eut esté deuement acertené de ladicte mort dudit de Bourgongne et des choses dessusdites, il se départit de Tours pour aler en pélerinage à sa dévotion, et après s'en retourna à Chartres, à Villepereur, à Haubervillier, à Nostre-Dame-de-la-Victoire, et après à Noyon et à Compiengne. Et cependant se réduisirent à luy plusieurs villes et places tenuës et occupées par ledit de Bourgongne, comme Montdidier, Péronne, Abbeville, Monstreuil-sur-la-Mer, et aultres places estans près d'Arras, mais lesdits d'Arras ne voulurent point obéyr de prime face et se fortifièrent fort en ladicte ville, de gens de guerre, vivres et artillerie. Et furent envoyez de par eulx au Roy plusieurs ambassadeurs, qui tindrent la chose en trève, pendant laquelle le Roy fist le plus grant amas d'artillerie, pouldres, pionniers, gens de guerre, et aultres préparatoires que jamais on avoit veu, tousjours attendans quelle conclusion prendroient lesdits d'Arras, ou de appointement ou de guerre. Et pour faire les frais des choses dessusdites fut faict de grans emprunts à Paris et aultres bonnes villes de ce royaulme. Et après le Roy trouva moyen d'avoir et mettre la cité dudit Arras en sa main, dedens laquelle il entra le mardy quatriesme jour de mars l'an 1476, et fist fortifier et rédiffier ladicte cité contre ladicte ville d'Arras, dedens laquelle y avoit un tas de gens illec venus de plusieurs lieux tenans le party de Bourgongne, et mesmement des villes qui nouvellement s'estoient réduictes au Roy. Et illec sans avoir chief ne hommes de conduicte se fortifièrent fort, et firent de grans blasphèmes au Roy, comme faire gibets en ladicte ville et sur les murs, et y pendre croix blanches, monstrer leur cul et aultres villénies. Et s'entretindrent en leurs folles imaginations jusques à ung peu de temps après, que vindrent devers le Roy en ladicte aucuns manans dudit lieu de Arras, pour avoir de luy aucune bonne pacification, avecques lesquels nonobstant qu'ils feussent de faulse et mauvaise obstination, et que en icelle eussent trop persévéré, le Roy fut content avec eulx que ladite ville d'Arras seroit mise en sa main comme souverain, et par deffault de homme, droits et devoirs non faits. Et que les fruicts et revenuës de ladicte ville et appartenances seroient recueillis par ses commissaires, laquelle revenuë se pourroit prendre par lesdits commissaires, et soubs la main du Roy par icelle damoiselle de Bourgongne, et jusques à ce qu'elle luy eust baillé homme. Et que au regard de ladicte ville d'Arras le Roy n'y mettroit puissance ne gens d'armes, sans le bon gré et vouloir des habitans dudit lieu. Après lequel appointement ainsi fait le Roy envoya audit lieu monseigneur le cardinal de Bourbon, monseigneur le chancellier, messire Guyot Pot, bailly de Vermendois, messire Philippe de Crève-Cœur, seigneur Desquerdes, gouverneur de ladicte ville, et aultres nobles hommes, pour prendre et recevoir les sermens des habitans dudit Arras, laquelle chose fut faicte; mais en icelle faisant lesdits habitans d'Arras en aucune partie se rébellèrent, et vindrent en l'abbaye de Sainct-Wast, où estoient assis à disner lesdits seigneurs cardinal et aultres nommez, en armes et fort effrayez, crians, *tuez*, *tuez*, dont tous lesdits seigneurs eurent la plus grant paour et frayeur qu'ils eurent oncques en leur vie, mais il n'y eut point de mauvais mal fait pour ceste fois. Et après ces choses et qu'ils furent retournez en la cité d'Arras, le Roy s'en partit et ala faire ses Pasques à Thérouenne, et après s'en ala à Hédin où il eut la ville ; mais aucuns paillars tenans le party de Bourgongne s'en alèrent mettre et bouter dedens le chastel et parc dudit Hédin, auquel lieu le Roy fist tirer de son artillerie, et incontinent y fist une grant bresche, par laquelle les gens du Roy y entrèrent. Et en celle mesme heure ceulx de dedens eurent composition de rendre ledit lieu et eulx en aler, eulx et leurs bagues sauves.

L'an 1477, après ce que ledit lieu de Hédin eust esté ainsi pris que dit est, advint que aucuns habitans dudit Arras faignans vouloir aler devers le Roy obtindrent sauf-conduit de monseigneur l'admiral qui le leur bailla, mais pource qu'il luy sembloit qu'ils avoient aultre imagination que d'aller devers le Roy, les fist suivre et trouva-on qu'ils aloient en Flandres par devers ladicte damoiselle de Bourgongne, pour laquelle cause ils furent pris et ramenez au Roy audit Hédin, ausquels fut fait leur procez. Et par icelui trouvez qu'ils alloient audit voyage en mauvaise intention, pour laquelle cause furent décapitez audit lieu de Hédin jusques au nombre de dix-huit, entre lesquels y estoit un nommé Maistre Oudart de Bucy, procureur-général de ladicte ville d'Arras et de la conté d'Artois, auquel fut le col couppé dedens un chapperon d'escarlate fourré de létisses (1), et ladicte teste avec ledit chapperon mise et bouttée au bout d'ung chevron, auquel fut fort cloué ledit chapperon, affin qu'il ne feust emblé, ensemble ladicte teste, et contre ledit chevron y avoit ung escripteau où estoit escript : « Cy est la teste » maistre Oudart de Bucy, conseiller du Roy en » sa court de parlement à Paris. » Et après ladicte exécution faicte le Roy s'en ala à Nostre-Dame de Boulongne-sur-la-Mer, et pour raison des dessusdits ainsi décapitez, le Roy eut grande malveillance contre ladicte ville d'Arras, et déclara lors qu'elle seroit destruite, et pour ce faire y envoya manouvriers, gens de guerre, artillerie, vivres et aultres choses, et y fut mis le siége fort et aspre. Et tira l'artillerie dedens icelle ville d'Arras vers la fin du mois d'apvril,

que le Roy retourna en ladicte cité d'Arras, où incontinent fist tirer sadicte artillerie, tant bombardes que aultres, à cause de quoy toute la ville fut fort fouldroyée, et fut abatu le boulevart que ceulx d'Arras avoient faict contre ladicte cité, tellement qu'on veoit de ladite cité parmy le boulevart tout au long de ladite ville d'Arras. Et tellement que après ces choses lesdits habitans dudit Arras furent fort espoventez, et cuidoient bien mourir, et trouvèrent le moyen d'envoyer devers le Roy pour de luy obtenir sa bonne grâce et miséricorde, lequel la leur bailla et octroya, combien qu'il l'avoit habandonnée aux nobles hommes et francs-archiers estans pour luy devant icelle, qui se tindrent à mal contens de la composition que leur avoit donnée le Roy, veu sondit habandonnement. Et que les dessusdicts en persévérant de mal en pis, avoient injurié le Roy, tué de ses gens, et fait moult de maulx, parquoy leur sembloit bien que le Roy ne les prendroit point à mercy. Et les gens du Roy au moyen dudit appointement entrèrent dedens ladicte ville d'Arras le dimenche quatriesme jour de may 1477.

Et après la composition ainsi faicte dudit lieu d'Arras, s'en partit le Roy, et vint à la Victoire. Aussi s'en partit monseigneur l'admiral, les gentils-hommes et francs-archiers de Normandie, pour eulx en aler chacun en leur maison. Et le Roy estant audit lieu de la Victoire eut nouvelles que cinquante archiers de son ordonnance estoient alez à Péronne, pour y mettre et loger cinq prisonniers de par le Roy, ausquels ils avoient fait refus d'y entrer, pourquoy il s'en partit et ala audit Péronne, cuidant qu'on y voulsist faire aucune rébellion, où il fut depuis par aucuns temps que les autres nouvelles luy furent apportées que les Flamens et aultres tenans leur party estoient sur les champs pour nuire au Roy et ses pays, parquoy incontinent le Roy fist publier son arrière-ban, et que tout homme noble et non noble, privilégié et non privilégié, et pour ceste fois feust tout prest et en armes pour le servir et résister à leur fureur. Et fut ledit cry publié à Paris le dimenche dix-huictiesme jour de may audit an 1477. Et après le Roy s'en ala à Cambray, où il fut receu par composition, et illec fut receu par certain temps, et s'y rafreschirent ses gens-d'armes jusques au jour de la Trinité. En ce temps, le Roy envoya ses lettres-patentes adressans aux gens tenans sa court de parlement à Paris, par lesquelles leur mandoit tous en général aler et eulx transporter en la ville de Noyon avec aussi les maistres des requestes de l'ostel du Roy, pour avecques le Roy et aultres seigneurs de son sang et

---

(1) Doublé de fourrure grise.

lignage qui seroient illec, veoir prendre conclusion et fin sur le fait du procez fait alencontre dudit de Nemours, qui par long-temps avoit esté détenu prisonnier en la bastille Sainct-Anthoine à Paris, laquelle chose firent lesdits de parlement, et partirent de Paris pour aler audit lieu de Noyon, le lundi second jour de juing, pour estre le lendemain audit Noyon, ainsi que mandé leur estoit par lesdites lettres.

[Audit an 1477, le samedy septiesme jour du mois de juing, fut crié et publié à son de trompe, par les carrefours de Paris, de par le Roy, comme messire Jehan de Châlon, prince d'Orenge, conte de Tonnerre et seigneur d'Arlay, s'estoit mis et retiré avecques les Bourguignons tenans le party de madamoiselle de Bourgongne, en la Franche-Conté dudit de Bourgongne; et illec débouté et chassé dehors les bons et vrais subjects qui mis y avoient esté depuis la mort dudit duc de Bourgongne, de par le Roy, et auquel de Châlon avoit fait honneur tel, comme de luy avoir baillé et délivré l'ordre de monseigneur Sainct-Michel comme à loyal chevalier; lequel, nonobstant icelle ordre et en soy parjurant avoit esté directement à l'encontre et fait plusieurs mauvaistiez et conspirations contre le Roy et son royaulme, comme de par le Roy et jusques à quatorze trahisons, et avecques ce convoqué le dyable comme hérèse, et fait plusieurs énormitez, comme par lectres de sa main aparoist, et courroucé Dieu et l'Eglise. Pour lesquelz cas estoit déclaré privé dudit ordre, comme faulx et traictre chevalier, et fait pendre en pourtraicture par diverses villes du royaulme (1).]

Audit temps et au mois de juing, le samedy quatorziesme jour d'iceluy mois, ung qui avoit esté de l'ostel du Roy, et qui avoit falsifié son signet et celluy d'ung de ses secrétaires et à ceste cause avoit faict et signées plusieurs lettres et baillées en diverses villes de ce royaulme, où il avoit au moyen d'icelles prins plusieurs sommes de deniers au nom du Roy, et icelles à luy appliquées, fut pour ledit cas audit délinquant son procez fait de par le prévost de l'ostel du Roy ou son lieutenant, et depuis envoyé audit lieu de Paris, auquel lieu et pour ledit cas fut pillorié et mîtré, et puis flastré (2) au fronc, le poing couppé, et banny du royaulme de France, et ses biens et héritaiges déclairez acquis et confisquez au Roy.

Audit mois de juin advint que le seigneur de Craon à qui le Roy avoit baillé la charge de son armée, pour aler en la conté de Bourgongne, fist guerre alencontre de monseigneur le prince d'Orenge, qui pour aucunes injures à luy faictes par ledit de Craon, qui n'estoit pas de pareille maison de luy, et pour soy venger d'icelle injure, et aussi que le Roy qui avoit baillé le gouvernement du pays audit prince, qui avoit esté aussi au moyen de faire mettre ledit pays en la main du Roy, et l'avoit de ce deschargé pour bailler audit de Craon, s'en courrouça fort et trouva moyen de faire retourner contre le Roy les pays, villes et places qui à sa requeste s'estoient réduictes à luy. Et avecques es en sa compagnie se mist et bouta ung chevalier dudit pays de Bourgongne, nommé messire Claude de Vaudray, qui soustindrent la guerre contre ledit de Craon, jusques à certain temps que ledit de Craon sceust que ledit d'Orenge estoit en une ville nommée Gray, où il vint mettre le siége et y demoura par deux jours que ledit seigneur de Chasteauguyon, frère dudit d'Orenge, et aultres, vindrent pour le secourir, dont fut adverty ledit de Craon, qui s'en ala mettre en bataille contre ledit seigneur de Chasteauguyon, et y eut grant hurtibilis (3) à ladite rencontre, et de cousté et d'aultre y mourut de gens de façon comme de quinze à seize cens combatans. Et de ladicte desconfiture en furent faictes par l'ordonnance du Roy processions générales à Paris, en l'église Sainct-Martin-des-Champs.

Au mois de juillet ensuivant audit an 1477, le duc de Guerles qui s'estoit venu loger près de Tournay à tout quatorze ou quinze mil Alemans et Flamans, vint pour cuider bouter le feu ès fauxbourgs dudit Tournay et soy loger au pont de pierre près de ladicte ville, dommager icelle, fut fait saillie par deux fois sur ledit de Guerles, où à la première saillie il fut tellement navré qu'il y mourut et fut son corps apporté en ladicte ville de Tournay. Et puis à la seconde saillie yssirent sur ceulx de son armée de trois à quatre cens lances de l'ordonnance du Roy, avec aucuns particuliers de ladicte ville, lesquels mirent en fuite tous lesdits Alemans et Flamans, et bien en tuèrent deux mil, et de sept à huict cens prisonniers. Et de ladicte desconfiture en fut chanté en l'église de Paris *Te Deum laudamus*, et fait faire les feux parmy les ruës de ladicte ville.

Audit an 1477, le lundy quatriesme d'aoust, messire Jacques d'Armignac, duc de Nemours et conte de la Marche, qui avoit esté contitué et amené prisonnier ès prisons de la bastille Sainct-

---

(1) Ce qui est entre deux crochets est tiré du manuscrit de la Bibliothèque du Roi, et manque dans toutes les éditions antérieures à celle de M. Petitot.

(2) Marqué d'un fer chaud.

(3) Choc.

Anthoine, à tel et semblable quatriesme jour d'aoust en l'année précédente, pour aucuns cas, délits et crimes par luy commis et perpétrez, durant lequel temps de son emprisonnement en icelluy lieu de la Bastille, luy furent faits plusieurs interrogatoires sur lesdites charges, ausquelles il respondit de bouche et par escrit, tant par devant messeigneurs le chancelier de France nommé maistre Pierre Doriolle, qu'aultres des présidens et conseillers de la court de parlement par plusieurs et diverses journées. Et encore par certains grans clers du royaulme, demourans en diverses citez et villes dudit royaulme, pour ce mandez et assemblez de l'ordonnance du Roy en la ville de Noyon, avec et en la compagnie desdits de parlement. Et en la présence de monseigneur de Beaujeu illec représentant la personne du Roy, fut tout veu et visité ladite procédure par ledict court, faicte alencontre dudict de Nemours, ensemble aussi les excusations par luy faictes et baillées servants à sa salvation. Et tout par eulx veu conclurent audit procez, tellement que ledit jour de lundy quatriesme jour d'aoust fut audit lieu de la Bastille messire Jehan Le Boulengier, premier président audict parlement, accompagné du greffier criminel de ladicte court, de sire Denis Hesselin maistre d'ostel du Roy et aultres, qui vindrent dire et déclairer audict de Nemours que veuës les charges à luy imposées, ses confessions et excusations par luy sur ce faites, et tout veu et considéré, à grande et meure délibération, luy fut dit par ledit président et de par la court de parlement, qu'il estoit crimineux de crime de lèze-majesté, et comme tel condempné par arrest d'icelle court à estre ledit jour décapité ès halles de Paris, ses biens, seigneuries et terres acquises et confisquées au Roy : laquelle exécution fut ledit jour faite à l'eschaffault ordinaire desdictes halles, à l'heure de trois heures après midy, qu'il cut illec le col couppé, et puis fut ensepvely et mis en bière et délivré aux Cordeliers de Paris, pour estre inhumé en ladicte église, et vindrent quérir ledict corps esdites halles jusques environ de sept à huict vingts Cordeliers à qui furent délivrées quarante torches pour mener et conduire ledit corps dudit seigneur de Nemours en leur dicte église.

Audit mois le Roy qui estoit à Thérouenne envoya partie de son armée pour combatre et mettre hors de leur parc certaine quantité grande de Flamens qui estoient parquez en un lieu nommé le Blanc-Fossé, lesquels Flamens quant ils ouyrent nouvelles de la venuë du Roy et son armée, s'enfuirent et desparquèrent, et audit desparquement faire frappèrent nos gens sur les dessusdits Flamens, desquels en y eut bien tué deux mil. Et depuis furent suivis jusques bien huict lieuës dedans le pays de Flandres, et passèrent lesdites gens du Roy au mont de Cassel, à Fiesnes et autres places qui furent prises et arrasées, et en tuèrent encores bien aultres deux mil. Et desdites desconfitures en furent faictes de moult belles processions en la ville de Paris.

Audit mois d'aoust vingtiesme jour d'iceluy mois l'an 1477, advint que ung jeune fils bourreau à Paris, nommé Petit Jehan fils de maistre Henry Cousin, maistre bourreau en ladicte ville de Paris, qui desjà avoit faict plusieurs exploits de bourreau, et entre les aultres avoit exécuté et couppé le col de messire Loys de Luxembourg, connestable de France, fut tué et meurdry ledit Petit Jehan en ladicte ville de Paris, au pourchas d'ung menuisier qui estoit nommé Oudin du Bust, natif du pays de Picardie, qui avoit conceu haine mortelle contre ledit Petit Jehan, pour raison et cause de ce que ledit Petit Jehan avoit frappé ou batu long-temps paravant ledit du Bust, pour aucune noise qu'ils eurent ensemble, à cause de ce que ledit menuisier du Bust luy demandoit la grosse et séel d'une obligation, en quoy ledit Petit Jehan estoit obligé à icelluy Oudin du Bust, et de laquelle obligation ledit Petit Jehan avoit payé le principal, et ne restoit que ledit grossement et séel.

Et pour estre ledit du Bust vengé dudit Petit Jehan, se associa ledit du Bust de trois jeunes compaignons demourans à Paris. L'ung d'iceux nommé Lempereur du Houlx, sergent à verge. L'autre Jehan du Foing, fonténier et plombeur. Et l'autre nommé Regnault Goris, orfèvre, fils de Martin Goris courtier (1) de geolerie. Tous lesquels quatre de guet-à-pense et propos délibéré, vindrent assaillir ledit Petit Jehan qu'ils trouvèrent au coing de la ruë de Garnelles près de l'ostel du Moulinet, et vint le premier à luy ledit Empereur du Houx soubs fainte amiable, qui le print par dessoubs le bras en le tenant fermement, en luy disant qu'il n'eust point de paour des dessusdits, et qu'ils ne luy feroient point de mal. Et en luy disant ces choses vint ledit Regnault Goris qui frappa ledit Petit Jehan d'une pierre par la teste dont il chancella, et lors ledit Empereur le lascha, et incontinent vint à luy ledit Jehan du Foing qui luy bailla d'une javeline au travers du corps dont il cheyt mort en la place, et depuis qu'il fut mort ledit du Bust luy vint coupper les

(1) Courtier de bijoux et joyaux.

jambes, et à tant se départirent les quatre dessusdits, et s'en alèrent bouter en franchise aux Célestins de Paris. Auquel lieu la nuit ensuivant furent prins et tirez dehors par l'ordonnance et commandement de messire Robert Destouteville, chevalier prévost de Paris, et gens de conseil, pource que par information leur apparut dudit guet-à-pense et propos délibéré, dequoy lesdits Célestins appellèrent, et par la court de parlement fut l'appel vuidé et dit qu'ils ne jouyroient point de l'immunité de l'Eglise. Et après comme clercs furent requis par l'évesque de Paris comme ses clercs. Auquel pareillement fut dit par arrest de parlement qu'ils ne jouyroient point du privilége de clerc, et furent renvoyez par devant ledit prévost, par la sentence duquel ils furent tous condempnez à estre pendus et estranglez, dont ils appellèrent en la court de parlement. Laquelle conferma ladite sentence qui fut exécutée, et furent tous quatre pendus au gibet de Paris, par les mains dudict maistre Henry père dudit Petit Jehan, qui pourtant fut vengié de la mort de sondit fils, le jeudy veille de monseigneur sainct Jehan décollassé, vingt-huictiesme jour dudit mois. Et furent pendus en la manière qui s'ensuit, et tout au joignant l'ung de l'autre; c'est assavoir, ledit Empereur le premier, Jehan du Foing le second, Regnault Goris le tiers, et ledit Jehan du Bust le quatriesme et dernier. Et est assavoir que lesdicts Empereur, du Foing et Goris, estoient trois beaulx jeunes hommes, et en outre pour ledit cas fut batu de verges et banny du royaulme de France ung jeune fils cordonnier, qui avoit conspiré de la mort dudit Petit Jehan mais point ne s'estoit trouvé à icelle.

Audit temps, le Roy qui estoit au pays de Picardie, se partit dudit pays, et y laissa pour son lieutenant-général monseigneur le bastard de Bourbon, admiral de France, pour la conduite de la guerre et garde de tout le pays. Et au regard des gens de guerre de l'ordonnance du Roy et aultres estans pour luy esdits pays, on leur bailla et assigna l'en leur logis en la cité et ville d'Aras, Tournay, Lens, la Bassée et aultres lieux sur les frontières de Flandres et autres pays qui encores se tenoient pour ladicte damoiselle de Flandres, fille d'icelluy feu duc de Bourgongne. Et après toutes ces choses ainsi faictes et ordonnées, le Roy s'en vint à Nostre-Dame-de-la-Victoire veoir la belle dame illec aourée, et puis après s'en tira à Paris où il ne séjourna guères, et y estoit le jour de la feste de sainct Denys. A la révérence duquel sainct il délivra tous les prisonniers estans en ses prisons du Chastellet de Paris, et puis s'en ala à Tours, à Amboise et aultres lieux voisins où il se tint par assez longue espace de temps, durant lequel les Bourguignons et autres ennemis du Roy soubs les charges et compaignies du prince d'Orenge, messire Claude de Vaudray et aultres estans en la conté de Bourgongne, firent et portèrent de grans guerre aux gens du Roy estans pour luy audit pays, et en fut fait de grans desconfitures sur lesdictes gens du Roy, tant en la ville du Grey-sur-Sosne et ailleurs, où lesdictes gens du Roy s'estoient logez. Et y tuèrent lesdits Bourguignons des gentils-hommes de l'ordonnance du Roy, soubs les charges et compaignies de Sallezart et de Conyngan, capitaines des Escossois, en bien grant nombre.

En ladite année le Roy ayant en singulière recommandation les saincts faits de sainct Louys et sainct Charlemaigne, ordonna que leurs images de pierre piéçà mis et assis en deux des pilliers de la grant salle du Palais-Royal à Paris, du rang des aultres roys de France, fussent descendus, et voulut iceulx estre mis et posez au bout de ladite grant salle au dessus et au long de la chappelle estant au bout de ladicte grant salle, ce qui fut fait. Et en furent payez les deniers que l'ouvraige cousta à faire, par Robert Cailleted, receveur des aydes de ladite ville de Paris.

Au mois de décembre audit an, le Roy pour tousjours accroistre son artillerie, voulut et ordonna estre faites douze grosses bombardes de fonte et métail de moult grande longueur et grosseur, et voulut icelles estre faictes; c'est assavoir, trois à Paris, trois à Orléans, trois à Tours et trois à Amiens. Et durant ledit temps fist faire bien grant quantité de boules de fer ès forges estans ès bois près de Creil, dont il bailla la charge à maistre Jehan de Reilhac (1) son secrétaire. Et pareillement fist faire ès carrières de Péronne grant quantité de pierres à bombarde. Et aussi faire dedens les bois grant nombre de chevrètes et tauldis de bois, avecques des eschelles à assaillir villes et forteresses pour avoir et prendre les villes de Flandres et Picardie, qui encores audit temps estoient à réduire.

Audit an 1477 advint au royaulme d'Angleterre que pour ce que le roy Edouart dudit royaulme fut acerténé que ung sien frère qui estoit duc de Clairence, avoit intention de passer la mer et aler descendre en Flandres, pour donner aide et secours à sa sœur duchesse en Bourgongne, veufve dudit deffunt le dernier duc, fist icelluy roy Edouart prendre et consti-

(1) Il avait été conseiller des comptes.

tuer prisonnier son dit frère et mettre prisonnier en la tour de Londres, où il fut depuis détenu prisonnier par certaine longue espace de temps. Pendant lequel ledit Edouart assembla son conseil, et par la délibération d'icelluy fut condempné à estre mené depuis ladite tour de Londres trainant sur ses fesses jusques au gibet de ladicte ville de Londres, et illec estre ouvert et ses entrailles gettez dedens un feu. Et puis luy coupper le col et mettre son corps en quatre quartiers; mais depuis, par la grant prière et requeste de la mère desdits Edouart et de Clairance, fut sa condempnation changée et muée tellement que au mois de février audit an iceluy de Clairance estant prisonnier en ladite tour, fut prins et tyré de sadite prison, et après qu'il eut esté confessé fut mis et bouté tout vif dedens une queue de malvoisie deffoncée par l'ung des bouts la teste en bas, et y demoura jusques à ce qu'il eût rendu l'esprit. Et puis fut tyré dehors et luy fut le col couppé et après ensepvely et porté enterrer à aux Carmes avecques sa femme jadis fille du conte de Warvich qui mourut à la journée de Conventery avecques le prince de Galles, fils du sainct roy Henry d'Angleterre de Lanclastre.

Audit temps advint à Paris que ung nommé Daniel de Bar, serviteur de maistre Olivier Le Dain, premier barbier et varlet de chambre du Roy, fut mis et constitué prisonnier en la court de parlement, pour raison de plusieurs plaintes qui furent baillées à ladite court alencontre dudit Daniel, et mesmement à la complainte d'une nommée Marion femme de Colin Panier, et d'une aultre femme dissolue, qui chargeoient ledit Daniel de les avoir efforcées, et en elles faict et commis l'ord et villain péché de sodomie. Et après que par ladite court et par la justice du prévost de Paris eust esté vacqué par long-temps à besongner audit procez, icelles deux femmes se desdirent desdites charges, en confessant par elles, que icelles charges avoient faictes à la pétition et requeste dudit Colin Panier et d'ung nommé Janvier, comme ennemis dudit Daniel, et pour eulx vengier de luy, pourquoy lesdites deux femmes, par sentence du prévost de Paris, furent condemnées à estre batues nues, et bannies du royaume de France, leurs biens et héritages confisquez au Roy, surquoy premièrement seroient prins les dommages et intérests dudit Daniel, premièrement et avant toute œuvre. Laquelle sentence fut prononcée, et après exécutée par les carrefours de Paris le mercredy unziesme jour de mars audit an 1477.

Audit an et mois de mars, le Roy qui estoit à Tours s'en vint vers Paris loger à Ablon sur Seine, et ung hostel appartenant à Marc Senamy esleu de Paris, où il ne séjourna que deux jours, et puis vint à Paris coucher en son hostel des Tournelles, et d'illec le landemain matin s'en ala en l'église de Paris faire son oraison à la bénoiste Vierge Marie. Et icelle faicte s'en ala coucher à Louvres en Parisys, et de là à Senlis, à la Victoire à Armenonville et autres lieux voisins, où il séjourna ung peu de temps, et après ala à Hesdin, Amyens et aultres lieux de Picardie, où le seigneur de Havart de par le roy Edouart d'Angleterre y vint, et communiqua de trouver accord entre le Roy et les Flamens. Et du costé du Roy y fut commis le seigneur de Sainct-Pierre et plusieurs aultres. Et durant ce temps le Roy fist tousjours passer son armée audit pays de Picardie, tant ceulx de son ordonnance que les nobles, archiers de retenue, et aultres gens de guerre en bien grant nombre, et si y fut aussi mené grant nombre de bombardes, pouldres, artillerie, vivres et grans préparations de faire guerre.

Audit an au mois de mars 1478 après Quasimodo, vint et arriva à Paris madame d'Orléans, monseigneur le duc d'Orléans, ung jeune enfant fils du duc de Clèves, nepveu d'icelle dame, madame de Nerbonne fille du feu duc d'Orléans et femme de monseigneur le viconte de Nerbonne, fils du conte de Fouez, le fils du conte de Vendosme et aultres plusieurs seigneurs, gentilshommes, dames et damoiselles qui moult bien furent festoiées par deux fois en ladicte ville de Paris. Pour la première fois par monseigneur le cardinal de Fouez en l'ostel d'Estampes, près la Bastille. Et la seconde fois par monseigneur le cardinal de Bourbon en son hostel à ladicte ville de Paris, qui y donna à soupper à icelle dame, à toute sadicte compaignie et plusieurs aultres, le mardy dernier jour de mars audit an 1478. Et fut ledit soupper moult honorable, plantureux et bien et honnestement servy de tout ce qu'il estoit possible de trouver, avecques chantres et plusieurs instrumens mélodieux, farces, mommeries et aultres honnestes joyeusetés. Et fut l'assiète dudit soupper en la gallerie dorée, réservé madicte dame de Nerbonne qui estoit fort grosse, qui pour son aise avoir avec monseigneur son mary, et jusques au nombre de huict, souppèrent en une chambre basse dudit hostel au logis de Jehan de Roye, secrétaire de monseigneur le duc de Bourbon, et garde dudit hostel de Bourbon.

Au mois d'avril audit an 1478, fut sceu par Guérin Le Groin, bailllif de Sainct-Pierre-le-Monstier, et Robinet du Quesnoy, lesquels et chascun de eulx avoient charge de cent lances de l'ordonnance du Roy, qui estoient en garnison au pays de Picardie, que les Flamens venoient à Douay pour apporter argent à ceulx dudit lieu tant pour leurs gaiges et souldées que aussi pour les affaires de ladicte ville. Lesquels capitaines se mirent aux champs pour gaigner ledit argent, ce qu'ils firent, et ruèrent jus ceulx qui le portoient, et en tuèrent aucuns, et plusieurs prisonniers y furent prins.

Et pour ce que ceux de ladicte ville de Douay et de l'Isle de Flandres, eurent certaines nouvelles de ladite destrousse, se mirent aux champs pour rescourre ledit argent et prisonniers. Et nonobstant qu'ils fussent moult grant nombre, nosdites gens se saulvèrent parmy eulx, en tuèrent quatre-vingts et mieulx, et en emportèrent ledit argent par eulx gaigné. Et n'y mourut point des gens du Roy plus de trente-six ou trente-sept hommes.

Au mois de may audit an 1478, le Roy qui estoit au pays de Picardie ne fist guère de choses, sinon de gaigner et avoir par sa puissance une petite ville nommée Condé qui estoit tenue par les Bourguignons, laquelle estoit fort nuisante à avitailler, et porter vivres à ceulx de la cité de Tournay. Dedens laquelle ville y avoit des gens de guerre du party du duc en Auteriche qui se laissèrent batre, mais enfin quant ils apperceurent le grant mal qui leur estoit apparant, il prindrent composition avec le Roy de luy bailler ladite ville et le chasteau, à quoy le Roy les receupt, et s'en alèrent eulx et leurs biens saufs.

En ladicte année vint à Paris ung cordelier natif de Ville-Franche en Beaujolois, pour prescher à Paris, et illec blasmer les vices, et y prescha bien longuement, disant et publiant les vices dont les créatures estoient entachées. Et par ses parolles y eut plusieurs femmes qui s'estoient données aux plaisances des hommes et aultres péchez qui de ce se retrayrent, et aucunes d'icelles se mirent et rendirent en religion, en délaissant leurs plaisances et voluptez où par avant s'estoient démenez; et si blasma tous les estats, et si prescha de la justice du gouvernement du Roy, des princes et seigneurs de ce royaulme, et que le Roy estoit mal servy, et qu'il avoit autour de luy des serviteurs qui luy estoient traistres, et que s'il ne les mettoit dehors qu'ils le destruiroient et le royaume aussi. Desquelles choses en vindrent les nouvelles au Roy, parquoy ordonna qu'on luy deffendist le prescher, et pour ceste cause vint à Paris maistre Olivier Le Dain, barbier du Roy, pour luy faire deffendre le prescher, ce qui luy fut interdit; ce qui fut à la grant desplaisance de plusieurs hommes et femmes qui fort s'estoient rendues enclins à le suivre et oyr ses parolles et prédications. Et pour doubte qu'on ne le print ne que on ne luy feist aucun opprobre, le furent veiller nuict et jour dedens le couvent des Cordeliers dudict lieu de Paris. Et si disoit-on que plusieurs femmes y alloient curieusement de nuict et de jour, qui se garnissoient en leurs patois de pierres, cendres, cousteaux, mucées et aultres ferremens et bastons pour frapper ceulx qui luy voudroient nuire ou empescher sadicte prédication, et qu'ils luy disoient qu'il n'eust point de paour, et qu'ils mourroient avant que esclande luy advinst.

Durant ces choses s'en ala en Picardie par devers le Roy ung légat de par le Pape, pour remonstrer au Roy et au duc d'Austriche le grant mal que faisoient les Turcs infidèles alencontre de la chrestienté, en les exhortant de faire paix entre eulx, et de eux délibérer d'eux exposer à la deffense de ladicte chrestienté, et destruire lesdits infidèles. Au moyen de quoy fut ung peu cessée ladicte guerre, en espérant trouver accord en leursdits débats, mais nonobstant ce ne cessèrent point les Bourguignons de la duché et comté de Bourgongne, de tousjours faire guerre ausdits pays et à l'armée que le Roy y avoit envoyée, et de prendre sur les gens du Roy, villes, chasteaux et places par le Roy recouvrées, et y tuèrent des gens du Roy et francs-archiers bien grant nombre.

Et le mardy vingt-sixiesme jour de may fut crié à son de trompe et cry publicque par les carrefours de Paris, comme de toute ancienneté il soit de coustume, et qu'il ne l'oise (1) à nuls de quelque estat qu'ils soient, de faire assemblée de gens en la ville de Paris sans le congié et licence du Roy ou sa justice. Et que ce néantmoins au moyen de certains sermons et prédications puis naguères faits en ladite ville par frère Anthoine Fradin de l'ordre des Cordeliers, plusieurs personnes se sont assemblées et venues au couvent desdits Cordeliers, pour illec garder ledit cordelier, auquel n'avoit esté fait aucun opprobre par le Roy ne sa justice, mais y avoient esté envoyez seulement aucuns des conseillers du Roy pour le interroger sur aucunes choses et matières secrètes, dont le Roy en vouloit sçavoir la vérité. Et illec s'estoient tenus nuit et jour près de icelluy frère Anthoine, pour le garder, si comme ils disoient. Laquelle chose estoit en grande esclandre, parquoy et par l'advis de la cour de parlement et prévost de Paris estoit interdit et deffendu à toutes personnes de

(1) Soit permis.

quelque condition qu'elles feussent, de non plus faire lesdites telles assemblées en ladicte église des Cordeliers, ne ailleurs, sur peine de confiscation de corps et de biens. Et que au regard de ceulx qui ainsi estoient assemblez audit lieu des Cordeliers, incontinent après le cry se départissent et alast chascun en sa maison sur lesdictes peines, et aux maris qu'ils feissent deffence à leurs femmes de plus aler ne eulx tenir lesdictes assemblées. Après lequel cry ainsi fait que dit est, fut par grant dérision crié par plusieurs des escoutans, que ce n'estoit que folie, et que le Roy ne sçavoit riens des choses dessusdictes, et que c'estoit mal fait d'avoir ordonné de faire ledit cry.

Et le lundy premier jour de juing audit an, par le premier président du parlement, et aultres qui se disoient avoir charge du Roy, fut dit et déclairé audit frère Anthoine Fradin, qu'il estoit à tousjours banny du royaulme de France, et que pour ce faire il vuidast incontinent et sans arrester hors d'icelluy royaulme, ce qu'il fist, et vuida le lendemain de ladicte ville de Paris, qui fut mardy second jour dudit mois de juing 1478. Et quant ledit frère Anthoine partit dudit lieu des Cordeliers de Paris, y avoit grant quantité de populaire, crians et soupirans moult fort son département, et en estoient tous fort mal contens. Et du courroux qu'ils en avoient, disoient de merveilleuses choses, et y en eut plusieurs, tant hommes que femmes qui le suivirent hors de la ville de Paris, jusques bien loing, et puis après s'en retournèrent.

Audit temps le Roy qui estoit alé au pays de Picardie, en intention d'avoir et mettre en ses mains et obéissance les villes, places et pays que tenoit le deffunct duc de Bourgongne au jour de son trespas, comme appartenans au Roy, et à luy acquises par la rébellion et désobéyssance du deffunct duc de Bourgongne, et qui pour icelles avoir y avoit menée la plus belle et grande quantité d'artillerie et gens-d'armes de son ordonnance, francs-archiers et nobles hommes, qui oncques fut venu en France. Et demoura longuement audit pays cuidant tousjours avoir les Flamens et le duc Maximien d'Auteriche, qu'ils appelloient leur seigneur, soubs umbre duquel avoir fut envoyé devers le Roy, luy estant à Cambray et en la cité d'Arras, ambassadeur dudit duc d'Auteriche, qui pourparlèrent de bailler au Roy paisiblement les contez d'Artois et de Boulongne, l'Isle, Douay et Orchies, Sainct-Omer et aultres villes, aveques la duché de Bourgongne entière. Et soubs umbre desdictes promesses le Roy leur bailla la jouyssance de Cambray, Quesnoy-le-Conte, Bouchain, et aultres villes. Et pour estre plus près du Roy pour communiquer des choses dessusdites, s'en vint loger et parquer ledit duc d'Auteriche, luy et son ost, que on disoit estre vingt mil combatans et mieulx, entre Douay et Arras. Et illec tindrent le Roy en belles paroles soubs umbre desdites promesses, jusques en la fin dudit mois de juing, que le Roy n'eut aucune chose de ce qui luy avoit esté promis. Et si avoit eu libéralement du Roy icelluy Maximien lesdites villes, cuidant que de son costé feust entretenu ce que promis luy avoit, dont il ne fist rien, et n'y eut aucune conclusion sur ce prinse.

Durant ledit mois de juing, l'armée que le Roy avoit envoyée en la haulte Bourgongne pour recouvrer ses villes contre luy rebelles, et dont avoit la charge le gouverneur de Champaigne, nommé d'Amboise, prospéra fort, et regaignèrent et mirent ès mains du Roy la ville de Verdun, Montsaujon, et Sémur en Lauxois, tant par assault que par composition. Et après alèrent mettre le siège devant la ville de Baulne, où ils furent depuis par aucun temps, et jusques au commencement du mois de juillet ensuivant, et audit an 1478 que ladicte ville de Baulne se rendit au Roy par composition ès mains dudit gouverneur : tellement qu'ils eurent leurs vies et biens saufs, et payèrent en ce faisant par forme d'amende pour leurs défaultes quarante mil escus, et si furent condempnez à rendre et restituer tout le vin et aultres debtes qu'ils pouvoient devoir aux marchands de Paris, et aultres marchands du royaulme, tant en vin par eulx vendu et non livré, que d'argent à eulx baillé et presté. Et au regard des gens de guerre, ils s'en alèrent par ladicte composition franchement et quittement, eulx et leurs biens saufs.

Audit mois de juillet furent et transportèrent en ladicte ville d'Arras par devers le Roy illec estant, une grande ambassade dudit duc Maximien d'Auteriche, et aussi des habitans des villes et pays de Flandres : lesquels furent oys par le Roy et son conseil, et sur ce qu'ils voulurent dire à grande et meure délibération, fut appointé entre le Roy et lesdits Maximien et Flamens, que la guerre qui lors estoit audit pays cesseroit jusques à ung an, pendant lequel yroient seurement de chacun des deux costez toutes personnes de l'ung party en l'autre, et que toute marchandise auroit son plain cours. Et à tant s'en départit le Roy, et s'en vint loger vers Paris, et ne entra point en la ville, pour cause de ce que on luy dist que on s'y mouroit, et s'en ala près de Vendosme, où il se tint par aucun temps. Et après ala à Behuart, et aultres pélerinages à sa dévotion.

En ladicte année et au retour dudit pays le Roy fist de grans dons à plusieurs églises et divers saincts, car il vint veoir la bénoiste Vierge Marie de la Victoire, près Senlis, où il donna deux mil francs, qu'il voulut estre employez à faire des lampes d'argent devant l'autel de ladicte Vierge. Et aussi fist couvrir d'argent la châsse de monseigneur sainct Fiacre, où il fut employé de sept à huicts vingts marcs d'argent. Et en oultre pour sa grande et singulière confidence que de tout temps il a eue à monseigneur Sainct Martin de Tours, voulut et ordonna estre fait ung grans treillis d'argent tout autour de la châsse dudit sainct Martin, lequel y fut fait, et pesoit de seize à dix-sept mil marcs d'argent, qui cousta avant que estre prest et tout assis, bien deux cens mil francs. Et est assavoir que pour finer de ladicte grande quantité d'argent à faire les ouvrages dessusdits, furent ordonnez commissaires pour prendre et saisir toute la vaisselle qu'on pouvoit trouver à Paris et aultres villes, laquelle vaisselle fut payée raisonnablement, mais nonobstant ce, en fut grande quantité mucée et ne fut plus veuë ès lieux où elle avoit accoustumé de courir. Et à ceste cause de là en avant quant on aloit aux nopces franches et aultres, où on avoit accoustumé d'y en veoir largement, n'y estoient trouvez que beaulx verres et esguières de verre et feugière.

En icelluy temps où le Roy fist faire grant assemblée des prélats, gens d'église, de grans clercs, tant des universités de Paris, Montpelier, que d'autres lieux, pour eulx trouver et assembler en la ville d'Orléans, pour subtillier et trouver moyen de ravoir la pragmatique, et que l'argent des vaccans et bénéfices ne fussent plus portez à Rome, ne tyrez hors de ce royaume. Et pour ceste cause se tint ladicte assemblée ainsi estant à Orléans, où présidoit pour le Roy monseigneur de Beaujeu, monseigneur le chancelier et aultres du conseil du Roy. Lequel monseigneur le chancellier en la présence de monseigneur de Beaujeu dist et déclaira les causes pourquoy ladite assemblée estoit ainsi faicte audit Orléans, et les causes qui mouvoient le Roy d'avoir fait faire icelle assemblée, laquelle proposition fut responduë par maistre Jehan Huë, doyen de la faculté de théologie pour ladite université de Paris, qui en ce faisant fist de grandes remonstrances et parla fort et hardiment, pour ce qu'il estoit advoué de par lesdits de l'université de Paris. Et aussi y parla pour ladite université de Montpellier ung aultre grant clerc, qui aussi parla moult bien. Et après que icelle assemblée eut illec esté certaine espace de temps, le Roy vint à sa dévotion en l'église Nostre-Dame-de-Cléry, et après sa dévotion faicte à la audit lieu d'Orléans, où il ne séjourna que demie journée. Et après qu'il s'en fut retourné, tout ledit conseil ainsi assemblé que dit est, sans conclure se départit, et ala chascun dont il estoit party pour y venir, et fut ledit conseil remis à Lyon au premier jour de may après ensuivant.

En après, le Roy estant audit pays de Touraine, envoya ses lettres closes à ses bons bourgois de Paris, leur faisant sçavoir quant il avoit envoyé ses ambassadeurs par devers le roy de Castille et de Léon, sur aucuns différens qui estoient entre le Roy et luy, affin de trouver aucun bon accord entre eulx sur lesdits différens, lesquels ses ambassadeurs estoient retournez dudit voyaige, et avoient rapporté que ledit roy de Castille estoit bien content du Roy, et luy avoit promise et jurée bonne amour et vraie alliance : pourquoy le Roy voulant de ces choses estre loué et regracié Dieu nostre créateur et la bénoiste glorieuse Vierge Marie, mandoit ausdits de Paris, que de ce ils feissent processions générales à Paris, et que les feux en feussent faits parmy les ruës de ladicte ville : laquelle chose fut faicte. Et furent icelles processions faictes, qui alèrent de Nostre-Dame à madame Sainte-Geneviefve au mont de Paris, et y fut illec presché par le prieur des Carmes, qui illec déclaira bien au long et honorablement l'intention et contenu desdictes lettres du Roy.

En ladite année au mois d'octobre, advint au pays d'Auvergne que en une religion de moines noirs (1), appartenant à monseigneur le cardinal de Bourbon, y eut ung des religieux dudit lieu qui avoit les deux sexes d'homme et de femme, et de chascun d'iceulx se aida tellement qu'il devint gros d'enfant, pourquoy fut prins et saisi, et mis en justice et gardé jusques à ce qu'il fût délivré de son postume, pour après iceluy venu estre fait dudit religieux ce que justice verroit estre à faire.

Audit pays advint aussi que ung gentil-homme dudit pays d'Auvergne nourrissoit ung lyon, qui luy eschappa et le perdit par aucun temps, qu'il ne sçavoit où il estoit devenu. Laquelle beste s'en ala à l'escart et sur aucuns chemins, là où mengea et dévora plusieurs créatures, tant hommes que femmes, pour cause dequoy grant nombre de gens dudit pays se mirent sur les champs pour le tuer, et y ala aussi sondit maistre, et tant firent qu'ils trouvèrent ladicte beste. Laquelle entre aultres personnes reconneut et vint à sondit maistre, et incontinent fut

---

(1) C'était, d'après Mézerai, dans l'abbaye d'Issoire, en Auvergne.

tuée et meurdrie. Et pareillement aussi audit pays y sourdit une fontaine en lieu où jamais n'en avoit point eu, et illec devint la terre mouvant et tremblant merveilleusement.

Audit an 1478, au mois de novembre, ung nommé Symon Courtois, que le Roy avoit fait son procureur général pour toute la conté d'Artois, au moyen de la trève qui estoit entre le Roy et les Flamens, se partit de la ville d'Arras faignant aller en ses affaires au païs de Flandres. Auquel pays s'en ala par devers la contesse dudit Flandres, femme de Maximien d'Auteriche, par devers laquelle et non content de l'honneur à luy fait par le Roy de l'avoir ainsi créé sondit procureur général en ladite conté, dist à icelle contesse qu'il estoit bien son serviteur, comme ses aultres parens avoient esté, et qu'elle voulsist prendre de luy le serment et créer sondit procureur, et de raison elle luy revauldroit, et aimoit mieux qu'elle feust et demourast en ses mains que en celles du Roy. Lesquelles choses qui furent sceuës par le gouverneur dudit Arras pour le Roy, fut ledit Symon Courtois prins et saisi, et mené devers le Roy à Tours, où il confessa tout ce que dit est dessus. Et à ceste cause il fut décapité.

Audit an 1478 le lundy devant les Rois, advint que plusieurs officiers du Roy en son artillerie, firent assortir une grosse bombarde qui en ladite année avoit esté faicte à Tours, pour illec essayer et esprouver, et fut aculée la queuë d'icelle aux champs devant la bastille Sainct-Anthoine, et la gueule d'icelle en tirant vers le pont de Charenton. Laquelle fut chargée pour la première fois et tira très-bien, et porta la pierre d'icelle de vollée jusques à la justice dudit pont de Charenton. Et pour ce qu'il sembla aux dessusdits qu'elle ne s'estoit pas bien deschargée de toute la poudre qui mise et boutée avoit esté dedens la chambre d'icelle bombarde, fut ordonné par les dessusdits que encores seroit chargée de nouveau, et que de rechief seroit tirée pour seconde fois, et que avant ce elle seroit nettoyée dedans la chambre d'icelle avant que d'y mettre la poudre, ce qui fut fait, et fut faite charger et bouté sa boule qui pesoit cinq cens livres de fer, dedans la gueule d'icelle bombarde, à laquelle gueule estoit ung nommé Jehan Maugue, fondeur, qu'icelle bombarde avoit faite : laquelle boule en roullant au long de la vollée contre le tampon de la chambre de icelle bombarde, se deschargea incontinent, sans sçavoir dont le feu y vint. A cause dequoy elle tua et meurdrit et mist en diverses pièces ledit Maugue, et jusques à quatorze aultres personnes de Paris, dont les testes, bras, jambes et corps, estoient portez et gettez en l'air et en divers lieux. Et ala aussi ladicte boule tuer et mettre en pièces et lopins ung pauvre garçon oyseleur, qui tendoit aux champs aux oyseaulx. Et de la poudre et vent de ladicte bombarde y en eut quinze ou seize aultres personnes qui tous en eurent plusieurs de leurs membres gastez et brûlez, et en mourut plusieurs depuis. Et tellement que de ceulx qui y moururent ledit jour, que de ceulx qui furent happez dudit vent, en mourut en tout de vingt-deux à vingt-quatre personnes. Et après le trespas dudit Maugue, fondeur de ladite bombarde, le corps fut recueilly et ensevely, et mis en bière, et porté à Sainct-Merry à Paris, son patron, pour y faire son service, et fut crié par les carrefours de Paris que on priast pour ledit Maugue, qui nouvellement estoit allé de vie à trespas entre le ciel et la terre, au service du Roy nostre sire.

En ladicte année le mardy second jour de mars, le corps d'ung nommé Laurens Garnier de la ville de Provins, qui avoit par arrest de la cour de parlement esté pendu et estranglé au gibet de Paris un an et demy par avant ledit jour, pour occasion de ce qu'il avoit tué et meurdry ung collecteur ou receveur de la taille dudit lieu de Provins, et duquel cas il avoit obtenu rémission qui ne luy fut point entérinée par ladicte court, fut au pourchas d'ung sien frère fait despendre dudit gibet par Henry Cousin, exécuteur de la haulte justice audit lieu de Paris. Et illec fut ensepvely ledit corps et mis en une bière couvert d'ung cercueil, et dudit gibet mené dedens Paris par la porte Sainct-Denys, et devant icelle bière alloient quatre crieurs de ladicte ville sonnant de leurs clochètes, et en leurs poitrines les armes dudit Garnier, et autour d'icelle bière y avoit quatre cierges et huict torches qui estoient portées par hommes vestus de dueil et armoyez comme dit est. Et en tel estat fut mené passant parmy ladicte ville de Paris jusques à la porte Sainct-Anthoine, où fut mis ledit corps en un chariot couvert de noir, pour mener inhumer audit Provins. Et l'ung desdits crieurs qui aloit devant ledit corps, crioit : « Bonnes gens, dictes vos patenostres pour » l'âme de feu Laurens Garnier, en son vivant » demourant à Provins, qu'on a nouvellement » trouvé mort soubs ung chesne, dictes en » vos patenostres que Dieu bonne mercy luy » face. »

En ladicte année audit mois de mars le jeudy dix-huitiesme jour dudit mois, un gentil-homme nommé Oriole, natif du pays de Gascongne, qui auparavant avoit euë la charge et conduicte de par le Roy de cent lances de son ordonnance, laquelle charge et ordonnance le Roy avoit nouvellement fait cesser avecques aultres, laquelle chose il print à desplaisance. Et à ceste cause fut raporté que ledit Oriole parloit mal et usoit de menasses, et que avecques ce aussi qu'il mist en délibération avecques le lieutenant de sa compaignie, de délaisser le Roy et son service, et aler servir en guerre son adversaire le duc en Auteriche. En quoy faisant commettoit crime de lèze-majesté envers son souverain seigneur, pour lesquels cas et aultres furent iceux Oriole et sondit lieutenant décapitez en la ville de Tours, ledit jour de jeudy. Et après ladicte exécution faicte, fureut portez par maistre Denis Cousin, exécuteur de la haulte justice, et qui avoit exécuté ledit Oriole et sondit lieutenant, leurs testes et partie de leurs membres attachez, et mettre aux portes d'Arras et Béthune, au pays de Picardie.

Audit an et mois de mars fut aussi prins prisonnier à Paris ung nommé le seigneur de Mauves, qui aussi avoit esté cassé de la charge de cent lances, dont aussi avoit euë la charge pour le Roy, et fut prins en l'ostel du Cornet, près Sainct-Jehan-en-Grève, par Phelippe Luillier, escuyer capitaine de la bastille Sainct-Anthoine, et par luy ou par aultres mené prisonnier audit lieu de Tours par devers le Roy qui lors y estoit. Et depuis fut délivré comme ignorant des cas à luy imposez.

Au mois d'avril 1479 après, le Roy qui estoit au pays de Touraine délibéra du fait de sa guerre, et de ce qui estoit de faire touchant le fait d'icelle, pource que la trève qui sur ce avoit esté entre luy d'une part et le duc en Auteriche d'autre part, estoit presque faillie. Et que par ledit d'Auteriche n'avoit esté aucune ambassade envoyée devers luy pour accord faire entre eulx sur leurs différens, et pour conclure de ce qu'ils avoient à faire après la fin d'icelle trève.

Au mois de may ensuivant, nonobstant que ladicte trève ne feust empirée ne faillie, les manans et habitans de la ville de Cambray mirent et boutèrent les Picars, Flamens et aultres ennemis du Roy, tenans le party dudit duc en Auteriche, dedens ladicte ville de Cambray. Et d'icelle en déchassèrent et mirent dehors les gens de guerre qui estoient dedens le chasteau de ladite ville de par le Roy, nonobstant que ladicte ville le Roy avoit laissée et baillée en la garde et confidence du seigneur de Fiennes, et incontinent après vindrent de trois à quatre cens lances desdits Flamens et Picars, devant la ville et chastel de Bouchain, dedens laquelle n'y avoit en garnison pour le Roy que seize lances qui se retrahirent dedens ledit chastel, pource qu'ils apperceurent que les habitans dudit Bouchain avoient délibéré de mettre lesdits ennemis du Roy dedens leur ville, incontinent qu'ils y seroient arrivez, ce qu'ils firent. Et incontinent eulx arrivez vindrent lesdictes habitans assaillir lesdictes gens du Roy, que par force ils prindrent, et les tuèrent tous dedens ledit chasteau, et de tous ceulx qui y estoient n'en eschappa que ung seul, lequel s'enferma dedens une chambre, et par ung tuyau des chambres aisées se laissa cheoir dedens les fossez et se saulva : desquelles entreprinses et choses ainsi faictes, le Roy en fut fort mal content, et non sans cause, veu que ladicte trève rompuë et entreprises dessusdites ne se faisoient point pour aucune faulte ou coulpe, que eussent fait les gens de guerre du Roy sur lesdits ennemis.

Et à ceste cause le Roy envoya certain grant nombre d'artillerie en la duché et Franche-Conté de Bourgongne, avecques grant nombre de nobles hommes et francs-archiers du royaulme de France, par devers le gouverneur de Champagne, qui estoit gouverneur et lieutenant général du Roy audit pays de Bourgongne, pour recouvrer ledit pays, et mettre de rechief en sa main. Et y besongnèrent lesdits gouverneur et ceulx de sa compaignie si vaillamment, que par assault et port d'armes ils gaignèrent d'assault le chastel de Rochefort, et tuèrent tous ceulx qui estoient dedens, en pillant tout ce qu'ils y trouvèrent. Et de là s'en alèrent devant la cité de Dole, qui fut fort batuë d'artillerie, et après fut assaillie tellement qu'elle fut prise d'assault, à cause dequoy plusieurs gens de façon et bons marchans y moururent, et si fut ladicte ville arrasée mise par terre.

Au mois de juing ensuivant messire Robert Destouteville, chevalier seigneur de Beine, qui avoit esté prévost de Paris par l'espace de quarante-trois ans, ala de vie à trespas audit lieu de Paris. Et en son lieu le Roy donna ledit office de prévost de Paris à Jacques Destouteville, fils dudit deffunct prévost, en faveur de ce qu'il disoit que ledit deffunct l'avoit bien et loyaulment servy à la rencontre de Montlehéry et aultres divers lieux.

Durant ces choses le Roy estant à Montargis oyt les nouvelles des choses dessusdictes, dont il fut fort joyeulx, et lors se partit et s'en ala à Nostre-Dame-de-la-Victoire près Senlis y faire ses offrandes, et de là s'en vint au bois de Vinciennes où il ne séjourna que une nuit. Et d'illec se partit et print son chemin pour aler à Provins, et de là au pays de Champaigne, à Laugres et aultres lieux; et cependant fut chargé à Paris par la rivière de Seine moult grant nombre de belle et grosse artillerie, entre laquelle y avoit seize grosses bombardes toutes de fonte, et grant quantité de pouldres et salpestres pour mener à Châlons en Champaigne, à Bar-le-Duc, et d'illec aler conquester la duché de Luxembourg; mais ledit voyage fut rompu et n'en fut riens faict.

Et le samedy, tiers jour de juillet audit an 1479, vint et arriva à Paris une moult belle et honneste ambassade du pays d'Espaigne, que menoit et conduisoit pour le Roy l'évesque de Lombes, abbé de Sainct-Denis en France. Et les furent recepvoir aux champs, hors de ladicte ville, les prévost des marchans et eschevins de ladicte ville et aultres estats d'icelle ville, et après leur entrée faicte en icelle ville s'en alèrent à Sainct-Denis, où ils furent fort festiez par ledit abbé dudit lieu, et aussi audit lieu de Paris par aucuns des gens et officiers du Roy estans en icelle.

En icelle année 1479 arriva en France ung jeune prince du royaulme d'Escoce, nommé le duc d'Albanie, frère du roy d'Escoce (1), qui par ledit Roy estoit deschassé hors dudit royaulme, lequel s'en vint au Roy à refuge, qui luy fist faire grant honneur à l'entrée qu'il fist à Paris: car au-devant de luy furent aux champs par la porte Sainct-Anthoine, sur le chemin alant au bois de Vinciennes, tous les estats de Paris avecques et en la compaignie de monseigneur de Gaucourt, qui comme lieutenant du Roy le recueillit bien honnorablement. Et d'illec fut amené et conduit dedans Paris, et mené loger en la ruë Sainct-Martin, à l'enseigne du Coq, où depuis il fut longuement logé et ses gens et compaignie tout aux despens du Roy, combien que de sa compaignie et gens de sa nation n'avoit avecques luy que de dix à douze chevaux, et le fist le Roy accompagner par messeigneurs de Monypégny, chevalier, seigneur de Congressault, qui estoit aussi Escossois.

Au mois d'aoust ensuivant, les Picars, Flamens et aultres ennemis du Roy, estans logez ès pays de Flandres et aultres villes contraires au Roy, se mirent sur les champs tendans affin de trouver et combatre les gens du Roy, et vindrent pour ce faire près de la ville de Théroüenne, laquelle ville tenoient les gens du Roy, et lesquels ennemis cuidoient avoir et emporter ladicte ville par force et violence. Et après leur venuë la battirent fort de leur artillerie, à quoy il fut vaillamment résisté et contredit par monseigneur de Sainct-Andry, comme lieutenant de cent lances de monseigneur le duc de Bourbon, et aultres capitaines et nobles hommes de l'ordonnance du Roy. Et dudit exploict en furent advertis les aultres gens de guerre estans pour le Roy en garnison ès dits pays de Picardie, tous lesquels pour secourir lesdits de Théroüenne et ladicte ville se assemblèrent et mirent sus les champs et vindrent trouver lesdits Picars, Flamens et aultres gens de guerre ennemis du Roy, à environ une lieuë près dudit Théroüenne; lesquels ennemis et adversaires estoient grant nombre, comme soixante mil combatans, qui estoient menez et conduits par ledit duc en Auteriche, le conte de Romont et aultres seigneurs tenans ledit party, dedans lesquels vindrent frapper les gens du Roy estans en garnison audit Théroüenne, avecques plusieurs des compaignies des lances que le Roy avoit en Picardie, dont avoit la conduite le seigneur des Querdes et aultres capitaines avecques luy, tous lesquels par grant vigueur et honneste couraige frappèrent dedens lesdits adversaires et ennemis, et tellement qu'ils deffirent toute l'avant-garde dudit duc en Auteriche, à cause de quoy y eut grant occision des gens dudit duc, et y perdirent beaucoup de biens, et furent menez chassans par lesdites gens du Roy jusques dedens les fossez ès portes d'Aire. Et pour ce que aucuns francs-archiers du Roy qui suivoient ladicte chasse se mirent à piller le bagaige et aultres biens laissez par lesdicts adversaires, ainsi chassez comme dit est, vint sur lesdits francs-archiers et aultres gens de guerre, le conte de Romont, qui bien avoit de quatorze à quinze mil piétons picquiers qui tuèrent partie desdits francs-archiers et aultres gens de guerre. Et tant y en mourut des deux costez, qu'on disoit et estimoit les morts de quatorze à quinze mil combatans, dont en y eut desdits Bourguignons, Picars et Flamens, de morts environ de unze à douze mil combatans, sans les prisonniers dont les gens du Roy prindrent grant quantité, c'est assavoir comme de neuf cens à mil prisonniers, entre lesquels y fut prins ung des fils du roy de Poulaine (2), et ung aultre jeune fils qu'on disoit estre le mignon dudit duc en Auteriche, avec grant nombre de gens de bonne et grande maison, et tous bons prisonniers. Et au regart des gens de l'armée du Roy y mourut le capitaine Beauvoisien et Waste de Mompédon, baillif de Roüen, et des gens de guerre de l'ordonnance du Roy y

---

(1) Alexandre Stuart, frère de Jacques III, roi d'Ecosse; il mourut à Paris en 1483, et fut enterré aux Célestins.

(2) Pologne.

mourut environ trois cens archiers de ladite ordonnance, sans les francs-archiers.

Et après ladicte desconfiture ainsi faicte que dit est, ledit duc en Auteriche, le conte de Romont et aultres de leur compaignie seralièrent et vindrent devant une place nommée Malaunoy, dedens laquelle estoit ung capitaine gascon, nommé le Capdet Rémonnet, et avecques luy de sept à huict-vingts lacquets arbalestriers (1) aussi Gascons, laquelle place par lesdits d'Auteriche et Romont fut assaillie. Et par lesdits Gascons fut fort résisté, mais en fin furent emportez d'assault et y moururent la pluspart desdits lacquets, et les aultres se getterrent dedens les fossez. Et au regard dudict Capdet il fut prins prisonnier et mené pour asseurance devers ledit d'Auteriche, lequel nonobstant ladicte asseurance et trois jours après sadicte prise, et de sang froit et rassis, ledit d'Auteriche le fist pendre et estrangler. Et pour vengeance faire de sa mort le Roy très-mal content d'icelle fist pendre jusques au nombre de cinquante des meilleurs prisonniers que ses gens-d'armes eussent en leurs mains, et par le prévost des mareschaulx, lequel les fist pendre, c'est assavoir : sept des plus espéciaux prisonniers, au propre lieu où le Capdet Rémonnet avoit esté pendu, dix aultres prisonniers devant Doüay, dix aultres devant Sainct-Omer, dix devant la ville d'Arras, et dix devant l'Isle. Et estoit ledit prévost accompagné pour faire faire ladite exécution, de huit cens lances et six mil francs-archiers, tous lesquels après icelle exécution faicte s'en alèrent coste la conté de Guynes, et en revenant jusques en Flandres prindrent dix-sept places et maisons fortes, et tuèrent et bruslèrent tout ce qu'ils trouvèrent et en emmenèrent beufs, vaches, chevaulx, jusques ès aultres biens, et après s'en retournèrent en leursdites garnisons.

Audit temps fut prins sur mer par Coulon et aultres escumeurs de mer en Normendie pour le Roy jusques à quatre-vingts navires de Flandres, qui estoient alez quérir des seigles en Pruce pour avitailler le pays, et tout le harenc de la pesche d'icelle année, où il fut fait la plus grant desconfiture qui passé à cent ans fut faicte sur mer, à la grande confusion et destruction desdits Flamens.

En l'année 1480 passèrent la mer d'Angleterre pour venir en France par devers le Roy, le seigneur de Havart, ung prothonotaire et aultres ambassadeurs anglois, pour le fait de l'entretènement de la trève d'entre le Roy et le roy d'Angleterre, lesquels ambassadeurs furent bien receups du Roy, et leur fist-on bonne chière et grant, et s'en retournèrent après leur expédition. Et leur fut donné par le Roy de l'or content et de belle vaisselle d'argent.

En ladicte année 1480, le Roy bailla lettres de commission à maistre Jehan Avin, conseillier en sa cour de parlement, et à Jehan Doyac de la ville de Cusset en Auvergne, pour faire sur monseigneur de Bourbon, ses villes, pays, officiers et bons subjects, plusieurs dampnez exploicts et nouvelletez, que lesdits commissaires prindrent joyeusement à faire, cuidans destruire et porter dommaige audit monseigneur le duc, contre Dieu et raison et sans cause, mais pour complaire à la voulenté du Roy qui les menoit, afin de destruire ledit seigneur et mettre en exil. Et par lesdits commissaires en ensuivant leurdicte commission firent adjourner à comparoir personnellement en la court de parlement à Paris, la pluspart des officiers d'iceluy monseigneur le duc, comme son chancellier, son procureur général, le capitaine de sa garde, et autres plusieurs en grant nombre qui y comparurent au jour à eux assigné, où par commissaires d'icelle court furent examinez. Et pour ce faire, longuement détenus en arrests en ladicte ville, alencontre desquels maistre François Haslé, advocat du Roy en ladicte court de parlement, plaida pour son plaisir faire contre Dieu et raison, le service de corps et d'ame. Et après par ladicte court furent eslargis et renvoyez en leurs maisons.

Et après ces choses ainsi faictes fut aussi adjourné à comparoir en ladicte court maistre Jehan Hébert, évesque de Constances, pour respondre à plusieurs crimes et cas à luy imposez, où il vint et comparut, et fut sur ce interrogué, et puis par arrest de ladite court fut fait constitué prisonnier ès prisons de la conciergerie, et tous ses biens et temporels mis en la main du Roy.

En ladicte année au mois d'aoust fut fait trève avec le duc en Auteriche pour sept mois, dont les trois mois devoient estre marchans, les trois autres d'abstinence de guerre, et le septiesme mois de repentailles.

En ladite année au mois de septembre, le lundy quart jour dudit mois, ung légat du Pape, nommé le cardinal de Sainct-Pierre-ad-Vincula, qui estoit venu en France, et arriva en la ville de Paris où il fut honnorablement receu par tous les estats de Paris, qui alèrent au-devant de luy par la porte Sainct-Jacques. Et par tout son chemin où il passa par ladicte ville estoit tout tendu de tapisserie jusques à l'église

---

(1) Soldats armés d'arbalètes.

Nostre-Dame de Paris où il fist illec son oraison. Et après icelle faite, s'en alla en son logis qui luy estoit ordonné au colliége de Sainct-Denys près les Augustins. Et l'accompagnoit et estoit tousjours près de luy très-noble, très-révérend père en Dieu monseigneur le cardinal de Bourbon.

Et le lendemain, qui fut mardy sixiesme jour dudict mois, maistre Olivier-le-Diable, dit le Dain, barbier du Roy, festoya lesdits légat, cardinal de Bourbon, et moult d'autres gens d'église et nobles d'hommes, tant plantureusement que possible estoit. Et après disner les mena au bois de Vinciennes esbatre et chasser aux dains dedens le parc dudit bois, et après s'en revint chascun en son hostel.

Et le jeudy ensuivant, veille de la nativité de la bénoiste Vierge Marie, et vendredy ensuivant, ledit légat fut aux vespres et messe en l'église Nostre-Dame de Paris, où moult de gens de tous estats furent en ladicte église pour veoir faire ledit service audit légat, qui le fist bien et honnorablement.

Et le dimanche ensuivant douziesme jour dudict mois, ledit légat ala disner et soupper en l'ostel de Bourbon à Paris, où monseigneur le cardinal de Bourbon le festoya, et y mena ledit légat plusieurs archevesques, évesques et aultres seigneurs et gentilshommes, où estoient l'archevesque de Besançon et celuy de Sens, les évesques de Chartres, celuy de Nevers, celuy de Thérouane, celuy d'Amyens, celuy d'Alet et aultres, le seigneur de Culton, Moireau, maistre d'ostel du Roy, et plusieurs aultres gentils-hommes et gens d'église, où ils furent moult honnorablement festoyez.

Et le lundy après ensuivant, treiziesme jour dudit mois, ledit légat se partit de Paris et s'en ala à Sainct-Denis en France, où aussi il fut festoyé par l'abbé de Sainct-Denis, et dudit Sainct-Denis s'en ala au pays de Picardie et Flandres, pour cuider communiquer avecques les Flamens et Picars, et essayer de faire aucun accord entre le Roy et eulx sur leurs différens, où il fut depuis par long-temps, la pluspart d'iceluy séjournant à Péronne, cuidant avoir seur acceps d'entrer audit pays de Flandres, où le Roy y envoya aussi maistre François Haslé, le prévost de Paris et aultres, qui sans y riens faire retournèrent à Paris. Et aussi retourna ledit légat audit lieu de Paris le jeudy devant Noël, vingt-et-uniesme jour de décembre 1480, lequel légat ala voir monseigneur le cardinal de Bourbon, avec lequel il souppa et coucha, et le lendemain s'en partit dudit hostel par la porte dorée, et passa la rivière jusques en l'ostel de Néelle, où il monta à cheval avec ses gens qui illec l'attendoient. Et s'en ala jusques à Orléans où il séjourna certain temps, pendant lequel le Roy fist délivrer le cardinal Baluë, et s'en ala audit Orléans devers ledit légat. Et en ce temps se tint le Roy au pays de Touraine où il demoura par la pluspart de l'yver, et jusques à environ les Rois qu'il s'en ala à Poictiers et aultres lieux, et puis s'en retourna à Tours et aux Forges vers la fin du mois de janvier.

En ce temps le Roi fist casser et abatre tous les francs-archiers du royaume de France, et en leur place y voult estre et demourer pour servir en ses guerres les Souysses et picquiers. Et fit faire par tous coustelliers grant quantité de picques, hallebardes, et grans dagues à larges rouelles (1).

En ladite année, l'yver commença tard et ne gela point qui ne feust le landemain de Noël, jour Sainct Estienne, et jusques au 8 febvrier, qui sont six sepmaines, durant lequel temps fist la plus grande et aspre froidure que les anciens eussent jamais veu faire en leurs vies, et furent les rivières de Seine, Marne, Yonne et toutes aultres rivières affluans en ladicte rivière de Seine, prises et gelées si très-fort que tous charrois, gens et bestes passoient par-dessus la glace. Et au desgel desdites rivières en advint plusieurs grans maulx et dommages, à cause desdictes glaces qui en emportèrent plusieurs estans sur lesdictes rivières ; et les glaçons firent de grans dommages, car ils rompirent et emportèrent grant quantité de basteaux, dont partie s'en alèrent frapper contre les ponts Nostre-Dame, Sainct-Michel d'icelle ville de Paris, lesquels basteaulx sauvèrent plusieurs grans heurs que eussent fait lesdits glaçons contre lesdits ponts, qui furent en bien grand dangier d'estre abatus. Et pour le paour que en eurent les demourans sur lesdits ponts, désemparèrent lesdits ponts, eulx et leurs biens, jusques le dangier en feust passé, et lesquels glaçons rompirent sept des pieux du moulin du Temple. Et à ceste cause ne vint point de bois à Paris par la rivière de Seine, et fut bien chier, comme de sept à huict sols pour le moule : mais pour secourir le povre peuple, les gens des villaiges amenèrent en la ville à chevaulx et charrois grant quantité de bois vert. Et eust esté ledit bois plus chier, si les astrologiens de Paris eussent dit vérité, pour ce qu'ils disoient que ladite grande gelée dureroit jusques au huictiesme jour de mars, et il desgella trois sepmaines avant ; mais depuis ledit desgel le temps fut fort froit jusques bien avant le mois de may, à cause de quoy plu-

(1) Lames.

sieurs bourgeons des vignes qui estoient trop avancées, furent perdus et gelez, et les fleurs des arbres et les souches en divers lieux perduës et gellées.

Durant ledit hiver et jusques au mois d'apvril, que failloit la trève entre le Roy et les Flamens, ne fut riens fait de costé ne d'aultre, pource que lesdits Flamens envoyèrent leur ambassade devers le Roy à Tours, ausquels il donna expédition et continua les trèves d'ung an, espérant que durant icelluy se trouveroit quelque bon expédient de paix finale.

Audit temps les ambassadeurs du roy Edouart d'Angleterre vindrent par devers le Roy, pour le faict de la trève, et print le Roy la peine d'aler devers eux jusques à Chasteau-Regnault, où le Roy les ouyst sur la matière pourquoy ils estoient venus: et illec furent expédiez par le Roy et puis s'en retournèrent en Angleterre. Et après leur partement fut dit et publié que la trève d'entre lesdits deux Rois, estoit continuée pour bien long-temps.

Audit an 1480 au mois de mars, le Roy estant en son hostel du Plessis-du-Parc-lez-Tours, fut merveilleusement malade d'une maladie qui soubdainement le print, dont fut dit depuis qu'il fut en grant dangier de mort, mais moyennant l'ayde de Dieu la sancté luy fut renduë, et revint en convalescence.

En l'année 1481, le Roy voult et ordonna que certain camp de bois qu'il avoit fait faire pour tenir les champs contre ses ennemis, feust drécié et mis en estat en une grant pleine près le Pont-de-l'Arche, pour illec le veoir, et dedens icelluy, certaine quantité de gens de guerre armez avec halebardiers et picquiers que nouvellement avoit mis sus, dont il avoit donné la conduite desdictes gens de guerre à messire Phelippe de Crévecueur, chevalier seigneur des Querdes, et à maistre Guillaume Picquart, baillif de Rouen, dedens lequel camp il voult que lesdites gens de guerre feussent par l'espace d'un mois pour sçavoir comment ils se conduiroient dedens, et pour sçavoir quels vivres il conviendroit avoir à ceulx qui seroient dedens ledit camp, durant le temps qu'ils y seroient. Et pour aller audit camp que le Roy avoit ordonné estre prest dedens le quinziesme jour de juing, le Roy s'approcha près de Paris, et fist la feste de Penthecouste à Nostre-Dame-de-Chartres, et d'illec s'en ala audit Pont-de-l'Arche, et de là audit camp, qui fut choisi et assis entre ledit Pont-de-l'Arche et le Pont-Sainct-Pierre; partie duquel camp tel qu'il povoit contenir fut fossoyé au long de ce qui en fut dressié, et dedens fut tendu des tentes et pavillons, et aussy y fut mis de l'artillerie et de tout ce qui y estoit requis. Et par ladite portion ainsi dressée, qui fut fort agréable au Roy, fait jugement quel avitaillement il fauldroit avoir pour fournir tout iceluy camp, quant il seroit du tout emply de ce que le Roy avoit intention de y mettre et bouter. Et après ces choses et que le Roy l'eut bien veu et visité, s'en vint à bien content, et s'en partit pour s'en retourner audit lieu de Chartres, Selome, Vendosme et à Tours, et en renvoya toutes les compaignies qui estoient venues audit camp par son ordonnance, chascun en sa garnison.

En ladite année le duc de Bretaigne envoya acheter à Milan certaine quantité de harnois, comme cuirasses, sallades, et aultres harnois, qui furent enfardelez (1) en fardeaux en façon de draps de soye et aultres marchandises fort enveloppées de cotton. Et tellement que à remuer les fardeaux ne faisoient point de noise, lesquels fardeaulx qui se portèrent sur mulets arrrivèrent aux montaignes d'Auvergne, laquelle marchandise de harnois les gens et commis de Doyac prindrent, et incontinent fut mandé au Roy qui donna lesdits harnois audit Doyac (2) et autres ses satélites.

En ladite année toutes les vignes presque universellement par tout le royaulme de France faillirent, et ne rapportèrent que ung peu de chose, et le vin qui creust en ladicte année ne valut guières, et se vendit bien chier. Et à ceste cause le vin de l'année précédente, qui aussi valoit guières, fut vendu moult chier : car le vin qui au commencement d'icelle année qui ne fut vendu à détail et taverne que quatre deniers tournois, fut vendu douze deniers tournois la pinte. Et par aucuns marchans bourgois de Paris, et d'ailleurs qui avoient gardé du vin creu autour de Paris, comme de Champigny-sur-Marne et aultres lieux voisins, le vendirent bien chèrement : car plusieurs en vendirent à détail deux sols parisis la pinte, qui estoit audit prix trente-six livres tournois le muy. Et advint que au moyen de ce que lesdites vignes faillèrent comme dit est, et que le vin ne valut guières, plusieurs marchans s'en allèrent cercher des bons en diverses régions loingtaines, lesquels marchans firent amener en la ville de Paris, qui fut pareillement chier vendu, comme six et sept blancs la pinte. Et lesquels vins furent alez quérir jusques ès fins et mettes (3) des dernières villes d'Espagne.

En ladite année les garnisons pour le Roy es-

---

(1) Emballés.
(2) Il était gouverneur de la province d'Auvergne.
(3) Limites, frontières.

tans au pays de Picardie, tenans frontières sur lesdits Flamens, nonobstant la trève, firent de grandes courses les ungs contre les aultres, en faisant mauvaise guerre : car tous les prisonniers de guerre pris de chascun desdits costez, sans miséricorde aucune estoient pendus quant prins estoient, sans aucun en mettre à rançon.

Audit temps le Roy qui avoit esté malade à Tours, s'en partit dudit lieu de Tours, et s'en ala à Touars, où aussi y devint très-fort malade, et y fut en très-grant dangier de mort. Parquoy et affin de recouvrer sa santé, envoya faire maintes offrandes et donner de biens grands sommes de deniers en diverses églises de ce royaume, et fist de grandes fondations. Et entre les aultres fondations fonda en la saincte chappelle du Palais-Royal à Paris une haulte messe, pour y estre dicte chascun jour en l'honneur de monseigneur sainct Jehan, à l'eure de sept heures du matin, laquelle il ordonna estre chantée par huict chantres qui estoient venus du pays de Provence, lesquels avoient esté au roy René de Cecile, et de sa chappelle, qui s'en vindrent après le trespas dudit feu roy René leur maistre, devers le Roy qui les recueillit comme dit est. Et fonda ladite messe de mil livres parisis, prises sur la ferme et coustume de poisson de mer qui se vend ès halles de Paris.

Et après ce que dit est et que le Roy eut esté ainsi malade, il se voüa d'aler en pélerinage à monseigneur Sainct-Claude, ce qu'il entreprit de faire, et s'en vint à Nostre-Dame-de-Cléry faire ses offrandes, et puis se partit d'illec pour aler accomplir sondit voyage. Et pour estre seurement de sa personne, y mena aveucques luy huict cens lances, et plusieurs aultres gens de guerre qu'on estimoit bien à six mil combatans. Et avant son partement du pays de Touraine ala à Amboise veoir monseigneur le Daulphin son fils, que jamais n'avoit veu, au moins que bien peu, et au département luy donna sa bénédiction, et le laissa en la garde de monseigneur Pierre de Bourbon, seigneur de Beaujeu, lequel il fist son lieutenant-général par tout son royaulme, durant sondit voyaige. Et lors le déclaira le Roy à monseigneur le Daulphin qu'il vouloit qu'il obéist à mondit seigneur de Beaujeu, et qu'il fist tout ce qu'il luy ordonneroit, et tout ainsi que si luy-mesme luy commandoit.

En ladicte année, durant le voyage de Sainct-Claude, fut le blé moult chier universellement par tout le royaulme de France, et mesmement par tout le pays de Lyonnois, Auvergne, Bourbonnois, et aultres pays voisins. Et à cette cause y mourut grant quantité de peuple, tant de maladie que de famine, qui fut merveilleusement grande par toutes contrées, et si ce n'eussent esté les grandes aumosnes et secours de ceulx qui avoient des blez, la mort y eust esté moult douloureuse. Nonobstant ce, se partirent desdits pays plusieurs povres gens qui allèrent à Paris et en plusieurs aultres bonnes villes, et furent mis en une grange ou maison à Saincte-Katerine du val des escolliers, où illec les bons bourgeois et bonnes bourgeoises de Paris les alloient soigneusement penser. Et depuis furent menez à l'Ostel-Dieu de Paris où ils moururent tous ou la plupart : car quant ils cuidoient mengier ils ne pouvoient, pource qu'ils avoient les conduits retraits par avoir esté trop sans mengier.

En l'an 1482, le jeudy quatriesme jour de may, environ l'heure de quatre à cinq heures, de très-noble, puissante, saincte et des bonnes vivans l'exemplaire; c'est assavoir, ma très-redoubtée dame madame Jehanne de France, femme et espouse de monseigneur Jehan duc de Bourbonnois et d'Auvergne, expira et rendit l'âme à Dieu en son chasteau de Molins en Bourbonnois, par le moyen d'une forte flèvre, si merveilleuse que l'art de médecine n'y peut pourveoir, et fut son corps inhumé en l'église Nostre-Dame dudit Molins. Laquelle dame fut fort plorée et lamentée, tant par mondit seigneur son espoux et mary, ses serviteurs et gens de ses pays, et par tous aultres du royaulme de France, qui ladite dame avoient veuë et eu congnoissance, pour les grandes vertus et biens dont estoit par grâce remplie.

Et auparavant icelle année ala aussi de vie à trespas au pays de Flandres, madame la contesse de Flandres et Artois, fille du feu duc Charles de Bourgongne, femme du duc en Auteriche, et niepce de messeigneurs de Bourbon ; de laquelle yssirent deux enfans; c'est assavoir, ung fils et une fille, lesquels demourèrent en la garde des Flamens en la ville de Gant.

En ceste dite année 1482 de ladite maladie de fièvre et raige de teste, moururent en divers lieux moult et notables et grans personnaiges, tant hommes que femmes. Et entre aultres moururent les archevêques de Narbonne et Bourges, l'évesque de Lisieux, et maistre Jehan Le Boulengier, premier président en la court de parlement, et aussi messire Charles de Gaucourt, chevalier, qui avoit esté lieutenant pour le Roy en sa ville de Paris, lequel fut fort plaint, car il estoit ung bon et honneste chevalier, beau personnaige, saige homme et grant clerc. Et de ladicte court de parlement moururent plusieurs des conseillers et advocats d'icelle, et entre aultres mourut un nommé maistre Nicole Bataille, que on disoit estre le plus grand légiste du royaume de France, bonne personne et fort plaisant, qui fut fort plaint et non sans cause. Et disoit-on qu'il mourut par le courroux qu'il print de sa femme qui fut fille de Nicole Erlaut, en son vivant trésorier du Daulphiné, combien qu'elle eust de sondit mary tout le plaisir que femme en povoit avoir, et d'elle avoit eu douze enfans en mariage, et avoir ledit deffunct au jour de sondit trépas quarante-quatre ans d'aage. Laquelle femme se conduisit en la lescherie, de sa pure charougne avec ribaulx particuliers, durant sondit mariage. Et entre aultres entretint en sadicte lescherie ung jeune garçon, fils d'une venderesse de poires et de poisson de mer des halles de Paris, nommé Régnault la Pie, lequel avoit aultrefois euë grand familliarité autour du Roy comme son varlet-de-chambre, et depuis avoit esté mis dehors de son service par les faultes et abus dont l'accusa Olivier-le-Diable, dit le Dain, aussi son compaignon comme barbier, varlet-de-chambre du Roy. Laquelle femme le print en son amour désordonnée, et pour l'entretenir en vendit et engaiga de ses bagues et vesselle de sondit mary, et si print aussi de l'argent de sondit mary larcineusement, pour l'entretènement de sondit paillard, de toutes lesquelles choses sondit mary en fut adverty, qui en prit si très-grand courroux que à cause d'iceluy il ala de vie à trespas, qui fut moult grant dommaige. Au royaulme des cieulx gise l'âme de luy en bon repos.

Et après que le Roy eut fait et accomply son voyage audit lieu de Sainct-Claude, il s'en retourna fort malade à Nostre-Dame-de-Cléry, là où il fit sa neufvaine, et après icelle faite moyennant la grâce et bonté de la bénoiste Vierge Marie illec requise, et à laquelle il avoit sa singulière confidence et dévotion, revint en assez bonne convalescence, et fut fort alégé de ses maux. Durant et pendant le temps que le Roy estoit audit lieu de Cléry, y mourut beaucoup de gens, tant de son hostel que d'aultres, et entre les aultres y mourut ung docteur en théologie que nouvellement il avoit fait son conseiller et ausmônier, qui estoit natif de Tours, fils d'ung bouchier de ladicte ville, et se nommoit ledit docteur maistre Martin Magistri.

Et après le Roy qui estoit audit lieu de Cléry s'en partit et s'en ala à Méhun-sur-Loire, à Sainct-Laurens-des-Eaues et illec environ, et y fut jusques près la feste de Nostre-Dame demy-aoust, qu'il se partit dudit Sainct-Laurens et retourna de rechief audit lieu de Cléry, à la feste et solemnité de la Nostre-Dame demy-aoust.

En ladite année au commencement de juillet se mirent sus une belle et honneste ambassade du pays de Flandres, pour venir devers le Roy audit lieu de Cléry, où ils arrivèrent, et illec parlèrent au Roy, auquel ils firent remonstrer et à son conseil les causes pour lesquelles ils estoient venus vers luy, de par les nobles hommes, gens d'église, et populaire du pays de Flandres. Lesquelles causes estoient tendans afin qu'il pleust au Roy avoir bon appointement avecques luy pour lesdits Flamens, qui ne tendoient à autre fin que d'avoir paix finalle avecques le Roy. Lesquels ambassadeurs furent du Roy très-bien et honnestement receus et recueillis, et leur fut de par luy donné expédition, dont iceulx ambassadeurs furent très-biens contens. Et ce fait ils s'en retournèrent audit pays de Flandres, et furent conduits et menez de par le Roy en la ville de Paris par monseigneur de Sainct-Pierre, qui les fist bien festoyer par le prévost des marchands et eschevins d'icelle ville de Paris, bien et honnestement; et puis après s'en retournèrent à Gant et autres villes de Flandres, dont ils estoient partis. Et ainsi que ladicte ambassade s'en retournoit, le Roy avoit fait mettre sus les champs grant partie de ses gens de guerre qu'il avoit en garnison au pays de Picardie, dont avoit la charge et conduite le seigneur des Querdes; laquelle compaignie il faisoit beau veoir, car elle estoit fort belle. En laquelle compaignie avoit quatorze cens lances fournies, très-bien accompaignées de six mil Suisses, et aussi de huict mil picquiers. Tous lesquels gens de guerre ainsi assemblez que dit est, s'en allèrent à grant triumphe et bruict mettre le siége devant la ville d'Aire, qui est une très-belle place et bien assise près de Sainct-Omer et Thérouenne, dedens laquelle ville y avoit plusieurs gens de guerre de par le duc en Auteriche. En laquelle place, tout incontinent que les gens du Roy y furent arrivez, la battirent moult fort d'artillerie, dont et dequoy les manans d'icelle ville feurent et se trouvèrent fort espouventez; mais aucuns des gens de guerre illec estans, qui avoient bonne intelligence avec ledit seigneur des Querdes pour le Roy, de luy bailler ladicte place et ville, firent composition pour icelle ville, qui estoit telle qu'elle seroit mise en la main du Roy. Et fut faicte ladicte composition par ung chevalier nommé le seigneur Descontrans (1), qui estoit du pays de Picardie, et lequel avoit la garde de ladicte ville de Aire de par ledit duc en Auteriche. Et mist ladicte place en la main du Roy,

---

(1) Il est nommé Cohem dans Comines.

en luy faisant le serment de le servir bien et loyaulment, dont et pour bien le récompenser le Roy lui donna la charge de cent lances, et si luy fut oultre baillé et donné trente mil escus en or content.

En ladicte année ès mois d'aoust et septembre, un chevalier du pays du Liége nommé messire Guillaume de La Marche, dit le Sanglier-d'Ardaine, fist et conspira guerre mortelle alencontre de très-noble prince et très-révérend père en Dieu monseigneur Loys de Bourbon, évesque de ladicte cité de Liége, qui avoit paravant nourry ledit Sanglier-d'Ardaine, pour le tuer et meurdrir. Et après ce fait de metre et faire évesque dudit Liége, le frère dudit Sanglier. Et pour faire par iceluy Sanglier sa dampnée entreprise, le Roy luy fist délivrer argent et gens de guerre en grant nombre. Au moyen desquels, et aussi de certain nombre de mauvais garçons, larrons, et pipeurs, et pillars, qu'il print et assembla tant en la ville de Paris, que en aucuns des villaiges voisins d'icelle ville, jusques au nombre de deux à trois mil. Lesquels il fist vestir et habiller de robes rouges, et à chascune desdites robes, dessus la manche sénestre, y fist mettre une hure de sanglier. Et estoient lesdits mauvais garçons légièrement armez; et ainsi ledit Sanglier les mena jusques audit pays du Liége. Et luy illec arrivé trouva façon et moyen d'avoir intelligence avecques aucuns traistres Liégeois de ladicte ville, alencontre de leur seigneur, de déchasser, tuer et meurdrir leurdit évesque, et le mettre hors de la cité, avecques ce qu'il avoit de gens ; ce que firent lesdicts Liégeois, et soubs umbre d'une amitié fainte qu'ils disoient avoir à leurdit évesque, luy dirent que force estoit qu'il alast assaillir sondit ennemy, et que sesdits habitans le suivroient en armes, et vivroient et mourroient pour luy, et qu'il n'y auroit point de faulte que ledit Sanglier et sa compaignie demoureroient desconfits et destruits. Lequel monseigneur du Liége inclinant à leur requeste, saillit de ladicte cité du Liége, et ala avecques eulx aux champs tout droit où estoit ledit de La Marche; lequel quant il vit ledit évesque se descouvrir de l'embûche où il estoit, et s'en vint tout droit audit monseigneur l'évesque. Et quant lesdits traistres habitans du Liége virent leurdit évesque ès mains dudit de La Marche, son ennemy, luy tournèrent le dos, et sans coup férir s'en retournèrent en ladicte cité de Liége. Et incontinent ledit monseigneur de Liége qui n'avoit ayde ne secours que de ses serviteurs et familiers, se trouva fort esbahy ; car ledit de La Marche qui estoit sailly de sadite embusche, s'en vint à luy, et sans aultre chose dire luy bailla d'une taille sur le visage, et puis luy-mesme le tua de sa propre main, et après ce fait iceluy de la Marche fist mener et getter ledit évesque, et estendre tout nud en la grant place, devant l'église Sainct-Lambert, maistresse église de ladicte cité de Liége, où illec fut manifestement monstré tout mort aux habitans de ladicte ville, et à un chascun qui le vouloit veoir. Et tantost après ladicte mort y arrivèrent cuidans le secourir le duc d'Auteriche, le prince d'Orenge, le conte de Romont et aultres gens de guerre, lesquels, quant ils sceurent la mort dudit évesque, s'en retournèrent sans riens faire, à l'occasion d'icelle.

En ladite année, au mois d'octobre, le Roy se trouva fort malade en son hostel du Plessis-du-Parc-lez-Tours, à cause de laquelle maladie eut grant paour de mourir. Et pour ceste cause se fist porter à Amboise par devers monseigneur le Daulphin, auquel il fist plusieurs belles remonstrances, en luy disant qu'il estoit malade d'une maladie incurable, en le exhortant que après son trespas il vousist avoir aucuns de ses serviteurs pour bien recommandez. C'est assavoir, maistre Olivier le Diable, dit le Dain, son barbier, et Jehan de Doyac, gouverneur d'Auvergne, en disant qu'il avoit esté bien servy d'eux ; et que ledit Olivier luy avoit fait plusieurs grans services, et qu'il ne feust riens de luy, si n'eust esté ledit Olivier. Et aussi qu'il estoit estrangier et qu'il se servist de luy, et qu'il entretenist en son service et aux offices et biens qu'il luy avoit donnez. Luy recommanda aussi monseigneur du Bouchaige, et messire Guyot-Pot, bailly de Vermandois, et luy enchargea qu'il creust leur conseil ; car il les avoit trouvez saiges et de bon conseil. Et si dist oultre à mondit seigneur le Daulphin, qu'il conservast tous les officiers qu'il avoit faits en leurs offices, et que principalement il eust son povre peuple pour recommandé, lequel il avoit mis en grande povreté et désolation, et plusieurs aultres choses luy remonstra, que depuis il fist magnifester en plusieurs des bonnes villes de son royaulme et en sa court de parlement. Et si luy dist outre que, pour la conduite de la guerre, il se servist du seigneur des Querdes, lequel il avoit trouvé en tous ses affaires bon, loyal et notable chevalier, et de bonne et grande conduite, et ce fait s'en retourna aux Montils.

Audit temps le Roy fist venir grant nombre et grant quantité de joueurs de bas et doulx instrumens, qu'il fist loger à Sainct-Cosme près Tours, où illec ils se assemblèrent jusques au nombre de six vingts. Entre lesquels y vinrent plusieurs bergers du pays de Poictou, qui souvent jouèrent devant le logis du Roy, mais ils ne le veoient point, affin que ausdits instrumens le Roy y prensist plaisir et passe-temps, et pour le garder de dormir. Et d'ung aultre costé y fist aussi venir grant nombre de bigots, bigottes, et gens de dévotion, comme hermites et sainctes créatures, pour sans cesser prier à Dieu qu'ils permist qu'il ne mourust point, et qu'il le laissast encore vivre.

En ce temps ès mois d'octobre et novembre se firent de grans alées et venues par les Flamens de la ville de Gant, qui vindrent en ambassade devers le Roy. Lequel pour les oyr y commist maistre Jehan de la Vacquerie qui estoit du pays de Picardie, et lequel il avoit nouvellement fait et créé son premier président en sa court de parlement à Paris, pour consulter de la matière. C'est assavoir, de bonne paix et union estre faite entre le Roy et lesdits Flamens. Et aussi avecques ledit président y ordonna et commist le Roy ledit monseigneur des Querdès et aultres; et tellement fut communiqué par lesdites parties, tant d'ung costé que d'aultre, qu'ils firent et traictèrent ladicte paix. En laquelle faisant se debvoit faire le mariage de monseigneur le Daulphin et de la fille du duc en Aulteriche, qui estoit en la possession et garde desdits Flamens de Gant, dont de ce le Roy fut fort joyeux, et eut ladite paix et union pour bien agréable. Et pour l'honneur d'icelle en fut chanté par tout le royaulme, *Te Deum laudamus*, et si en furent faits les feux en la ville de Tours. Et incontinent ces choses faites fut grant bruit que lesdits Flamens s'estoient partis dudit lieu de Gant pour amener ladicte fille. Laquelle pour la bien et honnestement recueillir, le Roy y avoit ordonné mesdames de Beaujeu, sa fille aisnée, madame de Dunois (1), sœur de la Royne, madame de Touars, madame l'amiralle, et plusieurs aultres dames, damoiselles et gentils femmes, qu'on cuidoit qu'ils deussent venir et arriver en la ville de Paris le huictiesme jour de décembre. Mais ladicte venuë séjourna pour aucuns menus différens qui survindrent du costé desdits Flamens, jusques à ce que lesdits différens eussent esté vuidez.

En ladicte année les roys d'Escosse et d'Angleterre eurent grant guerre l'ung contre l'aultre, et entrèrent lesdits Escossois bien avant audit royaulme d'Angleterre, lequel ils dommaigèrent moult fort. Et nonobstant que lesdicts Escossois estoient cent mil hommes en bataille plus que n'estoient les Anglois, toutesfois afin qu'ils ne frappassent l'ung sur l'autre, se mist et fust fait appointement entr'eux par le moyen du duc d'Albanie, frère dudit roy d'Escosse, qui querelloit contre icelluy roy d'Escosse son frère. Laquelle querelle d'entr'eux estoit telle que ledict duc d'Albanie disoit que sondit frère usurpoit sur luy ledit royaulme, pource que lesdicts roy d'Escosse et duc d'Albanie, qui estoient frères, estoient venus et yssus sur terre d'une ventrée, et que d'icelle ledit duc d'Albanie qui estoit le premier yssu, et que par ainsi il avoit acquis droit d'aînesse devant sondit frère audit royaulme. Et à ceste cause ceulx qui menoient ladicte guerre pour ledict roy d'Escosse firent composition avecques lesdicts d'Albanie et Anglois qui estoient ensemble, tellement qu'ils ne frappèrent point les ungs contre les aultres, et s'en retourna chascun au lieu dont il estoit party.

En ladicte année, au mois de janvier, vindrent et arrivèrent en la ville de Paris les ambassadeurs de Flandres, qui avoient moyenné la paix d'entre le Roy et les Flamens, au moyen du mariage de monseigneur le Daulphin et de damoiselle Marguerite d'Auteriche, contesse de Flandres, fille dudit duc en Auteriche, au devant desquels et pour les recevoir en la ville de Paris, de par le Roy y furent monseigneur l'evesque de Marceille, lieutenant pour le Roy en icelle ville de Paris, accompagné du prévost des marchans et eschevins, bourgois et habitans d'icelle ville, et d'ung docteur de la ville de Paris, nommé Scourable, qui fist une moult honnorable proposition par devant lesdits Flamens, qui moult s'en tindrent pour bien contens. Et le lendemain qu'ils furent arrivez en ladicte ville, qui fut le dimanche quatriesme jour de janvier, furent lesdits ambassadeurs Flamens en l'église Nostre-Dame de Paris oyr la messe. En laquelle église Nostre-Dame y furent faictes processions générales, et y prescha ledit Scourable, qui y fist une moult belle prédication, dont tous ceulx qui l'ouyrent furent moult bien contens. Et de ladicte venue et publication de ladicte paix en fut chanté en icelle église, *Te Deum laudamus*, fait les feux, et aussi de grans chières parmy les rues de ladicte ville. Et furent ledit jour de dimenche iceux ambassadeurs au partir de ladite église Nostre-Dame, menez disner en l'ostel de ladite ville de Paris, là où illec ils furent moult bien festoyez. Et le lendemain lesdits ambassadeurs se partirent dudit lieu de Paris et s'en allèrent pardevers le Roy.

Et d'icelle venuë et bonne paix en fut res-

---

(1) Agnès, fille de Louis, duc de Savoie, épouse de François I*, comte de Dunois.

jouy et joyeux très-noble et très-révérend père en Dieu, monseigneur le cardinal de Bourbon, qui à l'occasion d'icelle bonne paix fist faire son hostel de Bourbon à Paris, une moult belle moralité, sottie et farce, où moult de gens de la ville alèrent pour les veoir jouer, qui moult prisèrent ce qui y fut fait. Et eussent les choses dessusdites esté plus triumphantes, se n'eust esté le temps qui moult fut plouvieux et mal advenant, pour la belle tapisserie et le grant appareil fait en la court dudit hostel. Laquelle court fut toute tenduë de la tapisserie de mondit seigneur le cardinal, dont il en avoit grande quantité et de belle.

Après lesdits jeux ainsi faits que dit est, lesdits ambassadeurs s'en partirent de Paris le lundy ensuivant, comme dit est, et s'en alèrent à Amboise, où ils furent moult honnorablement receups de par le Roy, et y virent par deux fois monseigneur le Daulphin, qui les recueillit moult honnestement. Et à leur département de Tours, où il furent depuis, le Roy leur fist donner pour leur deffroy trente mil escus au soleil, et de belle vaisselle d'argent largement, et puis iceux ambassadeurs s'en retournèrent à Paris, où ils firent publier en la cour de parlement les articles faites pour ladicte paix; c'est assavoir, publiquement et en pleine court, à huis ouverts. Et après ladite lecture faicte, leurs furent iceux articles confermez par ladite court. Et au département d'icelle cour, maistre Guillaume Le Picard, bailiff de Roüen, mena et conduisit lesdits ambassadeurs et aultres officiers du Roy, estans illec en son hostel, assis audit lieu de Paris, en la ruë de Quinquenpois, où illec il donna à disner à toute la compaignie, et y furent moult plantureusement festoyez, à ung jour de mardy, jour de février en ladicte année 1482.

Audit mois de février le Roy escripvit lettres à tous les estats de Paris, par lesquelles il les prioit très-instamment qu'ils se voulsissent transporter en l'église de monseigneur sainct Denis, luy faire prière qu'il veille estre intercesseur et moyen envers nostre Sauveur Jésus-Christ, qu'il vousist permettre que le vent de bise ne courust point, pource que par le rapport de tous médecins, avoient esté d'opinion que ledit vent de bise quant il vanteroit feroit moult de maulx, tant à la santé des corps humains que des biens de la terre. Et par l'ordonnance du Roy furent tous lesdits estats de Paris à divers jours audit lieu de Sainct-Denis, faire processions et chanter lesdites messes.

Et le samedy dixneufiesme jour d'avril 1483 après Pasques, monseigneur de Beaujeu et madame sa femme vindrent à Paris, pour eulx aler en Picardie recepvoir madame la Dauphine des mains des Flamens, qui par le traictié de la paix la debvoient mettre entre les mains de mondit seigneur de Beaujeu pour le Roy. Et fist ladite dame de Beaujeu son entrée en la ville de Paris, comme fille du Roy, et y fist des mestiers nouveaulx. Et estoient lesdits seigneur et dame bien honnestement accompaignez de grans seigneurs et dames, comme le seigneur d'Albret, le seigneur de Sainct-Valier, et aultres nobles hommes, madame l'admiralle et aultres dames et damoiselles, lesquels séjournèrent à Paris par trois jours, durant lesquels monseigneur le cardinal de Bourbon les festoya moult honnorablement.

Audit mois d'avril le roy Edoüart d'Angleterre mourut audit royaulme d'une apoplexie qui le print. Aultres dient qu'il fut empoisonné en beuvant du bon vin du creu de Challuau, que le Roy luy avoit donné, duquel il but en si grande habondance qu'il en mourut: combien que on a dit depuis que il vescut jusques à ce qu'il eust fait roy en son lieu son fils aisné.

Audit mois et an mourut aussi madame Marguerite de Bourbon, femme de Phelippe monseigneur de Savoye, comtesse de Bresse, de maladie qui longuement luy dura, et d'icelle maladie on n'y peut mettre remède qu'elle n'en mourut étique, dont fut grant dommaige; car elle estoit en son vivant moult honneste et bonne dame, et pleine de grans biens et vertus.

Au mois de may le samedy tiers jour d'iceluy mois, par l'ordonnance et commandement du Roy, tous les estats de Paris, comme le prévost, juge ordinaire, avecque les supposts et praticiens du Chastelet dudit lieu, la cour de parlement, la chambre des comptes, les généraulx des aydes et monnoyes, la chambre du trésor et les esleus, avecques le prévost des marchands et eschevins d'icelle ville, alèrent en belle procession dudit lieu de Paris jusques au lieu et en l'abbaye de monseigneur sainct Denys en France, illec prier pour la bonne prospérité du Roy, de la Royne, monseigneur le Daulphin et les seigneurs du sang, et aussi pour les biens de la terre.

Au mois de juing ensuivant le lundy second jour dudit mois, environ cinq heures du soir, fist son entrée en la ville de Paris madame la Daulphine, accompaignée de madame de Beaujeu, madame l'admiralle, et aultres dames et gentils femmes. Et entrèrent à ladicte heure audit lieu de Paris par la porte Sainct-Denys, où estoient préparez pour sa venuë trois beaulx eschaffaulx, en l'un desquels tout en hault estoit un personnaige représentant le Roy comme souverain. Au second estoient deux beaulx enfans, ung fils et une fille, vestus de damas blanc, faisans et représentans monseigneur le Daulphin et madite damoiselle de Flandres. Et au tiers estaige au dessoubs estoient deux personnaiges, de mondit seigneur de Beaujeu et de madame sa femme. Et à chascun d'iceux personnaiges à costé estoient les escussons des armes desdits seigneurs et dames. Et si y avoit aussi quatre personnaiges; c'est assavoir, l'un de labour, l'autre de clergié, l'autre marchandise, et l'autre noblesse, qui tous dirent un couplet à icelle entrée. Et est assavoir que par tout où madite damoiselle de Flandres passa tout fut tendu par les ruës, et y furent encores faits plusieurs beaulx personnaiges, tous consonans ausdits monseigneur le Daulphin et madame la Daulphine. Et pour l'honneur de sadite venue furent mis hors et délivrez tous prisonniers de ladite ville de Paris. Et y fut fait nouveaux mestiers.

Et le vendredy septiesme jour dudit mois de juing, environ l'eure d'entre huict et neuf heures du soir, se leva grand tonnoire audict lieu de Paris. Et à ung des esclats dudit tonnoire qui fut à ladite heure, vint iceluy tonnoire emflamber et mettre le feu au clochier de madame Saincte-Genefiefve au Mont de Paris, lequel brusla toute la charpenterie dudit clochier, qui estoit demourée par l'espace de neuf cens ans, fondit toutes les cloches dudict clochier, et le plomb dont il estoit couvert, où il y avoit par estimation cent mil livres de plomb et plus, et y eut ung grant dommaige qui estoit pitié à voir.

Au mois de juillet audit an 1483, fut fait et solempnisé la feste des nopces de mondit seigneur le Daulphin et damoiselle Marguerite de Flandres en la ville d'Amboise. Et y avoit et estoient présens plusieurs nobles et notables personnaiges de ce royaulme, envoyez des citez et bonnes villes dudit royaulme, et par l'ordonnance du Roy.

En ladicte année 1483 le Roy délibéra d'avoir et luy estre portée la saincte ampolle qui estoit en l'église Sainct-Remy de Reims, et qui avoit esté apportée par grâce divine dès l'an 500 par une coulombe blanche au bon sainct Remy de Reims, pour en oindre et sacrer à roy de France le roy Clovis, qui fut le premier roy chrestien, lequel mourut en ladite année, et gist en l'église Saincte-Geneviefve au Mont de Paris. Et par ainsi estoit demourée ladicte saincte ampolle audit lieu de Sainct-Remy neuf cens quatre-vingts et trois ans qu'elle en fut tirée et mise hors de son lieu, et apportée à Paris par Claude de Montfaucon, gouverneur d'Auvergne, à ce commis par le Roy. Et arriva à Paris le dernier jour de juillet, et fut apportée en grande révérence et processions reposer en la saincte Chappelle du palais royal à Paris, où elle y demoura jusques au lendemain au soir premier jour d'aoust qu'elle fut emportée dudit lieu de Paris au Roy, en son hostel des Montils-lez-Tours, avec les verges de Moyse et Aaron, et la croix de la Victoire qui aussi fut envoyée par grâce divine au bon roy sainct Charlemaigne pour obtenir victoire alencontre des Infidèles. Lesquelles verges et croix avoient tousjours esté audit lieu de la saincte Chapelle à Paris avecques les sainctes relicques estans illec au premier jour d'aoust qu'ils en furent avec ladicte saincte ampolle par l'évesque de Sées et aultres commissaires à ce ordonnez de par le Roy emportez.

Audict an le lundy vingt-cinquiesme jour dudict mois d'aoust, le Roy devint fort malade en son hostel des Montils-lez-Tours, tellement qu'il perdit la parole et tout entendement, et vindrent les nouvelles à Paris le mercredy vingt-septiesme jour dudit mois qu'il estoit mort, par une lettre qu'en escrivit maistre Jehan Briçonnet : ausquelles lettres fut foy adjoustée, pource que ledit Briçonnet estoit homme de bien et de crédit. Et à ceste cause les prévost des marchans et eschevins de la ville de Paris pour pourveoir aux affaires d'icelle ville, firent mettre garde aux portes de ladite ville pour garder que homme n'en yssist ne y entrast. Et à ceste cause fut bruit tout commun parmy ladite ville de Paris que le Roy estoit ainsi mort, dont il n'estoit riens, et s'en revint, but, parla et mangea très-bien, et vesquit jusques au samedy au soir, ensuivant trentiesme et pénultiesme jour dudit mois d'aoust environ l'eure de entre six et sept heures au soir qu'il rendit l'âme. Et incontinent fut le corps habandonné de ceux qui l'avoient servy en la vie.

En après ledit trespas son corps, depuis qu'il fut appareillé comme on a de coustume de faire, fut porté inhumer dudit lieu des Montils en l'église Nostre-Dame-de-Cléry, pource qu'il voulut et ordonna en son vivant que ainsi feust faict, et ne voulut estre mis avecques les deffuncts très-nobles rois de France ses prédécesseurs, en l'église et abbaye de Sainct-Denis en France. Et ne voulut jamais dire la raison qui le avoit meu à ce. Mais aucuns pensoient que ce feust pour la cause de l'église où il fist moult de biens, et aussi pour la grande dévotion qu'il avoit à la bénoiste vierge Marie, priée audit lieu de Cléry.

Lequel deffunct Roy en son vivant, à cause d'aucuns personnaiges qui estoient à l'entour de sa personne, comme Olivier le Diable, dit le Dain, son barbier, Jehan de Doyac, et autres plusieurs, lesquels il creoit plus que gens de son royaulme, fist durant son règne beaucoup de injustices, maulx et violences, et tellement qu'il avoit mis son peuple si au bas, que au jour de son trespas estoit presque au désespoir ; car les biens qu'il prenoit sur son peuple ils les donnoit et distribuoit aux églises, en grans pensions, en ambassades et gens de bas estat et condition ; ausquels pour les exaulcer ne se pouvoit tenir de leur donner argent, biens et possessions, en telle façon qu'il avoit donné et aliéné la pluspart du domaine de son royaulme. Et nonobstant qu'il eût durant sondit règne plusieurs affaires, toutesfois il mist en telle subgection ses ennemis, qu'ils vindrent tous par devers luy à mercy, et fut si craint et doubté qu'il n'y avoit si grant en son royaulme, et mesmement ceulx de son sang, qui dormist ne reposast seurement en sa maison. Et avant sondit trespas fut moult fort molesté de plusieurs maladies, pour le guérir desquelles maladies furent faittes pour luy, par les médecins qui avoient la cure de sa personne, de terribles et merveilleuses médecines. Lesquelles maladies lui puissent valoir au salut de son âme, et lui donne son paradis par sa miséricorde, celui qui vit et règne au siècle des siècles. *Amen.*

DEO GRATIAS.

FIN DES CHRONIQUES DE JEAN DE TROYES.

INDICATION ANALYTIQUE DES DOCUMENTS

RELATIFS

AU RÈGNE DE LOUIS XI.

I.

SOURCES ORIGINALES.
CHRONIQUES D'ENGUER-RAN DE MONSTRELET.

Dans notre indication des documents pour le règne de Charles VI, nous avons mis à contribution Monstrelet et nous l'avons jugé comme historien. Nous nous bornerons à donner ici quelques extraits, relatifs au règne de Louis XI. Nous trouvons dans le récit du sacre de Louis XI et de son entrée à Paris, un passage qui nous fait connaître quelque chose du luxe et des coutumes de l'époque ; c'est une description du *bel état* de Philippe de Bourgogne :

« Et le lendemain (le roi) s'en alla loger aux
» Tournelles. Le duc de Bourgongne fut tous-
» jours logé en son hostel d'Artois, qui estoit
» tout tendu et paré moult noblement et de la
» plus riche tapisserie que les Parisiens eussent
» oncques veuë ; et si y estoit son estat tant riche
» et tant noble que prince tenist oncques : si que
» tout le monde alloit en sondit hostel, et
» s'esmerveilloient de la grand largesse qu'ils
» veoient. Mesmement quand il chevauchoit
» par les rues pour aller en aucunes églises faire
» sa dévotion, tout le monde couroit pour le
» veoir, pour ce que tous les jours il portoit
» quelque nouvelle bague de si grand pris, que
» c'estoit noblesse à regarder ; et si l'accompa-
» gnoient tousjours parmy la ville sept ou huit
» que ducs, que comtes, et trente ou quarente de
» ses archiers estans à pied, tenans chacun en
» sa main un vouge ou hache, ou autre baston
» de guerre. En la salle de son hostel où il
» mangeoit estoit un dressoir quarré à degrez,
» lequel dressoir à l'heure du manger estoit
» couvert et chargé de vaisselle d'or et d'ar-
» gent moult riche ; et à chacun cornet du dres-
» soir estoit une unicorne tant riche et tant bien
» faicte, que merveilles estoit à regarder. En son
» jardin estoit un pavillon tendu moult riche,
» tout couvert par dehors de fin veloux, tout
» semé de fusils d'or, estincelles d'or, moult ri-
» chement brodé. Et entre les fusils estoient les
» armes de tous ses pays et seigneuries, moult
» richement faites. »

Après avoir assisté aux funérailles de Charles VII, le comte de Dunois s'était écrié : *Nous avons perdu nostre maistre, que chascun songe à se pourvoir.* Un des premiers actes du successeur de Charles VII fut une décision que Monstrelet raconte en ces termes : « Le roy Loys, pour sa singulière voulenté,
» feist brusler et ardoir par tout l'Isle-de-
» France, toutes manières de bestes sauvages
» et d'oiseaux, et n'en fut nul espargné, noble
» ne villain, réservé (excepté) en aucunes
» garennes appartenans aux princes ; et disoit-
» on communément qu'il feit ce, afin que nul
» ne chassast ne vollast que luy, et qu'il fût
» tant plus de bestes et d'oyseaux : car toute
» son affection estoit à chasser et à voler (à chas-
» ser au vol). » Les principaux événements de l'histoire de Bourgogne sont rapportés dans les plus grands détails, car, nous l'avons dit, Monstrelet était Bourguignon. La guerre *du Bien public*, la bataille de Montlhéry et les négociations qui suivirent, sont racontées avec plus d'étendue que dans Comines. Le chroniqueur a transcrit le *Traité de Conflans* ; nous parlons plus bas de ce traité, en indiquant les meilleurs textes. Nous arrivons ensuite à la mort de Philippe de Bourgogne ; et Monstrelet, après avoir pleuré le bon prince et prié Dieu pour son âme, termine là sa chronique.

<><><>

CONTINUATEUR DE MONSTRELET.

Le continuateur, adoptant la méthode de son devancier, a poursuivi sa tâche jusqu'aux premières années du règne de François Ier. « Quand
» j'ay considéré, dit-il, la sentence du tragic
» Sénèque, disant au livre de ses Proverbes
» qu'il est très-bon d'ensuivre la voye et ma-
» nière de vivre de ses majeurs et souverains,
» s'ils ont droictement procédé ; remémorant
» aussi le dit du sage en ses Proverbes, que très-

» fol est celuy qui suit oisiveté, car, selon l'Ec-
» clésiastique, elle enseigne plusieurs malices;
» j'ay tout à coup et diligemment recueilly au-
» cuns gestes de chroniques dignes de mémoires
» des chrestiens, illustres et victorieux Roys de
» France.... » Le continuateur de Monstrelet est
assez intéressant; il a quelquefois profité de
l'historien Robert Gaguin, dont nous nous occu-
perons bientôt. Il commence par ajouter plusieurs faits, omis par son devancier, relative-
ment à la bataille de Montlhéry. Il remonte
ensuite aux dernières années de Charles VII, et
rédige sa chronique, en prenant pour guide
Monstrelet, dont il relève les erreurs ou répare
les omissions. Les premiers chapitres sont un
complément nécessaire de Monstrelet. La guerre
du Bien public est racontée d'une manière vive et
complète, et l'histoire de Paris, à cette époque,
se trouve entièrement dans cette chronique. L'auteur n'oublie point l'institution de l'*Angelus* :
« Et ledit 1er jour de may 1472, fut fait à Paris
» une moult belle et notable procession en l'église
» de Paris, et fait un preschement bien solen-
» nel par un docteur en théologie, nommé
» maistre Brète, natif de Tours, lequel dit et
» déclaira, entr'autres choses, que le Roy avoit
» singulière confidence en la bénoiste Vierge
» Marie, prioit et exhortoit son bon populaire,
» manans et habitans de sa cité de Paris, que
» doresnavant à l'heure de midy, quand on son-
» neroit à l'église dudit Paris la grosse cloche,
» chacun fût fleschy un genouil à terre, en di-
» sant trois fois *ave Maria,* pour donner bonne
» paix au royaume de France. »

L'auteur parle avec détails du fameux procès du connétable (1), dont on a pu voir le récit
dans les Mémoires de Jean de Troyes; il donne
l'épitaphe du connétable, qui se trouve aussi
rapportée par le greffier de l'Hôtel-de-Ville.

◊◊◊

LES CHRONIQUES ET ANNALES DE FRANCE, PAR
NICOLE GILLES, SECRÉTAIRE DU ROI, JUS-
QU'A CHARLES VIII.

L'auteur, sec et froid annaliste, enregistre les
faits les moins dignes d'attention. Il parle fort
peu de Louis XI, et s'occupe beaucoup plus de
l'*ordre de Saint-Michel*, institué par ce monarque. L'ouvrage de Nicole Gilles ne renferme
rien de très précieux pour l'histoire; mais il fait

partie des sources originales, et nous devions le
mentionner. Nicole Gilles juge ainsi Louis XI :
En somme, dit-il, *c'étoit un Roi qui ne vouloit
que régner.*

◊◊◊

COMPENDIUM DE ROBERT GAGUIN, LIVRE XIe.

Robert Gaguin, ministre-général de l'ordre
des Mathurins, vécut sous trois Rois de France,
qui l'employèrent à des négociations. Louis XI,
en 1477, l'envoya en Allemagne pour mettre
des obstacles au mariage de Marie de Bourgogne avec Maximilien. Gaguin, qui a laissé un
nom honorable parmi les érudits du xve siècle,
a composé un grand nombre d'ouvrages. Son
Compendium (abrégé), que nous citons ici, est
une histoire latine assez bien écrite des *Gestes
des Francs*, depuis Pharamond jusqu'en 1499,
avec un supplément de Hubert Velléius jusqu'aux premières années de François Ier. Il
en existe plusieurs éditions; celle que nous
avons sous les yeux est de Lyon, 1524, in-4°;
Pierre Desrey en donna une traduction quelques années plus tard. On a loué et blâmé Robert Gaguin avec exagération : ses adversaires
lui ont reproché sa partialité; il n'en montre
point à l'égard de Louis XI, et fait seulement
cette simple remarque, qu'il est malheureux que
ce prince soit mort avant que le Dauphin ne
fût parvenu à un âge plus avancé; ce qui s'est
passé sous Charles VIII enfant, ne donne pas
tort à l'opinion de Robert Gaguin. Le *Compendium* a été mis à profit par les écrivains
des siècles suivants.

Nous nous contenterons de citer après Gaguin
deux autres auteurs contemporains, Amel-
gard et Paul-Emile. Leur histoire n'a pas assez
d'intérêt pour mériter une analyse.

———

II.

HISTORIENS MODERNES.

L'histoire la plus complète du règne de
Louis XI est celle de Pierre Matthieu (in-fol.,
1610). P. Matthieu, poète et historien, fut
nommé historiographe de Henri IV, à la place
de Du Haillan, sur la recommandation du président Jeannin. Il a laissé un assez grand nombre
d'ouvrages estimés. Son meilleur, sans contre-

---

(1) Voyez Godefroy, *Preuves de Comines*, livre IV;
l'*Histoire de la maison de Luxembourg*, de Nic. Vignet,
in-4°, 1619; et les *Mémoires pour l'histoire de Navarre
et de Flandres*, mis en lumière par Galland, in-folio,
1618.

dit, est l'histoire de Louis XI, qui a été traduite en italien et en anglais; elle mérite d'être consultée pour les excellents matériaux qu'elle renferme. Du reste, elle est mal écrite; on y trouve quelquefois des réflexions originales. A propos de la guerre du Bien public : « Il en est, dit » Matthieu, d'une conjuration en sa naissance » comme de la pluie qui entre par une petite » gouttière du toit; négligée, elle chasse à la » fin le maistre de la maison par la porte. » L'histoire de Matthieu est divisée en onze livres. Le premier raconte la jeunesse de Louis XI, et s'étend jusqu'à la mort de Charles VII. Il renferme des détails curieux sur l'expédition du Dauphin contre les Suisses et sur les intrigues de la Cour; mais l'auteur est réservé lorsqu'il vient à parler de la *belle Agnès* : « L'histoire, » dit-il, ne doit jamais s'amuser à remuer les » choses de mauvaise odeur. » Le livre onzième et dernier est le plus remarquable sous le rapport des documents historiques. Il contient l'examen des actions de Louis XI, la vie privée de ce monarque; on y trouve des renseignements précieux. Voici la liste des *grands officiers de la Couronne*, sous ce règne :

« *Connétable*. Louis de Luxembourg, comte de Saint-Pol.

» *Chancelier*. Pierre de Morvilliers, J. des Ursins, Pierre d'Oriole.

» *Grand maître*. Le sieur de Nantoillet, Jean de Croï, Charles de Melun, Antoine de Croï, Ant. de Chabannes, comte de Chassun.

» *Grand chambrier*. Jean II, duc de Bourbon.

» *Grand chambellan*. Jean d'Orléans, comte de Dunois, Ant. de Châteauneuf, sieur du Lau.

» *Maréchaux de France*. André de Laval, sire de Lohéac, Jean d'Armagnac, J. Rouhaut, sieur de la Gamasche du Boismenard, Pierre de Rouan, sieur de Gye.

» *Amiral*. Jean de Montauban, Louis de Bourbon, comte de Roussillon, Louis de Graville.

» *Maître des arbalétriers*. Jean d'Estouteville, sieur de Torcy.

» *Grand Bouteillier et échanson*. Le sieur du Lau.

» 1er *Escuyer*. Joachim de Roubaut.

» *Grand veneur*. Yvon du Fau.

» *Grand maître des eaux et forêts*. Louis de Laval, sieur du Châtillon. »

Matthieu nous dit que, de son temps, on voyait chez un conseiller d'état le lit de Louis XI, *en damas jaune et incarnat, sans clinquant ni passement, les franges sans façon*. Bordin, cité par le même, nous apprend qu'on trouve à la chambre des comptes un article portant la dépense de 20 *sols* pour deux manches neuves au vieux pourpoint du Roi, et 15 *deniers* pour une boîte de graisse à graisser ses bottes. D'après les calculs de Matthieu, la dépense de la maison de Louis XI ne dépassa pas 37,000 l jusqu'en 1480, mais alors elle arriva jusqu'à 43,619 l.; l'année suivante elle fut de 66,680 l., et enfin, l'année même de sa mort, elle s'élevait à 80,603 livres. Voici la liste des serviteurs royaux, à gages fixes.

« *Deux chapelains*, à 10 l. par mois.

» *Un clerc de chapelle*, à cent sols.

» *Un valet de chambre*, à 90 l. par an.

» *Quatre écuyers de cuisine*, à 620 l. par » an chacun.

» *Un hasteur, un pota-* \
» *ger, un saussier, un* \
» *queux (cuisinier), un* } à 10 l. par mois. \
» *sommelier d'armeures,* \
» *deux valets de sommiers,*

» *Deux galloppins de cuisine*, à 8 l. par » mois.

» *Un porteur, un pâtissier,* \
» *un boulanger, deux char-* } à 60 l. par an. \
» *retiers.*

» *Un pallefrenier et ses deux aides*, à 24 l. » par mois.

» *Un maréchal de forges*, à 620 l. par an.

» *Le maître de la chambre des deniers du* » *Roi*, à 1,200 l.

» *Le contrôleur*, à 500 l. »

La dépense marque *cinquante sols* pour les robes des valets, et 12 *livres* pour les manteaux des clercs, notaires et secrétaires royaux.

Ce livre XIe contient aussi la biographie abrégée des principaux personnages qui ont joué un rôle sous le règne de Louis XI. A la fin de l'ouvrage on trouve un *extrait* des maximes et réflexions de Philippe de Comines. — Telle est cette histoire de Louis XI, par P. Matthieu, qui ne mérite pas l'indifférence avec laquelle on la traite aujourd'hui.

HISTOIRE DE LOUIS XI, PAR DUCLOS.

Joachim Legrand, prieur de Neuville-les-Dames, l'un des érudits les plus laborieux des derniers siècles, passa trente ans de sa vie à amasser des matériaux pour l'histoire de Louis XI. Mais rien ne fut imprimé, et le fruit de ses patientes recherches est resté parmi les manuscrits de la Bibliothèque royale. Duclos s'est servi du travail de Legrand pour composer son histoire. Le chancelier d'Aguesseau disait de l'*Histoire de Louis XI* par Duclos : « C'est un » ouvrage composé d'aujourd'hui avec l'érudi-

» tion d'hier. » Duclos, homme de beaucoup d'esprit, manquait d'élévation et de profondeur ; il y a dans son livre de piquantes saillies, mais la partie des appréciations laisse beaucoup à désirer. Cette histoire a quelque chose de sec èt d'étroit qui ôte à l'intérêt des événemens. L'auteur a porté dans son travail les mesquines préoccupations du dix-huitième siècle, et nous pouvons dire qu'il a mal compris et mal reproduit la physionomie du règne de Louis XI.

Voici l'horoscope de Louis XI, pièce intéressante et peu connue que nous avons traduite du latin : « Ce monument de la faiblesse de l'esprit humain, dit Duclos, est extrait du journal manuscrit de Claude Maupoint, prieur de la Couture de Sainte-Catherine, de la congrégation du Val-des-Ecoliers, page 50 :

« Ce prince, dit l'astrologue, sera d'une
» taille modeste, assez vigoureux de corps et
» d'esprit; il sera affable et familier avec les
» siens ; il traversera la mer et éprouvera sur
» les eaux de grans dangers ; mais s'il parvient
» à les éviter, il croîtra en richesses et en bon-
» heur. La jalousie lui suscitera du trouble et
» des querelles de la part de ses parens et de
» ses proches. Mais ses amis le vengeront enfin,
» et il sera heureux et content dans sa vieil-
» lesse. — Les jours du lundi, du jeudi et du
» vendredi lui seront propices ; le mardi sera
» pour lui un jour néfaste. Il vivra soixante-dix
» ans, et sa mort sera naturelle. »

Citons aussi un assez grand nombre de lettres de Louis XI, et deux harangues de Juvénal des Ursins, l'une avant le sacre, l'autre aux Etats de Tours, en 1468. Nous avons remarqué dans la seconde le passage suivant : « Un Roi est
» comme un jardinier qui a un bel et grand
» jardin, plein de beaux arbres portans bons
» fruits ; s'ils sont bien labourés et cultivés, ils
» apportent grands profits, et ne les doit pas
» laisser en friche, savars ou désert ; si a (s'il y
» a) aucunes choses qui empêchent, comme
» épines, orties et autres mauvaises herbes, les
» doit faire arracher et ôter tellement qu'il
» (que le jardin) demeure tout net. Ainsi il (le
» Roi) doit tellement mettre remède, que rien
» n'y ait en son peuple qui lui puisse nuire ou
» porter dommage ; car par ce moyen ils pourront
» être riches et avoir argent et trésors qui se-
» ront sujets de ta maison, et dont tu (te) pourras
» aider en cas de nécessité, et (lorsque) ce se-
» roit fait, le Roi qui fait le repos de ses sujets
» se pourra reposer, comme dit Cicéron au
» premier livre des Offices. »

Brantôme, à la suite de son discours sur Charles VIII, a donné une *Digression* sur Louis XI. C'est lui qui, sur la foi d'un vieux chanoine qu'il cite pour garant, raconte que le Roi, priant dans l'église de Cléry devant une image de la Vierge, la conjura de lui obtenir le pardon du péché qu'il avait commis en faisant empoisonner son frère, et qu'il fit cette prière assez haut pour être entendu par un de ses fous. Varillas adopta cette anecdote, et la plaça, avec quelques embellissements romanesques, dans son *Histoire de Louis XI*. Brantôme a rapporté aussi dans sa *Digression* quinze lettres écrites par le Roi à Jacques de Beaumont, sieur de Bressuire, qu'il avait en grande amitié.

Les auteurs modernes qui ont écrit l'histoire de France ont dû naturellement porter un jugement sur Louis XI ; chaque opinion a diversement jugé ce prince, qui puisa trop souvent dans la ruse ses inspirations politiques, mais qui fit beaucoup pour l'affermissement et la puissance de la royauté. Le règne de Louis XI, dans l'histoire du père Daniel (1), est présenté avec assez de vérité. Le portrait de ce prince mérite d'être cité : « Si ce prince avoit eu le cœur aussi bien
» fait qu'il avoit l'esprit grand, pénétrant,
» étendu, fécond en vues et en expédiens, il
» auroit mérité d'être mis au nombre de nos
» plus illustres Rois, et d'être proposé comme
» un modèle dans l'art de régner ; mais le ta-
» lent rare qu'il avoit pour le gouvernement,
» fut gâté par le mauvais usage qu'il en faisoit.
» Sa prudence n'étoit souvent qu'une basse
» finesse, qui lui fut, en beaucoup d'occasions,
» inutile et dommageable, par la défiance que
» tous ceux qui avoient affaire à lui avoient
» conçue de son peu de sincérité. Il savoit par-
» faitement dissimuler ; mais il se faisoit trop
» d'honneur de cette science, et on étoit trop
» persuadé qu'il en faisoit un usage continuel...
» Manquer de parole, violer les traités les plus
» solennels, préférer l'utile à l'honnête, comp-
» ter pour rien les bienséances jusqu'à avilir la
» majesté royale en diverses rencontres, étoient
» des moyens qu'il se permettoit sans peine,
» pour peu qu'il y trouvât son avantage ; et il
» faut avouer que s'il ne possédoit point à d'au-
» tres titres la qualité qu'on lui donne du plus
» grand politique de nos temps, il faudroit lui
» changer cet éloge en d'autres noms qui ne lui

---

(1) Nous y lisons cette note curieuse : « Il se trouve à la Bibliothèque du Roi un volume in-folio, qui ne contient presque que les récépissés des offrandes que Louis XI faisait porter à toutes les églises où l'on invoquait quelque saint pour la guérison des maladies. *Mémoire de Béthune*, vol. cotté 8444. »

» seroient pas honorables. Mais peu de princes » l'ont mérité par des voies toujours pures, et » celui-ci moins que les autres. »

ADDITIONS A L'HISTOIRE DE LOUIS XI, PAR G. NAUDÉ, 1630.

« Philippe de Comines, dit l'auteur, n'a pas » tellement moissonné cette campagne qu'il n'y » ait laissé quelques espis à recueillir. » Laissant de côté les guerres et les négociations, Naudé examina Louis XI et son règne sous un autre côté, et voulut prouver que ce prince n'était pas ignorant comme on le prétendit, que son siècle n'était pas aussi barbare qu'on voulait bien le dire. Soutenant cette opinion avec l'érudition de son temps, G. Naudé composa une dissertation pleine d'intérêt, et qu'il est nécessaire de consulter pour bien connaître cette époque. Après avoir examiné quelles sciences sont nécessaires à ceux qui doivent régner, il combat les historiens qui ont déclaré que Louis XI n'avait nulle instruction, et cite à son appui Comines et d'autres auteurs contemporains. Il reproduit ce passage de Jean Bouchet, dans ses Annales d'Aquitaine : *Louis avoit de la science tant légale qu'historiale, plus que les roys de France n'avoient accoustumé.* » En réponse à l'historien Matthieu qui dit que, sous Louis XI, *la barbarie tyrannisoit les beaux esprits*, Naudé voulut prouver aussi que Louis XI protégeait les lettres, et parle, à ce sujet, de la fameuse querelle des *nominalistes* et des *réalistes*. Ensuite vient un chapitre sur l'établissement de l'imprimerie en France sous Louis XI, qui a été commenté et discuté de mille manières par les bibliophiles. Enfin l'auteur, dans son dernier chapitre, prétend que non seulement Louis XI, mais encore beaucoup d'autres Rois de France, ont cultivé et protégé les lettres. Cette dissertation, nous l'avons déjà dit, est pleine d'intérêt. G. Naudé n'a pas soutenu un paradoxe ; il a émis un fait qu'il a su habilement prouver. Louis avait étudié avec zèle pendant son séjour à Génape, près de Philippe de Bourgogne ; il savait le latin et les mathématiques ; il avait appris l'astronomie avec Jehan Colléman. Gaguin nous dit que ce prince *callebat litteras*, et qu'il avait fait verser des larmes à des bourgeois pendant un repas, en leur parlant avec éloquence de ses malheurs et de l'instabilité des choses humaines. Il s'entourait de savants et de poètes ; Ph. de Comines, Jacques Coitier, Draconis, de Beaucaire, le médecin Adam Fumée, étaient admis auprès de lui. Louis XI fit composer par la cour du parlement une dissertation sur l'importance de la pragmatique-sanction, et un recueil d'allégations sur les droits que les Rois de France ont au royaume de Naples et de Sicile ; lui-même écrivit les contes intitulés les *Cent Nouvelles nouvelles*, à l'imitation du Décaméron de Bocace, et envoya à son fils son livre du *Rosier des Guerres.*

Voici la lettre de Louis XI au Dauphin, pour lui recommander la lecture de cet ouvrage :

« Loys, par la grâce de Dieu, roy de France, » nostre très-chier et très-amé filz Charles, » daulphin de Viennois, salut et dilection ; pour » ce que comme les bons odeurs confortent les » esperiz, pareillement sont les bonnes et vertueuses auctoritès des saiges, et que désirons » que quant par la grâce divine tu vendras à régner et gouverner ce noble royaume de France » remply de bonnes meurs et vertus, tu saiches » et ayes prest entre les mains et dedens ton » cueur ce que convient et est très-nécessaire » au bon gouvernement d'iceluy, je t'envoye ce » présent Rosier touchant la garde et deffense » de la chose publique ; duquel Rosier, quant » tu seras venu en l'aage de ta flourissante jeunesse, tu odoureras chascun jour une rose, » et tu y trouveras plus de délectation et de » confort que n'en toutes les roses du monde, et » par quoy tu seras allégié plus prompt et plus » seur en tout ce que tu auras à faire, et cognoistras de tes prédécesseurs lesquelx auront » mieulx fait, affin que à l'exemple d'eulx » tu t'efforces de triumpher et faire pareillement, et que tu ne tumbes ès inconvéniens » esquelz aucuns sont tresbuchez, et soyes mirouer et exemple à ceulx qui après toy viendront, dont mémoire soit de toy perpétuelle » en louenge et bénédiction, qui plus te vauldra au salut de ton âme que tous les trésors » et royaumes du monde, et sur touts riens, » craing et ayme Dieu, et chacun te craindra et » aymera, et ne faiz jamais riens que tu n'aies » examiné en ta conscience s'il est à faire selon » Dieu et raison, et prie Dieu et la bénoiste » vierge Marie, et tous les saints comme leurs » festes escherront, et comme tu trouveras cy» après signés par les feuilles, et Dieu sera tousjours aveecques toy en toutes tes œuvres. Et te » garde de faire chose dont il te conviengne repentir ; car comme les offenses faictes contre » les princes du monde soient griefves et de » grant coulpe, encoires sont-elles plus griefves » et de plus grande coulpe qu'on fait au Créateur, mesmè quant c'est par celluy qu'il a es-

» levé en honneur et puissance, en espécial qu'il
» est tel qu'il doive estre exemplaire des autres,
» et garder et administrer justice. Par ainsi que
» les taiches sont plus apparantes et de plus
» grant vergoingne ou visaige de l'omme que
» ès autres membres, aussi est le vice en grant
» personnage plus grant que en autre de moindre
» estat. Et te souviengne d'enquérir la vérité
» de tous rapports, devant que tu y montres
» ton couraige par les inconvéniens qui en pe-
» vent ensuivir. »

On trouve dans le *Rosier des Guerres* tant de probité politique, tant de respect pour la justice et la morale, que les historiens ont nié longtemps que Louis XI ait pu écrire un tel ouvrage; mais nul n'en doute maintenant, et ce livre, écrit par un despote, est une de ces anomalies si fréquentes dans l'histoire de l'humanité. Le *Rosier des Guerres* est fort court. Quelques préceptes de morale et de politique, les règles les plus importantes de l'art de la guerre et un abrégé des chroniques de France, voilà tout ce qu'il contient. Les maximes politiques sont fort curieuses, surtout lorsqu'on songe à celui qui les écrivait : « Un Roi est plus obligé qu'un par-
» ticulier à garder la loi et les commandements de
» Dieu, à donner des marques de piété et de reli-
» gion. — Son principal soin doit être de garder
» ses sujets de toute oppression, et particulière-
» ment les veuves et les orphelins.— Ce n'est pas
» assez pour un Roi de ne point faire de mal, il
» faut qu'il empêche qu'on en fasse, et qu'il fasse
» le bien. — Un Roi ne doit point faire de loi
» qui ne soit pour le bien et l'avantage de son
» peuple. — Un souverain ne doit rien faire ni
» entreprendre qui ne soit profitable et honora-
» ble pour lui. — Il ne doit pas croire légère-
» ment les rapports qu'on lui fait. — Si l'on ne
» peut trouver des hommes parfaits, qu'au moins
» ceux que le Roi choisit pour ses ministres et
» ses conseillers ne soient pas décriés pour leurs
» vices, qu'ils aient du sens et de la raison, qu'ils
» soient fermes et incorruptibles. — Un prince
» ne sauroit être trop circonspect dans ses pa-
» roles. Le proverbe qui dit qu'un coup de lan-
» gue est pis qu'un coup de lance, n'est que trop
» vrai, surtout si le coup part de la bouche d'un
» Roi. — Si un Roi manque de discernement,
» s'il ne distingue pas le bon serviteur d'avec le
» mauvais, s'il répand ses grâces sans choix,
» s'il manque à punir ceux qui font mal et à ré-
» compenser ceux qui servent bien, son règne
» ne sauroit être heureux ni florissant. — Qu'il
» s'applique continuellement à faire régner la
» justice et la piété. » Quelques réflexions font mieux reconnaître le caractère de Louis XI :

« Et quant on deffendroit toutes dorcures, ce ne
» seroit que bien fait, car en est or tout perdu.
» Et aussi que nul ne portast, ne usast de soye,
» et que les foyres anciennes du royaume feus-
» sent révoquées. Ce seroit toute richesse. »

Vient ensuite la partie historique, l'histoire *moult prouffitable tant pour soy conforter, consoler et conseiller contre les adversitez, que pour eschever les inconvéniens esquelz autres sont tresbuchez, et soy anymer et efforcer à bien faire comme les meilleurs.* C'est une pâle et médiocre compilation pour les époques antérieures au XVe siècle. Mais à partir de ce siècle, il est curieux de voir Louis XI se faire historien de son règne, pour ne raconter des faits que ce qui lui convient.

Louis XI ne pouvait dire lui-même à son fils comment il avait fait mourir son père de désespoir, comment il avait jeté le trouble dans le royaume par ses querelles et sa révolte. Aussi a-t-il glissé sur tous ces faits ; un seul événement, cette fameuse Praguerie dont il était l'ame et le chef, avait fait trop de bruit apparemment pour que le royal auteur pût le passer sous silence. Aussi lui a-t-il consacré quelques lignes, en se justifiant, en embellissant son rôle avec toute l'adresse possible. « Audit an, le Roy cuidoit que tout
» feust bien appoincté de la besongne dessusdicte.
» Les ducs de Bourbon et d'Alençon, le conte de
» Vendosme et le bastard d'Orléans (1) firent ung
» conseil entre eulx à Bloys, et trouvèrent ma-
» nière d'avoir avecques eulx monseigneur le
» Daulphin qui estoit à Niorth, affin que par ce
» moien ilz peussent avoir le gouvernement du
» royaume, et donnèrent à entendre audit sei-
» gneur choses plaisantes à sa voulenté, affin
» qu'ilz en peussent mieulx chevir et parvenir
» à ce à quoy ils entendoient plus pour leur
» prouffit que pour celluy dudit seigneur qui
» pour lors estoit encores jeune et créoit ces an-
» ciens. Ce qui plus desplaisoit au Roy estoit
» que soubz umbre de ladicte division, l'ordre
» qu'il avoit mis sur les gens-d'armes ne fust
» tenu ; et se partirent des frontières les gens-
» d'armes et se prindrent à piller le plat païs
» comme devant. Et pensa le Roy en soy-mes-
» mes que Dieu regarderoit son bon vouloir et
» redresseroit les seigneurs dessusdicts en bonne
» voye ; et il n'a jamais esté veu en France que
» le seigneur souverain n'ait finablement esté
» maistre et seigneur de celluy qui est dessoubz
» luy, et ceulx qui sont demourez en leur obs-
» tiné propos ont mal finé, ou ils ont eu bien à
» besoigner après, comme il appert par le temps

(1) Monstrelet dit : *le bastard de Bourbon.*

» passé dessus escript. Doncques sont bien cu-
» reux ceulx qui se redressent et qui se récon-
» sillient à celluy que Dieu a ordonné régner
» sur eulx, jouxte (selon) ce que l'on dit en com-
» mun prouverbe, que ung seigneur de paille
» vaint ung subject d'acier. »

La chronique finit au couronnement de Louis XI; il est à regretter que le prince n'ait pas raconté à sa manière les grands événemens de son règne; ce récit eût été pour la postérité un précieux document. Mais la tâche était trop pénible et trop forte; la plume de l'historien est tombée des mains du roi. Un autre s'est chargé de continuer cette histoire, qui s'arrête en 1516, et qui n'est guères qu'une compilation de Monstrelet à partir du règne de Louis XI. Le *Rosier des Guerres* a été publié pour la première fois en 1522, sous le titre du *Rosier historial*. Il n'en existe aucune bonne édition, et les manuscrits de nos bibliothèques sont préférables aux textes publiés jusqu'à ce jour.

III.

PIÈCES RELATIVES AU RÈGNE DE LOUIS XI.

Denis Godefroy, cet infatigable explorateur de nos annales, publia à Bruxelles, en 1706, un recueil de pièces, *servans de preuves et d'illustration aux Mémoires de Ph. de Comines*. On y trouve tous les matériaux qui peuvent compléter les Mémoires de Comines, et qui peuvent achever d'éclairer les divers points du règne de Louis XI. A la page 25, on lit les textes des *Traités de Conflans et de St.-Maur*, (5 et 29 octobre 1465), qui terminèrent la guerre du Bien public. Comme ces pièces se trouvent dans Monstrelet, dans le corps diplomatique de Dumont, dans les anciennes lois d'Isambert, etc., il nous a paru inutile de les transcrire. Nous indiquerons seulement le texte de Godefroy, extrait des registres de la chambre des comptes, et celui des ordonnances des Rois de France, publié en 1814, d'après les registres du parlement (vol. E), et deux manuscrits de la Bibliothèque de l'Institut et de la Bibliothèque impériale. Toutes les pièces législatives du règne de Louis XI sont enregistrées dans le recueil des ordonnances des Rois de France, t. XV, XVI, XVII et XVIII, et dans le tome III de Dumont. Nous extrayons de Godefroy la protestation du Roi en sa cour du parlement, contre le traité de Conflans; il y est dit :

« Que le susdit traité de Conflans, fait en
» l'an mil quatre cens soixante-cinq, avec les
» princes mescontens, se faisoit contre sa vo-
» lonté, et par force et contrainte, et ne luy
» pouvoit tourner à préjudice ;
» Et que ledit roy Louys ne pouvoit bailler
» en appanage à son frère Charles le duché de
» Normandie, puisqu'il avoit esté uny à la cou-
» ronne par les Roys ses prédécesseurs.
» *Item*, et quant à ce que ledit sieur de Créquy, Carondelet et Meurin, ont dit que l'alliance et traité d'entre mesdits seigneurs de
» Bourgongne et de Bretagne a esté fait par
» le consentement du Roy, oncques le Roy n'y
» donna consentement libéral, ne de sa franche volonté ; mais sçait mondit seigneur de
» Bourgongne, que lorsqu'on veut dire ledit
» consentement avoir esté donné, la pluspart
» de tous les seigneurs du royaume de France
» estoient en armes contre le Roy, le tenoient
» assiégé dans sa ville de Paris, chacun jour prenoient et faisoient rebeller villes, places et
» forteresses contre luy, tellement que force et
» contrainte luy estoit pour eschever le danger
» et inconvénient de sa personne, et la totale
» destruction de son royaume, dont le péril estoit
» lors éminent, de faire et passer ce qu'on demandoit, mais c'estoit par force et violence
» et contrainte des choses dessusdites, et le
» moustra bien ; car quant il vit que force et
» nécessité luy fut de ainsi le faire, il alla en
» sa cour de parlement, et ailleurs en plusieurs
» lieux, et notifia que ce qu'il faisoit estoit contre son courage et volonté, pour force et contrainte, et pour eschever les inconvéniens
» tant de sa personne que du royaume qu'il
» voyoit en disposition d'advenir, protestant expressément que quelque consentement qu'il
» donnast ne fût valable, et ne luy peust tourner à préjudice.
» *Item*, et aussi toutes les choses qui furent
» faites lorsqu'on dit que ledit consentement avoit
» esté donné, ont esté rompues et cassées ; car premièrement le duché de Normandie qui avoit
» esté baillé à mondit sieur de Guyenne, luy a
» esté osté, mesme à la requeste du duc qui le
» bailla au Roy, et par la délibération de la
» pluspart des seigneurs du sang, tant de ceux
» qui avoient esté audit traité que d'autres ,
» et depuis par conclusion de tous les trois Estats du royaume de France, a esté trouvé et
» recogneu que d'ancienneté par les Roys de
» France, et encor dernièrement par le roy
» Charles VII, que Dieu absolve, il avoit esté
» uny à la couronne de France, et dit et déclaré qu'il en estoit inséparable, et ne se pouvoit aliéner ne transporter. »

Nous trouvons ensuite dans Godefroy une pièce

assez importante que nous nous empressons de transcrire. En 1471, le comte de Dammartin, qui servait le Roi avec beaucoup de zèle et d'habileté, ayant enlevé par ses intrigues les villes de Saint-Quentin, de Roye et d'Amiens, au duc de Bourgogne, celui-ci écrivit aussitôt à Dammartin une lettre pleine d'injures et de reproches, dans laquelle il ne ménageait pas le Roi; après avoir accusé Louis de corrompre ses vassaux, il ajoutait : « Mais par la bonté divine seront convaincus toutes telles cautelles et frauduleuses malices, et n'est jà besoin que désormais vous essaiez de parvenir à vos fins par telles escrytures ne langages ; car au plaisir de Dieu, nous sommes délibérez de garder, préserver et deffendre nosdits subjects de tout nostre pouvoir, ainsi que nature et raison l'enseignent, et par la contravention et fraction dudit traité de Péronne, et les peines contenues en icelluy encourues à nostre profit, il nous loist de le faire. »

Dammartin lui répondit avec une noble fierté, et sa lettre est une des pièces les plus curieuses de cette histoire :

« Très-hault et puissant prince, j'ay veu vos lettres que vous m'avez escrites, lesquelles je croy avoir esté dictées par vostre conseil et très-grands clercs, qui sont gens pour faire lettre mieux que moy ; car je n'ay point vescu du mestier de la plume ; et pour vous faire réponce par icelle, je connois bien le mécontentement qu'avez de moy, pour ce que tout ce que j'ay fait et feray toute ma vie contre vous, n'est qu'à l'honneur et profit du Roy et de son royaume ; très-haut et puissant prince, pour vous faire response touchant l'article de Conflans, que vous appelez le *Bien public*, et que véritablement doit estre appelé le *Mal public* où j'estois, dont vous dites que je n'ay point eu moins de fruict et honneur, que de ma vie, estat et chevance ; vous entendez bien qu'à l'avénement du Roy à la couronne, il ne tint point à moy que je n'entrasse à son service, et de ce faire fis mon loyal devoir; mais qui garda le Roy de ce faire, fut la redoutance de mes hayneux et malveillans, desquels à l'ayde de Dieu connaissant le droict des parties, je suis venu au-dessus à mon honneur, et leur grande honte et confusion...... et veux bien que vous entendiez que si j'eusse esté avec le Roy, lorsque commençâtes le *Mal public*, que vous dites le *Bien public*, vous n'en eussiez pas eschapé à si bon marché que vous avez fait, et mesmement à la rencontre de Mont-l'Héry, par vous induement entreprise ; mais vous qui estes ingrat du bien que le Roy vous fait, avez pris et prenez peine de jour en jour de luy faire toutes les extortions et machinations que luy pouvez faire, tant sur ses subjects et seigneurs de son sang, que autres princes ses voisins qui luy veulent mal à vostre requeste, lesquels vous avez émeus et taschez encor d'esmouvoir de jour en jour à luy vouloir mal, de quoy vostre souverain seigneur et le mien viendra bien à bout à l'ayde de Dieu et de Nostre-Dame, et de ses bons et loyaux capitaines et gens-d'armes ; très-haut et puissant prince, vous m'escrivez des paroles par vosdites lettres, qui équipolent d'estre enchanteur ; ce que je n'ay fait jamais, et quand je me fusse servi de cet art, je l'eusse exploité et mis en effect, lorsque menastes le Roy en Liége, contre le gré et consentement des seigneurs de son sang, et les plus sages de son royaume, tant de ses capitaines et autres de ses conseillers de sa cour de parlement, et de son grand conseil; mais la grande sédition que par vous luy fut faitte, ne l'en peut oncques émouvoir qu'il n'allast vers vous, sous l'espérance de l'affience qu'il avoit en vous, non précogitant le danger où il s'est mis d'estre entre vos mains, et ne lui en est demeuré que la peine et le travail d'y aller, dont la bonté infinie l'a préservé et gardé que ne peustes venir à vos fins, et fera encore, si Dieu plaist, et de vos malignes intentions obliques et ocultes, très-hault et puissant prince, il ne vous en est demeuré que le déshonneur et la foi que vous avez par droict perdue, lesquelles choses dureront par éternelle mémoire envers tous princes qui sont nez et à naistre ; et de moy, je ne fus point la guide de mener ledit seigneur Roy audit pays de Liége ; mais je fus plustôt cause de son retour, parce que je ne voulus rompre l'armée qu'il m'avoit laissée entre les mains et que luy vouliez faire séparer : très-haut et puissant prince, sy je vous escris chose qui vous déplaise, et qu'ayez envie de vous en venger de moy, j'espère qu'avant que la feste se départe, vous me trouverez si près de vostre armée contre vous, que vous connoistrez la petite crainte que j'ay de vous, estant accompagné de la puissance qu'il a pleu au Roy de me donner, qui n'est pas petite, pour la reconnoissance qu'il a eue des services que j'ay faits au Roy son père, à qui Dieu pardoint et à luy, et pouvez estre seur que vous ne me sçauriez escrire chose qui me sceut garder de faire tousjours service au Roy ; et requiers à Dieu qu'il luy plaise me donner grâces de faire selon que j'ay le vouloir, et devez

» sçavoir que je ne vous escris touchant cette
» matière, que je ne vous donne à connoistre,
» et soyez aussy seur que de la mort, que si
» vous voulez longuement guerroyer le Roy, il
» sera à la fin trouvé par tout le monde que
» vous avez abusé du mestier de la guerre. Ces
» lettres sont escrites par moy, Anthoine de
» Chabannes, comte de Dammartin, grand-
» maistre-d'hôtel de France, etc. »

Au Ve livre des Preuves de Godefroy, nous trouvons *les lettres-patentes par lesquelles Louis XI ennoblit Olivier le Dain, et lui change le nom qu'il portoit de Mauvais, en luy baillant celuy de Dain, et luy donne des armoiries* :

« Louys, par la grâce de Dieu, Roy de France,
» sçavoir faisons à tous présens et advenir, que
» nous recordans, comme puis aucun temps par
» nos autres lettres-patentes en forme de chartre,
» et pour les causes dedans contenües, nous avons
» ennobly nostre cher et bien amé valet de
» chambre maistre Olivier le Mauvais, et sa pos-
» térité née et à naistre en loyal mariage..... ;
» considérans aussi les bons, grands, conti-
» nuels et recommandables services qu'il nous
» a par cy-devant et dès long-temps à l'entour
» de nostre personne et autrement, en plu-
» sieurs et maintes manières, fait et continué
» de jour en jour, et espérons que encore plus
» face ; voulans aucunement les recognoistre,
» exaucer et décorer luy et les siens en hon-
» neurs et prérogatives à iceluy maistre Olivier,
» pour ces causes et considérations, et autres
» à ce nous mouvans, avons octroyé et octroyons
» de nostre propre mouvement, grâce espé-
» ciale, pleine puissance, certaine science et
» authorité royale, par ces présentes, voulons, et
» nous plaist que luy et sadite postérité et li-
» gnée née et à naistre en loyal mariage, puis-
» sent comme nobles porter les armes cy-
» peintes, figurées et armoyées, etc. (1), en
» tous lieux, et en toutes contrées et régions
» doresnavant, perpétuellement et à tousjours,
» etc., etc.....; et avec ce voulons et nous plaist
» que luy et sadite postérité et lignée soient
» doresnavant surnommez *le Dain* en tous lieux,
» et tant en jugement que dehors, et en leurs
» actes et affaires ; et lesquelles armes et sur-
» nom nous avons donnez, octroyez et trans-
» muez, donnons, octroyons et transmuons
» audit maistre Olivier et sadite postérité et
» lignée, sans ce qu'il soit loisible à aucun de
» plus les surnommer dudit surnom de *Mauvais;*
» lequel nom leur avons osté et aboly, ostons
» et abolissons par cesdites présentes, par les-
» quelles nous donnons en mandement à nos
» amez et féaux conseillers les gens de nostre
» cour de parlement, au prévost de Paris, et
» à tous nos autres justiciers et officiers, ou à
» leurs lieutenans ou commis présens et à venir,
» et chacun d'eux si comme à luy appartiendra,
» que de nos présens, grâce, don, transmuta-
» tion et octroy, et de tout le contenu en ces-
» dites présentes, facent, souffrent et laissent
» ledit maistre Olivier le Dain, ensemble sadite
» postérité et lignée, joüyr et user pleinement
» et paisiblement, sans leur faire ne souffrir
» estre fait, ores ne pour le temps advenir au-
» cun destourbier ou empeschement au con-
» traire, ainçois, se fait, mis ou donné leur
» estoit, l'ostent, réparent, et mettent ou fa-
» cent oster, réparer et mettre incontinent et
» sans délay au premier estat et deu...... Donné
» à Chartres, au mois d'octobre l'an de grâce
» mil quatre cens soixante et quatorze, et de
» nostre règne le quatorziesme. »

Godefroy a donné, dans son livre II, le texte du traité de Péronne. Nous allons transcrire cette pièce malgré sa longueur, parce qu'elle est un curieux document historique. Les conditions de ce traité étaient dures pour Louis XI, mais le roi était alors au pouvoir du duc de Bourgogne ; il fallait se résigner à tout.

Voici le texte du traité de Péronne :

« Loys, par la grâce de Dieu, roy de France. A tous ceux qui ces présentes lettres verront, salut. Comme depuis certain temps en ça plusieurs débats, questions et différends se soient meus entre nous et nostre très-cher et très-amé frère et cousin le duc de Bourgongne, tant au moyen de ce que nostredit frère et cousin disoit que plusieurs troubles et empeschemens luy avoient esté faits et donnez par nous et nos officiers, à l'encontre des transports que nous luy avons faits par le traité de Conflans, depuis iceluy traité, et autrement ; et mesmement que le traité de paix fait à Arras entre feu nostre très-cher seigneur et père, et feu nostre oncle Philippe, duc de Bourgogne, que Dieu pardonne, n'avoit pas esté par nous entretenu et accompli en aucuns points ; tellement qu'à l'occasion des choses dessusdites, et autres moyens et rapports tenus et faits, les courages de nous et de nostredit frère et cousin ont esté esmeus en

---

(1) Ces armoiries se composaient *d'un chevron accompagné en pointe d'un daim passant, l'écusson accosté au costé d'un rameau d'olive, et au senestre d'une corne de daim*, le tout surmonté d'une couronne comtale.

dissidence, et ont causé rumeur de guerre et d'hostilité parmy le royaume entre nous et nostredit frère, en telle manière que nos sujets n'ont osé converser ès pays de nostredit frère, ne les siens ès nostres. Et à ce moyen, et autrement ont esté faites grandes assemblées de gens de guerre, tant de nostre part que de la sienne, et si avant y a esté procédé, et les choses si prestes et preparées, qu'elles estoient disposées à toute guerre, si ce n'eust esté la grâce de Dieu; et que, pour obvier aux grands maux, dommages et inconvéniens qui s'en fussent ensuivis de part et d'autre, plusieurs nobles et notables hommes de nostre royaume, de tous estats, se sont travaillez et entremis envers nous et nostredit frère et cousin, de trouver aucuns bons moyens pour faire cesser toutes voyes de fait, et d'appointer et appaiser lesdites questions et différends, et, par ce moyen, conclure, nourrir et entretenir, et garder bonne, seure, parfaite, finale et perpétuelle paix entre nous, nos pays et subjets, et nostredit frère et cousin, ses pays et subjets; à laquelle fin, et pour à ce que dit est parvenir, nous ayons envoyé, au mois de septembre dernier passé, nos ambassadeurs en la ville de Ham en Vermandois, auquel lieu nostredit frère ait pareillement envoyé de ses gens et ambassadeurs, lesquels de sa part ont mis avant les doléances qu'il avoit touchant lesdits traitez d'Arras et de Conflans, et les transports, et autres remonstrances, desquelles nostredit frère et cousin se douloit, complaignoit et requéroit y avoir provision. Sur quoy plusieurs communications ont esté tenues, et bonnes et grandes ouvertures faites par lesdits ambassadeurs d'un costé et d'autre, et ladite journée continuée et remise en cette ville de Péronne, en laquelle nous et nostredit frère nous sommes trouvez, auquel lieu derechef par ceux de nostre conseil, lesdites doléances, remonstrances et requestes de nostredit frère et cousin, avec aucuns de son conseil, ont esté débattues bien à plain. Et finalement avons sur icelles donné et accordé les provisions et responses telles, en la forme et manière que particulièrement est contenu sur chacune doléance, remonstrance et requeste de nostredit frère et cousin, escrites à la fin de ces présentes. Sçavoir faisons que nous désirans de tout nostre cœur obvier aux grands esclandres, dommages, et inconvéniens qui eussent pu et pourroient advenir aux moyens desdites différences et dissidences d'entre nous et nostredit frère, voulans pourvoir à ce que nos subjets puissent vivre en bonne paix, repos et tranquillité soubs nous, considérans aussi la proximité de lignage et d'affinité, en quoy nous atteint nostredit frère et cousin; et pour la grande et singulière affection que nous avons et désirons avoir à luy, et le bon et parfait désir, vouloir et affection que sçavons et cognoissons que semblablement il a de nous complaire, et faire service, ainsi que de sa propre bouche il nous a dit, avons aujourd'huy, avec nostredit frère et cousin, fait, conclu, accordé, promis et juré sur la vraye croix ès mains de nostre très-cher et féal ami le cardinal d'Angers, et en la présence de plusieurs de nostre sang et lignage, et d'autres nobles et notables hommes, tant de nostre part que de nostredit frère et cousin, et par la teneur de cestes, promettons et jurons bonne paix, amour, union et concorde perdurablement, et demeurer à toujours èsdites paix, amour, union et concorde, sans jamais, par quelque voye, moyen, querelle ou occasion que ce soit ou puisse estre, faire, donner, procurer par nous ne par autre, guerre, mal, desplaisir, grief, préjudice, ne dommage à nostredit frère et cousin, ses pays et sujets : et en outre, avons promis et juré solennellement, et sur ladite croix promettons et jurons par cesdites présentes, d'entretenir, garder et observer à toujours ledit traité d'Arras, le contenu en iceluy, ledit traité de Conflans et tout ce qu'il contient, en tant que toucher peut à nostredit frère et cousin, et tous les dons et transports que lors et depuis luy avons faits ; lesquels traitez d'Arras et de Conflans, en tant qu'iceluy de Conflans peut toucher à nostredit frère et cousin, et aussi lesdits dons et transports nous tenons, et voulons estre tenus pour icy répétez, cognoissans et affirmans sçavoir et avoir d'iceux traitez et dons, et de tout le contenu ès lettres qui en sont faites, vraye et bonne souvenance, promettons aussi et jurons entretenir et garder toutes les provisions et responses faites et données sur lesdites doléances, remonstrances et requestes de nostredit frère et cousin, déclarées en la fin de cestes, comme dit est : et icelles, et chacune d'icelles, faire mettre à deuë exécution, le tout selon leur forme et teneur. Et nonobstant cette présente paix et réunion, et le contenu èsdits traitez d'Arras et de Conflans, nous, à la requeste de nostredit frère et cousin, avons de nostre certaine science consenti et accordé, consentons et accordons par la teneur de cestes, pour nous, nos hoirs et successeurs, que nostredit frère et cousin puisse tant et si longuement qu'il luy plaira garder et entretenir, et faire garder et entretenir par tous ses vassaux et sujets, toutes les alliances, et aussi les traitez de trève et l'entre-cours de la marchandise qu'il a faits et passez avec le roy Edoüard, nostre ennemy et adversaire, et le royaume d'Angleterre, pour la défence et seureté de sa personne, de son estat, de ses successeurs, de ses païs et sujets, et aussi icelles alliances et traitez que nostredit ennemy et le royaume d'Angleterre ont faites avec nostredit frère et cousin, sans que nostredit frère et cousin, sesdits successeurs ou sesdits sujets en puissent estre repris, blasmez ne reprochez. Mais néanmoins nostredit frère ne donnera ausdits Anglois ayde en leurs querelles, pour envahir ou endommager nous et nos sujets en nostre royaume, ne aussi nos païs ou royaume; et ne baillera faveur de passer par ses pays pour guerroyer, grever ou nuire à nous, nos païs et sujets, en aucune manière. Et par cesdites paix, avons déclaré et déclarons toutes entreprises, voyes de fait et autres choses perpétuées et advenues de tout le temps passé à cause des différends qui ont esté entre nous et nostredit frère et cousin, tant par les citez et villes de nostredit royaume, comme par nos serviteurs et sujets, et ceux de nostredit frère et cousin, de ses allicz et de leursdits serviteurs et sujets, ou qui ont servy ou tenu le party d'iceluy nostre frère et cousin, et de sesdits alliez, qui seront et voudront estre compris en cette paix, pour non faites et pour non advenues, et sans qu'à l'occasion d'icelles aucune chose en puisse estre demandée, querellée ou imputée ores ne pour le temps advenir, en quelque manière que ce soit; mais en tant que mestier seroit, lesdites choses avons abolies et abolissons par ces présentes, consentans et accordans en outre, par ce présent traité, que toutes et chacunes les seigneuries, places, terres, héritages et possessions quelconques prises, occupées, saisies ou empeschées d'une part ou d'autre, et autres choses perpétrées et advenues du temps passé, à l'occasion desdites différences, sont et seront rendues et restituées pleinement, franchement et quittement à ceux à qui elles appartiennent, lesquels y pourront rentrer, les prendre et appréhender de leur propre authorité, sans aucune œuvre ou mystère (1) de justice, ne autre consentement avoir ou requérir de nous ne de nostredit frère et cousin; et avec ce ferons bailler et expédier nos lettres de main-levée et d'abolition, particulièrement pour les subjets de nostredit frère et pour ceux qui l'ont servy et tenu son party, ou qui ont servy ou tenu le party de sesdits alliez, qui les voudront avoir : et spécialement à la requeste de nostredit frère et cousin, voulons et consentons qu'à nostre très-cher et très-amé frère et cousin Philippe de Savoye, seront rendues et délivrées les places et chasteaux, villes et terres qui de par nous et nos gens ont esté prises et empeschées ès comtez de Beaugié, païs de Bresse et autres terres et seigneuries appartenantes à nostredit frère et cousin Philippes de Savoye ou à ses serviteurs et subjets, et iceux ses serviteurs et subjets pris et empeschez, ou mis à rançon par la guerre, délivrez francs et quittes d'icelle rançon. Et seront nostre très-cher et très-amé frère et cousin le duc de Savoye, lequel duc et maison de Savoye nous tenons aussi pour nostre allié, et nostre très-chère et très-amée sœur la duchesse de Savoye, et nos très-chers et amez frères et cousins l'évesque de Genève, ledit Philippe, le seigneur de Romont et tous les autres alliez de nostredit frère et cousin de Bourgogne, leurs sujets, ceux qui les ont servis ou tenu leur party, compris en cette présente paix ou traité, si compris y veulent estre; auquel cas, si compris y veulent estre, et dont lesdits alliez seront tenus de faire déclaration en dedans un an, ils et chacun d'eux jouyront de l'effet de ce présent traité et du contenu en ces présentes. Si toutesfois nos alliez ou ceux de nostredit frère et cousin, ou aucun d'eux ne voulussent en ladite paix estre compris, nous néanmoins et nostredit frère et cousin, et chacun de nous, demeurons entiers en toutes nos alliances, lesquelles nous avons réservées et réservons par ces présentes, sans, par ce présent traité à icelles, en tant qu'à nous ou à luy toucher peut préjudicier aucunement; laquelle paix et lesdits traitez d'Arras et de Conflans, en tant qu'iceluy de Conflans à nous et à nostredit frère et cousin toucher peut, les dons et transports par nous à luy faits, ensemble les provisions et responses par nous données et octroyées sur les doléances, remonstrances et requestes de nostre dit frère et cousin, et tout le contenu en cettes, nous avons promis et juré, promettons et jurons de bonne foy, sur nostre honneur et en parole de Roy, et sous l'obligation de tous nos biens présens et advenir, pour nous, nos hoirs et successeurs, entretenir, garder et accomplir à nostre loyal pouvoir, sans jamais ores, ne pour le temps advenir, faire ne venir, ne souffrir faire, ne venir au contraire, directement ou indirectement en manière quelconque : et avec ce, au cas que par nous ou par autre de nostre sceu ou consentement, directement ou indirectement, ladite paix seroit enfrainte, ou contrevenu au contenu de ces présentes, et esdits

---

(1) Je crois qu'il faut lire *mynistère* (Godefroy).

traitez d'Arras et de Conflans, en tant qu'à nostredit frère et cousin iceluy traité de Conflans peut toucher, ou èsdits transports, dons et provisions par nous faits à nostredit frère et cousin, ou que fussions refusans ou en demeure de faire, mettre nostredit frère et cousin en possession paisible et jouyssance des choses contenues et déclarées èsdits traitez et ès lettres desdits transports et dons, ou de tout, en tant qu'à nous peut toucher, et ce qui est accomplissable, de nostre part exécuter ou faire exécuter duëment, selon la forme et teneur de ces présentes et des lettres que sur lesdites provisions à nous aujourd'huy octroyées, ou que par nous fust faict et donné aucun destourbier ou empeschement à l'encontre et au contraire desdits traitez, transports, dons et autres choses, ou l'une d'icelles, en ces présentes déclarées, nous avons consenty, traité, accordé, consentons, traitons et accordons à nostredit frère et cousin, pour luy, ses hoirs et ayans-cause, que ils leurs vassaux et sujets soient et demeurent quittes et absous perpétuellement et à tousjours des foy et hommage, services et sermens de fidélité, de toute obéissance, sujétion, ressort et souveraineté, qui par luy, ses hoirs et ayans-cause et sesdits vassaux et sujets, nous sont et seront deus à cause des duché, comtez, pays, terres et seigneuries qu'il tient ou tiendra cy-après de nous à cause de nostredite couronne et de nostre royaume, et sous la dessusdite peine, à sçavoir que nostredit frère et cousin, ses hoirs et successeurs, ses féaux et sujets qu'il a et aura en nostredit royaume, seront quittes et absous perpétuellement desdites foy et hommage, services et sermens de fidélité, ressort et souveraineté, nous avons promis et juré, promettons et jurons que les provisions par nous accordées à nostredit frère et cousin, cy-après déclarées, qui sont en prompte et preste exécution, desquels *de datte d'aujourd'huy avons fait expédier nos lettres*, nous ferons icelles nos lettres, vérifier et entériner par ceux et où il appartiendra, et sans aucun délay, et tout le contenu en icelles deuëment exécuter, et par ceux de nos officiers qu'il appartiendra mettre nostredit frère et cousin en paisible possession et jouyssance des choses contenues et déclarées èsdites responses et lettres de provisions accordées sur les doléances et remonstrances de nostredit frère et cousin ; et au regard des autres provisions qui ne se peuvent mettre prestement à exécution, fors que, par délivrance des lettres, *lesquelles aussi nous avons fait expédier de la datte d'aujourd'huy*, nous avons promis et promettons, sous la mesme peine, de faire entériner lesdites lettres en tant que mestier est, et de faire et procurer estre fait de nostre part, et en tant qu'à nous toucher peut, que en dedans trois ans ensuivant la datte de cettes : et lequel temps, nous et nostredit frère et cousin, pourrons concordablement, et de l'assentement de nous et de lui, prolonger. Les procès et différends, desquels est faite mention ès dites responses, provisions et lettres, seront appointez, décidez et déterminez à fin deuë par les commissaires, arbitres, superarbitres, ou autres qu'il appartiendra, selon la forme et teneur d'icelles responses, provisions et lettres : et tout ce que par lesdits commissaires arbitres, superarbitres, ou autres qu'il appartiendra, sera appointé, jugé et déterminé d'entretenir, accomplir, garder et observer si avant que nous touchera, et toucher pourra, et ce que appointé, jugé et décidé sera, exécuter dans six mois, et pour tous délays, après le jour et ensuivant le jour de la prononciation desdits jugemens, décisions ou appointemens, et aussi exécuter ou faire exécuter, accomplir, entretenir, garder et observer tout ce que nous sommes tenus, devons et avons promis de faire, contenu et déclaré èsdits traitez, transports, dons et provisions, et en ces présentes ; sans de nostre costé, en tant que à nous touche ou peut toucher, y faire, donner, ou souffrir faire, ou donner aucun destourbier ou empeschement : et si, par nos officiers ou autres, pour et au nom de nous aucun destourbier, retardement ou empeschement, fust donné à nostredit frère et cousin, ès choses dessusdites, ou aucunes d'icelles, nous et sous la mesme peine, promettons et jurons que dedans un an après, que de la part de nostredit frère et cousin, en seront requis et sommez, le ferons réintégrer, réparer, et le tout remettre en estat deu et tel qu'il appartiendra, selon la forme et teneur desdits traitez, transports, dons et lettres desdites provisions.

» Et outre plus, avons consenty et accordé, consentons et accordons que les princes de nostre sang, tels que voudra nommer et avoir nostredit frère et cousin, jureront et promettront sur leur foy et honneur, d'entretenir et garder ladite paix et tout le contenu en cettes, sans rien faire, ne souffrir faire au contraire, et qu'ils et chacun d'eux assisteront et serviront nostredit frère et cousin à l'encontre de nous en leurs personnes, de toute leur puissance, de leurs pays et sujets, aux cas que par nous, ou par autre de nostre sceu et consentement, ladite paix soit enfrainte, ou contrevenu au contenu en cestes. Et dès maintenant leur commandons et expressément enjoignons d'ainsi le faire, et en bailler leurs lettres et scellez en forme deuë à nostredit frère et cousin, sans délay, contredit ou difficulté, et déclarons qu'au cas de ladite infraction et du contrevénement à ces présentes, lesdits princes seront et demeureront quittes, absous et exempts envers nous et nos successeurs de tous sermens, devoirs et services que par eux ou leursdits sujets nous sont deus, et dès maintenant, pour lors audit cas les en quittons, absolvons et exemptons, et leur commandons et ordonnons par la teneur de cettes qu'ils, sans mesprendre envers nous et nosdits successeurs, servent audit cas nostredit frère et cousin contre nous, comme dit est, et desquels consentement, ordonnance, absolution et quittance, nous promettons bailler nos lettres à nostredit frère pour chacun desdits princes qu'il nommera, requerra et voudra avoir pour sa seureté et pour l'observation, entretènement et accomplissement des choses dessusdites et de chacune d'icelles, nous avons renoncé et renonçons par ces présentes à tous priviléges donnez à nous, aux Roys, à nostre royaume de France, et dont pourrions user, pour non estre contraints par les censures de l'église ou autrement, et aussi à toutes dispensations que pourrions obtenir de Nostre Sainct-Père, des saincts conciles généraux, ou d'autres constitutions, édits royaux, ou ordonnances quelconques faits et à faire, contraires ou préjudiciables à ces présentes, ou aucunes d'icelles à toutes exceptions que nous ou nos successeurs pourrions alléguer, tant de faict comme de droit et autrement, et mesmement à l'exception du droit qui dit que la générale renonciation ne vaut si la spéciale ne précède, et tout sans fraude, barat ou malengin : et avec ce nous avons soubmis et soubmettons nous, nos hoirs, nos biens et les leurs, à la jurisdiction et cohertion ecclésiastique, à sçavoir de Nostre Saint-Père, ledit saint-siége et conciles généraux à venir, pour, par nostredit Saint-Père, ledit saint-siége et conciles généraux, et par chacun d'eux estre contraints par toutes censures d'Eglise, à sçavoir d'escommuniement, agravation, réagravation, interdit en nostredit royaume, et autres nos terres et seigneuries, et plus avant en la forme, et ainsi que la censure d'Eglise se pourra estendre, lequel Nostre Saint-Père et ses successeurs nous avons esleu, eslisons et acceptons nostre juge, pour cognoistre et décider tous différends qui pourroient estre à cause de ce présent traité.

» *S'ensuivent les doléances, remonstrances et requestes de nostredit frère et cousin, avec les provisions et responses par nous à luy accordées sur chacune d'icelles.*

» Ce sont les remonstrances et doléances faites par les ambassadeurs de monsieur le duc de Bourgongne, les responses faites de la part du Roy, à la journée tenuë à Ham en Vermandois, le mercredy vingt-uniesme jour du mois de septembre, l'an mil quatre cens soixante-huict, et entretenue jusques au jeudy vingt-neufviesme jour dudit mois ensuivant : et depuis continuée et remise en la ville de Péronne en ce présent mois d'octobre, audit an soixante-huict. Et *premièrement*, touchant les fiefs et hommages des comtez de Ponthieu, et autres deçà et delà la rivière de Somme, et des trois prévostez de Vimeu, Beauvoisis et Foulloy, transportées par le Roy ; lesquels fiefs et hommages ont esté démonstrez appartenir à mondit sieur à cause dudit transport, par plusieurs raisons, et pour ce supplient que le plaisir du Roy soit en ce non bailler empeschement aucun à mondit sieur, ains le laisser paisiblement jouyr dudit droit, et qu'il puisse contraindre les refusans, ainsi qu'il est accoustumé, et en tel cas faire se doit.

» *Sur ce a esté respondu de par le Roy qu'il déclarera lesdits fiefs et hommages appartenir à mondit sieur comme les autres choses contenuës audit transport, et en toutes les terres spécifiées audit article, et que les vassaux qui n'ont encor fait le serment de fidélité et hommage, le fassent en la manière accoustumée, pour servir mondit sieur ainsi que la nature et condition du fief le requiert, réservé contre le Roy ; et sur ladite déclaration le Roy baillera ses lettres-patentes, par lesquelles il deschargera, et sous la réservation dessusdite, les vassaux des hommages et sermens d'iceux, et qui doivent à cause desdites terres ; et avec ce mandera à tous officiers qu'il appartiendra, qu'ils fassent cesser tous troubles et empeschemens au contraire, et ausdits vassaux tenans lesdits païs, qu'ils entrent en la foy et hommage de mondit sieur, et luy fassent ledit serment de fidélité en la manière et réservation dessus déclarée.*

» *Item*, touchant les tailles et aydes desdites prévostez, esquelles aucuns officiers du Roy ont mis certains empeschemens, et avec ce Guillaume Lamoureux a esté institué par le Roy esleu desdites prévostez, en désappointant quant à ce l'esleu d'Amiens, contre la forme desdits transports : et pour ce a convenu remonstrer que mondit sieur ne soit troublé ne empesché touchant lesdites aides et autres droits à luy compétens èsdites prévostez : et en outre, qu'il plaise au Roy faire cesser les troubles et empeschemens faits à l'occasion des lances et tailles des gens-d'armes et francs-archers en icelles prévostez, et ledit esleu remis en son office, pour iceluy exercer èsdites prévostez.

» *Sur ce, de par le Roy a esté respondu que mondit sieur joüyra desdites prévostez, et en lèvera tous les profits, et joüyra des droits royaux tout ainsi et par la mesme forme et manière qu'il doit joüyr des prévostez royales estant sur ladite rivière du costé d'Amiens : et aussi cesseront les tailles mises sus pour les lances, francs-archers et autres gens-d'armes, sans que desdites aydes, tailles de gens-d'armes, ne autres profits venans des droits royaux, y soit rien pris ou demandé de la part du Roy, et sera à la nomination de mondit sieur et à l'institution du Roy restably l'esleu d'Amiens; et doresnavant les mandemens pour imposer lesdites aydes seront baillez sans délay ou difficulté, et en baillera le Roy ses lettres en forme deuë.*

» Et pource que la matière du grenier de Grandvilliers dépend desdits transports, à ce propos ont esté remonstrées les forces, violences, troubles et empeschemens faits audit grenier et ès officiers de mondit sieur le Duc illec, par les officiers du Roy, tant au pourchas de ceux de Beauvais, comme autrement, dont a esté requis réparation : et que telle provision y soit faite, que doresnavant lesdits troubles et empeschemens cessent.

» *Sur quoy a esté respondu que le Roy fera cesser lesdits troubles et empeschemens mis audit grenier, tant au pourchas de ceux de Beauvais comme autrement : et sur ce baillera ses lettres-patentes de provision telles qu'il appartiendra, selon la forme des lettres audit transport.*

» *Item*, touchant les terres et seigneuries de Mortagne transportées à mondit sieur, èsquelles et à ses officiers instituez par le Roy à sa nomination, sont faits journellement plusieurs troubles et empeschemens, contre le contenu des lettres dudit transport : sur quoy ont lesdits ambassadeurs fait les remonstrances à ce pertinentes, et requis qu'il soit mandé au bailly de Tournay et de Tournésis, et son lieutenant et autres officiers du Roy, se déporter desdits troubles et empeschemens, et en laisser jouyr mondit sieur paisiblement et ses officiers, selon la forme du traité d'Arras et lesdits transports de ce faits, et aussi selon le contenu des lettres, spécialement sur ce par le Roy octroyées.

» *Sur ce a fait respondre le Roy, qu'il est content que mondit sieur joüysse desdites terres et seigneuries de Mortagne, et qu'il nomme tous officiers pour les cas royaux, et qu'à sa nomination soient par le Roy instituez : et mandera au bailly et autres officiers de Tournay et de Tournésis eux déporter desdits troubles et empeschemens, le tout selon le contenu desdits traitez d'Arras et des lettres de transport, et non autrement.*

» *Item*, a esté remonstré au regard de la prévosté de Saint-Quentin, des terres et lieux estans delà la rivière de Somme, que l'on dit et nomme l'*exemption de ladite prévosté*, que maistre Georges Duret en poursuivant l'enthérinement des lettres sur ce octroyées par le Roy à mondit sieur le Duc, bailla l'original d'icelles de bonne foy à maistre Jean de Reilhac, lesquelles depuis n'ont esté rendues, pour ce est demandé restitution d'icelles; mondit sieur le duc de Bourgongne s'est déporté audit article de l'effet desdites lettres, et du droit qu'il avoit en ladite exemption, au profit du Roy : et ce au moyen de certains dons faits par le Roy à mondit sieur, et dont ils ont esté et sont d'accord; mais pour ce que assez tost après lesdits transports, le Roy et mondit sieur estant à Viliers-le-Bel, fut supplié le sel de Salins avoir cours en Masconnois : laquelle chose le Roy avoit octroyée, si le dommage de ce n'excédoit 4,000 francs. Sur ce poinct a esté remonstré qu'en ensuivant ledit don, et ayant égard que de toute ancienneté iceluy sel de Salins a eu cours en Masconnois, et que illec la gabelle du sel doit appartenir à mondit sieur par le traité d'Arras et plusieurs autres causes au long déclarées, il plaise au Roy permettre le cours du sel de Salins audit Masconnois, ainsi que dit est : et défendre le cours du sel de Péquais pour lequel la gabelle aura esté receüe au pont Saint-Esprit, ou ailleurs, au profit du Roy : et rendre les dommages et intérests de mondit sieur, montans à plus de cent mille francs, à compter de ce que eust valu à mondit sieur ladite gabelle, depuis que ledit traité d'Arras fust fait jusques à présent.

» *Le Roy a accordé les greniers à sel à mondit sieur de Bourgongne, ès comté de Mascon, et païs de Masconnois, et ès lieux et villes royaux enclavez en iceux pour luy, ses hoirs et successeurs, comtes et comtesses de Mascon, comme il appert par ses lettres-patentes sur ce expédiées.*

» Le second point concerne les matières dépendantes du traité d'Arras, et premièrement au regard de l'imposition foraine, laquelle se devoit lever ès extrémitez du royaume, et par ledit traité doit appartenir à mondit sieur en ses païs. Sur quoy lesdits ambassadeurs ont fait deux doléances et remonstrances.

» La première, que mondit sieur est troublé en la perception dudit droit.

» La seconde, de ce qu'on la veut lever ès lieux non accoustumez, et que l'on contraint les marchands à bailler caution en forme non accoustumée; et mesmement, qu'est chose bien nouvelle et bien estrange, les officiers du Roy s'efforcent de lever le droit de ladite imposition des denrées et marchandises que l'on descend ès païs de Bourgongne, Bar-sur-Seine, Auxerrois, Artois et èsdites terres transportées, comme si fussent terres de l'Empire, où èsquelles les aydes n'eussent cours, et spécialement audit Auxerrois, les biens appartenans à ceux de ladite comté, et en icelles menés des lieux voisins. Pour ce ont requis que ladite nouvelleté soit ostée, et que mondit sieur joüysse de sondit droit selon la forme dudit traité, et que lesdits marchands ne soient contraints à bailler ladite caution autrement, que d'anciennété ils ont fait, à sçavoir de deschargcr les denrées en aucuns lieux du royaume, ou que les aydes ayent cours.

» Sur cet article a esté dit de par le Roy,
» qu'il est et sera content que la caution qui se
» baille par les marchands à cause de l'imposi-
» tion foraine, soit en la forme et manière de
» toute ancienneté observée, à sçavoir, de des-
» charger les denrées en aucun lieu du royaume,
» auquel les aydes ayent cours de par le Roy,
» supposé que mondit sieur par l'octroy du Roy
» prenne à son profit icelles aydes, sans les faire
» cautionner de vendre et distribuer lesdites
» denrées ès païs du royaume auquel lesdites
» aydes ont cours, comme le païs d'Artois, et
» aussi autres païs appartenans et transportez
» par le traité d'Arras, et autrement à mondit
» sieur, et èsquels païs lesdites aydes ont cours,
» le tout sans fraude: toutesfois, si cy-après ap-
» pert, que d'ancienneté telle n'estoit la manière
» de cautionner, le tout sera réduit à la forme
» et façon de faire qui se trouvera par les ordon-
» nances royaux anciennes, et autrement avoir
» esté gardé et observé. Et à ceste fin, et pareil-
» lement quant à la duché de Bourgongne, en
» laquelle mondit sieur prétend semblable nou-
» velleté avoir esté faite, seront députez deux
» commissaires, l'un par le Roy et l'autre de la
» part de mondit sieur de Bourgongne; les-
» quels deux commissaires verront lesdites or-
» donnances royaux et enquéreront, quant à l'u-
» sance et autrement, la vérité. Et le tout veu,
» en ordonneront et appointeront selon qu'ils
» trouveront estre à faire de raison, sans renvoy
» ou appellation; et abrégeront, décideront et
» deffiniront lesdits commis lesdits différends,
» en dedans un an prochain pour tous délays. Et
» avec ce fera le Roy oster tous troubles, nou-
» velletez et empeschemens, et consent que
» mondit sieur jouysse du droit de ladite impo-
» sition foraine ès pays du royaume à luy trans-
» portez, selon que par le traité d'Arras faire
» se doit, et seront toutes appellations mises
» par les sujets de mondit sieur de ses villes
» d'Arras, Sainct-Omer, Hesdin, Teroüenne,
» Auxerre et autres, à cause de ce que l'on leur
» a voulu faire bailler ladite caution autrement
» qu'en ladite manière accoustumée d'ancien-
» neté, mises au néant sans amende et sans
» despens; et aussi tous procès meus et encom-
» mencez quant au principal, à l'occasion des-
» susdite, et ce qui en dépend, tant en la cour
» de parlement, devant les gens des comptes,
» comme par devant les généraux, qu'ailleurs,
» tenus en estat et surséance jusques à ce que
» lesdits commissaires auront lesdits différends
» appointez, le tout sans préjudice du droit du
» Roy et de mondit sieur de Bourgongne. Et
» au regard du droit des hauts passages, qui est
» d'autre nature, les commissaires cy-après ad-
» visez auront pouvoir d'y appointer et d'en
» faire jouyr mondit sieur ainsi que par ledit
» traité d'Arras appartiendra, en et par toutes
» les terres royales appartenantes à mondit sieur
» par ledit traité d'Arras, et aussi ès terres de
» là et deçà la rivière de Somme, appartenantes
» à mondit sieur par le don et transport à luy fait
» par le Roy.

» Item, touchant les enclavés de la duché de Bourgongne, et aussi touchant aucunes villes et villages des comtez de Masconnois, Auxerrois, et de Bar-sur-Seine, desquels mondit sieur ne joüyt pas entièrement, ne par la manière qu'il doit selon la forme dudit traité, et les appointemens depuis ce rendus, lesdits ambassadeurs ont requis que mondit sieur soit mis en paisible possession desdites villes, villages et autres droits transportez par ledit traité d'Arras, pour en avoir et lever les profits, et que restitution lui soit faite desdits profits escheus et perceus par lesdits officiers royaux, depuis ledit transport fait et les empeschemens y mis : et à cette fin lesdits ambassadeurs de mondit sieur ont requis que l'on ordonne et commette quatre notables commissaires, deux de la part du Roy, et deux de la part de mondit sieur, ausquels sera commis et ordonné qu'ils se transportent ès lieux dont ils seront requis de la part de mondit sieur, pour eux informer sommairement des droits prétendus par mondit sieur, si desjà information n'en estoit faite, et si information en est faite à suffisance, qu'elle soit prestement veuë, et sur icelle faite déclaration des droits de mondit sieur, pour l'en faire joüyr incontinent et réellement, selon que par la forme dudit traité d'Arras appartiendra, sans y garder aucune forme de procès ou de figure de jugemens, ne en faire relation ny renvoy au Roy ne à aucuns autres officiers quels qu'ils soient, et nonobstant appellations.

» *Sur cet article a esté de par le Roy respondu qu'il sera content d'ordonner de sa part quatre commissaires pour besongner èsdites matières, et les décider avec quatre autres commissaires qui seront nommez de la part de mondit sieur; et si lesdits huict commissaires n'y veulent ou peuvent vaquer, les six, à sçavoir, trois du costé du Roy, et trois du costé de mondit sieur, y pourront vaquer; et si les six n'y veulent ou peuvent vaquer, les quatre, à sçavoir, deux de chascun costé, y pourront et devront vaquer et besongner selon la forme déclarée audit article.*

» *Item*, au regard des troubles et empeschemens mis ès greniers appartenans à mondit sieur par ledit traité d'Arras, et contraintes faites à plusieurs ses sujets ès païs de Bourgongne, Masconnois, Charrolois, Bar-sur-Seine, et Auxerrois, de prendre sel ailleurs qu'èsdits greniers, contre la forme dudit traité d'Arras, et à son grand intérest et dommage. Pourquoy ont lesdits ambassadeurs requis que semblablement il y soit pourveu, et tellement que lesdits troubles et empeschemens doivent cesser.

» Sur quoy a esté respondu, que, comme des-
» sus est touché, le Roy veut que mondit sieur
» joüysse de tout ce qui luy doit appartenir, à
» cause dudit traité d'Arras; et que tous trou-
» bles et empeschemens faits ès greniers de
» mondit sieur, et contraintes de ses sujets à
» prendre sel ailleurs, contraires audit traité,
» soient ostez; et pour mettre la chose à deuë
» exécution, lesdits commissaires se transpor-
» teront sur les lieux et sommairement enquer-
» ront de la vérité, et y tiendront telle et sem-
» blable forme et manière qu'en l'article précé-
» dent, et puis en feront joüyr mondit sieur,
» si faire se doit, et sans renvoy ou appella-
» tion, comme dit est.

» *Item*, et pareillement iceux ambassadeurs ont fait remonstrances et requestes touchant aucunes terres, lieux et villages estans des bailliages et ressorts de Masconnois, et de Sainct-Gengon, et aucunes autres de la comté d'Auxerrois, et les autres de Bar-sur-Seine appartenans à mondit sieur par ledit traité d'Arras, lequel est empesché en la joüyssance d'iceux.

» Sur cet article aussi a esté respondu, que
» dès maintenant le Roy déclare qu'il veut que
» mondit sieur joüysse des villages et ressorts
» desdits bailliages de Mascon, de Sainct-Gen-
» gon, et aussi des ressorts et villages d'Auxerre
» et de Bar-sur-Seine, selon le contenu dudit
» traité d'Arras, nonobstant tous empesche-
» mens y mis au contraire; à cette fin, lesdits
» huict commissaires, les six ou les quatre, en
» la manière dessus déclarée, auront commis-
» sion par lettres du Roy et de mondit sieur,
» pour entendre, vaquer et besongner en cette
» matière, et la décider ainsi que de raison, et
» par ledit traité d'Arras appartiendra, et par
» la forme et manière qu'il est déclaré au huic-
» tiesme article précédent, et en la response
» faite sur iceluy.

» *Item*, que mondit sieur est troublé et empesché en la joüyssance de plusieurs fiefs et hommages à luy appartenans à cause dudit traité èsdites comtez et bailliage de Mascon, de Sainct-Gengon, et Auxerre, et en leurs ressorts, spécialement du pays de Beaujollois, qui doit ressortir au bailliage de Mascon, dont lesdits ambassadeurs ont fait doléances et remonstrances afin qu'il y fust pourveu, et qu'il en peust paisiblement joüyr.

» Sur quoy a esté dit de par le Roy que,
» comme dessus est déclaré en cas semblable,
» le Roy ne veut empescher mondit sieur en la
» jouissance des choses contenuës en cet article,
» si ils luy compètent par ledit traité d'Arras;
» ains veut que soit donné forme pour l'en faire
» joüyr, si faire se doit. Et pourtant le Roy est
» contant, que pareillement lesdits commissaires
» aillent sur les lieux, et sommairement et sans
» figure de procès s'informent, pour après y ap-
» pointer, et le tout déterminer et exécuter, dont
» auront pouvoir et authorité, nonobstant comme
» dessus, en suivant le contenu dudit huictiesme
» article, et la response faite sur iceluy.

» Et au regard des autres points et articles contenus et déclarez audit traité d'Arras, iceux ambassadeurs ont requis, au nom de mondit sieur, que ceux qui seront trouvez non accomplis, ou èsquels l'on a donné empeschement, et que mondit sieur n'en aura eu la connoissance, que lesdits commissaires ordonnez en la manière dessusdite, ayent pouvoir d'enquérir sommairement et sans procès, et sans autre renvoy, délay ou difficulté, l'en faire joüyr nonobstant toutes contradictions et appellations, comme dessus est dit.

» Sur cet article a esté respondu de par le

» Roy, qu'il est content que mondit sieur joüysse
» des choses contenues et déclarées audit traité
» d'Arras, et pour appaiser tous les différends
» qui pourroient estre, tant à cause dudit traité
» que des dépendances d'iceluy, y mettre une
» fin le plustost que faire le pourra, seront or-
» donnez lesdits huict notables commissaires, à
» sçavoir, quatre de la part du Roy, et autant
» de la part de mondit sieur; ausquels, ou aux
» six ou aux quatre d'eux sera donné plein
» pouvoir et authorité, touchant les différends
» et matières déclarées audit traité, pour
» veües les informations et procès desjà faits,
» et les informations qu'il semblera estre à
» faire, les titres et enseignemens qui se bail-
» leront d'un costé et d'autre; et aussi par in-
» spection des lieux sommairement, et sans
» forme de procès en appointer, juger et déter-
» miner, et leur jugement mettre à exécution
» deuë, et faire joüyr mondit sieur de ce qu'ils
» trouveront à luy appartenir, à cause dudit
» traité et des dépendances d'iceluy, nonob-
» stant contractions ou appellations quelconques,
» et sans en faire aucun renvoy; et si mestier
» est, commettront aucuns qui enquerront la
» vérité, et promettra le Roy dès maintenant
» non muer lesdites forme et procédure, et en
» donner ses lettres patentes en forme deuë; et
» pourveu que si lesdits commissaires n'y veu-
» lent ou peuvent vaquer, les six, à sçavoir,
» trois du costé du Roy, et trois de la part de
» mondit sieur, y pourront vaquer; et si lesdits
» six n'y peuvent vaquer, les quatre, à sçavoir,
» deux de chascun costé, y vaqueront et be-
» songneront, comme dit est.

» Le tiers point principal concerne les choses
compétans à mondit sieur le duc, à cause de
ses seigneuries qu'il tient tant au royaume que
hors iceluy.

» Et premièrement touchant les limites du
royaume, de la comté de Bourgongne, et des
terres du ressort de Saint-Laurens, qu'iceux
ambassadeurs ont fait remonstrances des procès
sur ce faits, pour le fait desdites limites, requérans que commissaires notables et agréables à
mondit sieur soient ordonnez de la part du Roy,
et mondit sieur de sa part en ordonnera en tel
et semblable nombre que fera le Roy, pour juger et déterminer lesdits différends sans en
faire renvoy, nonobstant contradiction ou appellation quelconque.

» Sur quoy a esté dit que le Roy est content
» que huict commissaires soient ordonnez,
» ayans plein pouvoir d'appaiser les différends
» desdites limites du royaume et de la comté de
» Bourgongne, et desdites terres du ressort

» de Sainct-Laurent, à sçavoir quatre de la part
» du Roy et quatre de la part de mondit sieur,
» ès mains desquels seront mis les procès faits,
» pour les juger par diffinitives. Et s'ils ne sont
» parfaits et instruits, les parferont et instrui-
» ront comme il appartiendra, pour les juger et
» décider, si par autre moyen ils ne peuvent
» estre appointez.

» Item, et en tant que touche les limites des
païs et terres appartenans à mondit sieur, joi-
gnantes aux comtez de Flandres et d'Artois, et
autres païs du royaume, pour le fait desquelles
limites aucuns procès ont esté meus, au moyen
d'aucunes appellations relevées par aucuns particuliers en la cour de parlement, requièrent lesdits ambassadeurs qu'il plaise au Roy tenir et
mettre en surséance lesdits procès, à cause du
fait desdites limites, pendans, meus et à mouvoir sans y estre procédé, ne aucun exploict
fait par ladite cour, ne autres officiers du Roy
jusques à long-tems, comme de douze ans, afin
que, sans procès et sommairement, aucune voye
soit advisée sous le bon plaisir du Roy et de
mondit sieur; par laquelle ce qui sera en difficulté, touchant lesdites limittes, puisse estre appointé à moindre fraiz que fait n'a esté au procès desdites limites du comté de Bourgongne.

» Sur cet article le Roy sera content de bail-
» ler surséance de huict ans, sans par le moyen
» de ladite surséance préjudicier ne déroger au
» droit de ressort qui peut ou doit compter au
» Roy, ne ladite surséance tirer à quelque pos-
» session ou conséquence en aucune manière,
» contre le droit du Roy et de mondit sieur; et
» que quand la matière cherra en procédure,
» qu'elle soit appointée par commissaires com-
» mis, comme dessus est touché, des autres
» commissaires.

» Item, ont iceux ambassadeurs de mondit
sieur fait doléances des appellations que l'on
reçoit des appointemens et jugemens faits par
les quatre principales loix de Flandres contre
les loix et privilèges dudit païs, en troublant
sur ce mondit sieur en la joüyssance toute notoire: mesmement au faict de la marchandise,
sur laquelle iceluy païs de Flandres est principalement fondé, et pourtant ont requis sur ce
leur estre pourveu.

» Touchant cet article, le Roy a ordonné et
» déclaré par ses lettres-patentes lesdites qua-
» tre principales loix de Flandres estre franches
» et exemptes de la cour de parlement, et de ses
» officiers quelconques : et que par droit de res-
» sort ne pourront et ne devront doresnavant
» estre attraites ne évoquées en ladite cour, ne
» ailleurs, au royaume, et dudit ressort a fait don

» et transport à mondit sieur le duc et à ses successeurs, comtes et comtesses de Flandres, » selon le contenu desdites lettres, et ainsi » qu'elles le déclarent plus à plein.

» *Item*, ont remonstré que selon le droit du païs de Flandres, la cour de parlement ne doit recevoir aucunes appellations des autres loix et juges de Flandres, *omisso medio*; car le ressort doit appartenir premier à mondit sieur le duc, et ne doit point mondit sieur estre travaillé de requérir le renvoy à ladite cour, comme l'on fait pour les ressorts des autres pays du royaume, car l'on ne doit bailler aux sujets de Flandres, reliefvement en cas d'appel, si l'appellation ne procède immédiate du jugement du comte, ou de la chambre de son conseil en Flandres; et pour ce a esté requis qu'il plaise au Roy sur ce donner les lettres-patentes de provision en forme deue.

» Sur cet article a esté respondu de par le » Roy, qu'il est content que du contenu audit » article soit fait selon les droits et cous- » tumes desdits païs, et ainsi qu'a esté de long- » temps observé, et que tous troubles et empes- » chemens faits au contraire soient ostez.

» *Item*, a esté faite remonstrance par lesdits ambassadeurs, des troubles et empeschemens faits ès appellations émises ès causes de ressort, ès terres et chastellenies de Lisle, Douay et Orchies, en la chambre du conseil en Flandres, contre toutes bonnes raisons et moult évidentes, et dont mondit sieur a esté en paisible joüyssance de très-longtemps sans aucune difficulté, excepté depuis peu de temps en ça, qu'aucune contradiction y a esté mise: requérant sur ce que lesdits troubles et empeschemens si notoires deussent cesser, attendu que lesdites chastellenies de leur première et ancienne condition, ont esté de la comté de Flandres, et depuis que le Roy les a tenuës, en faisant et traitant le mariage de feu le grand duc Philippes, bisayeul de mondit sieur, elles furent réünies et rejointes audit comté de Flandres, pour les tenir par le comte en un seul fief avec ledit comté.

» Le Roy a accordé et accorde que doresna- » vant aucunes appellations ne soient receuës » en la cour de parlement, procédans des lois » et justices des chastellenies de Lisle, Doüay et » Orchies : mais se releveront lesdites appella- » tions préalablement en la chambre du conseil » en Flandres, ou devant le Gouverneur de » Lisle, ou celuy d'eux devant qui lesdites ap- » pellations de leur droit ordinaire, et sans » moyen, doivent et ont accoustumé d'ancien- » neté ressortir et estre premièrement relevées.

» Et pareillement a esté accordé par le Roy que » les appellations qui sont interjettées dudit. » gouverneur de Lisle et de ses sentences et » jugemens, soient relevées en premier lieu » en ladite chambre de Flandres, de laquelle » chambre, ou des sentences, jugemens ou ap- » pointemens d'icelle s'il en est appelé, les ap- » pellations seront relevées et discutées en la » cour de parlement.

» *Item*, pour ce que le Roy ne sa cour de parlement n'a aucun intérest si monsieur ou son grand conseil, des causes de ses sujets, au royaume, cognoist en l'Empire : *et è contra*, considéré que l'appellation et le ressort par ce ne sont empeschez, pour plusieurs raisons et bonnes considérations par lesdits ambassadeurs remontrées, ont prié et requis qu'en ce ne soit fait par le Roy ou par ses officiers aucun trouble ou empeschement : et que les ressorts, souveraineté et autres droits, tant du Roy que de mondit sieur, y soient gardez.

» Sur quoy le Roy a fait respondre qu'il est » et sera content que mondit sieur, ou son grand » conseil, connoisse des causes des païs et sujets » estans au royaume en l'Empire, sauf la décli- » natoire des parties et de celles de l'Em- » pire ou Royaume, le tout sans préjudice » des souveraineté et ressort du Roy, quant à » ce qui est du royaume et des droits et souve- » raineté compétans à mondit sieur, en ce qui » est de l'empire : et durera ledit consentement » tant que vivront le Roy et mondit sieur de » Bourgongne.

» *Item*, touchant les quatre mil livres de rente annuelle appartenante à mondit sieur, à cause de ses prédécesseurs comtes de Hainault et d'Ostervant sur la recepte de Vermandois, appartenant au Roy, et dont les arrérages sont deus de plusieurs années : sur quoy lesdits ambassadeurs ont fait plusieurs grandes remonstrances, et ont requis jouyssance de ladite rente et payement des arrérages, comme raison est.

» Sur cet article le Roy a fait respondre qu'il » est content que les lettres, faisans mention des- » dites quatre mil livres de rente, soient veües par » lesdits commissaires commis, lesquels auront » pouvoir d'y appointer et déterminer, et en » faire la raison à mondit sieur, et icelle mettre » à deue exécution, sans renvoy ou appellation.

» *Item*, iceux ambassadeurs ont fait doléances et remonstrances des contraintes faites ès sujets et serviteurs de mondit sieur, natifs aucuns en sa comté de Bourgongne, ès terres situées hors de ce royaume, les autres de la duché de Bourgongne et autres païs de mondit sieur, à faire nouvel et non accoustumé serment de servir le Roy envers et contre tous, et spécialement contre mondit sieur, sans avoir esgard à ce que lesdits sujets sont vassaux de mondit sieur, et mesmement les aucuns natifs du comté de Bourgongne; et pour ce qu'ils en ont esté délayans, jaçoit qu'ils ayent jà fait le serment de fidélité en la forme accoustumée, et qu'ils ont esté prêts de servir selon la nature et qualité de leurs fiefs : toutesfois monsieur de Chastillon et autres officiers du Roy ont procédé contre eux par plusieurs induës et desraisonnables voyes, tant de mains mises en leurs terres et seigneuries, et perception des fruicts, profits et émolumens d'icelles, assauts faits en aucunes desdites terres comme en terres d'ennemis, que confiscation de corps et de biens, et ont appliqué lesdits fruicts à leur singulier profit, et qui plus est, ledit sieur de Chastillon a ainsi procédé à l'encontre de mondit sieur le duc, à cause de la seigneurie de Fouvans, laquelle luy appartient.

» Au contenu en cet article, et ès-articles
» suivans 21, 22, 23 et 24, le Roy est con-
» tent que toutes telles voyes déclarées èsdites
» articles cessent doresnavant à l'encontre des
» sujets et serviteurs de mondit sieur, et que la
» main mise ès-terres desdits sujets et servi-
» teurs de mondit sieur, à l'occasion spécifiée
» audit article, soit entièrement levée et qu'ils
» en joüyssent ainsi qu'ils faisoient paravant;
» et quant aux fruits d'icelles receus par ledit
» sire de Chastillon ou autre, les arrests et prises
» faites tant par terre que par mer, des subjets
» de mondit sieur, exprimées èsdits articles,
» les pertes et dommages ensuivis, que restitu-
» tion en soit faite : et pour y ordonner forme,
» le Roy commettra personne notable, auquel
» les commis de mondit sieur feront apparoir
» des choses dessusdites ; lequel commis de par
» le Roy aura pouvoir de pourvoir et appointer
» touchant lesdites réparations et restitutions;
» et les appointemens et ordonnances on exécu-
» tera sans appel ou renvoy; et avec ce le Roy
» mandera délivrer tous prisonniers franche-
» ment, et donnera seureté pour tous les sujets
» des païs de mondit sieur, de pouvoir seure-
» ment aller, converser et pescher sans em-
» peschement : au *vidimus* de laquelle seureté
» foy sera adjoustée, et pareillement restitution
» sera faite, et seureté baillée aux gens, servi-
» teurs et sujets du Roy, endommagez et empri-
» sonnez par les gens de mondit sieur de Bour-
» gongne; et en outre le Roy a accordé que les
» vassaux et sujets de mondit sieur, demeurans
» et résidens en ses pays, et aussi ses serviteurs,
» domestiques qui ont terres, fiefs et seigneu-
» ries au royaume, à cause desquelles ils doivent
» service, quand le Roy fait mandement général

» en son royaume, pour la défense d'iceluy, ne
» seront contraints à faire ledit service en leurs
» propres personnes, mais seront quittes et des-
» chargez d'iceluy service, parmy baillant et dé-
» livrant par chacun d'eux autre personne, une
» ou plusieurs, habiles et en point pour servir
» ainsi et comme la nature et condition des fiefs
» le requièrent : et semblablement sera fait au re-
» gard des sujets, vassaux, et serviteurs du Roy.

» *Item*, en outre, ledit sieur de Chastillon et autres officiers du Roy ont mis dehors Langres les gens d'église, ayans illec bénéfices, pource qu'ils estoient natifs des païs de mondit sieur le duc, et publiquement défendu que eux, et autres natifs des païs de mondit sieur, ne puissent demeurer ès-lieux de leurs bénéfices ne ailleurs en son royaume.

» Sur ce le Roy est content, que les gens d'é-
» glise natifs des païs de mondit sieur, puissent
» retourner ès lieux de leurs bénéfices et d'i-
» ceux paisiblement jouyr ; et que les fruits per-
» ceus à cause de leur absence, faite à l'occasion
» déclarée audit article, seront entièrement res-
» tituez par ceux qui les ont receus. Et de ce
» aura pouvoir ledit commissaire, ordonné par
» le Roy, d'y appointer comme dessus.

» *Item*, mondit sieur de Chastillon, et autres officiers du Roy, ont pris les biens de ceux de Valenciennes ès foires de Rheims, et d'autres plusieurs notables marchands et sujets de mondit sieur, en passant par la Champagne, et fait plusieurs arrêts de personnes sur les gens de l'hostel de mondit sieur, et autres ses serviteurs, officiers et sujets : à sçavoir, M. de Ternant, Guillaume de Villers, maistre Jean Jacquelin, le receveur d'Auxois, Jean Gormont, et autres, ausquels n'a esté faite restitution de leurs pertes, intérêts et dommages : avec ce, par aucuns officiers du Roy, fut arresté sans cause maistre Jean de Janly, envoyé par mondit sieur le duc devers monsieur de Calabre et le roy d'Arragon, à cause de leur différend, et dont fut fait grande injure à mondit sieur le duc, et audit Janly intérest et dommage, ainsy qu'il a esté remonstré au long par les députés de mondit sieur le duc.

» *Sur ce a esté respondu ainsi qu'au 20ᵉ article précédent.*

» *Item*, lesdits ambassadeurs ont requis que telles voyes et contraintes nouvelles et non raisonnables, quant aux sujets de mondit sieur le duc, doresnavant deussent cesser; que ladite main-mise ès terres des sujets de mondit sieur soit entièrement levée et en telle manière qu'ils puissent jouyr et user paisiblement, ainsi qu'ils faisoient paravant, de leursdites terres et seigneuries : et que les fruits et émolumens d'icelles reçues soient entièrement restituez, et aussi les pertes, intérests et dommages, à l'occasion dessusdite, et lesdits gens d'église demeurer à Langres et ailleurs, sur leurs bénéfices, et joüyr des fruits d'iceux, comme raison est.

» *Sur ce a esté respondu comme sur l'article précédent.*

» Semblablement soit faite restitution entièrement des biens pris ausdits sujets de mondit sieur, tant de Hollande, Zélande, Brabant et Flandres, depuis peu de temps en ça, dont lesdits députez de mondit sieur le duc ont fait de grandes doléances et remonstrances, afin que lesdits biens fussent restituez, et les corps prisonniers mis à délivrance : et avec ce fust restitution faite de leurs pertes, intérests et dommages, et mander par lettres-patentes de cesser doresnavant de ces voyes de fait et hostilité. Et pour lesquels lesdits sujets de mondit sieur ont eu grands dommages, pour l'empeschement qu'ils ont eu en la pescherie du harenc, tant au pays de Hollande, Zélande, Brabant, que Flandres et Boulongne, et pour avoir preste provision pour le fait de ladite pescherie qui se passe, qu'il plaise au Roy octroyer ses lettres de seureté pour tous les sujets des païs de mondit sieur, afin qu'ils puissent seurement pescher et estre sur la mer : et que au *vidimus* desdites lettres de seureté foy soit adjoustée : car il est à douter que les provisions qui seroient à prendre de monsieur l'admiral ou de son lieutenant ne soient trop longues, et que par ce moyen la haranguison (pêche aux harengs) se passera et se perdra entièrement pour ceste année.

» *Sur ce a esté respondu comme sur l'article précédent.*

» Aussi ont iceux ambassadeurs de mondit sieur démonstré le don à luy fait par le Roy des aydes de Chastel-Chinon, et dont appert par ses lettres vérifiées, et lequel don estoit de six ans entiers; mais mondit sieur n'en a joüy qu'un an ou deux ans. Pour quoy a esté requis que le plaisir du Roy fust mander à messieurs les généraux de faire joüyr mondit sieur desdites aydes le temps de six ans.

» Sur cet article le Roy est content que mon-
» dit sieur de Bourgongne joüysse des aydes
» pour le terme de six ans, déduit le temps
» qu'il en a joüy, tout selon la teneur au sur-
» plus des lettres du don déclaré audit article,
» et ainsi le commandera aux gens de ses fi-
» nances.

» Avec ce, par plusieurs bonnes causes et remonstrances, ont iceux ambassadeurs de mondit sieur requis qu'il plaise au Roy évoquer les causes pendantes en sa cour de parlement, entre Jean Boutilhac et messire Christien, et Jean de Digonne frères, laquelle fut faite pour le temps des divisions et par ordonnance de mondit sieur le duc, maistre Jacques de la Galée et messieurs de Lalaing et de Montigny, Guérard Le Febvre, et ceux de Bruges, et le procureur du Roy joint esdites causes, évoquer devant luy; et après, en ensuivant l'abolition faite à Conflans, et le contenu des lettres, autrefois par le Roy sur ce octroyées, faire entretenir lesdites lettres d'abolition, et pour plusieurs bonnes causes, par lesdits députez au long démonstrées.

» Sur cet article le Roy est content d'évoquer
» les causes déclarées audit article, devant luy
» ou son grand conseil, ou devant les commis à
» la réformation de la justice universelle de son
» royaume, et dont monsieur le chancelier de
» France est l'un : et au regard de la cause de
» Jean Boutilhac, et le procureur du Roy joint,
» à l'encontre de monsieur Christien et Jean de
» Digonne, à cause de la prise dudit Boutilhac,
» en ensuivant le traité de Conflans et l'aboli-
» tion sur ce faite, renvoyer lesdits de Digonne,
» et imposer silence audit Boutilhac et procu-
» reur : et au regard des causes desdits de La-
» laing, pour ce que lesdites causes dépendent
» des matières des limites dessusdites, èsquelles
» a esté baillé surséance, donner main-levée de
» leurs biens arrestez et empeschez à ceste oc-
» casion : et que d'iceux biens qui sont ès mains
» des commis, ou de ceux qui les doivent, et
» qui escherront cy-après, ils joüyssent paisi-
» blement, jusques à ce que par lesdits com-
» missaires commis, ladite question des limites
» soit appointée et décidée selon la forme des-
» susdite, pourveu qu'eux et tous leurs biens
» demeureront obligez et exécutables, pour
» fournir et accomplir ce qu'il appartiendra de
» leur part, le jugement desdits commissaires
» donné et rendu en cette partie. Et quant aux
» appellations interjetées par Guérard Le Febvre
» ou autres, des jugemens et sentences de ladite
» loy de Bruges, elles seront mises au néant, et
» les parties renvoyées devant ladite loy, ainsi
» et que selon le contenu des lettres octroyées
» par le Roy, touchant l'exemption des quatre
» principales loix de Flandres, faire se doit.

» *Item*, qu'il plaise au Roy de bailler ses lettres-patentes, par lesquelles toute poursuite soit interdite à tousjours au sieur de Torcy et ses hoirs et ayans cause, touchant certain arrest par luy obtenu contre feu le sieur de Saveuse, contre la teneur du traité d'Arras; lequel arrest a esté depuis qu'il fut donné mis en surséance jusques au trespas du feu Roy, et par le

Roy qui est à présent jusques à quinze ans, à commencer en l'an soixante.

» Le Roy respond que ladite surséance de quinze ans s'entretiendra, et qu'après lesdits quinze ans expirez, encores sera tenuë l'exécution dudit arrest en surséance, sans aucunement estre exécuté, jusques à vingt ans ensuivans : et néantmoins dès maintenant, et aussi lesdits vingt ans passez, le Roy et mondit sieur demeureront quant à ce, et du droit qui à chacun d'eux peut compéter, en leur entier.

» Item, ont esté faites remonstrances et doléances au long par lesdits ambassadeurs de mondit sieur le duc, touchant la dénégation des mandemens en cas d'appel, et autres provisions de justice ès officiers et sujets de mondit sieur : et mesmement quand ses officiers ont appelé et requis provision pour la conservation de sa justice et seigneurie, et de ses droits, requérant sur ce doresnavant convenable provision leur estre faite.

» Sur cet article, le Roy commandera à tous ses officiers, mesmement à ceux qui tiennent ses chancelleries, que bonne et briefve justice soit faite aux sujets de mondit sieur, et que toutes lettres et mandemens de justice, en cas d'appel ou autrement, leur soient octroyées sans difficulté, et tellement qu'un chacun cognoisse que le Roy veut les sujets de mondit sieur estre bien et en bonne justice traitez.

» Item, ont lesdits ambassadeurs requis qu'il plaise au Roy faire mondit sieur joüyr des terres, seigneuries et droits par luy transportez, et de luy bailler nouvelles lettres de ratification desdits transports : et que par icelles lettres, les troubles et empeschemens faits au contraire soient déclarez nuls et de nulle valeur, ou au moins rappelez et mis au néant, et tellement que mondit sieur puisse demeurer paisible joüyssant du contenu aux lettres d'iceluy transport.

» Le Roy sera content de confirmer tous les transports par luy faits à mondit sieur, selon leur forme et teneur et tout le traité de Conflans, en tant que à mondit sieur peut toucher, et de ce en bailler ses lettres-patentes en forme deüe, et contenant les clauses à ce appartenantes : et que lesdites lettres seront vérifiées et enregistrées par tout où il appartiendra.

» Item, ont requis qu'il plaise au Roy avoir esgard aux grands dommages et intérêts soustenus par mondit sieur et ses sujets, au moyen des troubles et empeschemens faits de la part du Roy ès cas et en la manière cy-dessus déclarez, que l'on pourroit loyalement estimer à plus de 200,000 escus d'or.

» Sur ce point a esté dit que des intérests et dommages des sujets de mondit sieur, le Roy fera faire restitution, comme dessus a esté respondu et déclaré : et pareillement aux sujets du Roy fera faire mondit sieur le duc restitution, ainsi que cy-devant est exprimé.

» Item, plaise au Roy défendre au bailly de Sens de non recevoir doresnavant les appellations, ny bailler reliefvement en cas d'appel, aux sujets du duché de Bourgongne, attendu que ladite duché est la première pairie de France, à cause de laquelle mondit sieur et sesdits sujets ne doivent par appel sortir ailleurs qu'en leur parlement, si bon ne leur semble.

» Le Roy a accordé ledit article.

» Item, de non empescher doresnavant les baillys, juges et officiers de mondit sieur audit duché, de prendre connaissance des sujets d'iceluy duché, sous ombre que lesdits sujets se font bourgeois de la ville Neufve-le-Roy; et qu'il soit défendu audit bailly de Sens et à tous autres de bailler gardes et debitis aux sujets de mondit sieur en sondit duché, sous couleur de ladite bourgeoisie.

» Le Roy a aussi accordé le contenu audit article.

» Item, qu'il plaise au Roy octroyer ses lettres-patentes, et déclarer par icelles que toutes exécutions, qui se feront par vertu du séellé dudit duché, portent main garnie selon et en ensuivant le privilége dudit séellé, et nonobstant appellations à faire, et sans préjudice d'icelles.

» Le Roy semblablement a accordé le contenu audit article.

» Item, et semblablement que toutes complaintes, en cas de nouvelleté, qui seront données par mondit sieur en sondit duché, et autres ses païs, tenus du royaume, ou par les juges èsdits pays, qui peuvent et ont accoustumé bailler lesdites complaintes, soient exécutées et fournies réaulment et de fait, et par les exécuteurs d'icelles, nonobstant quelconques appellations et sans préjudice d'icelles.

» Aussi le Roy a accordé le contenu en iceluy article.

» Item, jaçoit que les villages Digrandes, Mallay Sainct-Guillain, Ducray, et autres joignans à iceux, soient nuëment du duché de Bourgogne, appartenans à mondit sieur et ressortissans au bailliage d'Ostun (alias d'Autun) : toutefois les officiers du Roy se sont entretenus de les faire ressortir à Lion, tant en justice comme en aydes, au préjudice de mondit sieur ; et aussi contre le traité d'Arras, par lequel tous les profits et droits royaux ès bailliages de Mascon et de Sainct-Gengon doivent appartenir à mondit sieur ; car si le Roy avoit èsdits villages aucun droit, ce seroit à cause desdits bailliages de Mascon et de Sainct-Gengon, tant seulement et pour ce feu monsieur le duc en fit complainte à feu le roy Charles, et depuis au Roy qui est à présent, et fut advisé que messire Guichard Bastier, juge-mage dudit Lion, s'informeroit de la vérité, et l'information veuë, y seroit appointé ; laquelle information a esté faite par messire Guichard. Et pourtant requièrent lesdits ambassadeurs que ladite information soit veuë et visitée par lesdits commissaires qui seront ordonnez pour les autres matières dessus déclarées, pour après appointer et restablir mondit sieur, sur le faict desdits villages dont il a esté désapointé à tort et sans raisonnable cause, au cas toutefois que ladite information soit suffisante pour ce faire ; autrement y soit procédé par lesdits commissaires en la manière dessusdite.

» Sur cet article a esté respondu, que ladite
» information sera mise ès mains desdits huict
» commissaires pour en faire selon le contenu
» audit article, et ainsi que de raison appar-
» tiendra.

» *Item*, et pour ce qu'il y a aucuns articles qui ne se peuvent présentement exécuter, mais convient qu'ils soient vuidez, décidez et déterminez par commissaires qui seront ordonnez par le Roy et mondit sieur, par main commune, et pour ce que faire convient aussi avoir le temps convenable : et pourra estre, que jaçoit que lesdits commissaires ayent ample pouvoir du Roy et de mondit sieur, pour déterminer les affaires et matières à eux commises : néantmoins, pour les difficultez qui pourroient survenir entre eux, tant en la connoissance, comme à faire la déclaration du droit des parties, et en l'exécution réelle qui se devroit faire, lesdites matières demeureroient au délay. S'il plaist au Roy, il baillera et fera expédier ses lettres, et mondit sieur les siennes, par lesquelles sera accordé d'une part et d'autre que audit cas iceux commissaires, s'ils sont en discord et différend, pourront eslire et choisir un super-arbitre, personne suffisante, qu'ils adviseront non estre suspect ou favorable à l'une des parties ne à l'autre ; auquel super-arbitre ils communiqueront et déclareront leurs difficultez et différends ; et après qu'il aura esté du tout instruit, il déclarera son opinion selon sa conscience et sans quelconque faveur ; et selon icelle sera jugé et appointé selon l'advis de ceux desdits commissaires qui seront de l'advis dudit super-arbitre, nonobstant la contradiction des autres, sauf toujours la plus grande et saine partie en nombre de personnes et d'opinions desdits commissaires, par l'advis de laquelle plus saine partie, en nombre de personnes, la chose se décidera, déterminera et demeurera valable, tout ainsi que si par tous lesdits commissaires et d'un commun accord elle avoit esté faite : et encores si iceux commissaires ne peuvent accorder entre eux d'eslire ledit super-arbitre, en ce cas ceux du Roy seront tenus de nommer deux personnes notables, et ceux de mondit sieur seront tenus d'en nommer deux autres. Et lesquels ainsi nommez ne seront natifs ou sujets du Roy ny de mondit sieur, ny aussi suspects aux parties : desquels quatre ainsi esleus et choisis sera l'un esleu par sort et gist de fortune, sans fraude, barat ni malengin ; et celuy à qui surviendra et eschéra ledit sort, sera et demeurera super-arbitre pour faire en cette partie en la manière que dit est ; et si les commissaires, qui seront ordonnez pour le Roy, ne sont d'accord à consentir de choisir et eslire le super-arbitre en la manière devant déclarée, en ce cas les commissaires de mondit sieur le pourront faire sans ceux du Roy, et au contraire, si lesdits commissaires de mondit sieur n'en sont d'accord, ceux du Roy le pourront semblablement faire sans ceux de mondit sieur. Et laquelle eslection, et ce que par vertu d'icelle sera fait ès matières dessusdites, sera aussi valable, et sortira tels effets, comme si par tous lesdits commissaires d'un costé et d'autre, et de commun accord, la chose estoit faite. Et pourront lesdits commissaires d'un costé besoigner en cette matière, au défaut et refus des autres commissaires de l'autre costé, et procéder avec ledit superarbitre, tout ainsi comme si lesdits commissaires estoient ensemble. Et tout ce qui sera fait, appointé et exécuté èsdites matières en la manière dessusdite, sera et demeurera bon et valable perpétuellement et à toujours ; et lesquels commissaires et chacun d'eux jureront et feront serment solennel de besoigner, vaquer et entendre ès choses dessusdites par la manière que dit est, et de garder loyalement le droit de chacune partie, et d'y procéder sans délay ou interruption, et sans alléguer aucune essoyne, excepté de mort ou de maladie : au lieu duquel essoyne audit cas sera mis un autre commis par celuy qu'il appartiendra ; lequel commis procédera avec les autres selon la formule et la manière dessusdite.

» *Le Roy a accordé le contenu audit article.*
» Toutes les provisions et responses sur cha-

cun article, ainsi que cy-devant sont escrites, spécifiées et déclarées, ont été accordées et acceptées par le Roy et mondit sieur le duc de Bourgogne, eux deux estans en la ville de Perronne, le quatorziesme jour d'octobre l'an 1468. Si donnons en mandement à nos amez et féaux chancelier et gens de nostre grand conseil, etc., etc., etc..

» Et pour ce que de cesdites présentes on pourra avoir affaire en plusieurs lieux, nous voulons qu'au *vidimus* d'icelles, fait sous séel royal, et collationné et signé par l'un des greffiers de nostredit parlement, ou de ladite chambre des comptes, foy soit adjoustée comme à l'original. EN TESMOING de ce, nous avons signé les présentes de nostre main, et à icelles fait mettre nostre séel. DONNÉ audit lieu de Perronne le quatorziesme jour d'octobre mil quatre cens soixante-huict, et de nostre règne le huictiesme. *Sic signatum* LOYS ; et sur le ply : Par le Roy en son conseil : DE LA LOERE.........................

» *Extractum à registris ordinationum regiarum in Curiâ Parlamenti registratarum. Dutillet. Collatio facta est.* »

MÉMOIRES

DE

GUILLAUME DE VILLENEUVE.

SUR LES MÉMOIRES

DE

GUILLAUME DE VILLENEUVE.

Tout ce que nous savons sur Guillaume de Villeneuve avant la guerre d'Italie, c'est qu'il était écuyer du jeune Charles VIII; plus tard, il devint chevalier, conseiller et maître-d'hôtel du roi de France, comme il nous le dit lui-même au commencement de ses Mémoires. Charles VIII, dans son aventureuse expédition d'Italie, n'eut pas de compagnons plus courageux, plus dévoués que Guillaume de Villeneuve. Dans le partage du royaume napolitain, conquis par les armes françaises, Guillaume de Villeneuve reçut le commandement de Trani, cité de la province de Bari. On sait comment, après le retour de Charles VIII, une ligue formée par le roi d'Espagne, le Pape et les principales puissances d'Italie, travailla à remettre le jeune roi Ferdinand sur son trône, et comment les Français furent contraints d'abandonner leur conquête. Villeneuve, dans ses Mémoires, nous raconte ses propres aventures dans la révolution de Naples; il se défendit héroïquement dans la place dont il était gouverneur. Fait prisonnier après une admirable résistance, il fut jeté dans une galère qui faisait partie de la flotte espagnole. Arrivé à Naples, on l'enferma *en la grosse tour du Portal du Château-Neuf*, et c'est là que, *pour éviter oisiveté*, il commença à écrire ses Mémoires. Guillaume, dans les premières pages de son écrit, rappelle quelques souvenirs de l'histoire romaine, comme pour donner une couleur épique, un caractère grandiose à la campagne de Charles VIII, *le très-vertueux, très-victorieux, très-aimé et très-servy, et par tout le monde redoublé*; et son but aussi, en prononçant les noms d'Annibal et de Sempronius, est de donner à entendre et de bien prier, et *à ung chacun de supplier, que si une autre fois on amène le très-chrestien roy de France aux Italies, soit cestui-cy ou autre, que, pour l'onneur de Dieu, on l'amène mieulx accompaigné qu'il n'étoit*. Les Mémoires de Guillaume de Villeneuve parurent pour la première fois en 1717, dans le troisième volume du *Nouveau Trésor des Anecdotes*, de Don Martène; le savant Bénédictin les avait reçus d'un médecin de Tours, Jacques du Poirier. Martène avait intitulé ces Mémoires : *Historia belli Italici sub Carolo VIII, rege Franciæ, Siciliæ et Jerusalem, Gallicè scripta à Guillelmo de Villanova qui presens aderat : ex ms. clarissimi viri Jacobi du Poirier, doctoris medici Turonici*. Ces Mémoires renferment beaucoup de faits très curieux; ils sont écrits d'un style ferme et net.

MÉMOIRES
DE
GUILLAUME DE VILLENEUVE.

Je Guillaume de Villeneufve, chevalier, consciller et maistre d'ostel du roy de France, de Sécile et de Jérusalem, Charles VIII de ce nom, mon très-hault et redouté seigneur et souverain, soit donnée gloire et bonne victoire de tous ses énemis.

Moy estant prisonnier au roy Ferraud, prins en la conqueste du réaume de Naples, détenu tant en ses gallées par force, que en la grosse tour du Portal du Chasteau-Neuf de Naples, par l'espace de ung an et trois jours, pour éviter oisiveté, ay voulu rédiger et mettre par escript et en mémoire la venuë du très-victorieux bien aymé et par tout le monde redouhté Roy en ce réaume de Sécile et cité de Naples, des gestes et actes qui par lui ont esté faits estant oudit réaume, et ce qui s'est ensuivy après son département, selon ce que j'en ay peu veoir et savoir en mon petit entendement.

Et premièrement, le très-vertueux, et très-victorieux, et très-aymé et bien servy, et par tout le monde redouhté, passa les mons [en 1494], à l'âge de vingt-deux ans. Après passa la duché et seignourie de Milan, la terre et seignourie des Lucquois, aussy la seignourie des Pisans, qui totalement se donnèrent à luy de leur libéral arbitre et propre voulenté. Et pareillement passa par la terre et seignourie de Flourence, là où il feist la plus belle entrée en armes, tant de gens de cheval que de gens de pié, qui jamais fut faite aux Italies, comme l'on disoit, et logea par toutes les maîtresses villes des seignouries dessusdites, réservée la ville de Milan, et par tout eust grand recueil et bonne obéissance. De là entra dans la terre et seignourie de Saenne (1), en laquelle cité pareillement logea, et y a eu toute bonne obéyssance, et grant recueil, comme dessus ay dit, et tant alla le Roy par ses journées qu'il arriva en la terre Romaine, et logea dedans ladite cité l'espace de trois semaines ou environ, et toute son armée.

Nonobstant que le duc de Calabre (2) estoit arrivé dedans ladite cité de Rome un bien peu de temps avant, accompagné de grant nombre d'hommes-d'armes, et de plusieurs autres gens de guerre, tant à cheval qu'à pié, pour lui vouloir garder le pas. Mais quant il sceut la venuë du très-grant et puissant Roy, il deslogea lui et toute son armée de la ville de Rome, et se retira à toute diligence au réaume de Naples.

Et debvez bien sçavoir qu'il n'est pas chose à oublier que quant le très-vertueux roy de France, de Sécile et de Jérusalem arriva et logea dedans ladite cité de Rome, qu'il n'avoit pas avec luy la grand armée, ne semblable compaignie de gens que avoit Hanibal de Cartaige, ou temps passé, quant il alla devant la cité de Rome pour la destruire. Car ledit Hanibal avoit si grand nombre de gens, que nullui ne luy pouvoit résister à l'encontre. Combien qu'il en perdist beaucoup avant qu'il fût arrivé en plaine Lombardie, néantmoins il trouva avecques lui le nombre de cent mille hommes de pié et vingt milles hommes de cheval, quant il arriva devant ladite cité de Rome, comme plus à plain dit l'histoire.

Pareillement debvez bien entendre que le très-vertueux Roy n'avoit pas telle compaignie, ne la multitude des gens-d'armes, comme estoient les François, Allamans et les Cypriens, quant ou temps passé ils voulurent venir pour destruire ladite cité de Rome; mais en ce temps leur saillist au devant, et courut sus ung consul de Rome, nommé Sempronius, lequel avecques la puissance de Rome se alla vers ses ennemys, lesquels, pour le grant froid, neige et gellée qui faisoit, ne se peurent défendre, si leur courut sus ledit Sempronius si asprement et par telle manière, qu'il les desfeist, et y eust de gens mors, tant des François, Allamans, que Cypriens, jusques au nombre de cent quarante milles, et de prisonniers bien soixante-dix

---

(1) Sienne.
(2) Le jeune Ferdinand, dont le père, Alphonse, ré- gnait encore, et qui évacua Rome à l'approche de Charles VIII.

milles, comme dit l'histoire plus au long, et à cause de ceste victoire fut fait à Rome le temple que l'on appelle Cypre pour les Cypriens, qui furent destruis comme plus à plain avez peu et pouvez sçavoir par les histoires romaines bien au long.

J'ay bien voulu dire et alléguer ces histoires romaines cy-dessus escriptes, pour vous donner à entendre, et aussy vous veulx bien prier, et à ung chacun de vous supplier, que si une autre fois vous amenez le très-chrestien roy de France aux Italies, soit cestui-cy ou autre, que pour l'onneur de Dieu vous l'amenez mieulx accompaigné qu'il n'estoit, à celle fin que vous ne mettez en si grant péril et dangier la couronne de France, comme a esté la personne du très-vertueux roy Charles, lequel en est eschappé par sa bonne conduite et vertu de sa personne, et par la grant grâce que Nostre Seigneur luy a faite, comme plus au long oirez cy-après.

Car comme ung chacun de vous sçet la grant conqueste qu'il feist de son réaume de Naples en peu de temps, et à peu de gens; et là fut couronné roy pacifique. Et la plus grant victoire qu'il eust à son retour sur la grand puissance des ligues, c'est à sçavoir le Pape, le roy d'Espaigne, la seigneurie de Venise, et le duc de Millan, et nonobstant leur grant puissance demoura le vertueux Roy victorieux, et se retira en son réaume de France avecques la bonne aide et conduite de Nostre Seigneur, et tout incontinent envoya secours au réaume de Naples par mer et par terre : tout en une année furent faites les trois choses dessusdites, qui ne fust pas petite euvre ; mais je m'en tairay, et retourneray à mon premier propos.

Or veulz-je retourner à mon premier ouvraige et petit passe-temps, en attendant la grâce et miséricorde de Nostre Seigneur, et la délivrance de cette misérable prison. Après que le roy Charles eust logié et séjourné trois sepmaines ou environ en la ville et cité de Rome, comme vous ay dit cy-devant, nonobstant plusieurs dissentions et grant murmures, qui estoient dedans ladite citée ; après tout ce fait, il deslogea de ladite ville de Rome en grant amour et grant amitié d'avecques nostre Saint-Père le pape Alexandre, et s'en alla son voyage pour faire la conqueste de son réaume de Naples et de Sécille.

En allant le Roy son chemin, passa par une ville nommée Mont-Saint-Jehan, qui estoit au marquis de Pescaire. Pour certaines violences, et autres grans déplaisirs qu'ils avoient faits au Roy, et aussi qu'ils se déclarèrent ses ennemys, partist le Roy de la ville de Bahue ung après disner, et feist dresser l'artillerie devant ledit Mont-Saint-Jehan ; et à bien peu de baterie promptement et vertueusement commandast ledit prince, que l'assault fust donné, laquelle chose ne faillist pas commander deux fois ; car soudainement fut fait de tant bons et hardis cappitaines et gens de guerre, qui là estoient, que aultre chose ne demandoient que d'acquérir honneur et faire service à leur Roy et souverain seigneur. Et fut l'assault donné ainsi, comme il le commanda, si très-asprement, que les ennemys furent vaincus, et le tout mis à feu et à sang, pour donner exemple aux autres ; et de là alla tousjours son droit chemin faisant sa conqueste.

Ledit roy Charles, très-vertueux et très-victorieux, lui arrivé en son réaume de Naples, tout incontinent le roy Alfonse, le duc de Calabre son fils, et le prince de Haultemore son frère (1), eulx bien avertis et assennetez de la venue et grant puissance du Roy, ne l'ousèrent attendre ; mais à toute diligence se retirèrent en leur gallées, et habandonnèrent le réaume et la ville et cité de Naples, et s'en allèrent par mer en la ville de Ysgne (2), et de là à Messine, qui est en l'isle de Sécille, qui pour le présent tient et est en l'obéissance du roy d'Espaigne.

Estant le roy Charles VIII de ce nom en la ville et cité de Naples pacifiquement, et là fut couronné Roy en grande solennité, comme à luy appartenoit, accompaigné de plusieurs princes, archiducs, ducs, contes et barons, et plusieurs cardinaulx, et autres prélats, voulut donner et donna ordre aux choses nécessaires dudit réaume, ainsi que tout bon prince, saige et vertueulx est tenu de faire.

Et premièrement comme bon, juste et charitable prince, rendist et restitua les terres, villes et seigneuries, rentes et revenuës qui appartenoient aux princes, ducs, contes et barons, et autres gentils-hommes dudit réaume, desquels seigneuries réintégra les dessusdits ; lesquels avoient esté prinses et usurpées violemment, induement et à force, par les Roys, qui par avant avoyent esté, comme l'on disoit.

Encore plus d'abondant et de grâce comme libéral et pitéable prince, voulut deschargier et soulagier, deschargea et soulagea tout son peuple dudit réaume de la somme de deux cens milles ducats à perpétuité, et à jamais des charges et autres subsides, de quoy ils estoient chargez ouditréaume, qui pas ne fut petite chose.

---

(1) Frédéric, duc de Tarente.

(2) L'île d'Ischia.

Il ne faut pas que je oublie à vous dire les grans biens et oblations que le vertueux Roy a faits et concédés aux églises, et en général par toutes les religions dudit réaume, qui grâce luy ont demandé et justice, nulluy ne s'en est allé esconduit de ce que au très-vertueux Roy a esté possible de faire.

Après que le Roy eut demouré et séjourné en sondist réaume de Naples par l'espace de long-temps, fut adverti bien au vray, et informé bien à la vérité, que le Pape, le roy d'Espagne, le roy Ferrant (1), le duc de Milan et la seigneurie de Venise, avoyent fait ligue tous ensemble à l'encontre de luy, et une très-grosse armée tant de gens de cheval que de gens de pié, jusque au nombre de soixante milles hommes, comme l'on disoit, dont ce fut forte chose à croire au Roy, attendu que les grans promesses et grans sermens qu'il avoit eu de nostre Saint-Père le Pape (2), du roy d'Espagne et du duc de Milan, desquelles promesses et grans sermens je m'en tairay : car à moy n'appartient, ne mon sens est assés suffisant pour parler, ne pour discuter d'une si haute matière, ne si corrompue comme ceste-cy. Mais néantmoins qui m'en demanderoit mon opinion, je y serviroye pour ung tesmoing ou temps advenir, comme celluy qui en a veu et ouy la pluspart des choses dessusdites; car je y estoye en personne; mais il est forcé que je m'en taise, de peur de errer, et en laire parler et mettre par escript plus au long à ceux qui ont plus de sens en leur teste et plus d'encre en leur cornet que je n'aye, car c'est trop mieulx leur mestier que le miens.

Mais pour retourner à mon propos, non-obstant que le Roy très-chrestien, très-vertueux et victorieux, fut bien adverti de la grant armée et multitude de gens qui estoyent amassez au devant de luy pour le vouloir deffaire, si ne laissa pas pour cela de partir de son réaume de Naples, et de s'en retourner tout son droit chemin au réaume de France, et derechef logea dedans la ville et cité de Rome, lui et toute son armée : et au desloger de ladite cité, tant alla par ses journées qu'il rencontra ses ennemis et très-grand puissance de gens-d'armes tant à cheval comme à pied, comme cy-devant vous ay dit. Et n'avoit le Roy avecques luy point plus de douze cens hommes d'armes, et de neuf à dix milles hommes de pied, comme l'on disoit. C'estoit bien peu envers les autres. Mais non pour cela ne délaissa pas le très-vertueux et très-victorieux Roy à donner dedans ses ennemis là où il les trouva, si très-hardiement et si très-vaillamment de sa personne, comme ung chacun de vous scet, qu'il est bien chose digne de mémoire. Car c'estoit celluy qui tousjours eust la face droit à ses ennemys, l'espée au poing, la bouche plaine de bonnes et vertueuses paroles à ses gens. Et le fait de mesme le cueur plus gros que le corps avecques la fierté de ung lyon, tant que la bataille dura (3), et après la victoire doulx et benign comme ung ange, recognoissant la grant grâce que Dieu lui avoit faite.

Il faut bien dire que pour néant ne porte le nom de Charles, car ce fut pour le jour ung second Charlemaine. Car à toutes heures alloit et venoit parmy ses gens, et principalement là où besoin en estoit, et sans regarder le dangier de sa personne. Car si avant se mist dedans la bataille et parmy les coups, qu'il y fut blessé, comme l'on dist, et en très-grand dangier : mais il fust promptement secouru de bons et hardis cappitaines et autres gens de guerre, qui estoyent à tours de luy, et aussi de plusieurs gentilshommes qu'il avoit nourris, qui point ne l'abandonnèrent, mais bien et vaillament, comme bons et loyaux subjets et serviteurs, le servirent pour le jour, dont je leur en sçay bon gré. Car trop eust esté grande la perte de ung si bon et si vertueux Roy et naturel maistre comme luy.

En effet la bataille fut moult aspre et grande tant d'un costé que d'autre, et y fut tué grant nombre de gens de ligues, et de grans personnaiges, et bien petit des François furent mors, comme l'on dit. Et n'y fut prins homme de renommée du party de France, que monseigneur le grant bastart de Bourbon, qui moult vaillamment et vertueusement se pourta pour le jour, comme bon et hardy chevallier qu'il estoit. Et la bataille finie, le Roy très-vertueux et très-victorieux passa la rivière, lui et ses gens, à bien petit de perte, comme vous ay dit cy-derrière, l'espée au poing, et tousjours retournant sa face droit à ses ennemis, comme vertueux prince, ainsi que plus à plain le verrez et oirez par les chroniques, et par ce qui en a esté mis par escript par plusieurs saiges et discrètes gens accoustumez de ce faire, car c'est trop mieulx leur mestier que le miens.

Par quoy leur prie de tout mon cueur que à ceste fois ne veuillent avoir la bouche clouse, ne faulte de éloquence. Car il y a matière belle

---

(1) Ferdinand-le-Catholique.
(2) Dom Martène observe que les mots *nostre Saint-Père le Pape* sont effacés dans le manuscrit.

(3) Bataille de Fornoue, livrée par Charles VIII le 6 juillet 1495.

et grande pour bien y employer papier et encre, que pleust à Dieu mon créateur qu'il m'eust donné la science de bien le sçavoir faire comme le cas le requiert : car encore prendroye voulentiers la patience une autre année en cette misérable prison, pour faire une si très-haulte œuvre et digne de mémoire, comme ceste-cy est de ung si très-vertueux, très-victorieux et si très-bien aimé, et si très-loyalement servy, et par tout le monde redoubté, roy Charles VIII de ce nom de France, de Sécille et de Jérusalem, mon très-redoubté et souverain seigneur et bon maistre.

S'ensuit la prinse de la ville de Naples faite par le roy Ferrant, à cause de la rébellation et grant déloyauté de la commune de ladite ville. Et aussi s'ensuit plusieurs autres actes, tant prinses de villes, de renditions de chasteaux et plusieurs rencontres et autres rotures (1), *qui ont esté faites oudit réaume en cellui temps, comme plus à plain verrez en ce petit livret.*

L'an de grâce 1495, et le septiesme du mois de juillet, se rébella la ville et cité de Naples à l'encontre du roy de France, de Sécille et de Jérusalem, leur souverain seigneur, Charles VIII de ce nom : et levèrent la banière du roy Ferrant sus, et cedit jour ledit roy Ferrant entra dedans ladite ville de Naples, environ dix heures au matin, par la porte de la Magdelaine, là où ledit roy Ferrant descendit de ses gallées ; et tous les François qu'ils rencontrèrent dedans ladite ville furent mis à mort.

Le prince de Sallerne (2), luy estant en sa maison, ouyt ce bruit, et le grant cry, qui estoit dedans la ville, du peuple, qui estoit aussi esmeu, soudainement se retira au Chasteau-Neuf, et plusieurs autres seigneurs et contes du pays, le sénéschal de Beaucaire estoit au chasteau de Capoannes, pareillement oyant l'alarme et horrible bruyt, qui estoit dedans ladite ville, à toute diligence mit poine de gaigner le Chasteau-Neuf, moyennant l'aide de ses bons amys ; et par ce moyen se sauva, le seigneur d'Alégre, le seigneur de La Marche, le cappitaine missire Gratian de Guerres, le seigneur de Jehanly, le seigneur de La Chappelle, le seigneur de Rocquebertin et plusieurs autres gens de bien, feirent grant effort tant à cheval que à pié à rebouter les ennemys ; mais le nombre et fureur du peuple fut si très-grant, qu'ils ne peurent résister à l'encontre, et leur fut force de eulx retirer dedans le Chasteau-Neuf, quant ils virent qu'ils ne povoient autre chose faire.

Et là trouvèrent oudit chasteau Guillebert, monseigneur de Bourbon, seigneur de Monpensier, conte daulphin d'Auvergne, archiduc de Cesse, viceroy et lieutenant pour le roy de France, de Sécile et de Jérusalem, au réaume de Naples, et dedans ledit Chasteau-Neuf furent assiégez par ledist roy Ferrant et plusieurs autres gens de bien en leur compaignie. Mais ils n'en tindrent pas grand conte, tant qu'ils eurent de quoy manger. Car tous les jours sailloient à puissance dudist chasteau à l'escarmouche, et aussi de l'église Sainte-Croix et du chasteau de Pisfaucon (3) : car il y avoit grant nombre de gens partout, et là faisoient tous les jours de moult belles saillies, et principalement sur le mole du port ; et y fut tué grand nombre des ennemys, et des François le seigneur de Beauveau, et le sieur des Champs, gentil-homme de la maison du Roy, le maistre d'ostel Huvart, qui fut très-grand dommaige, car ils estoyent vaillans et hardis de leurs personnes : et aussi y fut tué Petit Jehan, le tambourin du Roy, homme d'armes qui homme de bien estoit.

Un bien peu de temps après se retourna une partie des villes et chasteau de Poueille, et se rendirent au prince de Haultemore, qui sans cesser alloit et venoit au long de la marine avec trois gallées qu'il avoit ordinairement.

Deux jours après que ladiste ville de Naples fut rébellée et renduë au roy Ferrant, la ville et cité de Trane se retourna soudainement, et levèrent la banière du roy Ferrant sus, criant tous ensemble *Ferre, Ferre.* Cedist jour voulurent prendre messire Guillaume de Villeneufve, chevalier, conseiller, maistre d'ostel du roy de France, et de Sécille et de Jérusalem, qui pour lors estoit gouverneur de ladiste ville de Trane, et cappitaine dudit chasteau ; mais ledit Villeneufve estoit bien accompaigné. Et aussi messire Barnabo de la Mare estoit avecques lui, accompagné de vingt-cinq Estradios (4) ; et tous deux ensemble se retirèrent sans rien prendre au chasteau. Ces choses voyant ledit messire Barnabo, commencea à dire audist de Villeneufve : « Il faut que je vous laisse et que je » m'en voise à Berlette, car je me doubte que » ladiste ville de Berlette ne soit rébellée » comme les autres. » Laquelle chose estoit

---

(1) Défaites.
(2) Antoine de Sanseverin.

(3) Pizzifalcone.
(4) Milice albanaise.

vraye, et sur ce point s'en alla ledist messire Barnabo avecques les Estradios.

Ledist de Villeneufve demoura dedans le chasteau de Trane, et tout incontinent feist lever les pons dudist chasteau et charger l'artillerie, car il y en avoit de bonne. Et ce soir de nuyt luy fut mis le siége, et commancèrent à faire leurs approches et trenchées; et tindrent le siége l'espace d'ung mois. Durant ledit siége ledit de Villeneufve feist trois saillies, l'une sur les gens de la ville de Berlette, qui amenoient des vivres à la ville de Trane, et y print gens et vivres, et les mena au chasteau, qui grand secours luy fut; l'autre saillie fut sur les gens de la ville, là où il y eust deux prins des ennemys; et l'autre sur un Estradiot qui venoit de Berlette porter des nouvelles à la ville, lequel pareillement fut prins. Et durant ledit siége, fut ladite place fort batuë de artillerie, et environnée d'une grant tranchée qui prenoit d'un des costez jusques à l'autre, tellement que ladite place fut environnée de fossez en telle façon qu'on n'y povoit plus sortir dehors que par la mer, laquelle estoit aussi bien gardée que la terre.

Ung peu de temps après que la rébellion fut faite, l'armée des Vénissiens vint devant le chasteau de Trane, incontinent qu'ils eurent prins et mis à sac la ville de Manople (1), et là sommèrent et requirent ledit messire Guillaume de Villeneufve, cappitaine du chasteau et gouverneur de ladite ville de Trane, qu'il voulsist rendre le chasteau à la seigneurie de Venise, et que on luy donneroit dix mille ducas, et le mener, lui et ses gens et bagues sauves, jusques au port de Marseille; ou autrement qu'ils luy feroyent pis qu'ils n'avoient fait à la ville de Manople, laquelle ils avoient prinse d'assault, pillée et mise à sac. Et estoit dedans la ville pour le roy de France le cappitaine Prudence.

Ausquels Vénissiens ledit de Villeneufve respondist qu'il avoit le chasteau en garde du roy de France, de Sécille et de Jérusalem, son souverain seigneur, et qu'ils n'y avoyent que veoir et que demander, et qu'ils s'en allassent : car il aymeroit mieux mourir que de le rendre jamais sans le commandement de son Roy et souverain seigneur. Et aussi qu'il ne leur appartenoit en riens. Et à tant s'en allèrent lesdits Vénissiens fort mal contens, et se retirèrent au port de Menople, qui tenoit pour eulx, car les villes et chasteaux qu'ils povoient prandre, ils les gardoient pour la seigneurie de Venise et mettoient sous la bannière de Saint-Marc,

(1) Monopoli.

comme villes gaignées de bonne conqueste.

Monseigneur le prince de Haulte-More, dom Fédéric d'Arragon, ung peu de temps après vint avec ses gallées devant ledit chasteau dudit Trane, et y envoya un sien maistre d'hostel à seureté, nommé messire Vincent, requérant audit de Villeneufve de par monseigneur le prince qu'il lui voulsist rendre ledit chasteau, et qu'il le traitteroit si bien qu'il auroit cause d'estre content de lui ; et qu'il l'envoyroit, lui et ses gens et ses bagues sauves, jusques à Marseille. Lequel Villeneufve lui respondit qu'il l'avoit en garde du Roy son souverain seigneur, comme dessus a dit, qu'il aymeroit mieux y mourir que de faire si grand faulte et si grand lascheté au Roy ; et à tant s'en alla ledit prince fort maucontent devant le chasteau de Manfredonne, là où estoit missire Gabriel de Montfaulcon et sa compaignie, et tant fit ledit prince avecques lui qu'il lui rendist le chasteau, car il avoit faulte de vivres, comme l'on disoit. Et d'appointement fait entre eulx par la composition, ledit prince lui promist l'en envoyer, lui et ses gens et ses bagues sauves, au réaume de France, laquelle chose il feist.

Incontinent que ledit prince eust ledit chasteau entre ses mains, s'en alla devant le chasteau de Berlette qui pareillement est sus la mer, lequel tenoit ung gentilhomme de monseigneur de Montpensier, nommé Bouzeguin, auquel le prince parlementa, et pareillement s'accorda ledit Bouzeguin, et rendist le chasteau par composition ; et lui promit ledit prince l'en envoyer en France avecques messire Gabriel de Montfaulcon, et ses bagues sauves ; laquelle chose il feist, car ledit Bouzeguin avoit faute de gens et de vivres.

Une partie des gens dudit Bouzeguin se mirent à la soulte et gaiges dudit prince, et entre les autres chanonier flameng, lequel fut envoyé de par le prince souborner ung autre chanonier flameng, que avoit messire Guillaume de Villeneufve pareillement audit chasteau de Trane, auquel il dit de nuyt semblables paroles : « Si vous » voulez vous rendre à monseigneur le prince, il » vous sauvera la vie et vous prendra à son ser- » vice, et vous donnera cent ducas, et à tous les » autres compaignons que vous amenerez avec- » ques vous vingt-cinq ducas, et trétous seront » mis à ses gaiges. » Lequel, comme traistre et lasche qu'il fut, s'y accorda et lui promist sa foy de ainsi le faire ; et par un peu d'espace de temps, petit à petit, il souborna trente-deux des compaignons dudit chasteau, lesquels il emmena avecques lui hors du chasteau le jour que on donna l'assault, et se descendirent le long d'une corde par dessus les murs de la basse-court, et ne demoura que huit compaignons avec ledit de Villeneufve. Ce fut le quatriesme jour du mois d'aoust que les traistres vendirent le chasteau de Trâne, et aussi vendirent leur capitaine missire Guillaume de Villeneufve, dont les noms des traîtres s'ensuivent cy-après.

Tout incontinent que le prince fut assanneté de la trahison qui se faisoit dedans ledit chasteau de Trane, après qu'il eust prins ledit chasteau de Manfredonne et de Berlette, renvoya derechief son maistre d'ostel devers ledit de Villeneufve pour le sommer et requérir encore une autre fois de par le prince qu'il eust à rendre ledit chasteau, auquel ledit de Villeneufve luy respondist, comme dessus, qu'il aymeroit mieulx mourir l'espée au poing, que de faire ceste lascheté au Roy son souverain seigneur et maistre, et à tant s'en retourna ledit messire Vincent faire son rapport audit prince, dont il en fut terriblement malcontent. Lors dit ledit prince qu'il donneroit deux cens ducas au premier homme qui entreroit dedans ledit chasteau, et trois cens à celluy qui mettroit la teste audit de Villeneufve sus le portal au bout de la lanse de la banière du roy de France qui là estoit; et habandonna le chasteau à estre mis à sac; et sur ce point feist crier l'assault et celle heure s'en allèrent trente-deux traîtres compaignons qui dedans le chasteau estoient, dont les noms s'en-suivent. Et premièrement Pierre de Corse, flameng; Jehan Fréron, natif de Beaucaire; Jehan Bonnier, d'Uzez; Julien son fils, chanonier; Claude Coulon, de Languedoc; Guillaume de Vitry; Guyot de Gra, savoizien; Guillaume Munier, savoizien; Lecure, natif de la Vote en Languedoc; Le Laquays, Jehan son frère, du Daulphiné; Loys de Tharascon, de Provence; Guyaume Menon, d'Yères en Provence; Berthélemieu, provensal; Le Flameng; Jehan de Nicole, piémontois; Jehan Vusseval, de Beaucaire; Le Tore, gascon; Janot, gascon; Menon, gascon; Le Tabourin, gascon; Le Roberques, de Saint-Mathurin de l'Archaut; Lamoureur, d'Avignon; Petit Jehan Bienvenu, d'Auvergne; Colle, italien; maistre Honnorat, charpantier; maistre Barthélemieu, mareschal; Fleurent, picard; Laventurier, du Daulphiné; Jehan Le Peintre, d'Auvergne; Marin Potier, mareschal; George Monnier; Vincent Fournier, sont les noms des traîtres qui ont vendu le chasteau et place de Trane, et ont prins soulte du prince de Haulte-More.

Sur ce point feist donner l'assault, et y vint gens tant par mer que par terre, et les huit pouvres compaignons, qui dedans ledit chasteau estoient demourez avec ledit de Villeneufve, se deffendirent bien et vaillamment, comme bons et loyaulx qui furent pour le Roy; car ils résistèrent et tindrent fort au premier assault qui fut donné à la basse-court, tant que à eulx fut possible; mais au long aller fut force qu'ils habandonnassent, car la basse-court est de grande garde, et y furent assaillis de tous coustés, tant du quartier de la mer que de la terre; et à ceste cause fut contraint de se retirer dedans le chasteau, lui et ses gens, et à toute diligence mirent peine de gaigner le hault des grosses tours et le dessus de la posterne; car la grant porte estoit très-fort murée, et tout incontinent à force d'eschelles les ennemis entrèrent dedans ladite basse-court; et moult y furent bien recueillis de coups de trect et de pierre; car quand ils furent dedans ils ne sçavoient où leur cacher, ne où se mettre à couvert, pource que ledit de Villeneufve avoit fait abatre toutes les chambres et maisonnemens de ladite basse-court. Mais nonobstant les ennemis estoient si fort couvers de paroys et de rodelles, qui ne laissèrent point de venir près au pié de la muraille, et là il y écheut largement de blessés et mors, car autrement ils ne le pouvoient, veu le grand nombre qu'ils estoient.

Ung peu après qu'ils furent réfreschis, et qu'ils eurent recouvert leurs gens de trect et leurs eschelles, donnèrent un aultre assault au chasteau, et dressèrent leurs eschelles de tous coustez; mais nonobstant cela, tant que les pouvres compaignons, qui dedans estoient, peurent les bras lever, se deffendirent moult vaillamment, jusqu'à temps qu'il y eust deux tuez, et le chastelain blessé d'une harquebuse au traver du coulde, qui fut très-grant domaige, car il estoit homme de bien; et ledit de Villeneufve eust trois trects d'arballeste dedans sa sallade, et un autre dedans le pertuis de son plastron; et dura ledit assault par l'espace de trois heures, si très-aspre de tous coustez, qu'il n'y avoit homme ne plus se peust deffendre ne les bras lever. Entre les autres vint un Esclavon, qui montoit au long d'une eschelle pour entrer dedans ung grand pertuis de la salle où ledit de Villeneufve avoit fait mettre un gros canon qui battoit les repères et taudeis des ennemys.

Etant ledit de Villeneufve sur la fausse porte, apperceut ledit Esclavon, qui vouloit entrer dedans ledit pertuis, soudainement et à toute diligence l'espée au poing dedans ladite salle, et rencontra ledit Esclavon qui jà estoit entré; et ledit de Villeneufve l'approcha et appressa de si près, que ledit Esclavon se rendist à luy, et luy pria qu'il ne le voulsist pas tuer. Et ledit de Villeneufve lui demanda s'il estoit homme pour lui sauver la vie, lequel Esclavon lui respondit que ouy, et luy bailla la foy en le baisant en la bouche; et en cet appointement faisant, ledit de Villeneufve laissa entrer trois autres Esclavons par ledit pertuis, et print semblablement la foy de l'un après l'autre, qu'ils lui sauveront la vie; laquelle chose ils luy promirent aussi le faire, car il n'y avoit remède de se pouvoir plus tenir, pource qu'ils estoient de toute part entrez, et fut ledit chasteau prins de assault, pillé et mis à sac; et fut grant grâce Nostre Seigneur, que tous ceux qui estoient dedans ne furent tuez et mis en pièces, car ainsi l'avoit commandé le prince; et sus ce point ledit de Villeneufve pria aux Esclavons qu'ils le menassent à la chapelle, de peur qu'il ne fût tué à la foule; car autrement il estoit mort. Et là vint grant quantité de gens, et entre les autres ung gentilhomme nommé Jacobo Pinadelle; lequel vint l'espée au poing prendre ledit de Villeneufve, et l'emmena tout en pourpoint, lui et ses gens, et le laissa en la maison de madame Jule, et en alla tout incontinent au prince, et luy dit qu'il avoit mené ledit de Villeneufve en la maison de madame Jule, et qu'il lui plaisoit que l'on en feist. Lequel prince fut fort émerveillé de quoi il estoit en vie, et commanda que l'on le menât en la gallée par force, nommée la gallée Marquèse: là où tout incontinent vindrent à lui cinquante Estradiots grecs de l'armée des Vénissiens, et accompagnèrent ledit prince, qui s'en alla par terre en une ville nommée Daneston, et feist cappitaine général de toutes les galées ung Vénissien.

Cedit jour se levèrent toutes les gallées, et feismes voilles, et allasmes surgir au port de Brindes devant ladite ville, et arrivasmes le vendredi 8 d'aoust, à cinq heures de nuyt, à l'entrée dudit port, en une isle, là où il y a ung chasteau très-fort de muraille et de tours, et fors bollevars bien percez et bien fournis d'artillerie grosse et menuë; et y a ordinairement soixante mortes payes pour la garde dudit chasteau, et se nomme le chasteau de Sainct-André dedans Lisole; et s'appelle Sainct-André, pource que autrefois il y avoit une abbaye qui estoit nommée Sainct-Andrée, mais le roy Alfonse en feist faire un chasteau pour la garde dudit port.

En cestui chasteau estoit en prison le seigneur de Lespare, yssu de la maison d'Alebret, frère germain du seigneur d'Orwal, lequel estoit viceroy en la Poueille pour le roy de France, de Sécille, et de Jérusalem, et fut prins en une saillie qu'il feist sur les ennemis, qui estoient venus courrir de la ville de Brindes devant une ville nommée Messaigne (1), là où estoit ledit seigneur de Lespare: et promptement qu'il oüyt l'alarme, saillist hors de ladite ville, l'espée au poing, et rebouta les ennemys bien asprement jusques à leurs embusches, et là fut rencontré et son cheval mis par terre, et luy blessé de cinq ou six playes, et fut emmené prisonnier dedans ladite ville de Brindes, pour faulte qu'il ne fût suyvy à la charge qu'il feist; car bien et vaillament se défendit, et un de ses gentils-hommes fut tué auprès de lui, qui alloit à son secour, nommé Peysac.

Ainsi que les galées s'en retournoient du port dudit Brindes, ledit sieur de Lespare s'enquist et demanda se Guillaume de Villeneufve estoit dedans lesdites gallées, et on luy dit que ouy. Et il requist au cappitaine dudit chasteau qui l'avoit en garde, et qu'il lui plust de lui faire ceste grâce de le mener jusques à la galée Marquèse, là où estoit ledit de Villeneufve, laquelle chose le capitaine luy accorda voulentiers, et le mena au devant de la pouppe de la gallée, sans entrer dedans; et là veist ledit de Villeneufve sans robbe, bien pouvre et très-piteux de sa personne; et en fut ledit seigneur de Lespare très-desplaisant de le voir ainsy maltraitté, et ledit seigneur de Lespare luy présenta la moitié de son vaillant, qui estoit en somme de dix ducas, que on lui avoit presté, et à tant le capitaine ne les voulut plus laisser parler ensemble, et le retira dedans ledit chasteau, et la gallée feist voile et s'en alla, et vous promet que piteuse fut leur despartie.

Le seigneur de Champeroulx (2), duc de Léches, et le roy d'Evitot (3) estoient dedans l'autre chasteau de Brindes, qui est un autre très-fort chasteau à merveilles; mais ils n'estoient pas détenus comme prisoniers; car ils saillirent par composition hors de la ville de Leches, eulx et leurs bagues sauves et leurs gens, réservez chevaux et arnois, pour ce que ladite ville estoit foible, et mau garnie de vivres; et ledit prince le leur accorda voulentiers; car il ne demandoit que gaigner pays, et leur promist de les faire mener à Marseilles ou en Aiguesmortes, à sauveté de leur personne.

Audit port de Brindes trouvasmes quatre naux et trois gallions, qui estoient aux Biscayns qui ordinairement avoient demouré là pour la

---

(1) Mesagna ou Mesagne, bourg situé dans la terre d'Otrante.

(2) Jean de Grassai.
(3) C'était Jean Branchier.

garde dudit port, et bien besoing leur en fut.

Au départir dudit Brindes venismes surgir et gester ancres en mer au port de Otrante, qui est à soixante milles de Brindes; et est ladite ville de Otrante belle et forte; et y a ung très-fort chasteau; et y estoit madame la princesse de Hautemore. Et de là partist l'armée, et feist voile le dix-septiesme jour du moys d'aoust, et passa devant le chap Sainte-Marie, sans y arrester. Ledit chap, nommé Sainte-Marie, est un des bouts du réaume du quartier de la Turquie. Et dudit chap Sainte-Marie, entrasmes ou gouffre de Tarente, et passasmes par devant Lusante, et lendemain arrivasmes au port de Galippe: et y a cinquante milles de Otrante jusqu'audit Galippe; et est laditte ville de Galippe très-forte, et toute environnée de mer; et y a un très-fort chasteau; et seroit malaisé à prendre sans praticque ou sans famine.

Le dix-neuviesme jour du moys ensuivant se leva l'armée dudit port de Galippe, et alla devant Tarente; et en chemin eurent nouvelle de monsieur le prince de Haultemore, qui s'en venoit embarquer aux gallées avec deux cens chevaulx légiers, laquelle chose feist, et renvoya les chevaux à la rive de terre, que menoit don Chése d'Arragon (1).

Ce jour à la my-nuyt fut ordonné par ledit prince, que la gallée Marquèse s'en iroit devant à Tarente avec deux brigandins, pour arriver devant le jour en une isle qui est vis-à-vis dudit Tarente, et s'appelle l'isle de Nostre-Dame, pour ce qu'il y a une chapelle fondée de Nostre-Dame, et autre chose non; car c'est une isle déserte. Ladite gallée y arriva devant le jour, et les deux brigandins; lesquels deux brigandins allèrent courir devant le port de Tarente, et la gallée demoura en embusche derrière l'isle. Et incontinent saillist deux autres brigandins, une fuste, et un petit bateau de Tarente, et donnèrent la chasse aux deux brigandins arragonois, lesquels se retirèrent à toute diligence devers la gallée, et le faisoit tout exprès pour tirer les autres aux champs, et quant le guet de la gallée vit qu'il estoit temps que ladite gallée se descouvrît, lui feist signe, et à toute diligence ladite gallée se despartist pour aller au secour: et bien besoing lui fut, car autrement les brigandins estoient prins.

Tout incontinent que lesdits brigandins arragonois veirent leur gallée de secours, soudainement tournèrent et donnèrent la chasse aux Tarentins, tant que tref et rames povoient tirer,

et à peu qu'ils ne les prindrent, et furent chassez si asprement, qu'ils feirent donner de prouë en terre au petit basteau; et fut la chasse si très-soudaine, que l'artillerie du chasteau les despartist les uns d'avecques les autres.

Le gouverneur de la ville, qui là estoit pour le roy de France, de Sécile et de Jérusalem, nommé missire George de Silly, saillist à toute diligence à cheval au long de la marine, pour recueillir ses gens, cuidant qu'ils donnassent de prouë en terre, et le tout retira en la ville à sauveté, sans rien perdre. Et ceulx de ladite ville en furent très-joyeux. Car il y avoit dedans ladite fuste et brigandins largement de gens de bien, qui leur estoient très-grand perte; et tout cecy voyoit missire Guillaume de Villeneufve, qui estoit prisonnier dedans ladite gallée Marquèse. De là s'en retourna ladite gallée à l'isle Nostre-Dame; et là attendismes monseigneur le prince de Haultemore qui arriva entre quatre et cinq heures, accompagné de sept gallées vénissiennes, et la sienne, et celle de frère Liénard, chevalier de Rhodes, et quatre barches biscaynes, qu'il amena avec luy du port de Brindes, et vindrent surgir et gester leurs ancres en mer devant ladite ville de Tarente.

Et tout incontinent le gouverneur missire George de Silly saillist derechief bien accompaigné tant de gens de cheval que de gens de pié; et feist mener une grosse pièce d'artillerie avecques luy, qui tira trois ou quatre coups à l'encontre desdites gallées; et bien peu s'en faillist qu'il ne donnast dedans celle du prince: et tout incontinent ladite armée de mer se leva, et alla surgir dedans l'isle de Nostre-Dame; là où demourasmes six sepmaines, en attendant l'autre armée des Vénissiens, et faisant le guet tous les jours, et grand gast aux vignes, jardins et oliviers des Tarentins, pour les cuider gaigner: mais tousjours furent bons et léaulx pour le roy de France, de Sécile et de Jérusalem, avecques l'aide de leur gouverneur, qui moult homme de bien se monstroit continuellement.

Ung peu de temps après, le prince envoya ung sien gentilhomme, nommé Raphaël de Faulcon, et un roy d'arme du roy de France, de Sécile et de Jérusalem, nommé Champaigne, que le prince tenoit en sa gallée; et les envoya devant le chasteau de Tarente dedans un brigandin parlementer audit gouverneur, pour le cuider pratiquer; mais le gouverneur est trop bon serviteur et loyal pour le Roy son souverain seigneur et maistre. Ledit gouverneur respondist audit Raphaël, qu'il s'en retournast, et qu'il ne

---

(1) Don César d'Arragon, fils naturel du vieux Ferdinand, roi de Naples, mort avant l'entrée de Charles VIII en Italie.

vouloit point parlementer avecques luy, et qu'il estoit assez suffisant pour garder la ville et le chasteau, lequel luy avoit baillé en garde le Roy son souverain seigneur. Et puis dit au roy d'armes, nommé Champaigne : « Si vous vou- » lez demourer céans avec moy pour l'onneur » du Roy, je vous recueilleray de bon cueur; » laquelle chose il eust fait volontiers; mais y n'estoit pas en sa liberté, et à tant s'en retournèrent devers le prince faire leur rapport.

Le seizième jour du mois de septembre, jour de la Sainte-Croix, arriva l'armée des Vénissiens devant le prince devant Tarente, laquelle amena le général des Vénissiens, qui estoient en nombre dix-neuf gallées, et neuf qui estoient de par devant, et furent vingt-huit qui tous les jours faisoient grant gast aux Tarentins pour les cuider gaigner et retirer à eulx; mais pour cela il ne remua droit; car tousjours ils furent bons et loyaulx pour le roy de France, de Sécile et de Jérusalem, leur souverain seigneur.

Ung bien peu de temps après ledit prince alla descendre en une plaige au dessous de Tarente, avec mille ou douze cens Vénissiens; et là le vindrent recueillir grant force gens à cheval du champ de don Chesfre d'Arragon, qui estoit à Franqueville; et là menèrent ledit prince avec les Vénissiens qu'il avoit prins aux gallées, pour ce que don Chesfre d'Arragon n'avoit pas grans gens avecques lui en son champ; et trois jours après allèrent mettre le siège à une ville nommée les Grotailles, qui est à huit milles de Tarente, et donnèrent l'assault à ladite ville, et très-bien se défendirent ceulx de dedans, et reboutèrent ledit assault, et blessèrent grant nombre des ennemis, et lendemain redonnèrent un aultre assault, et fut ladite ville prinse par composition ; et cela fait, s'en retourna ledit prince aux gallées avecques les Vénissiens, mais non pas tous; car il y en eust largement de mors et blessez.

Ce jour mesme alla le général des Vénissiens descendre devant la ville de Tarente à grant puissance de gens cauteleusement, à celle fin que le gouverneur de ladite ville ne donna secours à la ville des Grotailles durant l'assault.

Mais ledit gouverneur saillist sur les Vénissiens, si bien accompaigné, tant de gens de cheval que de pié, qu'il rompist les Vénissiens et les mist en fuite par telle façon, que il y en eut bien cinquante ou soixante de mors, et autres tant de prins, et à tant se retirèrent lesdits Vénissiens en leursdites gallées.

Le jour de monsieur saint Michel, le prince de Haultemore envoya sa gallée, accompaignée de la gallée Marquèse dedans le port de Tarente, pour cuider prendre la citadelle de ladite ville; car il avoit intelligence à ung gens-d'arme de la compaignie du roy d'Evitot, nommé Loys Bertochelle, lequel la lui devoit bailler et mettre dedans à ung signe qu'il leur devoit faire, et lever la bannière blanche sur la tour de ladite citadelle. Mais la trahison fut descouverte, comme Dieu le voulut, deux heures devant que les gallées y arrivassent; et tout incontinent le gouverneur feist prendre le traistre, dit Loys Berthochelle, lequel lui confessa et déclara la trahison, et les signes qu'il devoit faire au prince pour faire venir avec lesdites gallées; et promptement ledit gouverneur garnist très-bien ladite citadelle de gens et de artillerie, et tout le long des murailles dudit port; et puis feist le signe de la bannière, pour faire venir lesdites gallées; laquelle chose il feist à toute diligence à grans crys, et grans coups de canon, cuidant que ladite citadelle fût retournée pour eulx, car le chasteau batoit contre ladite citadelle à cautelle, et arriva la gallée dudit prince dedans le port, et gesta ses ancres en mer pour cuider mettre l'esquif et ses gens en terre; et ces choses voyant le gouverneur feist descharger et tirer artillerie de tous coustez, si très-asprement que les patrons des gallées furent terriblement esbahis, et tous ceulx qui estoient dedans, et y eut certain nombre de mors et de blessez. Mais le patron de la gallée du prince, nommé Matthieu Corse, se monstra vertueux et hardi, et alla tout au long de la cousfie (1), l'espée au poing, et feist laisser les ancres en la mer, et tourna la gallée à toute diligence, en telle façon que pour coup de canon ne de trect que on sceut tirer, ne laissa qu'il ne retirast devers le prince à sauveté.

Ledit prince estoit descendu de sadite gallée, et s'estoit mis dedans la gallée du général des Vénissiens; et tout cecy voyant, fut fort esbahy et fort desplaisant. Car il avoit grand peur de perdre sa gallée, pour ce qu'il y avoit la plus-part de sa robe et de ses bagues dedans, et aussi des plus gens de bien qu'il eust.

Le prince y fût allé en personne, ce ne fût pour ce que ung des galios de la gallée Marquèse avoit dit plus d'un mois devant, que par trois fois lui estoit venu en vision de nuyt une femme vestue de blanc, laquelle lui disoit qu'il allast dire au prince, ou feist dire, qu'il se donnast bien garde sur sa vie, qu'il ne mît sa personne en dangier par mer ne par terre le jour de monsieur saint Michel, ou autrement qu'il lui en prendroit mal; et à ceste cause ledit

(1) Terme de marine.

prince n'y alla pas, dont bien lui en print.

Le premier jour d'octobre ledit prince et le général et le providiteur, et le cappitaine des Vénissiens allèrent aveccques toute leur armée de mer descendre, et mettre la prouë de leurs gallées en l'isle qui est devant Tarente, pour faire le gast et brusler les maisons; et estoient en nombre des gallées vénissiennes, vingt-sept, et trois de celles du prince, et quatre grans barques tusqueines, et plusieurs autres brigandins; et mirent cedit jour bien mille ou douze cens hommes en terre, tant Vénissiens, Biscains que Italiens, et le capitaine des Vénissiens les conduisoit, car le prince et le général demourèrent aux gallées.

Ledit prince demoura dedans sa gallée, et le général dedans la sienne, et avoit fait mettre toutes les gallées de rang de bataille, qui battoient merveilleusement de leur artillerie au long des venuës de la ville de Tarente. Mais nonobstant cela le gouverneur dudit Tarente, et le capitaine Buffez, lieutenant du Roy d'Evitot, et monsieur d'Alègre saillirent tant à cheval que à pié dedans les Vénissiens, si très-asprement qu'ils les rompirent et les chassèrent dedans la mer, comme bons et hardis hommes qu'ils estoient.

La première escadre estoit de quatre cens hommes portant tous longues lances, comme piques paintes de rouge; ceulx-là furent les premiers rompus, et se ne fût la grant quantité de artillerie qui tiroient de leurs gallées, ils eussent fait un grant meurtre, et eust largement de mors et de prins des ennemis; et des François n'y eust qu'ung archier qui fut tué, et le cappitaine Buffez eust ung doit couppé, qui fut très-grant domage, car il estoit homme de bien; et à tant se retirèrent les ennemis, et les François demourèrent au champ.

Ledit cappitaine Buffez, lieutenant du roy d'Evitot, ne laissa pas de bien servir le Roy pour l'inconvénient qui lui advint, car ung peu de temps après il partist de la ville de Tarente ung soir bien tard, accompaigné de vingt-cinq chevaulx, alla à la ville de Messaigne toute nuit, pour quérir le seigneur de Champeroulx, duc de Lèches, et le roy d'Evitot, son oncle, qui estoient à ladite ville de Messaigne détenus par le prince de Haultemore, et bien quatre-vingt gentilshommes, tant hommes d'armes que archiers, et tous ensemble les amena aveccques luy à ladite ville de Tarente, dont ledit prince en fut merveilleusement mal content, car il les attendoit à Galippe, et eut bien cause d'en estre bien desplaisant; car ils donnèrent ung grand secour à la ville de Tarente, et moult crurent le courage aux bons Tarentins. Missire Guillaume de Villeneufve veit partir ledit capitaine Buffez de Tarente, qui estoit venu dedans ladite ville sur sa foy.

Ung peu de temps après partist de Tarente, et le second jour d'octobre, le général et providiteur aveccques toute leur armée, et s'en allèrent la route de Naples, quand ils veirent que autre chose ne pouvoient faire à l'encontre de ladite ville de Tarente, et semèrent ung bruit qu'ils alloient courir et piller le pays de Provence; mais ils demourèrent au port de Naples et de Castel-la-mer; et là donnèrent grans faveurs et secours aux Napolitains, car ils estoient les plus fors sur la mer pour gallées.

Le tiers jour d'octobre, ledit prince alla aveccques les trois gallées vis-à-vis de la ville de Massafre, qui est à huit milles au dessus de ladite ville de Tarente; et tenoit ladite ville de Massafre bon pour le roy de France, de Sécile et de Jérusalem. Et quant il fut à l'endroit de ladite ville de Massafre, feist mettre trois cens hommes en terre, tant Biscains que Italiens, pour aller joindre à l'armée de terre que menoit don Chestre d'Arragon, pour aller prendre ladite ville de Massafre (1).

Mais le gouverneur de Tarente faisoit chevaucher lesdites gallées au long de la marine, et au couvert des oliviers, envoya une escadre de soixante à quatre-vingts hommes à cheval, que menoit le seigneur d'Espuisac, lieutenant du seigneur d'Alègre; et quant ledit Espuisac veit les trois cens hommes en plaine champaigne, un peu éloignez de la marine, saillist hors de son embusche, là où il estoit derrière une chapelle, et donna dedans les Biscains et autres gens de pié qui aveccques eulx estoient, si très-asprement qu'il les rompit, et en mit à mort la plus grant part, et de prisonniers jusqu'au nombre de cinquante à soixante, et y fut prins le cappitaine des barches biscaines, qui s'appelloit Jean Martin, et le cappitaine Haultebelle, capitaine des Italiens, et ung autre capitaine biscain, des autres barches, nommé Jeanne Rousset, lequel y fut tué et mis à mort, et furent très-fort plains, et en fut le prince terriblement desplaisant, car les barches demourèrent sans cappitaines, et à bien peu de gens. En cedit rencontre fut tué huit ou dix des gens et rensonniers de missire Guillaume de Villeneufve, que le prince avoit prins en sa garde.

Ung peu de temps après ledit prince partist de devant la ville de Tarente, luy voyant ne povoir faire autre chose, ne par force, ne par

(1) Massafra, à quelques lieues de Brindes.

practique en ladicte ville ; car trop estoient bons et loyaulx les Tarentins pour le roy de France, de Sécile et de Jérusalem, leur souverain seigneur, et aussi estoient bien gouvernez de leur gouverneur, qui moult bien y servit le Roy, et tous les gentilshommes qui avecques luy estoient.

Ledit prince ne laissa devant ladite ville que une gallée, nommée frère Liénart, chevalier de Rhodes, et c'estoit pour garder que victuailles n'entrassent dedans la ville de Tarente par mer ; et cedit jour le prince s'en alla coucher au port de Gallippe : et là surgit avecques ses deux gallées, et y a soixante milles de Tarente jusques audit Gallippe, et là demoura trois jours.

Ladite ville de Gallippe est très-forte, comme vous ay dit devant, toute environnée de mer, et le chasteau moult fort de tours et de murailles bien persées de tous costez, et bien garni d'artillerie et de gens ; et y a une très-grosse tour au milieu qui s'appelle la tour Maistre, qui est terriblement forte ; et cependant que ledit prince demoura là, feist habiller ses gallées et monstrer carenne, et feist mettre messire Guillaume de Villeneufve dedans la tour du Portail dudit chasteau, là où il trouva missire Pierre Fregousse de Gennes, et ung autre gentilhomme, nommé Gaspart de Girème, qui estoit de la compaignie du roy d'Evitot, lesquels avoient esté prins à une course qu'ils avoient faite devant ladite ville.

Cependant arriva le seigneur de Lesparre, que ledit prince avoit envoyé quérir, et là le feist monter dedans la gallée Marquèse, et aussi ledit de Villeneufve, et les autres prisonniers françois qui estoient dedans ledit chasteau.

Lendemain ledit prince feist voille, et s'en alla cedit jour au port de Cotron, où il y a cent milles de Gallippe jusques au port, et est ladite ville de Cotron très-belle, et le chasteau très-fort, mais qu'il fût parachevé.

Lendemain 20 du moys d'octobre, partist ledit prince du port de Cotron et alla au chap de Colonnes, qui est à trois milles de Cotron, et là demoura trois jours et trois nuys à cause du vent contraire. Au départir de là entrasmes dedans le gouffre de Esquilage (1) qui dure soixante milles, et de là entrasmes dedans la plage de La Rochelle, et costéasmes la terre de la Calabre, qui tenoit la pluspart pour le roy de France, de Sécille et de Jérusalem; et passasmes pardevant une ville nommée La Chastelle ; et de là passasmes une cité nommée Esquilage, et d'Esquilage passasmes devant une ville nommée La Rochelle (2), et de La Rochelle passasmes devant une ville nommée Usaige (3), très-forte place à merveilles, là où estoit le seigneur d'Aubigny, connestable du réaume de Naples ; et de là allasmes passer le chap de Partenente, qui dure trente milles; et delà alla ledit prince passer la ville de Rége, qui est à trente milles du chap de Partenente. La ville de Rége est très-belle ville, et fort chasteau, et avoit print ledit chasteau le roy Ferrant par assault et le capitaine qui estoit dedans estoit Escossois, très-homme de bien, et fut mis à mort et haché en pièces, et tous les compaignons qui estoient dedans pendus par la gorge.

Le mercredy matin vingt-troisiesme jour du moys d'octobre, entrasmes dedans le far de Messinne qui dure dix milles, et arrivasmes à ladite ville de Messine, et là descendit le prince à terre, et alla voir le roy Alfonse, qui dedans ladite ville estoit, et avoit mal ledit Roy en une main, tellement qu'il en perdist le bout de ung doy ; mais nonobstant cela, de la grant joye qu'il eust du prince son frère, vint monter sur la gallée du prince, et s'esbatist bien deux milles en la mer avec le prince, et puis s'en retourna dedans ladite ville.

Ladite ville de Messinne est très-belle et grande, et y a ung très-beau port et grant, qui bat au long de la muraille de ladite ville. C'est une cité très-fort marchande, mais elle est foible, et prenable, et batable de tout cousté ; et est ladite ville au réaume de Sécile, et la tient le roy d'Espaigne.

Ce jeudy ensuivant 24 du mois d'octobre print le prince congié du roy Alfonse, et s'en alla ledit jour auprez d'une église nommée les Selnantes, et est dedans le port de ladite ville tout environnée de mer : le soir se retira le prince et tous ses gens en la gallée.

Le vendredy ensuivant 25 dudit moys, partist ledit prince, et entra dedans la courante du far de Messine, qui dure dix milles : et de là passasmes devant une autre ville nommée Marsille, qui est à six milles de Messinne ; et de Messinne alasmes passer devant la cité de Turpie (4), qui est à trente milles de Nousille; et de Turpie passasmes devant la Vilanne, et de là entrasmes au gouffre de Sainte-Fumée (5), qui dure quarante milles ; et du gouffre passasmes pardevant une cité qui se nomme Montelionne ; et de Mon-

---

(1) Le golfe de Squillace.
(2) La Roccella.
(3) Ugento ; ce n'est plus qu'un village.
(4) Tropea.
(5) Golfe de Sainte-Euphémie.

telionne passasmes pardevant une autre ville qui se nomme le Puissel. Cedit jour passasmes l'isle de la montaigne de Broguane, laquelle montaigne est fort haute, et y a au milieu un grant pertuis, dont incessament jour et nuyt en sort grant feu et flambe, et s'appelle ledit pertuis Bouche-d'Enfer. Et de l'autre costé y a une autre isle nommée l'Ypre ; et y a une très-grant cité qui tousjours a tenu le party du roy Ferrant ; et de Ypre passasmes pardevant l'isle de Stangoul (1), où pareillement y a une autre grand montaigne, qui a au dessous ung autre grant pertuys, qui jour et nuyt jette feu et fumée et pierre, comme poussés, et pareillement s'appelle Bouche d'Enfer; et de là allasmes passer pardevant une grand cité qui s'appelle Lamantie (2), et de Lamantie à Fumée-Frède, qui est à deux milles de Lamantine : et de là à Sainte-Lucite, qui est à dix milles de Fumée-Frède, et de Sainte-Lucite passasmes pardevant ville de Paule en Calabre ; et est très-bonne ville environnée de boys de ung quartier, et de la mer l'autre, et en est natif le saint homme de Tours, et y faisoit sa résidence, quand le roy Louys que Dieu abseuble l'envoya quérir.

De Paule alla ledit prince devant une autre ville nommée Fonescault qui est à six milles de Paule. Et de là allasmes devant une autre bonne ville nommée Cescaude, qui est à sept milles de Fonescault. Cedit jour passasmes pardevant une autre bonne ville nommée Nochetraro, là où se font naves et gallées; et est ladite ville à douze milles de Cescaude. Et cedit jour passasmes pardevant Belveder, qui est à dix-huit milles de Nochetraro ; et de Belveder passasmes pardevant une autre ville, nommée Florelle, qui est à dix milles de Belveder ; et toutes cesdites villes sont en Calabre au long du cousté de la marine. Et de là passasmes pardevant une autre ville nommée Lestalière, et de Lestalière allasmes passer pardevant la ville de Policastre; et y a de Lestalière jusqu'à Policastre quarante et cinq milles; et de Policastre passasmes devant Guamerode, et y a dix-huit milles. De Guamerode allasmes passer le pas de Palenode (3) et y a quinze milles de Guamerode.

Cedit jour passasmes devant une ville nommée Pichote, qui est à dix milles de Palenode, et de là allasmes passer à la couste de Exellente, là où il y a vingt milles de Pichote. Et de là passasmes une autre ville qui s'appelle le chastel de l'Abbat, qui est à dix milles de Exellente;

et de là passasmes à une autre ville qui se nomme Arobbe (4), qui est à dix milles de chastel l'Abbat. Et plusieurs autres petites villes passasmes au cousté de la marine de ladite Calabre, lequel seroit trop long à mettre par escript.

De là entrasmes dans le gouffre de Salerne, et toute la nuyt le passasmes à grant péril, et merveilleux dangier ; car le vent estoit merveilleusement grant, et la mer terrible, par telle façon qu'il n'y avoit marinier qui ne perdist son entendement, et furent fort esbahis du mauvais temps qui couroit. Mais nonobstant cela ledit prince faisoit tirer tousjours en avant pour gaigner le port de Naples, pource que le roy Ferrant l'avoit mandé à toute diligence ; car le marquis de Pescaire avoit esté tué devant Sainte-Croix d'un coup de trect d'arbalestre qu'il eut en la gorge. Et ledit marquis gouvernoit l'armée du roy Ferrant en son vivant, ainsi n'ousoit descendre, ne prendre port pour les ennemys.

Nous passasmes ledit gouffre de Salerne toute nuyt à grant dangier, qui dure quarante milles, et au saillir dudit gouffre allasmes au long de la coste de Malfe (5), et passasmes pardevant une ville qui s'appelle l'isle de Crape (6), et de là entrasmes au gouffre de Naples, et passasmes devant la ville de Masse ; et de Masse passasmes devant une autre ville qui s'appelle Soriente ; et de Soriente alasmes au port de Castelamer. De la ville de Capre jusques à Naples y a trente milles.

Le samedy ensuivant, vingt-quatriesme jour du moys d'octobre, arriva le prince au port de Castelamer qui est à dix-huit milles de Naples, et là trouva l'armée des Vénissiens, qui estoient en nombre de vingt gallées, et des autres navires biscains et espaigneulx, deux naves, deux gallions et deux escorpions, qui le réveillirent à grand alégresse de coups de canon et de trompette à l'usance de la mer ; et là surgit ledit prince, et y demoura toute la nuyt en attendant des nouvelles du roy Ferrant, qui estoit en champ au quartier de Nouchères, qui est à dix-huit milles de Naples, et le sieur prince de Bésilanne, et le sieur de Pressy, grand sénéchal du réaume, estoient au devant de lui.

De la ville de Messine vint le prince avec ses gallées en trente heures jusqu'au port de Naples, là où il y a trois cens milles de l'ung à l'autre.

Lendemain, qui fut le dimanche 25 du moys d'octobre, se leva ledit prince avec ses gallées,

---

(1) Stromboli, une des îles de Lipari.
(2) Amantea.
(3) Cap de Palinure.

(4) Agropoli.
(5) Amalfi.
(6) Caprée.

et s'en alla à la rote de Naples, et passa devant la tour du Grec, et rencontra le capitaine Villemarin, qui venoit au devant de lui, sa galée fort parée, et principalement de banière et étendars, et entre les autres portoit trois banières tout d'ung égal, d'une grandeur et d'une.

La première estoit la banière du Pape, la seconde du roy de Castille, la tierce du roy Ferrant; et feist la révérence ledit capitaine au prince, et le prince lui feist grant recueil, car il estoit lieutenant général des gallées du roy d'Espagne. Et de là allasmes surgir et jetter ancre en mer devant la ville de Naples, vis-à-vis de la Magdelaine, et là descendist ledit prince, et fut fort recueilly de coups de canon et de trompettes, et lui feist-on grant allégrie à la coustume du pays.

Cedit jour vint audevant dudit prince pour le recevoir en terre don Alfonse d'Arragon, son frère bastard, évesque, et don Jehan d'Arragon, son neveu, bastard du roy Alfonce, et des gens de la ville petite quantité; car le roy Ferrant avoit fait prendre des gentilshommes de ladite ville, et les avoit envoyés au chasteau de l'Iscle jusques au nombre de trente.

Dedans ledit port de Naples y avoit que naves, que gallées, de vingt-cinq à trente, sans l'armée des François, qui estoit sous le castel de Lone de quinze à seize voiles, que les ennemis tenoient assiégés.

Cedit jour laissa ledit prince le sieur de Lesparre et messire Guillaume de Villeneufve, et Pierre Fregouse, fils de messire Perrin Fregouse de Gênes, et Gaspart de Girème, homme-d'armes soubs la charge du roy d'Evitot, dedans la gallée Marquèse prisonniers, et là demourèrent ung moys sans descendre en terre. Ung peu de temps après le prince envoya ledit Pierre Fregouse au chasteau de l'Iscle prisonnier, pour le tenir plus seurement.

Le lundy ensuivant, 26 dudit moys d'octobre, partist ledit roy Ferrant de la ville de Naples, et alla à son champ, qui estoit à Cerne, et laissa le prince à Naples pour faire faire les approches contre le Chasteauneuf, et autres chouses nécessaires au fait de la guerre. En icelluy temps estoit le Chasteauneuf en trèves aveecques le roy Ferrant, pour ce qu'il avoit faute de vivres, et estoit encore dedans monsieur de Monpensier, le prince de Salerne, et le sénéchal de Beaucaire, et plusieurs autres gens de biens.

Ung peu de temps après, et croys que ce fut le 27 du moys d'octobre que l'armée de mer des François se leva, et s'en alla sous le chastel de Lone, là où elle estoit, et emmenèrent monsieur de Monpensier, le prince de Salerne, le sénéchal de Beaucaire, et plusieurs autres gens de bien aveecques eulx s'en allèrent descendre au port de Salerne, et à la ville, et se réalièrent aveecques les autres François. Et tout cecy feirent nonobstant l'arrivée des ennemys, qui devant eulx estoient jusques au nombre de trente gallées et vingt naves que barches.

Dedans le castel de Lone estoit Claude de Robodenges, qui point n'estoit comprins en la trève, et sans cesser tiroit tous les jours de l'artillerie. Mais ung peu de temps après le Chastelneuf fut rendu; il print trève avec le prince pour deux moys, que en cas qu'il n'eust secours dedans ledit terme des deux moys, qu'il rendroit ladite place, car il avoit faulte de vivres, et bailla en ostage Jehan de La Vernade, qui avec lui estoit. Et à cette cause le prince luy faisoit bailler des vivres tous les jours. Les trèves de Chasteauneuf et de la ville furent rompus, pour ce que ceulx dudit chasteau retindrent le maistre justicier de la ville, qui leur porta des vivres: car il n'estoit pas connu pour ce faire, et y alloit à cautelle; et aussi pource que monsieur de Monpensier s'en estoit allé aveecq l'armée de mer, dont ceulx de la ville en murmuroyent très-fort, et en furent moult malcontens.

Ung peu avant que monsieur de Monpensier partist de Chasteauneuf, le prince de Bésilanne, et le sieur de Pressy, grant sénéchal du réaume, vindrent accompagnez de cinq ou six milles hommes tant à pié que à cheval jusques à Nostre-Dame-de-Piédecrote, qui n'est qu'à une petite lieuë du Chasteauneuf, et menoient avec eulx grant force vivres pour avitailler ledit Chasteauneuf; mais pource que monsieur de Monpensier avoit desjà baillé les ostages pour avoir des vivres, leur entreprise fut rompuë, et s'en retournèrent. Et estoient lesdits ostages le sieur d'Alègre, frère dudit sieur de Pressy, le sieur de La Marche, le sieur de La Chapelle, et le seigneur de Roguebertin.

A l'occasion des ostaiges dessus nommez, ledit prince de Bésilanne et le sieur de Pressy s'en retournèrent, moult vertueusement sans rien perdre, fors que les victuailles, lesquels ne peurrent pas ramener avec eulx, pource que le roy Ferrant estoit sailly de la ville de Naples au devant de eulx, accompaigné de quinze à seize mille hommes tant à cheval que à pié, et les Françoys n'estoient pas cinq milles, comme vous ay cy devant dit.

Mais nonobstant le grant nombre qu'ils estoient, n'eust esté pour l'inconvénient qu'il en eust peu estre venu ausdits ostaiges, ils se fussent mis en leur debvoir de avictuailler ledit chasteau, qui eust esté une très-grant réputation d'onneur et louange audit prince et au grant sénéchal, et à toute leur compaignie.

Le vendredy 8 du mois de novembre, le roy Ferrant feist donner le premier assault à la citadelle du Chasteauneuf de Naples, lui présent et le prince de Haultemore; là où il eust très-fort et asprement combatu, tant de ceulx de dedans que de ceulx de dehors; mais au long furent les ennemys rebutez bien et vertueusement par les François, à coups de lances à feu et de pigues, par telle façon qu'il y eut largement des ennemys morts et blessez, et des François n'y eust que deux blessez.

Tout cecy voyant, le roy Ferrant commanda faire sonner la retraite, laquelle chose fut faite promptement, pour ce qu'ils veoient qu'ils n'avoient pas du meilleur; car moult grand deffence faisoient les Françoys à bien garder leur brèches, et ainsy en demourèrent maistres pour le jour.

Le roy Ferrant se retira en son logis au chasteau de Capoane, fort desplaisant des gens qui avoient esté morts et blessez audit assault; et ordonna que on feist venir grand quantité de massons et autres manœuvriers, lesquels furent mis à miner ladite citadelle, et la minèrent plus de deux lances de parfont, et puis l'estansonnèrent sur pillotis, et boutèrent dedans grand force fagos et pouldre de canon, et quant la mine fut preste, le mandèrent dire ou roy Ferrant.

Le vendredy 28 du moys de novembre revint le roy Ferrant de son champ en la ville de Naples, pour faire mettre cedit jour le feu en la mine, et feist crier à l'assault, et les gens de tous coustez assaillirent la citadelle, et y eust merveilleusement combatu tant d'ung cousté que d'autre. Mais quand les estansons de ladite mine furent brûlez, ung grand quartier de la citadelle tomba, les François furent tout à descouverts, et furent fort esbahis, et leur fut force d'abandonner le combat, et de eulx retirer, car longue estoit leur retraite, et leur avoit-on rompu le grand pont, et aussi le pont de Paradis. Nonobstant tout cela ils s'en retirèrent bien et honestement par dedans les fossez, et à bien peu de perte.

Et par ainsi fut ladite citadelle prinse par les ennemys, qui grand perte fut pour les François, car c'estoit le boulevart et la force dudit chasteau, et à tant s'en retourna ledit roy Ferrant en son champ.

Le lundi ensuivant se leva toute l'armée du roy Ferrant, qu'il avoit par mer devant la ville de Naples, à cause de la grand tourmente qui se mist sur la mer : car ils ne s'ouzoient mettre devant le mollé, de peur de l'artillerie du chasteau, et alasmes tant de nuyt que de jour au port de Baye, et là surgismes naux, gallées, gallions, et gétismes ancre en mer, et fut la tempeste si grande qu'elle tomba dedans une nave et tua deux hommes.

De Naples jusques au port de Baye il y a sept milles, et est ledit port bel et grant, et autrefois y a eu une très-grande cité, la plus grande du réaume; et à cause de leur villain et grant péché de sodomye, ladite cité abisma et fondit dans la mer. Et encores y appèrent grandes tours, grans collisseaux et grands crottes, et dedans lesdites crottes y a encore bains, qui incessament sont chaulx; et au plus près y a ung rochier là où sont les estuves continuellement chauldes, sans que homme ny femme y fasse ne feu ne flambe; lesdits bains sont si très-naturels, que autrefois les Romains y souloient venir eulx baigner et estuver pour la santé de leurs personnes; car ils guérissent de plusieurs grandes maladies; et y avoit autrefois en escript les maladies de quoy ils guérissoient; mais les médecins de Salerne vindrent rompre les écritures qui estoient pour notifier les maladies dequoy ils guérissoient, et ce feirent à cause que desdits bains ils pardoient leurs prattiques de médecine.

Auprès dudit port y a une ville nommée Pusol (1), là où il y a une montaigne vis-à-vis, qui s'appelle la Souffrière (2), là où se fait le souffre.

Le dimanche ensuivant, premier jour de novembre, feste de Tous-saints, se levèrent toutes les gallées, et s'en allèrent devant Naples, chargées de grans fagos, pour faire les repaires devant le Chasteauneuf de Naples; et en passant devant ladite ville de Pusol, chargèrent grant force pierres et bombardes grosses et menuës, et le tout portasmes à Naples, et les deschargeasmes de nuyt, à cause de l'artillerie qui tiroit du chasteau sans cesser. Le seigneur de L'Esparre estoit dedans la gallée du prince, là où estoit messire Guillaume de Villeneufve continuellement.

Le lundi ensuivant allasmes avecques la gallées dudit prince, et les deux gallées de messire Saragousse, à l'isle de Iscle, remenasmes les naux avec nous, et barches, qui là estoient, pource que les ennemis doubtoient que l'armée des François ne les allasse prendre ou brusler,

---

(1) Pouzzol.   (2) La Solfatara.

et les remocasmes avecques les gallées jusques au port de Castelamer, là où trouvasmes l'armée des Vénissiens jusques au nombre de vingt gallées, et le sieur Villemarin, cappitaine-général pour le Roy d'Espaigne, des gallées, accompaigné de trois gallées, et messire Francisque de Pau, accompaigné de deux gallées, naux, barches, gallions, jusques au nombre de quarente, et deux escorpions; mais il est bien vray que lesdits naux estoient mal garnis de gens et de vivres.

Le mardi ensuivant ce, l'armée de Vénissiens et le cappitaine Villemarin, accompaigné de vingt-cinq gallées, allèrent au port de Baye, pource que l'on disoit que l'armée de France, qui estoit au port de Sálerne, s'estoit levée et avoit fait voile pour aller avitailler le Chasteauneuf et chastel de Lonc, et aussi qu'ils se doubtoient qu'ils n'allassent au port de Gaiette, laquelle chose ils feirent.

Et le mercredy ensuivant, feste de monsieur Saint-Martin, arrivèrent deux grosses naux génoisses devant le port de Baye, et là surgirent et gettèrent leurs ancres en mer sans entrer dedans ledit port, ne sans saluer l'armée, dont le général des Vénissiens, et le cappitaine Villemarin, et tous les autres patrons en furent fort esbahis, car ils ne savoient se c'estoit pour eulx ou contre eulx, attendu qu'ils n'avoient point salué l'armée, ne getté leur batteau dehors de leurs naux, à la coustume de la mer; et grant joye en eut le sieur de L'Esparre et ledit duc de Villeneufve, et les autres François, qui estoient prisonniers dedans lesdites gallées, cuidant que ce fût le secours de France, car assez suffisoit des deux naux pour recouvrer la ville de Naples pour l'eure; car les deux naux estoient belles et grandes, portant l'une trois milles bottes, et l'autre deux milles et cinq cens bottes; et s'appelle l'une la nave Gallienne, et l'autre nave l'Espinole.

Or vint lendemain à matin que se leva la gallée du prince et allasmes voir lesdits naux; et tout le long cria le commite de ladite gallée par deux fois: *Qui vive, qui vive!* et ceux des naux répondirent: *Saint-George et Frerre, Frerre;* et tous ensemble commencèrent à crier derechief: *Frerre*, et tirèrent grans coups de canon, et trompette de sonner, et arborèrent grant quantité de bannières et estendars d'ung cousté et d'autre: qui fut ung horrible dueil pour les Françoys.

Là descendit le patron de la gallée du prince, nommé Mathieu Corse, et ung gentilhomme nommé missire Francisque Corve; et allèrent tous deux dedans ladite nave pour sçavoir des nouvelles; et de là escripvirent au prince qui estoit à Naples fort esbahis, et la ville bien esmeuë, cuidant que ces deux naves venissent pour le secours de France, car le chasteau de Lonc en avoit fait grand feu de joye, cuidant qu'ainsy fût.

Tout incontinant que le général des Vénissiens sceut les nouvelles, il vint devers les naves avecques toutes ses gallées, et renvoyèrent lesdites naves surgir auprès du chasteau de Lonc, donc les François qui dedans le chasteau estoient, en furent bien esbahis, quant ils veirent qu'ils estoient du party contraire, et aussi fut le Chasteauneuf.

Le lundi 6 du mois de novembre, vint monseigneur le prince en la gallée qui estoit à Marguillon, derrière le chasteau de Lonc, et là disna. Et après disner, à la requeste de monseigneur de L'Esparre, qui dedans la gallée estoit, feist appeler missire Guillaume de Villeneufve, et l'envoya quérir en soubte dedans l'esquandalar par le patron Mathieu Corse, et par son maistre d'oustel messire Vincent; et le feist mener devant le prince, et là ledit de Villeneufve fit la révérence au prince qui encore ne l'avoit voulu avoir.

Mais bien debvez sçavoir que en ladite révérence fut assez piteuse, car ledit de Villeneufve avoit grant barbe grise, et le visaige bien nègre et fort défait, et bien pourrement vestu, et assez triste de sa personne, comme cellui qui avoit esté quatre moys en gallée prisonnier par force, et très-mal nourry; car la pluspart du temps ne mangeoit que biscuit, et la moitié de ses gens enchesnez et enfibrez, sans que ledit prince le voulsist veoir, ne parler à luy durant ce temps, ne souffrir qu'il descendist en terre, fors ung jour, qu'il le feist descendre à Tarente à la requeste de George de Silly, gouverneur de ladite ville, lequel promist sur sa foy rendre ledit Villeneufve landemain, laquelle chose il feit tout incontinent que la gallée vint le requérir.

Mais bien debvez sçavoir que à la descendüe que ledit de Villeneufve feist à la ville de Tarente, fut moult bien recueilli du gouverneur et de tous les gentilshommes qui avec luy estoient, pour l'onneur du roy de France, de Sécile et de Jérusalem, et aussy pour la pourreté en quoy ils vindrent, tant de vestement que de la personne. Car il y avoit plus de dix-huit jours qu'il n'avoit mangé pain ne beu que de l'eau de la pluye. Car biscuit et eaux leur estoient faillis, et ne povoient prendre eaux fresches à plus de dix milles de Tarente, pour la forte guerre que leur faisoit le gouverneur de ladite ville.

Pareillement fut bien recueilli ledit de Villeneufve par les Tarentins, pour l'onneur du Roy; car moult fidèles et bons Françoys estoient, et bien le montrèrent, quant le prince mettoit gens en terre; car ils estoient tousjours les premiers armez pour les combattre.

La cité de Tarente est une très-belle ville et grande, et y a très-fort chasteau, et encore seroit plus fort se il estoit parachevé du quartier de la ville; et est ladite ville et chasteau toute environnée de mer; et ne se peut assiéger ladite ville sans trois grans puissances de gens pour y mettre trois siéges, l'ung du quartier de la ville des Cortailles, et l'autre en l'isle de l'autre quartier vis-à-vis de ladite ville, sus le chemin de la ville de Massafre, et l'autre par mer; et l'un des siéges ne peut secourir l'autre.

Et si fauldroit pour tout le moins que à chacun siége y eust sept ou huit milles combatans, car ils sailloient des habitans de ladite ville cinq ou six milles hommes à cinq coups pour une saillie. Ledit chasteau estoit très-bien pourvu de blez, de vin, de mil, de chair, de poudres et de toutes choses nécessaires pour la provision d'une telle place, et principalement des gens de bien, qui estoient avec ledit gouverneur, qui moult bien les sçavoit traitter et conduire.

Quant vint lendemain que la gallée vint quérir ledit de Villeneufve, sachez pour tout vray, que piteux fut le congié que ledit gouverneur et gentils-hommes, et les gens de bien de ladite ville, prindrent dudit de Villeneufve, à l'entrée qu'il feist dedans la gallée de la pitié qu'ils avoient : car il n'y avoit homme, tant du chasteau que des gens de bien de la ville, qu'ils ne luy dépertissent de leurs biens pour vivre dedans ladite gallée; et bien besoing en avoit, pource que en ladite n'avoit mangé plus de huict jours avecques herbes et olives verdes, et estoient bien mal fournis d'eaue, comme vous ay dit par cy-devant. Et à tant s'en ala en la gallée, et les Tarentins tous ensemble se prindrent à crier : *France, France!* comme bons et loyaux Françoys qu'ils estoient.

Cedit jour que le prince envoya quérir ledit de Villeneufve en la gallée, présent le seigneur de Lesparre, et le capitaine Villemarin, capitaine-général de toutes les gallées du roy d'Espaigne, ledit prince dit audit de Villeneufve qu'il estoit fort esbahis de quoy il ne luy avoit voulu rendre et bailler le chasteau de Trane entre ses mains, attendu que par plusieurs fois l'en avoit fait requérir et principalement par son maistre d'oustel, missire Vincent; et aussy que luy-mesme y estoit venu une autre fois en personne; et qu'il luy voulsist mieux avoir fait comme les autres cappitaines, qui leur avoient rendu leurs places par composition, leurs personnes, et leurs gens, et leurs bagues sauves, et qu'ils les envoyroit tous en seureté jusques au port de Marseilles ou d'Aiguemortes.

Ledit de Villeneufve répondit au prince qu'il ne luy voulsist déplaire; car il n'eust pas fait son debvoir de luy rendre une telle place sans le commandement du Roy son souverain seigneur, de qui il l'avoit en garde; et qu'il eût mieux aimé y mourir que de luy avoir fait cette grande faulte et lascheté.

Et alors lui respondit ledit prince, qu'il avoit entendu que ledit de Villeneufve l'avoit voulu bailler entre les mains des Vénissiens, et qu'il en estoit bien esbahis. Ledit de Villeneufve lui respondit, sauvant son honneur, que jamais ne l'avoit pensé ne voulu faire; et que s'il l'eust voulu bailler entre les mains des Vénissiens ladite place, qu'ils lui eussent donné très-volontiers dix milles ducas, de laquelle chose il n'avoit garde; car il le monstra bien à la parfin.

Et lors ledit de Villeneufve dit au prince, présens les dessus nommés, le seigneur de l'Esparre, et le cappitaine Villemarin et plusieurs autres gens de bien, que s'il y avoit Vénissiens ou autre homme, de quelque langue qui fût, qui voulsist dire ne maintenir qu'il eust voulu bailler, ne rendre ladite place à homme du monde, que faulsement et mauvaisement ils avoient manti, sauvant l'onneur du prince, et que avecques son bon congié et licence, il estoit prest et appareillé de le combattre l'espée au poing dedans ladite poupe de la gallée, et de l'en faire dédire par sa gorge, que faulsement et mauvaisement l'avoit dit; et sus cela ledit de Villeneufve en jetta son gage de bataille ou milieu de la poupe de la gallée, présent ledit prince, le seigneur de l'Esparre, le cappitaine Villemarin, et le cappitaine Francisque de Pau, et plusieurs autres gens de bien qui présens estoient.

Alors le seigneur Villemarin et le cappitaine Francisque de Pau dirent au prince que autresfois ils avoient veu et cogneu ledit de Villeneufve aux guerres de Castalongne, là où tousjours avoit esté renommé homme de bien, et attendu qu'il faisoit l'offre de vouloir prouver de sa personne, que ledit prince se devoit tenir pour excusé, et pour content, laquelle chose il feist, oyant les chouses dessusdites, et que nullui ne disoit à l'encontre, nonobstant que les Vénissiens fussent présens, et à tant le prince s'en retourna à la ville, et le seigneur de L'Esparre et ledit de Villeneufve demourèrent en la gallée.

Ung peu de temps après fut mené le seigneur de L'Esparre et ledit messire Guillaume dedans la ville de Naples, prisonniers par le cappitaine Montanègre, cappitaine de la guerre, et par le maistre de la monnoye, nommé messire Charles, et furent mis dedans la maison dudit Montanègre, jusques à temps que le Chasteauneuf fut prins.

Ung peu après que le Chasteauneuf fut prins, fusmes menez audit Chasteauneuf, et fut environ à la fin de décembre; et là fusmes en prison en la grosse tour du Portal jusques à la délivrance de nos personnes.

Le deusiesme jour du moys de décembre, fut envoyé quérir le seigneur de L'Esparre de par le roy Ferrant, qui estoit à la ville de Cerne, en son champ ; cela amassoit gens de tous coustez, et disoit l'on la cause pourquoy il avoit envoyé quérir le seigneur de L'Esparre, c'estoit pour faire le change du fils du conte Chamberin et de lui, qui pareillement estoit prisonnier au champ de monseigneur de Monpensier, qui estoit au quartier de Salerne assez près les ungs des autres.

Le huitiesme jour dudit mois de décembre ensuivant se rendist le Chasteauneuf de la ville de Naples au roy Ferrant, et entra le prince de Haultemore dedans ledit chasteau, pour ledit roy Ferrant, et feist lever les armes et banières dudit Roy sus les grosses tours, et moyennant la rendition dudit chasteau, furent rendus les ostaiges que avoit baillés monseigneur de Monpensier. C'est à sçavoir, le seigneur d'Alègre, le seigneur de La Marche, le seigneur de Jehanly, le seigneur de La Chapelle et le seigneur de Roquebertin. De ladite place tous ceulx qui estoient dedans se retirèrent à sauveté dedans les navires qui les debvoient porter en France, eulx, leurs bagues et leurs harnoys, et toute l'artillerie qui estoit au roy de France, de Sécile et de Jérusalem, et furent envoyez en France, et aussi les oustaiges, comme avoit esté dit par l'appointement. Mais nonobstant ledit appointement, ils furent détenus sur la mer, tant au port de Naples que au port de Baye, l'espace de six sepmaines, qui moult leur ennuya.

Mais comme l'on disoit, les ennemis les détenoient en cautelle, de peur qu'ils ne s'en prévissent et ralliassent avecques l'armée qui venoit de France; car ils estoient une très belle compaignie et grand, tant avecques monseigneur d'Alègre que avecques messire Gabriel de Monfaulcon, qui pareillement s'en alloit par composition, et croys qu'ils estoient de nombre de cinq cens hommes ; et estant le roy Ferrant en Calabre avant que la ville de Naples fût rendue, monseigneur d'Aubigny, connestable dudit réaume, le prince Bésilanne, le seigneur d'Alègre, grant sénéchal du réaume, chevauchèrent tant par leurs journées, qu'ils rencontrèrent ledit Roy auprès d'une ville nommée Semenare : lequel Roy estoit bien accompagné, tant d'hommes d'armes que de gens de pié, et d'un grand nombre de génitaires que le roy d'Espaigne lui avoit envoyé.

Mais nonobstant que ledit Roy fût fort grandement accompagné, comme dessus ay dit, les François ne délaissèrent point que vaillament et hardiment ne donnassent dedans comme bons et hardis hommes de biens, conduits par trois chevaliers que dessus vous ay nommés.

Et par telle façon fut le joindre des ungs avecques les autres, que les François tuèrent, et preindrent largement des ennemis, et tout le demourant fut rompu, et se misdrent en fuite.

Le roy Ferrant, comme bon chevalier et hardi de sa personne se monstra vertueux par telle façon, cuidant rallier ses gens, par plusieurs fois tourna le visaige vers les ennemys ; et par tant de fois qu'il fut getté par terre, et perdit son cheval, et n'eust esté un sien soudart (1), qui le remonta sur une jument qu'il chevauchoit, ledit roy Ferrant eût esté en grant dangier de sa personne, et dessus ladite jument se retira et sauva le Roy.

Ung peu de temps après le seigneur de Pressy, grant sénéchal du réaume, et le prince Bésillanne ouyrent des nouvelles que le Pape envoyoit le fils du conte Chamberin et quatre autres contes au secour du roy Ferrant, accompaignez de trois cens hommes d'armes ou plus, et de bien six milles enfans de pié ; en somme ils estoient plus la moitié que les François. Mais nonobstant le grand nombre, ledit seigneur de Pressy et le prince de Bésillanne, comme bons et hardis chevaliers, sans regarder le dangier de leurs personnes, donnèrent dedans bien et hardiment, et rompirent la première escadre, que menoit le conte Chamberin, et par telle façon qu'il y eust largement de mors et de prins, et le demourant mis en fuite et en roture jusques à la ville de Yole, laquelle ville voyant ladite roture, se retourna pour les François. Entre les autres y fut prins le fils du conte Chamberin et plusieurs autres, et menés prisonniers en la ville de Salerne par les François. En

(1) Jean d'Attavita, frère du duc de Termini.

somme et en conclusion le champ et la victoire demoura aux François, et la louange à Dieu. Ledit fils du conte Chamberin fut mis à treize milles ducas de ranson, et depuis fut eschangé pour le seigneur de L'Esparre, qui estoit prisonnier entre les mains du roy Ferrant.

[1496.] Le samedy ensuivant, sixiesme jour du mois de janvier, le seigneur de L'Esparre et ledit de Villeneufve estoient prisonniers en la grosse tour du Chasteauneuf de Naples, leur fut dit les nouvelles du secour des François, qui estoient arrivez à Gayette, et à toute diligence le prince de Haultemore y alla, et Prospre Coulonne avecques lui par terre; et y feirent aller la pluspart des naux et des gallées: mais trop tart y arrivèrent les ungs et les autres; car jà estoit entré ladite armée de France dedans le port de Gayette. Nonobstant lesdits François ne sceurent tant faire qu'ils ne perdissent une de leurs barches, chargée de vivres, qui s'appelloit la Magdelaine, laquelle fut prinse des ennemys.

Le vingt-sixiesme jour du moys de janvier fut délivré le seigneur de L'Esparre hors de la prison du Chasteauneuf de Naples, et fut fait par le change de luy et du fils du conte Chamberin, que les François tenoient prisonniers, et estoit ledit fils Chamberin mis à ranson, et à treize milles ducas.

Le 26 du mois de février partist le roy Ferrant de la ville de Naples, et s'en alla à une ville nommée la Tripande (1), là où son champ seroit remué pour s'en aller à l'Apoüeille après l'armée des Francoys, qui y alloit pour lever les deniers de l'Apoüeille des brebys, qui montoit la somme de quatre vingt à cent mille ducas.

Le 27 du moys de février fut rendu le chasteau de Lone au roy Ferrant, que pour lors tenoit Claude de Robodenges pour le roy de France, de Sécile et de Jérusalem, pource que le terme estoit venu qu'il le devoit rendre par l'appointement fait entre le prince de Haultemore et lui; et en ce faisant ledit prince lui faisoit bailler tous les jours des vivres; car il n'en avoit point, comme l'on disoit; et en baillant ledit chasteau, fut randu Jehan de La Vernade qui estoit baillé pour ostaige; et cedit jour se retirèrent dedans la barche qui les debvoit porter en France, eulx et leurs compaignons, leurs bagues sauves, ainsi qu'avoit esté dit par leur appointement; et entra dedans ledit chasteau, pour le roy Ferrant, le conte Mathelon, comme cappitaine et chastelain, accompagné de trois à quatre cens hommes, et levèrent les banières du roy Ferrant sus à grant joye, et à grand allégrie à la coustume du pays: car c'estoit une des chouses que plus ils désiroient de recouvrer ledit chasteau de Lone après qu'ils eurent le Chasteauneuf.

Le roy Ferrant n'estoit point à la ville de Naples pour le jour, ne aussi le prince de Haultemore; car ledit Roy estoit à son champ, et le prince estoit au cartier de Gayette, là où il avoit assemblé des gens le plus qu'il avoit peu, et pareillement aussi feist Prospre Coulonne, à cause du secour qui estoit arrivé.

Lendemain, qui fut le dix-huitiesme (2) jour de février, arriva le roy Ferrant à la ville de Naples, et rencontra auprès de ladite ville la seigneure Infante d'Arragon, fille de la royne Jehanne d'Arragon, relaissée du roy Ferrant, qui venoit de la chasse; et s'en vindrent tous deux ensemble. Et quant le Roy fut arrivé, au nombre de deux ou trois milles hommes qui s'en alloient droit au moule, délibérez de vouloir aller prendre la nef là où estoient les François qui estoient saillis du chasteau de Lone, et mettre à mort et en pièce tous lesdits François qui estoient dedans ladite nef. La raison pourquoi cedit peuple vouloit faire cette exécution, pource que nouvelles estoient venuës à Naples que le conte de Montoire, qui avec les Françoys estoit, avoit fait pendre par la gorge quatre ou cinq Napolitains, et à cette cause la commune vouloit faire cette vengence sur lesdits Françoys; mais comme Dieu voulut, l'armée du roy Ferrant, lui estant devant ledit chasteau, voyant cette tumulte et assemblée de gens, à toute diligence alla devant eulx; et lui informé de l'exécution qu'ils vouloient faire, leur remonstra que c'estoit à son déshonneur et folie attenduë que lesdits Françoys estoient saillis hors du chasteau sous son sauf-conduit et seureté, et feist tant que ledit peuple se retira.

Lendemain, certain nombre des habitans de ladite ville vindrent faire requeste audit roy Ferrant, qu'il lui pleust faire trancher la teste et mettre en quatre quartiers à cinq hommes qu'il tenoit prisonniers au Chasteauneuf pour vengence. Les trois estoient fils légitimes du conte de Montoire, et le quart son fils bastart, et le cinquiesme son frère bastard, ausquels le roy Ferrant répondit qu'il y aviseroit; et lendemain leur accorda et octroya le fils et frère bastars leur seroient baillé et délivré pour en faire leurs voulontez; et cedit jour s'en alla le roy Ferrant en son champ.

---

(1) Attripalda.

(2) Lisez le vingt-huitième.

La royne Jehanne d'Arragon relaissée du roy Ferrant dernier mort, tante du roy Ferrant, qui pour l'eure vivoit, elle esmuë de pitié et de miséricorde, après que ledit roy Ferrant fut parti, pardonna aux prisonniers dessus nommez que on vouloit faire mourir, et feist tant de ces belles paroles et remonstrations envers ledit peuple, qu'ils en furent contens pour l'onneur d'elle.

Le 25 du moys de febvrier partist la nef de Claude Robodenges du molle de Naples, lui et tous ses gens dedans, et Jehan de La Vernade, qui avoit esté baillé pour ostaige; et furent menez en Prouvence, ainsi que avoit esté dit par leur appointement.

En celluy temps avoit ordinairement le roy Ferrant vingt gallées vénissiennes à son secours et à ses gaiges; et pource qu'ils y avoient esté longuement à leurs dépens, qui n'est pas petite chose, car lesdits Vénissiens ont de coustume d'avoir cinq cens ducas pour moys pour chacune gallée, qui seroit en somme dix milles ducas tous les mois pour les vingt gallées, et en oultre avoient quatre cens estradiots grecs par livres.

Et à cette cause que ledit roy Ferrant avoit plusieurs autres gallées et naux, tant d'Espaigne que de Biscaye et de Gennes, qui lui montoit une autre terrible somme et grand despense, lesdits Vénissiens, qui rien ne veulent perdre, car ils ne l'ont pas de coustume, voulurent estre assignez de leur payement, tant du temps passé que du temps à venir, ou autrement s'en fussent allez; et pourtant, comme l'on disoit, le roy Ferrant leur bailla et consigna entre leurs mains trois villes de l'Apoüeille, toutes trois sur la marine, c'est à sçavoir la ville de Trane, la ville de Brindes et la ville de Tarente, et les chasteaux; et furent baillées lesdites villes en gaiges aux Vénissiens jusques à fin de paye.

Le premier jour du moys de mars arriva le roy Ferrant au chasteauneuf de Naples, qui estoit vers Salerne, là où estoit l'armée des François, et ce soir coucha avecques la seigneure Infante d'Arragon, fille du roy Ferrant dernier mort, publiquement comme sa femme espousée, car la dispense estoit venuë de Rome de nostre Saint-Père le Pape, pource qu'elle estoit son ante-fille du roy Ferrant, lequel a espousé ladite Infante d'Arragon. Et ne fut fait nulles nopces ne nulle feste, à cause de la grant guerre qui estoit au réaume de Naples.

Le prince de Haultemore, don Fédéric d'Arragon, y arriva lendemain, et vint de son armée qui tenoit au quartier de Gayette; et au bout de deux jours s'en retournèrent chacun en son champ.

Le 7 du mois de mars saillist hors de prison de la grosse tour du Portail du chasteauneuf de Naples, messire Jehan de Rabot, conseiller du roy de France, de Sécile et de Jérusalem, et Gaspart de Giresme, homme d'armes, soubs la charge du roy d'Evitot, et furent menez devers le roy Ferrant à la ville de Bénévent. La façon comment ils furent délivrez par ranson, ou par eschange ou autrement, je ne vous sçauroye pas pour cette heure dire.

Ledit messire Jehan de Rabot et Gaspard de Giresme laissèrent messire Guillaume de Villeneufve prisonnier dedans la grosse tour, seul avecques son prestre et ung sien serviteur, et avoit jà esté ledit de Villeneufve détenu huit mois prisonnier, c'est à sçavoir quatre moys en gallée et quatre moys en terre. Car bien debvez sçavoir que grant deuil et grand desplaisir lui fut de veoir en aller les dessus nommez, et demourer tout seul, et aussi que le seigneur de L'Esparre avoit esté délivré six sepmaines avant; lequel seigneur de L'Esparre et ledit de Villeneufve avoient esté toujours prisonniers ensemble depuis qu'il fut mis en terre. Et lors ledit de Villeneufve cogneust bien qu'il estoit sans maistre, attendu que autre chouse n'y povoit faire, se tourna à Dieu et à Nostre-Dame, lui suppliant qu'il leur pleust lui donner briefve délivrance et bonne patience.

Ung peu de temps après que ledit messire Jehan de Rabot fut délivré de prison, là où il estoit avec ledit de Villeneufve, l'on deslogea ledit de Villeneufve de la prison, et fut mené au plus haut de la tour, dedans une voute obscure et ténébreuse, et pour le tenir en plus grant destresse et faire vivre en desplaisir, lui firent barrer et treillisser les fenestres de ladite prison de gros treillis de bois par dedans, nonobstant qu'elles fussent bien ferrées par dehors de gros treillis de fer; et en telle façon furent lesdites fenestres fermées, qu'on ne povoit appercevoir la veuë, ne veoir homme ne femme, fors que une More esclave, qui lui apportoit tous les jours sa pourre vie, et bien pourrement, et le tout failloit qu'il prinst en patience en attendant la miséricorde de Dieu.

Le vendredi prouchain après le jour de Pasques, arriva le marquis de Mantoa au Chasteauneuf de Naples, et là alla faire la révérence à la royne Jehanne d'Arragon, relaissée du roy Ferrant, et aussi à sa fille la seigneure Infante, que le roy Ferrant, fils du roy Alfonce, avoit nouvellement espousée, et jà s'appelloit royne. Lendemain s'en retourna ledit marquis à la ville de Capoa, là où il avoit laissé ses gens-d'armes qu'il amenoit pour le secour du roy Ferrant, qui estoient en nombre de quatre cens armez, et cinq milles enfans de pié, et cinq cens chevaulx légiers, comme l'on disoit.

De ladite ville de Capoa s'en départit ledit marquis avecques toute son armée, pour s'en aller devers le roy Ferrant, qui estoit au quartier de l'Apoüeille, à une ville qui s'appelle Bénévent, laquelle ville appartient au Pape; et là alentour faisoit assembler toute son armée; c'est à sçavoir don Chesdre d'Arragon, qui estoit au quartier de Tarente avecques une bande de gens, et don Salvo, qui estoit au quartier de la Calabre avecques une autre bande de génitaires; lesquels tous ensemble se debvoient trouver autour de la ville de Forgez, pour lever les deniers de la doüanne des brebys, qui montent cent milles ducas par an, car le plus fort le devoit emporter. Monsieur de Montpensier, le prince de Salerne, le prince de Bésillanne, le seigneur de Pressy, grant sénéschal du réaume, monseigneur don Julien, duc du Mont-Sainct-Angle, et plusieurs autres cappitaines s'estoient assemblez autour de la ville de Saint-Séver, là où estoit le seigneur Virgille pour le roy de France, de Sécile et de Jérusalem; tous ensemble se faisoient fors pour lever les deniers de ladite doüanne. Je ne sçay encore comment il en ira.

Le onziesme jour du moys d'apvril fut ramené missire Jehan de Rabot de ladite ville de Bénévent en la grosse tour du chasteau de Naples, là où estoit missire Guillaume de Villeneufve, et avec luy fut ramené Gaspart de Giresme et Jehan de Brion, gouverneurs de la ville de Capoa pour monseigneur de Ligny, et messire Benard, chevalier, homme-d'armes soubs la charge de monseigneur de Pressy, grand sénéschal du réaume, pource qu'ils ne furent pas d'accort de l'eschange qu'ils vouloient faire avec ung escuier d'escurie du roy Ferrant, que on appelloit Lamouche, lequel estoit prisonnier entre les mains du conte de Salerne. Néanmoins le lendemain furent renvoyez quérir les dessus nommez par le prince de Haultemore, et furent ramenez à la ville de Bénévent, et crois que l'eschange sortit son effect; la façon je ne la vous sçauroye dire.

Le dimanche 24 du moys d'apvril arriva le prince de Haultemore en la ville de Naples, et venoit avecques le roy Ferrant qui estoit en l'Apoüeille avec son armée, et disoit l'on que le prince venoit pour renforcer l'armée de mer pour aller à Gayette, tant pour essayer s'ils pourroient prendre ladite ville de Gayette, que pour la doute qu'ils avoient du secour de France, que on disoit qui venoit par mer, laquelle chose ils craignoient très-fort et non sans cause.

Le 15 du moys de juing fut amené prisonnier au chasteau de Naples le frère du prince de Bésillanne, qui avoit esté nourry au réaume de France, en la maison de très-hault et puissant prince monseigneur le duc de Bourbon et d'Auvergne, et fut mis en la prison nommée la Princesse, et quatre ou cinq autres barons qui avoient esté prins avec lui en Calabre; dont grant feu et grans allégris en furent faits à la ville de Naples, car de peu de chouse se réjouissent à la coustume du pays.

En cellui temps pareillement amenèrent les ennemys devant le chasteau de Naples trente ou quarante compaignons de guerre, lesquels ils avoient prins d'assault en une petite ville méchante, avec trois gentils-hommes qui les conduisoient, et crois qu'ils estoient de la bande du cappitaine Loys Dars. Et celui propre jour tous les pourres compaignons furent mis en gallée par force, nommée la gallée Francin-Pastour, et les trois gentils-hommes furent mis en prison en la fosse du Mil, très-mauvaise et piteuse. Le nom de ces trois gentils-hommes, je ne les vous sauroye nommer pour cette heure.

A l'entrée du moys de juing s'en alla le cappitaine Villemarin devers le roy d'Espaigne, et emmena les trois gallées avecques lui pour certaine chouse que ledit Roy avoit à besoigner à lui.

Le 15 du moys du juillet vindrent les nouvelles à Naples, que une fuste de Turcs avoit prins les deux gallées de Francisque de Pau au quartier de la Calabre, qui estoit chose fort à croire, non pourtant si fût-il vray; et fut ledit cappitaine Francisque de Pau mis à mort et haché en pièces; et fut très-grant dommaige, car il estoit gentil chevalier.

Le 26 du moys de juillet, feste de madame Sainte Anne, furent apportez les chapitres à la ville de Naples, et attachez aux carrefours de ladite ville du traitté et appointement fait entre le roy Ferrant et monsieur de Monpensier, archiduc de Cesse, conte dauphin d'Auvergne, vice-roy, et lieutenant-général pour le roy de France, de Sécile et de Jérusalem, au réaume de Naples; lequel estoit assiégé à la ville de La-telle par ledit roy Ferrant, nonobstant qu'il fust accompaigné de plusieurs bons hommes-d'armes et autre compaignie d'hommes de guerre, jusques au nombre de six à sept milles combatans, comme l'on disoit, tant Françoys que Italiens, et y estoit le seigneur Virgille en la compaignie.

◇◇◇

S'ensuivent les chapitres et appointemens, c'est à sçavoir:

Que monseigneur de Monpensier bailleroit pour oustage le seigneur de Pressy, grant séneschal du réaume, et le bailly de Vitry pour la partie des Françoys; et pour la partie des Italiens, le seigneur Paule de Vitelle et le seigneur Paule Ursin; et pour la partie des Allemans, le cappitaine des Souyches Brochart; que en cas que le secours ne viendroit pour les Françoys si très-fort, qui feist remuer le roy Ferrant hors du champ dedans le 13 du mois d'aoust, que ledit seigneur de Monpensier rendroit la ville, et s'en iroit lui et toute sa compaignie au port de Castelamer, comme aussi le roy Ferrant le debvoit faire bailler navires à suffisance pour l'emmener lui et tous ses gens, chevaulx, bagues et harnoys en bonne seureté au réaume de France, réservée l'artillerie, et les barons et autres gentils-hommes du réaume qui s'en vouloient aller, ou demourer à la discrétion du roy Ferrant. Et en ce faisant, ledit Roy estoit tenu de faire bailler vivres audit monseigneur de Monpensier et à tout son ost durant le temps qu'il estoit dit par l'appointement; c'est à sçavoir, pain, vin, chair, huile, et toutes autres choses nécessaires pour la vie des hommes et des chevaulx; car ils n'en avoient point, et à de cela furent contraints de faire cest appointement en attendant le secour. Bien est vray que monseigneur d'Aubigny, connestable dudit réaume, ne monseigneur le prince de Salerne, ne le prince de Bésillanne, ne plusieurs autres barons, qui hors de ladite ville estoient, n'estoient point compris en cest appointement; car ils n'estoient pour lors sur la puissance de monseigneur de Monpensier.

Mais bien debvoit ledit seigneur de Monpensier mander commissaires, et faire exprès commandement à toutes les villes et par tout où il avoit puissance, qu'ils eussent à faire ouverture, et à eulx rendre au roy Ferrant, ainsi qu'il estoit contenu aux chapitres de l'appointement. Encore plus fort, dit que en passant devant le chasteau d'Ostie auprès de Rome, qu'il eust à faire commandement au cappitaine, qui dedans estoit, nommé Menault de Guerres, qu'il eust à rendre ladite place entre les mains de Nostre-Saint-Père le Pape, de laquelle chouse, je croy que s'il le feist, qu'il eut mauvaise obéissance.

Le premier dimanche d'aoust, 7 dudit mois, fut missire Guillaume de Villeneufve, chevalier, mis hors de prison de la grosse tour du Portal du Chasteauneuf de Naples, là où il avoit esté ung an trois jours, comprins quatre moys qu'il avoit esté aux gallées par force.

En cette sepmaine se rendit la ville de Saint-Severin au roy Ferrant par composition, et le chasteau prins d'assault, et tous les gens qui estoient dedans furent mis à mort et hachez en pièces.

En cette propre sepmaine print le roy Ferrant la ville de Salerne en la mercy, pour que ledit Roy y mist le siège et y feist grand batterie. Le chasteau de ladite ville tint bon pour le roy de France, pource qu'il estoit très-fort et bien avitaillé.

En icelui temps partit monseigneur de Monpensier et le seigneur Virgille, de la ville de l'Estolle(1), là où ils avoient esté assiégez par l'espace de long-temps, et par faulte de vivres s'appointerent avecques le roy Ferrant, et par cest appointement faisant, ledit roy Ferrant les debvoit envoyer au réaume de France, eulx et leur compaignée, qui estoit en nombre de trois milles ou environ, et de cheval deux milles, et les feist embarquer à Castelamer. Et depuis ledit embarquement fait, il feist mettre le seigneur Virgille en terre contre sa voulenté et à force, et le détint prisonnier, nonobstant la seureté qu'il lui avoit donnée, et par telle façon qu'il mourut en ses prisons, et aussi feist mourir monseigneur de Monpensier par le mauvais traittement et longueur de temps qu'il le détint sur la mer, et plusieurs autres gens de bien.

La feste de madame sainte Anne, 26 du mois de juillet, vindrent les nouvelles à Naples que la nave nommée la Marmande et trois gallées estoient arrivées dedans le port de Gayette, portant gens et vivres pour le secour de ladite ville, et nonobstant que le conte Raguerre fût devant le port de Gayette avec l'armée du roy Ferrant jusques au nombre de quinze naux et barches et de dix à douze gallées, dont le peuple de la ville de Naples en fut terriblement desplaisant.

Le jeudy, dix-huitiesme du mois d'aoust, entra ung gallion de France dedans le port de Gayette pour le secour des Françoys, en despit de toute l'armée qui devant estoit, dont en fut grant bruit et grant murmure en la ville de Naples. Le jour devant y estoit allé cinq gentils-hommes du roy Ferrant avecques ung autre de monseigneur de Monpensier, pour sçavoir s'ils se vouldroient point rendre; dont ils furent très mal obéys, et encore pirement recueillis, car les François qui estoient dedans Gayette, estoient grant quantité de gens, et bien avitaillez de nouveaux, et pleins de bonne voulenté de

(1) Batella.

bien servir le Roy; et y estoit pour chef le capitaine Aubert Roussel, et le capitaine Champie, capitaine du chasteau.

Le vingt-huitiesme jour du moys de septembre, jour de monsieur Saint-Michel, partist un gallion du port de Pusol, qui estoit à don Fédéric d'Arragon, pour porter les gens-d'armes de monseigneur de Ligny, qui estoit à Venise, pour eulx en aller au réaume de France, qui estoient sous la charge du gouverneur Ragusse.

Cedit jour s'embarqua dedans ledit gallion messire Guillaume de Villeneufve, chevalier, conseiller, maistre d'oustel du Roy nostre sire; et cedit jour allèrent à ung chasteau nommé Prochite (1), là où il y a sept milles de Baye; de Prochite passasmes l'isle de Ponce, où il y a quarante milles; de Ponce entrasmes en la plage Roucaine, où il y a du mont Celselle (2) jusques au mont Argentel (3) cent cinquante milles; et est le mont Argentel en la terre des Senoys; et du mont passasmes entre l'isle de Gourgolle (4) et Caporse (5) qui est aux Genevois. Ladite montaigne est inhabitée à cause de la grande quantité de ras qui ordinairement sont en ladite montaigne. De Gourgolle tirasmes la vie de Prouvence, et passasmes devant la montaigne de Sarrezane et de Petresante, et de là passasmes à Vintemille; et de là allasmes prendre le port à Monègue (6), là où ledit gallion cuida périr et tous ceux qui estoient dedans, du grand fortunal du temps qui courut; mais Nostre-Seigneur et Nostre-Dame-de-la-Garde de Marseilles, à laquelle fut voué ung pellerin, sauva et garda toute la compaignie.

Ledit port de Monègue est beau, et est une très-forte ville et chasteau et de grant regart; mais pour l'onneur du Roy, le seigneur dudit Monègue nous recueillit et nous donna vivres et toutes autres choses nécessaires, ayant esgart à la pitié qui estoit en nous; et de là partist ledit de Villeneufve, à pié, et s'en alla à Villefranche, et de là à Nysse, et de là à Marseille, là où il trouva monseigneur le marquis de Rothelin, gouverneur dudit pays de Prouvance, lequel pour l'onneur du Roy, et pour la grand pitié de pourreté en quoy il veist ledit de Villeneufve, lui présenta beaucoup de bien; mais il ne voulut rien prendre fors sa vie, pour l'amour de Dieu, ainsi qu'il est voué de faire estant en sa prison, jusques à tant qu'il eust trouvé le Roy, son souverain seigneur et maistre; et de là s'en alla

ledit de Villeneufve à la Sainte-Baulme en achevant ses veux et pellerinages; et de la Sainte-Baulme passa par Beauquère en sa maison, et n'y arresta point, et incontinent s'en alla, sans séjourner, à Lyon sur le Rosne, où il trouva le Roy, son souverain seigneur, tousjours à pié, demandant sa vie pour l'amour de Dieu, et en l'estat qu'il saillist hors de sa prison, tout ainsi comme son veu portoit.

Et tant alla par ses journées qu'il arriva en la cité et ville de Lyon, et illecques trouva le Roy, son souverain seigneur, qui promptement fut assanneté de sa venuë, lequel feist mener en son logis, en la salle à parer, là où il soupoit, accompagné de grande quantité de seigneurs et autres gentils-hommes. Mais quand il veist ledit de Villeneufve ainsi défait de sa personne, et piteusement vestu, avec un carcan de fer au col, cinq livres pesant, comme bon prince esmeu de pitié, plain de douleur, et comme bon et vray père de famille doit faire à son bon serviteur, recueillit ledit de Villeneulfve très-bénignement, monstrant estre très-joyeux de sa délivrance; et qu'il soit ainsi le monstra par effet: car dès le landemain lui envoya ledit seigneur tous ses habillemens qu'il avoit vestu, jusques à sa chemise. Et en oultre luy feist ledit seigneur plusieurs autres grans biens et dons inextimables à lui et aux siens, pour monstrer exemple aux autres ses bons serviteurs. Et dès lendemain le feist son maistre d'ostel de sa bouche, pour donner à connoistre audit de Villeneufve la grand amour et bonne confiance qu'il avoit en lui, et qui ne fut pas petit de chose d'estre si près de la personne du Roy très-chrestien, et sans per, et si très-vertueux et victorieux de tous ses ennemys, craint et redoubté de tous ses subjets, bien servi, et léaument aimé, Charles VIII de ce nom, mon très-redoubté et souverain seigneur, à qui Dieu par sa grâce veuille donner bonne vie et longue, et à la louange et exaltation de son très-hault nom, et finalement salut à son âme au réaume de Paradis, auprès du grand Roy des roys.

Cy finist le viatique de l'aller et conqueste du réaume de Naples par le roy très-chrétien, roy de France, de Sécile et de Jérusalem, Charles VIII de ce nom, et plusieurs autres choses qui s'en sont ensuivies après son département, comme avez peu veoir par ledit livre, fait et composé par Guilleaume de Villeneufve, chevalier, conseiller et maistre d'ostel ordinaire dudit seigneur, l'an de grâce 1497, 8 du mois de novembre.

(1) Procida.
(2) Cercelle.
(3) Monte Argentaro.

(4) L'île de la Gorgonne.
(5) L'île de Corse.
(6) Monaco.

FIN DES MÉMOIRES DE GUILLAUME DE VILLENEUVE.

PANÉGYRIC
DU CHEVALLIER SANS REPROCHE,
LOUIS DE LA TRÉMOILLE,

PAR JEAN BOUCHET, PROCUREUR DE POICTIERS.

SUR LE PANÉGYRIC
DU CHEVALLIER SANS REPROCHE,
LOUIS DE LA TRÉMOILLE.

Jean Bouchet, auteur du *Panégyric du chevallier sans reproche*, *Louis de la Trémoille*; procureur à Poitiers, était né en 1476; les biographes ont tour à tour placé sa mort en 1550 et en 1555. L'indication de ses ouvrages suffit pour caractériser jusqu'à un certain point le genre d'esprit de Jean Bouchet : 1° *les Regnards traversant les périlleuses voyes des folles fiances du monde*; 2° *l'Amoureux transy sans espoir*; 3° *Angoisses et remèdes d'amour du Traverseur en son adolescence*; 4° *Eploration de l'Eglise militante sur ses persécutions intérieures et extérieures*, en ryme françoise; 5° *Temple de bonne renommée et repos des hommes et femmes illustres*; 6° *Labyrinthe de fortune et séjour de trois nobles dames*, en ryme françoise; 7° *Epistres morales et familières*, etc., etc. Jean Bouchet était un homme d'esprit qui tournait agréablement des vers dans le goût des dames, et qui rappelait les troubadours des vieux temps. Tous les poèmes du procureur de Poitiers dorment maintenant dans la poudre des bibliothèques; il ne serait plus question de lui s'il n'avait pas laissé autre chose que des *rymes françoises*. Ses *Annales d'Aquitaine* et son *Panégyric de Louis de la Trémoille* feront vivre sa renommée, parce que ces deux ouvrages pourront toujours être utilement consultés. Jean Bouchet, probablement chargé des affaires du seigneur Louis de la Trémoille, vécut long-temps dans son intimité au château de Thouars. L'éducation du prince de Talmont, fils unique du seigneur de la Trémoille, lui avait été confiée; ce fils intrépide était tombé sur le champ de bataille de Marignan, couvert de soixante-deux blessures, à peine âgé de trente ans. Après la mort du seigneur de la Trémouille, qui servit sous trois rois, Charles VIII, Louis XII et François Ier, et qui avait terminé à la journée de Pavie une carrière sans *reproche*, Jean Bouchet eut l'idée d'écrire l'histoire de son illustre bienfaiteur. Le *Panégyric* de Louis de la Trémoille est un curieux ouvrage sous le rapport des faits et de la peinture de mœurs; l'exactitude historique n'y reçoit aucune atteinte, et la vie de château et les habitudes des grands seigneurs au XVIe siècle s'y trouvent retracées dans toute leur piquante vérité. Le style de Jean Bouchet, avec son élégante clarté et son naturel naïf, a un grand charme; ce qui dépare l'ouvrage de Jean Bouchet, ce sont de nombreuses allégories, ce sont les apparitions mythologiques mêlées aux grands récits de l'histoire. Les traités de politique composés par Junon, les belliqueuses exhortations du dieu Mars, les sages conseils de Minerve jetés à travers des tableaux de chevalerie, faisaient merveille il y a deux cents ans; mais tout cela n'est plus lisible aujourd'hui. Les anciens éditeurs de la *Collection des Mémoires* avaient eu donc raison de retrancher du *Panégyric* la partie mythologique; mais ils furent entraînés trop loin dans leur plan de suppression, et dénaturèrent en quelques parties la physionomie du livre et des personnages. Les restitutions historiques des derniers éditeurs des Mémoires nous ont paru de bon goût; elles donnent le texte tel qu'il a été publié dans ces derniers temps, d'après l'édition de Poitiers, imprimée en 1627, par les soins de Jacques Bouchet, parent de l'auteur. Quelques passages tirés de la partie mythologique méritent d'être conservés. Dans un portrait de Louis XI, tracé par la déesse Junon, on lit ces mots qui peignent avec vérité le caractère du tyran : « Il (Louis XI) vouloit être
» crainct plus que Roy qui fut oncques; et il n'y
» eut jamais Roy en France qui vesquit en plus
» grant craincte et suspection; en sorte que la
» moindre imagination qu'il eust prise en la plus
» pauvre créature de son royaulme, luy eust
» donné une telle craincte que, pour la chasser
» de son esprit, estoit contrainct faire mourir
» cette personne, ou la prendre à son service :
» et si mourut crainctif de tout le monde. »

La vieille simplicité française envahie par le luxe italien, à la suite des guerres de François Ier et de Charles VIII, fournit à la déesse un tableau intéressant : « Anciennement les capitaines
» et gens de guerre n'avoient accoustumé de
» faire traîner après eux tant de bagaige,
» comme font de présent les François, qui ont

» lict de camp, vaisselle et cuisine, et plus d'es-
» piceries et choses attractives à luxure qu'à
» combattre leurs ennemis ; et n'y a si petit
» gentilhomme qui ne veuille avoir ung aussi bon
» cuisinier que le Roy, et estre servi de électuai-
» res, divers potaiges, et aultres viandes délicates
» en diversité comme princes; et si possible es-
» toit, quant vont à la guerre, feroient charoyer
» après eulx toutes les ayses de leurs privées
» maisons. A présent ceulx qui, par fortune,
» ont été du misérable gouffre de pauvreté re-
» tirés et auctorisés par les roys et princes, font
» les maisons de plaisance à coulonnes de mar-
» bre, représentations d'images et symulachres
» si bien faicts, qu'il semble à les veoir qu'on
» les ayt dérobés à la nature. Le dedans est tout
» d'or et d'azur, les jardins semblent villes,
» tant sont les galeries bien couvertes, et pour
» la multitude de tonnelles et cabinets, tout
» pleins de lascivie et volupté, que mieulx sem-
» blent habitations de gens vénérées (débau-
» chées) que marciaulx, et de gens lascivieulx
» que de gens de vertu. »

ÉPISTRE

CONTENANT L'INTENCION

DE L'ACTEUR DU CHEVALLIER SANS REPROCHE,

A NOBLE ET PUISSANT SEIGNEUR MESSIRE FLORYMONT ROBERTET, CHEVALLIER, BARON DALVYE, CONSEILLER DU ROY NOSTRE SIRE, TRÉSORIER DE FRANCE ET SECRÉTAIRE DES FINANCES : JEAN BOUCHET DE POICTIERS REND TRÈS-HUMBLE SALUT.

« Le considérer, très-mérite chevalier, que le fruict de lire les histoires (par le tesmoignage de Flavius Albinus) est acquérir une désireuse émulacion d'honneur et ung vouloir de suyvir et ressembler en meurs et gestes ceulx desquelz on oyt bien dire, et que la congnoissance des choses gérées excite les humains courages à prudence, magnanimité, droicture, modestie et aultres vertuz tendans à souveraine félicité et esloigner du contraire; pour laquelle considéracion les anciens, regardans à l'utilité du commun bien, pour n'estre d'ingratitude repris, mais les bien faisans rémunérer et donner occasion aux vivans de ainsi faire, tenoient en leurs temples et lieux publicques, leurs statues, portraictz et ymages richement entaillez et enlevez ; et que nécessaire seroit pour la réviviscence de discipline militaire, par nonchalance semy-morte, la florissant gendarmerie de France, ressembler en vouloir, cueur, hardiesse, diligence et fidélité, feu de bonne mémoire monsieur Loys de la Trémoille, chevalier de l'ordre, conseiller et premier chambélan du Roy nostre sire, comte de Guynes et Benon, vicomte de Thouars, prince de Thalemond, admiral de Guyenne et Bretaigne, et gouverneur de Bourgongne (lequel, pour ses louables faictz, a le tiltre de Chevalier sans reproche acquis) ; faysans craindre les dangereuses et vénéneuses morsures des envieux et détracteurs (desquelz tous escripvains ne furent onc exempts), en ung opuscule succintement recully, ce qui est, à mon petit congnoistre, parvenu de ses meurs, faictz et gestes, depuis son enfantine jeunesse jusques à son trespas, tant par sa famillière bouche, comme feit Caius Marius le vieil, que par ma veue et congnoissance ; mon extimacion est, mon très-honnouré Seigneur, ce preux chevalier avoir, davant les gens droictz, tant d'honneur, bien-veillance, renom, louange et bon extime pour ses graces acquis, que nulz (fors les insidiateurs de bonne renommée et ennemys de vertuz) vouldront de flaterie et mendacieuse asserción mon petit œuvre calumpnier, comme aucuns ont mon *Labirinthe de fortune, et Temple de bonne renommée*. Combien que si la promptitude des espritz en vouloit droictement juger, prendroit labeur à trouver la clère intelligence de mon intencion, qui a esté et est, à l'exemple de la Pédie de Cyrus, des Tyrocinies de Alexandre-le-Grant, et du Songe de Scipion, en publiant les vertuz de ceulx du passé, instituer pour curieuses invencions des esprits fatiguez récréatives, ceulx du présent à droictement vivre, et suivir le Chevalier sans reproche.

» Et combien que la mémoire de ce chevalier sans reproche, pour ses louables faictz, mérite bien estre présente aux yeulx du Roy, nostre souverain seigneur, qui est des bien faisans, droicturier juge et équitable rénumérateur; néantmoins, à la raison de ce que la rudité de mon stille, trop esloigné d'éloquence de court, ne vault ne mérite estre veu par luy, duquel toutes les graces et vertuz (qu'on sauroit en tous les autres princes crestiens désirer) sont accumullées et comprinses, et, entre aultres, formosité corporelle, éloquence faconde, hardiesse, prudence, richesse, noblesse et droicture, j'ay, contre le conseil d'aucuns messieurs et amys, reculé luy en faire présent ; mais à vous, son très-loyal et bien mérité serviteur, me suys adroissé, à ce que, par le moien de vostre tesmoignage et de ceulx qui avec vous verront ce que j'ay escript, jugement véritable soit prononcé des faictz et gestes de ce tant regreté prince et chevalier, à vous descouvers pour la familiarité de voz personnes, duquel (comme doit sembler à tous les clervoyans) avez tousjours esté vray imitateur en fidélité, peine et labeur, au service de trois roys, où avez en vostre estat, comme luy au sien, acquis tiltre de loyal serviteur sans reproche.

» En quelle extime de fidélité, prudence et
» diligence vous eut le roy Charles VIII, du-
» quel je vous vy principal secrétaire, et vous
» fut le manyment de la pluspart de ses affai-
» res baillé au voiage de la conqueste et recou-
» vrement du royaulme de Cécilie et pays de
» Naples, où vostre diligence, par la conducte
» de vostre cler sens, donna très-bon comman-
» cement à vostre immaculé renom; de sorte
» que fustes tousjours son très-bien amé servi-
» teur, par le commandement duquel, en fa-
» veur d'aucunes légières fantasies rithmées
» que mon ignorante jeunesse, peu de temps
» avant son décès, luy présenta, fuz, à mon
» importunée instance et prière, à vostre ser-
» vice destiné, ce que ne voulut, à mon grant
» regret et perte, fortune. Le trespas de ce Roy
» ne diminua vostre auctorité, car le roy
» Loys XII, dernier décédé, son successeur,
» ayant, pour longue expérience de voz louables
» vertuz, congnoissance certaine, après le dé-
» cès de feu monsieur le légat d'Amboise (1),
» vous donna le manyment et direction d'au-
» cuns affaires, voyre des principaulx de ce
» royaume, qui furent manyez et conductz en
» si bon ordre et droicture, que ce Roy fut ap-
» pellé *le Père du Peuple*.

» Je passeray soubz silence le service que
» vous avez faict et faictes au Roy qui à présent
» est, et à madame la régente, sa très-eureuse
» et auguste mère, parce que je l'extime estre
» tel qu'on a matière se contanter de vous. Et
» quant on considère le grant nombre des fidelles
» et loyaulx serviteurs qu'ilz ont eus et ont au
» tour de leurs personnes, de robes courtes et
» longues, desquelz estes ung, et commant tous
» ensemble les avez fidèlement, prudemment
» et diligemment serviz, on ne sçait auquel
» donner la première louange, mesmement ès
» grans affaires du royaulme, périlz et dangiers
» où il a esté, par ung an et plus, après la prinse
» du Roy, dont, graces à Dieu, l'infortune a
» esté en si grant tempérance et doulceur sous-
» tenue, et par si grant prudence et diligence
» conducte, que le royaulme n'a esté molesté,
» invadé ne assailly des privez ne des extran-
» ges, ce qu'on conjecturoit advenir, comme
» après la prinse du roy Jehan, les calamitez
» duquel temps sont toutes congneues. Et jaçoit
» ce que la gloyre en doyve estre seullement à
» Dieu donnée, et la louange principalle après,
» à madame la régente, mère du Roy, la pru-
» dence de laquelle y a esté et est autant et

» mieulx congneue que de princesse et dame
» qui fut onc entre les Hébrieux, Grecz et La-
» tins, et aussi à madame la duchesse sa fille (2),
» pour les causes que j'ay ailleurs escriptes, et
» dont la renommée en doit, à l'honneur du sexe
» féménin, éternellement durer, néantmoins je
» ause bien dire que le bon vouloyr des princes
» de leur sang, la diligence, prudence et con-
» duycte de leursdictz serviteurs de robes courte
» et longue, avec la fidélité des villes et des
» subjectz, y ont grandement aydé : car vous
» tous ensemble, congnoissans la vertu de
» l'homme se moustrer ès grans affaires, périlz
» et dangiers, y avez entièrement employé et
» monstré voz espritz, loyaulté, prudence, di-
» ligence, modéracion et magnanimité; de sorte
» que, sans perte de terres ne personnes, et
» sans charger les Etats du royaume, on a re-
» couvert ce que plus on désiroit, et qui plus
» estoit et est nécessaire, utile et proffitable
» pour le royaulme, c'est la personne du Roy :
» ce qui ne fut onc en si bonne sorte fait si les
» histoires sont véritables.

» Or donc, jugeant que, à toutes ces choses
» faire, avez peu congnoistre le loyer des bien
» méritez, plus asseuré de vostre bénignité (ô
» prince de rhétoricque françoise) que d'aucune
» faveur, j'ay prins hardiesse vous diriger le
» brief recueil des faitz et gestes de celuy du-
» quel, quant à fidellement servir la couronne
» de France, avez esté imitateur, et acquis tiltre
» de bon serviteur sans reproche, à ce qui vous
» plaise défendre l'escripture de la détraction
» des envieux et que sousteniez la vérité davant
» les princes, si l'opuscule mérite estre par eulx
» veu et regardé, dont je ne suis digne, espé-
» rant que s'il est (non en la mienne faveur,
» mais du chevalier sans reproche) par vous
» soustenu, passera partout; vous priant très-
» humblement, ô père d'éloquence, y donner
» vostre auctorité, faveur et ayde, et, pour ce
» faire, laisser quelquefoiz le labeur des publi-
» ques occupations, èsquelles, comme l'un des
» géniaulx directeurs des affaires de France,
» estes ordinairement occupé, et, usant de
» vostre accoustumée bénignité (de laquelle
» avez tant acquis que plaincte de rigueur ne
» fut onc contre vous faicte, ce qui peut facile-
» ment advenir en ceulx de vostre estat), don-
» ner, pour le repos de vostre esprit, iceluy
» accommodant, aux familières et gracieuses
» muses, quelque temps à la veue de l'histoire
» et choses morales y contenues.»

---

(1) George d'Amboise.
(2) Marguerite, duchesse d'Alençon, sœur de Fran- çois Ier, alla à Madrid pour solliciter la délivrance de son frère.

PANÉGYRIC
DU CHEVALLIER SANS REPROCHE,
LOUIS DE LA TRÉMOILLE.

CHAPITRE PREMIER.

La généalogie de la riche et illustre maison de la Trémoille.

Après avoir tyré de mon désolé cueur, innumérables souspirs pour l'infortune advenue en la très-noble et illustre maison de La Trimoille, à présent florissant en honneur, non seullement pour le décès de monsieur Charles, mais aussi de monsieur Loys son père, qui sont au lict d'honneur, couverts de fidélité, chevaleureusement passez de ceste misérable demeure au temple de bonne renommée et lieu de immortel loz sans reproche, vérité procédant de honneste amour et gratitude despiesça (1), née de plusieurs bienffaitz, et grans bénéfices que j'ay de ceste très-noble maison receuz, plus remplissans mon honneste plaisir que particulier proffit, m'ont contraint prandre une des servantes de l'œil du monde et une autre de la radiante Lucine, pour rédiger par escript, non en vers et mectres, mais en prose, les mémorables gestes du loyal père après ceulx de l'obéissant filz. Combien que nécessité et aage me vouleussent de la main dextre ouster ma plume, et m'empescher de plus escripre tragédies, histoires et choses morales, où au gré d'aucuns j'ay trop de jours emploiez, plaignans plus que moy l'occupacion de telles œuvres, qu'ilz n'extiment estre tant acceptées des prudens hommes que les négoces familières qui eslièvent par richesses ceulx qui, nuyct et jour, y vacquent et travaillent, comme si, par inopiné conseil, vouloient maintenir que richesse mondaine fust souveraine félicité, dont tous les raisonnables hommes congnoissent par vraye expériance le contraire; or donc, sans avoir regard au parler d'aucuns, à la difficulté de mon entreprise, à la rudesse de mon esprit, ne à la différance et variabilité du vulgaire languaige du temps présent, j'ay quis l'entrée de mon petit labeur par la généalogie de ce preux Loys nommé, par ses glorieux faictz, chevalier sans reproche; la première tige duquel végéta premièrement ou fertile et fameux pays de Bourgoigne, les vers et florissans rameaulx qui ont produyt tant de nobles fruictz en toutes les parties des Gaules que nous appellons à présent France occidentalle.

Et pour l'entendre, les antiques et modernes historiens portent tesmoignaige que, durant le règne de Loys huyctiesme de ce nom, fils de Phelippes-Auguste, dix-septiesme roy de France, florissoyt et avoyt bruyt et renom en Bourgoigne, ung preux et hardy chevalier, nommé messire Ymbault de la Trimoille, qui fut marié avec une des filles de l'illustre maison de Castres, duquel mariage vindrent plusieurs enfans masles, qui vesquirent avec leur père longuement; en sorte que le père et les enfans estoient, pour leurs nobles armes, crains et redoubtez, car ilz estoient riches, vaillans, hardis et prudens en guerre. Et fut messire Ymbault au service dudit roy Loys VIII, à guerroier les Angloys, et après son décès, au service du roy sainct Loys, qui commença régner l'an 1227; et l'an 1247 les princes de France se assemblèrent en la ville de Lyon, avec le roy sainct Loys, où estoit le pape Innocent quart de ce nom, qui leur récita comment la cité de Jhérusalem avoit esté prinse par les Infidelles, et les Crestiens chassés, et partie d'iceulx occis, ce qui esmeut à pitié le Roy, les princes et plusieurs chevaliers de France; en sorte que pour aller donner secours aux Crestiens, le roy sainct Loys, les arcevesques de Reims et Bourges, l'évesque de Beauvaiz, les troys frères du Roy, le comte de Sainct-Paul, Jehan comte de Richemont, filz du duc Jehan de Bretaigne, le

(1) Depuis long-temps.

comte de La Marche, le comte de Montfort, Archambault, seigneur de Bourbon, Hue de Chastillon, le seigneur de Coucy, messire Ymbault de La Trimoille, et troys de ses enfans, l'aisné desquelz estoit marié et avoit ung filz, aussi se croisèrent plusieurs aultres princes, barons, chevaliers, prélatz et aultres gens.

L'an après, allèrent tous oultre mer prindrent la ville Damyète, environnée du grant fleuve du Nyl, puis allèrent assiéger la ville de Malsaure (1) où ils eurent grosse perte; car une partie des Crestiens furent occis, et plusieurs desditz prélatz et gros seigneurs de France, et entre aultres Robert, comte d'Artoys, frère dudict roy sainct Loys, messire Ymbault de La Trimoille et ses enfans, de l'aisné desquelz enfans sont venuz d'aultres enfans, desquelz est descendu messire Guy de La Trimoille, dont nous parlerons par après.

Ung peu davant ce, et durant le règne dudict roy Phelippes Auguste, vivoit messire Aymery, vicomte de Thouars, qui estoit ung grant et redoutable prince en Aquitaine, et aussi monsieur Amorry de Craon, chevalier, qui fut fort aymé du pape Innocent troysiesme de ce nom, au moyen de ce que, à sa requeste, il estoit allé, contre les Infidèles, en Asie, avec Boniface, marquis de Montferrant, Bauldouyn, comte de Flandres, Henry, comte de Sainct-Paul, Loys, duc de Savoye, et aultres princes de France, environ l'an 1200; dont par après ledict pape Innocent donna quelques priviléges spéciaulx audict seigneur de Craon, et par la bulle d'iceulx, dattée de l'an 1222, l'appelle *le fort des forts, chief des chevaliers, ayde et secours du Sainct-Siége apostolicque :* ce que je n'escriptz sans cause, car monsieur Loys de La Trimoille (duquel je veulx parler) est aussi descendu de ces deux maisons de Thouars et de Craon, comme nous verrons cy-après.

Du filz aisné dudict Ymbault de la Trémoille vinst ung aultre de la Trimoille qui fut père de messire Guy de La Trimoille, lequel messire Guy de la Trimoille espousa dame Marie de Sully, qui avoit esté fiancée avec monsieur Jehan, comte de Mompensier, filz de Jehan, duc de Berry, qui estoit filz du roy Jehan, et frère du roy Charles V, au moyen de ce que durans lesdictes fiansailles ledict comte de Mompensier estoit décédé.

Ladicte Marie avoit quarante mille livres de rente, et estoit fille de messire Loys de Sully et d'une dame de la maison de Cran; et ledict messire Loys estoit venu d'ung duc d'Athènes, à cause de sa mère qui estoit fille dudict duc et seur de Gaultier, duc d'Athènes, qui espousa dame Jehanne de Mélo, dont vinst dame Jehanne d'Eu, comtesse et duchesse d'Athènes, laquelle donna, en l'an 1388, la seigneurie de Saincte-Hermyne en Poictou ausdicts Guy de La Trémoille et dame Marie de Sully sa femme. Ce Gaultier, duc d'Athènes, comme récite maistre Jehan Bocasse en la fin de son livre des nobles malheureux, après la mort de son père qui avoit perdu ladicte duché que ses prédécesseurs avoyent acquise à la glorieuse conqueste que les Françoys firent contre les Infidèles, lorsque Geoffroy de Boulion, Geoffroy de Luzignen, dict la grant dent, et aultres, conquirent la Terre-Saincte, se retira à Florence dont il fut chief et gouverneur, puis s'en vinst en France, dont ses prédécesseurs estoient yssuz, et fut receu honnorablement par le roy Jehan, qui le fist son connestable, et le maria avec ladicte Jehanne de Mélo, fille de messire Raoul de Mélo, comte d'Eu et de Guynes. Depuis ledict Gaultier fut occis en la journée davant Poictiers, où le roy Jehan fut prins par les Angloys, en l'an 1356.

Messire Guy de La Trimoille estoit ung des beaulx et vaillant chevalier qu'on eust peu veoyr; et à ceste cause, en l'expédicion que le roy Charles VI fist contre les Angloys et Flamans, le Roy fist bailler l'auriflame audict messire Guy, qui la retourna à son honneur, la victoyre par les François obtenue. Certain longtemps après, il fut en Hongrie, en la compaignée de monsieur Jehan, comte de Nevers, filz de Phelippes, duc de Bourgongne, et aultres princes de France que ledict roy Charles VI envoya contre les Infidèles, pour secourir Sigimond, roy de Hongrie et Bohème, qui depuis fut empereur, où les Françoys furent deffaitz par la malice des Hongres. Lesquelz, envieux des mémorables faictz des Françoys, les faisoyent marcher davant, leur donnant entendre que incontinent après marcheroit leur armée, ce qu'elle ne fist, par le moyen de quoy les ennemys obtindrent victoyre; et fut prins ledict Jehan, comte de Nevers, avec aultres seigneurs de France, ledict messire Guy de La Trimoille blécé en plusieurs lieux, et son filz aisné, aussi nommé Guy, qui estoit encores fort jeune, occis.

Ledict messire Guy, comme il vouloit retourner en France, mourut des playes qu'il avoit eues, et fut enterré en la ville de Rhodes; il laissa ladicte de Sully sa veufve, et deux filz, Georges et Jehan, en la garde de leurdicte mère, l'aisné desquelz n'avoit encores cinq ans; et tost après ladicte dame se maria en secondes

(1) Massoure.

nopces avec messire Charles, seigneur d'Allebret, lors connestable de France.

Ainsi appert que lesdictz Jehan et Georges de La Trimoille sont descenduz de la maison de Athènes et de Sully d'une part, et de l'autre part de l'ancienne maison de Cran, ung puisné de laquelle espousa dame Mahault, comtesse de Flandres et de Breban, enterrée au cueur du couvent des Frères-Prescheurs de Paris, et ung messire Jehan de Craon, qui fut évesque d'Angiers, arcevesque de Reims, patriarche de Constantinople, et grand gouverneur du roy Charles V, père dudict Charles VI; lequel messire Jehan de Cran estoit oncle de messire Pierre de Craon, chevalier, qui fut tant aymé du roy Charles VI, et monsieur Loys duc d'Orléans, son frère, que ledict duc voulloit qu'il fust tousjours vestu de ses couleurs : toutesfois fust esloygné de court, pour une parolle qu'il dist à madame Valentine, espouse dudict duc d'Orléans, par le moyen de messire Olivier de Clisson, chevallier, lors connestable de France; lequel de Clisson ledict de Cran s'efforça occire en la ville de Paris, avant que l'an fust passé, dont vindrent de grosses follies, comme il est contenu ès Annales d'Aquitaine et Croniques de France.

Messire Jehan de La Trémoille, filz puisné dudict messire Guy, fut comte de Jonvelles et premier chevallier de l'ordre de Jehan duc de Bourgongne, auparavant comte de Nevers, duquel a esté parlé au précédent article; aussi le fut du duc Phelippes son filz, et espousa la seur de messire Loys d'Ambayse, vicomte de Thouars, et seigneur d'Ambayse Montrichard et Blère, lesquelz décédèrent sans hoirs; pourquoy luy succéda ledict messire Georges de La Tremoille, chevallier, son frère, quequessoit ses enfans.

Ledict messire Georges fut en son vivant ung des plus beaulx hommes que on eust sceu veoyr, et si estoit hardy chevallier et droict homme; il fist de grans services au roy Charles VII, filz dudict Charles VI, au recouvrement de son royaulme contre les Angloys, et espousa madame Catherine de Lisle, dame de Lisle-Bouchart, de Rochefort et de plusieurs aultres terres et seigneuries : duquel mariage descendirent deux enfans, Loys et Georges. Ledict messire Loys fut marié avec dame Margarite d'Ambayse, fille dudict feu messire Loys d'Ambayse, vicomte de Thouars et seigneur d'Ambayse, Montrichard et Blère. Et au regard dudict messire Georges, ce fut ung hardy chevallier, qui fist de grans services au roy Loys unziesme, filz dudict roy Charles VII, à la conqueste de la duché de Bourgongne, duquel pays fut gouverneur. Il estoit seigneur de Cran, laquelle seigneurie luy estoit venue à cause de ceulx de Cran, dont j'ay parlé cy-dessus. Aussi fut seigneur de Lisle-Bouchart, et mourut sans hoyrs procréez de sa chair.

CHAPITRE II.

La nativité de messire Loys de La Trémoille; de ses meurs puérilles, et comment il y fut nourry.

Quelque temps après le mariage de monsieur Loys de La Trimoille et de madame Margarite d'Ambayse, son espouse, elle fut enceincte du premier de ses enfans masles; et lorsque le souleil, qui est le cueur du ciel et l'œil du monde, reposoit en son trosne et siége de *Libra*, qui fut le vingtiesme jour de septembre de l'an 1460, ouquel an toute la monarche des Gaules estoit eureuse de paix, et habondoit en toutes bonnes fortunes, par les disposicions fatalles qui, soubz les bannières du roy Charles septiesme de ce nom, surnommé *le Bien Fortuné*, avoyent chassé et mis hors son royaulme de France, les anciens ennemys de l'honneur françoys, usurpateurs de leurs seigneuries et envieux de leurs redoutables ceptres et couronnes, celle illustre dame Margarite d'Ambayse enfanta d'ung beau filz; ce fut nostre chevallier sans reproche, duquel j'entends principallement escripre, et fut nommé Loys, sur les fons de baptesme. Son naistre engendra toutes manières de joys, lyesses et consolacions en la maison de monsieur son père et de tout son très-noble parentaige, parce que, par son excellente beaulté, doulceur et bénignité enfantine, donnoit jà ung espoyr aux cler-voyans qu'il seroit chevallier d'excellente vertuz, et que ce seroit la précieuse pierre Trimoillaise et Ambasienne, en laquelle reluyroit le cler et immaculé nom de ces deux anciennes maisons; d'une aultre part les astronomes expérimentez disoyent que, veu le jour de sa nativité, il seroit appellé, par la disposition des corps célestes, au service des Roys, en leurs affaires civilz et pugniques, où il acquerroit honneur de inextimable louange, et prandroit alliance par mariage avec le sang royal.

Toutes ces choses donnèrent, oultre l'instinct de nature, une merveilleuse affection de le faire songneusement alaicter et nourrir, jusques à ce qu'il eust passé son enfance, combien que durant ce temps madame Margarite d'Ambaise, sa mère, eût de monsieur de La Trimoille, son espoux, trois aultres filz, savoir est : Georges, Jaques et Jehan, tous approchans en beaulté et honnesteté de leur frère aisné Loys. Et dès ce qu'il sentit ung commancement de force et astuce puérille, qui suyt sans moyen l'imbécillité d'enfance, nature luy administra agillité et force correspondente à sa beaulté, avec ung arresté vouloyr de faire toutes choses appartenantes à gens qui veullent suyvir les armes et les cours des princes illustres, comme courir, saulter, luycter, gecter la pierre, tyrer de l'arc, et controuver quelques nouveaulx jeux et passetemps consonnans à l'estude militaire. Luy, ses frères et aultres nobles enfans de leurs aages, que leur père avoient prins en sa maison, et les entretenoit pour leur tenir compaignie, faisoyent assemblées et bandes en forme de bataille, et par les champs assailloyent petiz tigurions (1), comme s'ilz eussent baillé assault à une ville, prenoyent bastons en forme de lances, et faisoyent tous aultres passetemps approchans des armes, monstrant que plus y avoyent leurs cueurs que aux grans lettres, fors le plus jeune nommé Jehan qui, dès son jeune aage, se desdia à l'Eglise, dont bien luy prinst, comme nous verrons cy-après.

Tous les semy-dieux et semy-déesses du pays de Berry, voysins du Chasteau Bommiers, où estoit la demourance de ces très-nobles enfans, laissoyent leurs maisons et chasteaulx pour venir veoyr leurs passetemps tant honnestes, et entre aultres Loys l'aisné, lequel ilz monstroyent l'ung à l'autre par admiration, car il estoit beau comme ung semi-dieu, son corps estoit de moïenne stature, ne trop grant ne trop petit, bien organisé de tous ses membres, la teste levée, le front hault et cler, les yeulx vers, le nez moyen et un peu aquillée, petite bouche, menton fourchu, son tainct cler et brun, plus tirant sur vermeille blancheur que sur le noir, et les cheveux crespellez, reluysans comme fin or. Aussi avoit de si bonnes grâces qu'il emportoit le prix dessus ses frères et compaignons, tant pour mieulx faire que par ruzes, cautelle et cler engin, dont il ne prenoit aucune gloire ; mais en se humiliant, donnoit tousjours l'honneur (qu'il avoit jà aquis par l'oppinion et jugement de ceulx qui les regardoient) à ses compaignons : laquelle humilité empeschoit que envie ne s'engendrast de ses louables jeunesses en l'estomac de ceulx lesquelz il précédoit en bonne extime.

Ce Loys avoit une industrie contre la majesté de nature et l'imprudence de l'aage puérille, par laquelle chascun non seullement se contentoit de luy, mais l'auctorisoit en tous les faictz de jeunesse, en sorte que ceulx de son aage en faisoyent leur chief et seigneur, et n'avoient bien ne joye hors sa compaignée. Chascun estimoit ses père et mère eureux de telle génération ; et ne apportèrent moins d'espoir au pays de France les meurs de sa prudente jeunesse, que celle de plusieurs jeunes Rommains, tant en petites ruses, que noblesse de cueur, et entre aultres de Prétextatus qui, pour contanter sa mère l'infestant déclairer le secret du sénat qu'il avoit ouy en la compaignée de son père, auquel le celler avoit esté adjoint, luy donna, contre vérité entendre, que le sénat avoit ordonné que les hommes auroyent doresnavant plusieurs femmes pour multiplier et augmenter la génération rommaine ; dont il fut tant bien louhé du sénat, que le lendemain le sénat, assailly par les femmes rommaines pour rompre ceste supposée loy, extimèrent très-fort l'obédience du filz, tant envers sa mère que le sénat ; autant en feit ce noble Loys envers madame sa mère qui vouloit tirer de luy ce qu'il avoit sceu de monsieur son père en secret, et dont il avoit défense.

En ce temps y avoit de grans discors civilz entre le roy Loys unziesme de ce nom et les princes de son sang, qui tendoient à le priver de ceptre et couronne ; et quant ce jeune Loys en oioyt parler, disoit, à l'exemple de Marc Caton Utisence contre Syla, aux temps des prescriptions rommaines : *Si j'estois avec le Roy je me essaieroys de le secourir;* et que autrefoiz bailla ung soufflet à un de ses compaignons qui soustenoit la querelle des princes mutinez contre le Roy, ainsi que feit Cayus Cassius à Fauste, filz de Syla, qui collaudoit les cruelles prescriptions de son père ; lesquelles choses estoient présage qu'il seroit de la couronne lyialle défenseur, et des injures royalles propulseur.

Pour avoir passetemps avoit oyseaulx de proye et chiens pour chasser à bestes rousses et noyres, où souvent prenoit labeur intempère, et jusques à passer les jours sans boyre et manger, depuis le plus matin jusques à la nuyt, combien qu'il n'eust lors que l'aage de douze ans ou environ.

⚬⚬⚬

CHAPITRE III.

Le roy Loys XI veult avoir le jeune seigneur de La Trémoille pour le servir. Comment ce jeune seigneur pria et pressa son

---

(1) Petites tours qui servaient à l'amusement des gentilshommes.

père de l'envoyer au service du Roy ; et avec un jeune paige, prinst chemin pour y aller.

Le roy de France Loys XI, qui estoit prudent et prenoit gens à son scervice selon son imaginacion, fut adverty des meurs de Loys de La Trimoille et de sa prudente jeunesse, qui donnoyent une actende de bon cappitaine en l'advenir; et considérant que la première origine de ceulx de La Trémoille estoit de Bourgongne, et que Charles, lors duc de Bourgongne, estoit ennemy de France, et pourroit retirer ce jeune seigneur Loys de La Trimoille, manda à monsieur son père, par quelque gentilhomme de sa maison, qu'il voulloit avoir son filz aisné pour le servir, et qu'il luy envoyast. Le père fut fort troublé de telle nouvelle, et, congnoissant la complexion du Roy, ne sçavoit quelle responce faire, pour deux raisons : l'une qu'il ne vouloit que son filz se esloignast de luy, parce que c'estoit toute sa consolacion ; l'autre que le Roy, quelque temps auparavant, avoit mis en sa main la vicomté de Thouars, et aussi aultres seigneuries qui appartenoyent à messire Loys d'Ambayse, père de son espouse, dont il avoit donné partie à la dame de Momsoreau (1) et à messire Jaques de Beaumont, chevalier seigneur de Bressuyre, pour quelque imaginacion qu'il eut contre ledict d'Ambayse, à la raison de ce que on luy raporta qu'il avoit parlé seullement au duc de Bretaigne. Et pour ces causes fist responce au messagier que son filz estoit encores bien jeune pour porter les labeurs de la court, et que dedans ung an pour le plus loing, luy envoyeroit, en le merciant de l'honneur qu'il luy faisoit, dont le filz fut adverty, lequel y vouloit bien aller.

Ung jour advinst bien tost après que luy, Georges et Jaques, ses frères, en la compaignée des veneurs de leur père et d'aulcuns gentilshommes, à l'heure que aurore avoit tendu ses blanches courtines pour recepvoir le clerjour, partirent du chasteau de Bommiers pour aller chasser aux bestes rousses. Si trouvèrent ung grant cerf qu'ilz entreprindrent prandre à course de chiens et chevaulx, se mirent après par boys et fourestz, et se séparèrent pour mieulx le trouver. Le désir de prandre le cerf leur fist perdre le souvenir de boyre et manger, et l'appétit de toutes viandes, en sorte que le souleil approchant de l'Occident, doubloit et croissoit leurs umbres. Et tost après l'ombre de la nuyt commença à chasser la reluysance du jour, en sorte qu'ilz se perdirent l'ung l'autre à la course; et demoura Loys, seul en une grande fourest, courant après le cerf qu'il perdit pour l'obscurité de la nuyt. Ses deux frères prindrent le vray chemin avec les veneurs, lesquelz, conjecturans que Loys se fût retiré des premiers au chasteau, se retirèrent, et y arrivèrent environ dix heures de nuyt, tous affamez et marriz d'avoir perdu leur proye ; mais plus furent courroussez de ce qu'ilz ne trouvèrent Loys, voyans au nombre des gens de leur compaignée, que seul estoit demouré par les boys, en dangier de sa personne. Parquoy les veneurs et autres serviteurs du chasteau, s'en allèrent à diverses pars, pour le trouver, ce qu'ilz ne feirent jusques à la poincte du jour. Comme on le serchoit, environ la mynuit que *Somnus* avec ses pesantes helles descend ou cerveau de l'homme et embrasse toutes les créatures en leur repos, leur deffendant de parler, le jeune Loys, se voyant sans compaignée, fors des oyseaux nocturnes qui bruyoient par la forest, l'issue de laquelle ne povoit trouver, descendit de dessus son cheval qu'il atacha à ung arbrisseau près ung fort buisson, où il trouva une grosse souche, de laquelle après se estre estendu sur la froide et humide terre, toutesfoys couverte de fueilles, fist ung chevet où il s'endormit.

Le jeune seigneur de La Trémoille s'estant réveillé, monta sur son cheval, et fist tant que, environ le poinct du jour, arriva seul au chasteau de Bommiers. Les père et mère, qui encores repousoyent en leurs lictz, sceurent la venue de leur filz et, non monstrans aucun semblant de son labeur, dont ilz furent joyeulx, commandèrent le traicter comme appartenoit, ce qu'on fist à diligence. Et après avoir beu et mangé, avant le lever de son père, prinst ung jeune gentilhomme, nommé Odet de Chazerac, que fort il aymoit, et luy dist : « Chazerac, » mon amy, tu es le secret de mon cueur, et » la teneur des lettres clouses de ma secrète pen- » sée : pourquoy je te veulx dire un project que » j'ay fait cette nuyt, te priant de ne le révé- » ler. » Lors luy déclaira au long ce qu'il avoit délibéré, par opinion arrestée, de demander congié à son père pour aller au service du Roy, et en son reffus s'en aller, interrogeant Odet de Chazerac s'il vouldroit aller avec luy : ce qu'il luy accorda.

---

(1) Nicole de Chambes, dame de Montsoreau.

CHAPITRE IV.

Persuasion du jeune seigneur de La Trimoille à son père.

Troys ou quatre jours après, sceu par le filz son père estre seul en sa chambre de retraicte, alla vers luy armé de hardiesse, pour lui déclairer l'affection de son entreprinse; mais quant il fut en sa présence, craincte paternelle et honte révérencialle le désarmèrent de hardiesse, et le laissèrent en la nudité de puérille vergongne et au fleuve de dubitacion, comme la navire sur la mer agitée de tous vents, en sorte qu'il ne povoyt trouver le moyen de descouvrir son vacillant couraige. L'exorde de ses prières et requestes par honte luy languissoyent en la bouche, qui ne vouloit obéyr au commandement du cueur. Toutesfoys, à l'exhortacion de son père qui le hardya de parler, commença rompre sa honte et à descouvrir son couraige, en disant : « J'ay
» tousjours congneu, monsieur, le plus grant de
» voz désirs estre, que mes frères et moy, qui
» sommes voz enfans, dont je indigne suis l'aisné,
» nous appliquons à choses vertueuses, et soions
» nourriz en bonnes meurs, et que par maulvaix
» exemples n'ayons l'occasion de prester l'oreille
» aux voluptez et choses pernicieuses, à ce que
» en nous soit conservé l'honneur que vous et voz
» progéniteurs portans le nom de La Trémoille
» avez par voz louables faictz acquis : à quoy est
» trop contraire la vie privée que menons avec
» vous en oysiveté, de tous vices nourisse, qui
» nous suyt et délicatement nourrist noz tendres
» jeunesses, faciles à corrumpre, en les décep-
» vant par les douleurs de long repos, viandes
» délicates, et passetemps plus voluptueux que
» excitatifz à vertuz ; desquelles choses m'est
» venue une peine nouvelle en mon esprit, qui
» me donne hardiesse de me présenter à vostre
» paternelle majesté, et très-humblement vous
» prier que vostre plaisir soyt me envoyer en la
» court du Roy, où est l'escolle de toute hon-
» nesteté, et où se tiennent les gens de bien soubz
» lesquelz on aprend à civillement vivre, et la
» forme d'acquérir non seulement les mondaines
» richesses, mais les incorruptibles trésors de
» honneur. N'aiez peur de l'imbécillité de mon
» facil et petit engin, et moins de mes jeunes ans ;
» car l'insupérable couraige que j'ay de servir en
» l'advenir la triumphante couronne de France,
» me fera surmonter tous labeurs, et oublier les
» mignardises de pusillanimité et les privées
» ayses de vostre opulente maison. »

Le père ouyt constamment la prière de son cher filz, et à peine se peut contenir de manifester sa pensée, agitée de pitié, meslée en douleur par larmes apparentes qui jà commançoient sortir de ses yeulx. Parquoy voulant demeurer seul pour myeulx donner repos à son cueur, par la consolation de madame son espouse, dist à son filz : « Allez, mon amy, je penseray à ce
» que vous m'avez dit, et en parlerons plus au
» long une autresfois. » Le filz se retira en sa chambre, acompaigné d'une trop petite espérance, disant à luy-mesme que, voulsist ou non son père, feroit ce qu'il avoit entrepris. Le père demoura seul jusques à ce que madame son espouse fust à son mandement venue, à laquelle il déclaira la harangue ou oraison de leur cher filz Loys, non sans jecter larmes et se désoler, mais encores plus la mère, quant elle eut le tout ouy ; en sorte que son espoux ne la povoit consoler ne pacifflier son cueur tout inundé de pleurs ; les causes de leurs douleurs estoient trop grand amour sensuelle qu'ilz avoient à Loys leur filz, non seulement pour sa formosité, mais pour les bonnes grâces qui jà estoient en luy ; et eussent bien voulu que tousjours eust demouré avec eulx ; daventaige doubtoient que s'il alloit au service du Roy, fust maltraicté de sa personne, et que sa tendre jeunesse ne peust supporter ce faix ; oultre cognoissoient la sévérité du Roy, et qui pour peu de chose prenoit mauvaise fantaisie contre les princes et seigneurs vielz et jeunes, et en pourroit prandre contre leur filz, tant parce qu'il avait eu en hayne son ayeul paternel, les seigneuries duquel il avoit, sans cause et raison, saisies et mises en sa main, et aussi qu'ilz estoient extraictz de Bourgongne, lequel pays n'estoit aymé du Roy, pour les grans guerres et molestes que luy faisoit Charles, duc de Bourgongne. La mère parla depuis au filz, pour le desmouvoir, luy donnant entendre toutes ces choses, et qu'il actendist encores ung peu, jusques à ce que les guerres fussent modérées : mais le filz ne voulut croire ne père ne mère, et après avoir faict presser son père d'avoir congié, voyant qu'il ne luy vouloit bailler, luy-mesme le prinst, et, en la compaignée de Odet de Chazerac, jeune enfant ung peu plus aagé que luy, prinst son chemin pour aller en Court se présenter au service du Roy ; mais il ne fut long, car incontinent son père, adverty de l'entreprinse, envoya deux gentilzhommes après eulx, et les ramenèrent à Bommiers, fort tristes.

CHAPITRE V.

D'aulcunes misères des gens de Court; et comment le jeune seigneur de La Trimoille fut envoyé au service du Roy de France.

Le filz fut présenté davant le père, qui d'ung visaige furieux commença lui dire : « O rebelle » et désobéissant enfant, plus désirant l'exécu- » tion de ta folle voulunté et l'effect de ton jeune » sens, que le plaisir de ton engendreur et ton » proffit temporel, pense-tu que tes yeulx em- » bouez de puérille ignorance soyent plus cler- » voyans que ceulx de expérimentée vieillesse? » Scès-tu point que l'œil spirituel n'a vigueur, » ne veoit parfaictement, jusques au temps que » l'œil du corps déflorist et pert sa beaulté? Pré- » sumes-tu estre plus saige et plus loing regar- » dant que moy, qui jà suis entré ès expériences » de vieillesse? Je t'ay faict dire et remonstrer » que le temps n'estoit oportun pour prandre l'a- » venture de Court, au moyen de partialitez, » discordes civilles et guerres intestines, qui » sont entre le Roy et aulcuns princes de son » sang, et que le dangier s'en ensuyvera scelon » l'issue de fortune. Tu es jeune, et puis mieulx » actendre l'événement des choses fatales, que » ceulx qui ont vingt ou trente ans. Que feras-tu » en Court, laquelle est toute troublée et désolée » de telz discords, en sorte que la pluspart des » courtisans ne sçavent quel party tenir? Ilz » voyent le royaulme esbranlé et prest à tumber » entre les mains de noz anciens adversaires, » pour l'intelligence qu'ilz ont au duc de Bour- » gongne et de Bretaigne, lesquelz ont plus d'a- » mys secretz qu'on ne pense; et d'aultre part » voyent le Roy si timide et suspeçonneux de » chascun qu'il ne ayme personne, fors pour le » temps qu'il en a affaire. Scès-tu point com- » ment il a mis en sa main les biens du vicomte » de Thouars, mon beau-père, et baillé partie » d'iceulx à gens de petit extime? Tu ne ignores » qu'il est manié par ung barbier (1), par ung » trompeur et ung desloyal évesque (2). Il tient » en prison le duc d'Alençon; le seigneur de » Nemoux ne scet où il en est, et le comte de » Sainct-Paul noue entre deux eaues. La fin des- » quelz pourra estre plus piteuse à veoir, que » leurs faictz et gestes plaisans à remémorer. » Je suys serviteur du Roy et du royaulme et » prest à me déclérer tel contre tous et de y haban- » donner ma personne, mes enfans et mes biens, » et quant tu aurois l'aage pour faire quelque bon » service, je seroys cureux de te veoir en ba- » taille renger pour estre à la distribution des » premiers coups et en hazart de fortune; mais tu » ne pourrois ne sçauroïs encores luy donner au- » cun secours de ton corps, moins de tes biens » ne de ton conseil.

» Tu demandes la Court, mon filz, et tu la » deusses deffier. Tu me diz quelquefoiz que » c'est l'escolle de toute honnesteté : il est vray » qu'elle est plaine de gens ressemblans bons et » honnestes, et que c'est ung lieu remply de gens » expérimentez à bien et mal. La Court aprend » à se vestir honnestement, parler distinctement, » ryre sobrement, dormir légièrement, vivre » chastement, et escouter tous vens venter sans » murmure; mais le tout est faict par vaine » gloire, ambicion ou ypocrisie. Les honneste- » ment vestuz sont on dedans plains de mocque- » rie et irrision, et détraictent de chescun; les » peu parlans sont envieux, songeurs de mallices, » inventeurs de trahisons; les peu rians sont » gens austères, arrogans, cruelz et plains de » malice; ceulx qui dorment légièrement, veil- » lent jour et nuyt à supplanter leurs compai- » gnons, faire quelques monopolles et destruire » chescun; et les chastes aux yeulx des hommes, » infament et maculent les honnestes maisons, » par secretz adultères et fornications occultes » et desrobées.

» La Court est une humilité ambicieuse, une » sobriété crapuleuse, une chasteté lubricque, une » modération furieuse, une contenance supersti- » cieuse, une diligence nuysible, une amour » enuyeuse, une familièrité contagieuse, une » justice corrumpue, une prudence forcennée, » une habondance affamée, une haultesse misé- » rable, ung estat sans seureté, une doctrine de » malice, ung contempnement de vertuz, une » exaltacion de vices, une mourante vie et une » mort vivante, ung ayse d'une heure, ung mal- » aise continuel, et chemin de dempnacion. C'est » ung lieu où l'on prend par force ou peine ce » qui doit estre acquis par vertuz. La Court faict » de vertuz vice et de vice vertuz; les plus hault » eslevez sont en plus grand dangier que les bas » assis, car fortune ne se rit fors du trébuche- » ment des grans, et plus souvent exerce ses mu- » tacions sur ceulx qui sont soudain et sans grands » mérites montez, que sur les petiz, dont elle » ne tient compte. Puys donc que tant de dan- » giers y a en Court, laisse croistre tes ans, en- » durcir ton corps, meurer ton esprit, augmen- » ter tes forces et vertuz, pour mieulx en souste- » nir le faix, et savoir à tous ces maulx résister. »

---

(1) Olivier-le-Daim.

(2) Le cardinal Baluë.

Telles ou semblables remonstrances feit le père au filz, qui respondit en telz motz :

« Ce que j'ay faict, monsieur, ne tend ad ce » que je veuille obvier à voustre volunté, ne » aller au contraire de ce qui vous plaist ; car les » enfans doibvent obéir à leurs pères ; et comme » ilz sont tenuz les ouyr aussi doyvent considé- » rer leurs parolles. Je sçay, monsieur, que » toutes les remonstrances qu'il vous a pleu me » faire, vous les pensés très-utiles et profitables. » Toutesfois, qui les pèseroit à juste balance » avec ce que je vous ay dit, je ne sçay qui gai- » gneroit le prix : je croy, pour vray, que la » Court est à présent fort troublée, pour les cau- » ses par vous dictes, et que le dangier y est » grand ; néantmoins je pense que plus craignez » le dangier de mon esprit, que celluy du corps » ne des biens ; et mieulx me vauldra le passer » par la dangereuse flamme de Court, purgative » des ignorances de hommes vivans de vie pri- » vée, que demourer entre oysiveté, nonchal- » lance, gourmandie, plaisir charnel, et liberté » de mal faire, tous insidiateurs des humains » espritz ; et mieulx vault que je expérimente » les curiaulx labeurs en ma jeunesse, qui pourra » plus aysément les supporter, que en mes viriles » ans, qui après long repos se ennuyroyent de » si griefves peines. Et davantaige, si le Roy est » suspeçonneux (comme il vous a pleu me dire) » le reffus ou délay de son service luy pourra » engendrer contre vous et moy plus grant sus- » picion, tant au moyen du duc de Bretaigne, » duquel sommes alliez à cause de ma mère, » que du duc de Bourgongne, des ancestres du- » quel noz prédécesseurs ont esté serviteurs, et » prins avec eulx le principal de leurs honneurs » et richesses.

» Ne vous désespérez de mon aage, car de aussi » jeunes que je suis ont aultresfois (comme j'ay » ouy dire) donné espoyr de estre gens de bien, » par leurs juvénilles faictz et actes. Et entre aul- » tres, comme j'ay veu par les histoyres, Alexan- » dre-le-Grant, estant encores à l'escolle des » lettres en l'aage de douze ans, fut desplaisant » dont Phelippes, roi de Macédonne, son père, » avoit tant dilaté son royaulme par louables » victoyres, disant que pour avoir gloyre luy » conviendroit, en son plus parfaict aage, aller » acquérir gloire en Occident, et en ce mesme » temps chevaucha de luy-mesmes ung cheval » non dompté, davant son père, que tous ceulx » de son escuerye ne ausoyent chevaucher. »

Comme l'enfant parloit au père, et avant que clore son propos, survinst ung poste que le Roy envoyoit au père, avec une lettre, qui interrumpit l'enfant en sa grácieuse et prudente responce ; mais ce fut à son adventaige, car le Roy rescripvoit au père qu'il luy envoyast son filz pour le servir, sur peine de désobéissance ; qui donna solucion à tous argumens, mais non sans douleur paternelle. Et fut Loys, à sa grant joye, richement vestu, monsté et accompaigné mesmement de Odet de Chazerac, et dedans quinze jours envoyé au Roy, à la fin de l'an treiziesme de son aage.

En ce temps, le roy Loys avoit de grans affaires, au moyen de ce que les duez de Bretaigne et de Bourgongne estoyent ses ennemys, et que le duc de Bourgongne, nommé Charles, filz du bon duc Phelippes, avoit suscité Edouard, lors roy ou usurpateur du royaulme d'Angleterre, à venir avec grosse armée en France. Toutesfoys le Roy y pourveut saigement, car il appoincta avec Edouard (1), et le renvoya doulcement, sans coup frapper, en Angleterre, au desceu du duc de Bourgongne, qui en cuyda crever de despit.

Ce jeune Loys fut amyablement receu par le Roy, et fut mis au nombre des enfans d'honneur, où bientost après passa tous ses compaignons, en toutes les choses qu'ilz sçavoyent faire, fust à saulter, crocquer, luicter, gecter la barre, courir, chasser, chevaucher, et tous aultres jeux honnestes et laborieux ; et si les surmontoit en hardiesse, finesses, caustelles et ruzes, en sorte qu'on ne parloit en Court que du petit Trimoille, dont le Roy fut fort joyeux. Et, luy voyant parfoyz faire ces bons tours, disoyt aux princes et seigneurs de sa compaignée : « Ce petit Trimoille sera quelquefoiz le sous- » tènement et la deffence de mon royaulme : je » le veulx garder pour ung fort escu contre » Bourgongne. » C'estoit le Roy (comme a escript messire Phelippes de Commynes son chambellain) qui se cognoissoit mieulx en gens que homme qui fust en son royaulme, et à les veoyr une foiz seullement, prédisoit leur preudhommie ou lascheté, dont peu après on voyoit les expériences.

Quelquefoiz ses compaignons reprochèrent au jeune Trimoille qu'il seroit aussi gras que le seigneur de Cran, son oncle paternel, qui estoit l'ung des vaillans et hardiz chevaliers et cappitaines de France, bien aymé et extimé du Roy, dont il ne fut contant, et respondit : « Je m'en garderay si je puis ; » ce qu'il fist par les grans labeurs qu'il prenoit jour et nuyt : car on ne le veit jamais asseoyr fors ung quart d'heure pour disner, et autant pour soupper ; et si ne prenoit viandes à son plaisir, mais à sa

---

(1) Traité de Picquigny, conclu le 29 avril 1475.

nécessité seullement, et le moins qu'il povoit, dont la continuacion luy engendra une habituacion qui a surmonté nature, car son père et son oncle estoyent gros et gras, et il fut tousjours allègre et délibéré. Chérephon et Philétas luy furent exemple, l'abstinence et longues vigiles desquelz les feirent allègres et légiers de corps. La demourance du jeune Trimoille ne passa quatre moys en Court, que son oncle, monsieur de Cran, chevallier de grant prudence et bonne expérience, bien aymé et familier du roy Loys, luy donna forme de vivre honneste et gracieux admonnestemens.

◇◇◇

CHAPITRE VI.

La bonne estimacion que le roy Loys XI eut du jeune seigneur de La Trimoille, dès ses jeunes ans.

Les conseils du seigneur de Cran, bénignement receus par le jeune seigneur de La Trimoille, son nepveu, ne diminuèrent l'effect de ses nobles affections, mais luy creurent ses louhées vertuz, dont vinst au roy Loys XI meilleure extimacion de luy que au paravant, laquelle il déclaira depuis à maistre Guillaume Hugonet, chancelier de Bourgongne, et au seigneur de Contay, venuz à Vervins vers ledict roy Loys, de par le duc de Bourgongne, pour avoir semblables treuves qui avoyent esté faictes entre ledict roy Loys et Edouard, roy d'Angleterre, a neuf ans; car comme lesdictes treuves eussent esté par ledict roy Loys accordées ausdicts ambassadeurs, en parlant et divisant des jeunes princes et seigneurs de France et Bourgongne, le roy Loys leur monstra, par grant singularité, le jeune seigneur de La Trimoille, leur disant : « La maison de Bourgongne » a nourry et entretenu par long-temps ceulx » de La Trimoille, dont j'ay retiré ce gicton (1), » espérant qu'il tiendra barbe aux Bourgui- » gnons. » Ceste petite louange rendit ce jeune seigneur si très-ententif à faire ce que le Roy avoit de luy prédit, que tousjours estoient ses oreilles tendues aux propos que son oncle et aultres bons chevalliers et chiefz de guerre tenoyent des batailles, alarmes et rencontres; et le plus grand de ses désirs estoit qu'on luy mist le harnoys sur le doz, ce qu'on fist dès ce qu'il eust l'aage de dix-huyt ans, au temps de la conqueste de Bourgongne que le roy Loys fist après que Charles, duc de Bourgongne, eut esté occis à la journée qu'il eut à Nancy contre le duc de Lorraine, qui fut en l'an 1476. Et, en l'aage de dix-neuf ans, prinst accointance avec ung jeune chevalier de l'aage de vingt et troys ans, marié avec une fort belle dame, estant en l'aage de dix-huyt ans, lesquelz je ne veulx nommer. Et fut l'amour si grant entre ces deux jeunes seigneurs, que le chevalier vouloit tousjours estre en la compaignée du seigneur de La Trémoille, et souvent le menoit passer le temps en son chasteau.

◇◇◇

CHAPITRE VII.

De la grant et honneste amour qui fut entre le jeune seigneur de La Trimoille et une jeune dame.

Bientost la jeune dame eut jour et nuyst davant les yeulx la formosité et bonnes grâces du jeune seigneur de La Trimoille, et luy son excellente beauté, son humble maintien, gracieuse parolle et honneste entretien. Or avoient-ilz encores la vergongne de honnesteté davant les yeulx; car la dame n'avoit onc mis son cueur en aultre que son espoux, et le seigneur de la Trimoille n'avoit onc employé son esprit ne donné labeur à ses pensées en faict de voluptueuses amours, mais seullement ès guerres, chasses, jouxtes, tournoys et aultres passe-temps honnestes; et luy fut ce premier désir vénéreux fort extrange; car sa pensée n'avoit seureté et son couraige n'estoit en paix, mais assailly d'assaulx intérieurs, tant de jour que de nuyt, en sorte que son noble cueur ne povoyt trouver pascience. Encores n'estoit le seigneur de La Trimoille en si continuelle guerre que la dame, car il avoit plusieurs passetemps qui luy povoyent donner quelque oubliance; mais la pauvre dame (je dy pauvre d'amoureux confort, et riche de toutes aultres choses) demouroit tout le long du jour en sa maison, sans rien faire; au moyen dequoy les pensées croissoyent immodérément on jardin de son cueur, en sorte que, avant que fussent troys jours passez, une palleur de tristesse vinst saisir son visaige, ses yeulx changèrent leur doulx regard, ses jambes se débilitèrent, son repos n'avoit pascience, souspirs et gémissemens sailloyent de son cueur, l'estomac qui plus ne les povoyt porter, les chassoit jusques à la bouche, qui en devinst toute altérée; en sorte qu'elle fut contraincte de demourer au lict, malade non de fièvre, mais d'une saine maladie et d'une santé languissante. Son espoux la voulut conforter, et y fist venir plusieurs

(1) Rejeton.

médecins, et des plus expers; mais ilz n'eussent peu cognoistre son mal au poulx ne à l'urine, ains à ses véhémens souppirs.

Le jeune seigneur de La Trimoille, se doubtant de la qualité de son mal, à la raison de ce que puis peu de temps avoit congneu que ceste dame (les joyeuses compaignées habandonnées) s'estoit rendue toute solitaire pour mieulx satisfaire à ses amoureux pensemens, et que en parlant avec elle davant son mary, ne povoyt tenir propos et souvent changeoit couleur, attendit l'heure que les médecins s'en estoyent allez et qu'elle estoit seulle en sa chambre, couchée sur ung lict, où il alloit quand il vouloit, sans le dangier de jalousie, pour la grant amytié que le chevalier avoit à luy. Et, eulx estans hors de dangiers des rapporteurs, en hardiesse de parler, luy dist : « Madame, on m'a présentement faict « sçavoir que estiez arrestée de maladie dès le » jour de hyer, dont j'ay esté fort desplaisant, » parce que plustost fusse venu vous visiter et » donner quelque consolacion, si je le povoys » bien faire; car il n'y a femme en ce monde » pour laquelle je me voulusse plus employer. » L'œil et la parolle de ce jeune seigneur (comme les premiers médecins) commancèrent à passer par toutes les artères et sens de son hostesse, et, pour la douleur qu'elle y trouva, commença se resjouyr et prandre quelque réfrigèrement en sa véhémente fureur d'amours. Toutesfoiz, surprinse d'une louable vargongne, précogitant qu'elle ne povoit honnestement aymer aultre que son espoux pour en avoir le délict charnel, différa de respondre et de manifester à son amy la grosse apostume plaine d'amoureux pensemens qu'elle avoit sur son cueur, mais luy dist seullement qu'il n'y avoit au monde personnaige qui la peust guérir, fors luy (son mal bien congneu), et, en disant ces parolles, gecta sur la face de ce jeune seigneur ung regard si pénétrant, qu'il fut navré ou cueur plus que davant, et cogneut asseuréement qu'elle estoit amoureuse de luy : pourtant ne luy fist aultre response, fors que le médecin seroit trop eureux qui pourroit une si louable cure faire.

Comme il luy vouloyt déclarer le surplus de ses amoureux désirs, survindrent aulcunes de ses damoyselles qui les départirent ; et se retira le seigneur de La Trimoille seul en sa chambre où, embrasé du feu d'amours, commença dire à tout par luy : « O quel périlleux et merveilleux » assault, quel contagieux convy, quelle indé- » fensable temptacion, quelle non inexorable » prière, et quel dur et invincible assault m'a » esté livré par la parole et le regard d'une » femme! que doy-je faire? Amour me donne » liberté d'acomplir mes plaisirs charnelz à » mon souhayt, et honnesteté me le deffend, disant que ce seroit trahison faicte à » son amy; jeunesse me induyt à volupté, » et mon esprit à choses plus haultes et vertueuses; pityé me dit que je doy secourir » celle qui languist pour l'amour de moy, et » sévérité me défend maculler la conjugalle » saincteté, et me commande que je garde ma » chasteté à celle qui sera toute à moy et non à » aultre. » Sur ces fantasies, et aultres trop longues à réciter, ledict seigneur s'endormit en sa chambre.

La dame, après le départ du seigneur de La Trémoille, fut pressée par ses damoiselles de prandre quelque reffection, ce quelle ne voulut lors faire ; mais, après avoir faict sortir ceulx et celles qui estoient près d'elle, commença à penser plus que jamais en ce jeune seigneur, et dire en son esprit : « O Dieu immortel, de quel » seigneur et personnaige m'avez-vous donné » l'acointance ? il me semble que l'avez seulement » faict pour estre regardé et amé, et que avez » commandé à nature le pourtraire pour le chief- » d'euvre de sa subtile science. Où est la femme » qui, contemplant l'excellence de sa beaulté, » ne fust de son amour surprinse ? Où est celle » qui, congnoissant son gracieux maintyen, sa » proesse, son honnesteté, sa perfection corpo- » relle, et sacrée formosité, ne pensast estre bien » eureuse si elle povoit sa bienveillance acqué- » rir ? Où est la dame qui ne se dist bien fortu- » née d'estre en sa tant requise grace ? Et je » voy, de l'autre part, la beaulté de mon es- » poux, son bon traictement, sa fidélité, la » grant amour que en révérence il me exhibe, » son honnesteté, la fiance qu'il a en moy, l'é- » normité scandaleuse de la transgression de la » foy conjugalle, le déshonneur que je pourroys, » pour aultre amer, acquérir, le dangier de tel » crime, la fureur de mes parens, et l'injure » que je ferois à tout mon noble lignage : toutes » lesquelles choses sont par moy oubliées, en » la veue de ce jeune seigneur, tant beau, tant » bon, tant benign, tant gracieux, tant amou- » reux, et tant plain de bonnes grâces, et le- » quel je ne puis fuyr, pour la grant amour qui » est entre luy et mon espoux, et leur journelle » fréquentacion. O Dieu éternel, que doy-je » faire ? je suis en l'eaue jusques au menton, » toute altérée, et ne puis boyre ; je suis à la ta- » ble remplie de viandes exquises, criant à la » fain ; je suis au lict de repos, et le dormir m'est » deffendu ; je suis ès trésors jusques aux oreil- » les, et je mandie pour vivre ; j'ay le feu d'a- » mours de tous coustez, et la glace de honte

» et crainte me gelle le cueur ! O pauvre et dé-
» solée femme, que feras-tu, fors attendre, pour
» le seul reconfort de mes douleurs, que la mort
» tire cruellement de mon las cueur l'amoureux
» traict de Cupido, et me frappe du sien mor-
» tellement ? »

Combien que ceste visitacion eust augmenté les passions amoureuses non seulement du jeune seigneur de La Trimoille, mais aussi de la dame, toutesfois prindrent-ilz reconfort en leurs cueurs, par le commancement de congnoissance de leurs voluntez, et s'estudièrent celler leurs désirs et dissimuler leurs entencions à tous autres, pour mieulx parvenir au fruict d'amours ; mais ne fut possible, parce qu'ilz changèrent de contenance, de langaige et de propos ; et ne vouloyent parler longuement ensemble en compaignée comme avoyent acoustumé, parce que souvent changeoyent couleur, et se desroboyent à table et ailleurs plusieurs amoureux regards dont se apperçoit le chevalier, et y resva quelque peu : toutesfoiz la grant amytié qu'il avoit au jeune seigneur de La Trimoille, luy fist penser que le mourir seroit plustost par luy choisy que le vivre au pourchasser de tel déshonneur faire en sa maison, et en ousta sa fantasie. Ce nonobstant, voyant meigrir le jeune seigneur de La Trimoille, et devenir tout solitaire et pensif, luy demandoit souvent qu'il avoit et s'il estoit amoureux : ledict seigneur en rougissant luy disoit que non, et prenoit excuse sur quelque aultre chose ; mais sa contenance, contrariant à sa parolle, le rendoit coupable.

Au regard de la dame, elle languissoit, et avoit une angoisse en son amoureux cueur, si grant qu'elle en perdoit le boyre, le manger et le dormir. Ses chançons estoyent tournées en souspirs, ses joyeux propos en solitude de pensées, et ses rys en amoureuses larmes. Ledict seigneur estoit si pressé en son esprit qu'il eust bien voulu n'avoir ses amoureux pensemens, et souvent délibéroit se retirer à la Court ou ailleurs ; mais soudain, par ung seul regard de la dame, en estoit diverty ; aussi le chevalier le retenoit toujours, et sans luy ne povoyt vivre. Et pource qu'il ne ousoyt si souvent parler à la dame qu'il avoit acoustumé, et que son amour luy avoit engendré suspeçon et crainte de jalousie, luy escripvit une lectre (1).

---

(1) L'auteur donne les lettres des deux amants, qui sont fort longues et écrites en vers. Dans celle de La Trémouille on remarque le passage suivant :

Esbats et jeux, tous joyeux passe-temps
D'oiseaulx, chevaulx et chiens mis en contemps.
Je ne quiers fors ung lieu de solitude

Ceste lectre escripte de la main du seigneur de La Trémoille, portée à la dame par ung de ses paiges, duquel il avoit congneu le bon esprit, fut par elle, en sa chambre, incontinant après son lever, sans aucuns tesmoings, secrètement receue ; et, avant la lecture, pour obvier à toute suspeçon qui jà l'avoit rendue fort craintive, dist au paige : « Mon amy, le bon jour soit
» donné à monseigneur vostre maistre ; vous
» me recommanderez à sa bonne grâce, et luy
» direz que sa lectre veue, en aura bientost res-
» ponce. » Elle, laissée par le paige, alla ouyr la messe en la chappelle du chasteau, en laquelle son espoux et ledit seigneur l'actendoient pour avoir leur part de la dévocion ; mais ne la veirent à l'entrée et yssue, à la raison de ce qu'elle entrée en son oratoire par une faulse porte, par icelle mesme sortit, et s'en alla renfermer en son cabinet, où elle fut jusques au disner seule, non sans fantasier après ceste lectre, en notant chescun mot d'icelle ; et, pour y faire responce conforme à sa volunté, prinst encre, plume et papier et escripvit au seigneur de La Trimoille.

<><><>

CHAPITRE VIII.

Comment la lectre de la dame fut portée au seigneur de La Trémoille, et son amour descouverte au chevalier son espoux, et comment le chevalier par doulceur les retira de leurs folles affections.

La lectre de la dame fut tant eureuse qu'elle trouva messagier secret qui la mist entre les mains du seigneur de La Trémoille ; ce fut son paige qui avoit porté la sienne à la dame ; mais la lecture en fut piteuse, car il y eut en icelle lisant plus de larmes que de bonne pronunciation. Ses sens s'esloignoient de la raison, la langue se troubloit, le corps trembloit, le cueur souspiroit, et les jambes luy failloient ; en sorte que luy, contrainct se gecter sur son lict de camp, fut long-temps sans parler ; et le plus grant danger de son mal, c'estoit qu'il n'avoit à qui descouvrir sa malladie. Le soupper fut prest, mais il perdit le souvenir de boire et manger ; ses paiges actendoient son yssue à la porte

Pour en amour gecter la mienne estude.
Je quiers ung lieu secret pour le repos
De mes pensiers et amoureux propos.
Honnesteté si le me vient deffendre
En me disant : « Ce seroit trop mesprendre,
» Vers mon amy qui se confie en moy
» Et que j'aurois perdu l'honneur de foy. »

de sa chambre, pour le conduire en salle avec torches; mais il ne povoit trouver le chemin, et jusques à donner quelque pensement au chevalier que mal luy allast, mais non à la dame qui bien se doubtoit de sa maladie procédant de sa lectre plaine de variété et mutacion de vouloir: une partie luy donnoit espoir de joissance, et l'autre le mectoit en désespoir; en lisant aucuns motz, pensoit bien faire tout ce que son amoureux désir vouldroit, et en lisant aultres s'en trouvoit très-fort esloigné, et par raisons si vives que le répliquer luy eust esté honte, et le contredire déshonneste; parquoy demouroit en langueur, qui est une angoisse d'amoureux cueur, laquelle ne peult celler son ennuy, et ne scet à qui le dire pour y trouver allégence: et brief la mort luy eust esté plus propre à le guérir de ce mal, que le remède trouver pour le médeciner, ainsi que bien luy sembloit à veoir la lectre de la dame.

L'heure du souppers passée, et sceu par les paiges que la porte de la chambre de ce jeune seigneur estoit par le derrière fermée, le chevalier alla luy-mesme à la chambre, frappa à la porte, est entendu par le seigneur qui luy faict soudain ouverture, et le interroge de la cause de si longue demeure; en rougissant respondit qu'il s'estoit trouvé mal et ne vouloit souper. Toutesfoiz, pressé par le chevalier, qui congnoissoit à la rougeur de ses yeulx qu'il avoit ploré, s'en allèrent mectre à table, et la dame avec eulx; laquelle, empeschée de plusieurs et diverses pensées, rompit son honneste coustume de mectre en avant quelque bon propos, et passa le souper sans mot dire. Le jeune seigneur, tourmenté de ses affections du dedans, parloit aulcunes foiz, mais non à propos, qui donna congnoissance au chevalier que son mal procédoit d'amours, et que amoureux estoit de sa femme, dont ne fist compte; mais, interrumpant tousjours ses secrètes pensées de parolles joyeuses, s'efforçoit le gecter hors de ceste amoureuse angoisse. La table levée et grâces dictes, devisèrent ensemble demye heure seulement, contre leur coustume qui estoit actendre mynuit; et fut conduict le jeune seigneur, par le chevalier et sa femme, en sa chambre, où elle fut laissée; mais incontinent après congié prins de luy, par ung secret et gracieux baiser, pour ouster toute suspection, se retira en la chambre de son mary; et le jeune seigneur, pour donner repos à la douleur qui tant le pressoit, se coucha; mais le dormir ne fut si long que la veillée.

Or voyons-nous en quelle destresse estoyent ces deux personnages pour trop aymer, dont le chevalier eut par conjectures quelque cognoissance, car il estoit assez mondain et de grant esprit. Toutesfoiz n'en fist lors semblant; et après s'estre couché près de sa femme, en lieu de dormir, se mist à diviser avec elle de ses jeunesses et bons tours qu'il avoit faict en amours avant son mariage, luy disant « que
» c'estoit la plus grant peine du monde, et se
» douptoyt que le seigneur de La Trimoille le
» fust, mais ne sçavoit de quel personnaige, et
» ne le povoit ymaginer, ne penser à la raison
» de ses perfections de nature, richesses et
» dons de grâce, et que la dame seroit fort
» eureuse qui de luy seroit par honneur aymée.
» Et si je sçavois, disoit le chevalier, en quelle
» dame il a mis son cueur, je laisseroys le chemin de mon repos, et prendroys celluy de son
» labeur, car il le vault. — Et si c'estoit de moy,
» dist la dame, que diriez-vous? — Je diroys
» que vous vallez bien de estre aymée, mais je
» pense qu'il a si loyal cueur qu'il ne vouldroit
» maculler nostre lict pour chose du monde, et
» qu'il aimeroit mieulx mourir que le faire, et
» aussi qu'il cognoist et considère la perfection
» de voz vertuz, et l'arrest d'amour qu'avez
» faict en moy. Et néantmoins si, par une passion de désir qui esveille les clers entendemens des hommes et femmes, estoit tumbé
» en cest inconvénient dont ne peust sortir
» sans mort, fors par la jouyssance de vous,
» pourveu que Dieu n'y fust offencé, voustre
» honneur macullé et ma noblesse souillée, je
» y donneroys plustost consentement que à sa
» mort. Je vous prie, m'amye, s'il est ainsi,
» qu'il ne me soit cellé. — Je vous asseure,
» mon amy, dist la dame, que c'est de moy;
» mais saichez que c'est d'une amour tant honneste qu'il aymeroit mieulx mourir que de
» vous offencer, ne me donner reproche; et
» vous ayme tant, comme il m'a dict, que l'amour qu'il a à vous combat à celle dont il me
» ayme, qui est la principalle cause du mal
» qu'il seuffre, duquel mal, sans vous en mentir, je supporte partie sur mon cueur, par pitié
» qui ne luy puist ne doibt secourir.

» M'amye, respond le chevallier, nous trouverons moyen de luy donner alégence, par
» ce que je vous diray. Demain, après disner,
» iray, avec mes serviteurs, en tel lieu, sans
» retourner jusques au lendemain. Ce pendant
» irez à sa chambre, et luy porterez une lettre
» que je feray, vous offrant par mon congié à
» sa mercy. Si je ne vous congnoissoys saige,
» prudente et chaste, ne vous bailleroys ceste
» liberté, laquelle pourriez prandre; mais il me
» semble que aultre moyen n'y a pour le guérir

» de son mal, duquel plusieurs jeunes seigneurs
» sont mors ou tumbez en quelque grant né-
» cessité. » En tenant ces propos, après aulcuns honnestes baisiers, le chevallier s'endormit, mais non la dame, laquelle passa le reste de la nuyt en larmes, qui lavèrent son cueur de l'infection de ses amoureux pensemens, à la consideracion de la bonté et honnesteté de son espoux, à sa doulceur et bénignité, à l'amytié qu'il avoit au jeune seigneur, et à la grant confiance qu'il avoyt à elle. Le chevallier se leva matin, et d'ung gracieux baiser par luy donné à son espouse, qui sur le matin s'estoit endormie, la réveilla, et luy renouvella en briefves parolles leur délibéracion de la nuyt; et luy, prest de ses accoustremens, se retire en la chambre de son secret où il fist une briefve épistre. Ce pendant le jeune seigneur de La Trimoille, tout désollé des songes et fantosmes nocturnes, se leva, et, la messe ouye avec le chevallier et la dame, disnèrent assez matin. Le disner faict, le chevallier dist au seigneur de La Trimoille qu'il voulloit aller à une sienne maison pour quelque affaire, et que le lendemain seroit de retour, à disner. Ledict seigneur offrit et pressa le chevallier de luy tenir compaignée; mais par honneste excuse l'en refusa.

Or fut bientost prest le chevallier, et, sa lettre baillée à son espouse, monta à cheval, accompaigné de ses gens, pour aller où il avoit dict en présence dudict seigneur et de la dame; lesquelz hors du dangier des serviteurs (qui souvent dient plus qu'ilz ne savent), se retirèrent seulz en la chambre de la dame, où elle, toute honteuse, luy demanda : « Monsieur, commant vous est-il allé ceste nuyt ? — Assez mal,
» dist-il, car je l'ay passée en soupirs, fanta-
» sies et songes merveilleux. — Et je l'ay accompaignée, dist la dame, de larmes et pleurs;
» car mon mary, cognoissant nostre amour,
» m'en a bien avant parlé, non comme jaloux
» de vous, mais comme le plus grant amy qu'il
» ayt et qu'on pourroit avoir en ce monde, car,
» son intérest mis en arrière et mon honneur
» oublyé, m'a prié vous mettre hors des laqs
» d'amour, desquelz vous et moy sommes si
» estroictement liez, et m'a chargé vous bailler
» ceste lettre. » Ledict seigneur fut tant esbay de tel propos qu'il perdit la parolle; car tant aymoit le chevallier qu'il eust bien voulu mourir pour luy en juste querelle; et, sa bouche ouverte par le commandement du cueur, après s'estre par les yeulx deschargé de ses soupirs, prinst et leut la lettre.

<><>

CHAPITRE IX.

L'honneste moyen par lequel le jeune seigneur de La Trimoille et la dame se départirent de leurs secrètes amours.

La lettre du chevallier ne fut leue par le jeune seigneur sans donner repos à sa langue pour descharger son triste cueur de angoisseuses larmes, et moins n'en faisoit la dame; la pitié de laquelle augmentoit la passion du lecteur, en sorte que une heure fut passée avant le parfaict. Ceste lettre eut telle vertuz que (toute folle amour chassée) raison ouvrit leurs intellectuelz yeulx pour cognoistre l'honnesteté, bonté et prudence du chevallier, leur folle entreprinse, inconsideracion et immodérées voluntez. Et commença dire le jeune seigneur : « Ha! ma-
» dame, voyez-vous point mon tort? vous est
» ma coulpe absconse, est pas ma faulte descouverte, quant, par déceptifz propos, re-
» gards impudiques et amoureux baisiers, je
» vous ay voulu divertir de la vraye et simple
» amour que devez avoir à vouste seul espoux
» tant bon, tant gracieux et tant honneste :
» devoys-je point sa bonté considérer, son amytié gouster, et ses biensfaictz réduyre à mémoyre? Il m'a receu en sa maison, et sans deffiance m'a tant de foiz laissé seul avec vous,
» vous baysant et divisant par passetemps, et,
» à présent, cognoissant ma langueur et le dan-
» gier de mon mal, a tant eslargy sa sévérité,
» que, vostre honneur oublyé, nous a laissé licence, espace et temps pour exécuter les passions de noz amoureux désirs. » Autant en disoit la dame, et tindrent ces bons et honnestes propos jusques environ quatre heures devers le soir, que ledit seigneur monta sur une hacquenée, et seul s'en alla au davant du chevallier, lequel fust rencontré à une lieue près : après double salut fait et rendu, feirent aller les serviteurs davant, et demeurèrent assez loing derrière. Le jeune seigneur se excusa envers le chevallier au mieulx qu'il luy fut possible, et l'asseura par serment que sa lettre avoit esté la seulle médecine de sa playe, et que, quelque amour qu'il eust à son espouse, estoit tant honneste qu'il eust mieulx aymé mourir que maculer la loy et foy de leur mariage, qui estoit la cause de son grief mal; car sa passion sensuelle vouloit ce que raison luy deffendoit.

Le chevalier aussi s'excusa envers luy de sa lettre, disant qu'il ne présuma onc qu'il voulust mettre à effet ses pensées. Et en ce propos arrivèrent au chasteau, où ilz trouvèrent le soupper prest, et la dame avec autres gentilz-hommes qui les attendoyent. Le jeune seigneur fut contrainct par le chevalier se asseoir davant la dame, et cogneut leurs contenances toutes changées, et qu'ilz avoyent mis arrière une grant partie de leurs amoureuses fantasies. Après souppcr il y eut tabourins et instrumens, dancèrent et divisèrent assez tard, puis chascun se retira en sa chambre. Et comme ledict seigneur fut seul en son lict, fut encores assailly par ung gracieux souvenir de la dame, en réduysant à mémoyre ses grâces et façons tant honnestes, et luy estoit encores demouré quelque relique de ses amoureuses passions dont ne se povoit aisément descharger; mais le bon tour que *luy avoit faict le chevalier*, chassa ces pensées, et il s'endormist.

CHAPITRE X.

Comment le jeune seigneur de La Trimoille laissa la maison du chevallier, et s'en alla au trespas de monsieur son père.

Quand il fut jour, le jeune seigneur de La Trimoille se treuva bien délibéré de plus ne donner lieu aux amoureuses pensées du temps passé; et comme il se vouloit lever, luy vindrent nouvelles certaines que monsieur son père estoit griefvement malade et près de la mort. Parquoy soubdain envoya vers le chevallier sçavoir s'il pourroit lors parler à luy; lequel soubdain venu, et le bonjour donné par l'ung à l'autre, s'enquist commant il avoit passé la nuyt; et ledict seigneur luy déclara la nouvelle qu'il avoit eue de la maladie de monsieur son père. Si luy conseilla lors aller vers luy en diligence dès ledict jour, ce qu'il délibéra; mais avant son soubdain partement, après la messe ouye, en actendant le disner, alla prandre congié de la dame, qui n'estoit encores sortie de sa chambre; et après l'avoir gracieusement saluée luy dist: « Madame, je suis l'homme le plus tenu à vous » que à toutes les humaines créatures, tant » pour le bon traictement que m'avez faict en » vostre maison, que pour les grans sies d'a» mour que m'avez monstrez, dont je me sens » vostre perpétuel tenu et obligé; et si je puis » me trouver en lieu pour en recognoistre le » tout ou partie, je vous asseure que je y em» ploieray corps et biens. Je suis contrainct de » m'esloygner de vous, pour quelque maulvaise » nouvelle que à ce matin m'a esté apportée de » monsieur mon père, fort malade et en dan» gier de mort; il est mon père, je luy doy

» obéissance et amour naturelle; et si je n'al» loys vers luy pour le visiter et consoler, et » qu'il mourust sans le veoyr, ce me seroit ung » perpétuel reproche et ennuy mortel qui tous» jours présenteroit regret et tristesse à mon » cueur. Et pour ce je vous dy adieu, madame, » jusques à mon retour, du temps duquel je ne » suis asseuré. » Jà commençoit le cueur de ce jeune seigneur à se descharger de la furieuse amour qu'il avoit eue à ceste dame, à la considéracion des bons tours et offres que luy avoit faictz le chevallier son espoux.

Au dire adieu le jeune seigneur présenta à la dame ung gracieux baysier, qui courtoysement l'accepta. Toutesfoiz ceste nouvelle, ainsi soubdain venue, la contrista par ung amoureux regret, et se trouva quelque peu de temps hors de soy, sans povoyr dire mot pour la responce ; les larmes qui tost après sortirent des ses yeulx, luy ouvrirent le cueur; et commença à parler en ceste sorte: « Je ne vouldroys, monsieur, à » vostre dommaige retarder vostre départ, car » je vous ame de sorte que le plaisir donne lieu » à l'honneur et proffit de vostre personne. » Toutesfoiz si tousjours povois estre en vostre » compaignée, sans le maulvaiz parler des gens, » je m'extimerois la plus eureuse femme de la » terre qui ne se peut faire, parce que j'ay ma » foy donnée à ung aultre, et je pense bien que » brief serez tout à quelque dame de laquelle » je vouldrois bien estre la simple damoyselle. » Vous savez, monsieur, les secrètes choses de » noz affections qui, à Dieu grâces, n'ont sorty » effect, mais sont demourées entre les mains » de honneste vouloir. Je vous prie que en ceste » sorte il vous plaise n'oublier l'amour de celle » qui vous tiendra tousjours escript en sa mé» moire par saincte et charitable amytié. »

Avec telz ou semblables propos ce jeune seigneur laissa la dame en sa chambre, mais non sans gecter quelques larmes de ses yeulx, car, jaçoit ce qu'il fust hors de tout maulvaiz vouloir, toutesfoiz estoit encores la racine de charnelle amour en son cueur, laquelle fut desracinée au moyen de la corporelle séparacion, qui est l'ung des grans remèdes d'amour qu'on pourroit trouver. Et, après avoir disné tous ensemble, et ung aultre général congié prins de la dame, partyt pour faire son voiage, non sans la compaignée du chevalier, qui le conduyt jusques à la couchée; et en chevauchant divisèrent de plusieurs choses, dont le chevalier fut très joieux, et s'en retourna à sa maison très-contant. Son espouse fut long-temps toute honteuse dont tant elle avoit esdiré son esprit, et ne passoit ung jour que, en considérant le dangier où s'estoit mise, ne gectast quelques larmes de desplaisir, qui la rendit si tressaige et bonne qu'elle passoit toutes les aultres ; et pour une vertu qu'elle avoit eue auparavant, en recouvra deux, savoir est, chasteté et humilité.

Le jeune seigneur de La Trémoille trouva son père en extrémité de mort, car tost après sa venue alla de vie à trespas, délaissez ce jeune seigneur et ses troys frères, Jacques, Georges et Jehan, et certaines filles, tous mineurs et en bas aage. Mais parce que ledict jeune seigneur estoit filz aisné et principal héritier, eut la charge du tout et, leur père honorablement enséputuré et obséquié, donna ordre à sa maison estat de luy et de messieurs ses frères. Et bien tost après, par le conseil de ses amys, retourna à la court du roy de France, où il avoit estat, pour recouvrer les terres de la vicomté de Thouars, principaulté de Thalmond, Amboyse, Montrichart et aultres de grant revenu que le roy Loys avoit mises en sa main à tort et contre raison, par une exécution de particulière volunté et désir de vangence, qui estoit la seulle apparente macule qui fort a obscursy les aultres bonnes condicions de ce Roy, ainsi qu'on peult veoyr par sa cronique.

◇◇◇

CHAPITRE XI.

Comment le seigneur de La Trimoille fut restitué en la vicomté de Thouars, et aultres grosses seigneuries à luy appartenantes à cause de sa feue mère, fors d'Amboyse et Montrichart.

Or s'en allèrent ces troys jeunes seigneurs à Tours, parce que le roy Loys estoit au Plesseis, qui est ung séjour royal au cousté de ladicte ville, auquel lieu s'estoit retiré, pour trouver repos à son accoustumé labeur et se séparer des grosses compaignées à luy desplaisantes, et de l'accès des princes de son sang et aultres gros seigneurs qu'il avoit en grant suspection, laquelle procédoit de ce qu'il avoit voulu estre crainct de tout le monde, et, comme dict Tulle en ses Offices, il advient que ceulx qui veullent estre crains, craignent non seullement les grans mais les petiz. Le jeune seigneur de La Trimoille fut hors le train d'amours, et la dame oubliée, après laquelle il avoit tant réveillé son subtil et facil engin, prinst le chemin de proffit particulier et de penser la manière par laquelle pourroit recouvrer ses terres, par le Roy injustement occupées. Il avoit plusieurs amys en Court, princes et aultres, mais aulcun d'iceulx n'eut la hardiesse d'en parler au Roy, doubtant sa furieuse ymaginacion. On le conseilla se adroisser à l'arcévesque (1) de Tours, de l'ordre des frères mineurs, de grant saincteté, qui parloit hardiement au Roy de ce qui concernoit le faict de sa conscience, et, par crainte de mort ou exil, ne différa onc de confondre ses désordonnées excuses.

A ceste considéracion, le jeune seigneur de La Trimoille se adroissa audit arcévesque, qui très-voluntiers luy presta l'oreille, et la qualité de son affaire congneue, dont aultresfoys on luy avoit tenu propos, promist en parler au Roy, à la première disposicion qu'il congnoistroit estre en luy pour se ranger à la raison, ce que fist ce bon arcévesque, qui joyeux estoit de faire administrer justice à ceulx qui la demandoyent, mais non si tost, car la maladie du Roy estoit si véhémente et pressante que, en la fureur d'icelle, homme quel qu'il fust n'ousoit commancer ung propos hors sa fantaisie ou ymaginacion. Fortune disposa l'heure du relasche de son mal avec la venue de l'arcévesque de Tours, lequel, voyant l'esprit du Roy bien tempéré pour y trouver ce qu'il demandoit, luy dist à secret : « Syre, il a
» pleu à vostre royalle magesté me descouvrir
» plusieurs syndérèses et scrupules de vostre
» conscience, et entre aultres du tort que vous
» tenez aux enfans de la fille du vicomte de
» Thouars, le filz aisné desquelz (qui est le seigneur de La Trimoille que fort bien aymez)
» m'a plusieurs foiz prié vous en parler, à ce
» que, en administrant justice, eussent de leurs
» terres et seigneuries restitucion. — Je ne les ay
» prinses, dist le Roy, pour les retenir ; mais
» vous entendez, monsieur l'arcévesque, commant les princes du sang m'ont traicté, soubz
» la confiance du duc de Bretaigne et du feu duc
» de Bourgongne, et que si je n'eusse par sévé-
» rité rompu leurs entreprinses, fusse demouré
» le derrier roy des nobles malheureux au livre
» de Bocace. Or, au moyen du parentaige et alliance qui estoit entre le feu duc de Bretaigne
» et le feu vicomte de Thouars, Loys d'Amboyse, doubtant qu'il fust de sa faction, et
» que, au moyen des grosses seigneuries qu'il
» avoit en Poictou ès frontières de Bretaigne,
» le duc de Bretaigne peust entrer en mon
» royaulme, je mis en ma main ses terres et seigneuries, non pour les retenir, mais pour les
» garder à ce jeune seigneur de La Trimoille,
» lequel à mon jugement, sera l'ung des princi-
» paulx protecteurs et deffenseurs de la maison

(1) Elie Bourdeille, nommé cardinal le 15 novembre 1483, deux mois et demi après la mort de Louis XI.

» de France; et si bien entendez la fin de mon
» exécucion, ce a esté pour le mieulx, et à ce
» que, pour l'offence que eust peu commectre
» ledict d'Amboyse, par l'importunité des aultres
» princes de mon sang, ce jeune seigneur ne fust
» en dangier de perdre le tout, et aussi pour te-
» nir en craincte cest enfant, lequel, par pré-
» sumption de richesse, pourroit prandre si
» grant hardiesse qu'elle tumberoit en irrévé-
» rence et faction. La jalousie de ma renommée
» a tenu ma mémoyre au passé pour eslire le
» meilleur du présent et advenir, en sorte que
» par tempérance et sévérité (mes ennemys sur-
» montez) je suis en mon royaulme, paisible,
» hérite d'ung filz qui est l'ymaige de ma tem-
» porelle félicité.

» Toutes ces choses, si en ceste considéracion
» les avez faictes, dit l'arcévesque, procèdent de
» Dieu; et puisque le dangier de l'advenir par
» vous préveu est passé, me semble que vostre
» naturel doit à présent vaincre l'accident de
» vostre craincte; et actendu que vous estes de
» voz adversaires le surmonteur, devez ouster
» le moyen que doubtiez estre nuysible à vostre
» intencion; vous estes debteur à vostre vertu,
» et à ce vous oblige vostre royalle condicion;
» vous-mesmes réparez ce tort, et ne vous en
» confiez à ceulx qui n'auront après vostre mort
» mémoyre de vous. » Le Roy remist la conclusion de cest affaire à ung aultre jour; mais
pourtant ne demoura en arrière, car ledict
arcévesque fut tant pressé du jeune seigneur
de La Trimoille, que par aultresfois en parla au
Roy, et finablement, par le commandement du
Roy, mena en sa chambre, en laquelle aucun des
princes lors n'avoit entré, le jeune seigneur avec
ses aultres troys frères; et la révérence par
eulx faicte au Roy, comme appartenoit, par son
commandement, le jeune seigneur, meslant ses
saiges parolles avec ung peu de honte révérencialle, commencea à parler à luy, disant:

« Si par nature ou coustume estoit une chose
» arrestée entre les hommes, ô très-illustre et
» triumphant Roy, que ceulx auxquelz Dieu a
» donné l'auctorité et puissance de exercer et
» et administrer justice, ne regardoient fors aux
» loix privées de leurs passions et affections, et
« que leurs voluntez fussent par dessus la raison,
» ne extimerois aucun lieu nous estre laissé pour
» vous faire prière; mais, congnoissans le par-
» faict de vostre prudence, qui ne vous permist
» onc faire chose par si légière crédulité, que
« n'aiez tousjours tenu la sentence en suspens,
» et que ne vouldriez charger l'innocence par le
» conseil de vostre seul vouloir prins de chose
» suspeçonneuse, aussi que l'homme de vertu

» ne se dépouilla onc tant de humanité qu'il
» aye perdu la mémoire de clémence et pitié, la
» doulceur de laquelle a souvent pénétré les in-
» supportables rigueurs des gens barbares, mo-
» liffié les cruelz yeulx des ennemys, et humilié
» les insolens espritz de victoire, ce ne luy
» est chouse haulte ne difficile trouver asseuré
» chemyn entre les armes contraires et les glai-
» ves évaginez; elle vainct toute ire, prosterne
» et abat hayne, et mesle l'ostille sang avec les
» hostiles larmes; par laquelle Hannibal de
» Cartage emporta plus de gloire que par la
» victoire qu'il obtinst contre Paulus Gracchus
» et Marcellus, rommains consules, lorsqu'il
» les feit, après les avoir occis, honnorablement
» ensevelir: pour ces considéracions nous reti-
» rons à vostre bénignité, doulceur et clémence.

» Certes, si jamais espoir de mansuétude fut
» en gens misérables et pour misérable cause,
» elle doyt estre en mes frères et moy, très-re-
» doutable prince, tant pour nostre jeunesse et
» pupillarité, que pour l'innocence de nostre
» ayeul maternel, qui onc n'entreprinst faire
» chose contre vostre royalle magesté, et dont
» il peust estre de désobéissance suspeçonné; et
» plus y avoit de raison à considérer les maul-
» vaises meurs de ceulx qui vous ont à ceste ire
» provocqué, que croire à leurs calumpnieux et
» non véritables rapports. Et si nostre ayeul
» avoit failly, dont ne voulons contendre ne
» prandre querelle, mais du tout nous soub-
» mectre à vostre royalle bonté, vous plaise con-
» sidérer, ô prince très-humain et clémens, que
» nostre ayeul et sa fille et héritière unique-
» nostre mère, sont déédez etc n'ont aultres hé-
» ritiers que nous, voz très-humbles et très-
» obéissans subjectz et serviteurs, lesquelz,
» comme de vous chèrement amez, avez de des-
» soubz l'helle de naturelle mignardise retirez,
» et mis au nombre de ceulx qui veulent estre
» gens de bien. A ceste considéracion, plus rai-
» sonnable chose seroit noz biens estre par
» équité remis entre noz mains, que laissez par
» tyrannie à ceulx lesquelz ont puis naguères
» prins tiltre de renommée, plus par l'auctorité
» que soubz vous usurpent, que par leurs vertuz
» et mérites.

» Vous plaise considérer les services et méri-
» tes de nos parens, le vouloir qu'ilz ont eu à
» l'exaltacion de la gloire de France, et que ba-
» taille n'a esté faicte, puis six vingts ans, qu'ilz
» n'y aient esté retournans d'icelles à leur hon-
» neur. Onc ne furent repris de chose pour la-
» quelle les roys voz prédécesseurs ayent eu oc-
» casion de gecter sur eulx, ne sur nous, les
» yeulx de indignacion. Vous entqndez assez que

» en gardant les loyers se conservent les sub-
» jectz. Pour ces raisons, et aultres que bien
» entendez, Sire, vous plaise nous faire rendre
» et restituer noz terres ; et en faisant raison
» et justice, nous obligerez par redoublée grati-
» tude, libéralité, et munificence, à tousjours
» estre perpetuelz serviteurs de vous et de vostre
» royaulme. »

Les sens et faconde du jeune seigneur de La Trémoille, meslez avec prudente hardiesse, consolèrent très-fort le Roy, lequel ne interrumpit son parler ne y prinst aucun ennuy ; mais, meu par ses prières qui pénétrèrent la sévérité de son esprit et vindrent jusques à luy ouvrir le cueur, luy feit responce : « Mon amy Trimoille, retirez-
» vous à vostre logis avec voz frères; j'ay bien en-
» tendu tout ce que m'avez dict ; je pourvoieray
» à vostre affaire par le conseil de monsieur de
» Tours, en sorte que aurez matière de me ap-
» peller roy et père. » Le presser eust esté plus nuysant que proffitable, les condicions du Roy bien entendues, qui empescha le réplicque de ces nobles enfans, lesquelz se retirèrent à leur logis. Et dix ou douze jours après, le Roy, sollicité par l'arcévesque de Tours, manda venir vers luy le jeune seigneur de La Trimoille, auquel dist : « Mon ami Trimoille, je t'ay prins des
» l'aage de trèze ans, espérant que tu seroys
» en l'advenir l'ung des propugnacles de mon
» royaulme, le deffenseur de mon ceptre, et
» soustènement de la couronne, pour mon filz
» unicque Charles, lequel je te recommande.
» Long-temps y a que maladie me persécute, et
» me semble que la mort est aux espies pour me
» prandre, ce que ne puis évader ; je te prie que
» ne soye frustré de mon espoir; l'une des bon-
» nes condicions en toy congneues, c'est que tu
» as surmonté envie par louhée humilité, et par
» pacience, acquis le nom de fort : l'une te fera
» prospérer en ma maison, et l'autre triumpher
» en guerre ; je te prie continuer. Au regard de
» tes terres de Thouars et aultres estans en Poic-
» tou, j'ay ordonné par mes lettres-patentes
» qu'elles te soyent rendues, comme à toy de
» droict appartenans et dont je ne vouldrois la
» retencion ; mais je te prie prandre récompense
» d'Ambaise et de Montrichard, par autant que
» le séjour de Touraine m'est fort agréable,
» à la raison de ce que mon filz y est nourry, et
» pourra en l'advenir mieulx aymer ce territoyre
» que aultre. — Sire, dist le jeune seigneur de
» La Trimoille, je feray tout ce qui vous plaira,
» et vous mercy de voz remonstrances et de la
» restitucion que avez ordonné me estre faicte. »

Le jeune seigneur de La Trimoille fist ses diligences de recouvrer ces lettres de restablissement, et à ce faire eut merveilleux labeur, et néantmoins ne peult encores jouyr desdites terres, à la raison de ce que le Roy estoit griefvement malade, et que son mal luy empiroit de jour en jour ; aussi que demy an après ou environ, alla de vie à trespas, qui fut en l'an 1483, auquel succéda monsieur le Daulphin, son filz unique, nommé Charles huytiesme de ce nom. Aussi laissa deux filles ses héritières, l'aisnée, nommée Anne, mariée avec le seigneur de Beaujeu, frère du duc de Bourbon ; et l'autre, nommée Jehanne, espousée par force, ainsi qu'en disoit, avec monsieur Loys, duc d'Orléans ; elle estoit belle de visaige et de clers meurs et vertuz, mais contrefaicte du corps, au moyen desquelles choses fut depuis répudiée, et leur mariage déclairée nul, comme nous verrons si Dieu le donne.

◇◇◇

CHAPITRE XII.

Comment le seigneur de La Trimoille fut appellé au service du roy Charles VIII, et comment on traicta le marier avec madame Gabrielle de Bourbon, de la maison de Monpensier, et alla la veoir en habit dissimulé.

Charles huytiesme de ce nom, filz unique du feu roy Loys XI, fut couronné roy de France en l'aage de quatorze ans, la jeunesse duquel donna occasion à ambicion de diviser d'avec luy les princes de son sang, lesquelz hannelloyert et aspiroyent pour les honneurs ou avarice avoir la régence et gouvernement de luy et de son royaulme, et entre aultres monsieur Loys, duc d'Orléans, qui lors estoit de l'aage de vingt et troys ans, et aussi le duc de Bourbon ; lesquelz ne se déclairèrent si tost. Toutesfois madame Anne de France, seur du Roy et espouse du seigneur de Beaujeu, de la maison de Bourbon, laquelle avoit le gouvernement de la personne du Roy, se doubtant de ces entreprises, y pourveut ; et, dès l'année du trespas dudict roy Loys, voulant gaigner princes et seigneurs, à ce qu'ilz ne se destournassent de leur fidélité, et voyant le jeune seigneur de La Trimoille prospérer en biens et en toutes vertuz appartenans à ung chief de guerre et conducteur d'une chose publique, et qu'il avoit merveilleux vouloyr de servir le Roy et le royaulme, le fist mettre aux estatz du Roy, et luy parla de le marier avec madamoyselle Gabrielle de Bourbon, fille du comte de Monpensier.

Le mariage estoit moult beau et honneste,

car ladicte Gabrielle estoit descendue du roy sainct Loys; et pour l'entendre est à présupposer que le roy sainct Loys eut plusieurs enfans, et entre aultres Phelippes le tiers de ce nom, qui fut roy après luy, et monsieur Robert qui fut comte de Clermont; ledit Robert eut ung filz nommé Loys, aussi comte de Clermont, et premier duc de Bourbon, dont vinst Pierre, second duc de Bourbon; lequel eut ung filz nommé Loys, qui fut tiers duc de Bourbon, dont vinst Jehan, quatriesme filz, qui eut deux filz, Charles, cinquiesme duc de Bourbon, et Loys, premier comte de Monpensier, père de ladicte madame Gabrielle de Bourbon, et de monsieur Gilbert de Monpensier, qui fut lieutenant général du roy Charles VIII, et vy-roy de Naples, où il décéda; à luy survivans deux filz, entre aultres ses enfans, Charles, et ung aultre qui fut occis en la journée saincte Brigide, comme nous verrons cy-après; et ledict Charles fut connestable de France, et marié avec madame Suzanne, fille dudict seigneur de Beaujeu et de madame Anne de France.

Ledict seigneur de La Trimoille, en continuant la fortune de ses prédécesseurs, lesquels tousjours se allièrent des maisons des princes, désira fort ce mariage; et, combien que peu en parlast, toutesfoiz n'en pensoit moins, car maintes nuytz estoient par luy passées sans dormir, aux pensées de ceste jeune dame, de laquelle luy fut apportée la portraicture après le vif, que j'ay par plusieurs foiz veue, et en fut très-fort amoureux, mais la longue distance du pays d'Auvergne où elle estoit, ne permettoit qu'il en eust la veue au naturel; dont il avoit peine par passion de désir. Or n'eust-il ousé y aller, de peur de mal contanter madame de Beaujeu, et voluntiers se fust faict invisible pour furtivement la veoyr. Souvent luy estoit parlé dudict mariage, de par madame de Beaujeu, et elle-mesme luy en parla; tousjours respondit qu'il feroit ce qu'il plairoit au Roy et à elle, et qu'il n'auroit jamais femme espouse que par leurs mains. Il estoit fort courroussé qu'on ne luy disoit : « Allez la veoir jusques à Monpensier; » mais il n'ousoit en faire la requeste; et ung jour dist à madame de Beaujeu, que pour néant on parloit de ce mariage, et qu'il failloit savoir la volunté de celle sans laquelle on ne pourroit rien faire.

Fut advisé que ung des gentilz-hommes de la maison du Roy, fort grant amy du seigneur de La Trémoille, auroit ceste commission et iroit; dont ledict seigneur fut très-joyeux, car il entreprinst avec ce gentil-homme qu'il iroit avec luy, en habit dissimulé, à ce qu'il ne fust congneu; et, pour le faire secrètement, demanda et eut congié pour aller à sa maison, à ce qu'il retourneroit dedans quinze jours. Le gentilhomme partit ung jour avant luy, asseuré du lieu ouquel avoit promis l'actendre, où se trouvèrent deux jours après; delà s'en allèrent où estoit la jeune dame, et logèrent ensemble; mais ledict seigneur laissa son train à six lieues de là, à ce qu'il ne fust congneu. Et prinses les lettres de créance de madame de Beaujeu, en feit le présent, en habit dissimulé, à ladicte jeune dame que tant désiroit veoir. L'ung et l'autre se saluèrent gracieusement, et la lectre leue, la jeune dame, en grant doulceur et toute honteuse, luy dist : « Monsieur, la lectre que j'ay receue de » par madame ma tante, porte que je vous croye » de ce que vous me direz de par elle. »

« C'est, dist le jeune seigneur de La Tré- » moille, qui jouoit le personnage du gentil- » homme qui l'actendoit au logeis, que je suis » chargé savoir vostre volunté du mariage du- » quel madame vostre tante vous a puis na- » guères faict parler de vous avec le jeune sei- » gneur de La Trémoille, parce qu'on le presse » de le marier ailleurs. — Je ne le vy onc, dist » la jeune dame, mais sa bonne renommée me » faict extimer que je serois eureuse si me vou- » loit prandre, car on dit que de toutes les ver- » tuz qu'on sauroit souhéter ès hommes, il en a » si bonne part qu'il est amé et en bonne extime » de chascun. — Je vous asseure, madame, s'il » est en vostre grâce, que vous estes autant » mieulx en la sienne, et que depuis le temps » qu'on luy a parlé de vous, ne s'est trouvé en » lieu de familiarité qu'il n'ayt mis en avant » quelques parolles de vos bonnes grâces; et la » chose qu'il désire plus pour le présent, comme » il m'a dict, est que vous soyez mariez en- » semble, et eust bien voulu avoir la commis- » sion de vous venir veoyr, non qu'il doubte du » bon rapport qu'on luy a faict de vous, mais » pour contanter l'affection de son amoureux » désir. — Il me suffist, dist la jeune dame, de le » veoyr pour le présent, ou bon rapport des » hommes et femmes; je prie à Dieu qu'en » honneur je le puisse veoyr par loyal ma- » riage. »

Ilz eurent plusieurs aultres propos, par le temps de deux ou troys heures qu'ilz furent ensemble, et ce pendant on apresta le disner; mais ledict seigneur s'excusa sur ung gentil-homme, estant en son logis, qui l'attendoit pour aller ensemble en aultre part et à diligence, priant la jeune dame faire responce à la lettre de madame sa tante; ce qu'elle promist faire, et luy envoyer à son logis, luy recommandant l'affaire; et à tant prindrent congié l'ung de l'autre; et retourna à son logis ledict seigneur, où trouva le disner prest, et le gentil-homme qui l'actendoit ; mais il se contenta de peu de viande et d'une foiz de vin, pour à diligence laisser une petite lettre à la jeune dame qui avoit saisy sa pensée.

<><><>

CHAPITRE XIII.

La response que fist madame Gabrielle de Bourbon à l'honneste épistre ou lettre du jeune seigneur de La Trimoille; et comment ilz furent espousez à Escolles.

Plus longue lettre eust escripte le jeune seigneur de La Trimoille à la jeune dame, car la véhémence d'honneste amour luy présentoit assez matière, mais il doubtoit qu'elle n'eust aussi bonne volunté de les lire comme il avoit de luy faire tenir, et ne sçavoit si elle prandroit plaisir en longues lettres. Si bailla son espistre à ung jeune page d'esprit qu'il avoit avec luy, et, instruict de ce qu'il devoit faire après le desloger de la compaignée, se transporta vers la jeune dame et luy dist : « Madame, monsieur mon » maistre et sa compaignée sont partiz de leur » logis, et suis demouré pour avoir vostre lettre » à madame de Beaujeu. — Mon amy, dist la » dame, elle est toute preste; » et la luy bailla en luy disant : « Qui est vostre maistre? Il porte » faconde mieulx de prince que d'ung simple » gentilhomme. — Madame, dist-il, il m'a baillé » une lettre pour vous présenter ; je ne sçay si » par icelle il n'a point mis son nom, et suis » chargé luy en porter responce, si vous plaist » la faire. » La lettre baisée par le page, fut par luy mise entre les mains de la dame, qui en fist ouverture ; mais, après en avoir leu troys ou quatres lignes, commença rougir, pallir et trembler comme une personne passionnée et hors de soy. Et, la lettre ployée, dist au page : « Mon amy, avez-vous charge de tost aller après » vostre maistre? — Quant il vous plaira, ma- » dame. — Or me attendez donc, dist-elle, pour » le jourdhuy, et vous expédie; sur le soir, » pourrez vous en aller à son giste. »

La jeune dame, fort doubteuse de ce qu'elle devoit faire, demanda le repos de son cabinet pour respondre aux argumens de ses pensées ; honte virginalle luy conseilloit retenir la lettre sans responce, disant que de son mariage ne devoit monstrer aulcune affection mais en laisser faire à ses parens ; de l'autre part, humilité la persuadoit prandre la plume pour satisfaire à la requeste de la lettre d'ung si gros seigneur, laquelle n'estoit en aucune chose suspecte de déshonneur ne scandalle, et qu'elle pourroit estre reprinse de présumption et arrogance, si elle ne luy escripvoit; parquoy y employa son cler esprit, avec sa doulce main escripvant une briefve épistre (1).

Après le souper, la jeune dame expédia le page du jeune seigneur de Trimoille, lequel, nonobstant qu'il fust assez tard, partit pour aller vers son seigneur, auquel tardoit fort son venir, pour avoir responce de sa lettre ; et icelle receue, au lendemain à son lever, en fist secrète lecture, et bailla l'autre lettre adroissant à madame de Beaujeu, au gentilhomme, qui rien ne sçavoit que le jeune seigneur eust escript à la jeune dame, ne qu'elle luy eust faict responce. Si chevauchèrent ensemble jusques à Bommiers, où ledict seigneur demoura pour ung jour ou deux, et le gentilhomme s'en retourna à diligence vers madame de Beaujeu, à laquelle il bailla la lettre de madame sa niepce, et luy dist qu'elle ne vouloit aultre chose faire fors ce qui luy plairoit ordonner et commander, dont elle fut joyeuse. Et deux ou troys jours après le jeune seigneur de La Trimoille, retourné de Bommiers à la Court, fut pressé d'entendre au mariage, par le Roy et les seigneurs et dame de Beaujeu ; lequel fut bien tost accordé, car son affection et désir n'en vouloyent le délay ne le dissimuler. Et, affin que de trop long langaige je ne ennuye les lecteurs, les allées et venues, depuis à diligence faictes, pour escripre, accorder et passer le contract de ce mariage, les nopces de ces deux illustres personnes furent faictes au lieu d'Escolles en Auvergne, non sans joye et grosse magnificence, et d'illec s'en vindrent à Bommiers et aultres places dudict seigneur, où furent faictz plusieurs festins.

La compaignée rompue, à ce que chascun allast à ses affaires, le seigneur demoura avec madame son espouse quelque temps, et l'engrossa d'ung filz qu'elle eut au bout de l'an, lequel fut tenu sur les fons par procureur que y envoya le roy Charles VIII, et à ceste raison

---

(1) L'auteur l'a mise en vers et l'a faite un peu longue : Gabrielle gronde son amant de s'être déguisé, lui dit qu'elle l'aime, et finit par lui demander le secret :

En te priant tenir le mien secret
Dedans ton cueur comme ung homme discret :
Du révéller pourroit sortir un bruyre,
Lequel pourroit à nos bons vouloirs nuyre :
Qu'homme ne saiche et cognoisse l'amour
D'entre nous deux jusques au joyeux jour
Que nous pourrons sans dangier plaisirs prandre,
Et sans vers Dieu ne les hommes mesprandre.

porta son nom. Ce pendant, d'une aultre part, ledict seigneur poursuyvoit la délivrance réelle de sa vicomté de Thouars et aultres terres qui luy appartenoyent à cause de sa feue mère, et dont il avoit eu délivrance littérale par les lettres-patentes du roy Loys XI, qui furent entérinées du consentement du roy Charles VIII, par deux ou troys arrestz de la court de Parlement de Paris, et toutes lesdictes terres, non sans grans mises et labeurs, à luy délivrées : puis bailla à ses frères leur appennage, et demoura comte de Benon, vicomte de Thouars, prince de Thalemont, seigneur de Mareuil et Saincte-Hermyne, baron de Cran, qui luy vinst à cause de son feu oncle, gouverneur de Bourgongne, avec grosse richesse de meubles; aussi eut les seigneuries de Sully, l'Isle-Bouchart, des isles de Ré et Marans, de Mareuil, Saincte-Hermyne, Mauléon et aultres terres.

◇◇◇

CHAPITRE XIV.

Comment monsieur Loys, duc d'Orléans, par civille discorde, se retira au duc de Bretaigne pour faire guerre au roy de France.

Toutes ces choses furent faictes, quant audict mariage, depuis le trespas du roy Loys jusques vers la fin de l'an 1484, duquel an, et ou moys de juillet (1) les trois Estatz du royaume furent appellez à Tours, pour donner provision au gouvernement du Roy et du royaulme, où chescun desdietz Estatz feit ses plainctes, et après y avoir pourveu, et aussi à la régence, fut ordonné qu'il n'y auroit aucun régent en France, mais que madame Anne de France, seur aisnée du Roy, et espouse du seigneur de Beaujeu, qui estoit saige, prudente et vertueuse, auroit le gouvernement de son corps, tant qu'il seroit jeune, en ensuyvant la voluntée du roy Loys, leur père, dont ledict duc d'Orléans ne fut contant; et s'efforcea par tous moiens avoir la supérintendence sur les affaires du royaume, en quoy ceulx de Paris le favorisoient. Et de ce advertie, ladicte dame de Beaujeu envoya gens à Paris pour prendre au corps ledict duc d'Orléans, qui évada et s'en alla à Alençon, où il fut quelque temps, pendant lequel le duc de Longueville (2), son proche parent, praticqua pour sa faction les comte d'Angoulesme, duc de Bourbon et seigneur d'Albert (3), qui se déclairèrent ses amys; pour laquelle cause furent tous désappoinctez de leurs estatz et pensions, qui leur donna occasion de tirer à eulx le duc de Lorraine, le comte de Foix et le prince d'Orenge. Toutesfoiz ceste entreprinse fut soudain rompue, et accord faict avec ladicte dame de Beaujeu, qui conduisoit caultement et prudemment son affaire en l'an 1485.

L'année ensuyvant, adverty ledict duc d'Orléans que la dame de Beaujeu, soubz l'auctorité du Roy, le vouloit tenir au destroict, et qu'elle avoit esté advertie de ses entreprises secrètes, se retira subtillement et secrètement vers monseigneur François, duc de Bretaigne, ancien ennemy du feu roy Loys, père dudit roy Charles; lesquelz, avec aultres princes leurs adhérens, demandèrent ayde aux Angloys, et prindrent aliance avec eulx contre les Françoys. Le roy Charles et son conseil y pourveurent : car à diligence droissèrent grosse armée qu'ilz envoyèrent en Bretaigne, par troys divers lieux; et, après plusieurs villes dudict pays prinses, allèrent assiéger la ville de Nantes, en l'an 1487, en laquelle estoyent ledict duc Françoys et ses deux filles, Anne et Ysabeau, le prince d'Orenges, la dame de Laval, l'évesque de Nantes, homme de saincte vie, et le comte de Commynges.

Les Françoys levèrent le siége de Nantes, pour la véhémence du chault, et marcha l'armée françoise vers la ville de Dol, qu'ilz prindrent sans résistance, la pillèrent, et y prindrent prisonniers plusieurs Bretons. Le seigneur de Rieux qui tenoit Encenix pour le Roy, le livra aux Bretons, et, en allant à Nantes vers le duc de Bretaigne, prinst Chasteaubriand qui tenoit pour le Roy, puis alla mectre le siége davant la ville de Vannes, qui luy fut rendue et livrée par les Françoys, moiennant certaine composition faicte entre eulx. D'une aultre part, l'armée du Roy reprinst le chasteau et place d'Encenix, et en chassèrent les Bretons, lesquelz y avoient esté mis par le seigneur de Rieux; et, parce que le lieu luy appartenoit, et qu'il avoit faulsé sa foy, le Roy feit abatre la place jusques à fleur de terre; puis s'en alla l'armée françoise assiéger Chasteaubriand, qu'elle prinst et mist à sac au commancement de l'an 1488.

◇◇◇

(1) Les états de Tours se tinrent au mois de janvier 1484.

(2) Comte de Dunois, fils du fameux Dunois.
(3) Albret.

CHAPITRE XV.

Comment le seigneur de La Trémoille, en l'aage de vingt-sept ans, fut lieutenant-général du roy Charles VIII, en la guerre de Bretaigne.

En ce temps, le roy Charles, par délibéracion de son conseil, adverty du bon vouloir du seigneur de La Trémoille qui n'avoit que vingt et sept ans, de sa hardiesse, prudence, diligence et bonne conduicte, et de plusieurs beaulx faiz d'armes par luy faiz ès rencontres et saillies qu'on avoit fait au siége de Nantes, et aussi ès siéges et assaulx de plusieurs villes, chasteaux et fortes places de Bretaigne, le feit son lieutenant-général de son armée, et luy bailla toute auctorité royale accoustumée estre baillée en telz cas ; ce que ledict seigneur très-voluntiers accepta ; et commença à prendre plus de soucy qu'il n'avoit acoustumé, ne à penser en ce qu'il devoit faire pour le prouffit du Roy et du royaume, et acquérir honneur en sa charge.

CHAPITRE XVI.

De la journée et rencontre de Sainct-Aulbin, en Bretaigne, gaignée par les François, soubs la conduicte du seigneur de La Trimoille.

Le seigneur de La Trimoille assembla le conseil du Roy, pour traicter des praticques de la guerre de Bretaigne, où fut advisé et conclud qu'ilz iroyent assiéger Fougières, qui est place de frontière forte et de bonne résistence ; ce qu'ilz feirent. Ce pendant le seigneur d'Allebret, qui se actendoit espouser madame Anne, fille aisnée de Bretaigne, retournant d'Espaigne, se retira vers le duc à Nantes, et ses gens de guerre qu'il avoit amenez jusques au nombre de quatre mil, prindrent leur chemin à Rènes. Le Roy estoit lors à Angiers, vers lequel le comte de Dunoys alla comme ambassadeur, soubz saulconduit, pour savoir quel droict le Roy prétendoit en la duché de Bretaigne.

Comme on faisoit toutes choses, le duc d'Orléans et autres seigneurs de son alliance et faction, allèrent assembler leurs gens-d'armes à Rènes, pour aller lever le siége du Roy, que le seigneur de La Trimoille, son lieutenant-général, tenoit davant Fougières ; leurs compaignées assemblées en une armée (qui estoit de quatre cens lances, huyt mil hommes de pié, huyt cens Alemans et troys cens Angloys, avec une bonne quantité de artillerie), le duc d'Orléans, le seigneur d'Allebret, le mareschal de Rieux, le prince d'Orenges, le seigneur de Commynges, le seigneur de Chasteaubriant, le comte d'Escalles, anglois, le seigneur de Léon, filz aisné du seigneur de Rohan, et plusieurs aultres seigneurs et barons de Bretaigne, avec ladicte armée, allèrent loger à ung village appellé Andoille, le mercredy 23 juillet l'an 1488. Cependant le seigneur de La Trimoille prist la ville de Fougières par composicion, dont le samedy ensuivant vindrent nouvelles aux ennemys, qui encores estoyent audict village d'Andoille, et que les Bretons, qui s'estoyent tenuz à Fougières, s'estoyent retirez leurs bagues saulves ; ce nonobstant, marchèrent contre les Françoys pour aller assiéger la place de Sainct-Aulbin qui estoit en leur main, et arrivèrent ou village d'Orenge, qui est à deux lieues dudict Sainct-Aulbin, ledict jour de samedy, vers le soir, où furent advertiz qu'ilz rencontreroyent les Françoys délibérez de les combattre. Le lendemain ilz mirent leur bataille en ordre ; l'avant-garde fut baillée au mareschal de Rieux, la bataille au seigneur d'Allebret, et l'arrière-garde au seigneur de Chasteaubriant. Sur une de leurs helles fut ordonné le charroy de leur artillerie et de leur bagage ; et jaçoit ce qu'il n'y eust que troys cens Angloys que conduysoit le comte de Tallebot, pour faire entendre qu'il en y avoit plus largement, luy furent baillez dix sept cens Bretons vestuz de hoquetons à croix rouges ; et parce que les gens de pié du duc de Bretaigne se doubtoyent de gens-de-cheval françoys estans en l'armée des Bretons, et mesmement dudict duc d'Orléans, luy et le prince d'Orenges se mirent à pié avec les Alemans.

Le seigneur de La Trimoille, lieutenant-général de l'armée françoyse (qui venoit de Fougières au davant de ses ennemys), envoya messire Gabriel de Montfaulcoys et dix ou douze autres hardiz hommes françoys, veoyr la contenance des adversaires, lesquelz feirent rapport de leur bon ordre. A ceste cause, le seigneur de La Trimoille fist aussi ranger en bataille toute son armée, lors estant en désordre. Messire Adrian de l'Ospital menoit l'avant-garde, et ledict seigneur de La Trimoille, chief de l'armée, qui lors estoit en l'aage de vingt-sept ou vingt-huit ans, menoit la bataille. Et, comme ces deux armées se approchoyent, le seigneur de La Trimoille fist arrester les Françoys, et leur dist ce :

« Je suis asseuré, messieurs et frères d'armes,

« que tant désirez vostre sang n'estre maculté
» de honte, et le cler nom françoys de infamye,
» que (par vous bien entendu quelles gens nous
» voulons combatre, pour quelle cause ceste ar-
» mée est assemblée, et la fin de nostre entre-
» prinse) les cueurs vous croistront, la force
» vous redoublera, et hardiesse vous conduyra
» jusques au loyer de victoyre. Vous ne igno-
» rez ceste factionneuse guerre avoir esté oultre
» le vouloyr du Roy, nostre seigneur naturel,
» et à son grant regret, droissée pour la liberté
» de son royaulme, deffence de son ceptre, et
» conservacion de sa couronne; et que noz ad-
» versaires, par ung discord civil et guerre in-
» testine, se sont assemblez pour monopoller le
» royaulme, pervertir justice, piller le peuple,
» et abastardir noblesse. Et, jaçoit ce qu'ilz
» soyent du sang de France, se sont néantmoins
» alliez et accompaignez de noz anciens enne-
» mys, les Angloys, persécuteurs de noz pères,
» envieux de noz ayses, et perturbateurs de paix,
» et aussi des Bretons non moins envieux pour
» le présent de la prospérité françoyse. Nos ad-
» versaires, ou la pluspart, sont subjetz et hom-
» mes de foy du Roy, tiennent de luy leurs du-
» chez, comtez, terres et seigneuries, et néant-
» moins se sont mis en armes contre luy, en
» l'offensant et toute la saincteté de justice, qui
» démonstre assez leur querelle injuste, leur ré-
» bellion desraisonnable, et leur résistence des-
» naturée, où nous doyvons prendre espoyr que
» Dieu, principal conducteur des batailles, don-
» nant victoyre à qui luy plaist, veu qu'il est
» souverainement juste, ne permettra que soyons
» vaincuz si nous voulons mettre la main à l'eu-
» vre. Et si nous demourons vainqueurs, consi-
» dérez, messieurs, le bien et l'utilité que nous
» aurons faict au Roy et à tout le royaulme, et
» l'honneur, gloyre, proffit et louange que nous
» tous en aurons; et au contraire, si, par nostre
» lascheté, sommes surmontez, nous verrons la
» destruction de nostre pays, de noz maisons,
» femmes, enfans, et consummacion de noz biens,
» avec perpétuel reproche.
« Est-il chose, messieurs, après le lien de
» foy catholicque, à quoy Dieu et nature nous
» obligent plus que au commun salut de nostre
» pays et à la défense de celle seigneurie, soubz
» laquelle avons prins estre et nourriture, et en
» celle terre où chascun prétend se perpétuer
» au temps de sa vie? Trop mieulx nous vault
» mourir en juste bataille, guerre permise, et
» au service du Roy, qui est le lict d'honneur,
» que vivre en reproche, persécutez de toutes
» pars de ceulx qui ne quièrent fors nostre dom-
» mage et destruction. Et si nous tous avons

» ceste considéracion avec le support de nostre
» juste querelle, je suis asseuré de nostre vic-
» toire, je suis certain du gaing de la bataille et
» de la confusion de nos ennemys, qui n'ont par
» nature cueurs ne courages telz que vous. Des-
» ploions donc noz mains, ouvrons noz cueurs,
» eslevons noz espritz, eschauffons nostre sang,
» recullons crainte, l'amour de nostre jeune Roy
» tant benign, mansuet, gracieux, et tant libé-
» ral, nous conduise, et que aucun ne tourne en
» fuyte, sur peine de la hart. Mieulx vault mou-
» rir en se deffendant, que vivre en fuyant;
» car vie conservée par fuyte est une vie envi-
» ronnée de mort. »

Ces remonstrances persuasives parachevées, qui fort animèrent les Françoys, l'armée commença à marcher en francisque fureur, sans désordre, contre les ennemis, qu'ilz rencontrèrent près une tousche de boys (1), hors ledict village d'Orenge. L'artillerie fut tirée d'une part et d'autre, qui fort endommagea les deux armées, l'avant-garde des Françoys donna sur l'avant-garde des Bretons, qui soustint assez bien le choc; puis tirèrent les François à la bataille des Bretons où leurs gens-de-cheval recullèrent, comme aussi feit leur arrière-garde; et se prindrent à fuyr, et après eulx leur avant-garde. Quant veirent ce désordre, les Françoys, que conduisoit le seigneur de La Trémoille, avec lequel estoit messire Jacques Galliot, hardy et vaillant chevalier, chargèrent sur les adversaires, et occirent tous les gens-de-pié qu'ilz trouvèrent devant eulx, et entre aultres ceulx qui avoient la croix rouge, pensans que tous fussent Angloys. Le duc d'Orléans et le prince d'Orenge, qui estoient entre les gens-de-pié alemans, furent prins et amenez prisonniers à Sainct-Aulbin; le mareschal de Rieux se saulva comme il peult, tirant à Dynan; le seigneur de Léon, le seigneur du Pont-l'Abbé, le seigneur de Montfort, et plusieurs aultres nobles de Bretaigne y furent occis, et de toutes gens jusques au nombre de six mil hommes, et de la part des Françoys environ douze cens, et entre aultres ledict messire Jacques Galliot, qui fut groz dommaige, car c'estoit ung chevallier et capitaine aussi prudent en guerre et aussi plain de cueur et hardiesse qu'on eust peu trouver.

Peu de temps après, le duc d'Orléans fut mené prisonnier au chasteau de Luzignan, à cinq lieues de Poictiers, où il fut longuement prisonnier. Voylà le commancement des bonnes fortunes du seigneur de La Trimoille, qui l'ont

(1) Petit bois de haute-futaie, proche la maison d'un fief.

tousjours accompaigné à son honneur et au proffit du royaulme de France, jusques à son décès. Et peu de temps après le Roy luy donna l'estat de premier chambellain, le fist chevallier de son ordre, et luy bailla la garde de son cachet et petit séel.

Cinq sepmaines ou environ après ceste victoyre de Sainct-Aulbin, le duc de Bretaigne et sa fille puisnée allèrent de vie à trespas, parquoy madame Anne sa fille aisnée fut duchesse de Bretaigne, et, moyennant le mariage du roy Charles avec elle (que traicta le comte de Dunoys), la paix fut faicte entre le Roy et les princes de France, et aussi certain temps après avec Maximilian, roy des Rommains, pour le mariage qui avoit esté commancé entre sa fille Marguerite de Flandres et ledict roy Charles VIII; en sorte que le royaulme de France fut en paix et transquilité.

◇◇◇

CHAPITRE XVII.

L'entreprise de la conqueste du royaulme de Sécille et pays de Naples faite par le roy Charles VIII. Mort de ce prince.

Le roy Charles, petit de corps et grant de cueur, deux ans après la guerre de Bretaigne finie, par l'oppinion des princes de son sang et de la pluspart de la noblesse de France, luy certiffié par ses cours de parlement et aultres gens de bon conseil, le royaulme de Sécille et pays de Naples luy appartenir, voyant son royaulme de France paisible, sans avoir doubte de ses voysins ne autres, entreprinst en faire la conqueste et le recouvrer. Et pour ce faire, en l'an 1493, fist assembler une fort belle et grosse armée de troys mil six cens hommes d'armes, six mil archiers de pié, six mil arbalestriers, huyt mil hommes à pié, portans picques, et huyt mil aultres ayans hacquebutes (1) et espées à deux mains. L'artillerie estoit de mil quarante grosses pièces, cent quarante bombardes, mil deux cens vascardeurs. Et pour faire passer ceste armée le Roy s'en alla à Lyon; il mena avec luy, en ceste expédicion, le duc d'Orléans, mis hors de prison, le duc de Vendosme, le comte de Mompensier, Loys de Ligny, seigneur de Luxembourg, ledict messire Loys de La Trimoille, le comte de Taillebourg, et plusieurs aultres groz seigneurs qui feirent le voyage sans soulde, gaiges, ne aultres bienfaictz, fors ceulx qu'ilz avoyent à cause de leurs estatz et offices.

(1) Arquebuses.

Alphonse, usurpateur du royaulme de Sécille et pays de Naples, par le décès de son père Ferdinand, qui peu de temps auparavant avoit décédé, fut adverty de ceste merveilleuse et grant entreprise; et pour la rompre et empescher que le Roy n'eust passaige par les Italles et par Rome, se retyra au pape Alexandre, auquel, en présence de plusieurs cardinaulx et nobles rommains, Anthoine Sabellic tesmoygne avoir faict ceste persuasion ou remonstrance :

« Je vouldroys, Souverain-Pontiffe, et vous
» mes pères et princes illustres, que, tout ainsi
» qu'en ceste petite assemblée, qui pour la ma-
» gesté des assistans représente ung très-ample
» conseil, j'espère estre ouy, que je fusse en si
» très-hault et éminent lieu, que toute Italie me
» peut veoyr et entendre ce que je veulx dire,
» et que je pense de la tumultueuse entreprinse
» des Gaules appellez Françoys ; et si mes per-
» suasions ne povoyent proffiter, à tout le moins
» je laisseroys tesmoygnage à tous, que je pré-
» voy et cognoys les maulx qui en adviendront,
» et que je me exhibe, par conseil, richesse et
» force, y obvier et résister. Et combien que je
» voye mon auctorité royale estre diminuée
» pour la vulgaire renommée de ceste guerre
» galicque, et dissipée par l'industrie des Gaules,
» qui dient ne demander aulcune chose en Ita-
» lie, mais seullement passaige pour recouvrer
» mon royaulme de Sécille, qu'ilz dient appar-
» tenir à leur Roy, toutesfoiz je diray hardy-
» ment, et chose vraye, que moins soliciteu-
» sement je attendroys l'événement de ceste
» guerre, si je savoys que le mal en tumbast
» seullement sur moy et les myeus ; mais les
» engins des Gaules me sont peu congneuz, ou
» toute l'Italie aura la guerre ; et s'ilz m'a-
» voyent (que Dieu ne veuille) de mon royaume
» exillé, lequel ilz dient par droict héréditaire
» leur appartenir, vouldroyent toutes les Italles
» supéditer et rendre tributaires.

» Assez est congneue l'avarice des Gaules,
» leur grant ambicion d'ocuper et destruyre les
» extranges royaulmes et seigneuries, et la
» grant hayne qu'ilz ont tousjours eu et ont à
» l'italicque nom. Quelle plus grant cause eu-
» rent leurs primogéniteurs d'assaillir aultres-
» foiz toute Italie, lorsque la très-puissante na-
» ture, dame de toutes choses, ne les peult
» empescher que, par rage et fureur, ne rom-
» pissent et passassent les asperes et dures
» Alpes, ne surmontassent par armes tout le
» pays, le despouillassent de leurs richesses et
» fortunes, et ne le feissent tributaire? Que fei-
» rent les Gaules Senonnois, les Insubres, les
» Briens, c'est-à-dire Bretons et Manceaux?

» Entrèrent-ilz pas en la cité de Romme, chief
» de Italie, par force et violence? et l'aban-
» donnèrent à toute violence, rapine et pillerie,
» feu et sang, et l'eussent entièrement des-
» truicte ne fust le Capitolle.

» Pensez-vous, Père-Sainct, et vous mes
» pères et princes illustres, qu'ilz se voulussent
» contanter de Naples, la Pouille et Calabre,
» qui est le derrier anglet d'Italie? ce seroit
» eulx renfermer de toutes pars en une petite
» nasse ou prison ; ilz y seroient en peu de temps
» affamez si le surplus des Italles leur estoit
» contraire. Vous me direz qu'ilz auront ceulx
» de Gennes et Milan pour eulx : ilz entendent
» assez que les Génevois n'ont foy ne acomplis-
» sement de promesse ; par quoy, si les Gaules
» ne sont foulz n'entreprendront de suppéditer
» la Pouille, Calabre et Naples, s'ilz n'ont tout
» le surplus des Italles à eulx soubmis. Ilz dient
» vouloir aller faire la guerre aux Turcs ; mais
» c'est pour néant, sans le secours et intelli-
» gence de toute Italie ; qui me fait dire que je
» ne puis vivement entendre en quel espoir,
» par quel support, ne en quelle confiance ilz
» ont commancé ceste guerre, fors par la veue
» de leur armée, laquelle commance à marcher
» si bien équippée et en si grant nombre de
» gens hardiz, qu'ilz pourront ruyner, et telle
» est leur entreprinse, toute l'Italie, si du
» consentement et intelligence de vous, Père-
» Sainct, et de toutes les communitez et sei-
» gneuries du pays, n'y est diligemment pour-
» veu, et en grant maturité obvié.

» Les bellicqueux mouvemens des Gaules sont
» plus terribles que d'autres gens, parce qu'ilz
» sont soudains et précipitez ; et davantage sont
» si cruelz qu'ilz ne guerroient que pour tout
» tuer et occire. Ilz ne veulent induces ne
» treuves, permutacions de prisonniers, ne
» prester l'oreille à gens éloquens, à prières,
» persuasions, ne exhortacions. Et d'autant
» qu'ilz abhorrent et desprisent la gracieuse
» coustume de batailler qui est entre les Ita-
» liens, nous doyvons plus craindre leurs ar-
» mes, et plus prendre de peine à les chasser
» d'avec nous, et pour ce faire, droisser armée ;
» et vous, Père-Sainct, vous accorder avec tous
» les princes et communitez d'Italie, en sorte
» que, pour la commune défense, non seule-
» ment des biens, mais aussi des vies, puissons
» chasser et propulser ceste éminente peste. Et
» si aucuns avoient intelligence avec les Gaules,
» les induire à estre de nostre party, et user de
» l'ancienne coustume par laquelle toute Italie
» se mectoit en union pour résister aux impé-
« tueux mouvemens et soudaines assemblées

» des Gaules ; que pourrez facillement faire,
» Père-Sainct, si plaist à vostre béatitude, par
» exhortacions, monicions et commandemens,
» à ce les princes et communitez exciter. Et ce
» pendant, vous, messieurs de Florence, Fer-
» dinand mon filz, et moy, assemblerons noz
» gens-d'armes et les envoierons au davant des
» Gaules, à ce qu'ilz ne passent le fluve du
» Pau, et s'ilz sont les plus fors, et que les
» aultres ne veulent nous donner secours, ches-
» cun pensera en son affaire particulièrement.
» Et quant à moy j'ay délibéré, de toute ma
» force et puissance, les empescher, par vio-
» lente et exiciale guerre, qu'ilz n'entrent en
» mes pays, à ce que, par une avanturée ba-
» taille, si la chose est pour moy prospère, je
» défende moy, les miens et toute Italie, sinon
» que, par louable et honneste, je finie ma vie
» avec mon règne. »

Le roy Alphonse fut louhé de tous, et par eulx entreprise faicte avec le pape Alexandre, d'envoier orateurs et ambassadeurs vers tous les seigneurs et communitez, pour résister aux François. Tout ce nonobstant, le roy Charles et toute son armée, telle que j'ay dessus escripte, entrèrent en Italie et passèrent les Alpes en la plus grant liberté, et en plus grand honneur et triumphe qu'on sauroit dire ; car toutes les villes d'Italie envoièrent au davant des François présenter à leur Roy les clefz de leurs villes, le receurent non seulement comme roy, mais comme empereur ou monarque, avec groz triumphes et honneurs inextimables. Quant il eut fait son entrée en la belle ville de Florence, s'en alla à Viterbe, où, adverty que, à la re-queste de Ferdinand, fils du roy Alphonse, es-tant à Romme, le pape Alexandre luy vouloit nyer l'entrée de la cité de Romme, envoya le seigneur de La Trémoille vers luy, savoir sa volunté ; lequel y fut avec orateurs, et feit ou peut faire au Pape telle et semblable persuasion et oraison.

Persuasion du seigneur de La Trémoille au pape Alexandre, où sont récitez les dons, plaisirs et services faiz par les roys de France au Sainct-Siége apostolicque.

« Si le parler faillit, Père-Sainct, à Lucius
» Crassus, lorsque, voulant venger sa pater-
» nelle injure contre Cayus Carbon, s'estoit pré-
» paré dire sa cause par davant Quintus Maxi-
» mus, et à Tirtanus, surnommé Théophrastus,
» en la petite persuasion qu'il estoit chargé faire
» aux Athéniens, et que le très-éloquent Cicéro,
« en la tant noble cause que, pour Titus

» Annius, homme de bon renom et son très-
» grant amy, plaida davant le sénat, eut telle
» trémeur et crainte que plus ineptement n'avoit
» onc parlé, je doubte, davant si noble assis-
» tance et vostre incredible et divine sapience,
» ma rude et barbare bouche ouvrir pour dire
» ce dont je suis chargé : mais la faciilité de
» vostre saincte personne, et vostre singulière
» bénignité, avec l'auctorité de celuy qui vers
» vous m'envoye, me donnent hardiesse vous
» dire ce qui m'est commandé. C'est, Père-
» Sainct, combien que le Roy, mon souverain
» seigneur, ait tousjours extimé vostre pater-
» nelle begnivolence n'estre variable, mais
» perpétuée en luy premier filz de l'Église ; et
» que à ceste consideracion, deust prandre as-
» seurance de faveur, à cause de sa spirituelle
» aisnéesse ès choses qui sont de justice et par
» équité favorables, comme est son entreprise
» du recouvrement de son ancien héritage le
» royaume de Sécille et pays de Naples, Cala-
» bre et la Pouille, usurpez par tirans qui n'y
» ont ny droit ne tiltre; ce nonobstant avez,
» comme a esté adverty, retiré en ceste cité de
» Romme, Ferdinand, filz de l'usurpateur Al-
» phonse, avec son armée, pour luy clorre le
» passage et son entreprinse, qui luy est dur à
» croire, à la raison de ce que tousjours a extimé
» la Vostre Saincteté tendre à anichiller (1) tou-
» tes tyrannies, et faire à chescun rendre ce
» qui luy doit justement appartenir.

» Vous ne ignorez, Père-Sainct, le juste droit
» et tiltre du Roy au royaume de Sécille et pays
» de Naples, Calabre et la Pouille, à cause du
» don que luy en feit René duc d'Anjou, et au-
» tresfoiz roy et seigneur desdictz pays, par
» faulte de hoir masle ; et que ce roy René avoit
» eu ce royaume et pays à cause de Loys son
» frère, approuvé par voz prédécesseurs Alexan-
» dre V, Jehan XXIII et Martin ; lequel Loys
» y avoit juste droit, tant à cause de ses prédé-
» cesseurs, descenduz de Charles d'Anjou,
» frère du roy sainct Loys, que par résignacion
» qui en fut faicte à son proffît, par madame
» Jehanne, seur de Ladislaus, entre les mains
» dudict Pape Alexandre V; et que, tout ce
» nonobstant, Alphonse, roy d'Arragon, soubz
» umbre de une adoption que feit de luy ladicte
» Jehanne, avoit usurpé lesdictz pays de Sé-
» cille, Naples, Calabre et la Pouille, et après
» luy Ferdinandus Seyus, son filz bastard,
» prince desloyal, qui par son décès laissa plu-
» sieurs enfans, l'aisné desquelz est ledict Al-
» phonse, à présent occupateur sans tiltre et

(1) Anéantir.

» par force de tous ces pays. Et ne puit croire
» le Roy, mon souverain seigneur, quelque
» chose qu'on luy aye dit et rapporté, vous avoir
» approuvé ne receu en roy ledict Alphonse, ne
» que veuillez son injuste et damnée querelle
» soustenir, mais mieulx ayder aux Françoys,
» protecteurs de la Voustre Saincteté et con-
» servateurs de l'apostolicque auctorité. Les ap-
» prouvées histoyres testiffient que depuis l'em-
» pereur Constantin le Grant, vingt-cinq papes
» ont esté mis hors le siége apostolicque et
» persécutez, tant par aulcuns empereurs que
» par le peuple rommain, qui sont : Julius Ier,
» Symachus, Sylvérius Ier, Vigilius Ier, Mar-
» tin Ier, Léo III, Eugénius II, Jehan VIII,
» Léon V ou VI, Jehan X, Bénédict VIII,
» Jehan XIV, Jehan XVI, Grégoire V, Béné-
» dict IX, Grégoire VII, Victor III, Pasca-
» lis II, Alexandre III et Boniface VI. Et on
» ne trouvera que depuis la plantacion de l'E-
» glise militante, aulcun roy de France ne des
» Gaules ayt esté scismatique, ne donné aulcun
» ennuy ne moleste aux saincts-pères de Romme;
» mais a esté le pays des Gaules ou de France,
» ainsi qu'il vous plaira le nommer, leur immu-
» nité, franchise, liberté, seureté, tuicion, mu-
» nicion et contre-arrest de leurs adversaires.
» Réduysez à mémoyre, Père-Sainct, quelle
» amytié et confédéracion il y eut entre le pape
» Zacharie et le roy de France nommé Pépin.
» Ce Roy fist la guerre, par six ou sept ans, à
» ses despens, contre les Lombars, pour faire
» rendre tout le patrimoyne de l'Eglise. Et pour
» desservir le nom de très-crestien, donna
» oultre à l'Eglise rommaine la cité de Romme,
» avec toute sa jurisdiction, ensemble toutes les
» terres, ports et havres de la plaige rom-
» maine, Civita-Veche, Viterbe, Pérouse, la
» duché de Spolète; et du cousté de la mer
» Adriaticque, la principaulté impérialle de
» Ravenne toute entière qu'on appelle l'Exarcat,
» contenant en soy la cité de Ravenne, Forlif,
» Fayence, Imolle, Boulongne, Ferrare, Co-
» macle Servie, Péserère, Arimyne, France,
» Sénogalle, Anconne, Urbin et toute la contrée
» qu'on nomme aujourd'huy la Rémaignolle ; et
» d'aultre part, en la campaigne neapolitaine,
» ledict pays de Naples, qui maintenant est
» royaulme, Capue, Bounyvent, Salerne et
» Calabre, haulte et basse, ensemble les isles
» de Sécille, Corscigne et Sardaigne ; et jaçoit
» que, à ceste immuneuse libéralité et don très-
» grant, le prothospateur, c'est-à-dire le vicaire
» ou connestable de l'Empire, se y opposast et
» en appellast, néantmoins le Pape et l'Eglise
» rommaine en feirent acceptacion, et depuis

» les papes les ont faict confirmer par Charle-
» maigne, filz dudit Pépin, et Loys-le-Piteux,
» filz dudit Charlemaigne, roys de France et
» empereurs, dont depuis, pour la possession,
» l'Eglise rommaine a esté fort troublée par au-
» cuns empereurs, et tousjours secourue par les
» roys de France.

» Après le pape Zacharie, Estienne second
» de ce nom, auquel les Rommains crevèrent
» les yeulx et le chassèrent de Romme, fut re-
» mis en son siége par ledict roy Pépin; si fut
» Léon III, par ledit roy Charlemaigne. Quelle
» amitié eut ledit Loys-le-Piteux, filz dudit
» Charlemaigne, avec le pape Paschal, premier
» de ce nom, quant en sa faveur se désista du
» droit de élire et nommer les papes, éves-
» ques et prélatz, qui avoit esté donné à l'em-
» pereur Charlemaigne, par le pape Adrian?
» Fut pas aussi remis on siége apostolicque le
» pape Eugénius III, par Loys surnommé le
» Jeune, et le pape Innocent II, par Loys le
» Gros, son père, tous deux roys de France?
» En quelle humanité et doulceur fut receu en
» France, Alexandre III, par le roy Phelippes
» Augustes, qui luy donna asseuré chemin pour
» retourner à Romme, où il fut depuis humai-
» nement receu par la crainte que les Romains
» avoient dudict Phelippes Auguste? Je serois
» trop long, Père-Sainct, de vous réciter ce
» que les histoires en ont escript, et d'aultres
» plusieurs services impartiz par les François à
» l'Eglise rommaine; lesquelz premièrement
» prindrent la hardiesse de extaindre les grosses
» erreurs et hérésies, par glaive et fer, contre
» les Arriens qu'on ne povoit par raisons et foy
» surmonter, dont Clovis, premier roy crestien
» des Françoys, fut premier aucteur, lorsqu'il
» guerroia et subjuga les Visigotz en Aquitaine.
» Regardons qui premièrement remist en la
» crestienne main la Terre-Saincte par les Turcs
» ocupée : ce furent Geoffroy de Boullion, Bau-
» doyn, comte de Flandres, Geoffroy de Lu-
» zignen et aultres princes de France.

» Toutes ces choses, Père-Sainct, doyvent
» Vostre Saincteté mouvoir, par souveraine gra-
» titude, à supporter et favorer non seulement
» mon souverain seigneur Charles, roy de
» France par existance, reluysant en religion,
» doulceur, clémence, justice et droicture, mais
» aussi tous les François : et vous advise, Père-
» Sainct, que cupidité de multitude de royaumes
» ne affection de extrenges seigneuries ne luy
» ont fait ce groz labeur prendre, ne passer à si
» grosse peine les rigoreuses Alpes, mais la dé-
» votion et grant vouloir qu'il a, moiennant vos-
» tre secours, de recouvrir l'empire de Grèce et
» ville de Constantinople, par les Infidelles et
» maleureux Turcs occupez, qui est la chose,
» comme il est à conjecturer, que plus en ce
» monde désirez; ce que pourra mieulx faire et
» choisir le temps et lieu convenables lorsqu'il
» sera paisible de ses pays de Cécille, Callabre
» et Naples. Et voz prie le Roy, mon souverain
» seigneur, que ne luy donnez occasion d'estre,
» à son grant regret, le premier de son lignage
» qui ait eu guerre et discord à l'Eglise rom-
» maine, de laquelle luy et les roys de France
» chrestiens, ses prédécesseurs, ont esté protec-
» teurs et augmentateurs. »

Le pape Alexandre, grant dissimulateur, luy
feit briefve response, disant : « Je n'ignore, sei-
» gneur de La Trémoille, le bon vouloir et sainct
» désir eu par les roys de France au Sainct-Siége
» apostolicque, et que à ce moien ont le droit
» de primogéniture spirituelle en l'Eglise acquis
» et estre très-chrestiens nommez, parquoy me
» seroit chose dure et à toute la chrestienté ex-
» trange, que le roy Charles, mon premier filz
» spirituel, voulsist à moy et à l'Eglise rom-
» maine faire aucun desplaisir; et vous déclaire
» que si luy plaist entrer en ma cité sans armes
» en humilité, sera le très-bien venu. Son pré-
» décesseur Charlemaigne ainsi le feit, après
» avoir délivré les Italles de toute servitude, car,
» ses gens de guerre laissez à Pavye, vinst sans
» armes demander la bénédiction de sainct Pierre;
» mais fort me ennuyeroit que l'armée de ton Roy
» y entrast, parce que soubz umbre d'icelle,
» qu'on dit estre fort grant et tumultueuse, les
» factions et bandes de Romme se pourroient
» eslever et faire bruyt et scandalle, duquel
» pourroient aux citoiens grans inconvéniens ad-
» venir. »

Le réplicque du seigneur de La Trémoille seroit plus ennuyeux à lire que laborieux à escrire de ma rude plume, parquoy, remys au
conjectural sens des lecteurs, diray la conclusion de l'embassade, qui fut de envoier les orateurs du Pape avec le seigneur de La Trémoille
vers le Roy, lequel ilz trouvèrent à Bressangne,
où fut arresté et conclud le passage du Roy par
Romme, non sans plusieurs aultres allées et venues, ne par la libéralité du Pape, mais à son
regret et par crainte; car luy et les groz seigneurs de ce pays, esloignez des évangéliques
érudicions, et adhérans aux prédictions des astronomes et divinateurs, pensoient que ledit roy
Charles devoit estre monarque de Europe, et
disoient en avoir prophéties et pronosticques; et
pour le présage de ce, prenoient la ruyne de partie du chasteau Sainct-Ange, qui de soy-mesme
estoit tumbé par terre en ce mesme temps. A

laquelle fantasie, et aussi parce que le seigneur de Ligny, capitaine d'une bande des Alemans, avoit jà prins de assault le port de Hostie sur le Tibre, et la ville, Ferdinand, duc de Calabre, filz de Alphonse, usurpateur de Naples, se voiant de toutes pars par maleur assailly, et de secours et support désespéré, laissa Romme et prinst son chemin vers Naples. Le Roy entra dans Romme, ce que ne feit onc roy de France depuis Charlemaigne, le dernier jour de décembre l'an 1493 (1), par la porte Flamine, et ala loger au palais Sainct-Marc. L'entrée dura depuis trois heures après midy jusques à neuf heures au soir, non sans grant habundances de torches et flambeaux ardens; et y demoura jusques au vingthuytiesme jour de janvier ensuyvant, excerceant justice en Romme, telle qu'elle tournoit à l'esbaïssement de chescun. Tant qu'il y fut les pragueries et factions cessèrent, parce que les aucteurs d'icelles, trouvez en habitz dissoluz, feit pendre et estrangler, par l'advis des sénateurs, nonobstant qu'ilz fussent prebstres ou diacres; qui donna grant crainte au reste des délinquens que la présence du Roy prohiba toutes violances en la cité de Romme, et le feit amer de tout le commun peuple; au grant regret duquel, et icelluy criant, *vive France!* partit de Romme pour le parfaict de son voyage, et avec son armée en bon ordre alla conquérir le royaume de Cécille, pays de Naples, et duché de Calabre, nonobstant la résistence de Alphonse et son filz Ferdinand, lesquelz, non puissans de résister, donnèrent lieu à la puissance de France et au bon droit du roy Charles.

Je laisse ce que le roy Charles feit ou pays de Naples et royaume de Cécille dont fut paisible possesseur, parce que les histoires de France en sont plaines; mais pour continuer mon propos au plus brief, je diray comme le Pape, les Véniciens, Loys Sforce, usurpateur de Milan, le comte Pétillane et aultres seigneurs d'Italie, amis de face et ennemys de cueur des Françoys, envieux de leurs incréables victoires et fortunées choses, assemblèrent une armée de soixante-dix mil hommes, aussi bien armez et équippez qu'on pourroit diviser, pour surprendre le roy de France et sa compaignée, à son retour de Naples, dont il partit, pour retourner en France, le vingtiesme jour de may l'an 1514 (2) acompaigné seullement de dix ou douze mille hommes avec partie de son artillerie, car le reste laissa au comte de Mompensier, beau frère dudict seigneur de La Trémoille, qu'il feit et laissa son vifroy (3) à Naples.

Le roy de France, venu jusques à Sarsagne le vingt-septiesme jour (4) de juing ensuyvant, fut de l'entreprise de ses ennemis adverty, dont ne se esbayst, combien que le dangier fust à doubter; mais, gectant son espoir en Dieu et à la hardiesse, vaillance et bonne expérience des gens qu'il avoit avec luy, deux jours après alla pacquer (5) au pié des Alpes, où se tinst par quelque temps pour y faire passer son artillerie, qui fut la plus grosse entreprinse, quant à ce, que jamais prince feit; car char ne charrette n'y estoyent jamays passez. Et sachant que ledict seigneur de La Trémoille, pour sa hardiesse et grant vouloir, ne trouvoit rien impossible, luy donna ceste laborieuse charge, que voluntiers accepta; et si très-bien y employa son corps, son espoir, sa parolle et ses biens, qu'il y acquist honneur et acroissement de la grâce de son seigneur et maistre. Et, affin que les gens de pié, alemans et aultres, se y emploiasent sans craindre le chault, qui estoit véhément et furieux, les persuada par telles ou semblables parolles:

Persuasion du seigneur de La Trémoille aux gens-d'armes, pour passer l'artillerie du Roy par les Alpes.

« L'expérience que le Roy, nostre souverain
» seigneur, a eue, mes frères en armes, de vos-
» tre fidélité, cueur, force et hardiesse, à tran-
» cher et passer les Alpes et conquérir son
» royaume de Naples, luy donne asseurance de
» rapporter la palme de ceste glorieuse victoire,
» par vostre ayde, en France, contre le vouloir
» et nonobstant l'entreprinse du Pape, des Vé-
» niciens, duc de Milan, et aultres ses ennemys,
» qui, comme amys, nous ont au venir porté vi-
» sage et signe d'obéissance, et au retour, comme
» desloyaulx contre la loy de honnesteté, pré-
» paré ruyne de l'honneur françois, par une se-
» crète armée de soixante-dix mil hommes (6)
» mis aux champs, fort bien armez et équippez,
» ainsi qu'on dit, lesquelz sont davant nous, en
» embuschez, pour au passaige nous arrester.
» Vous savez, mes frères, que le nombre de
» nostre armée est seulement de dix ou douze
» mil hommes, et voiez ceste haulte et pénible

---

(1) 1494.
(2) 1495.
(3) Vice-roi.
(4) *Lisez* le 20.

(5) Camper.

(6) Cette troupe n'était guère composée que de trente mille hommes.

» montaigne davant nous, les citez et villes de
» noz ennemys au derrière, et que le demourer
» au pié engendreroit famyne; parquoy con-
» vient par nécessité gaigner la plaine, et ouvrir
» le chemin par feu et par nostre artillerie. Les
» histoires nous asseurent, et souvent l'avons
» veu, que communément à la nécessité le plus
» petit nombre de gens-d'armes bien conduictz,
» a vaincu la multitude effrénée et oultrecuidée.
» La propre nature d'entre nous des Gaules est
» force, hardiesse et férocité. Nous avons au ve-
» nir triumphé ; mieulx nous seroit mourir que
» par lascheté perdre au retour la doulceur de
» ceste louange, et que noz victoires, par faulte
» de cueur, demourassent en langueur où les
» avons prinses.

» Ce considérant, le Roy, nostre souverain
» seigneur, vous prie et persuade par ma bouche
» que, mémoratifz de toutes ces choses, faictes
» marcher vostre honneur au davant de la crainte
» de voz vies, et que, voz hardiz cueurs non con-
» vertiz en moulz fayes, luy monstrez par effect
» la reste de vostre noble vouloir à passer son
» artillerie par ces rigoreuses Alpes. La chose à
» gens sans cueur semble impossible, mais aux
» jaleux d'honneur n'est que passe-temps. Ne
» craignons l'essay, car nature n'a constitué
» chose si haulte ne difficile que la vertu n'y
» puisse actaindre ne parvenir; et nostre artil-
» lerie hors de ce dangier mise, passerons, par
» force de glayve et feu, davant noz ennemys.
» Nécessité engendre courage et augmente la
» force, et le désir de garder l'honneur acquis
» croist le cueur, réveille l'esprit et chasse toute
» crainte; et si est hardiesse tousjours par for-
» tune secourue et aydée. Tous sommes en la
» fleur de nostre aage, en la vigueur de noz ans
» et en la force de nostre jeunesse; chescun
» mecte la main à l'œuvre, à tirer les charrois,
» porter bouletz, et le premier qui gaignera le
» plus hault de la montaigne avant moy aura dix
» escutz. »

La fin de ceste remonstrance fut que le seigneur de La Trémoille, ses vestemens laissez,
fors chausses et pourpoint, se mist à pousser aux
charroys et à porter gros bouletz de fer, en si
grant labeur et diligence, que à son exemple la
pluspart de ceulx de l'armée, mesmement les
Alemans, de son grant et bon vouloir esbaiz, se
rengèrent à ceste œuvre; et par ce moien fut
toute l'artillerie passée par les montaignes et
vallées, avec les municions, par la prudente
conduicte dudict seigneur de La Trémoille, qui
tousjours croissoit les courages des Alemans et
aultres, par belles parolles, choses excitatives
à œuvres difficiles, réveillans l'esprit, comme
par trompètes, clarons, fleutes, tabours, bons
vins, promesses de récompenses, et aultres semblables que bien entendent expérimentez capitaines. Et, l'œuvre mis à louable fin, le seigneur
de La Trémoille, noir comme ung more, pour
l'extuante chaleur qu'il avoit supportée, en feit
rapport au Roy, qui luy dist: « Par le jour-
» d'huy, mon cousin, vous avez fait plus que
» peurent onc faire Hannibal de Cartage ne Ju-
» les César, au dangier de vostre personne que
» ne voulustes onc espargner à me servir et les
» miens. Je promectz à Dieu que si je puis vous
» revoir en France, les récompenses que j'es-
» père vous faire seront si grandes que les aul-
» tres y acquerront une nouvelle estude bien
» me servir. » Le seigneur de La Trémoille luy
respondit: « Il me desplayst, Sire, que mon
» corps et mon esprit ne se peuvent mieulx ac-
» quiter au deu de mon office, et ne veulx aul-
» tre récompense que voustre grâce et bienveil-
» lance. »

La journée de Furnoue.

Les Alpes passées, le Roi alla disner au lieu
de Furnoue, et à une lieue de là, près de ses ennemys, son camp fut assis. Le lendemain, après
la messe ouye, l'armée du Roy marcha en bon
ordre. L'avant-garde estoit conducte par le mareschal de Gyé et le seigneur Jehan Jacques (1),
italien; et assez pres d'eulx marchoient les
Souysses en bon ordre, conduictz par monseigneur Engilbert Declaves, comte de Nevers, le
Bailly de Dijon, et le grant escuier de la Royne.
Les helles de l'armée estoient aux deux coustez.
Guyot de Lovyers et Jehan de La Grange,
maistres de l'artillerie, la conduisoient bien
acoustrée pour tirer; conséquemment marchoit
la bataille de laquelle le Roy estoit chief. Les
seigneurs de Ligny, de Pyennes, le bastard
Mathieu, et aultres seigneurs et capitaines vaillans et hardiz estoient autour de sa personne.
Après la bataille marchoit l'arrière-garde que
conduisoit ledit seigneur de La Trémoille, où
estoit le seigneur de Guyse avec les guetz bien
ordonnez.

L'armée des ennemys, qui estoit en frontière, commença tirer une grosse pièce d'artillerie contre l'avant-garde françoise, qui ne s'esmeut et passa oultre; puis l'artillerie des Fran-
cois commença tirer en si bonne sorte qu'elle
brisa la pièce qui avoit tiré contre eulx, et oc-
cist le principal de leurs canonniers et aultres
gens des ennemys, ce qui les feit ung peu recu-

(1) Jean-Jacques Trivulce, seigneur milanais.

ler. Et, voulans user d'une cautelle de guerre pour mectre en désordre l'armée des Françoys et frapper sur la bataille où estoit le Roy, après avoir sceu par une espie l'acoustrement du Roy, feirent deux choses : l'une qu'ilz envoyèrent grant quantité d'Albanoys et Extradiotz courir sur le bagage du Roy, qui s'en alloit à cousté gauche sur la grève soubz conduycte du capitaine Audet, lequel, combien qu'il fust chevallier de bonne conduycte, prudent et hardy capitaine, ne povoyt à son désir faire marcher les gens dudit bagage qui estoyent en nombre grant. Et, par leur deffault, furent deffaictz et la pluspart du bagage pillé par lesdictz Extradiotz et Albanoys, dont l'armée de France ne fist compte.

L'aultre chose que feirent les ennemys fut que eulx, voyans la constance des Françoys qu'ilz ne pensoyent estre telle, mais les jugeoyent ne batailler qu'en fureur et sans ordre, assemblèrent ung bon nombre des plus gens de bien et mieulx expérimentez de leur armée, pour donner sur la bataille des Françoys où estoit le Roy, lequel ilz se actendoyent prendre ; mais il y obvia : car, prins des avant-garde, bataille et arrière-garde de son armée certain nombre des plus hardiz hommes, sans changer les chiefz, actendit ses ennemys en bon ordre et grosse hardiesse. Si vindrent les ennemys contre eulx, et le Roy et la bataille contre ses ennemys ; et la grève passée, se rencontrèrent ; et vindrent les avant-coureurs choquer assez hardyment sur la bataille où estoit le Roy, et, d'une part et d'autre, feirent de grans faictz d'armes. Puis, pour le renfort, la grant bande des ennemys qui s'estoit tenue au couvert ès boys, là près, dont le marquis de Manthoue estoit conducteur, sortit impétueusement au descouvert pour donner sur le Roy ; mais ladicte bande, qui estoit de huyct cens lances, fut rompue par ledict seigneur de La Trimoille et troys cens lances qu'il avoit soubz sa charge. Néantmoins la meslée fut grande, et y eut de grans coups donnés d'une part et d'aultre ; mais, ainsi que Dieu voulut, les ennemys furent deffaictz et tous occis, fors ceulx qui peurent fouyr ; car il y en eut grant nombre qui plus feirent de leurs esperons et chevaulx que de leurs mains et bastons. Et demoura le roy de France victorieux, par le secours et bon service dudict seigneur de La Trimoille et aultres vaillans princes, capitaines, et gens de bien de France.

Ce dangier passé par ceste triumphante victoyre, le Roy, l'espée au poing et triumphateur des Italles, retourna en son royaulme de France, lors riche de paix et de tous biens; et, certain temps après, vaccant l'estat de l'admiral de Guyenne, par le trespas dudict bastard Mathieu de la maison de Bourbon, ledict seigneur de La Trimoille en fut pourveu ; et fist faire une fort belle nef, appellée la *Gabrielle*, du nom de son espouse, qu'il mist en pleine mer, bien équippée, pour le service du Roy et du royaulme. Et lorsque ledit roy Charles travailloit à faire exercer justice en son royaulme, voulant ouyr deux foiz la sepmaine les plainctes de ses subgectz, avant que povoyr récompenser ledict seigneur de La Trimoille, selon sa promesse, des services qu'il luy avoit faictz et au bien publicque, alla de vie à trespas au chasteau d'Amboise, le septiesme jour d'apvril l'an 1497, avant Pasques, selon la computacion de Paris où l'on commance l'année à Pasques, et selon la computacion rommaine et de Aquitaine, l'an 1498, parce que les Rommains commencent l'année à Noël, et les Aquitaniens, à la Nostre Dame de mars. Ce bon Roy ne laissa aulcuns enfans de sa chair, et fut son corps mis, avec les aultres roys de France, en l'église de l'abbaye Sainct-Denys en France.

◇◇◇

CHAPITRE XVIII.

Comment, après le trespas du roy Charles VIII, le seigneur de La Trimoille fut appellé au service du roi Loys douziesme de ce nom.

Le seigneur de La Trimoille fist grant dueil du trespas du roy Charles, son seigneur et maistre, non contre la raison, car avec le corps perdit l'espoyr de la récompense de ses labeurs, parce qu'il estoit sans enfans décédé, et que madame Anne de Bretaigne, sa vefve, avoit tousjours quelque soupçonneux regard sur luy, à l'occasion de la guerre de Bretaigne, aussi que monsieur Loys duc d'Orléans, qu'il avoit à ladicte guerre prins prisonnier, succédoit à la couronne de France, comme le plus proche en ligne masculine collatérale par faulte de la directe. Mais tout vinst au contraire de son ymaginacion, car ledict duc d'Orléans, nommé Loys XII, incontinent après le décès dudict roy Charles et avant son couronnement, manda ledict seigneur de La Trimoille, et, de son propre mouvement, sans aulcune requeste, le confirma en tous ses estatz, offices, pensions et bienfaictz, le priant luy estre aussi loyal que à son prédécesseur Charles, avec promesse de meilleure récompense. Ledict seigneur de La Trimoille le remercia, et mist si bonne peine de luy estre obéissant que son bon service fist depuis sortir une envie ès cueurs d'aulcuns gentilz hommes qui plus servoyent le Roy de faulx rappors que de bon conseil, combien que la prudence du Roy fût si grant durant son règne, et fût si jaloux de sa renommée, qu'il expérimentoit les gens avant que les croyre, et avoit gens pour son passetemps, sans lesquelz toutes les pesans affaires du royaulme estoyent conduictz et faictz : et combien qu'il n'eust les aureilles serrées aux parolles, toutesfoiz ne leur donnoit lieu à l'honnourable siége de sa mémoyre.

L'affaire qui plus fist d'ennuy à l'esperit du Roy, au commancement de son règne, fut que dès ses jeunes ans avoit espousé madame Jehanne de France, fille du feu roi Loys XI, duquel a esté cy-dessus escript, par la crainte d'iceluy Roy, qui sévère estoit à ceulx de son sang plus que la raison ne vouloit; toutesfoiz ne l'avoit, ainsi qu'on dit, jamais congneue charnellement, actendant la mutacion du temps et des personnes, à ce qu'il peust aultre espouse avoir, car indisposée estoit à génération pour l'imperfection de son corps, combien qu'elle eust fort beau visage. Or vinst le temps qu'il le peut faire sans contradition aucune; mais, luy qui vouloit droictement vivre et ne faire chose à sa royale dignité répugnante, craignoit exécuter ceste ancienne et continuée voluntė, dont, après son sacre et couronnement, se déclaira audict seigneur de La Trémoille, pour en avoir son conseil et aussi en porter la parolle à ladicte dame. Ledict seigneur feit response au Roy que s'il estoit ainsi que jamais n'eust donné consentement à ce simulé et contrainct mariage, que facilement, selon son jugement, pourroit estre solu, actendu qu'il n'avoit iceluy consumé ne eu d'icelle dame, charnelle congnoissance : toutesfoiz que le mieulx seroit sur ce assembler gens lectrez, ayans le savoir et l'expérience de telles matières, et que cependant sentiroit le vouloir de ladicte dame, ce qu'il feit; car, par le commandement du Roy, ung jour alla vers elle et luy dist :

« Madame, le Roy se recommande très-fort
» à vous, et m'a chargé vous dire que la dame
» de ce monde qu'il ame plus est vous, sa pro-
» che parente, pour les grâces et vertuz qui en
» vous resplendent; et est fort desplaisant et
» courroussé que voz n'estes disposée à avoir
» lignée, car il se sentiroit eureux de finer ses jours
» en si saincte compaignée que la vostre. Mais
» vous sçavez que le sang royal de France se
» commance à perdre et diminuer, et que feu
» vostre frère le roy Charles est décédé sans
» enfans; et si ainsi advient du Roy qui à pré-
» sent est, le royaume changera de lignée, et
» par succession pourra tumber en main ex-
» trange. Pour laquelle considéracion luy a esté
» conseillé prendre aultre espouse, si vous
» plaist y donner consentement, jaçoit ce que de
» droict n'y ayt vray mariage entre vous deux,
» parce qu'il dict n'y avoir donné aucun con-
» sentement, mais l'avoir faict par force et
» pour la crainte qu'il avoit que feu monsei-
» gneur vostre père, par furieux courroux, ac-
» temptast en sa personne : toutesfoiz il a tant
» d'amour à vous que mieulx ameroit mourir
» sans lignée de son sang que vous desplaire.
» — Monseigneur de La Trimoille, dist ladite
» dame, quant je penserois que mariage légitime
» ne seroit entre le Roy et moy, je le prierois
» de toute mon affection me laisser vivre en
» perpétuelle chasteté, car la chose que plus je
» désire est les mondains honneurs contemnez
» et délices charnelles oubliées, vivre spirituel-
» lement avec l'éternel Roy et redoutable Em-
» pereur, duquel, en ce faisant, et suyvant la
» vie contemplative, je pourrois estre espouse
» et avoir sa grâce. Et d'autre part je serois
» joyeuse, pour l'amour que j'ay au Roy et à la
» couronne de France dont je suis yssue, qu'il
» eust espouse à luy semblable, pour luy rendre
» le vray fruict de loyal et honneste mariage, la
» fin duquel est avoir lignée, le priant s'en
» conseiller avec les sages, et ne se marier par
» amour impudicque et moins par ambicion et
» avarice. »

Le seigneur de La Trémoille récita le dire de madame Jehanne de France au Roy, qui, en gectant ung groz souspir, pour son cueur descharger de douleur, dist : « Je suis en grant
» peine et perplécité, mon cousin, de cestuy af-
» faire, et non sans cause. Je congnois la bonté,
» doulceur et bégnivolence de ceste dame, sa
» royale génération, ses vertus incomparables
» et sa droicture ; et d'aultre part je sçay que
» d'elle ne pourrois lignée avoir, et par ce def-
» fault le royaume de France tumber en que-
» relle et finablement en ruyne. Et combien
» que je n'aye vray mariage avec elle contracté
» ne eu d'elle charnelle compaignée, néantmoins
» à la raison de ce que long-temps a esté tenue
» et réputée mon espouse par la commune re-
» nommée, et que en ces jours mes infortunes
» ont esté doulcement par elle recueillies jus-
» ques à la rencontre de ma présente félicité,
» me ennuye me séparer d'elle, doubtant of-
» fenser Dieu, et que les extranges nations
» ignorans la vérité du faict, en détractent. »

Pour toutes ces considéracions et aultres, le

Roy différa, pour quelque temps, à faire déclairer nul ce mariage, mais pressé par les princes de France, obtinst ung brief du Pape Alexandre VI, et juges déléguez pour congnoistre s'il y avoit vray mariage ou non. Lesquelz, après avoir ouy luy et ladicte dame, et fait enquestre de la vérité du faict en forme de droit, par sentence donnée en l'an 1499 (1) par le cardinal de Luxembourg, évesque du Mans, monsieur Loys d'Ambaise, évesque d'Alby, et monsieur Ferrand, évesque de Cepte, juges déléguez en ceste partie par le Pape, ledict supposé mariage fut déclaré nul, et licence donnée en tant que besoing estoit, par auctorité apostolique, audict roy Loys, de povoir prendre par mariage telle femme que bon luy sembleroit. Après laquelle sentence donnée, il espousa madame Anne, duchesse de Bretaigne, lors vefve dudict feu Roy Charles VIII, et bailla pour appenage à madame Jehanne de France, la duché de Berry, avec beau et honneste train, qu'il luy entretinst jusques à son décès, qui fut en l'an 1505 en la ville de Bourges, où elle feit tousjours depuis sa principalle résidence, et vesquit en si grant saincteté, que après son décès Dieu a fait plusieurs miracles ès personnes d'aucuns malades qui l'ont priée et réclamée.

<><>

CHAPITRE XIX.

Comment, par la sage conduicte du seigneur de La Trémoille, Loys Sforce, usurpateur de Milan, fut prinst prisonnier, et la duché de Milan mise entre les mains du roy Loys XII.

Après toutes ces choses faictes en la seconde année du règne du roy Loys XII, nonobstant qu'il eust trouvé son royaume pauvre de deniers et riche d'honneur, néantmoins meist si bon ordre en toutes ses affaires, que sans augmenter ne croistre les tailles et aydes, mais les diminuant, droissa grosse armée, pour la recouvrance de sa duché de Milan, lors occupée par la tyrannie de Loys Sforce, qu'on nommoit le More, et laquelle avoit, par François Sforce, son père, esté usurpée sur le père dudict roy Loys, auquel elle appartenoit à cause de Valentine sa mère, fille de Phelipes Marie, vray duc de Milan, et espouse de monseigneur Loys duc d'Orléans, qui fut occis à Paris par la faction de Jehan duc de Bourgongne, son cousin germain : laquelle armée ledit Roy Loys envoia delà les mons soubz la conduicte du seigneur d'Aubigny et du seigneur Jehan-Jaques, italien, qui feinrent telle peur audit Loys Sforce, que la ville de Milan par luy et Maximilian son filz habandonnée et laissée, se retirèrent au roy des Rommains Maximilian. Parquoy fut ladite ville par les François prinse sans résistence, en ladite année 1489 (2) ; et peu de temps après ledict roy Loys y feit son entrée, et luy fut rendu le chasteau, qui estoit d'une merveilleuse défense et presque imprenable, comme aussi furent plusieurs aultres chasteaux et villes dudict duché, et entre aultres la ville et communité de Gênes, de laquelle le Roy feit gouverneur messire Phelippes de Ravastain, son proche parent à cause de madame Marie de Clèves, sa mère, puis s'en retourna en France.

Incontinant après, ledict Loys Sforce, accompaigné de grant quantité de Alemans et Souysses, par la faction des habitans de ladite ville de Milan, qui avoient avec luy intelligence, reprinst icelle ville, et en mist hors les François et ledit seigneur Jehan-Jaques qui en estoit gouverneur, dont le Roy fut fort desplaisant, et soudain y renvoia son armée bien équippée, soubz lesdicts seigneurs d'Aubigny et Jehan-Jaques, ses lieutenans-généraulx en ceste guerre, qui estoient gens de cueur, hardiz, et de grant entreprinse et conduicte ; mais le bien faire leur fut difficile, à la raison de ce qu'ilz ne s'accordoient en délibéracions, contre l'ordre de discipline militaire ; et de ce adverty, le Roy non ignorant ledict seigneur de La Trémoille estre eureux en ses entreprises, l'envoia son lieutenant-général delà les mons avec lesditz seigneurs d'Aubigny et Jehan-Jaques, ausquelz manda le croire et faire ce qu'il diroit ; ce qu'ilz feirent, et furent de si bon accord, que avec l'armée françoise approchèrent de la ville de Milan, de laquelle Loys Sforce vuyda, et avec cent chevaulx seulement se retira en la ville de Novarre, où estoit son armée, en laquelle avoit quatre mil Souysses, huit mil lancequenetz, huit cens hommes à cheval de la Franche-Comte de Bourgongne, et sept mil aultres gens de guerre de Italie ; l'armée du Roy, en laquelle y avoit dix mil Souysses, le suyvit ; et quant ilz furent devant Novarre, ledit seigneur de La Trémoille trouva moien de parler aux ennemys du Roy, quoyques soit, à partie d'iceulx et à leurs capitaines, ausquelz il feit telles ou semblables remonstrances :

« Aulcun de vous, messieurs, ne ignore que, à bon droict et juste tiltre, au Roy de France,

(1) 1498.

(1) 1499.

mon souverain seigneur, appartient la duché de Milan, à cause de madame Valentine Marie (1) son ayeule, unicque fille et héritière de feu de bonne mémoyre Phelippes Marie, vray duc de Milan, et que Francisque Sforce, filz de Attendule Sforce, premièrement avanturier de guerre, de humble et petite maison, par tyrannie usurpa ceste riche duché, et encores par force et contre raison, la tient Loys Sforce, son filz. A ceste consideracion je m'esbays dont vous, messieurs les Souysses, qui vous nommez amateurs d'équité, justice et droicture, voulez porter la faulse querelle contre le bon droict, le tyrant contre le vray seigneur, le simple chevallier contre un si puissant Roy, ung estrangier contre vostre congneu, et ung pauvre contre ung riche.

» Quelle fureur occupe vos hardiz courages et droictes voluntez de laisser la tant secourable et amoureuse alliance des Françoys, voz frères et voysins, pour à extrange et barbare nation adhérer? Quel espoir prenez-vous en homme sans foy, non observateur de promesse, qui ne vous ame fors à sa nécessité, et ne sauroit vous tenir ce qu'il vous a promis? Avez-vous oublié les honneurs et biens à vous faictz en si grant libéralité par les roys de France? Ne vous peult certiffier de perpétuelle amour et confédéracion la bien congneue confiance du Roy en la nation de vous, messieurs les Souysses, dont il a prins certain nombre de voz frères ou enfans, pour la continuelle garde de son corps? et vous, messieurs les Alemans, en ce qu'il est, à cause de sa mère, de vostre sang.

» Quel reproche seroit-ce à vous et aux vostres, si vous soustenez tyrannie contre vraye seigneurie, injustice contre équité, rapine contre le juste tiltre, crudélité contre clémence, rébellion contre deue obéissance, et inhumanité contre clémence! Je vous prie, messieurs, que vos yeulx gectez sur la raison, usans de droicture, remonstrez à Loys Sforce son tort, et le contraignez à rendre au Roy ce que par force il occupe, et par tyrannie retient; et s'il est dur au croyre, avec égal œil regardez la raison et soyez pour l'innocence, en sorte que vostre cler renom n'en soit obscursy. »

Ces remonstrances et aultres de trop long récit donnèrent occasion aux Souysses, lancequenets et Bourguignons, d'eulx assembler pour adviser à ce qui leur avoit esté dict par ledict seigneur de La Tremoille. Les aulcuns soustenoyent la maulvaise querelle de Loys Sforce, les aultres, et la plus grant part, le bon droict et juste tiltre du roy de France, et, le tout mis à la juste balance d'équité, remonstrèrent à Loys Sforce son tort, le persuadant faire composicion avec les Françoys; à quoy ne voulut entendre ne les Souysses payer de leur soulte, pour lesquelles causes luy déclairèrent qu'ilz ne frapperoyent coup pour luy, et qu'il saulvast sa personne s'il povoit; dont fut fort esbay, les priant, puisque ainsi le voulloyent habandonner, qu'il s'en allast avec eulx, en habit dissimullé, ce qu'il s'efforça faire soubz l'habit d'ung cordelier, parce que plusieurs cordeliers estoyent en son armée servans de chappellains et confesseurs; et avec les Souysses sortit de Novarre, cuydant par ce moyen se saulver, mais il ne peult, car, comme les Souysses eussent faict composicion avec ledict seigneur de La Trémoille et aultres capitaines, et eussent déclairé ledict Loys Sforce avoir évadé, ledict seigneur de La Trémoille, pour le trouver en l'armée, fist tous les Souysses et aultres gens de pié passer soubz la picque, où il fut congneu et prins par ledict seigneur.

Les nouvelles de ceste prinse furent incontinant portées par la poste au roy de France estant lors à Lyon, ung jour assez matin, dont fut joyeux, et pour donner partie de sa joye à la Royne, se transporta en sa chambre et luy dist: « Madame, croyez-vous bien que monsieur de » La Trémoille ait prins Loys Sforce? » Sa response fut que non, car encores n'estoit son cueur paciffié de la victoyre que ledict seigneur avoit eue contre le duc de Bretaigne, son père. Et le Roy luy répliqua : « Si a pour certain et vous » asseure que jamais roy de France n'eut ung » plus loyal et meilleur serviteur ne plus eureux » en ses entreprises; et si je ne meurs bien tost » je le récompenseray en sorte que les aultres » capitaines auront vouloir de me bien servir. » La Royne, voyant l'affectionné vouloir du Roy sur ledict seigneur de La Trémoille, ne dist chose aulcune au contraire, mais commença à fort exalter icelluy seigneur.

Dès ce que le cardinal Ascaigne, frère de Loys Sforce qui estoit en la ville de Milan, sceut la prinse de son frère et la rupture de son armée, incontinant envoya ses enfans à Maximilian, roy des Rommains, et se mist aux champs le plus tost qu'il peult pour se saulver, et comme il vouloit se retirer à Boulongne, accompaigné de six cens hommes à cheval, Soucyn, capitaine vénicien et frère du marquis de

---

(1) Valentine était sœur et non pas fille de Philippe-Marie Visconti. Son père était Jean Galéas Visconti. Elle avait été mariée au duc d'Orléans, aieul de Louis XII, en 1389.

Mantue, le suyvit jusques au chasteau de Ryvolle, où il le prinst avec cent mille ducatz et plusieurs riches bagues. Les citoyens de Milan, fort esbaiz de ceste prise, soudain envoyèrent vers le seigneur de La Trémoille et autres capitaines, les clefz de ladicte ville, par leurs ambassadeurs chargez de composer et moyenner pour leur forfaicture; pour lesquelz ouyr le conseil fut assemblé, où présidoit le cardinal d'Amboise que le Roy y avoit envoyé, et, après leur péroration et requeste, iceulx esloignez du conclave, chascun en dist son opinion. Aulcuns disoyent qu'on devoit mettre à sac la ville de Milan et l'abandonner au pillage, sans donner la vie à homme qui eust plus de quinze ans, et que ainsi l'avoit faict aux Saxons le roy Clotaire II et le roy Charlemaigne.

La raison de leur dire estoit que les Milanoys sçavoyent très-bien le Roy estre leur naturel seigneur, et la duché de Milan luy appartenir à vray tiltre héréditaire, pour tel l'avoient recongneu et faict le serment de fidélité; que à ce moyen le Roy leur avoit diminué partie de leurs tributz, iceulx remis en leur liberté, ordonné et estably ung parlement pour leur administrer justice, mis hors la captivité de Loys Sforce, lequel usoit de leurs personnes, femmes et biens à son plaisir, marioit leurs filles à sa volunté, et les tenoit en telle servitude que aucun des habitans n'eust ousé dire cela est mien; avoit oultre perpétué leurs offices temporelz, et donné plusieurs grans priviléges. Ce nonobstant, comme gens sans foy, ingratz, parjures, avoient conspiré contre le Roy, receu et remis en leur ville ledict Ludovic, choisissant le tirant et persécuteur pour le vray seigneur et protecteur, et la pluspart des Françoys crioyent que les Milannoys fussent deffaitz et ruynez. Le seigneur de La Trémoille considérant, comme dict Tulle (1) en ses Offices, que à la conqueste des villes on se doit garder d'y faire chose téméraire ne cruelle, pour modérer ces opinions procédans plus de ire que de raison, commença parler ainsi :

« Quant ire et trop grant célérité se rencontrent en la chose qu'on veult exécuter, vous entendrez, messieurs, que voluntiers la rendent mal faicte et au déshonneur de l'aucteur, à la raison de ce que trop grant célérité, témérairement et sans considéracion précipite les choses, et ire y ouvre sans prévoyr la fin. Pour ces considéracions le feu de nostre juste indignacion extraict et le conseil des plus saiges prins, regardons quel bien pourra de la ruyne de ceste tant riche et noble ville advenir. C'est la première conqueste que noz peres, les Gaules, firent en Italie, il y a plus de deux mille ans; c'est leur édiffice et demourance qu'ilz nommèrent la Gaule transalpine; c'est le vray héritage du Roy et son paternel domaine. Je sçay bien que, par les loix et statuz de plusieurs citez, la mort est la juste peine de moindres crimes que celuy de la rébellion et desloyaulté de ceulx de Milan; toutesvoiz doyvons considérer, messieurs, la fragilité de nostre nature, et que souvent les hommes, par espérance solicitez, entrent ès dangiers de guerres, et onc homme à péril ne se exhiba que l'actende de bonne yssue ne luy donnast quelque asseurance, et onc cité ne se révolta contre son naturel seigneur, qu'elle ne se estimast à luy pareille en force et ne tendist à plus grant liberté.

» C'est une chose en tous humains née que péché, soit au secret ou en public, et n'y a sévérité ne rigueur de loy qui les en puisse tousjours empescher. Les hommes sont faciles à délinquer par fureur insanable et par faulte de non assez puissante bride de raison, et encores plus par foul espoir et cupidité. Le foul espoir, non voyant son péril, les conduit, et cupidité de prospérité ostentatoire les accompaigne, dont procède que les incertains loyers et non asseurées récompenses excèdent en puissance les dangiers incongneuz et peines non pourpensées; puis la fortune du futur gaing incite les courages à désirer liberté, empire et principaulté. Et davantage est une chose impossible, voire folle à croire, lorsque l'humaine pensée est d'aucun immodéré affect surprinse et excitée, que par la crainte de la rigueur et sévérité de la loy en puisse estre retraincte et prohibée.

» Pour ces considéracions, messieurs, mon oppinion est, sauf vostre meilleur advis, que nonobstant la faulte des Milanoys, qui contre le Roy se sont révoltez et rébellez, ne doyvons aucune chose griefve contre eulx statuer ne ordonner, mais qu'on leur doit remectre l'honneur et la vie, et commuer la peine de leurs corps en raisonnables amendes pécuniaires, pour le deffroy de nostre armée, moiennant ce qu'ilz feront nouveaux sermens de fidélité, et promectront avec juremens, pour l'advenir, obéissance et fidélité au Roy, comme leur naturel et vray seigneur. Par ceste clémence, les aultres qui ont comme eulx failly, non désespérez de pardon, se pourront plus légièrement repentir et eulx soubmectre à la raison : et si par cupidité de vengence nous les importunons et opprimons de mort, ou de trop longue poison, ou excessive rençon, les rendrons impuissans de

(1) Cicéron, *de Officiis*, lib. I, ch. 24.

deniers à paier leurs tribuz et subvenir à noz bélicqueux usages, sans lequel ayde impossible est que le corps publicque puisse subsister.

» Nous ne doyvons, comme juges, si estroictement pugnir les délinquens, mais considérer le grant bien qui peut venir et procéder de cité par modéracion corrigée; et que mieulx est gardée la foy des citoiens par doulceur et innocence que par la sévérité des loix escriptes; mieulx est tollue l'occasion de rébellion par honneste entretiennement que provocquer par crudélité les gens à obstinacion de mal; les choses perdues se doyvent, qui peut, par bénignité recouvrer, et les recouvertes, par justice et doulceur conserver. Et pour brief conclurre, en mon advis, je arbitre chose plus utille au Roy, nostre souverain seigneur, à nous, et à tout le pays, pacifier nostre ire, oublier nostre injure et modérer la vengence par clémence, que totallement ruyner et destruyre ceulx qui se reppentent et demandent pardon. La condition des Françoys est prompte fureur et avoir pitié des vaincuz; que ire immodérée ne périsse ce glorieux renom. »

Tous ceulx du conseil furent de l'oppinion du seigneur de La Trémoille, et le jour du vendredy sainct de l'an 1500, qui fut le dix-septiesme jour d'avril, sept jours après la prinse de Ludovic Sforce, les Milannois feirent amende honnourable au roy de France, en présence dudit cardinal d'Amboise, ayant charge expresse du Roy pour la recepvoir en ladicte ville de Millan, en la maison du Roy. Publicquement et en grant solennité, leurs vices leur furent pardonnées et leurs biens saulvez, moyennant la somme de troys cens mil livres, dont ils baillèrent cinquante mille contans, les aultres cinquante mil promirent bailler le douziesme jour de may ensuyvant, et les deux cens mil, à la volunté du Roy; et feirent les nouveaulx sermens de fidélité. Tout cela faict, ledict seigneur de La Trémoille, adverty de la prinse dudict cardinal d'Ascaigne, envoya vers les Véniciens, à ce qu'ilz le rendissent au Roy avec ses ducatz et bagues qu'ilz avoyent prins en sa duché, et aussi l'espée royale du grant escuyer de France, laquelle avoit esté prinse ès coffres du roy Charles VIII, à Furnoue, par les Albanoys, comme il a esté dict dessus; et où les Véniciens différeroyent, les y contraindre à main armée; en quoy ilz pensèrent, et voyans fortune donner faveur audict seigneur de La Trimoille, luy envoyèrent ladicte espée avec ledict cardinal d'Ascaigne, et partie de ses bagues et ducatz. Quelque temps après fist mener ledict cardinal à Lyon, où jà avoit esté mené Loys Sforce, son frère, lequel Loys Sforce fut depuis envoyé par le Roy au chasteau de Loches pour sa prison.

Deux ans après, le Roy retira et conquist le royaulme de Naples, mais ung an ou deux après ledict recouvrement, le perdit par la roupte d'une bataille que les Françoys eurent contre domp Ferrand, roy d'Espaigne, l'armée duquel estoit conduicte par Gonsalle Ferrande (1), et l'armée de France par le comte de Guyse (2) de la maison d'Armagniac, et par messire Jacques de Chabannes, l'ung des hardiz chevalliers et capitaines qui fut onc en France. Et fut occis en ceste bataille (3) ledit comte de Guyse, et les Françoys deffaictz par la coulpe des trésoriers, qui, pour eulx enrichir des deniers ordonnez pour le deffray de l'armée, la laissèrent sans vivres, ne payèrent à temps et heure les gens-d'armes, par le moyen de quoy ne se povoyent nourrir ne leurs chevaulx, et dont le Roy fut fort desplaisant et courroussé, tant contre les gens-d'armes qui retournoyent, lesquelz ne voulut veoyr ne ouyr, que contre les trésoriers, dont en fist pugnir aulcuns par justice.

Pour le recouvrement de Naples, quelque temps après, le Roy fist son lieutenant-général ledict seigneur de La Trémoille, qui partit de France et passa les monts avec une fort belle armée; mais en allant, une maladie le surprinst, nonobstant laquelle il passa oultre sans se arrester pour icelle, jusques à tant qu'il fut par nécessité contrainct demourer par impuissance; car il fut si pressé de son mal que, désespéré de vie, les médecins mandèrent au Roy que impossible estoit à nature le relever, et que sans le divin secours ne pourroit guérir; par laquelle cause le Roy manda audit seigneur que peu à peu retournast en France, ce qu'il fist, à son grant regret, avec l'armée françoyse; et fut près d'ung an après tousjours continuellement malade et hors d'espoir de santé, dont le Roy estoit fort desplaisant, car c'estoit le seigneur de Court, du nombre de ceulx qui povoyent service faire au Roy et à la chose publicque, le moins importun, et qui moins demandoit de choses au Roy, pour luy et ses serviteurs, doubtant luy desplaire, et aux princes et aultres capitaines èsquelz on doibt esgallement distribuer les estatz, selon leurs qualitez et mérites, et que le Roy soit bien

---

(1) Gonzalve de Cordoue.
(2) Connu dans l'histoire sous le nom de duc de Nemours.

(3) Bataille de Cérignole, gagnée par Gonzalve de Cordoue le 28 avril 1503.

servy, et que en sa nécessité il trouve à son secours plus d'ung, de deux, de troys et de quatre capitaines expérimentez à conduyre ses guerres.

Il se contentoit de peu sans trop entreprandre, et n'eust voulu par ambicion donner occasion aux princes de la Court ne aux gentilz-hommes méritans avantaige, d'avoir contre luy envie, considérant que les groz morceaulx, prins en hastiveté et par excès, estranglent ceulx qui ainsi les dévorent; et remémoroit souvent les excès faiz à aucuns connestables de France et autres gouverneurs trop entreprenans par les princes du sang, mesmement durant les règnes des roys Loys Hutin, Jehan, Charles VI et Charles VII. Il ne vendit onc office, et n'en demanda jamais pour les vendre et en faire son profit particulier ; aucuns de la maison du Roy s'en esbaïssoit, vu son bon crédit, et mesmement ses serviteurs : pour ces considéracions et les mérites dudit seigneur, vacant l'estat de gouverneur de Bourgongne et des pays adjacens, par le décès de monseigneur Gilebert de Clèves, comte de Nevers, le roy Loys en pourveut icelluy seigneur ; et l'a tenu jusques à son décès, à son honneur, qui est ung bel estat et fort désiré par les gens de bien.

◇◇◇

CHAPITRE XX.

Des meurs, vertuz, gouvernement et forme de vivre de madame Gabrielle de Bourbon, première espouse du seigneur de La Trimoille, et monseigneur Charles leur filz; où est incidemment parlé d'aucunes dames qui ont esté excellentes en bonnes lettres.

Nous avons veu comme, incontinant après la première année que le seigneur de La Trimoille eut espousé madame Gabrielle de Bourbon, fille du feu comte de Mompensier, elle eut ung filz nommé Charles, et à la raison de ce que la forme de vivre de celle noble dame vault bien estre réduicte à mémoyre, pour la doctrine des dames qui pourront lire cy-dedans, je escripray en briefves parolles ce que je y ay peu veoyr et cognoistre : c'est que ceste dame estoit dévote et pleine de grant religion, sobre, chaste, grave sans fierté, peu parlant, magnanime sans orgueil, et non ignorant le lettres vulgaires. Tous les jours ordinairement assistoit aux heures canonialles, oyoit la messe et disoit ses heures dévotement sans ypocrisie ; elle se délectoit sur toutes choses à ouyr parler de la Saincte-Escripture, sans trop avant s'enquérir des secretz de théologie ; plus amoit le moral et les choses contemplatives que les argumens et subtilitez escorchées de la lettre, par lesquelles le vray sens est souvent perverty ; elle se contentoit de peu de viandes aux heures acoustumées ; en public monstroit bien elle estre du royal sang, descendue par ung port assez grant et révérancial, mais au privé, entre ses gentilz-hommes, damoyselles, serviteurs et gens qu'elle avoit accoustumé veoyr, estoit la plus bénigne, grâcieuse et familière qu'on eust peu trouver ; consolative, confortative et tousjours habondante en bonnes parolles, sans vouloir ouyr mal parler d'aultruy, ne de chose lascivieuse, voluptueuse ne scandaleuse ; et hayoit les gens notez de telz vices.

Elle estoit si magnanime que bien se contantoit estre la plus part du temps privée des plaisirs et doulceurs de mariage, et dormir seule en ennuy et regret, à ce que son espoux, en servant le Roy et s'emploiant aux affaires du royaume et du bien public, acquist honneur et louange. Elle amoit trop mieulx le rapport luy avoir fait louables armes que tout l'or du monde ; elle estoit libéralle et magnifique en conviz, tapisseries, vaisselle d'or et d'argent, comme à sa maison appartenoit, sans superfluité : jamais n'estoit oyseuse, mais s'emploioit une partie de la journée en broderie et aultres menuz ouvrages appartenans à telles dames, et y occupoit ses damoiselles, dont avoit bonne quantité, et de grosses, riches et illustres maisons. Et quant aucunesfoiz estoit ennuyée de telz ouvrages, se retiroit en son cabinet fort bien garny de livres, lisoit quelque histoire ou chose morale ou doctrinalle ; et si estoit son esprit ennobly et enrichy de tant bonnes sciences, qu'elle emploioit une partie des jours à composer petitz traictez à l'honneur de Dieu, de la vierge Marie, et à l'instruction de ses damoiselles ; elle composa en son vivant une contemplation sur la nativité et passion de Nostre-Seigneur-Jhésuscrist, ung aultre traicté intitulé le *Chasteau de Sainct-Esprit*, ung aultre traicté intitulé l'*Instruction des jeunes filles*, et ung aultre traicté intitulé le *Viateur*, qui sont toutes choses si bien composées qu'on les extimeroit estre plus ouvrage de gens de grans lectrés que composicion de femme ; voire et si n'estoit aucunement présumptueuse, car elle faisoit tousjours veoir et visiter ses compositions à gens de hault et bon savoir, comme je sçay, parce que de sa grâce me bailloit la charge de les faire amander.

Toutes ces bonnes meurs et condicions aydèrent fort aux perfections que monseigneur

Charles son filz acquist en jeunesse, voire autant que jeune prince qu'on eust sceu lors veoir. Aucuns trouvoyent extrange que ceste dame emploiast son esprit à composer livres, disant que ce n'estoit l'estat d'une femme; mais ce légier jugement procède d'ignorance; car en parlant de telles matières on doit distinguer des femmes, et sçavoir de quelles maisons sont venuës, si elles sont riches ou pauvres. Je suis bien d'opinion que les femmes de bas estat, et qui sont chargées et contrainctes vacquer aux choses familières et domesticques, pour l'entretiennement de leur famille, ne doyvent vacquer aux lectres, parce que c'est chose répugnant à rusticité; mais les roynes, princesses et aultres dames qui ne se doyvent, pour la révérence de leurs estatz, applicquer à mesnager comme les mécaniques, et qui ont serviteurs et servantes pour le faire, doyvent trop mieulx applicquer leurs esprictz et employer le temps à vacquer aux bonnes et honnestes lectres concernans choses morales ou historialles, qui induisent à vertuz et bonnes meurs, que à oysiveté, mère de tous vices, ou à dances, conviz, banquetz et aultres passe-temps scandaleux et lascivieux; mais se doivent garder d'applicquer leurs esprits aux curieuses questions de théologie, concernans les choses secrètes de la Divinité, dont le savoir appartient seulement aux prélatz, recteurs et docteurs.

Et si à ceste considéracion est convenable aux femmes estre lettrées en lettres vulgaires, est encores plus requis pour un aultre bien, qui en peult procéder, c'est que les enfans nourriz avec telles mères sont voluntiers plus éloquens, mieulx parlans, plus saiges et mieulx disans que les nourriz avec les rusticques, parce qu'ilz retiennent tousjours des condicions de leurs mères ou nourrices. Cornélie, mère de Grachus, ayda fort, par son continuel usaige de bien parler, à l'éloquence de ses enfans: Cicero a escript qu'il avoit leu ses épistres, et les extime fort pour ouvrage féminin. La fille de Lélius, qui avoit retenu la paternelle éloquence, rendit ses enfans et nepveux disers. La fille de Hortense feit une très-éloquente oraison en la présence des Trivires de Romme. Les anciens habundoyent en femmes très-doctes en toutes disciplines, mesmement les Grecz, entre lesquelz, comme nous lisons, y eut plusieurs femmes très-bien instruictes en philosophie. Platon eut entre ses aultres disciples, deux femmes, l'une nommée Lasthéma Manthinéa et l'autre Apiothéa Phliasia, lesquelles, comme a escript Dicearchus, usoyent de vestement virille pour plus commodément apprendre. Arétha, fille d'Aristipus, qui avoit esté disciple de Socrates, sceut tant de philosophie qu'elle en monstra et enseigna à son filz Aristipus le jeune. Pitagoras n'a eu honte d'avoir escript qu'il avoit moult aprins de philosophie de sa seur Théocla; aussi endoctrina en philosophie sa fille, à laquelle laissa par son testament ses Commentaires. L'amour qu'elle avoit aux lettres fut cause dont elle garda perpétuelle virginité, et soubz elle eut plusieurs pucelles ausquelles premièrement aprinst la philosophie de pudicité et chasteté.

Alexandre le Grant ne voulut espouser la fille du roy Daire, jaçoit ce qu'elle fust très-belle et très-riche, et ayma mieulx prandre à femme, sans dot, Barsyne, fille de roy, toutesfoiz pauvre, parce qu'elle savoit les lettres grecques. Licurgus fut bien de ceste opinion, quant, par ses loix, ordonna qu'on prendroit les femmes sans dot, c'est-à-dire sans qu'elles eussent aulcune chose en mariage, à ce que les hommes quissent les vertueuses femmes et non leurs richesses, et que pour ceste raison les filles se appliquassent à science et vertu. Nicostrata, mère de Evander, fut surnommée Carmente, parce que richement composoit carmes et mettres par lesquelz prédisoit les choses futures. Nous lisons que Mistis Lirica et Coryna sa disciple furent très-bien instruictes en l'art poéticque, semblablement Anagora Milésia et Cornificia, seur du poète Cornificius, laquelle composa plusieurs excellens épigrames, dont depuis a eu grant louange. Et si nous voulons parler des dames crestiennes, pensons au savoir de Paule et Probe, dames rommaines ausquelles sainct Hiérosme a escript tant de belles épistres latines, et à la science argumentative de saincte Catherine, qui, par argumentacions, surmonta cinquante docteurs; et ne oublions le livre composé en latin par saincte Brigide, ne les prophécies de toutes les sibilles.

Or estoit donc madame Gabrielle de Bourbon pleine de bon sçavoir et élégante en composicion prosaïque, qui selon le jugement de Chrisipus, en son livre *de l'Institucion des enfans*, donna ung naturel instruict à monsieur Charles son filz, prince de Thalemont, de aymer les livres et les bonnes lettres; et sçay que oultre les condicions de vraye noblesse et de discipline militaire où monsieur son père l'avoit songneusement fait instruyre, estoit grant historien, et composoit très-élégamment en épistres et rondeaux. Il excédoit en grandeur corporelle, père et mère, et si estoit gros à l'advenant; et parce que aulcuns de ceulx du nom de La Trémoille avoyent esté graz, monsieur son père, pour y obvier, le mist entre mains de gens fort éveillez, lesquelz l'excitoyent à tous jeux pénibles et honnestes, comme à saulter, gecter la barre, jouer à la paulme et à jouxter, et, combien qu'il aymast le passetemps des dames quant il estoit en Court, je sçay qu'il a esté ung des chastes princes qui fût onc et qui plus avoit en horreur femmes meschantes. A son port et contenance, sembloit estre grave et fier, mais c'estoit une honneste gravité sans orgueil, plaine de magnanimité et vuyde de adulation et flatterie ; et n'y avoit prince dont la familiarité de chambre entre ses domesticques fust plus actractive à l'amer e révérer. Il parloit peu, et ne vouloit dire parolle perdue et qui ne portast fruict. Il fut marié jeune avec madame Loyse, fille de monseigneur Charles de Coictivy, comte de Taillebourg, et de madame Jehanne d'Orléans son espouse, fille du bon duc Jehan d'Angoulesme, à présent réclamé comme sainct, et sear de monseigneur Charles, père du Roy françoys qui à présent est, qui fut une grant et grosse aliance.

◇◇◇

CHAPITRE XXI.

Comment le seigneur de La Trémoille fist son entrée en son gouvernement de Bourgongne. Des services que luy et son filz firent au Roy, ès guerres contre les Genèvois et Véniciens ; de la journée de Ravanne, et comment les Françoys laissèrent la duché de Milan pour retourner en France.

Le seigneur de La Trémoille se prépara pour faire son entrée en la ville de Dijon, capitale de la duché de Bourgongne, pour après aller veoyr et visiter les aultres villes et places de frontière ; et bien accompaigné y alla certain brief temps après où il fut honnourablement et à joye, lyesse et triumphe, receu ; et luy fut faicte, par le chief des citoyens de ladicte ville, l'oraison ou persuasion telle que verrez, quequessoit de mesme substance :

Oraison du chief de la ville de Dijon au seigneur de la Trémoille.

« Si en vous n'y avoit que la faveur de fortune qui a tousjours vostre glorieux renom accompaigné, très-redoubté prince et seigneur, ne se trouveroit nation qui ne se extimast très-eureuse d'estre soubz vostre modéracion gouvernée ; mais voz exaltées vertuz, vos mémorables gestes et faicz, vostre magnificence, prudence et doctrine à ce adjouxtées, font que vous estes désiré, loué, et par admiracion regardé de toutes les crestiennes provinces. A ceste consideracion, voyans les choses fatales si bien quant à nous disposées, que le Roy, nostre souverain seigneur, asseuré de vostre loyauté, vous a voulu de ce pays faire gouverneur, empereur et modérateur, qui estes de nostre sang, de nostre terre et de nostre généracion, nous resjouyssons et exaltons, et oultre rendons grâces à la souveraine déité et royalle Majesté, de ce bénéfice, que nous extimons opulent, riche, précieux et favorable, espérans que par vostre prudente conduicte et hardiesse, nous, noz églises, parens et biens, seront protégez, deffenduz et gardez de toutes irréligions, sacriléges, injustices, pilleries, forces, violences, concucions, dépopulacions, homicides, excès et autres tribulacions qui adviennent souvent par faulte de bon ordre en pays de frontière comme cestuy ; et que la renommée de voz fortunées victoyres nous servira de murailles, rempars et artillerie pour réprimer les soudains mouvements des industrieux Flamens, pertinax Hennuyers, cruelz Séquanoys, haulsaires Suysses, excessifz Alemans, et aultres envieux de la frugalité, richesse et bonté de ceste fertile habundante terre.

» Aussi que voz progéniteurs portans le nom de La Trémoille, yssuz, nez et nourriz en ce territoire, toujours ont acquis les mérites d'honneur, par le bon traictement qu'ils nous ont pourchassé et quis ; soubz ceste confiance et la vostre mansuétude, très-redoubtable et très-puissant prince et seigneur, mectons entre voz mains nous, noz voluntez, noz choses sacrées, enfans, femmes, familles, facultez, possessions, chevances et toutes noz fortunées choses ; à ce qu'il vous plaize nous protéger, deffendre et descharger de toutes injustices, pour lesquelles les royaumes et seigneuries tumbent en ruyne et sont de gent en gent transférées. Et de notre part, l'église vous soustiendra, la noblesse vous donnera secours, le peuple commun vous obéyra, et tous ensemble par un accord, nous y employerons corps et biens. »

Response faicte par le seigneur de La Trémoille à ceulx de Dijon.

« Si par multiplicacions de grâce je me povoys acquicter envers vous, messieurs de Dijon, de vostre honnourable recueil, exibicion d'honneur et bienveillance, je m'efforceroys le faire ; mais vous plaira le brief langaige accepter, avec le grand désir que j'ay de vivre avec vous en paix, au proffit du Roy et au vostre ; à mon honneur et à l'utilité publicque. Mon vouloir est droict, mon intencion bonne et mon espoyr assez grant, reste que je crains ne povoir obéyr, d'autant que les complexions des gens sont diverses à tous, vous priant bénignement excuser les faultes si vous y en trouvez, et me estre aydans à l'exécution de ma charge. Vous entendez assez, messieurs, que la force d'ung Roy et d'ung royaume principallement consiste en l'union des subjectz, en l'obéissance qu'ilz doyvent à leur prince, en leur richesse, en exercice d'armes, et en la municion et fortification des villes, citez, chasteaulx et places fortes. Vous avez renom d'estre très-riches, vous estes louez de l'union que vous avez en l'obéissance royalle, et par les histoires assez appert de la hardiesse et bon exercice aux armes que les nobles de ce pays ont eu, comme encores ont; reste savoir si vos villes et places sont bien fortiffiées, car c'est la force du royaulme et le mur inaccessible des ennemys que une place munie et garnie d'artillerie, vivres et aultres choses nécessaires pour soustenir ung siége, nourrir une garnison et actendre ung secours, qui est la principalle chose où le Roy, nostre souverain seigneur, gecte ses yeulx, preste son esprit et applicque ses biens, dont j'espère plus au long vous parler. »

Il fist son propos court, doubtant ennuyer, et s'en alla, fort bien accompaigné, tant de ses gens que de ceulx du dedans, en ladite ville de Dijon, où il fut très-bien traicté et festié par les seigneurs et dames, entre lesquelz il se savoit au gré de tous entretenir. Quelque temps après, alla faire son entrée en parlement de Dijon, et en la maison commune des citoyens, où il fist plusieurs belles remonstrances pour le proffit publicque; et se porta si très-bien en ce gouvernement qu'onques il n'y eut reproche; et diray une chose de ce seigneur peu veue en aultres seigneurs de sa qualité, qu'il a tousjours eu le cueur munde et nect du vice d'avarice, et les mains immaculées de dons corruptibles et de présens d'or et d'argent; car onc n'en prinst pour quelque plaisir qu'il fist, publicque ou privé.

Environ ce temps fut pourveu par le Roy de l'admiraulté de Bretaigne, vacant par le décès du prince d'Oranges, qu'il adjouxta à l'admiraulté de Guyenne qu'il avoit eu par long-temps paravant par le trespas de monseigneur Mathieu, bastard de Bourbon; et, comme admiral susdit, bientost après feit faire une fort belle navire nommée *Gabrielle*, du nom de son espouse; depuis en feit encores faire une aultre, qui bien a servy au royaume de France pour la guerre de mer. L'un des gentilzhommes de sa maison, nommé messire Regnaud de Moussy, chevallier hardy, de bon esprit et de grant entreprise, a esté son visadmiral.

En l'an 1507, il alla delà les mons avec le Roy, pour le recouvrement de la ville de Gennes, laquelle s'estoit contre le Roy révoltée, par la faction et conduicte d'un taincturier nommé Paule de Novis, homme de plus grant cueur que de prudence, qui avoit incité les Genèvois à rébellion, et à chasser les François hors de Gennes, dont mal lui prinst; car Gennes, recouverte par les glorieuses armes des François, le Roy présent, accompaigné du seigneur de La Trémoille et aultres princes, il feit descapiter ledit Paule de Novis, comme bien avoit mérité. Et de Gennes le Roy s'en alla à Milan, non sans le seigneur de La Trémoille, qui jamais ne le perdoit de veue. Et ladite année, monseigneur Jehan de La Trimoille, frère dudit seigneur, ainsi qu'il alloit à Rome remercier le Pape qui luy avoit envoyé le tiltre et chappeau de cardinal, fut d'une fièvre continue surprins, en la ville de Milan, où il décéda, au grant regret de son frère, et de son nepveu le prince de Thalemont; il tenoit en l'Eglise cinquante mille livres de revenu; car il estoit évesque de Poictiers et arcévesque d'Aulx; et si avoit plusieurs aultres groz bénéfices; et combien que sa chasteté, bonté et science, méritassent telles dignitez, honneurs et biens, toutesfois ne les avoit euz sans la faveur de son frère aisné, ledit seigneur de La Trimoille. Son cueur fut laissé en l'église des frères Mineurs de Milan, et son corps apporté en l'église Nostre-Dame de Thouars, où il gist soubz un sépulchre de mabre.

Après toutes ces choses, fut traicté l'accord de Cambray, par la conduicte de monseigneur Georges d'Ambaise, arcévesque de Rouhan, cardinal et légat en France, et madame Margarite de Flandres, entre le pape Julius Maximilian, roy des Romains, soy disant empereur, le roy de France, et Ferdinand, roy d'Espaigne, qui fut fort pernicieux pour les François; car soubz umbre d'icelluy, on feit depuis plusieurs grans tors au roy de France. Par le moien de ce simullé accord ou paix fourrée, tous ces princes entreprindrent depuis contraindre les Véniciens à leur rendre les places et seigneuries par eulx usurpées, dont ilz furent sommez par le roy de France, chief de ceste entreprinse, comme y ayant le plus grant intérest, à la raison de ce que les Véniciens usurpoyent Bresse, Bergomme, Cremonne, et aultres villes et seigneuries de sa duché de Milan. Et parce que les Véniciens n'y voulurent entendre, le Roy droissa grosse armée contre eulx, qu'il fist passer delà les mons, et y fut en personne, non sans le seigneur de La Trimoille, qui tousjours estoit le premier prest à faire service au Roy, son seigneur et maistre, et au royaulme.

Les Véniciens de l'autre part déliberoyent de actendre le Roy avec belle et grosse armée; et le dix-huictiesme jour de may (1) l'an 1509, se rencontrèrent les deux armées à Agnadel, où y eut grosse et cruelle bataille qui dura quatre heures, et finablement les Véniciens y furent deffaictz, et leurs gens de pié presque tous occis sur le champ. Berthelomy Dalviane, chief et lieutenant-général de l'armée vénicienne, y fut prins prisonnier par le seigneur de Vaudenesse, frère du mareschal de Chabanes. Ledit seigneur de La Trémoille et le prince de Thalemond son filz se y portèrent très-bien et y acquirent groz honneur. Par le moyen de ceste victoyre, le roy de France retira sesdictes villes de Bresse, Crémonne, Bergomme, et aultres estans des appartenances de la duché de Milan, et fist rendre à l'Eglise rommaine les villes de Serne, Rommaigne, Imole, Favonce, Forlyne, et autres terres que le pape Julius querelloit; et au roy des rommains, Véronne, Patavie (2), Trévise et aultres lieux; et audit roy d'Espaigne, Beronduse et Tarante.

Certain peu de temps après, ledit cardinal d'Amboise, légat en France, qui manyoit le Roy et son royaume en si bonne sorte que le peuple françoys ne fut onc mieulx traicté, alla de vie à trespas, qui fut groz dommage et perte; car il a semblé à plusieurs personnes de bon esprit que à l'occasion de son décès, le traicté de Cambray fut enfrainct par le pape Julius, par le Roy des Rommains et le roy d'Espaigne, parce que incontinant après ledit pape Julius fist alliance avec les Véniciens, et s'efforcea faire perdre au roy de France sa duché de Milan, par l'intelligence qu'il avoit avec le roy des Rommains et le roy d'Espaigne, qui tous faulsèrent leur foy et serment baillez et faicts ouditz traicté de Cambray, lequel traicté fut pourchassé au dommaige des Françoys et à ce qu'ilz, assemblez, fussent deffaiz par les Véniciens, ce que espéroyent lesdictz pape Julius, roys d'Espaigne et des Rommains, qui advinst au contraire.

Le Roy fut fort troublé de ces entreprinses, plus couroussé de l'ingratitude du pape Julius, auquel il avoit faict tant de services et plaisirs à l'augmentacion du siége apostolique, et mesmement en la restitucion de la ville de Boulongne, laquelle il avoit recouverte contre ceulx de Bénétyvolle, et mis entre les mains dudit pape

Julius, et eust voluntiers trouvé les moyens pour luy monstrer qu'il ne devoit ainsi le traicter : sur quoy assembla en la ville de Tours les évesques, prélatz, docteurs, et autres gens de bonnes lettres de son royaulme, pour savoir commant et en quelle sorte, sans offenser Dieu, il y devroit procéder; et fut advisé qu'on feroit ung concille (qui fut commancé à Pise, et depuis transféré à Lyon), mais il n'y eut aulcune conclusion. Ce pendant les Véniciens, les Souysses, qui avoyent esté gaignez par ledit pape Julius, et les Hispaniens faisoyent la guerre au roy de France, en sa duché de Milan, et, pour remonstrer ausditz Souysses qu'ilz avoyent mal faict d'avoir laissé le Roy, qui tant leur avoit faict de biens, et les gaigner, le Roy envoya vers eulx, jusques en Souysse, ledit seigneur de La Trémoille, lequel y fut longuement en dangier de sa personne; et n'eust esté son humilité, cautelle et prudence, l'eussent retenu pour l'argent qu'ilz demandoyent au Roy pour la prinse dudit Loys Sforce; et néantmoins fist tant qu'il gaigna au Roy certains quentons desditz Souysses, et s'en retourna en leur grâce et amour.

Comme on faisoit toutes ces choses, monsieur Gaston de Fouex, duc de Nemoux, qui querelloit le royaulme de Navarre contre ceulx qui sont descenduz de la maison d'Alebret, se desroba du Roy, et avec luy le prince de Thalemont, filz dudit seigneur de La Trémoille, pour aller à Milan, où le seigneur de Chaulmont, de la maison d'Amboise, estoit lieutenant-général; le Roy et ledict seigneur de La Trémoille faignirent estre courroussez de ce que ces deux jeunes princes s'en estoyent allez sans leur congié, mais envoyèrent après eulx or, argent, et tout ce qui leur estoit nécessaire; et quant ilz eurent esté quelque temps à Milan, ledit prince de Thalemont retourna en France, et laissa à Milan ledit duc de Nemoux, qui y fut lieutenant-général pour le Roy, après le trespas dudict seigneur de Chaulmont.

A son entrée dudit Estat, il prinst la ville de Boulongne, et la mist hors des mains du pape Julius, par l'advis et oppinion dudit concille : et tost après les Souysses vindrent assiéger Milan, mais n'y feirent rien; semblablement les villes de Bresse et Bergomme se révoltèrent pour les Véniciens, et tost après furent recouvertes par les Françoys, et la ville de Bresse pillée, où les Françoys se enrichirent pour les richesses qu'ilz trouvèrent dedans.

En ce temps, le pays de Italie estoit fort opprimé de guerres et pillé de gens d'armes, tant

(1) Le 14 mai.   (2) Padoue.

des Françoys, Souysses, Espaignolz, que Véniciens; et on quaresme de l'an 1512 (1), les armées du Pape, des Souysses et Hispaniens se joygnirent, quérans les moyens de surprendre les Françoys et les chasser de ce pays; mais ledit duc de Nemoux, par l'oppinion et saige conduicte des anciens capitaines de France qui estoyent avec luy, y résistoit tousjours, à la gloire et honneur des Françoys.

Après plusieurs saillies et rencontres, le jour de Pasques ensuyvant, toutes ces armées se rencontrèrent davant Ravanne, où la bataille fut grant, et aussi longue et cruelle qu'on en veit onc; car d'une part et d'aultre la vertu de hardiesse fut si grant, et y eut de si grans proesses faictes, qu'on ne scet à qui bailler l'honneur de la victoyre. Toutesfoiz le camp demoura aux Françoys, non sans grant perte de plusieurs gens de bien, par ung malheur, car, comme ilz fussent demourez les maistres et eussent mis en fuitte les adversaires (qui leur devoit suffire), ledict duc de Nemoux, suyvant sa martialle fureur et se confiant en la riant face de fortune, tout yvre de la douleeur de gloyre par luy en ceste bataille acquise, contre l'oppinion des anciens capitaines et la doctrine de Végèce, qui deffend suyvir une armée desconfite, s'en alla gecter entre ung grant nombre de Souysses qui se retiroyent, où fut suyvy, pour la deffense de sa personne, par plusieurs gens de bien, à leur grant regret non sans cause; car en ceste suyte ledict duc de Nemoux fut occis, et avec luy le seigneur d'Alègres, le lieutenant du seigneur de Ymbercourt, le capitaine Molart, le capitaine Jacob, et ung capitaine alemant nommé Phelippes: toutesfoiz ne demoura pas ung desdictz Souysses, car, incontinant après, le reste des Françoys allèrent en ordre sur eulx, et les deffirent en mesme lieu.

Les jeunes capitaines et chiefz de guerre, jaçoit ce qu'ilz ayent aulcunesfoiz plus de hardiesse que les anciens, toutesfoiz ne doyvent aulcune chose entreprandre ne exécuter sans eulx; et combien que la vertu de hardiesse soit bien requise en ung chief de guerre, autant y est requise la science de l'art, et seroit bon que ung lieutenant-général eust ces deux qualitez. Cicéro préfère la science de l'art à la vertu; néantmoins semble que le vertu soit plus requise, parce que avec icelle, par bon conseil, l'on peult plus faire que par la science sans la vertu, comme nous tesmoygnent les nobles faictz de Alexandre-le-Grant, Hanibal et Scipion, qui, tous troyz, furent chiefs de guerre en leur

(1) 1511.

jeune aage; car jaçoit ce que au moyen de leur jeunesse ne peussent avoir science et expérience suffisans de l'art militaire, et aussi des cautelles et ruzes de guerre, néantmoins, par leur vertu et hardiesse, conduictes par le conseil des expérimentez, feirent des choses plus grans que plusieurs aultres anciens qui ont eu seulement la science de l'art. Et autant en pourrois-je dire dudit seigneur de La Trémoille, qui tousjours a conduit sa hardiesse par louable conseil et non par son seul sens.

Après la bataille gaignée par les Françoys, prindrent la ville de Ravanne et la pillèrent; mais tant perdirent de gens de bien à ceste bataille et en si groz nombre, qu'ilz se treuvèrent feubles pour résister aux continuelz assaulx que leur faisoient les Souysses, Italiens et aultres soustenans le party de Maximilian, filz de feu Loys Sforce qui estoit mort prisonnier; en sorte qu'ilz furent contraincte laisser la ville de Milan et retourner en France, à la grant mutacion des choses fortunées du roy Loys XII, lequel, dès l'entrée de son règne, avoit tousjours prospéré en ses entreprinses, et autant eu de nobles victoires en Italie que aucun de ses prédécesseurs; car l'espace de douze ans n'entreprinst chose ne aultre pour luy dont il n'eust l'honneur et la gloire; mais soudain fortune changea sa bienveillance, et par la disposition divine, les aultres roys ses voisins furent contre luy, à l'exhortacion du pape Julius qui dispensa, contre raison, le roy des Rommains et le roy d'Espaigne des juremens et sèremens qu'ilz avoient faiz à Cambray, dont il envoia ung brief audit roy d'Espaigne, ainsi que récite l'aucteur de la Cronique de Flandres.

CHAPITRE XXII.

Comment, par faulte d'avoir obéy au seigneur de La Trémoille, lieutenant-général du roy Louis XII, l'armée des Françoys fut rompue davant Novarre.

Tout ce nonobstant, le roy Loys, fort affectionné au recouvrement de sa duché de Milan, délibéra y envoier grosse armée, pour laquelle droisser feit assembler son conseil, qui fut d'oppinion qu'on différast ce voiage jusques à ung autre temps, à la raison de ce que le pape Julius droissoit contre luy grosses menées avec Flamens, Hennuyers, Brebançons, Angloys, Hispaniens et Souysses, et que jà le roy d'Espaigne avoit mis sus une armée pour aller on royaulme de Navarre, par le moyen de quoy le

Roy avoit assez affaire pour la deffense de luy et son royaulme, sans aller guerroyer au loing; mais le Roy qui se sentoit fort injurié des laschetez de ses confédérez par ledict traicté de Cambray, ne peult estre destourné qu'il n'envoyast une armée à Milan, de laquelle il fist chief ledit seigneur de La Trémoille, qui n'ousa le reffuser, combien qu'il congneust la charge estre dangereuse pour les causes susdites. Et fut son armée de cinq cens hommes-d'armes et six mil hommes de pié prestz à marcher, après lesquelz le Roy promist envoyer aultres cinq cens hommes-d'armes, quatre mil lancequenetz et aultres gens de pié de France; soubz laquelle confiance ledict seigneur de La Trémoille, lieutenant-général du Roy, accompaigné du duc d'Albanye, du seigneur Jehan-Jaques, italien, du seigneur de Bussi, du marquis de Saluces, monsieur René d'Anjou, seigneur de Mézières, son nepveu, et aultres gros personnages, passèrent les monts, priudrent Alexandrie, Vissures et Pavye, et commançoit Milan à parlementer pour se rendre.

Ledict seigneur de La Trémoille fut adverty du grant nombre des Souysses et aultres gens qui estoyent venuz au secours dudict Maximilian, lequel estoit dedans Navarre; au moyen de quoy rescripvit au Roy qu'il envoyast le nombre des gens de cheval et de pié qu'il avoit promis: ce que le Roy ne peult faire, à la raison de ce que son royaulme estoit assailly en la Picardie par les Angloys, Hennuyers et Flamans, et en Acquitaine par les Hispaniens qui avoyent jà prins Pampelune, principalle ville du royaulme de Navarre; et manda audict seigneur de La Trémoille que avec le petit nombre de gens qu'il avoit, avanturast et mist en asard son entreprinse; ce qu'il différa faire, par le conseil de ceulx qui avec luy estoyent, jusques à triple commandement et injunction par lettres du Roy escriptes de sa main, dont, furent fort troublez.

Finablement, pour obéyr au commandement du Roy, ledict seigneur de La Trémoille et aultres capitaines estans avec luy, feirent marcher l'armée vers Novarre, prindrent le boulevert, et furent prestz à donner l'assault; mais advertiz que ledict Maximilian, filz de Ludovic Sforce, estoit ou chasteau de Novarre, accompaigné de dix mil Souysses estans dedans la ville, et que aultres dix mil Souysses venoyent à leur secours, délibérez passer par le chemin de Tracas, tindrent tous ensemble conseil vers le soyr, et advisèrent que le mieux seroit aller au-davant des dix mil Souysses qu'on actendoit, et camper audit lieu de Tracas pour les combatre, parce que c'estoit une plaine propice pour les Françoys, dont la pluspart estoyent gens de cheval, et fort aysée pour le combat à cheval. En ensuyvant ceste oppinion, le mareschal des logeis du camp alla davant pour marquer les logeis; mais, à l'appétit du seigneur Jehan-Jaques, marquis de Vigent (1), qui est près dudict lieu de Tracas, lequel voulut espargner ses hommes et subjectz, le mareschal logea l'armée, et droissa le camp à moictié chemin, en ung lieu fort estroict et mal aysé pour gens de cheval, et très-avantageux pour les Souysses qui estoyent à pié, au desceu dudit seigneur de La Trémoille, qui estoit crime capital si discipline militaire eust esté bien gardée.

Ledict seigneur de La Trémoille demoura davant Novarre toute la nuyt, avec troys cens hommes-d'armes, troys mil hommes de pié et six pièces d'artillerie, pour repousser les dix mil Souysses qui estoyent dedans la ville, s'ilz sortoyent. Le lendemain prinst son chemin, avec ses gens et artillerie, pour aller à Tracas; mais à moyctié chemin, qui estoit de deux lieues ou environ, trouva son camp droissé, dont il fut fort esbay et très-mal contant, parce que le lieu estoit estroict et propre pour les Souysses estans à pié, et contraire à gens de cheval, qui veullent le large; et, pour desloger et s'en aller à Tracas, assembla les capitaines et leur dist ce :

« La conclusion du conseil hier par nous te-
» nu, Messieurs, davant Novarre, fut que,
» pour rencontrer les dix mille Souysses venans
» au secours de ceulx de Novarre, et les em-
» pescher de se joindre avec eulx, irions loger
» à Tracas (2); et néantmoins le mareschal-des-
» logeis, de son auctorité sans mon congé, a
» logé le camp à son plaisir, à nostre grant
» désavantaige, et au désir de noz adversaires,
» si veullent venir sur nous, ou pour passer sans
» estre par nous veuz, et se rendre à Novarre
» avec leurs compaignons, puis tous ensemble
» venir donner sur nous et nostre petite com-
» paignée; parquoy me semble, sauf vostre
» meilleur advis, que devons marcher jusques
» à Tracas, et desloger de ce lieu contraire à
» nostre vertu, et que celluy qui a faict le lo-
» geis soit pugny comme transgresseur de l'é-
» dict du chief de l'armée, et violateur de la
» loy militaire; car aultrement le faire seroit

---

(1) Trivulce, qui avait des propriétés considérables près de Novarre.

(2) Trecato, bourgade située à cinq milles de Novarre.

» donner permission à chascun de faire à son plaisir et appétit, par le moyen dequoy tumberions subit en désarroy et désordre, à nostre déshonneur.

» Vous entendez très-bien, Messieurs, qu'il y a des heures que le meilleur est de reculler le combatre, et des aultres, que l'assaillir est urgent et nécessaire. Jules César nous en laissa l'expérience, lorsque luy, adverty de la grant assemblée de gens que faisoyent ceulx des Gaules, n'actendant la perfection de leur armée, ne aussi qu'ilz eussent ordre mis en leurs affaires, mais se avanceant, vinst sur eulx et rompit leur entreprinse. Luy-mesme, saichant que les Souysses vouloyent entrer en nostre pays de Gaule, par force et contre son vouloyr, et, prenans leurs chemins par Savoye en la haulte Bourgongne, estoient jà sur la rivière de Saonne, actendit qu'ilz eussent faict pont sur ladicte rivière, et que une partie d'eulx eût passé ; et, lorsqu'il veit leur armée divisée par la rivière qui estoit entre deux, fist marcher son armée estant à Bresse, avec grant diligence par nuyt, et vinst donner sur le reste desdictz Souysses qui estoient au-delà de ladicte rivière, dont il fist si grande tuerie que nul ou peu en demoura en vie ; et vous asseure, Messieurs, que, si nous laissons assembler les deux bandes des Souysses, que à peine les pourrons deffaire, veu que le lieu où sommes est à nostre désavantaige. »

Aucuns desdictz seigneurs et capitaines furent de l'advis dudit seigneur de La Trémoille, lieutenant-général ; mais ledict seigneur Jehan-Jaques y contredist, disant qu'il n'estoit à conjecturer que les Souysses les vinssent assaillir, et ne sauroyent passer sans estre veuz de ce lieu ; aussi que, s'ilz alloyent camper à Tracas, destruyroient tout le pays, parce que c'estoit une plaine couverte de bledz et riche de pretz, qui donneroit occasion aux villains dudit pays de se révolter contre eulx, et ne leur vouldroyent bailler aulcuns vivres ; et davantage que les chevaulx de l'artillerie et du bagage estoyent allez en fourage. Pour lesquelles causes ledict seigneur de La Trémoille ne peut estre le maistre pour ceste foiz, à la grant perte des Françoys, comme nous verrons.

Or donc, congneu par le seigneur de La Trémoille que force estoit demourer en ce lieu, et que la nuyt approchant empeschoit le desloger, mist ordre en son camp, et fut l'armée droissée, de laquelle il menoit l'avant-garde, le seigneur Jehan-Jaques la bataille, et le seigneur de Bussy l'arrière-garde. Les dix mil Souysses furent diligens, et ne faillirent à passer par Tracas, et eulx rendre à Novarre, où ilz entrèrent à dix heures de nuyt, et y demourèrent pour boire et eulx rafraîchir, jusques environ minuyt, que eulx et les aultres dix mil Souysses partirent bien accoustrez, et se mirent en trois botz ou bandes ; l'une bande estoit de dix mil, et chescune des aultres deux de cinq mil, qui estoit en tout vingt mil. Ilz arrivèrent au camp des Françoys au poinct du jour, où la bande des dix mil Souysses vinst donner sur l'avant-garde que conduisoit ledict seigneur de La Trémoille, l'effort fut grant et avantageux pour les François, car l'avant-garde deffit six ou sept mil Souysses de ladicte bande, en sorte que les François cuidoient avoir gaigné la bataille ; mais les aultres deux bandes desdictz Souysses (chescune desquelles estoit de cinq mil) se gectèrent sur l'artillerie et la gaignèrent, parquoy la bataille qui estoit presque toute de Italiens, et aussi l'arrière-garde, eulx retirer sans coup frapper ; et si tous se fussent aussi bien acquictez que ledict seigneur de La Trémoille et ceulx de l'avant-garde qu'il conduisoit, l'honneur en fust aux Françoys demouré, combien qu'ilz ne perdirent que cinquante hommes-d'armes, dont en y avoit trente de la compaignée dudict seigneur de La Trémoille, et douze cens advanturiers, tant Alemans que François ; et desdictz Souysses furent occis huyt mil et plus ; néantmoins ceulx qui demourèrent furent les maistres ; onc homme ne fut plus courroussé que ledict seigneur de La Trémoille, parce qu'il estoit chief de ceste armée deffaicte, et s'en retourna en France blécé en aulcuns lieux, non sans grosse perte, car la pluspart du bagage fut perdu pour les Françoys ; le Roy, sçachant la vérité du fait, fut fort desplaisant, mais n'en donna le blame audict seigneur de La Trémoille, sachant l'inconvénient estre advenu pour ne l'avoir voulu croire.

◇◇◇

CHAPITRE XXIII.

Comment le roy Loys XII envoia le seigneur de La Trémoille, son lieutenant général, en Normandie, pour la fortification du pays contre les Anglois, et de l'oraison qu'il feist aux gens du pays.

Incontinant après ceste perte, le roy Loys fut assailly en son royaulme par ses ennemys ; et, doubtant que les Anglois descendissent sur la Normandie, y envoya ledict seigneur de La Trimoille, son lieutenant général, pour fortifier les villes et persuader le peuple à la défence de leur pays ; laquelle charge ledict seigneur exécuta très-bien, et premièrement se transporta en la ville de Rouhen, où les principaulx de ladicte ville, et aussi de tout le pays, furent assemblez, et leur feit iceluy seigneur telle ou semblable oraison ou persuasion :

« Assez vous est congneu, messieurs de Normendie, le bon vouloir du Roy, nostre souverain seigneur, tant envers vous que les aultres provinces de son royaume, et combien prudemment ses grans affaires ont esté jusques cy conduictz au soulagement de tout le peuple, sans exaction, pillerie, ne moleste de nouveaux subsides, gens-d'armes ne aultres fatigues, qui souvent adviennent soubz umbre des guerres, au grant regret de chescun, et non sans murmures tollérées ; et que, depuis le roy Charles VII, les tailles n'ont esté plus basses qu'elles ont esté durant ce règne, au moien que le Roy ait tousjours eu guerre hors le royaume, non sans contraincte, mais pour recouvrer la duché de Milan, qui est son domaine ancien, à luy par juste tiltre appartenant à cause de son aycule madame Valentine. Et après que, par le divin secours et la prohesse de nobles hommes, et aultres gens bellicqueux et marciaulx de son royaume, il a eu recouvert ce qui de droit luy appartenoit, et oultre par ses haulx faictz d'armes contrainct les Véniciens rendre à l'Eglise rommaine, à Maximilian, soy-disant empereur, et au roy d'Espaigne, les villes que sur eux ilz usurpoient, voire et davantage mis entre les mains du pape Julius la cité de Boulongne, autresfois donnée au sainct Siége apostolicque par le roy Pépin, père de Charlemaigne, empereur, roy de France ; ce Julius, oublieux de toutes ces gratitudes, a laissé la mansuétude et humilité de l'aigneau, et prins l'orgueil, arrogance et ambicion du lion, pour dévorer, si possible luy estoit, celuy qui l'a préservé du dévorement des ravissans loups ; et, pour ce faire, a excité presque tous les princes crestiens aux armes, et mis au chemin de tyrannie, combien que, comme vicaire du chief de l'Eglise, les en devroit révocquer.

» Le roy d'Espaigne, soubz umbre d'ung faulx tiltre qu'il prétend ou royaume de Navarre, veult usurper Acquitaine, les Suysses la Bourgongne, le pape Julius Italie, et les Anglois le pays de Normandie, Picardie et Paris. Les Acquitaniens dient qu'ilz se défendront, les Bourgongnons en ont bon vouloir, les Picars ne demandent que les armes ; ne reste plus que à faire vostre vouloir, qui excédez, comme tesmoignent les histoires, toutes les aultres nations, en hault vouloir, bon cueur et exécution. Vous savez, Messieurs, combien d'ennuys, pertes et dommages les Anglois ont, le temps passé, faiz à ce pays, destruict églises, ruyné villes, bruslé maisons, viollé filles et femmes, et mis à sac bourgs et villages ; vous congnoissez par le rapport de voz pères les meurs de ce peuple, leur orgueil, leur cruaulté, leurs desloyautez, leur petite foy. Leur entrée est cruelle, le fréquenter avec eulx plain de suspecton, et leur yssue accompaignée de désolation : et à ceste raison n'en devez la compaignie désirer ; aussi le Roy pense que vous n'en voulez en façon quelconque ; mais, parce que par mer pourroyent vous prendre au despourveu et endommager voz pays, le Roy m'envoye vous advertir de leur entreprise, et à ce que mectez ce pays en ordre de deffense, en quoy il veult vous donner secours. Autresfois vostre duc Guillaume, surnommé *le Bastard*, yssu de vostre sang, conquist le royaume d'Angleterre ; parquoy semble bien au Roy que vous seulz deffenderez non seullement vostre païs, mais les aultres limitrophes, du dangier des Angloys. Et, pour ce faire, il convient en premier lieu mectre voz villes de frontière en estat de deffense, tant par rempars, artillerie, que aultres fortifications, les avitailler et garnir de gens expers au feu et aux armes, puis ordonner gens de guerre, tant sur mer que sur terre, pour rompre leur entrée.

» Messieurs, je vous prie que des yeulx de l'esprit regardez le bon vouloyr du Roy, le bon traictement qu'il vous a faict, sa délibéracion juste et saincte, et la maulvaise querelle et desloyauté de ses ennemys, et vousmesmes jugerez que Dieu sera pour luy et pour ceulx qui le serviront. Considérez d'une aultre part que ce n'est rien ou peu chose de la puissance des Angloys, et qu'ilz ne vindrent onc faire guerre en France, fors au temps qu'ilz y ont veu discord civil et question intestine, ou que le royaulme ait esté d'autres guerres molesté. Le roy Phelippes Auguste les en chassa ; et, parce que depuis les roys et princes de France furent en concorde, n'y ousèrent retourner pour faire guerre, jusques au temps du règne de Phelippes de Valoys, que les Angloys entrèrent en France par le moyen des Flamans et par la conduycte d'ung banny de France, nommé Robert d'Artoys ; du temps du roy Jehan y entrèrent par le moyen du roy de Navarre ; et, depuis, son filz Charles V les en mist hors, mais ils y retournèrent, sur la fin du règne du roy Char-

» les VI, par le moyen de Phelippes, duc de
» Bourgongne, et en furent chassez par son
» moyen, mesme durant le règne de Charles VII;
» et à la requeste de Charles, aussi duc de Bour-
» gongne, filz dudict Phelippes, entrèrent de
» rechief en France, durant le règne du roy
» Loys XI; mais retournèrent sans coup frap-
» per, lorsqu'ilz congneurent fortune avoir
» tourné le doz audit Charles, duc de Bour-
» gongne.

» Autant en voulurent faire au commance-
» ment du règne de Charles VIII, contre le vou-
» loyr de leur roy Henry, qui se sentoit très-
» obligé et tenu au roy Charles, parce qu'il avoit
» esté le moyen dont il estoit à la couronne d'An-
» gleterre parvenu.

» Les Angloys sont si rebelles et mal obéis-
» sans, que depuis le règne de vostre duc Guil-
» laume-le-Bastard, jusques à celluy de Hen-
» ry VIII, à présent régnant en Angleterre, ont
» occis ou exillé presque la moyctié de leurs
» Roys, qui sont dix-neuf en nombre, voyre
» tousjours de deux ung. Or pensez donc com-
» mant ils pourroyent estre fidelles aux nations
» extranges, quant de leurs propres Roys et
» princes eulx-mesmes sont destructeurs et par-
» ricides.

» Vous ou voz pères avez peu veoir Henry VI
» de ce nom, de la lignée de Lanclastre, pos-
» séder par longues années le royaume de Fran-
» ce, et se intituller roy de France et d'Angle-
» terre, et le malheureux homme mourust ès
» prisons de ses subjects, sans ceptre ne couron-
» ne, par la cruaulté de Edouard IV, usurpa-
» teur du royaume d'Angleterre, qui estoit chief
» de la maison de Dyort. Le père dudict Henry,
» aussi nommé Henry V, avoit semblablement
» usurpé le royaulme d'Angleterre, sur Richart,
» qu'il fist semblablement mourir en ses prisons.
» Vous avez peu veoir le comte de Varvic, prin-
» cipal gouverneur dudict Edouard VI, qui a
» fait mourir les ducz de Sombresset, et persé-
» cuté son roy et maistre, Edouard IV; et con-
» tre luy voulut mectre sus le reste de ladicte li-
» gnée de Lanclastre, où il fut occis et ses frères
» et parens avec luy. Ignorez-vous commant
» le frère de Edouard IV, voulant usurper le
» royaulme d'Angleterre sur ses nepveux, les
» feist mourir, et se feist couronner roy, dont
» Henry VII, père du roy qui à présent est, le
» priva? Je vous diroís bien aultres exemples
» d'autres roys leurs prédécesseurs, mais la mé-
» moyre en est plus exécrable que proffitable,
» et par ce m'en tais. Et vous prie et admoneste,
» Messieurs, de par le Roy nostre souverain
» seigneur, que persévérez en vostre accoustu

» mée loyaulté et obéissance, que espérance con-
» duise voz euvres, deffendez vostre liberté, gar-
» dez vostre pays, entretenez en seureté voz
» églises, voz maisons, voz biens et facultez, et
» empeschez que vous et voz femmes et enfans
» ne soyez opprimez, violiez et perduz, à quoy
» la gloire et émulacion ne vous doyvent seule-
» ment induire, mais aussi la nécessité, péril
» et danger où vous et tout le royaume povez
» tumber. »

Le seigneur de la Trimoille usa de ces remonstrances ou aultres semblables envers les
seigneurs et peuple de Normandie, dont ilz furent très-contans, remercièrent le Roy et ledit
seigneur du bon vouloir qu'il avoit à eulx et
leur pays, et déclairèrent qu'ilz estoient prestz
de promptement obéir au Roy et audit seigneur,
et de faire ce qu'il leur plairait commander, sans
y espargner corps ne biens pour la tuition et
deffense, non seulement d'eulx et le pays de
Normandie, mais du Roy et de tout le reste de
son royaume, et depputèrent aucuns dudit pays
pour aller avec ledit seigneur fortiffier les places, ports de mer et aultres lieux dangereux, où
ledit seigneur se porta si bien pour le proffit de
la chose publicque, en supportant le commun
populaire, que, après avoir le tout mis en bon
ordre, les villes du pays luy feirent présenter
plusieurs beaux et riches dons, qu'il ne voulut
prendre ne accepter, disant que la plus grant
richesse qu'il désiroit en ce monde estoit la grâce
de Dieu et du Roy son maistre et seigneur, et la
bienveillance du peuple, et que d'aultres biens
avoit assez : car, à la vérité, il avoit, à cause
de ses prédécesseurs, trente mil livres de rente,
comme je sçay pour en avoir veu les comptes.

◇◇◇

CHAPITRE XXIV.

*Comment, sans aucune perte de gens, le sei-
gneur de La Trémoille délivra le pays de
Bourgongne et toute la France de la fureur
des Souyssés et Ennuyers, et aultres ennemys du royaulme. Mort de Louis XII.*

Après le bon ordre mis on pays de Normandie
par le seigneur de La Trémoille, et qu'il eut esté
par devers le Roy luy en faire le rapport, et du
bon et grant vouloyr des gens dudict pays, dont le
Roy fut très-joyeux, alla en diligence en son gouvernement de Bourgongne, parce que nouvelles
estoyent que les Souysses y vouloyent descendre,
saichans le Roy et ses gens-d'armes estre fort occupez à garder Guyenne, où vouloyent venir les
Hispaniens, Bretaigne où coustoioyent aulcunes

navires d'Angleterre, et le pays de Picardie dont approchoyent les Angloys, au davant desquelz le Roy alla en sa personne avec grosse armée. Et comme le Roy estoit en la Picardie, les Souysses et Bourgongnons de la Franche-Comté descendirent en bon ordre en la duché de Bourgongne, que Maximilian, roy des Rommains, querelloit, et allèrent assiéger la ville de Dijon.

Ledict seigneur de La Trémoille et ceulx du dedans avoyent faict faire rampars et autres fortifications, mais non assez fortes pour longuement soustenir ledict siége et résister à si grosse puissance; à ceste cause, ceulx de la ville furent fort esbahiz et en merveilleuse crainte, congnoissans que ceulx qui les tenoyent assiégez estoyent gens affamez, non voulans conquérir terres, mais seullement piller leur ville et tout le pays, et pour ceste consideracion portoyent les visaiges timides et tristes, demonstrans la deffaillance de leur vertu, qui donnoit esbaissance audict seigneur de La Trémoille et aultres gens de guerre estans avec luy, avec trois aultres considéracions, l'une qu'il congnoissoit la prospérité du Roy estre tournée en maleur et infortune, l'autre que le roy de France estoit en son royaume assailly de toutes pars, et l'autre que la hardiesse des François estoit tant abastardie, et leurs cueurs tant amolliz de crainte et pusillanimité, par un divin jugement (comme il conjecturoit), que tout estoit mis en désespoir, et toutes les villes capitales de France ne actendoient que leur perdicion et ruyne.

Or luy, estant en ceste perplexité par l'opinion du conseil qu'il assembla, fist troys choses : la première, qu'il envoya vers le Roy pour l'advertyr dudict affaire, et à ce qu'il luy pleust envoyer secours; l'autre, qu'il envoya vers les ennemys pour, soubz umbre d'accord, savoir l'estat de leur camp et siége, et leur délibéracion, et aussi pour les amuser en actendant nouvelles du Roy; et l'autre, qu'il fist assembler les citoyens pour les encourager à leur deffense et de leur ville; en sorte que les ennemys ne peussent congnoistre la feublesse de leurs cueurs et le rabaissement de leur vertu; et pour à ce les induyre leur dist ainsi :

Persuasions du seigneur de La Trémoille à ceulx de Dijon.

« La plus grant fortiffication d'une ville et cité,
» Messieurs, c'est la vertu des citoyens et de
» ceulx qui sont en icelle, par laquelle vertu
» conduysent leur hardiesse par prudence, et
» leur prudence par hardiesse, soubz louable
» constance, en résistant aux assaulx, et con-
» sumant par dissimulacions et ruzes les assail-
» lans. Vostre ville est petite, bien fermée, per-
» sée et artillée, et avons vivres assez pour long-
» temps, reste que nous ayons les courages plus
» grans que noz adversaires. Il me semble, Mes-
» sieurs, que aulcuns s'esbayssent, et par crainc-
» te, perdent la vigueur et force de leur vertu,
» comme si tout le royaulme de France estoit
» en azart de finalle ruyne; mais c'est par pu-
» silanimité et faulte d'entendre les choses telles
» qu'elles sont. Considérons en premier lieu l'in-
» juste querelle de noz ennemys, le bon droict
» du Roy nostre maistre, le gracieulx traicte-
» ment de tout son peuple, sa force, sa puis-
» sance, sa vertu et sa richesse; gectons après
» nostre esprit à l'entreprinse des Souysses,
» leurs complexions, leur forme de batailler et
» leurs inumanité, cruaulté et oultrecuidance.
» La première consideracion engendre ung es-
» poir de divin secours, et une volunté de ser-
» vir son prince qui ne nous laissera sans se-
» cours; la seconde, ung courage de ne tumber
» entre les mains des Souysses, noz ennemys
» mortelz, par contraincte ou dédicion, la con-
» dicion desquelz est si odieuse et pernicieuse
» qu'on ne sçait si plus sont avares que cruelz,
» ne plus libidineux que insatiables de sang hu-
» main. Les lasches se rendent à leur perpétuel
» reproche, et les gens de cueur et de vertu
» acquièrent repos et honneur en mourant par
» glayve; et de ma part je ne vouldroys vivre
» par le bénéfice de mes ennemys, mais plus-
» tost vouldroys mourir en leur faisant dom-
» maige. Qui est celluy d'entre vous qui pour
» vivre si peu de années en ce monde, ne
» aymast mieulx honnestement mourir que ob-
» noxieusement et au reproche de chascun vivre?
» Si nous mourons en nous deffendant, nous vi-
» vrons par glorieuse renommée éternellement,
» et ne perdrons fors ce quo nous ne povons em-
» porter avec nous, qui sont les biens; et si vous
» présumez vivre en vous rendant laschement
» à leur mercy, leur cruauté ne pourra souffrir
» vostre vivre; et après que aurez veu propha-
» ner voz églises et monastères, brusler vos mai-
» sons, prendre vos biens, forcer vos femmes
» et filles, et ruyner vostre ville, ilz vous occi-
» ront comme bestes, au grant déshonneur de
» toute vostre postérité. Prenez donc courage,
» Messieurs, contredemandez la mort par ver-
» tu, pour perpétuellement vivre et ne mourir
» sans vangeance. J'ay envoyé vers le Roy, et
» bientost aurons de ses nouvelles. »

Aulcuns des citoyens à ces remonstrances changèrent leur craincte en hardiesse, et délibérèrent mourir pour la deffense de leur ville;

mais la pluspart des aultres demourèrent en leurs moulz vouloyrs, desquelz ledict seigneur de La Trémoille ne peult avoir bonne response, qui luy donna maulvays espoir de bonne exécution.

Le jour que ledict seigneur avoit assemblé ceulx de Dijon pour leur faire les remonstrances que avons cy-dessus veues, ou aultres semblables, il envoya on camp des Souysses l'ung des gentilz-hommes de sa maison, nommé Regnaud de Moussy, chevallier, son visadmiral, pour, soubz umbre de traicter paix avec eulx, sçavoir l'ordre de leur siége, le nombre de leurs gens-d'armes, leurs municions, et s'ilz avoyent assez vivres et aultres choses nécessaires à ung camp et siége.

Ledict de Moussy le sceut très-bien faire, et, de par ledict seigneur de La Trémoille, parlementa avec dix ou douze des principaulx de l'armée des Souysses, lesquelz il trouva fort arrogans et superbes, et non craignans la force de ceulx de Dijon. Pour leur donner crainte, monstrèrent audit de Moussy leurs vivres, municions et artillerie, et sceut avec aulcuns (qui avoyent contracté secrète amytié avec ledict seigneur de La Trémoille, ou voyage par luy faict en leur pays de Souysse) la délibéracion desdictz Souysses et de leurs alliez, qui estoyent Hennuyers et Bourgoignons de la Franche-Comté; et pour toute response dyrent audict de Moussy que si ledict seigneur de La Trémoille vouloyt aller vers eulx pour traicter paix, que voluntiers luy donneroyent audience, et, luy ouy, penseroyent en leur affaire; ce que ledict de Moussy rapporta audict seigneur de La Trémoille, et luy asseura que l'armée des ennemys estoit de soixante mille combatans, tant à pié que à cheval, et avoyent plus de cent pièces d'artillerie, et quatre ou cinq charroys de pouldres, et vivres assez, mesmement de chairs sallées et seiches qu'ilz mectoyent en pouldres, dont faisoyent pulmens et potaiges fort nourrissans; et si avoyent les rézins par les vignes, qu'ilz mangeoyent; et davantaige avoit sceu, par aulcuns de ses amys, que leur délibéracion estoit (après Dijon prins) envoyer seize mille de leurs gens courir davant Paris, pour y entrer et piller la ville, et que s'ilz trouvoyent résistence, pilleroyent tout le pays d'environ, et se renderoyent à une aultre bande de douze mille hommes qu'ilz voulloyent envoyer en Borbonnensy.

Ledict seigneur de La Trémoille envoya de rechief en poste par devers le Roy pour l'advertyr de tout cecy, et à ce qu'il envoyast secours : à quoy le Roy ne fist aultre response audict seigneur de La Trémoille, fors qu'il ne povoyt luy envoyer secours, et qu'il fist ce qu'il pourroit pour le prouffit et utilité de luy et du royaulme. Les Souysses baptoyent jour et nuyt ladicte ville de Dijon, et desjà l'avoyent fort endommagée et gastée; et voyant ledict seigneur ne la povoyr longuement tenir, et que, si elle estoit prinse, tout le royaulme de France seroit en grant dangier de ruyne, assembla le conseil et leur déclaira tout ce que avons veu cy-dessus, et aussi qu'il ne povoit pour lors avoir secours du Roy, pour les grans affaires qu'il avoit en la Picardie. La conclusion du conseil fut que ledict seigneur de La Trémoille s'en yroit vers les ennemys, à ce que, moyennant quelque somme de deniers pour le deffray de leur armée, on les peust envoyer en leur pays, sans aultre desplaisir ne dommage faire; laquelle chose on leur fist sçavoir ; et, leur saufconduyt receu, ledict seigneur de La Trémoille, sans armes et petitement accompagné, selon la forme dudict saufconduyt, alla vers eulx, auquel, par ung de leur compaignée parlant bon françoys, feirent ainsi parler pour tous :

Oraison et persuasion des Souysses au seigneur de La Trémoille, gouverneur de Bourgongne.

« Si Dieu tout puissant et insuperable eust
» voulu, fidèle et prudent gouverneur de Bourgongne, la puissance de ton Roy estre à l'immense cupidité de son vouloyr semblable,
» l'Orient et l'Occident ne luy suffiroyent, et
» ne pourroit trouver en ce monde lieu pour
» l'arrest et repos de sa trop désirée gloyre; et
» sembloit, à veoyr ses entreprinses passées,
» que si tout humain lignaige luy eust obéy,
» eust néantmoins entreprins guerre contre les
» fourestz, fleuves, bestes et le reste des créatures. Ignore-il que les grans et haulz arbres,
» qui par si long-temps ont prins leur croissance, ne puissent en une heure, par ung inconvénient de vent et tempeste, ou pour l'affaire des hommes, estre couppez à la riz
» et mis au bas, et que le lyon est souvent
» mangé par les petitz oiseaulx, et le fer consumé par la rouille ? Ton Roy ne s'est contanté
» d'avoir retiré Milan, ne submis à luy Gennes,
» mais a guerroyé les Véniciens, injurié le Pape,
» prins querelle au roy d'Espagne, et retient
» contre raison ceste duché et le pays de Borbonneuse, aux enfans de l'empereur Maximilian appartenans : et qui plus est, après avoir
» eu fait toutes ces choses, plus par nostre secours que par la force des Françoys, sans en

» avoir esté récompensez, par ingratitude en
» lieu de satisfaire, nous appelle villains. Sçait-
» il point qu'on doit mieulx regarder à la vertu
» de l'homme que à sa noblesse, et que, la pre-
» mière origine des hommes regardée, nature
» est commune mère de tous? Les sages plus
» estiment la noblesse acquise par vertu que par
» lignaige, parce que c'est la sourse et origine
» de noblesse; mais au contraire desprisent
» ceulx qui, par lascheté, paresses et aultres
» vices, en perdent les mérites et louanges.
» Sont pas meilleurs à la chose publique ceulx
» qui, pour y servir, endurent volontiers froit,
» chault, faim, soif, et se exposent à péril de
» mort, que ceulx qui, soubz umbre de no-
» blesse, sont tousjours enveloppez de leurs
» privées ayses? Si les François eussent leurs
» délices oubliées, et prins exemple à noz la-
» beurs, n'eussent aux extrangiers donné la
» gloyre de leurs victoyres.

» Tout cecy te disons, chevalier illustre, à ce
» que ton Roy ne toy ne pensiez que soyons icy
» sans cause et sans querelle. Nous demandons
» au Roy la soulte de ceulx qui furent ès ba-
» tailles de la prinse de Ludovic Sforce, de
» Gennes et des Véniciens, et oultre qu'il aye
» à rendre aux enfans dudict Ludovic Sforce
» ladicte duché de Milan, et aux enfans de
» l'Empereur ceste duché de Bourgongne et le
» pays de Borbonnésy, qui leur appartiennent.
» Et si le Roy dict le contraire, qu'il mecte ses
» querelles entre noz mains, pour en décider,
» et en garder le droict à celluy auquel cong-
» noistrons justement appartenir. »

Voilà le superbe et arrogant cueur des Souysses, qui lors se nommoient correcteurs des princes. Ledict seigneur de La Trémoille ne se
esbayst, mais parla à eulx en ceste manière :

Oraison et persuasion dudict seigneur de La Trémoille aux Souysses, faisant mencion du droict que le roy de France a en la duché de Bourgongne.

« Si, par le conseil de l'ire, innocence de-
» mouroit de coulpe chargée, je me adroisse-
» roys à vous, Messieurs des lygues, pour trouver
» le chemin de paix ; mais, congnoyssant, pour
» avoir avec vous fréquenté, que voulez tous-
» jours estre obéissans à vertu, et que mieulx
» aymez vostre ire périr que la vostre renom-
» mée, comme jaloux de vostre bon bruyt,
» vous garder de erreur, à ce que par légière
» crudélité ne mectez les mains ès choses dont
» sans reproche ne pourroyent estre retirées,
» aussi que tenez en suspens l'exécution des

» choses qui vous sont doubteuses, si voulez me
» ouyr, contenteray, par bénigne response, voz
» espritz par ire troublez, en sorte que jugerez
» le Roy mon maistre innocent, et ses adver-
» saires non immaculez de desloyauté. Aultres-
» foiz et à la prinse de Loys Sforce, vous feiz
» assez entendre, Messieurs, le bon droict qu'il
» avoit et a en la duché de Milan, et que Loys
» Sforce et ses antécesseurs dont il portoit le
» nom, l'avoyent par tyrannie usurpée et posé-
» dée : à ceste considéracion, n'en voulans
» maulvaise querelle soustenir, son party laissé,
» prinstes celluy du Roy. Quant à Gennes, vous
» entendez assez qu'elle est des appartenances
» de Milan, et aussi en sont les villes recou-
» vertes par armes des Véniciens; et au re-
» gard du Pape, vous savez que le roy luy a
» faict rendre, et semblablement au Roy des
» Rommains et au roy d'Espaigne, les villes et
» places que lesdictz Véniciens usurpoyent, et
» oultre la ville de Boulongne à l'Eglise rom-
» maine, parquoy d'arguer le Roy mon mais-
» tre d'ambicion et convoytise, c'est à tort, car
» il ne demande fors ce qui luy appartient, et a
» despendu ung milion d'or, et mis sa personne
» et son royaulme en danger, pour conserver
» l'accord de Cambray, et faire plaisir au Pape.
» au roy des Rommains et roy d'Espaigne, l'
» tort, maulvaise foy et ingratitude desquelz
» vous sont congneuz.

» Et ne povez, Messieurs, honnestement dire
» que le roy de France n'a droict en ceste duché
» de Bourgongne, car voz pères, du bon tiltre
» des roys de France bien informez, ont em-
» ployé leur corps à la recouvrir du temps du
» roy Loys XI. Chascun sçait que la duché de
» Bourgongne est du pays et monarchie des
» Gaules, dont les roys Clovis, Clotaire, son filz,
» Clotaire II, Dagobert, Clovis II, Pépin,
» Charlemaigne et Loys-Débonnaire, ont esté
» monarques, et que tout le pays de Bour-
» gongne fut baillé par apennage à ung des en-
» fans dudict Loys-Débonnaire, et depuis pos-
» sédé par divers ducz, jusques à ce qu'il re-
» tourna, par donnacion, au roy Robert, filz
» de Hugues Capet, qui eut deux enfans, Henry
» et Robert. Henry fut roy de France, et Ro-
» bert duc de Bourgongne. En ce temps les
» Bourgongnons se divisèrent, car ceulx qui sont
» soubs l'évesché de Besançon, qu'on appelle
» de présent la conté de Bourgongne, se don-
» nèrent à l'empereur Conrat, et les aultres qui
» touchent à la comté de Champeigne, qu'on
» appelle la duché, demourèrent soubz l'obéis-
» sance de leurdict duc Robert et des Françoys,
» et y sont tousjours depuis demourez. Toutes-

» foiz la lignée dudict duc Robert faillit en
» Phelippes le second de ce nom, environ l'an
» 1350, et par ce moyen vinst la duché de
» Bourgongne au roy Jehan, qui estoit filz de
» Phelippes de Valoys, et de madame Jehanne,
» fille dudict Phelippes le second, duc de Bour-
» gongne, lequel Phelippes le second mourut
» sans hoyr masle : parquoy ladicte duché vinst
» à ladicte Jehanne et audict roy Jehan, son
» filz aisné et principal héritier, lequel, en l'an
» 1361, vinst ladicteduché de Bourgongne, insé-
» parablement et perpétuellement pour luy et les
» siens, à la couronne de France; et en fut duc
» Charles V de ce nom, son filz, qui la bailla
» par apennage à Phelippes son frere, et aussi
» à ses enfans masles, à de quo les filles n'y
» succéderoyent ne hériteroyent.

» Dudict Phelippes vinst Jehan, duc de Bour-
» gongne, qui fut occis à Monstereul-Fault-
» Yonne, et dudict Jehan vinst le bon duc
» Phelippes, et d'icelluy Phelippes, Charles,
» qui laissa Marie sa fille seullement; au moyen
» de quoy le roy Loys XI s'empara de ladicte
» duché, comme unie à la Couronne, et parce
» non tumbant en succession féminine; et en
» ont tousjours depuis jouy les roys de France
» jusques à présent, voyans et saichans Maxi-
» milian, roy des Rommains, qui espousa la-
» dite Marie de Bourgongne, Phelippes leur
» filz, qui fut roy d'Espaigne, et leur filz
» Charles qui à présent est esleu empereur.

» Remémorez, Messieurs, et mectez davant
» voz yeulx de vostre entendement en quelle
» subjection et peine voulut vous mettre ledict
» Charles, duc de Bourgongne, environ l'an
» 1475, et comment il ne vous peult nuire, au
» moyen de l'aliance prinse par vous audict roy
» Loys XI, et combien de dons et biensfaietz
» vous fist lors ledict roy Loys, duquel vous
» eustes, à diverses foiz, plus de cent mille du-
» cas pour vous deffendre dudict Charles, contre
» lequel gaignastes deux batailles à sa grant
» perte, dont l'une fut à Grançon. Et, depuis
» ledict an jusques au trespas dudict roy Loys,
» vous eustes de luy, par chacun an, quarante
» mille fleurins de pension, et tant de riches
» dons qu'ilz faisoit à voz ambassadeurs, que à
» peine on les pourroit extimer, dont ne fustes
» ingratz, car tousjours vous déclairastes ses
» amys et serviteurs contre toutes personnes.

» Avez-vous mis en oubly commant son filz,
» le roy Charles, continua ceste confédéracion
» et alliance, et combien il vous feit de biens
» au voyage du royaume de Naples, où il ne
» voulut aller sans vous? et plus vous en eust
» fait, si son règne eust longuement duré. Mais,
» à la mutacion d'iceluy, il vous alla de bien en
» mieulx; car le Roy, qui à présent est son suc-
» cesseur, ne se contenta de l'aliance ancienne,
» mais la renouvella; et si prinst pour la garde
» de son corps certain nombre de voz enfans et
» parens, entre les mains desquelz il a mis sa
» vie, sa mort et son salut, en déclairant par
» tel faict la grant confiance qu'il avoit eu vous.
» Et si n'a voulu faire guerre ne conqueste sans
» vous y avoir appellez à grans fraitz, et mises
» oultre voz pensions ordinaires; et néantmoins
» (à la persuasion de ses adversaires, que con-
» gnoissez de maulvaise foy, voire perjures),
» oublieux de vostre bon renom et de voz an-
» ciennes meurs, avez sans propos rompu et
» brisé son aliance, et prins le party de tirans
» et gens sans conscience.

» Que diront tous les princes chrestiens de
» vous, voire les Infidelles, quant sçauront que,
» par si légière mutacion de vouloir, serez ve-
» nuz contre vostre propre faict, et impugné et
» contredict ce que vous avez par armes sous-
» tenu? De quelz infâmes umbres sont voz in-
» tellectuelz yeulx obfusquez? Quelle fureur
» vous meut, quelle intencion vous conduict,
» à quelle fin tendez-vous? Voulez-vous piller
» la terre qui vous nourrist, et de laquelle vous
» et les vostres avez tant de bénéfices et grâces
» receuz? Et si la royalle majesté, la révérence
» des princes et des nobles, qui tant vous
» ont de amytié exibée, ne vous divertissent,
» que la ruyne qui pourra de vostre hostilité
» procéder sur les sacrez lieux, églises, monas-
» tères et religions, et le synderèse des forces,
» violences, blasphèmes, stupracions, sacri-
» léges et aultres crimes provocans la divine
» magesté à ire, retiennent voz furieuses mains,
» arrestent voz immodérez couraiges, et adoul-
» cissent voz cruelles entreprinses. Pensez que
» fortune à helles et mains et non point de
» piedz; et si de présent vous donnoit faveur,
» que par son légier vol vous pourra soudain
» laisser ou misérable gouffre de maleur, par
» l'union des chrestiens princes, lesquelz, as-
» semblez et uniz, se pourroient venger de vous,
» pour le tiltre que avez usurpé sur leur ma-
» gesté, et seront vous nommans leurs cor-
» recteurs.

» Ne présumez, Messieurs, que le Pape, le
» roy de France ne les aultres Roys ses adver-
» saires se veulent tant humilier envers vous,
» qu'ilz vousfacent juges de leurs différens. Vous
» entendez assez que aultre que Dieu, sans
» mortel glayve, ne les peut discuter, et que
» les grans princes n'ont juges que l'espée exé-
» cuteresse de leurs oppinions et conseil. Je

» m'esbays, Messieurs, commant, contre la
» sentence des sages, avez confiance en nouvelle
» amitié et en amis réconciliez ; savez-vous
» point que le venyn se repouse soubz le miel
» de beau semblant, et que, après avoir eu faict
» de vous, se déclaireront voz adversaires, et
» vous hayent tant qu'ilz ne quièrent fors que
» par l'inimitance des François soyez précipi-
» tez, vaincuz et adnichillez, sachans que seulz
» ne le pourroient faire? Qui est celuy de tous
» les Roys desquelz portez la maulvaise que-
» relle, qui vous puisse tant faire de biens que
» le roy de France? Les Hispaniens vous mes-
» prisent, les Italiens vous ont en horreur, le
» Pape en mespris, et les enfans de Maximilian
» sont descenduz de Charles, duc de Bour-
» gongne, vostre ancien ennemy et persécuteur.

» Pensez à tout cecy, Messieurs, et combien
» y a de provinces ou royaume de France qui
» vous combateront l'une après l'autre! De la
» ville et cité de Paris sortiront cent mil com-
» batans, soixante mille de la duché de Bre-
» taigne, de la duché d'Anjou et comté du
» Mayne autant ; en la duché d'Aquitaine le Roy
» trouvera cent seigneurs, ses subjectz, qui à
» coup prest armeront et mettront en guerre
» chascun mil hommes, qui sont cent mil ; sans
» y comprendre les duchez de Berry, comté de
» Prouvence, pays de Lyonnoys, le Daulphiné,
» la comté de Tholoze, sa duché d'Orléans, le
» pays de Soulogne, sa comté de Poictou, la
» duché de Bourbon, la duché d'Auvergne, la
» comté de la Marche, la grant et forte duché
» de Normandie, le pays de Picardie et la comté
» de Champaigne. Quant vous auriés vaincu une
» province, à vostre grant perte, l'aotre vous
» affolleroit, qui sont toutes choses, Messieurs,
» lesquelles doyvent par vous estre considérées
» avant que mettre à effect voz soudaines vo-
» luntez. Soyez vainqueurs de vous-mesmes,
» refrénez vostre ire, despouillez vostre hostille
» courage, modérez voz désordonnées affec-
» tions, refroidissez voz martialles fureurs, don-
» nez ordre à voz passions, pensez à l'advenir,
» remémorez le passé, et mitiguez le présent :
» vostre légière inimitié pour humiliacion donne
» lieu à vostre ancienne alliance ; et si le Roy
» vous doibt quelques restes de choses promises
» pour voz mérites et labeurs, j'en demeure le
» seul envers vous obligé, et vous en respons. »

La fin de l'oraison du seigneur de La Trimoille fist incontinant assembler les principaulx
des Souysses, pour sçavoir, pour ceulx qui n'a-
voyent l'intelligence de la langue françoyse, la
substance du long parler dudict seigneur, par
leurs interprètes (car peu d'iceulx entendoyent
nostre langaige) ; et une heure après la response
remise à une aultre heure du jour, et depuis,
de ce jour au lendemain, furent si bien menez
par doulces exhortacions dudit seigneur de La
Trimoille, que, moyennant quelque grosse
somme de deniers qu'il leur promist, levèrent
leur siége et retournèrent en leur pays, sans
aultrement endommager la duché de Bourgongne ; mais ce ne fut sans prendre asseurance
de la promesse dudict seigneur, qui pour le
gaige ou hostaige bailla son nepveu, messire
René d'Anjou, chevallier, seigneur de Mézières,
l'ung des hardiz et prudens chevalliers et seigneurs du royaulme de France. Et sans ceste
honneste deffaicte, le royaulme de France estoit
lors affollé ; car, assailly en toutes ses extrémitez par les voysins adversaires, n'eust, sans
grant hasart de finale ruyne, peu soustenir le
faix et se deffendre par tant de batailles.

Ce néantmoins, envie ennemye de vertu souil-
lant la bouche d'aulcuns gentilz-hommes, non
princes, estans près la personne du Roy et de la
Royne, engendra quelque murmure et maulvaise
extimacion en l'esprit de la Royne, et par le
moyen d'elle en celluy du Roy, qui voluntiers
prestoit l'oreille à ses paroles, parce que bonne
et prudente estoit : et, comme le seigneur de La
Trémoille eust envoyé ledict messire Regnaud
de Moussy advertyr le Roy du grant service qu'il
luy avoit faict et à tout le royaume, trouva, par
les envieux, le bon extime du seigneur de La
Trémoille envers le Roy tout altéré et changé,
en sorte qu'il ne peult estre soudain ouy ; ledit
de Moussy, adverty de la cause, sans emprunter l'ayde d'aulcuns (car hardy homme estoit-il
pour ses vertuz), entra en la chambre du Roy,
et, prosterné d'ung genou, luy déclaira par ordre le service à luy faict par son maistre, et que
sans iceluy le royaulme de France estoit en dangier de ruyne, dont il luy déclaira les causes ;
mais ce fut davant ceulx lesquelz avoyent mis le
Roy en ceste mauvaise ymaginacion, qui ne
sceurent que dire ne respondre au Roy, qui leur
dist : « Vous m'avez raporté qu'ilz n'estoient que
» vingt-cinq mil hommes de Souysses et Bour-
» gongnons davant Dijon, et n'avoyent artillerie
» ne vivres pour entretenir ung camp ; et vous
» voyez le contraire, non par le rapport de Re-
» gnaud, mais des seigneurs du pays qui m'en
» escripvent ; *par la foy de mon corps* je pense
» et congnoys par expérience que mon cousin le
» seigneur de La Trémoille est le plus fidelle et
» loyal serviteur que j'ay en mon royaulme, et
» auquel je suis plus tenu selon la qualité de sa
» personne. Allez, Regnaud, et luy dictes que
» je feray tout ce qu'il a promis, et s'il a bien

« fait, qu'il face mieulx. » La Royne sceut ceste bonne response faicte par le Roy; qui n'en fut contante, mais depuis (la vérité congneue) jugea le contraire de ce qu'elle avoit par faulx rapport ymaginé et pensé; et depuis, non si tost les Souysses satisfaictz, ledit seigneur de Mézières fut délivré et mis hors de leurs mains, aux despens du Roy, qui bien congnoissoit que la gracieuse roupture de l'armée des Souysses le mist hors du dangier de tous ses ennemys, et restaura les timides cueurs du commun peuple de France, qui, tout effrayé, avoit perdu vouloyr, force et hardiesse de se deffendre; et cest envoy remist leurs cueurs en leur sang chault, restaura leurs forces et redoubla leurs courages; en sorte que le roy d'Angleterre vinst à paix par le mariage de madame Marie sa seur avec ledit roy Loys, quelque peu de temps après le trespas de sa très-bonne espouse, madame Anne, duchesse de Bretaigne, à laquelle madame Marie le Roy tinst compaignée, quatre moys seullement, et jusques au dernier jour de décembre (1) l'an 1514, qu'il décéda en la ville de Paris; et fut son corps mis avec les aultres roys, à Sainct Denis en France.

<><><>

CHAPITRE XXV.

Comment monsieur Françoys, duc d'Angouléme, fut roy de France, le premier de ce nom; et de la victoyre qu'il obtinst contre les Souysses, à Saincte-Brigide (2).

Le roy Loys laissa deux filles seullement de madame Anne, duchesse de Bretaigne, Claude et Anne; et par deffault de hoyr masle en droicte ligne, la couronne et ceptre de France vindrent à monsieur Françoys, duc d'Angoulesme, le plus proche en ligne collatérale, lequel avoit auparavant espousé ladicte madame Claude, fille aisnée de France. A l'entrée de son règne confirma ledict seigneur de La Trémoille en tous ses estatz et offices; l'année prochaine après il entreprinst le recouvrement de sa duché de Milan, occupée par Maximilian, filz de Ludovic Sforce, par le support des Souysses; et, pour ce faire, droissa grosse armée, qui ne fut sans ledict seigneur de La Trémoille et monsieur Charle, prince de Thalemont, son filz, qui acompaignèrent avec aultre le Roy en ceste expédicion: ilz prindrent leur chemin à Grenoble, à Nostre-Dame d'Ambrun Agnellestre et à Sainct-Paul, puis passa le Roy, avec son armée et artillerie, par ung chemin qu'on disoit estre inacessible pour chevaulx et chariotz, dont les ennemys ne se doubtoient. Par le moien de quoy, Prospère Columpne (3), avec quinze cens hommes de cheval de l'armée dudict Maximilian, furent surprins par les seigneurs de Ymbercourt et de La Palice, à Villefranche, qui est une petite ville du pays de Pymont, et ledict Prospère Columpne emmené prisonnier au Roy, qui l'envoya en France soubz bonne et seure garde.

Les Souysses estoient à Suze, à Villanne et Immole, pour garder les passages, qui, courroussez et esbahys de la prinse de Prospère Columpne, commencèrent à marcher vers Millan, et, à grant diligence, passèrent la rivière du Pau, avec leur artillerie, par ponths de cordes, et entrèrent en Novarre, où le Roy les suyvoit; et luy estant à Versel, furent portées paroles de paix, pour laquelle faire furent commis et députez le bastard de Savoye, le seigneur de Lautrect et aultres gens de sorte; et néantmoins l'armée du Roy marchoit tousjours, qui assiégea Novarre, laquelle, vuyde des Souysses, se rendit; de Novarre allèrent à Bufférolle, et cependant le Roy eut nouvelle que la paix estoit accordée entre luy et les Souysses, moyennant certaine somme de deniers qu'il leur donnoit, pour le deffray de leur armée; et, comme on leur portoit l'argent, se mirent à chemin pour aller au-devant du Roy et le surprendre, en venant, contre leur accord, à l'exhortacion du cardinal de Syon (4).

O grant malice et lascheté de gens, inventée et soustenue par personne en dignité ecclésiastique constituée, et dont le maleur tumba sur les lasches! car le Roy, de ceste trahyson adverty, non estonné de si prestement combattre, comme hardy et plain de cueur, délibéra les actendre, et se mettre premier au labeur et dangier, et ce mesme jour, qui fut le quatorziesme jour de septembre l'an 1515, environ trois ou quatre heures après-midy, les Souysses, acompaignez des Italiens, vindrent frapper sur l'armée des Françoys, dont les Alemans du Roy de la bande noyre, esbaiz, reculèrent, doubtans que le Roy eust intelligence avec les Souysses pour les deffaire, au moien dudit traicté de paix qui avoit esté tenu pour faict le jour précédent; mais deux mille avanturiers françoys soustindrent la première poincte des Souysses et se monstrèrent gens de bien, car ilz deffirent d'entrée quatre mille Souysses; les autres bandes des Souysses

---

(1) Il mourut le premier janvier 1515.
(2) La bataille de Marignan.

(3) Prosper Colonne.
(4) Mathieu Scheiner, cardinal de Sion.

(cuidans mettre en désordre les Françoys, comme ilz avoyent faict la bataille à Novarre, en laquelle estoyent les Italiens deux ans davant) donnèrent sur la bataille françoyse : mais ilz furent reboutez par l'artillerie, qui besongna si bien avec les hommes d'armes, que les Souysses ne furent les plus fors. Le Roy, qui estoit en la bataille, accompaigné dudict seigneur de La Trémoille et d'aultres vaillans capitaines, ne perdit de veue l'artillerie, et si allait de lieu en aultre, croissant tousjours par doulx langaige les hardiz cueurs de ses gens-d'armes.

La meslée fut cruelle et longue, car elle dura jusques après jour couché, à la raison de ce que la lune luysoit; et si estoyent les Françoys et Souysses si acharnez à se occire l'ung l'autre, qu'il n'y eut chose qui les peust séparer, que l'obscurité de la nuyt, en laquelle le Roy n'eut aultre lict, fors le timon d'une charette, et pour fins linceux le harnoys sur le dos; car, d'une part et d'autre, les gens d'armes furent tousjours en doubte. A peine on trouva de l'eaue clère pour le Roy, parce que les ruisseaux courans autour du lieu de la bataille, estoient plains du sang des occis; les autres princes et seigneurs n'eurent moindre peine, comme la raison le vouloit; et entre aultres le seigneur de La Trémoille fut toute la nuyt armé, sans clore les yeulx, près du Roy : son filz, le prince de Thalemont, estoit en la compaignée du duc de Bourbon, qui conduysoit l'avant-garde. Le landemain matin le Roy fut adverty que les Italiens et Souysses retournoient en groz nombre et bon ordre pour leur donner bataille, et, considérant la peine prise par ses gens-d'armes le jour précédent, affin qu'ilz ne reculassent, les principaulx d'iceulx assemblez, leur dist ces parolles ou semblables en substance:

Oraison et persuasion militaire du roy de France à ses gens-d'armes contre les Souysses.

« Toute persuasion, mes fidèles amys, n'est à
» mon jugement superflue en aultres entrepri-
» ses, l'entrée desquelles est dangereuse, et l'ys-
» sue à doubter, comme celle laquelle, soubz
» l'asseurance de voz nobles vouloyrs, force et
» hardiesse, j'ay faicte. Vous congnoissez au-
» quel dangier de noz vies, honneur et biens
» avons, à la desloyalle lascheté de noz enne-
» mys, résisté, dont la première gloire à celluy
» duquel les victoires procèdent rendue, vous
» en donne le loz et bienveillance; et puisque,
» par secours divin et voz labeurs, avons le dan-
» gier de l'entrée passé et surmonté, mectons

» peine que à nostre honneur et avantaige en
» soit l'issue. Et pour aisément le faire, vostre
» nature qui est hardie et belliqueuse soit con-
» sidérée; vostre coustume qui est de n'estre
» vaincuz, observée; les meurs de noz ennemis,
» congneues, qui plus sont convoiteux de pécune
» que avaricieux d'honneur; la forme de leur
» combatre, considérée, qui a plus de mine que
» d'effect, plus d'aparence que existence ; et que
» au premier rompre sont vaincuz, et n'ont,
» seuls, forte résistance; et leur oultrecuidance
» mise davant voz yeulx, par laquelle se dient
» correcteurs des princes, au rabaissement de
» toute noblesse: nostre juste querelle nous doit
» donner force; leur injustice, seureté; leurs
» mauvaises meurs, mespris de leurs armes;
» et nostre nécessité, accroissement de cueur et
» de couraige. Considérez nostre honneur et
» gloire si l'orgueil de ces rusticz est humilié, et
» nostre reproche s'ilz sont noz vainqueurs. Plus
» devons souhaiter la fin de noz petites vies en
» l'honneur, que la longueur en misère et re-
» proche: et plus devons désirer mourir en per-
» sécutant noz adversaires et quérant le mérite
» de justice, que laisser vivre, en vivant, les
» violateurs d'équité. Je vous prie, Messieurs,
» que mourez avec moy, et moy avec vous, pour
» acquérir honneur à nos parens, salut à nostre
» pays, et faire ce à quoy nous sommes tenuz; et
» je vous asseure que si la victoyre nous de-
» moure, que par effect recongnoistray sans in-
» gratitude les bienfaisans. »

La nécessité de combatre mist fin à ces parolles, pour entendre à l'œuvre; car les Italiens et Souysses, qui estoyent jusques au nombre de trente mil combatans, assaillirent les Françoys en leur camp; messire Jaques Galiot, chevalier hardy, de grant sens et bonne conduycte (qui estoit maistre de l'artillerie), les receut à leur grosse perte et dommaige, car à grans coups de canons en deffist une partie; néantmoins les aultres qui tousjours tindrent leur ordre, entrèrent sur les Françoys et Alemans qui les reculèrent hardyment. La meslée fut grande et cruelle; mais les Françoys furent les plus fors et deffirent les Souysses, fors ceulx qui tournèrent le doz, et ausquelz les jambes feirent plus de service que les braz et mains; et n'eust esté la poussière, peu se fussent saulvez : il en demoura sur le camp quinze ou seize mille; le reste prinst son chemin vers Milan.

◇◇◇

CHAPITRE XXVI.

Comment le prince de Thalemont, filz du seigneur de La Trémoille, fut navré de soixante-deux playes, dont il mourut. Réduction de Milan.

Ceste victoyre ne fut sans perdre plusieurs gens de bien de France, et mesmement la plus grant partie d'une bande de jeunes princes et seigneurs de France estans en l'avant-garde ; lesquelz, pour rompre les Souysses, se mirent entre eulx, et furent en partie cause de leur désarroy et desconfiture, où ledict monsieur Charles de La Trémoille, prince de Thalemont, filz dudict seigneur de La Trémoille, fut abatu et bléceé en soixante-deux parties de son corps, dont il y avoit cinq playes mortelles. Messire Regnault de Moussy, chevalier, qui l'avoit gouverné en ses jeunes ans, le retira de la presse, et le fist porter ainsi blécé jusques en sa tante, où les cirurgiens le pensèrent à grant diligence. Aussi y furent abbatuz et occis Françoys Monsieur, frère puisné du duc de Bourbon ; le filz du comte Pétillanne, qui conduysoit les Véniciens pour le Roy, le seigneur de Himbercourt, le comte de Sauxerre, le seigneur de Bussy, le capitaine Mouy, et autres gens hardiz et bien renommez.

Le seigneur de La Trémoille sceut commant monsieur Charles, son filz unique, avoit esté blécé en soixante-deux parties de son corps ; parquoy, après la victoyre, alla le visiter et consoler : les médecins et cirurgiens luy donnèrent espoyr de guérison, par le moyen de quoy se monstroit joyeux de ce que son filz s'estoit trouvé en si forte presse, et dont il avoit les enseignes de hardiesse, force et noblesse de cueur ; puis s'en alla tout consollé vers le Roy, qui luy fist fort bon et joyeulx recueil, luy célant la prochaine mort de son filz, qu'il avoit par les cirurgiens sceu ; mais luy voulant donner confort à ce que par soudain douleur ne fust sa personne blécée, luy récita les histoyres d'aulcuns Rommains qui s'estoyent resjouy d'avoir veu mourir leurs enfans en bataille.

Ledict prince de Thalemont, se voyant ainsi navré en tant de lieux, quelque espoyr qu'on luy donnast, dist audit de Moussy et aultres de sa compaignée : « Or ça, Messieurs, il fault que
» je vous laisse et les misères du monde ; je
» meurs en la fleur de mes ans, mais ce n'est à
» mon trop grant regret, puis qu'il plaist à Dieu
» qu'il soit ainsi, et qu'il m'a donné la grâce de
» mourir au service du Roy et de la chose pu-
» blique. Toutesfoiz, pour une autre considéra-
» cion, je vouldroys bien vivre, s'il plaisoit à
» Dieu, qui est à ce que je peusse faire péni-
» tence de mes péchez, et de mieulx servir et
» obéyr à Dieu que je n'ay faict le temps passé :
» le vouloyr de Dieu qui ne peult faillir soit
» acomply. Je vous prie que je aye le prestre
» pour me confesser. » Ledict seigneur se confessa fort dévotement, et receut le Sainct-Sacrement de l'aultier (1) ; puis, à la fin de trente-six heures après sa blécéure, rendit l'ame à Dieu.

Le Roy, premier adverty de son trespas, alla subit en la tante dudit seigneur de La Trémoille, qui rien ne sçavoit de ce groz inconvénient, et luy dist : « Monsieur de La Trémoille,
» je vous ay tousjours congneu magnanime ; et
» m'a l'on dict vostre fortitude telle que pour
» toutes les infortunes et adversitez qui vous sont
» advenues, ne changeastes onc vostre bon pro-
» pos, et n'en furent voz affaires, ne ceulx de
» la chose publicque, onc retardez ne mal con-
» duitz ; j'en ay veu l'expérience derrière, ou
» mal de mon cousin vostre filz, que vous avez
» très-paciemment supporté ; mais ce n'est assez,
» car il fault que vous usez de vostre force et
» prudence plus que jamais, en la mort de mon-
» dict cousin vostre filz, qui est décédé puis une
» heure : ce que vous suis venu déclarer, exti-
» mant n'y avoir en ma compaignée personnage
» duquel accepterez mieulx la parolle sans im-
» modéré courroux. Je sçay qu'il seroit impos-
» sible à nature de le passer sans griefve dou-
» leur, car le personnage le valoit, et vous as-
» seure que, hors la paternelle affection, vostre
» regret ne sera plus grant que le mien. Je vous
» prie, chier cousin, que pour l'honneur de Dieu
» et l'amour que avez à moy, prenez ceste irré-
» parable perte en pascience, et vous consollez
» en son filz qu'il vous a laissé, portant jà l'es-
» poir de la preudhommie du père. »

Le seigneur de La Trémoille couvrit son piteux visage d'une louable constance contre la magesté de nature ; toutesfoiz les yeulx, qui, selon naturelle providence, plus obéissent au cueur que membre qui soit en la personne, ne peurent tant celler sa douleur, que pour luy donner allégence ne distillassent petites larmes, contre la volunté de l'esprit ; et respondit au Roy : « Sire, je vous rends humbles grâces de
» la consolacion qu'il vous plaist me donner en
» l'infortune qui m'est advenue pour la mort de
» mon filz, dont je aurois plus de angoisse tristesse, si l'on m'eust assuré mon filz estre im-

(1) Autel.

» mortel, ou devoir vivre par nécessité quatre-
» vingts ou cent ans ; mais je savois mon filz
» povoir mourir jeune en guerre ou ailleurs, et
» n'ay mis sa vie en mon espérance pour tous-
» jours durer; mais, le voiant aller au danger
» où les gens de bon cueur se mectent pour le
» bien public, le tenois comme si estoit jà
» mort.

» A ceste considéracion, et qu'il est au lict
» d'honneur décédé en vostre compaignée, à
» vostre service et en juste querelle, mon dueil
» n'en est si grant, combien que accident ayt
» perverty l'ordre de nature, car mieulx seroit,
» comme il me semble, qu'il fust demouré sans
» père que moy sans filz, qui ay faict et passé
» la pluspart de mon temps, et il commanceoit
» acquérir honneur et vostre grâce ; et puisque
» le cas est advenu, je louhe Dieu et le remer-
» cie de ce qu'il luy a donné grâce que, après
» avoir eu soixante-deux playes, pour le sous-
» tènement du bien public et en juste guerre, a
» voulu avoir et eu confession et le Sainct-Sa-
» crement de l'aultier. Je regrette après son cou-
» sin monsieur Françoys de Bourbon, le comte
» de Sanxerre et aultres jeunes princes et sei-
» gneurs qui ont esté occis en bataille. Reste
» faire emmener leurs corps en France, prier
» Dieu pour leurs ames, et parfaire vostre voya-
» ge et entreprinse, où, tout ce nonobstant, je
» emploieray le reste de ma fâcheuse vie. »

Le Roy fut très-content de ceste responce ; aussi estoit honneste et prudente, et depuis le seigneur de La Trémoille se porta si prudemment en la charge qu'il avoit du Roy, que à ses gestes et parolles on n'eust congneu son dueil.

Le dueil de la mort des princes suspendu, et remis à leurs serviteurs et pensionnaires, et aussi à leurs mères et femmes, enfans et subjectz estans en France, le Roy, suyvant sa fortune, s'approcha de Milan ; et considérans les Milannoys France avoir la plus grant part du baston, et que le Roy s'aprochoit d'eulx, suyvans leurs iniques et mauvaises meurs, se révoltèrent contre Maximilian, et envoyèrent au Roy clefz de leur ville, par aucuns des principaulx de leur corps politic, l'ung desquelz fist au Roy telle ou semblable oraison ou persuasion que ceste-cy :

Oraison des citoyens de Milan au Roy de France, à ce qu'il les prinst à mercy.

« L'immortelle renommée de tes excellentes
» et divines vertuz, très-illustre et triumphant
» Roy, nous faict de ta clémence et doulceur es-
» pérer, et que les faultes contre ta royalle ma-
» gesté commises, non par nostre malice et des-
» loyauté, mais pour le trop légier croyre et
» facile craincte de Maximilian, conduicte par
» le cardinal de Syon et ce tant muable peuple
» helvécien, nous seront, par bénignité et pitié,
» remises et pardonnées; et à ce te doit induyre
» et exciter le bon vouloyr d'aucuns et la plus-
» part de ta cité de Milan, lesquelz (le tort
» congneu de tes adversaires) avoyent chemin
» prins avant ta glorieuse victoyre, pour mectre
» entre tes mains et à ta mercy, nous, tes sub-
» jectz, ta cité et tous noz biens, qui fut par le
» cault et sédicieux cardinal de Syon rompu et
» empesché ; lequel, après avoir mis nostre
» ruyne davant noz yeulx, et nostre mort à noz
» portes, s'est, au subtil et secret, absenté, doub-
» tant la vengence de ton couroux estre en luy
» comme bien le méritant exécutée.

» Considérez, ô très-humain et begnin prince,
» noz voluntez, plus à toy que aux Sforces, de
» la tienne seigneurie usurpateurs, enclines,
» et la facilité de nostre offense, plus procédant
» de humaine fragilité que de malice. Adoulciz
» la sévérité de ta justice, refrains ta juste ire,
» que couroux ne soit maistre de ton cueur, et
» et ne nous laisse en la deffiance de nostre mal-
» heur. Nostre offense confessée, voulons satis-
» faire non à la rigueur, mais au dire de ta mi-
» séricorde. Que noz biens facent pour nous l'a-
» mende, et retire le glayve pugnisseur de la
» nostre passée désobéissance. Ne destruiz par
» finalle ruyne ta cité de tant de choses sa-
» crées ornée ; saulve la sumptueuse structure
» d'icelle, et que noz richesses facent encores
» vivre ceulx qui en vivant désirent te servir et
» obéyr. »

Briefve oraison et responce du Roy aux Milannoys.

Le Roy, qui est ung très-éloquent prince et le plus de sa court, fist la responce de sa bouche, leur disant ce : Avec esgal œuil vostre coulpe
» et le mérite de clémence se doyvent regarder,
» à ce que le soudain remectre du délict, par
» trop facile pitié, ne engendre inconvénient plus
» grant que le précédent. Vous savez, Milannoys,
» combien de foiz avez failly à mon prédécesseur
» roy de France, vostre naturel seigneur, obéis-
» sans plus voluntiers à celuy qui, par tyrannie
» vous a tenuz soubz injuste seigneurie, et que
» le soudain pardonner vous a soudain et trop
» hardyment donné occasion de retourner à vos-
» tre première rébellion ; parquoy le renouvelle-
» ment de grâce causeroit nouvelles offenses à

» ma perte. La mort de tant de princes, cheva-
» liers et aultres vaillans hommes, par voz las-
» chetez occis, clost mon œil de pitié et me
» faict par indignacion vous regarder en appétit
» de vengence. Néantmoins, considérant que
» c'est vostre première requeste, de laquelle ma
» bénignité ne vous peult refuser, je vous donne
» voz vies, vous restitue en vos honneurs, et,
» au désir de vostre humble prière, accepte
» voz biens pour partie de la deue satisfacion,
» moyennant la fidélité que vous promec-
» tez inviolablement garder, laquelle, par vostre
» coulpe brisée, se rendra indigne du retour à
» mercy. »

La response du Roy fut briefve, mais agréable à ceulx de Milan, lesquelz, après le serment de fidélité faict, composèrent à certaine somme de deniers qu'ils payèrent pour partie du deffroy de l'armée de France. Et entra le Roy triumphamment en la vile de Milan : puis fist assiéger le chasteau où estoit Maximilian Sforce, lequel se rendit à la mercy du Roy. Au regard du cardinal de Syon, de toute ceste guerre aucteur, s'en estoit allé sans dire adieu, et déceut les Souysses. Quelque temps après ceste glorieuse victoyre (ordre mis en toutes les villes), le Roy retourna en France, et ledit seigneur de la Trémoille avec luy.

◊◊◊

CHAPITRE XXVII.

Comment le corps du prince de Thalemont, filz dudit seigneur de la Trémoille, fut apporté en France, et des grans regretz que sa mère fist de son trespas.

Le décès du prince de Thalemont advenu, son corps demoura entre les mains de messire Regnaud de Moussy, chevalier directeur de son adolescence, qui ne demoura seul, car il fut assez accompagné de douleurs et angoisses ; aussi fut-il de plusieurs gentilz-hommes et autres serviteurs dudit prince, lesquelz, vestuz en deuil, accompagnèrent le corps embasmé jusques en France, et en la ville de Thouars, pour le mettre ès honorables et riches sépultures dudit seigneur de La Trémoille. Le voyage fut long, à la raison de ce que par toutes les villes, bourgs et paroisses où passoit ce corps, y avoit service pour l'ame de ce bon prince. Et, comme on faisoit toutes ces choses, ledit seigneur de La Trémoille envoya la poste diligemment vers madame Gabrielle de Bourbon, son espouse, lors estant au chasteau de Dissay avec monsieur Claude de Tonnerre, évesque de Poictiers, nepveu dudict seigneur, où s'estoit retiré, pour le dangier de peste qui lors estoit en ladite ville de Thouars ; et lui escripvit une lettre de sa main, et une autre à sondict nepveu, faisans mencion de la perte de son filz, à ce qu'il eust à consoler sa tante : car bien pensoit qu'elle en auroit un excessif dueil.

La poste arriva au chasteau de Dissay huyt jours après le décès dudict prince de Thalemont, combien qu'on avoit sceu troys jours après la bataille, qu'il avoit esté blécé ; mais on disoit qu'il en guériroit, et se y actendoit la bonne dame.

L'évesque receut le pacquet, et leut sa lettre, qui fort estoit briefve, mais piteuse à lire ; en sorte que passionné en son esprit, fut long-temps sans parler, actendant que son cueur choysist de quelz pleurs pourroit faire à ses yeulx présent. Son dueil (que seul alla faire en sa retraicte, sans en dire aucune chose à personne par prudence) paciffié, adverty que madame sa tante avoit prins sa reffection du disner, fist appeller son maistre d'hostel et aulcuns gentilz-hommes de sa maison, en la compaignée desquelz (après leur avoir fait déclaration de ceste piteuse mort) allèrent tous ensemble vers elle en sa chambre, et luy dit l'évesque ce : « Ma-
» dame, j'ay receu des lettres de Italie. — Et
» puis, dist-elle, commant se porte mon filz ?
» — Madame, dist l'évesque, je pense qu'il se
» porte mieulx que jamais, et qu'il est au cer-
» cle de héroïque louange et au lieu de gloire
» infinie. — Il est donc mort, dist-elle ? —
» Madame, ce n'est chose qu'on vous puisse plus
» celler, voire de la plus honneste mort que mou-
» rut onc prince ou seigneur ; c'est au lict d'hon-
» neur, en bataille permise pour juste querelle,
» non en fuyant, mais en bataillant, et navré
» de soixante-deux playes, en la compaignée et
» au service du Roy, bien extimé de toute la
» gendarmerie, et en la grâce de Dieu, car luy
» bien confessé est décédé vray crestien. Vostre
» cousin, monsieur Françoys de Bourbon, le
» comte de Sanxerre, et aultres qui sont mors
» en la bataille, n'ont eu ceste grâce et don de
» Dieu. Toutesfoiz je extime leur mort bonne,
» parce qu'ilz ont droictement vescu. »

Ceste dure et aspère nouvelle feit soudain reculler et absenter le seutement de congnoissance de l'esprit de ceste dame, et à ceste raison devinst froide comme marbre, et perdit le parler. Soudain fut, par aromatiques liqueurs, secourue, et tost après les larmes qui sortirent de ses yeulx, desserrèrent son cueur, commencèrent les hérauix de douleur, qui sont souspirs, sortir de son estomac et passer à grant peine par sa tré-

mulente et palle bouche, puis dist : Ha! mon
» nepveu, pensez-vous que je puisse ceste triste
» fortune, irrécupérable perte, cruel accident,
» et impourpens inconvénient, passer sans brief-
» vement mourir? Si je pensois ne desplaire à
» Dieu, luy requerrois mon infortunée vie estre
» en repos de mort, qui est la fin de toutes mi-
» sères; car je sçay que la joye du monde me en-
» gendrera tristesse; la consolacion des hom-
» mes, desconfort; le passement des livres, re-
» nouvellement de douleurs; labeur de mes
» amys redoubleront mes angoisses, et la vie so-
» litaire me produira invencion de nouveaux
» tormens pour persécuter mon esprit, je ne fe-
» ray plus que réitérer l'espérance de ma mort,
» le désespoir de ma vie, et l'abominacion de
» toutes lyesses. Que nourrira plus mon imagi-
» cion, fors monstres hydeux, lamyes noctur-
» nes, magiciennes furies, songes tristes et la-
» chrimables fantasies? car j'ay perdu mon filz,
» ma géniture, mon ymage et ma consolation.
» C'estoit l'espoir de nostre maison, le coffre de
» nostre honneur, le trésor de nostre richesse,
» la stabilité de nostre gloire, la perpétuacion de
» nostre renommée, l'advent-mur de nostre force
» et le bras dextre de nostre povoir. Il est mort
» à l'aage de vivre, amateur de vertuz, ennemy
» de vice, amé de chescun, et en la louhée ex-
» time des bons et nobles cueurs. »

*Oraison consolatoire de l'évesque de Poictiers
à la dame de La Trémoille.*

« Assez vous est congneu, Madame, que
» toutes les humaines créatures qui par leur
» nativité entrent en ce monde, combien que
» par aucuns temps ils y reluysent et triumphent,
» sont toutesfoiz contraintes aller à la mort, les
» aucuns lentement par maladies, les aultres
» soudainement par accidens divers, selon le
» cours de la duracion qu'ilz ont à la divine Pro-
» vidence. La puissance de la mort est insupéra-
» ble; elle surmonte non seulement ung, mais
» tous, les fors et débilles, les joyeux et tris-
» tes, les pauvres et riches, les congneux et
» extrangiers, les jeunes et vieulx, les bons
» et mauvaiz, les hommes et femmes. La mort
» est le tribut, la prison la craincte certaine
» de tous les humains; et, comme la mer est le
» réceptacle de tous les fluves, aussi est la mort
» la finalle reposition de tous les vivans. Les fors
» par puissance ne la peuvent surmonter, les
» doctes par science ne la peuvent vaincre, les
» riches par pécunes ne la peuvent corrumpre,
» les dignes par éminences ne la peuvent destour-
» ner, et les jeunes par corporelle vertu ne la

» peuvent esloigner. Elle ne pardonne à pau-
» vreté, elle ne tient compte de richesse, elle
» ne révère noblesse, et ne lui chault de vertuz;
» tousjours est à la porte de vieillesse, et nuyt
» et jour insidie jeunesse; la mort ne execute
» ses cruelles opéracions tousjours par la con-
» trariété des élémens (qui est chose naturelle),
» mais souvent par divers et merveilleux acci-
» dens, comme par eaue, par feu, par glayve,
» par précipitation, par venyn, on lict, hors lict,
» en terre, en mer, en l'air, en guerre et en
» paix. Et, selon les accidens de mort, on extime,
» par la faulce réputacion des hommes, les hu-
» mains eureux ou maleureux.
» Considérez, Madame, que feu mon cousin
» votre filz n'est mort par aucun de tous ces
» maulvais accidens, mais en homme de vertuz,
» avec les gens de bien; non entre les bestes,
» mais avec les hommes; non entre les brigands
» et pirates, mais en juste guerre; non de mor-
» sures de bestes silvestres, mais par marcial
» glayve; non par canon, mais de coups de
» lance; non laschement, mais hardiment; non
» seul, mais en la compaignée de son père; non
» au service de tirans, mais à celuy de son Roy;
» non en reproche, mais honnestement, comblé
» d'honneur, enveloppé de bon renom et en l'a-
» mour et grâce de Dieu. Puisque par nécessité
» devoit mourir, devez-vous point prendre alé-
» gence de vostre deul, et regret en sa tant hon-
» nourable fin? Mieux luy vault et à son noble
» parentage estre ainsi mort en la fleur de son
» aage, héréditant les siens de perpétuelle gloire,
» que d'avoir vescu trente ans davantage, et puis
» mourir en son lict ou ailleurs de malladie
» grosse. Si je voulois réciter la misérable fin de
» tant d'empereurs, roys, princes et seigneurs
» du temps passé, extimeriez celle de vostre filz,
» mon cousin, estre eureuse.
» Or, voyez-vous, Madame, quelle grâce Dieu
» vous a faict d'avoir donné fin tant eureuse et
» honnourable à mondict cousin, et sur ce vous
» consoler et donner repos à voz souppirs et lar-
» mes. Considérez les variacions de noz vies
» pleines de labeurs, ennuytz, tristesses, dan-
» giers, douleurs et aultres misères, et que de
» tout ce mon cousin est mis au délivré; et l'es-
» poyr que vous avez eu en luy gectez-le sur les
» bonnes meurs de son filz Françoys, suyvant jà
» celles de son père. Vous voyez ses puérilles
» ans, tant bien disposez à vertuz, que j'espère
» que la perte du père sera recouverte par le
» filz; et, quant vous aurez bien le tout consi-
» déré, vous arresterez à ce qu'il fault adhérer à
» la volunté de Dieu, qui ne faict rien sans cause;
» et jaçoit ce que ses jugemens soyent aux hu-

» mains merveilleux, néantmoins sont-ils justif-
» fiez en eulx-mêmes, ainsi qu'il les faict; et y
» contredire est murmure et blaspheme. »

« Vos raisons sont très-bonnes, mon nepveu,
» dist la dame de La Trémoille en plorant, mais
» Dieu povoyt faire vivre mon filz autant ou
» plus que son père, et augmenter et croistre ses
» vertus, force, prudence et hardiesse. O com-
» bien est la mort aveugle et desraisonnable qui
» les vielz laisse et prend les jeunes! Dix ans y
» a que, par maladie, menassa mes longs ans,
» et elle a la jeunesse de mon filz desrobée ;
» mieulx eust observé les loiz de nature, gardant
» les trente-deux ans de mon filz, que pardon-
» ner aux cinquante de la vieille mère.

» Si mon fils en eust seullement vescu soixante,
» et continué le commancement de sa louable
» vie, je extime, mon nepveu, qu'il eust faict des
» choses inouyes. Il eust surmonté l'honneur de
» ses ancestres, et les renommées escriptes auz
» maisons dont il est descendu. Il eust accom-
» paigné le reste de ma vie de joye, et eust ré-
» généré mes longs ans par l'odeur de son bruyt
» et fame ; mais j'ay perdu tout cest espoyr, et
» suis asseurée, mon nepveu, que le vivre me
» sera doloreux, et que mon dueil mettra bien-
» tost fin à ma désolée vie. »

Ilz eurent plusieurs aultres parolles trop longues à réciter : suffise aux lecteurs que la bonne
dame cousomma ce luctueux et lamentable jour,
et plusieurs aultres subséquens, en l'oppéracion
de ses angoisses, amertumes et pleurs. Elle ne
voulut lire la lettre que luy avoit son espoux escripte de la mort de leur filz, en présence dudict
évesque son nepveu, mais se retira en son cabinet, où, après avoir longuement ploré, en fist
lecture, et estoit telle :

*Lettre du seigneur de La Trémoille à madame
son espouse, de la mort de leur filz.*

« Si la mort de nostre très-cher filz Charles
eust peu par la myenne estre vaincue, ne fussions, ma tant amée dame, en peine de regréter,
plorer et lamenter la perte du tant noble fruict
de nostre mariage, l'espoyr de nostre maison et
l'apuy de nostre vieillesse. Et si ceste mort
m'est angoisseuse, autant m'est la désolacion
qu'en aurez, pesante. Toutesfois, vostre prudence considérée, je extime que l'usaige des
choses mortelles vous donnera quelque consolacion. Nous ne sommes les premiers de telle infortune assailliz ; souvent advient que, par le
désordre de nature, le décès du filz précède
celluy du père. Peu avons de gens anciens congneuz qui n'ayent à leur grant regret et dommaige perdu de leurs enfans. La pascience en
est trop plus à louher que le trop grant desconfort, parce que le supporter sans murmure et
en doulceur est ung sacrifice à Dieu, qui faict
tout pour le mieulx, et le desraisonnable desconfort lui desplaist. La personne doit estre
dicte sage qui se conforme à la divine volunté,
et qui ne prend conseil de trop grant douleur en
ses adverses visitacions, qui sont la vraye garde
de l'esprit. Troys choses nous donnent moyen
de confort : l'une, que nostre filz est mort en
acte de vertu pour le bien public et en juste
querelle, et nous a laissé ung filz bien disposé
pour vivre ; l'autre, combien qu'il ait eu soixante-
deux plaies, dont en y avoit quatre ou cinq mortelles, et néantmoins, par la grâce de Dieu, a
vescu trente-six heures après, et les sacremens
de saincte Église par lui receuz, a tousjours eu
congnoissance de Dieu et bonne parolle, jusques
au départ de l'ame et du corps ; et l'autre, qu'il
est hors des mondaines misères, et que son ame
est, comme je pense, en éternel repos. Je vous
envoye le corps, vous priant, Madame, que,
par impascience ou trop excessive douleur, je ne
perde la mère avec le filz, et que, en perdant
les deux, je ne me perde : ce que Dieu ne vueille,
mais vous donner à vous et moy le nécessaire
pour nostre salut.

» Escript au camp de Saincte-Brigide, le
18 septembre. »

Ceste lectre estoit escripte dudit seigneur de
La Trémoille, et non par son secrétaire ; laquelle ne fut leue sans variacion de propos, et
sans gecter grans souspirs et larmes par ladicte
dame, qui, après avoir son dolent cueur, des
immundicitez de angoisse par piteuses larmes
lavé, prinst sa plume ; et, voulant aussi de sa
part, en cellant ses angoisses, son cher espoux
réconforter, luy escripvit ceste lettre :

*Response de ladicte dame audict seigneur de
La Trémoille.*

« Si la transgression de la justice originelle,
qui fut à noz premiers parens donnée, n'eust
entre l'esprit et la chair mortelle guerre engen-
drée, le trespas de nostre unique filz nous devroit plus consoller que contrister, parce que
l'esprit, par la clère verrine de raison, veoyt et
congnoist qu'il est de peine transmigré en repos, de misère en gloire, de crainte en seureté,
d'espoyr en divine vision, de malladie en in-
corruptible incolumité, et de mort en éternelle
vie ; mais la chair qui, pour les ténèbres du
corps, ne veoyt aulcune chose en esprit, regrette, lamente et déplore la perte ou absence

de ce qui luy plaist, et de ce qu'elle ayme corporellement, parce qu'elle ne peult veoyr le fruict des choses spirituelles, qui est la cause de vostre desconfort et de ma tant désollée tristesse. Toutesfoiz, Monsieur, quant à l'entendement, si trop ne summes de raison esloignez, doyvons louher Dieu et luy rendre grâces pour les consideracions que de vostre grâce m'avez escriptes. Croyez, Monsieur, que, en remémorant la bénignité de nostre fils, son humilité, obédience et honnesté, ma pauvre chair languist, et mon ame n'est que demye vifve; mais au considérer les douaires des ames sauvées, et que j'espère que tous le serons, je me consolle quant à l'esprit, non que ma chair en soit contante. Toutesfoiz chose contraincte est, si ne voulons offenser Dieu, le louher de nostre infortune. Je vous prie, Monsieur, que de vostre part regectez les causes de douleur, et que joygnez la vostre pensée à l'amour spirituelle. Au regard du corps, que je ne pourrois veoyr sans de dueil mourir, sera honnourablement ensépulturé au plus près de vostre vouloyr, sans aulcune chose y espargner, et encore moins pour le salut de l'ame, qui doibt estre la première servie, comme celle qui doit sans fin vivre au palays de éternel repos, ouquel, après bonne et longue vie, Dieu vous vueille donner lieu.

» Escript à Dissay, le 14 septembre. »

La lettre de ladicte dame, portée audict seigneur de La Trémoille, fut troys jours par luy gardée, sans la vouloyr lyre, pour le doubte de renouveller sa tristesse. Toutesfoiz ung soyr bien tard en fist lecture de partie, car le tout ne peut lyre, à la raison de ce que l'escripture estoit effacée des larmes de la dame, qui estoyent l'escripvant sur icelle tumbées.

Je ne me oublieray en cest endroict, parce que, nonobstant ma petite qualité, et que à moy n'appartinst voir le congnoistre du regret de ceste très-noble dame, toutesfoiz, comme je fusse par devers elle allé pour luy parler d'aulcunes affaires civilz dont j'avoye de par monsieur et elle la charge, ne me presta l'oreille pour me entendre, mais convertit le sens de l'ouye en piteux regards, accompaignez de véhémens souspirs, qui empeschèrent long-temps son parler, que je n'ousoye anticiper, mais l'actendoye en contrainctes larmes soubz emble semblant, par compassion de son infortune. Et comme le temps luy eust donné grâce de parler, elle m'ouvrit le coffre de ses pitéables douleurs, en me disant : « Ha! Jehan Bouchet, que dictes-» vous de mon malheur et de l'irréparable perte » de nostre maison? Me doy-je arrester de sa-» criffier par larmes ma douloureuse cause da-» vant tout le monde ? Pensez-vous que le possi-» ble de vivre empesche l'effort de mort? Me » ayderez-vous poinct à soustenir le faix de mon » malheur, qui participez en la perte ? Oublie-» rez-vous l'espoyr par vous actendu en l'exhi-» bicion de l'amour de mon filz, et le loyer du » service par vous à lui faict? Qui présentera » plus voz petitz euvres davant les yeulx des » princes pour en avoir guerdon ? Qui recepvra » et mettra en valeur voz petites composicions? » N'espargnez vostre plume à escripre le con-» gneu de vostre seigneur et maistre, à ce que » oubliance ne laisse perdre ses mérites. »

Toutes ces piteuses parolles donnèrent roupture à mon principal affaire, et tant grevèrent mon cueur, que intrinsèque douleur deffendit à ma bouche de parler, et sorty de la chambre, accompaigné seullement d'angoisse, laissant la désolée plorant et se desconfortant, sans avoir puissance de luy donner lors ung seul confort.

Ceste dame savoit très-bien que porter paciemment sa perte estoit mérite ; et, quant à l'esprit, n'y failloyt en rien : car c'estoit une dame qui fort bien l'entendoit, et s'estudioit de tousjours conformer son vouloir à la divine volunté. Mais, touchant la sensualité qui répugne tousjours à la raison, elle souffroit tant que le plus l'eust fait soudainement mourir. Et fuz pluz d'ung moys que n'ousois à elle me présenter, à la raison de ce, quant elle voioit quelqu'un de ceulx que son filz avoit spécialement amez, ses douleurs renouvelloient, son esprit en avoit nouvelle guerre, toutes ses consolacions estoient troublées, et tous joieux souvenirs gectez derrière le doz. Et dès lors, vaincu du débonnaire commandement de ladicte dame, gectay ma fantasie sur nouvelles formes et invencions, pour déplorer par escript ceste tant noble et louable mort, quérant quel langaige je approprieroye à la nature du cas ; et finablement, parce qu'il avoit amé la métrificature, prins commencement à descripre ses meurs et cundicions, dont je sçavoie la vérité, nonobstant que depuis aucuns, par envie de sa louange méritée, ont murmuré contre l'opuscule que je feiz, intitulé *le Temple de bonne renommée*.

◇◇◇

CHAPITRE XXVIII.

Des regretz de madame la princesse pour le décès de monseigneur le prince son espoux; et du testament de madame Gabrielle de Bourbon, sa mère, qui mourut de dueil.

Combien que toutes ces douloureuses plainctes

deussent suffire pour faire le dueil du bon prince de Talemont, néantmoins fut renouvellé par les doléances de ma dame Loyse, comtesse de Taillebourg, son espouse, laquelle, asseurée de son piteux trespas, feit telz ou semblables regretz : « Ha! mort horrible, cruelle, sangui-
» neuse et violente, éternel dormir, dissolucion
» des corps, la crainte et trémeur des riches,
» le désir des pauvres, événement inévitable,
» incertaine pérégrinacion, larronnesse des
» hommes, fuyte de vie, départ des vivans et
» résolucion de toutes choses, que pourray-je
» dire à mon ordre contre toy, qui par violent
» sang me as substraict mon amy, meurdy mon
» espoux, séparé de moy toute joye, et faict
» approche de toute angoisse et éternel descon-
» fort? Tu es la seule cause dont dorénavant
» je auray pour unanime compaignée triste so-
» litude ; pour consolatif mariage, désolée vi-
» duité ; pour connubiaux ambrassemens, vi-
» sions nocturnes et lamyes ; pour amoureulx
» baisiers, lamentables souspirs ; pour grácieux
» regards, fluctuemens de larmes ; pour hon-
» nestes propos, inconsolables regretz ; et pour
» solacieuses pensées, inquiètes cogitacions.
» Qu'on ne parle de la perfection des bons
» maryz, desquelz il est le paragont et la fine
» perle, pour en avoir perpétuelle louange. »

Toutes ces lamentacions et aultres semblables faisoit ceste bonne et saige dame, dont je laisse le long escripre pour le doubte d'ennuy ; et pense que de son secret deuil eust esté outragée, ne fust le secours du seigneur de La Trémoille, son beau-père, lequel, ung moys ou deux après les tristes funérailles de son filz, néantmoins riches et pompeuses, vinst veoyr les deux désollées espouses à Thouars. Je laisse la pompe des obsèques qui furent faictz sans rien y prétérir, ainsi qu'il appartenoit, à grans fraiz et mises, et parleray seullement d'ung brief épitaphe pour la perpétuelle mémoyre de ce jeune prince, qui est cestuy :

Force de corps, hardiesse de cueur,
Le hault vouloyr d'estre nommé vainqueur,
Le grand désir d'estre au Roy secourable,
Et le vouloyr d'impugner la rigueur
Des rebellans non craignant la vigueur,
M'ont mis au ranc d'honneur inextimable,
Par fin honneste aux nobles désirable,
En surmontant Souysses ahontez :
Après soixante et deux coups, mort plorable
A Marignan me fut inexorable,
Quant mil cinq cens quinze ans furent comptez.

Le Roy laissa gouverneur à Milan messire Charles de Bourbon, lors connestable de France, qui si bien exerça sa charge, que les Milan-noys monstrèrent leur obéissance promise contre leurs voluntez jusques en l'an 1521, comme nous verrons cy-après.

Ledict seigneur de La Trémoille, après avoir accompaigné le Roy jusques à Lyon (son congié prins), alla veoyr, comme j'ay dict, les deux dames désolées que plus il amoit, pour les conforter, lesquelles actendoyent son désiré retour à Thouars. Leur rencontre fut à la porte de dueil parée de pleurs, et d'une part et d'autre furent accompaignez de gémissemens et regretz, pour le contrepoix des joyeux festins du passé. Et, combien que la dame de La Trémoille dissimulast et couvrist sa douleur de face joyeuse, néantmoins tout le faix des tristes pensemens que tous ensemble avoyent, demoura sur son cueur, et fut tousjours accompaigné de ses secrètes angoisses, voyre fut la contenance de sa tristesse, si longuement en son povoyr qu'on ne la povoyt amollir, dont en son cueur se engendra une mortelle apostume non curable par veue d'amys, lecture de histoyres, passe-temps de gens joyeux, concionnations ne aultres humains ne spirituelz remèdes. Et, l'esprit fatigué des ennuytz qu'il enduroit pour la guerre que raison avoit jour et nuyt contre charnelle amour en la région de son entendement, laissa le corps atténué et au lict, malade, certain peu de temps après le despart du seigneur de La Trémoille, qui contrainct, par redoublement de postes, se retirer en son gouvernement de Bourgongne.

Une lente fièvre, accompaignée de mortelle langueur, empira le mal de la dame de La Trémoille, et par légières assaillies la conduyrent en décepvant les médecins, jusques au pas de la mort, dont ledit seigneur de La Trémoille, son espoux, fut asseuré par sa lectre, non escripte de sa main comme elle avoit accoustumé, mais du secrétaire ; et aussi en fut adverty par les médecins. A ceste cause son partir fut soudain, et sa compaignée laissée, fors de troys gentilzhommes, vinst en poste à Thouars, où trouva la certitude de la nouvelle qui si tost l'avoit faict venir ; et, sans changer de vestemens ne faire aultre acte, voulut aller veoyr celle que tant amoit ; mais, avant que entrer (la compaignée de larmes, qui dès son partement de Bourgongne l'avoit tousjours conduict, laissée à la porte de sa chambre), para de facialle joye la tristesse de son cueur, et à son espouse, au lict couchée, donna le grácieux bon soir, qui fut par elle humblement accepté, et par ung véhément souspir rendu, luy disant : « Ah! Monsieur,
» l'heure de vostre venue, par moy tant désirée,
» m'a esté fort longue, doubtant, pour la presse
» de mon mal, jamais ne vous veoyr, et ne vous

» povoyr dire le dernier à Dieu avant que
» mourir.—Vous n'en estes pas là, dist ledict
» seigneur, jespère, ou cas que vouldrez mettre
» peine à chasser de vostre esprit les mortelles
» tristesses que trop y avez gardées, que aisé-
» ment retournerez à vostre première santé.—
» La chose n'est possible, dist-elle, quant à
» nature; et si resjouyssement povoyt estre le
» médecin de mon mal, vostre seul regarder le
» guériroit comme la chose du monde qui plus
» me plaist; mais je suis au période de ma mor-
» telle vie, et au terme constitué que je ne puis
» prétérir ne passer sans mort. Noz corps seront
» pour ung temps esloignez; je vous prie que
» noustre chaste amour soit perpétuelle en
» vostre souvenir, et que ayez éternelle mé-
» moyre de celle qui vous a tousjours esté
» fidelle amye et compaigne.—Madame, dist
» ledict seigneur, si lascheté n'occupoit le mien
» cueur par troublement de sens, je ne vous
» scauroys oublier, car loyaulté, bénignité,
» amour, honnesteté et bonté, m'en sollicite-
» ront assez, et scay que j'en auray perpétuel-
» lement les umbres davant les yeulx de mon
» espryt, qui ne me laisseront sans triste regret,
» si je vous pers; ce que je n'espère, mais que
» guérirez, si voulez ouster de vostre esprit
» toutes ces tristes pensées, et que, pour amen-
» der le mien failli, vivrons encores trente ans
» ensemble. »

Toutes ces consolacions et aultres semblables luy donnoit ledict seigneur, et chascun jour la visitoit cinq ou six foiz, jusques à la piteuse journée de son trespas, que, après son testament faict par l'auctorité dudict seigneur, congnoissant que l'heure de son deffinement approchoit, luy dist : « Monsieur, il y a trente-troys ans,
» peu plus ou peu moins, que la loy de mariage
» nous lya, et honneste amour assembla nos
» cueurs, et en fist une voluntè; je vous rendy du
» fruict de ceste alliance ung seul filz, ouquel
» Dieu et nature mirent tant de bien, que le dé-
» cès d'iceluy m'a mise en l'estat où me voyez,
» non du tout par ma coulpe, car, pour résister
» à ma douleur, je me suis de raison aydée au-
» tant que mon petit sens l'a peu faire; mais la
» sensualité, contre mon vouloyr, s'en est tant
» contristée, que mon pauvre entendement, las
» de ces fascheries, en a laissé tout le faix en
» mon débille corps, qui plus ne le peult porter,
» dont je rends grâces à Dieu, le priant me par-
» donner le deffault de raisonnable pascience.
» La journée pour davant Dieu comparoyr et luy
» rendre compte, est venue, qui me faict trem-
» bler et frémir, pensant que, pour le tesmoy-
» gnage de la saincte Escripture, à peine pourra

» le juste estre saulvé. Toutesfoiz, armée de foy,
» considérant que Dieu est tout puissant, j'es-
» père que son infaillible sapience aura, par son
» incompréhensible bonté et charité, pitié de
» moy, sa pauvre créature, de laquelle il con-
» gnoist l'ignorance et fragilité, non par mes
» opéracions, mais par le mérite de la mort et
» passion de son éternel fils Jhésus, nostre saul-
» veur et rédempteur, et par les mérites et priè-
» res de madame Marie sa mère.

» Et parce que à noz espousailles, prins de
» vous l'anneau de la connexité de noz cueurs,
» par sa rondeur signiffiée, laquelle doit estre
» entière sans aulcune corruption, comme dé-
» monstre la purité de l'or, je le vous rends non
» violé, maculé, ne corrompu des vices à con-
» jugale chasteté contraires. Je n'ay mémoyre
» d'avoir faict chose qui vous deust desplaire,
» ne que mon vouloyr ayt esté contraire à vostre
» bonne volunté, mais, par deue obéissance, me
» suis tousjours efforcée de vous complaire. Tou-
» tesfoiz en si longues années seroit difficile n'y
» avoir eu quelque chose failly; à ceste considé-
» racion, Monsieur, vous supplie me pardonner
» ces faultes. Je vous laisse le vif image de nos-
» tre filz, c'est nostre jeune enfant Françoys,
» pour le reste de tout ce qui vous pourra con-
» soller. Il est de cler engin et faciles meurs, et
» ne tiendra que à bonne conduicte s'il n'a tou-
» tes les grâces de son père. Je m'extimeroys
» eureuse si plus grand fruict de nostre sang je
» vous laissoys; mais, après mon décès, si voyez
» que la nécessité le requière, pourrez avoir
» aultre espouse, qui sera plus jeune que moy,
» pour vous donner plus grant lignée, à ce que
» vostre redoubtable et bien extimé nom soit
» perpétué; et pour le dernier à Dieu je vous
» recommande mon ame. »

Ce piteux congié prins, la bonne dame tourna les yeulx vers le ciel, en disant assez hault le commencement de ce pseaulme, *In te Domine speravi*, puis demanda l'extrême unction, qu'elle receut, et incontinent après rendit l'âme à Dieu, le derrier jour de novembre l'an 1516; et ledict seigneur de La Trémoille, qui ne peult veoyr la fin de toutes ces tristes choses, se retyra en une aultre chambre, où en se desconfortant disoit : « O infortuné accident, incon-
» vénient non précogité, malheur non pourpensé,
» procédans de la subtilité du pénétrant engin
» d'une des meilleures dames du monde! que à
» ma volunté son esprit n'eust esté de si agu
» sentement, et n'eust si subtillement ap-
» préhendé la perte receue en la mort de nostre
» filz! O famélicque et aveuglée mort! pourquoy
» n'as tu esté contante du filz sans la mère? A

» l'ung et l'autre nature avoit ordonné plus long
» vivre que à moy, et, me laissant proche de
» vieillesse, a prins ceulx ausquelz tard mourir
» m'eust donné le long vivre. J'ay l'ung perdu
» par glayve, l'autre par douleur, et je me per-
» dray par angoisse, puisque j'ay la compaignée
» perdue de deux amateurs de vertuz, ennemys
» de vices, serviteurs de Dieu, mespriseurs du
» foul monde, louhez des bons, crains des maul-
» vaiz, révérez des grans, aymez des pauvres,
» et par admiracion extimez dignes de tout hon-
» neur. »

Aultres grans regretz fist ledict seigneur, que je n'escriptz pour obvier à la despense du temps ; et, retournant à ladicte dame, je n'oublieray sa très-louable mort, portant tesmoygnage de sa saincte vie, car onc dame ne mourut en plus grant foy, en plus fervente charité et humilité, ne en meilleure espérance, sur la mort et passion de nostre Seigneur Jhésucrist fondée. Aussi avoit-elle tousjours esté de ces troys vertuz acompaignée, et des vertuz morales bien enseignée. Onc ne voulut faire chose concernant la civilité sans asseuré conseil. Sa prudence mesuroit tous les temps, en sorte que le passé donnoit ordre au présent et advenir, et le présent regardoit le futur, lequel modéroit le présent. Sa force ne l'avoit onc laissée, fors à la mort de son filz : car au reste n'eust onc une seulle suspeçon de pusillanimité. Sa température estoit si grant, que, par jeunesse ne aultrement, ne fist onc chose suspeçonneuse de lascivité ; mais fust tousjours si pudicque, que les lascivieux craignoyent le regard de ses chastes yeulx. Ses funéreuses pompes furent faictes en son église de Nostre-Dame de Thouars.

◇◇◇

CHAPITRE XXIX.

Le seigneur de La Trémoille est amoureux pour honneur de la duchesse de Valentinoys, et l'espouse.

Le seigneur de La Trémoille s'acquicta très bien, et diligemment, en l'acompliment des ordonnances testamentaires de son espouse, et fut son dueil si grant, qu'il ne prenoit repos asseuré, ne consolacion pour laquelle il peust l'excès de ses soupirs modérer. Toutes les damoiselles de la dame trespassée estoient de larmes tainctes, jusques à mescongnoistre de primeface visaiges et personnes, et la maison pleine de regretz, qui avoit habondé en passetemps honnestes ; on n'y parloit que de piteuses et tristes choses. La mort, cause de tout ce désordre, avec dueil, regret, ennuy, tristesse, chagrin et angoisse, vouloient (pour parachever le maleur de ceste maison) abbatre et aterrer ledit seigneur de La Trémoille, chief d'icelle, lequel n'y povoyt si virillement résister qu'il eust faict en sa florissante jeunesse, car jà passait l'aage de cinquante-trois ans. Or, luy estant ainsi mal traicté et en dangier de mort, le Roy (comme Dieu voulut) le manda pour aller à sa court à Bloys, où, au grant regret de laisser son dangier, se transporta, et de Bloys à Paris, avec le Roy, la Royne, madame la Régente, mère du Roy, et autres grans princes, pour recepvoir l'ambassade du roy des Rommains et du roy d'Espaigne.

Trois ans après, tant remonstrèrent au seigneur de La Trémoille ses amys, qu'il estoit encores en sa corporelle force, combien qu'il eust cinquante-six ans, et que n'avoir qu'un seul héritier, c'estoit n'en point avoir, qu'il consentist à demander la jeune duchesse de Valentinoys. Il luy escrivist. La duchesse ne recula la main de l'épistre, mais en bénigne simplicité la prinst et leut tout au long, et respondit : « Madame la Régente, mère du Roy, qui de sa
» grâce tient lieu de mes feuz père et mère, a
» mon vouloir entre ses mains, et de son simple
» commandement viendra prompte obéissance. »

Restoit encore le bon plaisir de madame la Régente, sans laquelle on n'eust peu le périocle de ceste alliance trouver : et pour l'entendre est à considérer que ceste jeune duchesse, nommée Loyse, estoit seulle fille et héritière du duc de Valentinoys, et d'une fille de la très-noble et illustre maison d'Allebret ; lequel duc estoit extraict de la noble et ancienne lignée des Borgias d'Espaigne, comme ainsi récite Anthonius Sabelicus, et vinst en France au commancement du règne du roy Loys XII, pour les factions qui furent en Italie entre luy et les Ursins ; et certain temps après ledit roy Loys le maria avec ladicte fille d'Allebret, de laquelle il eut ladite dame Loyse : puis décédèrent, savoir est, ledit duc le premier, et laissèrent icelle Loyse, leur seulle fille et héritière, de laquelle madicte dame la Régente prinst le gouvernement.

On se pourroit esbayr commant ledict seigneur de La Trémoille, qui estoit homme prudent et riche, ne gectoit sa fantasie sur aultre dame, non si jeune que ladicte duchesse ; car assez en y avoit en France, belles, riches et de bon renom, tant veufves que aultres, qui n'avoient onc expérimenté les doulceurs de mariage. J'ay sceu par sa bouche que deux choses le mouvoyent : l'une qu'il ne vouloit espouser femme veufve, l'autre qu'il n'en congnoissoit en court qui fust à luy plus agréable, ne qui mieulx approchast au jugement de sa fantasie, et sçavoit que en la race d'Allebret toutes les femmes et les filles ont eu et gardé sans macule l'honneur et tiltre de chasteté et de pudicité ; et, par la longue et honneste fréquentacion qu'il avoit euë avec ceste jeune duchesse, congnoissoit qu'elle estoit humble sans rusticité, grave sans orgueil, bénigne sans sotie, affable sans trop grant familiarité, dévote sans ypocrisie, joyeuse sans follye, bien parlant sans fard de langaige, libéralle sans trop de prodigalité, et prudente sans présumption, et finalement qu'elle estoit en l'aage pour avoir lignée, qui estoit l'ung des plus grans désirs dudict seigneur, parce qu'il n'avoit que ung seul héritier. Et combien que ledict seigneur eust plus de cinquante ans, toutesfoiz estoit tant en la grâce de nature, qu'il sembloit bien n'en avoir que quarante-cinq. Aussi les ans ne font les gens vielz totalement, mais l'imperfection de leurs complexions. Or fist tant de démarches envers madame la Régente, le seigneur de La Trémoille, que la consummacion du tant désiré mariage d'icelluy seigneur avec ladicte duchesse fut faict à Paris.

<><><>

CHAPITRE XXX.

Comment monsieur Françoys de La Trémoille, prince de Thalemont, espousa madame Anne de Laval, et des guerres que le roy de France eut en Picardie, où il envoya son lieutenant-général, le seigneur de La Trémoille.

Combien que, par le jugement des hommes, ceste jeune duchesse fust bien disposée et organisée de tous ses membres, et ledict seigneur de La Trémoille en disposicion convenable pour luy faire des enfans, néantmoins dame nature ne peut estre la maistresse sur la divine Providence, qui avoit réservé l'entière succession dudict seigneur à monsieur Françoys, fils unicque du seul filz d'icelluy seigneur de La Trémoille, occis à Saincte-Brigide, comme dict est. A ceste consideracion, et qu'en luy fust si noble géneracion perpétuée, ledit seigneur de La Trémoille, son ayeul, se fist enquérir, partout le royaume, de quelque dame propre et pareille audict jeune seigneur, qu'on appelle le prince de Thalemont, et de laquelle il peust avoir lignée bientost : car, considérant la variacion des choses humaines en la petite et incertaine actende des jeunes hommes, dont la mort ravist en plus grant nombre que de vielz, doubtoit fort le mourir et la perte de ce jeune prince. Or fist tant qu'il apporta la volunté d'une jeune dame, pareille audit prince en aage, en lignaige, en meurs, et à géneracion bien disposée : c'estoit madame Anne de Laval (1), fille et héritière du seigneur de Laval, l'une des anciennes et illustres maisons de Bretaigne, et qui plus a duré sans mutacion, et de la princesse de Tharente ; laquelle madame Anne fut conjoincte par mariage avec ce jeune prince, troys ou quatre ans après les secondes nopces dudict seigneur de La Trémoille.

L'union de ces deux illustres personnes fut accomplie de toutes les choses qu'on pourroit désirer, tant en biens, en meurs, que en toutes aultres choses de perfection d'esprit ; et, s'il estoit permis de dire au long les louanges des vivans, je diroys et escriroys sans mentir que, aux parolles et faictz de ce jeune prince, et à l'exercice de son grant et facile engin, on le peult estimer estre en l'advenir une perle en la maison de France, et une réserve de bon et asseuré conseil, sans lequel on ne devra faire ne exécuter aulcune bonne entreprinse. Et au regard de madite dame son espouse, elle est acomplie de toutes les bonnes grâces qu'on pourroit en une parfaicte dame choysir : il n'est rien plus beau, plus humble, plus noble, plus mansuet, plus affable, plus gracieux, plus begnin, plus saige, ne plus religieux ; laquelle, au désir dudit seigneur de La Trémoille, eut, à la fin du premier an de ses espousailles, ung beau filz, qui est le plus grant bien que l'ayeul et le père eussent peu en ce monde avoir.

Environ ce temps, Charles, roy d'Espaigne, esleu empereur, et Henry, roy d'Angleterre, son beau-frère, commencèrent à manifester et monstrer les envies par eulx long-temps auparavant conspirées contre la prospérité du royaulme de France et des Françoys ; et, nonobstant l'aliance qui avoit esté faicte ou triumphant festin d'Ardre, entre lesdicts roys de France et d'Angleterre, où ilz s'estoient veuz, entreprindrent faire la guerre aux Françoys ; sçavoir est, ledict roy d'Espaigne, à Mozon et Mézières, par le secours d'aulcuns Allemans, Namuroys et Hennuyers, tousjours rebelles à

---

(1) Anne de Laval, fille de Charlotte, princesse de Tarente, fille unique de Frédéric d'Aragon, roi de Naples. Elle épousa en 1521 le jeune prince de Talmont ; cette alliance donnait à la maison de la Trémoille des droits sur le royaume de Naples ; ces droits ont été reconnus dans plusieurs traités.

la couronne de France, où peu gaignèrent, car le roy de France en eut la victoire par le secours des princes et bons capitaines de France, et, entre aultres, messire Pierre Terrail, qu'on appelloit le capitaine Bayart, homme hardy et prudent en guerre, qui sceut bien garder Mézières, Moumoreau, lequel y mourut par inconvénient de maladie, en la fleur de son aage, et d'aultres plusieurs. Ceste guerre, faicte sans propos et en hayne de messire Robert de La Marche, tenant le party du roy de France, fut sans fruict d'une part et d'aultre, et avec grant dommage, car les Alemans mirent à feu et sang plusieurs bourgs et villages de la Picardie; et autant ou plus en firent les Françoys en Hénault. Et peu de temps après le roy de France, sans faire bruyt, feit assaillir et prendre sur le roy d'Espaigne la ville de Fontérabie, par messire Guillaume Gouffier, admiral de France; et, adverty que les Anglois vouloient descendre en la Piccardie, y envoia ledit seigneur de La Trémoille, pour donner secours au duc de Vendosme, gourverneur dudit pays; et, eulx deux ensemble pourveurent très-bien aux affaires dudit pays, et avec les garnisons avitaillèrent, par trois ou quatre foiz, Thérouenne; ce qui depuis n'a esté fait sans grosse assemblée de gens, ne sans plus grans fraiz et mises. Comme on faisoit toutes ces choses en Picardie, furent apportées nouvelles au roy de France, lors estant à Paris, que les Alemans faisoient grosse assemblée pour venir en Bourgongne de par le roy d'Espaigne; par quoy le Roy manda ledict seigneur de La Trémoille aller vers luy, lequel il trouva à Paris; et delà le Roy l'envoia en Bourgongne, à diligence, pour donner ordre audit pays. Les Alemans, certains de sa venue, et de l'ordre qu'il avoit jà mis pour les recevoir, laissèrent leur entreprise sans effect, et donnèrent roupture à leur voiage: mais les Anglois, sachans que ledit seigneur de La Trémoille n'estoit plus en Picardie, acompaignez des Flamens et Hennuyers, y entrèrent en 1522, et assiégèrent la ville de Hédin. Pour ceste cause le Roy manda ledit sieur à diligence, et luy donna charge de aller secourir ledict duc de Vendosme oudict pays de Picardie; aussi y envoia messeigneurs les mareschaulx de Foix et Montmorancy, le seigneur de Mézières et le seigneur Fédéric de Bauge, avec leurs bandes; mais, sceu par les Anglois, Hennuyers et Flamens, leur venue, eulx retirèrent bientost, sans auser les actendre.

Oudit temps, le Roy dressoit une aultre armée fort belle et grosse, pour aller en Italie recouvrir la ville de Milan, laquelle le seigneur de Lauctrect, qui en estoit gouverneur pour le Roy, avoit esté contrainct laisser par faulte de secours; mais, avant que le faire, voulut bien donner ordre à son royaume; et, luy estant à Sainct-Germain-en-Laye, près Paris, manda audict seigneur de La Trémoille, estant en Bourgongne, se trouver vers luy, ce qu'il fist, et luy dist : « Monseigneur de La Trémoille, » vous voiez les affaires de mon royaume, et le » voyage qu'on m'a fait à Milan où je suis délibéré » aller : mais je ne sçay que, moy party de ce » pays, les Anglois, Hennuyers et Flammans » s'efforceront me faire ennuy et dommage ou » pays de Picardie; et, adverty qu'ils vous crai- » gnent, vous y veulx envoier mon lieutenant- » général. — Sire, dist ledit seigneur de La Tré- » moille, je suis tousjours prest à vous obéir; » toutesfoiz je me déporterois voluntiers de ceste » charge, si vous plaisoit m'en bailler une » aultre, parce qu'elle pourroit desplaire à mon- » sieur de Vendosme, gouverneur dudit pays, » lequel est ung prince hardy, prudent et loyal ; » et, tant à cause de son auctorité que par son » sens, saura très-bien résister à vos ennemys ; » et voluntiers soubz sa charge vous y feray le » service auquel je suis tenu. — Et si mon cou- » sin le duc de Vendosme vous en prie, dist le » Roy; le ferez-vous?—Sire, dist ledict sei- » gneur, vous sçavez que mon vouloyr a tous- » jours esté, est et sera entre voz mains et en » vostre puissance. »

Lesdicts duc de Vendosme et seigneur de La Trémoille parlèrent ensemble de ceste matière, et, à sa requeste, ledict seigneur accepta ladicte charge de lieutenant-général oudit pays de Picardie; et luy bailla le Roy cinq cens hommes-d'armes, dont les bandes n'estoyent complettes, et dix mil hommes de pié des gens du pays, qui n'avoyent jamais veu de la guerre et ne faisoyent que saillir de la charrue.

Le Roy prinst le chemin de Lyon pour aller en Italie, et passa par Moulins en Bourbounoys, où lors estoit malade messire Charles de Bourbon, connestable de France. Et, après avoir parlé ensemble dudit voyage, le Roy, suivant son chemin, arriva bientost à Lyon; et ledict messire Charles de Bourbon s'en alla au chasteau de Chantelles, qui est l'une des fortes places d'Aquitaine. Dix ou douze jours après on fist rapport au Roy, que s'il alloit delà les monts, ledict de Bourbon (soubz umbre qu'il estoit connestable de France) et aultres de sa faction et entreprinse, avoyent délibéré et concluid eulx emparer du royalme de France, de monsieur le Daulphin, et des autres enfans du Roy, pour faire d'eulx et du royaume à leur plaisir ; dont il fut fort esbahy et courroussé, et incontinent envoya gens à Chantelles pour prendre et luy amenner ledit de Bourbon, lequel, de ce adverty par aucuns de ses amys estans en la cour du Roy, laissa Chantelles, et, avec ung de ses gentilz-hommes, nommé Pomperant, et trois ou quatre aultres, se retira, à grant diligence par la comté de Bourgongne, en Austriche, vers ledict roy d'Espaigne, ennemy du roy de France.

Le seigneur de Sainct-Vallier, l'évesque d'Authun, l'évesque du Puys et aultres, qu'on disoit estre de ladicte faction, furent prins prisonniers et envoyez au chasteau de Loches. Toutes lesquelles choses donnèrent (non sans cause) roupture au voyage que le Roy avoit délibéré faire en Italie ; et y envoya messire Guillaume Gouffier, admiral de France, son lieutenant-général, avec son armée qui estoit fort belle et en bon ordre. Pour ces cas le Roy eut matière d'avoir en suspection grande les parens et alliez dudict duc de Bourbon, et entre aultres ledict seigneur de La Trémoille, parce qu'il avoit esté marié en premières nopces avec feue madame Gabrielle de Bourbon, seur du père dudict messire Charles de Bourbon. Néantmoins n'eut jamais aulcune deffiance d'icelluy de La Trémoille ; mais, l'advertissant dudict cas, luy recommanda sa charge de lieutenant-général en Picardie, en laquelle il s'acquita très-bien ; car, dès ce que ledict seigneur eut eu son expédition du Roy pour ladicte charge, s'en alla à Sainct-Quentin en Vermandoys, où séjourna quelque temps, actendant à venir sa gendarmerie, et aussi qu'il estoit fort blécé de la cheute d'ung cheval tumbé soubz luy.

De Sainct-Quentin ledit seigneur de La Trémoille, demy-guéry dudict mal, s'en alla tout le long de la frontière jusques à Boulogne-sur-la-Mer, puis s'en alla à Monstereul, où il se tinst longuement, à la raison de ce que c'estoit l'une des feubles villes du pays, et aussi craignoit, s'il en fust party, que ceulx qui estoyent ordonnez pour la garder en feissent difficulté, au moyen de la grant mortalité de peste qui y estoit. Et, luy estant là, le duc de Suffort, avec grosse armée d'Angloys, descendit oudit pays, et se vinst joindre au seigneur d'Istam, lors lieutenant-général du roy d'Espaigne. Eulx assemblez avec leurs armées se trouvèrent jusques au nombre de trente-six mil hommes de pié et six mil chevaulx, et une des plus belles bandes d'artillerie qu'on aye guières veu en armée. Si prindrent leur chemin droict à Boulongne ; mais, sceu par eulx le bon ordre que ledict seigneur de La Trémoille y avoit mis, ne l'auzèrent assaillir, et prindrent ung petit chasteau qu'on n'avoit pourveu, parce qu'il n'estoit tenable. De là allèrent passer davant Thérouenne, et furent troys ou quatre jours autour de la ville pour l'assiéger ; ce que à la fin ne trouvèrent bon, car dedans estoit le capitaine Pierre Ponth, lieutenant du duc de Lothraint, homme de grant hardiesse et saige conducte, qui fist plusieurs saillies sur eulx, à leur dommage et perte.

De Thérouenne les ennemys allèrent à Dorlans, où ilz furent douze ou treize jours sans approcher leur artillerie, parce que, en le cuydant faire, on y avoit occis tout plain de leurs gens à coups de canon d'ung chasteau de terre que avoit faict faire le seigneur de Ponthdcrémy ; et, au moyen de ce qu'il n'y avoit assez gens dedans la ville de Dorlans pour la deffendre, ledict seigneur de la Trémoille y envoya deux bandes et enseignes de gens de pié, lesquelz y entrèrent de plain jour, à enseignes desployées, à la veue de l'armée des ennemys ; et quant les ennemys partoyent d'une place pour aller à l'autre, ledict seigneur de La Trémoille estoit contrainct faire partir et aller toute nuyt ceulx de la place que les ennemys avoyent habandonnée, pour eulx mettre en celle où ilz alloyent, à la raison de ce qu'il n'avoit assez gens pour garder si grant frontière. Et alloit tousjours ledict seigneur, les coustoyant pour donner ordre à tout. Il avoit si peu de gens, qu'il n'eust sceu mettre aux champs à une foiz plus de soixante hommes-d'armes et mil hommes de pié.

Au partir de Dorlans, les ennemys prindrent leur chemin tout le long de la rivière de Somme, sans entrer au pays du Roy, jusques à tant qu'ilz allèrent davant la ville de Bray, laquelle ils prindrent, parce qu'elle n'estoit tenable ; et la rivière par eux passée, allèrent à Roys et à Mondidier, qui sont deux petites villes, lesquelles ilz prindrent, à la raison de ce qu'on n'avoit gens ne monicions pour les pourveoyr. Or fault entendre que, dès ce que les ennemys eurent passé la rivière de Somme, ledict seigneur de La Trémoille envoya le comte de Dampmartin à Noyon, qui assembla ce qu'il peult des gens du pays, et rempara la ville à son possible, de sorte que les ennemys n'y allèrent. Aussi manda ledict seigneur de La Trémoille à messieurs de la court de parlement et citoyens de Paris qu'ilz envoyassent gens et artillerie le long de la rivière de Marne ; ce qu'ilz feirent. Et d'une aultre part mist dedans la ville de Péronne les seigneurs de Montmor et de Humières ; et dedans Corbie, ledict seigneur de Ponthdcrémy, les vicomtes de Turenne et Lavedent, et le seigneur de Rochebaron, avec leurs bandes. Brief, ledict seigneur mist si bon ordre partout, que les ennemys, par faulte de vivres, furent contraincts eulx retirer. Et à leur retraicte prindrent Beaurevoir et Bohamg; mais Beaurevoir fut incontinant reprins par ledict seigneur Ponthderémy, et Bohamg par ledict seigneur de La Trémoille, les ennemys n'estans encores à six lieues loing des Françoys; parquoy ne leur demoura une seulle place dedans les terres du Roy; et si perdirent en eulx retirant grant nombre de leurs gens, qui fut ung gros service faict au Roy et au royaulme.

<><>

CHAPITRE XXXI.

Comment, après ce que l'admiral de France fut retourné de Milan, messire Charles de Bourbon assiégea Marseille, dont fut chassé, et le siége levé par le roy de France, qui suyvit ledict de Bourbon jusques en Italie, où il assiégea la ville de Pavye.

Si les affaires de Italie se fussent aussi bien portez que ceulx de la Picardie, le Roy et le royaulme de France n'eussent eu les grans affaires depuis survenuz; mais fortune fut contraire à l'admiral de France, car il trouva Milan occupé et détenu par messire Charles de Bourbon, comme lieutenant-général du roy d'Espaigne éleu empereur. Les armées furent long-temps l'une près de l'autre, faisans tousjours quelques saillies et courses, où plusieurs furent occis, et encores plus de prisonniers prins, qu'on rendoit l'ung pour l'aultre, sèlon la qualité des personnes, contre la nature des François et Gaules, lesquelz, s'ilz ne donnent en collère et fureur, perdent leur force et hardiesse au dissimuler; et les Hispaniens et Italiens sont au contraire où les François devroient avoir l'œil, et ne altérer ne changer leurs anciennes meurs; car on ne le peult faire ne se acoustumer à d'aultres, si l'on ne change entièrement de toutes condicions. Le dissimuller est bon à gens qui n'ont esté nourriz en leurs aises, et qui sont coustumiers de longuement supporter le froid, le chault, la faim, la soif, le labeur du harnoys, la pluye, le vent et aultres ennuytz de guerre; mais ceulx qui ont leurs aises suyvyes, comme les François, ne les peuvent par long-temps supporter sans malladie ou diminucion de force et hardiesse. Le seigneur de La Trémoille a esté par aucuns blasmé de trop grant promptitude, mais non par gens cognoissans la nature des Gaules et François. Et si tous les chiefz de guerre françois eussent fait comme luy, peut-estre que l'yssue de leurs charges eust esté meilleure et plus avantageuse qu'elle n'a.

Or les Françoys, ennuyez d'estre si longuement aux champs, sans donner fin à leur entreprinse, après la prinse de Rebet, prindrent conseil d'eulx retirer en France, et se mirent au chemin en assez bon ordre. Les adversaires les suyvoient soubz la conduicte de messire Charles de Bourbon, et se rencontrèrent, où il y eut quelques gens occis d'une part et d'autre, et mesment messire Pierre Terrail, natif du Daulphiné, qu'on appelloit le capitaine Bayart, d'un coup de hacquebute à crochet, qui fut groz dommage, car, en parlant de l'excellence des bons capitaines, il ne doit estre mis hors du ranc, mais en lieu évident, pour ses mémorables faiz et gestes, et pour les bons services par luy faiz aux roys de France, tant au Garillan, recouvrement de Gennes, prinse de Bresse, que à la garde de Mézières. Aussi fut à ceste suyte frappé d'un coup de hacquebute le seigneur de Vaudenesse, frère du mareschal de Chabannes, dont il mourut certain temps après; et en cest estat les François retournèrent en France.

Ceste retraicte, faicte à bonne cause, augmenta fort le crédit de messire Charles de Bourbon envers le roy d'Espaigne, empereur, par l'ayde duquel bientost après descendit, avec grosse armée, en la comté de Provence, où il disoit avoir droit, ne sçay à quel titre; et alla mectre le siége davant la ville de Marseille, en laquelle estoient messire Phelippes Chabot, seigneur de Brion, le seigneur Rances et aultres bons capitaines, qui l'avoient très-bien fortifliée et pourveuc. Le Roy prinst délibéracion de aller lever ce siége, et manda ledict seigneur de La Trémoille, lors estant en Bourgongne, se trouver à Lyon, ce qu'il feit; et alla avec le Roy jusques à Tournon, par la rivière de Rosne, où le Roy fut adverty du légat d'Avignon n'avoir voulu mectre la ville d'Avignon entre les mains de messire Jacques de Chabannes, seigneur de La Palice, mareschal de France, et lors lieutenant-général pour le Roy en ceste expédition; parquoy envoia ledict seigneur de La Trémoille vers ledict légat, et avec luy les seigneurs d'Aubigny, de Florenges et Mézières, pour l'accompaigner. Eulx arrivez en ladicte ville d'Avignon, y trouvèrent ledict mareschal de Chabannes et le duc de Longueville, qui n'avoient les clefz d'une seule porte. Mais, dès ce que ledict seigneur de La Trémoille eut parlé audit légat, toutes les clefz de ladicte ville furent mises entre ses mains, et fut baillée la garde d'icelle ville audict seigneur d'Aubigny, sans laquelle l'armée du Roy estoit en dangier, à la raison de ce que par ladicte ville on povoit avoir vivres et secours.

Le mareschal de Chabannes, lieutenant-général pour le Roy, s'en alla loger au camp, et demoura ledict seigneur de La Trémoille en ladicte ville, jusques à la venue du Roy; incontinant après que le Roy fut en ladite ville, le camp des François, où se retira ledict seigneur de La Trémoille, marcha jusques à Cavallon. Ledict mareschal de Chabannes mennoit l'avant-garde, et ledict seigneur de La Trémoille la bataille, actendans le Roy à venir d'Avignon. Messire Charles de Bourbon, adverty de la présence du Roy et du bon ordre qui estoit en son armée, voiant qu'il ne pourroit acquerrir honneur ne proffit en son entreprinse, ne faire dommage à la ville de Marseille par luy assiégée, leva son siége, et se retira diligentement en Italie, non sans perte de son artillerie et de quelque nombre de ses gens. Le Roy, suyvant son armée, se trouva en icelle le jour qu'elle avoit passé la rivière de la Durance à gué, par miracle, ce qu'on n'avoit oncques veu; et, à la raison de ce que ses ennemys s'estoient jà trop esloignez, alla à Aix en Provence, où fut mis en délibéracion s'il devoit suyvir la promesse de sa fortune, et passer les mons avec son armée, dont il avoit bon vouloir pour plusieurs consideracions: l'une, qu'il avoit grosse armée, mesmement de Italiens et aventuriers de France, qui avoient fort endommagé son royaume, et que, si plus les retenoit, en paracheveroient la ruyne, parquoy nécessaire estoit les envoier ailleurs, ce qu'il pourroit honnestement faire, faisant guerre en Italie; l'autre, que son armée estoit en bonne ordre et preste à marcher, et l'aultre, que ses gens-d'armes avoyent bon vouloyr d'y aller, pourveu qu'il y allast, aussi que sa présence croystroit le cueur et courage de la gendarmerie. Pour toutes lesquelles causes et aultres le Roy, par la délibéracion de son conseil, entreprinst le voyage, et fist marcher son armée soubz la conduycte dudict mareschal de Chabannes par ung chemin; et, quant à luy et sa compaignée, allèrent par une aultre voye, de laquelle compaignée estoit ledict seigneur de La Trémoille.

Les mons passez et la rivière du Thizin, le Roy alla loger à Biagras, où il eut nouvelles certaines que ledict de Bourbon et l'armée du roy d'Espaigne estoient dedans Milan; sur quoy y eut plusieurs délibéracions si l'on devoit assiéger la ville de Milan ou non; et suyvant la meilleure, le Roy y envoya le marquis de Saluces pour faire ung essay, et ledict seigneur de La Trémoille après luy, lequel eut nouvelles certaines au chemin, comme ledict marquis avoit prins ladicte ville, et que les ennemys s'estoyent retyrez ailleurs; ce qu'il ne voulut si facilement croyre; et y alla pour en sçavoir la vérité, puis retourna soudain vers le Roy pour luy en dire ce qui en estoit. Il trouva le Roy en chemin, lequel le renvoya son lieutenant-général en ladicte ville de Milan, le pénultième jour d'octobre l'an 1524. Et après, luy envoya le comte de Sainct-Paul, le seigneur de Vaudemont, le mareschal de Foix et le seigneur Théolde de Trévolth.

Ledict seigneur de La Trémoille fortiffia la ville de Milan, au mieulx qu'il peult, de tranchées et rempars, entre le chasteau et la ville, à ce que les ennemys, qui encores tenoyent le chasteau, ne feissent quelques surprises ou saillies sur ceulx de la ville; et y demoura ledict seigneur jusques au quart jour de février prochain ensuyvant.

De l'aultre part, le Roy assiégea la ville de Pavye, et y fist droisser son camp aussi bien équippé qu'on en veit onc. Ledict camp fut assis davant le chasteau et ville de Pavie, et partie on parc, où y avoit une maison appellée Myrabel, que les François gaignèrent, par le moyen de laquelle et d'une brèche qu'ilz feirent en la muraille dudit parc, avoyent vivres sans dangier.

Ceulx du dedans de Pavye, dont messire Anthoyne de Leyve, chevalier vaillant et hardy, estoit chief et capitaine, s'estoient très-bien fortifliez, et la ville bien garnye de vivres et municions, pour la tenir long-temps contre le Roy. Souvent faisoient des saillies sur noz gens, non sans perte d'une part et d'autre; et y furent les Souysses quelquefoiz endommagez; ilz fasoient bon guet, et avoient tousjours l'œil sur ceulx qui alloient visiter les rempars et tranchées du camp du Roy, où monsieur Claude d'Orléans, duc de Longueville, prince jeune et hardy, fut occis en l'aage de seize ans, d'un coup de hacquebute, par ung de ceulx du chasteau, dont le Roy fut fort desplaisant. Tous les jours le camp du Roy endommageoit les adversaires, et baptoit la ville et le chasteau de toutes pars; et trouva moien le Roy de faire divertir le cours de la rivière du Thizin, à ce qu'elle ne passast plus par ladicte ville, qui ne fut sans grans peine, fraiz et mises. Et parce que l'armée françoise estoit fort grant, et que le Roy trouva, par conseil, qu'il povoit sans dangier en envoier partie ailleurs, pour amuser le grant nombre de Hispaniens estans à Naples, et empescher qu'ilz ne vinssent au secours de Pavye, le Roy y envoia le duc d'Albanye, avec quatre cens lances, et six mille hommes de pié, lesquelz passèrent jusques à Romme. Le Roy se tinst tousjours au camp et siége, où il feit tout ce que ung bon chief de guerre pourroit et devroit faire tant aux vivres, paiement de ses gens-d'armes, que bonne police : et si par foiz l'argent ou les vivres estoient retardez, consolloit ses gens-d'armes, leur remonstrant qu'il enduroit comme eulx ; et quant aucun estoit malade, le visitoit, et faisoit médiciner et penser, monstrant par effect qu'il amoit sa gendarmerie, sans toutesfoiz aucune chose diminuer de sa magesté et auctorité envers les désobéissans, contre lesquelz usoit de la sévérité de justice, ainsi que la chose le requéroit, sans aucune crudélité. Et avec ce entretenoit par grant faveur, les capitaines et chiefz de bendes, desquelles il pensoit avoir plus de service, montrant avoir singulière fiance en icelles ; voire de sorte que ceulx des aultres bendes estoient conviez et excitez à surmonter la bande favorisée, plus par bon service en espoir de récompense, que de celle faveur, parce que la faveur estoit en bonne raison fondée, à l'exemple de Julius César, qui monstroit par signes de faveur avoir plus de asseurance en la diziesme légion de ses gens-d'armes que aux aultres.

Comme on fasoit toutes ces choses, ledict seigneur de La Trémoille, estant lieutenant-général pour le Roy à Milan, se porta si très-bien en sa charge, que les ennemys n'en approchèrent, et ne luy feirent dommage ; où feit si grosse despense de ses propres deniers, que plusieurs foiz fut contrainct envoier quérir grans sommes d'or et d'argent à sa maison ; et la dernière foiz, qui fut au moys de janvier dudit an 1524, madame son espouse, pour luy donner quelque consolation en ses labeurs, par ceulx qui luy portèrent grosse somme d'escutz au souleil, à Milan, luy envoia une amoureuse épistre, et luy une à elle.

◇◇◇

CHAPITRE XXXII.

Comment le seigneur de La Trémoille fut occis à la journée de Pavye.

La lettre du seigneur de La Trémoille rapporta grant joye à madame son espouse ; mais avant cinq sepmaines passées, ceste consolacion tourna en merveilleuse tristesse, pour les choses qui depuis advindrent en Italie : car, comme le Roy tenoit Pavye assiégée, messire Charles de Bourbon, lieutenant-général de l'armée de l'empereur, roy d'Espagne, assembla grosse armée de Alemans, Bourgongnons, Austrasiens, Artisiens, Hennuyers, Brebançons, Hispaniens, Italiens, et quelques aultres gens de France, en nombre excédans l'armée du Roy, qui estoit fort affeublie, à la raison de ce que plusieurs gentilz hommes non stipendiez estoyent retournez malades en France, aultres estoyent mors, et aultres avoyent laissé le siége, par l'ennuy des pluyes et froidures qu'ilz avoyent supportées par quatre moys ou environ, on temps d'automne et d'yver, aussi que le Roy avoit envoyé à Naples quatre cens lances et six mil hommes de pié, comme nous avons veu cy-dessus. Et au commancement du moys de février dudit an 1524, ledit messire Charles de Bourbon, le viroy de Naples et le marquis de Pesquère, assemblèrent leurs gens en la ville de Lode, et y droissèrent leur armée, puis sortirent aux champs, délibérez de trouver les moyens d'entrer en Pavye, dont ilz furent repoussez par les Françoys ; et, suyvans leur chemin, assaillirent le chasteau Sainct-Ange, qui fut par eulx prins, et vingt-deux Italiens estans au service du Roy, dont les six estoyent de la maison de Gouzaga, puis allèrent loger à la veue du camp de France, et au derrière du fort d'icelluy.

Le Roy manda le seigneur de La Trémoille et aultres seigneurs estans en la ville de Milan, qui vindrent au camp de France, fors le seigneur Théolde de Trévol, qui demoura pour la garde de ladicte ville : et arrivèrent audict camp, le 4 février, avec leurs bandes, qu'il faisoit bon veoyr. En ce temps cuidèrent avoir la bataille, et ainsi le conseilloit ledit seigneur de La Trémoille, parce que lors les gens-d'armes de France estoyent fort délibérez et en meilleur ordre que les ennemys, qui eust esté le meilleur pour les Françoys, parce que voluntiers sont plus fors en la première poincte. Mais aultres capitaines ne furent de cest advis, disans que les ennemys ne les ouseroyent assaillir à leur fort, et que longuement ne pourroyent entretenir leur camp, et seroyent contraincts rompre leur armée, à la raison de ce qu'ilz estoyent mal pourveuz de vivres et argent, et que, par ces moyens, viendroit le Roy à chief de son entreprinse ; pour lesquelles raisons, qui avoyent bonne apparance, ne sortirent pour lors : et furent ainsi l'ung camp près de l'autre, environ quinze jours ou troys sepmaines, faisans escarmouches et saillies, et aussi ceulx de Pavye, qui ne fut sans perte de gens d'une part et d'aultre.

Tous les jours la compaignée de l'armée impérialle croissoit, et ne passoit guières nuyt qu'il n'y eust alarme. Les bons capitaines et gens de bien, durant ce temps, eurent tousjours le harnoys sur le doz, et entre aultres ledit seigneur de La Trémoille, qui ne le laissa onc, fors pour changer de chemise : souvent prédisoit une partie du désordre qui depuis advinst : mais, sans avoir regard au passé, aulcuns jeunes gens-d'armes prenoyent le présent pour resverie, et l'advenir en présumption. Le Roy se acquitoit autant bien que fist onc César en ses conquestes, et voyant la guerre subjecte à fortune, pour empescher que les cueurs d'aucuns de son armée ne affeublissent, et que hardiesse ne tournast en doubteuse suspeçon, aulcunesfoiz le persuadoit et excitoit au bien faire, par telles ou semblables parolles :

Persuasion du Roy à ses gens-d'armes davant Pavie.

« Si la force de noz ennemys n'avoit esté par vous et voz pères expérimentée, mes loyaulx chevaliers et gens-d'armes, je m'efforceroys vous exhorter à hardiesse ; mais la noblesse de voz cueurs et voz expériences congneues contantent mon esprit, et asseurent mon espoyr de future victoyre. Vous ne ignorez noz adversaires estre Hyspaniens, Saxons, Brebançons, Hennuyers, Artisiens, Séquanoys et Lombars ; et que les Visgotz (desquelz les Hyspaniens se glorifflent estre yssuz) ont esté long-temps a, vaincuz par les Françoys, et Clovis, leur premier roy crestien, voyre chassez d'Aquitaine en Espaigne ; où depuis, par plusieurs batailles, ont esté guerroyez et vaincuz par les roys Clotaire premier de ce nom, Sigibert, Chilpéric et aultres Roys mes prédécesseurs ; comme aussi furent après eulx les Sarrazins, occupateurs de leurs terres et agresseurs d'Acquitaine, desquelz furent occis, avec leur roy Abidran (1), jusques au nombre de troys cens quatre-vingts mil, près Tours, par les Françoys et Charles Martel, lors grant maistre de la maison de France, leur chief et principal conducteur ; et encores depuis par Charlemaigne, par le roy Charles V, et par vous et voz pères de fresche mémoyre, à Ravanne.

» Aussi peu devez craindre les Saxons de ancienneté rebelles à la couronne de France, et plusieurs foiz subjuguez par les Françoys, durans les règnes desdictz Clovis et Clotaire, et par Clotaire second, qui, leur pays subjugué, fist mettre à mort tous les hommes et enfans adultes passans en grandeur la longueur de son espée. Charlemaigne douze foiz les subjuga, et par douze batailles qui furent entre eulx par la faction et désobéissance de messire Regnaud de Montauban et ses trois frères, enfans du duc Hémon, qu'on appelle vulgairement les quatre filz Hémon ; et finablement, pour avoir perpétuelle paix, Charlemaigne fut contrainct faire venir une partie de ce rebelle peuple en France, cuidant leur faire laisser leurs maulvaises meurs, et leur bailla pour demourance la fourest Cherbonnière, en la Gaule Belgicque, dont Landric fut le premier fourestier ; et depuis a esté ce pays érigé en comté, appelée la comté de Flandres, tenue de moy en perrie, et tousjours rebelle, par la malice des habitans tant de foiz deffaiz en leur injustice, mesment par le roy Phelipes-le-Bel.

» Si bien remémorez les nobles gestes et faiz de noz pères, ne craindrez les Séquanois, c'est-à-dire, Bourgongnons de la Franche-Comté, et aussi peu les Hennuyers, les Artisiens, Austrasiens et Brebançons, tant de foiz vaincuz par les roys de France, et premièrement par le roy Clovis et ses enfans, qui les soubmirent à la couronne et ceptre de France, et de récente mémoire par le roy Loys XI de ce nom. Et pour le reste, qui sont les Italiens ou Lombars, nul de vous ignore comme leur royaume de Lombardie fut autresfoiz supprimé par Charlemaigne, lequel le réunist à la monarchie des Gaules, dont il estoit yssu, parce que les Gaules furent de ce pays édificateurs : à cause de ce, fut appelée la Gaule Cisalpine, depuis Lombardie, et de présent Italie. Et de récente mémoire le roy Loys XII, mon beau-père et prédécesseur, les a surmontez et vaincuz par trois ou quatre batailles, dont tousjours il a eu la gloire et triumphe, et moy avec vous à la journée Saincte-Brigide.

» Puis donc que par tant de batailles, desquelles les François et Gaules ont eu la gloire, toutes ces belliqueuses nations ont esté par les nostres surmontées, vous qui ne voulez dégénérer ne déshéréder voz successeurs de l'immortel nom de prouesse avec tant de labeurs par voz pères acquis, je vous supply que voz cueurs ne se amolissent, voz courages ne se rabaissent, et voz corps et mains ne se excusent à humilier ceulx qui, par orgueil et injuste querelle, nous veullent adnichiller. Considérez les agressions de noz adversaires, qui n'est ung spectacle, mais ymage de nostre présente fortune. Le lieutenant de leur armée, que congnoissez, est hors d'espoyr, et avanture son sort à sa totalle ruyne ou à nostre déshonneur, reproche et perte. Il seroit joyeux nous mettre en fuyte, bien adverty que ceste lascheté tourneroit à nostre génralle interición, et que le fuyr occiroit plus de gens

(1) Abdérame.

par mort et déshonneur que l'obstinacion du combatre ; car, d'ung cousté, nous avons la grosse rivière du Thizin et les Alpes, qui nous renferment, et de l'autre cousté, l'Ytalie qui tousjours sera contre les vaincuz.

» A ceste consideracion, nous convient vaincre ou mourir. Toutesfoiz fortune qui nous impose ceste nécessité de combatre, nous promect des loyers telz que plus grans on ne sçauroit à Dieu demander; c'est la paisible seigneurie et possession de tout ce riche pays, qui à juste tiltre me appartient, et le recouvrement du royaulme de Sécille et pays de Naples, pour vous remonter de voz pertes et anciens labeurs ; voycy la prémiacion de voz mérites, et la fin de voz travaulx. Et si le nom d'empereur est grant, et le nombre des gens de son armée excédant le nostre, pourtant ne extimez la victoyre en estre difficille. Souvent une petite compaignée de gens de vertuz mesprisée deffait et ruyne en un légier mouvement ung grand et présumptueux exercice. Vous sçavez le présage de bonne fortune que nous eusmes au passer la grosse et profonde rivière de la Durance, qui fut par nous passée à gué, contre nostre espoir. Je ne voy chose de louange en noz ennemys qui ne soit mieulx et par plus grant excellence en vous : et si ont ung chief extrange non congnoissant leurs meurs et condicions, et mal congneu par eulx; et je, qui suis voustre Roy, juge et prémiateur de voz mérites, congnoissant voz condicions, et vous les miennes, me semble impossible que soyons vaincuz. Je veulx mourir avec vous, pour le proffit de vous, voz enfans et vostre pays. Je vous prie que ne fuyez la mort pour l'amour que avez à moy, et encores plus à vostre honneur et de voz héritiers.

» Considérez combien seroit grant et long le reproche de ceulx qui vouldroyent tourner le doz, et combien leur ennuyroit et à leurs enfans le reproche de lascheté ; et au contraire, en quel degré de louange seront les victorieux et combatans jusques à la mort, et tous ceulx de leur sang et lignage. D'icy à cent ans, les gens en feront leurs comptes, à bien ou à mal, et les livres en porteront perpétuel tesmoygnage. Changeons la convoityse de vivre en avarice d'honneur, prenons désir de nos vies en mourant, et reffusons la vie des corps tant petite, pour acquérir celle de immortel renom. Je ne vous dy ces raisons pour vous instruyre, croistre vos forces, ne encourager voz nobles et hardiz cueurs, mais pour contenter le mien esprit, qui ne vous peult celler son désir de victoyre, pour aux guerres de Italie, trente ans a commancées, mettre fin. Chascun se tienne à son ordre; et obéisse à son capitaine, et j'espère que, par l'ayde de celluy qui donne les victoyres, quant et à qui luy plaist, viendrons au parfaict de nostre entreprinse. »

Ces remonstrances et persuasions entrèrent ès cueurs des nobles et hardiz hommes, de sorte que tous estoyent délibérez de vaincre ou mourir. Et, voyant les capitaines de l'Empereur que fortune commençoit leur rire et estre pour eulx, desprisans les dangiers de guerre, délibérèrent tous ensemble, ainsi qu'on m'a rapporté, entrer on parc de Pavye, et gaigner la place de Myrambel, où estoit logée partie de l'armée de France, pour empescher que les Françoys n'eussent vivres à leur ayse, comme ilz avoyent tousjours eu, et, en ce faisant, essayer s'ilz pourroyent les surprendre et mettre en désordre ; et que, pour à ce parvenir en mesme temps, messire Anthoine de Leyve, chief et capitaine de Pavye, donneroyt de l'autre cousté sur les Françoys; ce qu'ilz ne povoyent mettre à effect sans faire breiche à la muraille du parc de Pavye, parce qu'ils s'estoyent parquez derrière les Françoys, et que entre eulx et les François estoyent les fors de leurs camps. A ceste cause suyvans leur déliberacion et entreprinse, le vingt-quatriesme (1) jour du moys de febvrier, deux heures davant jour, une partie de l'armée de l'Empereur, soubz la conduicte du marquis de Pesquère, commença rompre et faire breiche en ladicte muraille du parc de Pavye, avec gros solyveaulx embourrez, à ce qu'on en peust ouyr le bruyt; et ladite nuyt y eut en l'armée des Françoys quatre ou cinq alarmes. Ceste breiche, pour passer cent hommes de front, fut faicte à si grant labeur et difficulté, que le jour vinst avant de parfaire, en sorte que l'ordre par ledict marquis et autres capitaines de l'Emreur, entrepriz pour donner de nuyt et gaigner la place de Myrambel, estant presque on milieu dudict parc de Pavye, ne peult avoir effect.

Ce néantmoins l'armée de l'empereur entra par ladicte breiche, fort large et ample, oudict parc, où fut le combat des deux armées plus conduyct par fortune que par art. J'ay prins peine de sçavoir l'ordre et la forme de ceste bataille, avec plusieurs qui en sont à leur honneur retournez; mais de quinze ou seize avec lesquelz j'en ay conféré, deux ne se sont accordez de la forme du faire en entrée, meillieu et yssue, et n'en ay voulu prendre le jugement par la description que les Hispaniens en ont faicte en leur vulgaire, obstant qu'il y a plus de parolle affectée, que de vérité historialle. A ceste consideracion, prie

(1) L'assaut de Pavie est du 28 février.

les lecteurs me pardonner si, voulant éviter l'occasion de mentir, j'ay retyré ma plume d'en escripre plus avant; mais il est certain que les Françoys eurent du pire, plus par maleur que par la proesse et bonne conduicte de nos ennemys ; car, parce que eulx-mesmes en ont escript, le confessent, et que en leur armée y eut du désordre premier que en la nostre; aussi, leurs hacquebuttes à crochet, que portoyent gens de cheval (dont les Françoys ne se doubtoyent), endommagèrent plus les Françoys que leur proesse et vaillance : et si tous ceulx de l'armée françoyse se fussent aussi bien acquitez que le Roy et que les princes, capitaines et gentilshommes, estans autour de sa personne, eussent eu la victoyre ; car, à la première charge où estoyent le Roy et ledict seigneur de la Trémoille, lequel fut bléçé par le visaige, près et dessoubz l'œil, feirent tant de beaulx et grans faictz d'armes, que, à force de coups et par proesse, sans artillerie, occirent deux ou troys cens hommes-d'armes des ennemys; de sorte que le viroy de Naples entra en esbayssement, ainsi qu'on m'a rapporté. Incontinant après, ledict seigneur de La Trémoille fut rencontré par messire Loys Bonnyn, chevallier, seigneur du Cluzeau, Jaques de La Brosse, escuyer, gentilz-hommes de sa maison, et Jehan du Bourget, homme-d'armes, qui l'avoit autresfoiz servy. Et voyant, ledict Bonnyn, le cheval dudict seigneur de la Trémoille estre bléçé à mort, le pria de descendre ; ce qu'il fist ; et lors ledict de La Brosse, qui avoit esté nourry page en la maison dudit seigneur, se mist à pié, luy bailla son cheval, et s'en alla mettre avec les Souysses. Ledit seigneur de La Trémoille, monsté sur le cheval dudict La Brosse, s'en alla, et ledict Bonnyn avec luy, au lieu où estoit le Roy : et là, environné des ennemys, fut abatu mort d'un coup de hacquebouze. Plusieurs de ses gens furent aussi occis en ce conflict : savoir est de sa compaignée, messire Jehan de Jancourt, chevalier seigneur de Vilarnou, son porte-enseigne ; messire Jaques de Salézart, Jehan Jousserant, seigneur de Layre, Marçon, Le Breton, Arras et aultres ; et des gentilz-hommes de sa maison qu'il avoit nourriz jeunes, Jehan de Poix, filz aisné du seigneur de Villemor, le filz aisné de messire Odet de Chazerat, chevalier, le filz unicque de messire Jehan de Poix, chevalier, et Adam du Ravenel, frère puisné du seigneur de La Rivière. Et y fut bléçé Claude de Cravant, escuyer, frère puisné du seigneur de Banche ; et prins prisonniers ledict Bonnyn, et messire Georges de Charge, chevalier, lesquelz, et le frère puisné du seigneur de Roncée,

qui aussi fut prisonnier, amenèrent depuis le corps dudict feu seigneur leur maistre, en France.

Le Roy fist vaillamment en ce combat ; et, après avoir chocqué domp Ferrand de Castrionte, auquel donna ung grant coup par le visaige, et que son cheval eut esté occis entre ses jambes, fut prins, non deffendu des siens ; comme aussi furent le roy de Navarre, le comte de Sainct-Paul, François monseigneur de Saluces, le comte de Nevers, le prince de Thalemont, filz dudict seigneur de La Trémoille, le bastard de Savoye, grant-maistre de France, et son filz le seigneur de Lescun, mareschal de Foex, le mareschal de Montmorancy, le vidasme de Chartres, le seigneur de Boysi, le seigneur Galliace Vicomte, le gouverneur de Limousin, Bonneval, messire Pheleppes Chabot, seigneur de Brion ; le prince de La Roche-sur-Yon, et aultres plusieurs. Les gens de nom du party de France qui furent occis en la bataille, oultre ledict seigneur de La Trémoille, sont le duc de Suffort, de la maison d'Yort, qui querelloit le royaulme d'Angleterre contre le roy Henry VIII de ce nom, de la maison de Lenclastre ; François Monsieur, frère du duc de Lorraine ; messire Jacques de Chabannes, chevalier de l'ordre, seigneur de La Palice, et mareschal de France, l'ung des hardiz et vaillans capitaines qui fust en France ; messire Guillaume Gouffier, seigneur de Bonnyvet, admiral de France ; le seigneur de Bussy d'Ambayse, le seigneur de Morète, le capitaine Fédéric Cataigne, le comte de Tonnerre, nepveu dudict seigneur de La Trémoille ; le seigneur de Turnon, le grant escuyer de France, l'escuyer Maraffin, et autres, dont les ennemys ne doivent prendre gloire, car la pluspart d'iceulx furent occis par les hacquebouziers qui estoient gens montez sur cropes des chevaulx légiers, chargez de hacquebutes à crochet, dont les Crestiens ne devroient user, fors contre les Infidèles. Les corps desdictz princes et seigneurs occis furent, par leurs serviteurs, quis entre les mors ; et, pour y estre congneu, ledict seigneur de La Trémoille (qui disoit souvent ne vouloir mourir ailleurs que au lict d'honneur, c'est-à-dire au service du Roy en juste guerre) avoit laissé croistre dès long-temps l'ongle du groz orteil du pié droit. Après ces nobles corps trouvez furent par leurs serviteurs portez ès églises de Pavye, où furent nudz sur la terre par quelque peu de temps, pendant lequel on préparoit les coffres et ferêtres pour les confire en myerre et aloës, et les transporter en France.

Les serviteurs des occis feirent regretz et

complainctées sur les corps nudz de leurs maistres, lesquelz ilz feirent embasmer en coffres; et, sans rien obmectre des pompes funéreuses à telz personnages deues, les feirent transporter en France, chacun d'eulx à la principale église de leurs seigneuries; et on moys d'avril ensuyvant, de l'an 1525, les obsèques dudict seigneur de La Tremoille furent solempnellement et honnorablement faictes, en son église collégialle Nostre-Dame de Thouars, qu'il avoit nouvellement édiffiée, fondée et dotée; et fut mis en sa sépulture, près de son espouse, madame Gabrielle de Bourbon, et de monsieur Charles, leur filz. Les honneurs qu'on a accoustumé faire en obsèques de comtes, princes, chevaliers et chiefz de guerre, luy furent baillez, comme bien le méritant, tant pour son honorable et droicte vie que pour ses nobles faictz et gestes.

Le jour de son enterrement, vers le soir, furent apportées nouvelles certaines que monsieur le prince de Thalemont, son nepveu, c'est-à-dire filz de son filz, et son héritier unicque, estoit de retour à Lyon, avec madame la Régente, mère du Roy; lequel retour donna quelque consolation aux habitans de Thouars, et à tous les serviteurs de la maison dudict feu seigneur, qui fasoient ung merveilleux dueil de leur feu seigneur et maistre, et non sans cause, car ce fut l'un des bons seigneurs qu'on veit onc, et qui mieulx traicta ses subgectz, sans leur faire aucun tort en biens, en corps ne en renommée; il estoit nect de toutes les maculles de tyrannie, et décoré de toutes les meurs que doit avoir ung prince; et, combien que, pour les laborieux services qu'il avoit faiz, par le temps de quarante-cinq ans, à la couronne de France, il se deust estre enrichy d'ung million d'or, veu le grant revenu qu'il avoit à cause de ses parens, qui estoit de trente-cinq ou quarante mil livres de rente, et les pensions des gouvernement de Bourgogne, admiralté de Guyenne, et aultres estatz qu'il eut en la maison de France: néantmoins on ne lui trouva que bien peu d'argent contant, et si n'avoit fait aucuns édiffices, fors la structure de son église Nostre-Dame, qui est fort sumptueuse et magnifique; aussi n'avoit acquis, fors la seigneurie de Montagu, dont encores bailla pour récompense, avec quelque somme de deniers, les seigneuries de Puybeliart et Chantonay, qui estoient de son ancien patrimoine.

Il despendoit non seulement ses gages et pensions, mais aussi tout son revenu, au service du Roy et de la chose publicque, et non ailleurs; car il ne feit onc de despence prodigue, mais tousjours honneste et honnourable, à la raison de son povoir, qui est une chose digne de grant louange aux princes et seigneurs, quant, oublieux de leurs privées richesses, applicquent tout ce qu'ilz font au proffit public, et ament mieulx souvent endurer que de veoir le pauvre peuple piller. Par telz moiens, et aussi pour sa grant loyaulté et fidélité qu'il eust tousjours aux roys et à la maison de France, et parce qu'il fut pur et nect de toute tyrannie, concussion et pillerie, a eu pour la rétribucion ou loyer de si bonnes euvres, le tiltre et nom de *chevalier sans reproche*. La chose que plus craignoit, c'estoit d'offenser le Roy et le royaume: toutesfoiz aucuns ne trouvoient bon dont il se rendoit si très-subgect à la chambre du Roy, et qu'il ne monstroit assez son auctorité et magnificence. Il estoit humain, humble et familier, et l'un des plus véritables en ses parolles de conséquence, que je congneu onc; car il eust mieulx amé perdre tout son bien que avoir dit une parolle de conséquence contraire à sa pensée. C'estoit le prince qui savoit bien actendre le temps sans murmure, et changeoit incontinant ses conditions, selon la disposition du temps, sans vouloir, par envie ne aultrement, détracter de ceulx qui souvent le vouloient supplanter et surprendre sur son auctorité. Il n'estoit importun ne pressant en requestes de dons d'offices, pour luy ne pour les siens, dont aucuns de ses serviteurs estoient aucunes foiz mal contans; mais il répondoit qu'il avoit de quoy les récompenser, et que les Roys qu'il avoit serviz congnoissoient les mérites des hommes, pour selon iceulx les rémunérer. Ses obsèques faictes, fut ceste épitaphe attachée dans sa seigneurie de Sully:

Au lict d'honneur il a perdu la vie,
Le bon Loys Trémoille cy gisant,
On dur conflict qui fut davant Pavye,
Entre Espaignolz et François par envie;
Dont son renom est en tous lieux luysant.
Il n'eust voulu mourir en languissant
En sa maison, ne soubz obscure roche,
De lâcheté, comme il alloit disant;
Pour ce est nommé *Chevalier sans reproche*.

Cy finist le Chevalier sans reproche, composé par maistre Jehan Bouchet, procureur ès cours royalles de Poictiers, imprimé par Jaques Bouchet, demourant audict Poictiers, à la Celle. Et se vend en la boutique dudict Bouchet et au Pellican, près le palais. Et fut achevé le vingt-huictiesme jour de mars 1527.

TRÈS-JOYEUSE,
PLAISANTE ET RÉCRÉATIVE HISTOIRE

COMPOSÉE PAR LE LOYAL SERVITEUR,

DES FAICTS, GESTES, TRIOMPHES ET PROUESSES
DU BON CHEVALIER

SANS PAOUR ET SANS REPROCHE,

GENTIL SEIGNEUR DE BAYART.

SUR L'HISTOIRE DE BAYARD.

Complétons, par quelques renseignements empruntés à divers auteurs, la curieuse et charmante histoire du *bon Chevalier sans paour et sans reproche*, qu'on va lire. Celui qui devait être un jour le héros populaire, le type le plus parfait de la chevalerie française, naquit en 1476, au château de Bayard, situé au fond de la vallée de Graisivaudan, à cinq ou six lieues de Grenoble ; son père, Aymon du Terrail, sa mère, Hélène des Allemans, appartenaient tous les deux à d'anciennes maisons. Pierre du Terrail, plus connu par la gloire sous le nom du chevalier Bayard, ne se maria point ; il eut une fille naturelle d'une belle damoiselle de la maison de Trecque, à Cantu, entre Milan et Cômes. Cette fille, qui porte le nom de Jeanne du Terrail, épousa François de Bochozel, sieur de Chastelar. Espilly, dans son Supplément à l'histoire du chevalier Bayard, a tracé d'une façon fort détaillée la généalogie et les destinées historiques de la famille du Terrail. Le 11 avril, jour de Pâques 1511, l'armée française mit en déroute, à Ravenne, les troupes du roi d'Espagne, du Pape et des Vénitiens ; Bayard fit admirer sa bravoure dans cette bataille. Lui-même raconta cette journée de Ravenne à son oncle Laurent des Allemans, dans une lettre qui nous est parvenue. Voici cette lettre, précieux morceau historique :

« Monsieur, si très-humblement que faire
» puis, à vostre bonne grâce me recommande.
» Monsieur, depuis que dernièrement vous ay
» écrit, avons eu, comme jà avez pu sçavoir, la
» bataille contre nos ennemis ; mais pour vous
» en advertir bien au long, la chose fut telle.
» C'est que nostre armée vint loger auprès de
» cette ville de Ravenne, nos ennemis y feurent
» aussi-tost que nous, afin de donner cœur à
» ladite ville ; et au moyen tant d'aucunes nou-
» velles qui couroient chacun jour de la des-
» cente des Suisses, qu'aussi la faute de vivres
» qu'avions en nostre camp, M. de Nemours se
» délibéra de donner la bataille, et dimanche
» dernier passa une petite rivière qui estoit entre
» nosdits ennemis et nous, si les vinsmes rencon-
» trer ; ils marchoient en très-bel ordre, et es-
» toient plus de dix-sept cents hommes-d'armes,
» les plus gorgias et triomphans qu'on vid ja-
» mais, et bien quatorze mil hommes de pied,
» aussi gentils galands qu'on sçauroit dire : si
» vindrent environ mille hommes-d'armes des
» leurs (comme gens désespérés de ce que nostre
» artillerie les affoloit) ruër sur nostre bataille,

» en laquelle estoit M. de Nemours en personne,
» sa compagnie, celles de M. de Lorraine, de
» M. d'Ars et autres, jusqu'au nombre de quatre
» cents hommes-d'armes ou environ, qui receu-
» rent lesdits ennemis de si grant cœur, qu'on
» ne vit jamais mieux combatre. Entre nostre
» avant-garde, qui estoit de mille hommes-d'ar-
» mes, et nous, il y avoit de grands fossez, et
» aussi elle avoit affaire ailleurs que nous pouvoir
» secourir. Si conveint à ladite bataille porter le
» fais desdits mille hommes, ou environ. En cet
» endroit, M. de Nemours rompit sa lance entre
» les deux batailles, et perça un homme-d'armes
» des leurs tout à travers et demie-brassée da-
» vantage. Si feurent lesdits mille hommes-d'ar-
» mes desfaits et mis en fuite ; et ainsi que leur
» donnions la chasse, vinsmes rencontrer leurs
» gens de pied auprès de leur artillerie, avec
» cinq ou six cents hommes d'armes qui estoient
» parquez, et au-devant d'eux avoient des char-
» rettes à deux rouës, sur lesquelles il y avoit
» un grant fer à deux aisles, de la longueur de
» deux ou trois brasses, et estoient nos gens de
» pied combattus main à main ; leursdits gens de
» pied avoient tant d'arquebutes, que quand ce
» vint à l'aborder, ils tuèrent quasi tous nos ca-
» pitaines de gens de pied, en voye d'esbranler
» et tourner le dos ; mais ils feurent si bien se-
» courus des gens-d'armes, qu'après bien com-
» battu, nosdits ennemis feurent desfaits, perdi-
» rent leur artillerie, et sept ou huit cents hom-
» mes-d'armes qui leur furent tuez, et la pluspart
» de leurs capitaines, avec sept ou huit mille
» hommes de pied, et ne sçait-on point qu'il se
» soit sauvé aucuns capitaines que le Vice-Roy :
» car nous avons prisonniers le seigneur Fabrice
» Colonne, le cardinal de Médicis, légat du Pape,
» Petro Navarre, le marquis de Pesquière, le
» marquis de Padule, le fils du prince de Melfe,
» Dom Jean de Cordonne, le fils du marquis de
» Betonde qui est blessé à mort, et d'autres dont
» je ne sçais le nom. Ceux qui se sauvèrent furent
» chassés huit ou dix milles, et s'en vont par les
» montagnes écartez, encore dit-on que les vi-
» lains les ont mis en pièces.

» Monsieur, si le Roy a gaigné la bataille, je
» vous jure que les pauvres gentils-hommes l'ont
» bien perdüe ; car ainsi que nous donnions la
» chasse, M. de Nemours vint trouver quelques
» gens de pied qui se ralloient, si voulut don-
» ner dedans ; mais le gentil prince se trouva si
» mal accompagné, qu'il y fut tué, dont de
» toutes les desplaisances et deüils qui furent ja-

» mais faits, ne fut pareil que celuy qu'on a dé-
» mené et qu'on démène encore en notre camp;
» car il semble que nous ayons perdu la bataille,
» bien vous promets-je, Monsieur, que c'est le
» plus grand dommage que de prince qui mourut
» cent ans a, et s'il eust vécu âge d'homme, il
» eust fait des choses que oncques prince ne fit;
» et peuvent bien dire ceux qui sont de deçà,
» qu'ils ont perdu leur père; et moi, Monsieur,
» je n'y sçaurois vivre qu'en mélancolie, car
» j'ay tant perdu que je ne le vous sçaurois
» écrire.

» Monsieur, en d'autres lieux furent tuez
» M. d'Alegre et son fils, M. du Molard, six ca-
» pitaines allemans et le capitaine Jacob, leur
» colonel, le capitaine Maugiron, le baron de
» Grand-Mont, et plus de deux cents gentils-
» hommes de nom et tous d'estime, sans plus de
» deux mille hommes de pied des nostres, et vous
» asseure que de cent ans le royaume de France
» ne recouvrera la perte qu'y avons eue.

» Monsieur, hier matin fut amené le corps de
» feu Monsieur à Milan, avec deux cents hommes-
» d'armes, au plus grand honneur qu'on a sçeu
» adviser; car on porte devant lui dix-huit ou
» vingt enseignes, les plus triomphantes qu'on
» vid jamais, qui ont esté en cette bataille ga-
» gnées: il demeurera à Milan jusques à ce que
» le Roy aye mandé s'il veut qu'il soit porté en
» France ou non.

» Monsieur, nostre armée s'en va temporisant
» par cette Romagne, en prenant toutes les villes
» pour le concile; ils ne se font point prier d'eux
» rendre, au moyen de ce qu'ils ont peur d'estre
» pillez comme a esté ceste ville de Ravenne,
» en laquelle n'est rien demeuré, et ne bouge-
» rons de ce quartier que le Roy n'aye mandé
» qu'il veut que son armée face.

» Monsieur, touchant le frère du Poste dont
» vous m'avez écrit, incontinent que l'envoye-
» rez, il n'y aura point de faute que ne le pour-
» voye, puisque my est dépesché. Je crois qu'au-
» rons abstinence de guerre: toutesfois les Suisses
» font quelque bruit tousjours; mais quand ils
» sçauront cette desfaite, peut-être ils mettront
» quelque peu d'eau en leur vin. Incontinent
» que les choses seront un peu appaisées, je
» vous iray voir. Priant Dieu, Monsieur, qu'il
» vous donne très-bonne vie et longue. Escrit au
» camp de Ravenne, ce 14ᵉ jour d'avril. Vostre
» humble serviteur,

» BAYARD. »

Après la bataille de Marignan les princes et
les chefs de l'armée française durent être témoins d'un beau et touchant spectacle, lorsque
François Iᵉʳ voulut être armé chevalier de la
main de Bayard. « Ce sera donc de la main du
» chevalier Bayard, dit le Roi, que je seray fait
» chevalier; nul ne luy en doit porter envie,
» puisque nul n'a eu l'heur de se trouver en
» tant de batailles, assauts et rencontres, à

» pied et à cheval, et donné plus de preuves de
» sa vaillance, expérience et bonne conduite. »
Quand Bayard eut donné au roi de France l'ac-
colade de chevalier, il embrassa son épée et prononça ces paroles : « Glorieuse épée, qui au-
» jourd'huy as eu l'honneur de faire chevalier le
» plus grand Roy du monde, je ne t'employeray
» jamais plus que contre les infidèles ennemis
» du nom chrétien. » François Iᵉʳ et son conseil,
se croyant dans l'impuissance de défendre la
ville de Mézières, menacée par les forces de
Charles-Quint, étaient d'avis de brûler la place;
Bayard fit prévaloir une opinion contraire, disant « qu'il n'y avoit point de place foible là où
» il y avoit des gens de bien pour la défendre. »
Bayard se chargea de la garde de Mézières,
soutint le siège pendant six semaines contre une
nombreuse armée qui fut obligée de se retirer.
« Tous les habitans de Mézières, dit Expilly (1),
quand le sieur de Bayard en sortit, le suivoient
avec acclamations et actions de grâces, non-
seulement à luy, mais aussi aux capitaines et
soldats, baisant leurs armes et casaques, comme
à leurs défenseurs et libérateurs : j'ay appris que
cette ville, non ingrate de ses bienfaicts, garde
encore la souvenance de tant d'obligations, et
honore tous les ans la mémoire du Chevalier.

La belle et admirable mort de Bayard est racontée de la façon la plus touchante par le *loyal
serviteur*; mais le narrateur n'a point parlé de
l'entrevue avec le connétable de Bourbon. Celui-
ci, abordant le héros mourant : « Ha! capitaine
» Bayard, lui avoit-il dit, que je suis marry et
» desplaisant de vous voir en cet estat! Je vous
» ay tousjours aimé et honoré pour la grande
» prouesse et sagesse qui est en vous. Ha! que
» j'ay grand pitié de vous! — Monseigneur, lui
» répondit Bayard, je vous remercie; il n'y a
» point de pitié en moy qui meurs en homme de
» bien, servant mon Roy. Il faut avoir pitié de
» vous, qui portez les armes contre vostre prince,
» vostre patrie et vostre serment. » Bayard mourut à 48 ans, et non point à 55 ans, comme dit
Expilly.

L'histoire a recueilli des paroles de regrets et
d'admiration prononcées par François Iᵉʳ, qui
comprit tout ce qu'il perdait en perdant Bayard;
il répétait, en gémissant, « qu'il avoit perdu un
» grand capitaine, dont le nom faisoit honorer
» et craindre ses armes; que véritablement il
» méritoit de plus hautes charges et bienfaicts
» qu'il n'en avoit possédé. » Dans les jours où la
victoire avoit cessé d'être fidèle au drapeau de
la France, François Iᵉʳ disait souvent : « Ha!
» chevalier Bayard, que vous me faites grand
» faute! » Pendant sa captivité en Espagne, le
roi de France, causant avec Marin de Monchenu, son premier maître-d'hôtel, aimait à rappeler la mémoire de Bayard comme de l'homme
qui lui aurait épargné bien des mésaventures.

(1) Supplément à l'histoire du chevalier Bayard.

« Si le chevalier Bayard, qui estoit vaillant et expérimenté, disait-il, eust été vivant et près de moi, mes affaires sans doute auroient pris un meilleur train ; j'aurois pris et creu son conseil, je n'aurois séparé mon armée, et ne saurois sorty de mon retranchement ; et puis sa présence m'auroit valu cent capitaines, tant il avoit gaigné de créance parmy les miens et de crainte parmy mes ennemis. Ha ! je ne serois pas icy ! »

Symphorien Champier, auteur d'une histoire de Bayard qu'on ne doit lire qu'avec précaution, a donné sur les funérailles de Bayard d'intéressants détails ; nous les reproduirons pour compléter ceux qui se trouvent rapportés par le *loyal serviteur* : « Quelque temps après, le corps de Bayard feut porté à Grenoble, et feut, par messieurs de la justice et les gentils-hommes du pays, et par ceux de la ville, receu en moult grand honneur et grand deuil, plainct d'un chacun ; et ne feut de vie d'homme tant regretté seigneur ne autre d'un chacun que le noble Bayard. Après que feut porté le corps à Grenoble, feut mis au couvent et monastère des Minimes, lequel avoit fondé et faict édifier monseigneur Laurent des Alemans, oncle dudict Bayard, évesque de Grenoble. Et pour ce que à son trépas le noble seigneur Bayard avoit ordonné estre sépulturé avec ses père et mère, au lieu de Grenion, feurent assemblez les parents là où il debvoit estre inhumé ; et feut dict que, pour ce qu'il avoit esté lieutenant du gouverneur du pays, et que Grenoble estoit le chef de la justice Delphinale, seroit meilleur qu'il feust enséspulturé au couvent des Minimes, lequel avoit esté construict par son oncle, M. de Grenoble ; et ainsi feut faict. Et feurent les obsèques et funérailles faictes comme s'il eust été non un lieutenant ou un gouverneur, mais un prince. » Bayard n'a pour tout monument funèbre qu'un buste, au bas duquel est gravée une épitaphe latine. Henri IV, passant à Grenoble en 1601, avait donné ordre qu'on élevât à la mémoire du *Chevalier sans peur et sans reproche* un mausolée digne de lui, et les ordres du monarque ne purent recevoir leur accomplissement. En 1619, un fonds de mille livres fut voté à Grenoble pour cette noble destination ; mais les deniers ayant été divertis, dit Expilly, on n'y a rien fait. Frappé de l'humble solitude qui entourait les cendres d'un grand capitaine, Expilly avait composé les vers suivants, dans l'année 1622 :

Au pied de cet autel la cendre encevelie
Du valereux Bayard gist sans titre et sans nom ;
Nul marbre relevé, digne de son renom,
Aux passans curieux ses gestes ne publie.

O sort ! qui les loyers aux vertus ne mesures,
Pompée au bord marin sans sépulchre tu vois,
Et le vieillard Priam, tige de tant de rois,
Sans tombe et sans honneur gist parmi les masures.

Bayard qui fit trembler l'Espagne et l'Italie,
Qui de son Dauphiné fut le lustre et l'orgueil,
N'obtiendra donc jamais l'ornement d'un cercueil !
Donc ainsi passera sa mémoire abolie.

Ha ! non, Bayard ici tout entier ne s'arreste,
Ce lieu seul ne comprend Bayard et ses lauriers,
Il se trouve partout : car des vaillans guerriers
L'univers est la tombe et le ciel la retraite.

Au rapport des historiens, Bayard était grand et maigre ; sa peau était blanche et délicate ; il avait des yeux noirs et vifs, le nez aquilin, des cheveux châtains, l'expression de la figure douce ; il portait la barbe rase pour être plus libre sous les armes. A voir Bayard, on ne l'eût point pris pour un chef d'armée accoutumé aux violentes scènes du champ de bataille.

Nous ne dirons rien de l'ouvrage du *loyal serviteur*, sinon qu'il est impossible de trouver une plus attachante lecture. L'inimitable simplicité du style s'y mêle à l'intérêt des faits, intérêt toujours vif, toujours soutenu, et qui repose sur tout ce qu'il y a de bon, de noble, d'élevé dans les sentiments humains. Le nom du *loyal serviteur* nous est resté inconnu ; on présume que ce fut un fidèle secrétaire de Bayard. Nous avons reproduit l'édition de 1527, comme étant la seule complète. En lisant cette histoire du Chevalier sans peur et sans reproche, on est frappé de la ressemblance de Bayard avec Tancrède et Du Guesclin. Tancrède, Du Guesclin et Bayard forment, dans l'histoire moderne, comme la trinité de l'héroïsme.

PROLOGUE DE L'ACTEUR.

Pource qu'il est moult difficile sans la grâce de Dieu, en ce mortel estre, complaire à tout le monde, et que les hommes coustumiers d'escripre hystoires et cronicques font voulentiers leur adresse à aucun notable personnage, je, qui, sans autrement me nommer, ay empris de mettre en avant les faictz et gestes du bon Chevalier sans paour et sans reprouche, le seigneur de Bayart, et parmy ses excellentes œuvres y comprendre plusieurs autres vertueux personnages, me suis advisé, à ce qu'il ne feust murmuré cy-après contre moy n'avoir bien et justement fait mon devoir particulier en laissant l'ung pour prendre l'aultre, attribuer cest mienne rudde hystoire aux trois estatz du très-excellent, très-puissant et très-renommé royaulme de France; car, pour au vray amplifier les perfections d'ung homme, ne l'ay peu faire autrement, considéré que sans grâce infuse du Sainct-Esperit, depuis l'incarnation de nostre sauveur et rédempteur Jésuchrist, ne s'est trouvé, en cronicque ou hystoire, prince, gentil-homme, ne autre condition qu'il ait esté, qui plus furieusement entre les cruelz, plus doulcement entre les humbles, ne plus humainement entre les petis, ait vescu, que le bon Chevalier dont la présente hystoire est commencée. Et combien que de tout temps, en ceste doulce contrée de France, la grâce de Nostre Seigneur s'est si grandement espandue, que peu de deffault y survient quant aux nécessitez du corps, qui est une manne quant à ceste vie mondaine, ung autre inconvénient à ceste occasion y survient : c'est que la grande ayse que grans, moyens et petis y soustiennent les mect en telle oysiveté, qu'ilz ne se peuvent contenir du péché d'envye. En blasmant aucunes fois à tort et sans cause les innocens, et en détenant caché les mérites, prouesses et honneurs des vertueux, si s'en trouvera-il peu qui sceussent ou ayent voulu dire chose contre l'honneur d'icelluy bon Chevalier, s'ilz ne l'ont dit à l'emblée; car en iceulx trois estatz s'est si vertueusement gouverné, qu'il en aura quant à Dieu sa grâce, et quant au monde verdoyante et immortelle couronne de laurier, pour ce que, touchant l'Eglise, ne s'en est jamais trouvé ung plus obéissant; quant à l'estat de noblesse, ung plus deffensible; et à l'estat de labour, ung plus piteux ne secourable.

TRÈS-JOYEUSE,
PLAISANTE ET RÉCRÉATIVE HISTOIRE
DU BON CHEVALIER
SANS PAOUR ET SANS REPROUCHE.

CHAPITRE PREMIER.

Comment le seigneur de Bayart, père du bon Chevalier sans paour et sans reprouche, eut vouloir de sçavoir de ses enfans de quel estat ilz vouloient estre.

Ou pays de Daulphiné, que possède présentement le roy de France, et ont fait ses prédécesseurs depuis sept ou huyt vingtz ans que ung daulphin, Ymbert (1), qui fut le derrenier, leur en fist don, y a plusicurs bonnes et grosses maisons de gentilz-hommes, et dont il est sorty tant de vertueux et nobles chevaliers, que le bruyt en court par toute la chrestienté; en sorte que tout ainsi que l'escarlate passe en couleur toutes autres tainctures de drap, sans blasmer la noblesse d'autre région, les Daulphinoys sont appellez, par tous ceux qui en ont congnoissance, l'escarlate des gentilz-hommes de France; entre lesquelles maisons est celle de Bayart, de ancienne et noble extraction. Et bien l'ont ceulx qui en sont saillis monstré; car à la journée de Poictiers le terayeul du bon Chevalier sans paour et sans reprouche mourut aux piedz du roy de France Jehan; à la journée de Crécy (2), son bysayeul; à la journée de Montlchéry, demoura sur le champ son ayeul avecques six playes mortelles, sans les autres; et à la journée de Guignegaste, fut son père si fort blessé que onneques puis ne put guères partir de sa maison, où il mourut aagé de bien quatre-vingtz ans.

Et peu de jours avant son trespas, considérant par nature, qui jà luy défailloit, ne povoir pas faire grant séjour en ce mortel estre, appella quatre enfans qu'il avoit en la présence de sa femme, dame très-dévote et toute à Dieu, laquelle estoit seur de l'évesque de Grenoble, de la maison des Alemans. Ainsi, ses enfans venuz devant luy, à l'aisné demanda, qui estoit en l'aage de dix-huyt à vingt ans, qu'il vouloit devenir; lequel respondit qu'il ne vouloit jamais partir de la maison, et qu'il le vouloit servir sur la fin de ses jours. « Et bien ! dist le père, » Georges, puisque tu aymes la maison, tu de- » moureras ici à combattre les ours. » Au second, qui a esté le bon Chevalier sans paour et sans reprouche, fut demandé de quel estat il vouloit estre; lequel, en l'aage de treize ans ou peu plus, esveillé comme ung esmérillon, d'ung visage riant respondit, comme s'il eust eu cinquante ans : « Monseigneur mon père, combien » que amour paternel me tiengne si grande- » ment obligé que je deusse oublier toutes » choses pour vous servir sur la fin de vostre » vie, ce néantmoins, ayant enraciné dedans » mon cueur les bons propos que chascun jour » vous récitez des nobles hommes du temps » passé, mesmement de ceulx de nostre maison, » je seray, s'il vous plaist, de l'estat dont vous » et voz prédécesseurs ont esté, qui est de suy- » vre les armes, car c'est la chose en ce monde » dont j'ay le plus grand désir, et espère, aydant » la grâce de Dieu, ne vous faire point de dés- » honneur. » Alors respondit le bon vieillart en larmoyant : « Mon enfant, Dieu t'en doint la » grâce! Jà ressembles-tu de visage et corsage » à ton grant-père, qui fut en son temps ung » des acomplis chevaliers qui feust en chres- » tienté. Si mettray peine de te bailler le train » pour parvenir à ton désir. » Au tiers demanda

---

(1) Himbert II céda le Dauphiné au Roi de France par deux traités, dont l'un conclu en 1343 et l'autre en 1349.

(2) Journée d'Azincourt.

quel moyen il vouloit tenir. Il respondit qu'il vouloit estre de l'estat de son oncle monseigneur d'Esnay, ung abbaye près Lyon. Son père le luy accorda, et l'envoya par ung sien parent à sondit oncle, qui le feit moyne; et depuis a esté, par le moyen du bon Chevalier son frère, abbé de Jozaphat, aux fauxbourgs de Chartres. Le dernier respondit de mesme sorte, et dist qu'il vouloit estre comme son oncle monseigneur de Grenoble, à qui il fut pareillement donné, et peu après le fist chanoyne de l'église de Nostre-Dame; et depuis, par le mesme moyen que son frère le moyne fut abbé, il fust évesque de Glandesve en Prouvence. Or laissons les autres trois frères là, et retournons à l'histoire du bon Chevalier sans paour et sans reprouche, et comment son père entendit à son affaire.

CHAPITRE II.

Comment le père du bon Chevalier sans paour et sans reprouche envoya quérir son beau-frère, l'évesque de Grenoble, pour parler à luy, parce qu'il ne povoit plus partir de la maison.

Après le propos tenu par le père du bon Chevalier à ses quatre enfans, et parce qu'il ne povoit plus chevaucher, envoya ung de ses serviteurs le lendemain à Grenoble devers l'évesque son beau-frère, à ce que son plaisir feust, pour aucunes choses qu'il avoit à luy dire, se vouloir transporter jusques à sa maison de Bayart, distant dudit Grenoble cinq ou six lieues. A quoy le bon évesque, qui oncques en sa vie ne fust las de faire plaisir à ung chascun, obtempéra de très-bon cueur. Si partit incontinent la lettre receue, et s'en vinst au giste en la maison de Bayart, où il trouva son beau-frère en une chaire auprès du feu, comme gens de son aage font voulentiers. Si se saluèrent l'ung l'autre, et firent le soir la meilleur chère qu'ilz peurent ensemble, et en leur compaignie plusieurs autres gentilz-hommes du Daulphiné, qui estoient-là assemblez. Puis quand il fut heure chascun se retira en sa chambre, où ils reposèrent à leur aise jusques à lendemain matin, qu'ilz se levèrent, ouyrent la messe, que ledit évesque de Grenoble chanta; car voulentiers disoit tous les jours messe, s'il n'estoit mal de sa personne. Et pleust à Nostre-Seigneur que les prélats de présent feussent aussi bons serviteurs de Dieu, et aussi charitables aux povres, qu'il a esté en son temps!

La messe ouye, convint laver les mains et se mettre à table, où de rechief chascu fist très-bonne chière; et y servoit le bon Chevalier tant sagement et honnestement, que tout homme en disoit bien. Sur la fin du disner, et après grâces dictes, le bon vieillart seigneur de Bayart commencea ainsi ces parolles à toute la compaignie : « Monseigneur et messeigneurs, l'occasion pour-
» quoy vous ay mandez est temps d'estre dé-
» clairée ; car tous estes mes parens et amys, et
» jà voyez-vous que je suis par vieillesse si op-
» pressé, qu'il est quasi impossible que sceusse
» vivre deux ans. Dieu m'a donné quatre filz,
» desquelz de chascun ay bien voulu enquérir
» quel train ilz veullent tenir. Et entre autres
» m'a dit mon filz Pierre qu'il veult suyvre les
» armes; dont m'a fait un singulier plaisir,
» car il ressemble entièrement de toutes façons
» à mon feu seigneur de père, vostre parent ; et
» si de conditions il luy veult aussi bien ressem-
» bler, il est impossible qu'il ne soit en son vi-
» vant ung grant homme de bien, dont je croy
» que ung chascun de vous, comme mes chers
» parens et amys, seriez bien aises. Il m'est
» besoing, pour son commencement, le mettre
» en la maison de quelque prince ou seigneur,
» affin qu'il appreigne à se contenir honneste-
» ment; et quand il sera ung peu plus grant,
» apprendra le train des armes. Si vous prie
» tant que je puis que chascun me conseille en
» son endroit le lieu où je le pourray mieulx
» loger. »

Alors, dist l'ung des plus anciens gentilz-hommes, il faut qu'il soit envoyé au roy de France ; ung autre dist qu'il seroit fort bien en la maison de Bourbon ; et ainsi d'ung en autre n'y eut celluy qui n'en dist son advis. Mais l'évesque de Grenoble parla et dist : « Mon frère,
» vous sçavez que nous sommes en grosse amy-
» tié avecques le duc Charles de Savoye, et
» nous tient du nombre de ses bons serviteurs.
» Je croy qu'il le prendra voulentiers pour ung
» de ses paiges. Il est à Chambéry, c'est près
» d'icy. Si bon vous semble et à la compaignie,
» je le luy meneray demain au matin, après
» l'avoir très-bien mis en ordre, et garny d'ung
» bas et bon petit roussin que j'ay depuis trois
» ou quatre jours ença recouvert du seigneur Du
» Riage. »

Si fut le propos de l'évesque de Grenoble tenu à bon de toute la compaignie, et mesmement dudit seigneur de Bayart, qui luy livra son filz en luy disant : « Tenez, Monseigneur, je
» prie à Nostre-Seigneur que si bon présent
» en puissiez faire, qu'il vous face honneur en
» sa vie. »

Alors tout incontinent envoya ledit évesque à

la ville quérir son tailleur, auquel il manda apporter veloux, satin et autres choses nécessaires pour habiller le bon Chevalier. Il vint et besongna toute la nuyt, de sorte que le lendemain matin fut tout prest. Et, après avoir desjeuné, monta sur son roussin, et se présenta à toute la compaignie, qui estoit en la basse court du chasteau, tout ainsi que si on l'eust voulu présenter dès l'heure au duc de Savoye. Quant le cheval sentit si petit fès sur luy, joinct aussi que le jeune enfant avoit ses esperons dont il le picquoit, commencea à faire trois ou quatre saulx, de quoy la compaignie eut paour qu'il affallast le garson. Mais en lieu de ce qu'on cuydoit qu'il deust crier à l'ayde quant il sentit le cheval si fort remuer soubz luy, d'ung gentil cueur, asseuré comme ung lyon, luy donna trois ou quatre coups d'esperon, et une carrière dedans ladicte basse-court; en sorte qu'il mena le cheval à la raison, comme s'il eust eu trente ans. Il ne faut pas demander si le bon vieillart fut aise, et, soubzriant de joye, demanda à son filz s'il avoit point de paour; car pas n'avoit quinze jours qu'il estoit sorty de l'escolle. Lequel respondit d'ung visage asseuré : « Monseigneur, » j'espère, à l'ayde de Dieu, devant qu'il soit » six ans, le remuer, luy ou autre, en plus dan» gereux lieu; car je suis icy parmy mes amys, » et je pourray estre parmy les ennemys du » maistre que je serviray. — Or sus, sus, dist le » bon évesque de Grenoble, qui estoit prest à » partir, mon nepveu, mon amy, ne descendez » point, et de toute la compaignie prenez con» gé. » Lors le jeune enfant, d'une joyeuse contenance s'adressa à son père, auquel il dist : » Monseigneur mon père, je prie à Nostre-Sei» gneur qu'il vous doint bonne et longue vie, et » à moy grâce, avant qu'il vous oste de ce » monde, que puissiez avoir bonnes nouvelles » de moy. — Mon amy, dist le père, je l'en » supplie; » et puis luy donna sa bénédiction. Et après alla prendre congé de tous les gentilz-hommes qui estoient là, l'ung après l'autre, qui avoient à grant plaisir sa bonne contenance.

La povre dame de mère estoit en une tour du chasteau, qui tendrement ploroit; car combien qu'elle feust joyeuse dont son filz estoit en voye de parvenir, amour de mère l'admonnestoit de larmoyer. Toutesfois, après qu'on luy fut venu dire : « Madame, si voulez venir veoir vostre » filz, il est tout à cheval, prest à partir, » la bonne gentil femme sortit par le derrière de la tour, et fist venir son filz vers elle, auquel elle dist ces parolles : « Pierre, mon amy, vous allez » au service d'ung gentil prince. D'autant que » mère peult commander à son enfant, je vous » commande trois choses tant que je puis; et » si vous les faictes, soyez asseuré que vous » vivrez triumphamment en ce monde. La pre» mière, c'est que devant toutes choses vous » aymez, craignez et servez Dieu, sans au» cunement l'offenser s'il vous est possible; » car c'est celluy qui tous nous a créez, c'est » luy qui nous fait vivre, c'est celluy qui nous » saulvera; et sans luy et sa grâce ne sçau» rions faire une seulle bonne œuvre en ce » monde. Tous les matins et tous les soirs re» commandez-vous à luy, et il vous aydera. La » seconde, c'est que vous soyez doulx et cour» tois à tous gentilz-hommes, en ostant de vous » tout orgueil. Soyez humble et serviable à tou» tes gens; ne soyez maldisant ne menteur; » maintenez-vous sobrement quant au boire » et au manger; fuyez envye, car c'est ung » villain vice; ne soyez flatteur ne rapporteur, » car telles manières de gens ne viennent pas » voulentiers à grande perfection. Soyez loyal » en faictz et dictz; tenez vostre parolle; soyez » secourable à vos povres veufves et orphe» lins, et Dieu le vous guerdonnera. La tier» ce, que des biens que Dieu vous donnera vous » soyez charitable aux povres nécessiteux; car » donner pour l'honneur de luy n'apovrit onc» ques homme; et tenez tant de moy, mon en» fant, que telle aulmosne pourrez-vous faire, » qui grandement vous prouffitera au corps et » à l'ame. Vela tout ce que je vous encharge. » Je croy bien que vostre père et moy ne vi» vrons plus guères. Dieu nous face la grâce à » tout le moins, tant que serons en vie, que » tousjours puissions avoir bon rapport de vous! » Alors le bon Chevalier, quelque jeune aage qu'il eust, luy respondit : « Madame ma mère, de » vostre bon enseignement, tant humblement » qu'il m'est possible, vous remercie; et espère » si bien l'ensuyvre que, moyennant la grâce » de celluy en la garde duquel me recomman» dez, en aurez contentement; et au demourant, » après m'estre très-humblement recommandé » à vostre bonne grâce, je voys prendre congé » de vous. »

Alors la bonne dame tira hors de sa manche une petite boursette, en laquelle avoit seulement six escus en or et ung en monnoye, qu'elle donna à son filz; et appella ung des serviteurs de l'évesque de Grenoble, son frère, auquel elle bailla une petite malette, en laquelle avoit quelque linge pour la nécessité de son filz, le priant que, quand il seroit présenté à monseigneur de Savoye, il voulsist prier le serviteur de l'escuyer soubz la charge duquel il seroit qu'il s'en voulsist ung peu donner de garde, jusques à ce qu'il feust en plus grant aage; et luy bailla deux escus pour luy donner. Sur ce propos print l'évesque de Grenoble congé de la compaignie, et appella son nepveu, qui pour se trouver dessus son gentil roussin pensoit estre en ung paradis. Si commencèrent à marcher le chemin droit à Chambéry, où pour lors estoit le duc Charles de Savoye.

CHAPITRE III.

Comment l'évesque de Grenoble présenta son nepveu, le bon Chevalier sans paour et sans reproache, au duc Charles de Savoye, qui le receut joyeusement.

Au départir du chasteau de Bayart, qui fut par ung samedy après le desjeuner, chevaucha ledit évesque de Grenoble, de sorte qu'il arriva au soir en la ville de Chambéry où le clergié alla au devant de luy; car ladicte ville est de toute ancienneté de l'évesché de Grenoble, et y a son official et sa court. Il se logea chez ung notable bourgeois. Le duc estoit logé en sa maison, avecques bon nombre de seigneurs et gentilzhommes tant de Savoye que de Pyémont. Le soir, demoura ledit évesque de Grenoble à son logis, sans se monstrer à la court, combien que le duc feust assez informé qu'il estoit à la ville; dont il fut très-joyeux, parce que icelluy évesque estoit (si ainsi on les peult appeller en ce monde) ung des plus sainctz et dévotz personnages que l'on sceust. Le lendemain, qui fut dimenche, bien matin se leva, et s'en alla pour faire la révérence au duc de Savoye, qui le receut d'ung riant visage, luy donnant bien à congnoistre que sa venue luy plaisoit très-fort. Si dévisa avecques luy tout au long chemin depuis son logis jusques à l'Eglise, où il alla ouyr messe, à laquelle il servit ledit duc, comme à telz princes appartient, à luy bailler à baiser l'Evangille et la paix. Après la messe dicte, le duc le mena par la main disner avecques luy, où durant icelluy estoit son nepveu le bon Chevalier, qui le servoit de boire très-bien en ordre, et très-mignonnement se contenoit: ce que regarda le duc pour la jeunesse qu'il voyoit en l'enfant, de sorte qu'il demanda à l'évesque: « Monseigneur de Grenoble, qui est ce jeune » enfant qui vous donne à boire ? — Monsei-» gneur, respondit-il, c'est ung homme-d'armes » que je vous suis venu présenter pour vous ser-» vir, se il vous plaist : mais il n'est pas en l'es-» tat que je le vous veulx donner; après disner, » si c'est vostre plaisir, le verrez. — Vraye-» ment, ce dist le duc, qui desjà l'eût pris en » amour, il seroit bien estrange qui tel présent » refuseroit. » Or le bon Chevalier, qui desjà avoit l'ordonnance de son oncle en l'entendement, ne s'amusa guères aux morceaulx après le disner, ains s'en va au logis faire séeller son roussin, sur lequel, après l'avoir bien mis en ordre, monta, et s'en vint le beau petit pas en la court de la maison dudit duc de Savoye, qui desjà estoit sorty de sa salle, appuyé sur une gallerie. Si veit entrer le jeune enfant qui faisoit bondir son cheval, de sorte qu'il sembloit homme de trente ans, et qui toute sa vie eust veu de la guerre. Lors s'adressa à l'évesque de Grenoble, auquel il dist : « Monseigneur de » Grenoble, je croy que c'est vostre petit mi-» gnon qui si bien chevauche ce cheval ? » qui respondit : « Monseigneur, c'est mon (1); il est » mon nepveu, et de bonne rasse, où il y a eu » de gentilz chevaliers. Son père, qui par les » coups qu'il a receuz ès guerres et batailles où » il s'est trouvé, est tant myné de foiblesse et » vieillesse, qu'il n'est peu venir devers vous, » se recommande très-humblement à vostre » bonne grâce, et vous en fait ung présent. — » En bonne foy, respondit le duc, je l'accepte » voulentiers; le présent est beau et honneste : » Dieu le face preudhomme ! » Lors commanda ung sien escuyer d'escuyrie, en qui plus se fioit, qu'il prînt en sa garde le jeune Bayart, et que à son oppinion seroit une fois homme de bien. Ne tarda guères, après ce propos, que l'évesque de Grenoble, qui remercié eut très-humblement le duc de Savoye, ne prist congé de luy pour s'en retourner à sa maison; et ledit duc demoura à Chambéry jusques à quelque temps après, qu'il se délibéra d'aller veoir le roy de France, Charles huytiesme, qui estoit en sa ville de Lyon, où il se donnoit du bon temps à faire joustes, tournois et tous autres passe-temps.

CHAPITRE IV.

Comment le duc de Savoye se partit de Chambéry pour aller veoir le roi de France Charles huytiesme en sa ville de Lyon, et mena

---

(1) Dans ce mot *c'est mon*, disent les auteurs du Dictionnaire de Trévoux, il faut sous-entendre *avis*, qu'on a retranché pour abréger. Cette expression veut dire ici *il est vrai*.

avecques luy le bon *Chevalier sans paour et sans reprouche*, lors son page.

Le bon Chevalier demoura page avecques le duc Charles de Savoye bien l'espace de demy-an, où il se fist tant aymer de grans, moyens et petis, qu'oncques jeune enfant ne le fut plus. Il estoit serviable aux seigneurs et dames tant que c'estoit merveilles. En toutes choses n'y avoit jeune page ne seigneur qui feust à comparer à luy; car il saultoit, luytoit, jectoit la barre, selon sa grandeur, et entre autres choses chevauchoit ung cheval le possible. De sorte que son bon maistre le print en aussi grande amour que s'il eust esté son filz.

Ung jour estant le duc de Savoye à Chambéry, faisant grosse chère, se délibéra d'aller veoir le roy de France à Lyon, où pour lors estoit parmy ses princes et gentilz hommes, menant joyeuse vie à faire joustes et tournoys chascun jour, et au soir dancer et baller avecques les dames du lieu, qui sont voulentiers belles et de bonne grâce. Et, à vérité dire, ce jeune roy Charles estoit un des bons princes, des courtois, libéraulx et charitables qu'on ait jamais veu ne leu. Il aymoit et craignoit Dieu, ne juroit jamais que *par la foy de mon corps*, ou autre petit serment. Et fut grant dommage dont mort le print si tost, comme en l'aage de vingt-huict ans; car si longuement eust vescu, achevé eust de grans choses. Ledit Roy Charles sceut comment le duc de Savoye le venoit veoir, et que jà estoit à La Verpillière, et s'en venoit coucher à Lyon. Si envoya au devant de luy ung gentil prince de la maison de Luxembourg, qu'on appeloit le seigneur de Ligny (1), avecques plusieurs aultres gentilz-hommes et archiers de sa garde, qui le trouvèrent à deux lieues ou environ dudit Lyon. Si se firent grant chère lesditz duc et seigneur de Ligny, car tous deux estoient assez remplis d'honneur. Ilz vindrent longuement parlans ensemble, et tellement que le seigneur de Ligny gecta son œil sur le jeune Bayart, lequel estoit sur son roussin, qui trotoit fort mignonnement, et le faisoit merveilleusement bon veoir. Si dist le seigneur de Ligny au duc de Savoye : « Monseigneur, » vous avez là ung page qui chevauche ung gail- » lart cheval, et davantage il le scet manyer gen- » tement. — Sur ma foy, dist le duc, il n'y a pas » demy-an que l'évesque de Grenoble m'en fist » ung présent, et ne faisoit que sortir de l'es- » colle ; mais je ne veiz jamais jeune garson qui » plus hardiement de son aage se maintînt ny à » cheval ny à pied, et y a fort bonne grâce. Bien » vous advise, monseigneur mon cousin, qu'il » est d'une rasse où il y a de gaillars et hardiz » gentilz-hommes ; je croy qu'il les ensuyvra. » Si dist au bon Chevalier : « Bayart, picquez, » donnez une carrière à vostre cheval. » Ce que le jeune enfant, qui pas mieulx ne demandoit, fist incontinent, et très-bien le sceut faire ; et si au bout de la course fist bondir le cheval, qui estoit fort gaillard, trois ou quatre merveilleux saulx, dont il resjouyt toute la compagnie. « Sur » ma foy, Monseigneur, dist le seigneur de Li- » gny, vèla ung jeune gentil-homme qui sera, à » mon oppinion, gentil galant s'il veit ; et m'est » advis que ferez bien du page et du cheval faire » présent au Roy ; car il en sera bien aise, » pource que le cheval est fort bel et bon, et le » page, à mon advis, encores meilleur. — Sur » mon ame, dist le duc, puisque le me conseil- » lez, je le feray. Le jeune enfant pour parvenir » ne sçauroit apprendre en meilleur escolle que » la maison de France, où de tout temps hon- » neur fait son séjour plus longuement qu'en » toutes autres maisons de princes. »

Ainsi en propos cheminèrent si avant qu'ils entrèrent dedans Lyon, où les rues estoient pleines de gens, et force dames aux fenestres pour les veoir passer ; car, sans mentir, ce duc de Savoye estoit fort beau et bon prince, très-bien accompaigné ; et, à veoir sa contenance, sentoit bien son prince de grosse maison. Si s'en alla pour le soir, qui fut ung mercredy, descendre à son logis, où il retint le seigneur de Ligny, et ung autre appelé monseigneur d'Avesnes, filz du sire d'Albret, et frère du roy de Navarre, qui estoit alors ung fort honneste et accomply seigneur, à souper avecques luy, et plusieurs aultres seigneurs et gentilz-hommes, où durant icelluy y eut force ménestriers et chantres du Roy qui vindrent resjouyr la compaignie. Le soir, ne partit point le duc de Savoye de son logis ; ains il fut joué à plusieurs jeux et passetemps, et tant qu'on apporta vin et espices, lesquelles prises, chascun se retira à son logis jusques à lendemain au matin.

◇◇◇

CHAPITRE V.

Comment le duc de Savoye alla faire la révérence au roy de France à son logis ; et du grant et honneste recueil qui luy fut faict.

Le jeudy matin se leva le duc de Savoye, et après soy estre mis en ordre, voulut aller trou-

---

(1) Louis de Luxembourg, fils du malheureux connétable de Saint-Paul.

ver le Roy : mais ainçois son partement arrivèrent à son logis lesditz seigneurs de Ligny et d'Avesnes, avecques le mareschal de Gié (1), qui pour lors avoit gros crédit en France, ausquels il donna le bon jour. Et après marchèrent jusques au logis du Roy, qui desjà estoit prest pour aller à la messe en ung couvent de Cordeliers qu'il avoit fait construire, à la requeste d'ung dévot religieux appelé frère Jehan Bourgeois, au bout d'ung faulxbourg de Lyon appelé Veize, et y avoit ledit seigneur beaucoup donné du sien; aussi avoit fait sa bonne et loyalle espouse (2) Anne, duchesse de Bretaigne. Si trouva le duc de Savoye le Roy ainsi qu'il vouloit sortir de sa chambre, auquel il fist la révérence telle et si haulte que à si grant et noble prince appartenoit; mais le bon Roy, qui filz estoit d'humilité, le print et l'embrassa, en luy disant : « Mon cousin, mon amy, vous soyez le
» très-bien venu; je suis joyeulx de vous veoir,
» et, sur mon ame, vous avez bien fait; car si ne
» feussiez venu, j'estois délibéré vous aller veoir
» en voz pays, où je vous eusse porté beaucoup
» plus de dommage. » A quoy respondit le bon duc : « Monseigneur, il est difficile que à ma vou-
» lenté sceussiez porter dommage. Tout le re-
» gret que j'auroye à vostre arrivée en vos pays
» et miens seroit seulement que ne pourriez estre
» receu comme appartient à si hault ne magna-
» nime prince que vous estes : mais bien vous
» advise que le cueur, le corps, l'avoir et le sça-
» voir, si Dieu y en a aucun mis, sont en vostre
» disposition autant que le moindre de vos sub-
» jectz; » dont le Roy, en rougissant un peu, le remercia. Si montèrent sur leurs mulles, et allèrent ensemble, devisans le long de la ville, jusques audit couvent des Cordeliers, où ilz ouyrent dévotement la messe. Et quant vint à l'offrande, fut baillé par le duc de Savoye, au Roy, l'escu pour offrir à Nostre-Seigneur, ainsi que chascun jour ont accoustumé faire les roys de France, comme au prince à qui on vouloit plus faire d'honneur. Après la messe ouye, remontèrent sur leurs mulles pour retourner au logis, où le Roy retint le duc de Savoye à disner avecques lui, et pareillement lesdits seigneurs de Ligny et d'Avesnes. Durant le disner y eut plusieurs propos tenuz, tant de chiens, d'oyseaulx, d'armes, que d'amours. Et entre autres le seigneur de Ligny dist au Roy : « Sire,
» je vous jure, ma foy, que monseigneur de Sa-
» voye a vouloir de vous donner ung paige qui

(1) Pierre de Rohan.
(2) Charles VIII n'épousa Anne de Bretagne qu'en 1491.

» chevauche ung bas roussin fort gaillard, aussi
» bien que jeune garson que je veiz jamais : et si
» ne pense point qu'il ait plus de quatorze ans,
» mais il mène son cheval à la raison comme ung
» homme de trente. S'il vous plaist aller ouyr
» vespres à Esnay, en aurez vostre passetemps.
» — Par la foy de mon corps, dist le Roy, je
» vueil. » Et puis regarda le duc de Savoye, en luy disant : « Mon cousin, qui vous a donné ce
» gentil paige que dit le cousin de Ligny ? » A quoy respondit ledit duc : « Monseigneur, il
» est de voz subjectz, et d'une maison en vostre
» pays du Daulphiné dont il est sorty de gail-
» lards gentilz-hommes; son oncle, l'évesque de
» Grenoble, puis demy-an m'en a fait ung pré-
» sent : monseigneur mon cousin l'a veu, et
» dit du bien tant qu'il luy plaist. Vous verrez
» à vostre plaisir le paige et le cheval en la
» prayrie d'Esnay. »
Alors n'estoit pas le bon Chevalier en présence; mais tanstot luy fut racompté, et comment le Roy le vouloit veoir sur son cheval; et croy que s'il eust gaigné la ville de Lyon, n'eust pas esté si aise. Il s'en alla incontinent au maistre palefrenier du duc de Savoye, nommé Pizou de Chenas, auquel il dist : « Maistre mon amy,
» j'entendz que le Roy a dit à monseigneur qu'il
» veult veoir mon roussin après disner, et moy
» dessus. Je vous prie tant que je puis que le
» vueilliez faire mettre en ordre, et je vous don-
» nerai ma courte dacgue de bon cueur. » Le maistre palefrenier, qui veit la bonne voulenté du jeune garson, luy dist : « Bayart, mon amy,
» gardez vostre baston, je n'en veulx point, et
» vous mercye; allez vous seulement peigner et
» nectoyer, car vostre cheval sera bien en or-
» ordre; et Dieu vous face cest heur, mon amy,
» que le roy de France vous preigne en grâce,
» car il vous en peult advenir beaucoup de biens,
» et quelquefois, avecques l'ayde de Dieu, pour-
» rez estre si grant seigneur que je m'en sentiray.
» — Sur ma foy, maistre, dist le bon Chevalier,
» jamais je n'oublieray les courtoysies que m'a-
» vez faictes depuis que je suis en la maison de
» monseigneur; et si Dieu me donne jamais des
» biens, vous en appercevrez. » Incontinent monta en la chambre de son escuyer, où il nectoya ses habillemens, se peigna et acoustra au plus joliement qu'il peut, en attendant qu'il eust quelques nouvelles, qui ne tardèrent guères, car sur les deux ou trois heures vint l'escuyer d'escuyrie de monseigneur de Savoye, lequel gouvernoit Bayart, qui le vint demander, et tout prest le trouva. Si luy dist tout fasché : « Bayart,
» mon amy, je voy bien que je ne vous garderai
» guères; car j'entendz que monseigneur a desjà

» fait ung présent de vous au Roy, qui vous
» veult veoir sur vostre roussin en la prairie
» d'Esnay. Je ne suis pas marry de vostre avan-
» cement, mais, sur ma foy, j'ay grand regret
» de vous laisser. » A quoy respondit le jeune
Bayart : « Monseigneur l'escuyer, Dieu me doint
» grâce de continuer ès vertus que m'avez mons-
» trées depuis l'heure que monseigneur vous
» bailla charge de moy! Si je puis, moyennant
» son ayde, n'aurez jamais reprouche de chose
» que je face ; et si je parviens en lieu pour vous
» faire service, congnoistrez par effect de com-
» bien je me sens vostre obligé. »

Après ces parolles dictes, n'y eut plus de dilation, car l'heure s'approchoit. Si monta l'escuyer sur ung cheval, et fist monter le bon
Chevalier sur son roussin, lequel estoit si bien
peigné et accoustré que riens n'y défailloit ; et
s'en allèrent attendre le Roy sa compaignie
en la prairie d'Esnay, car le prince s'estoit mis
par eaue sur la Sosne. Incontinent qu'il fut hors
du bateau, va veoir sur la prée le jeune Bayart
sur son roussin, avecques son escuyer. Si luy
commença à crier : « Page, mon amy, donnez
» de l'espron à vostre cheval ; » ce qu'il fist incontinent ; et sembloit, à le veoir départir, que
toute sa vie eust fait ce mestier. Au bout de la
course, le fist bondir deux ou trois saulx, et
puis rien dire s'en retourna à bride abatue
pareillement devers le Roy, et s'arresta tout
court devant luy, en faisant remuer son cheval.
De sorte que non seulement le Roy, mais toute
la compaignie, y print un singulier plaisir. Si
commencea le Roy à dire à monseigneur de Savoye : « Mon cousin, il est impossible de mieulx
» picquer ung cheval. » Et puis s'adressant au
page, luy dist : « Picque, picque encores ung
» coup. » Après les parolles du Roy, les pages luy
crièrent : Picquez, picquez! De façon que depuis, par quelque temps, fut surnommé Picquet.
« Vrayement, dist encores le Roy au duc, je voy
» devant mes yeulx ce que le cousin de Ligny
» m'a dit à disner ; je ne veulx pas attendre que
» me donniez vostre page ne vostre cheval, mais
» je le vous demande. — Monseigneur, respon-
» dit le duc de Savoye, le maistre est vostre, le
» reste y peult bien estre. Dieu luy doint grâce
» de vous faire quelque service agréable ! — Par
» la foy de mon corps, dist le Roy, il est im-
» possible qu'il ne soit homme de bien. Cousin
» de Ligny, je vous baille le page en garde, mais
» je ne veulx pas qu'il perde son cheval ; il de-
» mourera tousjours en vostre escuyerie. » Dont
ledit seigneur de Ligny remercia très-humblement le Roy, se sentant très-bien satisfait d'a-
voir ce présent ; car il estimoit bien qu'il en feroit ung homme dont il auroit une fois gros
honneur, ce qui fut acomply depuis en maintz
lieux. Trois ans seulement fut page le bon Chevalier en la maison du seigneur de Ligny, lequel
l'en mit hors sur l'aage de dix-sept ans, et l'appoincta en sa compaignie : toutesfois tousjours
fut il retenu des gentilz-hommes de sa maison.

<><>

CHAPITRE VI.

Comment ung gentil-homme de Bourgongne, nommé messire Claude de Vauldray (1), vint à Lyon, par le vouloir du roy de France, faire faictz d'armes tant à cheval comme à pied, et pendit ses escuz, pour par ceulx qui y toucheroient estre par luy receuz au combat ; et comment le bon Chevalier, trois jours après qu'il fut mis hors de page, toucha à tous les escuz.

Quelque temps demoura le duc de Savoye à
Lyon, où il fist fort bonne chère, tant avecques le Roy que les princes et seigneurs de
France. Si advisa qu'il estoit saison de retourner en ses pays, parquoy demanda congé, qui
luy fut donné bien envis : toutesfois il n'est si
bonne compaignie qu'il ne conviengne de partir.
Le Roy lui fist de beaulx et honnorables présens, car de libéralitez estoit assez remply. Ainsi
s'en retourna le bon duc Charles de Savoye en
ses pays. Le roi de France alla visitant son
royaulme, et deux ou trois ans après se retrouva
audit Lyon, où il arriva ung gentil-homme de
Bourgongne, qu'on nommoit messire Claude de
Vauldray, appert homme d'armes, et qui désiroit à merveilles de les suyvre. Si fist supplier
au Roy que, pour garder d'oisiveté tous jeunes
gentilz-hommes, luy voulsist permettre de dresser ung pas, tant à cheval comme à pied, à
course de lance et coups de hache : ce qui luy
fut accordé, car le bon Roy ne demandoit après
le service de Dieu, dont il estoit assez songneux,
que joyeulx passetemps. Si dressa son affaire
icelluy messire Claude de Vauldray le mieulx
qu'il peut, et fist pendre ses escuz, où tous gentilz-hommes qui avoient désir d'eulx monstrer
venoient toucher, et se faisoient inscripre au roy-
d'armes qui en avoit la charge. Ung jour passoit
par devant les escuz le bon Chevalier, qui desjà,
par le nom que le Roy luy donna à Esnay, estoit
de chascun appelé Picquet ; si va penser en soy-

(1) C'était un gentilhomme de Franche-Comté. Suivant Godefroy, les seigneurs de Mouy et de Saint-Phal
appartenaient à cette maison.

mesmes : « Hélas ! mon Dieu, si je sçavoye comment me mettre en ordre, tant voulentiers je toucheroye à ces escuz pour sçavoir et apprendre des armes ; » et sur cela s'arresta tout coy, et demoura pensif. Avecques luy estoit ung sien compaignon de la nourriture du seigneur de Ligny, appellé Bellabre, qui luy dist : « En quoy songez-vous, compaignon ? vous me semblez tout estonné. — Sur ma foy, respondit-il, mon amy, aussi suis-je ; et je vous en diray présentement la raison. Il a pleu à monseigneur me mettre hors de paige, et, de sa grâce, m'a acoustré et mis en ordre de gentil-homme ; vouloir me semond de toucher aux escuz de messire Claude, mais je ne sçay, quand je l'auroye fait, qui me fourniroit après de harnoys et de chevaulx. » Alors respondit Bellabre, qui plus estoit aagé que luy et fort hardy gentil-homme (car d'une chose veulx adviser tous lysans ceste histoire, que de la nourriture de ce gentil seigneur de Ligny sont sortis cinquante gentilz-hommes, dont les trente ont esté tous vaillans et vertueux cappitaines en leur vie): « Mon compaignon, mon amy, vous souciez-vous de cela ? n'avez-vous pas vostre oncle, ce gros abbé d'Esnay (1) ? Je faiz veu à Dieu que nous yrons à luy, et s'il ne veult fournir deniers, nous prendrons crosse et mictre ; mais je croy que quant il cognoistra vostre bon vouloir, il le fera voulentiers. » Et sur ces parolles il va toucher aux escuz. Montjoye, roy d'armes, qui estoit là pour escripre les noms, luy commencea à dire : « Comment, Picquet, mon ami, vous n'aurez barbe de trois ans, et entreprenez vous à combatre contre messire Claude, qui est ung des plus rudes chevaliers qu'on sache ? » Lequel lui respondit : « Montjoye, mon amy, ce que j'en faiz n'est pas orgueil ne oultrecuydance, mais seullement désir d'aprendre peu à peu avecques ceulx qui me les peuvent monstrer ; et Dieu, si luy plaist, me fera la grâce que je pourray faire quelque chose qui plaira aux dames. » De quoy Montjoye se prist à rire, et s'en contenta très-fort. Si courut incontinent par tout Lyon le bruit que Picquet avoit touché aux escuz de messire Claude, et vint jusques aux oreilles dudit seigneur de Ligny, qui n'en eust pas voulu tenir dix mille escuz. Si s'en alla le dire au Roy incontinent, qui en fut très-joyeulx, et luy dist : « Par la foy de mon corps, cousin de Ligny, vostre nourriture vous fera une fois de l'honneur, car le cueur le me juge. — Nous verrons que ce sera, respondit le seigneur de Ligny ; il est encores bien jeune pour endurer les coups de messire Claude. »

Or ne fut ce pas le plus fort pour le bon Chevalier d'avoir touché aux escuz, mais de trouver argent pour avoir chevaulx et accoustremens. Si vint à son compaignon Bellabre, auquel il dist : « Mon compaignon, mon amy, je vous prie estre mon moyen envers monseigneur d'Esnay mon oncle, qu'il me donne de l'argent ; je sçay bien que si mon bon oncle monseigneur de Grenoble estoit icy, il ne me laisseroit pour riens ; mais il est en son abbaye de Sainct-Surnyn à Thoulouze : c'est bien loing ; jamais ung homme n'y seroit allé et venu à temps. — Ne vous chaille, dist Bellabre, nous yrons vous et moy demain matin parler à luy, et j'espère que nous ferons bien nostre cas. » Cela resjouyt quelque peu le bon Chevalier : toutesfois il ne reposa guères la nuyt. Bellabre et luy couchoient ensemble, levèrent matin, et puis se misrent en ung de ces petis bateaux de Lyon, et se firent mener à Esnay. Eulx descenduz, le premier homme qu'ilz trouvèrent dedans le pré, ce fut l'abbé, qui disoit ses heures avecques ung de ses religieux. Si l'allèrent saluer les deux gentilz-hommes ; mais luy, qui desjà avoit ouy parler comment son nepveu avoit touché aux escuz de messire Claude de Vauldray, et se doubtoit bien qu'il fauldroit foncer (2), ne leur fist pas grant recueil, mais s'adressa à son nepveu, et luy dist : « Hé, maistre breneux, qui vous a donné ceste hardiesse de toucher aux escuz de messire Claude de Vauldray ? Il n'y a que trois jours qu'estiez paige, et n'avez pas dix-sept ou dix-huit ans ; on vous deust encores donner des verges, qui montez en si grant orgueil. » A quoy respondit le bon Chevalier : « Monseigneur, je vous asseure, ma foy, qu'oncques orgueil ne me le fist faire ; mais désir et vouloir de parvenir par faictz vertueux à l'honneur que voz prédécesseurs et les myens ont fait, m'en ont donné la hardiesse. Si vous supplie, Monseigneur, tant que je puis, veu que je n'ay parent ny amy à qui je peusse présentement avoir recours, sinon à vous, que vostre bon plaisir soit m'ayder de quelques deniers pour recouvrer ce qu'il m'est nécessaire. — Sur ma foy, respondit l'abbé, vous yrez chercher ailleurs qui vous prestera argent : les biens donnez par les fondateurs de ceste abbaye a esté pour y servir Dieu, et non pas pour despendre en joustes

---

(1) Guyard de Berville observe que l'abbé d'Esnay n'était pas oncle de Bayard, et qu'il y avait entre eux la distance du troisième au cinquième degré.

Il s'appelait Théodore Terrail. Il mourut en 1505.

(2) Faire des fonds, payer, débourser.

» et tournoiz. » Laquelle parolle dicte par l'abbé, le seigneur de Bellabre reprint, et luy dist : « Mon-
» seigneur, n'eust esté les vertuz et les prouesses
» de vos prédécesseurs, vous ne feussiez pas abbé
» d'Esnay, car par leur moyen et non par autre
» y estes parvenu. Il faut avoir congnoissance
» des biens qu'on a receuz par le passé, et espé-
» rance d'avoir quelque rémunération de ceulx
» qu'on fait. Vostre nepveu, mon compaignon, est
» de bonne rasse, bien aymé du Roy et de mon-
» seigneur nostre maistre ; il a vouloir de par-
» venir, dont deussiez estre bien joyeulx. Si est
» besoing que luy aydez, car il ne vous sçauroit
» couster deux cens escuz pour le mettre en bon
» ordre, et il vous pourra faire de l'honneur pour
» plus de dix mille. » Si y eut réplicque par
l'abbé, et plusieurs autres propos tenuz ; mais
enfin se condescendit qu'il ayderoit audit bon
Chevalier.

CHAPITRE VII.

Comment l'abbé d'Esnay bailla cent escus au bon Chevalier pour avoir deux chevaulx, et escripvit unes lettres à ung marchant de Lyon pour luy délivrer ce qui luy seroit nécessaire.

Il y eut plusieurs propos entre l'abbé et les deux gentilz-hommes ; mais à la fin il les mena à son logis, et fist ouvrir une petite fenestre, où d'une bourse qui dedans estoit tira cent escuz, lesquelz il bailla à Bellabre, et luy dist : « Mon
» gentil-homme, vèla cent escus que je vous
» baille pour achapter deux chevaulx à ce vail-
» lant gendarme, car il a encores la barbe trop
» jeune pour manyer deniers ; je m'en vois es-
» cripre ung mot à Laurencin pour luy bailler
» les habillemens qui luy seront nécessaires.
» — C'est très-bien fait, Monseigneur, dist Bel-
» labre, et je vous asseure que quant chascun
» le sçaura, vous n'y aurez sinon honneur. » Si fut demandé incontinent ancre et papier pour escripre à Laurencin, auquel il manda bailler à son nepveu ce qui luy seroit nécessaire pour s'acoustrer à ce tournoy, ymaginant en soy-mesmes qu'il ne sçauroit avoir à besongner pour cent francs de marchandise ; mais il alla bien autrement, comme vous orrez cy-après. Incontinent que les gentilz-hommes eurent leur lettre, après avoir pris congé de l'abbé, et par le bon Chevalier l'avoir très-humblement remercié de la courtoysie qu'il luy faisoit, s'en retournèrent dedans leur petit bateau pour revenir à Lyon, fort joyeulx de ce qu'ilz avoient si bien besongné.

Si commencea à parler Bellabre, et à dire : « Sçavez-vous qu'il y a, compaignon, quant
» Dieu envoye des bonnes fortunes aux gens,
» il les fault bien et sagement conduyre : ce
» qu'on desrobe à moynes est pain bénéist.
» Nous avons une lettre à Laurencin pour pren-
» dre ce qu'il vous fauldra ; allons vistement à
» son logis avant que vostre abbé ait pensé à ce
» qu'il a fait, car il n'a point limité en sadicte
» lettre jusques à combien d'argent il vous
» baille d'acoustremens. Par la foy de mon
» corps, vous serez acoustré pour le tournoy, et
» pour d'icy à ung an, car aussi bien n'en aurez-
» vous jamais autre chose. » Le bon Chevalier, qui ne demandoit pas mieulx, se print à rire, et luy dist : « Par ma foy, mon compaignon, la
» chose va bien ainsi ; mais, je vous prie, has-
» tons-nous, car j'ay grant paour que s'il s'ap-
» perçoit de ce qu'il a fait, que incontinent
» n'envoye ung de ses gens déclairer pour com-
» bien d'argent il entend qu'on me baille d'ha-
» billemens. » Très-bonne fut leur conception, comme vous entendrez. Si firent diligenter la pontonnière, qui les rendit jusques auprès des changes, où ilz se misrent à bort ; et incontinent marchèrent droit au logis de Laurencin, qui estoit en sa boutieque, lequel saluèrent ; et il, qui estoit fort honneste et bon marchant, leur rendit le semblable. Bellabre commencea la parolle, et dist : « Par mon ame, sire Laurencin, mon
» compaignon et moy venons de veoir ung hon-
» neste abbé ; c'est monseigneur d'Esnay. —
» Je vous prometz, c'est mon, dist Lauren-
» cin ; c'est ung grant homme de bien, et me
» tiens du nombre de ses bons serviteurs. J'ay
» eu en ma vie à faire à luy de vingt mille
» francs, mais jamais ne trouvay ung plus rond
» homme. — Mais ne sçavez vous l'honnesteté
» qu'il a faicte à son nepveu mon compaignon,
» que vècy ? dist Bellabre. Il a sceu qu'il avoit
» touché aux escuz de Messire Claude de Vaul-
» dray, et qu'il se vouloit esprouver pour hon-
» neur acquérir, comme ont fait ses ancestres ;
» et sachant que nous couchions ensemble, tous
» deux nous a envoyez quérir à ce matin ; et
» estre arrivez, après nous avoir fait très-bien
» desjeuner, a donné trois cens beaulx escuz à
» son nepveu pour avoir des chevaulx, et da-
» vantage pour s'acoustrer, de sorte qu'il n'y
» ait homme en la compaignie mieulx en ordre
» que luy, nous a baillé une lettre à vous adres-
» sant, pour luy bailler ce qu'il luy sera néces-
» saire. » Si luy monstra la lettre ; il congneut incontinent le seing de monseigneur l'abbé. « Je
» vous asseure, Messeigneurs, dist Laurencin,
» qu'il n'y a rien céans qui ne soit à vostre

» commandement, et de monseigneur qui m'es-
» cript : regardez seulement qu'il vous fault. »
Si firent incontinent desployer draps d'or, d'argent, satins brochez, veloux et autres soyes, dont ils prindrent pour le bon Chevalier jusques à la valleur de sept ou huyt cens francs ; et puis prindrent congié de luy pour s'en aller à leur logis, et incontinent envoyèrent quérir tailleurs pour faire leur cas.

Or retournons ung petit à l'abbé qui fut bien aise quant il se veit despesché de son nepveu. Si commanda qu'on apportast à disner, où il eut de la compaignie ; et entre autres propos commencea à dire tout hault : « J'ay eu une ter-
» rible estrayne à ce matin ; ce garson, mon
» nepveu de Bayart, a esté si fol que d'aller toucher aux escuz de messire Claude, et pour
» s'acoustrer est venu à ce matin demander de
» l'argent : j'en ay esté pour cent escus, et en-
» cores n'esse pas tout, car j'ay escript à Laurencin luy bailler ce qu'il luy demandera pour
» s'acoustrer sur le harnois. » A quoy respondit le secrétain de léans : « Sur ma foy, Monsei-
» gneur, vous avez bien fait ; il veult suyvre
» les prouesses de monseigneur vostre grant-
» père, qui fut si vaillant homme, et tous ses
» parens. Je ne voy mal en cecy que ung ; il
» est jeune et voluntaire : vous avez escript à
» Laurencin qu'il luy baille ce qu'il luy de-
» mandera ; je suis seur qu'il le fera, quant il
» seroit question de deux mille escus, j'ay peur
» qu'il n'en preigne plus que vous n'entendez. »
L'abbé va incontinent penser là dessus, et respondit : « Par sainct Jacques, secrétain, vous
» dictes vray, car je n'ay point escript jusques
» à combien. » Si dist : « Qu'on m'appelle le
» maistre d'hostel, » qui vint sur l'heure. « A
» coup, Nicolas, dist l'abbé, ung autre servira
» bien pour vous ; allez à la ville chez Lauren-
» cin, et luy dictes que je luy ay escript à ce
» matin bailler quelques habillemens à mon
» nepveu de Bayart pour le tournoy de messire
» Claude ; qu'il luy en baille pour cent ou six
» vingtz francz, et non pour plus ; et ne faictes
» que aller et venir. » Ledit maistre d'hostel alla bien tost, mais il partit bien tard. Quant il fut chez Laurencin, il estoit à table ; mais pource qu'il estoit assez privé de léans, monta en hault, et salua la compaignie, qui luy rendit le semblable. « Monseigneur le maistre, dist
» Laurencin, vous venez à bonne heure ; lavez
» la main, et venez faire comme nous. — Je
» vous mercye, respondit-il, ce n'est pas qui
» me meine : monseigneur m'envoye icy, parce
» qu'il vous a escript aujourd'huy bailler à son
» nepveu de Bayart quelques acoustremens. »

Laurencin n'attendit pas qu'il eust achevé, et dist : « Monseigneur le maistre, j'ay desjà fait
» tout cela. Je vous asseure que je l'ay bien mis
» en ordre : c'est ung très-honneste jeune gen-
» til-homme ; monseigneur fait bien de luy
» ayder. — Et pour combien lui en avez-vous
» baillé ? dist le maistre d'hostel. — Je ne
» sçay, sur ma foy, dist-il, si je ne veoye
» mon papier, et son récépissé au dos de la
» lettre de monseigneur ; mais il m'est advis
» qu'il en y a pour environ huyt cens francz.
» — Ha ! par Nostre-Dame, vous avez tout
» gasté. — Pourquoy ? dist Laurencin. —
» Pource, respondit le maistre d'hostel, que
» monseigneur vous mandoit par moy ne luy
» en bailler que pour cent ou six vingtz francz.
» — Sa lettre ne dit pas cela, dist Laurencin :
» et quant il en eust demandé plus largement,
» plus en eust eu, car ainsi me le mandoit mon-
» seigneur. — Or il n'y a remède, fist le mais-
» tre d'hostel : à Dieu vous command. » Si s'en retourna à Esnay, et trouva encores la compaignie où il l'avoit laissée. Quant l'abbé veit son maistre d'hostel, luy dist : « Et puis, Nicolas,
» avez-vous dit cela à Laurencin ? — Ouy bien,
» Monseigneur, mais je suis allé trop tard ;
» vostre nepveu avoit desjà fait sa foyre, et en
» a seulement pris pour huyt cens francz. —
» Pour huyt cens francz ! Saincte Marie, dist
» l'abbé, vèlà ung mauvais paillardeau. A coup,
» vous sçavez bien son logis ; allez le trouver,
» et luy dictes que s'il ne va vistement rendre
» sur Laurencin ce qu'il a pris, que jamais de
» moy n'amendera d'ung denier. »

Le maistre d'hostel fist le commandement de monseigneur, et s'en vint à Lyon, cuydant trouver son homme, qui paravant s'estoit bien doubté de l'encloueure, et avoit dit à ses serviteurs : « Si personne des gens de monseigneur
» d'Esnay me viennent demander, qu'on face
» force excuses, en sorte que je ne parle point
» à eulx ; » et pareillement en fît advertir tous ceux du logis. Quant le maistre d'hostel le vint demander, on luy fist response qu'il estoit chez monseigneur de Ligny. Il y va, et ne le trouva pas. Si retourna au logis. On luy dist qu'il estoit allé essayer des chevaulx delà le Rosne. Bref, il y fut plus de dix fois, mais jamais ne le peut trouver. Si s'en retourna, car il veit bien que c'estoit une mocquerie. Quant il fut à Esnay, il dist à monseigneur que c'estoit temps perdu de chercher son nepveu, car plus de dix fois avoit esté à son logis ; mais possible n'estoit de le trouver, car il se faisoit céler. « Si, dist
» l'abbé ; par mon serment c'est ung mauvais
» garson, mais il s'en repentira. » Son courroux

se passa quand il voulut, mais il n'en eut autre chose. Si laisserons à parler de luy, et retournerons au bon Chevalier et à son compaignon, et comment ilz exploictèrent en leurs affaires.

CHAPITRE VIII.

Comment le bon Chevalier sans paour et sans reprouche et son compaignon se montèrent de chevaulx et garnirent d'acoustremens; et comment ledit bon Chevalier se porta gentement, selon sa puissance, contre messire Claude de Vauldray.

Vous povez assez entendre que incontinent que le bon Chevalier et son compaignon eurent de Laurencin ce qu'ilz demandoient, ne firent grant séjour en sa maison, doubtant ce qui advint depuis; ains si bonne diligence mirent en leur affaire, qu'ilz furent pourveuz de ce qu'il leur failloit. Ils se retirèrent en leur logis, où soubdainement envoyèrent quérir tailleurs pour faire à chascun trois acoustremens sur le harnoys; car le bon Chevalier vouloit que son compaignon feust de sa livrée : aussi n'avoient-ilz riens party ensemble. Après ce qu'ilz eurent donné ordre quant aux habillemens, Bellabre dist : « Compaignon, il fault que nous allions » veoir des chevaulx. Je sçay ung gentilhomme » de Pyémont, logé en la Grenète, qui a ung » bas roussin bien relevé et bien remuant; ce » sera bien vostre cas : et il me semble aussi » qu'il a ung petit courserot bay qui est fort » adroit. L'on m'a dit qu'il les veult vendre, » parce que puis huyt jours, en les chevau- » chant, s'est rompu une jambe : allons veoir » que c'est. — C'est bien advisé, respondit le » bon Chevalier. »

Si s'en allèrent passer l'eaue vers Nostre-Dame de Confort, puis se tirèrent au logis de ce gentil-homme piémontoys, qu'ilz trouvèrent en sa chambre fort mal acoustré de sa jambe. Ilz le saluèrent, et il leur rendit le semblable, comme courtois chevalier. Bellabre prist la parolle, et dist : « Mon gentil-homme, vecy mon » compaignon qui a désir de recouvrer une cou- » ple de chevaulx que vous avez, parce qu'on » nous a rapporté que les voulez vendre, au » moyen de l'inconvénient qui vous est advenu, » dont il nous desplaist. — Sur ma foy, messi- » gneurs, respondit le gentil-homme, il est vray, » et m'en fait grant mal, car les chevaulx sont » beaulx et bons : mais puisqu'il paist à Dieu, » je voy bien que de trois moys ne scaurois par- » tir ceste ville. Les vivres y sont chers, mes » chevaulx se mangeroient en l'estable; vous » me semblez honnestes et Gaillars gentilz- » hommes : j'ayme beaucoup mieulx que mes » chevaulx tumbent entre voz mains que ail- » leurs. Montez dessus, et les allez veoir hors » la ville avecques ung de mes gens; et au re- » tour, s'ilz vous plaisent, nous en ferons mar- » ché. » Ilz trouvèrent le propos honneste; et incontinent furent les chevaulx seellez, sur lesquelz le bon Chevalier et son compaignon montèrent et les menèrent jusques à la prairie près la Guillotière, où ils les coururent et trottèrent, de sorte qu'ilz s'en tindrent pour contens. Si retournèrent au logis du gentil-homme pour faire le marché, et luy demandèrent le pris qu'il les vouldroit vendre. « Par ma foy, dist- » il, si j'estois sain, il n'y a homme sur la terre, » si ce ne luy en vouloye faire présent, qui les » eust pour deux cens escus; mais, pour l'amour » de vous, je suis content de les vous laisser, » le roussin pour soixante escus, et le courserot » pour cinquante : ce sont cent dix escus, et » n'en auray pas moins. »

Ilz virent bien qu'il estoit raisonnable, et ne dirent autre parolle sinon : « Mon gentil-homme, » vous les aurez, et toute nostre vie deux gen- » tilz-hommes à vostre commandement; » dont il les remercia. Ilz misrent la main à la bourse, et luy baillèrent ses cent dix escus, et deux pour le vin des serviteurs. Les chevaulx furent menez par leurs gens à leur logis, lesquelz firent très-bien penser et acoustrer; car plus n'y avoit que trois jours à commencer l'emprise qu'avoit faicte messire Claude de Vauldray, parquoy tout homme s'appareilloit selon sa puissance. Si ouvrit icelluy messire Claude son pas, selon l'ordonnance qu'il avoit, par le congé du roy de France, fait publier; et par ung lundy se mist sur les rencs, où contre luy s'essayèrent plusieurs bons et gaillars gentilz-hommes de la maison du bon roy Charles, telz que le séneschal Galyot, pour lors fort gaillart et appert homme-d'armes; le jeune Bonneval, Saudricourt, Chastillon, Bourdillon, qui estoient des plus privez de la personne du Roy, et plusieurs autres; où chascun, comme povez penser, fist le mieulx qu'il peut. Or estoit telle l'ordonnance que quant chascun avoit fait ce en quoy il estoit tenu, convenoit que le long de la lice feust mené veue descouverte, afin que l'on congneust lequel c'estoit qui avoit bien ou mal fait; parquoy à ceste raison povez penser qu'il n'y avoit celluy qui ne se mist en son effort de bien faire.

Le bon Chevalier, sur le dix-huytiesme an de son aage, qui estoit fort grande jeunesse (car il commençoit encores à croistre, et de sa nature estoit meigre et blesme), se mist sur les rencs pour essayer à faire comme les autres, et là faisoit son jeu d'essay, qui estoit assez rudement commencé, car il avoit à faire à ung des plus appers et duytz chevaliers de guerre qui feust au monde. Toutesfois je ne sçay comment ce fut, ou si Dieu luy en vouloit donner louenge, ou si messire Claude de Vauldray prist plaisir avecques luy, mais il ne se trouva homme en tout le combat, tant à cheval comme à pied, qui fist mieulx ne si bien que luy. Et de ce les dames de Lyon luy en donnèrent le los : car, comme desjà a esté dit dessus, il falloit, après avoir fait son debvoir, aller le long de la lice veue descouverte; parquoy, quant il convint que le bon Chevalier le fist, assez honteux, les dames, en leur langaige lyonnois, luy en donnèrent l'honneur en disant : *Vey-vo cestou malotru, il a mieulz fay que tous los autres.* Et de tout le reste de la compaignie acquist si bonne grâce, que le bon roy Charles dist à son soupper, pour plus l'honorer : « Par la foy de » mon corps, Picquet a ung commencement » dont à mon oppinion fera saillie à bonne fin. » Et dist alors au seigneur de Ligny : « Mon cou» sin, je ne vous feiz de ma vie si bon présent » que quant je le vous donnay. » A quoy respondit ledit seigneur : « Sire, s'il est homme de » bien, vous y aurez plus grant honneur que » moy, car le bon los que luy avez donné l'a » fait entreprendre tout cecy ; Dieu veuille qu'il » puisse continuer ! Mais son oncle, l'abbé d'Es» nay, n'y prent pas grant plaisir, car il a eu » ses escus et ses acoustremens à son crédit; » dont desjà estoit le Roy assez informé. Si se prent à rire et toute la compaignie.

◊◊◊

CHAPITRE IX.

Comment le seigneur de Ligny envoya le bon Chevalier en garnison en Picardie, où estoit sa compaignie, et fut logé en une jolye petite ville appellée Ayre, et comment, à son arrivée, ses compaignons allèrent au devant de luy.

Après le tournoy finy, le seigneur de Ligny ung matin appella le bon Chevalier sans paour et sans reprouche, auquel il dist : « Picquet, » mon amy, pour vostre commencement avez » assez eu belle et bonne fortune ; les armes se » veullent continuer, et encores que je vous re» tiengne de ma maison à trois cens francs par » an et trois chevaulx à livrée, je vous ay mis » de ma compaignie. Si vueil que vous aillez à » la garnison veoir voz compaignons, vous ad» visant que y trouverrez d'aussi gaillards » hommes-d'armes qu'il y en ait point en la » chrestienté, et qui souvent exercent les armes » en faisant joustes et tournoys pour l'amour des » dames et pour honneur acquerre. Si me sem» ble, attendant quelque bruyt de guerre, que ne » pourriez mieulx estre. » Le bon Chevalier, qui autre chose ne demandoit, respondit : « Mon» seigneur, de tous les biens et honneurs que » m'avez faitz et faictes chascun jour, ne sçau» riez pour le présent tirer de moy que très» humbles remerciemens, et prier Nostre-Sei» gneur qu'il le vous vueille rendre; mais c'est » aujourd'huy le plus grant désir que j'aye d'al» ler veoir la compaignie que dictes, car je n'y » sçauroye si peu demourer, aux biens que j'en » ay ouy dire, que je n'en vaille mieulx toute » ma vie ; et si c'est vostre bon plaisir, je par» tiray demain. » Le seigneur de Ligny dist : « Je le vueil bien, mais premier veulx que pre» niez congé du Roy, et je vous y meneray après » disner. » Ce qui fut fait, et trouvèrent le Roy comme il se vouloit lever de table, auquel le seigneur de Ligny dist en telle manière : « Sire, » vècy vostre Picquet qui s'en va veoir ses com» paignons en Picardie, il vient prendre congé » de vous. » Si se mist, d'ung asseuré visaige, le bon chevalier à genoulx, que le Roy voulentiers regarda, et en soubzriant luy dist : « Pic» quet, mon amy, Dieu vueille continuer en » vous ce que je y ay veu de commencement, » et vous serez preud'homme. Vous allez en » ung pays où il y a de belles dames : faictes » tant que vous acquérez leur grâce, et à Dieu, » mon amy. — Grant mercy, Sire, dist le bon » Chevalier. » Si fut incontinent embrassé de tous les princes et seigneurs au dire à Dieu, avec plusieurs gentilz-hommes qui avoient grant regret dequoy il laissoit la court, mais non avoit pas luy, ains luy tardoit trop, à son advis, qu'il n'estoit desjà au lieu où il devoit aller. Le Roy fist appeler ung de ses varletz de chambre, qui avoit quelques deniers en ses coffres, auquel commanda bailler au bon Chevalier trois cens escuz, et pareillement luy fist délivrer ung des beaulx coursiers qui feust en son escuyrie. Il donna au varlet de chambre trente escuz, et dix à celluy qui luy mena le coursier, dont tous ceulx qui le sceurent louèrent sa libéralité à merveilles. Le seigneur de Ligny le ramena à son logis, et le soir le prescha comme s'il eust esté son enfant, luy recommandant sur toutes choses avoir tousjours l'honneur devant les yeulx.

Mais il a tousjours bien gardé ce commandement jusques à la mort. Enfin, quant il fut temps d'aller coucher, ledit seigneur de Ligny luy dist : « Picquet, mon amy, je croy que vous partirez » demain plus matin que ne seray levé ; à Dieu » vous command. » Si l'embrassa les larmes aux yeulx; et le bon Chevalier, le genoil en terre, prist congé de luy et s'en alla à son logis, où il fut convoyé de tous ses compaignons, desquelz le congé ne fut pas pris sans grans embrassemens. Il monta en sa chambre, où il trouva le tailleur dudit seigneur de Ligny, qui avoit deux habillemens completz que son bon maistre luy envoyoit. Si luy dist : « Mon frère, mon amy, » si j'eusse sceu ce beau présent, j'en eusse re-» mercié monseigneur, qui m'a tant fait d'autres » biens que jamais vers luy ne le sçauroye mé-» riter; vous ferez, s'il vous plaist, cela pour » moy. » Si tira à sa bourse, et luy donna vingt escus.

Ung des serviteurs d'icelluy bon Chevalier luy dist : « Monseigneur, Guillaume le palefre-» nier a amené en vostre estable le bon roussin » de monseigneur, et m'a dit que mondit sei-» gneur le vous donnoit. Mais il s'en retourne » parce qu'on le demandoit, et dit qu'il viendra » demain matin parler à vous. — Il ne me trou-» vera pas, dist-il, car je veulx estre à che-» val à la pointe du jour. » Si regarda le tailleur, auquel il bailla dix escus, et luy dist : « Mon amy, je vous prie, baillez cela à Guil-» laume le palefrenier ; et au demourant, s'il » vous plaist, me saluerez toute la belle et noble » compaignie de la maison de monseigneur, de » par moy; » « ce que promist faire le tailleur. Lequel party de sa chambre, le bon Chevalier fist faire ses coffres et acoustrer son cas, pour partir de bon matin, et puis se mist dedans le lict, où peu reposa, car il estoit près de minuyt quant il s'y mist. Levé qu'il fut, premier fist partir ses grans chevaulx, dont il avoit six par excellence, avecques son cariage, luy, avecques cinq ou six beaulx et triumphans courtaulx, se meet après, quant il eust prins congé de son hoste et son hostesse, et très-bien contentez de ce qu'il avoit esté en leur maison. Son compaignon Bellabre fut aussitost prest que luy, lequel le fut acompaigner jusques à La Breesle, où fut leur disnée, et là prindrent congé l'ung de l'autre ; mais il n'y eut pas grant mistère, car, dedans trois ou quatre jours après, faisoit son compte ledit Bellabre de suyvre son compaignon, et n'attendoit seulement que une couple de grans chevaulx qui luy venoient d'Espaigne.

Le bon Chevalier s'en alla tousjours à petites journées, parce qu'il faisoit mener grans chevaulx; toutesfois il fist tant qu'il arriva à trois petites lieues de la ville d'Ayre, où de là envoya ung de ses gens pour avoir logis. Quant les gentilz-hommes de la compaignie sceurent que Picquet estoit si près, montèrent tous ou la pluspart à cheval pour luy aller au devant, tant grant désir avoient de le veoir, car chascun estoit desjà abreuvé de ses vertus. Si estoient plus de six vingtz, tous jeunes gentilz-hommes, qui trouvèrent leur compaignon à demye-lieue de la ville. Il ne fault pas demander s'ilz se firent grant chère et le menèrent joyeusement, devisans de plusieurs choses, jusques dedans la ville, où aux fenestres estoient les dames, lesquelles avoient desjà entendu la noblesse du cueur du bon chevalier Picquet. Chascune désiroit à le congnoistre : elles le virent, mais non pas si à leur ayse qu'elles firent depuis. Icelluy bon Chevalier fut mené par ses compaignons à son logis, où le soupper estoit desjà prest; car ainsi l'avoit ordonné à son homme qu'il avoit envoyé devant. Si demourèrent une partie de sesditz compaignons avecques luy, qui menèrent joyeuse vie, luy demandant de son estat, et comment il estoit bien heureux à son commencement d'avoir si bien fait contre messire Claude de Vauldray, et le louoient à merveilles. Mais oncques le bon Chevalier ne monstra semblant d'en avoir joye, ains respondoit courtoysement à leurs parolles, et disoit : « Messeigneurs mes compaignons, le » los qu'on me donne est à grant tort ; il n'y a » pas encores tant de bien en moy que je sceusse » monter à grant pris ; mais s'il plaist à Nos-» tre-Seigneur, moyennant vostre bon ayde, je » parviendray à estre ou nombre de gens de » bien. » Or fut ce propos laissé, et parla-on d'autres matières.

Si commença à dire l'ung des gentilz-hommes de la compaignie appellé Tardieu, homme joyeulx et facécieux, adressant ses parolles au bon Chevalier : « Compaignon mon amy, je vous » advise qu'en toute la Picardie n'y a point de » plus belles dames qu'en ceste ville, dont vos-» tre hostesse, que n'avez encores veue, en est » l'une : elle est allée aux nopces d'une sienne » niepce; demain retournera, si la verrez à vos-» tre ayse. Il est impossible que soyez venu tenir » garnison sans escuz ; il fault à vostre arrivée » faire parler de vous, et par bien faire puissez » acquérir la grâce des dames de ceste contrée. » Il y a long-temps qu'il n'y eut pris donné en » ceste ville ; je vous prie tant que je puis qu'en » vueillez donner ung et entre cy et huyt jours ; » et ne me reffusez pas, s'il vous plaist, pour la » première requeste que je vous ay jamais faicte. »

32.

A quoy respondit le bon Chevalier : « Sur ma
» foy, monseigneur de Tardieu, quant me de-
» manderiez une beaucoup plus grosse chose,
» croyez que n'en seriez pas esconduyt; com-
» ment le seriez-vous de ceste-cy, qui me plaist
» autant ou plus que à vous? Et s'il vous vient
» à plaisir m'envoyer demain matin la trom-
» pette, et que nous ayons congé de nostre cap-
» pitaine, je feray en sorte que serez content. »
Tardieu luy dist : « Ne vous souciez de congé ;
» le cappitaine Loys d'Ars le nous a donné pour
» tousjours, car ce n'est point pour mal faire.
» Il n'est pas à présent icy, mais il y sera dedans
» quatre jours. Si mal y a, j'en prens la charge
» sur moy. — Et bien doncques, respondit le
» bon Chevalier, demain sera exécuté vostre
» vouloir. » Longuement demoura en propos la
compaignie, tant qu'ilz ouyrent sonner mynuyt;
si prindrent congé les ungs des autres jusques à
lendemain matin, que ledit Tardieu n'oublia
pas à venir au logis du bon Chevalier son nouveau compaignon, et luy amena une trompette
de la compaignie ; et le premier bon-jour qu'il
luy donna, ce fut : « Compaignon, ne vous ex-
» cusez plus, vècy vostre homme. »

◇◇◇

CHAPITRE X.

*Comment le bon Chevalier fist crier dedans
Ayre ung tournoy pour l'amour des dames,
où il y avoit pour le mieulx faisant ung bra-
celet d'or, et ung bel dyamant pour donner
à sa dame.*

Combien que grant besoing eust de repos le
bon Chevalier sans paour et sans reprouche, à
cause du long travail pour le propos que luy
avoit tenu son compaignon Tardieu, ne dormit
pas trop la nuyt, ains pensa comment seroit
fondé son tournoy : ce qu'il mist en son entendement, et délibéra en soy-mesme de l'exécuter, comme vous orrez; car quant Tardieu le
vint veoir le matin, et luy amena la trompette,
trouva desjà par escript l'ordonnance comment
debvoit estre ledit tournoy, qui estoit telle :
C'est que « Pierre de Bayart, jeune gentil-hom-
» me et apprentif des armes, natif de Daulphiné,
» des ordonnances du roy de France, soubz la
» charge et conduicte de hault et puissant sei-
» gneur monseigneur de Ligny, faisoit crier et
» publier ung tournoy au dehors de la ville
» d'Ayre, et joignant les murailles à tous ve-
» nans, au vingtiesme jour de juillet, de trois
» coups de lance sans lice, à fer esmolu, et en
» harnoys de guerre, et douze coups d'espée,
» le tout à cheval. Et au mieulx faisant donnoit
» ung brasselet d'or esmaillé de sa livrée, et du
» poix de trente escuz. Le lendemain seroit
» combatu à pied, à poux de lance, à une bar-
» rière de la haulteur du nombril ; et après la
» lance rompue à coups de hache, jusques à la
» discrétion des juges et de ceulx qui garde-
» roient le camp. Et au mieulx faisant donnoit
» ung dyamant du pris de quarante escus. »

Quant Tardieu eut veu l'ordonnance, il dist :
« Par Dieu, compaignon, jamais Lancelot, Tris-
» tan ne Gauvin ne firent mieulx. Trompette,
» allez crier cela en ceste ville, et puis yrez de
» garnison en garnison, d'icy à trois jours, pour
» en advertir tous noz amys. » Il faut entendre
qu'en la Picardie y avoit pour lors sept ou huyt
cens hommes-d'armes, comme la compaignie du
mareschal des Cordes, celles des Escossoys, du
seigneur de La Palisse (1), vertueux et triumphant cappitaine, et de plusieurs autres, qui par
ladicte trompette furent informez du tournoy.
Si se misrent en ordre ceulx qui s'y voulurent
trouver, car le terme n'estoit que de huyt ou
dix jours; toutesfois il ne s'en trouva pas si peu
qu'ilz ne feussent quarante ou cinquante hommes-
d'armes sur les rencs. En ces entrefaictes, et en
attendant le désiré jour, arriva ce gentil chevalier, le cappitaine Loys d'Ars, lequel fut très-
joyeulx d'estre venu d'heure, pour en avoir son
passetemps. Sa venue sceue par le bon Chevalier, luy alla faire la révérence, et se firent
grant chère l'ung à l'autre. Encores pour mieulx
renforcer la feste, le lendemain arriva son compaignon Bellabre, qui donna grant esjouyssement à toute la compaignie. Si se délectoient
tous les jours à essayer leurs chevaulx et faire
bancquetz aux dames, où entre autres le bon
Chevalier fist très-bien son debvoir ; de sorte
que les dames de la ville, et plusieurs autres de
alentour qui estoient venues pour estre au tournoy, luy donnoient le los sur tous les autres,
dont toutesfois ne se mettoit en orgueil.

Or vint le jour ordonné pour commencer ledit tournoy, que chascun se mist sur les rencs.
L'ung des juges estoit le bon cappitaine Loys
d'Ars, et le seigneur de Sainct-Quentin, escossoys, l'autre. Si se trouvèrent les gentilz-hommes sur les rencs, qui furent nombrez à qua-
rante-six ; et par sort sans tromperie furent partis vingt et trois d'ung costé, et vingt et trois
d'ung autre. Et eulx estans prestz, pour commencer à bien faire, la trompette va sonner, et
après déclara de point en point l'ordre du tour-

---

(1) Jacques de Chabannes. Il fut grand-maître, et ensuite maréchal de France.

noy. Si convint au bon Chevalier se présenter le premier sur les rencs, et contre luy vint ung sien voisin du Daulphiné, nommé Tartarin, qui estoit fort rude homme-d'armes. Si laissèrent courre l'ung à l'autre, de sorte que ledit Tartarin rompit sa lance à demy-pied du fer, et le bon Chevalier l'asséna au haut du grant gardebras, et mist sa lance en cinq ou six pièces ; dont trompettes sonnèrent impétueusement, car la jouste fut belle à merveilles. Et après avoir parfourny leur poindre, retournèrent pour la seconde ; et fut telle l'adventure de Tartarin, que de sa lance faulsa le gardebras du bon Chevalier à l'endroit du canon, et cuydoient tous ceulx de la compaignie qu'il eust le bras percé. Ledit bon Chevalier luy donna au dessus de la veue, et luy emporta ung petit chapelet plein de plumes. La tierce lance fut aussi bien ou mieulx rompue que les deux aultres. Leurs courses faictes, vint Bellabre, et contre luy se prépara ung homme-d'armes escossoys, qu'on nommoit le cappitaine David de Fougas, qui pareillement firent de leurs trois lances ce qu'il estoit possible à gentilz-hommes de faire. Et ainsi deux contre deux joustèrent, jusques à ce que chascun eust parfourny ses courses. Après convint combatre à l'espée, et commencea, selon la première ordonnance, le bon Chevalier, qui du troisiesme coup qu'il donna rompit son espée en deux pièces, et du reste fist si bien son debvoir jusques au nombre des coups ordonnez, que mieulx n'eust sceu faire. Après vindrent les autres selon leur ordre : et pour ung jour, au rapport de tous les voyans, mesmes ainsi que dirent les deux juges, ne fut jamais mieulx couru de lance, ne combatu à l'espée. Et combien que chascun le fist fort bien, les mieulx faisans furent le bon Chevalier, Bellabre, Tartarin, le cappitaine David, ung de la compagnie de monseigneur des Cordes, nommé le Bastard de Chimay, et Tardieu.

Quant vint sur le soir, que chascun eut fait son debvoir, se retirèrent tous au logis du bon Chevalier, qui avoit fait dresser le soupper triumphamment, où il y eut force dames ; car de dix lieues alentour toutes celles de Picardie, ou la pluspart, estoient venuz veoir ce beau tournoy, et y fut fait grande et triumphante chère. Après le soupper y eut dances, et plusieurs autres esbatemens ; tant qu'il fut si tard avant que personne se voulsist ennuyer, que une heure après minuyt sonna. Alors s'en alèrent les ungs après les autres à leurs logis, menans les dames jusques au lieu où elles devoient reposer, si fut assez tard le lendemain avant qu'elles feussent bien esveillées ; et croyez qu'il n'y en avoit nulles qui se lassassent de donner merveilleuse louenge audit bon Chevalier, tant des armes que de l'honnesteté qui estoit en luy, car nul plus gracieux ne courtois gentil-homme n'eust-on sceu trouver en ce monde.

Or, pour parfaire ce qui estoit commencé, le lendemain les souldars tous ensemble se trouvèrent au logis de leur cappitaine Loys d'Ars, où estoit desjà le bon Chevalier, qui l'estoit venu prier de disner en son logis avecques le seigneur de Sainct-Quentin, en la compaignie des dames du soir précédent, qui luy fut accordé. Il convint aller ouyr messe, laquelle chantée, eussiez veu les jeunes gentilz-hommes prendre les dames par dessoubz les bras, et icelles mener, parlans d'amours et autres joyeulx devis, jusques au logis dudit bon Chevalier, où, s'ilz avoient fait bonne chère le soir devant, à disner la firent encores meilleure. Guères ne demourèrent seigneurs ne dames au logis depuis le disner ; car, environ les deux heures, chascun qui estoit du tournoy se tira sur les rencs pour achever l'ordonnance du second jour, où celluy qui, à son penser, n'estoit pas pour avoir le pris de la première journée espéroit avoir la seconde. Les juges, seigneurs et dames arrivez sur le lieu, commencea le bon Chevalier sans paour et sans reprouche les pas en la manière accoustumée ; et contre luy vint ung gentil-homme de Haynault fort estimé, qui s'appelloit Hanotin de Sucre (1), qui par dessus la barrière, à poux de lance, se ruèrent de grans coups, et jusques à ce qu'ils feussent par pièces. Après prindrent leurs haches qu'ilz avoient chascun de leur costé, et se ruèrent de grans et rudes horions, tellement qu'il sembloit la bataille estre mortelle. Toutesfois enfin le bon Chevalier donna ung coup sur son adversaire à l'endroit de l'oreille ; de sorte qu'il le fist tout chanceler, et qui pis est, agenouiller des deux genoulx, et en rechargeant par dessus la barrière luy fist baiser la terre, voulsist ou non. Quoy voyant par les juges, cryèrent : *Hola! hola! c'est assez ; qu'on se retire.*

Après ces deux vindrent Bellabre et Arnaulton de Pierreforade, ung gentil-homme de Gascongne, lesquelz firent merveilles aux lances, qui furent incontinent rompues ; puis vindrent aux haches, et se donnèrent de grans coups ; mais Bellabre rompit la sienne, parquoy les juges les départirent. Après ces deux, vindrent sur les rencs Tardieu et David l'Escossoys, qui firent très-bien leur devoir. Si fist chascun en son endroit, de sorte qu'il estoit sept heures devant que chascun eust achevé. Et pour ung

(1) Hanotin de Sucker.

petit tournoy, ceulx qui y estoient veirent aussi bien faire qu'ils avoient veu de leur vie. Quant tout fut achevé, chascun se retira à son logis pour soy désarmer; puis après vindrent tous à celluy du bon Chevalier, où estoit le bancquet appresté; et jà y estoient les deux juges, les seigneurs d'Ars et de Sainct-Qentin, et toutes les dames. S'il y eut devisé des deux journées ne fault pas demander; chascun en disoit ce qu'il sembloit. Toutesfois, après le soupper, convint en donner résolution, et par les juges déclairer qui devoit avoir le pris. Si en demandèrent à plusieurs gentilz-hommes expérimentez aux armes en leur foy, et puis après aux dames en leur conscience, et sans favoriser l'ung plus que l'autre. Enfin, tant par les gentilz-hommes que par les dames, fut dit que combien que chascun eust fait si bien son devoir que mieulx ne pourroit, ce néantmoins, à leur jugement, de toutes les deux journées le bon Chevalier avoit esté le mieulx faisant; parquoy remecttoient à luy-mesme, comme celluy qui avoit gaigné les pris, de donner ses présens où bon lui sembloit.

Si y eut grande altercation entre les deux juges à qui prononceroit la sentence; mais le bon capitaine Loys d'Ars pria tant le seigneur de Sainct-Quentin, qu'enfin promist de le faire. Si sonna la trompette pour faire silence, qui fut faict. Si dist ledict seigneur de Sainct-Quentin : « Messeigneurs qui estes icy tous assemblez, et » mesmement ceulx qui ont esté du tournoy » dont messire Pierre de Bayart a donné le pris » par deux journées, monseigneur d'Ars et » moy, juges déléguez par vous tous à donner » sentence raisonnable où seront lesdits pris » mieulx employez, vous faisons assavoir que, » après nous estre bien et deument enquis à tous » les vertueux et honnestes gentilz-hommes qui » ont esté présens à veoir faire voz armes, et » semblablement aux nobles dames que voyez » cy en présence, avons trouvé que chascun a » très-bien et honnestement fait son devoir ; mais » sur tous la commune voix est que le seigneur » de Bayart, sans blasmer les autres, a esté de » toutes les deux journées le mieulx faisant : » parquoy les seigneurs et dames luy remettent » l'honneur à donner le pris où bon luy sem- » blera. » Et s'adressant au bon Chevalier, luy dist : « Seigneur de Bayart, advisez où vous les » délivrerez. » Il en fut tout honteux, et demoura ung peu pensif; puis après il dist : « Mon- » seigneur, je ne sçay par quelle faveur cest » honneur m'est fait, il me semble qu'il y en a » qui l'ont trop mieulx mérité que moy : mais » puisqu'il plaist aux seigneurs et dames que

» j'en soye juge, suppliant à tous messeigneurs » mes compaignons, et qui ont mieulx fait que » moy, n'en estre desplaisans, je donne le pris » de la première journée à monseigneur de Bel- » labre, et de la seconde au capitaine David » l'Escossoys. »

Si leur fist incontinent délivrer les présens, ny depuis homme ne femme n'en murmura, ains commencèrent les dances et passetemps. Et ne se povoient saouller les dames de bien dire du bon Chevalier, qui tant fut aymé en la Picardie qu'oncques hommes ne le fut plus. Il y fut deux ans, durant lequel temps se fist plusieurs tournois et esbatemens, où en la pluspart emporta tousjours le bruyt. Et la plusgrande occasion pourquoy tout le monde l'aymoit, c'estoit pource que de plus libéral ne gracieuse personne n'eust-on sceu trouver sur la terre; car jamais nul de ses compaignons n'estoit desmonté qu'il ne remonstast. S'il avoit ung escu, chascun y partissoit. Quelque jeunesse qu'il eust, la première chose qu'il faisoit quand il estoit levé, c'estoit de servir Dieu. Il estoit grant aulmosnier, et ne se trouva durant sa vie homme qui sceust dire avoir esté reffusé de luy en chose dont il ait esté requis, s'il a esté en son possible. Au bout des deux ans, le jeune roy de France Charles entreprint le voyage de Naples, où le seigneur de Ligny alla : parquoy envoya de bonne heure quérir le bon Chevalier ; car, congnoissant ses vertus et les honnestes propos qu'on tenoit de luy, ne le vouloit pas laisser derrière.

<><><>

CHAPITRE XI.

Comment le roy de France Charles huytiesme fist son appareil pour aller à la conqueste du royaulme de Naples, lequel il gaigna par sa prouesse et vaillance, sans grande effusion de sang.

Deux ans après ou environ, délibéra le bon roy Charles d'aller conquester le royaulme de Naples. Les occasions et moyens pourquoy il entreprint le voyage sont assez contenuz en autres histoires et cronicques; parquoy d'en faire icy long récit ne seroit que ennuyer les escoutans et gaster papier. Ce néantmoins, comme chascun peult avoir clèrement leu et entendu, ledit bon roy Charles fist sondit voyage tant honnorablement que impossible seroit de plus, planta ses justices dedans Rome, fist venir le Pape à raison, et entièrement gaigna le royaulme de Naples, et y laissa pour son lieutenant-général et visroy le seigneur de Monpensier. Puis se mist au retour pour venir en France, et n'eut nul empeschement jusques en ung lieu appelé Fournoue, où il trouva bien soixante mille combatans, tous Italiens et de plusieurs potentatz, comme du Pape, des Véniciens, du duc de Milan, et plusieurs autres seigneurs, lesquelz estoient délibérez deffaire le bon Roy à son retour, et le prendre prisonnier, parce qu'ilz estoient asseurez qu'il avoit laissé une partie de sa puissance ou royaulme qu'il venoit de conquérir, et n'avoit avecque luy point plus de dix mille hommes.

Ce néantmoins le bon et gentil prince, qui avoit cueur de lyon, comme certain d'estre bien servy de si peu qu'il avoit de gens, se délibéra les attendre et les combattre : ce qu'il fist avecques l'ayde de Nostre-Seigneur ; et y eurent sesditz ennemys lourde honte et grosse perte, et luy gloire inestimable, car il ne perdit point sept cens de ses gens. Les ennemys en perdirent huyt ou dix mille, et des plus apparens ; mesmement les plus grans cappitaines de la seigneurie de Venise y demourèrent, et plusieurs de la maison de Gonzague, dont est chief le marquis de Mantoue, qui pareillement y estoit ; mais les esprons luy aydèrent bien, et le bon cheval sur quoy il estoit monté ; et n'eust esté que une petite rivière creut merveilleusement, il y eust eu plus gros eschec. A la première charge, le bon Chevalier sans paour et sans reprouche se porta triumphamment par dessus tous en la compaignie du gentil seigneur de Ligny son bon maistre, et luy fut tué deux chevaulx soubz luy le jour. Le Roy en fut adverty, qui luy fist donner cinq cens escuz ; mais, en récompense, le bon Chevalier luy présenta une enseigne de gens-de-cheval qu'il avoit gaignée à la chasse.

De là le Roy s'en vint par ses journées jusques à Verseil, où il trouva une belle troppe de Suysses qui estoient descenduz pour le secourir s'il en avoit besoing. Il demoura là quelques jours avecques son camp, car il vouloit secourir le duc d'Orléans son beau-frère, que le duc de Milan Ludovic Sforce et les Véniciens tenoient assiégé dedans Novarre. Il y eut plusieurs allées et venues par gens qui se mesloient de faire la paix : de façon qu'enfin ce traicta quelque appoinctement. Parquoy le Roy s'en retourna par ses journées à Lyon, où il trouva la bonne Royne sa loyalle espouse, et en sa compaignie la duchesse de Bourbon sa seur. Il y eut plusieurs gentilz-hommes qui n'apportèrent pas de grans biens de ce voyage de Naples ; aucuns aussi en apportèrent quelque chose dont ilz se sentirent toute leur vie. Ce fut une manière de maladie qui eut plusieurs noms : d'aucuns fut nommée le mal de Naples, *la grosse vérole*, les autres l'ont appelée *le mal françois* ; et plusieurs autres noms a eu ladicte maladie : mais de moi je l'appelle le mal de celui qui l'a.

Le bon roy de France partit de Lyon pour s'en aller à Sainct-Denys en France visiter le bon patron où ses prédécesseurs sont ensépulturez. Et fut deux ans ou trois visitant son royaulme deçà et delà, menant très-bonne et saincte vie, et maintenant justice, tant que tous ses subjectz en avoient contentement : car luy-mesmes séoit en chaire de justice deux foiz la sepmaine, pour ouyr les plainctes et doléances d'ung chascun, et les plus povres expédioit. Il eut nouvelles comment les Neapolitains s'estoient révoltez pour Ferrand, filz du roy Alphonse, et aussi de la mort de son lieutenant-général le comte de Monpensier, et que tous ses cappitaines s'en retournoient en France. Si proposa y retourner luy-mesmes en personne, mais qu'il veist le temps oportun ; cependant vesquit en son royaulme très-vertueusement, et de sa femme eust trois enfans, mais ilz moururent.

Ou mois de septembre 1497, le bon prince partit de Tours pour tirer à Lyon, cuydant faire son voyage de Naples ; mais il se rompit, ne sçay à quelle occasion. Il s'en retourna à Amboise ; et le septiesme jour d'avril oudit an, en une gallerie où il regardoit jouer à la paulme, luy print une foiblesse, dont il mourut tantost après ; qui fut ung dommage irréparable pour le royaulme de France, car depuis qu'il y a eu Roy, ne s'en est point trouvé de meilleure nature, plus doulx, plus gracieulx, plus clément ne plus pitoyable. Je crois que Dieu l'a retiré avec les bienheurcuz, car le bon prince n'estoit taché d'ung tout seul villain vice. Je n'ai pas fait grant discours de sa vie, car elle est assez escripte ailleurs.

◇◇◇

CHAPITRE XII.

Comment Loys, duc d'Orléans, vint à la couronne de France comme le plus prochain hoir, et fut appelé Loys douziesme.

Par le trespas du bon roy Charles, et au moyen de ce qu'il n'avoit point d'hoir masle, Loys, duc d'Orléans, plus prochain de la couronne, succéda au royaulme, et fut sacré à Reims, le vingt-septiesme jour de may 1498, et print sa couronne à Sainct-Denys en France, le premier jour de juillet ensuyvant. Il avoit espousé madame Jehanne de France, seur de son prédécesseur ; mais au moyen de ce qu'on tenoit que d'elle ne pourroit sortir lignée, et que par force l'avoit espousée, craignant la fureur du roy Loys unziesme son père, la fist appeller en justice. Et à ceste occasion, le Pape délégua juges qui firent et parfirent le procès, et enfin adjugèrent qu'elle n'estoit point sa femme. Parquoy, après luy avoir laissé le duché de Berry pour son estat, espousa la royne duchesse de Bretaigne, veufve du feu roy Charles : si ce fut bien ou mal fait, Dieu est tout seul qui le cognoist. La bonne duchesse de Berry, Jehanne de France, a toute sa vie vescu en saincteté, et a-l'on voulu dire depuis son trespas que Dieu a fait des miracles pour l'amour d'elle. A l'advènement du Roy, Loys douziesme voulut vendre tous les offices royaulx qui n'estoient point de judicature, et en retira plusieurs deniers, car il craignoit à merveilles de fouler son peuple par tailles ne autres subsides. Il avoit tousjours son vouloir, sur toutes choses, de recouvrer sa duché de Milan, qui luy appartenoit à cause de madame Valentine sa grant-mère, que pour lors luy détenoit Ludovic Sforce, et paravant son père ; mais ceulx de la maison d'Orléans, au moyen des guerres qui si longuement ont duré en France contre les Anglois, et aussi la querelle de la mort tant du duc d'Orléans que du duc de Bourgogne, n'y avoient jamais peu entendre. Or à présent se voyoit-il en estat d'avoir la raison de son ennemy. Il alla faire son entrée à Lyon le dixiesme jour de juillet 1499, puis fist passer son armée en l'Astizanne, soubz la conduicte du seigneur Jehan-Jacques de Trevolz et du seigneur d'Aubigny, qui estoient deux sages et vaillans chevaliers ; lesquelz d'entrée prindrent et misrent à sac deux petites places appellées Non et La Rocque. De là tirèrent à Alexandrie, et assiégèrent ceulx qui estoient dedans pour le seigneur Ludovic, qui fort bien se deffendirent ; mais enfin elle fut prinse. Ceulx de Pavye, de ce advertis, se misrent en l'obéyssance du roy de France. Ledit seigneur Ludovic, se voyant en ce party ainsi délaissé de ses subjectz, habandonna Milan, et se retira en Allemaigne, devers le roy des Rommains Maximilian, qui le receut joyeusement, car de tout temps avoient eu grandes alliances ensemble. Incontinent après son partement, ceulx de Milan se rendirent aux François, dont nouvelles allèrent au roy de France, qui à diligence y alla faire son entrée.

Et peu de jours après fut trouvé expédient, par force de deniers et autres promesses, d'a-voir le chasteau de celluy qui l'avoit en garde du seigneur Ludovic, qui fist ung lasche et meschant tour à son maistre; car par là espéroit toujours, ledit seigneur, recouvrer la duché. Quant les autres places entendirent le chasteau de Milan estre rendu, n'eurent plus d'espoir, et se misrent toutes en l'obéyssance du roy de France ; mesmement ceulx de Gennes, auxquelz il bailla pour gouverneur le seigneur de Ravastain (1), son prochain parent du costé maternel. En l'année mesmes, et le quatorziesme jour d'octobre, accoucha la royne de France d'une belle fille, qui fut nommée Claude. Guères ne séjourna le Roy en la duché de Milan : mais après y avoir laissé gouverneur le seigneur Jehan Jacques, la garde du chasteau au seigneur d'Espy, et La Rocquete à ung gentilhomme escossoys, prochain parent du seigneur d'Aubigny, s'en retourna à Lyon. Si bien fist-il en la duché, avant son partement, qu'il amoindrit les daxes et impositions de la tierce-partie ; dont tout le peuple le loua merveilleusement, et en attira beaucoup le cœur d'aucuns. Guères ne séjourna ledit seigneur à Lyon, mais marcha plus avant en son royaulme, vint jusques à Orléans, où il appoincta certain différend entre les ducz de Gueldres et de Julliers, pour le blason de leurs armes, et les fist amys.

CHAPITRE XIII.

Comment, après la conqueste de la duché de Milan, le bon Chevalier demoura en Ytalie ; et comment il dressa ung tournoy en la ville de Carignan, ou Pyémont, dont il emporta le pris.

Au retour d'Ytalie, que fist le roy de France Loys douziesme, en joye et lyesse, pour avoir conquesté sa duché de Mylan, et rendu son ennemy Ludovic Sforce fuytif dedans les Almaignes, cherchans secours vers le roy des Rommains, demourèrent les garnisons des François en la Lombardie, en tout plaisir, à faire joustes, tournoys, et tous autres passetemps. Le bon Chevalier qui, en son jeune aage, avoit esté nourry en la maison de Savoye, alla visiter une vaillant dame que avoit espousée son premier maistre le duc Charles de Savoye. Blanche s'appelloit la dame, et se tenoit ou Piémont, en une ville de son douaire, dicte de Carignan. Elle, qui de toute courtoysie estoit remplie, le receut joyeusement, et le fist traicter comme

(1) Philippe de Clèves.

s'il eust esté parent de la maison. Or, faut-il entendre que pour lors il n'y avoit maison de prince ne princesse en France, Ytalie ny ailleurs, où tous gentilz-hommes feussent mieulx receuz, ne où il eust plus de passetemps. Léans avoit une fort honneste dame qui l'avoit gouvernée de jeunesse, et faisoit encores, laquelle se nommoit madame de Fluxas; elle y avoit aussi son mary, honneste gentil-homme soubz lequel se manyoit toute la maison. Il fault sçavoir que quant le bon Chevalier fut donné paige au duc Charles de Savoye, ceste dame de Fluxas estoit jeune damoyselle en la maison avecques sa femme; et ainsi, comme jeunes gens fréquentent voulentiers ensemble, se prisrent en amour l'ung l'autre, voire si grande, gardant toute honnesteté, que s'ilz eussent esté en leur simple vouloir, ayant peu de regard à ce qui s'en feust peu ensuyvre, se feussent pris par nom de mariage. Mais vous avez entendu par cy-devant comment le duc Charles alla à Lyon veoir le roy de France Charles huictiesme, et luy donna icelluy bon Chevalier pour son paige, qui fut occasion dont les deux jeunes amans se perdirent de veue pour longtemps; car ce pendant le voyage de Naples se fist, et plusieurs autres choses se desmeslèrent, qui durèrent trois ou quatre ans, sans eulx veoir sinon par lettre.

Durant ce temps, fut mariée ceste damoyselle à ce seigneur de Fluxas, qui avoit beaucoup de biens; et il la prist pour sa bonne grâce, car des biens de fortune n'en eut pas grandement. Mais, comme femme vertueuse, voulant donner à cognoistre au bon Chevalier que l'amour honneste qu'elle luy avoit porté de jeunesse duroit encores, à son arrivée à Carignan luy fist toutes les gracieusetez et courtoysies que possible eust esté faire à gentil-homme, et devisèrent longuement de leur jeunesse, et plusieurs autres choses. Ceste gente dame de Fluxas estoit autant accomplie en beaulté, doulx et gracieux parler, que femme qu'on eust sceu trouver; en son langaige louoit si très-fort le bon Chevalier, que possible n'eust esté de plus. Elle luy ramentevoit son bien faire quant il s'essaya à messire Claude de Vauldray, le tournoy qu'il gaigna à Ayre en Picardie, et l'honneur qu'il receut à la journée de Fournoue, dont de tout ce estoit si grant bruit en France et Ytalie, et tellement le louoit et blasonnoit que le povre gentil-homme en rougissoit de honte; puis en après luy disait : « Monseigneur de » Bayart, mon amy, vècy la première maison » où avez esté nourry; ce vous seroit grant » honte, si ne vous y faisiez cognoistre aussi » bien qu'avez fait ailleurs. » Le bon Chevalier respondit : « Madame, vous sçavez bien que dès » ma jeunesse vous ay aymée, prisée et hon» norée; et si vous tiens à si sage et bien en» seignée que ne voulez mal à personne, et en» cores à moy moins qu'à ung autre. Dictes-moy, » s'il vous plaist, que voulez que je face pour » donner plaisir à madame ma bonne mais» tresse, à vous sur toutes, et au reste de la » bonne et belle compaignie qui est céans? » La dame de Fluxas luy dist alors : « Il me sem» ble, monseigneur de Bayart, mais que je ne » vous ennuye point, que ferez fort bien de » faire quelque tournoy en ceste ville, pour » l'honneur de Madame, qui vous en sçaura » très-bon gré. Vous avez icy à l'entour force » de vos compaignons, gentilz-hommes fran» çois, et autres gentilz-hommes de ce pays, » lesquelz s'y trouveront de bon cueur, et j'en » suis asseurée. — Vrayement, dist le bon Che» valier, puisque le voulez, il sera fait. Vous » estes la dame en ce monde qui a première» ment conquis mon cueur à son service, par le » moyen de vostre bonne grâce : je suis tout as» seuré que je n'en auray jamais que la bouche » et les mains, car de vous requérir d'autre » chose je perdrois ma peine; aussi, sur mon » ame, j'aymerois mieulx mourir que vous » presser de déshonneur. Bien vous prie que » vous me vueillez donner ung de voz man» chons, car j'en ay à besongner. » La dame, qui ne sçavoit qu'il en vouloit faire, le luy bailla, et il le mist en la manche de son pourpoint, sans en faire autre bruit.

Le soupper fut prest, où chascun fist bonne chère, puis après commencèrent les dances, où tout homme s'acquita le mieulx qu'il put. Madame Blanche devisa longuement avecques sa nourriture le bon Chevalier, tant que la minuyt sonna, qui fut temps de se retirer. Mais il fault penser qu'il ne dormit pas toute la nuyt, car il songea à ce qu'il avoit à faire, et fut résolu du tout en son entendement; car le matin envoya une trompette à toutes les villes de là à l'entour où il y avoit garnisons, signifier aux gentilzhommes que s'ilz se vouloient trouver dedans quatre jours après, qui estoit ung dimenche, en la ville de Carignan, et en habillement d'hommed'armes, il donnoit ung pris, qui estoit ung menchon de sa dame, où il pendoit ung ruby de l'estimation de cent ducatz, à celluy qui seroit trouvé le mieulx faisant à trois courses de lance sans lice, et à douze coups d'espée. La trompette fist son devoir, et rapporta par escript quinze gentilz-hommes qui avoient promis eulx y trouver. Cela vint à la congnoissance de madame Blanche, qui en fut très-joyeuse, et fist acoustrer son eschauffault sur la place où se devoient faire les courses et le combat. Le jour assigné, environ une heure après midy, se trouva sur les rencs le bon Chevalier, armé de toutes armes, et trois ou quatre de ses compaignons, comme le seigneur de Bonvent, le seigneur de Mondragon et autres, où guères ne furent que tous ceulx qui devoient courir ne se présentassent. Premier commença le bon Chevalier, et contre luy vint le seigneur de Rovastre, ung gaillart gentil-homme qui portoit l'enseigne du duc Philibert de Savoye, fort hardy et adroit chevalier, qui donna ung beau coup de lance, car il en fist trois ou quatre pièces. Mais le bon Chevalier luy bailla si grant coup sur le hault de sa grant buffe, qu'il l'en désarma, la perça à jour, et fist voller sa lance en cinq ou six pièces. Ledit seigneur de Rovastre reprist sa grant buffe, et courut la seconde lance, dont il fist très-bien son devoir, car il la rompit aussi bien ou mieulx que la première. Mais le bon Chevalier luy donna dedans la veue, et luy emporta de ce coup son pannache, et le fist tout chanceler; toutesfois il demoura à cheval. A la tierce lance, croysa le seigneur de Rovastre, et le bon Chevalier rompit la sienne, qui s'en alla par esclatz. Après eulx vindrent Mondragon et le seigneur de Chevron, qui tant bien firent leurs courses que tout le monde les loua. Deux autres les suyvirent; et finablement tous se portèrent si bien, que la compaignie s'en contenta.

Les lances rompues, convint venir aux espées; mais le bon Chevalier ne frappa que deux coups qu'il ne rompist la sienne, et qu'il ne fist voller hors des poings celle que tenoit celluy qui combatoit contre luy. Puis les ungs après les autres vindrent sur les rencs, et si bien firent tous que possible n'eust esté de l'amender; et fut fort tard quand chascun eut achevé. Madame fist, par le seigneur de Fluxas, convoyer tous les gentilz-hommes pour aller souper au chasteau, qui ne reffusèrent pas la prière; et croyez qu'ilz furent bien traictez, car léans en sçavoiton bien la manière. Après soupper, commencèrent à sonner les baulx-boys et ménestriers, où, avant que l'on se mist en train de dancer, convint donner le pris à celluy qui par raison l'avoit gaigné. Les seigneurs de Grantmont et de Fluxas, qui juges estoient, demandèrent à tous les assistans, tant gentilz-hommes, dames, que aux combatans-mesmes; mais tous furent d'oppinion que le bon Chevalier avoit, par le droit des armes, gaigné le pris : parquoy lesditz juges le luy vindrent présenter. Mais, tout rougissant de honte, le refusa, en disant que à tort et sans cause luy estoit attribué cest honneur; mais que s'il avoit aucune chose bien faicte, madame de Fluxas en estoit cause, qui luy avoit présenté son menchon, et que à elle pour luy remectoit de donner le pris où bon luy sembleroit. Le seigneur de Fluxas, qui congnoissoit la grande honnesteté du bon chevalier, n'en entra aucunement en jalousie, et vint droit à sa femme avecques le seigneur de Grantmont, qui luy dist : « Madame, présent vostre mary que vècy, mon-
» seigneur de Bayart, à qui on donne le pris du
» tournoy, a dit que c'est vous qui l'avez gaigné,
» au moyen de vostre menchon que luy don-
» nastes; parquoy il le vous envoye pour en
» faire ce qu'il vous plaira. » Elle, qui tant sçavoit d'honneur que merveilles, ne s'en effraya aucunement, ains très-humblement remercia le bon Chevalier de l'honneur qu'il luy faisoit, et dist ces motz : « Puis qu'ainsi est que
» monseigneur de Bayart me faict ce bien de dire
» que mon menchon luy a fait gaigner le pris,
» je le garderay toute ma vie pour l'amour de
» luy; mais du ruby, puisque pour le mieulx
» faisant ne le veult accepter, je suis d'advis
» qu'il soit donné à monseigneur de Mondra-
» gon; car on tient que c'est celluy qui a mieulx
» fait après luy. » Ainsi qu'elle ordonna fut acomply, sans ce qu'on en ouyst aucun murmurer. Si fut madame Blanche bien joyeuse d'avoir fait telle nourriture que du bon Chevalier, dont tout le monde disoit bien. Le pris donné, les dances commencèrent, qui durèrent jusques après mynuyt, que chascun se retira. Les gentilz-hommes françois furent encores cinq ou six jours à Carignan en joye et desduyt, faisant grant chère, puis s'en retournèrent en leurs garnisons. Le bon Chevalier print aussi congé de madame sa bonne maistresse, à laquelle il dist qu'il n'y avoit prince ne princesse en ce monde, après son souverain seigneur, qui eust plus de commandement sur luy qu'elle y en avoit, dont il fut remercié grandement. Ce fait, convint aller prendre congé de ses premières amours la dame de Fluxas, qui ne fut pas sans tumber larmes de la part d'elle, et de son costé estoit le cueur bien serré. L'amour honneste a duré entre eulx deux jusques à la mort, et n'estoit année qu'ilz ne s'envoyassent présens l'ung à l'autre. En la ville de Carignan ne au chasteau, durant ung moys, ne fut autre propos tenu que de la prouesse, honneur, doulceur et courtoisie du bon Chevalier; et estoit autant prisé et aymé léans, que s'il en eust deu estre héritier. Il y trouva, luy y estant servant en quelque office, Pizou de Chenas, qui avoit esté maistre palefre-

nier du duc Charles de Savoye, son maistre, et duquel il avoit eu autresfois du plaisir ; ce qu'il vouloit alors recongnoistre : car, après l'avoir mené en son logis et fait bien traicter, luy donna ung cheval qui valloit bien cinquante escus, dont le bon homme de bon cueur le remercia. Il luy demanda qu'estoit devenu son escuyer du temps qu'il estoit en la maison de monseigneur de Savoye. Pizou de Chenas luy dist qu'il se tenoit à Moncallier, où il estoit maryé et retiré, et qu'il estoit devenu fort gouteux. Le bon Chevalier, non ingrat des grâcieusetez que par le passé luy avoit faictes, par ledit Pizou-mesmes luy envoya une fort bonne et belle mulle ; et monstroit bien, en ce faisant, qu'il n'avoit pas mis en oubly les biens qu'on luy avoit faitz en jeunesse.

CHAPITRE XIV.

Comment le seigneur Ludovic Sforce retourna d'Almaigne aveccques bon nombre de lansquenetz, et reprint la ville de Milan sur les François.

Vous avez entendu comment le seigneur Ludovic se retira en Almaigne devers le roy des Rommains ; et fault entendre qu'il n'y alla pas sans porter deniers, car, au faict qu'il vouloit entreprendre, en avoit bien à besongner, et le monstra par effect ; car, peu de temps après son chassement, retourna en Lombardie aveccques bon nombre de lansquenetz et quelques Suysses, aucuns hommes-d'armes bourgongnons et force chevaulx d'Almaigne.

Et le troisiesme jour de janvier, par quelque intelligence, reprint la ville de Milan, dont furent les François chassez, combien que le chasteau demoura tousjours entre les mains du Roy. A l'exemple de Milan, se révoltèrent plusieurs villes en la duché, entre les aultres toutes celles du chemin de Gennes, comme Tortonne, Vaugayre et plusieurs chasteaulx. Quant le roy de France eut entendu le trouble de sa duché, comme prince magnanime et vertueux, dressa une grosse armée pour y envoyer, dont il fist chiefz le seigneur de Ligny et le seigneur Jehan Jacques, qui assemblèrent leur armée en l'Astizanne, et commencèrent à marcher. Or, durant que le seigneur Ludovic fut dedans Milan, et peu après qu'il l'eut repris, fault que je vous face ung compte du bon Chevalier sans paour et sans reproche. Il estoit demouré, par le congé de son maistre, en Ytalie, quant le roy de France s'en retourna, pource qu'il désiroit sur toutes choses les armes, et ymaginoit bien qu'il ne povoit demourer longuement que le seigneur Ludovic, qui estoit allé chercher secours en Almaigne, ne retournast aveccques puissance, et par ce moyen y auroit combattu ; car, à la première conqueste de la duché, ne s'estoit pas fait grans armes. Il estoit en garnison à vingt milles de Milan aveccques d'autres gentilz-hommes, et faisoient chascun jour courses, les ungs sur les autres, belles à merveilles.

Ung jour fut ledit bon Chevalier adverty que dedans Binaz y avoit trois cens chevaulx qui seroient bien aysez à deffaire : si pria ses compaignons que leur plaisir feust luy tenir compaignie à les aller visiter. Il estoit tant aymé de tous, que facillement luy fust sa requeste accordée. Si s'apprestèrent de bon matin, et s'en allèrent, jusques au nombre de quarante ou cinquante hommes-d'armes, pour essayer s'ilz feroient quelque bonne chose. Le cappitaine qui estoit dedans Binaz estoit très-gentil chevalier, sage et advisé à la guerre, et s'appelloit messire Jehan Bernardin Cazache. Il avoit bonnes espies, par lesquelz entendit comment les François chevauchoient pour le venir trouver. Il ne voulut pas attendre d'estre pris au nyt. Si se mist de sa part en ordre, et se tira hors des barrières la portée de deux ou trois getz d'arc. Si va adviser ses ennemys, qui luy donnèrent grant joye ; car, selon son jugement, au peu de nombre qu'ilz estoient, pensoit bien qu'ilz ne luy feroient point de déshonneur. Ils commencèrent à approcher les ungs contre les autres, crians : *France, France! More, More!* et à l'aborder y eut grosse et périlleuse charge, car de tous les deux costez en fut porté par terre, qui remontèrent à grant peine. Qui eust veu le bon Chevalier faire faictz d'armes, entamer testes, coupper bras et jambes, eust plustost esté pris pour lyon furieux que pour damoisel amoureux. Brief, ce combat dura une heure, qu'on n'eust sceu dire qui avoit du meilleur, qui faschoit fort à icelluy bon Chevalier, lequel parla à ses compaignons, disant : « Hé, Messeigneurs, » nous tiendrons tout aujourd'huy ce petit nom- » bre de gens. Si ceulx qui sont dedans Milan » en estoient advertiz, jamais nul de nous ne » se sauveroit. A coup ! prenons courage, je vous » supplie, et poussons cecy par terre. » Aux parolles du bon Chevalier, s'esvertuèrent ses compaignons, et en cryant tous d'une voix : *France, France!* livrèrent ung aspre et merveilleux assault aux Lombars, lesquelz commencèrent à perdre place et à eulx reculler tousjours, eulx deffendans très-bien. Mais en ce reculIement firent plus de quatre ou cinq milles tirant vers Milan, où, quand ils se veirent si près, tournèrent bride; et à course de cheval, à qui mieulx mieulx, prindrent la fuyte vers la ville.

Les François chassèrent tant qu'ilz en furent bien près. Alors fut cryé par quelcun des plus anciens, et qui fort bien entendoit la guerre: *Tourne, homme-d'armes, tourne!* à quoy chascun entendit, excepté le bon Chevalier qui, tout eschauffé, toujours chassoit, et poursuyvit ses ennemys : de sorte que, pesle-mesle parmi eulx, entra dedans Milan, et les suyvit jusques devant le palais où estoit logé le seigneur Ludovic. Et pource qu'il avoit les croix blanches, tout le monde cryoit après luy : *Pille, pille!* Il fut environné de toutes pars, et prins prisonnier du seigneur Jehan Bernardin Cazache, qui le mena à son logis et le fist désarmer. Si le trouva fort jeune gentil-homme, comme de l'aage de vingt et deux à vingt-trois ans, dont il s'esmerveilla, et mesmement comment en tel aage povoit avoir en luy tant de prouesse qu'il en avoit congneue. Le seigneur Ludovic, qui avoit ouy le bruyt, demanda que c'estoit: aucuns qui avoient entendu l'affaire le luy comptèrent, et comment le seigneur Jehan Bernardin, estant à Bynas, avoit esté chargé des François, qui enfin l'avoient repoussé jusques dedans Milan, et parmy eulx à la chasse estoit entré peslemesle ung desditz François, qu'on tenoit à merveilles vaillant et hardy gentil-homme, et n'estoit riens si jeune. Alors commanda qu'on l'allast quérir, et qu'il luy feust amené; ce qui fut fait incontinent.

<><>

CHAPITRE XV.

Comment le seigneur Ludovic voulut veoir le bon Chevalier sans paour et sans reprouche; et comment, après avoir devisé avec luy, le renvoya, et luy fist rendre son cheval et ses armes.

On alla incontinent au logis du seigneur Jehan Bernardin chercher son prisonnier pour l'amener au seigneur Ludovic qui le demandoit. Il eut paour que, en la fureur, icelluy seigneur Ludovic luy fist faire quelque desplaisir. Il estoit courtois et gracieux gentilhomme; si le voulut mener luy-mesmes après l'avoir vestu d'une de ses robes, et mis en estat de gentil-homme. Si le vint présenter au seigneur, qui s'esmerveilla quant il veit si jeune et on luy donnoit si grant los. Toutesfois luy adressa son parler, en luy disant : « Venez çà, mon gentil-homme; qui » vous a amené en ceste ville? » Le bon Chevalier, qui ne fut de riens esbahy, luy respondit : « Par ma foy, Monseigneur, je n'y pensois » pas entrer tout seul, et cuydois bien estre » suyvy de mes compaignons, lesquelz ont » mieulx entendu la guerre que moy; car s'ilz » eussent fait ainsi que j'ay, ilz feussent comme » moy prisonniers. Toutesfois, après mon in» convénient, je me loue de fortune de m'avoir » fait tumber entre les mains d'ung si bon » maistre que celluy qui me tient, car c'est » ung très-vaillant et advisé chevalier. »

Après luy demanda le seigneur Ludovic, par sa foy, de combien estoit l'armée du roy de France. « Sur mon ame, Monseigneur, respon» dit-il, à ce que je puis entendre, il y a qua» torze ou quinze cens hommes-d'armes, et seize » ou dix-huit mille hommes de pied; mais ce » sont tous gens d'eslite, qui sont délibérez si » bien besongner à ceste fois, qu'ils asseureront » l'Estat de Milan au Roy nostre maistre; et » me semble, Monseigneur, que seriez bien » en aussi grande seureté en Almaigne que vous » estes icy, car voz gens ne sont pas pour nous » combatre. » Tant asseurément parloit le bon Chevalier, que le seigneur Ludovic y prenoit grant plaisir; ce néantmoins que son dire feust assez pour l'estonner. Mais pour monstrer qu'il ne se soucioit pas grandement du retour des François, luy dist comme par risée : « Sur ma » foy, mon gentilhomme, j'ay belle envie que » l'armée du roy de France et la mienne se » trouvent ensemble, à celle fin que par la ba» taille se puisse congnoistre à qui de droit ap» partient cest héritage; car je n'y voy point » d'autre moyen. — Par mon serment, Mon» seigneur, dist le bon Chevalier, je vouldrois » que ce feust dès demain, pourveu que je » feusse hors de prison. — Vrayment à cela ne » tiendra pas, respondit le seigneur, car je vous » en metz dehors présentement, et feray à vostre » maistre; mais davantage demandez-moy ce » que vous vouldrez, et je le vous donneray. »

Le bon Chevalier, qui, le genoil en terre, remercia le seigneur des offres qu'il luy faisoit, comme estoit bien raison, luy dist : « Monsei» gneur, je ne vous demande autre chose sinon » que si vostre courtoisie se vouloit tant es» tendre que de me faire rendre mon cheval et » armes que j'ay apportées dedans ceste ville, » et m'en envoyer ainsi devers ma garnison qui » est à vingt milles d'icy, me feriez ung très» grant bien, dont toute ma vie me sentiroys » obligé à vous; et, hors le service du Roy,

» mon maistre et mon honneur saufve, le voul-
» droys recongnoistre en ce qu'il vous plairoit
» me commander. — En bonne foy, dist le sei-
» gneur Ludovic, vous aurez présentement ce que
» demandez. » Si dist au seigneur Jehan Bernardin : « A coup! cappitaine, qu'on luy trouve
» cheval, armes, et tout son cas. — Monsei-
» gneur, dist le cappitaine, il est bien aisé à
» trouver : tout est à mon logis. » Si y envoya
incontinent deux ou trois serviteurs, qui apportèrent ses armes et amenèrent son cheval ;
et le fist armer le seigneur Ludovic devant luy.
Quant il fut acoustré, monta sur son cheval sans
mestre pied à l'estrief, puis demanda une lance,
qui luy fut baillée ; et, levant sa veue, dist au
seigneur : « Monseigneur, je vous remercie de
» la courtoysie que m'avez faicte ; Dieu le vous
» vueille rendre! » Il estoit en une belle grande
court. Si commenceca à donner de l'esperon
au cheval, lequel fist quatre ou cinq saulx,
tant gaillardement que impossible seroit de
mieulx ; et puis luy donna une petite course,
en laquelle contre terre rompit sa lance en cinq
ou six pièces, dont le seigneur Ludovic ne s'es-
jouyt pas trop, et dist tout hault ces parolles :
« Si tous les hommes-d'armes de France estoient
» pareilz à cestuy-cy, j'aurois mauvais party. »
Ce néantmoins luy fist bailler une trompette
pour le conduyre jusques à sa garnison ; mais il
ne fut pas si avant, car jà estoit l'armée des
François à dix ou douze milles de Milan, qui
estoit toute abreuvée de ce que le bon Chevalier
estoit pris, et par sa hardiesse ; toutesfois il y
avoit eu de la jeunesse meslée parmy. Quant il
fut arrivé au camp, s'en alla incontinent devers
son bon maistre le seigneur de Ligny qui, en
riant, luy dist : « Hé! comment, Picquet, qui
» vous a mis hors de prison? Avez-vous payé
» vostre rançon? Vrayement, je voulois en-
» voyer ung de mes trompettes pour vous cher-
» cher et la payer. — Monseigneur, dist le
» Chevalier, je vous remercie très-humblement
» de vostre bon vouloir : le seigneur Ludovic
» m'a délivré par sa grande courtoysie. » Si
leur compta, de point en point, comme tout
estoit allé de sa prinse et de sa délivrance.
Tous ses compaignons le vindrent veoir, qui
luy firent grant chère. Le seigneur Jehan Jacques luy demanda s'il espéroit, à veoir la contenance du seigneur Ludovic, et à l'ouyr parler,
s'il donneroit la bataille ; à quoy il respondit : « Monseigneur, il ne m'a pas tant déclai-
» ré de ses affaires, ne si avant. Toutesfois, à
» le veoir, il est homme qui pour peu de chose
» n'est pas aysé à estonner ; vous verrez que ce
» pourra estre en peu de jours. De luy ne me
» sauroye plaindre, car il m'a fait très-bon et
» honneste party. La pluspart de ses gens sont
» dedans Novarre ; il a délibéré les faire venir
» à Milan, ou aller à eulx. »

CHAPITRE XVI.

Comment le seigneur Ludovic se retira dedans Novarre, doubtant que les François entrassent dedans Milan par le chasteau ; et comment il fut prins.

Quant le seigneur Ludovic congneut l'armée du roy de France si près de Milan, et que le chasteau estoit hors de ses mains, il se doubta d'estre surpris dedans la ville. Si se desroba de nuyt avecques ce qu'il avoit de gens dedans Milan ; au moins peu y en laissa avecques son frère le cardinal d'Escaigne, et s'en alla veoir son armée qui estoit dedans Novarre, où, quant il fut sceu au camp du roy de France, ses lieux-tenans, où peu de jours avoit que le seigneur de La Trimoille y estoit arrivé, délibérèrent l'aller assaillir audit lieu de Novarre. Le seigneur Ludovic avoit beaucoup de gens ; mais ilz estoient de nations fort différentes, comme Bourgongnons, lansquenetz et Suysses, et par ce trop plus mal aisez à gouverner ; car, en quelque sorte que les choses allassent, peu de jours après fut rendue la ville de Novarre ès mains des lieux-tenans dudit roy de France. Et pource qu'on faisoit courir le bruyt que le seigneur Ludovic n'estoit pas dedans la ville, et qu'il s'estoit retiré en Almaigne pour la seconde fois, fut ordonné que les gens de pied passeroient par dessoubz la picque : ce qu'ilz firent. Et parmy eulx fut congneu le povre seigneur Ludovic, qui se rendit, quant il veit que force luy estoit, au seigneur de Ligny. Je ne sçay qui fist l'affaire ; mais il fut plus que mal servy. Ce fut le vendredy devant Pasques flories, oudit an 1500. Le reste de son armée s'en alla bagues saufves. Je croy bien qu'ilz eurent quelque payement, car on disoit que les Suysses que le seigneur Ludovic avoit avecques luy s'estoient mutinez à faulte de payement ; mais depuis j'ay entendu du contraire, et que le bailly de Dijon (1), qui avoit gros crédit avec eulx, les avoit gaignez : joinct aussi qu'en l'armée du Roy y en avoit beaucoup plus gros nombre qu'ilz n'estoient dedans Novarre, et s'excusoient de ne combattre point les ungs contre les

---

(1) Antoine de Bessey, baron de Trichastel.

autres. J'ay veu advenir plusieurs fois cela, qui a porté beaucoup de dommage en France.

Or, quoy que ce feust, le seigneur Ludovic demoura prisonnier, fut mené en France droit à Lyon, depuis au liz Sainct-George, et enfin au chasteau de Loches, ouquel il a finé ses jours. Ce fut une grosse pitié, car il avoit esté triumphant prince en sa vie; mais fortune luy monstra au derrenier son rigoureux visage. Le cardinal d'Escaigne, son frère, lequel estoit demouré dedans Milan, quant il sceut l'inconvénient, feist saulver en Almaigne ses deux nepveux, enfans dudit seigneur Ludovic, devers le roy des Rommains; et de luy se mist en fuyte bien et grossement acompaigné, comme de quatre à cinq cens chevaulx, vers Boulongne; mais en chemin, par ung cappitaine vénicien, nommé Soussin de Gonzago, fut pris prisonnier, et depuis le mist entre les mains des François : mais il ne rendit pas les meubles (1) et son cariage, qu'on estimoit valloir deux cens mille ducatz. Ne demoura guères de temps après, quant ceulx de la duché de Milan sceurent la prinse de leur seigneur (j'entendz ceulx lesquelz à son retour s'estoient révoltez), ne se retournassent François, en grant crainte d'estre pillez et sacayez; mais ilz y trouvèrent toute doulceur et amytié, car ilz avoient affaire à bon prince et à vertueux cappitaines.

⸺⧖⧗⸺

CHAPITRE XVII.

Comment le seigneur de Ligny alla visiter Vaugayre, Tortonne et autres places en la duché de Milan, que le Roy luy avoit données; et d'ung gentil tour qu'y fist le bon Chevalier.

Il fault entendre que quant le Roy de France eut fait sa première conqueste de la duché de Milan, il voulut récompenser ses bons serviteurs en leur donnant terres et seigneuries oudit duché; mesmement au seigneur de Ligny, Tortonne, Vaugayre, et quelques autres places, où ilz s'estoient révoltez quant le seigneur Ludovic revint d'Almaigne, qui avoit fort fasché audit seigneur de Ligny. Si se délibéra de les aller veoir, et mena en sa compaignie le vertueux cappitaine Loys d'Ars son lieutenant, le bon Chevalier sans paour et sans reproche, qui portoit son guydon alors, et plusieurs autres gentilzhommes. Si vint jusques à Alexandrie, et fai-

---

(1) Il est dit, dans les Mémoires de La Trémouille, que les Vénitiens en rendirent la majeure partie.

soit courir le bruyt qu'il mettroit Tortonne et Vaugayre à sac, combien qu'il n'en avoit nulle voulenté, car il estoit de trop bonne nature. Quant ses subgetz sceurent sa venue, et le bruyt qui couroit de leur destruction, furent, et non sans cause, bien estonnez. Si eurent conseil ensemble qu'ilz envoyeroient au-devant de leur seigneur, le plus humblement qu'ilz pourroient, pour impétrer miséricorde, ce qu'ilz firent; et jusques au nombre de vingt des plus apparens le vindrent trouver à deux mille de Vaugayre, pour luy cuyder faire la révérence, et eulx excuser. Mais, combien qu'on les monstrast audit seigneur de Ligny et les congneust assez, ne fist pas semblant de les veoir, et tira oultre jusques dedans la ville, au logis qui estoit pris pour luy.

Les povres gens qui estoient allez au-devant furent bien estonnez de si estrange recueil. Si se retirèrent en leur ville le plus doulcement qu'ilz peurent, et cherchèrent moyen de parler au cappitaine Loys d'Ars pour faire leur appoinctement envers le seigneur; ce qu'il promist à son possible faire, car jamais ne fut gentilhomme de meilleur nature. Si leur assigna jour à lendemain: ce pendant alla faire ses remonstrances au seigneur de Ligny, luy suppliant qu'en sa faveur il les voulsist escouter, qui luy fut accordé. Et le lendemain, après le disner, cinquante des plus apparens de la ville vindrent à son logis, et, testes nues, se gectèrent à genoulx devant luy en criant *Miséricorde!* Puis commencea à parler l'un d'entre eulx, homme fort éloquent, et en langage ytalien proféra telles ou semblables parolles : « Monseigneur, voz
» très-humbles et très-obéyssans subjectz et ser-
» viteurs de ceste povre ville vostre, de tout leur
» cueur se recommandent très-humblement à
» vostre bonne grâce, vous suppliant par vostre
» gentillesse leur vouloir pardonner l'offense
» qu'ilz ont faicte tant envers le roy de France
» leur souverain que vous, pour eulx estre révol-
» tez. Et ayez à considérer en vostre cueur que la
» ville n'est pas pour tenir contre une puissance;
» et que, quelque chose qu'ilz ayent faicte, leur
» cueur n'est jamais mué qu'il ne soit demouré
» bon François. Et si par leur povreté d'esperit
» ilz ont fait une lourde faulte, par vostre grant
» bonté leur vueille estre appaisée, vous asseu-
» rant, Monseigneur, que jamais plus ne les y
» trouverrez; et où, comme de Dieu habandon-
» nez, une autre fois ilz retourneroient, se mec-
» tent eulx, leurs enfans et femmes, avecques
» tous leurs biens, pour en disposer ainsi qu'il
» vous plaira. Et en signe qu'ilz veullent de-
» mourer envers vous telz que je vous dis, vous
» font en toute humilité ung petit présent selon

» leur puissance, qui est de trois cens marcs de
» vaisselle d'argent, lequel il vous plaira pren-
» dre, en démonstrant que vostre yre est cessée
» sur eulx. »

Alors se teut, et fist apparoistre sur deux tables, bassins, tasses, gobeletz, et autre manière de vaisselle d'argent, que ledit seigneur de Ligny ne daigna regarder; mais, en homme courroucé, fièrement respondit : « Comment, mes-
» chans, lasches et infâmes, estes-vous si hardis
» d'entrer en ma présence, qui, comme failliz
» de cueur, sans cause ni moyen, vous estes ré-
» voltez? Quelle foy désormais pourray-je avoir
» en vous? Si on feust venu mettre le siége de-
» vant vostre ville, icelle canonner et assaillir,
» c'eust esté autre chose : mais ennemy ne s'est
» jamais monstré, qui fait assez apparoistre que
» de vostre propre voulenté estes retournez à
» l'usurpateur de ceste duché. Si je faisois mon
» devoir, ne vous ferois-je pendre et estrangler,
» comme traystres et desloyaux, aux croysées
» de voz fenestres? Allez, fuyez de devant moy;
» que jamais ne vous voye. » En disant lesquelles parolles, les povres citoyens estoient toujours à genoulx.

Alors le vaillant et prudent cappitaine Loys d'Ars mist le bonnet hors de la teste, et, ung genoil en terre, dist : « Monseigneur, pour l'hon-
» neur de Dieu et de sa passion, faictes-moy
» ceste grâce que à ma requeste leur vueillez
» pardonner vostre maltalent; car je leur ay
» promis, et jamais n'auroient fiance en moy si
» m'aviez reffusé. J'espère, Monseigneur, que
» toute vostre vie les trouverrez bons et vrais
» subjectz. » Et les povres gens, sans attendre qu'on répliequast, commencèrent tous d'une voix à crier : *Monseigneur, il sera ainsi que dit le cappitaine, au plaisir de Monseigneur.* Le bon seigneur de Ligny, ouye leur clameur, meu de pitié, et quasi larmoyant, les fist lever, et leur déclaira deux propos, l'ung d'amytié et l'autre de rudesse, pour monstrer qu'ilz avoient grandement failly.

Quant à l'ung, dist : « Allez; pour l'amour du
» cappitaine Loys d'Ars, qui tant m'a fait de ser-
» vices, que pour beaucoup plus grosse chose ne
» le vouldrois reffuser, je vous pardonne, et n'y
» retournez plus. Mais au regard de vostre pré-
» sent, je ne le daignerois prendre, car vous ne
» le vallez pas. » Si regarda autour de luy, et advisa le bon Chevalier, auquel il dist : « Picquet,
» prenez toute ceste vaisselle, je la vous donne
» pour vostre cuysine. » A quoy soubdainement respondit : « Monseigneur, du bien que me faic-
» tes très-humblement vous remercie; mais jà
» Dieu ne plaise que biens qui viennent de si

» meschans gens que ceulx-ci, entrent en ma
» maison : ilz me porteroient malheur. » Si print pièce à pièce toute ceste vaisselle, et à chascun qui estoit là en fist présent, sans que pour luy en retiensist la valleur d'ung denier; qui fist esbahir toute la compaignie, car alors il n'eust sceu finer de dix escus.

Quant il eut tout donné, partit hors de la chambre; aussi firent les habitans. Si commença à dire le seigneur de Ligny à ceulx qui estoient demourez : « Que voulez-vous dire, Messeigneurs?
» avez-vous veu le cueur de Picquet et sa libéra-
» lité? Ne luy fist pas Dieu grant tort, qu'il ne
» le fist roy de quelque puissant royaulme? il
» eust acquis tout le monde à luy par sa grâce.
» Croyez-moy que ce sera une fois ung des plus
» parfaictz hommes du monde. » Brief, toute la compaignie donna grande louenge au bon Chevalier. Quant le seigneur de Ligny eut ung peu pensé pour ce jour, et considéré que ne luy estoit riens demouré du présent qu'il luy avoit fait, le lendemain à son lever luy envoya une belle robbe de veloux cramoisy doublée de satin broché, ung fort excellent coursier, et trois cens escus en une bourse, qui ne luy durèrent guères, car ses compaignons y eurent part comme luy. Peu de jours demoura le seigneur de Ligny qu'il ne retournast à Milan, où estoit venu le cardinal d'Amboyse, lieutenant-général pour le Roy; et de là s'en vint en France.

<><><>

CHAPITRE XVIII.

Comment le roy de France envoya grosse armée à Naples, où il fist son lieutenant-général le seigneur d'Aubigny.

Vous avez entendu par cy-devant comment, après la mort de monseigneur de Monpensier, les Neapolitains se révoltèrent, et s'en vindrent tous les François en France, dont le roy Charles huytiesme fut fort desplaisant, et s'en feust vengé s'il eust vescu; mais mort le prévint. Incontinent que le roy Loys douziesme vint au règne, il voulut entendre à la conqueste de sa duché de Milan; parquoy les affaires dudit royaulme de Naples demourèrent long-temps en suspens; et estoit desjà mort Ferrand, filz d'Alphonce, et régnoit oudit royaulme son oncle Fédéric. Entendre devez une chose : c'est que quant le feu roy Charles conquesta le royaulme, il maria son cousin le seigneur de Ligny à une grant dame du pays, appellée la princessse d'Altemore; mais guères ne vesquit, car quant ledit roy voulut retourner en France, amena avecques luy ledit seigneur de Ligny, dont bientost après, ainsi que le bruit fut, ladicte dame mourut de dueil.

Par le trespas d'elle, et aussi par don que icelluy roy Charles en avoit fait, estoient demourées oudit royaulme plusieurs terres audit seigneur de Ligny, mesmement en la Pouille, comme Venoze, Canoze, Monervyne, Bezeille et plusieurs autres. Si print voulenté au roy Loys douziesme d'envoyer reconquester sondit royaulme de Naples, et y cuydoit bien aller ledit seigneur de Ligny : mais par deux fois luy fut le voyage rompu, dont aucuns voulurent dire que de dueil il en mourut. Si y fut envoyé pour lieutenant-général le seigneur d'Aubigny, un trèsgentil et vertueux cappitaine, très-bien acompaigné de gens de cheval et de pied, entre lesquels estoit la compaignie du seigneur de Ligny, que mena et conduyt son bon lieutenant le cappitaine Loys d'Ars. Or n'avoit garde de demourer le bon Chevalier derrière, ains demanda congé à son bon seigneur de maistre, qui à grant regret le luy donna, car desjà l'avoit pris en grant amour ; et depuis ne se veirent l'ung l'autre.

Ainsi marcha ce vaillant cappitaine le seigneur d'Aubigny (1) droit audit royaulme, où il fist si bonne diligence, et trouva domp Fédéric si peu de secours et d'amitié parmy ses hommes, qu'il fut contrainct habandonner le royaulme, et fist quelque composition avecques icelluy seigneur d'Aubigny, qui l'envoya avecques sa femme et enfans en France, où il fut receu très-bien du Roy ; et luy fut baillé la duché d'Anjou et d'autres terres, suyvant la composition faicte, et dont il a jouy jusques à sa mort. Depuis, sa femme (2) ne fut pas trop bien traictée ; dont il me semble que ce fut mal fait, et pour une femme de roy a esté depuis veue en grande nécessité. Le royaulme de Naples pris par ce seigneur d'Aubigny, assist ses garnisons par compaignies ; et fut celle du seigneur de Ligny mise sur ses terres, dont le cappitaine Loys d'Ars bailla le gouvernement d'aucunes au bon Chevalier, qui en fist très-bien son devoir. Et furent quelque temps en paix le roy d'Arragon, qui y prétendoit quelque droit, et le roy de France, qui luy en avoit laissé quelque porcion. Et fut icelle paix criée, l'année mesmes, à Lyon, entre France, Espaigne et le roy des Rommains, par le moyen de l'archeduc d'Autriche qui avoit à femme l'aisnée fille d'Espaigne ; et avecques elle en retournoit, passa par Lyon, et alla veoir sa seur, alors duchesse de Savoye. Mais ce fut une paix fourrée ; car en ce mesme instant le roy d'Arragon envoya grosse puissance à Gonssalle-Ferrande, estant audit royaulme par l'intelligence du pape Alexandre, qui reprist la ville de Naples, et la pluspart dudit royaulme fut révolté. Ledit seigneur d'Aubigny y fist ce qu'il peut, mais enfin fut contrainct de se retirer en la Pouille.

Je ne suis pas délibéré de traicter autrement de ce qui advint oudit royaulme de Naples durant deux ou trois ans, ne des batailles de la Sézignolle, de Joye, du Garillan, et plusieurs autres, dont en aucunes gaignèrent les François, et en autres perdirent ; car il est assez escript ailleurs. Combien que au derrenier ne sçay si ce fut par faulte d'ordre ou de bien combatre, les François en furent chassez de tous pointz l'an 1524, et depuis n'y retournèrent. Je ne sçay si tel estoit le vouloir de Dieu ; mais sans difficulté celluy qui les en chassa ne celluy qui le tient à présent n'y ont aucun droit, sinon par la force, qui est le poinct où tous princes taschent enfin de venir. Je veulx seullement parler des fortunes qui advindrent au bon Chevalier sans paour et sans reproche durant la guerre guerroyable que eurent ensemble François et Espaignolz ; et premier vous diray fortune qui luy advint.

◇◇◇

CHAPITRE XIX.

Comment le bon Chevalier sans paour et sans reproche sortit de sa garnison de Monervyne ; comment il trouva Espaignolz sur champs, et ce qu'il en advint.

Estant le bon Chevalier en une garnison où le vaillant capitaine Loys d'Ars l'avoit logé, qui s'appelloit Monervyne, avecques aucuns de ses compaignons, ennuyé d'estre si longuement en caige sans aller veoir les champs, leur dist ung soir : « Messeigneurs, il me semble que
» nous cropissons trop en ce lieu sans aller veoir
» noz ennemys ; il en pourroit de trop demourer
» advenir deux inconvéniens : l'ung, que, par
» faulte d'exercer les armes souvent, deviendrions tous efféminez ; l'autre, que à noz
» ennemys le cueur pourroit croistre, pensant
» entre eulx que, pour la crainte qu'en avons,
» n'osons partir de nostre fort. Parquoy je suis
» délibéré d'aller demain faire une course entre
» cy et Andre ou Barlete : peult-estre aussi que
» nous trouverrons de leur costé coureurs, ce
» que je désireroys à merveille ; car nous nous

---

(1) Bérault Stuart, de la maison royale d'Ecosse. Il commandait la garde écossaise de Louis XII.

(2) Isabelle, fille du duc d'Andria, seconde femme de Frédéric.

» pourrons mesler ensemble, et à qui Dieu en
» donnera l'honneur si l'emporte. »

A ces parolles, n'y eut celluy qui respondist autrement que à sa voulenté. Si firent le soir ceulx qui devoient estre de la course regarder si riens failloit à leurs chevaulx, et se misrent en ordre comme pour achever ce qu'ilz avoient entrepris. Si se levèrent assez matin, et se misrent aux champs environ trente chevaulx, tous jeunes gentilz-hommes et bien délibérez, chevauchèrent vers les garnisons de leurs ennemys, espérans d'avoir quelque bonne rencontre. Le jour mesme estoit sorty de la ville d'Andre, pour pareillement courir sur les François, ung gentil-homme espaignol, parent prochain du grant cappitaine Gonssalle Ferrande, qui s'appelloit domp Alonce de Soto-Majore, ung fort gentil chevalier, et expert aux armes, qui en sa compaignie avoit quarante ou cinquante chevaulx d'Espaigne, sur lesquelz estoient gentilz-hommes tous esleuz aux armes. Et telle fut la fortune des deux cappitaines, que au descendre d'ung tertre se vont veoir les ungs les autres, environ la portée d'ung canon. Je ne vous sçauroye dire lequel fut le plus joyeulx, mesmement quand ils apperceurent que leur puissance estoit pareille. Si commencea le bon Chevalier, après ce qu'il eut au vray apperceu les croix rouges, parler à ses gens, ausquelz il dit : « Mes
» amys, au combat sommes venuz. Je vous
» prie que chascun ait son honneur pour recommandé ; et si vous ne me voyez faire au-
» jourd'huy mon debvoir, réputez-moy lasche et
» meschant toute ma vie. » Tous respondirent :
« Allons, cappitaine, donnons dedans, n'atten-
» dons pas qu'ilz ayent l'honneur de commencer. »

Alors baissèrent la veue, et en criant *France! France!* se mettent au grant galop pour charger leurs ennemys, lesquelz, d'une asseurée et fière contenance, à course de cheval, criant *Espaigne! Sant Yago!* à la pointe de leurs lances gaillardement les reccurent. Et en ceste première rencontre en furent portez par terre de tous les deux costez, qui furent relevez par leurs compaignons à bien grant peine. Le combat dura une bonne demye-heure, qu'on n'eust sceu juger qui avoit du meilleur ; et comme chascun en désiroit l'yssue à sa gloire, se livrèrent les ungs aux autres, comme s'ilz feussent tous fraiz, ung très-périlleux assault. Mais comme chascun peult assez entendre, en telles choses est de nécessité que l'ung ou l'autre demoure vainequeur : si advint si bien au bon Chevalier, avecques la grant peine qu'il y mist et le courage qu'il donnoit à ses gens, qu'en ce derrenier assault rompit les Espaignolz ; et y demoura sur le champ de mors jusques au nombre de sept, et bien autant de prisonniers. Le reste se mist à la fuyte, desquelz estoit ledit cappitaine domp Alonce ; mais de près poursuivy par le bon Chevalier, qui souvent luy escrioit : *Tourne, homme-d'armes! grand honte te sera mourir en fuyant!* voulut plustost eslire honneste mort que honteuse fuyte, et comme un lyon eschauffé se retourne contre ledit bon Chevalier, auquel il livra aspre assault ; car sans eulx reposer se donnèrent cinquante coups d'espée. Ce pendant fuyoient tousjours les autres Espaignolz, qui avoient habandonné leur cappitaine, et laissé seul. Ce néantmoins gaillardement se combatoit ; et si tous les siens eussent fait comme luy, je ne sçay qui en fin eust eu du meilleur. Bref, après avoir longuement combatu par les deux cappitaines, le cheval de domp Alonce se recreut, et ne vouloit tirer avant. Quoy voyant par icelluy bon Chevalier, dist ces parolles : « Rendz-toy, homme-d'armes,
» ou tu es mort. — A qui, respondit-il, me
» rendray-je ? — Au cappitaine Bayart, dist le
» bon Chevalier. »

Alors domp Alonce, qui desjà avoit ouy parler de ses faictz vertueux, aussi qu'il congnoissoit bien ne pouvoir eschapper, pour estre de toutes pars enclos, se rendit, et luy bailla son espée, qui fut receue à grant joye. Puis se mirent les compaignons au retour vers leur garnison, joyeulx de la bonne fortune que Dieu leur avoit ce jour donnée, car ilz n'y perdirent ung seul homme ; bien y en fut blessé cinq ou six, et deux chevaulx tuez, mais ilz avoient des prisonniers pour les récompenser. Eulx arrivez à la garnison, le bon Chevalier, filz adoptif de dame courtoisie, qui desjà par le chemin avoit entendu de quelle maison estoit le seigneur domp Alonce, le fist loger en une des belles chambres du chasteau, et luy donna une de ses robes, en luy disant ces parolles : « Seigneur
» domp Alonce, je suis informé, par les autres
» prisonniers qui sont céans, que vous estes de
» bonne et grosse maison, et, qui mieulx
» vault, de vostre personne grandement renommé en prouesse ; parquoy ne suis pas déliberé vous traicter en prisonnier ; et si vous
» me voulez promettre vostre foy de ne partir
» de ce chasteau sans mon congé, je le vous
» bailleray pour toute prison. Il est grand :
» vous vous y esbatrez parmy nous autres jusques à ce que vous ayez composé de vostre
» raençon et icelle payée, en quoy me trouverez tout gracieux. — Cappitaine, respondit
» domp Alonce, je vous remercie de vostre
» courtoisie, vous asseurant sur ma foy ne par-

tir jamais de céans sans vostre congé. » Mais il ne tint pas bien sa promesse, dont mal luy en print à la fin, comme vous orrez cy-après. Toutesfois ung jour, comme ilz devisoient ensemble, composa domp Alonce de sa raençon à mil escus.

◇◇◇

CHAPITRE XX.

Comment domp Alonce de Soto-Majore se voulut desrober par le moyen d'un Albanoys qui le garnit d'ung cheval; mais il fut repris sur le chemin et resserré en plus forte prison.

Quinze ou vingt jours fut domp Alonce avecques le cappitaine Bayart, dit le bon Chevalier, et ses compaignons, faisant grant chère, allant et venant par tout le chasteau, sans ce que personne luy dist riens; car il y estoit sur sa foy qu'on estimoit qu'il ne romproit jamais. Il en alla autrement, combien que de luy, ainsi qu'il dist après, n'y avoit aucune faulte, ains s'excusoit que, pource qu'il ne venoit nulz de ses gens devers luy, alloit quérir sa raençon luy-mesmes pour icelle envoyer au bon Chevalier, qui estoit de mil escus. Toutesfois le cas fut tel : domp Alonce, allant et venant par le chasteau, se fascha; et ung jour, devisant avecques ung Albanoys qui estoit de la garnison du chasteau, luy dist : « Viença, Théode, si tu » me veulx faire ung bon tour, tu me le feras » bien, et je te promets ma foy que tant que je » vivray n'auras faulte de biens. Il m'ennuye » d'estre icy, et encores plus que je n'ay nou- » velles de mes gens. Si tu veulx faire provision » d'ung cheval pour moy, considère que je ne » suis en ceste place aucunement gardé; je me » sauveray bien demain matin. Il n'y a que » quinze ou vingt milles jusques à la garnison » de mes gens : j'auray fait cela en quatre heu- » res, et tu viendras avecques moy. Je te feray » fort bien appoincter, et si te donneray cin- » quante ducatz. »

L'Albanoys, qui fut avaricieux, le promist, combien qu'il luy dist devant : « Seigneur, j'ay » entendu que vous estes sur vostre foy par ce » chasteau : nostre cappitaine vous en feroit » querelle. — Je ne veulx pas rompre ma foy, » dist domp Alonce ; il m'a mis à mil ducatz de » raençon, je les luy envoyeray : je ne suis » obligé à autre chose. — Bien doncques, dist » Théode l'Albanois, il n'y aura point de faulte » que demain, au point du jour, je ne soye à » cheval à la porte du chasteau : quant elle ou- » vrera, faictes semblant de venir à l'esbat, et » vous trouverez le vostre. » Cela fut accordé entre eulx, et exécuté le lendemain; car, ainsi qu'il fut proposé, se trouvèrent si bien à point, que sans ce que le portier s'en donnast autrement garde, pource que desjà estoit adverty qu'il estoit sur sa foy, parquoy le laissoit aller et venir, domp Alonce monta à cheval et s'en alla tant qu'il peut. Ne demoura guères que le bon Chevalier, qui estoit vigilant, vint en la basse-court du chasteau, et demanda où estoit son prisonnier, car tous les matins se desduysoit avecques luy; mais personne ne luy peut enseigner. Si fut esbahy, et vint au portier, auquel il demanda s'il l'avoit point veu. Il dist que ouy, dès le point du jour et près de la porte. La guète sonna pour sçavoir où il estoit ; mais il ne fut point trouvé, ne aussi ledit Théode, Albanoys. Qui fut bien marry? ce fut le bon Chevalier.

Si commanda à ung de ses souldars nommé Le Basco, et lui dist : « A coup, montez à dili- » gence à cheval vous dixiesme, et picquez droit » vers Andre, veoir si trouverez nostre prison- » nier ; et si le trouvez, faictes qu'il soit ramené » mort ou vif ; et si ce meschant Albanoys est » empoigné, qu'il soit ramené aussi ; car il sera » pendu aux créneaulx de céans, pour exemple » de ceulx qui vouldroient ung autre fois faire le » lasche tour qu'il a fait. »

Le Basque ne fist autre délay, mais incontinent monta à cheval ; et à pointe d'esperon, sans regarder qui alloit après luy, combien qu'il fût très-bien suyvy, prist son chemin vers Andre, où à environ deux milles trouva domp Alonce descendu, qui habilloit les sangles de son cheval, qui estoient rompues ; lequel, quant il apperceut qu'il estoit poursuyvy, cuyda remonter, mais il ne peut. Si fut actainct, repris et remonté. Théode ne fut pas si fol de se laisser prendre, car il sçavoit bien qu'il y alloit de la vie. Si se sauva dedans Andre, et domp Alonce ramené à Monervyne, où quant le seigneur bon Chevalier le veit, lui dist : « Hé ! comment, sei- » gneur domp Alonce, vous m'avez promis vos- » tre foy ne partir de céans sans mon congé, et » vous avez fait le contraire ! Je ne me fieray » plus en vous, car ce n'est pas honnestement » fait en gentil-homme de se desrober d'une place » quand on y est sur sa foy. » Domp Alonce respondit : « Je n'estois pas délibéré en riens vous » faire tort; vous m'avez mis à mil escus de ran- » çon, dedans deux jours les vous eusse en- » voyez : et ce qui m'en a fait partir a esté de » desplaisir que j'ay pris pour n'avoir aucunes » nouvelles de mes gens. »

Le bon Chevalier, qui estoit encores tout courroucé, ne prist pas ses excuses en payement, ains le fist mener en une tour, et en icelle le tint quinze jours, sans toutesfois le mettre en fers, ne faire autre injure; ains de son boire et manger estoit si bien traité que par raison s'en povoit bien contenter. Au bout de quinze jours, vint une trompette demander sauf-conduyt pour ung de ses gens qui luy vouloit apporter l'argent de sa rançon. Il fut baillé, et par ainsi l'argent apporté deux jours après : parquoy le seigneur domp Alonce fut de tous pointz délivré. Si print congé du bon Chevalier et de toute la compaignie assez honnestement, puis s'en retourna à Andre. Mais devant son partement, il veit comme icelluy bon Chevalier donna entièrement l'argent de sa rançon à ses souldars, sans pour luy en retenir ung seul denier.

CHAPITRE XXI.

Comment le seigneur domp Alonce de Sotto-Majore se plaignit à tort du traictement que luy avoit fait le bon Chevalier, dont ilz vindrent au combat.

Quant le seigneur domp Alonce fut arrivé à Andre, de tous ses compaignons et amys eut recueil merveilleux; car, à dire la vérité, il n'y avoit homme en toute l'armée des Espaignols plus estimé que luy, ne qui plus désirast les armes. Si le confortèrent le mieulx qu'ilz peurent, luy remonstrant qu'il ne se devoit point fascher d'avoir esté prisonnier; que c'estoient fortunes de guerre perdre une fois, et gaigner l'autre; et qu'il suffisoit que Dieu l'eust rendu sain et sauf parmy ses amys. Après plusieurs propos, luy fut demandé de la façon et manière de vivre du bon Chevalier, quel homme c'estoit, et comment durant sa prison il avoit esté traicté avecques luy. A quoy respondit domp Alonce : « Je » vous prometz ma foy, Messeigneurs, que quant » à la personne du seigneur de Bayart, je ne » cuyde point que au monde il y ait ung plus » hardy gentil-homme, ne qui moins soit oy- » seux, car s'il ne va à la guerre, sans cesse fait » quelque chose en sa place avecques ses soul- » dars, soit à luyter, saulter, gecter la barre, et » tous autres honnestes passe-temps que sçavent » faire gentilz-hommes pour eulx exercer. De » libéralité il n'est point son pareil, car cela ay-je » veu en plusieurs manières : mesmement quant » il receut les mil ducatz de ma rançon, devant » moy les départit à ses souldars, et n'en retint » ung seul ducat. Brief, à vray dire, s'il vit lon- » guement, il est pour parvenir à haultes choses; » mais quant à ce que me demandez du traicte- » ment qu'il m'a fait, je ne m'en sçauroye » trop louer. Je ne sçay si ce a esté de son com- » mandement ; mais ses gens ne m'ont pas traicté » en gentil-homme, ains trop plus rudement » qu'ilz ne devoient, et ne m'en contenteray de » ma vie. »

Les ungs s'esbahissoient de ses parolles, considéré l'honnesteté que l'on disoit estre au bon Chevalier; les autres disoient qu'on ne trouve jamais belle prison; aucuns lui en donnoient blasme. Et furent tant avant ces parolles, que, par ung prisonnier de la garnison de Monervyne qui retourna, fut amplement informé le bon Chevalier comment domp Alonce se plaignoit oultrageusement du mauvais traictement qu'il disoit luy avoir esté fait, et en jectoit grosses parolles peu honnestes; dont il s'esmerveilla grandement, et sur l'heure fist appeler tous ses gens, ausquelz il dist : « Messeigneurs, velà » domp Alonce qui se plainct parmy les Espai- » gnols que je l'ay si meschamment traicté que » plus n'eusse peu : vous sçavez tous comment il » en va. Il m'est advis qu'on n'eust sceu mieulx » traicter prisonnier qu'on a fait lui devant qu'il » s'esforçast d'eschapper; ne depuis, combien » qu'il ait esté plus resserré, ne luy a-l'on fait » chose dont il se doive plaindre. Et sur ma foy » si je pensois qu'on luy eust fait tort, je le vou- » drois amender envers luy : par quoy, je vous » prie, dictes-moi, si vous en avez apperceu quel- » que chose que je n'aye point entendu. » A quoy tous respondirent : « Cappitaine, quant c'eust » esté le plus grant prince d'Espaigne, vous ne » l'eussiez sceu mieulx traicter, et fait mal et » péché de s'en plaindre; mais les Espaignols » font tant les braves et sont si plains de gloire, » que c'est une dyablerie. — Par ma foy, dist » le bon Chevalier, je luy veulx bien escripre, » et l'advertir, combien que j'aye la fiebvre » quarte, que s'il veult dire que je l'aye mal » traicté, je lui prouveray le contraire par le » combat de sa personne à la mienne, à pied ou » à cheval, ainsi qu'il luy plaira. »

Si demanda incontinent ung clerc, et escripvit unes lettres en ceste substance: « Seigneur » Alonce, j'ay entendu que, après vostre retour » de ma prison, vous estes plainct de moy, et » avez semé parmy vos gens que je ne vous ai » pas traicté en gentil-homme. Vous sçavez bien » le contraire : mais pource que si cela estoit » vray me seroit gros déshonneur, je vous ai » bien voulu escripre ceste lettre, par laquelle » vous prie rabiller autrement voz parolles de- » vant ceulx qui les ont ouyes, en confessant,

33.

» comme la raison veult, le bon et honneste
» traictement que je vous ai faict; et ce faisant,
» ferez vostre honneur et rabillerez le mien, le-
» quel contre raison avez foullé; et où seriez
» reffusant de le faire, je vous déclare que je
» suis délibéré le vous faire desdire par combat
» mortel de vostre personne à la mienne, soit à
» pied ou à cheval, ainsi que mieulx vous plai-
» ront les armes; et à Dieu. De Monervyne, ce
» dixiesme juillet. » Par une trompette qui estoit
au vaillant et noble seigneur de La Palisse,
qu'on appelloit La Lune, fut envoyée ceste lettre
à ce seigneur domp Alonce, dedans la ville d'Andre; laquelle, quant il l'eut leue, sans en demander conseil à personne, luy fit responce par
la mesme trompette, et escripvit unes lettres
contenant ces motz : « Seigneur de Bayart, j'ay
» veu vostre lettre que ce porteur m'a baillée, et
» entre autres choses dictes dedans icelle avoir
» esté par moy semé parolles devant ceulx de
» ma nation que ne m'avez pas traicté en gentil-
» homme, moy estant vostre prisonnier, et que,
» se ne m'en desdiz, estes délibéré de me com-
» batre. Je vous déclare qu'oncques ne me des-
» diz de chose que j'aye dicte, et n'estes pas
» homme pour m'en faire desdire. Parquoy du
» combat que me présentez de vous à moy, je
» l'accepte entre cy et douze ou quinze jours, à
» deux milles de ceste ville d'Andre, ou ailleurs
» que bon vous semblera. » La Lune donna ceste
responce au bon Chevalier, qui n'en eust pas
voulu tenir dix mille escus, quelque maladie
qu'il eust. Si lui remanda incontinent qu'il ac-
ceptoit le combat, sans se trouver en faulte au
jour de l'assignation. La chose ainsi promise et
accordée, le bon Chevalier en advertit incontinent le seigneur de La Palisse, qui estoit homme
fort expérimenté en telles choses, et le prist
après Dieu pour son guydon, et son ancien compaignon Bellabre. Si commença à approcher le
jour du combat, qui fut tel que vous orrez.

❖❖❖

CHAPITRE XXII.

Comment le bon Chevalier sans paour et sans reprouche combatit contre domp Alonce de Soto-Majore, et le vainquit.

Quant ce vint au jour assigné du combat, le seigneur de La Palisse, acompaigné de deux cens hommes-d'armes (car desjà avoient les deux combatans cest accord l'ung à l'autre), amena son champion sur le camp, monté sur ung fort bel et bon coursier, et vestu tout de blanc, par humilité. Encores n'estoit point venu le seigneur Alonce. Si alla La Lune le haster, auquel demanda en quel estat estoit le seigneur de Bayart. Il respondit qu'il estoit à cheval, en habille-ment d'homme-d'armes. « Comment! dist-il, » c'est à moy à eslire les armes, et à luy le » camp. Trompette, va luy dire que je veux » combatre à pied. » Or, quelque hardiesse que monstrast le seigneur Alonce, il eust bien voulu n'en estre pas venu si avant; car jamais n'eust pensé, veu la maladie qu'avoit alors le bon Chevalier, qu'il eust jamais voulu combatre à pied. Mais quant il veit que desjà estoient les choses prestes à vuyder, s'advisa d'y combatre pour beaucoup de raisons : l'une, que à cheval, en tout le monde, on n'eust sceu trouver ung plus adroit gentil-homme que le bon Chevalier; l'autre, que pour la maladie qu'il avoit, en seroit beaucoup plus foible; et cela le mettoit en grant espoir de demourer vaincqueur. La Lune vint vers le bon Chevalier, auquel il dist : « Cappitaine, il y a » bien des nouvelles; vostre homme dit à ceste » heure qu'il veult combatre à pied, et qu'il » doit eslire les armes. » Aussi estoit-il vray; mais toutesfois avoit desjà esté auparavant conclud que le combat se feroit à cheval, en acoustrement d'homme-d'armes; mais par là sembloit advis que le seigneur domp Alonce voulsist fuyr la lice.

Quant icelluy bon Chevalier eust escouté la trompette, demoura pensif ung bien peu, car le jour mesmes avoit eu sa fiebvre. Néantmoins, d'ung courage lyonicque, respondit : « La Lune, » mon amy, allez le haster, et luy dictes qu'il » ne demourera pas pour cela que aujourd'huy » ne répare mon honneur, aydant Dieu; et si » le combat ne luy plaist à pied, je le feray » tout ainsi qu'il advisera. » Si fist cependant le bon Chevalier dresser son camp, qui ne fut que de pierres grosses mises l'une près de l'autre; et s'en vint mettre à l'ung des boutz, acompaigné de plusieurs bons, hardis et vaillans cappitaines, comme les seigneurs de La Palisse, d'Oroze, d'Hymbercourt, de Fontrailles, le baron de Béarn et plusieurs autres, lesquelz tous pryoient Nostre-Seigneur qu'il voulsist estre en ayde à leur champion.

Quant La Lune fut retourné devers le seigneur Alonce, et qu'il congneut que plus n'y avoit de remède que, pour son honneur, ne viensist au combat, s'en vint très-bien acom-paigné, comme du marquis de Licite, de domp Diégo de Guynonnes, lieutenant du grand cappi-taine Gonssalle Ferrande, domp Pedro de Haldes, domp Francesque d'Altemèze, et plu-sieurs autres, qui l'acompaignèrent jusques sur camp, où luy arrivé envoya les armes au bon

Chevalier pour en avoir le choix, qui estoient d'ung estoc et d'ung poignart. Eulx armez de gorgerin et secrète, il ne s'amusa point à choisir; mais quant il eut ce qui luy falloit, ne fist autre dilation, ains par ung des boutz fut mis dedans le camp par son compaignon Bellabre, qu'il print pour son parrain, et le seigneur de La Palisse pour la garde du camp de son costé. Le seigneur domp Alonce entra par l'autre bout, où le mist son parrain domp Diégo de Guyonnes; et pour la garde du camp de sa part fut domp Francesque d'Altemèze. Quant tous deux furent entrez, le bon Chevalier se mist à deux genoulx, et fist son oraison à Dieu ; puis se coucha de son long et baisa la terre; et en se relevant fist le signe de la croix, marchant droit à son ennemy, aussi asseuré que s'il eust esté en ung palais à dancer parmy les dames. Domp Alonce ne monstroit pas aussi qu'il feust de riens espoventé; ains venant de droit fil au bon Chevalier, luy dist ces parolles : « Seignor de Bayardo, que me quérez ? » Lequel en son langaige respondit : « Je veulx deffen» dre mon honneur. » Et sans plus de parolles se vont approcher, et de venue se ruèrent chascun ung merveilleux coup d'estoc, dont de celuy du bon Chevalier fut ung peu blessé le seigneur Alonce au visaige, en coulant. Croyez que tous deux avoient bon pied et bon œil, et ne vouloient ruer coup qui feust perdu. Si jamais furent veuz en camp deux champions mieulx semblans preud'hommes, croyez que non. Plusieurs coups se ruèrent l'ung sur l'autre, sans eulx attaindre. Le bon Chevalier, qui congnut incontinent la ruze de son ennemy, qui incontinent ses coups ruez se couvroit du visaige, de sorte qu'il ne luy povoit porter dommage, s'advisa d'une finesse : c'est que, ainsi que domp Alonce leva le bras pour ruer ung coup, le bon Chevalier leva aussi le sien ; mais il tint l'estoc en l'air sans jecter son coup et, comme homme asseuré, quant celluy de son ennemy fut passé, et il le peut choisir à descouvert, luy va donner ung si merveilleux coup dedans la gorge, que, nonobstant la bonté du gorgerin, l'estoc entra dedans la gorge quatre bons doys, de sorte qu'il ne le povoit retirer. Domp Alonce se sentant frappé à mort, laissa son estoc, et va saisir au corps le bon Chevalier, qui le prist aussi comme par manière de luyte, et se promenèrent si bien que tous deux tumbèrent à terre, l'ung près de l'autre. Le bon Chevalier, diligent et soubdain, prent son poignart et le mect dedans les nazeaulx de son ennemy, en luy escriant : *Rendez-vous, seignor Alonce, ou vous estes mort!* Mais il n'avoit garde de parler, car desjà estoit passé. Alors son parrain, domp Diégo de Guyonnes, commença à dire : *Seignor Bayardo, já es moerto; vincido aveiz.* Ce qui fut trouvé incontinent, car plus ne remua pied ne main. Qui fut bien desplaisant, ce fut le bon Chevalier; car s'il eust eu cent mil escus, il les eust voulu avoir donnez, et il l'eust peu vaincre vif. Ce néantmoins, en congnoissant la grâce que Dieu luy avoit faicte, se mist à genoulx, le remerciant très-humblement, puis baisa par trois fois la terre. Après tira son ennemy hors du camp, et dist à son parrain. « Seignor domp Diégo, en ay-je assez fait ? » Lequel respondit piteusement : *Tropo, seignor Bayardo, per l'ondre d'Espaigne.* « Vous sçavez, dist le bon Cheva» lier, qu'il est à moy de faire du corps à ma » voulenté : toutesfois je le vous rends ; et » vrayement je vouldrois, mon honneur saufve, » qu'il feust autrement. »

Brief, les Espaignolz emportèrent leur champion en lamentables plains, et les François emmenèrent le leur, avecques trompettes et clérons, jusques en la garnison du bon seigneur de La Palisse, où, avant que faire autre chose, le bon Chevalier alla à l'église remercier Nostre-Seigneur, et puis après firent la plus grant joye du monde ; et ne se povoient tous les gentilz-hommes saouller de donner louenge au bon Chevalier; tellement que par tout le royaulme, non seullement entre les François, mais aussi entre les Espaignolz, estoit tenu pour ung des accomplīz gentilz-hommes qu'on sceust trouver.

◊◊◊

CHAPITRE XXIII.

D'ung combat qui fut au royaulme de Naples de treize Espaignols contre treize François, où le bon Chevalier fist tant d'armes qu'il emporta le pris sur tous.

On scet assez que, entre toutes autres nations, Espaignolz sont gens qui d'eulx-mesmes ne se veullent pas abaisser, et ont tousjours l'honneur à la bouche : et combien que la nation soit hardie, s'ilz avoient autant de prouesse que de bonne myne, il n'y auroit gens en ce monde qui durast à eulx. Já avez entendu comment le bon Chevalier deffist le seigneur domp Alonce de Soto-Majore, dont les Espaignolz avoient grant dueil au cueur, et cherchoient chascun jour le moyen pour eulx venger. Il y eut entre les François et eulx, peu de jours après le trespas du seigneur Alonce, une trefve de deux moys. La raison pourquoy, je ne la sçay pas.

Tant y a que durant icelle trefve les Espaignolz s'alloient esbatre près des garnisons françoises, où hors des places trouvoient aucunesfois des François qui pareillement s'esbatoient et avoient souvent parolles ensemble ; mais tousjours lesditz Espaignolz ne demandoient que riote. Ung jour entre les autres une bende de treize gentilzhommes espaignolz, hommes-d'armes, et tous bien montez, se va embatre jusques près de la garnison du bon Chevalier, où l'estoit venu veoir le seigneur d'Oroze, de la maison d'Urfé, ung très-gentil cappitaine, qui eulx deux de compaignie estoient saillis de la place pour prendre l'air jusques à une demye-lieue, où ilz vont rencontrer lesditz Espaignolz, qu'ilz saluèrent, et les autres leur rendirent le semblable. Ilz entrèrent en propos de plusieurs choses ; et entre autres parolles ung Espaignol hardy et courageux, qui se nommoit Diégo de Bisaigne, lequel avoit esté de la compaignie du feu seigneur domp Alonce de Soto-Majore, et luy souvenoit encore de sa mort, dist : « Messeigneurs » les François, je ne sçay si ceste trefve vous » fasche point ; il n'y a que huyt jours qu'elle » est commencée, mais elle nous ennuye merveilleusement. Si ce pendant qu'elle durera il » y avoit point une bende de vous autres, dix » contre dix, vingt contre vingt, ou plus ou » moins, qui se voulsissent combatre sur la » querelle de noz maistres, me ferois bien fort » les trouver de mon costé, et ceulx qui seront » vaincuz demoureront prisonniers des autres. » Sur ces parolles se regardèrent le seigneur d'Oroze et le bon Chevalier, qui dist : « Monseigneur d'Oroze, que vous semble de ces parolles ? — Autre chose, dist-il, sinon que ce » gentil-homme parle très-honnestement. Je » sçaurois bien que luy respondre, mais je » vous prie tant que je puis que luy respondez » selon vostre oppinion. — Puis qu'il vous » plaist, dist le bon Chevalier, je luy en diray » mon advis. Seigneur, mon compaignon et » moy avons très-bien entendu voz parolles ; » et, à vous ouyr, désirez merveilleusement les » armes, nombre contre nombre. Vous estes icy » treize hommes-d'armes. Si vous avez vouloir » d'aujourd'huy en huyt jours vous trouver à » deux milles d'icy montez et armez, mon com» paignon et moy vous en amènerons treize au» tres. Et qui aura bon cueur, si le monstre. » Alors tous les Espaignolz en leur langaige respondirent : Nous le voulons. Ilz s'en retournèrent, et le seigneur d'Oroze et le bon Chevalier aussi, dedans Monervyne ; lesquelz assemblèrent leurs compaignons, et au jour assigné se trouvèrent sur le lieu promis aux Espaignolz, qui pareillement s'y rendirent. De toutes les deux nations y en avoit plusieurs autres qui les estoient venuz veoir. Ilz limitèrent leur camp, soubz condition que celluy qui passeroit oultre demoureroit pour prisonnier, et ne combatroit plus du jour ; pareillement, celluy qui seroit mis à pied ne pourroit plus combatre ; et ou cas que jusques à la nuyt l'une bende n'eust peu vaincre l'autre, et n'en demourast-il que l'ung à cheval, le camp seroit finy, et pourroit remmener ses compaignons francz et quictes, lesquelz sortiroient en pareil honneur que les autres hors dudit camp. Pour faire fin, les François se mirent d'ung costé et les Espaignolz d'ung autre. Tous avoient lance en l'arrest. Si picquèrent leurs chevaulx ; mais lesditz Espaignolz ne taschèrent pas aux hommes, ains à tuer les chevaulx, ce qu'ilz firent jusques au nombre de unze, et ne resta à cheval que le seigneur d'Oroze et le bon Chevalier : mais ceste tromperie ne servit de guères aux Espaignolz, car oncques puis leurs chevaulx ne voulurent passer oultre, quelque coup d'espron qu'ilz sceussent bailler. Et lesditz seigneur d'Oroze et bon Chevalier, menu et souvent, leur livroient aspres assaulx ; puis quant la grosse troppe les vouloit charger, se retiroient derrière les chevaulx mors de leurs compaignons, où ilz estoient comme contre ung rempart. Pour conclusion, les Espaignolz furent bien frotez ; et combien qu'ilz feussent treize à cheval contre deux, ne sceurent obtenir le camp, jusques à ce que la nuyt feust survenue, sans riens avoir gaigné : parquoy convint à chascun sortir, suyvant ce qu'ilz avoient accordé ensemble ; et demoura l'honneur du combat aux François, car ce fut très-bien combatu durant quatre heures deux contre treize sans estre vaincuz. Le bon Chevalier sur tous y fist d'armes tant que son bruyt et renommée en augmentèrent assez.

CHAPITRE XXIV.

Comment le bon Chevalier print ung trésorier et son homme qui portoient quinze mille ducatz au grand cappitaine Gonssalle Ferrande, et ce qu'il en fist.

Environ ung moys après ce combat, que les trefves furent faillies, fut le bon Chevalier adverty par ses espies que à Naples avoit ung trésorier qui changeoit monnoye à or, pour l'apporter là par où estoit le grant cappitaine Goussale Ferrande, et ne povoit bonnement passer,

que ce ne feust à trois ou quatre milles près de sa garnison. Il ne dormit pas, depuis qu'il le sceut, sans y faire faire si bon guet que l'on le vinst advertir qu'il estoit arrivé en une place que tenoient les Espaignolz, laquelle estoit seulement à quinze milles de Monervyne ; et que le matin, acompaigné de quelques genétaires pour sa seureté, estoit délibéré se retirer devers le grant cappitaine. Le bon Chevalier, qui grant désir avoit d'empoigner cest argent, non pas pour luy, mais pour en départir à ses souldars, se leva deux heures devant jour, et s'en alla embuscher entre deux petites montaignètes, acompaigné de vingt chevaulx et non plus, et envoya d'ung autre costé son compaignon Tardieu avecques vingt-cinq Albanoys, affin que s'il eschappoit par ung costé, ne peust eschapper par l'autre. Or le cas advint tel : c'est que, environ les sept heures au matin, les escoutes dudit bon Chevalier vont ouyr bruyt de chevaulx, qui le luy vindrent dire. Il estoit si à couvert entre ces deux roches, qu'on feust aiséement passé sans l'appercevoir ; ce que firent les Espaignolz, qui au meillieu d'entre eulx avoient leur trésorier et son homme, lesquelz en bouges derrière leurs chevaulx avoient leur argent. Quant ilz furent oultre passez, ne fut fait autre demeure, sinon par le bon Chevalier et ses gens donner dedans, en criant : *France, France ! à mort, à mort !* Quant lesditz Espaignolz se veirent ainsi chargez, et pris en désarroy, cuydant qu'il y eust beaucoup plus grant nombre de gens qu'il n'y avoit, se misrent en fuyte vers Barlète. Ilz furent ung peu chassez, et non pas loing ; car on n'en vouloit que au povre trésorier, lequel fut prins avecques son homme, et menez à Monervyne. Eulx arrivez, furent desployées leurs bouges, où on trouva de beaulx ducatz. Le bon Chevalier les vouloit faire compter ; mais ledit trésorier en son langage espaignol luy dist : *Non contaeiz, seignor, sono quinze milia ducados;* qui très-joyeulx fut de ceste prise. Sur ces entrefaictes, va arriver Tardieu qui, quant il veit ceste belle monnoye, fut bien desplaisant qu'il n'avoit fait la prise. Toutesfois il dist au bon Chevalier : « Mon compaignon, je y ay ma part
» comme vous, car j'ay esté de l'entreprise.—Il
» est vray, respondit le bon Chevalier en soubz-
» riant ; mais vous n'avez pas esté de la prise. »
Et pour le faire débatre, dist encores : « Et quant
» bien vous en eussiez esté, vous estes soubz
» ma charge ; je ne vous donneray que ce qu'il
» me plaira. » Sur cela se courroucea ledit Tardieu, et en jurant le nom de Dieu, dist qu'il en auroit la raison. Si s'en alla plaindre au lieutenant-général du roy de France, qui manda le bon Chevalier, lequel vint incontinent. Luy arrivé, chascun dist sa raison ; lesquelles ouyes, ledit lieutenant-général demanda les oppinions à tous les cappitaines : mais enfin fut par luy, suyvant ce qu'il avoit trouvé, dit que Tardieu n'y avoit riens, dont il fut bien marry. Toutesfois il estoit joyeulx et fort plaisant homme ; si se print à dire : « Par le sang Sainct-George, je
» suis bien malheureux ! » Et puis s'adressa au bon Chevalier, en disant : « Par Dieu ! c'est tout
» ung, car aussi bien me nourrirez vous tant
» que serons en ce pays. » Lequel se print à rire ; et pour cela ne laissèrent pas de retourner ensemble à Monervyne, où quant ilz furent arrivez le bon Chevalier devant Tardieu, et pour plus le faire débatre, fist les ducatz apporter, et iceulx desployer sur une table, et puis dist : « Compaignon, que vous en semble ? vècy pas
» belle dragée ? — Et ouy, de par tous les dya-
» bles, respondit-il ; mais je n'y ay riens. Je
» vouldrois estre pendu par le sang Dieu ; car
» si j'avoye seulement la moytié de cela, jamais
» n'auroye faulte de biens, et serois homme de
» bien toute ma vie. — Comment, compaignon,
» dist le bon Chevalier, ne tiendra-il que à cela
» que ne soyez asseuré de vostre vie en ce
» monde ? Et vrayement ce que n'avez peu ne
» sceu avoir par force, je le vous donne de bon
» cueur et de bonne voulenté, et en aurez la
» droicte moytié. » Si les fist incontinent compter, et luy livra sept mil cinq cens ducatz.

Tardieu qui cuydoit auparavant que ce feust une mocquerie, quant il se veit saisy se gecta à deux genoulx, ayant de joie les larmes aux yeulx, et dist : « Hélas ! mon maistre, mon
» amy, comment pourray-je jamais satisfaire
» les biens que me faictes ? Oncques Alexandre
» ne fist pareille libéralité. — Taisez-vous, compaignon : si j'avoye la puissance, je ferois
» beaucoup mieulx pour vous. » De fait, toute sa vie en fut riche Tardieu, car au moyen de cest argent, après qu'ilz furent retournez de Naples, vint en France, où en son pays espousa une héritière, fille d'ung seigneur de Sainct-Martin, qui avoit trois mille livres de rente. Il faut sçavoir que devindrent les autres sept mil cinq cens ducatz. Le bon Chevalier sans paour et sans reprouche, le cueur nect comme la perle, fist appeler tous ceulx de la garnison, et chascun selon sa qualité les départit, sans en retenir ung seul denier ; puis dist au trésorier : « Mon
» amy, je scay bien que si je vouloye j'auroys
» bonne rançon de vous ; mais je me tiens content de ce que j'ay eu. Quant vous et vostre
» homme vouldrez partir, je vous feray conduyre
» seurement en quelque place de voz gens que

» vouldrez ; et si ne vous sera rien osté de ce
» qui est sur vous, ne vous fouillera-l'on point. »
Si avoit-il vaillant à luy, en bagues ou en argent, cinq cens ducatz et mieulx. Qui fut bien aise fut ce povre trésorier, lequel, par une trompette du bon Chevalier, auquel il donna trois escuz, fut conduyt jusques à Barlète avecques son homme, bien eureux, veu la fortune qui luy estoit advenue, d'estre tumbé en si bonne main.

◇◇◇

CHAPITRE XXV.

Comment le bon chevalier garda ung pont sur la rivière du Garillan, luy seul, l'espace de demye-heure, contre deux cens Espaignolz.

Assez avez peu veoir une autre histoire comment ou royaulme de Naples, et vers la fin de la guerre qui fut entre Françoys et Espaignolz, se tint longuement l'armée desdits François sur le bort d'une rivière dicte le Garillan ; et l'armée des Espaignolz estoit de l'autre costé. Il faut entendre que s'il y avoit du costé des François de vertueux et gaillards cappitaines, aussi avoit-il du costé des Espaignolz, et entre autres le grant cappitaine Gonssalle Ferrande, homme sage et vigilant, et ung autre appellé Pédro de Pas, lequel n'avoit pas deux couldées de hault, mais de plus hardye créature n'eust-on sceu trouver ; et si estoit si fort bossu et si petit, que quant il estoit à cheval on ne luy voyoit que la teste au dessus de la selle. Ung jour s'advisa ledit Pédro de Pas de faire ung alarme aux François, et avecques cent ou six vingts chevaulx se mist à passer la rivière de Garillan en ung certain lieu où il sçavoit le gué, et avoit mis ung homme de pied derrière chascun cheval, garny de hacquebute. Il faisoit cest alarme affin que l'armée y courust, qu'on habandonnast le pont, et que ce pendant leur force y vînt et le gaignast. Il exécuta très-bien son entreprise, et fist au camp des François ung aspre et chault alarme, où ung chascun se retiroit, cuydant que ce feust tout l'effort des Espaignolz ; mais non estoit.

Le bon Chevalier, qui désiroit tousjours estre près des coups, s'estoit logé joignant du pont, et avecques luy ung hardy gentil-homme, qui se nommoit l'escuyer Le Basco, escuyer d'escuyrie du roy de France Loys douziesme ; lesquels commencèrent à eulx armer quant ils ouyrent le bruyt (s'ilz furent bientost pretz et montez à cheval, ne fault pas demander), délibérez d'aller où l'affaire estoit. Mais en regardant le bon Chevalier par delà la rivière, va adviser environ deux cens chevaulx des Espaignolz, qui venoient droit au pont pour le gaigner : ce qu'ilz eussent fait sans grande résistance, et cela estoit la totalle destruction de l'armée françoise. Si commença à dire à son compaignon : « Monsei-
» gneur l'escuyer, mon amy, allez vistement
» quérir de noz gens pour garder ce pont, où
» nous sommes tous perduz ; ce pendant je mettray peine de les amuser jusques à vostre venue ; mais hastez-vous ; » ce qu'il fist. Et le bon Chevalier, la lance au poing, s'en va au bout dudit pont, où de l'autre costé estoient desjà les Espaignolz pretz à passer ; mais comme lyon furieux va mettre sa lance en arrest, et donna en la troppe qui desjà estoit sur ledit pont. De sorte que trois ou quatre se vont esbranler, desquelz en cheut deux en l'eaue, qui oncques puis n'en relevèrent, car la rivière estoit grosse et profonde. Cela fait, on luy tailla beaucoup d'affaires ; car si durement fut assailly, que sans trop grande chevalerie n'eust sceu résister : mais comme ung tigre eschauffé s'acula à la barrière du pont, à ce qu'ils ne gaignassent le derrière, et à coup d'espée se deffendit si très-bien, que les Espaignolz ne sçavoient que dire, et ne cuydoient point que ce feust ung homme, mais ung ennemy. Brief, tant bien et si longuement se maintint, que l'escuyer Le Basco, son compaignon, luy amena assez noble secours, comme de cent hommes-d'armes ; lesquelz arrivez, firent ausditz Espaignolz habandonner du tout le pont, et les chassèrent ung grant mille delà. Et plus eussent fait, quant ilz apperceurent une grosse troppe de leurs gens, de sept à huyt cens chevaulx, qui les venoient secourir. Si dist le bon Chevalier à ses compaignons : « Messeigneurs, nous avons aujourd'huy assez
» fait d'avoir sauvé nostre pont ; retirons-nous
» le plus serréement que nous pourrons. »

Son conseil fut tenu à bon ; si commencèrent à eulx retirer le beau pas. Tousjours estoit le bon Chevalier le derrenier, qui soustenoit toute la charge ou la pluspart, dont au long aller se trouva fort pressé à l'occasion de son cheval, qui si las estoit que plus ne se povoit soustenir, car tout le jour avoit combatu dessus. Si vint de rechief une grosse envahie des ennemys, qui tous d'ung floc donnèrent sur les François, en façon que aucuns furent versez par terre. Le cheval du bon Chevalier fut aculé contre ung fossé, où il fut environné de vingt ou trente, qui criyoient : *Rende, rende, seignor!* Il combatoit tousjours, et ne sçavoit que dire, sinon :
» Messeigneurs, il me fault bien rendre, car

» moy tout seul ne sçaurois combatre vostre
» puissance. »

Or estoient desjà fort esloignez ses compaignons, qui se retiroient droit à leur pont, cuydans tousjours avoir le bon Chevalier parmy eulx. Et quand ilz furent ung peu esloignez, l'ung d'entre eulx, nommé le chevalier de Guyfray, gentil-homme du Daulphiné, et son voisin, commença à dire : « Hé ! Messeigneurs, nous
» avons tout perdu ! Le bon cappitaine Bayart
» est mort ou pris, car il n'est point avecques
» nous. N'en sçaurons-nous autre chose ? Et au-
» jourd'hui il nous a si bien conduitz, et fait
» recevoir tant d'honneur ! Je faiz veu à Dieu
» que s'il n'y devoit aller que moy seul, je y
» retourneray, et plustost seray mort ou pris,
» que je n'en aye des nouvelles. » Je ne sçay qui de toute la troppe fut plus marry, quant ilz congneurent que le chevalier Guyfray disoit vray. Chascun se mist à pied pour resangler son cheval, puis remontèrent ; et, d'ung courage invaincu, se vont mettre au grant galop après les Espaignolz, qui emmenoient la fleur et l'eslite de toute gentillesse, et seullement par la faulte de son cheval ; car s'il eust autant peu endurer de peine que luy, jamais n'eust esté pris. Il fault entendre que, ainsi que les Espaignolz se retiroient et qu'ils emmenoient le bon Chevalier, pour le grant nombre qu'ilz estoient, ne se daignèrent amuser à le desrober de ses armes, ne luy oster son espée qu'il avoit au costé : bien le dessaisirent d'une hache d'armes qu'il avoit en la main, et en marchant tousjours luy demandoient qui le estoit. Il, qui sçavoit bien que s'il se nommoit par son droit nom jamais vif il n'eschapperoit, parce que plus le doubtoient Espaignolz que homme de la nation françoise, si le sceut bien changer ; tousjours disoit-il qu'il estoit gentil-homme. Ce pendant vont arriver les François ses compaignons, cryant : *France ! France ! tournez, tournez, Espaignolz ; ainsi n'emmenerez-vous pas la fleur de chevalerie !* Auquel cry les Espaignolz, combien qu'ilz feussent grant nombre, se trouvèrent estonnez, néantmoins que d'ung visage asseuré receurent ceste lourde charge des François ; mais ce ne peut si bien estre que plusieurs d'entre eulx, et des mieulx montez, ne feussent portez par terre. Quoy voyant par le bon Chevalier, qui encores estoit tout armé, et n'avoit faulte que de cheval, car le sien estoit recreu, mist pied à terre, et sans le mettre en l'estrier remonta sur ung gaillart coursier dessus lequel avoit esté mis par terre, de la main de l'escuyer Le Basco, Salvador de Borgia, lieutenant de la compaignie du marquis de La Padule, gaillard gentil-homme. Quant il se veit dessus monté, commença à faire choses plus que merveilleuses, cryant : *France, France ! Bayart, Bayart, que vous avez laissé aller !* Quant les Espaignolz ouyrent le nom, et la faulte qu'ilz avoient faicte de luy avoir laissé ses armes après l'avoir pris, sans dire recours ou non (car si une fois eust baillé la foy, jamais ne l'eust faulsée), le cueur leur faillit du tout, et dirent entre eulx : « Tirons oultre vers nostre camp, nous ne fe-
» rons méshuy beau fait. » Quoy disant, se gectèrent au galop ; et les François, qui voyoient la nuyt approcher, très-joyeulx d'avoir recouvert leur vray guydon d'honneur, s'en retournèrent lyement en leur camp, où durant huyt jours ne cessèrent de parler de leur belle adventure, et mesmement des prouesses du bon Chevalier.

En ceste mesme année, envoya le roy de France Loys douziesme en la comté de Roussillon bon nombre de gens soubz la conduicte du seigneur de Dunoys, pour la remettre entre ses mains ; mais ilz s'en retournèrent sans grans choses faire qui à honneur montast. Et si y mourut, de la part des François, ung gentil chevalier appellé le seigneur de La Rochepot.

Depuis (je ne sçay de qui fut la faulte) les François ne séjournèrent guères au royaulme de Naples, qu'ilz ne retournassent en leur pays, les plusieurs en assez povre estat. Et en passant par Romme, le pape Julles leur fist tout plain de courtoysies ; mais depuis les a bien vendues. Le vaillant cappitaine Loys d'Ars, qui encores tenoit quelques places en la Pouille, et en sa compaignie le bon Chevalier sans paour et sans reproche, après l'armée de François retournée, demourèrent audit royaulme, en despit de toute la puissance yspanicque, environ ung an ; ouquel temps ilz firent plusieurs belles saillies et lourdes escarmouches, dont de la pluspart emportèrent tousjours l'honneur ; et plus eussent tenu leursdictes places, n'eust esté que le roy Loys, leur maistre et souverain, leur manda les laisser, et eulx en venir ; ce qu'ilz firent à grant regret en l'an 1504. Et furent très-honnorablement receuz d'ung chascun, comme bien l'avoient mérité, mesmement de leur bon maistre le roy de France, qui, comme sage et prudent, print les fortunes de la guerre ainsi que pleut à Dieu les envoyer, auquel il avoit son principal recours.

Je vous laisseray ung peu à parler de la guerre, et viendray à desduire ce qui advint en France et autres pays voisins durant deux ans.

CHAPITRE XXVI.

De plusieurs choses qui advindrent en deux années tant en France, Ytalie, que Espaigne.

Après toutes ces choses passées, y eut quelque abstinence de guerre entre France et Espaigne, qui n'estoit guères bien à propos, car les ungs avoient ce qu'ilz demandoient, et les autres non.

En l'an 1505, mourut Jehanne de France, duchesse de Berry, qui avoit esté mariée au roy Loys douziesme, lequel en ceste mesme année, en sa ville de Bloys, fut si griefvement malade qu'on ne luy espéroit vie, habandonné de tous ses médecins et de tout remède humain : mais je croy que, à la requeste de son peuple et par leurs prières (car il estoit bien aymé, au moyen que jamais ne les avoit oppressez ne foullez de tailles), Nostre-Seigneur luy prolongea ses jours.

Oudit an, mourut domp Fédéric d'Arragon, au Plessis-lez-Tours, jadis roy de Naples, qui fut le dernier de la lignée de Pierre d'Arragon, lequel sans raison ny moyen usurpa ledit royaulme de Naples; et ne l'ont ceulx qui l'ont tenu depuis et tiennent encores à autre tiltre.

L'an 1506, une des plus triumphantes et glorieuses dames qui puis mille ans ait esté sur terre alla de vie à trespas : ce fut la royne Ysabel de Castille, qui ayda, le bras armé, à conquester le royaulme de Grenade sur les Mores, et print prisonniers les enfans du roy Chico qui occupoit ledit royaulme, lesquelz elle fist baptiser. Je veulx bien asseurer aux lecteurs de ceste présente histoire, que sa vie a esté telle, qu'elle a bien mérité couronne de laurier après sa mort.

L'année mesmes trespassa son gendre, qui par le décès d'elle avoit esté son héritier, Philippes, roy des Espaignes à cause de sa femme, archeduc d'Austriche et conte de Flandres. France ne perdit guères à sa mort, car il y avoit semé ung grain qui peu y eust prouffité.

Le pape Julles, par le secours du roy de France et l'ayde de son lieutenant-général ou duché de Milan, le seigneur de Chaumont, messire Charles d'Amboise, homme diligent et vertueux, conquesta Boulongne sur messire Jehan de Bénètevoille (1), oudit an ; où, pour récompense et pour payement, bailla en France de beaulx pardons. Je ne sçay qui donna ce conseil, mais oncques puis les François ne furent fort asseurez en Ytalie ; car avecques ce que ledit Pape n'estoit pas trop bon François, il se fortifia deçà les Alpes, à l'encontre des terres du roy de France qu'il tenoit en Lombardie : je m'en rapporte à ce qui s'en est ensuyvy depuis. Plusieurs pour l'heure se trouvèrent bons marchands ; car aucuns cappitaines qui gouvernoient ce seigneur de Chaumont en eurent deniers de présent, et aucuns de la plume bénéfices. Bref, c'est une diablerie quand avarice précède l'honneur ; et cela a tousjours beaucoup plus régné en France qu'en autre lieu : si est-ce le plus excellent pays de l'Europe, mais toutes bonnes terres n'apportent pas bon fruict en quelque sorte que ce soit. Je me tiendray avecques celuy qui a fait le rommant de la Roze, qu'on nomme maistre Jehan de Meung, lequel dit que beaulx dons donnent loz aux donneurs, mais ilz empirent les preneurs.

Le roy d'Arragon, veuf par le trespas d'Ysabel sa femme, print, l'année mesmes, la niepce du roy de France, Germaine de Foix, qui fut emmenée en grant triumphe en Espaigne ; et la vint quérir le conte de Siffoyntes et ung évesque jacobin. Depuis qu'elle fut en Espaigne elle a bien rendu aux François les honneurs qu'elle avoit receuz du pays ; car jamais ne fut veu de tous ceulx qui depuis l'on cougneue, une plus mauvaise Françoise.

CHAPITRE XXVII.

Comment les Génevoys se révoltèrent, et comment le roy de France passa les montz et les remist à la raison.

Je ne veulx pas dire que tous vrays chrestiens ne soient subjectz à l'Eglise, et qu'ilz n'y doivent obéyr, mais je ne dis pas aussi que tous les ministres d'icelle soient gens de bien : et de ce je puis bailler exemple assez ample du pape Julles, qui pour récompense des bons tours que le roy Loys luy avoit faiz de le faire mettre (je ne sçay pas bien à quel tiltre) dedans Boulongne, pour commencer à chasser les François d'Ytalie, par subtilz et sinistres moyens fist révolter les Génevoys, et mutiner le populaire contre les nobles ; lesquelz ilz chassèrent tous hors de la ville, et esleurent entre eulx ung duc appelé messire Paule de Nouy, homme mécanique, et de mestier de tainturier.

Ung gentilhomme génevoys nommé messire Jehan Loys de Flisco, qui estoit fort bon François, le seigneur de Las qui tenoit le chastellet,

---

(1) Bentivoglio.

et plusieurs autres en advertirent le roy de France. Et pour ce que le sage prince, qui en telz affaires estoit assez congnoissant, veoit bien que si cela n'estoit bientost rabillé, il en pourroit sortir de gros inconvéniens, délibéra de passer les montz avecques bonne et grosse puissance ; ce qu'il fist à grande diligence, car pour beaucoup de raisons la matière le requéroit. Le bon Chevalier estoit alors à Lyon malade de sa fiebvre quarte (1), qui, sans la perdre, l'a gardée sept ans et davantage. Il avoit en ung bras ung gros inconvénient d'ung coup de picque que autresfois il avoit eu, et en avoit esté si mal pensé que ung ulcère luy en estoit demouré, qui n'estoit encores du tout bien guéry.

Au retour du royaulme de Naples, le Roy son maistre l'avoit retenu pour ung de ses escuyers d'escuyrie, attendant qu'il y eust quelque compaignie de gens-d'armes vacquant pour l'en pourveoir. Si pensa en soy-mesmes que néantmoins qu'il ne feust bien sain, si luy tourneroit-il à grande lascheté où il ne suivroit son prince, et ne regardant à nul inconvénient, se délibéra marcher avecques luy. En deux où trois jours eut donné ordre à son cas, et se mist au passage des montaignes comme les autres. Tant et si diligemment chemina l'armée, qu'elle approcha la ville de Gennes, dont les habitans furent fort estonnez, car ilz espéroient en peu de jours avoir gros secours du Pape et de la Rommaigne, mesmement de sept ou huyt mille hommes qu'on appelle en Ytalie Brésigneiz, qui sont les meilleurs gens de pied qui soient aux Ytales, et fort hardis à la guerre. Ce néantmoins faisoient tousjours le debvoir ; et mesmement au hault de la montaigne par laquelle convenoit aux François passer pour aller à la ville, avoient fait et construit ung fort bastillon à merveilles, garny de bonnes gens et d'artillerie, qui donna tiltre d'esbahissement à toute l'armée : dont le Roy fist assembler les cappitaines, sçavoir qu'il estoit de faire. Plusieurs furent de diverses opinions : les ungs disoient que par là se pourroit l'armée mettre en hazart, et que au hault pourroit avoir grosse puissance qu'on ne povoit veoir, qui les pourroient repousser s'on y alloit foibles, et faire recevoir une honte ; autres disoient que ce n'estoit que canaille, et qu'ilz ne dureroient point. Le Roy regarda le bon Chevalier, auquel il dist : « Bayart, que vous en semble ? — Sur ma » foy, Sire, dist-il, je ne vous en sçaurois enco- » res que dire ; il faut aller veoir qu'ilz font là- » hault ; et de ma part, s'il vous plaist m'en » donner congé, devant qu'il soit une heure, si » je ne suis mort ou pris, vous en sçaurez des » nouvelles. — Et je vous en prie, dist le Roy, » car assez vous entendez en telz affaires. » Ne sejourna guères le bon Chevalier que, avec plusieurs de ses amys et compaignons, comme le viconte de Roddes, le cappitaine Maugiron, le seigneur de Beaudysner le bastard de Luppe, et plusieurs autres, jusques au nombre de cent ou six vingtz, entre lesquelz estoient deux nobles seigneurs de la maison de Fouez, les seigneurs de Barbazan et d'Esparros, enfans du seigneur de Lautrec, il ne fist sonner l'alarme ; et ses compaignons tous assemblez, commença le beau premier à gravir ceste montaigne. Quant on le veit devant, il fut assez qui le suyvit ; et travaillèrent fort avant qu'ilz feussent parvenuz jusques au hault, où ils prindrent ung peu d'aleyne, puis marchèrent droit au bastillon, où en chemin trouvèrent forte résistance, et y eut aspre combat. Mais enfin les Génevoys tournèrent le dos, où après vouloient courir les François ; mais le bon Chevalier s'escria : «Non, Mes- » seigneurs, allons droit au bastillon ; possible est » qu'il y a encores des gens dedans qui nous » pourroient enclore ; il faut veoir qu'il y a. » A ce conseil se tint ung chascun, et y marchèrent. Ainsi qu'il avoit dit advint ; car encores dedans avoit deux ou trois cens hommes, qui se misrent en deffense assez rude pour le commencement ; mais enfin guerpirent le fort, fuyant comme fouldre au bas de la montagne pour gaigner leur ville.

Ainsi fut pris le bastillon ; et depuis ne firent les Génevoys beau fait, ains se rendirent à la mercy du Roy, qui y entra, et fist aux habitans payer le deffroy de son armée, et à leurs despens fist construire contre la ville ung fort chasteau qu'on nomma Godefa ; à leur duc fut la teste couppée, et à ung autre nommé Justinien. Bref, ilz furent assez bien chastiez pour ung coup.

Peu après se virent le roy de France et le roy d'Arragon, retournant de Naples en Espaigne, en la ville de Savonne ; et y estoit

---

(1) « Un jour, dit Champier, je donnay à soupper en » ma maison audict capitaine Bayart et à sa cousine, » damoyselle Magdaleine de Terrail, femme de feu » escuyer noble Claude de Verray, pannetier pour lors » de la Royne. Or advint ung soir, en souppant, que je » luy dis : Monsieur le capitaine, je me esmerveille de » vous, qui estes si fort malade de la fiebvre, et oultre » avez un bras ulcéré moult dangereux, comme voulez » aller à la guerre vous bouter en dangier. Si me » respond : Certes vous dictes vérité, mais à la nécessité » on ne doit laisser pour aulcune chose son prince ; et » mieulx aymerois mourir avecques luy que de mourir » icy de honte. »

sa femme Germaine de Fouez, qui tenoit une merveilleuse audace. Elle fist peu de compte de tous les François, mesmement de son frère le gentil duc de Nemours, dont ceste histoire fera cy-après mention. Le roy de France festoya fort le grand cappitaine Gonssalles Ferrande; et le roy d'Arragon porta gros honneur au cappitaine Loys d'Ars et au bon Chevalier sans paour et sans reproche, et dist au roy de France ces mots : « Monseigneur mon frère, bien est heureux le prince qui nourrist deux telz chevaliers. » Les deux princes, après avoir esté quelques jours ensemble, prindrent congé. L'ung alla en Espagne, et l'autre retourna en sa duché de Milan.

◇◇◇

CHAPITRE XXVIII.

Comment l'empereur Maximilian fist la guerre aux Véniciens, où le roy de France envoya le seigneur Jehan Jacques avecques grosse puissance pour les secourir.

Après la prinse de Gennes et la veue des deux Roys à Savonne, celluy de France repassa par sa ville de Milan, où le seigneur Jehan Jacques luy fist ung des triumphans bancquetz qui jamais fut veu pour ung simple seigneur ; car quant on cherchera bien partout, se trouvera qu'il y avoit plus de cinq cens personnes d'assiète, sans les dames qui estoient cent ou six vingtz ; et n'eust esté possible d'estre mieulx servis qu'ilz furent de metz, entremets, mommeries, comédies, et toutes autres choses de passetemps.

Après s'en retourna le Roy en France, où l'année ensuyvant fut adverty par les Véniciens qui estoient ses alliez, comment l'empereur Maximilian descendoit en leur pays, et leur vouloit faire la guerre. A ceste cause, par ung leur ambassadeur qui estoit devers luy, appelé messire Anthonio Gondelmarre, luy faisoient supplier leur donner secours, ce qu'il fist voulentiers. Et manda au seigneur Jehan Jacques, y aller avec six cens hommes-d'armes et six mille hommes de pied ; à quoy il obéyt, et se vint joindre avec la puissance desditz Véniciens en ung lieu appelé la Pèdre, où l'armée de l'Empereur estoit desjà arrivée, qui eust bientost passé plus oultre, n'eust esté la venue dudit seigneur Jehan Jacques qui l'arresta. Et depuis ne fist pas l'armée de l'Empereur grans choses. Véniciens, qui sont subtilz et caulx, advisèrent qu'il valloit mieulx appoincter que d'entrer plus avant en guerre : si en cherchèrent le moyen, tant qu'enfin le trouvèrent. Je croy bien qu'ilz fournirent quelque argent, car c'estoit la chose en ce monde dont ledit empereur Maximilian estoit le plus souffreteux. Si en fist retourner son armée. Le seigneur Jehan Jacques, qui en cest appoinctement n'avoit aucunement esté appellé, n'en fust pas trop content, et dist bien au providadour de la seigneurie qu'il en advertiroit le Roy son maistre, et que à son oppinion trouveroit la chose assez estrange, et n'en seroit pas content. Cela demoura ung peu en suspens où durant ce temps le roy de France Loys douziesme alla faire son entrée en sa ville de Rouen, et sa bonne compaignie la Royne, qui fut fort triumphante ; car si les gentilzhommes y firent leur debvoir, les enfans de la ville n'en firent pas moins. Il y eut joustes et tournois, par l'espace de huyt jours. Ce pendant se dressa quelque traicté entre le Pape, l'Empereur, les roys de France et d'Espaigne, où pour y mettre fin fut, par eulx ou leurs ambassadeurs, conclud et accordé que l'on se trouveroit en la ville de Cambray à certain jour par eulx prins. Et y fut envoyé de la part du roy de France le cardinal d'Amboise, légat oudit royaulme, son nepveu, le grand maistre de France, seigneur de Chaumont, et chef des armes de la maison d'Amboise, et plusieurs aultres ; et de chascun des autres princes, ambassadeurs avec toute puissance ; à quelle fin ilz conclurent, n'est riens si certain, que ce fut pour ruyner la seigneurie de Venise qui, en grant pompe et à peu de congnoissance de Dieu, vivoit glorieusement et à opulence, faisant peu d'estime des autres princes de la chrestienté : dont peult-estre que Nostre-Seigneur fut courroucé, comme il apparut ; car ainsi que ces ambassadeurs deslogeassent de ladicte ville de Tournay, firent aliance, amys d'amys, et ennemys d'ennemys, pour leurs maistres. Et là fut conclud que le roy de France en personne passeroit après Pasques l'année ensuyvant, qu'on diroit 1509, en Ytalie, et entreroit ou pays des Véniciens, quarante jours devant que nul des autres se meissent à la campagne. Je ne sçay à quelle fin ilz avoient posé ce terme, sinon qu'ilz vouloient taster le gué ; et peult-estre que si le roy de France eust eu du pire, en lieu de courir aux Véniciens, eussent couru sur luy-mesme ; car je n'ay jamais congneu qu'il y ait eu grosse amytié entre la maison de France et la maison d'Austriche, et pareillement ne s'accordoient pas bien le Pape et le roy de France. Bref, il me semble, à dire le vray, qu'ilz vouloient faire essayer la fortune aux François, et vouloient jouer à ung jeu que jouent petis enfans à l'escolle :

S'il est bon, je le prends, et s'il est mauvais, je le laisse. Toutesfois si bien advint à ce bon roy Loys, qu'il exécuta son entreprise à son grand honneur et au prouffit de ses alliez, comme vous entendrez.

◇◇◇

CHAPITRE XXIX.

Comment le roy de France Loys XII fist marcher son armée en Ytalie contre les Véniciens, et de la victoire qu'il en obtint.

Sur la fin de l'an 1508, vers le moys de mars, fist le roy de France marcher sa gendarmerie en sa duché de Milan, et pareillement ses avanturiers françois, qui estoient en nombre de quatorze à quinze mille, lesquelz il bailla à gouverner et conduyre à de bons et vertueux cappitaines, telz que le seigneur de Moulart, de Richemont, La Crote, le comte de Roussillon, le seigneur de Vendenesse, le cappitaine Odet, le capdat de Duras, et plusieurs autres, lesquelz chascun en leur endroit misrent peine d'avoir des plus gentilz compaignons. Le bon Chevalier sans paour et sans reprouche, en ceste saison, fut envoyé quérir par le Roy, qui luy dist : « Bayart, vous sçavez que
» je m'en vois passer les montz pour avoir la
» raison des Véniciens, qui à grant tort me
» tiennent la conté de Crémonne, Lagéradade,
» et autres pays. Je veulx qu'en ceste entreprise,
» combien que dès à présent vous donne la com-
» paignie du cappitaine Chatelart, qu'on m'a dit
» qui est mort (dont je suis desplaisant), ayez
» soubz vostre charge des gens de pied ; et vos-
» tre lieutenant cappitaine Pierrepont (1), qui
» est très-homme de bien, conduira vos gens-
» d'armes. — Sire, respondit le bon Chevalier,
» je feray ce qu'il vous plaira ; mais combien me
» voulez-vous bailler de gens de pied à con-
» duyre? — Mille, dist le Roy ; il n'y a homme
» qui en ait plus. — Sire, dist le bon Chevalier,
» c'est beaucoup pour mon sçavoir, vous sup-
» pliant estre contant que j'en aye cinq cens,
» et je vous jure ma foy, Sire, que je mettray
» peine de les choisir, qu'ils seront pour vous
» faire service : et si me semble que pour ung
» homme seul c'est bien grosse charge, quand
» il veult faire son debvoir. — Bien, dist le Roy,
» allez donc vistement ou Daulphiné, et faictes
» que soyez en mon duché de Milan à la fin de
» mars. » De tous les cappitaines n'y eut celluy qui très-bien ne fournist sa bende ; et en sorte firent que, à la fin de mars ou au commencement d'avril, furent tous passez et logez par garnisons ou duché de Milan.

Les Véniciens, desjà deffiez par le hérault Montjoye, délibérèrent eulx deffendre ; et sachans la puissance du roy de France (qui n'estoit point trop grande, car en toutes gens n'avoit que trente mille hommes, dont il povoit avoir vingt mille hommes de pied, compris six mille Suysses et deux mille hommes-d'armes), dressèrent une fort gaillarde armée, où ilz eurent plus de deux mille hommes-d'armes, et bien trente mille hommes de pied. Leur chef pour les conduyre estoit le comte Pétilane, et le cappitaine-général de leurs gens de pied estoit le seigneur Berthelome d'Alvyano, qui entre autres gens en avoit une bonne bende de ces Bresignelz, qui portoient sa livrée de blanc et rouge, tous gentilz compaignons et nourriz aux armes. Je ne vous feray long récit des courses, allées et venues : mais enfin le roy de France ayant passé les monts, et arrivé en sa ville de Milan, entendit que les Véniciens avoient repris Trévy, une petite villète de la rivière d'Ade, que puis peu de jours devant le grant maistre, seigneur de Chaumont, avoit prise sur eulx, avecques les cappitaines Molart, La Crote, Richemont et le bon Chevalier, qui avecques leurs gens estoient passés des premiers ; en laquelle ville de Trévy, les Véniciens, parce qu'elle s'estoit tournée françoise, misrent le feu, et emmenèrent les gens de cheval tous prisonniers, dont estoit chief le cappitaine Fontrailles : aussi fut prisonnier le cappitaine de La Porte, le seigneur d'Estançon, et deux autres cappitaines de gens de pied, le chevalier Blanc et le cappitaine Ymbault. Ainsi ces nouvelles sceues par ledit seigneur, marcha droit à Cassan, où il fist incontinent sur ceste rivière d'Ade dresser deux ponts sur bateaulx, où par l'ung faisoit passer les gens de cheval, et par l'autre les gens de pied ; et luy-mesmes armé de toutes pièces, y faisoit tenir l'ordre. L'armée passée, le lendemain fut prise une petite ville appellée Révolte, et mise à sac ; et deux jours après, en ung villaige nommé Aignadel, au partir d'ung autre appellé Paudin, se rencontrèrent les deux armées des François et Véniciens. Et combien que les cappitaines conte de Pétilano et seigneur Berthelome d'Alvyano eussent exprès commandement de leur seigneurie ne donner point de bataille au Roy, ains seulement temporiser à garder les villes et chasteaux, affin de les myner par fascherie et longueur de temps, icelluy d'Alvyano, plus

---

(1) Pierre de Pont, fils de Marie de Terrail, sœur de Bayard, tué à la bataille de Pavie.

hardy que bien advisé, se voulut adventurer, pensant en luy-mesmes, comme présumptueux, qu'il ne sçauroit jamais avoir plus grant honneur, à perte ou à gaigne, que d'avoir combatu ung roi de France, et voulant essayer sa fortune, s'en vint droit au combat, où il y eut dur assault et mortel encombre; car, à vray dire, en la première pointe se monstrèrent très-bien les gens de la seigneurie.

Durant ce combat, le seigneur Berthelome va adviser l'arrière-garde des François, dont estoit le bon Chevalier, qui marchoit d'ung désir merveilleux, en passant fossez plains d'eaue jusques au cul, laquelle luy venoit donner sur ung des costez, qui fort esbayrent luy et sa rotte. N'oncques puis ne firent grant effort, ains furent rompuz et du tout deffaictz. Les rouges et blancs demourèrent sur le champ; et ledit d'Alvyano, après avoir esté blessé en plusieurs lieux, fut pris prisonnier du seigneur de Vendenesse, ung droit petit lyon, frère du gentil seigneur de La Palisse.

Le comte Pétilano, voyant ses gens de pied deffaictz, ne voulut plus tempter la fortune, et à toute sa gendarmerie se retira ung petit bientost. Il eut la chasse; mais peu y en demoura; car les gens de pied amusèrent les François, lesquelz, après avoir fait leur devoir, se retirèrent chascun à son enseigne à peu de dommage. De leurs ennemis en demoura quatorze ou quinze mille sur le camp. Le seigneur Berthelome fut mené prisonnier au logis du Roy, lequel, après disner, fist faire un faulx alarme, pour congnoistre si ses gens seroient diligens si ung affaire venoit. On demanda à ce seigneur d'Alvyano que ce povoit estre. Il fist response en son langaige : « Il fault dire que vous voulez « combatre les ungs contre les autres; car de « noz gens, je vous asseure sur ma vie qu'ilz ne « vous visiteront de quinze jours; » et en se mocquant, congnoissant sa nation, disoit ces parolles. Ladicte bataille fut le quatorziesme jour de mai 1509.

◇◇◇

CHAPITRE XXX.

Comment le roy de France Loys XII gaigna toutes les villes et places des Véniciens jusques à Pesquère.

Le roy de France séjourna ung jour ou deux ou camp de la bataille. Ce pendant le chasteau de Cazavas se voulut faire batre d'artillerie; mais en deux heures il fut emporté, et y eut quelques rustres dedans pris, lesquelz essayèrent si leur col pourroit par force emporter ung créneau. Cela espouvanta ceulx qui estoient aux autres places; de sorte qu'oncques puis ne se trouva ville ny aucune forteresse qui voulsist combatre, excepté le chasteau de Pesquère, dont mal en print à ceulx de dedans, car tous y moururent, ou peu en eschappa, qui furent prins prisonniers, entre lesquelz estoit un providadour de la seigneurie et son filz, qui voulurent payer bonne et grosse rançon; mais cela ne leur servit de riens, car chascun à ung arbre furent tous deux penduz, qui me sembla grande cruaulté. Un fort gaillard gentil-homme, qu'on appelloit Le Lorrain, avoit leur foy, et en eut grosses parolles avecques le grant maistre, lieutenant général du Roy; mais il n'en amenda d'autre chose. Le roy de France se logea audit lieu de Pesquère, après avoir en ses mains toutes les villes et places par luy querellées, comme Crémonne, Crème, Bresse, Bergame, et cent autres petites villes, que toutes il eut en cinq ou six jours, excepté le chasteau de Crémonne, qui tint quelque temps, mais enfin se rendit. Et bien fist davantage ledit prince; car, par le moyen de la bataille qu'il gaigna, fut rendu au pape Julles, Ravenne, Fourly, Ymole, Fayence, et plusieurs autres places que lesditz Véniciens tenoient en Rommaigne; et au roy d'Espaigne, en son royaulme de Naples, Brindis et Otrante; et à luy-mesmes furent présentées les clefs des villes de Véronne, Vincence et Padoue, mais il les mist entre les mains de l'Empereur, qui les querelloit. Toutesfois il ne garda guères bien les aucunes, dont mal luy en print, comme vous verrez cy-après.

Sur ces entrefaictes, le reste de l'armée des Véniciens, bien estonnée, se retira vers le Trévizan et le Fryol, cuydans que tousjours on les deust suyvre, ce qui ne se fist pas; qui fust gros malheur pour l'Empereur, lequel de jour en jour s'attendoit par le roy de France, en ceste petite ville de Pesquère; car promis avoit se trouver dedans ung vaisseau, accompaigné comme bon luy eust semblé, sur ung lac qui environne partie de ladicte ville de Pesquère, pour parlementer ensemble plus amplement de leurs affaires; et à ceste cause avoit esté envoyé vers luy le légat d'Amboise jusques à Rouvray, mais oncques ne le sceut amener. Parquoy après son retour, et qu'il eut amené l'évesque de Gurse (1), ambassadeur pour ledit Empereur, devers le roy de France, lequel vint tellement quellement excuser son maistre, s'en retourna

---

(1) Raymond Bérault, cardinal, évêque de Gurtz, aujourd'hui Goritz.

par ses journées à Milan au commencement de juillet. Ce pendant la ville de Padoue, en laquelle l'Empereur avoit seullement envoyé huyt cens lansquenetz pour la garde, laquelle a six milles de tour, fut reprise par les gens de la seigneurie de Venise; et y entra messire André Grit, aveccques ung autre cappitaine appellé messire Luce Mallenèche, par une subtilité telle que je vous diray. Tousjours avoient les Véniciens quelque intelligence en la ville; et fault bien noter une chose, qu'oncques seigneurs ne furent sur la terre plus aymez de leurs subjectz qu'ils ont toujours esté, et seullement pour la grande justice en quoy ilz les maintiennent.

Or entendez, sur le commencement de juillet, qui est le temps que pour la seconde fois on fauche les foings en Ytalie, ung mardy matin s'estoient venuz embuscher à ung gect d'arc de ladicte ville (qui est à l'entour plaine d'arbres, tellement qu'on ne sçauroit veoir guères loing), lesditz cappitaines, messire André Grit et messire Luce Mallenèche, aveccques quatre cens hommes-d'armes et deux mille hommes-de-pied. Or, en ceste ville de Padoue, chascun jour se recueilloit ordinairement force foings, et en ce quartier-là font les charrettées grandes, de sorte que, au passer en une porte, elles y entrent quasi à force. Le jour de leur embusche, dès le point du jour ces charrettes commençoient à entrer dedans ladicte ville; quant quatre eurent passé, après la cinquiesme venoient six hommes-d'armes véniciens, et derrière chascun de leurs chevaulx ung homme de pied, garny de hacquebute toute chargée; et parmy eulx avoient une trompette pour sonner incontinent qu'ilz auroient gaigné la porte, affin que la grosse force qui estoit en embusche vînt. Si peu de lansquenetz qui estoient dedans la ville faisoient fort bon guet, et ne tenoient que deux portes ouvertes, où pour le moins y avoit tousjours à chascune trente hommes de garde.

Il y avoit ung gentil-homme de la ville, nommé messire Géralde Magurin, qui estoit adverty par la seigneurie de ceste entreprise, et avoit en charge que quant il verroit l'affaire commencé se devoit mettre en armes, et tous ceulx qui tenoient leur party. Ceste cinquiesme charrette vint à passer, laquelle entrée, ces six hommes-d'armes qui suyvoient commencèrent à crier *Marco, Marco!* Leurs gens de pied se gectèrent à terre, et deschargèrent leurs hacquebutes, de sorte que chascun tua son homme, car ilz tiroient en butc. Les povres lansquenetz, qui se virent surpris, furent bien estonnez: toutesfois ilz se misrent en deffence, et sonnèrent l'alarme. Cela leur valut peu, car incontinent que la trompette eut esté entendue, la grosse flote va venir, faisant ung bruyt merveilleux, en criant *Marco, Marco! Ytalie, Ytalie!* D'une autre part ce gentil-homme, messire Géraldo Magurin, avoit fait son effort en la ville, dont des maisons sortirent plus de deux mil hommes armés aveccques ronçons et javelines, de façon que les lansquenetz ne sceurent que faire, sinon qu'ils se serrèrent et tous ensemble se vont gecter dans la place, où ilz se mirent en bataille. Ne demoura guères qu'ilz ne feussent assailliz en deux ou trois lieux; mais oncques gens ne se deffendirent mieulx, car ilz furent plus de deux heures devant qu'on les sceust rompre.

Enfin il vint tant de gens qu'ilz ne peurent plus soustenir le fès. Ilz furent ouvers, rompuz, et tous mis en pièces, sans que jamais en feust pris ung à mercy, qui fut grosse pitié: mais ilz vendirent bien leur vie, car d'entre eulx ne peut mourir que ce qui y estoit, mais ilz tuèrent plus de quinze cens hommes, tant de la ville que des gens de guerre. Toutesfois la ville de Padoue fut prise, en laquelle bientost après survint le conte Pétilano, qui mist grosse diligence pour la faire ramparer et fortifier, bien considérant qu'elle feroit bon besoing à la seigneurie. Ces nouvelles vindrent aux oreilles de l'Empereur, qui cuyda désespérer, et fist veu à Dieu qu'il s'en vengeroit, et que luy-mesme yroit en personne; ce qu'il fist. Il escripvit unes lettres au roy de France, qui estoit encores à Milan, que son plaisir feust luy ayder de cinq cens hommes-d'armes pour trois moys, à ce qu'il peust mettre les Véniciens à la raison. Ce qui luy fut accordé, et s'en ensuyvit ce que vous orrez.

◇◇◇

CHAPITRE XXXI.

Comment le roy de France envoya le seigneur de La Palisse au secours de l'Empereur, aveccques cinq cens hommes-d'armes et plusieurs cappitaines, desquelz estoit le bon Chevalier sans paour et sans reproche.

Quant le roy de France entendit que Padoue estoit révoltée, fut bien marry, et encores plus de ce que c'estoit par la faulte de l'Empereur, qui pour garder une telle ville avoit seulement envoyé huyt cens lansquenetz. Toutesfois, à la requeste dudit Empereur, commanda au seigneur de La Palisse qu'il prinst cinq cens des plus gaillards hommes-d'armes qui feussent en Ytalie, et qu'il s'en allast au service de l'Empereur, qui descendoit au Padouan. Ledit seigneur, qui ne demandoit que telles commissions, car c'estoit toute sa vie que la guerre, délibéra faire son préparatif; et, ainsi qu'il sortoit du chasteau de Milan, trouva le bon Chevalier, auquel il dist: « Mon compaignon, mon » amy, voulez-vous pas que nous soyons de » compaignie? » Si luy déclaira l'affaire plus au long. Il, qui ne demandoit pas mieulx, mesmement d'estre en sa compaignie, gracieusement luy respondit qu'il estoit à luy pour en disposer à son plaisir.

De ceste même entreprise furent le baron de Béarn, qui mena une partie de la compaignie du duc de Nemours; le baron de Conty (1), qui avoit cent hommes-d'armes; le seigneur Théode de Trévolz, le seigneur Julles de Sainct-Severin, le seigneur d'Ymbercourt, le cappitaine La Clayète, le seigneur de La Crote, lieutenant du marquis de Montferrat, et le bon Chevalier. Avecques lesquelz cinq cens hommes-d'armes se mirent en compaignie plus de deux cens gentilz-hommes, et entre autres le filz aisné du seigneur de Bucy, cousin germain du grand-maistre seigneur de Chaumont, qui lui bailla vingt de ses hommes-d'armes et deux gaillars gentilz-hommes, l'ung appellé le seigneur de Bonnet, breton, très-renommé chevalier, et l'autre le seigneur de My Pont, du duché de Bourgongne; lesquelz le bon Chevalier tenoit avecques luy comme ses frères, et fort les honnoroit, pour la grande prouesse qu'il sçavoit en eulx. Le cas du gentil seigneur de La Palisse prest, commencea à marcher avecques ses compaignons, et se tira droit à Pesquère. Ce pendant le roy de France print son chemin à son retour en son royaulme, laissant sa duché et ce qu'il avoit conquis sur ses ennemys paisible. Il fault sçavoir que incontinent que les Véniciens eurent repris Padoue, s'en allèrent courir jusques devant Vincence, qui incontinent se retourna: aussi n'est-elle pas ville pour tenir contre puissance. Ilz en voulurent autant faire de Véronne; mais le bon seigneur de La Palisse, qui en avoit esté adverty, deslogea avecques ses compaignons, deux heures devant le jour, d'ung lieu appellé Villefranche, et se vint présenter devant la ville, qui leur donna craincte, et par ce moyen s'en retournèrent lesditz Véniciens vers Vincence. Mais s'ilz eussent peu gaigner Véronne, le secours du seigneur de La Palisse s'en povoit bien retourner, car la ville est forte, et passe par dedans une rivière fort impétueuse, tellement que sans autre effort que de gendarmerie n'eust pas esté rendue si tost.

Bien en print au seigneur de La Palisse de sa bonne diligence, mesmement de celle du bon Chevalier, qui tousjours menoit les coureurs. Il n'avoit alors que trente hommes-d'armes soubz luy; mais il en y avoit vingt et cinq qui méritoient d'estre cappitaines de cent. Toute ceste troppe de gendarmerie entra dedans Véronne, où l'évesque de Trente, qui y estoit pour l'Empereur, les receut à grant joie, car il avoit eu belle peur. Ilz furent seulement deux jours dedans la ville, fort bien festoyez des habitans; et puis tirèrent vers Vicence, où incontinent que ceulx que la seigneurie y avoit mis le sceurent deslogèrent, et se retirèrent les ungs à Padoue et les autres à Trévize. Dedans Vincence fut le seigneur de La Palisse et ses compaignons cinq ou six jours, attendans quelques nouvelles de l'Empereur, lequel on disoit estre desjà aux champs.

Quant ilz virent qu'il n'approchoit point, partirent de Vincence, et allèrent en ung gros village appellé Castel-Franc, où ilz séjournèrent quinze jours. Cela estoit à dix mille de Padoue. Ce pendant arriva au camp des François le seigneur Du Ru avec quelques hommes-d'armes bourgongnons, et environ six mille lansquenetz que conduysoit ung seigneur d'Almaigne, gentil prince et hardy, entreprenant à merveilles, comme il a monstré tant qu'il a vescu. On l'appelloit le prince de Hanno. Au commencement d'aoust arriva l'Empereur au pied de la montaigne, au dessoubz d'un chasteau appellé Bassan, et tout son équipage après luy; lequel, combien qu'il n'y eust pas grande montaigne à passer, demoura huyt jours entiers avant qu'il feust en la plaine. L'Empereur veit le seigneur de La Palisse et les cappitaines françois, ausquelz il fist très-bonne chère. Ceste veue première fust auprès d'une petite ville appellée Aest, dont les ducz de Ferrare portent le surnom. Pour lors y avoit ensemble une des belles armées qu'on eust veue cent ans auparavant.

◇◇◇

---

(1) Frédéric de Mailly. Il laissa une fille unique, Madelaine de Mailly, dame de Conti, qui épousa Charles de Roye, comte de Roussy, et ne laissa pareillement qu'un fille, Eléonore, dame de Conti, mariée à Charles de Bourbon, duc de Vendôme, dont elle eut Louis I*er*, prince de Condé, cousin-germain de Henri IV. (*Note de Guyard de Berville.*)

CHAPITRE XXXII.

Comment l'empereur Maximilian alla mettre le siége devant Padoue, et ce qu'il advint durant icelluy.

L'empereur se fist longuement attendre, dont il ennuyoit aux François; mais vous devez aussi entendre qu'il arriva en la plaine en empereur; et si sa puissance eust bien voulu faire son debvoir, c'estoit assez pour conquester ung monde. Parquoy est bien requis que son équipage soit inscript, qui tel estoit : il avoit cent six pièces d'artillerie sur roue, dont la moindre estoit ung faulcon, et six grosses bombardes de fonte, qui ne se povoient tirer sur affust, mais estoient portées chascune sur une puissante charrette, chargées avecques engins; et quant on vouloit faire quelque baterie, on les descendoit; et quant elles estoient à terre, par devant avecques ung engin, on levoit ung peu la bouche de la pièce, soubz laquelle on mettoit une grosse pièce de boys, et derrière faisoit-on ung merveilleux taudis, de peur qu'elle ne reculast. Ces pièces portoient bouletz de pierre, car de fonte on ne les eust sceu lever, et ne povoient tirer que quatre fois le jour au plus. Il avoit en sa compaignie, que ducz, contes, marquis, et autres princes et seigneurs d'Almaigne, bien six vingtz, et environ douze mille chevaulx, cinq ou six cens hommes-d'armes bourguignons et hennuyers.

De gens de pied lansquenetz, ilz estoient sans nombre; mais par estimation on les prenoit à plus de cinquante mille. Le cardinal de Ferrare vint pour son frère au secours dudit Empereur, qui amena douze pièces d'artillerie, cinq cens chevaulx, et trois mille hommes de pied, et autant ou peu moins en amena le cardinal de Manthoue. Bref, avecques les hommes d'armes françois, on tenoit ou camp y avoir cent mille combatans. Ung grant deffault estoit quant à l'artillerie, car il n'y avoit équipage que pour la moytié; et quant on marchoit, estoit force que partie de l'armée demourast pour la garder, jusques à ce que la première bende feust deschargée au camp où on vouloit séjourner, et puis le charroy retournoit quérir l'autre, qui estoit grosse fascherie. Ledit Empereur se levoit fort matin, et incontinent faisoit marcher son armée, et ne se logeoit voulentiers qui ne feust deux ou trois heures après midy; qui n'estoit pas, veu la saison, pour refreschir les gens-d'armes soubz leur armet.

Le premier camp qu'il fist fut près du palais de la royne de Chippre, distant de Padoue huyt milles, où arriva le seigneur de Meillault, ung jeune gentil-homme de France, hardy et entreprenant cappitaine, filz d'ung vertueux et sage chevalier, le seigneur d'Alègre, avecques bien mille ou douze cens avanturiers françois, tous gens d'eslite et d'escarmouche. En ce camp mesmes fut conclud d'aller mettre le siége devant la ville de Padoue, et pour ceste cause fut assemblé le conseil, où il y eut de diverses oppinions; car l'Empereur avoit ung lieutenant-général de nation grecque, qu'on appelloit le seigneur Constantin, qui vouloit faire toutes choses à sa teste, dont enfin très-mal en prit à son maistre, comme vous orrez. Il fut ung peu souspeçonné de trahison, et l'en voulut le seigneur de La Palisse combatre; mais il ne fut possible le faire venir au point. Or laissons ce propos jusques à ce qu'il sera besoing d'en parler. Conclusion fut prise à ce conseil d'aller mettre le siége audit Padoue, et que pour les approches les gens-d'armes françois feroient la pointe avecques le prince de Hanno et ses lansquenetz, qui estoit la plus triumphante bende de tous les Almans; mais que premier il estoit très-nécessaire prendre une petite ville appellée Montselles, où il y avoit ung chasteau très-fort, à six ou sept milles de Padoue, parce que la garnison qui estoit dedans pour la seigneurie eust peu merveilleusement fascher le camp et les vivres qui y venoient.

Le lendemain matin se partit l'armée, et vint loger à demy-mille de ceste petite ville, qui ne tint point, car guères ne valloit; mais le chasteau estoit deffensable pour ung long temps, si les coquins qui estoient dedans eussent riens valu: mais le cueur leur faillit incontinent; car les approches faictes, et que l'artillerie eut fait bien peu de berche et malaisée, fut sonné l'alarme pour aller à l'assault. Il falloit bien monter ung grant geet d'arc; mais ces avanturiers françois du cappitaine Meillault y furent soubdainement, et sembloit qu'ilz n'eussent mangé de huyt jours, tant légiers estoient. Ceulx de dedans firent quelque résistance; mais guères ne continuèrent, car en moins d'ung quart d'heure ilz furent emportez, et tous mis en pièces. Ces avanturiers y firent assez bon butin, et entre autres choses y avoit sept ou huyt vingtz fort beaulx chevaulx. La ville et chasteau furent renduz ès mains du duc de Ferrare, qui les querelloit; mais il presta trente mille ducatz. Deux jours après ceste prinse de Montselles, deslogea l'armée, qui s'en alla droit devant Padoue, où fut assis le siége.

CHAPITRE XXXIII.

Comment l'empereur Maximilian planta son siége devant Padoue ; et des gaillardes approuches faictes par les gentilz-hommes françois ; et d'une grande hardiesse que monstra le bon Chevalier sans paour et sans reprouche.

Après la prinse de la ville et chasteau de Montselles, et icelluy baillé entre les mains du cardinal de Ferrare, qui là estoit pour son frère, y mist bonne garnison. Le duc de Ferrare estoit d'ung autre costé, faisant la guerre aux Véniciens ; et en la mesme année leur donna une rotte sur le Pau, qui ne leur porta guères moins de dommage que le jour qu'ilz perdirent la bataille contre le roy de France ; car ainsi que lesditz Véniciens estoient délibérez luy destruire ung quartier de pays sur le Ferraroys, appellé le Polesme de Rovigo, misrent sur le Pau quatorze ou quinze gallères et trois ou quatre mille hommes dedans ; et vindrent, partans de Quyoze, jusques à Francolin. Mais le duc de Ferrare avoit fait faire deux bastillons, l'ung à l'endroit de la tour de Loiselin, et l'autre Alpopos, qui sont l'ung devant l'autre ; et avoit trois ou quatre mille bons hommes dedans, et quatre bonnes gallères sur le Pau bien armées et équippées. Il sceut que ses ennemys estoient descenduz en terre, où la pluspart il les alla trouver, et les deffist, sans que nul en eschappast.

Depuis avecques ses gallères et autres grosses barques, alla combattre les gallères, qui quasi estoyent toutes desnuées de gens ; desquelles deux furent effondrées, et six prises avecques tout l'esquipage et artillerie qui estoit dessus, dont il y avoit trente bonnes pièces de fonte, sans les hacquebuttes. Ce fut une triumphante victoire, et à peu de perte, sinon que le conte Ludovic de La Virandolle y fut tué d'un coup d'artillerie. Les Véniciens y portèrent gros et merveilleux dommage.

Or retournons au camp de l'Empereur. L'armée deslogea de devant Montselles, et tout d'une traicte s'en vint à ung mille de Padoue, qui est une fort grosse cité, et fière à l'aborder. Dedans estoit le conte Pétilano, acompaigné de mille hommes-d'armes, douze mille hommes-de-pied, et bien deux cens pièces d'artillerie. Et quelque siége qu'il y eust, jamais ne leur peut estre osté la voye d'ung canal qui va à Venize, lequel passe par la ville, et y a seullement dix-huit milles de l'une à l'autre. Quant l'armée eut ainsi approché la ville, l'Empereur assembla tous ses cappitaines, mesmement les François, à qui il portoit gros honneur, pour entendre à quelle porte seroit planté le siége. Chacun en dist son advis ; mais pour conclusion fut ordonné que le gros camp, ouquel seroit la personne de l'Empereur, se logeroit à la porte qui va à Vincence, et auroit les François avecques luy ; à une autre porte plus hault seroit le cardinal de Ferrare, les Bourguignons et Hennuyers, avecques dix mille lansquenetz ; et à une au dessoubz seroit le cardinal de Manthoue, le seigneur Jehan de Manthoue son frère (1), et la troppe des lansquenetz du prince de Hanno, affin que chascune desdictes deux bendes feust secourue du gros camp, si besoing estoit. Cela fut trouvé très-bon, et n'y eut plus que du marcher.

Le bon Chevalier sans paour et sans reprouche fut ordonné pour les approches, lequel eut en sa compaignie le jeune seigneur de Bucy et les cappitaines La Clayète et La Crote. Or, pour venir devant ceste porte de Vincence, falloit entrer en ung grant chemin droit comme une ligne, où ilz avoient fait quatre grosses barrières à deux cens pas l'une de l'autre, et à chascune avoit à qui combattre. Des deux costez de ce chemin, comme sçavent ceulx qui ont esté en Ytalie, y avoit fossez, parquoy on ne les povoit prendre que par le devant. Sur les murailles de la ville avoient force artillerie, où ilz batoient sur ce grant chemin, par dessus leurs gens, à la venue des François, si menu et souvent qu'il sembloit gresle. Nonobstant cela, le bon Chevalier et ses compaignons commencèrent à escarmoucher ; et vivement vindrent à la première barrière, à laquelle eut fort assault, et y plouvoient les coups de hacquebute : toutesfois elle fut gaignée, et les ennemys repoulsez jusques à la seconde. Si la première fut bien combatue, encores ceste le fut mieulx. Et y fut blessé, d'ung coup de hacquebute au bras, le jeune seigneur de Bucy, et son cheval tué soubz luy ; mais nonobstant cela ne fut possible le faire retirer, et croyez que pour ce jour oncques homme ne fist mieulx que luy.

Le cappitaine Meillault arriva à ceste seconde barrière avecques cent ou six vingtz de ses rustres qu'il avoit esleuz, lesquelz firent raige. Or il fault entendre que ces approches se faisoient environ midy, parquoy faisoit assez cler pour veoir les mieulx combatans. Une bonne demyheure dura l'assault à ceste seconde barrière, qui enfin fut gaignée ; et si vivement furent suyviz ceulx qui la gardoient, qu'ilz n'eurent loisir demourer à la troisième, ains leur convint

(1) Ils étaient fils de Frédéric, marquis de Mantoue.

sans combat l'abandonner, et eulx rendre à la quatriesme, où il y avoit mille ou douze cens hommes, et trois ou quatre faulconneaux qui commencèrent à tirer le long de ce grant chemin; mais peu de mal firent, sinon qu'ilz tuèrent deux chevaulx. Ceste barrière n'estoit que à ung geet de pierre du boulevart de la ville, qui donnoit grant courage aux gens de la seigneurie de bien combatre; ce qu'ilz firent (car l'assault y dura une heure) à coups de picque et de hacquebute.

Quant le bon Chevalier veit que cela duroit tant, il dist à ses compaignons : « Messeigneurs, » ces gens icy nous amusent trop; descendons » à pied, et poussons à ceste barrière. » Si descendirent incontinent jusques à trente ou quarante hommes-d'armes qui, la veue levée, vont droit à ceste barrière à poux de lance. Ce gentil prince de Hanno estoit tousjours joignant du bon Chevalier; et le seigneur de Meillault avecques deux autres, l'ung nommé Grant Jehan Le Picart, et l'autre le cappitaine Maulevrier, qui faisoient raige : mais tousjours aux Véniciens venoient gens fraiz. Quoy voyant par le bon Chevalier, dist tout hault : « Messeigneurs, » ilz nous tiendront tousjours d'icy à six ans en » ceste sorte sans riens faire, car ilz se resfres- » chissent de gens à toute heure. Donnons-leur » ung aspre assault, et puis que chascun face » comme moy. » Ce qui lui fut accordé. Sur cela il dist : *Sonne, trompette!* Et puis, comme ung lyon à qui on a osté ses faons, va avecques ses compaignons livrer ung merveilleux assault, tellement qu'il fist aux ennemys habandonner la barrière de la longueur de la picque. Alors, en cryant : *Avant, compaignons, ilz sont nostres!* va saulter icelle barrière, et trente ou quarante après luy, qui furent fort bien recueilliz. Toutesfois, quant les François virent le dangier où s'estoient mis leurs compaignons, chascun se mist à passer, et cryant *France, France! Empire, Empire!* firent une telle charge sur leurs ennemys, qu'ilz leur firent guerpir la place, tournèrent le dos, et tout habandonnèrent, eulx retirans, comme quasi rompuz, en la ville.

Ainsi furent gaignées les barrières de devant Padoue en plain midy, où les François acquirent gros honneur, tant ceulx de cheval que de pied, mesmement le bon Chevalier, à qui chascun en donnoit la gloire. Si furent faictes les approches, et l'artillerie amenée sur le bort du fossé, qui y demoura six sepmaines sans partir, et jusques au siége lever, qui fut tel que vous entendrez.

◇◇◇

CHAPITRE XXXIV.

De la grosse et lourde baterie qui fut devant Padoue; et de la grande berche qui y fut faicte.

Les approches faictes devant Padoue et l'artillerie assise, chascun se logea en son quartier en trois camps, selon l'ordonnance cy-devant dicte. Et fault entendre qu'il y avoit tant de peuple, que ledit camp tenoit de tous costez plus de quatre mille de pays. Et fut une merveilleuse chose que durant le siége, qui fut de deux moys ou environ, les fourrageurs n'allèrent jamais plus loing que de six milles du camp, pour avoir force foings, bledz, avoynes, chairs, poullailles, vins et autres choses nécessaires, tant pour les hommes que pour les chevaulx; et si grande habondance y en avoit, que quant on leva le siége, fut bruslé pour cent mil ducatz de vivres dont on avoit fait provision, cuydant que plus longuement durast le siége. C'est ung incident; venons à la matière.

Le lendemain des approches, commencèrent les canonniers à faire leur devoir. Et sans cesser dura huyt jours la baterie, qui fut la plus impétueuse et terrible que cent ans auparavant avoit esté veue; car il y fut tiré des trois camps plus de vingt mille coups d'artillerie. Si l'Empereur ou ses gens servoient bien d'artillerie ceulx de la ville, croyez que de leur part rendoient bien la pareille, et beaucoup mieulx : car pour ung bien qu'on leur faisoit, en rendoient deux. Brief, ladicte ville fut si bien batue, que de toutes les trois berches ne s'en fist que une. Durant ce temps fut pris ung des canonniers de l'Empereur, qu'on trouva, en lieu de tirer en la ville, qu'il tiroit contre ses gens; et disoit-l'on que le seigneur Constantin le luy faisoit faire, et qui pis estoit, chascun jour advertissoit le conte Pétilano de ce qu'il avoit à faire. Je ne sçay s'il estoit vray, mais le canonnier fut mis sur ung mortier, et envoyé par pièces en la ville : il en fut dit assez d'injures audit seigneur Constantin, mais on ne povoit prouver le faict sur luy. Le seigneur de La Palisse l'appela lasche et meschant, et qu'il l'en combatroit; mais il ne respondit riens à propos; et en fist sur l'heure l'Empereur, qui en estoit coyffé l'appointement.

Or ces trois berches mises en une estoient seulement de quatre à cinq cens pas, qui estoit assez beau passage pour donner l'assault; car quant aux fossez, ce n'estoit pas grant chose. Mais le conte Pétilano avoit si bien acoustré la ville par dedans, que s'il y eust eu cinq cens mille hommes devant, ils n'y feussent pas entrez si ceulx de dedans eussent voulu; et vous déclaireray comment. Derrière la berche, pour entrer en la ville, avoit icelluy conte Pétilano faict faire une trenchée ou fossé à fons de cuve, de la haulteur de vingt piedz, et quasi autant de largeur : en icelle avoit fait mettre force fagotz et vieil boys, bien curosez de pouldre à canon; et, de cent pas en cent pas, y avoit boulevart de terre garny d'artillerie, qui tiroient le long de ceste trenchée. Après icelle passée, s'il eust esté possible (comme non sans la grâce de Dieu), toute l'armée des Véniciens estant en ladicte ville, se trouvoit en bataille à cheval et à pied; car il y avoit belle esplanade jusques à mettre vingt mille hommes de pied et de cheval en ordre : et derrière estoient plates-formes où on avoit monté vingt ou trente pièces d'artillerie, qui par dessus leur armée eussent tiré, sans leur mal faire, droit à la berche.

De ce terrible dangier furent les François advertiz par aucuns prisonniers qui, aux escarmouches, quelquesfois estoient pris, et par leur rançon payée renduz, ausquelz montroit le conte toutes ces choses, affin qu'ilz le remontrassent au seigneur de La Palisse et aux cappitaines françois; et disoit encore ces parolles à leur départie : « J'espère, mes amys, » avecques l'ayde de Dieu, que le roy de » France et la seigneurie retourneront en ami- » tié quelque jour; et, n'estoit les François qui » sont avecques l'Empereur, croyez que, de- » vant qu'il fust vingt et quatre heures, je sor- » tiroye hors de ceste ville, et si en feroys lever » le siége honteusement. » Je ne sçay comment il eust fait cela, au nombre de gens qu'il avoit devant luy. Bien furent rapportez ces propos aux seigneurs cappitaines de France; mais ilz n'y pensoient autrement, pource que par leur maistre estoient au service de l'Empereur, pour faire ce qu'il ordonneroit. Vous avez ouy cy-dessus la belle berche qui estoit à la ville, qui trop grande estoit : et feust-ce pour aller mille hommes de fronc deux fois, dont l'Empereur fut deuement acerténé. Si ce délibéra y donner l'assault, comme vous orrez cy-après; mais premier vous parleray d'une course que fist le bon Chevalier avecques ses compaignons.

◇◆◇

CHAPITRE XXXV.

Comment le bon Chevalier sans paour et sans reprouche, durant le siège de Padoue, fist une course avecques ses compaignons, où il acquist gros honneur.

Durant le siége de Padoue, souvent venoient alarmes au camp de l'Empereur, tant des saillies que faisoient ceulx de la ville, que de leurs gens qui estoient en garnison dedans Trévize, bonne et forte ville qui est à vingt ou vingt et cinq milles dudit Padoue. En icelle, entre autres cappitaines, estoit messire Luces Mallevèche, homme de guerre et entreprenant s'il en y avoit point au monde. Deux ou trois fois la sepmaine resveilloit sans trompette le camp de l'Empereur; et s'il voyoit qu'il y fist bon, ne s'espargnoit pas parmy ses ennemys; et par le contraire s'il n'y faisoit bon, fort sagement se retiroit, et ne perdit jamais ung homme.

Tant continua ce train, qu'il fist parler de luy à merveilles. Ceste manière de faire fascha fort au bon Chevalier; et sans grant bruit, par des espies à qui il donnoit tant d'argent que pour mourir ne l'eussent trompé, entendit beaucoup des allées et des venues dudit Mallevèche; de sorte qu'il délibéra l'aller trouver aux champs. Si vint à deux de ses compaignons, et qui estoient logez avecques luy, dont l'ung estoit le cappitaine La Clayète, et l'autre le seigneur de La Crote, tous deux gaillars et triumphans cappitaines, ausquelz il dist : « Messeigneurs, ce cappitaine Mallevèche nous » donne bien de la fascherie; il n'est guères » jour qu'il ne nous viengue resveiller, et ne se » parle sinon de luy : je n'ay pas envye de son » bien faire, mais je suis marry qu'il ne nous » congnoist autrement. J'ay beaucoup entendu » de son affaire. Voulez-vous venir à la guerre? » et vous verrez quelque chose : j'espère que » nous le trouverrons demain au matin, car » deux jours a qu'il ne nous donna alarme. » Ses compaignons respondirent : « Nous yrons » où vous vouldrez. »

« Or faites doncques, dist le bon Chevalier, » à deux heures après mynuyt, armer chascun » trente hommes-d'armes, des plus gentilz galans que vous ayez; et je meneray ma com- » paignie et les bons compaignons qui sont » avecques moy, comme Bonnet, Mypont, Cossey, Brezon et autres, que congnoissez comme » moy; et, sans sonner trompette ne faire » bruyt, monterons à cheval; et vous suffise » que j'ay fort bonne guyde. » Comme il fut dit, ainsi mis à exécution : et entre deux et trois, ou moys de septembre, montèrent à cheval, leur guyde devant, qui estoit très-bien gardé de quatre archiers; et luy avoit-on promis bon payement s'il faisoit bien son debvoir;

mais aussi où il yroit de tromperie, il luy alloit de la vie. Et cela avoit ordonné le bon Chevalier, parce que souvent espies sont doubles et font tourner la perte où il leur plaist ; mais il fist bien son debvoir, car de nuyt les mena bien dix milles de pays, et tellement que la pointe du jour va apparoistre. Si vont adviser ung grant palais, où il y avoit une longue closture de muraille. Lors l'espie commença à dire au bon Chevalier : « Monseigneur, si le cappitaine
» messire Luces Mallevèche sort aujourd'hui de
» Trévize pour aller visiter vostre camp, il
» fault de nécessité qu'il passe icy devant: si
» bon vous semble de vous cacher en ce logis,
» ouquel n'est demouré personne, au moyen de
» la guerre, vous le verrez passer, et il ne vous
» pourra veoir. » Cela fut trouvé bon par tous les cappitaines ; et se misrent dedans, où ilz furent bien deux heures ou environ qu'ilz ouyrent gros bruyt de chevaulx.

Le bon Chevalier avoit fait monter ung vieil archer de sa compaignie, appellé Monart, autant expérimenté en guerre que homme vivant, dedans ung colombier, affin de veoir quelz gens passeroient et quel nombre. Si veit venir d'assez loing messire Luces Mallevèche, en nombre, selon son jugement, de cent hommes-d'armes l'armet en teste, et bien deux cens Albanoys que conduysoit ung cappitaine nommé Scandrebec, tous bien montez, et à leur contenance gens d'effect. Ilz passèrent à ung geet de boulle du logis où estoient embuschez les François. Quant ilz furent oultre, Monart descendit tout joyeulx et fist son rapport. Qui fut bien aise eut nom chascun. Si dist le bon Chevalier qu'on ressengast les chevaulx. Or n'y avoit-il page ne varlet en la bende, car ainsi l'avoit-il ordonné. Et dist à ses compaignons : « Messi-
» gneurs, il y a dix ans qu'il ne nous vint si
» belle adventure : si nous sommes gentilz ga-
» lans, ilz sont deux fois plus que nous, mais
» ce n'est riens ; allons près. — Allons, allons,
» dirent les autres. »

Ainsi eulx remontez à cheval, la porte fut ouverte. Si allèrent le beau trot après leurs gens. Ilz n'eurent pas cheminé ung mille, qu'ilz les vont appercevoir sur ung beau grant chemin. Alors, le bon Chevalier dist à la trompette : « Sonne, sonne, trompette ; » qui le fist incontinent. Les cappitaines véniciens, qui n'eussent jamais pensé qu'il y eust eu gens derrière eulx, estimoient que ce feussent encores des leurs qui voulsissent courir. Toutesfois ilz, sans tirer plus avant, s'arrestèrent, et si longuement qu'ilz apperceurent au vray que c'estoyent ennemys. Ilz furent ung peu estonnez, pour se trouver enclos entre le camp de l'Empereur et ceulx qu'ilz voyoient ; et falloit passer par là ou par la fenestre. Cela les confortoit qu'ilz ne voyoient pas grant nombre de gens. Si fist, comme asseuré, le cappitaine messire Luces Mallevèche, à tous ses gens, commandement de bien faire, leur remonstrant que force estoit d'estre deffaictz ou deffaire les autres. Aux deux costez du chemin estoient grans fossez : ung homme-d'armes, sans estre trop bien monté, ne se feust osé adventurer de le saillir, de peur d'y demourer. Ainsi, en quelque sorte que ce feust, force estoit de combatre.

Si commencèrent trompettes à sonner de tous les deux costez ; et environ la portée d'un geet d'arc, se prindrent à courir les ungs sur les autres, en criant par les ungs : *Empire, empire! France, France!* et les autres, *Marco, Marco!* C'estoit ung droit plaisir de les ouyr. En ceste première charge y en eut beaucoup de portez par terre ; mesmement Bonnet donna ung coup de lance dont il perça ung homme-d'armes tout oultre. Chascun se mist en debvoir. Les Albanoys s'escartèrent du grant chemin, et habandonnèrent leur gendarmerie, pour cuyder prendre les François par le derrière ; dont bien s'apperceut le bon Chevalier, qui dist au cappitaine La Crote : « Compaignon, gardez le der-
» rière, que ne soyons enclos ; cecy est nostre. »
Ainsi fut fait. Et quant lesditz Albanoys cuidèrent approucher, furent receuz et bien frotez, tant qu'il en demoura une douzaine par terre, et les autres à gaigner pays à belle fuyte. Guères ne les suivit le gentil cappitaine La Crote, ains retourna au gros affaire ; mais à son arrivée trouva les Véniciens en rotte, et entendoit desja chascun à prendre son prisonnier. Messire Luces Mallevèche, qui estoit monté à l'avantage, saillit hors du grant chemin, et vingt ou trente des mieulx montez, qui se misrent à la fuyte vers Trévize. Ilz furent suyvis quelque peu ; mais on eust perdu sa peine, car trop bien alloient leurs chevaulx, avec ce que les fuyans y avoient bon vouloir. Si se retirèrent ceulx de la chasse, et se misrent au retour avecques leurs prisonniers ; desquelz y avoit plus qu'ilz n'estoient de gens ; car sans nulle faulte en fut bien prins huyt ou neuf vingtz, ausquelz ilz ostèrent leurs espées et masses, et les mirent au meilieu d'eulx.

Et ainsi arrivèrent en leur camp, où ilz trouvèrent l'Empereur qui se pourmenoit à l'entour : lequel, quant il veit ceste grosse poussière, envoya sçavoir que c'estoit par ung gentil-homme françois de sa maison, qu'on appelloit Loys Du Peschin, qui incontinent retourna et dist : « Sire,

» c'est le bon chevalier Bayart et les cappitaines
» La Clayète et La Crote, qui ont faicte la plus
» belle rencontre qui cent ans a fut faicte; car
» ilz avoient plus de prisonniers qui ne sont
» de gens, et ont gaigné deux enseignes. »
L'Empereur fut aise au possible. Si s'approcha
des François, ausquelz il donna le bon-soir;
et les François le saluèrent, ainsi que à si hault
prince appartenoit. Si loua chascun cappitaine
en son endroit merveilleusement, puis dist au
bon Chevalier : « Seigneur de Bayart, mon
» frère vostre maistre est bien eureux d'avoir
» ung tel serviteur que vous; je vouldroys avoir
» donné cent mille florins de rente, et en avoir
» une douzaine de vostre sorte. » Le bon Chevalier respondit : « Sire, vous dictes ce qu'il vous
» plaist, et du loz que me donnez très-humble-
» ment vous remercie. D'une chose vous vueil
» bien adviser, que tant que mon maistre sera
» vostre alyé, ne trouverrez point de meilleur
» serviteur que moy. »

L'Empereur le remercia; et sur ce luy et ses
compaignons prindrent congé et s'en tirèrent
à leur logis. Jamais tel bruyt ne fut démené en
camp comme il fut de ceste belle entreprinse,
dont le bon Chevalier emporta la pluspart de
l'honneur, combien qu'entre toutes gens en
donnoit le loz entièrement à ses deux compaignons; car de plus doulx ne courtois chevalier
n'eust-on sceu trouver en tout le monde. Je
feray fin à ce propos, et vous diray d'une autre
course que fist le bon Chevalier tout seul.

<><>

CHAPITRE XXXVI.

D'une autre course que fist le bon Chevalier sans paour et sans reprouche, où il fut pris soixante Albanoys et trente arbalestriers.

Trois ou quatre jours après ceste course qu'avoient faicte ensemble les cappitaines La Crote, La Clayète et bon Chevalier, il fut adverty par ung de ses espies que, dedans ung chasteau appellé Bassan, s'estoit retiré le cappitaine Scandrebec et ses Albanoys, avecques quelques autres gens de cheval arbalestriers, soubz la conduicte du cappitaine Rynaldo Contarin, gentilhomme padouan; et que chascun jour ilz faisoient courses sur ceulx qui venoient au camp, et sur les lansquenetz qui retournoient en Almaigne pour saulver le bestail qu'ilz avoient gaigné sur les ennemys, tellement que depuis deux ou trois jours en avoient deffaict plus de deux cens, et recouvert plus de quatre ou cinq cens beufz et vaches, qu'ilz avoient retirez dedans ce chasteau de Bassan; et que si par ung matin se vouloit rencontrer en ung passage au pied d'une montaigne au dessoubz dudit chasteau, ne fauldroit point à les trouver.

Le bon Chevalier, qui tousjours avoit trouvé l'espie véritable (aussi l'avoit-il enrichy de plus de deux cens ducatz), délibéra y aller sans en parler à personne; car il luy estoit bien advis, veu qu'il avoit entendu qu'ilz n'estoient pas plus de deux cens chevaulx-légiers en tout, qu'il les defferoit bien avecques ses trente hommes-d'armes, qui estoient tous gens d'eslite. Toutesfois il avoit encores huyt ou dix gentilz-hommes avecques luy, et lesquelz étoient venuz en sa compaignie pour leur plaisir au camp de l'Empereur, seulement pour l'amour qu'ilz portoient au bon Chevalier; et eulx avecques sa compaignie n'estoient pas gens pour estre deffaictz en peu d'heure. Il leur compta son entreprinse, sçavoir s'ilz en vouloient estre. C'estoit leur vie, et ne demandoient autre chose. Parquoy une heure devant jour, par ung samedy ou moys de septembre, montèrent à cheval, et firent bien quinze milles tout d'une traicte, jusques à ce qu'ilz viensissent au passage où l'espie les mena; mais ce fut si couvertement qu'oncques ne furent apperceuz, et si cela estoit aussi près du chasteau que la portée d'ung canon. Là s'embuschèrent, où guères ne furent qu'ilz ouyrent une trompette au chasteau qui sonnoit à cheval, dont ilz furent bien resjouyz.

Le bon Chevalier demanda à l'espie, à son advis, quel chemin ilz prendroient. Il respondit : « Quelque part qu'ilz veuillent aller, il fault
» par force qu'ilz passent par dessus ung petit pont
» de boys qui est à ung mille d'icy, que deux
» hommes garderoient contre cinq cens; mais
» qu'ilz ayent passé ce pont, vous envoyerez de
» vos gens quelque peu pour le garder, qu'ilz
» ne retournent au chasteau; et je vous mène-
» ray, par le derrière de ceste montaigne, à
» ung passage que je sçay : si ne fauldrez point
» à les rencontrer en la plaine entre cy et le
» palais de la royne de Chippre. — C'est bien
» advisé, dist le bon Chevalier. Qui demourera
» à ce pont? » Le seigneur de Bonnet dist :
« Mon compaignon Mypont et moy le garderons,
» s'il vous plaist, et nous laisserez quelques
» gens avecques nous. — Je le veulx bien,
» dist il. Petit Jehan de La Vergne, et telz et
» telz, jusques au nombre de six hommes-
» d'armes et dix ou douze archiers, vous feront
» compaignie. »

En devisant sur ce propos, vont adviser ces Albannoys et arbalestriers descendre du chasteau, qui sembloient aller aux nopces, et faire aussi beau butin comme ilz avoient fait depuis deux jours; mais il leur alla bien autrement, comme vous orrez. Quant ilz furent passez, Bonnet alla droit au pont avecques ses gens; et le bon Chevalier, avec le reste de sa compaignie, s'en alla droit au passage où l'espie le mena, qui si bien le guyda qu'en moins de demy-heure l'eut rendu en la plaine, où on eût veu ung homme à cheval de six milles loing. Si vont adviser, environ la portée d'une longue coulevrine, leurs ennemys qui marchoient le chemin de Vincence où ilz pensoient trouver leur proye. Le bon Chevalier appella le bastard Du Fay, son guydon, et luy dist : « Cappitaine,
» prenez vingt de voz archiers, et allez à ces
» gens-là escarmoucher. Quant ilz vous verront
» si petit nombre, ilz vous chargeront, n'en
» faictes doubte; tournez bride, faisant de l'ef-
» frayé, et les amenez jusques icy, où je vous
» attendray à la coste de ceste montagne, et
» vous verrez beau jeu. » Il ne luy convint pas dire deux fois, car il sçavoit le mestier de la guerre le possible. Si commencea à marcher, tant qu'il fut apperceu des ennemys.

Le cappitaine Scandrebec, joyeulx de ceste rencontre, commencea à marcher fièrement avecques ses gens, tant qu'ilz apperceurent les François aux croix blanches. Si commencèrent à les charger, criant *Marco, Marco!* Le bastard Du Fay, qui sçavoit sa leçon par cueur, commencea à faire l'effrayé et à se mettre au retour. Il fut vivement poursuivy, et de façon qu'il fut rembarré jusques à l'embusche du bon Chevalier qui, avecques ses gens, l'armet en teste et l'espée au poing, comme ung lyon vint donner dedans, en escryant : *France, France! Empire, Empire!* De ceste première charge y eut de ses ennemys portez par terre plus de trente. Le premier assault fut dur et aspre; mais enfin les Albanoys et arbalestriers se misrent en fuyte le grant galop, cuydans gaigner Bassan, dont ilz sçavoient fort bien le chemin. S'ilz faisoient leur devoir de courir, les François faisoient devoir de chasser : toutesfois trop bien alloient les chevaulx-légiers, et eust le bon Chevalier perdu sa proye, n'eust esté ce pont que gardoit Bonnet, lequel, avecques son compaignon Mypont et les gens qu'ilz avoient, deffendirent le passage aux ennemys.

De façon que le cappitaine Scandrebec congneut bien qu'il falloit combatre ou fuyr à l'adventure : ce qu'ilz aymèrent mieulx eslire, et se misrent en fuyte à bride abatue; mais si bien furent les esprons chaussez, qu'il fut pris soixante Albanoys et trente arbalestriers, avecques les deux cappitaines. Le demourant s'en alla à travers pays vers le Trévizan. En la compaignie du bon Chevalier, puis six jours, avoit esté fait archier ung jeune gentilhomme du Daulphiné, nommé Guigo Guyfray, filz du seigneur de Bontières, lequel n'avoit point plus de seize à dix-sept ans; mais il estoit de bonne rasse, et avoit grant désir d'ensuyvre ses parens. Durant le combat, il veit celluy qui portoit l'enseigne des arbalestriers de Rynaldo Contarin, qui s'estoit gecté au-delà d'ung fossé, et se vouloit sauver.

Le jeune garson se voulut essayer, et passa après luy, et avecques sa demye-lance luy donna si grant coup qu'il le porta par terre, et la rompit; puis mist la main à l'espée, et luy escryoit : « Rends-toy, enseigne, ou je te tueray. » L'enseigne ne vouloit pas encores mourir : si bailla son espée et son enseigne au jeune enfant auquel il se rendit, qui n'en eust pas voulu tenir dix mille escus. Si le fist remonter sur son cheval, et le mena droit où estoit le bon Chevalier, qui faisoit sonner la retraicte; et y avoit tant de prisonniers qu'il ne sçavoit qu'en faire. Bonnet veit venir de loing le jeune Bontières, et dist : « Monseigneur, je vous prie,
» voyez venir Guigo; il a pris ung prisonnier
» et une enseigne. » Et en ces parolles arriva. Le bon Chevalier, quant il le congneut, fut si ayse qu'oncques ne le fut plus, et dist : « Com-
» ment, Bontières, avez-vous gaigné ceste en-
» seigne et prins ce prisonnier? — Ouy, Mon-
» seigneur, puisqu'il a pleu à Dieu. Il a fait que
» sage de se rendre, autrement je l'eusse tué. » Dont toute la compaignie se print à rire, mesmement le bon Chevalier, qui tant avoit d'ayse que merveilles, et dist : « Bontières, mon amy,
» vous avez bon commencement : Dieu le vous
» vueille continuer! »

Aussi a-il fait; car depuis, par ses vertus, a esté lieutenant de cent hommes-d'armes que le roy de France donna audit bon Chevalier après ce qu'il eut si bien gardé la ville de Maizières contre les gens de l'Empereur, comme verrez quant temps sera. Après ces propos, le bon Chevalier dist à Bonnet, à Mypont, au cappitaine Pierrepont, lors son lieutenant, gentil chevalier, sage et hardy, et aux plus apparens : « Messeigneurs, il nous fault avoir ce chasteau,
» car il y a gros butin dedans : ce sera pour noz
» gens. — Ce seroit bien fait, dirent les autres;
» mais il est fort, et n'avons point d'artillerie.
» — Taisez-vous, dist-il; je sçay la manière
» comment je l'auray devant ung quart-d'heure. »

Il fist appeller les cappitaines Scandrebec et Rynaldo Contarin, ausquelz il dist : « Sçavez-vous qu'il y a, Seigneurs? faictes-moy rendre ceste place incontinent, car je sçay bien qu'en avez le povoir; ou sinon, je faiz veu à Dieu que je vous feray trencher la teste devant la porte tout à ceste heure. » Ils respondirent qu'ilz le feroient s'il leur estoit possible. Ce que ouy, car ung nepveu du cappitaine Scandrebec la tenoit, qui la rendit incontinent que son oncle eut parlé à luy.

Le bon chevalier et tous ceulx de sa compaignie y montèrent, et trouvèrent plus de cinq cens beufz et vaches, et force autre butin, qui fut également party, tant que chascun fut content. Le bestail fut mené vendre à Vincence. Ilz firent très-bien repaistre leurs chevaulx, et y repeurent aussi, car ilz trouvèrent assez de quoy. Le bon Chevalier fist seoir à sa table les deux cappitaines véniciens; et comme ilz achevoient de disner, vecy arriver le petit Bontières, qui venoit veoir son cappitaine et amenoit son prisonnier, lequel estoit deux fois aussi hault que luy et aagé de trente ans. Quant le bon Chevalier le veit, se print à rire, et dist aux deux cappitaines véniciens : « Messeigneurs, ce » jeune garson, qui estoit page n'a pas six jours » et n'aura barbe de trois ans, a pris vostre » enseigne. C'est ung gros cas; car je ne sçay » comment vous faictes, mais nous autres Fran-» çois ne baillons pas voulentiers noz enseignes, » sinon aux plus suffisans. » L'enseigne vénicien eut honte, et se veit à ceste occasion fort abaissé de son honneur; si dist en son langaige : « Par ma foy, cappitaine, je ne me suis pas rendu » à celluy qui m'a pris par paour de luy, car luy » seul n'est pas pour me prendre prisonnier. » J'eschapperoye bien de ses mains, et de meil-» leur homme de guerre que luy; mais je ne » povoye pas combatre vostre troppe moy seul. »

Le bon Chevalier regarda Bontières, auquel il dist : « Escoutez que dit vostre prisonnier, » que vous n'estes pas homme pour le prendre. » Le jeune enfant fut bien marry, et comme courroucé respondit : « Monseigneur, je vous » supplie m'accorder ce que je vous demande-» ray. — Ouy vrayement, dist le bon Chevalier : » quesse? — C'est, dist-il, que je rebailleray à » mon prisonnier son cheval et ses armes, et » je monteray sur le mien; nous yrons là-bas : » si je le puis conquérir encore une fois, soit » asseuré de mourir, et j'en fais veu à Dieu; et » s'il peult eschapper, je luy donne sa rançon. » Jamais le bon Chevalier ne fut plus ayse de propos, et dist tout hault : « Vrayement je le vous » accorde. » Cela ne servit de riens, car le Vénicien ne voulut pas accepter l'offre, dont il n'eut guères d'honneur, et par le contraire, le petit Bontières beaucoup.

Après disner, le bon Chevalier et les François remontèrent à cheval, et retournèrent au camp, où ilz emmenèrent leurs prisonniers. De ceste belle prise fut bruyt plus de huyt jours, et en fut donné grande louenge au bon Chevalier par l'Empereur et par tous les Almans, Hennuyers et Bourguignons. Mesmement le bon seigneur de La Palisse en fut tant aise que merveilles, auquel fut compté le tour qu'avoit fait le petit Bontières, et l'offre qu'il avoit faicte à son prisonnier. S'il en fut ris par tout le camp, ne fault pas demander. Bien dist le seigneur de La Palisse qu'il congnoissoit de longue main la rasse de Bontières, et que de ceste maison estoient tous gaillards gentilz-hommes. Ainsi alla de ceste adventure au bon Chevalier sans paour et sans reprouche pour ceste fois.

CHAPITRE XXXVII.

Comment l'Empereur délibéra donner l'assault à Padoue, et l'occasion pourquoi il demoura.

Vous avez entendu cy-devant comment l'artillerie de l'Empereur, du duc de Ferrare et marquis de Manthoue avoient fait trois berches toutes mises en une, qui contenoit demy-mille, ou peu s'en falloit; ce que par ung matin l'Empereur, accompaigné de ses princes et seigneurs d'Almaigne, alla veoir. Dont il s'esmerveilla, et se donnoit grande honte, au nombre de gens qu'il avoit, que plustost n'avoit fait donner l'assault; car ja y avoit trois jours que les canonniers ne tiroient que à pierre perdue en la ville, pource que à l'endroit où ilz estoient n'y avoit plus de muraille. Parquoy, lui revenu à son logis, qui estoit distant de celluy du seigneur de La Palisse d'ung gect de boulle seulement, appella ung sien secrétaire françois, auquel il fist escripre unes lettres audit seigneur, qui estoient en ceste substance : « Mon cousin, j'ay à ce ma-» tin esté veoir la berche de la ville, que je trouve » plus que raisonnable pour qui vouldra faire son » devoir : j'ai advisé dedans aujourd'huy y faire » donner l'assault. Si vous prie que incontinent » que mon grant tabourin sonnera, qui sera sur » le midy, vous faictes tenir prestz tous les gen-» tilz-hommes françois qui sont soubz vostre » charge à mon service, par le commandement » de mon frère le roy de France, pour aller au-» dit assault avecques mes piétons; et j'espère,

» avecques l'ayde de Dieu, que nous l'empor-
» terons. »

Par le mesme secrétaire qui avoit escripte la lettre, l'envoya au seigneur de La Palisse, lequel trouva assez estrange ceste manière de procéder; toutesfois il en dissimula. Bien dist au secrétaire : « Je m'esbays que l'Empereur n'a » mandé mes compaignons et moy pour plus as- » seurément délibérer de ceste affaire, toutes- » fois vous luy direz que je les vois envoyer » quérir, et eulx venuz, leur monstreray la » lettre. Je croy qu'il n'y aura celluy qui ne soit » obéissant à ce que l'Empereur vouldra com- » mander. » Le secrétaire retourna faire son message, et le seigneur de La Palisse manda tous les cappitaines françois, lesquelz vindrent à son logis. Desjà estoit bruyt par tout le camp que l'on donneroit l'assault à la ville sur le mydi, ou peu après. Lors eussiez veu une chose merveilleuse ; car les prestres estoient retenuz à poix d'or à confesser, pource que chascun se vouloit mettre en bon estat, et y avoit plusieurs gens-d'armes qui leur bailloient leur bourse à garder : et pour cela ne fault faire nulle doubte que messeigneurs les curez n'eussent bien voulu que ceulx dont ils avoient l'argent en garde feussent demourez à l'assault.

D'une chose veulx bien adviser ceulx qui lysent ceste histoire, que cinq cens ans avoit qu'un camp de prince ne fut veu autant d'argent qu'il y en avoit là ; et n'estoit jour qu'il ne se desrobast trois ou quatre cens lansquenetz, qui emmenoient beufz et vaches en Almaigne, lictz, bledz, soyes à filer, et autres ustensiles : de sorte que audit Padouan fut porté dommage de deux millions d'escus, qu'en meubles, qu'en maisons et palais bruslez et destruitz. Or revenons à nostre propos. Les cappitaines françois arrivez au logis du seigneur de La Palisse, leur dist : « Messeigneurs, il faut disner, car j'ay à » vous dire quelque chose que si je le vous di- » sois devant, par adventure ne feriez-vous pas » bonne chère. » Il disoit ces parolles par joyeuseté, car assez congnoissoit ses compaignons, qu'il n'y avoit celluy qui ne feust ung autre Hector ou Rolant, et sur tous le bon Chevalier, qui oncques en sa vie ne s'estonna de chose qu'il veist ne ouyst.

Durant le disner ne se firent que gaudir les ungs des autres. Tousjours en vouloit ledit seigneur de La Palisse au seigneur d'Ymbercourt, qui luy rendit bien son change en toutes parolles d'honneur et de plaisir. Je croy que vous avez ouy nommer ci-devant tous les cappitaines françois qui estoient là ensemble, mais je croy qu'en toute la reste de l'Europe on n'en eust pas encores trouvé autant de la sorte. Après le disner, on fist sortir tout le monde de la chambre, excepté les cappitaines, à qui le seigneur de La Palisse communicqua la lettre de l'Empereur, qui fut leue deux fois pour mieulx l'entendre ; laquelle ouye, chascun se regarda l'ung l'autre en riant, pour veoir qui commenceroit la parolle. Si dist le seigneur d'Ymbercourt : « Il ne fault point » tant songer, Monseigneur, dist-il au seigneur » de La Palice ; mandez à l'Empereur que nous » sommes tous prestz. Il m'ennuye desjà aux » champs, car les nuytz sont froides, et puis les » bons vins commencent à nous faillir ; » dont chascun se print à rire.

Il n'y eut celluy de tous les cappitaines qui ne parlast devant le bon Chevalier, et tous s'accordoient au propos du seigneur d'Ymbercourt. Le seigneur de La Palisse le regarda, et veit qu'il faisoit semblant de se curer les dens, comme s'il n'avoit pas entendu ce que ses compaignons avoient proposé. Si luy dist en riant : « Hé puis, » l'Hercule de France, qu'en dictes-vous ? Il n'est » pas temps de se curer les dens ; il faut respon- » dre à ceste heure promptement à l'Empereur. »

Le bon Chevalier, qui tousjours estoit coustumier de gaudir, joyeusement respondit : « Si » nous voulons trestous croire monseigneur » d'Ymbercourt, il ne fault que aller droit à la » berche ; mais pource que c'est ung passe-temps » assez fascheux à homme-d'armes que d'aller à » pied, je m'en excuserois voulentiers : toutes- » fois, puisqu'il faut que j'en dye mon oppinion, » je le feray. L'Empereur mande en sa lettre » que vous faciez mettre tous les gentilz-hommes » françois à pied pour donner l'assault avecques » ses lansquenctz. De moy, combien que je n'aye » guères des biens de ce monde, toutesfois je » suis gentil-homme ; tous vous autres, Messei- » gneurs, estes gros seigneurs et de grosses mai- » sons ; et si sont beaucoup de noz gens-d'armes. » Pense l'Empereur que ce soit chose raisonnable » de mettre tant de noblesse en péril et hazart » avecques des piétons, dont l'ung est cordoan- » nier, l'autre mareschal, l'autre boulengier, et » gens mécaniques, qui n'ont leur honneur en si » grosse recommandation que gentilz-hommes ; » c'est trop regardé petitement, sauf sa grâce à » luy ; mais mon advis est que vous, Monsei- » gneur, dist-il au seigneur de La Palisse, deb- » vez rendre response à l'Empereur, qui sera » telle : c'est que vous avez fait assembler voz » cappitaines suyvant son vouloir, qui sont très- » délibérez de faire son commandement selon la » charge qu'ilz ont du Roy leur maistre, et » qu'il entend assez que leurdit maistre n'a point » de gens en ses ordonnances qui ne soient gen-

» tilz-hommes. De les mesler parmy gens de
» pied qui sont de petite condition, seroit peu
» fait d'estime d'eulx : mais qu'il a force contes,
» seigneurs et gentilz-hommes d'Almaigne, qu'il
» les face mettre à pied avecques les gens-d'ar-
» mes de France, et voulentiers leur monstre-
» ront le chemin, et puis ses lansquenetz les
» suyvront s'ilz congnoissent qu'il y face bon. »
Quant le bon Chevalier eut dicte son oppinion,
n'y eut autre chose répliquée; mais fut son
conseil tenu à vertueux et raisonnable. Si fust à
l'Empereur rendu ceste response, qu'il trouva
très-honneste. Si fist incontinent et tout soubdainement sonner ses trompettes et tabourins
pour assembler son rayn, où se trouvèrent tous
les princes, seigneurs et cappitaines, tant d'Almaigne, Bourgongne que Haynault; lesquelz
assemblez, l'Empereur leur déclaira comment il
estoit délibéré d'aller dedans une heure donner
l'assault à la ville, dont il avoit adverty les seigneurs de France, qui tous estoient fort désirans
d'y très-bien faire leur debvoir; et qu'ilz le
prioient que avecques eulx allassent les gentilz-
hommes d'Almaigne, ausquelz voulentiers, pour
eulx mettre les premiers, monstreroient le chemin : « Parquoy, Messeigneurs, je vous prie
» tant que je puis les y vouloir accompagner, et
» vous mettre à pied avecques eulx ; et j'espère,
» avecques l'ayde de Dieu, que du premier as-
» sault nous emporterons noz ennemys. »

Quant l'Empereur eut achevé son parler, soubdainement se leva ung bruyt fort merveilleux
et estrange parmy ses Almans, qui dura une demye-heure avant qu'il feust appaisé : puis l'ung
d'entre eulx, chargé de respondre pour tous, dist
qu'ilz n'estoient point gens pour eulx mettre à
pied ny aller à une berche, et que leur vray estat estoit de combatre en gentilz-hommes à
cheval. Et autre responce n'en peut avoir l'Empereur ; mais combien qu'elle ne feust pas selon
son désir, et ne luy pleust guère, il ne sonna
mot, sinon qu'il dist : « Bien, Messeigneurs ; il
» faudra doncques adviser comment nous ferons
» pour le mieux ; » et puis sur l'heure appela
ung sien gentil-homme nommé Rocandolf, qui
d'heure en autre venoit parmy les François
comme ambassadeur (et à vray dire la pluspart
du temps estoit avecques eulx), auquel il dist :
« Allez au logis de mon cousin le seigneur de La
» Palisse ; recommandez-moi à luy et à tous
» messeigneurs les cappitaines françois que trou-
» verez avecques luy, et leur dictes que pour ce
» jourd'huy ne se donnera pas l'assault. » Il alla
faire son message, et chascun par ce moyen s'en
alla désarmer, les ungz joyeulx et les autres
marrys. Je suis bien asseuré que les prestres

n'en furent pas trop aises, car il leur fut besoing
rendre ce qu'on leur avoit baillé en garde. Je
ne sçay comment ce fut, ne qui en donna le
conseil, mais la nuyt après ce propos tenu,
l'Empereur s'en alla tout d'une traicte à plus de
quarante milles du camp, et de ce logis là manda
à ses gens qu'on levast le siége : ce qui fut fait,
comme vous entendrez.

CHAPITRE XXXVIII.

Comment l'Empereur se retira du camp de devant Padoue, quand il congneut que ses Almans ne vouloient pas donner l'assault.

Il ne faut pas demander si l'Empereur fut
bien courroucé quant il eut entendu le bon vouloir des cappitaines françois, et que ses gens
d'Almaigne ne vouloient riens faire pour luy :
dont de ceste oppinion n'estoit pas le gentil
prince de Hanno, qui ne demandoit autre
chose, et s'offrit à l'Empereur, et pareillement
se vint excuser et présenter aux cappitaines
françois. Entre autres cappitaines qu'il avoit
parmy ses bendes, y en avoit ung qu'on nommoit le cappitaine Jacob (1), qui depuis fut au
service du roy de France, et mourut à la journée
de Ravenne, comme vous entendrez ; lequel
chascun jour alloit escarmoucher avecques les
François, et de hardiesse et de toute honnesteté estoit acomply à merveilles : mais ces
deux Almans ne povoient pas satisfaire à
tout.

L'Empereur, enflé de courroux et fascherie,
lendemain, deux heures devant jour, sans bruyt
faire, accompagné de cinq ou six cens chevaulx
de ses plus privez serviteurs, deslogea de son
camp et s'en alla tout d'une traicte à trente ou
quarante milles de là, tirant en Almaigne ; et
manda au seigneur Constantin, son lieutenant-
général, et au seigneur de la Palisse, qu'ilz
levassent le camp le plus honnestement qu'il
seroit possible. Chascun s'esbayt assez de ceste
façon de faire, mais on n'en eut autre chose.
Les cappitaines, tant François, Almans que
Bourguignons, eurent conseil ensemble, où ilz
conclurent lever le siége, qui estoit assez fascheux et malaisé, pour avoir six ou sept vingtz
pièces d'artillerie devant la ville ; et n'y avoit
pas d'esquipage pour en mener la moytié. Les
François furent ordonnez à tenir escorte tant
que l'artillerie seroit levée; mais le gentil prince

___

(1) Jacob de Emps, gentilhomme de Souabe.

de Hanno, qui assez congnoissoit la turpitude de sa nation, avecques sa bende qui estoit de sept à huyt mille hommes, ne partit oncques d'auprès l'artillerie : qui luy fut tourné à gros honneur, car, depuis le matin au point du jour jusques à deux heures de nuyt, convint tenir bataille ; et si on mangea, ce ne fut guères à son aise, car d'heure en autre y avoit chaulx et aspres alarmes, parce que ceulx de la ville faisoient force saillies et grosses ; aussi qu'il convenoit mener une partie de l'artillerie ou camp où on alloit loger, puis la laisser là, et ramener les chevaulx et beufz quérir le demourant. Sans perte nulle des gens de l'Empereur ni des François se leva le siége. Ung grant mal y eut, que les lansquenetz misrent le feu en tous leurs logis et par tout où ilz passoient.

Le bon Chevalier, par charité, fit demourer sept ou huyt de ses hommes-d'armes en ung beau logis où il s'estoit tenu pendant le siége, pour le sauver du feu, jusques à ce que lesditz lansquenetz fussent passez oultre ; et vous asseure que telz boutefeux ne luy plaisoient guères. De camp en camp vint l'armée jusques à Vincence, où là envoya l'Empereur quelque présent au seigneur de La Palisse et à tous les cappitaines françois, selon sa puissance ; car il estoit assez libéral, et n'estoit possible trouver ung meilleur prince s'il eust eu dequoy donner. Ung mal avoit en luy, qu'il ne se fioit en personne, et tenoit à part luy ses entreprinses si secrètes que cela luy a porté beaucoup de dommage en sa vie. De Vincence s'en retournèrent la pluspart de tous les Almans ; une partie en demoura en la ville pour la garder, avecques le seigneur Du Ru. Si s'en retournèrent le seigneur de La Palisse et tous ses compaignons, enviton la Toussainctz, ou duché de Milan, excepté le bon Chevalier sans paour et sans reprouche, qui demoura quelque temps en garnison à Véronne, où il receut beaucoup d'honneur, comme vous orrez. Les Véniciens tenoient encores une ville nommée Lignago, où ilz avoient grosse garnison, et qui souvent faisoient courses contre ceulx du Véronnoys.

◇◇◇

CHAPITRE XXXIX.

Comment le bon Chevalier sans paour et sans reprouche, estant à Véronne, fist une course sur les Véniciens, où il fut prins et rescoux deux fois en ung jour ; et quelle en fut la fin.

Le bon Chevalier sans paour et sans reprouche fut ordonné en garnison à Véronne avecques trois ou quatre cens hommes-d'armes que le roy de France presta à l'Empereur, où peu de temps après ceulx qui estoient pour ledit Empereur à Vincence, congnoissans que la ville n'estoit pas pour tenir, s'en vindrent retirer audit Véronne, parce que les Véniciens estoient fors aux champs, et marchoient pour y venir mettre le siége : mais quand ilz la virent habandonnée, tirèrent leur armée jusques à ung village nommé Sainct-Boniface, à quinze ou dix-huit mille dudit Véronne. C'estoit sur le temps de l'yver ; et convenoit aux souldars qui estoient dedans la ville envoyer au fourrage pour leurs chevaulx, aucunesfois bien loing ; tellement que bien souvent se perdoient des varletz et des chevaulx ; tant qu'il fut besoing leur donner escorte : mais il n'estoit guères jour qu'ilz ne rencontrassent les ennemys, et se frotoient très-bien l'ung l'autre. De la part des Véniciens y avoit ung cappitaine fort gentil galent et plein d'entreprinses, qui s'appelloit Jehan Paule Moufron, lequel chascun jour faisoit courses jusques aux portes de Véronne, et tant y continua qu'il en fascha au bon Chevalier ; lequel se délibéra, au premier jour que les fourrageurs yroient aux champs, luy-mesmes leur aller faire escorte, et user de quelque subtilité de guerre ; mais si secrètement ne le peut faire que, par ung espie qui se tenoit à son logis, n'en feust adverty le cappitaine Moufron.

Parquoy délibéra, quant il yroit aux champs, mener si bonne force que s'il rencontroit le bon Chevalier, luy feroit recevoir de la honte. Ung jeudy matin furent mis les fourrageurs hors de Véronne, et à leur queue trente ou quarante hommes-d'armes et archiers que conduysoit le cappitaine Pierrepont, lieutenant dudit bon Chevalier, qui estoit sage et advisé : si se gectèrent à l'escart du grant chemin, pour aller chercher les cassines et faire leurs charges. Le bon Chevalier, accompaigné de cent hommes-d'armes, qui ne pensoit point estre descouvert, s'estoit allé gecter en ung village sur le grant chemin, appellé Sainct-Martin, à six milles dudit Véronne, et envoya quelques coureurs pour descouvrir, qui guères ne furent loing sans veoir leurs ennemys en nombre de cinq cens chevaulx ou environ, lesquelz marchoient droit vers ceulx qui alloient en fourrage. Ilz en vindrent faire leur rapport audit bon Chevalier, qui en fut fort joyeux, et incontinent monta à cheval avecques la compaignie qu'il avoit pour les aller trouver.

Le cappitaine Jehan Paule Moufron, qui par l'espie avoit esté adverty de l'entreprise, avoit fait embuscher en ung palais près de là cinq ou six cens hommes de pied, picquiers et hacquebutiers, ausquelz il avoit très-bien chanté leur leçon, et entre autres choses qu'ilz n'eussent à sortir jusques à ce qu'ilz le verroient retirer, et que les François le chasseroient ; car il feroit semblant de fuyr, et par ce moyen ne fauldroit point à les enclorre et deffaire. Le bon Chevalier, qui s'estoit mis aux champs, ne fist pas deux milles qu'il ne veist à cler les ennemys. Si commencea à marcher droit à eulx, et en criant *Empire et France!* les voulut aller charger. Ilz firent quelque contenance de tenir bon : mais quant ilz les virent approcher, commencèrent à eulx retirer le long d'ung chemin et droit à leur embusche, laquelle ilz trespassèrent d'ung peu, et alors s'arrestèrent tout court, et en criant *Marco, Marco!* se misrent en deffense vaillamment. Les gens de pied sortirent de leur embusche, qui firent ung merveilleux cry, et vindrent ruer sur les Françoys en tirant force hacquebutes, dont d'ung coup fut tué le cheval du bon Chevalier entre ses jambes, qui tomba si mal à point que ung de ses piedz tenoit dessoubz. Ses hommes-d'armes, qui pour mourir ne l'eussent jamais laissé là, firent une grosse envahie ; et en descendit l'ung à pied qu'on appelloit Grantmont, lequel gecta son cappitaine de ce péril ; mais quelques armes qu'ilz feissent, ne leur purent de tant servir que tous deux ne demourassent prisonniers parmy les gens de pied, qui les vouloient désarmer. Le cappitaine Pierrepont, qui estoit avecques les fourrageurs, ouyt le bruyt ; si y courut le grant galop incontinent, et vint en si bonne heure qu'il rencontra son cappitaine et Grantmont en dur party, car desjà les tiroit-on hors de la presse pour les emmener à sauveté. Il ne faut pas demander s'il fut joyeulx ; car comme ung lyon frappa sur ceulx qui les tenoient, lesquels soubdain habandonnèrent leur prise et se retirèrent à leur troppe, qui combatoit contre le reste de François furieusement. Le bon Chevalier et Grantmont furent incontinent remontez, et s'en retournèrent droit au secours de leurs gens, qui avoient beaucoup à souffrir, car ilz estoient assailliz devant et derrière ; mais, à la revenue dudit bon Chevalier et du cappitaine Pierrepont, furent beaucoup soulagez. Toutesfois le jeu estoit mal party, car les Véniciens estoient quatre contre ung ; et puis les hacquebutiers faisoient beaucoup de mal aux François.

Si commença le bon Chevalier à dire au cappitaine Pierrepont : « Cappitaine, si nous ne gai- » gnons le grant chemin, nous sommes affollez ; » et si nous sommes une fois là, nous nous reti- » rerons en despit d'eulx ; et si n'aurons point » de perte, aydant Dieu. — Je suis bien de cest » advis, dist le cappitaine Pierrepont. » Si commencèrent, tousjours combatans, à eulx retirer sur ce grant chemin, où ilz parvindrent ; mais ce ne fut pas sans beaucoup souffrir. Néantmoins encores n'avoient point perdu de gens, mais si avoient bien les ennemys comme quarante ou cinquante hommes de pied et sept ou huyt de cheval. Quant le bon Chevalier et les François furent sur ce grant chemin qui tiroit à Véronne, se serrèrent et misrent à la retraicte tout doulcement, et de deux cens pas en deux cens pas retournoient sur leurs ennemys tant gaillardement que merveilles. Mais ilz avoient ces gens de pied à leurs aesles, qui tiroient coups de hacquebute menu et souvent : de façon que à la dernière charge fut encores tué le cheval du bon Chevalier qui, le sentant chanceler, se gecta à pied l'espée au poing, où il fist merveilles d'armes ; mais bientost fut encloz, et eust eu mauvais party, quant le bastard Du Fay, son guydon, avecques ses archiers, vint faire une charge si furieusement que, au meillieu de la troppe des Véniciens, recouvra son cappitaine et le remonta à cheval en despit d'eulx ; puis se serroient avecques les autres. Jà approchoit la nuyt ; parquoy commanda le bon Chevalier qu'on ne chargeast plus, et qu'il suffisoit bien se retirer à leur grant honneur ; ce qu'ilz firent jusques à Sainct-Martin, dont le matin estoient partiz. Il y avoit ung pont garny de barrières, au bout duquel ilz s'arrestèrent.

Le cappitaine Jehan Paule Moufron congneut bien que plus ne leur sçauroit porter dommage, et puis qu'ilz pourroient estre secouruz de Véronne. Si fist sonner la retraicte, et se mist au retour vers Sainct-Boniface, ses gens de pied devant lui, qui estoient fort lassez de ceste journée, où ilz avoient combatu quatre ou cinq heures ; et voulurent séjourner en ung village à quatre ou cinq milles dudit Sainct-Boniface, dont le cappitaine Jehan Paule Moufron n'estoit pas d'oppinion ; et s'en retourna avecques ses gens de cheval bien despit, dont il avoit esté si bien gallopé, et par si peu de nombre de gens. Le bon Chevalier et ses gens pour ce soir se logèrent en ce village de Sainct-Martin, où ilz firent grant chère de ce qu'ilz avoient, en parlant de leur fort belle retraicte ; car ils n'avoient perdu que ung archier et quatre chevaulx tuez ; et leurs ennemys avoient porté lourde perte au pris. En ces entrefaictes, ung de leurs espies va arriver, lequel venoit dudict Boniface. Il fut mené devant le bon Chevalier, qui luy demanda que faisoient les ennemys. Il respondit : « Riens autre

» chose : ils sont en grosse troppe dedans Sainct-
» Boniface, et entre eulx font courir bruit que
» bientost auront Véronne, et tiennent qu'ilz ont
» grosse intelligence dedans. Comme j'en vouloye
» partir, est arrivé le cappitaine Moufron, bien
» eschauffé et bien courroucé; car j'ay ouy qu'il
» disoit qu'il venoit de la guerre, et que les dyables
» d'enfer avoit trouvez, et non pas hommes : en
» m'en venant à quatre ou cinq milles d'icy, suis
» passé en ung village, où j'ay laissé tout plain
» de leurs gens de pied qui y sont logez; et sem-
» ble advis, à les veoir, qu'ilz soient bien las. »
Alors dist le bon Chevalier : « Je vous donne ma
» vie, si ce ne sont leurs gens de pied que nous
» avons aujourd'huy combatus, qui n'ont pas
» voulu aller jusques à Sainct-Boniface. Si vous
» voulez, ilz sont nostres. La lune est clère, fai-
» sons repaistre nos chevaulx, et sur les trois ou
» quatre heures allons les resveiller. »

Son oppinion fut trouvée bonne. On fist penser les chevaulx le mieulx qu'on peut; et après
avoir assis le guet, chascun se mist au repos.
Mais le bon Chevalier, qui taschoit d'achever
son entreprise, ne reposa guères : ains, environ
les trois heures après minuyt, sans faire bruit,
monta à cheval aveeques ses gens, et s'en vint
droit à ce village, où estoient demourez les gens
de pied véniciens, lesquelz ilz trouvèrent endor-
mys comme beaulx pourceaulx, sans aucun
guect; au moins s'il y en avoit, il fut très-mauvais. Eulx arrivez, commencèrent à crier : *Empire, Empire! France, France! à mort, à
mort!* A ce joyeulx chant, s'esveillèrent les rustres, qui sortoient des maisons les ungs après
les autres; mais on les assommoit comme bestes.
Leur cappitaine, acompaigné de deux ou trois
cens hommes, se gecta sur la place du village,
où là se cuydoit assembler et fortifier; mais on
ne luy en donna pas le loysir, car il fut chargé
par tant d'endroitz que luy et tous ses gens furent rompuz et deffaitz, et n'en demoura que trois
en vie, dont l'ung fut le cappitaine, et deux autres gentils-hommes qui estoient frères; pour
lesquels, en les relaschant, on retira deux autres
gentilz-hommes françois prisonniers ès-prisons
de la seigneurie de Venise.

Quant le bon Chevalier eut, du tout et à son
grant honneur, achevé son entreprise, ne voulut
plus séjourner, doubtant nouvel inconvénient.
Si se retira avecques tous ses gens dedans Véronne, où il fut receu à grant joye. Et au
contraire les Véniciens, quant ilz sceurent la
perte de leurs gens, furent bien marris; et en
voulut messire André Grit, providadour de la
seigneurie, blasmer le cappitaine Jehan Paule
Moufron de ce qu'il les avoit laissez derrière;
mais il s'excusa très-bien, disant qu'il n'avoit
esté à luy possible les tirer du village où ilz
avoient esté deffaictz; et de l'inconvénient les
avoit très-bien advisez, mais jamais ne les avoit
sceu renger à congnoistre la raison. Toutesfois
en luy-mesmes se pensa bien venger en peu de
jours; mais il acreut sa honte, ainsi que vous entendrez.

◇◇◇

CHAPITRE XL.

*Comment le bon Chevalier cuyda estre trahy
par ung espie qui avoit promis au cappitaine Jehan Paule Moufron le mettre entre
ses mains; et ce qu'il en advint.*

Sept ou huyt jours après ceste belle course, le
cappitaine Jehan Paule Moufron, bien desplaisant de ce que si lourdement avoit esté battu et
repoussé, ses gens mors et perduz, sans aucunement ou moins que riens avoir dommagé ses ennemys, délibéra de se venger en quelque sorte
que ce feust. Il avoit ung espie, lequel alloit et
venoit souvent de Véronne à Sainct-Boniface, et
servoit à luy et au bon Chevalier, donnant à
entendre à chascun des deux qu'il ne taschoit
que à leur faire service; mais tousjours ont ces
espies le cueur à l'ung plus que à l'autre beaucoup, comme cestuy mesmes avoit au cappitaine
Moufron, qui, par ung jour qu'il eut ung peu
pensé à son affaire, luy dist : « Il fault que tu
» ailles à Véronne, et donnes à entendre au cap-
» pitaine Bayart que la seigneurie de Venise a
» escript au providadour qu'il m'envoye dedans
» L'ignago pour la garde de la place, pource
» qu'on envoye quérir le cappitaine qui y est,
» pour l'envoyer en Levant avecques un nombre
» de gallères; que tu scez certainement que je
» partiray demain au point du jour avecques
» trois cens chevaulx-légiers, et que de gens de
» pied je n'en mène point. Je suis asseuré qu'il
» a le cueur si hault qu'il ne me laissera jamais
» passer sans me venir escarmoucher; et s'il y
» vient, j'espère qu'il ne s'en retournera point
» qu'il ne soit mort ou pris, par ce que je mène-
» ray deux cens hommes d'armes et deux mille
» hommes de pied, que je feray embuscher à
» Yzolle de l'Escalle, vers lequel lieu, s'il me
» vient veoir, veulx estre rencontré; t'advisant
» que si tu scez bien faire ta charge, te prometz
» ma foy donner cent ducatz d'or. » Les espies,
comme chascun scez, ne sont créez que par dame
avarice, et aussi ont-ilz pour ce bien ung autre
prison; car, de six qu'on en prent, s'il en
eschappe ung, doit bien louer Dieu; car la vraye

médecine qu'ilz portent pour le mal qui les tient, c'est ung cordeau.

Or ce galant promist au cappitaine Jehan Paule Moufron qu'il sçauroit bien faire le cas. Si s'en vint incontinent à Véronne, droit au logis du bon Chevalier ; car léans estoit assez congneu de tous les serviteurs, pour qu'ilz cuydoient certainement qu'il feust totalement au service de leur maistre. Ilz le luy amenèrent ainsi qu'il achevoit de soupper ; lequel, incontinent qu'il le veit, luy fist ung fort bon recueil, et luy dist : « Vizentin, tu soyes le bien venu ; tu ne viens pas sans cause : quelles nouvelles ? » Lequel respondit : « Très-bonnes, Monseigneur, » Dieu mercy. » Si se leva incontinent le bon Chevalier de table, et tira l'espie à part pour sçavoir que c'estoit. Il luy compta de point en point le faict, et le luy fist trouver si bon, qu'oncques homme ne fut plus joyeulx. Si commanda qu'on menast soupper Vizentin, et qu'on luy fist grosse chère ; puis après tire à part le cappitaine Pierrepont, le cappitaine La Varenne qui portoit son enseigne, le bastard Du Fay, et ung cappitaine de Bourgongne qui ce soir souppoit avecques luy, qui s'appelloit monseigneur de Sucre, ausquelz il compta ce que l'espie luy avoit dit, et comment le cappitaine Jehan Paule Moufron se retiroit dedans Lignago lendemain, et ne menoit que trois cens chevaulx : parquoy s'ilz se vouloient monstrer gentilz compaignons, son voyage ne s'achèveroit point sans coup ruer, et que la matière requéroit briefve yssue. A son dire chascun trouva goust ; et sur l'heure fut conclusion prise qu'ilz partiroient au point du jour, et mèneroient deux cens hommes d'armes ; dont de l'entreprise esleurent le seigneur de Conty, et l'en advertirent, à ce qu'il se tiensist prest comme les autres ; lequel ne s'en fist guères prier, car c'estoit ung très-gentil chevalier. Cela délibéré, tout le monde se retira à son logis pour faire acoustrer son cas pour le matin, mesmement le cappitaine Sucre, qui assez loing estoit du sien : qui fut bonne adventure, car, ainsi qu'il s'en retournoit, va adviser l'espie qui estoit venu parler au bon Chevalier, lequel sortoit de la maison d'un gentil-homme de Véronne qu'on estimoit estre fort mauvais impérial, et par le contraire avoit *Marco* escript dedans le cueur, qui le fist doubter de trahyson. Si vint prendre l'espie au colet, et luy demanda dont il venoit : il ne sceut promptement respondre, et changea de couleur, qui le fist doubter de plus en plus ; et tourna tout court, saisy de l'espie, droit de là où il venoit de soupper. Luy arrivé, trouva que le bon Chevalier se vouloit mettre dedans le lict. Toutesfois il prist une robbe de nuyt, et s'assirent auprès du feu eulx deux ensemble et seulletz, car ce pendant fut baillé l'espie en bonne garde.

Le cappitaine sur ce déclara au bon Chevalier l'occasion de son soubdain retour, qui estoit pour avoir trouvé l'espie sortant de la maison de messire Baptiste Voltège, qui estoit le plus grant marquesque qui feust ou monde ; et par ce doubtoit qu'il y eust de la meschanceté : « car, » dist-il, quant je l'ay surpris, est devenu es- » tonné à merveilles. » Quant icelluy bon Chevalier eut entendu ce propos, ne fut pas sans doubte, non plus que le cappitaine Sucre. Il fst venir l'espie, auquel il demanda qu'il estoit allé faire au logis de Baptiste Voltège. Il dist premièrement qu'il y estoit allé veoir ung parent qu'il y avoit ; après il tint ung autre propos, et enfin fut trouvé en cinq ou six parolles. On apporta des grésillons esquelz on luy mist les deux poulces, pour le veoir parler d'une autre sorte. Le bon Chevalier luy dist : « Vizentin, dictes la » vérité sans rien céler, et je vous prometz, en » foy de vray gentil-homme, que quelque chose » qu'il y ait, je ne vous feray faire nul mal, » quant bien ma mort y seroit conspirée : mais » par le contraire, si je vous trouve en men- » songe, vous feray pendre et estrangler de- » main au point du jour. »

L'espie congneut bien qu'il estoit pris ; si se gecta à deux genoulx, demandant miséricorde, qui luy fust asseuréement promise. Si commencea à compter de point en point la trahyson, et comment le capitaine Jehan Paule Moufron avoit fait embuscher à Yzolle de l'Escalle deux cens hommes-d'armes et deux mille hommes de pied pour deffaire le bon Chevalier ; et qu'il venoit du logis de messire Baptiste pour l'advertir de l'entreprinse, et aussi l'adviser comment il pourroit trouver moyen, par quelque nuyt, livrer une des portes de la ville au providadour messire André Grit. Et plusieurs autres choses dist ce vaillant espion. Bien déclaira que messire Baptiste Voltège luy avoit dit qu'il ne se mesleroit jamais de telle meschanceté, et que puisqu'il estoit soubz l'Empereur, qu'il y vouloit vivre et mourir.

Quant il eut fait son beau sermon, le bon Chevalier luy dist : « Vizentin, j'ay mal em- » ployé les escuz que je vous ay donnez, et de- » dans vostre corps repose le cueur d'ung lasche » et meschant homme, combien que jamais ne » vous ay guère estimé autre. Vous avez bien » desservy la mort, mais puisque je vous ay » promis ma foy, vous n'aurez nul mal, et » vous feray mettre hors de la ville seurement. » Mais gardez que tant que je y seray n'y soyez

» veu, car tout le monde ne vous sauveroit pas
» que je vous feisse pendre et estrangler. » Il fut
emmené de devant eulx, et enfermé en une
chambre, jusques à ce qu'on en eust à besongner. Le bon Chevalier dist au cappitaine Sucre :
« Mon amy, que ferons-nous à ce cappitaine
» Jehan Paule Moufron, qui nous cuyde avoir
» par finesses ? Il luy fault donner une venue,
» et si vous povez faire ce que je vous diray,
» nous ferons une des gorgiases choses qui fut
» faicte cent ans a. » Sucre respondit : « Mon-
» seigneur, commandez et vous serez obéy. —
» Allez doncques, dist-il, tout à ceste heure au
» logis du prince de Hanno, et me recommandez
» humblement à sa bonne grâce; déclairez-luy
» cest affaire bien amplement, et faictes tant
» qu'il soit d'accord de nous bailler demain au
» matin deux mille de ses lansquenetz, et nous
» les mènerons avecques nous le beau pas, et
» les laisserons quelque part en embusche, où,
» avant que tout soit desmeslé, si ne voyez mer-
» veilles, prenez-vous en à moy. »

Le cappitaine Sucre part incontinent, et s'en
alla droit au logis du prince, qui jà dormoit. Il
le fist esveiller, puis alla parler à luy, et luy
compta tout ce que vous avez ouy cy-dessus.
Le gentil prince, qui n'aymoit rien tant que la
guerre, et entre tous gentilz-hommes avoit
prins une telle amour au bon Chevalier pour sa
prouesse, que la chose eust esté bien estrange
quant il l'en eust reffusé, si dist qu'il estoit
bien desplaisant que plus tost n'avoit sceu ceste
entreprinse, car luy-mesmes y feust allé, mais
que de ses gens le bon Chevalier en povoit
mieulx disposer que luy-mesmes. Et sur l'heure
envoya son scribe en advertir quatre ou cinq
cappitaines, qui furent, pour faire le compte
court, aussi prestz au point du jour que les gens-
d'armes qui l'avoient sceu dès le soir, et se
trouvèrent à la porte quant et les gens-d'armes,
qui donna tiltre d'esbahyssement au seigneur
de Conty, car riens ne luy en avoit esté mandé
le soir. Si s'enquist au bon Chevalier que ce
povoit estre, lequel luy déclaira bien au long
tout le démené. « Sur ma foy, dist le seigneur
» de Conty, se Dieu veult, nous ferons aujour-
» d'huy une belle chose. » La porte ouverte, se
misrent en chemin vers Yzolle de l'Escalle. Le
bon Chevalier dist à Sucre : « Il fault que vous
» et les lansquenetz demourez embuschez à
» Servode (c'estoit ung petit village à deux
» mille d'Yzolle), et ne vous souciez point, car
» je vous attireray noz ennemys jusques à vostre
» nez, parquoy aurez aujourd'huy assez hon-
» neur si vous estes gentil compaignon. » Comme
il fut dist ainsi fut fait, car arrivez audit village, les lansquenetz demourèrent en embusche,
et le bon Chevalier, le seigneur de Couty et
leur troppe s'en vont vers Yzolle, faignant ne
sçavoir riens de ce qui estoit dedans.

Cela regardoit en une belle plaine, où de
tous costez on veoit assez loing. Si vont choisir
le cappitaine Moufron avecques quelques chevaulx-légiers. Le bon Chevalier y envoya son
guydon, le bastard Du Fay, avecques quelques archiers, pour les ung petit escarmoucher,
et luy marchoit après le beau pas, avecques les
gens-d'armes. Mais il ne fut guères loing, quant
il veit saillir de la ville de Yzolle de l'Escalle
les gens de pied de la seigneurie, et une troppe
d'hommes-d'armes. Il fist ung peu de l'estonné,
et dist à la trompette qu'il sonnast à l'estandart. Quoy oyant par le bastard Du Fay, selon
la leçon qu'il avoit, se retira avecques la grosse
troppe, qui se serrèrent très-bien; et faignans
d'eulx retirer droit à Véronne, s'en vont le petit
pas vers ce village où estoient leurs lansquenetz,
et desjà estoit allé un archier dire au cappitaine
Sucre qu'il sortist en bataille.

La gendarmerie de la seigneurie, qui à leur
esle avoient ceste troppe de gens de pied, chargeoient menu et souvent les François, et faisoient tel bruyt qu'on n'eust pas ouy Dieu tonner, pensant entre eulx que ce qu'ilz voyoient
ne leur povoit eschapper. Les François ne se
desrotoient point, et escarmouchoient sagement : de façon qu'ilz furent près de Servode,
à ung gect d'arc, où ilz apperceurent les lansquenetz qui venoient le beau pas et tous serrez,
lesquelz se vont descouvrir aux Véniciens, qui
furent bien estonnez. Le bon Chevalier dist
alors : « Messeigneurs, il est temps de charger; »
ce que chascun fist, et donnèrent dedans les
Véniciens, qui se monstrèrent gens de bien.
Toutesfois il en fut beaucoup porté par terre :
leurs gens de pied ne povoient fuyr, car ilz estoient trop loing de saulveté. Ilz furent pareillement chargez des lansquenetz, dont ilz ne peurent porter les fès, et furent ouvers, renversez
et tous mis en pièces, sans en prendre ung prisonnier : ce que veit devant ses yeulx le cappitaine Jehan Paule Moufron, qui très-bien faisoit
son debvoir. Toutesfois il congnoissoit assez que
s'il ne jouoit de la retraicte, il seroit mort ou
prins. Si commencea se retirer le grant galop
vers Sainct-Boniface, où il y avoit bonne traicte.
Il fut assez bien suyvy; mais le bon Chevalier
fist sonner la retraicte : parquoy tout homme
s'en revint, mais ce fut avecques gros gaing de
prisonniers et de chevaulx; le butin y fut fort
beau. Les Véniciens y firent grosse perte, car
tous leurs deux mille hommes de pied et bien

vingt-cinq hommes-d'armes y moururent ; et y en eut environ soixante de prisonniers, qui furent menez à Véronne, où les François, Bourguignons et lansquenetz furent receuz joyeusement de leurs compaignons, lesquelz estoient bien marriz qu'ilz n'avoient esté avecques eulx.

Ainsi alla de ceste belle entreprinse pour ceste fois, qui fut grosse fortune au bon Chevalier, et eut de tous en général grande louenge. Luy revenu à son logis, envoya quérir l'espie, auquel il dist : « Vizentin, suyvant ma promesse tu
» t'en yras au camp des Véniciens, et demanderas au cappitaine Jehan Paule Moufron si
» le cappitaine Bayart est aussi subtil que luy
» en guerre ; et que quant il vouldra pour le
» pris, le trouverra aux champs. » Il commanda à deux de ses archiers le conduyre hors de la ville ; ce qu'ilz firent. Il s'en alla droit à Sainct-Boniface, où le seigneur Jehan Paule Moufron l'apperçeut, qui le fist prendre, pendre et estrangler, disant qu'il l'avoit trahy ; ne excuse qu'il sceust faire ne luy servit en riens.

Les Véniciens tenoient encores ceste ville nommée Lignago, où ilz avoient grosse garnison ; et souvent faisoient courses ceulx du Véronnoys et eulx, les ungs contre les autres ; et tout l'yver demourèrent en ceste sorte.

Sur le commencement de l'année 1510, et bientost après Pasques, print congé du roy de France Loys douziesme son nepveu le gentil duc de Nemours, dont, de si peu de vie qu'il eut, cette histoire fera ample mention, car il mérite bien estre cronicqué en toutes sortes. Lequel passa en Ytalie, et en sa compaignie mena le cappitaine Loys d'Ars, vertueux et hardy chevalier ; où eulx arrivez, furent receuz, chascun selon sa qualité, du seigneur de Chaumont, grant maistre de France et gouverneur de Milan, et de tous les cappitaines estans en Ytalie, honnestement que possible ne seroit de mieulx ; et sur tout du bon Chevalier sans paour et sans reprouche, qui tant aymé estoit du duc de Nemours, et de son promier cappitaine Loys d'Ars. Par le commandement du roy de France, estoit encores passé le seigneur de Molart avecques deux mille adventuriers, et plusieurs autres cappitaines. Si alla ledit grant maistre seigneur de Chaumont mettre le siége devant ceste ville de Lignago, que tenoient les Véniciens ; et affin qu'elle ne fust aucunement secourue de gens ny de vivres, fut envoyé le seigneur d'Alègre, avecques cinq cens hommes d'armes et quatre ou cinq mille lansquenetz qui estoient soubz la charge de ce gentil prince de Hanno, à Vincence, qui avoit encore soubz luy ce cappitaine Jacob, qui depuis fut au roy de France. Ceste place de Lignago se fist fort battre : aussi y avoit-il bonne artillerie, mesmement celle du duc de Ferrare, qui entre autres avoit une longue coulevrine de vingt piedz de long, que les aventuriers nommoient *le grant dyable*. Enfin furent la ville et le chasteau pris, et mis à mort tout ce qui estoit dedans, ou la pluspart. En ceste prise, le seigneur de Molart et ses aventuriers se portèrent fort bien, et y eurent gros honneur ; car ilz n'eurent jamais le loisir d'attendre que la berche fust raisonnable pour y donner l'assault. Le seigneur de Chaumont y commist pour la garder le cappitaine La Crote, avec cent hommes-d'armes dont il avoit la charge soubz le marquis de Montferrat, et mil hommes de pied soubz deux cappitaines, l'ung nommé l'Hérisson, et l'autre Jacomo Corse, neapolitain.

Durant ce siége de Lignago eut nouvelles le seigneur de Chaumont de la mort de son oncle le légat d'Amboise, où il fit une grosse et lourde perte, car il avoit esté moyen de l'eslever ès honneurs où il estoit ; et pareillement avoit fait avoir de grans biens à tous ceulx de sa maison tant en l'Eglise que autrement, car c'estoit tout le gouvernement du roy de France Loys douziesme, et du royaulme. Il avoit esté ung très-sage prélat et homme de bien en son temps, et ne voulut jamais avoir que ung bénéfice, et à son trespas estoit seulement archevesque de Rouen. Il en eust eu assez d'autres s'il eust voulu. Ceste piteuse mort porta le seigneur de Chaumont dedans son cueur aigrement, car il ne vesquit guères après, combien que devant les gens n'en monstroit pas grant semblant, et n'en laissoit à bien et sagement conduire les affaires de son maistre.

Quand il eut donné ordre à Lignago, s'en vint assembler avec les gens de l'Empereur pour marcher sur le pays des Véniciens, et essayer de les mettre à la raison. Le roy d'Espagne avoit puis peu de jours envoyé au secours de l'Empereur, soubz la charge du duc de Termes, quatre cens hommes-d'armes espaignolz et neapolitains, qu'il faisoit merveilleusement bon veoir : mais pource qu'ilz estoient travaillez, on les envoya séjourner dedans Véronne. Le camp, tant de l'Empereur que du roy de France, marcha jusques à ung lieu nommé Saincte-Croix, où il séjourna quelque temps, car on pensoit que l'Empereur voulsist descendre ; mais non fist. Durant ce camp la chaleur fut par trop véhémente, et pource fut de la pluspart de ceulx qui y estoient appellé *le camp chault*.

Au desloger de là, et près d'un gros village appellé Longare, y eut une merveilleuse pitié; car comme chascun s'en estoit fuy pour la guerre en une cave qui estoit dedans une montaigne, laquelle duroit ung mille ou plus, s'estoient retirez plus de deux mille personnes tant hommes que femmes, et des plus apparens du plat pays, qui y avoient force vivres, et y avoient porté quelques harnois de guerre et des hacquebutes pour deffendre l'entrée qui les vouldroit forcer, laquelle estoit quasi imprenable, car il n'y povoit venir que ung homme de fronc. Les adventuriers, qui sont voulentiers coustumiers d'aller piller, mesmement ceulx qui ne vallent rien pour la guerre, vindrent jusques à l'entrée de ceste cave, qui en langaige ytalien, s'appelloit la crote de Longare. Je croy bien qu'ilz vouloient entrer dedans; mais doulcement on les pria qu'ilz se déportassent, et que léans ne pourroient rien gaigner, parce que ceulx qui y estoient avoient laissé leurs biens à leurs maisons. Ces coquins ne prindrent point ces prières en payement, et s'efforcèrent d'entrer, ce qu'on ne voulut permettre, et tira-l'on quelques coups de hacquebute qui en firent demourer deux sur le lieu. Les autres allèrent quérir leurs compaignons qui, plus près de mal faire que autrement, tirèrent ceste part. Quant ilz furent arrivez, congneurent bien que par force jamais n'y entreroient: si advisèrent d'une grande laschété et meschancceté; car au droit du pertuys misrent force boys, paille et foin avecques du feu, qui en peu de temps rendit si horrible fumée dedans ceste cave, où il n'y avoit air que par là, que tous furent estouffez et mors à martyre, sans aucunement estre touchez du feu. Il y avoit plusieurs gentilz-hommes et gentilles femmes qui, après que le feu fut failly et qu'on entra dedans, furent trouvez estainctz, et eust-on dit qu'ilz dormoient. Ce fut une horrible pitié; mesmement cust, on veu à plusieurs belles dames sortir les enfans de leur ventre tous mors. Lesditz adventuriers y firent gros butin. Mais le seigneur grant maistre et tous les cappitaines en furent à merveilles desplaisans, et sur tous le bon Chevalier sans paour et sans reprouche, qui tout au long du jour mist peine de trouver ceulx qui en avoient esté cause, desquelz il en prist deux, dont l'ung n'avoit point d'oreilles, et l'autre n'en avoit que une. Il fist si bonne inquisition de leur vie, que par le prévost du camp furent menez devant ceste crote, et par son bourreau penduz et estranglez; et y voulut estre présent le bon Chevalier. Ainsi, comme ilz faisoient cest exploict, quasi par miracle va sortir de ceste cave ung jeune garson de l'aage de quinze à seize ans, qui mieulx sembloit mort que vif, et estoit tout jaulne de fumée. Il fut amené devant le bon Chevalier, qui l'enquist comme il s'estoit sauvé. Il respondit que quant il veit la fumée si grande, il s'en alla tout au fin bout de la cave, où il disoit avoir une fente du dessus de la montaigne bien petite, par où il avoit pris l'air. Et dist encores une piteuse chose, c'est que plusieurs gentilz-hommes et leurs femmes, quant ilz apperceurent qu'on vouloit mettre le feu, vouloient sortir, en congnoissant aussi bien qu'ilz estoient mors; mais les vilains qui estoient avecques eulx, et beaucoup les plus fors, ne le voulurent jamais consentir, et leur venoient au-devant avecques la pointe des ronçons, en disant qu'ilz mourroient aussi bien que eulx: et ainsi les pauvres gens furent assaillis du feu, et des leurs mesmes.

De ce lieu de Longare marcha le camp droit à Montselles, que les Véniciens avoient repris et remparé, et dedans logé mille ou douze cens hommes. En chemin furent rencontrez par les seigneurs d'Alègre et bon Chevalier, avecques le seigneur Mercure et ses Albanoys, qui estoient pour lors à l'Empereur, quelques chevaulx-légiers de ceulx de la seigneurie qu'on appeloit Corvaz, et sont plus turcs que chrestiens; lesquelz venoient voir s'ilz gaigneroient quelque chose sur le camp; mais ilz firent mauvais butin, car tous ou la plupart y demourèrent, et furent bien ung quart d'heure prisonniers. Entre lesquelz le seigneur Mercure va congnoistre le cappitaine qui estoit, ainsi qu'il dist depuis, son cousin germain, et l'avoit gecté de son héritage en Corvacie, lequel il tenoit et occupoit par force, et estoit le plus grant ennemy qu'il eust en ce monde. Si luy vint à ramentevoir toutes les meschancetez qu'il luy avoit faictes, et que à présent estoit bien en luy d'en prendre vengeance. L'autre dist qu'il estoit vray, mais qu'il avoit esté pris en bonne guerre, et que par raison devoit sortir en payant rançon selon sa puissance, dont il offroit six mille ducatz et six beaulx et excellens chevaulx turcs. « Nous parlerons de cela plus à loysir, dist le
» seigneur Mercure; mais, par ta foy, si tu me
» tenois ainsi comme je te tiens, que feroys-tu
» de moy? » Lequel respondit: « Puisque si
» fort me presses que de ma foy, je t'advise que
» si tu estois en ma mercy comme je suis en la
» tienne, tout l'or du monde ne te sauveroit pas
» que je ne te feisse mettre en pièces. — Vraye-
» ment, dist le seigneur Mercure, je ne te fe-
» ray pas pis. »

Si commanda à ses Albanoys, en son langaige,

à jouer des cousteaulx ; lesquelz soubdainement misrent leurs cymeterres en besongne, et n'y eut cappitaine ne autre qui n'eust dix coups après sa mort; puis leur couppèrent les testes, qu'ilz picquoient au bout de leurs estradiotes, et disoient qu'ilz n'estoient pas chrestiens. Ilz avoient estrange habillement de teste, car il estoit comme ung chapperon de damoyselle; et où ilz mettoient la teste, cela estoit garny de cinq ou six gros papiers colez ensemble, de façon que une espée n'y faisoit nemplus de mal que sur une secrette (1).

Le siége de Montselles, qui se fist canonner l'espace de quatre ou cinq jours, et n'eust jamais esté pris, veu la fortiffication qu'on y avoit faicte, n'eust esté que ceulx qui estoient dedans sortoient pour venir à l'escarmouche, et bien souvent jusques à ung bon gect de pierre de leur fort, contre les adventuriers françois, qui voluntiers eussent esté veoir quel il faisoit en la place.

Par une après-disnée que l'on n'y pensoit point, les gens du cappitaine Molart, avecques ung gentil-homme qui se nommoit le baron de Montfaucon, allèrent escarmoucher ceulx du chasteau, qui gaillardement y vindrent, et faisoient merveilles : tellement que deux ou trois repoulsèrent assez lourdement les adventuriers, et une fois entre autres les chassèrent trop loing, tellement que quant ilz se cuidèrent retirer se trouvèrent lassez; dont lesditz adventuriers s'apperceurent qui les chassèrent vivement, et de façon qu'ilz entrèrent pesle mesle parmy les ennemys dedans la place. Quant ceulx qui la gardoient virent qu'ilz estoient perduz, se retirèrent en une grosse tour, où incontinent ilz furent assiégez ; et bouta-on le feu au pied. La pluspart s'y laissa brusler plustost que se rendre; les autres sortoient par les créneaulx, qui estoient receuz sur la pointe des picques par les adventuriers. Brief, il en eschappa bien peu en vie. Il y fut tué, du costé des François, ung gentil-homme nommé Camican, et le baron de Montfaucon blessé à la mort : toutesfois il en eschappa, mais ce fut à bien grant peine.

On fist remparer la place, et y mist-on grosse garnison, cuydant aller mettre le siége à Padoue; mais nouvelles vindrent que le pape Julles estoit révolté, et qu'il alloit faire la guerre au duc de Ferrare, lequel estoit allyé du roy de France, auquel ledict duc en avoit amplement escript pour estre secouru. A quoy le Roy voulut bien obtempérer, et escripvit au grant maistre, son lieutenant-général, luy bailler secours. Ce qu'il fist, car il envoya les seigneurs de Montoison, de Fontrailles, Du Lude, et le bon Chevalier, avecques trois ou quatre mille hommes de pied françois, et huyt cens Suysses qu'avoit tirez du pays, comme adventuriers, ung cappitaine nommé Jacob Zemberc. Eulx arrivez à Ferrare, furent fort bien receuz du duc, de la duchesse et de tous les habitans.

Le grant maistre, avecques son armée qui luy resta, se retira au duché de Milan, parce qu'il fut adverty que les Suysses, qui ung peu auparavant avoient laissé l'aliance du Roy son maistre, y faisoient une descente, et estoient desjà au pont de La Treille. Quant il arriva, il ne séjourna point à Milan ; ains avecques sa gendarmerie, les deux cens gentilz-hommes et quelque petit nombre des gens de pied, les alla attendre en la plaine de Galezas, et leur fist oster tous ferremens de moulins et tous vivres de leur chemin ; et qui pis est, à ce qu'on disoit, avoit fait empoisonner tous les vins estans audit lieu de Galezas, jusques où vindrent les Suysses, et en beurent tout leur saoul : mais au dyable celluy qui en eut mal. Guères ne furent aux champs que vivres ne leur faillissent ; parquoy leur en convint retourner en leur pays, où ilz furent tousjours conduitz de près, affin qu'ils ne meissent le feu en nulz villages. Il alla des adventuriers françois audit lieu de Galezas, qui voulurent boire du vin qu'on avoit empoisonné pour les Suysses; mais il en mourut plus de deux cens. Il fault dire que Dieu s'en mesla, ou que l'espice estoit demourée au fons du tonneau.

Or je laisseray ung peu ceste matière, et retourneray à la guerre du Pape et du duc de Ferrare. Mais premier je déclaireray une merveilleuse et périlleuse adventure qui advint à ceux de Lignago, en la mesme année.

◇◇◇

CHAPITRE XLI.

Comment ceulx de la garnison de Lignago firent une course sur les Véniciens par l'advertissement de quelques espies qui les trahirent; parquoy ils furent deffaictz.

Quant le gentil chevalier de La Crote se fut mis en ordre dedans Lignago, peu demoura de jours qu'il ne tumbast malade, et fut en grant dangier de mort. Il avoit tout plain de jeunes gens voulentaires, dont entre autres estoit ung gentil-homme appellé Guyon de Cantiers, fort hardy, et courageux plus que de conduicte. Les Véniciens venoient aucunesfois courir jusques devant ceste place de Lignago ; mais ceulx de

---

(1) Arme défensive.

dedans icelle, mis en garnison, n'osoient sortir, car il leur estoit seullement enchargé de la garder seurement. Ce Guyon de Cantiers avoit des espies deçà et delà, et fist tant qu'il print congnoissance à quelqu'un de la ville de Montaignane, distant de Lignago douze ou quinze milles, lequel venoit bien souvent veoir iceluy de Cantiers en sa place, et luy tenoit tousjours propos que si quelquefois vouloit sortir avecques nombre de gens de cheval et de pied, non pas trop grant, il ne fauldroit point de prendre prisonnier le providadour de la seigneurie de Venize, messire André Grit, car souvent venoit audit Montaignane avecques deux ou trois cens chevaulx-légiers; et que estant iceluy de Cantiers et ses compaignons embuschez auprès de la ville, par ung matin avant jour ne fauldroient point, ainsi que le providadour sortiroit, de le prendre et quant et quant la ville, et icelle piller, et se faisoit fort le galant d'advertir seurement le jour qu'il y feroit bon.

Cantiers, qui grand désir avoit de faire courses et aussi d'attraper ce beau butin, l'asseura qu'il n'y auroit point de faulte, mais qu'il feust adverty au vray : ce que l'autre luy promist assez, et puis s'en retourna à Montaignane, où luy arrivé donna à entendre, à celluy qui l'avoit en garde pour la seigneurie, la menée qu'il avoit faicte à ceulx de Lignago; et que s'ilz vouloient bien jouer leur personnage, ne fauldroient point d'avoir à leur mercy la pluspart de ceulx de la garnison, et par ainsi aysément reprendre la place, qui leur estoit de merveilleuse importance. Le cappitaine de Montaignane trouva cest advis très-bon, et incontinent le fist entendre par homme exprès au providadour messire André Grit, qui amena trois cens hommes-d'armes, huyt cens chevaulx-légiers, et deux mille hommes de pied. De ceste bende, à deux ou trois milles dudit Montaignane luy arrivé, envoya deux cens hommes-d'armes et mille hommes de pied en embusche, lesquelz furent instruitz laisser passer ceulx qui sortiroient de Lignago, et puis après leur clorre le passage.

Ilz ne misrent pas en oubly ce qu'on leur avoit chargé, aussi jouèrent-ilz fort bien leur roolle. L'espie de Montaignane retourna pour parler à Guyon de Cantiers, qui luy fist grosse chère, luy demandant qui le menoit; lequel en homme asseuré respondit : « Bonnes nouvelles pour vous » si vous voulez ; car à ce soir arrive en nostre » ville messire André Grit, avec deux cens che- » vaulx seullement : si vous voulez partir une » heure ou deux devant jour, je vous condui- » ray, et ne fauldrez point de l'empoigner. » Qui fut bien aise, ce fut Cantiers, lequel s'en vint incontinent à ses compaignons, mesmement à ung gentil-homme qu'on appelloit le jeune Malerbe, qui portoit leur enseigne, et leur compta l'affaire de point en point. Jamais chose ne fut trouvée meilleure ; et quant à leur vouloir, n'estoit question que de partir, mais il convenoit avoir congé. Le cappitaine La Crote gardoit encores sur jour quelque peu le lict, pour n'estre pas trop bien revenu de sa maladie.

Si allèrent vers luy lesditz seigneurs de Cantiers et Malerbe luy supplier leur donner congé de faire une course, où ilz auroient gros honneur et grant proufit. Si luy comptèrent l'entreprinse d'ung bout en autre. Quant il eut ouy leurs raisons, respondit en sage et advisé chevalier, et dist : « Messeigneurs, vous sçavez que » j'ay ceste place sur ma vie et sur mon hon- » neur, pour la garder seulement. S'il advenoit » que eussiez rencontre autre que bonne, je se- » rois destruit et perdu à jamais ; et davantage » le reste de mes jours ne vivroys qu'en mélan- » colie : parquoy ne suis pas délibéré de vous » donner congé. » Ilz commencèrent à luy faire des plus belles remonstrances du monde, en disant qu'il n'y avoit nul danger, et que leur espie estoit asseuré. Et tant luy en dirent d'unes et d'autres, que moitié de gré, moitié par importunité, leur donna congé ; mais au vray dire c'estoit quasi à force. Cela ne leur donnoit riens, car le cerveau bouilloit encore dedans leur teste; et, à quelque péril que blé se vendist, voulurent essayer leur mauvaise fortune.

Ilz en advertirent tous leurs compaignons qu'ilz tirèrent à leur cordelle ; et quant ilz congneurent que l'heure approchoit, en firent monter jusques à cinquante à cheval, tous hommes-d'armes, que Malerbe menoit, et environ trois cens hommes de pied, que conduysoit Guyon de Cantiers. Sur les deux heures après minuyt partirent de Lignago, leur double espie avecques eulx, qui les conduysoit à l'escorchouer. Il n'est riens si certain que c'estoit toute fleur de chevalerie ce qui sortit de Lignago, quant à hardiesse ; mais jeunesse estoit avecques eulx de compaignie. Ilz se misrent ensemble le long du grant chemin qui alloit dudit Lignago à Montaignane, les gens de pied devant, et ceulx de cheval à leur esle. Tant allèrent, qu'ils approchèrent la première embusche des gens de la seigneurie, qui estoient en ung petit village ; mais, ne se doubtant de rien, passèrent oultre, et poussèrent jusques à ung petit mille de Montaignane.

Alors leur dist l'espie : « Messeigneurs, laissez- » moy aller, et vous tenez ici tous serrez ; je » voys sçavoir dedans la ville quel il y fait, pour

35.

» vous en advertir. » Ilz le laissèrent aller ; mais trop mieulx leur eust valu luy avoir couppé la teste, car il ne fut pas si tost arrivé qu'il n'allast au seigneur messire André Grit, auquel il dist : « Seigneur, je vous ay amené, la corde au » col, la pluspart de ceulx de Lignago ; et n'est » possible qu'il s'en peust saulver ung seul si » vous voulez, car desjà ont-ilz passé vostre » embusche, et sont à ung mille d'icy. » Messire André Grit fut incontinent à cheval, et tous ses gens pareillement, tant de cheval que de pied ; et se gectant hors de la ville, envoya environ cent hommes de cheval pour escarmoucher, qui bientost trouvèrent les François, lesquelz furent joyeulx à merveilles, pensant qu'il n'y eust autre chose, et que le providadour feust en ceste troppe. Les François à cheval commencèrent à charger, et les autres tournèrent le dos, jusques à ce qu'ilz feussent sur la grosse troppe, laquelle quant ilz l'apperceurent s'estonnèrent beaucoup, et retournèrent aux gens de pied, ausquelz ilz dirent : « Nous sommes trahiz, car ilz sont trois » mille hommes ou plus ; il fault essayer à nous » sauver. » Ceulx de la seigneurie les suyvoient à grosse furye, criant : Marco, Marco ! acarne, acarne ! et chargèrent rudement les François, lesquelz misrent leurs gens de pied devant, et leurs gens de cheval sur leur queue, pour les soustenir. Et de fait reculèrent sans perte jusques au village où estoit la première embusche des Véniciens qui, au son de la trompette, suyvant la charge qu'ilz avoient, commencèrent à sortir, et se gectèrent entre Lignago et les François. Par ainsi furent enclos et assailliz par deux costez. Et fault entendre que depuis que Dieu créa ciel et terre, pour le nombre des gens, ne fut mieulx combatu pour ung jour ; car le combat dura plus de quatre heures, sans ce que les François, qui tousjours se retiroient, peussent estre deffaits.

D'une chose s'advisa messire André Grit : c'est qu'il fist gecter sur les esles quelques arbalestriers de cheval, qui vindrent donner dedans les gens de pied ; de sorte qu'ilz leur firent rompre une partie de leur ordre. Toutesfois tousjours se retirèrent vers leur place, laquelle ilz approchèrent à quatre milles : mais là les convint demourer, car ilz furent chargez par tant d'endroitz et de telle sorte que la pluspart des hommes-d'armes furent mis à pied, car leurs chevaulx furent tuez. Quant Guyon de Cantiers veit que tout estoit perdu, comme ung lyon eschauffé va entrer dedans les gens de pied de la seigneurie, où il fist merveilles d'armes, car il en tua de sa main cinq ou six ; mais il avoit trop petit nombre au pris des autres. Si luy fut force là demourer abatu et tué aveecques tous ses trois cens hommes, sans que nul en eschappast vif. Le cappitaine Malerbe s'estoit, aveecques si peu de gens à cheval qu'il avoit, encores tiré aux champs, où il combatit l'espace d'une grosse heure ; mais enfin il fut prins prisonnier et vingt et cinq de ses compaignons ; le demourant y mourut. Et pour conclusion, il n'eschappa homme vivant pour en aller dire les nouvelles à Lignago.

Quant messire André Grit vit du tout la victoire sienne, se va adviser d'une subtilité : c'est qu'il fist tous les gens de pied françois qui estoient mors despouiller et désarmer, et en feit vestir des siens autant, prent les habillemens des gens-d'armes, leurs chevaulx et plumailz, et les baille à de ses gens. Et davantage leur bailla cent ou six-vingtz de ses hommes, qu'ilz emmenoient comme prisonniers, et leur faisoit conduyre trois faulcons que ceulx de Lignago avoient menez ; puis leur dist : « Allez en ceste » sorte jusques à Lignago ; et quand serez au- » près cryez : France, France ! victoire, vic- » toire ! Ceulx de dedans penseront que ce » soyent leurs gens qui ayent gaigné. Et pour » encores mieulx leur donner à congnoistre, » oultre leurs enseignes emporterez encores » deux ou trois des nostres ; je ne fais nulle » doubte qu'ilz ne vous ouvrent la porte : sai- » sissez-vous-en ; et je seray à ung gect d'arc » de vous, et, au son de la trompette, je me » rendray là incontinent. Ainsi aujourd'huy, » si sçavez bien conduyre l'affaire, reprendrons » Lignago qui est de telle importance à la sei- » gneurie que sçavez. »

Ce qui leur fut commandé fut très-bien exécuté ; et menant feste et joye, approchèrent d'ung gect d'arc Lignago, sonnant trompettes et clérons. Le seigneur de La Crote avoit ung lieutenant en la place qui s'appelloit Bernard de Villars, ancien sage chevalier, et qui avoit beaucoup veu. Il monta sur la tour du portail pour veoir venir ses gens, qui démenoient si grant joye, affin de leur faire ouvrir la porte. Il regarda de loing leur contenance dont il s'esbahyt, et dist à ung qui estoit auprès de luy : « Velà les chevaulx et les acoustremens de noz » gens ; mais il m'est advis que ceulx qui sont » dessus ne chevauchent point à nostre mode, » et ne sont point des nostres, ou je suis déceu. » Il y pourroit bien avoir du malheur en nostre » endroit, et le cueur le me juge. Je vous prie, » descendez, et faictes abaisser la planchette » du pont, et puis dictes qu'on la retire. Si ce » sont noz gens, vous en congnoistrez assez ; » si ce sont ennemys, pensez de vous saulver à

» la barrière. J'ay ici deux pièces chargées; s'il
» est besoing, en serez secouru. » Au dire du
cappitaine Bernard, descendit le compaignon,
qui sortit hors de la place, cuydant venir au-
devant de ses gens, en demandant: *Qui vive?
où est le cappitaine Malerbe?* Ilz ne respondirent riens: mais, cuydans que le pont feust
abaissé, commencèrent, à course de cheval,
marcher. Ledit compaignon se saulva tellement quellement en la barrière. Alors furent
tirées les deux pièces d'artillerie, qui les arresta
sur le cul. Ainsi fut saulvée la place de Lignago
pour ceste fois; mais les François y eurent
grosse honte et perte, dont plusieurs s'apper-
çeurent. Quant le povre seigneur de La Crote
eut entendu le piteux affaire, il cuyda mourir
de dueil. Le roy de France en fut desplaisant à
merveilles, et luy en cuyda faire faire ung
mauvais tour; mais cela s'appaisa par le moyen
du seigneur Jehan Jacques, qui estoit pour lors
venu en France pour tenir sur fonds madame
Renée, fille du roy Loys douziesme et de Anne
sa femme, duchesse de Bretaigne, lequel luy
fist plusieurs remonstrances à la descharge dudit seigneur de La Crote.

Or laissons ce propos, et retournons au pape
Julles second, qui marchoit vers Ferrare.

⋄⋈⋄

CHAPITRE XLII.

*Comment le pape Julles vint en personne en la
duché de Ferrare; et comment il mist le
siége devant la Myrandolle.*

Le pape Julles, qui désiroit à merveilles recouvrer la duché de Ferrare qu'il prétendoit
estre de l'Eglise, dressa une grosse armée qu'il
fist en Boulenoys, pour l'amener en ladicte
duché; et s'en vint, de journée en journée, loger en ung gros village qu'on appelle Sainct-
Félix, entre la Concorde et la Myrandolle.
Le duc de Ferrare et tous les François qui estoient avecques luy, s'estoient venuz loger à
douze milles de Ferrare, entre deux bras du
Pau, en ung lieu dit l'Ospitalet, où il fist dresser
ung pont de bateaulx qu'il faisoit très-bien
garder, car par là souvent ses ennemys estoient
escarmouchez. Le Pape, arrivé à Sainct-Félix,
manda à la contesse de la Myrandolle, qui fille
naturelle estoit du seigneur Jehan Jacques de
Trévolz, alors veufve, qu'elle voulsist mettre
sa ville de la Myrandolle entre ses mains, parce qu'elle luy estoit nécessaire pour son entreprinse de Ferrare. La contesse, qui, suyvant le
cueur de son père, estoit toute françoise, et
sçavoit très-bien que le roy de France favorisoit
et secouroit le duc de Ferrare, ne l'eust fait
pour mourir. Elle avoit ung sien cousin germain, appellé le conte Alexandre de Trévolz,
avecques elle, qui ensemble firent response à
celluy qui estoit venu de par le Sainct-Père; et
luy fut dit que quant il luy plairoit s'en pourroit bien retourner, et dire à son maistre pour
riens la contesse de la Myrandolle ne
bailleroit sa ville; qu'elle estoit sienne, et que,
Dieu aydant, la sçauroit bien garder contre
tous ceulx qui la luy vouldroient oster. De ceste
response fut courroucé merveilleusement le
Pape, et jura sainct Pierre et sainct Paul qu'il
l'auroit par amour ou par force. Si commanda
à son nepveu le duc d'Urbin, cappitaine-général
de son armée, que le lendemain il allast mettre
le siége.

Le conte Alexandre de Trévolz, qui n'en
pensoit pas moins, envoya devers le duc de
Ferrare et les cappitaines françois à l'Ospitalet,
qui n'estoit que à douze milles, leur supplier,
pource qu'il ne se sentoit pas bien garny de
gens pour l'heure, et qui de jour en autre espéroit le siége, qu'on luy envoyast jusques à cent
bons compaignons et deux canonniers. La chose
luy fut aiséement accordée, car la perte de la
Myrandolle estoit de grosse importance au duc
de Ferrare, qui estoit ung gentil prince, saige
et vigillant à la guerre, et qui sçet quasi tous
les sept ars libéraulx, et plusieurs autres choses
mécaniques, comme fondre artillerie, dont il
est aussi bien garny que prince son pareil de
tout le monde, et si en sçet très-bien tirer,
faire les affutz et les boulletz. Or laissons ses
vertus là, car assez en avoit et a encores. Par
l'advis des cappitaines françois il envoya à la
Myrandolle les deux canonniers et les cent compaignons qu'on demandoit; et avecques eulx
allèrent deux jeunes gentilz-hommes, l'ung du
Dauphiné, appellé Monchenu, nepveu du seigneur de Montoison, et l'autre nepveu du seigneur Du Lude, qu'on appelloit Chantemerle,
du pays de la Beausse, ausquelz, au partir, le
bon Chevalier sans paour et sans reprouche
dist : « Mes enfans, vous allez au service des
» dames; monstrez-vous gentilz compaignons
» pour acquérir leur grâce, et faites parler de
» vous. La place où vous allez est très-bonne et
» forte; si le siége y vient, vous aurez honneur
» à la garder. » Et plusieurs autres joyeulx
propos leur disoit le bon Chevalier, pour leur
mettre le cueur ou ventre. Si monta luy-mesmes
à cheval avecques sa compaignie, pour leur
faire escorte; et si bien les conduysit qu'ilz entrèrent dedans la ville où ilz furent receuz de la

contesse et du conte Alexandre très-honnestement. Ilz n'y furent jamais trois jours que le siége ne feust devant, et l'artillerie plantée sur le bort du fossé, qui commença à tirer fort et royde. Et ceux de la ville, qui ne monstroient pas tiltre d'esbahissement, leur rendoient la pareille au mieulx qu'ilz povoient.

Le bon Chevalier, qui ne plaignit jamais argent pour sçavoir que faisoient ses ennemys, avoit ses espies, qui souvent luy rapportoient nouvelles du camp et du Pape, qui estoit encores à Sainct-Félix, et comment il se délibéroit de partir dedans ung jour ou deux pour aller au siége qu'il avoit fait metre devant la Myrandolle. Il renvoya encore ung desdits espies à Sainct-Félix, dont ils n'estoient que à dix milles, pour entendre au vray quant le Pape partiroit. Il fist si bonne inquisition, qu'il sceut pour vray que le lendemain vroit en son camp. Si en vint advertir le bon Chevalier, qui en fut bien ayse, car il avoit telle chose pensée, qu'il espéroit prendre le Pape et tous ses cardinaulx; ce qu'il eust fait, n'eust esté ung inconvénient qui advint, comme vous orrez.

CHAPITRE XLIII.

Comment le bon Chevalier sans paour et sans reprouche cuyda prendre le Pape entre Sainct-Félix et la Myrandolle; et à quoy il tint.

Le bon Chevalier s'en vint au duc de Ferrare et au seigneur de Montoison, ausquelz il dist : « Messeigneurs, je suis adverty que de-
» main matin le Pape veult desloger de Sainct-
» Félix pour aller à la Myrandolle : il y a six
» grans milles de l'ung à l'autre. J'ay advisé une
» chose, si la trouvez bonne, dont il sera mé-
» moire d'icy à cent ans. A deux milles de
» Sainct-Félix y a deux ou trois beaulx palais
» qui sont habandonnez pour l'occasion de la
» guerre; je suis délibéré toute ceste nuyt m'en
» aller loger avec cent hommes-d'armes; sans
» paige ne varlet, dedans l'ung de ces palais; et
» demain au matin, quand le Pape deslogera
» de Sainct-Félix (je suis informé qu'il n'a que
» ses cardinaulx, évesques et prothonotaires,
» et bien cent chevaulx de sa garde), je sorti-
» ray de mon embusche, et n'y aura nulle faulte
» que je ne l'empoigne; car l'alarme ne sçau-
» roit estre si tost au camp que je ne me sauve,
» veu qu'il n'y a que dix milles d'icy là; et pre-
» nez le cas que je feusse poursuivy, vous, Mon-
» seigneur, dist-il au duc de Ferrare, et mon-
» seigneur de Montoison, passerez le matin le
» pont aveques tout le reste de la gendarme-
» rie, et me viendrez attendre à quatre ou cinq
» milles d'icy pour me recueillir, si par cas fortuit m'advenoit inconvénient. »

Oncques chose ne fut trouvée meilleure que la parolle du bon Chevalier; ne restoit que à l'exécuter : ce que guères ne tarda, car toute la nuyt, après avoir bien fait repaistre les chevaulx, print cent hommes-d'armes, tous esleuz; et puis après que chascun fut en ordre, comme pour attendre le choc, s'en va aveques son espie, le beau pas, droit à ce petit village. Si bien luy advint qu'il ne trouva homme ne femme pour estre descouvert, et se logea environ une heure devant jour. Le Pape, qui estoit assez matineux, estoit desjà levé; et quant il veit le jour, monta en sa lictière pour tirer droit en son camp. Et devant estoient prothonotaires, clercs et officiers de toutes sortes, qui alloient pour prendre le logis, et sans penser aucune chose s'estoient mis à chemin.

Quant le bon Chevalier les entendit, ne fist autre demeure, ains sortit de son embusche, et vint charger sur les rustres qui, comme fort effrayez de l'alarme, retournèrent, picquans à bride abatuë, dont ilz estoient partiz, crians : *Alarme, Alarme!* mais tout cela n'eust de riens servy. Le Pape, ses cardinaulx et évesques eussent esté prins, sans ung inconvénient qui fut très-bon pour le Sainct-Père, et fort malheureux pour le bon Chevalier : c'est qu'ainsi que le Pape fut monté en sa lictière, et sorty hors du chemin de Sainct-Félix, ne fut pas à ung gect de boulle, qu'il ne tumbast du ciel la plus aspre et véhémente neige qu'on eust veu cent ans devant : mais c'estoit par telle impétuosité, que l'on ne voyoit pas l'ung l'autre. Le cardinal de Pavye, qui estoit alors tout le gouvernement du Pape, luy dist : « *Pater Sancte*, il n'est pas possible
» d'aller par ce pays pendant que cecy durera;
» il est plus que nécessaire, et me semble que
» devez sans tirer oultre, retourner; » ce que le Pape accorda, qui ne sçavoit riens de l'embusche; et de malheur, ainsy que les fuyans retournoient, et le bon Chevalier à pointe d'espron les chassoit, sans se vouloir arrester à prendre personne, car là ne s'estendoit point son courage, sur le point qu'il arrivoit à Sainct-Félix, le Pape ne faisoit qu'entrer dedans le chasteau; lequel, au cry qu'il ouyt, eut telle frayeur, que subitement et sans ayde sortit de sa lictière, et luy-mesme ayda à lever le pont; qui fut fait d'homme de bon esperit, car s'il eust autant demouré qu'on mectroit à dire ung *Pater noster*, il estoit croqué.

Qui fut bien marry ce fut le bon Chevalier; car, encores qu'il sceust le chasteau n'estre guères fort, et qu'en ung quart d'heure se pourroit prendre, si n'avoit-il nulle pièce d'artillerie; et puis d'ung autre costé pensoit bien qu'il seroit descouvert incontinent à ceulx du camp de la Myrandolle, qui luy pourroient faire recevoir une honte. Si se mist au retour, après qu'il eut pris tant de prisonniers qu'il voulut; où entre autres y avoit deux évesques portatifs, et force muletz de cariage que ses gens-d'armes emmenèrent. Mais oncques homme ne retourna si mélancolié qu'il estoit d'avoir failly si belle prinse, combien que ce ne fut pas sa faulte, car jamais entreprinse ne fut mieulx ne plus subtilement conduicte. Quant il fut arrivé vers le duc de Ferrare, le seigneur de Montoison et ses autres compaignons, qu'il trouva à six milles de leur pont pour le recevoir et secourir si besoing en eust eu, et qu'il leur eut compté sa deffortune, furent bien marris; toutesfois ilz le reconfortèrent le mieulx qu'ilz peurent, luy remonstrant que la faulte n'estoit pas venue de luy, et que jamais homme ne fist mieulx. Ainsi l'emmenèrent, tousjours devisans de joyeuses parolles, et preschans avecques leurs prisonniers, dont dessus le chemin en renvoyèrent à pied la pluspart. Les deux évesques payèrent quelque légière rançon, et puis s'en retournèrent.

Le Pape demoura dedans le chasteau de Sainct-Félix, lequel, de la belle paour qu'il avoit eue, trembla la fiebvre tout au long du jour, et la nuyt manda son nepveu le duc d'Urbin, qui le vint quérir avecques quatre cens hommes-d'armes, et le mena vers son siége, où il fut tant que la Myrandolle fut prise. Bien y demoura trois sepmaines devant, et ne l'eust jamais eue sans ung inconvénient qui advint: c'est qu'il neigea bien six jours et six nuytz sans cesser, et tellement que la neige estoit dedans le camp, de la haulteur d'ung homme. Après la neige il géla si fort que les fossez de la Myrandolle le furent de plus de deux grands piedz; en sorte que dessus le bort tumba ung canon avecques son affust, qui ne rompit point la glace. L'artillerie du Pape avoit fait deux bonnes et grandes berches. Ceulx qui estoient dedans n'espéroient aucunement que de part du monde on leur allast lever le siége; car le seigneur de Chaumont, grant maistre de France, et gouverneur de Milan, avecques le reste de l'armée du Roy son maistre, se tenoit à Rége, laquelle il faisoit remparer chascun jour, doubtant que le Pape, après la prise de la Myrandolle, n'allast là; lequel avoit grosse puissance, car la pluspart de l'armée du roy d'Espagne estoit avecques luy, et celle des Véniciens, qui jà avoient prins son aliance. Si eut conseil le conte Alexandre et la contesse de rendre la ville, les vies franches; mais le Pape vouloit tout avoir à sa mercy. Toutesfois cela se traicta par le moyen du duc d'Urbin, qui avoit tousjours le cueur françois, car le roy de France Loys douziesme l'avoit nourry en jeunesse, et sans luy le Sainct-Père n'eust pas esté si gracieux.

Quant les nouvelles de la prise de la Myrandolle furent sceues ou camp du duc de Ferrare, toute la compaignie en fut desplaisante à merveilles. Le duc se doubta que bientost seroit assiégé à Ferrare. Si deffist son pont et se retira avecques toute son armée en sa ville, délibéré jusques au derrenier jour de sa vie la garder. Le Pape ne daigna entrer dedans la ville de la Myrandolle par la porte: il fist faire ung pont par dessus le fossé, sur lequel y passa, et entra dedans par une des berches. Il s'y tint quelques jours, où par tous les moyens du monde advisoit comment il pourroit dommager le duc de Ferrare.

⟨∞⟩

CHAPITRE XLIV.

Comment le Pape envoya une bende de sept à huyt mille hommes devant une place du duc de Ferrare, nommée la Bastide; et comment ilz furent deffaictz, par l'advis du bon Chevalier sans paour et sans reprouche.

Quant le Pape fut dedans la Myrandolle, fist ung jour assembler son nepveu et tous les cappitaines, tant de cheval que de pied, ausquelz il dist comment il vouloit, sans plus autre chose entreprendre, aller mettre le siége devant Ferrare. Si vouloit sur ce avoir leur advis, et comment la chose se pourroit le plus seurement conduire; car il sçavoit ladicte ville forte à merveilles, bien garnye de bonnes gens de guerre et d'artillerie, et que à grant peine, sans faulte de vivres, l'auroit-il qu'elle ne luy coustast beaucoup: mais par ce point les feroit-il venir à la raison, considéré qu'il avoit le moyen de leur coupper le passage du Pau; que au dessus de Ferrare ne leur viendroit riens; et du dessoubz, que les Véniciens aussi garderoient bien qu'ilz n'en auroient point. Il n'y eut celluy qui n'en dist son opinion, tant que ce fut à parler à ung cappitaine de la seigneurie de Venise, qu'on appelloit Jehan Fort, qui en son langaige, et en s'adressant au Pape, dist: « Très Sainct-Père,

» j'ay ouy les oppinions de tous messeigneurs
» qui sont icy en présence ; et, à les ouyr, con-
» cluent, suyvant ce qu'avez proposé, que en
» gardant que par le Pau n'entrent vivres de-
» dans Ferrare, et que par l'isle soit assiégée,
» en peu de jours sera affamée. Je congnois le
» pays, et en a beaucoup et de bon le duc de
» Ferrare : par Argente luy pourront vivres
» venir, et en habondance, mais à cela pourvoy-
» roit-on bien. D'autre part, il a ung pays qu'on
» appelle le Polesme de Sainct-George, qui tant
» est garny de biens, que quant d'ailleurs n'en
» viendroit à Ferrare, il est suffisant la nourrir
» ung an ; et est bien difficille de garder qu'il
» n'en eust de là sans prendre une place à vingt
» et cinq milles dudit Ferrare, qu'on appelle la
» Bastide : mais si elle estoit prise, je tiendrois
» la ville affamée en deux moys, au grant peu-
» ple qui est dedans. »

A grant peine eut le cappitaine Jehan Fort
achevé son propos, que le Pape ne dist : « Or
» acoup il faut avoir ceste place ; je ne seray
» jamais à mon aise qu'elle ne soit prise. » Si
furent ordonnez deux cappitaines espaignolz
avecques deux cens hommes-d'armes, ce cappitaine Jehan Fort avecques cinq cens chevaulx-
légiers et cinq ou six mille hommes de pied,
pour aller exécuter ceste entreprise, acompaignez de six pièces de grosse artillerie. Eulx
assemblez, se mirent à chemin, et allèrent
sans rencontre trouver jusques devant la place.
Quant le cappitaine qui en avoit la garde veit
si grosse puissance, eut frayeur, et non sans
cause, car il n'estoit pas à l'heure fort bien
garny de gens de guerre : toutesfois il délibéra
de faire son debvoir, et d'advertir le duc son
maistre de son inconvénient. Les gens du Pape
ne firent autre sejour, sinon, après eulx estre
logez, asseoir leur artillerie ; et commencea à
batre la place à force. Le cappitaine avoit fait
secrettement partir ung homme par lequel il
mandoit au duc son affaire, et que s'il n'estoit
secouru en vingt et quatre heures, il se voyoit
en dur party, parce qu'il n'avoit pas gens dedans pour deffendre à la puissance qu'il avoit
devant luy. Le messager fist extrême diligence,
et fut environ midy à Ferrare ; ainsi ne mist
point six heures.

Le bon Chevalier estoit allé à l'esbat à une
porte par où entra le messagier, qui fut enquis
à qui il estoit, et amené devant luy, qui luy
demanda dont il venoit, lequel respondit asseuréement : « Monseigneur, je viens de la Bas-
» tide, laquelle est assiégée de sept ou huyt
» mille hommes ; et m'envoye le cappitaine dire
» au duc que s'il n'est secouru, il ne sçauroit

» tenir demain tout au long du jour, au moins
» s'ilz luy livrent assault. — Comment, mon
» amy, est si mauvaise la place ? — Non, dist le
» messagier, ains une des bonnes d'Italye ; mais
» il n'a que vingt-cinq hommes de guerre de-
» dans, qui n'est pas pour la deffendre contre la
» force des ennemys. — Or, venez doncques,
» mon amy, je vous meneray devers le duc. »
Ilz estoient luy et le seigneur de Montoison ensemble sur leurs mules en la place de la ville,
devisans des affaires. Ilz veirent venir le bon
Chevalier, qui amenoit cest homme, et eurent
ymagination que c'estoit une espie. Si dist le
seigneur de Montoison, s'adressant au bon
Chevalier : « Mon compaignon, vous aymeriez
» mieulx estre mort, que ne feissiez tous les
» jours quelque prinse sur noz ennemys ; com-
» bien vous payera ce prisonnier pour sa ran-
» çon ? — Sur ma foy, respondit le bon Cheva-
» lier, il est des nostres, et nous apporte
» d'estranges nouvelles, comme il dira à mon-
» seigneur. » Lors le duc l'enquist, et puis regarda les lettres que le cappitaine de La Bastide
luy escripvoit. En les lisant, chascun le voyoit
blesmir et changer de couleur ; et quand il eut
achevé de lire, haulsa les espaules, et dist :
« Si je pers la Bastide, je puis bien haban-
» donner Ferrare, et je ne voy pas bien le
» moyen qu'elle soit secourue dedans le terme
» que celluy qui est dedans me rescript ; car il
» demande secours dedans demain pour tout le
» jour, et il est impossible. — Pourquoy ? res-
» pondit le seigneur de Montoison. — Dist le
» duc : Parce qu'il y a vingt et cinq milles
» d'ici là ; et davantage, au temps qu'il fait, il
» fault passer par ung chemin où, l'espace de
» demy-mille, fault aller l'ung après l'autre. Et
» encores y a-il une autre chose, c'est que si
» noz ennemys estoient advertis d'ung passage
» qu'il y a, vingt hommes garderoient dix mille
» de passer ; mais je croy qu'ilz ne le sçavent
» pas. »

Quant le bon Chevalier sans paour et sans
reproche veit le duc ainsi esbahy, et non sans
cause, luy dist : « Monseigneur, quant il est
» question de peu de chose, la fortune est aisée
» à passer ; mais quant il y va de sa destruction,
» on y doit pourveoir par tous les moyens qu'il
» est possible. Les ennemys sont devant la
» Bastide, et cuydent estre bien asseurez, par-
» ce que, au moyen de ce que la grosse armée
» du Pape est près d'icy, leur est advis que
» n'oserions partir ceste ville pour leur aller
» lever le siége. J'ay pensé une chose qui sera
» fort aisée à exécuter ; et si le malheur n'est
» trop contre nous, en viendrons à honneur.

» Vous avez en ceste ville quatre ou cinq mille
» hommes de pied, gentilz compaignons et gens
» aguerriz le possible. Prenons-en deux mille,
» aveecques les huyt cens Suisses du cappitaine
» Jacob, et les faisons, sur la nuyt, en bateaulx
» mettre sur l'eaue. Vous estes encores seigneur
» du Pau jusques à Argente. Ilz nous yront at-
» tendre à ce passage que vous dictes. S'ilz y
» sont les premiers, ilz le prendront, et la gen-
» darmerie qui est en ceste ville yra par terre
» toute ceste nuyt. Nous aurons bonnes guydes,
» et ferons de façon que y serons au point du
» jour; et ainsi nous joindrons les ungs avecques
» les autres. Noz ennemys ne se doubteront ja-
» mais de ceste entreprinse. Il n'y a du passage
» que vous dictes sinon trois milles, ou moins
» encores, jusques à la Bastide. Devant qu'ilz
» se soient mis en ordre de combatre, leur
» yrons livrer la bataille aigrement; et le cueur
» me dit que nous les defferons. »

S'on eust donné cent mille escuz au duc, n'eust pas esté plus joyeux. Si respondit en soubzriant : « Par ma foy, Monseigneur de » Bayart, il ne vous est riens impossible; mais » je vous prometz, sur mon honneur, que si » messeigneurs qui sont icy trouvent vostre op- » pinion bonne, je me fais doubte que ne facions » de noz ennemys ce que vous dictes; et de ma » part les en supplie tant que je puis. » Lors mist le bonnet hors de la teste.

Le seigneur de Montoison, hardy et vertueux cappitaine respondit : « Monseigneur, nous n'a- » vons mestier de prieres en vostre endroit, et » ferons ce que commanderez, car ainsi l'avons » en charge du Roy nostre maistre. » Autant en dirent le seigneur Du Lude et le cappitaine Fontrailles, bien déliberez de faire leur debvoir. Ilz envoyèrent quérir les cappitaines des gens de pied, ausquelz ilz déclairèrent l'affaire, qui leur fut advis estre en paradis. Le duc fist se- crètement apprester force barques, sans bruyt quelconque; car il y avoit des gens en la ville qui estoient fort bons papalistes. Les barques prestes sur le soir, se mirent les gens de pied dedans, qui eurent bons et seurs mariniers.

Les gens de cheval, où le duc estoit en per- sonne, partirent sur le commencement de la nuyt. Ilz avoient bonnes guydes, et, quelque mauvais temps qu'il fist, furent seurement con- duytz; et si bien leur advint que demye-heure devant jour arrivèrent lesditz gens de cheval au passage, où ilz ne trouvèrent nul empesche- ment, dont ilz furent très-joyeulx; et ne de- moura pas demye-heure que les barques, les- quelles amenoient les gens de pied, n'arri- vassent. Si descendirent, et puis après le petit pas allèrent droit à ce mauvais passage, qui estoit ung petit pont où ne povoit passer que ung homme-d'armes de front; et estoit sur ung canal assez profond, entre le Pau et la Bastide. Ilz misrent bien une grosse heure à passer, tellement qu'il estoit jour tout cler, dont le duc eut mauvaise oppinion : et par ce qu'il n'oyoit point tirer l'artillerie, doubtoit que sa place feust perdue. Mais ainsi qu'il en parloit aux cappitaines françois, va ouyr trois coups de ca- nons tout d'une bende, dont luy et toute la belle et bonne compaignie furent fort joyeulx. Il n'y avoit pas plus d'ung mille jusques aux ennemys.

Si commença à dire le bon Chevalier : « Messeigneurs, j'ay ouy tousjours dire que » celluy est fol qui n'estime son ennemy. Nous » sommes près des nostres; ilz sont trois contre » ung. S'ilz sçavoient nostre entreprise, sans » nulle faulte nous aurions de l'affaire et beau- » coup; car ilz ont artillerie, et nous n'en » avons point. Davantage, j'ay entendu que ce » qui est devant la Bastille est toute la fleur de » l'armée du Pape; il les fault prendre en dé- » sarroy qui pourra. Je suis d'oppinion que le » bastard du Fay, mon guydon, qui est homme » sçavant en telles matières, par le costé où sont » venuz les ennemys leur aille dresser l'alarme » avecques quinze ou vingt chevaulx; et le cap- » pitaine Pierrepont sera à ung gect d'arc avec- » ques cent hommes-d'armes, pour luy tenir » escorte s'il est repoussé; et luy baillerons » le cappitaine Jacob Zemberc avecques ses » Suysses. Vous, Monseigneur, dist-il au duc, » monseigneur de Montoison, messeigneurs mes » compaignons et moy, yrons droit au siége, où » je yray devant leur faire ung alarme. Si celluy » du bastard du Fay est premier dressé, et ilz » voisent tous là, nous les enclorrons entre luy » et nous; et si le nostre est le premier levé, le » cappitaine Pierrepont et sa bende de Suysses » en feront autant de leur costé. Cela les eston- » nera tant, qu'ilz ne sçauront que faire; car » ilz estimeront que nous soyons trois fois plus » de gens que ne sommes, et surtout que toutes » noz trompettes sonnent à l'aborder. »

Oncques chose ne fut trouvée meilleure; car il fault que tous lisans ceste histoire sachent que ce bon Chevalier estoit ung vray registre des batailles; parquoy tout homme, pour sa grande expérience, se tenoit à ce qu'il disoit. Or venons au point. Les deux bendes deslo- gèrent : l'une alla par le chemin qu'estoient venuz les ennemys, ainsi que ordonné avoit esté, et les autres droit à la place; laquelle ilz approchèrent, sans estre aucunement apperceuz, de la portée d'ung canon en bute. Si dressa le bastard Du Fay ung aspre et chault alarme, qui estonna merveilleusement ceulx du camp : toutesfois ilz commencèrent à eulx armer, monter à cheval, et aller droit où estoit ledit alarme. Leurs gens de pied se mettoient ce pendant en bataille ; et s'ilz se feussent une fois rengez tous ensemble, il y eust eu combat mortel et dangereux pour les Ferraroys, pour le gros nombre qu'ilz estoient. Mais deux inconvéniens leur advinrent tout à ung coup : c'est que quant ceulx qui repoussoient le bastard Du Fay furent à deux cens pas loing, rencontrèrent le cappitaine Pierrepont, qui les rembarra à merveilles, et donna dedans eulx fièrement.

Les Suysses commencèrent à marcher, qui desjà vindrent trouver leurs gens de pied en bataille, et en gros nombre, comme de cinq à six mille. Si furent lourdement repoussez lesditz Suysses, et eussent esté rompuz n'eust esté la gendarmerie qui les secourut, laquelle donna aux ennemys par les flancs. Ce pendant vont arriver le duc, les seigneurs de Montoison, Du Lude, de Fontrailles et le bon Chevalier, avecques leurs gens de cheval et deux mille hommes de pied, qui par le derrière vont envahir lesditz ennemys, de sorte que tout fut poussé par terre. Le cappitaine Fontrailles et le bon Chevalier apperceurent une troppe de gens de cheval en nombre de trois à quatre cens, qui se vouloient ralyer ensemble. Si appellèrent leurs enseignes, et tournèrent ceste part ; et en cryant *France, France ! duc, duc !* les chargèrent en façon que la pluspart alla par terre.

Lesditz ennemys combatirent une bonne heure, mais enfin perdirent le camp, et qui se peut saulver se saulva ; mais il n'y en eut pas beaucoup. Le duc et les François y firent une merveilleuse boucherie, car il mourut plus de quatre ou cinq mille hommes de pied, plus de soixante hommes-d'armes, et plus de trois cens chevaulx prins, ensemble tout leur bagage et artillerie : tellement qu'il n'y avoit celluy qui ne feust bien empesché d'emmener son butin. Je ne sçay comment les cronicqueurs et historiens n'ont autrement parlé de ceste belle bataille de la Bastide ; mais cent ans devant n'en avoit point esté de mieulx combatue, ne à plus grant hasart. Toutesfois ainsi le convenait faire, ou le duc et les François estoient perduz, lesquelz s'en retournèrent glorieux et triumphans dedans la ville, où ung chascun leur donnoit louenge inestimable. Sur toutes personnes, la bonne duchesse, qui estoit une perle en ce monde, leur fist singulier recueil ; et tous les jours leur faisoit banquetz et festins à la mode d'Ytalie, tant beaulx que merveilles. Bien osé dire que de son temps, ne beaucoup devant, ne s'est point trouvé de plus triumphante princesse ; car elle estoit belle, bonne, doulce et courtoise à toutes gens. Elle parloit espaignol, grec, ytalien et françois, quelque peu très-bon latin, et composoit en toutes ces langues ; et n'est rien si certain que combien que son mary feust sage et hardy prince, ladicte dame, par sa bonne grâce, a esté cause de luy avoir fait faire de bons et grans services.

CHAPITRE XLV.

De la mort du seigneur de Montoison ; et de plusieurs menées que firent le pape Julles et le duc de Ferrare l'ung contre l'autre, où le bon Chevalier se monstra vertueux.

Après ceste gaillarde bataille de la Bastide, le gentil seigneur de Montoison ne vesquit guères ; car une flèvre continue l'empoigna, qui ne le laissa jusques à la mort : ce fut ung gros dommage, et y fist France lourde perte. Il avoit esté en sa vie ung des acomplis gentilz-hommes qu'on eust sceu trouver, et avoit fait de belles choses, tant en Picardie, Bretaigne, Naples, que Lombardie. C'estoit ung droit esmérillon, vigillant sans cesse, et quant il estoit en guerre, tousjours le cul sur la selle : au moyen de quoy estoit à l'heure de son trespas fort usé et cassé ; mais tant proprement et mignonnement se contenoit, qu'il sembloit ung homme de trente ans. De sa piteuse desconvenue furent le duc, la duchesse de Ferrare, le bon Chevalier et tous les autres cappitaines françois si très-dolens que merveilles. Mais c'est une chose où on ne peult remédier.

Le Pape estoit encores à la Myrandolle, que quant il sceut les nouvelles de La Bastide et la deffaicte de ses gens, cuyda désespérer, et jura Dieu qu'il s'en vengeroit, et que pour cela ne demoureroit point qu'il n'allast assiéger Ferrare, à quoy soubdainement vouloit entendre ; mais les cappitaines et gens de guerre qu'il avoit avecques luy, mesmement le duc d'Urbin, son nepveu, qui eust bien voulu que le roy de France et luy eussent esté amys, l'en destournoient tant qu'ilz povoient, luy remonstrant que Ferrare, garnye comme elle estoit, et de telz cappitaines, mesmement le bon Chevalier, à qui nul ne se comparoit, ne se prendroit pas aisément ; et que si son armée entroit en l'isle pour l'assiéger, vivres y viendroient à grant peine. Ce conseil ne trouvoit pas bon le Pape, car cent fois le jour disoit : *Ferrare, Ferrare, t'avro al corpo de Dio.* Si s'advisa d'ung autre moyen, et mist en son entendement qu'il praticqueroit quelques gentilz-hommes de la ville, par le moyen desquelz il la pourroit avoir, car d'une nuyt luy pourroient livrer une porte par où ses gens entreroient. Il y envoya plusieurs espies, et avoient charge de parler à aucuns gentilz-hommes : mais le duc et le bon Chevalier faisoient faire si bon guet, qu'il n'en entroit pas ung qui ne feust empoigné, et en fut pendu six ou sept. Toutesfois le duc fut en souspeçon d'aucuns gentilz-hommes de sa ville, lesquelz il fist mettre prisonniers par adventure à tort, entre lesquelz fut le conte Boors Calcagnyn, qui avoit logé chez luy le bon Chevalier, qui fut desplaisant de sa détencion : mais parce que les choses estoient fort doubteuses, ne s'en voulut mesler que bien à point.

Quant le Pape veit qu'il ne viendroit point à ses attainctes par ce moyen, s'advisa d'une terrible chose ; car il mist en son entendement, pour se venger des François, qu'il praticqueroit le duc de Ferrare. Il avoit ung gentil-homme lodezan, du duché de Milan, à son service, qu'on appelloit messire Augustin Guerlo ; mais il changeoit son nom. C'estoit ung grant faiseur de menées et de trahysons, dont mal luy en print à la fin, car le seigneur d'Aubigny luy fist coupper la teste dedans Bresse, où il le voulut trahir. Ung jour fut appellé ce messire Augustin par le Pape, lequel luy dist : « Vienca, » il fault que tu me faces ung service. Tu t'en » yras à Ferrare, devers le duc, auquel tu di- » ras que s'il se veult despescher des François » et demourer mon alyé, je luy bailleray une » de mes niepces pour son filz aisné, le quic- » teray de toutes querelles, et davantage le fe- » ray confanonnyer et cappitaine général de » l'Église. Il ne fault sinon qu'il dye aux Fran- » çois qu'il n'a plus que faire d'eulx, et qu'ilz se » retirent. Je suis asseuré qu'ilz ne sçauroient » passer en lieu du monde que je ne les aye à » ma mercy, et n'en eschappera pas ung. »

Ce messager, qui ne demandoit que telles commissions, dist qu'il feroit fort bien l'affaire ; et s'en alla à Ferrare droit s'adresser au duc, qui estoit ung sage et subtil prince, et lequel escouta très-bien le galant, faisant myne qu'il entendroit voulentiers à ce que le Pape luy mandoit : mais il eust mieulx aymé estre mort de cent mille mors, car trop avoit le cueur noble et gentil. Bien le monstra, parce que, après avoir fait faire bonne chière à messire Augustin, et icelluy enfermé en une chambre dedans son palais, dont il print la clef, s'en vint avecques ung gentil-homme seulement au logis du bon Chevalier, auquel, de point en point, compta tout l'affaire, qui se seigna plusieurs fois, et ne povoit penser que le Pape eust si meschant vouloir d'achever ce qu'il mandoit. Mais le duc luy dist qu'il n'estoit riens si vray, et que s'il vouloit, le mettroit bien en ung cabinet dedans son palais, où il entendroit toutes les parolles que le galant luy avoit dictes. Toutesfois, il sçavoit que ce n'estoit point mensonge, aux enseignes mesmes qu'il luy avoit baillées ; mais que plustost aymeroit estre tout vif desmembré à quatre chevaulx, que d'avoir seulement pensé consentir à une si grande lascheté, remonstrant de combien il estoit tenu à la maison de France, et que à son grant besoing le Roy l'avoit si bien secouru.

Le bon chevalier disoit : « Monseigneur, il » n'est jà besoing vous excuser de cela ; je vous » congnois assez. Sur mon ame, je tiens mes » compaignons et moy aussi asseurez en ceste » vostre ville, que si nous estions dedans Pa- » ris, et n'ay pas paour, aydant Dieu, que au- » cun inconvénient nous adviengne, au moins » que ce soit de vostre consentement. — Mon- » seigneur de Bayart, dist le duc, si nous fai- » sions une chose ? Le Pape veult icy user d'une » meschanceté ; il luy fault donner la pareille. » Je m'en vois encores parler à son homme, et » verray si je le pourrai gaigner et tirer à ma » cordelle, de façon qu'il nous puisse faire » quelque bon tour. — C'est bien dit, respon- » dit le bon Chevalier. » Et sur ces parolles s'en retourna le duc en son palais, tout droit en la chambre où il avoit laissé messire Augustin Guerlo ; auquel de bien loing entama plusieurs propos, et de plusieurs sortes, pour venir à son poinct, qu'il sceut très-bien faire venir en jeu quant temps fut, comme vous orrez, disant : « Messire Augustin, j'ay pensé toute » ceste matinée au propos que me mande le » Pape, où je ne puis trouver fondement ne » grant moyen, pour deux raisons : l'une, que » je ne me doy jamais fier de luy, car il a dit » tant de fois que s'il me tenoit qu'il me feroit » mourir, et que j'estoye l'homme vivant qu'il » hayoit le plus ; et scay bien qu'il n'y a chose » en ce monde qu'il désire autant que d'avoir » ceste ville et mes autres terres, parquoy je » ne voy point d'ordre que je deusse avoir seu- » reté en luy : l'autre, que si je dis au seigneur » de Bayart à présent que je n'ay plus que faire » de luy ny de ses compaignons, que pourra-il » penser ? Une fois il est plus fort en la ville que » je ne suis : peult-estre qu'il me respondra que

» voulentiers en advertira le roy de France son
» maistre, ou monseigneur le grant maistre,
» son lieutenant-général deçà les montz, qui
» cy l'a envoyé; et selon leur response, il verra
» qu'il aura à faire. En ces entrefaictes seroit
» grandement difficile qu'ilz ne congneussent
» mon faict; et par ainsi, comme la raison se-
» roit, comme ung meschant m'abandonne-
» roient, et je demourerois entre deux selles le
» cul à terre, dont je n'ay pas besoing. Mais,
» messire Augustin, le Pape est d'une terrible
» nature, comme assez sçavez, colère et vin-
» dicatif au possible; et quelque chose qu'il
» vous déclaire de ses secretz affaires, ung de
» ces matins vous fera faire quelque mauvais
» tour, et m'en croyez. Oultre plus, s'il vient à
» mourir, qu'esse que de ses serviteurs? Ung
» autre pape viendra, qui n'en retirera pas
» ung ; et est ung très-mauvais service, qui ne
» veult estre d'Eglise. Vous sçavez que j'ay des
» biens, et beaucoup, grâces à Nostre-Sei-
» gneur : si vous me voulez faire quelque bon
» service, et m'ayder à me deffaire de mon en-
» nemy, je vous donneray si bon présent et as-
» signeray si bonne intrade, que toute vostre
» vie serez à vostre aise; et en soyez hardye-
» ment asseuré. »

Le lasche et meschant paillart avaricieux, quant il eut entendu le duc parler, son cueur mua soubdainement, et respondit, quasi gaigné: « Sur mon ame, Monseigneur, vous dictes vé-
» rité; aussi y a-il plus de six ans que j'avoye
» vouloir d'estre à vostre service. Je vous veux
» bien asseurer qu'il n'y a homme, à l'entour de
» la personne du Pape, qui puisse mieulx faire
» ce que demandez que moy; car la nuyt et le
» jour je suis auprès de luy, et bien souvent
» prent sa colacion de ma main, qu'il n'y a que
» nous deux quant il me devise de ses trafiques.
» Si vous me voulez bien traicter, devant qu'il
» soit huyt jours il ne sera pas en vie; et ne veulx
» riens que je n'aye fait ce que je vous promets.
» Ainsi, Monseigneur, je vouldrois bien n'estre
» point mocqué après. — Non, non, dist le duc,
» sur mon honneur. »

Si convindrent de marché devant que partir de là : ce fut que le duc luy bailleroit deux mille ducatz content, et cinq cens ducatz d'intrade. Ce faict, fut messire Augustin tousjours bien traicté, que le duc laissa en sa chambre, et retourna devers le bon Chevalier, qui s'estoit allé esbattre sur les rempars de la ville, et s'amusoit à faire nectoyer une canonnière. Il veit venir le duc, au devant duquel il alla, et se prindrent par la main ; et eulx se promenans sur les remparts, loing de gens, commença le duc à dire :

« Monseigneur de Bayart, il ne fut jamais au-
» trement que les trompeurs en fin ne feussent
» trompez. Vous avez bien entendu la meschan-
» ceté que le Pape m'a voulu faire faire vers vous
» et les François qui sont icy; et à ceste occa-
» sion m'a envoyé ung homme, comme sçavez.
» Je l'ai si bien gaigné, et renversé son propos,
» qu'il fera du Pape ce qu'il vouloit faire de
» vous; car dedans huyt jours, pour le plus-
» tard, m'a asseuré qu'il ne sera pas en vie. »

Le bon Chevalier, qui n'eust jamais pensé au faict, respondit : « Comment cela, Monseigneur?
» il a doncques parlé à Dieu? — Ne vous souciez,
» dist le duc; mais il sera ainsi. » Et tant vindrent de parolle en parolle, qu'il luy dist que messire Augustin luy avoit promis d'empoisonner le Pape; desquelles parolles le bon Chevalier se seigna plus de dix fois, et en regardant le duc luy dist : « Hé, Monseigneur, je ne croy-
» roye jamais que ung si gentil prince comme
» vous estes consentist à une si grande trahyson ;
» et quant je le sçauroye, de vray je vous jure
» mon ame que, devant qu'il feust nuyt, en ad-
» vertiroye le Pape; car je crois que Dieu ne
» pardonneroit jamais ung si horrible cas. » —
Comment dist le duc, il en a bien autant voulu
» faire de vous et de moy ; et jà sçavez-vous que
» nous avons fait pendre sept ou huyt espies ?
» — Il ne m'en chault, dist le bon Chevalier;
» il est lieutenant de Dieu en terre, et le faire
» mourir d'une telle sorte, jamais ne m'y con-
» sentiroye. » Le duc haulsa les espaulles, et en crachant contre terre dist ces parolles : « Par le
» corps de Dieu, monseigneur de Bayart, je
» vouldrois avoir tué tous mes ennemys en fai-
» sant ainsi ; mais puisque ne le trouvez pas bon,
» la chose demourera, dont, si Dieu n'y mect
» remède, vous et moy nous repentirons. —
» Nous ferons, si Dieu plaist, dist le bon Che-
» valier. Mais je vous prie, Monseigneur, bail-
» lez-moy le galant qui veult faire ce beau chef-
» d'œuvre ; et si je ne le fais pendre dedans une
» heure, que je le soye en son lieu. — Non,
» monseigneur de Bayart, dist le duc, je l'ai
» asseuré de sa personne ; mais je le vois ren-
» voyer : » ce qu'il fist incontinent qu'il fut retourné à son palais. Je ne sçay, quant il fut devers le Pape, qu'il fist ne qu'il dist ; mais il n'exécuta nulles de ses entreprinses. Si demoura-il tousjours à l'entour de la personne du Sainct-Père, qui estoit bien marry de ne povoir trover moyen de venir au dessus de ses affaires. Il fut encores quelque temps à la Myrandolle, et là à l'entour ; puis se retira à Boulongne, et fist loger son armée ès garnisons vers Modène.

Environ ceste saison, le duc d'Urbin, son

nepveü, qui tousjours avoit esté bon François, et à qui il desplaisoit à merveilles de la guerre que le Pape avoit levée contre le roy de France, tua le cardinal de Pavye (1), légat à Boulongne, qui gouvernoit le Pape entièrement, et lequel en fut très-grandement courroucé; mais il convint qu'il s'appaisast. L'occasion pourquoy ce fut, l'on rapporta audit duc d'Urbin que le cardinal de Pavye avoit dit au Pape qu'il estoit plus serviteur des François que de luy, et qu'il les advertissoit chascun jour de son gouvernement. Cela y peut bien ayder, mais la principalle racine estoit que celluy cardinal de Pavye avoit esté le premier qui avoit conseillé au Pape de commencer la guerre. Il en fut payé en mauvaise monnoye.

Je laisseray ce propos, et parleray de ce qui advint durant deux ans en Ytalie.

◇◇◇

CHAPITRE XLVI.

De plusieurs choses qui advinrent en Ytalie en deux ans.

Pource que ceste histoire est principallement fondée sur les vertus et prouesses du bon Chevalier sans paour et sans reprouche, laisseray beaucoup de choses à desmesler, s'ilz ne sont requises y estre mises. Toutesfois je veulx en gros déclairer ce qui advint durant deux ans en Ytalie, et jusques à la mort du bon seigneur de Chaumont, gouverneur de Milan, auquel gouvernement succéda le gentil prince duc de Nemours, Gaston de Foix.

L'Empereur demanda encores secours au roy de France pour la conqueste du Fryol, que les Véniciens tenoient. C'est ung très-bel et bon pays; et par là entre-l'on en la Germanie en deux ou trois endroitz, et par l'ung bout en l'Esclavonnie. Sa demande luy fut accordée; et escripvit ledit seigneur, à son lieutenant-général ledit seigneur de Chaumont, qu'il envoyast le seigneur de La Palisse oudit pays de Friol, accompaigné de douze cens hommes-d'armes et de huyt mille hommes de pied : ce qui fut fait. Et y alla avecques tout plain de gentilz cappitaines, tant de cheval que de pied. Vous povez penser qu'il ne laissa pas le bon Chevalier, son parfait amy, derrière. Ils trouvèrent l'armée de l'Empereur à Véronne; si marchèrent ensemble. Pour lors, et en ceste mesme armée, estoit lieutenant pour l'Empereur ung gentil-homme almant, qu'on nommoit messire George Destin. Ils entrèrent bien avant, et allèrent pour assiéger Trévize, mais ils n'y firent riens; et aux approches fut tué ung gaillart gentil-homme, le seigneur de Lorges, qui estoit alors lieutenant du cappitaine Bonnet, qui avoit mille hommes de pied. Et en son lieu le fut ung sien jeune frère, qui depuis a fait de belles choses. De là ilz tirèrent jusques sur le bort d'une rivière qu'on appelle la Pyave, qui sépare le Fryol et le Trévizan, et y fut dessus fait ung pont sur bateaulx. Le bon Chevalier et le cappitaine Fontrilles passèrent oultre avecques leurs bendes.

Or depuis ung peu avoit le bon Chevalier soubz sa charge cent hommes-d'armes, dont le roy de France avoit fait don au gentil duc de Lorraine, par condition que le bon Chevalier les conduyroit, comme son lieutenant : mais pas mieulx ne demandoit le bon prince, car en tout le monde n'en eust sceu avoir de meilleur. Si allèrent ces deux vaillans cappitaines, avecques quelques Almans, devant Gradisque et devant Gorisse, qui sont sur les confins de l'Esclavonnie : toutesfois les Véniciens les tenoient. Elles furent prinses et mises entre les mains de l'Empereur. Et puis s'en retournèrent au camp, où ils trouvèrent le seigneur de La Palisse, qui avoit longuement demouré sans grans choses faire, par la mauvaise conduicte des gens de l'Empereur. Et si jamais povres gens de guerre n'eurent autant de mal, car ilz furent six jours durant sans manger pain ne boire vin, et assez d'autres nécessitez ilz eurent en ce malheureux voyage : de sorte que le roy de France y perdit plus de quatre mille hommes de pied de maladie et meschanceté, et plus de cent hommes-d'armes. Et entre autres gens il y avoit environ deux mille cinq cens Grisons qui, quant le pain leur faillit, mangèrent force raisins, car c'estoit ou moys de septembre : ung flux de ventre les print, de façon qu'ilz mouroient cent pour jour; et fut une chose bien estrange que, des deux mil cinq cens, quant ils retournèrent en leur pays n'estoient que deux. L'ung fist le cappitaine, et l'autre portoit l'enseigne de sergens de bende pour faire tenir l'ordre : ils demourèrent ou Fryol. Bref, de tous les gens que le seigneur de La Palisse avoit menez avecques luy, n'en eust sceu mettre de sains trois cens hommes-d'armes à cheval, ne trois mille hommes à pied.

Quant il veit ceste malheureté, il s'en voulut retourner : que les gens de l'Empereur ne trouvoient pas bon, et y eut entre eulx de grosses parolles. Toutesfois il s'en vint jusques à ung lieu nommé Sainct-Boniface (c'est le village ou

---

(1) Le duc d'Urbin ne tua le cardinal de Pavie qu'après la prise de Bologne par Trivulce.

les Véniciens, en l'année précédente, avoient si longuement tenu leur camp), et là firent séjour quelque peu, durant lequel, ainsi que le seigneur Du Ru, bourguignon, alloit visiter ung chasteau que luy avoit donné l'Empereur, il fut prins des Albanoys de la seigneurie de Venize. On disoit que le seigneur Mercure, qui pareillement estoit audit Empereur, luy avoit donné ceste trousse, pource qu'il querelloit la place comme luy. Je m'en rapporte à ce qu'il en fut.

Le seigneur Jehan Jacques en ces deux ans reconquesta, avecques l'armée du roy de France, La Myrandole, et repoussa l'armée du Pape jusques devant Boulongne, où elle fut deffaicte sans mettre espée en la main, et cuyda estre prins le Pape dedans. Jamais ne fut veu si grosse pitié de camp, car tout leur bagaige y demoura, artillerie, tentes et pavillons; et y avoit tel François qui luy seul amenoit cinq ou six hommes-d'armes du Pape, ses prisonniers; et en fut ung qui avoit une jambe de boys, appelé La Baulme, qui en avoit trois lyez ensemble. Ce fut une grosse deffaicte, et gentement exécutée. Le bon Chevalier sans paour et sans reproche y eut honneur merveilleux, car il menoit les premiers coureurs; et luy fist cest honneur, le soir de la deffaicte, le seigneur Jehan Jacques, en souppant, de dire que après Dieu le seigneur de Bayart debvoit avoir l'honneur de la victoire. Il y avoit beaucoup de vaillans cappitaines quant il proféra les parolles, et estoit si sage et vertueux qu'il ne les eust point dictes s'il n'y eust eu grande raison.

Au retour, le gentil duc de Nemours alla veoir le duc et la duchesse de Ferrare, où il fut receu à grant joye, et luy fut faict force festins à l'usage du pays; car la gentille duchesse en sçavoit trop bien la manière.

Luy estant là, se fist ung combat de deux Espaignolz, que je vueil bien réciter.

◇◇◇

CHAPITRE XLVII.

Comment deux Espaignolz combatirent à oultrance en la ville de Ferrare.

Le jour mesmes que ce gentil duc de Nemours arriva à Ferrare, le baron de Béarn luy dist que, s'il vouloit, auroit le passe-temps de veoir ung combat à oultrance de deux Espaignolz, dont l'ung s'appelloit le cappitaine Saincte-Croix, et avoit esté coulonnel des gens de pied du Pape; l'autre se nommoit le seigneur Azévédo, qui avoit aussi eu quelque charge desdicts gens de pied. L'occasion de leur combat estoit que ledit Azévédo disoit que le cappitaine Saincte-Croix l'avoit voulu faire tuer meschamment et en trahison, et qu'il l'en combatroit; l'autre respondoit qu'il avoit menty et qu'il s'en deffendroit. Parquoy estoit venu ledit Azévédo à Ferrare pour soy présenter au duc de Nemours, affin de luy faire donner le camp; ce qu'il fist, après que ledit baron de Béarn le luy eut donné à congnoistre. Ainsi Azévédo, bien aise d'estre asseuré du camp, le manda incontinent à son ennemy Saincte-Croix, qui ne fist pas longue demoure. En attendant sa venue, fut dressé le camp devant le palais; et deux jours après que fut arrivé Saincte-Croix, lequel vint bien accompagné (car il avoit bien cent chevaulx de compaignie, dont le principal, et qu'il avoit prins pour son parrain, estoit domp Pédro de Coignes, chevalier de Roddes et prieur de Messine, domp Françoys de Beaumont, qui peu auparavant avoit laissé le service du roy de France et autres), délibéra parfaire ses armes; et entrèrent en camp une journée de mardy, environ une heure après midy. Premier entra l'assaillant, qui estoit Azévédo, avecques le seigneur Fédéric de Bazolo, de la maison de Gonzago, qu'il avoit prins pour son parrain; et si ne sçavoit pas encores comment son ennemy, ny en quelles armes il vouloit combatre : toutesfois, comme bien conseillé, s'estoit garny de tout ce qui luy estoit nécessaire en hommes-d'armes, à la genète et à pied, en toutes les sortes qu'il povoit ymaginer qu'on sceust combatre. Peu après qu'il fut entré, va devers luy le prieur de Messine, qui fait porter deux secrettes, deux rapières bien trenchantes et deux poignars, lesquelz il présenta au seigneur Azévédo pour choisir. Il print ce qui luy estoit besoing; et ce fait, se mist Saincte-Croix dedans le camp.

Tous deux se gectèrent à genoulx pour faire leurs oraisons à Dieu. Après furent tastez par les parrains, sçavoir s'ilz avoient nulles armes soubz leurs vestemens. Ce fait, chascun vuyda le camp, qu'il n'y demoura fors les deux combatans, leurs deux parrains et le bon Chevalier sans paour et sans reproche, qui par le duc de Ferrare, et pour plus l'honnorer, aussi qu'il n'y avoit homme ou monde qui mieulx s'entendist en telles choses, fut ordonné maistre et garde du camp. Le hérault commencea à faire son cry, tel qu'on a accoustumé faire en telz cas, que nul ne fist signe, crachast ne toussast, ne autres choses dont nul desdits combatans peust estre advisé. Ce fait, marchèrent l'ung contre l'autre. Azévédo en la main droicte mist sa rappière, et en l'autre son poignart; mais

Saincte-Croix mist son poignart au fourreau, et tint seulement sa rappière. Or vous povez penser que le combat estoit bien mortel, car ilz n'avoient nulles armes sur eulx pour les couvrir. Sagement se gectèrent plusieurs coups, et avoient chascun bon pied et bon œil, et bon besoing leur estoit. Or, après plusieurs coups, Saincte-Croix en rua ung dangereux droit au visage, que Azévédo deffendit subtilement de sa rappière; et en descendant, son coup luy couppa tout le hault de la cuysse jusques à l'os, dont incontinent jaillit le sang à grosse habondance, toutesfois que Saincte-Croix cuyda marcher en avant pour se venger, mais il tumba. Quoy voyant par icelluy Azévédo, bien joyeulx s'approcha de son ennemy, en luy disant en son langage : « Rends-toy, Saincte-Croix, ou je te » tueray. » Mais il ne respondoit riens; ains se mist sur le cul, tenant son espée au poing et faisant ses exclamations, délibéré plustost mourir que de se rendre. Alors Azévédo luy dist : « Leive-toy doncques, Saincte-Croix, je ne te » frapperoys jamais ainsi. » Aussi il y faisoit dangereux, comme à ung homme désespéré; et de grant cueur qu'il avoit se releva et marcha deux pas en avant, cuydant enferrer son homme, qui recula ung pas, rabattant son coup.

Si tumba pour la seconde fois Saincte-Croix, quasi le visage contre terre, et eut Azévédo l'espée levée pour luy coupper la teste; ce qu'il eust bien fait s'il eust voulu, mais il retira son coup. Et pour tout cela ne se vouloit point rendre Saincte-Croix. La duchesse de Ferrare, avecques laquelle estoit le gentil duc de Nemours, le prioit à joinctes mains qu'il les fist départir. Il répondoit : « Madame, je le voul- » drois bien pour l'amour de vous; mais ho- » nestement je ne puis ne doibz prier le vainc- » queur contre la raison. » Saincte-Croix perdoit tout son sang; et si plus guères y feust demouré, mort estoit sans nul remède. Parquoy le prieur de Messine, qui estoit son parrain, s'en vint à Azévédo, auquel il dist : « Seigneur Azé- » védo, je congnois bien au cueur du cappi- » taine Saincte-Croix qu'il mourroit plustost que » de se rendre; mais voyant qu'il n'y a point de » moyen en son fait, je me rendz pour luy. » Ainsi demoura victorieux. Si se mist à deux genoulx, et fort humblement remercia Nostre-Seigneur. Incontinent vint ung cyrurgien, qui estancha la playe de Saincte-Croix; et ses gens le prindrent entre leurs bras et l'emportèrent hors du camp avecques ses armes, lesquelles Azévédo envoya demander; mais on ne les vouloit rendre. Si s'en vint plaindre au duc de Ferrare, qui le dist au bon Chevalier, lequel eut la commission d'aller dire à Saincte-Croix que s'il ne vouloit rendre les armes comme vaincu, que le duc le feroit rapporter dedans le camp où luy seroit sa playe décousue, et le mettroit-on en la sorte que son ennemy l'avoit laissé quant son parrain s'estoit rendu pour luy. Quant il veit que force luy estoit, rendit ses armes au bon Chevalier, qui, comme le droit le donnoit, les bailla au seigneur Azévédo, lequel, avecques trompettes et clérons, fut mené au logis du seigneur duc de Nemours. On luy fist beaucoup d'honneur; mais depuis il en récompensa mal les François, qui luy fut grosse laascheté.

Peu de temps après s'estoit fait ung autre combat à Parme entre deux autres Espaignolz : l'ung, nommé le seigneur Péralte, qui autrefois avoit esté au service du roy de France, et fut tué d'ung coup de faulcon au camp de la Fosse, ainsi que le seigneur Jehan Jacques chassoit l'armée du Pape; et l'autre, le cappitaine Aldano. Leur combat fut à cheval, à la genète, la rappière, le poignart, et chascun trois dartz en la main, avecques une targuète. Le parrain de Péralte fut ung Espaignol, et celluy de Aldano fut le gentil cappitaine Molart. Il avoit tant neigé que leur combat se fist en la place de Parme où on l'avoit relevée, et n'y avoit autres barrières que de neige. Chascun des deux combatans fist très-bien son devoir; et enfin le seigneur de Chaumont, qui avoit donné le camp, les fist sortir en pareil honneur.

Les Véniciens en ce temps vindrent assiéger Véronne, où estoit le seigneur Du Plessis pour le roy de France, qui la tenoit en gaige pour aucuns deniers qu'il avoit prestez à l'Empereur. Toutesfois ilz n'y firent riens; et alla lever le siège le seigneur de Chaumont, gouverneur de Milan.

L'armée du Pape et des Espaignolz vindrent aussi assiéger Boulongne; mais le siège en fut levé pareillement, et se retirèrent les ennemys en la Rommaigne.

Quelque temps après, en ung lieu dit Conrège, alla de vie à trespas le bon seigneur de Chaumont, ce gentil chevalier qui, par l'espace de dix ou douze ans, avoit si bien gardé la Lombardie à son maistre le roy de France. Ce fut en son vivant ung sage, vertueux et advisé seigneur, de grande vigilance et bien entendant ses affaires. Mort le prist ung peu bientost, car lors de son trespas n'avoit que trente et huyt ans, et si n'en avoit pas vingt et cinq quant on luy bailla le gouvernement de la duché de Milan. Dieu par sa grâce lui face pardon, car il fut homme de bien toute sa vie.

Peu après envoya le roy de France en Ytalie le seigneur de Longueville, son lieutenant-général ; lequel fist faire nouvel serment à tous ceulx qui tenoient les villes et places du duché de Milan au Roy son maistre, et à sa fille aisné, madame Claude de France. Il y demoura quelques jours, puis s'en retourna ; et ne tarda guères après que ce gentil duc de Nemours ne feust lieutenant-général, en la sorte que l'estoit ledit feu seigneur de Chaumont. Il ne demoura guères en cest estat, car mort le surprint, qui fut gros dommage à toute gentillesse.

Sur la fin de l'année 1511, et vers Noël, descendit une grosse troppe de Suysses, au devant desquelz fut ledit duc de Nemours et quelque nombre de gens ; mais il n'estoit pas puissant pour les combatre à la campaigne, parce que la pluspart de ses gens estoient ès garnisons forcées, comme Véronne, Boulongne et autres. Chascun jour se faisoit des escarmouches ; toutesfois les François furent rembarrez jusques dedans Milan, où le jour mesmes le seigneur de Conty, cappitaine de cent hommes-d'armes, alla faire une course, en laquelle il n'eut pas du meilleur, car il perdit huyt ou dix hommes-d'armes, et si fut fort blessé, de façon que en la ville de Milan mourut. Le lendemain, le bon Chevalier sans paour et sans reproche, son grand compaignon et amy, le vengea bien, car il fut aux champs et deffit cinq cens Suysses au lieu mesmes où receut les coups de la mort icelluy seigneur de Conty. Quelques jours furent les Suysses devant Milan, mais vivres leur faillirent ; parquoy furent contrainctz venir à quelque appoinctement, et eulx en retourner. Ledit appoinctement se fist par leur cappitaine général, et qui les avoit amenez, que l'on nommoit le baron de Saez, avecques le duc de Nemours, en ung lieu près Milan, dit Sainct-Ange. Lesditz Suysses s'en retournèrent ; mais ceste descente fist gros dommage en la duché, car ilz bruslèrent quinze ou vingt gros villages.

Peu après s'en alla ledit duc de Nemours, parce qu'il entendit que l'armée d'Espaigne approchoit Boulongne pour l'assiéger, en un village près de Ferrare, nommé Fynal, où il assembla toute l'armée et la logea là à l'entour.

Ainsi que ladicte armée marchoit droit à ce Fynal, passa le noble duc de Nemours par une petite ville appelée Carpy, avecques la pluspart des cappitaines, mesmement ceulx en qui plus se fioit et qu'il aimoit le mieulx. Il y séjourna deux jours, et y fut fort bien receu, avecques sa compaignie, du seigneur de la ville, qu'on estimoit homme de grand sçavoir, tant ès-lettres grecques que latines. Il estoit cousin-germain de Picus Myrandula, et luy s'appelloit Albertus Myrandula, conte de Carpy. Il souppa, le soir de l'arrivée dudit duc de Nemours, avecques luy et les cappitaines françois, où il y eut plusieurs devis, et entre autres d'ung astrologue que aucuns autres appelloient devyn, lequel estoit en ceste ville de Carpy ; et que c'estoit merveilles de ce qu'il disoit des choses passées, sans en avoir jamais eu congnoissance ; et encores, qui plus fort estoit, parloit des choses à venir. Il n'est riens si certain, que tous vrais chrestiens doivent tenir qu'il n'y a que Dieu qui sache les choses futures. Mais cest astrologue de Carpy a dit tant de choses, et à tant de sorte de gens, qui depuis sont advenues, qu'il a mis beaucoup de monde en resverie.

Quant le gentil duc de Nemours en eut ouy parler, ainsi que jeunes gens appètent de veoir choses nouvelles, pria au conte qu'il l'envoyast quérir : ce qu'il fist, et vint incontinent. Il povoit estre de l'aage de soixante ans ou environ, homme sec et de moyenne taille. Le duc de Nemours luy tendit la main, et en ytalien luy demanda comment il se portoit ; il luy respondit très-honnestement. Plusieurs propos furent tenuz ; et entre autres luy fut demandé par le seigneur de Nemours si le visroy de Naples et les Espaignolz attendroient la bataille. Il dist que ouy, et que, sur sa vie, elle seroit le vendredy-sainct ou le jour de Pasques, et si seroit fort cruelle. Il luy fut demandé qui la gaigneroit. Il respondit ces propres motz : « Le camp demou-
» rera aux François, et y feront les Espaignolz
» la plus grosse et lourde perte qu'ils firent cent
» ans a ; mais les François n'y gaigneront guères,
» car ilz perdront beaucoup de gens de bien et
» d'honneur, dont ce sera dommage. » Il dist merveilles. Le seigneur de La Palisse luy demanda s'il demoureroit point à ceste bataille. Il dist que nenny ; qu'il vivroit encores douze ans pour le moins, mais qu'il mourroit en une autre bataille. Autant en dist au seigneur d'Imbercourt ; et au capitaine Richebourg, qu'il seroit en grand dangier d'estre tué de fouldre. Brief, il n'y eut guères de gens en la compaignie qu'ilz ne s'enquissent de leur affaire.

Le bon Chevalier sans paour et sans reproche estoit présent, qui s'en ryoit ; et le gentil duc de Nemours lui dist : « Monseigneur de
» Bayart, mon ami, je vous prie, demandez ung
» peu à nostre maistre que ce sera de vous ? —
» Il ne faut pas, respondit-il, que je demande,
» car je suis asseuré que ce ne sera jamais grant
» chose ; mais puisqu'il vous plaist, je le vueil
» bien. » Et commença à dire à l'astrologue : « Monsieur nostre maistre, je vous prie, dictes-

» moy si je serai une fois grant riche homme. »
Il respondit : « Tu seras riche d'honneur et de
» vertu, autant que cappitaine fut jamais en
» France; mais des biens de fortune tu n'en au-
» ras guères : aussi ne les cherches-tu pas, et si
» te veulx bien adviser que tu serviras ung au-
» tre roy de France après cestuy-cy qui règne et
» que tu sers, lequel t'aymera et estimera beau-
» coup; mais les envieux t'empescheront qu'il
» ne te fera jamais de grands biens, ne te met-
» tra pas aux honneurs que tu auras méritez :
» toutesfois croy que la faulte ne procédera pas
» de luy. — Et de ceste bataille que dictes estre
» si cruelle, en eschapperay-je ? — Ouy, dist-
» il; mais tu mourras en guerre dedans douze
» ans pour le plus tard, et seras tué d'artillerie,
» car autrement n'y finirois-tu pas tes jours,
» parce que tu es trop aymé de ceulx qui sont
» soubz ta charge, qui, pour mourir, ne te lais-
» seroient en péril. »

Brief, ce fut une droicte farce des propos que
chascun luy demanda. Il voyoit qu'entre tous
les cappitaines le duc de Nemours faisoit grande
privaulté au seigneur de La Palisse et au bon
Chevalier. Il les tira tous deux à part, et leur
dist en son langaige : « Messeigneurs, je voy
» bien que vous aymez fort ce gentil prince icy,
» lequel est vostre chief : aussi le mérite-il
» bien, car sa face à merveilles démonstre sa
» bonne nature. Donnez-vous garde de luy le jour
» de la bataille, car il est pour y demourer.
» S'il eschappe, ce sera ung des grans et esle-
» vez personnages qui jamais sortist de France;
» mais je trouve grosse difficulté qu'il en puisse
» eschapper. Et pour ce pensez-y bien, car je
» veulx que vous me tranchez la teste si jamais
» homme fut en plus grand hazart de mort qu'il
» sera. » Hélas ! mauldit soit l'heure de quoy il
dist si bien vérité. Le bon prince de Nemours
leur demanda en soubzriant : « Qu'esse qu'il
» vous dit, Messeigneurs ? » Le bon Chevalier
respondit qui changea de propos : « Monsei-
» gneur, c'est mouseigneur de La Palisse qui luy
» fait une question, sçavoir mon s'il est autant
» aymé de Reffuge que Vivarolz : il lui dit que
» non, dont il n'est pas fort content. »

De ce joyeux propos se print à rire monseigneur de Nemours, qui n'y pensa autrement.
Sur ces entrefaictes arriva ung adventurier en la
compaignie, qu'on disoit estre gentil compaignon,
mais assez vicieux, qu'on appelloit Jacquyn
Caumont, et portoit quelque enseigne ès-bandes
du cappitaine Molart. Il se voulut faire de
feste comme les autres, et vint à l'astrologue,
qu'il tira à part, et commença à luy dire :
« Viença, bougre, dy-moy ma bonne adventure. » L'autre se sentit injurié, et respondit
en homme corroucé : « Va, va, je ne te diray
» riens, et si as menty de ce que tu me dis. »
Il y avoit beaucoup de gentilz-hommes en
présence, lesquelz dirent à Jacquyn : « Cap-
» pitaine, vous avez tort, vous voulez tirer du
» passe-temps de luy, et luy dictes injure. »
Alors il revint peu à peu, et parla beaucoup
plus doulcement, en luy disant : « Maistre, mon
» amy, si j'ay dit quelque folle parolle, je te
» prie, pardonne moi; » et fist tant qu'il le rapaisa. Et puis luy montra sa main, car ledit
astrologue regardoit le visaige et les mains.
Quant il eut veue celle de Jacquyn, il luy dist
en son langaige : « Je te prie, ne me demandes
» riens, car je ne te diroye chose qui vaille. »
Toute la compaignie qui estoit là se print à rire;
et Jacquyn, bien marry de ce que les autres
ryoient, dist encore à l'astrologue : « C'est tout
» ung, dis-moy que c'est; je sçay bien que je
» ne suis pas cocu, car je n'ay point de femme. »
Quand il se veit ainsi pressé, il luy dist :
« Veulx-tu sçavoir de ton affaire ? — Ouy, dist
» Jacquyn. — Or, pense doncques à ton ame de
» bonne heure, dist l'astrologue; car devant
» qu'il soit trois moys tu seras pendu et estran-
» glé. » Et de rire par les escoutans de plus
belle, lesquelz n'eussent jamais pensé que le
cas adviensist, car il n'y avoit nulle apparence,
pource qu'il estoit en crédit parmy les gens de
pied, et aussi qu'ilz pensoient que le maistre
l'eust dist, pource que Jacquyn l'avoit du commencement injurié : mais il ne fut riens si vray,
et, comme on dit en ung commun proverbe,
qui a à pendre ne peult noyer, je vous diray
ce qui advint de luy.

Deux ou trois jours après que le duc de Nemours fut arrivé au Fynal, qui est ung gros
village au meillieu duquel passe ung canal qui
va cheoir au Pau, assez parfond, et y avoit ung
pont de boys pour aller d'ung costé à l'autre; de
jour en jour en ce canal arrivoient plus de cent
barques qui venoient de Ferrare, et apportoient
toutes manières de victuailles aux François. Ung
jour, par adventure, que Jacquyn eut bien
souppé, vint environ neuf heures de nuyt, à
force torches et tabourins de Suysse, au logis
de monseigneur de Molart, son cappitaine, armé de toutes pièces, et monté sur ung fort beau
coursier, en ordre comme ung sainct George;
car de sa soulde ou de pillage il estoit fort bien
vestu, et avoit trois ou quatre grans chevaulx,
espérant qu'après la guerre faillie se mettroit
des ordonnances.

Quant monseigneur de Molart le veit en ceste
sorte, et veu l'heure que c'estoit, se print à

rire, congnoissant bien que la malvésye luy avoit quelque peu troublé le cerveau. Si luy dist : « Comment, cappitaine Jacquyn, voulez-vous laisser la picque? — Nenny non, dist-il, Monseigneur; mais, je vous supplie, menez-moy au logis de monseigneur de Nemours, et que devant luy il me voye rompre ceste lance que je tiens, affin qu'il ait congnoissance si ung saute-buysson ne courra pas ung boys aussi bien que ung haridelle. » Le cappitaine Molart congneut bien que la matière valloit bien venir jusques à la fin, et que le seigneur duc de Nemours et toute la compaignie s'en pourroient resjouyr. Si mena Jacquyn, qui passa tout à cheval par dessus ce pont de boys qui traversoit le canal, car les gens de pied estoient logez d'ung costé, et les gens de cheval de l'autre. Or, venu qu'il feust devant le logis du prince duc de Nemours, qui desjà en estoit adverty et descendu de sondit logis, ensemble la compaignie qui estoit avecques luy, pour en avoir leur passe-temps; quant ilz furent sur la rue, Jacquyn, mieulx garny de vin que d'autres choses, avecques force torches, en sorte qu'on y voyoit comme en plein midy, se mist sur les rencs.

Lors le duc de Nemours luy escrie : « Cappitaine Jacquyn, esse pour l'amour de vostre dame, ou pour l'amour de moy, que voulez rompre ceste lance? » Il respondit en parlant de Dieu, à la mode des aventuriers, que c'estoit pour l'amour de luy, et qu'il estoit homme pour servir le Roy à pied et à cheval. Si baissa la veue, et fist sa course tellement quellement, mais il ne sceut rompre sa lance; il recourut encores ung coup, mais il en fist autant ; et puis la tierce et quarte fois. Quant on veit qu'il ne faisoit autre chose, il fascha la compaignie, et le laissa-on là. Bien ou mal fait par luy, se mist au retour à son logis le beau pas. Il avoit fort eschauffé son cheval, et de sorte qu'il alloit toujours saultelant; joinct aussi qu'il ne le menoit guères bien, luy donnant de l'espron sans propos ; de façon que quant il fut sur ce pont de boys, le chatoilloit tousjours. Il avoit ung peu pluvyné; de sorte que, en faisant par le cheval ung petit sault, les quatre piedz luy vont fouyr, et tumbèrent homme et cheval dedans le canal, où pour le moins y avoit demy-lance d'eaue. Ceulx qui estoient de sa compaignie s'escrièrent : *A l'ayde, à l'ayde!* D'en hault ne luy povoit-on donner secours, car ce canal estoit fait comme ung fossé à fons de cuve; et sans le grant nombre des barques qui estoient là, on n'en eust veu jamais pied ne main. Le cheval se deffist de son homme, et nagea plus de demy-quart d'heure avant qu'il sceust trouver moyen d'eschapper : enfin il se trouva à ung lieu qu'on avoit baissé pour abreuver les chevaulx, et se saulva.

Le cappitaine Jacquyn, le vaillant homme-d'armes, grenoilla en l'eaue longuement; mais enfin comme par miracle fut saulvé, et pesché par ceulx qui estoient ès barques, mais plus mort que vif. Incontinent fut désarmé et pendu par les piedz, où en peu de temps gecta par la bouche deux ou trois seaulx d'eaue, et fut plus de six heures sans parler. Toutesfois les médecins de monseigneur de Nemours le vindrent veoir, et fut si bien secouru que dedans deux jours fut aussi sain et gaillart que jamais. Il ne fault pas demander si de ses compaignons adventuriers fut mocqué à double carillon ; car l'ung luy disoit : « Hé ! cappitaine Jacquyn, vous souviendra-il une autresfois de courir la lance à neuf heures de nuyt en yver ? » L'autre luy disoit : « Il vault encores trop mieulx estre saultebuysson que haridelle, on ne tumbe pas de si hault. » Bref, il fut mené comme il luy appartenoit; mais cela ne me fait point tant esmerveiller comme de ce qu'il se saulva de dedans ce canal, et armé de toutes pièces; et c'est ce qui m'a fait mettre cest incident en ceste histoire, à propos de l'astrologue de Carpy, qui luy avoit dit qu'il seroit pendu et estranglé; comme il fut le mardy d'après Pasques ensuyvant, qu'avoit esté la furieuse journée de Ravenne, comme vous orrez.

Estant ce gentil duc de Nemours au Fynal, attendant tousjours quelques nouvelles des ennemys, se partit une journée entre les autres, et alla visiter le duc et la duchesse de Ferrare en leur ville, lesquelz, s'ilz luy avoient fait bonne chière par le passé, encores la luy firent-ilz meilleure. Il y demoura cinq ou six jours en joyeulx et honnestes passe-temps, et en rapporta les couleurs de la duchesse, qui estoient de gris et noir ; et puis s'en retourna en son camp, où il eut certaines nouvelles que, sans secourir la ville de Boulongne, elle et ceulx qui estoient dedans s'en alloient perduz; parquoy assembla tous les cappitaines pour y adviser : si fut conclud qu'on yroit lever le siége. Il faisoit assez mauvais chevaucher, comme en la fin du moys de janvier; toutesfois il partit du Fynal, et print son chemin droit à Boulongne, où durant son voyage advint ung gros inconvénient, car la ville de Bresse fut reprinse par les Véniciens, comme vous entendrez.

◇◇◇

CHAPITRE XLVIII.

Comment messire André Grit, providadour de la seigneurie de Venise, par le moyen du comte Loys Advogadre, reprint la ville de Bresse.

Les Véniciens taschoient tous les jours, entre autres choses, de trouver le moyen à remettre la ville de Bresse entre les mains de la seigneurie, qui est une des belles citez de l'Europe, des plus fortes, et garnye de tous vivres que l'on sçauroit souhaiter pour nature substanter. Dedans icelles ourdent tant de belles fontaines, que c'est ung droit paradis terrestre. Il y a trois vallées qui viennent entre les montaignes eulx joindre à ladicte ville, dont l'une vient des Almaignes, et les deux autres d'entre le Fryol et Venise, et s'appellent la Val Camonègue, la Val Tropye et la Val Zobye; et par l'une de ces trois se peult tousjours donner secours à la ville, laquelle estoit garnie des gens du roy de France; et en estoit pour lors gouverneur le seigneur Du Ludde, et cappitaine du chasteau ung gentil-homme du pays de Bascoz, nommé Hergoye.

La grande voulenté qu'avoient les Véniciens de reprendre Bresse n'estoit pas fondée sans raison, car par là affamoient ceulx qui estoient dedans Véronne, et faisoient barbe à ceulx qui vouldroient partir de Milan pour leur en faire porter; mais ilz ne povoient trouver moyen de la ravoir, ny aussi surprendre ceulx qui la gardoient, sans avoir intelligence dedans à quelque gros personnage : et combien que les habitans feussent bons à Sainct-Marc, personne ne s'osoit aventurer, parce que le feu seigneur de Conty et le bon Chevalier, pour une surprise qui leur cuyda estre faicte peu de temps devant, avoient fait coupper la teste à ung des plus apparens de la ville et de la plus grosse maison, nommé le conte Jehan Marie de Martinango, qui en estoit le chef; et plusieurs autres furent confinez en France. Toutesfois le dyable, ennemy de tout repos humain, voulut user de sa science, et va semer une discention en ladicte ville entre deux grosses maisons, l'une de Gambre et l'autre Advogadre; mais celle de Gambre estoit beaucoup plus favorisée des François.

Ung jour s'esmeut ung débat entre deux des enfans du conte de Gambre et du conte Loys Advogadre ; de sorte que celluy de Gambre, qui estoit bien acompaigné, blessa oultrageusement l'autre. Ledit conte Loys Advogadre ne s'en feust sceu venger, car la force n'estoit pas sienne en la ville, si s'en estoit venu à Milan. Aucun temps avoit esté devers le duc de Nemours pour en avoir la justice et réparation. Le bon prince le vouloit, et en commanda commissions pour en faire l'information, affin de rendre à chascun son droit. Je ne sçay comment il alla, mais enfin n'en eut autre chose; parquoy, comme homme injurié à tort, sans en povoir avoir raison, se désespéra et délibéra de retourner à son naturel, et faire semblant d'aller huyt ou dix jours à une sienne possession, s'en va jusques à Venize devers le duc et la seigneurie, les induyre à regaigner et remettre entre leurs mains la bonne ville de Bresse ; et de ce leur bailla les moyens qu'il falloit tenir, qui pour l'heure sortirent à bon effect. S'il fut le bien venu, ne fault pas demander, car ladicte ville de Bresse estoit la fillole de Sanct-Marco. Il fut festoyé trois ou quatre jours comme ung roy, durant lequel temps prindrent conclusion en leur affaire; et luy fut promis, au jour par eulx prins et assigné, qu'il n'y auroit nulle faulte que messire André Grit ne se trouvast devant la ville avecques sept ou huyt mille hommes de guerre, sans les villains des montaignes qui descendroient; et que ce pendant il allast gaigner gens en la ville, et faire ses préparatifz. Il s'en vint, et secrètement gaigna et tira à sa cordelle la pluspart des habitans.

Le seigneur Du Ludde (1) ne se fioit pas trop en eulx, et faisoit chascun jour bon guet ; mais il estoit bien mal acompaigné pour se deffendre contre la commune s'ilz eussent eu mauvais vouloir, comme tous eurent, ou la pluspart ; car cinq ou six jours après, à ung matin au point du jour, vindrent les Véniciens à une des portes, qu'ilz trouvèrent garnye de gens pour la deffendre. Si firent sonner l'alarme. Le seigneur Du Ludde se mist incontinent en ordre pour là y cuyder donner ; mais, en amusant les François à la porte, partie des ennemys rompirent certaines grisles de fer par où sortaient les immundices de la ville, et commencèrent à entrer dedans, criant : *Marco, Marco!* Quant et quant le conte Loys Advogadre se mist sus, et tous ceulx de sa faction ; de sorte qu'on eust veu toute la ville en armes. Quant le povre seigneur Du Ludde veit qu'il estoit trahy, feist sonner la retraicte à ses gens ; et, au mieulx qu'il luy fut possible, avecques eulx se retira au chasteau ; mais tous les chevaulx, harnois et habillemens y demourèrent. La contesse de Gambre, qui estoit Françoise, et tous ceulx qui tenoient le party du roy de France, s'y saulvèrent. Sur ces entrefaictes, furent les portes ouvertes, et

---

(1) Jacques de Daillon. Il fut sénéchal d'Anjou et capitaine de cinquante hommes-d'armes.

mis le seigneur messire André Grit dedans. Une grosse pitié fut; car tous les François qui furent trouvez dedans, sans en prendre ung à mercy, furent mis en pièces; mais ilz le comparurent après, comme vous verrez.

La première chose que fist faire le conte Loys Advogadre quant il veit sa force, ce fut d'aller aux maisons de ceulx de Gambre, lesquelles il fist toutes ruyner et desmolir. Le providadour, messire André Grit, congneut bien que ce n'estoit pas le plus fort d'avoir eu la ville, s'il n'avoit le chasteau; car par là pourroit estre aiséement reprinse. Si l'envoya par une trompette sommer incontinent; mais il perdit sa peine, car trop estoit garny de gaillarde chevalerie. Toutesfois au peuple qui y estoit entré les vivres n'eussent guères duré; et davantage le providadour fist canonner la place à merveilles, et y eut grosse berche faicte. Davantage, fist soubdainement dresser deux engins en manière de grues pour approcher de la place, lesquelz portoient bien chascun cent hommes de front; bref, ilz firent tout ce que possible estoit de faire pour prendre le chasteau. Le seigneur Du Ludde et le cappitaine Hérigoye, bien estonnez de ceste trahison, despeschèrent ung homme devers le duc de Nemours, qui estoit allé aveques toute sa puissance à Boulongne, en l'advertissant de leur inconvénient; et davantage que s'ilz n'estoient secouruz dedans huyt jours, ils estoient perduz.

Le messagier, combien que tous les passages feussent gardez, eschappa, et fist si bonne diligence qu'il arriva devant Boulongne le jour mesmes que le gentil duc avoit levé le siége, et refreschy la ville de gens et de vivres. Les lettres luy furent présentées, que le bon prince ouvrit et leut. Il fut bien esbahy quant il entendit l'inconvénient de Bresse; car c'estoit, après le chasteau de Milan, la place que les François eussent en Ytalie de plus grosse importance. Les cappitaines furent assemblez, et conclurent tous ensemble que à toute diligence falloit retourner, et la reprendre s'il estoit possible; ce qu'ilz pensoient aisé à exécuter, pourveu que le chasteau ne se perdist point. Après ceste conclusion, n'y eut plus de procès; mais chascun fist trousser son cas, et se misrent à chemin.

CHAPITRE XLIX.

De la grande diligence que fist le gentil duc de Nemours pour reprendre Bresse; et comment il deffist le cappitaine-général des Véniciens en chemin, et cinq ou six mille hommes.

Quant messire André Grit fut maistre et seigneur de la ville de Bresse, et qu'il eut assiégé le chasteau comme avez entendu, ne se tint pas à tant; mais bien congnoissant que dès ce que le duc de Nemours, qui estoit allé lever le siége de Boulongne, en seroit adverty, soubdain retourneroit, parquoy, s'il ne se trouvoit fort dedans la ville et aussi puissant que pour combatre aux champs, seroit en dangier d'estre perdu, il escripvit une lettre à la seigneurie, qu'il envoya en extrême diligence, et en icelle leur faisoit entendre qu'il estoit plus que nécessaire, pour conserver la ville de Bresse par luy prise, ilz envoyassent secours si puissant que ce feust pour se deffendre, et à ung besoing donner la bataille au camp des François; et, par le moyen de Bresse, recouvroient toutes leurs terres. Sa demande fut trouvée raisonnable et de grosse importance. Si fut incontinent mandé à messire Jehan Paule Baillon, lors cappitaine-général de ceste seigneurie de Venise, qu'il eust jour et nuyt à marcher, acompaigné de quatre cens hommes-d'armes et quatre mille hommes de pied, et qu'il s'en allast gecter dedans Bresse.

Quant il eut le vouloir de la seigneurie entendu, il se mist en son debvoir et à chemin au plustôt qu'il peut. De l'autre costé marchoit le duc de Nemours si diligemment, que ung chevaucheur sur ung courtault de cent escus n'eust sceu faire plus de pays qu'il en faisoit en ung jour aveques toute son armée; et tant fist qu'il arriva auprès d'ung chasteau appellé Valège, qui tenoit pour le roy de France, et lequel cuydoit prendre le cappitaine Jehan Paule Baillon en passant. Et ce qu'il s'y amusa luy porta grant dommage, car le duc de Nemours en fut adverty, lequel fist faire ce jour-là à son armée, en fin cueur d'yver, comme à la my-février, trente milles de pays, et de façon qu'il se trouva plus près de Bresse que ledit cappitaine Baillon, qui en ung passage fut rencontré des François. Il avoit cinq ou six pièces d'artillerie, lesquelles il fist deslâcher, dont de l'une fut tué le porte-enseigne du seigneur de Théligny, cappitaine moult à louer, lequel menoit aveques le bon Chevalier les premiers coureurs.

Toute la nuyt le bon Chevalier avoit eu la fiebvre, et n'estoit point armé, ains estoit en une robbe de veloux noir à chevaucher; mais quant il veit qu'il falloit combatre, emprunta ung halecret d'ung adventurier, qu'il mist sur sadicte robbe, et monta sur ung gaillart coursier; puis, aveques son compaignon le seigneur de Théligny, marcha droit aux ennemys. La grosse troppe de l'avant-garde des François estoit encores bien loing : toutesfois ilz ne laissèrent point de charger, et y eut dure et aspre rencontre, qui dura, tousjours combatant, ung quart d'heure. Cependant en vindrent nouvelles au camp : si furent les François refreschis de gens ; mais quant le cappitaine de la seigneurie les veit approcher, tourna le doz, se retirant de là où il estoit venu. Il fut chassé longuement, mais jamais ne peut estre pris : ses gens de pied y demourèrent, son artillerie, et la pluspart de ses gens de cheval. Ce fut une gorgiase deffaicte et prouffitable aux François ; car s'ilz feussent entrez dedans Bresse, jamais n'eust esté reprise. De ceste tant bonne rencontre fut marry et joyeulx le duc de Nemours : joyeulx de ce qu'il estoit victorieux, et marry de ce qu'il ne s'y estoit trouvé.

Ces nouvelles furent incontinent sceues au chasteau de Bresse, où ilz firent feu de joye en cinq ou six lieux ; car par là se trouvoient asseurez d'estre secourus dedans deux jours. Mais s'ilz en avoient joye au chasteau, ilz en eurent bien autant de mélencolie en la ville, congnoissans que c'estoit leur destruction ; et se feussent voulentiers retournez les habitans, lesquelz vindrent supplier à messire André Grit qu'il se retirast ; mais il n'en voulut riens faire, dont mal luy en print. Le noble prince duc de Nemours s'en vint, après la deffaicte de Jehan Paule Baillon, loger à vingt milles de Bresse ; et lendemain, au pied du chasteau ; en marchant, il se trouva quelque nombre de vilains assemblez en ung petit village, lesquelz voulurent tenir fort, mais enfin furent tous mis en pièces. Quant l'armée des François fut arrivée, incontinent montèrent au chasteau quelques cappitaines pour reconforter les seigneurs Du Ludde et cappitaine Hérigoye, ensemble ceulx qui estoient dedans, et y fut porté force vivres ; dont de joye tirèrent dix-huyt ou vingt coups d'artillerie en ville, qui de telle feste se feussent bien passez les habitans. Le lendemain, monta le seigneur de Nemours au chasteau ; aussi firent les cappitaines et toute l'armée, où il fut conclud de donner l'assault à la ville, qui fut aspre, dur et cruel.

◇◇◇

CHAPITRE L.

Comment le duc de Nemours reprist la ville de Bresse sur les Véniciens, où le bon Chevalier sans paour et sans reprouche acquist grant honneur ; et comment il fut blessé quasi à mort.

Le duc de Nemours, qui ne voulut point songer en ses affaires, après qu'il fut monté au chasteau, assembla tous ses cappitaines pour sçavoir qu'il estoit à faire ; car dedans la ville y avoit gros nombre de gens, comme huyt mille hommes de guerre, et douze ou quatorze mille vilains du pays, qui s'estoient avecques eulx assemblez : et si estoit la ville forte à merveilles. Ung bien y avoit, qu'on descendoit du chasteau en la citadelle sans trouver fossé qui guères donnast empeschement : bien avoient fait ung bon rampart.

Or, en toute l'armée du roy de France n'estoient point alors plus de douze mille combatans ; car une grosse partie estoit demourée à Boulongne : toutesfois, au peu de nombre qui y estoit, n'y avoit que redire, car c'estoit toute fleur de chevalerie, et croy que cent ans paravant n'avoit esté veu pour le nombre plus gaillarde compaignie, et davantage avecques le bon vouloir que chascun avoit de servir son bon maistre le roy de France. Ce gentil duc de Nemours avoit tant gaigné le cueur des gentilz-hommes et des adventuriers, qu'ilz feussent tous mors pour luy. Eulx assemblez au conseil, fut demandé par ledit seigneur à tous les cappitaines leur advis, que chascun dist au mieulx qu'il sceut ; et, pour conclusion, fut ordonné qu'on donneroit l'assault, sur les huyt ou neuf heures, lendemain matin. Et telle fut l'ordonnance : c'est que le seigneur de Molart, avecques ses gens de pied, conduyroit la première pointe ; mais devant luy yroit le cappitaine Hérigoye, et ses gens, escarmoucher. Après, en une troppe, marcheroient ce cappitaine Jacob, que l'empereur Maximilian avoit devant Padoue, en la bende du prince de Hanno, mais par moyens fut gaigné au service du roy de France, et avoit alors deux mille lansquenetz ; les cappitaines Bonnet, Maugiron, le bastard de Clèves et autres, jusques au nombre de sept mille hommes ; et le duc de Nemours, les gentilz-hommes que conduysoit le grand sénéschal de Normendie, avecques la plus grosse force de la gendarmerie à pied, marcheroient à leur costé, l'armet en teste et la cuyrasse sur le doz ; et monseigneur d'Alègre seroit à cheval à la porte Sainct-Jehan, qui estoit la seulle porte que les ennemys tenoient ouverte, car ilz avoient muré les autres avecques trois cens hommes-d'armes, pour garder que nul ne sortist.

Le vertueux cappitaine, seigneur de La Palisse, ne fut point à l'assault ; car, le soir de devant, il avoit esté blessé en la teste, d'ung esclat, par ung coup de canon qu'on avoit tiré de la ville au chasteau. Ceste ordonnance faicte, chascun la trouva bonne, excepté le bon Chevalier, qui dist après ce que le duc de Nemours, selon son ordre, eut parlé à luy : « Monseigneur, » saufve vostre révérence et de tous messei-» gneurs, il me semble qu'il fault faire une chose » dont nous ne parlons point. » Il luy fut demandé par ledit seigneur de Nemours que c'estoit. « C'est, dist-il, que vous envoyez monsei-» gneur de Molart faire la première pointe ; de » luy je suis plus que asseuré qu'il ne recullera » pas, ne beaucoup de gens de bien qu'il a » avecques luy ; mais si les ennemys ont point » de gens d'estoffe, et bien congnoissans la » guerre, avecques eulx, comme je croy que » ouy, sachez qu'ilz les mettront à la pointe, et » pareillement leurs hacquebutiers. Or, en telz » affaires, s'il est possible, ne fault jamais re-» culler ; et si d'aventure ilz repoussoient lesditz » gens de pied, et ilz ne feussent soustenuz de » gendarmerie, il y pourroit avoir gros désor-» dre. Parquoy je suis d'advis que avecques » mondit seigneur de Molart, on mecte cent ou » cent cinquante hommes-d'armes, qui seront » pour beaucoup mieulx soustenir le fès, que » les gens de pied qui ne sont pas ainsi armez. » Lors, dist le duc de Nemours : « Vous dictes » vray, Monseigneur de Bayart ; mais qui est le » cappitaine qui se vouldra mettre à la mercy » de leurs hacquebutes ? — Ce sera moy, s'il » vous plaist, Monseigneur, respondit le bon » Chevalier ; et croyez que la compaignie dont » j'ay la charge fera aujourd'huy de l'honneur au » Roy et à vous, et tel service que vous en ap-» percevrez. » Quant il eut parlé, n'y eut cappitaine qui ne regardast l'ung l'autre, car sans point de faulte le faict estoit très-dangereux : toutesfois il demanda la charge, et elle luy demoura.

Quant tout fut conclud, encores dist le duc de Nemours : « Messeigneurs, il fault que selon » Dieu nous regardions à une chose : vous voyez » bien que si ceste ville se prent d'assault elle » sera ruynée et pillée, et tous ceulx de dedans » mors, qui seroit une grosse pitié : il fault en-» cores sçavoir d'eulx, avant qu'ilz en essayent » la fortune, s'ilz se vouldroient point rendre. » Cela fut trouvé bon ; et le matin y fut envoyé une des trompettes, qui sonna dès ce qu'il partit du chasteau, et marcha jusques au premier rampart des ennemys, où estoient le providadour messire André Grit et tous les cappitaines. Quant la trompette fut arrivée, demanda à entrer en la ville. On luy dist qu'il n'entroit point, mais qu'il dist ce qu'il vouldroit, et que c'estoient ceulx qui avoient puissance de luy respondre.

Lors fist son message tel que vous avez entendu cy-dessus, et que, s'ilz vouloient rendre la ville, on les laisseroit aller, leurs vies sauves, sinon et où elle se prendroit d'assault, qu'ilz povoient estre tous asseurez de mourir. Il luy fut respondu qu'il s'en povoit bien retourner, et que la ville estoit de la seigneurie ; qu'elle y demoureroit, et davantage qu'ilz garderoient bien que jamais François n'y mettroit le pied. Hélas ! les povres habitans se feussent voulentiers renduz, mais ilz ne furent pas les maistres. La trompette revint, qui fist sa response ; laquelle ouye, n'y eut autre délay, sinon que le gentil duc de Nemours, qui desjà avoit ses gens en bataille, commença à dire : « Or, » Messeigneurs, il n'y a plus que bien faire et » nous monstrer gentilz compaignons : mar-» chons, ou nom de Dieu et de monseigneur » sainct Denys. » Les parolles ne furent pas si tost proférées que tabourins, trompettes et clérons ne sonnassent l'assault et l'alarme si impétueusement, que aux couars les cheveulx dressoient en la teste, et aux hardiz le cueur leur croissoit ou ventre.

Les ennemys, oyans ce bruit, deslaschèrent plusieurs coups d'artillerie, dont, entre les autres, ung coup de canon vint droit donner au beau milieu de la troppe du duc de Nemours, sans tuer ne blesser personne, qui fut quasi chose miraculeuse, considéré comme ilz marchoient serrez. Alors se mist à marcher avant le seigneur de Molart et le cappitaine Hérigoye avecques leurs gens ; et sur leur esle, quant et quant, le gentil et bon Chevalier sans paour et sans reprouche, à pied avec toute sa compaignie, qui estoient gens esleuz, car la pluspart de ses gens-d'armes avoient en leur temps esté cappitaines, mais ilz aymoient mieulx estre de sa compaignie, à moins de bien fait la moictié, que d'une autre, tant se faisoit aymer par ses vertus. Ilz approchèrent près du premier rampart, derrière lequel estoient les ennemys, qui commencèrent à tirer artillerie et leurs hacquebutes aussi dru comme mouches. Il avoit ung peu pluvyné ; le chasteau estoit en montaigne, et pour descendre en la ville on couloit ung peu : mais le duc de Nemours en monstrant qu'il ne vouloit pas demourer des derniers, osta ses souliers, et se mist en eschapins de chausses. A son exemple le firent plusieurs autres ; car, à vray dire, ilz s'en soustenoient mieulx.

Le bon Chevalier et le seigneur de Molart combatirent à ce rampart furieusement : aussi

fut-il merveilleusement bien deffendu. Les François cryoient : *France! France!* ceulx de la compaignie du bon Chevalier cryoient : *Bayart! Bayart!* les ennemys cryoient : *Marco! Marco!* Bref, ilz faisoient tant de bruyt que les hacquebutes ne povoient estre ouyes. Messire André Grit (1) donnoit merveilleux courage à ses gens, et, en son langage ytalien, leur disoit : « Te-
» nons bon, mes amys, les François seront
» tantost lassez, ils n'ont que la première pointe;
» et, si ce Bayart estoit deffaict, jamais les
» autres n'approcheroient. » Il estoit bien abusé, car, s'il avoit grant cueur de deffendre, les François l'avoient cent fois plus grant pour entrer dedans. Et vont livrer ung assault merveilleux, par lequel ilz repoussèrent ung peu les Véniciens : quoy voyant par le bon Chevalier, commencea à dire : *Dedans! dedans! compaignons, ilz sont nostres; marchez, tout est deffaict;* luy-mesme entra le premier et passa le rampart, et après luy plus de mille ; de sorte qu'ilz gaignèrent le premier fort, qui ne fut pas sans se bien batre, et y en demoura de tous les costez, mais peu des François. Le bon Chevalier eut ung coup de picque dedans le hault de la cuysse, et entra si avant que le bout rompit, et demoura le fer et ung bout du fust dedans. Bien cuyda estre frappé à mort, de la douleur qu'il sentit, si commencea à dire au seigneur de Molart : « Compaignon, faictes mar-
» cher voz gens, la ville est gaignée ; de moy
» je ne sçaurois tirer oultre, car je suis mort. » Le sang luy sortoit en habondance : si luy fut force, ou là mourir sans confession, ou se retirer hors de la foulle avecques deux de ses archiers, lesquelz luy estanchèrent, au mieulx qu'ilz peurent, sa playe, avecques leurs chemises qu'ilz descirèrent et rompirent pour ce faire.

Le povre seigneur de Molart, qui ploroit amèrement la perte de son amy et voisin (car tous deux estoient de l'escarlate des gentilzhommes), comme ung lyon furieux, délibéré le venger, commencea rudement à pousser, et le bon duc de Nemours et sa flote après, qui entendit en passant avoir le premier fort esté gaigné par le bon Chevalier, mais qu'il y avoit esté blessé à mort ; si luy-mesmes eust eu le coup, n'eust pas eu plus de douleur, et commencea à dire : « Hé! messeigneurs mes amys,
» ne vengerons-nous point sur ces villains la
» mort du plus acomply chevalier qui feust au
» monde? Je vous prie, que chascun pense de
» bien faire. » A sa venue furent les Véniciens mal traictez, et guerpirent la cytadelle, faisant myne se vouloir retirer vers la ville et lever le pont ; car trop eussent eu affaire les François par ce moyen, mais ilz furent poursuyvis si vivement qu'ilz passèrent le palais, et entrèrent pesle mesle en la grant place, en laquelle estoit toute leur force, la gendarmerie et chevaulxlégiers bien à cheval, avecques les gens de pied, en bataille bien ordonnée selon leur fortune.

Là se monstrèrent les lansquenetz et aventuriers françois gentilz compaignons. Le cappitaine Bonnet y fist de grans appertises d'armes ; et, sortant de sa troppe la longueur d'une picque, marcha droit aux ennemis, et fut aussi très-bien suivy. Le combat dura demye-heure ou plus ; les cytadins et femmes de la ville gectoient des fenestres gros carreaux et pierres, avecques eaue chaulde, qui dommagea plus les François que les gens de guerre. Ce nonobstant, enfin furent Véniciens deffaictz, et y en demoura sur ceste grant place de si bien endormis qu'ilz ne se réveilleront de cent ans, sept ou huyt mille. Les autres, voyans qu'il n'y faisoit pas trop seur, cherchèrent leur eschappatoire de rue en rue ; mais tousjours de leur malheur trouvoient gens de guerre qui les tuoient comme pourceaulx. Messire André Grit, le conte Loys Adnogarde et autres cappitaines estoient à cheval, lesquelz, quant ilz veirent la rotte entièrement sur eulx, voulurent essayer le moyen de se saulver, et s'en allèrent droit à ceste porte Sainct-Jehan, cuydans sortir, si firent abaisser le pont, et cryoient : *Marco! Marco! Ytalie! Ytalie!* mais c'estoit en voix de gens bien effrayez. Le pont ne fut jamais si tost baissé que le seigneur d'Alègre, gentil cappitaine et diligent, n'entrast dedans la ville avecques la gendarmerie qu'il avoit ; et en s'escriant : *France! France!* chargea sur les Véniciens, lesquelz tous, ou la plus grant part, porta par terre, et, entre autres, le conte Loys Adnogadre, qui estoit monté sur une jument coursière pour courir cinquante milles sans repaistre.

Le providadour, messire André Grit, veit bien qu'il estoit perdu sans remède si plus attendoit ; parquoy, après avoir couru de rue en rue pour eschapper la fureur, descendit de son cheval, et se gecta en une maison, seulement avecques ung de ses gens, où il se mist en deffense quelque peu ; mais, doubtant plus gros inconvénient, fist enfin ouvrir le logis, où il

---

(1) Il ignorait d'abord que Bayard fût du nombre des assiégeants ; quand il en fut instruit : « Je crois, dit-il,
» que les Bayards croissent en France comme champi-
» gnons ; on ne parle en toute bataille que de Bayard. »

fut prins prisonnier. Bref, nul n'en eschappa qui ne feust mort ou prins, et fut ung des plus cruelz assaulx qu'on eust jamais veu, car des mors, tant des gens de guerre de la seigneurie que de ceulx de la ville, y eut nombre de plus de vingt mille, et des François ne s'en perdit jamais cinquante, qui fut grosse fortune. Or, quant plus n'y eut à qui combattre, chascun se mist au pillage parmy les maisons; et y eut de grosses pitiez : car, comme povez entendre, en telz affaires il s'en trouve tousjours quelques ungs meschans, lesquelz entrèrent dedans monastères, firent beaucoup de dissolutions, car ilz pillèrent et desrobèrent en beaucoup de façons, de sorte qu'on estimoit le butin de la ville à trois millions d'escuz. Il n'est riens si certain que la prinse de Bresse fut en Ytalie la ruyne des François; car ilz avoient tant gaigné en ceste ville de Bresse, que la pluspart s'en retourna et laissa la guerre ; et ilz eussent fait bon mestier à la journée de Ravenne, que vous entendrez cy-après.

Il faut sçavoir que devint le bon Chevalier sans paour et sans reproche, après qu'il eut gaigné le premier fort, et qu'on l'eut si lourdement blessé, que contrainct avoit esté, à son grant regret, de demourer avecques deux de ses archiers. Quant ilz veirent la cytadelle gaignée, en la première maison qu'ilz trouvèrent, desmontèrent ung huys sur lequel ilz le chargèrent, et le plus doulcement qu'ilz peurent, avecques quelque ayde qu'ilz trouvèrent: le portèrent en une maison la plus apparente qu'ilz veirent là à l'entour. C'estoit le logis d'ung fort riche gentil-homme : mais il s'en estoit fuy en ung monastère, et sa femme estoit demourée au logis, en la garde de Nostre-Seigneur, avecques deux belles filles qu'elle avoit, lesquelles estoient cachées en ung grenier, dessoubz du foing. Quant on vint heurter à sa porte, comme constante d'attendre la miséricorde de Dieu, la va ouvrir : si veit le bon Chevalier qu'on apportoit ainsi blessé, lequel fist incontinent serrer la porte, et mist deux archiers à l'huys, ausquelz il dist : « Gardez sur vostre vie que » personne n'entre céans, si ce ne sont de mes » gens, je suis asseuré que quant on sçaura que » c'est mon logis, personne ne s'efforcera d'y » entrer ; et pource que, pour me secourir, je

(1) Champier donne le détail de l'opération : « Des-
» couverte la cuisse, le fer et le bout de la pique es-
» toient dedans encores. Si dist le noble Bayard aux
» cyrurgiens : tirez ce fer dehors. Respondit le Bressien,
» qui trembloit de paour qu'il avoit : Seigneur, j'ai bien
» grand paour que sincopisez en tirant le fer. — Non fe-
» ray, dist Bayard ; j'ay autrefois sçeu qu'est de tirer

» suis cause dont perdez a gaigner quelque » chose, ne vous souciez, vous n'y perdrez » riens. »

Les archiers firent son commandement, et luy fut porté en une fort belle chambre, en laquelle la dame du logis le mena elle-mesmes, et, se gectant à genoulx devant luy, parla en ceste manière, rapportant son langage au françois : « Noble seigneur, je vous présente ceste » maison et tout ce qui est dedans, car je sçay » bien qu'elle est vostre, par le debvoir de la » guerre, mais que vostre plaisir soit de me » saulver l'honneur et la vie, et de deux jeunes » filles que mon mary et moy avons, qui » sont prestes à marier. » Le bon Chevalier, qui oncques ne pensa meschanseté, luy respondit : « Madame, je ne sçay si je pourray eschapper » de la playe que j'ay ; mais, tant que je vivray, » à vous ne à voz filles ne sera fait desplai- » sir, non plus que à ma personne : gardez-les » seulement en vos chambres, qu'elles ne se » voyent point, et je vous asseure qu'il n'y a » homme en ma maison qui se ingère d'entrer » en lieu que ne le vueillez bien ; vous as- » seurant au surplus que vous avez céans ung » gentil-homme qui ne vous pillera point ; » mais vous feray toute la courtoysie que je » pourray. »

Quant la bonne dame l'ouyt si vertueusement parler, fut toute asseurée. Après il luy pria qu'elle enseignast quelque bon cirurgien, et qui peust hastivement le venir habiller ; ce qu'elle fist, et l'alla quérir elle-mesmes avecques ung des archiers, car il n'y avoit que deux maisons de la sienne. Luy arrivé, visita la playe (1) du bon Chevalier, qui estoit grande et profonde : toutesfois il l'asseura qu'il n'y avoit nul dangier de mort. Au second appareil le vint voir le cirurgien du duc de Nemours, appelé maistre Claude, qui depuis le pensa ; et en fist très-bien son debvoir, de sorte qu'en moins d'ung moys fut prest à monter à cheval. Le bon Chevalier, habillé, demanda à son hostesse où estoit son mary. La povre dame toute esplorée luy dist : « Sur ma foy, Monseigneur, je ne sçay s'il est » mort ou vif : bien me doubte, s'il est en vie, » qu'il sera dedans ung monastère, où il a » grosse congnoissance. — Dame, dist le bon » Chevalier, faictes-le chercher, et je l'envoye-

» ung fer de chair humaine : tirez hardiment. Alors ti-
» rèrent les deux maistres le fer, qui estoit moult pro-
» fond en la cuisse, dont le noble Chevalier sentit d'une
» merveilleuse douleur ; mais quand on luy dist qu'il
» n'y avoit ni artère, ni veine grosse blécée, il fut tout
» joyeux. »

» ray quérir, en sorte qu'il n'aura point de
» mal. » Elle se fist enquérir où il estoit, et le
trouva ; puis fut envoyé quérir par le maistre
d'hostel du bon Chevalier, et par deux archiers,
qui l'amenèrent seurement ; et, à son arrivée,
eut de son hoste, le bon Chevalier, joyeuse
chère : et luy dist qu'il ne se donnast point de
mélencolie, et qu'il n'avoit logé que de ses amys.
Après la belle et glorieuse prinse de la ville de
Bresse par les François, et que la fureur fut
passée, se logea le victorieux duc de Nemours,
qui n'estoit pas l'éfigie du dieu Mars, mais luy-
mesme, et, avant que boyre ne manger, assembla son conseil où furent tous les cappitaines,
affin d'ordonner ce qui estoit nécessaire de faire.
Premier, envoya chasser toutes manières de
gens de guerre, qui estoient ès religions et
églises, et fist retourner les dames aux logis
avecques leurs maris, s'ilz n'estoient plus prisonniers, et peu à peu les assura.

Il convint diligenter à vuyder les corps mors
de la ville, par peur de l'infection, où on fut
trois jours entiers, sans autre chose faire, et en
trouva-l'on vingt et deux mille et plus. Il donna
les offices qui estoient vaccans à gens qu'il pensoit bien qui les sceussent faire. Le procès du
conte Loys Adnogadre fut fait, lequel avoit esté
cause de la trahison pour reprendre Bresse ; et
eut la teste trenchée, et mis après en quatre
quartiers, et deux autres de sa faction, dont
l'ung s'appelloit Thomas del Duc, et l'autre
Hiéronyme de Ryve. Sept ou huyt jours fut à
Bresse ce gentil duc de Nemours, où, une fois
le jour pour le moins, alloit visiter le bon Chevalier, lequel il reconfortoit le mieulx qu'il povoit ; et souvent luy disoit : « Hé! monseigneur
» de Bayart, mon amy, pensez de vous guérir,
» car je sçay bien qu'il fauldra que nous don-
» nions une bataille aux Espaignolz, entre cy et
» ung moys, et, si ainsi estoit, j'aymerois mieulx
» avoir perdu tout mon vaillant que n'y feussiez,
» tant j'ay grant fiance en vous. » Le bon Chevalier respondit : « Croyez, Monseigneur, que
» s'il est ainsi qu'il y ait bataille, tant pour le
» service du Roy mon maistre que pour l'amour
» de vous, et pour mon honneur qui y devant,
» je m'y feroye plustost porter en lictière que je
» n'y feusse. » Le duc de Nemours luy fist force
présens, selon sa puissance, et pour ung jour
luy envoya cinq cens escus, lesquelz il donna
aux deux archiers qui estoient demourez avecques luy quant il fut blessé.

Quant le roy de France, Loys douziesme, fut
adverty de la prinse de Bresse et de la belle
victoire de son nepveu, croyez qu'il en fut très-
fort joyeulx. Toutesfois il congnoissoit assez
que, tant que ces Espaignolz seroient rouans en
la Lombardie, son estat de Milan ne seroit jamais asseuré. Si en escripvoit chascun jour à
sondit nepveu, le noble duc de Nemours, le
priant, tant affectueusement que possible luy
estoit, qu'il luy gectast la guerre de Lombardie,
et qu'il mist peine d'en chasser les Espaignolz ;
car il luy ennuyoit de soustenir les fraiz qu'il
convenoit faire aux gens de pied qu'il avoit, et
ne les povoit plus porter, sans trop fouller son
peuple, qui estoit la chose en ce monde qu'il
faisoit à plus grant regret ; davantage qu'il sçavoit bien que le roy d'Angleterre luy brassoit
ung brouet pour descendre en France, et pareillement les Suysses ; et que, si cela advenoit,
luy seroit besoing de s'ayder de ses gens de
guerre qu'il avoit en Ytalie. Et enfin c'estoit en
toutes ses lettres la conclusion de donner la bataille aux Espaignolz, ou les exterminer si loing
qu'ilz ne retournassent plus.

Ce duc de Nemours avoit si grande amour au
Roy son oncle, qu'en toutes choses se vouloit
garder de le courroucer ; et davantage il sçavoit
certainement que ses lettres ne luy venoient
point sans grande raison. Si se mit en totale
délibération d'acomplir voluntairement le commandement qui luy estoit fait, touchant mettre
fin à la guerre. Si assembla tous ses cappitaines,
gens de cheval et de pied, et à belles petites
journées marcha droit à Boulongne, où là auprès
arriva en son camp le duc de Ferrare, auquel
il bailla son avant-garde à conduyre, avecques
le seigneur de La Palisse ; et tant alla qu'il
trouva l'armée du roy d'Espaigne et du Pape à
quinze milles de Boulongne, en ung lieu dit
Gastel-Sainct-Pédro. C'estoit une des belles armées et des mieulx esquipées, pour le nombre
qu'ilz estoient, qu'on eust jamais veu. Domp
Raymon de Cardonne, visroy de Naples, en estoit le chief, et avoit en sa compaignie douze
ou quatorze cens hommes-d'armes, dont les
huyt cens estoient bardez : ce n'estoit que or et
azur, et les mieulx montez de coursiers et chevaulx d'Espaigne, que gens de guerre qu'on
eust sceu veoir ; davantage il y avoit deux ans
qu'ilz ne faisoient que aller et venir parmy ceste
Rommaigne, qui est ung bon et gras pays, et où
ilz avoient leurs vivres à souhait. Il y avoit
douze mille hommes de pied seullement, deux
mille Ytaliens, soubz la charge d'ung cappitaine Ramassot, et dix mille Espaignolz,
Biscayns et Navarres, que conduysoit le conte
Pédro Navarro ; et de toute la troppe des gens
de pied estoit cappitaine-général : il avoit autrefois mené ses gens en Barbarye, contre les
Mores, et avecques eulx avoit gaigné deux ou

trois batailles. Brief, c'estoient tous gens aguerriz, et qui sçavoient les armes à merveilles.

Quant le gentil duc de Nemours les eut approchez, commencèrent Espaignolz tousjours à eulx retirer le long de la montaigne, et les François tenoient la plaine; si furent bien trois sepmaines ou ung moys qu'ilz estoient les ungs des autres à six ou sept milles, mais bien se logeoient tousjours les Espaignolz en lieu fort; et souvent s'escarmouchoient ensemble, en façon que prisonniers se prenoient d'ung costé et d'autre, quasi tous les jours : tant y a que tous les prisonniers françois rapportoient que c'estoit une triumphe de veoir l'armée des Espaignolz. Toutesfois le gentil duc de Nemours, ne tous ses cappitaines et gens de guerre, ne désiroient autre chose que à les combatre, mais qu'on les trouvast en lieu marchant; ceste finesse avoient que tousjours se tenoient en fort, et encores les y alla-l'on quérir le jour de la bataille de Ravenne, comme vous orrez.

Mais premier parleray comment le bon Chevalier sans paour et sans reprouche partit de Bresse, pour s'en aller après le duc de Nemours, et de la grande courtoysie qu'il fist à son hostesse.

◇◇◇

CHAPITRE LI.

Comment le bon Chevalier sans paour et sans reprouche partit de Bresse pour aller après le duc de Nemours et l'armée du roy de France; de la grande courtoysie qu'il fist à son hostesse, au partir; et comment il arriva devant la ville de Ravenne.

Environ ung mois ou cinq sepmaines, fut malade le bon Chevalier sans paour et sans reprouche, de sa playe, en la ville de Bresse, sans partir du lict, dont bien luy ennuyoit; car chascun jour avoit nouvelles du camp des François, comment ilz approchoient les Espaignolz; et espéroit-l'on de jour en jour la bataille, qui, à son grant regret, eust esté donnée sans luy. Si se voulut lever ung jour, et marcha parmy la chambre pour sçavoir s'il se pourroit soustenir : ung peu se trouva foible; mais le grant cueur qu'il avoit ne luy donnoit pas le loysir d'y longuement songer. Il envoya quérir le cyrurgien qui le pensoit alors, et luy dist : « Mon amy, je vous prie, dictes-moy s'il y a » point de dangier de me mettre à chemin ; il » me semble que je suis guéry, ou peu s'en fault; » et vous promectz ma foy que, à mon juge- » ment, le demourer doresnavant me pourra » plus nuyre que amender, car je me fasche » merveilleusement. » Les serviteurs du bon Chevalier avoient desjà dit au cyrurgien le grand désir qu'il avoit d'estre à la bataille, et que tous les jours ne regrètoit autre chose : parquoy, ce sachant, et aussi congnoissant sa complexion, luy dist en son langaige : « Mon- » seigneur vostre playe n'est pas encores close ; » toutesfois par dedans elle est toute guérie. » Vostre barbier vous verra habiller encores » ceste fois; et, mais que tous les jours au matin » et au soir il y mette une petite tente et une » amplastre, dont je luy bailleray l'oignement, » il ne vous empirera point ; et si n'y a nul » dangier, car le grant mal de la playe est au- » dessus, et ne touchera point à la selle de » vostre cheval. » Qui eust donné dix mille escus au bon Chevalier, il n'eust pas esté si ayse. Son cyrurgien fut plus que bien contenté. Et se délibéra de partir dedans deux jours, commandant à ses gens que, durant ce temps, ilz meissent en ordre tout son cas. La dame de son logis, qui se tenoit tousjours sa prisonnière, ensemble son mary et ses enfans, et que les biens meubles qu'elle avoit estoient siens (car ainsi en avoient fait les François aux autres maisons, comme elle sçavoit bien), eut plusieurs ymaginacions : considérant en soy-mesmes que, si son hoste la vouloit traicter à la rigueur et son mary, il en tireroit dix ou douze mille escus, car ilz en avoient deux mille de rente, si se délibéra luy faire quelque honneste présent, et qu'elle l'avoit congnu si homme de bien et de si gentil cueur, que, à son oppinion, se contenteroit gracieusement.

Le matin dont le bon Chevalier devoit desloger après disner, son hostesse, avecques ung de ses serviteurs portant une petite boëte d'acier, entra en sa chambre, où elle trouva qu'il se reposoit en une chaire, après soy estre fort pourmené, pour tousjours peu à peu essayer sa jambe. Elle se gecta à deux genoulx ; mais incontinent la releva, et ne voulut jamais souffrir qu'elle dist une parolle, que premier ne fust assise auprès de luy, et puis commença son propos en ceste manière : « Monseigneur, la grâce que » Dieu me fist, à la prise de ceste ville, de vous » adresser en ceste vostre maison, ne me fut » pas moindre que d'avoir sauvé la vie à mon » mary, la myenne et de mes deux filles, avec- » ques leur honneur, qu'elles doivent avoir plus » cher ; et davantage, depuis que y arrivastes, » ne m'a esté fait, au moindre de mes gens, une » seulle injure, mais toute courtoysie ; et n'ont » pris voz gens, des biens qu'ilz y ont trouvez, la » valleur d'ung quatrin sans payer. Monseigneur,

» je suis assez advertye que mon mary, moy, » mes enfans et tous ceulx de la maison, sommes » voz prisonniers, pour en faire et disposer à » vostre bon plaisir, ensemble des biens qui » sont céans, mais, congnoissant la noblesse de » vostre cueur, à qui nul autre ne pourroit at- » taindre, suis venue pour vous suplier très- » humblement qu'il vous plaise avoir pitié de » nous, en eslargissant vostre accoustumée li- » béralité. Vècy ung petit présent que nous vous » faisons; il vous plaira le prendre en gré. » Alors prist la boëte que le serviteur tenoit, et l'ouvrit devant le bon Chevalier, qui la veit plaine de beaulx ducatz. Le gentil seigneur, qui oncques en sa vie ne fist cas d'argent, se prist à rire, et puis dist : « Madame, combien de du- » catz y a-il en ceste boëte? » La povre femme eut paour qu'il feust courroucé d'en veoir si peu, luy dist : « Monseigneur, il n'y a que » deux mille cinq cens ducatz, mais si vous » n'estes content, vous en trouverrez plus lar- » gement. » Alors il dist: « Par ma foy, Ma- » dame, quant vous me donneriez cent mille » escus, ne m'auriez pas tant fait de bien que de » la bonne chère que j'ay eue céans, et de la » bonne visitation que m'avez faicte ; vous as- » seurant qu'en quelque lieu que je me trouve, » aurez, tant que Dieu me donnera vie, ung » gentil-homme à vostre commandement. De » voz ducatz je n'en vueil point et vous remer- » cye; reprenez-les : toute ma vie ay tousjours » plus aymé beaucoup les gens que les escuz, et » ne pensez aucunement que ne m'envoyse aussi » content de vous, que si ceste ville estoit en » vostre disposition et me l'eussiez donnée. »

La bonne dame fut bien estonnée de se veoir esconduyte. Si se remist encores à genoulx ; mais guères ne luy laissa le bon Chevalier ; et, relevée qu'elle fut, dist : « Monseigneur, je » me sentirois à jamais la plus malheureuse » femme du monde, si vous n'emportiez si peu » de présent que je vous fais, qui n'est riens au » pris de la courtoysie que m'avez cy-devant » faicte, et faictes encores à présent par vostre » grande bonté. » Quant le bon Chevalier la veit ainsi ferme, et qu'elle faisoit le présent d'ung si hardy courage, luy dist : « Bien donc- » ques, Madame, je le prens pour l'amour de » vous ; mais allez-moy quérir voz deux filles, » car je leur vueil dire adieu. » La povre femme, qui cuydoit estre en paradis de quoy son présent avoit enfin esté accepté, alla quérir ses filles, lesquelles estoient fort belles, bonnes et bien enseignées, et avoient beaucoup donné de passe-temps au bon Chevalier durant sa maladie, parce qu'elles sçavoient fort bien chanter,

jouer du luz et de l'espinète, et fort bien besongner à l'esguille. Si furent amenées devant le bon Chevalier qui, ce pendant qu'elles s'acoustroient, avoit fait mettre les ducatz en trois parties, ès deux à chascune mille ducatz et à l'autre cinq cens. Elles arrivées, se vont gecter à genoulx, mais incontinent furent relevées ; puis la plus aisnée des deux commença à dire : « Mon- » seigneur, ces deux povres pucelles, à qui » avez tant fait d'honneur que de les garder de » toute injure, viennent prendre congé de vous, » en remerciant très-humblement vostre sei- » gneurie de la grâce qu'elles ont receue, dont » à jamais, pour n'avoir autre puissance, seront » tenues à prier Dieu pour vous. »

Le bon Chevalier, quasi larmoyant en voyant tant de doulceur et d'humilité en ces deux belles filles, respondit : « Mesdamoyselles, vous faictes » ce que je devrois faire, c'est de vous remer- » cier de la bonne compaignie que m'avez faicte, » dont je me sens fort tenu et obligé. Vous sça- » vez que gens de guerre ne sont pas voulentiers » chargez de belles besongnes pour présenter » aux dames; de ma part me desplaist bien fort » que n'en suis bien garny pour vous en faire » présent, comme je suis tenu. Vècy vostre » dame de mère qui m'a donné deux mille cinq » cens ducatz que vouz voyez sur ceste table ; » je vous en donne à chascune mille pour vous » ayder à marier ; et pour ma récompense, vous » prierez, s'il vous plaist, Dieu pour moy; » autre chose ne vous demande. » Si leur mist les ducatz en leurs tabliers, voulsissent ou non, puis s'adressa à son hostesse, à laquelle il dist : « Madame, je prendray ces cinq cens ducatz à » mon prouffit, pour les départir aux povres » religions de dames qui ont esté pillées ; et » vous en donne la charge, car mieulx entendrez où sera la nécessité que toute autre ; et » sur cela je prens congé de vous. » Si leur toucha à toutes en la main, à la mode d'Ytalie ; lesquelles se misrent à genoulx, plorans si trèsfort qu'il sembloit qu'on les voulsist mener à la mort. Si dist la dame : « Fleur de chevalerie, à » qui nul ne se doit comparer, le bénoist sau- » veur et rédempteur Jésuchrist, qui souffrit » mort et passion pour tous les pécheurs, le » vous vueille rémunérer en ce monde icy et en » l'autre. » Après s'en retirèrent en leurs chambres. Il fut temps de disner.

Le bon Chevalier fist appeler son maistre d'hostel, auquel il dist que tout feust prest pour monter à cheval sur le midy. Le gentil-homme du logis, qui jà avoit entendu par sa femme la grande courtoysie de son hoste, vint en sa chambre, et, le genoil en terre, le remercia cent mille fois, en luy offrant sa personne et tous ses biens, desquelz il luy dist qu'il povoit disposer comme siens, à ses plaisir et voulenté, dont le bon Chevalier le remercia, et le fist disner avecques luy. Et après ne demoura guères qu'il ne demandast les chevaulx, car jà luy tardoit beaucoup qu'il n'estoit avecques la compaignie par luy tant désirée, ayant belle paour que la bataille se donnast devant qu'il y feust.

Ainsi qu'il sortoit sa chambre pour monter, les deux belles filles du logis descendirent et luy firent chascune ung présent, qu'elles avoient ouvré durant sa maladie : l'ung estoit deux jolis et mignons braceletz, faiz de beaulx cheveulx de fil d'or et d'argent, tant proprement que merveilles ; l'autre estoit une bource sur satin cramoisy, ouvrée moult subtilement. Grandement les remercia, et dist que le présent venoit de si bonne main, qu'il estimoit dix mille escuz. Et pour plus les honnorer, se fist mettre les bracelletz au bras, et la bource mist en sa manche, les asseurant que, tant qu'ilz dureroient, les porteroit pour l'amour d'elles. Sur ces parolles, monta à cheval le bon Chevalier, lequel fut acompaigné de son grant compaignon et parfaict amy, le seigneur d'Aubigny, que le duc de Nemours avoit laissé pour la garde de la ville, et de plusieurs autres gentilzhommes, deux ou trois mille ; puis se dirent à Dieu. Les ungs retournèrent à Bresse, et les autres au camp des François, où arriva le bon Chevalier le mercredy au soir, septiesme d'avril, devant Pasques. S'il fut receu du seigneur de Nemours, ensemble de tous les cappitaines, ne fault pas demander ; et hommes-d'armes et aventuriers en démenoient telle joye, qu'il sembloit, pour sa venue, que l'armée en feust renforcée de dix mille hommes. Le camp estoit arrivé ce soir-là devant Ravenne, et les ennemys en estoient à six milles ; mais le lendemain, qui fut le jeudy-sainct, s'approchèrent à deux milles.

◆◇◆

CHAPITRE LII.

Comment le siège fut mis par le noble duc de Nemours devant Ravenne, et comment plusieurs assaulx y furent donnez, le vendredy-sainct où les François furent repoussez.

Quant le gentil duc de Nemours fut arrivé devant Ravenne, assembla tous les cappitaines, sçavoir qu'il estoit de faire ; car le camp des François commençoit fort à souffrir par faulte de vivres, qui y venoient à moult grant peine ; et y avoit desjà faulte de pain et de vin, parce que les Véniciens avoient couppé les vivres d'ung costé, et l'armée des Espaignolz tenoit toute la coste de la Rommaigne ; de sorte qu'il failloit aux aventuriers manger chair et fromage, par contraincte. Il y avoit encores ung gros inconvénient, dont le duc de Nemours ne nul des cappitaines n'estoit adverty, c'est que l'Empereur avoit mandé aux cappitaines des lansquenetz que sur leur vie eussent à leur retirer incontinent sa lettre veue, et qu'ilz n'eussent à combatre les Espaignolz. Entre autres cappitaines almans, y en avoit deux principaulx : l'ung s'appelloit Philippes de Fribourg, et l'autre Jacob, qui si gentil compaignon estoit ; et de fait tous deux estoient vaillans hommes et duytz aux armes. Ceste lettre de l'Empereur estoit tumbée ès mains du cappitaine Jacob ; il estoit allé veoir le roy de France quelquefois en son royaulme, depuis qu'il estoit à son service, où il luy fut fait quelque présent ; de façon que son cueur fut tout françois : pareillement ce duc de Nemours avoit tant gaigné les gens, que tous ceulx qu'il avoit avecques luy feussent mors à sa requeste.

Entre tous les cappitaines françois, n'y en avoit nul que le cappitaine Jacob aymast tant qu'il faisoit le bon Chevalier ; et commencea cest amour dès le premier voyage de l'Empereur devant Padoue, en l'an 1509, où le roy de France luy envoya cinq ou six cens hommes-d'armes de secours. Quand il eut veu la lettre, et qu'il eut sceu la venue du bon Chevalier, le vint visiter à son logis, avecques son truchement seulement, car de tout ce qu'il sçavoit de françois, c'estoit, *bon jour, monseigneur*. Ilz se firent grant chère l'ung à l'autre, comme la raison vouloit, et que chascun cherche son semblable ; et devisèrent de plusieurs choses, sans ce que personne les ouyst. Enfin le cappitaine Jacob déclaira au bon Chevalier ce que l'Empereur leur avoit mandé, et qu'il avoit encores les lettres que personne n'avoit veues que luy : et ne les vouloit monstrer à nul de ses compaignons, car il sçavoit bien que si leurs lansquenetz en estoient advertiz, la pluspart ne vouldroient point combatre et se retireroient ; mais que de luy il avoit le serment au roy de France, et sa soulde, et que, pour mourir de cent mille mors, ne feroit jamais ceste meschanceté qu'il ne combatist, mais qu'il se falloit haster ; car il estoit impossible que l'Empereur ne renvoyast bien-tost autres lettres, lesquelles pourroient venir à la notice des compaignons de guerre, et que, par ce moyen, les François pourroient avoir trop de dommage ; car lesditz lansquenetz es-

toient la tierce part de leur force, pour y en avoir environ cinq mille. Le bon Chevalier, qui bien congnoissoit le gentil cueur du cappitaine Jacob, le loua merveilleusement, et luy dist par la bouche de son truchement : « Mon com-
» paignon, mon amy, jamais vostre cueur ne
» pensa une meschanseté; vous m'avez autres-
» fois dit qu'en Almaigne n'avez pas de grans
» biens : nostre maistre est riche et puissant,
» comme assez entendez, et en ung jour vous en
» peult faire dont serez riche et opulent toute
» vostre vie; car il vous ayme fort, et je le
» scay bien. L'amour croistra davantage, quant
» il sera informé de l'honneste tour que vous luy
» faictes à présent, et il le scaura, aydant Dieu,
» quant moy-mesmes le luy debveroys dire. Vèlà
» monseigneur de Nemours, nostre chef, qui a
» mandé à son logis tous les cappitaines au con-
» seil; allons-y, vous et moy, et à part luy dé-
» claircrons ce que m'avez dit. — C'est bien ad-
» visé, dist le cappitaine Jacob, allons-y. »

Quant ilz furent au logis dudit duc de Nemours, se misrent en conseil, qui dura longuement. Et y eut de diverses oppinions; car les ungs ne conseilloient point le combattre, et avoient de bonnes raisons, disans que, s'ilz perdoient ceste bataille, toute l'Ytalie estoit perdue pour le Roy leur maistre, et que, d'entre eulx, nul n'en eschapperoit, par ce qu'ilz avoient trois ou quatre rivières à passer; que tout le monde estoit contre eulx, Pape, roy d'Espaigne, Véniciens et Suysses; et que de l'Empereur n'estoient pas trop asseurez : parquoy vauldroit mieulx temporiser que se hazarder en ceste manière; autres disoient qu'il convenoit combatre, ou mourir de faim comme meschans et lasches, et que desjà estoient trop avant pour se retirer, sinon honteusement et en désordre. Bref, chascun en dist son oppinion.

Le bon duc de Nemours, qui avoit desjà parlé au bon Chevalier et au cappitaine Jacob, avoit bien au long entendu ce que l'Empereur avoit mandé, et sçavoit bien qu'il estoit force de combatre ; aussi qu'il ne venoit poste que le roy de France, son oncle, ne luy mandast de donner la bataille ; et qu'il n'attendoit que l'heure d'estre assailly en son royaulme par deux ou trois endroitz. Il demanda toutesfois encores l'oppinion du bon Chevalier; lequel dist : « Monseigneur, vous sçavez que je vins encores
» hier; je ne sçay riens de l'estat des ennemys :
» Messeigneurs mes compaignons les ont veuz
» et escarmouchez tous les jours, qui s'y cong-
» noissent mieulx que moy. Je les ay ouyz, les
» ungs louer la bataille, les autres la blasmer;
» et, puisqu'il vous plaist m'en demander mon
» oppinion, sauf vostre révérence et de mes-
» seigneurs qui cy sont, je la vous diray. Qu'il
» ne soit vray que toutes batailles sont péril-
» leuses, si est, et qu'il ne faille bien regarder
» les choses avant que venir à ce point, si fait;
» mais, à congnoistre présentement l'affaire des
» ennemys et de nous, il semble quasi difficile
» que nous puissions départir sans bataille : la
» raison, que desjà avez fait voz approuches
» devant ceste ville de Ravenne, laquelle de-
» main matin voulez canonner, et, la berche
» faicte, y faire donner l'assault. Jà estes-vous
» adverty que le seigneur Marc-Anthoine Co-
» lonne, qui est dedans puis huyt ou dix
» jours, y est entré soubz la promesse et foy
» jurée de domp Raymon de Cardonne, vis-
» roy de Naples et chief de l'armée de noz en-
» nemys, de son oncle le seigneur Fabricio
» Colonne, ensemble du comte Pédro Navarre,
» et de tous les cappitaines, que s'il peult tenir
» jusques à demain, ou pour le plus tard au jour
» de Pasques, qu'ilz le viendront secourir. Or
» lesditz ennemys le luy monstrent bien, car
» ilz sont aux faulxbours de nostre armée.
» D'autre costé, tant plus séjournerez, et plus
» malcureux deviendrons; car noz gens n'ont
» nulz vivres, et fault que noz chevaulx vivent
» de ce que les saulles gectent à présent; et
» puis vous voyez le roy nostre maistre, qui
» chascun jour vous escript de donner la ba-
» taille, et que non seulement en voz mains
» repose la seureté de son duché de Milan, mais
» aussi tout son Estat de France, veu les enne-
» mys qu'il a aujourd'huy. Par quoy, quant à
» moy, je suis d'advis qu'on la doibt donner, et
» y aller saigement, car nous avons à faire à
» gens cauteleux et bons combatans. Qu'elle ne
» soit dangereuse, si est, mais une chose me re-
» conforte : les Espaignols ont esté depuis ung
» an en ceste Rommaigne, tousjours nourriz
» comme le poisson en l'eaue, et sont gras et
» replectz; noz gens ont eu et ont encores grant
» faulte de vivres, parquoy ilz en auront plus
» longue alayne, et nous n'avons mestier d'au-
» tre chose ; car qui plus longuement combatra,
» le camp luy demourera. » Chascun commença à rire du propos ; car si bien luy advenoit à dire ce qu'il vouloit, que tout homme y prenoit plaisir. Les seigneurs de Lautrec, de La Palisse, le grand sénéschal de Normandie, le seigneur de Crussol, et tout ou la pluspart des cappitaines, se tindrent à l'oppinion du bon Chevalier, qui estoit de donner la bataille; et dès l'heure en furent advertiz tous les cappitaines de gens de cheval et de pied.

Le lendemain matin, qui fut le vendredy-sainct, fut canonnée la ville de Ravenne bien asprement, de sorte que les ennemys, de leur camp, entendoient bien à cler les coups de canon. Si délibèrent, selon la promesse qu'ilz avoient faicte, de secourir le seigneur Marc-Anthoine Coulonne, dedans le jour de Pasques. Durant la baterie furent blessez deux gaillars cappitaines françois, l'ung le seigneur d'Espy, maistre de l'artillerie, et l'autre, le seigneur de Chastillon, prévost de Paris (1), de coupz de hacquebute; l'ung au bras, l'autre à la cuysse, dont depuis ilz moururent à Ferrare, qui fut fort gros dommage. La berche faicte à la ville, ceulx qui avoient esté ordonnez pour l'assault, qui estoient deux cens hommes-d'armes et trois mille hommes de pied, s'approchèrent : le reste de l'armée se mist en belle et triumphante ordonnance de bataille, laquelle désiréement ilz attendoient; et mille ans avoit que gens ne furent plus délibérez qu'ilz estoient; et, à leurs gestes, sembloit qu'ilz allassent aux nopces. Si tindrent escorte, trois ou quatre grosses heures, à leurs gens ordonnez pour assaillir, lesquelz firent à la ville de lours et divers assaulx. Et y fist très-bien son debvoir le viconte d'Estoges, lors lieutenant de messire Robert de La Marche, et le seigneur Fédéric de Bazolo; car plusieurs fois furent geetez du hault du fossé en bas. Si les assaillans faisoient bien leur debvoir, ceux de la ville ne se faignoient pas.

Et là estoit en personne le seigneur Marc-Anthoine Coulonne, qui disoit à ses gens : « Messeigneurs, tenons bon, nous serons secouruz dedans demain ou dimenche; je vous » en asseure sur mon honneur : la berche est » fort petite; si nous sommes pris, il nous tour-» nera à grande lascheté, et davantage il est » fait de nous. » Tant bien les confortoit ce seigneur Marc-Anthoine, que le cueur leur croissoit de plus en plus; et, à dire aussi la vérité, la berche n'estoit pas fort raisonnable.

Quant les François eurent donné cinq ou six assaulx, et qu'ilz veirent qu'en ceste sorte n'emporteroient pas la ville, firent sonner la retraicte : et Dieu leur en ayda bien, car, s'ilz l'eussent prise, jamais n'en eussent retiré les aventuriers, pour le pillage, qui eust esté peult-être occasion de perdre la bataille. Quant le duc de Nemours sceut que ses gens se retiroient de l'assault, il fist pareillement retirer l'armée pour le soir, affin d'eulx reposer; car d'heure en autre estoit attendu le combat, pour estre leurs ennemys à deux milles ou environ d'eulx.

Le soir, après soupper, plusieurs cappitaines estoient au logis dudit duc de Nemours, devisans de plusieurs choses, mesmement de la bataille. Si adressa sa parole au bon Chevalier sans paour et sans reproche, icelluy seigneur de Nemours, et lui dist : « Monseigneur de Bayart, » avant vostre venue, les Espaignolz, par de » noz gens qu'ilz ont prins prisonniers, deman-» doient tousjours si estiez point en ce camp; et » à ce que j'en ai entendu, font grosse estime » de vostre personne. Je serois d'advis, s'il vous » semble bon, car jà de long-temps congnoissez » leur manière de faire, que demain au matin, » ilz eussent de par vous quelque escarmouche, » de sorte que les puissez faire mettre en ba-» taille, et que voyez leur contenance. »

Le bon Chevalier, qui pas mieulx ne demandoit, respondit : « Monseigneur, je vous prometz » ma foy que, Dieu aydant, devant qu'il soit de-» main midy, je les verray de si près que je vous » en rapporteray des nouvelles. » Là estoit présent le baron de Béarn (2), lieutenant du duc de Nemours, lequel estoit advantureux chevalier, et tousjours prest à l'escarmouche. Si pensa en soy-mesme que le bon Chevalier seroit bien matin levé s'il la dressoit plustost que luy; et assembla aucuns de ses plus privez, ausquelz il déclaira son vouloir, à ce que ilz se teinsissent prestz au jour poignant. Vous orrez ce qu'il en advint.

◇◇◇

CHAPITRE LIII.

D'une merveilleuse escarmouche qui fut entre les François et les Espaignolz, le jour devant la bataille de Ravenne, où le bon Chevalier fist merveilles d'armes.

Suyvant la promesse que le bon Chevalier avoit faicte au duc de Nemours, luy arrivé à son logis, appella son lieutenant le cappitaine Pierrepont, son enseigne, son guydon et plusieurs autres de la compaignie, ausquelz il dist : « Mes-» seigneurs, j'ay promis à monseigneur d'aller » demain veoir les ennemys, et luy en apporter » des nouvelles bien au vray : il fault adviser » comment nous ferons, à ce que nous y ayons » honneur. Je suis délibéré de mener toute la » compaignie, et demain desployer les ensei-» gnes de monseigneur de Lorraine, qui n'ont » encores point esté veues; j'espère qu'elles » nous porteront bonheur; elles resjouyront

---

(1) Jacques de Coligny, oncle du fameux amiral de Coligny.

(2) Roger de Béarn, baron de Ravat et vicomte de Conserans; il descendait d'un bâtard de la maison de Foix.

» beaucoup plus que les cornètes. Vous, bastard
» Du Fay, dist-il à son guydon, prendrez cin-
» quante archiers, et passerez le canal au des-
» soubz de l'artillerie des Espaignolz, et yrez
» faire l'alarme dedans leur camp, le plus avant
» que pourrez; et, quant vous verrez qu'il sera
» temps de vous retirer sans riens hazarder, le
» ferez jusques à ce que trouvez le cappitaine
» Pierrepont, qui sera à vostre queue, avecques
» trente hommes-d'armes et le reste des ar-
» chiers; et, si tous deux estiez pressez, je se-
» ray après vous à tout le reste de la compaignie,
» pour vous secourir. Et, si l'affaire est conduit
» comme je l'entends, je vous asseure, sur ma
» foy, que nous y aurons honneur. »

Chascun entendit bien ce qu'il avoit à faire; car non pas seullement les cappitaines de la compaignie, mais il n'y avoit homme-d'armes en icelle qui ne méritast bien avoir charge soubz luy. Tout homme s'en alla reposer, jusques à ce qu'ilz ouyssent la trompette, qui les esveilla au point du jour, que chascun s'arma et mist en ordre, comme pour faire telle entreprise qu'ilz avoient en pensée. Si furent desployées et mises au vent les enseignes du gentil duc de Lorraine, qu'il faisoit fort beau veoir; et cela resjouyssoit les cueurs des gentilz-hommes de la compaignie, qui commencèrent à marcher, ainsi que ordonné avoit esté le soir précédent, en trois bendes, à trois geetz d'arc l'une de l'autre.

Riens ne sçavoit le bon Chevalier de l'entreprise du baron de Béarn, qui desjà s'estoit mis aux champs, et avoit dressé ung chault alarme au camp des ennemys, tant qu'il l'avoit quasi tout mis en armes, et y fist ledit baron très-bien son devoir; mais enfin donna, de la part des ennemys, deux ou trois coups de canon dedans sa troppe, dont de l'ung fut emporté le bras droit d'ung fort gaillart gentil-homme, appellé Bazillac, et d'ung autre fut tué le cheval du seigneur de Bersac, galant homme-d'armes, et tous deux de la compaignie du duc de Nemours; lequel fut bien desplaisant de l'inconvénient de Bazillac, car il l'aymoit à merveilles.

Après ces coups d'artillerie, tout d'une flote vont donner cent ou six-vingtz hommes-d'armes, espaignolz et neapolitains, sur le baron, qui contrainct fut de reculer le pas, du pas au trot, et du trot au galop, tant que les premiers se vindrent embatre sur le bastard Du Fay, qui s'arresta et advertit le bon Chevalier; lequel luy manda incontinent qu'il se gectast en la troppe du cappitaine Pierrepont, et luy-mesmes s'avança tant qu'il mist toute sa compaignie ensemble. Si veit retourner le baron de Béarn et ses gens quasi desconfitz, et les suyvoient Espaignolz et Neapolitains, hardiement et fièrement, lesquelz repassèrent le canal après luy.

Quant le bon Chevalier les veit de son costé, n'en eust pas voulu tenir cent mille escus. Si commença à cryer : *Avant, compaignons! secourons noz gens!* et dist à ceulx qui fuyoient : *Demourez, demourez, hommes - d'armes; vous avez bon secours.* Si se meet le beau premier en une troppe des ennemys, de cent à six-vingtz hommes-d'armes : il estoit trop aymé, et fut bien suivy. De la première pointe en fut porté par terre cinq ou six : toutesfois les autres se misrent en deffense fort honnestement, mais enfin tournèrent le dos, et se misrent au grant galop droit au canal, lequel ilz repassèrent à grosse diligence. L'alarme estoit desjà en leur camp, de sorte que tout estoit en bataille, gens de pied et de cheval. Ce nonobstant, le bon Chevalier les mena, batant et chassant, jusques bien avant en leurdit camp, où il fist, et ceulx de sa compaignie, merveilles d'armes, car ilz abatirent tentes et pavillons, et poussèrent par terre ce qu'ilz trouvèrent.

Le bon Chevalier, qui avoit tousjours l'œil au boys, va adviser une troppe de deux ou trois cens hommes-d'armes, qui venoient le grand trot, serrez en gens de guerre. Si dist au cappitaine Pierrepont : « Retirons-nous, car » vècy trop gros effort. » La trompette sonna la retraicte, qui fut faicte sans perdre ung homme; et repassèrent le canal, marchans droit en leur camp. Quant les Espaignolz veirent qu'ilz estoient repassez, et qu'ilz perdoient leur peine d'aller après, se retirèrent. Bien en passa cinq ou six, qui demandèrent à rompre leur lance; mais le bon Chevalier ne voulut jamais que homme tournast, combien que de plusieurs de ses gens en fust assez requis; mais il doubtoit que par là se levast nouvelle escarmouche, et ses gens estoient assez travaillez pour le jour.

Le bon duc de Nemours avoit desjà sceu comment tout l'affaire estoit allé, avant que le bon Chevalier arrivast : auquel, quant il l'apperceut, combien que très-dolent feust de l'inconvénient de Bazillac, le vint embrasser, et luy dist : « C'est vous et voz semblables, mon- » seigneur de Bayart, mon amy, qui doivent » aller aux escarmouches; car bien sagement » sçavez aller et retourner. » Tous ceulx qui furent en ceste dure escarmouche disoient qu'oncques n'avoient veu homme faire tant d'armes, ne que mieulx entendist la guerre que le bon Chevalier.

Le lendemain y en eut une bien plus aspre et cruelle, et dont François et Espaignolz mauldiront la journée toute leur vie.

CHAPITRE LIV.

De la cruelle et furieuse bataille de Ravenne, où les Espaignolz et Neapolitains furent desconfitz ; et de la mort du gentil duc de Nemours.

Au retour de ceste chaulde escarmouche qu'avoit faicte le bon Chevalier sans paour et sans reproche, et après le disner, furent assemblez tous les cappitaines, tant de cheval que de pied, au logis du vertueux duc de Nemours, le passe-preux de tous ceulx qui furent deux mille ans a ; car on ne lyra point en cronicque ne hystoire d'empereur, roy, prince, ne autre seigneur, qui en si peu de temps ait fait de si belles choses que luy ; mais cruelle mort le print en l'aage de vingt et quatre ans, qui fut abaissement et dommage irréparable à toute noblesse.

Or, les cappitaines assemblez, commença sa parolle le gentil duc de Nemours, et leur dist : « Messeigneurs, vous voyez le pays où nous sommes, et comment vivres nous deffaillent ; et tant plus demourerions en ceste sorte, et tant plus languirions. Ceste grosse ville de Ravenne nous fait barbe d'ung costé ; les ennemys sont à la portée d'ung canon de nous ; les Véniciens et Suysses, ainsi que m'escript le seigneur Jehan Jacques, font myne de descendre ou duché de Milan, où vous sçavez que nous n'avons laissé gens, sinon bien peu. Davantage, le Roy mon oncle me presse tous les jours de donner la bataille ; et croy qu'il m'en presseroit encores plus, s'il sçavoit comment nous sommes abstraincetz de vivres. Parquoy, ayant regard à toutes ces choses, me semble, pour le prouffit de nostre maistre et pour le nostre, que plus ne devons délayer ; mais, avecques l'ayde de Dieu qui y peult le tout, aillons trouver noz ennemys ; si la fortune nous est bonne, l'en louerons et remercirons ; si elle nous est contraire, sa voulenté soit faicte : de ma part et à mon souhait, povez assez penser que j'en désire le gaing pour nous, mais j'aymerois mieulx y mourir qu'elle feust perdue ; et si tant Dieu me veult oublier que je la perde, les ennemys seront bien lasches de me laisser vif, car je ne leur en donneray pas les occasions. Je vous ay icy tous assemblez, affin d'en prendre une occasion. »

Le seigneur de La Palisse dist qu'il n'estoit riens plus certain qu'il falloit donner la bataille, et plustost se gecteroient hors de péril. De ceste mesme oppinion furent le seigneur de Lautrec, grand séneschal de Normandie, grant escuyer de France, le seigneur de Crussol, cappitaine Loys d'Ars, et plusieurs autres ; lesquelz prindrent conclusion que le lendemain, qui estoit le jour de Pasques, yroient trouver leurs ennemys. Si fut dressé ung pont de bateaulx sur ung petit canal qui estoit entre les deux armées ; pour passer l'artillerie et les gens de pied ; car des gens de cheval ilz traversoient le canal bien à leur aise, parce que aux deux bortz on avoit fait des esplanades.

Le bon Chevalier sans paour et sans reproche dist, présent toute la compaignie, qu'il seroit bon de faire l'ordonnance de la bataille sur l'heure, affin que chascun sceust où il devroit estre ; et qu'il avoit entendu par tout plain de prisonniers qui avoient esté au camp des Espaignolz, qu'ilz ne faisoient que une troppe de tous leurs gens de pied, et deux de leurs gens de cheval, et que sur cela se failloit renger. Les plus apparans de la compaignie dirent que c'estoit fort bien parlé, et qu'il y failloit adviser sur l'heure ; ce qui fut fait en ceste sorte : c'est que les lansquenetz et les gens de pied des cappitaines Molart, Bonnet, Maugiron, baron de Grantmont, Bardassan et autres cappitaines, jusques au nombre de dix mille hommes, marcheroient tous en une flote, et les deux mille Gascons du cappitaine Odet et du capdet de Duras, à leur costé ; lesquelz tous ensemble yroient eulx parquer à la portée d'ung canon des ennemys, et devant eulx seroit mise l'artillerie : et puis, à coup de canon les ungs contre les autres, à qui premier sortiroit de son fort ; car les Espaignolz se logeoient tousjours en lieu avantageux, comme assez entendrez. Joignant les gens de pied, seroient le duc de Ferrare et seigneur de La Palisse, chefz de l'avant-garde, avecques leurs compaignons ; et quant et eulx les gentilz-hommes, soubz le grant séneschal de Normandie, le grant escuyer, le seigneur d'Ymbercourt, La Crote, le seigneur Théode de Trévolz, et autres cappitaines, jusques au nombre de huyt cens hommes-d'armes ; et ung peu au dessus, et viz à viz d'eulx, seroit le duc de Nemours, avecques sa compaignie, le seigneur de Lautrec (1), son cousin, qui fist merveilles d'armes ce jour, le seigneur d'Alègre, le cappitaine Loys d'Ars, le bon Chevalier et autres, jusques au nombre de

---

(1) Odet de Foix. Il se distingua sous le règne de François Ier ; sa sœur, la comtesse de Châteaubriant, fut maîtresse de ce prince.

quatre à cinq cens hommes-d'armes ; et les gens de pied ytaliens, dont il y avoit quatre mille ou environ, soubz la charge de deux frères gentilz-hommes de Plaisance, les contes Nicolle et Francisque Scot, du marquis Malespine, et autres cappitaines ytaliens, demoureroient deçà le canal, pour donner seureté au bagaige, de paour que ceulx de Ravenne ne sortissent : et fut ordonné chief de tous les guydons le bastard du Fay, qui passeroit le pont, et s'en donneroit garde jusques à ce qu'il feust mandé.

Les choses ainsi ordonnées, et le lendemain matin venu, commencèrent premier à passer les lansquenetz. Quoy voyant par le gentil seigneur de Molart, dist à ses rustres : « Comment, compaignons, nous sera-il reproché que lansque- » netz soient passez du costé des ennemys plus- » tost que nous? J'aymerois mieulx, quant à » moy, avoir perdu ung œil. » Si commencea, parce que les lansquenetz occupoient le pont, à se mettre, tout chaussé et vestu, au beau gué dedans l'eaue, et ses gens après (et fault sçavoir que l'eaue n'estoit point si peu profonde qu'ilz n'y feussent jusques au dessus du cul) ; et firent si bonne diligence qu'ilz furent plus tost passez que lesditz lansquenetz. Ce fait, fut toute l'artillerie passée et mise devant lesditz gens de pied, qui tantost se misrent en bataille ; après, passa l'avant-garde des gens de cheval, et puis la bataille. Sur ces entrefaictes, fault que je vous face ung accident.

Le gentil duc de Nemours partit assez matin de son logis, armé de toutes pièces, excepté de l'armet. Il avoit ung fort gorgias acoustrement de broderie, aux armes de Navarre et de Foix, mais il estoit fort pesant. En sortant de sondit logis, regarda le soleil jà levé, qui estoit fort rouge : si commencea à dire à la compaignie qui estoit autour de luy : *Regardez, Messeigneurs, comme le soleil est rouge.* Là estoit ung gentil-homme qu'il aymoit à merveilles, fort gentil compaignon, qui s'appelloit Haubourdin, qui luy respondit : « Sçavez-vous bien que » c'est à dire, Monseigneur ? il mourra aujour- » d'huy quelque prince ou grant cappitaine ; il » fault que ce soit vous ou le visroy. » Le duc de Nemours se print à rire de ce propos, car il prenoit en jeu toutes les parolles dudit Haubourdin. Si s'en alla jusques au pont, veoir achever de passer son armée, laquelle faisoit merveilleuse diligence.

Ce pendant le bon Chevalier le vint trouver, qui luy dist : « Monseigneur, allons nous esbat- » tre ung peu le long de ce canal, en attendant » que tout soit passé. » A quoy s'accorda le duc de Nemours, et mena en sa compaignie le seigneur de Lautrec, le seigneur d'Alègre, et quelques autres, jusques au nombre de vingt chevaulx. L'alarme estoit gros au camp des Espaignolz, comme gens qui s'attendoient d'avoir la bataille en ce jour ; et se mettoient en ordre, comme pour recevoir leurs mortelz ennemys. Le duc de Nemours, allant ainsi à l'esbat, commencea à dire au bon Chevalier : « Monseigneur » de Bayart, nous sommes icy en bute fort » belle ; s'il y avoit des hacquebutiers du costé » delà cachez, ilz nous escarmoucheroient à » leur aise. » Et, sur ces parolles, vont adviser une troppe de vingt ou trente gentilz-hommes espaignolz, entre lesquelz estoit le cappitaine Pédro de Pas, chef de tous leurs genétaires ; et estoient lesditz gentilz-hommes à cheval. Si s'avança le bon Chevalier vingt ou trente pas, et les salua, en leur disant : « Messeigneurs, vous » vous esbatez comme nous, en attendant que le » beau jeu se commence ; je vous prie que l'on » ne tire point de coups de hacquebute de vos- » tre costé, et on ne vous en tirera point du » nostre. »

Le cappitaine Pédro de Pas luy demanda qu'il estoit ; et il se nomma par son nom. Quant il entendit que c'estoit le cappitaine Bayart, qui tant avoit eu de renommée au royaulme de Naples, fut joyeulx à merveilles. Si luy dist en son langage : « Sur ma foy, monseigneur de Bayart, » encores que je soye tout asseuré que nous n'a- » vons riens gaigné en vostre arrivée, mais, par » le contraire, j'en tiens vostre camp enforcy » de deux mille hommes, si suis-je bien aise de » vous veoir ; et pleust à Dieu qu'il y eust bonne » paix entre vostre maistre et le mien, à ce que » peussions deviser quelque peu ensemble, car » tout le temps de ma vie vous ay aymé par » vostre grande prouesse. » Le bon Chevalier, qui tant courtois estoit que nul plus, luy rendit son change au double. Si regardoit Pédro de Pas que chascun honnoroit le duc de Nemours, qui demanda : « Seigneur de Bayart, qui est ce » seigneur tant bien en ordre, et à qui voz gens » portent tant d'honneur ? » Le bon Chevalier luy respondit : « C'est nostre chef, le duc de Ne- » mours, nepveu de nostre prince, et frère à » vostre Royne. » A grant peine il eut achevé son propos, que le cappitaine Pédro de Pas et tous ceulx qui estoient avecques luy misrent pied à terre, et commencèrent à dire, adressans leurs parolles au noble prince : « Seigneur, sauf » l'honneur et le service du Roy nostre maistre, » vous déclairons que nous sommes et voulons » estre et demourer à jamais voz serviteurs. » Le duc de Nemours, comme plein de courtoisie, les remercia ; et puis leur dist : « Messeigneurs,

» je voy bien que dedans aujourd'hui nous sçaurons à qui demourera la campaigne, à vous ou à nous ; mais à grant peine se desmeslera cest affaire, sans grande effusion de sang. Si vostre visroy vouloit vuyder ce différent de sa personne à la mienne, je ferois bien que tous mes amys et compaignons qui sont avecques moy s'y consentiront ; et si je suis vaincu, s'en retourneront ou duché de Milan, et vous laisseront paisibles par deçà : aussi, s'il est vaincu, que tous vous en retourniez au royaulme de Naples. » Quant il eut achevé son dire, luy fut incontinent respondu par ung, dit le marquis de La Padule. « Seigneur, je croy que vostre gentil cueur vous feroit voulentiers faire ce que vous dictes ; mais à mon advis que nostre visroy ne se fiera point tant en sa personne qu'il s'accorde à vostre dire. — Or à Dieu doncques, Messeigneurs, dit le gentil prince ; je m'en vois passer l'eaue, et promets à Dieu de ne la repasser de ma vie que le camp ne soit vostre ou nostre. » Ainsi se départit des Espaignolz le duc de Nemours. Allant et venant voient tout acier les ennemys, et comment ilz se mettoient en bataille ; mesmement leur avant-garde de gens de cheval, dont estoit chef le seigneur Fabricio Coulonne, se monstroit en belle veue, et toute descouverte. Si en parlèrent le seigneur d'Alègre et le bon Chevalier au duc de Nemours, et luy dirent : « Monseigneur, vous voyez bien ceste troppe de gens de cheval ? — Ouy, dist-il, ilz sont en belle veue. — Par ma foy, dist le seigneur d'Alègre, qui vouldra amener icy deux pièces d'artillerie seulement, on leur fera ung merveilleux dommage. » Cela fut trouvé très-bon ; et luy mesme alla faire amener ung canon et une longue coulevrine. Desjà les Espaignolz avoient commencé à tirer de leur camp, qui estoit fort à merveilles, car ilz avoient ung bon fossé devant eulx. Derrière estoient tous leurs gens de pied couchez sur le ventre, pour doubte de l'artillerie des François. Devant eulx estoit toute la leur, en nombre de vingt pièces, que canons que longues coulevrines, et environ deux cens hacquebutes à croc ; et, entre deux hacquebutes, avoient sur petites charrettes à roues de grans pièces de fer acéré et trenchant, en manière d'ung rouçon, pour faire rooller dedans les gens de pied, quant ilz vouldroient entrer parmy eulx. A leur esle, estoit leur avant-garde, que conduysoit le seigneur Fabricio Coulonne, où il y avoit environ huyt cens hommes-d'armes ; et ung peu plus hault estoit la bataille, en laquelle avoit plus de quatre cens hommes-d'armes, que menoit le visroy, Domp Raymon de Cardonne ; et joignant de luy avoit seulement deux mille Ytaliens, que menoit Ramassot ; mais quant à la gendarmerie, on n'en ouyt jamais parler de mieulx en ordre, ne mieulx montez.

Le duc de Nemours, passé qu'il eust la rivière, commanda que chascun marchast. Les Espaignolz tiroient en la troppe des gens de pied françois, comme en une bute, et en tuèrent, avant que venir au combat, plus de deux mille. Ilz tuèrent aussi deux triumphans hommes-d'armes, l'ung appellé Iasses, et l'autre L'Hérisson. Aussi moururent ensemble, d'ung mesme coup de canon, ces deux vaillans cappitaines, le seigneur de Molart et Philippes de Fribourg ; qui fut ung gros dommage et grant désavantage pour les François, car ilz estoient deux apparens et aymez cappitaines, sur tout le seigneur de Molart, car tous ses gens se feussent faitz mourir pour luy. Il fault entendre que, nonobstant toute l'artillerie tirée par les Espaignolz, les François marchoient tousjours. Les deux pièces que le seigneur d'Alègre et le bon Chevalier avoient fait retourner deçà le canal, tiroient incessamment en la troppe du seigneur Fabricio, qui luy faisoient ung dommage non croyable ; car il luy fut tué trois cens hommes-d'armes ; et dist depuis, luy estant prisonnier à Ferrare, que d'ung coup de canon luy avoit esté emporté trente-trois hommes-d'armes. Cela faschoit fort aux Espaignolz, car ilz se veoyent tuer, et ne sçavoient de qui : mais le cappitaine Pédro Navarre avoit si bien conclud en leur conseil, qu'il estoit ordonné qu'on ne sortiroit point du fort, jusques à ce que les François les y allassent assaillir ; et qu'ilz se defferoient d'eulx-mesmes. Il n'estoit riens si vray : mais il ne fut plus possible au seigneur Fabricio de tenir ses gens, qui disoient en leur langage : *Coerpo de Dios, sommos matados del cielo ; vamos combater los umbres.* Et commencèrent, pour évader ces coups d'artillerie, à sortir de leur fort, et entrer en ung beau champ pour aller combatre.

Ils ne prindrent pas le chemin droit à l'avant-garde, mais adviserent la bataille où estoit ce vertueux prince duc de Nemours avec petite troppe de gendarmerie ; si tirèrent ceste part. Les François de la bataille, joyeulx d'avoir le premier combat, baissèrent la veue, et d'ung hardy courage marchèrent droit à leurs ennemys, lesquelz se misrent en deux troppes, pour, par ce moyen, enclorre ceste petite bataille. De ceste ruse s'apperçeut bien le bon Chevalier, qui dist au duc de Nemours : « Monseigneur, mectons-nous en deux parties, jusques à ce qu'ayons passé le fossé, car ilz nous veullent

» enclorre. » Cela fut incontinent fait, et se départirent. Les Espaignolz firent ung bruyt et ung cry merveilleux à l'aborder : *Espaigne! Espaigne! Sant Yago! aux canailles! aux canailles!* Furieusement venoient, mais plus furieusement furent receuz des François, qui cryoient aussi : *France! France! aux chevaulx! aux chevaulx!* car les Espaignolz ne taschoient à autre chose, sinon d'arrivée tuer les chevaulx, pource qu'ilz ont ung proverbe qui dit : *Moerto el cavaillo, perdido l'umbre d'armes.*

Depuis que Dieu créa ciel et terre ne fut veu ung plus cruel ne dur assault que François et Espaignolz se livrèrent les ungz aux autres, et dura plus d'une grande demye-heure ce combat. Ilz se reposoient les ungz devant les autres, pour reprendre leur alayne, puis baissoient la veue, et recommençoient de plus belle, criant *France* et *Espaigne* le plus impétueusement du monde. Les Espaignolz estoient la moytié plus que les François. Si s'en courut le seigneur d'Alègre droit à son avant-garde, et de loing advisa la bende de messire Robert de La Marche, qui portoient en devise *blanc et noir;* si leur escria : *Blanc et noir, marchez! marchez! et aussi les archiers de la garde.* Le duc de Ferrare et seigneur de La Palisse pensèrent bien que, sans grant besoing, le seigneur d'Alègre ne les estoit pas venu quérir. Si les firent incontinent desloger, et, à bride abatue, vindrent secourir le duc de Nemours et sa bende, laquelle, combien qu'elle feust de peu de nombre, reculloient tousjours peu à peu les Espaignolz.

A l'arrivée de ceste fresche bende, y eut ung terrible hutin; car Espaignolz furent vivement assaillis. Les archiers de la garde avoient de petites coignées, dont ilz faisoient leurs loges, qui estoient pendues à l'arson de la selle des chevaulx; ilz les misrent en besongne, et donnoient de grans et rudes coups sur l'armet de ces Espaignolz, qui les estonnoit merveilleusement. Oncques si furieux combat ne fut veu; mais enfin convint aux Espaignolz habandonner le camp sur lequel et entre deux fossez moururent trois ou quatre cens hommes-d'armes; aucuns princes du royaulme de Naples y furent prins prisonniers, ausquelz on sauva la vie : chascun se vouloit mettre à la chasse; mais le bon Chevalier sans paour et sans reprouche dist au vaillant duc de Nemours, qui estoit tout plein de sang et de cervelle d'ung de ses hommes-d'armes qui avoit esté emporté d'une pièce d'artillerie : « Monseigneur, estes-vous blessé? — » Non, dist-il, Dieu mercy, mais j'en ay bien » blessé d'autres. — Or, Dieu soit loué, dist le » bon Chevalier, vous avez gaigné la bataille, » et demourez aujourd'huy le plus honnoré » prince du monde. Mais ne tirez plus avant, et » rassemblez vostre gendarmerie en ce lieu; » qu'on ne se mecte point au pillage encores, car » il n'est pas temps; le cappitaine Loys d'Ars » et moy allons après ces fuyans, à ce qu'ilz ne » se retirent derrière leurs gens de pied; et pour » homme vivant ne départez point d'icy que le- » dit cappitaine Loys d'Ars ou moy ne vous » viengnons quérir. » Ce qu'il promist faire, mais il ne le tint pas, dont mal luy en print.

Vous avez entendu comment les gens de pied des Espaignolz estoient couchez sur le ventre, en ung fort merveilleux et dangereux à assaillir, car on ne les voyoit point. Si fut ordonné que les deux mille Gascons yroient sur la queue deslâcher leur traict, qui seroit cause de les faire lever : or les gens de pied françois n'en estoient pas loing de deux picques; mais le fort estoit trop désavantageux : car, pour ne veoir point leurs ennemys, ilz ne sçavoient par où ilz devoient entrer. Le cappitaine Odet et le capdet de Duras dirent qu'ilz estoient tous prestz d'aller faire lever les Espaignolz, mais qu'on leur baillast quelques gens de picque, à ce que, après que leurs gens auroient tiré, s'il sortoit quelques enseignes sur eulx, ilz feussent soustenuz : cela estoit raisonnable; et y alla avecques eulx le seigneur de Moncaure, qui avoit mille Picars. Les Gascons deslâchèrent très-bien leur traict, et navrèrent plusieurs Espaignolz, à qui il ne pleut guères, comme ilz monstrèrent, car tout soubdainement se levèrent en belle ordonnance de bataille, et du derrière sortirent deux enseignes de mille ou douze cens hommes, qui vindrent donner dedans ces Gascons. Je ne sçay de qui fut la faulte, ou d'eulx ou des Picars, mais ilz furent rompuz des Espaignolz; et y fut tué le seigneur de Moncaure, le chevalier Desbories, lieutenant du cappitaine Odet, le lieutenant du capdet de Duras, et plusieurs autres.

A qui il ne pleut guères, ce fut à leurs amys : mais les Espaignolz en firent une grant huée, comme s'ilz eussent gaigné entièrement la bataille : toutesfois, ilz congnoissoient bien qu'elle estoit perdue pour eulx; et ne voulurent pas retourner en derrière ces deux enseignes qui avoient rompu les Gascons; mais se délibérèrent d'aller gaigner Ravenne, et se misrent sur la chaussée du canal, où ilz marchoient trois ou quatre de fronc. Je laisseray ung peu à parler d'eulx, et retourneray à la grosse flote des gens de pied françois et espaignolz. C'est que, quant lesditz Espaignolz furent levez, se vont présenter sur le bord de leur fossé, où les François

37.

livrèrent fier, dur et aspre assault ; mais ilz furent serviz de hacquebutes à merveilles, de sorte qu'il en fut beaucoup tué ; mesmement le gentil cappitaine Jacob eut ung coup au travers du corps, dont il tumba ; mais soubdain se releva, et dist à ses gens en almant : « Messeigneurs, » servons aujourd'huy le roy de France, aussi » bien qu'il nous a traictez. » Le bon gentilhomme ne parla depuis, car incontinent tumba mort. Il avoit un cappitaine soubz luy, nommé Fabien (1), ung des beaux et grans hommes qu'on veit jamais ; lequel, quant il apperçeut son bon maistre mort, ne voulut plus vivre, mais bien fist une des grandes hardiesses qu'oncques homme sceut faire ; car, ainsi que les Espaignolz avoient ung gros hoc de picques croysées au bort de leur fossé, qui gardoit que les François ne povoient entrer, ce cappitaine Fabien, voulant plutost mourir qu'il ne vengeast la mort de son gentil capitaine, print sa picque par le travers : il estoit grant à merveilles, et, tenant ainsi sa picque, la mist dessus celles des Espaignolz, qui estoient couchées, et, de sa grande puissance, leur fist mettre le fer en terre. Quoy voyant par les François, poussèrent roidement et entrèrent dedans le fossé ; mais pour le passer y eut ung meurdre merveilleux ; car oncques gens ne firent plus de deffense que les Espaignolz, qui, encores n'ayant plus bras ne jambe entière, mordoient leurs ennemys. Sur ceste entrée y eut plusieurs cappitaines françois mors, comme le baron de Grantmont, le cappitaine Maugiron, qui y fist d'armes le possible, le seigneur de Bardassan. Le cappitaine Bonnet eut ung coup de picque dedans le fronc, dont le fer luy demoura en la teste. Brief, les François y receurent gros dommage ; mais plus les Espaignolz, car la gendarmerie de l'avant-garde françoise leur vint donner sur le costé, qui les rompit du tout ; et furent tous mors et mis en pièces, excepté le conte Pédro Navarre, qui fut prisonnier, et quelques autres cappitaines.

Il fault retourner à ces deux enseignes qui s'enfuyoient pour cuyder gaigner Ravenne ; mais en chemin rencontrèrent le bastard Du Fay et les guidons et archiers, qui leur firent retourner le visage le long de la chaussée : guères ne les suyvit le bastard Du Fay, mais retourna droit au gros affaire, où il servit merveilleusement bien. Entendre devez que, quant ces deux enseignes sortirent de la troppe, et qu'ilz eurent deffaictz les Gascons, plusieurs s'en fuyrent, et aucuns jusques au lieu où estoit le vertueux duc de Nemours, lequel, venant au-devant d'eulx, demanda que c'estoit. Ung paillart respondit : « Ce sont les Espaignolz qui » nous ont deffaictz. » Le povre prince, cuydant que ce fust la troppe de ses gens de pied, fut désespéré ; et, sans regarder qui le suyvoit, se va gecter sur ceste chaussée par laquelle se retiroient ces deux enseignes, qui le vont rencontrer en leur chemin, et bien quatorze ou quinze hommes-d'armes. Ilz avoient encores rechargé quelques hacquebutes, qui vont deslâcher, et puis à coups de picque sur ce gentil duc de Nemours et sur ceulx qui estoient avecques luy, lesquelz ne se povoient guères bien remuer, car la chaussée estoit estroicte, et d'ung costé le canal où on ne povoit descendre, de l'autre, y avoit ung merveilleux fossé que l'on ne povoit passer. Brief, tous ceulx qui estoient avecques le duc de Nemours furent gectez en l'eaue, ou tumbez dans le fossé. Le bon duc eut les jarretz de son cheval couppez : si se mist à pied, l'espée au poing, et oncques Rolant ne fist à Roncevaulx tant d'armes qu'il en fist là, ne pareillement son cousin, le seigneur de Lautrec, lequel veit bien le grant dangier où il estoit, et cryoit tant qu'il povoit aux Espaignolz : « Ne le tuez pas, c'est nostre visroy, le frère » à vostre Royne. » Quoy que ce feust, le povre seigneur y demoura, après avoir eu plusieurs playes ; car, depuis le menton jusques au fronc, en avoit quatorze ou quinze ; et par là monstroit bien le gentil prince qu'il n'avoit pas tourné le doz.

Dedans le canal fut noyé le filz du seigneur d'Alègre, nommé Viverolz, et son père tué à la deffaicte des gens de pied ; le seigneur de Lautrec y fut laissé pour mort, et assez d'autres. Ces deux enseignes se sauvèrent le long de la chaussée, qui duroit plus de dix milles ; et, quant ilz furent à cinq ou six milles du camp, rencontrèrent le bon Chevalier qui venoit de la chasse avecques environ trente ou quarante hommes-d'armes ; tant las et travaillez que merveilles. Toutesfois il se délibéra de charger ses ennemys : mais ung cappitaine sortit de la troppe, qui commença à dire, en son langaige : « Seigneur, que voulez-vous faire ? Assez con- » gnoissez n'estre pas puissant pour nous def- » faire. Vous avez gaigné la bataille et tué tous » noz gens ; suffise vous de l'honneur que vous » avez eu, et nous laissez aller, la vie sauve, car » par la voulenté de Dieu sommes eschappez. » Le bon Chevalier congneut bien que l'Espaignol disoit vray ; aussi n'avoit-il cheval qui se peust soustenir ; toutesfois il demanda les enseignes qui luy furent baillées ; et puis ilz s'ouvrirent, et il passa parmy eulx, et les laissa aller. Las !

---

(1) Fabicin de Schlaberstorf. Il était Saxon.

il ne sçavoit pas que le bon duc de Nemours feust mort, ne que ce feussent ceulx qui l'avoient tué; car il feust avant mort de dix mille mors, qu'il ne l'eust vengé, s'il l'eust sceu. Durant la bataille, et avant la totalle deffaicte, s'en fuyt domp Raymon de Cardonne (1), visroy de Naples, environ trois cens hommesd'armes, et le cappitaine Ramassot, avecques ses gens de pied; le demourant fut mort ou pris.

Le bon Chevalier et tous les François retournèrent de la chasse, environ quatre heures après midy, et la bataille estoit commencée environ huyt heures de matin. Chascun fut adverty de la mort de ce vertueux et noble prince, le gentil duc de Nemours, dont ung dueil commença au camp des François, si merveilleux que je ne cuyde point, s'il feust arrivé deux mille hommes de pied, fraiz, et deux cens hommes-d'armes, qu'ilz n'eussent tout deffaict; tant de la peine et fatigue que tout au long du jour avoient souffert, car nul ne fut exempte de combatre, s'il voulut, que aussi la grande et extrême douleur qu'ilz portoient en leur cueur de la mort de leur chef, lequel, par ses gentilzhommes, en grans pleurs et plains, fut porté à son logis. Il y a eu plusieurs batailles depuis que Dieu créa ciel et terre; mais jamais n'en fut veu, pour le nombre qu'il y avoit, de si cruelle, si furieuse, ne mieulx combatue de toutes les deux parties, que la bataille de Ravenne.

◇◇◇

CHAPITRE LV.

Des nobles hommes qui moururent à la cruelle bataille de Ravenne, tant du costé des François que des Espaignolz, et des prisonniers. La prinse de la ville de Ravenne. Comment les François furent chassez deux moys après d'Ytalie, en l'an 1512. De la griefve maladie du bon Chevalier. D'une fort grande courtoysie qu'il fist. Du voyage fait ou royaulme de Navarre; et de tout ce qui advint en ladicte année.

En ceste cruelle bataille fist le royaulme de France grosse perte; car le nompareil en prouesse qui feust au monde pour son aage y mourut: ce fut le gentil duc de Nemours, dont, tant que le monde aura durée, sera mémoire. Il y avoit quelque intelligence secrète pour le faire roy de Naples, s'il eust vescu, et s'en fut trouvé pape Julles mauvais marchant; mais il ne pleut pas à Dieu le laisser plus avant vivre. Je croy que les neuf preux luy avoient fait ceste requeste; car, s'il eust vescu aage compétant, les eust tous passez. Le gentil seigneur d'Alègre et son filz, le seigneur de Viverolz, y finèrent leurs jours. Aussi firent le cappitaine La Crote, le lieutenant du seigneur d'Ymbercourt; les cappitaines Molart, Jacob, Philippes de Fribourg, Maugiron, baron de Grantmont, Bardassan, et plusieurs autres cappitaines. Des gens de pied environ trois mille hommes, et quatre-vingtz hommes-d'armes des ordonnances du roy de France, avecques sept de ses gentilzhommes et neuf archiers de sa garde; et de ce qui en demoura la pluspart estoient blécez. Les Espaignolz y eurent perte, dont de cent ans ne seront réparez; car ilz perdirent vingt cappitaines de gens de pied, dix mille hommes, ou peu s'en faillit; et leur cappitaine-général, le conte Pédro Navarre, y fut prisonnier. Des gens de cheval, furent tuez domp Menaldo de Cardonne, domp Pédro de Coignes, prieur de Messine, domp Diégo de Guynonnes, le cappitaine Alnarade, le cappitaine Alonce de l'Esteille, et plus de trente cappitaines ou chefz d'enseignes, et bien huyt cens hommes-d'armes : sans les prisonniers, qui furent domp Jehan de Cardonne, qui mourut en prison, le marquis de Bétonte, le marquis de Licite, le marquis de La Padule, le marquis de Pescare, le duc de Trayète, le conte de Conche, le conte de Populo, et ung cent d'autres gros seigneurs et cappitaines, avecques le cardinal de Médicis, qui estoit légat du Pape en leur camp; ilz perdirent toute leur artillerie, hacquebutes et cariage. Brief, de bien vingt mille hommes qu'ilz estoient à cheval et à pied, n'en eschappa jamais quatre mille, que tous ne fussent mors ou pris.

Le lendemain les adventuriers françois et lansquenetz pillèrent la ville de Ravenne, et se retira le seigneur Marc-Anthoine Coulonne dedans la cytadelle qui estoit bonne et forte. Le cappitaine Jacquyn, qui avoit si bien parlé à l'astrologue de Carpy, en fut cause, par dessus la deffense qui en estoit faicte; à l'occasion de quoy le seigneur de La Palisse le fist pendre et

---

(1) « Sur la fin de la journée, dit Champier, le vice-
» roy de Naples voulut descendre de cheval et mon er
» sur ung aultre moult beau; mais le noble Bayard le
» surprit de si près que il n'eut loisir de monter, et bot ta
» en fuite, et print Bayard le cheval sur lequel il vou-
» loit monter, lequel depuis donna à monseigneur de
» Lorraine. Ce cheval j'ai veu plusieurs fois à Nancy,
» lequel estoit le plus bel et hardy cheval et mieulx
» harnaché que je vis oncques. »

estrangler. Il y avoit bien entreprise d'aller plus avant, si le bon duc de Nemours feust demouré vif; mais par son trespas tout cessa, combien que Pètre Morgant et le seigneur Robert Ursin avoient très-bien fait leur debvoir de ce qu'ilz avoient promis, aussi que le seigneur Jehan Jacques escripvoit chascun jour que les Veniciens et Suysses s'assembloient et vouloient descendre en la duché de Milan; et l'empereur Maximilian commençoit desjà secrètement à se révolter.

Parquoy l'armée des François se mist au retour vers ladicte duché de Milan, où tous les cappitaines se trouvèrent en la ville; lesquelz firent enterrer, dedans le dosme, le gentil duc de Nemours, en plus grant triumphe que jamais avoit esté enterré prince; car il y avoit plus de dix mille personnes portans le dueil, la pluspart à cheval, quarante enseignes prises sur ses ennemys, que l'on portoit devant son corps, traynans en terre, et ses enseigne et guidon après, et prochains de sa personne, en démonstrant que c'estoient ceulx qui avoient abatu l'orgueil des autres. En ce doloreux obsèque y eut grans pleurs et gémissemens.

Après sa mort tous les cappitaines avoient esleu le seigneur de La Palisse pour leur chef, comme très-vertueulx chevalier, aussi que le seigneur de Lautrec estoit blessé à la mort, et avoit esté mené à Ferrare, pour se faire garir, où il eut si bon et gracieulx traictement du duc et de la duchesse, qu'il revint en assez bonne santé.

Le pape Julles, voulant tousjours continuer en son charitable vouloir, fist du tout déclarer l'Empereur ennemy des François; lequel manda à si peu de lansquenetz qui estoient demourez après la journée de Ravenne avecques les François, qu'ilz eussent à se retirer; dont le principal cappitaine estoit le frère du cappitaine Jacob, lequel, à son mandement, s'en retourna et les emmena tous, excepté sept ou huyt cens que ung jeune cappitaine aventurier, qui n'avoit que perdre en Allemaigne, retint.

En ceste saison, ainsi que les François cuydoient emmener le cardinal de Médicis en France, fut recoux à Pètre de Qua, qui luy fut bonne fortune; et en fut bien tenu à messire Mathé de Bécarya, de Pavye, qui fist cest exploit, car depuis il fut pape.

Peu après, l'armée des Véniciens, Suysses et gens de par le Pape, descendirent en gros nombre, qui trouvèrent celle des Françoys deffaicte et ruynée; et, combien qu'ilz feissent résistance en plusieurs passaiges, toutesfois enfin furent contrainctz eulx venir retirer à Pavye, que délibérèrent garder. Et furent ordonnez les cappitaines par les portes à fortiffier, chascun son quartier; ce qu'ilz commencèrent très-bien; mais peu y demourèrent, car les ennemys y furent deux jours après. Les François avoient fait faire ung pont sur bateaulx, combien qu'il y en eust ung de pierre audit Pavye; mais c'estoit à fin que, si aucun inconvénient leur advenoit, eussent meilleure retraicte; ce qu'il advint bien tost; car, une journée, je ne sçay par quel moyen ce fut, les Suysses entrèrent en la ville par le chasteau, et vindrent jusques sur la place, où desjà, au moyen de l'alarme, estoient les gens de pied et plusieurs gens de cheval, comme le cappitaine Loys d'Ars, qui en estoit lors gouverneur, et qui y fist merveilles d'armes. Si fist aussi le seigneur de La Palisse et le gentil seigneur d'Ymbercourt; mais sur tous le bon Chevalier fist choses non croyables; car il arresta, avecques vingt ou trente de ses hommes-d'armes, les Suysses sur le cul, plus de deulx heures, tousjours combatant; et durant ce temps luy fut tué deux chevaulx entre ses jambes. Ce pendant se retiroit l'artillerie pour passer le pont; et, sur ces entrefaictes, le cappitaine Pierrepont, qui alloit visitant les ennemys d'ung costé et d'autre, vint dire à la compaignie qui combatoit en la place: « Messei-
» gneurs, retirez-vous; car au-dessus de nostre
» pont de boys, en force petiz bateaulx passent les Suysses dix à dix; et si, une fois
» passent quelque nombre compectant, ilz gaigneront le bout de nostre pont, et nous serons
» enclos en ceste ville, et tous mis en pièces. » C'estoit ung saige et vaillant cappitaine; parquoy, à sa parolle, tousjours combatant, se tirèrent les François jusques à leur pont, où, pour estre vivement poursuyvis, y eut lourt et dur escarmouche. Toutesfois les gens de cheval passèrent, et demoura environ troys cens lansquenetz derrière, pour garder le bord dudit pont. Mais ung grand malheur y advint; car, ainsi que l'on achevoit de passer la dernière pièce d'artillerie, qui estoit une longue coulevryne nommée madame de Fourly, et avoit esté regaignée sur les Espaignolz à Ravenne, elle enfondra la première barque; parquoy, les povres lansquenetz, voyant qu'ilz estoient perduz, se saulvèrent au mieulx qu'ilz peurent : toutesfois y en eut aucuns tuez, et d'autres qui se noyèrent au Tézin.

Quant les François eurent passé le pont, ilz le rompirent, parquoy ne furent plus poursuyviz. Mais ung grand malheur advint au bon Chevalier : ce fut qu'ainsy qu'il estoit au bout du pont pour le garder, fut tiré ung coup de faulconneau de la ville, qui luy fraya entre l'espaule et le col, de sorte que toute la chair luy fut emportée jusques à l'oz. Ceulx qui virent le coup cuydoient bien qu'il feust mort; mais luy qui ne s'effraya jamais de chose qu'il veist, combien qu'il se sentist merveilleusement blessé, et par ce aussi qu'il congnoissoit bien n'estre pas, à l'heure, saison de faire l'estonné, dist à ses compaignons : « Messeigneurs, ce n'est riens. » On mist paine de l'estancher le mieulx qu'on peut, avec mousse qu'on print aux arbres, et linge que aucuns de ses souldars prindrent à leurs chemises ; car il n'y avoit nul cyrurgien là, à l'occasion du mauvais temps. Ainsi se retira l'armée des François jusques à Alexandrie, où le seigneur Jehan Jacques estoit allé devant leur faire ung pont. Guères n'y séjournèrent ; mais leur convint du tout habandonner la Lombardie, excepté les chasteaulx de Milan et Crémonne, Lugan, Lucarne, le ville et le chasteau de Bresse, où estoit demouré le seigneur d'Aulbigny, et quelques autres places en la Vautelyne.

Les François repassèrent les mons et se logèrent quelque temps ès garnisons qui leur avoient esté ordonnées. Le bon Chevalier s'en retira droit à Grenoble, pour visiter l'évesque, son bon oncle, lequel long-temps a n'avoit veu. C'estoit ung aussi vertueux et bien vivant prélat qu'il en feust pour lors ou monde. Il receut son nepveu tant honnestement que merveilles, et le fist loger en l'évesché, où chascun jour estoit traicté comme la pierre en l'or; et le venoient veoir les dames d'alentour Grenoble, mesmement celles de la ville, qui toutes ensemble ne se povoient saouller de le louer, dont il avoit grant honte.

Or, en ces entrefaictes, ne sçay si ce fut par le grant labeur que le bon Chevalier avoit souffert par plusieurs années, ou si ce fut par le coup du faulconneau qu'il eut à la retraicte de Pavye ; mais une grosse fiebvre continue le va empoigner, qui luy dura dix-sept jours, de sorte que l'on n'y espéroit plus de vie. Le povre gentil-homme, qui de maladie se voyoit ainsi abatu, faisoit les plus piteuses complainctes qu'on oyt jamais ; et, à l'ouyr parler, il eust eu bien dur cueur à qui les larmes ne feussent tumbées des yeulx : « Las ! disoit-il, mon Dieu, puisque c'estoit ton bon plaisir m'oster de ce monde sitost,
» que ne fiz-tu ceste grâce de me faire mourir
» en la compaignie de ce gentil prince, le duc de
» Nemours, et avecques mes autres compai-
» gnons, à la journée de Ravenne, ou qu'il ne te
» pleut consentir que je finasse à l'assault de
» Bresse, où je fus si griefvement blessé. Hélas!
» j'en feusse mort beaucoup plus joyeulx ; car
» au moins j'eusse ensuivy mes bons prédéces-
» seurs, qui sont tousjours demourez aux batail-
» les. Mon Dieu ! et j'ay passé tant de gros dan-
» giers d'artilleries, en batailles, en asseaulx et
» en rencontres, dont tu m'as faict la grâce
» d'estre eschappé, et il fault que présentement
» je meure en mon lict comme une pucelle. Tou-
» tesfois, combien que je le désirasse autrement,
» ta saincte voulenté soit faicte. Je suis ung
» grant pécheur : mais j'ay espoir en ton infinie
» miséricorde. Hélas ! mon Créateur, je t'ay par
» le passé grandement offencé; mais si plus lon-
» guement eusse vescu, j'avoye bon espoir, avec-
» ques ta grâce, de bien tost amender ma mau-
» vaise vie. »

Ainsi faisoit ses regretz le bon Chevalier sans paour et sans reproche ; et puis, par ce qu'il brusloit de chaleur pour la grande fiebvre qui le tenoit, s'adressoit à monseigneur Sainct Anthoine, en disant : « Hé ! glorieux confesseur et
» vray amy de Dieu, sainct Anthoine, toute
» ma vie je t'ay tant aymé et tant eu de fiance
» en toy, et tu me laisses icy brusler en si ex-
» trême chaleur que je ne désire fors que fiebvre
» mort me prengne. Hélas ! et as-tu point de
» souvenance que, durant la guerre contre le
» Pape en Ytalie, moy estant logé à Rubère, en
» une de tes maisons, je la garday de brusler,
» et, sans moy, y eust esté mis le feu; mais, en
» commémoracion de ton sainct nom, je me loge
» dedans, combien qu'elle feust hors de la for-
» teresse, et ou dangier des ennemys, qui nuyt
» et jour me povoient venir visiter sans trouver
» chose qui les en eust sceu garder; et toutesfois
» j'ayme mieulx demourer ung moys en ceste
» façon, que ta maison feust destruicte : au moins
» je te supplie m'aléger de ceste grande chaleur,
» et faire requeste à Dieu pour moy, ou que bien-
» tost il me oste de ce misérable monde, ou qu'il
» me donne santé. » Tant piteusement se dolosoit le bon Chevalier, qu'il n'y avoit personne autour de luy qui ne fondist en larmes; mesmement son bon oncle l'évesque, qui sans cesse estoit en oraison pour luy, et non pas luy seullement, mais tous les nobles, bourgeois, marchans, religieux et religieuses, jour et nuyct estoient en prières et oraisons pour luy ; et n'est possible qu'en tant de peuple n'y eust quelque bonne personne que Nostre-Seigneur voulût ouyr, comme assez apparut; car sa fiebvre le laissa peu à peu, et commença à reposer et donner goust aux viandes, de sorte qu'en quinze jours ou trois sepmaines, avecques le bon traictement, il en fut du tout guéry, et aussi gaillart qu'il avoit jamais esté. Et se print à aller ung peu à l'esbat près de la ville, visitant ses amys et les dames, de

maison en maison, à qui il faisoit force bancquetz pour se resjouyr; et tellement que, comme assez povez entendre qu'il n'estoit pas sainct, ung jour luy print voulenté d'avoir compaignie françoise; si dist à ung sien varlet-de-chambre, qu'on nommoit le bastard Cordon : « Bastard, je » te prie que, aujourd'huy à coucher avecques » moy, j'aye quelque belle fille ; je croy que je » ne m'en trouveray que mieulx. »

Le bastard, qui estoit diligent et vouloit bien complaire à son maistre, s'alla adresser à une povre gentil femme, qui avoit une belle fille de l'aage de quinze ans, laquelle, pour la grande povreté en quoy elle estoit, consentit sa fille estre baillée quelque temps au bon Chevalier, espérant aussi que après il la marieroit. Si fut la fille langagée par la mère, qui luy fist tant de remonstrances, que, nonobstant le bon vouloir qu'elle avoit, se condescendit au marché, moytié par amour et moytié par force. Si fut emmenée secretement par le bastard au logis du bon Chevalier et mise en une sienne garderobbe. Le temps fut venu de se retirer pour dormir ; si s'en retourna à son logis ledit bon Chevalier, lequel avoit souppé en ung bancquet en la ville.

Arrivé qu'il feust, le bastard luy dist qu'il avoit une des belles jeunes filles du monde, et si estoit gentil femme ; si le mena en la garderobbe et la luy montra. Belle estoit comme ung ange, mais tant avoit ploré que tous les yeulx luy en estoient enflez. Quant le bon Chevalier la veit en ceste sorte, luy dist : « Comment, » m'amye, qu'avez-vous ? Ne sçavez-vous pas » bien pourquoy vous estes venue icy ? » La povre fille se mist à genoulx, et dist : « Hélas ! » ouy, Monseigneur, ma mère m'a dit que je » feisse ce que vous vouldriez ; toutesfois je suis » vierge et ne feiz jamais mal de mon corps, » ne n'avoys pas voulenté d'en faire si je n'y » feusse contraincte ; mais nous sommes si po» vres, ma mère et moy, que nous mourrons » de faim ; et pleust à Dieu que je feusse bien » morte, au moins ne seroye point au nombre » des malheureuses filles et en déshonneur » toute ma vie. » Et, disant ces parolles, ploroit si très-fort qu'on ne la povoit appaiser.

Quant le bon Chevalier apperceut son noble courage, quasi larmoyant luy dist : « Vray» ment, m'amye, je ne seray pas si meschant » que je vous oste de vostre bon vouloir. » Et, changeant vice à vertu, la prist par la main, et luy fist affubler ung manteau, et au bastard prendre une torche, et la mena luy-mesme coucher sur une gentil femme sa parente, qui se tenoit près de son logis. Et le lendemain matin envoya quérir la mère, à laquelle il dist : « Venez çà, m'amye ; ne me mentez point : » vostre fille est-elle pucelle ? » qui respondist : « Sur ma foy, Monseigneur, quant le bastard » la vint hier quérir, jamais n'avoit eu con» gnoissance d'homme. — Et n'estes-vous donc» ques bien malheureuse, dist le bon Chevalier, » de la vouloir faire meschante ? » La povre femme eut honte et paour, et ne sceut que respondre, sinon qu'elles estoient si povres que riens plus.

« Or, dist le bon Chevalier, ne faictes jamais » ung si lasche tour que de vendre vostre fille, » qui estes si gentil femme, on vous en deb» veroit plus griefvement pugnir. Venez çà : » avez-vous personne qui la vous ait jamais de» mandée en mariage ? — Ouy bien, dist-elle, » ung mien voisin, honneste homme ; mais il de» mande six cens florins, et je n'en ay pas vail» lant la moytié. — Et s'il avoit cela, l'es» pouseroit-il ? dist le bon Chevalier. — Ouy » seurement, dist-elle. » Alors il prist une bourse qu'il avoit fait prendre au bastard, et luy bailla trois cens escus, disant : « Tenez, m'amye, » velà deux cens escus qui vallent six cens flo» rins de ce pays et mieulx, pour marier vostre » fille, et cent escus pour l'abiller. » Et puis fist encores compter cent autres escus qu'il donna à la mère, et commanda au bastard qu'il ne les perdist jamais de veue qu'il n'eust veu la fille espousée : ce qu'elle fut trois jours après ; et a fait depuis ung très-honorable mesnage : elle retira sa mère en sa maison. Et ainsi, par la grande courtoysie et grande libéralité du bon Chevalier, la chose fut ainsi menée qu'il est cydessus récité. Je croy que vous n'avez guères leu en cronicque ny hystoire d'une plus grande honnesteté.

Icelluy bon Chevalier fut encores quelque temps après où Daulphiné, faisant grosse chère, jusques à ce que le Roy de France son maistre envoya une armée en Guyenne, soubz la charge du duc de Longueville, pour cuyder recouvrer le royaulme de Navarre, que, depuis ung peu, avoit usurpé par force le roy d'Arragon sur celluy qui le tenoit à juste tiltre ; et n'y trouva occasion, sinon qu'il estoit du party du roy de France.

Je ne sçay comment il alla de ce beau voyage ; mais après y avoir longuement esté sans riens exécuter, la grosse armée s'en retourna, et firent passer les montz Pyrénées à une partie d'icelle, dont fut chief le seigneur de La Palisse. Et puis, aucun temps après, luy fut envoyé de renfort le bon Chevalier sans paour et sans reproche, qui luy mena quelques pièces de grosse artillerie.

Le roy de Navarre déchassé estoit avecques eulx. Ils prindrent quelques petis fortz, puis vindrent mettre le siége devant Pampelune. Ce pendant le bon Chevalier alla prendre ung chasteau, où il eut gros honneur, comme vous entendrez.

◇◇◇

CHAPITRE LVI.

Comment le bon Chevalier prist ung chasteau d'assault, ou royaulme de Navarre, ce pendant qu'on assist le siége devant la ville de Pampelune, où il fist ung tour de sage et appert chevalier.

Ce pendant que le gentil seigneur de La Palisse plantoit, avecques le roy de Navarre, le siége devant la ville de Pampelune, fut advisé qu'il seroit bon d'aller prendre ung chasteau à quatre lieues de là, qui nuysoit merveilleusement au camp des François. Je croy bien qu'en la place n'y povoit pas avoir grosse force; toutesfois, parce que l'on se doubtoit que dedans une petite ville près de là, appellée le Pont-la-Royne, y pourroient estre quelques gens qui peult-estre la vouldroient secourir, fut advisé qu'on mèneroit assez bonne bende de gens de cheval et de pied.

Le roy de Navarre et seigneur de La Palisse prièrent au bon Chevalier qu'il voulsist prendre ceste entreprinse en main; et luy, qui jamais ne fut las de travail qu'on luy sceust bailler, l'accorda incontinent. Il prist sa compaignie et celle du cappitaine Bonneval, hardy chevalier, quelque nombre d'aventuriers, et deux enseignes de lansquenetz, qui estoient de chascune de quatre cens hommes; et ainsi s'en alla tout de plain jour devant ceste place. Il envoya ung trompette pour faire entendre à ceulx qui estoient dedans qu'ilz eussent à la mettre entre les mains de leur souverain, le roy de Navarre, et qu'il les prendroit à mercy, et les lairroit aller, leurs vies et bagues saulves; autrement, s'ilz estoient pris d'assault, seroient mis en pièces. Ceulx de la forteresse estoient gens de guerre que le duc de Nagère et l'alcado de las Donzelles, lieutenant oudit royaulme pour le roy d'Espaigne, y avoient mis; et, estans tous bons et loyaulx serviteurs à leur maistre, firent responce qu'ilz ne rendroient point la place, et eulx encores moins. Le trompette en vint faire son rapport, lequel ouy par le bon Chevalier, ne fist autre délay, sinon de faire asseoir quatre grosses pièces d'artillerie qu'il avoit, et bien canonner la place et vivement. Ceulx de dedans, qui estoient environ cent hommes, avoient force hacquebutes à croc et deux faulconneaux, qui firent très-bien leur devoir de tirer à leurs ennemys; mais si bien ne sceurent jouer leur roolle, qu'en moins d'une heure n'y eust berche à leur place, assez grandète, mais mal aysée, pource qu'il failloit monter. Or, en telles matières, fault autre chose que souhaiter.

Si fist le bon Chevalier sonner l'assault, et vint aux lansquenetz, les enhortant d'y aller. Leur truchement parla pour eulx, et dist que c'estoit leur ordonnance, que toutesfois qu'il se prenoit place d'assault, qu'ilz devoient avoir double paye, et que, si on leur vouloit promettre, yroient audit assault, autrement non. Le bon Chevalier n'entendoit point ces ordonnances; toutesfois il leur fist responce que, sans nulle faulte, s'ilz prenoient la place, qu'ilz auroient ce qu'ilz demandoient, et leur en respondoit, pource qu'il ne vouloit pas demourer longuement là. Il eut beau promettre; mais au dyable le lansquenet qui monta jamais à la berche. Les adventuriers y allèrent gaillardement; mais ilz furent lourdement repoussez par deux ou trois fois; et, de fait, ceulx qui deffendoient monstroient bien qu'ilz estoient gens de guerre.

Quant le bon Chevalier congneut leur cueur, pensa bien qu'il ne les auroit jamais de ceste lute. Si fist sonner la retraicte, laquelle faicte, fist encores tirer dix ou douze coups d'artillerie, faisant myne qu'il vouloit agrandir la berche; mais il avoit autre chose en pensée; car ce pendant qu'on tiroit l'artillerie vint à ung de ses hommes-d'armes fort gentil compaignon qu'on nommoit Petit-Jehan de La Vergne, auquel il dist : « La Vergne, si vous voulez, ferez ung
» bon service, et qui vous sera rémunéré.
» Voyez-vous bien ceste grosse tour qui est au
» coing de ce chasteau? Quant vous verrez que
» je feray recommencer l'assault, prenez deux
» ou trois eschelles, et, avecques trente ou
» quarante hommes, essayez de monter en
» ceste tour, car, sur ma vie, n'y trouverrez
» personne pour la deffendre, et si vous n'en-
» trez en la place par là, dictes mal de moy. »

L'autre entendit très-bien le commandement. Si ne demoura guères que l'assault ne feust recommencé, plus aspre que devant, où tous ceulx de la place vindrent pour deffendre la berche, et n'avoient regard ailleurs; car ilz n'eussent jamais pensé qu'on eust entré par autre lieu : dont ilz furent trompez, car La Vergne fist très-bien sa charge, et, sans estre d'eulx apperceu, dressa ses eschelles par lesquelles il monta dedans ceste tour, et plus de cinquante compaignons avecques, lesquelz ne furent jamais veuz des ennemys qu'ilz ne feussent dedans la place, où ilz crièrent France! France! Navarre! Navarre! et vindrent ruer par le derrière sur ceulx qui estoient à deffendre la berche, qui, pour estre surpris, furent estonnez à merveilles. Toutesfois ilz se mirent en deffence, et firent devoir de bien combatre; mais leur prouesse ne leur servit de guères, car les assaillans entrèrent dedans, qui misrent tout en pièces, ou peu s'en faillit, et fut toute la place courue et pillée. Ce fait, le bon Chevalier y laissa ung des gentilz-hommes du roy de Navarre, avecques quelques compaignons, puis se mist au retour droit au camp.

Ainsi qu'il vouloit partir, deux ou trois cappitaines de ses lansquenetz vindrent devers luy, et, par leur truchement, luy firent dire qu'il leur tiensist sa promesse de leur faire bailler double paye, et que la place avoit esté prise. De ce propos fust le bon Chevalier si fort fasché que merveilles, et respondit tout courroucé au truchement: « Dictes à voz coquins de lansquenetz que je leur ferois plustost bailler chascun » ung licol pour les pendre. Les meschans qu'ilz » sont n'ont jamais voulu aller à l'assault, et » ilz demandent double paye! J'en parlerai à » monseigneur de La Palice et à monseigneur » de Suffoc (1), leur cappitaine-général; mais » ce sera pour les faire casser; ilz ne vallent pas » putains. » Le truchement leur dist le propos, et incontinent commencèrent ung bruit merveilleux; mais le bon Chevalier fist sonner à l'estandart, et assembla ses gens-d'armes et adventuriers : de façon que, s'ilz eussent fait semblant de rien, estoit délibéré de les mettre en pièces. Ilz s'appaisèrent petit à petit, et s'en vindrent au camp devant Pampelune, en troppe comme les autres. Il fault faire ici ung petit discours pour rire.

Quant le bon Chevalier fut arrivé, eut grant chère du roy de Navarre, du seigneur de La Palice, du duc de Suffoc, et de tous les cappitaines, ausquelz il conta la manière de faire des lansquenetz, dont il y eut assez ris. Le soir il donna à souper à tout plain de cappitaines, et entre autres y estoit le duc de Suffoc, cappitaine-général de tous les lansquenetz qui estoient au camp, dont il y avoit six ou sept mille.

Ainsi qu'ils achevoient de souper, va arriver ung lansquenet, qui avoit assez bien beu, et quant il entra ne sçavoit qu'il devoit dire, sinon qu'il cherchoit le cappitaine Bayart pour le tuer, pource qu'il ne leur vouloit point faire bailler d'argent. Il parloit quelque peu de françois, et assez mauvais. Le cappitaine Pierrepont l'entendit, qui dist au bon Chevalier, en ryant : « Monseigneur, vèçy ung lansquenet qui vous » cherche pour vous tuer. » C'estoit la plus joyeuse et récréative personne qu'on eust sceu trouver. Si se leva de table, l'espée au poing, et s'adressa au lansquenet, en luy disant : « Esse » vous qui voulez tuer le cappitaine Bayart? Le » vèçy, deffendez-vous. » Le povre lansquenet, quelque yvre qu'il feust, eut belle paour, et respondit en assez mauvais langaige : « Ce n'est » pas moi qui veulx tuer le cappitaine Bayart » tout seul, mais ce sont tous les lansquenetz. » — Ha! sur mon ame, dist le bon Chevalier, » qui pasmoit de rire, je le quicte, et ne suis » point délibéré, moy seul, de combattre sept » mille lansquenetz : appoinctement, compai- » gnon, pour l'amour de Dieu. » Toute la compaignie se prinst si très-fort à rire du propos, que merveilles. Et fut assis à table le lansquenet, viz à viz du bon Chevalier, qui le fist achever d'abiller, comme il estoit commencé : de sorte que, avant qu'il partist de là, promist que, tant qu'il vivroit, deffendroit le cappitaine Bayart envers et contre tous, et jura qu'il estoit homme de bien, et qui avoit bon vin. Le roy de Navarre et le seigneur de La Palisse le sceurent le soir, qui en rirent comme les autres.

Le lendemain de l'arrivée du bon Chevalier, commença l'artillerie à tirer contre la ville de Pampelune, qui fut batue assez bien, et y voulut-on donner l'assault, qui fut essayé; mais si bien se deffendirent ceulx de dedans, qu'on la laissa là, et y eurent les François grosse perte. Dedans estoit ce gentil chevalier espaignol que l'on nommoit l'alcado de las Donzelles (2).

Ce fut ung voyage assez malheureux; car les François, à leur entrée en Navarre, gastèrent et dissipèrent tous les biens, rompirent les moulins, et firent beaucoup d'autres choses; dont ilz eurent depuis grande indigence, car la famine y fut si grosse, que plusieurs gens en moururent; et si n'y eut jamais en armée si grande nécessité de souliers, car une meschante paire pour ung lacayz coustoit ung escu. Brief, tous ces malheurs assemblez, et aussi que le duc de Nagère estoit arrivé au Pont-de-La-Royne, près de Pampelune, avecques ung secours de huyt ou dix mille hommes, fut le roy de Navarre

---

(1) Il était de la maison de La Pole. Proscrit en Angleterre, il servait dans les armées du roi de France. Henri VIII avait donné le titre de duc de Suffolk à Charles Brandon, son favori, qui depuis épousa la sœur de son maître, veuve de Louis XII.

(2) Didago Fernandez, de Cordoue.

conseillé, par le seigneur de La Palice et tous les cappitaines, de se retirer jusques à une autre saison. Si fut levé le siége, en plein jour, de devant Pampelune, et l'artillerie mise à chemin; mais peu de journées fut conduicte, car les montaignes par où elle devoit passer estoient trop estranges. Si furent contrainctz les François, après que, à force de gens et d'argent, l'eurent menée trois journées, la laisser au pied d'une montaigne, où ilz la rompirent, au moins la misrent en sorte que leurs ennemys ne s'en feussent sceu ayder.

Il fault entendre que, au repasser des montaignes Pirénées, y eut de grandes povretez, par le deffault des vivres; et si n'estoit heure au jour qu'il n'y eust alarme chault et aspre. Le duc de Suffoc, dit La Blanche Roze, cappitaine-général des lansquenetz, y estoit, qui grande et parfaicte amytié avecques le bon Chevalier. Ung jour qu'il avoit tant travaillé que plus n'en povoit, car toute ceste journée n'avoit beu ne mangé, ainsi qu'on se vouloit retirer d'une escarmouche, sur le soir bien tard, vint trouver icelluy bon Chevalier, auquel il dist: « Cappitaine Bayart, mon amy, je meurs de faim; » je vous prie donnez-moy aujourd'huy à souper; » car mes gens m'ont dit qu'il n'y a riens à mon » logis. » Le bon Chevalier, qui ne s'estonna jamais de riens, respondit: « Ouy vrayement, » Monseigneur, et si serez bien traicté. » Puis devant luy appella son maistre d'hostel, auquel il dist: « Monseigneur de Mylieu, allez devant » faire haster le souppeur; et que nous soyons » ayses comme dedans Paris. » De laquelle parolle le duc de Suffoc rist un quart d'heure; car desjà y avoit deux jours qu'ilz ne mangeoient que pain de milet.

Bien vous asseure que, sans perdre gens que de famyne, les François firent une aussi belle retraicte que gens de guerre firent oncques : et sur tous y acquist ung merveilleux honneur le bon Chevalier, qui tousjours demoura sur la queue, tant que le dangier fust passé; car voulentiers luy a-l'on tousjours fait cest honneur aux affaires, qu'en allant a tousjours esté mis des premiers, et aux retraictes des derniers.

Bien joyeulx furent les François, quant, par leurs journées, eurent gaigné Bayonne; car ilz mangèrent à leur aise : mais plusieurs gens de pied, qui estoient affamez, mangèrent tant qu'il en mourut tout plain. Ce fut un assez fascheux voyage.

En ceste année mourut le pape Julles, ce bon François; et fut esleu en son lieu le cardinal de Médicis, pape Léon nommé.

Il vint aussi en la coste de Bretaigne quelque armée des Angloys, qui ne firent pas grant chose. Ung jour entre les autres, ung gros navire d'Angleterre, dicte la Régente, et une nef de la royne de France, duchesse de Bretaigne, nommée la Cordelière, se trouvèrent et s'accrochèrent pour combatre. Durant le combat, quelcun gecta du feu dedans l'une des nefz; mais finablement furent toutes deux bruslées. Les Anglois y firent grosse et lourde perte; car sur ladicte Régente y avoit gros nombre de gentilzhommes quy moururent, sans leur estre possible trouver moyen d'eschapper.

CHAPITRE LVII.

Comment le roy Henry d'Angleterre descendit en France, et comment il mist le siége devant Thérouenne. D'une bataille dicte la journée des Esperons, où le bon Chevalier fist merveilles d'armes, et gros service en France.

En l'an 1513, vers le commencement, le roy de France renvoya une armée en Ytalie, soubz la charge de La Trimoille. Ja avoit esté faict l'appointement entre le roy de France et les Véniciens, qui y portoient faveur : toutesfois le cas alla assez mal pour les François; car ilz perdirent une journée contre les Suysses; et y furent les enfans de messire Robert de La Marche, qui avoient charge de lansquenctz, quasi laissez pour mors; et les alla quérir leur père dedans ung fossé. Si convint encores aux Françoys habandonner la Lombardie pour ceste année.

A leur retour fut adverty le roy de France comment Henry, roy d'Angleterre, alyé de l'empereur Maximilian, estoit descendu à Calays, avecques grosse puissance, pour entrer en son pays de Picardie; ouquel, pour y résister, envoya incontinent grosse puissance, et fist son lieutenant-général le seigneur de Pyennes, gouverneur oudit pays.

Les Angloys entrez qu'ilz feussent en la campaigne, de pleine arrivée, allèrent planter le siége devant la ville de Théroenne, qui estoit bonne et forte, où, pour icelle garder, estoient commis deux très-hardiz et gaillars gentilz-hommes : l'ung, le seigneur de Théligny (1), sé-

---

(1) François de Téligny. Il fut l'aïeul de Charles de Téligny, qui épousa la fille du fameux amiral de Coligny, et qui périt avec son beau-père, au massacre de la Saint-Barthélemy.

neschal du Rouergue, cappitaine saige et asseuré, et ung autre du pays mesmes, appelé le seigneur de Pontdormy, avecques leurs compaignies, quelques aventuriers françoys, avecques aucuns lansquenetz soubz la charge d'ung cappitaine Brandec. Ilz estoient tous gens de guerre, et pour bien garder la ville longuement s'ilz eussent eu vivres ; mais ordinairement en France ne se font pas voulentiers les provisions de saison ne de raison. Le siége assis par les Anglois devant ladicte ville de Théroenne, commencèrent à la canonner. Encores n'y estoit pas la personne du roy d'Angleterre, ains pour ses lieutenans y estoient le duc de Suffoc, messire Charles Brandon, et le cappitaine Talbot ; mais peu de jours après y arriva, qui ne fut pas sans avoir une grosse frayeur entre Calays et son siége de Théroenne, auprès d'ung village dit Tournehan ; car bien cuyda là estre combatu par les François, qui estoient en nombre de douze cens hommes-d'armes, tous bien délibérez. Mais avecques eulx n'avoient pour l'heure nulz de leurs gens de pied, qui leur fut gros malheur ; et luy par le contraire n'avoit nulz gens de cheval, mais environ douze mille hommes de pied, duquel nombre estoient quatre mille lansquenetz. Si s'approchèrent les deux armées, à une portée de canon l'une de l'autre. Quoy voyant par le roy d'Angleterre, eut paour d'estre trahy : si descendit à pied, et se mist au meilieu des lansquenetz. Les Françoys vouloient donner dedans ; et mesmement le bon Chevalier, qui dist au seigneur de Piennes plusieurs fois : « Mon
» seigneur, chargeons-les ; il ne nous en peult
» advenir dommage, si non bien peu ; car, si à
» la première charge les ouvrons, ilz sont rom-
» pus ; s'ilz nous repoussent, nous nous retirerons
» toujours ; ilz sont à pied et nous à cheval. » Quasi tous les François furent de ceste opinion ; mais ledit seigneur de Piennes disoit : « Messeigneurs,
» j'ay charge, sur ma vie, du Roy nostre maistre,
» de ne riens hazarder, mais seulement garder
» son pays. Faictes ce qu'il vous plaira : mais, de
» ma part, je ne m'y consentiray point. » Ainsi demoura ceste chose, et passa le roy d'Angleterre et sa bende au nez des François.

Le bon Chevalier, qui envys eust laissé départir la chose en ceste sorte, va donner sur la queue avecques sa compaignie ; et les fist serrer si bien, qu'il leur convint habandonner une pièce d'artillerie, dicte Sainct-Jehan ; et en avoit le roy d'Angleterre encores unze autres de ceste façon, et les appelloit ses douze apostres. Ceste pièce fut gaignée, et amenée au camp des François. Quant le roy d'Angleterre fut arrivé au siége de Théroenne,
avecques ses gens, ne fault pas demander s'il y eut joie démenée, car il estoit gaillart prince, et assez libéral ; trois ou quatre jours après, arriva l'empereur Maximilian avecques quelque nombre de Hennuyers et Bourguignons. Si se firent les princes grant chère l'ung à l'autre. Après ce, furent faictes les approches devant la ville, et icelle canonnée furieusement. Ceulx de dedans respondoient de mesmes, et faisoient leurs rampars au mieulx qu'ilz povoient ; mais sans doubte ils avoient nécessité de vivres.

Le roy de France estoit marché jusques à Amyens, lequel mandoit tous les jours à son lieutenant-général, le seigneur de Piennes, que, à quelque péril que ce feust, on advitaillast Théroenne. Cela ne se povoit faire sans grant hazart, car elle estoit tout enclose d'ennemys. Toutesfois, pour complaire au maistre, fut conclud qu'on yroit avecques toute la gendarmerie dresser ung alarme au camp ; et ce pendant que quelques ungs ordonnez à porter des lartz pour mettre dans la ville, les yroient gecter dedans les fossez, et que après ceulx de la garnison les retireroient assez. Si fut pris le jour d'exécuter ceste entreprinse, dont le roy d'Angleterre et l'Empereur furent advertis, comme povez entendre, par quelques espies, dont assez s'en trouve parmy les armées ; et y en avoit alors de doubles qui faignoient estre bons François, et ilz estoient du contraire party. Le jour ainsi ordonné, d'aller advitailler la ville de Théroenne, montèrent, les cappitaines du roy de France, à cheval, avecques leurs gens-d'armes. Dès le poinct du jour, le roy d'Angleterre, qui sçavoit ceste entreprinse, avoit faict mectre au hault d'ung tertre dix ou douze mille archiers anglois, quatre ou cinq mille lansquenetz, avecques huyt ou dix pièces d'artillerie, affin que, quant les François seroient passez oultre, ils descendissent et leur couppassent chemin ; et par le devant, avoit ordonné tous gens de cheval, tant Anglois, Bourguignons que Hennuyers, pour les assaillir. Il fault entendre une chose, que peu de gens ont sceue, et qui ont donné blasme de ceste journée aux gentilz-hommes de France, à grant tort. C'est que tous les cappitaines françois déclarèrent à leurs gens-d'armes que ceste course qu'ilz faisoient estoit seulement pour refreschir ceulx de Théroenne, et qu'ilz ne vouloient aucunement combatre ; de sorte que, s'ilz rencontroient les ennemys en grosse troppe, ilz vouloient qu'ilz retournassent au pas ; et s'ilz estoient pressez, du pas au trot et du trot au galop ; car ilz ne vouloient riens hazarder.

Or commencèrent à marcher les François, et approchèrent la ville de Théroenne d'une lieue près et plus, où commença l'escarmouche forte et rudde ; et très-bien fist son devoir la gendarmerie françoise, jusques à ce qu'ilz vont veoir sur le coustau ceste grosse troppe de gens de pied en deux bandes qui estoient marchés plus avant qu'ilz n'estoient, et vouloient descendre pour les enclorre. Quoy voyant, fut la retraicte sonnée par les trompettes des François. Les gens-d'armes, qui avoient leur leçon de leurs cappitaines, se mirent le grant pas au retour. Ilz furent pressez, et allèrent le trot, et puis au grant galop : tellement que les premiers se vindrent gecter sur le seigneur de La Palice, qui estoit en la bataille avec le duc de Longueville, en si grande fureur, qu'ilz misrent tout en désordre. Les chassans, qui très-bien poursuyvoient de leur pointe, voyant si povre conduyte, poussèrent toujours oultre, tellement qu'ils firent du tout tourner le doz aux François. Le seigneur de La Palice et plusieurs autres y firent plus que leur debvoir, et crioient à haulte voix : *Tourne, homme-d'armes ; tourne, ce n'est riens.* Mais cela ne servoit de riens, ains chascun taschoit de venir gaigner leur camp, où estoit demourée l'artillerie et les gens de pied. en ce grant désordre fut prins prisonnier le duc de Longueville, et plusieurs autres, comme le seigneur de La Palice, mais il eschappa des mains de ceulx qui l'avoient pris.

Le bon Chevalier sans paour et sans reprouche se retiroit à grant regret, et toujours tournoit sur ses ennemys, menu et souvent, avec quatorze ou quinze hommes-d'armes qui estoient demourez auprès de luy. Si vint en se retirant à trouver ung petit pont où il ne povoit passer que deux hommes à cheval de fronc ; et y avoit ung gros fossé plein d'eaue, qui venoit plus de demye-lieue loing, et alloit à bien demy-quart de lieue plus bas faire mouldre ung moulin. Quand il fut sur ce pont, il dist à ceulx qui estoient avecques luy : « Messeigneurs, arrestons-nous » icy, car d'une heure noz ennemys ne gaigne- » ront ce pont sur nous. » Et puis il appela ung de ses archiers, auquel il dist : « Allez viste- » ment à nostre camp, et dictes à monseigneur » de La Palice que j'ay arresté les ennemys sur » le cul, pour moins d'icy à une demye-heure, » et que, cependant, il face chascun mettre en » bataille, et qu'on ne s'espouvente point, ains » qu'il me semble qu'il doit tout bellement mar- » cher ença ; car si les gens ainsi desroyez » poussoient jusques-là, ilz se trouveroient def- » faictz. » L'archer va droit au camp, et laissa le bon Chevalier avecques si peu de gens qu'il avoit, gardant ce petit pont, où il fist d'armes le possible. Les Bourguignons et Hennuyers y vindrent : mais là convint-il combatre ; car bonnement ne povoient passer à leur aise ; et l'arrest qu'ilz firent là donna loysir aux François qui estoient retournez en leur camp, d'eulx mettre en ordre et en deffense, si besoing en eust esté.

Quant les Bourguignons veirent que si peu de gens faisoient barbe, commencèrent à crier qu'on fist venir des archiers à diligence, et aucuns d'eulx les allèrent haster. Ce pendant plus de deux cens chevaulx chevauchèrent le long de ce ruysseau, et allèrent trouver le moulin où ilz passèrent. Ainsi fut encloz le bon Chevalier de deux costez ; lequel dist à ses gens : « Messei- » gneurs, rendons-nous à ces gentilz-hommes ; » car nostre prouesse ne nous serviroit de riens ; » noz chevaulx sont recreuz, ilz sont dix con- » tre ung. Noz gens sont à trois lieues d'icy ; et » si nous attendons encores ung peu, et les ar- » chiers anglois arrivent, ilz nous mettront en » pièces. » Sur ces parolles, vont arriver ces Bourguignons et Hennuyers, crians : *Bourgongne ! Bourgongne !* et firent grosse envahye sur les François, qui, pour n'avoir moyen d'eulx plus deffendre, se rendoient l'ung ça et l'autre là, aux plus apparens. Et ainsi que chascun taschoit à prendre son prisonnier, le bon Chevalier va adviser ung gentil-homme bien en ordre soubz de petitz arbres, lequel pour la grande et extrême chaleur qu'il avoit, de façon qu'il n'en povoit plus, avoit osté son armet, et estoit tellement affligé et travaillé, qu'il ne se daignoit amuser aux prisonniers. Si picqua son cheval droit à luy l'espée au poing, qu'il luy vient mettre sur la gorge, en luy disant : *Rendz-toy, homme-d'armes ou tu es mort !* Qui fut bien esbahy ? ce fut le gentil-homme ; car il pensoit bien que tout feust prinst. Toutesfois il eut paour de mourir, et dist : « Je me rends don- » ques, puis que prins suis en ceste sorte. Qui » estes vous ? — Je suis, dist le bon Chevalier, » le cappitaine Bayart, qui me rends à vous, » et tenez mon espée, vous suppliant que vostre » plaisir soit moy emmener avecques vous, » mais une courtoysie me ferez, si nous trou- » vons des Anglois en chemin qui nous voulsis- » sent tuer, vous me la rendrez. » Ce que le gentil-homme luy promist, et le luy tint ; car, en tirant au camp, convint à tous deux jouer des cousteaulx contre aucuns Anglois, qui vouloient tuer les prisonniers, où ilz ne gaignèrent riens.

Or fut le bon Chevalier mené au camp du roy d'Angleterre, en la tente de ce gentil-homme, qui luy fist très-bonne chère, pour trois ou quatre jours. Au cinquiesme, le bon Chevalier luy dist : « Mon gentil-homme, je vouldrois bien

» que me voulsissiez faire mener seurement au
» camp du Roy mon maistre, car il m'ennuie
» desjà icy. — Comment? dist l'autre, encores
» n'avons-nous point advisé de vostre rançon.
» — De ma rançon, dist le bon Chevalier, mais
» à moy de la vostre, car vous estes mon pri-
» sonnier; et si, depuis que j'euz vostre foy,
» me suis rendu à vous, ce a esté pour me sau-
» ver la vie, et non autrement. » Qui fut bien
estonné? ce fut le gentil-homme; car encores
luy dist plus le bon Chevalier, ce fut : « Mon
» gentil-homme, où ne me tiendrez promesse,
» je suis asseuré qu'en quelque sorte que ce soit,
» j'eschapperay; mais croyez après que j'auray
» le combat à vous. » Ce gentil-homme ne sçavoit que respondre, car il avoit assez ouy parler
du cappitaine Bayart, et de combat n'en vouloit
point. Toutesfois il estoit assez courtoys chevalier, et enfin dist : « Monseigneur de Bayart, je
» ne vous veulx faire que la raison; j'en croy-
» ray les cappitaines. »

Il fault entendre qu'on ne sçeut si bien céler
le bon Chevalier, qu'il ne feust sçeu parmy le
camp; et sembloit advis, à ouyr parler les ennemys, qu'ilz eussent gaigné une bataille. L'Empereur l'envoya quérir, et fut mené à son logis,
qui luy fist une grande et merveilleuse chère, en
luy disant : « Cappitaine Bayart, mon amy, j'ay
» très-grant joye de vous veoir. Que pleust à
» Dieu que j'eusse beaucoup de telz hommes que
» vous; je croy que, avant qu'il feust guères de
» temps, je me sçaurois bien venger des bons
» tours que le Roy vostre maistre et les François
» m'ont faiz par le passé. » Encores luy dist-il
en riant : « Il me semble, monseigneur de Bayart,
» que autresfois avons esté à la guerre ensem-
» ble; et m'est advis qu'on disoit en ce temps-là
» que Bayart ne fuyoit jamais. » A quoy le bon
Chevalier respondit : « Sire, si j'eusse fuy, je ne
» feusse pas icy. »

En ces entrefaictes arriva le roy d'Angleterre,
à qui fist congnoistre le bon Chevalier, qui luy
fist fort bonne chère; et il luy fist la révérence,
comme à tel prince appartenoit. Si commencèrent à parler de ceste retraicte; et disoit le roy
d'Angleterre que jamais n'avoit veu gens si bien
fuyr, et si en gros nombre que les François, qui
n'estoient chassez que de quatre à cinq cens chevaulx; et en parloient en assez povre façon
l'Empereur et luy. « Sur mon ame, dist le bon
» Chevalier, la gendarmerie de France n'en
» doit aucunement estre blasmée; car ilz avoient
» exprès commandement de leurs cappitaines,
» de ne combatre point, parce qu'on se doub-
» toit bien, si veniez au combat, améneriez
» toute vostre puissance, comme avez faict; et
» nous n'avions ne gens de pied, ny artillerie;
» et jà sçavez, haulx et puissans seigneurs, que
» la noblesse de France est renommée par tout
» le monde. Je ne dis pas que je doive estre du
» nombre. — Vrayement, dist le roy d'Angle-
» terre, monseigneur de Bayart, si tous estoient
» voz semblables, le siége que j'ay mis devant
» ceste ville me seroit bientost levé. Mais, quoy
» que ce soit, vous estes prisonnier. — Sire,
» dist le bon Chevalier, je ne le confesse pas,
» et en vouldrois bien croire l'Empereur et vous. »
Là présent estoit le gentil-homme qui l'avoit
amené, et à qui il s'estoit rendu, depuis qu'il
avoit eu sa foy. Si compta tout le faict, ainsi
que cy-dessus est récité : à quoy le gentil-homme
ne contredit en riens, ains dist : « Il est vray
» ainsi que le seigneur de Bayart le compte. »

L'Empereur et le roy d'Angleterre se regardèrent l'ung l'autre; puis commença à parler
l'Empereur, et dist que, à son oppinion, le cappitaine Bayart n'estoit point prisonnier, mais plustost le seroit le gentil-homme de luy. Toutesfois,
pour la courtoysie qu'il luy avoit faicte, demourèrent quictes l'ung envers l'autre de leur foy,
et le bon Chevalier s'en pourroit aller, quant bon
sembleroit au roy d'Angleterre; lequel dist qu'il
estoit bien de son oppinion, et que, s'il vouloit
demourer six sepmaines sur sa foy, sans porter
armes, que après luy donnoit congé de s'en retourner, et que, ce pendant, il allast veoir les
villes de Flandres. De ceste gracieuseté remercia le bon Chevalier très-humblement l'Empereur et le roy d'Angleterre; et puis s'en alla
esbatre par le pays, jusques au jour qu'il avoit
promis. Le roy d'Angleterre, durant ce temps,
le fist praticquer pour le attirer à son service, luy
faisant présenter beaucoup de biens; mais il
perdit sa peine, car son cueur estoit du tout
françois.

Or fault entendre une chose, que, combien
que le bon Chevalier n'eust pas de grans biens,
homme son pareil ne s'est trouvé de son temps
qui ait tenu meilleure maison que luy; et tant
qu'il fut ès pays de l'Empereur, le tint opulen-
tement aux Hennuyers et Bourgongnons; et,
néantmoins que le vin y soit fort cher, si ne leur
falloit-il riens quant ilz s'alloient coucher : et
fut tel jour qu'il despendit vingt escus en vin.
Plusieurs eussent bien voulu qu'il n'en feust jamais party; toutesfois il s'en retourna en France,
quant il eut achevé son terme, et fut conduit et
très-bien accompaigné jusques à trois lieues des
pays de son maistre.

Quelques jours demourèrent l'Empereur et le
roy d'Angleterre devant Théroenne, qui enfin
se rendit, par faulte de vivres. Et fut la com-

position que les cappitaines et gens de guerre sortiroient, vies et bagues sauves, et que mal ne seroit fait aux habitans de la ville, ne icelle desmolie. Ce qu'on promist aux gens de guerre fut bien tenu, mais non pas à ceulx de la ville; car le roy d'Angleterre fist abatre les murailles, et mettre le feu en plusieurs lieux, qui fut grosse pitié. Toutesfois depuis les François la remisrent en bonne ordre, et plus forte que jamais.

De là levèrent leur siége l'Empereur et le roy d'Angleterre, et l'allèrent planter devant la ville de Tournay, qui se feust assez deffendue, si les habitans eussent voulu accepter le secours des François qu'on leur vouloit bailler; mais ilz dirent qu'ilz se deffendroient bien d'eulx-mesmes; dont mal leur en print, car leur ville fut prinse et mise ès mains du roy d'Angleterre, qui la fortiffia à merveilles.

L'yver estoit desjà avancé, parquoy fut l'armée rompue; et se retira le roy d'Angleterre en son royaulme, et l'Empereur en Almaigne. Pareillement le camp du roy de France se deffist; et se logea-l'on par les garnisons, sur les frontières de Picardie.

Il fault sçavoir une chose, qui est digne d'estre mis par ezcript. C'est que, durant le camp du roy d'Angleterre et de l'Empereur, en Picardie, les Suysses, ennemys pour lors du roy de France, le seigneur de Vergy et plusieurs lansquenetz, en nombre de bien trente mille hommes de guerre, descendirent en Bourgongne, où gouverneur estoit le vertueux seigneur de La Trimoille, qui pour l'heure estoit au pays. Et, pour n'avoir puissance à les combatre aux champs, fut contrainct se retirer dedans Dyjon, devant laquelle ville il espéroit arrester ceste grosse armée, qui peu après y vint mettre le siége en deux lieux, et, icelluy assis, la canonnèrent furieusement. Le bon seigneur de La Trimoille faisoit son devoir, en ce qui estoit possible, et luy-mesmes jour et nuyt estoit aux rampars.

Mais quand il veit les berches faictes, et si mal garny de gens de guerre qu'il estoit, congneut à l'œil que la ville s'en alloit perdue, et par conséquent le royaulme de France en grox dangier (car si Dyjon eust esté prins, ils feussent allez jusques à Paris); si fist secrètement traicter avecques les Suysses, et leur fist faire plusieurs belles remonstrances, des biens et honneurs qu'ilz avoient receuz de la maison de France, et qu'il espéroit qu'en brief seroient encores amys plus que jamais; et que, quant ilz entendroient bien leurs affaires, la ruyne de la maison de France estoit à leur grant désavantage. Ils entendirent à ces propos, et encores, sur sauf-conduit, furent d'accord qu'il allast parler à eulx: ce qu'il fist, et si bien les mena, et de si belles parolles, aussi moyennant certaine grosse somme de deniers qu'il leur promist (pour seureté de laquelle leur bailla pour hostaiges son nepveu le seigneur de Maizières, le seigneur de Rochefort, fils du chancelier de France, et plusieurs bourgeois de la ville), qu'ilz s'en retournèrent. De ceste composition fut blasmé ledit seigneur de La Trimoille de plusieurs; mais ce fut à grand tort, car jamais homme ne fist si grant service en France pour ung jour, que quand il fist retourner les Suysses de devant Dyjon; et depuis l'a-on bien congneu en plusieurs manières.

Le bon roy Loys douziesme, en ceste année 1513, eut de terribles affaires, et ses alliez aussi, dont l'ung des plus apparens estoit le roy d'Escosse (1), qui en une bataille, cuydant entrer en Angleterre, fut deffaict par le duc de Norfort, lieutenant du roy d'Angleterre, et luy-mesmes y fut tué. Or, quelque chose qu'il y eust, le roy de France estoit tant aymé de ses subjectz, que, à leur requeste, Dieu luy ayda: et, combien que la pluspart des princes d'Europe eussent juré sa ruyne, et mesmement tous ses voisins, garda très-bien son royaulme. Du partement de Picardie s'en retourna, par ses petites journées, en sa ville de Bloys, qu'il aymoit fort, parce qu'il y avoit prins sa naissance; mais guère n'y séjourna que ung grant et irréparable malheur luy advinst, comme vous orrez.

◇◇◇

CHAPITRE LVIII.

Du trespas de la magnanyme et vertueuse princesse Anne, royne de France et duchesse de Bretaigne. Du mariage du roy Loys douziesme avecques Marie d'Angleterre; et de la mort dudit roy Loys.

Le bon roy de France, Loys douziesme, après avoir passé toutes ses fortunes en ceste année 1513, et qu'il eut fait asseoir ses garnisons en Picardie, s'en retourna en sa ville de Bloys, où il se vouloit resjouyr quelque peu; mais le plaisir qu'il y pensoit prendre luy tourna en grande douleur et tristesse; car, environ le commencement de janvier, sa bonne compaigne et espouse, Anne, royne de France et duchesse de Bretaigne, tumba malade fort griefvement; car, quelques médicins que le Roy son mary ny elle eussent pour luy ayder à recouvrer santé, en moins de huyt jours rendit l'âme à Dieu; qui fut dom-

(1) Jacques IV, aïeul de Marie Stuart.

maige nompareil pour le royaulme de France, et dueil perpétuel pour les Bretons. La noblesse des deux pays y fist perte inestimable ; car de plus magnanyme, plus vertueuse, plus sage, plus libéralle, ne plus accomplie princesse n'avoit porté couronne en France, depuis qu'il y a eu tiltre de royne.

Les François et Bretons ne plaignirent pas seullement son trespas, mais ès Almaignes, Espaignes, Angleterre, Escosse, et en tout le reste de l'Europe, fut plaincte et plorée. Le Roy son mary ne donnoit pas les grands sommes de deniers, de paour de fouller son peuple, mais ceste bonne dame y satisfaisoit ; et y avoit peu de gens de vertus en ses pays, à qui une fois en sa vie n'eust fait quelque présent. Pas n'avoit trente et huyt ans acomplis, la gentille princesse, quand cruelle mort en fist si grant dommage à toute noblesse ; et qui vouldroit ses vertus et sa vie décripre, comme elle a mérité, il fauldroit que Dieu fist ressusciter Cicéro, pour le latin, et maistre Jehan de Meung, pour le françois, car les modernes n'y sçauroient attaindre.

De ce tant lamentable et très-piteux trespas en fut le bon roy Loys si affligé, que huyt jours durant ne faisoit que larmoyer, souhaitant à toute heure que le plaisir de Nostre-Seigneur feust luy aller tenir compaignie. Tout le reconfort qui luy demoura, c'estoit que de luy et de la bonne trespassée estoient demourées deux bonnes et belles princesses, Claude, et Renée, qui avoit environ trois ans. Elle fut menée à Sainct-Denys, et là enterrée, et luy fut fait son service, tant audit Bloys que audit lieu de Sainct-Denys, autant sollempnel qu'il fut possible. Plus de trois moys entiers, par tout le royaulme de France, et par la duché de Bretaigne, n'eust-on ouï parler d'autre chose que de ce lacrymable trespas ; et croy certainement qu'il en souvient encores à plusieurs, car les grans dons, le doulx recueil, et gracieulx parler qu'elle faisoit à chascun, la rendront immortelle.

Environ le moys de may après, qu'on disoit 1514, espousa monseigneur François, duc de Valois et d'Angolesme, prochain héritier de la couronne, madame Claude, aisnée fille de France et duchesse de Bretaigne, au lieu de Sainct-Germain-en-Laye.

En ladicte année, et environ le moys d'octobre, par le moyen du seigneur de Longueville, luy estant prisonnier, qui avoit traicté le mariage en Angleterre du roy Loys et de madame Marie, seur audit roy d'Angleterre, fut icelle dame amenée à Abbeville, où ledit seigneur l'espousa. Il n'avoit pas grant besoing d'estre marié, pour beaucoup de raisons, et aussi n'en avoit-il pas grant vouloir ; mais, parce qu'il se voyoit en guerre de tous costez, qu'il n'eust peu soustenir sans grandement fouller son peuple, ressembla au pellican ; car, après que la royne Marie eut fait son entrée à Paris, qui fut fort triumphante, et que plusieurs joustes et tournois furent achevez, qui durèrent plus de six sepmaines, le bon Roy qui, à cause de sa femme, avoit changé toute manière de vivre (car, où souloit disner à huyt heures, convenoit qu'il disnast à midy, où il se souloit coucher à six heures du soir, souvent se couchoit à minuyt), tumba malade à la fin du moys de décembre ; de laquelle maladie tout remède humain ne le peult garantir qu'il ne rendist son ame à Dieu, le premier de janvier ensuyvant, après la minuyct. Ce fut en son vivant ung bon prince, saige et vertueux, qui maintint son peuple en paix, sans le fouller aucunement, fors que par contraincte. Il eut en son temps du bien et du mal beaucoup ; parquoy il avoit ample congnoissance du monde. Plusieurs victoires obtint sur ses ennemys ; mais, sur la fin de ses jours, fortune luy tourna ung peu son effrayé visage. Le bon prince fut plainct et ploré de tous ses subjectz, et non sans cause, car il les avoit tenuz en paix et en grande justice ; de façon que, après sa mort, et toutes louenges dictes de luy, fut appelé Père du Peuple. Ce tiltre luy fut donné à bonne raison. Il n'avoit pas encores cinquante-six ans, quant il paya le tribut de nature. On le porta enterrer à Sainct-Denys, aveccques ses bons prédécesseurs, en grans pleurs et criz, et au grant regret de ses subjectz.

Après luy, succéda à la Couronne Françoys, premier de ce nom, en l'aage de vingt ans, beau prince autant qu'il en y eust point au monde, lequel avoit espousé madame Claude de France, fille aisnée du Roy son prédécesseur, et duchesse de Bretaigne. Jamais n'avoit esté veu roy en France de qui la noblesse s'esjouyst autant. Et fut mené sacrer à Reims (1), accompaigné de tous ses princes, gentilz-hommes et officiers, dont il y avoit si grand nombre que c'est quasi chose incroyable ; et fault dire que les logis estoient pressez ; car il n'y avoit grant, moyen, ne petit, qu'ilz ne voulsissent estre de la feste.

◇◇◇

(1) Champier, qui assista au sacre de François I*er*, remarque que cette cérémonie fut faite de nuit.

CHAPITRE LIX.

Comment le roy de France Françoys, premier de ce nom, passa les monts; et comment il envoya devant le bon Chevalier sans paour et sans reprouche; et de la prinse du seigneur Prospre Coulonne, par sa subtilité.

Après le sacre du roy François, premier de ce nom, et sa couronne prinse à Sainct-Denys, s'en revint faire son entrée à Paris, qui fut la plus gorgiase et triumphante qu'on ait jamais veu en France, car de princes, ducz, contes et gentilz-hommes en armes, y avoit plus de mille ou douze cens. L'entrée faicte, y eut plusieurs joustes et tournoiz en la rue Sainct-Anthoine, où chascun fist le mieulx qu'il peut. Ledit seigneur s'y tint jusques après Pasques, où, ce pendant, se traicta l'appointement de luy et de l'archeduc, conte de Flandres, moyennant le mariage de luy et de madame Renée de France, belleseur du Roy. Il y fut aussi fait d'aultres mariages : comme de madame Marie d'Angleterre, lors vefve du feu roy Loys douziesme, et douairière de France, avec le duc de Suffort, messire Charles Brandon, qui estoit fort aymé du roy d'Angleterre, son maistre; et du conte de Nansso à la seur du prince d'Orenge. Le duc de Bourbon fut faict connestable de France; et, environ le mois de may, partirent de Paris, en l'an 1515, et s'en vindrent, leurs belles petites journées, à Amboise, où le gentil duc de Lorraine espousa la seur germaine dudit duc de Bourbon.

Durant toutes ces choses, faisoit le roy de France secrètement préparer son voyage pour la conqueste de sa duché de Milan; et peu à peu envoyoit son armée vers le Lyonnois et Daulphiné, où desjà estoit le bon Chevalier, lors son lieutenant au pays, ouquel il estoit autant aymé que s'il eust esté leur naturel seigneur. Or, comme par cy-devant avez entendu en plusieurs passaiges, tousjours en allant sur les ennemys estoit voulentiers le bon Chevalier mis devant, et au retourner derrière, comme encores il fut en ce voyage, car il fut envoyé aveccques sa compaignie et trois ou quatre mille hommes de pied sur les confins du Daulphiné, et des terres du marquis de Saluces, lesquelles il avoit toutes perdues, excepté ung chasteau appellé Ravel, assez fort. Es places du marquis de Saluces y avoit gros nombre de Suysses en garnison, et mesmement y faisoit résidence le seigneur Prospre Coulonne, lors lieutenant-général du Pape, qui tenoit tout le pays en apatis, et en faisoit ce qu'il vouloit; fort bien estoit acompaigné, comme de trois cens hommes-d'armes d'eslite, montez comme saint George, et si avoit quelques chevaulx-légiers. Le bon Chevalier secrètement sentoit, par ses espics, ouquel lieu ce seigneur Prospre repairoit le plus souvent, et tant en enquist qu'il congneut à la vérité que, s'il avoit puissance pareille à la sienne, quant aux gens de cheval, il luy feroit une mauvaise compaignie. Si en advertit le duc de Bourbon, connestable de France, qui estoit à Briançon, au Daulphiné, lequel le fist entendre au Roy, qui desjà estoit à Grenoble, pour parachever son voyage ; et, selon la demande que faisoit le bon Chevalier, furent soubdainement envoyez trois cappitaines triumphans avec leurs bendes, les seigneurs de La Palice, d'Ymbercourt et d'Aubigny. Il estoit venu quelques bonnes nouvelles au bon Chevalier, parquoy, par ung lieu appellé Dronyez, descendit en la plaine du Piémont, dont fut adverty ce seigneur Prospre; mais, par ce qu'il entendit qu'il n'avoit que sa compaignie, n'en fist pas grosse estime, et disoit souvent en son langaige : *Questo Bayardo a passato gly monti, lo prendero come uno pipione in la gabia.* De toutes ces paroles estoit bien adverty le bon Chevalier, et aussi estoit acerténé comment les bons cappitaines marchoient pour parachever l'entreprise.

Le seigneur de Morète, de la maison du Solier, et ung sien cousin Pymontois, s'en mesloient d'une grande ruse, et en faisoient très-bien leur debvoir, de sorte que la chose fut concluée que l'on yroit trouver le seigneur Prospre dedans la ville de Carmaignolle, en laquelle nuyt on entroit par le chasteau, ouquel on avoit intelligence, mais que les cappitaines françois feussent arrivez, qui ne séjournèrent guères, et se vindrent tous rendre en la plaine du Pymont, en une petite ville, dicte Saveillan, en laquelle ils trouvèrent le bon Chevalier, qui les receut au mieulx qu'il peut. Bien leur dist : « Messeigneurs, il ne nous fault pas reposer ici, » car, si le seigneur Prospre sceet vostre arri- » vée, nostre entreprise s'en va rompue, car il » se retirera, ou bien appellera les Suysses à » son secours, dont il y a bon nombre à Pynerol » et à Saluces. Je suis d'advis que nous facions » bien repaistre noz chevaulx ceste nuyt, et » puis, au point du jour, nous paracheverons » nostre affaire. Il y a grosse eaue à passer, » mais le seigneur de Morète, que vècy pré- » sent, scet un gué où il nous mènera sans dan- » gier. »

Ainsi fut la chose concluë, et s'en alla chascun reposer ung petit, mais on regarda premier si riens failloit aux chevaulx ; et, quant ce vint deux ou trois heures après la mynuyt, tout homme monta à cheval sans grant bruyt. Le seigneur Prospre estoit dedans Carmaignolle, et avoit bien entendu, par ses espies, que les François estoient à la campagne. Il ne s'en effrayoit guères, car pas ne cuydoit qu'il y eust autre compaignie en la plaine que celle du bon Chevalier, et n'estoit point délibéré de desloger de Carmaignolle, n'eust esté que le soir, dont les François luy cuidoient trouver le matin, il eut des nouvelles pour se retirer à Pynerol, affin d'entendre aux affaires ; parce qu'on sçavoit au vray que les François estoient aux passages. Si deslogea non pas trop matin, et se mist à chemin, très-bien en ordre, pour s'en aller disner à une petite villette, à sept ou huyt milles de là, appellée Villefranche.

Quant les François furent arrivez devant le chasteau de Carmaignolle, parlèrent au Castelan, qui leur dist comment il n'y avoit pas ung quart-d'heure que le seigneur Prospre et ses gens estoient deslogez ; dont ilz furent si très-marriz qu'on ne pourroit penser, et se misrent en conseil qu'ilz devoient faire. Les ungs vouloient aller après, autres faisoient des doubtes ; mais, quant chascun eut parlé, le bon Chevalier dist : « Messeigneurs, puisque nous sommes » si avant, je suis d'advis que nous poursuy- » vons. Si nous les rencontrons à la campagne, » il y aura beau butin, s'il ne nous en demoure » quelcun. — Par Dieu, dist le seigneur d'Ym- » bercourt, oncques homme ne dist mieulx. » Les seigneurs de La Palice et d'Aubigny n'allèrent pas à l'encontre, et commencèrent à marcher ; mais, devant, envoyèrent en habit dissimulé le seigneur de Morète, pour entendre en quel estat seroient leurs ennemys. Si fist si bonne diligence qu'il sceut au vray que le seigneur Prospre et sa bende disnoient à Villefranche. Ilz furent bien aises, et conclurent en leur affaire, qui fut tel : c'est que le seigneur d'Ymbercourt marcheroit devant avec cent archiers, et, ung gect d'arc après, le suyvroit le bon Chevalier avec cent hommes-d'armes, et les seigneurs de La Palice et d'Aubigny yroient après avec tout le reste de leurs gens. Or entendez qu'il advint.

Le seigneur Prospre avoit bonnes espies, et fut adverty, en allant à la messe dedans ceste petite ville de Villefranche, que les François estoient aux champs en gros nombre ; il fist responce, en son langage, qu'il sçavoit bien qu'il n'y avoit que le cappitaine Bayart et sa bende, si les autres ne sont vollez par-dessus les montaignes. Ainsi qu'il retournoit de la messe, vindrent encores d'autres espies, qui luy dirent : « Seigneur, je vous advertys que j'ay laissé près » d'icy plus de mille chevaulx des François, et » vous viennent trouver icy. » Il fut ung peu esbahy. Si regarda ung gentil-homme des siens auquel il dist : « Prenez vingt chevaulx, et al- » lez le chemin de Carmaignolle, jusques à » deux ou trois milles d'icy ; et regardez si ver- » rez riens qui puisse nuyre. »

Ce pendant il commanda au mareschal des logis de ses bendes, qu'il fist sonner la trompette, et qu'il allast faire le logis à Pynerol, où il le suyvroit, mais qu'il eust mengé ung morceau. Il fist son commandement sur l'heure. Les François marchoient tousjours selon l'ordonnance cy-devant dicte, et approchèrent Villefranche d'environ mille et demy, où, en sortant d'ung petit tailliz, vont rencontrer ceulx que le seigneur Prospre envoyoit pour les descouvrir. Lesquelz, quant il les advisèrent, commencèrent à tourner le doz, et, à bride abattue, retourner devers Villefranche. Le gentil seigneur d'Ymbercourt leur donna la chasse à tire de cheval, et manda au bon Chevalier, par ung archer, qu'il se hastast. Il ne luy convint pas dire deux fois. Avant que les gens du seigneur Prospre eussent gaigné Villefranche, où à tout le moins ainsi qu'ilz vouloient rentrer en la porte, les attaignit le seigneur d'Ymbercourt, qui commença à crier : *France! France!* On voulut serrer la porte, mais il les en garda tant qu'il peut, et y fist d'armes le possible, sans estre blessé, fors ung peu au visaige.

Ce pendant va arriver le bon Chevalier, qui fist ung bruyt merveilleux, en sorte qu'ilz gaignèrent la porte. Ce mareschal des logis, qui jà estoit monté à cheval, avecques aucuns gens-d'armes, et s'en cuydoit aller à Pynerol, ouyt le bruyt, si se va gecter en la place, et se voulut mettre en deffence, mais tout cela fut poussé par terre, et en fut tué une partie. Les seigneurs de La Palice et d'Aubigny arrivèrent, qui misrent garde à la première porte, et en allèrent garder une autre, affin que personne n'eschappast, car il n'y en avoit que ces deux en la ville ; mais il ne fut possible de si bien les garder, que par dessus la petite planchète qui est joignant du pont-leviz ne se sauvassent deux Albanoys, qui, comme se tous les dyables les eussent emportez, coururent dire à une troppe de quatre mille Suysses, qui n'estoient que à trois milles de là, le meschief qui estoit advenu au seigneur Prospre. Lequel, ce pendant, fut assailly en son logis (1), où il disnoit, et se vou-

(1) « Il (Prosper Colone) estoit à table et disnoit ;

lut deffendre comme homme de guerre qu'il estoit; mais, quant il congneut que peu luy vauldroit son effort, et qu'il entendit les noms des cappitaines qui estoient là assemblez, se rendit, au plus grant regret du monde, mauldissant sa fortune d'avoir ainsi esté surpris, et que Dieu ne luy avoit fait ceste grâce d'avoir trouvé les François aux champs.

Le bon Chevalier, oyans ces parolles, le reconfortoit le mieulx qu'il povoit, en luy disant : « Seigneur Prospre, c'est l'heur de la guerre, » une fois perdre et l'autre gaigner : » mais tousjours y avoit-il meslé quelque mot joyeulx ; et disoit encores : « Seigneur Prospre, vous » souhaitez nous avoir trouvez à la campaigne : » je vous prometz ma foy que ne le deveriez pas » vouloir pour la moytié de vostre bien ; car, » à la fureur et ou talent de bien combatre » qu'estoient noz gens, eust esté bien difficile » que vous ne nulz des vostres feussiez eschap» pez vifz. » Le seigneur Prospre respondoit froidement : « J'eusse bien voulu, s'il eust pleu » à Nostre-Seigneur, prendre sur ce hazart l'ad» venture. » Quant et le seigneur Prospre furent pris le conte Policastre, Pètre Morgant et Charles Cadamosto, lesquelz estoient cappitaines des gens de guerre estans là, qui furent aussi prisonniers. Et puis chascun se mist au pillage, qui fut fort grant pour si petite compaignie ; car, s'il eust esté bien mené, on en eust tiré cent cinquante mille ducatz ; et, entre autres choses, c'estoit ung trésor des chevaulx qui y furent gaignez, où il y en avoit six ou sept cens, dont les quatre cens estoient de prís, tous coursiers ou chevaulx d'Espaigne ; et a-t on depuis ouy dire au seigneur Prospre que ceste prise luy cousta cinquante mille escus, tant en vaisselle d'or et d'argent, argent monnoyé, que autres meubles.

Les François n'eurent pas loysir de tout emporter ; car nouvelles vindrent que les Suysses, devers lesquelz ces deux Albanoys estoient allez, marchoient le grant trot, et estoient desjà bien près. Si furent entre eulx-mesmes conseillez d'eulx mettre au retour, et sonna la trompette à ceste fin. Chascun prist le meilleur de son butin, misrent leurs prisonniers devant eulx, puis s'en retournèrent ; et, comme ilz sortoient par une porte, les Suysses entroient par l'autre : mais les ungs estoient à pied et les autres à cheval, qui ne s'en soucyoient guères. Ce fut une des belles entreprinses qui deux cens ans devant eust esté faicte ; et le seigneur Prospre, qui se ventoit qu'il prendroit le bon Chevalier comme le pyjon dedans la caige, eut le contraire sur luy-mesme, et tout par la vigilance d'icelluy bon Chevalier. Le roy de France estoit desjà par les montaignes, où jamais n'avoit passé armée ; et eut les nouvelles de ceste belle deffaicte, à la montaigne de Sainct-Pol, dont il fut joyeulx à merveilles, si fut toute sa compaignie. Or n'est-il riens si certain que la prinse de Prospre Coulonne fist moult de service aux François ; car sans cela se feust trouvé à la bataille qui fut quelque temps après ; et par son moyen s'y feussent trouvez tous les Espaignolz et le reste de l'armée du Pape, qui eulx assemblez eussent fait nombre de mille hommes-d'armes, qui estoient pour faire de l'ennuy et de la fascherie, dont on se passa bien.

◇◇◇

CHAPITRE LX.

De la bataille que le roy de France François, premier de ce nom, eut contre les Suysses, à la conqueste de sa duché de Milan où il demoura victorieux ; et comment après la bataille gaignée, voulut estre fait chevalier de la main du bon Chevalier sans paour et sans reproche.

Le roy de France, qui fut bien joyeulx de la prinse du seigneur Prospre, aussi avoit-il raison, marcha avecques son armée le plus légièrement qu'il peut, et vint, par dedans le Pymont, à Thurin, où le duc de Savoye, son oncle, le receut honnestement.

Les Suysses, qui s'estoient mis sur les passages, quant ilz seurent la prinse du seigneur Prospre et la rotte de sa bende, les habandonnèrent et se retirèrent vers Milan où ilz furent tousjours poursuyviz. Quelque propos d'appoinc-

---

» ses serviteurs lui crièrent : Levez-vous, seigneur Pros» père, véez cy les François en grosse bande : si sont
» desjà en ceste porte. Alors le seigneur cria : Enfans,
» gardez ceste porte ung petit, jusques soyons un peu
» acoustrés pour nous défendre (laquelle chose feut
» faicte). Mais le noble Bayard, d'ung côté feit com» battre ses gens à la porte du logis, les aultres feit es» cheller les fenestres, et entra dedans, bien armé, le
» premier ; si cria : Seigneur Prosper, où estes-vous ?
» rendez-vous, aultrement vous estes mort. En disant

» cela, la porte fut gaignée, et par force entroient en
» grosse presse. Quand le seigneur Prosper Colonne
» veit que la maison estoit jà pleine, si cria : Seigneurs
» François, qui est vostre capitaine ? Répond Bayard :
» C'est moy, seigneur. — Vostre nom, capitaine ? —
» Seigneur, respond-il, je suis Bayard de France ; et
» voicy le seigneur de La Palice, et le seigneur d'Au» bigny et Imbercourt, la fleur des capitaines de France.
» —Or, dist le seigneur Prosper, j'ay été bien surpris. »

(*Champier.*)

tement se mist sus, et le tenoit-l'on quasi conclud. Parquoy le duc de Gueldres, alyé et tousjours loyal serviteur de la maison de France, lequel avoit amené une troppe de dix mille lansquenetz au service du Roy, s'en retourna en ses pays ; mais il laissa ses gens à son nepveu, le seigneur de Guyse, frère de ce gentil prince le duc de Lorraine, et à ung sien lieutenant qu'on appelloit le capitaine Miquel.

Ce propos continua tousjours que l'appoinctement se feroit, tant que l'armée du Roy approcha à douze ou quinze milles de Milan, où s'estoient retirez les Suysses, avecques ce bon prophète le cardinal de Syon, qui toute sa vie a esté ennemy mortel des François, comme encores bien le monstra à ceste fois ; car néantmoins que le seigneur de Lautrec feust allé porter les deniers à Galézas, pour satisfaire au pourparlé appoinctement, ung jeudy au soir, prescha si bien ses Suysses, et leur remonstra tant de choses, que, comme gens désespérez, sortirent de Milan, et vindrent ruer sur le camp du roy de France.

Le connestable, duc de Bourbon, qui menoit l'avant-garde, se mist en ordre incontinent, et advertit le Roy qui se vouloit mettre au souper ; mais il le laissa là, et s'en vint droit vers ses ennemys, qui estoient desjà meslez à l'escarmouche qui dura longuement devant qu'ilz feussent au grant jeu. Le roy de France avoit gros nombre de lansquenetz, et voulurent faire une hardiesse de passer ung fossé pour aller trouver les Suysses, qui en laissèrent passer sept ou huyt rencs, puis les vous poussèrent, de sorte que tout ce qui estoit passé fut gecté dedans le fossé. Et furent fort effrayez lesditz lansquenetz ; et n'eust esté le seigneur de Guyse, qui résista à merveilles, et enfin fut laissé pour mort le duc de Bourbon, connestable, le gentil conte de Sainct-Pol, le bon Chevalier et plusieurs autres, qui donnèrent au travers de ceste bende de Suysses, ilz eussent fait grosse fascherie, car il estoit jà nuyt, et la nuyt n'a point de honte. Par la gendarmerie de l'avant-garde fut soir rompue ceste bende de Suysses, où une partie d'environ deux mille vint passer viz-à-viz du Roy, qui gaillardement les chargea. Et y eut lourt combat, de sorte qu'il fut en gros dangier de sa personne ; car sa grant buffe y fut percée à jour d'un coup de picque. Il estoit desjà si tard que l'on ne voyoit pas l'ung l'autre ; et furent contrainctz pour ce soir les Suysses se retirer d'ung costé, et les François d'ung autre, et se logèrent comme ilz peurent, mais je croy bien que chascun ne reposa pas à son ayse ; et y prist aussi bien en gré la fortune le roy de France que le moindre de ses souldars ; car il demoura toute la nuyt à cheval comme les autres.

Il fault sçavoir une chose du bon Chevalier sans paour et sans reproche, qui fut bien estrange et très-dangereuse pour luy. A la dernière charge qu'on fist sur les Suysses, le soir, il estoit monté sur ung gaillart coursier, qui estoit le second, car, à la première charge, luy en fut tué ung entre ses jambes ; ainsi qu'il voulut donner dedans, fut tout enferré de picques, de façon que sondit cheval fut desbridé. Quant il se sentit sans frain, se mist à la course, et, en despit de tous les Suysses ne de leur ordre, passa tout oultre ; et emportoit le bon Chevalier droit en une autre troppe de Suysses, n'eust esté qu'il rencontra en un champ des seps de vigne, qui tiennent d'arbre en arbre, où il, par force, s'arresta.

Le bon Chevalier fut bien effrayé, et non sans cause, car il estoit mort sans nul remède, s'il feust tumbé entre les mains des ennemys. Il ne perdit toutesvoyes point le sens, mais tout doulcement se descendit, et gecta son armet et ses cuyssotz, et puis, le long des fossez, à quatre beaulx piedz, se retira à son oppinion vers le camp des François, et où il oyoit crier : *France!* Dieu luy fist la grâce qu'il y parvint sans dangier ; et encores, qui mieulx fut pour luy, c'est que le premier homme qu'il trouva fut le gentil duc de Lorraine, l'ung de ses maistres, qui fut bien esbahy de le veoir ainsi à pied. Si luy fist ledit duc incontinent bailler ung gaillart cheval, qu'on nommoit Le Carman, dont luy-mesme autresfois luy avoit fait présent et fut gaigné à la prinse de Bresse, et à la journée de Ravenne fut laissé pour mort, et en descendit le bon Chevalier, parce que il avoit deux coups de picque aux flancs, et en la teste plus de vingt coups d'espée ; mais le lendemain quelcun le trouva qu'il paissoit, et commença à haunir, parquoy fut ramené au logis du bon Chevalier, qui le fist guarir. Mais c'estoit une chose non croyable que de son faict, car, comme une personne, se laissoit coucher et mettre tentes en ses playes, sans remuer aucunement ; et depuis, quant il voyoit une espée, couroit l'empoigner à belles dens. Ne jamais ne fut veu ung plus hardy cheval, et y feust Bucifal celluy de Alexandre.

Quoy que ce soit, le bon Chevalier fut bien joyeulx de se veoir eschappé de si gros dangier et remonté sur ung si bon cheval ; mais il luy faschoit qu'il n'avoit point d'armet, car en telz affaires fait moult fort dangereux avoir la teste nue. Il advisa ung gentil-homme, fort son amy, qui faisoit porter le sien à son paige, auquel il dist : « J'ay paour de me morfondre, pource que j'ay sué d'avoir si longuement esté à pied ; je vous prie, faictes-moy bailler vostre armet que vostre homme porte, pour une heure ou deux. » Le gentil-homme, qui ne pensoit pas à ce que le bon Chevalier entendoit, le luy fist bailler, dont il fut bien ayse, car depuis ne le laissa que la bataille ne feust finye, qui fut le vendredy, environ dix ou onze heures ; car, dès le point du jour, les Suysses voulurent recommencer, et vindrent droit à l'artillerie des François, dont ilz furent bien serviz. Toutesfois jamais gens ne combatirent mieulx, et dura l'affaire trois ou quatre bonnes heures ; enfin furent rompus et deffaicts, et en mourut sur le camp dix ou douze mille. Le demourant, en assez bon ordre le long d'ung grant chemin, se retirèrent à Milan, où ilz furent conduytz à coups d'espée, tant par les François que par le cappitaine-général de la seigneurie de Venise, messire Barthélome d'Alvyano, qui peu devant estoit arrivé avecques le secours des Véniciens ; et y perdit en une charge qu'il fist deux ou trois cappitaines, entre lesquelz fut le filz du conte Pétilano. Les François y firent grosse perte, car, du jeudy ou du vendredy, moururent François monsieur de Bourbon, le gentil cappitaine Ymbercourt, le conte de Sanxerre et le seigneur de Mouy ; et y furent blessez le prince de Talmont et le seigneur de Bucy, dont depuis moururent.

Le Roy se mist en conseil, pour veoir si l'on poursuyvroit les Suysses ou non. Plusieurs furent de diverses oppinions : enfin, il fut advisé pour le mieulx que on les laisseroit aller ; car on en pourroit bien avoir à faire le temps advenir. Le jour qu'ilz deslogèrent du camp, demourèrent à Milan, et le lendemain en partirent, tirans en leur pays. Ilz furent poursuyviz de quelques gens, mais non pas à l'extrémité ; car si le Roy eust voulu, ne s'en feust pas sauvé ung.

Le soir du vendredy, dont fina la bataille à l'honneur du roy de France, fut joye démenée parmy le camp, et en parla-l'on en plusieurs manières. Et s'en trouva de mieulx faisans les ungs que les autres ; mais sur tous fut trouvé que le bon Chevalier, par toutes les deux journées, s'estoit monstré tel qu'il avoit acoustumé ès autres lieux, où il avoit esté en pareil cas. Le Roy le voulut grandement honnorer ; car il print l'ordre de chevalerie de sa main. Il avoit bien raison, car de meilleur ne l'eust sceu prendre.

Le seigneur Maximilian Sforce, qui occupoit la duché, comme son père le seigneur Ludovic avoit fait autresfois, demoura ou chasteau de Milan, où on mist le siége ; mais guères ne demoura qu'il ne se rendist ; et luy fut faicte composition, dont il se contenta : et s'en allèrent ceulx qui estoient dedans, leurs bagues saulves.

Je laisseray à parler de tout ce qui advint en deux moys ; mais ou moys de décembre alla le roy de France visiter le Pape, en la cité de Boulongne, qui luy fist gros recueil. Ilz eurent devis ensemble de plusieurs choses, dont je n'empescheray aucunement ceste histoire.

<><>

CHAPITRE LXI.

De plusieurs incidences qui advindrent en France, Ytalie et Espaigne, durant trois ou quatre ans.

Au retour de Boulongne, le roy de France vint à Milan, où, après avoir laissé le duc de Bourbon, connestable de France, son lieutenant-général, s'en retourna en ses pays, et alla droit en Prouvence, où il trouva sa bonne et loyalle espouse, et madame sa mère, qu'il avoit, à son partement, laissée régente en son royaulme.

Vers ceste saison, trespassa Ferrande, roy d'Arragon, qui en son vivant a eu de belles et grosses victoires. Il estoit vigilant, cault et subtil ; et ne trouve-l'on guères d'histoires qui facent mention qu'on l'aye trompé en sa vie ; ains durant icelle augmenta merveilleusement les biens de son successeur.

Le seigneur Julian de Médicis, qu'on appella duc de Modène, frère du pape Léon, alla aussi de vie à trespas. Il eust espousé la duchesse de Nemours, fille de Savoye et tante du roy de France.

L'empereur Maximilian, desplaisant de la belle victoire qu'avoit eue le roy de France sur les Suysses, et de ce qu'il avoit conquesté sa duché de Milan, assembla gros nombre de lansquenetz et quelques Suysses du canton de Zuric et de la Ligue grise ; et s'en vint en personne oudit duché de Milan, où, pour la grosse puissance qu'il avoit, le connestable ne fut pas conseillé de l'attendre à la campaigne, et se retira avecques son armée dedans la ville de Milan, où, peu de jours après, luy vindrent huyt ou dix mille Suysses de secours. Quoy voyant par l'Empereur, qui estoit le plus souspeçonneux homme du monde, se retira en ses pays : il n'eut pas grant honneur en son entreprinse, et le connestable y acquist gros renom. Le bon

Chevalier fist plusieurs courses sur les Almans, et en print de prisonniers beaucoup; mais jamais n'en avoit que la picque et la dague.

L'année ensuyvant, Jehan, roy de Navarre, qui en avoit esté spolié par Ferrande, roy d'Arragon, alla de vie à trespas.

Oudit an, environ le moys de juillet, fut fait certain appoinctement entre le roy de France et le roy de Castille, Charles, paravant archeduc d'Austriche, moyennant le mariage de luy et de Loyse, fille aisnée de France. Il fut conclud en la ville de Noyon; mais il ne dura guères. Je ne feray nul discours dudit traicté, car il est assez escript ailleurs.

Environ le moys d'octobre, fut donné le pardon de la croisade en France, par pape Léon, dont il sortit beaucoup de scandalles et de mocqueries, à l'occasion des prédicateurs qui disoient beaucoup plus que la bulle ne portoit.

Le dernier jour de février 1517, la bonne, sage et très-parfaicte royne de France, Claude, acoucha de son premier filz Françoys, daulphin de Viennoys, en la ville d'Amboise; qui fut gros esjouyssement par tout le royaume de France. Et, entre autres villes, celle d'Orléans fist merveilles; car, durant ung jour entier, y eut devant la maison de la ville deux fontaines qui gectoient vin cléret et blanc; et par ung petit tuyau sortoit de l'ypocras, auquel beaucoup de gens, après qu'ilz en avoient tasté, se tenoient. Le Daulphin fut baptisé en ladicte ville d'Amboise, et furent parrains pape Léon (mais son nepveu, le magnificque Laurens de Médicis, le tint pour luy), le duc de Lorraine, et madame la duchesse d'Alençon, commère. Il y fut fait fort grosse chère.

Ce seigneur Laurens de Médicis, en ce temps, espousa une des filles de Boulongne, et l'emmena en Ytalie; mais elle n'y vesquit guères, ne luy après elle : toutesfois d'eulx deux est demourée une fille (1).

L'an 1519, alla de vie à trespas l'empereur Maximilian, qui mist beaucoup de gens en peine. Il avoit esté en son vivant de bonne nature, libéral autant que fut jamais prince : et, s'il eust esté puissant de biens, il eust achevé beaucoup de choses; mais il estoit povre selon son cueur. Le filz de son filz, Charles, roy des Espaignes, fut esleu empereur après luy.

◇◇◇

(1) Cette fille fut Catherine de Médicis, femme de Henri II, et mère de François II, de Charles IX et de Henri III.

CHAPITRE LXII.

Comment messire Robert de La Marche fist quelques courses sur les pays de l'esleu Empereur, qui dressa grosse armée, et de ce qu'il en advint.

Peu de temps après, ne sçay qui en donna le conseil, le seigneur de Sedan, qu'on nomme messire Robert de La Marche, qui pour lors estoit au service du roy de France, fist quelques courses sur les pays de l'esleu Empereur, qui commença à lever grosse armée, et telle qu'il fut maistre et seigneur de la campagne. Les chiefz de son armée estoient le conte de Nansso et ung autre cappitaine, nommé Francisque, gaillart homme à la guerre, et qui avoit bon crédit parmy les compaignons. Ilz estoient bien en nombre, tant de cheval que de pied, quarante mille hommes ou plus. Durant cest affaire, le roy de France et ledit esleu Empereur estoient en paix, et ne demandoient riens l'ung à l'autre; parquoy l'armée des Almans tira droit aux places dudit seigneur de Sedan, et en furent les aucunes assiégées et bien deffendues. Toutesfois enfin s'en perdirent quatre : c'est assavoir, Florenges, Buillon, Loigne et Messancourt; et peu de gens eschappèrent vifz desdictes places. Ledit seigneur de Sedan estoit dedans sa place de Sedan, qui est quasi imprenable; parquoy fut exempte de siége, et pareillement ceulx qui estoient dedans ses autres places, nommée Jamais.

Le roy de France, deuement acerténé de ceste grosse armée qui costoyoit sa conté de Champaigne, eut doubte qu'on luy jouast quelque finesse. Si envoya son beau-frère, le duc d'Alençon, avecques quelque nombre de gens-d'armes sur la frontière, et tira jusques à Reims. Les Almans usoient d'une subtilité pour parvenir à leurs attainctes; car ilz ne prenoient riens ès pays du roy de France, sans bien payer; et faisoit semer parmy son camp, le conte de Nansso, que l'Empereur son maistre le luy avoit ainsi enchargé, comme délibéré de demourer tousjours en l'amytié qu'il avoit avecques France. Ce néantmoins, sans faire autrement sommation de guerre, s'en vint planter le siége devant une petite ville appellée Mozon, de laquelle estoit gouverneur et cappitaine le seigneur de Montmor, grant escuyer de Bretaigne, pour le roy de France; et avoit quelques gens de pied avecques sa compaignie en la ville, qui n'estoit guères bien munye d'artillerie ny de vivres; et, qui pis est, les compaignies qui estoient dedans ne se trouvèrent pas du vouloir de leur cappitaine et gouverneur, qui délibéroit jusques à la mort garder la ville ; et, quelques remonstrances qu'il sceust faire aux gens de pied, se trouva en dangier dedans et dehors. Parquoy, pour éviter plus gros inconvénient, rendit la ville, leurs vies saufves. On en murmura en beaucoup de sortes ; et disoient aucuns que le cappitaine ne s'estoit pas bien porté ; mais les gens d'honneur et de vertu congneurent bien qu'il ne se povoit faire autrement, et qu'il n'avoit pas tenu au dit seigneur de Montmor qu'il n'estoit mort sur la berche ; car, si tous ceulx qui estoient avecques luy eussent esté de son cueur, les Almans ne fussent pas tirez plus oultre.

Or la ville de Mozon, rendue si soubdainement, donna quelque tiltre d'esbahyssement aux François, qui ne pensoient jamais que l'Empereur eust voulu rompre la trefve. Toutesfois, en telles choses le souverain remède est de prompte provision. On regarda que Maizières estoit la plus prochaine ville, après Mozon, et qu'il failloit entendre à la garder et deffendre ; car, si elle se perdoit, la Champaigne s'en alloit en mauvais party. Le roy de France en fut adverty, lequel manda soubdainement qu'on envoyast le bon Chevalier sans paour et sans reprouche dedans ladicte ville de Maizières, et qu'il ne congnoissoit homme en son royaulme en qui il se fiast plus. Davantage, que son espoir estoit qu'il la garderoit si bien et si longuement, que sa puissance seroit assemblée pour résister aux surprinses que l'Empereur luy vouloit faire. De ce commandement n'eust pas voulu tenir le bon Chevalier sans paour et sans reprouche, cent mille escuz ; car tout son désir estoit de faire service à son maistre, et d'acquérir honneur. Il s'en alla gecter dedans Maizières, avecques le jeune seigneur de Montmorency (1), et quelques autres jeunes gentilzhommes qui, de leur gré, l'accompaignèrent, et d'ung nombre de gens de pied, soubz la charge de deux jeunes gentilz-hommes, l'ung, nommé le cappitaine Boncal, de la maison de Reffuge, et l'autre, le seigneur de Montmoreau.

CHAPITRE LXIII.

Comment le bon Chevalier sans paour et sans reprouche garda la ville de Maizières, contre la puissance de l'Empereur, où il acquist gros honneur.

Quant le bon Chevalier fut entré dedans

(1) Anne de Montmorency.

Maizières, trouva la ville assez mal en ordre pour attendre siège, ce qu'il espéroit avoir du jour à lendemain. Si voulut user de diligence qui en telle nécessité passe tout sens humain ; et commença à faire ramparer jour et nuyt, et n'y avoit homme-d'armes ny homme de pied qu'il ne mist en besongne ; et luy-mesmes, pour leur donner courage, y travailloit ordinairement, et disoit aux compaignons de guerre : « Comment, Messieurs, nous sera-il reprouché que » par nostre faulte ceste belle ville soit perdue, veu » que nous sommes si belle compaignie ensem- » ble, et de si gens de bien ? Il me semble que » quant nous serions en ung pré, et que de- » vant nous eussions fossé de quatre piedz, que » encores combatrions-nous ung jour entier, » avant que estre deffaictz ; et Dieu mercy, » nous avons fossé, muraille et rampart où, je » croy, avant que les ennemys mettent le pied, » beaucoup de leur compaignie dormiront aux » fossez. » Bref, il donnoit tel courage à ses gens, qu'ilz pensoient tous estre en la meilleure et plus forte place du monde.

Deux jours après, fut le siége assis devant Maizières, en deux lieux, l'ung deçà l'eaue, et l'autre delà. L'ung des siéges tenoit le conte Francisque, qui avecques luy avoit quatorze ou quinze mille hommes ; et en l'autre estoit le comte de Nansso, avecques plus de vingt mille.

Le lendemain du siége, lesditz conte de Nansso et seigneur Francisque envoyèrent ung hérault devers le bon Chevalier, pour luy remonstrer qu'il eust à rendre la ville de Maizières, qui n'estoit pas tenable contre leur puissance ; et que, pour la grande et louable chevalerie qui estoit en luy, seroient merveilleusement desplaisans s'il estoit prins d'assault ; car son honneur grandement en amoindriroit, et par adventure luy cousteroit-il la vie, et qu'il ne failloit que ung malheur en ce monde venir à ung homme, pour faire oublier tous les beaulx faictz qu'il auroit menez à fin en son vivant ; et que là où il vouldroit entendre à raison, luy feroient si bonne composition qu'il se devroit contenter. Plusieurs autres beaulx propos luy mandèrent par ce hérault, qui, après avoir esté ouy et bien entendu par le bon Chevalier, se print à soubzrire : et ne demanda conseil pour respondre à homme vivant, mais tout soubdain luy dist : « Mon amy, je m'esbahys de la gra- » cieuseté que me font et présentent messei- » gneurs de Nansso et le seigneur Francisque, » considéré que jamais n'euz practiqué ne » grande congnoissance avec eulx, et ilz ont si » grant paour de ma personne. Hérault, mon

» amy, vous vous en retournerez, et leur direz
» que le Roy mon maistre avoit beaucoup plus
» de suffisans personnages en son royaulme que
» moy, pour envoyer garder ceste ville qui vous
» fait frontière ; mais puisqu'il m'a fait cest
» honneur de s'en fier en moy, j'espère, avec-
» ques l'ayde de Nostre-Seigneur, la luy con-
» server si longuement, qu'il ennuyra beaucoup
» plus à voz maistres d'estre au siége que à moy
» d'estre assiégé, et que je ne suis plus enfant
» qu'on estonne de parolles. »

Si commanda qu'on festoyast fort bien le hérault, et puis qu'on le mist hors de la ville. Il
s'en retourna au camp, et rapporta la responce
que le bon Chevalier luy avoit faicte, qui ne fut
guères plaisante aux seigneurs. En présence
desquelz estoit ung cappitaine nommé Grant
Jean, picart, qui toute sa vie avoit esté au service des rois de France, en Ytalie, et mesmement où le bon Chevalier avoit eu charge, qui
dist tout hault, adressant sa parolle au conte
de Nansso et au seigneur Francisque : « Messei-
» gneurs, ne vous attendez pas, tant que vive
» monseigneur de Bayart, d'entrer dedans Mai-
» zières. Je le congnois, et plusieurs fois m'a
» mené à la guerre ; mais il est d'une condition
» que, s'il avoit les plus couars gens du monde
» en sa compaignie, il les fait hardis ; et sachez
» que tous ceulx qui sont avecques luy mour-
» ront à la berche, et lui le premier, devant
» que nous mections le pied dedans la ville ; et,
» quant à moy, je voudrois qu'il y eust deux
» mille hommes de guerre davantage, et sa
» personne n'y feust point. » Le conte de
Nansso respondit : « Cappitaine Grant Jehan,
» le seigneur de Bayart n'est de fer ni d'acier,
» nemplus que ung autre. S'il est gentil com-
» paignon, qu'il le monstre ; car, devant qu'il
» soit quatre jours, je luy feray tant donner de
» coups de canon, qu'il ne sçaura de quel costé
» se tourner. — Or on verra ce que ce sera, dist
» le cappitaine Grant Jehan ; mais vous ne l'au-
» rez pas ainsi que vous entendez. »

Ces parolles cessèrent : et ordonnèrent les
conte de Nansso et seigneur Francisque leurs ba-
teries, chascun en son endroit, et de faire tous
les efforts qu'on pourroit pour prendre la ville.
Ce qui fut fait ; et en moins de quatre jours il fut
tiré plus de cinq mille coups d'artillerie. Ceulx
de la ville respondoient fort bien, selon l'artillerie qu'ilz avoient ; mais du camp de Francisque se faisoit grant dommage en la ville, parce
qu'il estoit logé sur un hault, et batoit beaucoup plus à son aise que ne faisoit le conte de
Nansso.

Le bon Chevalier, combien qu'il feust tenu
ung des plus hardis hommes du monde, avoit
bien une autre chose en luy autant à louer ; car
c'estoit ung des vigillans et subtilz guerroyeurs
qu'on eust sceu trouver. Si advisa en soy-
mesmes comme il pourroit trouver moyen de
faire repasser l'eaue au seigneur Francisque ;
car de son camp estoit-il fort dommagé. Si
fist escripre unes lettres à messire Robert de
La Marche, qui estoit à Sedan, lesquelles estoient en ceste substance : « Monseigneur mon
» cappitaine, je croy qu'estes assez adverty
» comme je suis assiégé en ceste ville par deux
» endrois ; car d'ung costé est le conte de
» Nansso, et deçà la rivière, le seigneur
» Francisque. Il me semble que, depuis demy-
» an, m'avez dit que voulez trouver moyen de
» le faire venir au service du Roy nostre mais-
» tre, et qu'il estoit vostre alyé. Pource qu'il
» a bruyt d'estre très-gentil galant, je le dési-
» rerois à merveilles ; mais si vous congnoissez
» que cela se puisse conduyre, vous ferez bien
» de le sçavoir de luy, mais plustost aujour-
» d'huy que demain. S'il en a le vouloir, j'en
» seray très-ayse ; et, s'il l'a autre, je vous ad-
» vertiz que, devant qu'il soit vingt et quatre
» heures, luy et tout ce qui est en son camp
» sera mis en pièces, car à trois petites lieues
» d'icy viennent coucher douze mille Suysses
» et huyt cens hommes-d'armes ; et demain, à
» la pointe du jour, doivent donner sur son
» camp, et je feray une saillye de ceste ville
» par ung des costez ; de façon qu'il sera bien
» habille homme s'il se sauve. Je vous en ay
» bien voulu advertir, mais, je vous prie, que
» la chose soit tenue secrète. »

Quant la lectre fut escripte, prist ung paysant,
auquel il donna ung escu, et luy dist : « Va-t'en
» à Sedan, il n'y a que trois lieues d'icy, porter
» ceste lectre à messire Robert, et luy dis que
» c'est le cappitaine Bayart qui luy envoye. » Le
bon homme s'en va incontinent. Or, sçavoit bien
le bon Chevalier que impossible seroit qu'il passast, sans estre pris des gens du seigneur Francisque, comme il fut, avant qu'il feust à deux
gectz d'arc de la ville. Incontinent fut amené devant ledit seigneur Francisque, qui luy demanda
où il alloit. Le povre homme eut belle paour de
mourir ; aussi estoit-il en grant dangier. Si dist :
« Monseigneur, le grant cappitaine qui est de-
» dans nostre ville m'envoye à Sedan, porter
» unes lettres à messire Robert, » que le bon
homme tira d'une boursette où il l'avoit mise.

Quant le seigneur Francisque tint ceste lectre,
l'ouvrit et commença à lire ; et fut bien esbahy
quant il eut veu le contenu. Si se commença à
doubter que par envye le conte de Nansso luy

avoit fait passer l'eaue, affin qu'il feust deffaict ; car auparavant y avoit eu quelque peu de picque entre eulx, parce que icelluy seigneur Francisque ne vouloit pas bien obéyr au conte. A grant peine eut-il achevé de lyre la lec:re, qu'il commença à dire tout hault : « Je cong 10is » bien à ceste heure que monseigneur de Nansso » ne tasche que à me perdre ; mais, par le sang » Dieu, il n'en sera pas ainsi. » Si appella cinq ou six de ses plus privez, et leur déclaira le contenu en la lectre, qui furent aussi estonnez que luy. Il ne demanda point de conseil, mais fait sonner le tabourin et à l'estendart, charger tout le bagaige, et se mist au passage delà l'eaue.

Quant le conte de Nansso ouyt le bruit, fut bien estonné, et envoya sçavoir que c'estoit par ung gentil-homme ; lequel, quant il arriva, trouva le camp du seigneur Francisque en armes. Il s'enquist que c'estoit : on luy dist qu'il vouloit passer du costé du conte de Nansso. Le gentil-homme le luy alla dire, dont il fut bien esbahy ; car en ceste sorte se levoit le siége de devant la ville. Si envoya ung de ses plus privez dire au seigneur Francisque qu'il ne remuast point son camp, que premier n'eussent parlé ensemble, et que, s'il le faisoit autrement, ne feroit pas bien le service de son maistre. Le messagier luy alla dire sa charge, mais Francisque, tout esmeu et courroucé, luy respondit : « Re» tournez dire au conte de Nansso que je n'en » feray riens, et que à son appétit je ne demou» reray pas à la boucherie ; et s'il me veult gar» der de loger auprès de luy, nous verrons par » le combat à qui demourera le camp, à luy ou » à moy. »

Le gentil-homme du conte de Nansso s'en retourna, et luy dist ce qu'il avoit ouy de la bouche du seigneur Francisque. Jamais homme ne fut si esbahy qu'il fut : toutesfois, pour n'estre point surpris, fist mettre tous ses gens en bataille. Ce pendant, passèrent les gens du seigneur Francisque, et, eulx passez, se misrent pareillement en bataille ; et, à les veoir, sembloit qu'ilz voulsissent combatre les ungs les autres, et sonnoient tabourins impétueusement. Le povre homme qui avoit porté la lectre à l'occasion de laquelle s'estoit eslevé ce bruit, ne sçay comme Dieu le voulut, eschappa, et s'en retourna bien esbahy, comme ung homme qui pensoit estre eschappé de mort, dedans Maizières, devers le bon Chevalier, auquel il alla faire ses excuses, disant qu'il n'avoit peu aller à Sedan, et qu'on l'avoit pris en chemin, et mené devant le seigneur Francisque, qui avoit veu ses lectres, et que incontinent s'estoit deslogé.

Le bon Chevalier se prist à rire à plaine gorge, et congneut bien que sa lectre l'avoit mis en pensement. Il s'en alla sur le rempart avecques quelques gentilz-hommes, et veit ces deux camps en bataille, l'ung devant l'autre. « Par » ma foy, dist-il, puisqu'ilz ne veulent com» mencer à combatre, je vais moy-mesmes com» mencer. » Si fist tirer cinq ou six coups de canon au travers des ennemys, qui, par gens lesquelz allèrent d'ung costé puis d'autre, se rapaisèrent et se logèrent. Le lendemain, troussèrent leurs quilles et levèrent le siége, sans jamais y oser donner assault ; et tout pour la crainte du bon Chevalier. Si tost ne se fist pas la paix du conte de Nansso et du seigneur Francisque ; car plus de huyt jours furent sans loger ensemble. Et s'en alla Francisque vers la Picardie, du costé de Guyse, mettant le feu partout ; et plus hault marchoit le conte de Nansso ; mais peu après se rapaisèrent et furent amys.

Ainsi, par la manière que dessus avez ouy, fut levé le siège de devant Maizières, où le bon Chevalier sans paour et sans reproche acquist couronne de laurier ; car, bien qu'on ne livrast nul assault, il tint les ennemys trois sepmaines durant en aboy, pendant lequel temps le roy de France leva grosse armée, et assez puissante pour combatre ses ennemys ; et vint luy-mesmes en personne dedans son camp, où le bon Chevalier luy alla faire la révérence, et en passant reprist la ville de Mozon. Le Roy son maistre luy fist recueil merveilleux, et ne se povoit saouller de le louer devant tout le monde. Il le voulut honnestement récompenser du grant et recommandable service qu'il lui venoit freschement de faire : il le fist chevalier de son ordre, et luy donna cent hommes-d'armes en chef ; puis marcha après ses ennemys, qu'il expulsa hors de ses pays, et les chassa jusques dedans Valenciennes, où le bon Chevalier se porta comme il avoit tousjours de coustume. Les Almans firent en Picardie beaucoup de mal par le feu ; mais les François ne furent point ingratz, et le leur rendirent au double en Hénault.

Au retour que le Roy fist en la ville de Compiègne, eut quelques nouvelles de Gennes, et qu'il estoit besoing y envoyer quelque sage, hardy et advisé chevalier ; parquoy ledit seigneur, sachant la bonne nature du bon Chevalier sans paour et sans reproche, et que jamais ne se lassait de faire service, luy en bailla la commission, le priant très-fort que, pour l'amour de luy, voulsist faire ce voyage, car il avoit grant espoir en sa personne. Il l'accepta d'aussi bon cueur qu'on le luy bailla ; puis passa les montz, et fut à Gennes très-bien receu, tant du gouverneur, des gentilz-hommes, que de tous les habitans; et tant qu'il y demoura fut honnoré et prisé d'ung chascun.

Il y eut plusieurs affaires en Ytalie, dont ne vous feray aucune mention, pour beaucoup de raisons; mais vous viendray à déclairer le trespas du bon Chevalier sans paour et sans reproche, qui fut ung grief irréparable, dolente et malheureuse la journée pour toute la noblesse de France.

<><><>

CHAPITRE LXIV.

Comment le bon Chevalier sans paour et sans reprouche, en une retraicte qu'il fist en Ytalie, fut tué d'ung coup d'artillerie.

Au commencement de l'an 1524, le roy de France avoit une grosse armée en Ytalie, soubz la charge de son admiral le seigneur de Bonnyvet, à qui il en avoit donné la charge; car il luy vouloit beaucoup de bien. Il avoit en sa compaignie force bons cappitaines: mesmement y estoit nouvellement arrivé ung jeune prince, enfant de la maison de Lorraine, nommé le conte de Vaudemont, lequel désiroit à merveilles sçavoir des armes, et suyvre par œuvres vertueuses ses ancestres. Or le camp du roy de France se tenoit pour lors en une petite ville nommée Biagras, où, eulx estans là, le chef de l'armée qui estoit l'amiral, appela ung jour le bon Chevalier, et luy dist : « Monseigneur de » Bayart, il fault que vous ailliez loger à Rebec, » avec deux cens hommes-d'armes et les gens » de pied de Lorges; car par ce moyen travail- » lerons merveilleusement ceulx de Milan, tant » pour les vivres que pour mieulx entendre de » leurs affaires. »

Il fault sçavoir que, combien que le bon Chevalier ne murmurast jamais de commission qu'on lui baillast, ne se povoit bonnement contenter de ceste-là, pour la congnoistre dangereuse et doubteuse; et respondit comme à son lieutenant de Roy : « Monseigneur, je ne sçay » comment vous l'entendez; car, pour garder » Rebec au lieu où il est assis, la moytié » des gens qui sont en nostre camp y feroient » bien besoing. Je congnois nos ennemys : ilz » sont vigilans; et suis bien asseuré qu'il est » quasi difficile que je n'y reçoive de la honte; » car il m'est bien advis que, si quelque nom- » bre de noz ennemys y estoient par une nuyt, » les yrois resveiller à leur désavantage. Et pour » ce, Monseigneur, je vous supplie que vous ad- » visez bien où vous me voulez envoyer. » L'admiral luy tint plusieurs propos : et qu'il ne se souciast point, car il ne sortiroit pas une soris de Milan qu'il n'en feust adverty; et tant luy en dist, d'unes et d'autres, que le bon Chevalier, aveques grosse fascherie, s'en alla, aveques les gens qu'on lui avoit baillez, dedans Rebec; mais il n'y mena que deux grans chevaulx, car ses muletz et tout le reste de son train envoya dedans Novare, quasi prévoyant perdu ce qu'il détenoit avec luy.

Venuz qu'ilz feussent en ce village de Rebec, advisèrent comment ilz le fortifieroient; mais nul moyen n'y trouvèrent, si non faire barrières aux venues : mais par tous les costez on y povoit entrer. Le bon Chevalier escripvit plusieurs fois à l'admiral qu'il estoit en lieu très-dangereux, et que, s'il vouloit qu'il s'y tiensist longuement, luy envoyast du secours; mais il n'en eut point de response. Les ennemys, qui estoient dedans Milan en nombre de quatorze ou quinze mille hommes, furent advertiz par leurs espies que le bon Chevalier estoit dedans Rebec, à petite compaignie, dont ilz furent très-joyeulx. Si délibérèrent par une nuyt l'aller surprendre et deffaire; et suyvant ce vouloir se misrent aux champs, environ mynuyt, en nombre de six à sept mille hommes de pied, et de quatre à cinq cens hommes-d'armes; ilz estoient guidez par des gens qui sçavoient le village et les logis des plus apparans. Le bon Chevalier, qui tousjours se doubtoit, mettoit quasi toutes les nuyctz la moytié de ses gens au guet et aux escoutes; et luy-mesmes y passa deux ou trois nuytz, tellement qu'il tumba malade, tant de mélencolie que de froidure, beaucoup plus fort qu'il n'en faisoit le semblant; toutesfois contrainct fut de garder la chambre ce jour.

Quant ce vint sur le soir, il ordonna à quelques cappitaines qui estoient aveques luy aller au guet, et adviser bien de tous costez à ce qu'ilz ne feussent surpris. Ilz y allèrent ou firent semblant d'y aller; mais, parce qu'il plouvinoit ung peu, se retirèrent tous ceulx qui estoient au guet, reservé trois ou quatre povres archiers. Les Espaignolz marchoient tousjours, et avoient, pour mieulx se recongnoistre la nuyt, chascun une chemise vestue par dessus leur harnois. Quant ilz approchèrent d'ung gect d'arc du village, furent bien esbahis qu'ilz ne trouvèrent personne, et eurent pensement que le bon Chevalier avoit esté adverty de leur entreprinse, et qu'il s'estoit retiré à Byagras. Toutesfois ilz marchoient tousjours, et ne furent point cent pas loing qu'ilz ne trouvassent ce peu d'archiers qui estoient demourez au guet; lesquelz, sans escrier, commencèrent à charger. Les povres gens ne firent point de résistance, ains se mirent à la fuyte, en criant : *Alarme! Alarme!* mais ilz furent si vivement suyviz, que lesditz ennemys furent aux barrières aussi tost que eulx. Le bon Chevalier, qui en tel dangier ne dormoit jamais que vestu, garny de ses avan-braz et cuyssolz, et sa cuyrasse auprès de luy, se leva soubdainement, et fist brider ung coursier, qui jà estoit sellé, sur lequel il monta; et s'en vint, aveucques cinq ou six hommes-d'armes des siens, droit à la barrière, où incontinent survint le cappitaine Lorges, et quelque nombre de ses gens de pied, qui se portèrent très-bien.

Les ennemys estoient à l'entour du village, cherchant le logis du bon Chevalier; car, s'ilz l'eussent prins, peu leur estoit le demourant : mais encores ne le tenoient-ilz pas. La huée fut grosse et l'alarme chault. Durant ce combat à la barrière, le bon Chevalier va ouyr les tabourins des gens de pied aux ennemys, qui sonnoient l'alarme tant dru que merveilles. Alors il dist au cappitaine Lorges : « Lorges, mon amy, vecy
» jeu mal party : s'ilz passent ceste barrière,
» nous sommes fricassez. Je vous prie, retirez
» voz gens, et serrez le mieulx que pourrez ;
» marchez droit à Byagras : car, aveucques les
» gens de cheval que j'ay, demoureray vor le
» derrière. Il faut laisser nostre bagage aux ennemys, il n'y a remède. Saulvons les personnes, s'il est possible. » Incontinent que le bon Chevalier eut parlé, le cappitaine Lorges fist son commandement et se retira, ce pendant qu'ilz faisoient ceste résistance à la barrière. La pluspart de tous les François montèrent à cheval, et se retirèrent, selon la fortune, très-gaillardement, et ne perdirent point dix hommes.

Les ennemys estoient descenduz la pluspart, et, par les maisons et de tous costez, cherchoient le bon Chevalier ; mais il estoit desjà à Byagres où, luy arrivé, eut quelques parolles fascheuses à l'admiral : toutesfois je n'en feray aucune mention ; mais si tous deux eussent vescu plus longuement qu'ilz ne firent, feussent peult-estre allez plus avant. Le bon Chevalier cuyda mourir de dueil du malheur qui luy estoit advenu, mesmement que ce n'estoit pas par sa faulte ; mais en guerre y a de l'heur et du malheur plus qu'en toutes autres choses.

Quelque peu de temps après ceste retraicte de Rebec, le seigneur admiral, congnoissant son camp amoindrir de jour en jour, tant par faulte de vivres que de maladie qui couroit parmy ses gens, tint conseil aveucques les cappitaines, où, pour le mieulx, fut délibéré qu'on se retireroit : et ordonna ses batailles, où en l'arrière-garde, comme tousjours estoit sa coustume aux retraictes, demoura le bon Chevalier. Les Espaignolz les suyvirent de jour en jour, et marchoient en belle bataille après les François, et souvent s'escarmouchoient ; mais quant venoit à charger, tousjours trouvoient en barbe le bon Chevalier, aveucques quelque nombre des gens-d'armes, qui leur monstroit ung visage si asseuré, qu'il les faisoit demourer tout coy ; et menu et souvent les rembarroit dedans leur grosse troppe.

Ilz gectèrent aux deux esles d'un grant chemin force hacquebutiers et hacquebouziers, qui portent pierres aussi grosses que une hacquebute à croc, dont ilz tirèrent plusieurs coups : et de l'ung fut frappé le gentil seigneur de Vendenesse, dont il mourut quelque temps après; qui fut ung gros dommage pour France. Il estoit de petite corpulence, mais de haultesse de cueur et de hardiesse personne ne le passoit. Ce jeune seigneur de Vaudemont, qui de nouvel estoit au mestier des armes, s'y porta tant gaillardement que merveilles ; et fist tout plein de belles charges, tant qu'il sembloit que jamais n'eust fait autre chose.

En ces entrefaictes, le bon Chevalier, asseuré comme s'il eust esté en sa maison, faisoit marcher les gens-d'armes, et se retiroit le beau pas, tousjours le visage droit aux ennemys ; et l'espée au poing leur donnoit plus de craincte que ung cent d'autres. Mais, comme Dieu le voulut permettre, fut tiré ung coup de hacquebouze, dont la pierre le vint frapper au travers des rains, et luy rompit tout le gros os de l'eschine. Quant il sentit le coup, se print à crier *Jésus!* Et puis dist : *Hélas! mon Dieu, je suis mort!* Si print son espée par la poignée, et baisa la croisée, en signe de la croix, et en disant tout hault : *Miserere mei, Deus, secundum magnam misericordiam tuam;* devint incontinent tout blesme, comme failly des esperitz, et cuyda tumber ; mais il eut encores le cueur de prendre l'arson de la selle, et demoura en cest estat jusques à ce que ung jeune gentil-homme, son maistre d'hostel, luy ayda à descendre, et le mist soubz ung arbre. Ne demoura guères qu'il ne feust sceu parmy les amys et les ennemys, que le cappitaine Bayart avoit esté tué d'ung coup d'artillerie : dont tous ceulx qui en eurent les nouvelles furent à merveilles desplaisans.

<><>

CHAPITRE LXV.

Du grant dueil qui fut démené pour le trespas du bon Chevalier sans paour et sans reprouche.

Quant les nouvelles furent espandues parmy les deux armées que le bon Chevalier avoit esté tué ou pour le moins blessé à mort, mesmement au camp des Espaignolz, combien que ce feust l'ung des hommes du monde dont ilz eussent greigneur craincte, en furent tous gentilz-hommes et souldars desplaisans merveilleusement, pour beaucoup de raisons ; car, quant en son vivant faisoit courses, et il en prenoit aucuns prisonniers, les traictoit tant humainement que merveilles, et de rançon tant doulcement, que tout homme se contentoit de luy. Ilz congnoissoient que par sa mort noblesse estoit grandement affoiblie ; car, sans blasmer les autres, il a esté parfaict chevalier en ce monde. Faisant la guerre avec luy, s'adressoient leurs jeunes gentilz-hommes. Et dist ung de leurs principaulx cappitaines, qui le vint veoir devant qu'il rendist l'ame, nommé le marquis de Pescare, une haulte parolle à sa louenge, qui fut telle en son langage. « Pleust à Dieu, gentil seigneur de » Bayart, qu'il m'eust cousté une quarte de mon » sang, sans mort recevoir, je ne deusse man- » ger chair de deux ans, et je vous tiensisse en » santé mon prisonnier ; car, par le traictement » que je vous feroye, auriez congnoissance de » combien j'ay estimé la haulte prouesse qui es- » toit en vous. Le premier loz que vous donnè- » rent ceulx de ma nation, quant on dist *Mou-* » *ches grisonnes et paucos Bayardos*, ne vous » fut pas donné à tort ; car, depuis que j'ay » congnoissance des armes, n'ay veu ne ouy » parler de chevalier qui en toutes vertus vous » ait approuché ; et, combien que je deusse estre » bien aise vous veoir ainsi, estant asseuré que » l'Empereur mon maistre en ses guerres n'avoit » point de plus grant ne rude ennemy, toutes- » fois, quant je considère la grosse perte que fait » aujourd'huy toute chevalerie, Dieu ne me soit » jamais en ayde, si je ne vouldroys avoir donné » la moytié de mon vaillant, et il feust autre- » ment. Mais, puisque à la mort n'a nul remède, » je requiers cil qui tous nous a créez à sa sem- » blance, qu'il vueille retirer vostre ame auprès » de luy. » Telz piteux et lacrymables regretz faisoit le gentil marquis de Pescare et plusieurs autres cappitaines sur le corps du bon Chevalier sans paour et sans reprouche : et croy qu'il n'y en eut pas six de toute l'armée des Espaignolz qui ne le viensissent veoir l'ung après l'autre.

Or, puis qu'ainsi est que les ennemys si efforcément ploroient sa mort, peult-on assez considérer la grande desplaisance qui en fut par tout le camp des François, tant des cappitaines, gens-d'armes, que gens de pied ? Car de chascun, en sa qualité, se faisoit aymer à merveilles ; vous eussiez dit qu'il n'y avoit celluy qui n'eust perdu son père ou sa mère ; mesmement les povres gentilz-hommes de sa compaignie faisoient dueil inestimable. « Las ! disoient- » ilz, parlans à la mort, desloyalle furie, que » t'avoit meffaict ce tant parfaict et vertueux » chevalier ? Tu ne t'es pas vengée de luy tout » seul, mais nous tous as mis en douleur, jus- » ques à ce que tu ayes fait ton chef-d'œuvre sur » nous comme sur luy ! Soubz quel pasteur » yrons nous plus aux champs ? Quelle guyde » nous pourra désormais Dieu donner, où nous » feussions en telle seureté que quant nous es- » tions avecques luy ? car il n'y avoit celluy qui » en sa présence ne feust aussi asseuré qu'en la » plus forte place du monde. Où trouverons- » nous doresnavant cappitaine qui nous rachepte » quant nous serons prisonniers, qui nous » remonte quant serons desmontez, et qui » nous nourisse comme il faisoit ? il est impos- » sible. O cruelle mort ! c'est tousjours ta façon, » que tant plus est ung homme parfaict, de tant » plus prens-tu tes esbas à le destruire et le def- » faire ! mais si ne sçaurois-tu si bien jouer » qu'en despit de toy, combien que tu luy ayes » osté la vie en ce monde, que renommée et » gloire ne luy demoure immortelle, tant qu'il » durera ; car sa vie a esté si vertueuse qu'elle » laissera souvenir à tous les preux et vertueux » chevaliers qui viendront après luy. »

Tant piteusement se démenoient les povres gentilz-hommes, que si le plus dur cueur du monde eust esté en présence, l'eussent contrainct partir à leur dueil. Ses povres serviteurs domestiques estoient tous transsiz, entre lesquelz estoit son povre maistre d'hostel, qui ne l'abandonna jamais ; et se confessa le bon Chevalier à luy, par faulte de prestre. Le povre gentil-homme fondoit en larmes, voyant son bon maistre si mortellement navré que nul remède en sa vie n'y avoit ; mais tant doulcement le reconfortoit icelluy bon Chevalier, en luy disant : « Jaques, mon amy, laisse ton dueil ; c'est le » vouloir de Dieu de m'oster de ce monde ; je y » ay la sienne grâce longuement demouré, et y » ay receu des biens et des honneurs plus que à » moy n'appartient : tout le regret que j'ay à » mourir, c'est que je n'ay pas si bien fait mon » devoir que je devoys ; et bien estoit mon espé- » rance, si plus longuement eusse vescu, d'a-

» mender les faultes passées ; mais, puis qu'ainsi
» est, je supplie mon Créateur avoir pitié, par
» son infinie miséricorde, de ma povre ame : et
» j'ay espérance qu'il le fera, et que, par sa
» grande et incompréhensible bonté, n'usera
» point envers moy de rigueur de justice. Je te
» prie, Jaques, mon amy, qu'on ne m'enliève
» point de ce lieu, car, quant je me remue, je
» sens toutes les douleurs que possible est de
» sentir, hors la mort, laquelle me prendra bien-
» tost. »

Peu devant que les Espaignolz arrivassent au lieu où avoit esté blessé le bon Chevalier, le seigneur d'Alègre, prévost de Paris, parla à luy, et luy déclaira quelque chose de son testament. Aussy y vint ung cappitaine de Suysses, nommé Jehan Dyesbac, qui l'avoit voulu emporter sur des picques, aveccques cinq ou six de ses gens, pour le cuyder sauver ; mais le bon Chevalier, qui congnoissoit bien comment il luy estoit, le pria qu'il le laissast pour ung peu penser à sa conscience ; car de l'oster de là, ne seroit que abrégement de sa vie. Si convint aux deux gentilz-hommes, en grans pleurs et gémissemens, le laisser entre les mains de leurs ennemys : mais croyez que ce ne fut pas sans faire grans regretz, car à toutes forces ne le vouloient habandonner ; mais il leur dist : « Messeigneurs,
» je vous supplie, allez-vous en ; autrement,
» vous tumberiez entre les mains des ennemys,
» et cela ne me prouffiteroit de riens, car il est
» fait de moy. A Dieu vous command, mes bons
» seigneurs et amys ; je vous recommande ma
» povre ame, vous suppliant au surplus (adres-
» sant sa parolle au seigneur d'Alègre) que me
» saluez le Roy nostre maistre, et que desplai-
» sant suis que plus longuement ne luy puis faire
» service, car j'en avois bonne voulenté, à mes-
» seigneurs les princes de France, et à tous
» messeigneurs mes compagnons, et générale-
» ment à tous les gentilz-hommes du très-ho-
» noré royaulme de France, quant les verrez. »
En disant lesquelles parolles, le noble seigneur d'Alègre ploroit tant piteusement que merveilles, et print en cest estat congé de luy.

Il demoura encores en vie deux ou trois heures ; et par les ennemys luy fut tendu ung beau pavillon, et ung lict de camp, sur quoy il fut couché ; et luy fut amené ung prestre, auquel dévotement se confessa, et en disant ces propres mots : « Mon Dieu ! estant assuré que tu
» as dit que celluy qui de bon cueur retournera
» vers toy, quelque pécheur qu'il ait esté, tu es
» tousjours prest de le recevoir à mercy, et luy
» pardonner. Hélas ! mon Dieu, Créateur et Ré-
» dempteur, je t'ay offencé durant ma vie grief-
» vement, dont il me desplaist de tout mon
» cueur : je congnois bien que quant je serois
» aux désers mille ans, au pain et à l'eaue, en-
» cores n'esse pas pour avoir entrée en ton
» royaulme de Paradis, si, par ta grande et
» infinie bonté, ne t'y plaisoit me recevoir ; car
» nulle créature ne peult mériter en ce monde
» si hault loyer. Mon Père et Sauveur ! je te sup-
» plie qu'il te plaise n'avoir nul regard aux faul-
» tes par moy commises, et que ta grande mi-
» séricorde me soit préférée à la rigueur de ta
» justice. »

Sur la fin de ces parolles, le bon Chevalier sans paour et sans reprouche rendit son ame à Dieu, dont tous les ennemys eurent dueil non croyable. Par les chiefz de l'armée des Espaignolz furent commis certains gentilz-hommes pour le porter à l'église, où luy fut fait solennel service durant deux jours. Puis par ses serviteurs fut mené en Daulphiné ; et en passant par les terres du duc de Savoye, où son corps reposoit, luy fist faire autant d'honneur que s'il eust esté son frère. Quant les nouvelles de la mort du bon Chevalier furent sceues ou Daulphiné, il ne fault point particulièrement descripre le dueil qui y fut fait ; car les prélatz, gens d'église, nobles et populaire, le faisoient également ; et croy qu'il y a mille ans qu'il ne mourut gentilhomme du pays plainct de la sorte. On alla au devant du corps jusques au pied de la montaigne ; et fut amené d'église en église, en grant honneur, jusques auprès de Grenoble, où, au devant du corps, une demye-lieue, furent messeigneurs de la court de parlement du Daulphiné, messeigneurs des comptes, quasi tous les nobles du pays, et la pluspart de tous les bourgeois, manans et habitans de Grenoble ; lesquelz convoyèrent le trespassé jusques en l'église Nostre-Dame dudit Grenoble, où le corps reposa ung jour et une nuyt ; et luy fut fait service fort solennel. Le lendemain, ou mesme honneur qu'on l'avoit fait entrer en Grenoble, fut conduit jusques à une religion de Mynymes, à demye-lieue de la ville, que autresfois avoit fait fonder son bon oncle l'évesque dudit Grenoble, Laurens Alment, où il fut honnorablement enterré. Puis chascun se retira en sa maison. Mais on eust dit, durant ung moys, que le peuple du Daulphiné n'attendoit que ruyne prochaine, car on ne faisoit que plorer et larmoyer ; et cessèrent festes, dances, bancquetz, et tous autres passetemps. Las ! ilz avoient bien raison, car plus grosse perte n'eust sceu advenir pour le pays. Et quiconques en eut dueil au cueur, croyez qu'il touchoit de bien près aux povres gentilzhommes, gentilz-femmes, vefves, et aux povres orphelins, à qui secrètement il donnoit et départoit de ses biens : mais avecques le temps toutes choses se passent, fors Dieu aymer. Le bon Chevalier sans paour et sans reprouche l'a craint et aymé durant sa vie ; après sa mort renommée luy demeure, comme il a vescu en ce monde entre toutes manières de gens.

CHAPITRE LXVI.
Des vertus qui estoient au bon Chevalier sans paour et sans reprouche.

Toute noblesse se debvoit bien vestir de dueil, le jour du trespas du bon Chevalier sans paour et sans reprouche ; car je croy que depuis la création du monde, tant en la loy chrestienne que payenne, ne s'en est trouvé ung seul qui moins luy ait fait de déshonneur, ne plus d'honneur. Il y a ung commun proverbe qui dit que *nul ne veit sans vice*. Ceste reigle a failly à l'endroit du bon Chevalier ; car j'en prens à tesmoing tous ceulx qui l'ont veu, parlans à la vérité, s'ilz en congneurent jamais ung seul en luy : mais, au contraire, Dieu l'avoit doué de toutes les vertus qui pourroient estre en parfaict homme, èsquelles chascune par ordre se sçavoit très-bien conduyre. Il aymoit et craignoit Dieu sur toutes choses, ne jamais ne le juroit ne blasphémoit ; et en tous ses affaires et nécessitez avoit à luy seul non recours, estant bien certain que de luy et de sa garde et infinie bonté procèdent toutes choses. Il aymoit son prochain comme soy-mesmes : et bien l'a monstré toute sa vie, car oncques n'eut escu qui ne fust au commandement du premier qui en avoit à besongner ; et, sans en demander, bien souvent en secret en faisoit bailler aux povres gentilz-hommes qui en avoient nécessité, selon sa puissance.

Il a suivy les guerres soubz les roys Charles huictiesme, Loys douziesme et François, premier de ce nom, roys de France, par l'espace de trente et quatre ans, où durant le temps ne s'est trouvé homme qui l'ait passé en toutes choses servans au noble exercice des armes ; car de hardiesse peu de gens l'ont approché. De conduyte, c'estoit ung Fabius Maximus ; d'entreprises subtiles, ung Coriolanus ; et de force et de magnanimité, ung second Hector ; furieulx aux ennemys, doux, paisible et courtois aux amys. Jamais souldart qu'il eust soubz sa charge ne fut desmonté qu'il ne remontast ; et, pour plus honnestement donner ces choses, bien souvent changeoit ung coursier ou cheval d'Espaigne, qui valloit deux ou trois cens escus, à ung de ses hommes-d'armes, contre ung courtault de six escus ; et donnoit à entendre au gentilhomme que le cheval qu'il luy bailloit luy estoit merveilleusement propre. Une robe de veloux, satin ou damas, changeoit tous les coups contre une petite cape, affin que plus gracieusement et au contentement d'ung chascun il peust faire ses dons. On pourroit dire, il ne povoit pas donner de grans choses, car il estoit povre : autant estoit-il honoré d'estre parfaictement libéral, selon sa puissance, que le plus grant prince du monde ; et si a gaigné, durant les guerres, en sa vie, cent mille francz en prisonniers, qu'il a départis à tous ceulx qui en ont eu besoing.

Il estoit grant aumosnier, et faisoit ses aulmosnes secrètement. Il n'est riens si certain qu'il a marié en sa vie, sans en faire bruyt, cent povres filles orphelines, gentilz-femmes ou autres. Les povres veufves consoloit et leur départoit de ses biens. Avant que jamais sortir de sa chambre, se recommandoit à Dieu, disoit ses heures, à deux genoulx, en grande humilité ; mais ce faisant ne vouloit qu'il y eust personne. Le soir, quant il estoit couché, et il congnoissoit que ses varletz-de-chambre estoient endormis, feust yver ou esté, se levoit en sa chemise, et tout le long de son corps s'estendoit et baisoit la terre. Jamais ne fut en pays de conqueste que s'il a esté possible de trouver homme ou femme de la maison où il logeait, qu'il ne payast ce qu'il pensoit avoir despendu ; et plusieurs fois luy a-l'on dit : « Monseigneur, c'est » argent perdu ce que vous baillez ; car, au par- » tir d'icy, on mettra le feu céans, et ostera- » l'on ce que vous avez donné. » Il respondoit : « Messeigneurs, je fais ce que je doy. Dieu ne » m'a pas mis en ce monde pour vivre de pil- » lage ne de rapine ; et davantage ce povre » homme pourra aller cacher son argent au » pied de quelque arbre, et quant la guerre » sera hors de ce pays, il s'en pourra ayder, et » priera Dieu pour moy. »

Il a esté en plusieurs guerres où il y avoit des Almans qui, au desloger, mectent voulentiers le feu en leurs logis ; le bon Chevalier ne partit jamais du sien qu'il ne sceust que tout feust passé, ou qu'il ne laissast gardes, affin qu'on n'y mist point le feu. Entre toutes manières de gens, c'estoit la plus gracieuse personne du monde, qui plus honnoroit gens de vertu, et qui moins parloit des vicieux. Il estoit fort mauvais flateur et adulateur. Tout son cas estoit fondé en vérité ; et à quelque personne que ce feust, grant prince ou autre, ne fléchissoit jamais pour dire autre chose que la raison. Des biens mondains, il n'y pensa en sa vie; et bien l'a monstré, car à sa mort il n'estoit guères plus riche que quant il fut né. Quant on luy parloit des gens puissans et riches où il pensoit qu'il n'y eust pas grande vertu, faisoit le sourt, et en respondoit peu; et par le contraire ne se povoit saouller de parler des vertueux. Il estimoit en son cueur ung gentil-homme parfait qui n'avoit que cent francs de rente, autant que ung prince de cent mille; et avoit cela en son entendement, que les biens n'anoblissent point le cueur.

Le cappitaine Loys d'Ars le nourrit en jeunesse, et croy bien que soubz luy apprist le commencement des armes. Aussi, toute sa vie luy a-il porté autant d'honneur que s'il eust esté le plus grant roy du monde. Et quant on parloit de luy, le bon Chevalier y prenoit plaisir merveilleux, et n'estoit jamais las d'en bien dire. Il ne fut jamais homme suyvant les armes qui mieulx en congnust l'ypocrisie: et souvent disoit que c'est la chose en ce monde où les gens sont les plus abusez; car tel fait le hardy breneux en une chambre, qui aux champs, devant les ennemys, est doulx comme une pucelle. Peu a prisé en son temps gens-d'armes qui habandonnent leurs enseignes pour contrefaire les hardis ou aller au pillage. C'estoit le plus asseuré en guerre qu'on ait jamais congneu; et à ses parolles eust fait combatre le plus couart homme du monde.

Il a fait de belles victoires en son temps, mais on ne l'en ouyt venter; et, s'il convenoit qu'il en parlast, en donnoit tousjours la louenge à quelque autre. Durant sa vie a esté à la guerre aveucques Anglois, Espaignolz, Almans, Ytaliens et autres nations; et en plusieurs batailles gaignées et perdues; mais où elles ont esté gaignées, Bayart en estoit tousjours en partie cause; et où elles se sont perdues, s'est trouvé tousjours si bien faisant, que gros honneur luy en est demouré. Oncques ne voulut servir que son prince, soubz lequel n'avoit pas de grans biens: et luy en a-on présenté beaucoup plus d'ailleurs en son vivant; mais tousjours disoit qu'il mourroit pour soustenir le bien public de ses pays. Jamais on ne luy sceut bailler commission qu'il refusast; et si luy en a-on baillé de bien estranges. Mais pource que tousjours a eu Dieu devant les yeulx, luy a aydé à maintenir son honneur; et jusques au jour de son trespas, on n'en avoit pas osté le fer d'une esguillette.

Il fut lieutenant pour le roy son maistre, ou Daulphiné, ouquel si bien gaigna le cueur, tant des nobles que des roturiers, qu'ilz feussent tous mors pour luy. S'il a esté prisé et honnoré en ses pays, ne se fault pas esmerveiller; car trop plus l'a esté par toutes autres nations: et cela ne luy a pas duré ung ne deux ans, mais tant qu'il a vescu, et dure encores après sa mort; car la bonne et vertueuse vie qu'il a menée luy rend louenge immortelle. Oncques ne fut veu qu'il ait voulu soustenir le plus grant amy qu'il eust ou monde, contre la raison; et tousjours disoit le bon gentil-homme que *tous empires, royaulmes et provinces sans justice, sont forestz pleines de brigans. Es guerres a eu tousjours trois excellentes choses, et qui bien affièrent à parfaict chevalier : assault de levrier, deffense de sanglier et fuite de loup.* Brief, qui toutes ses vertus vouldroit descripre, il y conviendroit bien la vie d'ung bon orateur; car moy, qui suis débile et peu garny de science, n'y sçauroye attaindre; mais de ce que j'en ay dit, supplie humblement à tous lecteurs de ceste présente histoire, le vouloir prendre en gré; car j'ay fait le mieulx que j'ay peu, mais non pas qui estoit bien pour la louenge d'ung si parfaict et vertueux personnage, que le bon Chevalier sans paour et sans reprouche, le gentil seigneur de Bayart. Duquel Dieu, par sa grâce, vueille avoir l'ame en Paradis. *Amen.*

Cy fine la très-joyeuse, plaisante et récréative Histoire, composée par le loyal serviteur, des faictz, gestes, triumphes et prouesses du bon Chevalier sans paour et sans reprouche, le gentil seigneur de Bayart.

FIN DE L'HISTOIRE DU BON CHEVALIER SANS PAOUR ET SANS REPROUCHE.

www.ingramcontent.com/pod-product-compliance
Lightning Source LLC
Chambersburg PA
CBHW060402230426
43663CB00008B/1361